U0915408

天津区县年鉴

(2013版)

天津市人民政府　主办

天津市地方志编修委员会办公室编纂

图书在版编目(CIP)数据

天津区县年鉴. 2013版 / 天津市人民政府主办; 天津市地方志编修委员会办公室编纂. -- 天津 : 天津社会科学院出版社, 2013.9
ISBN 978-7-80688-959-6

Ⅰ. ①天… Ⅱ. ①天… ②天… Ⅲ. ①天津市-2013-年鉴 Ⅳ. ①Z522.1

中国版本图书馆CIP数据核字（2013）第222157号

编　　　著：天津市地方志编修委员会办公室
责 任 编 辑：唐 旗　高 潮
地　　　址：天津市和平区大沽路138号金融广场大厦A座10层
邮　　　编：300040
电 话 / 传 真：(022) 23031912　(022) 23031920

出 版 发 行：天津社会科学院出版社有限公司
出　版　人：项 新
地　　　址：天津市南开区迎水道7号
邮　　　编：300191
电 话 / 传 真：(022) 23366354
(022) 23075303
网　　　址：www.tass-tj.org.cn
印　　　刷：天津市银博印刷技术发展有限公司
彩照设计制作：天津圣元文化交流有限公司

开　　　本：889×1194毫米 1/16
印　　　张：31
字　　　数：970千字
版　　　次：2013年9月第1版　2013年9月第1次印刷
印　　　数：1~3000册
定　　　价：320.00元

天津市市域地图
图 例
市政府
地级市政府
区、县政府
管委会
乡、镇、街
铁 路
高速铁路
轻 轨
高速公路及出入口
在建高速公路
国 道
省 道
快速路
在建快速路
主要道路
次要道路
河流及池塘
旅游景点
沼泽、盐田
省、直辖市界
区、县界
比例尺：1:810000
渤海湾
蓟县
宝坻区
宁河县
武清区
北辰区
东丽区
西青区
津南区
静海县
滨海新区
中心城区
市政府
北大港水库
于桥水库
河北省
北京市

天津市中心城区地图
北辰区
红桥区
河北区
南开区
和平区
河东区
河西区
东丽区
西青区
津南区
北辰区政府
红桥区政府
河北区政府
南开区政府
和平区政府
河东区政府
河西区政府
东丽区政府
市政府
水上公园
图 例
市、区人民政府
镇、街道办事处
高速编号及出入口
环线道路
一级街区
二级街区
立交桥
一般街道
铁路及车站
高速铁路
地铁及车站
在建地铁及车站
轻轨及车站
河流及池塘
医院、学校
图书馆、展览馆
纪念馆、博物馆
区 界
比例尺: 1:129000

天津市滨海新区地图
武清区
宝坻区
宁河县
北辰区
东丽区
中心城区
西青区
津南区
静海县
滨海新区
河北省
渤海湾
北大港水库
七里海水库
图例
市区、县政府驻地
管委会驻地
乡、镇、街政府驻地
农场
行政村、自然村
铁路及车站
高速铁路
津滨轻轨
高速公路
在建高速公路
国道及国道号
省、市级道路
快速路
在建快速路
主要道路
次要道路
乡村路
主要堤
河流及池塘
省、直辖市界
区、县界
比例尺: 1: 556000

2012年11月12日至16日，第九届全国中心城市地方志工作交流会在广州举行。天津市地志办主任苏长伟（右一）在大会上做交流发言

2013年4月26日，天津市地方志办公室主任会议在天津大礼堂举行

2013年7月19日，市地志办主任苏长伟到河东区地志办调研

2013年7月30日，市地志办主任苏长伟到武清区地志办调研

2013年5月10日，内蒙古地志办到市地志办交流考察

2013年2月26日，天津区县年鉴工作会议暨第四届年鉴评比颁奖会议在开发区举行，开发区管委会副主任张军（左三）、市地志办主任苏长伟（右三）出席会议

2012年9月6日至7日，由市地志办主办、市水务局承办的天津市部门年鉴第三届研讨会在宝坻经济开发区举行

2013年6月25日，市志书编修主笔培训会在东丽区举行

2013年3月13日，天津市区县二轮志书编修培训会

2013年1月30日，东丽区召开第二轮志书编修启动会

2013年3月27日，河北区召开第二轮志书编修启动会

2013年5月23日，河西区召开二轮志书编修推动会

2013年7月5日，南开区召开第二轮志书编修启动会

2013年6月7日，市地志办组织召开《天津市志·民政志》蓝本评审会。市地志办主任苏长伟、市民政局巡视员赵德勤、史志专家罗澍伟等出席会议

天津经济技术开发区

泰达MSD

滨海金融街

天津经济技术开发区（Tianjin Economic-Technological Development Area，缩写为TEDA，音译为泰达），于1984年12月6日经国务院批准建立，是中国首批国家级开发区之一。泰达，在中国传统文化中具有安泰、通达之意，为全球华人喜爱的吉祥名字。这方地如其名的热土，包括东区、西区、以及现代产业区、逸仙科学工业园和微电子工业区三个小区。2009年4月份，天津市委、市政府确定由天津开发区管委会主导南港工业区开发建设。

1986年8月，中国改革开放的总设计师邓小平同志莅临天津开发区视察，亲笔题词“开发区大有希望”。邓小平同志题词成为一个伟大的预言，也成为天津开发区改革开放、奋勇拼搏的动力。

多年来，天津开发区始终站在我国北方对外开放的最前沿，已成为中国经济规模最大、外向型程度最高、综合投资环境最优的国家级开发区。根据商务部关于国家级经济技术开发区投资环境综合评价，在总指标上，自1997年开始，泰达始终保持中国国家级开发区综合评比第一名，成为当之无愧的中国投资环境最好的国家级经济技术开发区。

美丽泰达

泰达生活

开发区百旗广场

天津经济技术开发区定位于天津滨海新区先进制造和研发转化基地，高端服务业的聚集区，努力吸引、容纳各种先进经济要素和经济实体，致力于构建一个拥有更多物质和精神财富，资源丰富、充满活力、欣欣向荣、和谐发展的中国新经济平台。

2012年天津开发区经济继续保持平稳快速增长，生产总值实现2201.4亿元，工业总产值实现7102.2亿元，全社会固定资产投资完成550亿元，财政收入完成490.2亿元，出口完成220.5亿美元。天津开发区将在市委、市政府和滨海新区的正确领导下，抢抓机遇、求真务实、勇挑重担、加快发展，全面完成各项任务目标，为天津市、滨海新区大发展做出新的更大贡献。

生态泰达

泰丰公园

开放创新 引领未来

天津市滨海新区

2012年4月3日，中沙（天津）石化有限公司26万吨年聚碳酸酯项目开工奠基

2012年6月5日，天津三星电子有限公司迁入开发区西区开工仪式

2012年，滨海新区完成生产总值7205.17亿元，比上年增长20.1%，连续三年实现跨千亿元台阶。规模以上工业企业完成工业总产值14416.75亿元，增长15.8%。财政总收入1655.80亿元，增长20.1%，其中地方财政收入1122.60亿元，增长22.4%。固定资产投资4453.30亿元，增长20.3%。实际直接利用外资额98.07亿美元，增长15.4%。内联引资实际到位额604.99亿元，增长32.0%。经济增长势头平稳较快，有力地支撑了全市经济又好又快发展。

（一）经济结构不断优化。全年建成中际装备、钜宝电子、西子电梯等71个重大工业项目。汽车及装备制造、石油化工、电子信息等八大优势产业实现工业总产值12670亿元。实施了334个重大服务业项目，新引进卡梅隆佩斯集团、搜狐视频、华夏人寿等37个总部项目，总部企业超过200家。全年旅游接待量1500万人次，实现旅游综合收入100亿元。成功举办第三届中国国际文化创意展交会、第三届滨海生态城市论坛及博览会等56个大型展会。天津港货物吞吐量4.7亿吨，集装箱吞吐量1200万标箱。内陆无水港发展到23个。现代农业稳步发展，3个市级科技园区、6个农业标准化示范基地全面建成，新增设施农业7156亩，改造提升2800亩，建成放心菜基地4000亩，新建和改建循环水养殖车间6.5万平方米。科技实力和自主创新能力进一步增强，新增国家级企业技术中心2家、市级企业重点实验室14家、市级企业技术中心13家、孵化器9家。新增科技型中小企业4363家、科技小巨人企业260家，总数分别达到11023家和526家。国家高新技术企业740家，占全市的71%。申请专利1.3万件。

（二）改革开放稳步推进。行政管理体制改革通过市编办考评，获得全国机构编制工作先进单位。高效落实市政府第一批下放的110个审批事项，完成了审批职能归并，审批事项减少到

构建和谐劳动关系—部市合作共建滨海新区构建和谐劳动关系综合试验区启动仪式

230项，成为全市审批办事效率最高的地区。土地管理改革专项方案获国土资源部批复，指标动态管理、征转分离、建设用地增减挂钩试点取得新成效。创新推出定单商品房、蓝白领公寓等多层次保障模式，建立了具有新区特色的住房保障体系。医疗重组计划全面展开，构建了新型社区医疗服务模式。股权投资基金及管理企业超过2000家，天津股权交易所挂牌企业128家，中新天津生态城16家企业实行意愿结汇，金融资产交易所交易网络覆盖全国。天津北方国际航运中心核心功能区建设方案获得国务院批准，国际船舶登记等4项试点任务全面实施；融资租赁公司达到209家，业务总量占全国四分之一。国有产权登记等基础工作全面启动，国企整合重组进展顺利，航母旅游集团挂牌成立，公交集团整合基本完成。强街强镇计划深入实施，8个项目列入市级示范镇试点，3个社区被评为全国基层组织自治示范村（居）。社会管理创新综合试点区建设步伐加快，流动人口服务管理经验和社区管理模式全国推广。科技、教育、文化等领域改革扎实推进。

（三）城乡面貌明显改善。全年投资930亿元，实施135个重大基础设施项目。天津港30万吨级航道一期完工，神华煤炭码头二期等工程加快建设，天津机场二期扩建进展顺利。津秦客运专线完成铺轨，于家堡站、滨海站、滨海北站加快推进。中央大道北段、春风路地道等11条道路竣工，西外环高速、轻纺联络线等9条道路加快建设。完成汉沽水厂扩建、大港聚酯水厂提升改造工程，新增日供水能力11万吨。建成6座污水处理厂，新增日处理能力13.6万吨，城镇污水处理率达到93%。淡化海水、再生水等非常规水比重提高到11%。完成52个重点减排项目，实现了增产不增污。全方位加强环境监管、监察和治理，空气质量好于二级天数保持在85%以上。继续深入开展市容环境综合整治，整修主干道路30条、社区66个，新建改造公园10个，新增和改造提升绿化面积1262万平方米，绿化覆盖率达到35.5%。

（四）社会更加和谐稳定。全年新增就业11万人，转移农村富余劳动力7692人，城镇登记失业率控制在3%以内，被国家

梅赛德斯-奔驰（天津）进口汽车加工中心项目

授予“全国创业先进城区”。被批准为全国首家构建和谐劳动关系综合试验区。加大困难群众救助力度，发放各类社会救助金7886万元。成立了滨海新区慈善协会。启动建设新区第一、第二、第三社会福利院和贻芳托老所，新建老年照料中心14个，为1877位困难老人发放居家养老服务政府补贴。建成5个社区服务中心和23个社区服务站，社会组织服务管理中心投入使用。开工建设保障性住房200万平方米，竣工100万平方米。建设农民还迁住宅218万平方米，竣工151万平方米。新建、改扩建学校和幼儿园27所。义务教育学校全部通过市现代化达标验收，被评为全国“两基”工作先进地区。塘沽第一中等职业学校成为国家级示范校，滨海职业学院成为市级示范校。空港国际医院、天津医科大学中新生态城医院开工建设，大港油田总医院迁建工程、开发区西区医院等项目主体完工，第五中心医院、港口医院和安定医院的新建工程投入使用。开设21个国医堂，成为全国基层中医药工作先进单位。成为全国流动人口计划生育服务管理先进单位。在天津市第三届全民健身运动会上取得金牌和奖牌数第一。被授予全国青少年业余训练工作先进单位和全国群众体育工作先进单位。

滨海新区建设中的中心商务区

建设城市副中心 构建和谐新红桥

姜昆、闫肃等著名艺术家到红桥区考察文化产业

红桥区参展2012年津洽会

2012年，是红桥区新一届政府的开局之年，全区上下团结一心，紧紧围绕“建设城市副中心，构建和谐新红桥”这一精神，深入开展“调结构、惠民生、上水平”活动，加快完善“一极、两区、三廊”的区域经济发展布局，加快推动区域经济社会发展。

2012年红桥区实现地区生产总值同比增长16%；完成区级财政收入同比增长22.9%；实现社会固定资产投资60亿元。

一、坚持构建大招商格局，对外影响力和吸引力明显提升

按照“招商引优、招强引链、招才引智”的思路，加大宣传，扩大影响，全年实现内联引资到位额同比增长18.1%；实际利用外资同比增长60.1%。红桥区各部门单位为招商引资积极献策，共同参与，累计组织红桥招商宣传推介会30余场，意向投资额达160多亿元。同时，充分利用多种传媒全方位、多层次发布招商信息，全年引进554家新企业落户。此外，积极优化政策环境，为各种企业有效的解决了企业融资难题。

二、坚持加快重点项目建设，发展后劲进一步增强

把项目建设作为优化产业结构、带动经济增长的强力抓手，加强协调服务，全力突破瓶颈，千方百计促开工、快建设、保竣工。全年在施工程面积400万平方米，竣工80万平方米。

重点项目加快建设，完成了光荣道都市型产业园起步区地下空间规划，完善了电子信息学院等地块项目策划。惠民工程有效实施，精心组织了50项惠民生工程，完成了26个、113万平方米旧楼区居住功能综合提升改造。拆迁安置稳步推进，探索新形势下拆迁安置新模式，实施各类房屋拆迁60万平方米。

三、坚持大力发展现代服务业，区域经济结构不断优化

立足提质增效，注重内涵发展，以发展楼宇经济和科技型企业为重点，全力打造现代服务业聚集区，努力构筑高端高质高新化产业结构。

楼宇经济实力不断提升，12座亿元楼宇招商实现高起步，成功引进了一批知名企业。全年实现税收同比增长105%。科技型企业加快发展。加大科技型中小企业引进转化力度，累计认定科技型中小企业808家，培育科技“小巨人”12家，超额完成市下达指标。金融服务业发展势头强劲，进一步完善服务政策，搭建银企对接平台，加大金融业引进和帮扶力度。

四、坚持统筹经济社会协调发展，各项社会事业全面进步

以解决群众生活的热点、难点问题为重点，不断加大投入力度，加快发展社会事业，努力实现经济发展和人民生活同步提升。

教育现代化水平不断提高，30所义务教育学校全部达到市现代化建设标准；卫生医疗服务能力全面提升，基本药物零差率销售累计为患者让利1867.5万元，18项社区公共卫生服务覆盖面继续扩大，受益人群达36万人；社会保障工作不断加强，累计

虹桥新天地欧陆风情街

天津水游城

卓朗科技园区

实现新增就业3.3万人，提高社会救助标准和医疗救助比例，发放各类救助金1.6亿元。

展望未来，2013年是红桥区以更高标准加快建设西站城市副中心，努力提升发展质量和综合竞争力的重要一年。红桥区将紧密围绕“建设城市副中心，构建和谐新红桥”这一发展主题，深入开展“促发展、惠民生、上水平”活动，加快实施区域经济发展布局建设，坚持以经济建设为中心，保持区域经济快速增长。着力改善民计民生，精心维护社会稳定，努力将我区逐步建设成为独具活力、富有潜力、生态宜居的现代化城区。

一、突出以经济建设为中心，进一步提升综合实力

全区各项工作要围绕经济工作这个中心，加快发展步伐。继续实施对外开放战略，培育和发展与建设副中心相适应的主导产业，做大做强高端现代服务业，提升传统服务业，优化经济发展环境，加强财源建设，不断提升区域经济综合实力。

二、突出城建带动，加快推进副中心建设

城建工作是决定区未来发展，提升整体水平的关键，形势逼人，时不我待，全区要集中精力，突破重点，攻克难关，坚持拆迁安置不动摇，加快土地整理和重点项目建设步伐，为加快城市副中心建设和经济社会发展提供重要保障。

三、突出生态特色，持续改善环境面貌

以建设高端化城市副中心为标准，全力巩固市容环境综合整治成果，持续改善居住环境，构建智能化管理服务平台，努力打造生态宜居城区。

四、突出文化品牌，不断提高区域影响力

以文化为灵魂，大力发展文化旅游产业，形成具有红桥特色的核心竞争力，是区实现大发展的战略主攻方向。深入挖掘区文化精髓，充分整合文化旅游资源和独具特色的文化活动，打造知名特色旅游精品项目，不断提高红桥区域影响力。

五、突出民计民生，深入实施民心工程

从解决好人民群众最关心、最直接、最现实的问题入手，精心组织好二十项民心工程，进一步改善居民生活环境，提高群众生活质量。

运河桃花节

红桥区新培智学校

西沽公园黄叶村

天津北部经济中心——北辰区

项目合作集中签约仪式

北方通用动力集团有限公司落户北辰科技园区

北辰区位于天津市区北部，北运河畔。总面积478.5平方公里。是津沽大地的交通枢纽，是资金、资本、项目涌入天津滨海新区的重要承载地，系护卫津门的水利屏障。辖9镇5街，126个行政村、99个社区居委会。常住人口74.33万人，其中户籍人口37.52万人。

2012年，是北辰新一届区委、区政府工作的开局之年，是建设天津北部中心的起步之年。全区上下牢牢抓住北部新区开发建设的重大机遇，坚定信心、凝聚力量、顽强拼搏、攻坚克难，实现了经济社会平稳较快发展。实现地区生产总值588.53亿元，比上年增长21.5%（可比价增速）；农村居民人均可支配收入15502元，增长14.5%；固定资产投资529.27亿元，增长28.2%；到位内资额315.44亿元，增长31.8%；实际利用外资额8.40亿美元，增长17.4%。

大项目建设成效显著。把招商引资作为生命线，制定出台招商引资奖励办法，在中关村设立招商办事处，拓展招商渠道。组织24批次外出招商，赴北京、上海举办发展环境说明会，全年引进1亿元以上项目62个，总投资467亿元。

科技型中小企业快速发展。以增强企业自主创新能力为核心，强化组织推动、政策引导和资金扶持，加快科技型中小企业发展。累计科技型中小企业2282家，小巨人企业216家，9家企业进入全市百家优秀小巨人行列，总体数量和质量均居区县之首。全区累计市级以上企业技术中心63家，位居全市前列。

在北京召开发展环境说明会

天津滨海环球印务有限公司落户北辰

示范镇还迁房建设

王朝酒堡

天穆东苑

楼宇经济发展势头良好。坚持政府引导、市场运作、规划先行、合理集聚，大力推进楼宇经济发展。对楼宇的开发者、经营者、管理者及入住企业全方位给予扶持。全区运营楼宇25栋，累计入驻企业721家，实现税收6.30亿元，其中亿元楼宇3座，天辰大厦被评为全市首批优秀亿元楼宇。

园区开发建设全面提速。3个市级示范园区引进亿元以上项目50个、总投资453亿元，累计签约项目89个、总投资739亿元。启动科技园区新区综合配套服务区，5万平方米商务中心主体竣工。示范园区14平方公里拓展区基础设施开工建设。筹建国家级新闻出版装备产业园。陆路港现代物流产业园纳入全市物流发展重点园区。

增强金融服务效能。出台《科技贷款贴息资金管理暂行办法》、《加强担保平台建设实施意见》。引进全市区县首家民生银行科技支行，全区金融机构累计51家。组织银政银企对接活动47次，落实企业贷款25.60亿元。天津久日化学股份有限公司成为全国首批“新三板”挂牌企业。

2012年，北辰区城市化进程进一步加快，群众生活水平进一步提高，行政效能进一步提升，经济社会持续健康发展，迈出了建设天津北部经济中心坚实一步。

“天穆杯”全国小品展演

创新发展 潮涌宝坻

区人民医院

电子商务与现代物流产业基地项目

面对严峻复杂的宏观形势，2012年，宝坻区坚决贯彻市委、市政府的决策部署，深入开展“调结构、惠民生、上水平”活动，着力保增长、保稳定、保民生，经济社会保持了健康快速协调发展势头。全年完成区属增加值381.3亿元，同比增长29.1%；区域财政收入78.1亿元，增长30%；全社会固定资产投资406亿元，增长29.3%；农民人均可支配收入12426元，城镇居民人均可支配收入24000元，分别增长13.8%和12.8%。

发展后劲不断增强 主攻大项目、小巨人和楼宇经济，着力扩大有效投入。全年实际到位内资358亿元，同比增长30.3%；实际利用外资1.92亿美元，增长20%。在项目建设上，计划总投资608.7亿元的前八批93个区级项目，有75个投产，新增投资147.8亿元，累计完成449亿元；新引进了北玻玻璃工业技术、中韩电子通信技术融复合产业园等一批高水平项目。在科技型中小企业发展上，坚持转型、引进、创办多轮驱动，新发展科技型中小企业426家，新增小巨人企业60家。在楼宇和总部经济上，新引进相关企业1288家，累计达到3851家，区总部经济服务中心、方盛商务楼提前一年完成“亿元楼宇”培育目标。

产业结构明显优化 坚持高质高端高新的发展方向，推进三次产业转型升级。现代制造业发展壮大。全年完成工业固定资产投资203.3亿元，同比增长27.1%。以龙头项目为依托，新能源新材料、新型装备制造、新型塑料制品、节能环保制品等战略新兴产业集约化集群化发展势头强劲，纺织服装、文体用品等传统产业加速转型。示范工业园区新增开发面积3100亩，孵化器、生产力促进中心等创新载体及综合配套设施同步跟进。现代服务业拓展提升。电子商务与现代物流产业基地引进了深圳电子商务协会（京津）营运中心等70余个项目，京津金融服务外包园区启动了华夏人寿保险等项目。现代农业提质增效。完成设施农业提升工程7250亩，新发展特色农业2万亩。京津农林高科产业基地等项目的引进，有力促进了农业“产学研用”发展模式的形成。

发展环境日益改善 投资33亿元，实施了大规模城乡基础设

京津新城佛教文化产业基地

京津现代农林科技产业促进中心

天津华建天恒传动项目

京龙工程机械项目生产车间

施工程，两个新城和小城镇建设有序推进，区域综合承载能力不断增强。注重抓好生态建设和环境保护，全年植树263万株，创建文明生态村20个。组成32个服务工作组深入企业登门服务，解决了一批企业建设生产经营中的难点问题；不断深化政风行风建设，加大了行政审批制度改革力度，各职能部门的服务水平实现新增强；制定完善了政府投资项目资金管理、科技型中小企业发展资金使用等政策，有力促进了经济发展。

社会持续和谐稳定 加大教育、文化、卫生和社会保障等方面的投入力度，排定的“10项民心工程”圆满完成，办成了一批群众普遍期盼的好事和实事，群众就医、就学、出行等条件有效改善。从完善机制、制度入手，不断深化“一站三中心”建设，基层社会管理和服务水平得到新提升。高度重视信访稳定工作，深入开展平安宝坻、法治宝坻创建活动，强化安全隐患排查、整改和防范工作，宝坻区在2012年度全市社会公众安全感满意度调查中排名第一。

党的建设全面加强 扎实开展保持党的纯洁性教育活动，认真学习宣传党的十八大精神，持续组织大规模理论和业务知识培训。干部人事制度改革不断深化，推行了处级正职人选公推公选、竞争性选拔副处级干部、选派优秀年轻干部到基层或先进地区挂职锻炼等工作。高质量完成了村级组织换届工作，基层组织建设年活动成效明显，基层干部队伍谋发展、带民富、保稳定的能力不断提高。

2013年，宝坻区将认真贯彻落实党的十八大和市委十届二次全会精神，紧紧围绕“率先全面建成小康社会、率先基本实现现代化”的奋斗目标，牢牢抓实“招商引资上项目、安居乐业有保障、安全稳定不出事”这“三件大事”，全力实现更好更快发展，让宝坻人民过上更加幸福美好的生活。

宝坻新城商务休闲广场

静海县人民政府

子牙循环经济产业区规划展厅

静海因水得名，伴水而兴。近年来，在市委、市政府的正确领导下，57万静海人民团结一心，攻坚克难，各项事业呈现出蓬勃向上的生动局面，经济社会进入了高速发展期。

经济总量快速攀升，综合实力明显增强 大力推进经济结构战略性调整，不断提升经济发展质量与效益，国民经济持续快速健康发展。到2012年底，全县生产总值实现387亿元，同比增长20.4%，人均生产总值超过65000元。财政收入突破85亿元，同比增长40.1%。固定资产投资完成400亿元，同比增长28.9%。社会消费品零售额达到72亿元，同比增长20.2%。实际直接利用外资1.8亿美元，利用内资170亿元。农民人均可支配收入达到12920元。

基础设施日益完善，城乡面貌显著改善 静海公路总里程达到2036公里，路网密度达到每百平方公里138公里，形成了“十纵七横一环十二射”的路网体系，并实现了20分钟到市区、30分钟到市中心区、40分钟到河北省周边五县县城、50分钟到天津港、60分钟到北京的“23456”交通圈。以“天蓝地绿水清”为目标，打造生态宜居城市，大邱庄等4个示范小城镇建设扎实推进，129个村建成为生态文明村，超过全县村庄的三分之一，西双塘被命名为“中国十大魅力乡村”、“全国文化典范村”。

产业转型步伐加快，城市影响力和知名度大幅增强 围绕建设“循环静海、绿色静海、健康静海、法治静海、活力静海、和谐静海”，着力转变经济发展方式，使静海成为现代产业高地。子牙循环经济产业区升级为国家级经济技术开

静海新城

科技型领军企业天海同步集团

现代高档设施农业园区

100平方公里林海示范区

天津健康产业园一瞥

发区，成为了全国发展循环产业的重点园区。134平方公里的林海示范区，在华北地区绝无仅有，已经成为天津市的一道“绿色屏障”。健康产业园定位高、建设快，中国医学科学院天津分院等一批教育、医疗、体育项目落户园区，园区已经成为北方乃至全国领先的健康产业发展集聚区。钢铁重镇大邱庄在向高端优质发展中实现了“绿色”转型。商贸物流、旅游产业发展迅速，相当于11个西湖大小的团泊湖深度开发扎实推进，翰吉斯国际农产品物流园、义乌国际商贸城、奥特莱斯商业广场等项目即将开业，不仅为静海集聚了商气、财气，更集聚了人气，为静海发展激发了强大活力。

社会事业全面发展，人民生活幸福安详 坚持每年实施一批惠民工程，确保群众生活年年都有新改善。教育事业全面发展，教学水平在全市领先，教育工作被评选为全国教育先进县。医疗卫生事业全面推进，国际糖尿病医院等一系列高水平专科医院开工建设，18个乡镇卫生院和289所村级卫生室高标准建成，群众就医环境进一步改善。文化体育事业迈出坚实步伐，全球唯一的萨马兰奇纪念馆2013年4月正式开馆，“环团泊湖”自行车邀请赛已成为全国较有影响的赛事之一。群众业余生活丰富多彩，老年人生活安定舒适。平安静海、法治静海建设扎实推进。

团泊新城

蓄势腾飞的现代化新宁河

宁河是天津的东大门，行政管辖面积1031平方公里，辖14个乡镇、282个行政村，有耕地60万亩，人口42万。

2012年，宁河县在市委、市政府的正确领导下，按照“稳中求进、稳中求好、稳中求快”的工作基调和“调结构、惠民生、上水平”的总体要求，加快实施“六大战略”，加快推进“一城三区四基地”建设，加快“八大工程、五大项目”等重点工程项目建设，经济社会实现又好又快发展。全年完成地区生产总值303亿元，同比增长32.4%；财政总收入60.16亿元，其中地方一般预算收入20.13亿元，分别增长48.1%和58.5%；全社会固定资产投资393亿元，增长36.8%；农民人均可支配收入13112元，增长13.5%。

宁河县行政许可服务中心

“三区”建设扎实推进。“十个一”万亩循环生态农业示范园区建设进展顺利，累计建成设施种植园区76个、标准化养殖小区270个；西南部工业园区“二次开发”步伐加快，县经济开发区、宁河现代产业区、潘庄工业区三个市级园区基础设施建设累计投入30亿元；老城区南小区平改、赵家园城中村改造基本完成，桥北新区进入整体开发阶段，淮淀、潘庄示范小城镇和岳龙镇小阎村生态居住社区建设全面启动。

项目建设提质提速。总投资超千亿元的重大产业项目完成投资600亿元，累计认定科技型中小企业651家。农业上，北方种业基地项目稳步实施，雨润食品工业园投入试生产。工业上，英利光伏产业基地一期、玖龙纸业二期三期等项目建成投产。服务业上，未来智慧城、驭马文化城等项目扎实推进，七里海国家湿地公园创建为“AAAA”级景区。

环境建设整体提升。唐廊高速、宁塘公路建设进展顺利，潮白新河蓄水工程全面竣工，蓟运河城区段治理改道和光明路蓟运河大桥工程启动实施。城乡环境综合整治成效明显，滨保高速、津宁高速和海清公路沿线绿化工程高标准完成，全年造林4.3万亩。

社会建设步伐加快。教卫文体等公共设施不断完善，全年新增就业7700人，“五险”参保人数达到16.5万人，城乡基本

宁河县城夜景

2012年5月，第二届中国旅游日活动现场

宁河县第一届运动会

设施农业

滨保高速芦台南出口和宁河路网

医疗保险参保率达到95%，基本养老保险实现政策性全覆盖。在14个乡镇全部建立“一站四中心”，完成华翠示范社区创建试点，探索实践了“五家”服务模式，全年信访总量下降13.7%。

党的建设全面加强。坚持不懈地抓班子、带队伍，抓基层、打基础，健全了县级领导包片、县直委局包乡镇、乡镇干部包村制度，稳妥完成村级组织换届工作，创造性实施了涉农资金监管“四个一”工程，受到市纪委肯定。

2013年，宁河县将认真贯彻落实党的十八大和市第十次党代会、市委十届二次全会精神，按照县委十一届四次全会确定的“坚持‘三为主’，再创新水平”的总体要求和接续实施“六大战略”的具体任务，以“三大载体、四大工程、五大重点”为抓手，全面加强经济建设、政治建设、文化建设、社会建设和生态文明建设，努力在新的起点上开创宁河经济社会发展新局面。

中国（天津）英利光伏产业基地

天津市发展和改革委员会

市发展改革委主任　张志强

2012年，市发展改革委认真贯彻党的十八大和市第十次党代会精神，全面落实市委市政府决策部署，牢牢把握主题主线主攻方向，开拓创新，抢抓机遇，顽强拼搏，为推动全市经济社会发展再上新水平做出了新贡献。

（一）着力加强形势研判和政策研究，提高宏观经济调控能力。强化经济运行监测分析，超前研究经济发展趋势，加强对主要经济指标的预测和重要问题的解读，及时提出相关建议报市领导。全年全市GDP达到12885亿元，比上年增长13.8%，增幅在全国31个省市中排名第一。积极开展规划和重大问题研究，编制完成63个市重点专项规划和全市主体功能区规划，牵头编制天津市落实中央城市定位指标体系研究并经政府常务会原则通过。完成新区综合配套改革新突破点和提升服务业发展水平两个市政府重大课题研究。起草的《天津再创黄金发展期面临的机遇挑战及对策建议》得到市领导重视。

（二）着力优化产业结构，促进经济转型升级。编制印发市战略性新兴产业发展“十二五”规划。争取三支基金列入国家参股新兴产业创投基金计划。新增3家国家地方联合工程实验室和5家国家企业技术中心。出台鼓励中央企业研发机构落户未来科技城的支持政策。推动中方联合体与空客公司签署中国总装线二期框架协议。制定出台贯彻落实产业结构调整指导目录的实施意见。完成节能与新能源汽车示范推广及产业发展规划。深入推进国家和市级服务业综合改革试点。编制服务业发展“两区两园”规划和物流业发展“一区三园”规划。推动服务业和物流业重大项目建设。

（三）着力抓难点、攻难关、解难题，全市“调惠上”活动赢得新成效。抓好起草活动方案、制定25条措施、编印《工作指南》和活动联系手册等基础工作，参与组建市级服务工作组，筹备全市动员大会。建立健全工作机制，实行沟通联系“四项制度”和解决问题“三个渠道”，推动全市活动有序开展。组织召

辛庄示范小城镇

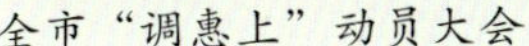

全市“调惠上”动员大会

全市发展改革工作会议

开领导小组会、市级服务工作组座谈会、督查组长例会，制发14份文件，明确不同阶段帮扶重点和工作要求。对全市3000多个项目建设情况摸底调查，协调相关区县和部门活动办，推动未开工和停工、半停工的187个项目开工复工。采取召开专题协调会、转办催办等方式，协调解决疑难问题57个。汇总分析各方面报送的信息13966份，编发工作简报316期。共向帮扶对象发放满意度调查问卷6206份，综合满意率达到99.4%。搞好新闻宣传，扩大社会影响力，参加公仆走进直播间节目，与天津电台联合推出11期“调惠上”活动系列访谈。

（四）着力抓好高水平项目建设，提升投资质量效益水平。加强对投资进度情况的监测和调控，全年完成投资8871亿元，增长18.1%。组织推出160个重大项目，全市1440个重大项目当年完成投资3400亿元。

（五）着力加强生态建设和节能环保，打造绿色低碳循环发展方式。制定天津市“十二五”节能减排综合性工作实施方案并由市政府转发。遴选29个单位列入第四批市级循环经济示范试点，超额完成预定工作目标。三个单位入选“全国循环经济工作先进单位”称号并获通报表彰。积极争取中日韩循环经济示范基地落户天津市。争取国家大幅调整对本市能源消费总量的控制目标。继续推动燃气汽车加气站建设和管理。

（六）着力开创改革开放新局面，增强发展动力和活力。全面推进新区综合配套改革试验第二个三年实施计划，起草了恳请国家出台新一轮支持政策的请示。开展社会信用体系建设方案研究。研究出台了一系列规范股权投资发展的制度。深入推动医药卫生体制改革。研究推动市政府投资项目进入联合审批程序。争取国家继续编制京津冀地区发展规划。争取本市列入全国海洋经济发展首批试点。成功举办“2012中国国际石油化工大会暨国际化工展览会”。

（七）着力改善民生促和谐，不断提高人民生活水平。制定并分解下达促进收入增长相关工作目标，重点加强对企业单位从业人员劳动报酬总额目标考核。推动建立私营企业职工劳动报酬统计制度。全面完成村卫生室标准化建设，继续推动疾控和妇幼保健机构标准化建设。牵头组织推动保供稳价各项措施落实。推进示范小城镇建设，全年新开工1105万平米，竣工507万平米，10万农民入住。

天津百万吨乙烯项目全景

天津市城乡建设和交通委员会

梅江会展全景

在市委、市政府领导下，城建工作以科学发展观为统领，坚持高起点规划、高水平建设、高效能管理，超前谋划、合力攻坚，一批重大项目、民心工程、重点工作实现突破，为全市经济社会又好又快发展做出新的贡献。

建设规模保持较快增长 全市新开工4950万平方米，竣工3680万平方米，在施面积1.2亿平方米,同比增长13%。完成城建投资2705亿元，占全市固定资产投资的30%。70项市重点工程达到计划部位。文化中心、泰安道商业项目、梅江会展二期等项目投入使用，为完善城市功能、提升文化品位和打造高端服务业聚集区发挥了重要作用。

综合交通建设成效显著 津秦客专和地下直径线主体工程完工，京津城际延伸线、津保等铁路稳步实施。天津港30万吨级航道一期、中航油码头等工程按期完工。机场二期航站楼和交通中心主体结构基本完成。地铁二、三、九号线全面投入试运营，通车里程达到130公里，有效缓解了地面交通压力。新建改造黄河道、乐园道等260条城市道路，同步更新改造地下管网4300公里，通行和服务能力进一步提升。

房地产开发保持平稳运行 认真落实调控政策，调整开发结构，加大保障房建设力度。全年房地产新开工2623万平方米，竣工2551万平方米，提前完成全年保障房开工10.5万套、竣工7万套的建设任务。津湾广场二期、民园体育场改造工程全面推进，建成大悦城、银河购物广场等一批商业综合体。累计开工示范镇4400万平方米，竣工2300万平方米，建成21个示范小城镇，50万农民迁入新居。

津门津塔

西站远看

泰安道1号院

地铁2号线

服务民生力度不断加大 改造燃气旧管网238公里，燃气灶具连接管改造23.9万户，自来水户管改造10.5万户，保障了群众用水、用热、用气安全。实施六纬路、北草坝等积水片改造，提升南北仓等地区排水能力。改造33处卡口道路，方便了群众出行。完成600万平方米供热燃煤锅炉改燃。扩大12319热线服务范围，累计受理报修、咨询140万件，办结率97.2%，群众满意率95.6%。

工程质量安全形势稳定 落实市区两级监管责任，建立督查、通报和排名制度。制定施工机械安拆告知、盾构机安全等级评估制度，摁实各方责任和防控体系，实现了风险源管理的规范化。全市工程竣工验收合格率保持100%，中新生态城动漫大厦、海河教育园一期综合配套等18项工程获鲁班奖和国优奖，241项工程获海河杯优质工程奖，380个工地被评为市级文明工地。

建设服务水平不断提升 深入开展“调惠上”活动，累计解决各类建设难题近3000项，认真落实“再提速”各项措施，狠抓规范化建设和标准化服务，深入开展服务进社区，优化了投资环境、推动了项目建设、赢得了群众的理解支持，市建交委连续八年获市政府年度行政效能考评第一。

文化中心全景

天津市经济和信息化委员会

和谐号

中沙石化百万吨乙烯千万吨炼油

2012年，市经信委认真落实市委市政府决策部署，牢牢把握主题主线主攻方向，开拓创新，抢抓机遇，顽强拼搏，全力打好转型升级攻坚战，努力开创工业和信息化发展新局面，为全市经济社会发展做出了新的贡献。

产业结构不断优化 优势支柱产业规模不断扩大，产值突破2万亿，占全部工业比重90%，装备制造正向万亿产业迈进，石油化工达到4000亿元，电子信息、轻纺突破3000亿元，新能源新材料突破1000亿元，软件产业发展迅速，增长50%，规模达到550亿元。建成了航空、电子信息、石油化工、汽车、装备制造、资源综合利用6个国家新型工业化产业示范基地。

集团实力明显增强 新增千亿集团1家、累计达到4家，新增百亿集团5家、累计达到35家，实现主营业务收入1.52万亿元，占全部工业的65%。中国制造业500强企业23个，占全国的4.6%。8个品牌被列为国家品牌试点，工业驰名商标84个。

创新能力加速提升 累计引进了50家国家级大院大所，曙光、神舟通用、中星微列入国家“核高基”专项。超千万亿次高性能计算机、神通大型关系数据库等实现产业化。全市工业企业专利申请量达到2.76万件，占全市比重66.5%。

空客A320总装线

项目建设扎实推进 2007年以来，累计实施工业项目3180项，总投资达1.8万亿元。推出了10批200项重大工业项目，总投资7853亿元，平均项目投资达到39亿元。截至2012年底，累计完成投资1.5万亿元，新增产值1.5万亿元，对工业增长的贡献率超过60%。2007年工业投资首次过千亿，2012年突破4000亿元，实现5年翻两番。

信息化建设步伐加快 宽带用户达到204万户，第四代无线宽带LTE政务网试运行。三网融合正式列入国家试点城市，IPTV开通26万户。电子政务启动“五个一”信息基础设施工程，社保、国土、税务等一批重点应用全国领先。政府网站信息安全防范能力居全国第三。

国防科技实现突破 航空航天“三机一箭一星一站”的产业格局已经形成。大飞机交付超过100架，直升机累计生产20架，无人机实现批量生产；新一代运载火箭基地一期工程全部建成，助推器大型分离实验圆满成功。

中船重工造修船基地

火箭

天河一号

主要指标完成情况

工业总产值：2.4万亿元，净增3000亿元。

工业增加值：增长16.1%。

工业固定资产投资：增长20%。

工业利润：增长11.7%。

工业实际利用内资：增长47.7%。

工业实际利用外资：增长33.7%。

规模以上工业万元增加值能耗：下降13.2%，降幅位居全国前列。

技术创新能力建设：国家级企业技术中心累计达到34家；国家技术创新示范企业5家。

信息化建设：全市光缆总长320万芯公里，出口带宽825G，光纤到户220万户具备接入能力。

天津市市容和园林管理委员会

君临天下 广场公园秋色宜人

意式风情区

2012年，天津市市委、市政府决定，继续推进市容环境综合整治，切实把奋战900天的成果完善好、发展好、保护好，以更加清新靓丽的城市环境迎接党的十八大和市第十次党代会胜利召开。2月22日，全市召开巩固发展奋战900天市容环境综合整治成果动员大会，市委副书记、市长黄兴国作部署，市委书记张高丽出席会议并讲话。5月10日中心城区主要道路和重点地区环境整治基本完成，巩固发展900天工作取得阶段性成果；第十次党代会期间，天津党代表集体视察市容市貌，对巩固发展900天工作给予充分肯定。9月底，巩固发展900天工作全面完成，天津城市面貌更加清新靓丽。

重点区域进一步完善提升 在连续四年奋战900天的基础上，按照维修维护为主、注重便民惠民、提升环境水平的原则，系统维修维护了友谊路等63条主干道路整体环境，综合维修建筑1797栋，修缮破损屋顶874栋，油饰更换空调机罩10.7万个，补修路面92万平米，城市环境要素在巩固中进一步提升。全面维护补充海河沿线等50公里夜景灯光设施，更换补充各类灯具3300万盏，点、线、面结合的夜景灯光体系更加完备，海河两岸夜景更加秀美璀璨。综合整治文化中心周边环境，加强“五大院”周边环境治理，打造展示了天津城市特色的窗口。高标准整治提升城际铁路沿线环境，整修沿线建筑360栋，新建提升绿化124万平米，生态绿色交通廊道基本形成，完成地铁出站口周边环境整治，市容环境水平得到进一步提升。

生活环境持续改善 提升居民社区环境，对300个社区实施环境提升，改造里巷道路30片，建成57个老年日间照料服务中心；增建一批环卫设施，新建改造公厕27座、垃圾转运

海河夜景

津城新貌

站和环卫班点14处；拓展城市绿色空间，新建提升绿地1700万平方米，新建改造公园4座，新建提升绿化节点20处，清洗更换白色围栏7万延米；优化滨海新区环境，综合整治30条道路、66个社区；推进郊区县环境改善，整治道路234条，整治社区176个，清除卫生死角，建设文明生态乡村。实现环境整治与民生改善的紧密结合。滨海新区和其他区县坚持城区与村镇综合整治同步推进，绿化美化净化水平明显提升，居民生活环境水平得到显著提升。

管理水平进一步提高 综合整治与加强管理并重，坚持“两级政府、三级管理、四级网络”的管理体制，强化属地管理责任，推行精细化管理，推进依法规范管理，着力夯实城市管理基础。制定了《天津市城市管理联席会议制度》和《天津市城市管理考核工作细则》，健全了城市管理高位协调机制，解决了一批管理中的难点问题。完成《天津市户外广告管理办法》和《天津市城市照明管理办法》，城市管理法律体系更加完备。完成市容市貌、环境卫生、园林绿化、户外广告等相关专业标准的修订，城市管理标准系统更加科学。完善“以奖代补”政策，强化监督考核的科学性、公正性，持续推进考评的制度科学化、内容法制化，监督考核的激励作用更加明显。完善市区两级和管理部门间数字化城管平台建设，对1247个万米单元网格全部落实卫生保洁员、设施管理员、综合执法员、巡查督导员、考核监督员，基本实现数字化管控、网格化管理，推进智能化、精细化管理，完善16个区县和9个管理部门数字化城管平台，落实网格化管理要求；强化执法检查，健全综合执法巡控体系城市管理在不断创新中更加科学规范。

海河风光

天津市人民政府行政审批管理办公室

2012年，在市委市政府的正确领导下，在各部门各区县的共同努力下，本市行政审批制度改革不断深化，市、区县和街乡镇三级行政服务中心体系全面建立，综合服务功能显著增强，行政审批效率和政务服务水平进一步提升。一年来，市行政许可服务中心累计接待申请人60多万人次，办理各类审批服务事项59.8万件，企业群众满意率保持在99.99%，受到了社会各界的普遍好评。

（一）三级行政服务中心体系全面建成。全市243个街乡镇全部建立了行政服务中心，至此市、区县和街乡镇三级行政服务中心全面建立，并开始试点在社区（村）建立便民服务代办点，基本形成了行政审批政务服务“三级中心，四级服务”构架。

（二）第二批向滨海新区下放审批权限顺利完成。在首批下放110项审批权限的基础上，今年又向滨海新区下放行政审批事项和职能事权65项，滨海新区精心组织承接并付诸实施，进一步扩大了自主发展权。

（三）企业发展共享服务平台建成并成功投入运行。依托市和区县两级行政许可服务中心，在全国率先建成开通了全市统一的企业发展共享服务平台，汇集本市涉及企业发展的现行政策和服务信息22493条，并在市和区县两级行政许可服务中心建立了综合服务窗口和联络员队伍，在信息和办事两个方面为企业发展提供便捷的“一站式”服务。

（四）投资项目联合审批工作取得新成效。市政府建立了投资项目联合审批联席会议制度。市审批办加强组织协调服务，各审批部门深入落实投资项目联合审批高效办理机制，全力推进新一批重大项目联合审批办理进度。全年有2498个社会投资项目（其中市级重大项目120个）完成了联合审批办理，发予开工证，投资额达3519亿元。

（五）行政服务中心“一站式”服务功能不断增强。市行政许可服务中心扩展进驻部门集中办理的行政职权服务事项达116项。首批对河西、武清、静海3个区县及所属街乡镇的行政职权和便民服务事项进行了统一清理规范，编印了事项名录、内容目录和办事指南，并研发了全市统一的街乡镇行政服务中心办事应用系统通用软件，为全市铺开这项工作打下良好基础。

（六）行政审批效率和服务水平进一步提升。市和区县两级行政许可服务中心坚持24小时开门服务，实行工作时间现场审批服务制和非工作时间预约审批服务制，实现全天候服务。各进

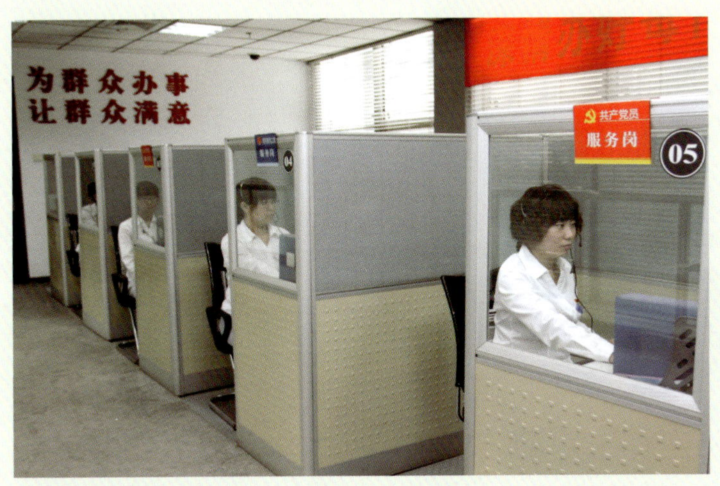

天津市行政许可服务中心社会服务平台——“8890”家庭服务网络中心

天津市行政许可服务中心行政审批服务窗口

驻部门深入推进规范服务、便利服务、亲切服务、上门服务和帮办领办服务。全年累计办理企业预约审批事项11422件，主动帮助企业和群众解决审批方面遇到的难题9796件，办理“立等可取”审批事项37万件，通过互联网网上办理事项7.9万件，投资项目联合审批的帮办领办服务率达95%以上，单项审批办结时间比承诺办结时限提速20%以上。

（七）“8890”为民服务网络功能不断扩展。随着三级行政服务中心体系的建立，2012年首先在东丽华明镇和武清、河西、静海等区县，将“8890”为民服务网络向街乡镇行政服务中心延伸。目前，“8890”家庭服务网络日均为群众办理求助事项达7000多件，累计办理量达1240万件，受到百姓真心赞誉。

深化审批制度改革　推进政府管理创新

天津市行政许可服务中心行政审批平台

天津金融改革创新和金融业发展取得明显成效

民营经济论坛

资本对接活动现场

2012年，在市委、市政府的正确领导下，经过各方面的共同努力，全市金融改革创新和金融业发展取得明显成效，为全市经济社会发展提供了有效支撑。

一是金融业发展规模质量效益明显提升。全市地区社会融资规模超过4440亿元，同比多增1306亿元，同比增长41.7%。存款余额达到20294亿元，新增存款2726亿元，同比增长15.4%；贷款余额达到18397亿元，新增贷款2466亿元，同比增长15.5%。银行业机构总资产达到3.5万亿元，同比增长24.9%。保险业机构保费收入238亿元，同比增长12.5%。证券公司总资产达到116亿元，同比增长8%。2008年至2012年，金融业增加值占GDP比重由4.5%升至7.4%，金融对经济增长的贡献率由6.9%升至15.2%。

二是金融改革创新扎实推进并取得明显成效。华夏人寿保险公司、信唐货币经纪公司、天保财务公司、中国金融租赁公司等法人机构相继开业和落户天津。民生银行成立北方资金交易中心。台湾工业银行在津设立我市首家台资金融机构。西青国开村镇银行、静海新华村镇银行开业运营。全市分行（分公司）以上持牌金融机构超过150家，地方金融法人机构达到40家。连续成功举办六届中国企业国际融资洽谈会，累计为参会基金及企业提供1045亿元的融资需求，达成融资意向近1.5万项。融资租赁法人机构达到116家，融资租赁合同余额超过3000亿元，继续保持行业领先地位。天津股权交易所累计挂牌企业达到247家，市值规模达到230亿元，业务范围涵盖全国26个省区市。

三是金融服务经济社会发展的作用充分显现。全市项目贷款累计新增1902亿元，新开工项目贷款占比为22.9%，同比增长6%。银行新增科技专营机构122家，贷款余额1394亿元，同比增长87.8%。涉农贷款和小微企业贷款分别达到1652亿元和2420亿元，较年初分别增加341亿元和199亿元。全年实现债权性直接融资667亿元，同比增加112%。全市通过创业板、新三板等渠道上市、挂牌和进入发审程序的企业达到34家。设立小额贷款公司127家，累计发放贷款387亿元。融资担保机构达到130家，在保余额超过450亿元。

第七届中国企业国际融资洽谈会开幕式

天津市烟草专卖局
中国烟草总公司天津市公司

天津市烟草专卖局、中国烟草总公司天津市公司成立于1986年1月1日，属中央驻津企业，是天津市烟草专卖行政主管部门，同时负责辖区内卷烟经营工作，下辖7个区局（分公司）、3个分局（分公司）、5个区（县）局（有限公司）和滨海新区烟草专卖局、卷烟营销中心、物流中心、恒大实业公司。

2012年，天津市烟草专卖局（公司）在国家局党组和天津市委、市政府的正确领导下，坚持以科学发展观为指导，紧紧围绕"卷烟上水平"基本方针和战略任务，以培育品牌为重点，加快结构调整，加强市场监管，夯实管理基础，积极打造服务品牌，着力提升队伍素质，继续保持了良好的发展态势。市场营销水平明显提升，全年实现销售收入147.85亿元，同比增长15.44%；实现税利32.03亿元，同比增长18.58%，其中实现税金13.28亿元，同比增长17.43%，实现利润18.75亿元，同比增长19.43%，为地方经济发展做出了新的贡献。专卖管理力度持续加大，全年共破获涉烟违法案件1373起，查获违法卷烟6460万支，捣毁制假售假窝点82个，各类制假烟机26台及大量原辅材料，总案值2300万元，23名涉烟犯罪分子被依法追究刑事责任，尤其是会同公安机关接连破获了3起公安部、国家烟草专卖局挂牌督办的制售假烟网络案件，沉重打击了卷烟制假分子，有力地维护了良好的卷烟市场环境和经营秩序。

2013年1月，天津烟草工作会议

天津烟草行业2013年度专卖管理工作会议

天津市工商行政管理局

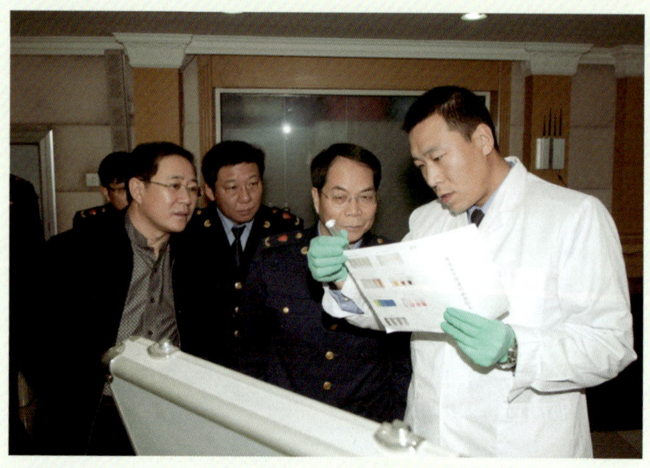

2012年11月16日，局长王海福（右二）在天津工商系统比武现场观看食品快速检测决赛

2012年，全市工商系统坚决贯彻市委、市政府和国家工商总局的决策部署，以服务经济社会发展为根本目标，以全面推进效能建设为主要抓手，努力提高服务发展的质量和效益，积极拓展监管维权的深度和广度，自我加压，主动作为，尽心履职，各项工作全面推进，纵深发展，成效显著。

贴紧跟进全市发展战略，服务经济社会发展实现新突破

全年累计为2042个大项目企业、31个示范工业园区、1744家科技型小巨人企业、128个亿元楼宇提供了全程化、管家式服务。同时在“调惠上”活动中，实地帮助企业解决难题233个，得到黄兴国市长的充分肯定。

新注册各类市场主体8.19万户，市场主体总量达到48.78万户，同比增长8.42%；注册资本金总额达到29052.06亿元，同比增长10.59%；实现外资催缴到位150亿美元。新认定驰名商标34件，总量达到110件，著名商标总量达到1024件，注册商标申请量突破10万件，提前实现全市商标发展规划目标。全市地理标志商标注册取得历史性突破，总量达到19件。成功承办第十九届中国国际广告节，受到国家工商总局“组织最好、规格最高、亮点最多、品质最优、人气最旺的一届和谐盛会”的充分肯定，创中国国际广告节多个“历史之最”。全市新增广告经营单位2087户，总数达14272户，同比增长17.1%；全年实现广告经营额140亿元，同比增长14.4%。

全力支持企业以股权质押、商标专用权质押、动产抵押、融资（金融）租赁等多种方式融资，融资总量达2062亿元。个体民营企业协会联手金融机构建设银企合作平台，帮助2511户中小企业融资15.34亿元，有效缓解了企业融资难问题。

2012年5月23日，市十五届人大代表向市工商局赠送了“认真办理代表建议促进发展为企业解难题”的牌匾，对市工商局办理市人大代表建议工作给予充分肯定

强化监管执法效能建设，维护市场秩序和市场安全展现新水平

完成67个品种1787个批次食品抽检，合格率95.24%，同比提高0.93%；发布17期检测公告，曝光了32个批次质量不合格食品。完成57个品种909个批次商品质量监测，商品质量合格率74%；发布监测公告44期，曝光了113个批次质量不合格商品。

会同市发改委、金融办等部门制发7个规范性文件，对2400户股权投资企业进行摸底调查，依法吊销480户，促进了股权投资企业及其管理机构规范健康发展。配合市金融办对35户交

2012年10月27至29日，第十九届中国国际广告节在天津梅江国际会展中心举行

易场所进行清理整顿，积极参与融资性担保业务专项检查，规范了相关业态的平稳运行。

社区商贩备案管理工作实现突破。在东丽区华明镇成功试点社区商贩备案管理，颁发全市首张“华明社区服务中心”营业执照，解决了示范镇内约80%的无照经营户的市场主体问题，提升了社区管理水平，受到兴国、津渡、文喜等市领导的充分肯定。

评选年度“全国诚信示范市场”6个，“天津市文明诚信市场”36个。以市政府名义认定“守合同重信用”企业708家。审查合同15058件，办结合同违法案件234件。办结各类违法案件6245件，取缔传销窝点396个，遣散参与传销人员8915人次。

加强消保维权和社会管理创新，保障民生促进和谐取得新成果

全市工商机关和消费者协会共受理咨询、申诉、举报136302件，调解消费申诉14014件，办结率97.36%；查处举报5667件，查处率97.51%；调处投诉2200件，办结率99.4%，共为消费者挽回经济损失1484.12万元。积极推进工商调解与人民调解、司法调解相衔接的“大调解”机制，10个分局相继建立行政调解中心，调解消费争议3872件，为消费者挽回经济损失448.95万元。同时，与全市40个行业协会建立了维权协作机制，与华北五省区市工商局区域合作并签署消保维权合作协议，与南开大学合作成立全国首家“绿色消费教育研究基地”，发布《绿色消费与供应》报告，进一步推进了消费维权社会化。

凝聚干事创业精神和力量，干部队伍和基层基础建设水平得到新提升

2012年，全市工商行政管理的各项工作都呈现出昂扬奋进的大好局面，得到了各个方面的充分肯定和广泛赞誉。市委、市政府和国家工商总局领导作出肯定性批示84件，各区县党委政府领导对工商分局工作批示311件。市工商局连续五年获得“对外开放服务奖”，连续三年被评为“依法行政工作先进单位”。在2012年全市民主评议政风工作中，工商系统所属分局和滨海新区工商局全部在所属区县名列第一。

2012年6月20日，市工商局组织召开全市工商系统创先争优活动总结表彰大会

2012年2月8日，1200余人参加了市工商局组织的企业年检审核员资格考试

天津市市政公路管理局

快速路河北大街立交桥

滨海新区响螺湾海河开启桥

天津市市政公路管理局是主管全市市政道路桥梁、公路（含高速公路）管理工作的具有行政职能的市政府直属专业管理局。

2013年，市市政公路管理局的全年工作目标是：全面贯彻落实党的十八大精神，按照市委、市政府的部署要求，坚持以科学发展为主题，以改善民生和创新管理为主线，进一步强化市政公路各项管理，推进管理的规范化、精细化和科学化，不断提升公共服务能力和水平，努力打造布局合理、功能完善、有机衔接、安全环保的市政公路设施网络，为把本市建成国际港口城市、北方经济中心和和生态城市提供坚实的市政公路设施服务保障。

全面加强设施养护维修工作 实施城市道路养护维修，整修市政桥梁设施；实施普通国省干线公路大中修，加强国省级公路及大型、特大型桥梁养护管理，进一步提升全市路网综合服务水平。

科学组织实施公路建设工程 组织推动塘承、蓟汕、津港二期等7条新建、唐津等2条高速公路改造工程；实施G205国道、津围北二线、团唐等8项普通公路改扩建工程，改造里程132公里；改造农村公路800公里。

推进市政道路桥梁工程建设 实施旧路拓宽改造，缓解道路交通拥堵。组织实施海津大桥、地道驼峰等改造工程；打通西湖道、保山道等瓶颈路段；对清化祠大街、南开二马路等旧路进行

天津大道

高速公路电子不停车收费ETC通道

京沪高速公路天津段

改造，进一步改善群众出行环境。

推进公路隐患点位治理工程 全面改造乡村公路圬工双曲拱桥，实现消灭上世纪60–70年代建成的圬工双曲拱桥的目标；实施外环线中小桥桥面联通工程，保证行车安全。

进一步完善和强化设施管理 完善行政审批案件网上办公，执法巡视逐步实现远程监控；完善社会产权设施分类管理，明确责任，加强监管，出台措施；完善城市道路管线井管理，扩大权属确认范围，强化管理手段；加强停车场的管理，规范审批手续，服从养管需要；严格新建市政道桥设施接管，确保权属明确，不存在重大质量安全隐患；细化因工掘路管理，在审批环节对掘路施工提出明确要求，加强巡查管理，杜绝违章掘路，加强安全文明施工监管；做好重点路线路况保障，巩固提升线路整体环境质量。

强化高速公路运营监管 加强路政、养护、收费、服务区、路域环境管理；加快推进电子不停车收费工程，年内高速公路ETC车道覆盖率达到96%，基本实现全市高速公路统一联网收费；继续落实好重大节假日小客车免费通行政策，畅通鲜活农产品绿色通道，做好全市重大活动设施服务保障。

强化规划管理职能和项目前期工作 深化专项规划编制，完善省级公路网规划，开展农村公路网规划编制，启动干线公路网现为规划编制，统筹高速公路、普通干线公路、区县级公路和乡村公路的规划衔接，确保公路建设有序发展。

强力推进治超工作努力取得新的成效 发挥全市治超工作牵头部门作用，健全和完善治超工作长效机制、责任倒查机制、管理规范制度、监督检查机制和科技管理网络。加大路面治超和督查检查力度，强化源头治超和二次配载治理。

蓟县北部山区自然村村村通油路

整修后的快速路宾悦桥

天津市委老干部局

在全市老干部工作会议上，市委常委、市委组织部部长尹德明（左一）代表市委接受各区县、各部门领导递交老干部工作责任书

市级老领导吴振（前排左三）、高德占（前排左二）等老同志参观考察经济社会发展和城市建设项目，盛赞近年来建设发展取得的辉煌成就

市委组织部副部长、市委老干部局局长牛士琦（右二）看望体院北老干部理论学习组老同志

2012年是党的十八大召开之年，也是干部离退休制度建立30周年。在市委领导下，市委老干部局锐意进取、扎实工作，老干部工作取得了显著成绩，努力做到了让党放心、让老干部满意。

着力加强离退休干部“两项建设”，老同志的政治优势、经验优势、威望优势得到更好发挥。以开展“凝心聚力‘十二五’，创先争优谱新篇”活动和“三比三看三知”大讨论为载体，进一步加大思想政治工作力度，引导老同志与党中央保持思想统一、步调一致，为十八大胜利召开营造了良好氛围。

组织开展老干部工作政策落实情况督促检查工作，离退休干部各项政治、生活待遇得到更好落实。全力推进离休干部生活待遇“三个机制” 的落实，坚持离休干部医药费按规定实报实销政策和“双月清”制度，完善就医“五优先”措施，医疗服务保障水平不断提高。积极推进社区“四就近”服务工作，进一步加大对生活困难老干部的帮扶力度，解决了一批事关老干部切身利益的难点问题。中组部下发的调查问卷显示，本市老同志对落实老干部政策待遇工作表示满意和非常满意的达到100%。

全市各级党委采取多种形式组织广大老干部喜迎党的十八大胜利召开

广泛开展纪念干部离退休制度建立30周年活动，尊重老干部重视老干部工作的良好氛围更加浓厚。紧扣在改革中推进、在继承中发展的主题，组织引导各级老干部工作部门回顾总结30年来老干部工作创造的基本经验，研究把握老干部工作的基本规律，探索老干部工作科学发展的基本途径。在《天津日报》开辟专栏发表理论文章，编发《人间重晚晴》文摘画册，展示纪念活动的丰硕成果。

积极推进老干部活动中心和老干部大学建设，离退休干部精神文化活动更加丰富。以迎接党的十八大和市第十次党代会胜利召开为主题，举办书画、舞蹈、健身、歌咏等多种形式的文体活动，丰富老同志的文化娱乐生活，促进老同志强身健体、愉悦身心，展示了老同志对党对国家的深厚感情。深化老干部活动中心“学比看”活动，示范评选20个“老干部幸福乐园”，有力推动全市各级新建和改扩建一批老干部活动中心和老干部大学。

深入开展“诚心诚意、千方百计为老干部服务创先争优”活动，老干部工作部门自身建设得到更好加强。大力加强老干部工作队伍能力建设和作风建设，以确立诚心诚意、千方百计服务理念为重点，深入开展“五比五创一考评”活动，组织引领广大老干部工作人员争做让党放心、让老干部满意的优秀干部。成功举办“京津沪渝老干部工作研讨会”，四市就做好退休干部服务管理工作达成六点共识，有力促进了老干部工作科学发展。

前进中的天津档案事业

市档案馆近代天津历史研究中心成立座谈会暨揭牌仪式

全市档案工作先进事迹报告会

近年来，全市档案部门紧紧抓住天津经济社会又好又快发展的机遇，紧密围绕全市中心工作和大局，全面推进“三个体系”建设，着力打造档案资源、人才、科技三个高地，努力搞好经济建设、民计民生、文化繁荣发展三个服务，在服务中发展，在发展中服务，各项事业取得长足进步，多项工作走在全国前列，进入了历史发展最好的时期。

据不完全统计，2009年以来，市、区县档案部门深入基层单位开展档案服务，联系服务科技型中小企业5000余家，重大建设项目400余个，39万卷国有退出企业档案得到合理处置。全市城市社区全部建立了社区档案，3848个行政村规范建档，258个行政村实现农村档案信息“村村通”。累计开放档案109万卷，为14万余人次提供档案、文件查询80余万卷件次，为10万低保人员建立了低保档案，为14万下岗失业人员建立了下岗再就业档案，为320万名农民建立了健康体检档案，1万户居民建立了家庭档案。

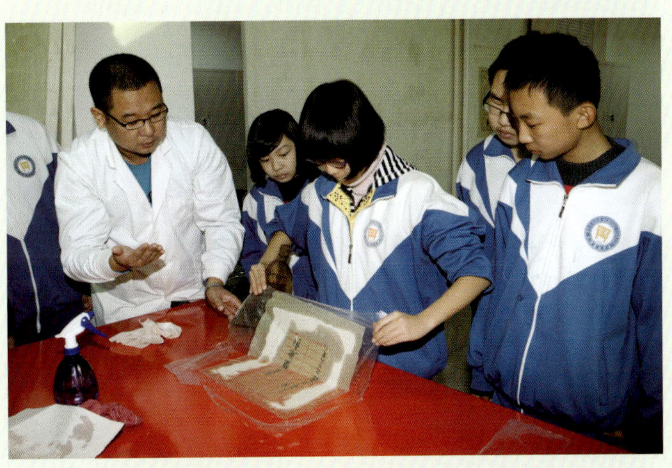
市档案馆与南开区教育局共同开展中小学档案教育实践活动
图为中学生在工作人员指导下进行档案（仿真件）裱糊修复

市档案馆开放利用部工作人员为市民解答档案查阅利用问题

市、区档案部门开展“红头文件进社区进乡村”现场服务活动

滨海新区塘沽管理委员会

贡院

晨桥湖光

塘沽位于天津东部的海河入海口，素有“九河下梢”、“京津门户”之称，成陆距今已有八百多年的历史，是中国北方近代工业发祥地。作为滨海新区核心区的塘沽，地处京津城市发展轴和环渤海城市轴的交汇点，区位优势十分明显。距天津机场28公里，距北京机场165公里；轻轨铁路、津滨高速公路等现代化交通设施齐全，京津塘高速公路将北京、天津、塘沽连成一线，从塘沽乘车90分钟即可到达北京，华北、津晋等高速公路将塘沽与中国东北、华南、西北相连。

地处沿海开放地区的塘沽，具有得天独厚的发展条件。自然资源丰富，蕴藏着海盐、石油天然气、地热等自然资源，石油地质储量19亿吨，天然气地质储量702亿立方米，地热水资源储量相当于8.28亿吨标准煤，出水温度为65-78度，是罕见的兼具

阳光外滩

塘沽文化墙

“海水”与“温泉”的沿海城市，为海滨特色的医疗、旅游提供了巨大的发展潜力，以海鲜为特色的餐饮业发达，著名的渤海对虾、梭子蟹享誉国内外。塘沽城市公建基础设施完善。供水能力40万吨/日，从根本上解决了生活用水和工业用水；兴建的天然气管道和“渤西”天然气配套工程，使天然气供应量达到1721万立方米，居民住宅气化率达到94%；集中供热自1997年筹建以来，供热热化率达到75%以上；塘沽地区拥有110千伏以上变电站5座，是全国电力供应最充沛的地区之一。通讯设施的先进程度和普及程度均达到全国领先水平。

2012年，塘沽各项工作均取得明显成效，呈现出又好又快的发展势头。经济总量持续增长，重大项目加快建设，街镇经济协调发展，科技型中小企业发展迅速，环境综合治理效果显著，农村城市化工作稳步推进，科教文卫体等社会事业齐头并进，人民生活水平迈上新台阶，社会更加和谐稳定。

起航

滨海新区大港管委会

2012年大港完成地方生产总值288.7亿元，同比增长20.2%；地方财政收入26.6亿元，同比增长20%；地方固定资产投资174亿元，同比增长20%；实际利用内资70亿元（市外口径），同比增长32.4%；城镇居民人均可支配收入30664元，同比增长10.1%；农民人均现金收入13310元，同比增长12%。

发展方式转变迈出新步伐 扶持壮大风力发电、海水淡化等战略新兴行业，促进石油石化产业升级改造，鼓励有机硅、渗透膜、可降解生物复合材料等绿色化工新材料发展。新能源产业成为新的支柱产业，以北大港风电、沙井子风电、马棚口风电三条风电带为代表的风电行业，累计发电超过3亿千瓦时，实现产值1.5亿元，节约标准煤12万吨，全市最大容量风能发电项目龙源电力并网发电。高精专石油石化制造业不断提升，高端纺织、工程塑料、新型建材开发有效延伸。传统产业优势扩大，以自行车、微波炉、线路板为主导的机电行业增长势头强劲，增幅在50%以上。大力发展现代服务业，迎宾商务大厦、格林豪泰酒店、油田幸福广场投入运营。15万平方米的港东新天地城市综合体、港东新城金融综合体和俊昊汽车城等一批新兴服务业项目抓紧建设。

发展载体得到新加强 突出抓好园区建设、项目落地，总投资220亿元的8批49个市级区县重点项目全面开工建设。工委管委会确定的71个重点项目中，58个项目建成投产或正在建设。实施大港开发区、石化产业园区二次开发和转型升级战略，盘活闲置资源，大力发展楼宇经济；加快"腾笼换鸟"的步伐，利用闲置厂房实现二次招商。加快推进石化园区化工类企业的关停转迁工作，载体功能和发展质量进一步提升。突出抓好中塘示范工业区建设，广和管桩、易锦集装箱服务检测等项目正在加快建

学府园

设。发展壮大街镇工业小区，占地2平方公里的中塘河西工业园实现了项目全覆盖，港西新型建材园初具规模。

科技创新迈上新台阶 全年新增认定科技型中小企业249家，在全市率先提前一季度完成全年任务。新增科技小巨人企业20家，累计达到65家，新增认定国家高新技术企业7家，申报市、新区科技项目189项。加快科技转化孵化，建成孵化器8家，生产力促进中心7家，其中6家孵化器和6家生产力促进中心通过市级资格认定，大港生产力促进中心顺利通过国家示范生产力促进中心评审。

市容环境呈现新面貌 实施太沙路北延、穿港路二期改造、制万路拓宽、轻纺大道竣拓宽改造工程，海景路全线贯通。李港铁路城区段原线建设的海滨大道建成通车。东风大桥拓宽改造工程顺利实施。实施官港地区供暖设施煤改气改造，改造提升雨污排泵站、管网。加快电力配套设施建设，长期制约安达工业园

山湖公园

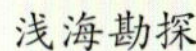
浅海勘探

石化产业日新月异

区、中塘示范工业区及中塘镇发展的供电问题彻底解决。开工建设18个社区服务站。加强配套设施建设，建成迎宾、古林两个社区服务中心，建成板厂路派出所，实施地税局办税中心、大学城公交首末站工程。全力推进港东新城建设，建成住宅小区70万平方米，在建住宅面积160万平方米，供电供水供气等基础设施进一步完善官港湖区紫竹林别墅酒店、国际风情街、溪谷林苑等项目抓紧建设。以“大干300天”为突破口，继续实施大规模的市容环境综合整治工程，整修世纪广场、海鲜一条街等重点区域。突出抓好油田幸福路、迎新街等主要干道街景立面整治。加大旧楼区综合整修力度，完成双安里、三春里等5个旧楼区的综合整修。加快实施一批生态环境工程。实施港东新城污水处理厂、中塘工业区污水处理厂建设。启动南环湿地公园四期和大港公园改造工程。强化节能减排目标责任制，完成一批煤电装置和集中供热锅炉脱硫改造，区域空气质量二级以上天数比例达到85%以上。

“三农”工作取得新突破 坚持“三区联动”加快发展现代设施农业，先后实施李官庄设施农业园、万码畜牧基地、四季田园等一批提升工程，新建刘岗庄农业产业园、蕈菌产业科技园、东群盟农业科技园区、窦庄子奶牛种牛基地、皇家枣园耐盐碱植物培育产业化基地等一批新项目。完成万亩冬枣精品园和3万亩依标生产基地建设。设施农业面积达到10600亩。突出抓好示范小城镇建设，着力打造拥有薪金、股金、租金和保障金的“四金”农民。太平示范镇一期34万平米还迁楼全部竣工，具备了还迁条件。小王庄示范镇43万平米还迁住宅基本建成，配套设施全面推进。中塘示范镇全面开工建设。

改善民生取得新成效 认真落实20项民心工程。全年新增就业2.2万人，城镇登记失业率为2.1%，在全市处于领先水平。社会保险综合参保率达到96%。大力推进11万平方米保障性住房和南部城区75万平方米限价商品房建设。继续提高城乡低保标准和五保供养标准。建成老年日间照料中心4个、照料站11个。新建大港二中主教学楼，完成电大迁址，启动港东新城2所中学建设，一批街镇中小学和幼儿园抓紧建设，提前半年全部完成了市政府下达的达标任务；新建大港二中主教学楼，启动港东新城中小学建设，全面完成义务教育学校现代化达标任务，大港中、高考成绩在全市处于前列。规范建设国医堂8个、农村标准化卫生室42个。支持油田总医院三级甲等标准化建设。加强社区卫生服务站标准化建设，全面实施18项免费社区医疗服务，妇女儿童健康行动计划惠民12项目标任务圆满完成。

百万吨乙烯

天津市滨海新区汉沽管委会

2013滨海汉沽海鲜美食节

滨海汉沽葡萄文化旅游节

汉沽位于天津市东北部，是滨海新区的城区之一。有海岸线28公里，大神堂海域是津门最早迎来日出的地方。汉沽距天津滨海国际机场50公里，距天津港21公里，东距唐山市曹妃甸区35公里。对外交通畅达，京山铁路，唐津高速公路、滨保高速公路横贯境内，海滨大道沿海岸线通过汉沽，天津至秦皇岛高速铁路经过城区，设滨海北站。汉沽得盐渔之利，享负海之饶，创造了中国北方独具特色的盐渔文化。这里是中国海盐之乡，中国刻字版画之乡，中国玫瑰香葡萄之乡。茶淀镇玫瑰香葡萄种植、杨家泊镇水产珍品养殖驰名华北。随着滨海新区开发开放战略的推进，汉沽与同在滨海新区北部的中新天津生态城、海滨旅游区、中心渔港经济区、泰达现代产业区联动建设、功能互补。加快转变经济发展方式，推进产业转型升级和战略性产业结构调整，大力发展优势产业，一批大项目、小巨人企业、楼宇经济纷纷落户；生态休闲旅游快速发展，“春海鲜、夏飞镲、秋葡萄、冬采摘”四大特色旅游文化节日，成为地区旅游的品牌节事。未来汉沽将依托区位和资源优势，突出海洋经济特色，重点发展新兴产业、循环经济、旅游服务，形成绿色产业体系，建设生态宜居海滨城市。一个创业汉沽、美丽汉沽、自豪汉沽正展现在世人面前。

冬季采摘

汉沽飞镲

天津市滨海新区东疆保税港区

天津东疆保税港区（二期）验收纪要签署仪式

2011年10月17日，第六届邮轮产业发展大会开幕式在东疆保税港区举行

（一）基础配套建设全面加快

东疆保税港区二期开关顺利实施，10平方公里整体通过海关总署验收，保税港区实现全部开关运作，成为全国面积最大的保税港区。77.2万平方米的标准仓库建成，13万平米的国际商品展销中心开业，金融服务中心、海景度假酒店主体完工，公安基地、公交场站建成。

（二）涉外经济体制改革持续深化

《天津北方国际航运中心核心功能区建设方案》赋予的22项试点政策已落实17项。融资租赁货物出口退税试点完成了全国第一单退税业务，63家航运、物流企业享受了国际航运税收试点营业税免征政策，飞机租赁企业享受进口环节增值税优惠，外商投资企业资本项目意愿结汇试点获得批复。

（三）保税港区辐射作用明显增强

结合试点政策落地，不断加强与兄弟区域战略合作，实现优势互补，区域辐射作用增强。协同有关部门帮助长城汽车打破对俄罗斯出口的瓶颈，长城汽车2012年通过东疆出口汽车1.4万台（套），出口额1.77亿美元，公司对俄出口量同比增长26%。

（四）招商引资成效显著

全年合同外资额2.8亿美元，同比增长110%，实际使用外资1.5亿美元，同比增长50%，内联引资实际到位额18.5亿元，同比增长32%。注册外资企业51家，区域外资企业注册量突破100家，其中外资500万美元以上企业27家，占外资企业总数的53%。

（五）航运中心功能初步显现

航运物流业方面，航运及船舶服务企业总数达到60家，区内航运集团达到4家。租赁产业方面，租赁公司累计达355家，租赁总资产约69.7亿美元，年税收贡献达2.4亿元。国际商品展示交易方面，东疆获得商务部授牌，成为目前中国北方唯一的国家进口贸易促进创新示范区。贸易结算方面，新增贸易和结算类企业96家，中粮食品营销等超大贸易结算型央企项目落户，全年完成结算额220亿元，结算额亿元以上的企业16家。

（六）口岸监管持续创新

东疆海关创新备案清单监管模式取得突破，东疆检验检疫局以“一项一案”、“一厂一策”模式为企业定制服务，东疆海事局建立旅游船艇“四方联动”管理机制，东疆边检站优化团体旅客验放模式，外汇管理塘沽中心支局靠前服务，为创新试点企业开辟外汇使用绿色通道。

亚洲最大的豪华邮轮抵达东疆

天津滨海高新技术产业开发区

华苑科技园全景

天津滨海高新技术产业开发区（以下简称天津滨海高新区）1988年经天津市委、市政府批准建立，1991年被国务院批准为首批国家级高新区，由核心区和政策区两部分组成。核心区由高新区实施全面管理，分为华苑科技园、滨海科技园和未来科技城拓展区三部分。政策区包括南开科技园、北辰科技园、武清科技园和塘沽海洋科技园。

多年来，天津滨海高新区主要经济指标保持30%以上高速增长，2012年核心区实现生产总值615亿元，同比增长69%，固定资产投资312亿元，同比增长30%，增速在滨海新区乃至全市排名第一，同时经认定的科技型中小企业、国家级高新技术企业及两级创业“千人计划”数量均居全市第一，成为全市重要的科技创新基地、高新技术产业化基地和人才培养基地。培育了绿色能源、软件及高端信息制造、生物技术与现代医药、先进制造业和现代服务业五个具有较强竞争力的优势主导产业，初步形成了

滨海科技园综合服务中心

华苑科技园一角

参与产业高端分工、创新浪潮持续涌现、骨干企业规模带动、配套企业链条不断延伸的产业创新集群，在促进科技与经济结合，推动产业结构向高端、高质、高新化发展方面走出了一条特色创新之路。

天津滨海高新区致力于为高新技术产业搭建“产业+人才+投融资”的发展平台，构建了产业、创新、人才三大政策支撑体系，鼓励金融资本参与科技成果转化和产业化。2001年，被科技部评为“国家先进高新技术产业开发区”；2005年，被国家知识产权局批准为全国首家“国家知识产权试点园区”，核心区华苑科技园被国家环保总局、国家科技部批准为创建ISO14000国家示范区；2006年，核心区滨海科技园成为科技部和天津市共建的全国第一个国家高新区。2009年，被国家科技部批准为首批创新型科技园区建设试点单位之一。

天津滨海高新区作为中组部、国务院国资委牵头建设的中国4个未来科技城之一，正按照“智慧经济城，创新先导城”的总体定位要求加快建设。力争到2015年，在人才聚集方面，研发领军人才达到10人，高端人才引进数量达到100人；在科研平台聚集方面，国际一流研发机构达到10家，引进央企研发中心等多元化研发机构50家；在成果产出及转化方面，万人发明专利拥有量达到200件，“863”计划项目等重大科技成果转化数达到100项。

“多元、包容、开放、务实”拥有高端人才和高端产业集聚的天津滨海高新区正在努力成为引领全球科技及新技术产业发展的龙头，成为支撑中国第三增长极的重要创新极，成为科技创业者的乐园和科技人才的理想憩息地。

渤龙湖

天 津 保 税 区

金融中心

融和广场

天津保税区是天津滨海新区的重要经济功能区，包括天津港保税区、天津空港经济区两个区域，总面积73平方公里，背靠京津冀，服务“三北”地区广阔腹地。其中，天津港保税区是中国华北、西北唯一的、北方规模最大的保税区，面积5平方公里，区内设有保税物流园区，具有国际贸易、国际物流、临港加工和展示展销四大功能。天津空港经济区毗邻天津市区、距滨海国际机场3公里，是以航空产业为特色的综合经济新区。作为国家级开放经济区，建区22年来，天津保税区始终保持健康快速发展，地区生产总值年均增幅超过30%，成为具有海港、空港双重优势，综合优势明显、最具活力的经济区域之一。2012年生产总值首次突破千亿元，达到1068亿元。截至目前，累计完成固定资产投资1800多亿元，进出口总额1200多亿美元，关税和代征税2500多亿元，完成财政收入870多亿元，实际利用外资接近200亿美元。

聚焦招商引资，高端产业加速聚集 始终把招商引资作为区域发展的生命线，举全区之力聚焦招商、服务招商，高端产业加速聚集。截至目前，注册企业10000多家，世界500强投资项目已达156个，形成了航空航天、装备制造、电子信息、生物医药、快速消费品、总部金融、商贸物流等优势产业集群。以中国民航科技产业化基地为载体，以空中客车、中航直升机为龙头，美国古德里奇、联合技术航空部件、PPG、法国泰雷兹、左迪雅戈、西飞机翼等50多家国内外知名航空企业落户，航空产业迅速成长为天津的优势产业。美国CSC、沃尔沃IT、大唐电信、科大迅飞等龙头项目聚集，使通讯信息产业能级迅速提升。展讯通信、东软、中兴、软通动力、中科院工业生物所、华大基因、瑞普生物等一大批国内领先，具有世界水准的科技企业入区发展，

空港经济区中心大道

空客总装线

法国阿尔斯通天津水电设备公司

软件、研发设计等知识密集型产业年增加值超过30亿元。美国卡特彼勒、豪士卡、GE医疗，加拿大铝业、麦格纳，法国阿尔斯通、道达尔，瑞典利乐，柳工、新疆特变电工、天汽模等30多个骨干企业落户，装备制造的研发实力和技术含量不断提升。依托空港经济区的区位优势和良好环境，搭建发展平台，总部经济发展取得明显成效，聚集了中航直升机、中铁十三局、金再生资源、中远控股、大众中国、中冶天工、大唐渤图、宝钢、华硕、SM等60多个企业的区域和中国总部。庞大欧力士、民生金融租赁、贵金属交易所、央视未来电视、康捷空、百合网等一批金融、文化产业项目落户，新兴金融业年增加值超过40亿元。

优化投资环境，核心竞争力不断增强 天津保税区管理委员会是天津市政府充分授权的派出机构，奉行“企业第一、服务第一、效率第一”的理念，实行“一站式”审批和“一条龙”服务，集中审批、现场审批、联合审批，把企业的需求作为第一需要，精简行政审批，提高服务效率，不断完善企业服务网络，为企业提供全程跟踪、保姆式服务，形成了高效率、低成本、国际化的投资环境，成为中外投资者创业发展的沃土。

实施发展新战略，打造生态宜居新城区 加快实施空港经济区现代化新城区和科技园、工业园、物流园“一城三园”的区域规划，城市雏形基本形成。现代化城区占地13平方公里，包括总部基地、大型商业、公建住宅；研发科技园占地9.4平方公里，重点发展开拓电信、生物、光电、服务外包；高新工业园占地29.1平方公里，重点发展民用航空、新能源新材料、先进制造业；现代物流园占地2.5平方公里，依托空港保税区和滨海国际机场，发展空港物流。目前，生活配套设施日趋完善，国际医院、空港学校、国际双语幼儿园、文化中心、体育中心、空港湖滨社区服务中心、住宅、星级酒店、高尔夫球场等为投资者和群众提供高品质的生活环境。

未来发展目标 2013年，保税区将围绕建设持续增长的经济大区和科学发展的模范新区两大目标，以改革、创新、转变为突出特色，进一步优化发展环境，做大经济总量，做强优势产业，深化功能拓展，加快建设经济充满活力、城市面貌靓丽、社会人文和谐、文化氛围浓郁、生态环境宜居、民主法制健全的开放区域，为滨海新区开发开放和天津市发展做出更大贡献。

响啰湾天际线

滨海新区中心商务区

2012年11月19日，罗斯洛克支持备忘录签约

商务区互查互看活动现场交流推动会

中心商务区是滨海新区九大经济功能区之一，横跨海河下游两岸，地处滨海新区的核心地带，东至跃进路，南至大沽排污河，西至河北路、兴业路，北至新港四号路，规划面积37.5平方公里。

中心商务区2007年开始筹建，2010年12月正式挂牌成立，是落实天津市“双城双港”空间发展战略和滨海新区“一核双港、九区支撑、龙头带动”发展策略的重要空间载体，功能定位为环渤海地区的国际金融、国际贸易、总部经济、高端商业和现代服务业的聚集区，将建设成为滨海新区的商务商业和行政文化中心、中国的金融创新基地、世界一流的中心商务区，成为未来城市形象标志区和国际化生态宜居城区。中心商务区规划建设进度为“两年开发启动、三年全面建设、五年初具规模、十年基本建成”，力争用15到20年的时间全面实现规划设计要求和功能定位目标。整个区域规划布局为“一河两岸六区”，即以海河为轴线，沿河两岸开发为重点，规划建设于家堡金融区、响螺湾商务区、天碱及解放路地区、大沽地区、新港地区、蓝鲸岛及大沽炮台区等六片区域，形成一个集金融外贸、商务商业、休闲旅游为一体的高端商务区域。

响螺湾全景图

于家堡沿河立面效果图

响螺湾商务区 规划面积3.2平方公里，建筑面积567万平方米。2007年9月11日开工，已确定34家投资单位，开工建设39个项目，共计48栋楼宇，总投资约330亿元。功能定位为外省市、央企驻滨海新区的办事机构、集团总部和研发中心。

于家堡金融区 规划面积3.86平方公里，共120个地块,分四期开发建设，建筑面积950万平方米。起步区规划面积1平方公里，35个地块，建筑面积300万平方米。正在重点建设的9+3项目规划占地面积15万平方米，14个地块，建筑面积120万平方米，将建设成为具备现代化设施和国际化服务功能，国际一流、全国领先、功能完善、服务健全的金融改革和创新基地。

天碱及解放路地区 规划面积3.44平方公里，布局大型商业设施、酒店及部分高档公寓写字楼，功能定位为打造滨海新区最具有活力的商贸商业中心。

大沽地区 规划面积11.68平方公里，将依托海河秀美的自然景观和北洋水师大沽船坞、潮音寺等历史文化资源，建成宜居生态、现代化的居住区和旅游目的地。道路、排水、路灯工程进展顺利，海河景观和彩带公园建设正在加快推进，并将跨海河兴建三座造型各异的现代化桥梁。

新港地区 规划面积14.04平方公里，将建设成为滨海新区行政中心所在地和生活配套区。

蓝鲸岛和大沽炮台区 规划面积1.28平方公里，着力发展休闲、娱乐和文体产业，目标建设为滨海新区的生态岛屿和天然氧吧，将打造出环境优美、人与自然和谐共存的城市生态新空间。

建区以来，中心商务区大力推进开发建设和招商引资，取得了显著成果。2012年完成固定资产投资180亿元，增长29%；财政收入28.6亿元，增长90.7%；内联引资80亿元，增长28%；利用外资1.3亿美元，增长30%。

工程建设突飞猛进。累计开工1050万平方米，完成投资389.2亿元，竣工251万平方米，在建799万平方米。响螺湾6栋楼宇竣工，累计10栋竣工，市政配套投入使用；于家堡7栋楼宇主体竣工，能源中心、南北地下车库、共同沟均实现开工；滨海商业中心（天碱）基础设施“三横三纵”道路启动施工；大沽地区已完成土地整理和部分基础设施工程。跨海河安阳桥开工，彩带岛完成绿化基础工程。蓝鲸岛完成52万平方米绿化。

招商引资取得突破。累计注册企业2015家，注册资本金1509亿元，实际到位额860亿元。在谈及储备项目205个。已引进大型金融类总部9家，注册资本金达283.3亿元，金融类企业320家，科技型中小企业31家。洛克菲勒完成基金设立，托马斯·李基金公司成立，华夏人寿迁入，中租公司已批准开业，国际能源控股公司得到批复，罗斯柴尔德洛希尔集团、毕马威、民生银行北方交易中心及联创融资租赁、智达金属交易市场等一批项目签约落户。银监局滨海分局、股权基金协会、农行滨海分行等一批机构入驻，于家堡金融及要素市场聚集初现。响螺湾新增入驻企业210家。不断扩大区域影响，成功举办于家堡论坛和首届媒体娱乐业合作交流论坛。

环境面貌焕然一新。对天津大道、迎宾大道等主干路线进行了专项市容环境清整。治理了运输撒漏、乱停乱放、乱摆乱卖和黑出租等问题。完成了河南路安阳里、新桥里等6个社区、111栋楼宇的提升改造。

于家堡全景图

滨海新区临港经济区

临港经济区全景

临港经济区化工基地

临港经济区位于海河、独流减河入海口之间滩涂浅海区，是通过围海造陆而形成的港口工业一体化的新兴经济区，规划总面积200平方公里，用海面积230平方公里。是滨海新区重要功能区，也是国家循环经济示范区和国家新型工业化产业示范基地，定位于建设“中国北方以装备制造为主导的生态型临港经济区”。临港经济区横跨两河、纵对大海、背靠三北、面向世界，直接经济腹地包括京津两个直辖市和华北、西北十个省区，总面积200多万平方公里、人口2亿多，同时还可幅射日本、韩国、朝鲜、蒙古等东北亚国家。

临港经济区拥有海、陆、空立体交通网络。海运方面，不仅北依世界第五大港天津港，自己还具备大沽沙、高沙岭、独流减河三条航道，将建设300余个万吨级以上码头，实现入港物流无缝对接。陆运方面，京津塘、津晋、海滨大道等九条高速纵横交错，贯通临港，区内三横五纵骨干路网已经形成，入区铁路正式通车。空运方面，距中国重要的干线机场和北方航空货运中心天津滨海国际机场仅38公里。

临港经济区重点发展实体经济，已形成装备制造、粮油食品、口岸物流三大支柱产业。其中，装备制造业包括五大板块：一是以大机车为代表的轨道交通产业；二是以中船重工为代表的造修船产业；三是以博迈科为代表的海上工程

临港经济区行政管理服务中心

新港船舶重工造船基地

大功率机车检修基地

临港泰达住宅小区

临港经济区大沽沙航道

产业；四是以华能为代表的新型能源产业；五是以太重为代表的工程机械和大型成套设备研制产业。粮油食品加工产业已引进了中粮油、中储粮、京粮油、美国ADM、印尼金光、益同创鑫等国际国内领军企业。口岸物流产业已引进了世界500强普洛斯、思多而特、上汽集团、中信集团等企业。

截至2012年底，临港经济区自身累计完成固定资产投资1100余亿元，围海造陆130平方公里，建成双向10万吨级大沽沙航道并对外开放、万吨级以上码头泊位20个，建成道路86公里，220千伏变电站2座、110千伏变电站3座；吸引投资近2000亿元。2010年以来，工业产值连续两年翻番。2012年，完成地区生产总值145亿元，同比增长30%；完成工业总产值在地口径400亿元，同比翻一番；完成固定资产投资242亿元；实现财政总收入30.5亿元，同比增长30.5%；内联引资49.1亿元，同比增长31.6 %；实际使用外资2.35亿美元，同比增长30.5%；实现外贸进出口总额7.26亿美元，完成全年目标12.1倍；新增招商引资协议额508亿元;完成港口吞吐量1805万吨，同比增长20%。

临港经济区港区建设工地

天津港（集团）有限公司

“海洋航行者”号邮轮首航天津港

大型集装箱船舶停靠天津港

天津港是世界上等级最高的人工深水港，是中国北方重要的对外贸易口岸，是连接东北亚与中西亚的纽带。天津港港区陆域面积达131平方公里，主要由北疆港区、南疆港区、东疆港区、临港经济区南部区域、南港工业港区东部区域等几大区域组成。其中，北疆港区以集装箱和件杂货作业为主；南疆港区以干散货和液体散货作业为主；东疆港区以集装箱码头装卸及国际航运、国际物流、国际贸易和离岸金融等现代服务业为主，东部区域正在完善城市配套功能；临港经济区南部区域以重装备制造业、新能源、粮油轻工业为主要发展方向；南港工业港区东部区域是以煤炭、矿石等大宗散货为主的新港区。

天津港作为中国北方最大综合性港口，共拥有各类泊位159个（万吨级以上泊位102个），其中拥有集装箱、粮食、石化、煤炭、滚装、通用散杂货等生产性泊位87个。岸线总长34公里，主航道水深已达-21.0米，能够接待所有进出渤海湾的船舶，30万吨级航道二期工程完工后主航道水深可达-22.0米。2012年，天津港完成货物吞吐量4.77亿吨，排名世界第4位；集

天津港主航道

天津国际贸易与航运服务区

天津港开展滚装商品车“水转水”业务

装箱吞吐量1230万标准箱，排名世界第11位。

近年来天津港加快物流网络建设，已在内陆腹地建设了23个无水港，4个区域营销中心，开通了15条集装箱班列，直接经济腹地近500万平方公里，辐射包括京津冀及中西部地区14个省市、自治区，70%以上货物吞吐量和50%以上的口岸进出口货值来自天津以外的各省区；同世界上180多个国家和地区的500多个港口有贸易往来，每月航班近500班；成为拥有亚欧大陆桥全部三条通道且运量最大的沿海港口。

天津港（集团）有限公司是天津港的主体，近年来按照市委市政府工作要求，全面加快转变经济发展方式、调整优化产业结构，确立了以港口装卸业、国际物流业、港口地产业和港口综合服务业“四大产业”为核心的多元化发展思路，并取得明显成果，初步形成了多点支撑的良好格局。截至2012年底，集团公司拥有各类性质的员工4万余人，总资产达到1029亿元，营业收入251亿元，连续11年入选中国500强企业。

2013年，天津港将坚决贯彻落实党中央和市委市政府的决策部署，坚持开拓创新、坚持实干兴港，以更开阔的视野、更强大的胆识、更扎实的作风，全面做好2013年的各项工作，努力推动天津港实现持续健康较快发展，为滨海新区的开发开放、为天津国际港口城市建设做出更多更大的贡献！

天津港东疆湾沙滩景区鸟瞰图

天津港东疆港区

和平区教育局

2012年，和平区教育局认真贯彻教育工作精神，以科学发展观为指导，以办人民满意教育为目标，以“四个一流”建设为方向，以开展保持党的纯洁性教育活动为契机，励精图治，锐意进取，扎实推进教育优质均衡发展，取得了显著成效。

一、整体规划，攻坚克难，实现三个“圆满完成”

一是圆满完成义务教育学校现代化达标工作。新建二十一中学、昆明路小学总校区、万全小学南市校区；对21个单位、27个校区进行提升改造；暑假期间，16所学校完成推磨式的大搬迁。二是圆满完成特殊教育学校现代化建设工作。培育学校新校舍正式投入使用，学校配备了举重训练专用设备，铺设了塑胶跑道，开辟了地滚球训练场。9月，通过市督导委评估验收。三是圆满完成学前教育三年行动计划目标要求。11月，圆满完成市政府教育督导室对和平区学前教育三年行动计划落实情况督导检查工作。

二、锤炼队伍，开放交流，全面提高校长教师素质

一是积极推进干部制度改革。通过实行干部竞聘选拔、校长持证上岗、干部有序交流等方式选好、配齐、配强各级领导班子。二是不断提高教师专业化水平和综合素质。通过境外考察、送课下乡、教师支教、继续教育培训、第三届“和平杯”教师技能竞赛及全体教师业务水平考核等工作，提升教师专业技能，让优质教育资源的辐射作用发挥到极致。成功举办第三届“和平教育对外交流研讨会”以及天津·香港“社会责任与可持续发展教育”师生论坛，加强交流，提高了校长教师队伍整体素质和能力。三是为干部教师成长铺路搭桥。继续实施“学科首席教师领衔团队工程”和“名校长、名教师培养工程”，提升领导管理水平。2012年，本区有11名教师当选天津市中小学第八批特级教师，当选人数居全市前列。

三、巩固成果，提升标准，全面提高教育教学水平

一是推动落实《义务教育学校服务标准》卓有成效。和平区编制完成七十条十五万字的《天津市公共服务标准·义务教育学校服务标准》，并在全区中小学推行。市教委在第十九中学召开现场会，将和平区中小学贯彻义务教育学校服务标准的经验向全市推广。二是毕业班工作成绩显著。各项反映素质教育的指标继续保持全市领先地位。三是心理教育工作取得实效。2012年10月，在全国未成年人心理健康辅导工作骨干人员培训班上，和平区未成年人心理健康教育工作经验做了典型介绍。

2012年11月24日，在第三届和平教育对外交流研讨会精品课展示板块，天津市特级教师——第二南开中学魏欣老师在授课

2012年7月29日，和平区教育系统举行“天津·香港”社会责任与可持续发展教育师生论坛活动。两地学生从“气候变化与节能减排”、“人类行为与社会环境”等方面共同探讨交流

万全小学　二十一中学新校舍

北 辰 区 教 育 局

北辰区教育局局长郭建新在河头学校附属幼儿园开园剪彩仪式

2012年10月31日，中澳校长论坛在北辰教育中心24楼会议室召开

2012年是北辰教育率先实现现代化的重要一年。按照局党委“转变教育发展方式，坚定内涵发展道路、建设北辰教育高地”的总思路，以提升教育教学质量为主题，以推进教育现代化建设为主线，以促进教育内涵发展为主攻方向，全面提升教育发展水平，努力办好人民满意的教育，北辰教育实现持续健康发展。

教育惠民项目有序推进 投资3800万元，高标准建成辰风小学，投资1285万元，完成朱唐庄中学改造提升，投资400万元，完成96中学内外檐提升改造及局部外网配套工程，投资260万元完成民族职专外檐提升改造工程，投资300万元，按照市颁验收标准，完成特殊教育学校二次提升，启动北辰区教育信息化中心、第二模范小学和秋怡小学建设项目。

学前教育健康蓬勃发展 精心制定落实《天津市北辰区学前教育三年行动计划》，2012年，投资2049万元新建改扩建11所标准化幼儿园。超额完成资源建设任务，圆满实现3年任务2年完成的目标。5所幼儿园晋级为区一级幼儿园，27所幼儿园晋升为市民办二类园。

2012年10月24日，朱唐庄中学节能改造示范项目竣工

3. 素质教育全面推进，成果显著 以行为养成教育为重点，分层推进各学段德育教育。在天津市中小学生运动会中，北辰健儿以总分高出第二名427分的优异成绩再次夺得区县组第一名，实现“六连冠”。在天津市学校艺术展演比赛中，北辰区获得一等奖7个，二等奖24个，三等奖37个，创造了历史最好成绩。2012年小升初考试、中考取得优异成绩。中考成绩比全市平均分高出31.6分。高考700分以上3人。600分以上197人。高分段人数、一二本上线率均超过年初制定的目标，为北辰教育持续跨越发展奠定了基础。

教育内涵发展不断增强 承办天津市第四届青年校长学术论坛，成立天津市北辰社区教育学院，承办“环渤海地区社区教育联盟协作组织第七届研讨会”，与东北师范大学理想信息学院签订第二轮深度合作协议，举办“中澳校长论坛”，并与澳大利亚格兰坪教育局签署教育交流合作协议。为教育的进一步交流开放奠定了基础、搭建了平台。

教育督导再上新水平 召开“深化督学责任区建设暨督学聘任大会”，完善督学责任区建设，充实了教育督学队伍。参加“全国督学责任区建设现场会”和“全国教育督导系统表彰大会”，北辰区代表天津市做了典型发言，被授予“全国教育督导先进集体”称号。

教育均衡进一步推进 在全市首批完成全部义务教育学校现代化达标工作，被授予“全国两基工作先进单位”称号，受到国务院表彰。对边远农村教师在工资待遇、评优评选、职务晋升等方面落实倾斜政策，促进了北辰区教育优质均衡发展，提升了北辰教育现代化水平和综合办学水平。

双港实验小学

津南区教育局

双港中学

北闸口中学

津南区位于天津市总体规划“一轴两带”的主轴上，是连接市中心城区与滨海新区的重要通道。所辖八个镇先后被市政府确定为城镇改革试点。近年来，津南区委、区政府站在对历史负责、对事业负责的高度，把教育摆在优先发展的战略地位，从长远和未来考虑教育的布局和建设，借土地整合及示范镇建设之势，迅速提升教育现代化建设标准，一次性完成我区教育的布局，并纳入国家控规。提出了“高标准、高质量、高水平全面推进基础教育现代化建设”等系列要求。一手抓建设，一手抓队伍，使津南区教育面貌发生了根本性的转变，实现了学前教育、义务教育和特殊教育软硬件建设历史性的新突破。

津南区从区域社会、经济、文化发展未来出发，对教育优先布局。各所新建校严格按照教育部颁布标准进行规划和建设，初级中学占地不低于60亩、建筑面积不低于16000平方米，小学占地不低于40亩、建筑面积不低于12000平方米，新建校完全按抗高强度地震、现代化校园的标准设计，实现了“一校一品，特色明显”的建筑风格，风雨操场、塑胶跑道、功能教室、信息化办公和教学系统、人防物防技防并举的安全保障系统、标准化食堂等内部设施一应俱全。学校校舍和设施使用功能全面提升，保证学校布局科学合理，促进教育现代化发展。

在扎实推进学校幼儿园新建、扩建进程中，津南区严把校园建设规划关、建设施工关、资金投入关，确保了校园建设与小城镇建设同步进行。区政府成立新建学校工程进度督察领导小组，及时督促新建校工程的进展情况，督进度、督质量、督资金使用情况。近三年来，新建现代化标准中小学25所，另外，还有

高标准、高质量、高水平推进基础教育均衡化

咸水沽第六小学

八里台第四小学

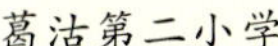
葛沽第二小学

小站第四小学

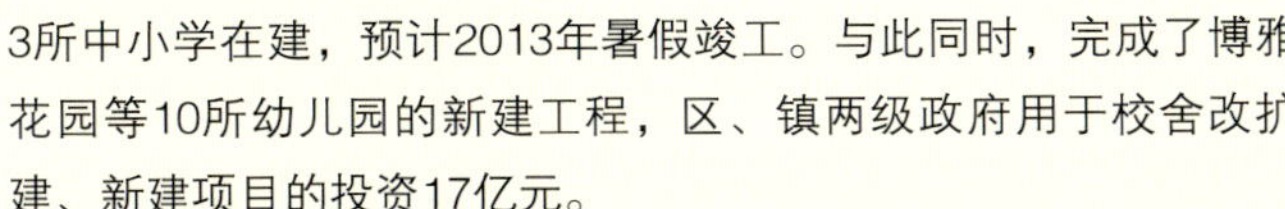
3所中小学在建，预计2013年暑假竣工。与此同时，完成了博雅花园等10所幼儿园的新建工程，区、镇两级政府用于校舍改扩建、新建项目的投资17亿元。

继续加大设备投入力度，借天津市对基础教育学校现代化达标验收之际，对全部中小学教学设备进行装备、配备，加快推广多媒体技术应用步伐，加强学校图书室和实验室的现代化管理，不断提升办公信息化水平。教育教学装备购置资金近1亿元，重点实施“图书配送工程”、“新增教学仪器设备配送工程”和“人才培养工程”，实现现代化高标准装备，保证了实施素质教育的需要。义务教育的公平性、公益性、均衡性和普惠性在津南大地成为现实。

三年的拼搏取得了可喜的成果，一座座崭新的现代化中小学和幼儿园遍布于津南大地，为津南区中小学生提供了优质的教育资源；别具特色的学校文化建设把校园装点得大气典雅。经过三年艰苦努力，包括培智学校在内的49所中小学，全部高标准、高质量、高水平地通过天津市义务教育学校现代化达标验收，本区承诺的学前教育三年行动计划应建园所超额完成。津南区在校园建设和改造的成功做法，在天津市评估总结大会上作为典型进行经验介绍。

一所所漂亮的学校、园所的落成，不断提升的师德师能水平，稳步提高的教育教学质量，赢得了百姓的好评。如今，学校不仅成为本区一道亮丽的风景线，而且成为一座政府联系百姓的桥梁，使教育这个最基本、最大的惠民工程得到很好的落实。

津南区第四幼儿园

高庄子小学

天津市华夏未来少儿艺术中心

天津国际少儿艺术节

环球之旅百国访演圆满结束

天津市华夏未来少儿艺术中心成立于1993年4月，在市委、市政府的关心支持下，在市委宣传部、市文广局、社团局的领导下，坚持“一切为了孩子”的宗旨，以公益、教育、文化产业、文化事业为主线，突出重点不断丰富未成年人校外活动内容，创新教育理念，打造教育品牌，大力发展文化产业，开创了华夏未来整体工作的新局面。中心自成立以来，每年为全市孩子们办8件实事，其中累计有26件被列为天津市政府为城乡人民办20件实事的子项。

中心拥有建筑面积35000平方米的主体教学、活动楼两座和一座占地56000平方米的华夏未来儿童公园。大厦内设施先进、功能完善，堪称国内领先、世界一流的青少年活动阵地，丰富和提高了少儿校外活动的载体功能，成为全国最大的现代化校外教育机构之一，年培训学员达10万人次，年活动人数达百万人次。截至2012年，艺术中心先后荣获全国文化工作单位先进集体、全国青少年校外活动示范基地、全国未成年人思想道德建设工作先进单位、全国扶残助残先进集体、全国创先争优先进基层党组织、全国工人先锋号、全国三八红旗集体等荣誉称号。

一起穿新衣

第十届天津市残疾儿童艺术节

大厦公园背景

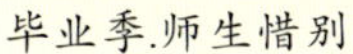
毕业季.师生惜别

聘任新理事暨命名邓颖超班大会

校民乐团

天津市南开中学

天津市南开中学由著名爱国教育家严修和张伯苓1904年创办，1978年被教育部确定为全国重点中学，现为天津市教委直属中学。学校占地面积115亩，建筑面积60289平方米。截至2012年底，全校共有师生2900人。

首任校长张伯苓任职45年，新中国成立后，杨坚白、杨志行等人先后担任校长。2010年，学校进行教育管理体制改革，建立南开中学理事会，孙海麟任理事长、党委书记。现任校长为马跃美教授。

南开中学校训为“允公允能，日新月异”。校歌首句歌词为：“渤海之滨，白河之津，巍巍我南开精神”。校色为青莲紫，寓意出淤泥而不染。校徽呈八角形，寓意南开学子来自四面八方。南开中学特别注重对学生进行爱国主义教育和人格养成教育，培养了以杰出校友周恩来总理为代表的一大批党和国家的领导者、科学家、教育家、文学家、艺术家；培养了数以万计的合格公民。

南开中学坚持“以周恩来为人生楷模”的教育主线，优质教育硕果累累。每年均有数十名毕业生被保送清华、北大等著名高校；民乐、合唱、舞蹈、篮球等社团多次在全国比赛中取得佳绩。学校与法国德萨伊中学、新加坡华侨中学、香港圣保罗男女中学等20多个国家和地区的中学建立了友好交流关系，成为中外基础教育借鉴和交流的桥梁。

2010年以来，南开中学开始改革招生体制并积极探索创新人才培养模式。先后成立了教育基金会、校史研究中心等机构，新建体验创意中心和艺术中心，开办“南开公能讲坛”，出版《以周恩来为人生楷模教育读本》等10余本书籍，助力学校内涵积淀和学生全面发展。

在天津市委、市政府和学校理事会的正确领导下，今日全体南开人正在努力创办富有中国特色、具有世界水平、符合时代要求、适合未来人才成长需要、让人民满意的优质中等教育，开创南开教育事业的崭新篇章！

周恩来总理铜像

天津市新华中学

名师骨干工程开班仪式

新华中学法语周活动

新华中学拥有教学人员285人，行政管理人员（职工）41人。教师中副高级职称123人（含特级教师14人），中级职称132人，初级职称30人。学校有高中、初中共57个教学班，在校生共2597人。以新华中学为依托的民办校华宁中学高中4个班，学生129人。图书馆藏书79994册。

学校教科研成果丰硕，多项区以上课题研究、20多部专著和百余篇论文获得好评。教师申报的28项“十二五”各级课题已成功立项27项，初步形成了由学校整体推进的大课题研究与一线教师承担的微型课题研究相结合的研究格局。2012年，学校获得集体荣誉国家级6项，市级19项，区级47项；教师获国家级荣誉19人次，市级80人次，区级100人次；学生获得国家级荣誉10人次，市级532人次，区级819人次。

【锐意改革、制度立校】

学校坚持以科学发展观为指导，提出“面向全体学生、全面提升素质、发挥学生优势、发展个性特长，让学生生动、活泼、健康发展”的办学理念和“办大气学校、建精致校园”的办学目标，先后实施了“八三发展规划”、“九三发展规划”和“三步走”工作目标，开拓创新，锐意改革，与时俱进，实现了由质量立校到制度立校的转变。

1．实行级部制管理。2010年学校制定《新华中学级部制管理实施办法》，开始实行级部制管理。实施级部制主要着眼于解决三个问题，即明确质量责任主体；减少管理层级，提高管理效能；合理控制班级规模，实行有效管理。

2．创建“校务办公室”。学校整合了原校长办公室、人事和党务部门，创建新的“校务办公室”。作为学校重要的服务性办公机构，对全校性工作统筹兼顾，组织协调，实现学校工作的有序运行。通过优化校务办公室的职能，建立健全规章制度并督促落实，实现学校工作照章办事，制度管理的科学体制。

新华中学北校门

圣功楼

教师节学生表演文艺节目

庆七一表彰大会

3. 成立教学督导室，做到"督"在实处，"导"有创新。对教学工作开展有效的检查、监督、评价与指导活动，及时反馈教学信息，提出咨询意见，使教学工作科学、务实、有序、高效地进行，以保证教学政令畅通，确保教学质量的稳步。

4. 为实现办学目标和学生的培养目标，提出"三步走"工作目标。第一步：提高办学质量，站到位，巩固住，解决学校生存问题；第二步：实现办学目标，靠能力，不拼时间，解决学校可持续发展问题；第三步：认同共同价值观，形成主流心态，解决教师职业幸福感的问题。

【严谨治学、文明立教】

学校提出科学、民主、有序和高效的管理理念，确立以人为本、依法办学、民主管理、继承与发展的办学原则，倡导"校荣我荣"为核心的新华中学共同价值观，发挥党建优势，突出德育工作，强化职业纪律，以教师的专业化发展为核心，严谨治学、文明立教。

1. 学校始终把教师的专业化发展摆在重要位置。学校实施了"三大工程"即名师培养工程、骨干教师培养工程和青年教师的希望工程，学校创造一切条件为教师的专业化发展搭设平台，提供服务。采取赴名校学访交流、参加高水平专业会议、参加市组织的有关培训、师徒结对子，以及示范课、"转正课"、"出师课"等多种方式培训教师，促进骨干教师成长。全校近百位老师在名师、骨干教师培养工程中收益。

2. 不断探索高效教学模式，实现优质轻负，促进学校可持续发展。各级部都针对自己学生的特点进行高效教学的探索与实践，学科组也在研究不同学段、不同内容、不同课型的高效教学模式。在此基础上，学校出台了《新华中学关于高效课堂及高效教学的要求》。课程计划得到较好落实，校本课程开发成果丰硕。"外教英语"、"学法指导"等课程，受到学生欢迎。在加强常规教学管理的基础上，学校努力推动教学工作由教向学的转变，推出了学生自己学习、小组合作学习、探究式学习等教学模式。特别是"导学案"教学方式的探索与实践，取得显著成效。

3. 发挥党建优良传统，重视教代会工作，为学校发展提供有力保证。认真落实"三会一课"制度、"民主评议制度"、"廉洁教育制度"，在"党员创先争优"、"保持党的纯洁性教育"活动中，以"党员承诺、践诺活动"、"党员点评"为载体，以橱窗宣传的形式明示党员示范岗，拓宽党员服务群众渠道，构建党员联系和服务群众工作体系。在践行新华中学共同价值观、树立新华形象上做表率。教代会组织健全、活动规范，并成立校务公开民主管理小组和监督小组。教代会负责人由专职人员担任及教代会下设若干个工作小组分头开展有关工作，在民主管理与民主监督中充分发挥作用。

4. 强化师德教育，突出德育工作，实现和谐教学。通过学师德规范、观看先进人物录像、举办师德报告会，提高师德水平，努力保持教师队伍的良好形象。德育工作以"抓细节、重过程、严管理、务实效"为指导思想，通过在教师间、师生间、生生间、教师与家长之间倡导和谐的人际关系，形成良好的育人气氛；通过多种方式的心理疏导，有效提升学生心理健康水平。有100多名教师受过心理咨询专业培训，每周都有专家辅导咨询，心理教育目标明确具体，并设有咨询热线面向全市学生开放。

5. 加强干部队伍建设和班主任工作，为教学工作提供有力人才保障。对干部的培养坚持"使用培养并重"的原则，特别是提出强化层级管理、给干部独立工作空间、做完整的事、做有效果的事，使具体工作形成系列，实现有益积累。通过树典型、班主任专题研讨、新老班主任结对子等方式，加强班主任队伍建设，确保政令畅通，实现学校可持续发展。

综合楼——心理辅导中心

天津市公安局和平分局

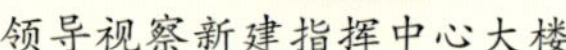
领导视察新建指挥中心大楼

分局党委成员

2012年，在市公安局、和平区委、区政府领导下，公安和平分局充分发挥自身职能作用，围绕中心，服务大局，以党的十八大安保为重点，全力维护区域社会政治稳定，严厉打击各类刑事犯罪，深入推进“三访三评”和“三项建设”，持续开展区域治安整治行动，各项业务工作和队伍建设取得明显成效。全区刑事发案同比下降10.7%；侦破刑事案件数同比提高8%，命案侦破率为100%；破获经济案件1527起，挽回国家、集体、个人经济损失2.8亿元。在专业机构联合开展的问卷调查活动中，和平区社会公众安全感名列全市第二。分局法制办被公安部命名为“全国公安机关执法示范单位”；先后有32个单位获得集体荣誉；207名民警立功受奖，劝业场派出所民警张冉当选和平区第24届“十佳公仆”，董顺心、王文清被市公安局确定为全市功模典型人物。分局基础建设步伐进一步加快，解放路派出所原址重建工程正式立项启动，新建南营门派出所顺利搬迁，分局指挥中心大楼竣工。

分局指挥中心大楼

和平区应急救援紧急拉动演练现场

金街巡控

市中心大型商场安全防范宣传

天津市公安局西青分局

荣获“全国优秀公安局”庆功大会

举办第三届群众工作标兵颁奖典礼

2012年，在西青区委、区政府和市公安局的领导下，公安西青分局始终坚持以邓小平理论、“三个代表”重要思想、科学发展观为指导，自觉加强公安机关人民警察核心价值观教育，牢固树立“立警为公，执法为民”的思想，以全力做好党的十八大安保工作为中心，不断增强政治意识、大局意识、忧患意识和责任意识，始终保持清醒头脑，牢固树立底线思维，认真开展矛盾纠纷排查化解工作，充分履行职责，全力维护政治稳定；坚持从全区社会治安实际出发，强化治安管控，严打各类违法犯罪活动，努力提升人民群众的安全感和满意度；坚持以服务全区经济社会发展为己任，全力保障重点工程项目的开工建设，组织开展了严打经济犯罪“破案会战”专项行动，为企业的发展提供支持和保障；坚持推进社会管理创新，不断完善工作机制，基本实现流动人口服务管理的规范化；坚持从规范执法行为入手，完善执法管理体系，强化执法监督力度，大力推进执法规范化建设；坚持政治建警、素质强警、从严治警、从优待警的原则，把民警教育训练工作放在战略位置，不断提高民警执法水平和业务能力，全力推动公安队伍建设，圆满完成了各项公安保卫任务，为全区经济社会发展创造了良好的社会治安环境。年内，分局先后被公安部授予“全国优秀公安局”和“全国公安机关执法示范单位”的光荣称号。

在缅甸成功抓获外逃18年的持枪杀人逃犯

召开打击侵财犯罪赃物发还大会

天津市公安河西分局

2012年1月21日，市委书记张高丽（右六）视察马场派出所

区委常委、分局党委书记、局长赵年伕（左四）带领消防等相关部门负责同志到宝丽金大酒店检查消防工作

近年来，公安河西分局在河西区委、区政府和市公安局的正确领导下，以科学发展观和党的十八大精神为指导，坚持统筹兼顾，锐意创新，深入推进公安信息化、执法规范化建设，整体打防控能力显著增强，群众安全感、幸福感和满意度不断提升，为维护全区社会政治、治安大局持续平稳，营造区域经济发展良好环境作出积极贡献。

把握主动，服务大局，切实维护社会政治大局稳定 分局深化了"维稳信息研判例会"制度，及时获取苗头性、预警性、倾向性情报信息，为及时预警、科学决策奠定基础。以情报信息为先导，针对各重点领域不稳定因素事端，深入开展摸排，牢牢把握维稳工作主动权。综合运用各种策略，妥善处置了群体性事件。为确保市委、市政府门前秩序良好，分局健全完善了周边巡查、远端疏导以及突发事件处置的方案、预案，加强与多部门联合作战，确保了该地区持续稳定。市文化中心广场开放以来，全面做好前期调研、风险评估，严格落实安保、反恐、警卫等基础工作。加强了广场巡查巡控，整合了视频监控系统、建立了多部门联动机制。开放以来，完成了800余场次大型活动安保任务，均未发生安全事故，确保了广场秩序井然。

多警协同，整体联动，不断提升严打高压态势 不断健全完善经常性严打机制、案件协调联动机制、犯罪信息研判预警机制，狠狠打击了各类严重刑事犯罪活动。通过情报会商例会，强化治安动态分析研判，有针对性地开展专项行动，成功侦破一大批系列侵财案件，为保一方平安做出了贡献。努力探索建立经济领域犯罪预警机制、防控机制和协作机制，为国家、企业及个人

纪念中国共产党成立91周年暨杨书红事迹报告会

十八大安保工作誓师大会

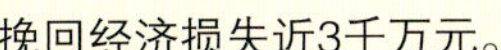
举行“天塔地区治安骑巡队”授旗仪式

预防拐卖妇女儿童宣传活动

挽回经济损失近3千万元。

创新管理，服务民生，全面夯实社区警务工作 不断创新社会治安管理工作，强化人防、物防、技防建设，深化重点地区整治，全区案件高发重点社区，发案率下降50%以上。深化全区群防群治工作，充实扩大了群众义务巡逻队、治保会、安全员、信息员和平安志愿者队伍，全区群防力量达到2.7万余人。积极构建和谐警民关系。近年来，相继召开各层级人大代表、政协委员、监督员和群众代表座谈会300余场次，问政于民、问需于民，征求社区防范工作的意见和建议，为公安工作持续发展增强了后劲。

规范管理，强化监督，有效推动执法规范化建设 坚持“固理念、强素质、抓整改、促规范”原则，着力推进执法主体、执法制度、执法管理、执法监督“四项建设”，开展了执法教育培训，建立了专职法制员队伍，搭建了网上执法办案平台，健全了案件五级审核把关制度，强化执法单位和执法民警的执法档案管理和年终考核制度，确保了分局整体执法规范化水平显著提升。

政治建警，素质强警，努力打造文明坚强战斗集体 始终把队伍建设摆在突出位置，建立健全了队伍分析研判会和现场剖析会制度，对队伍隐患抓早、抓小、抓苗头，解决于初始。深入开展了“五无”所队创建活动，切实提高执法质量、减少群众信访投诉。大力开展了先进典型培养，充分发挥典型带动作用，友谊路派出所被公安部授予“全国优秀公安基层单位”荣誉称号；东海派出所社区民警杨书红被公安部授予“全国公安机关爱民模范”荣誉称号，为分局争得了荣誉。

河西区国际禁毒日宣传活动

天津市公安局河东分局

天津市公安局局长武长顺（右二）到站区治安派出所调研

2012年，公安河东分局新一届领导班子在区委、区政府和市公安局的正确领导下，认真贯彻落实“调结构、惠民生、上水平”的总体部署要求，按照“解放思想、创新思维，转变作风、提升素质、挖掘资源、构建体系、提高能力”的总体工作思路，以强化党的十八大安保工作为主线，把区域公安工作自觉置于天津科学发展、和谐稳定的大环境下去设计谋划，牢固树立大局意识、政治意识，不断增强责任感和使命感。全局上下风清气正、心齐劲足，全年实现队伍“零”违纪，在河东区政风行风评比中名列第一，赢得了区委、区政府和市公安局领导的充分肯定和高度评价。

全面把握维稳形势，建立维稳控制体系，努力加强治安管理，全力做好维稳工作 成立“维稳办”，建立维稳档案，分层、分级全力做好稳控、处置工作。十八大召开期间，全警投入、全力以赴，圆满完成安保工作。组织开展以打击现行犯罪、侵财犯罪为主要内容的“辰龙系列专项行动”，坚持昼夜、侧重夜后在全区主要干道、治安形势复杂地区开展巡逻防控。认真开展“打四黑除四害”和“三禁”整治专项行动，全范围推广技防设施，提高社区防范能力，依法规范指导安全监督检查和安全防范宣传，加强涉危、涉爆物品管理，大力净化了社会治安环境，确保内部单位生产、经营秩序平稳安全。全区治安形势发生显著变化，发案总量、报案数量、破案、打处等几项指标都取得了前所未有的突出成绩，在市公安局绩效考核中由第17位上升到第9位，成为年内市局考核名次提升幅度最大的单位。

完善执法监督考评机制，坚持政治建警、服务经济建设，增强队伍科学管理水平 完善基层所队法制员执法办案审核制度，严密执法程序，配备执法记录仪，为容易发生问题的执法环节确定了工作标准，实现了执法标准化、模板化、

召开“迎接十八大岗位铸忠诚公安河东分局全力推进三项攻坚战役誓师大会”

召开"辰龙二号"专项行动表彰总结暨打击侵财犯罪动员部署大会，图为分局局长李建军（左一）向获奖人员颁发奖杯

分局长李建军同志在暴雨中指挥防汛工作

民警在万达商业广场举办110宣传日活动

民警在天津站前广场举办"缉枪治爆专项行动宣传日"活动

流程化、规范化的具体要求。深入开展"三访三评"深化"大走访"活动，广泛征求社会各界对公安管理服务工作的意见建议，转化为利民、惠民的具体行动。成立服务区域经济发展领导小组，研究出台了九项服务区域经济发展的具体措施，抽调职能部门精干警力组建了"区域重点项目工作推动组"，紧紧围绕地铁2号线、5号线等重点工程项目，全程介入，主动预警，全力确保了工程的顺利进行。坚持政治建警、思想强警、制度管警、从优待警，不断推进整体业务素质和综合战斗力的提高。2012年，全局3个集体单位荣立二等功，6个集体单位荣立三等功；1名民警荣立二等功，40名民警荣立三等功；涌现出国保支队一大队、石福生、张振强、安卫民等先进典型；纪检监察信访总量同比下降40%，960111投诉同比下降47%。

户政科民警深入建筑工地为农民工流动办证

内保科民警指导派出所维护校园安全秩序

天津市公安局津南分局

区委常委、分局局长尚春接待来访群众

近年来，公安津南分局在津南区委、区政府和市公安局的正确领导下，围绕中心，服务大局，开拓进取，争创一流，各项公安保卫工作屡创佳绩，连续五年荣获“天津市优秀公安局”称号，2012年荣膺“全国优秀公安局”，并被天津市总工会授予“天津市五一劳动奖状先进单位”，为维护津南区平安稳定、助推经济发展做出了突出贡献。

牢固树立危机管理理念 注重情报研判和谋略运用、注重科学应对和有效控制，圆满完成党的十八大、第九届大学生运动会、天津夏季达沃斯论坛和发展中国家科学院院士大会等各类大型会议、活动安保工作；坚持抓小、抓早、抓苗头，现场处置与舆论引导同步进行，妥善处置一批群体性事件，确保了津南政治稳定。

牢固树立民意引领警务理念 坚持把群众安全感和满意度作为衡量和检验公安工作的根本标准，在深入开展“大走访”活动、认真听取群众意见建议的基础上，按照“老百姓最痛恨什么犯罪就打击什么犯罪、老百姓反映什么治安问题就整治什么治安问题”的原则，始终保持严打高压态势不动摇，向各类违法犯罪活动发起凌厉攻势，连续五年实现“命案必破”。同时，积小平安促大平安，既集中精力破大案，又坚持不懈抓小案，切实增强人民群众的安全感和满意度，以实际行动回应了群众呼声、满足了群众意愿、维护了群众利益，人民群众拍手称快，社会各界普遍赞誉。

牢固树立“无案胜于发案，民安才是民生”的理念 大胆突破传统羁绊，本着网络化、信息化、社会化的原则，全力构筑立体化布局、全方位衔接、全时空运行的具有津南特色的治安防控体系，在全市率先建立第一支集警犬搜毒搜爆、巡逻防控、查缉追捕为一体的专业化警犬侦训队，使警犬警务综合性实战功能得以最大限度的发挥。在此基础上，建立了警车、摩托车、自行车、警犬“四位一体”的巡控机制，使各种巡控力量实现了优势互补；在全区全力建设集“人防、犬防、技防和保险赔付”于一体的公共安全防控服务中心，着力提高了基层预防和打击犯罪的实战能力，成效显著，该中心两年被列入津南区十项民心工程，新华社国内动态清样、新华社内参选编和中央人民广播电台、天津电视台等新闻媒体多次进行报道推广；公安部专门刊发简报并在全国新型警务交流会上予以推广，市委政法委确定为社会管理

周密部署，精心组织，圆满完成元宵节灯展安保任务

打掉盗窃电缆犯罪团伙，收缴作案工具

市、区领导视察公共安全防控服务中心

津南区委、区政府召开大会隆重表彰分局荣膺“全国优秀公安局”

创新优秀项目，市公安局将其评为社会管理创新一等奖项目。

牢固树立维护秩序与激发活力并重的理念 坚持以人为本、服务为先，坚持整合社会资源、完善机制，深入推进户籍管理、外来人口管理、社区消防、行业自律等社会管理创新，有效提高了服务群众、管理社会的水平。

牢固树立公信力也是战斗力的理念 坚持以规范执法为根本，以加强正面宣传为抓手，内强素质，外树形象，推出在全国有影响的的先进典型。2012年，在全国公安系统英雄模范立功集体表彰大会上，公安津南分局负责同志受到党和国家领导人的接见，两人分别荣获“任长霞式优秀公安局长”和“全国公安机关爱民模范”称号；连续成功举办四届“十佳警星”活动，进一步发挥了示范效应；被公安部命名为全国公安机关执法示范单位，进一步扩大了公安工作的社会影响力；推进津南公安特色惩防腐败体系建设，多年来持续保持民警违法违纪“零点目标”，切实做到了以一流的班子带出一流的队伍、用一流的队伍创造了一流的工作业绩。

战训综合楼
公安津南分局警车 摩托车 自行车 警犬四位一体巡控联动机制启动仪式

分局举行“四位一体”巡控联动机制启动仪式

天津市公安局武清分局

十八大召开期间，市委常委、政法委书记散襄军（右一）率队慰问大沙河公安检查站执勤民警

十八大期间，公安部党委委员、副部长黄明（左一）视察大沙河公安检查站

近年来，公安武清分局在区委、区政府和市局的领导下，坚持“保稳定、惠民生、促发展”，紧跟公安部、区委政府和市局党委的决策部署，履职尽责，务实工作，圆满完成了大型活动安保、敏感节点保卫、突发警情处置、违法犯罪打击、重要事件维稳等系列公安保卫任务，全区社会治安持续稳定，人民群众安居乐业，经济社会稳步发展。

业务工作创出新亮点 深入推进“平安武清、法治武清”建设，实施政府门前专班建设、打黑除恶专业队伍建设和窗口地区安防、监控资源整合、“环京护城河”功能提升等系列亮点工程，创新“乡贤”调解、法庭驻队、民防队伍建设等多项工作机制，维护稳定、打击犯罪、服务群众能力得到明显提升，实现了党委政府认可、社会各界满意的工作目标。

执法工作实现新突破 深入推进执法规范化建设，建机制，定制度，抓监督，强素质，在全市率先完成执法办案场所规范化建设，率先运行行政、刑事网上执法办案。市局在分局召开现场会，推行经验做法，全局执法规范化建设水平和执法质量显著提升。2012年，分局共办理刑事、治安案件2.3万件，无一复议败诉，无一执法过错。2010年、2012年，分局连续两次被公安部命名为“全国公安机关执法示范单位”。

服务发展推出新举措 主动将公安工作融入全区经济发展大局，坚持在服务中管理，在管理中服务。加强对“两区四园”和窗口部位的点对点服务，设置治安办公室，派驻民警专职办公。

2012年10月12日，市政协副主席、市局党委书记、局长武长顺（前排中）到武清视察

服务企业座谈会

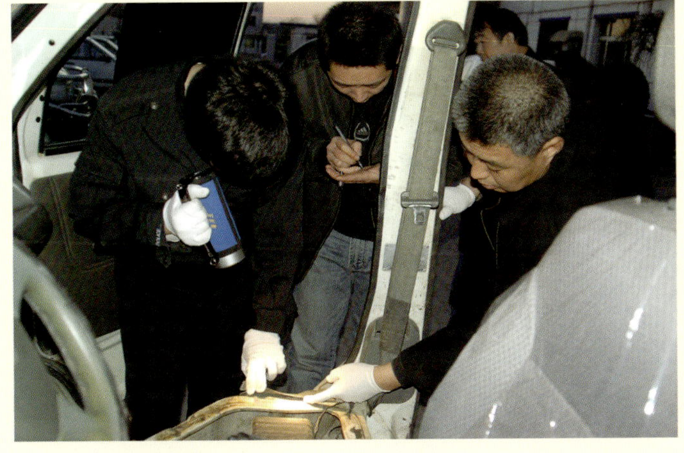
民警查找犯罪证据

恶劣天气确保进京通道顺畅

建立大事专报、大事通报工作制度，实行局长、科所队长、社区民警三级走访企业调研机制，上门指导服务，用心解决难题。开展平安单位创建活动，建立驻企警务室。开通网上警务室，延伸服务新触角，搭建服务新平台，提升服务新水平。

队伍建设呈现新面貌 以规范化为目标，不断推进公安队伍正规化建设。探索教育训练新举措，建立“战训合一、轮值轮训”模式，每年组织民警开展集中封闭训练，警务技能和业务能力逐年得到提升。加强党风廉政建设，建立文化育廉、机制固廉、典型树廉等工作制度，队伍内部连续多年无违纪。逐年制定《惠警工程十项举措》，建立民警医疗保健室，开通免费体检绿色通道，按季发放生活用品，不断丰富“菜篮子”、装满“米袋子”。全警队伍始终保持心齐、气顺、风正、劲足的良好风貌。

“3·8”妇女节小学生看望警察妈妈

民警深入田间地头宣传法律知识

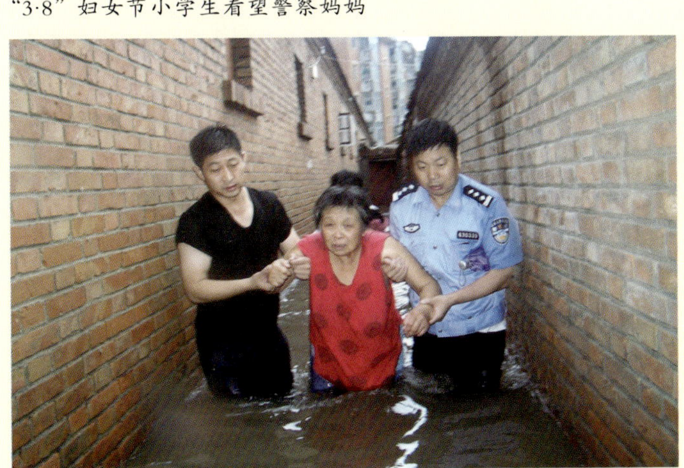
救助暴雨中受灾群众

武清分局被公安部评为“全国公安机关执法示范单位”

天津市公安局宝坻分局

分局党委班子全体成员

2012年，在市公安局和区委、区政府的正确领导下，公安宝坻分局坚持深入贯彻科学发展观，充分发挥职能作用，全面落实各项公安保卫工作，有力维护了全区社会治安秩序持续稳定，在年度群众安全感、满意度测评中位居全市第一。

一是全力打赢了十八大安保攻坚仗。其间，深入组织开展了以“安全隐患清理战、社会面防范巡控战、突出刑事犯罪歼灭战、不安定因素稳控保卫战”四个战役为主要内容的“金秋会战”，实现了“六个不发生”的既定目标，确保了十八大安保万无一失。

二是全力应对了夏季强降雨灾害。坚持以人民的利益为重，充分发挥公安机关抢险救援主力军作用，全警投入，一线奋战，排除险情，救助群众，为最大限度地降低灾害损失作出了积极贡献，以实际行动赢得了各级领导和各界群众的广泛好评。

三是全力构建“平安宝坻高地”。强化平安实践，组织开展了“命案侦破”、“打黑除恶”、打击多发性侵财犯罪等一系列专项行动，破案1861起，打处犯罪嫌疑人1187名，命案破案率继续保持100%；八类案件破案率达到88.7%以上。研究建立了宝坻新城、京津新城“两个新城”一体化巡控机制，创新推出了居民小区守护式、人员密集场所占领

十八大安保期间，民警在治安检查站执勤

建立“双城一体化”巡控机制，屯警街头

区委常委、分局长薛广庆（左一）深入防汛救援一线指挥作战

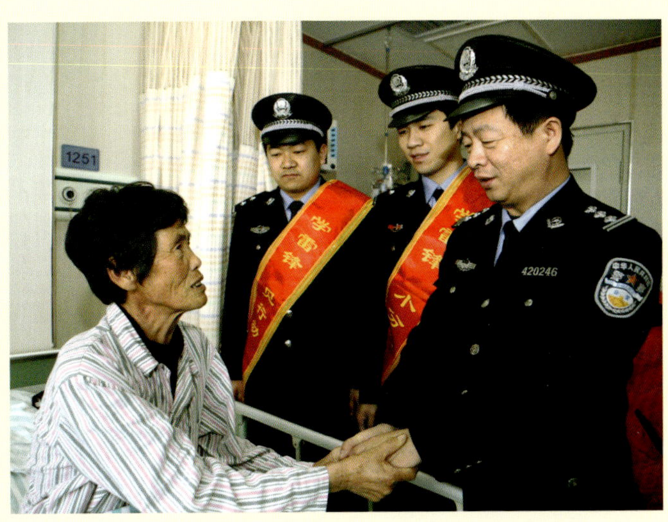

分局民警看望慰问因病住院的“爱心帮扶”对象

式、重点街区渗透式、农村村队联勤式等巡控战法，着力提升了防控效能，始终保持宝坻高破案、低发案的良好态势。

四是全力深化突出治安问题整治。持续加大对复杂行业场所，交通、消防安全隐患等的治理力度，查办黄赌毒案件323起，处罚1297人，收缴非法枪支1605支、子弹1496发、毒品1784克；交通事故发6362起，同比下降4.8%，重大交通事故发115起、死亡122人，同比均下降18%以上；火灾事故和财产损失数继续处于全市较低水平，未发生一起群死群伤恶性交通火灾和其他安全责任事故。

五是全力服务经济社会发展。深入推进了打击经济犯罪“破案会战”，侦破各类经济案件272起，处理违法犯罪人员142名，为群众挽回经济损失3000余万元，保障了民生安全，维护了正常的经济发展秩序。

六是全力开展“爱心帮扶”活动。主动顺应民生期盼，健全长效机制，全局870名民警与确定的870户困难群众一对一结对帮扶，既送温暖、献爱心，解决一时之需，更送岗位、送技能，帮扶贫致富，积极为困难群众排忧解难，进一步拉近了警民距离，密切了警民关系。

七是全力锻造实干开拓担当清廉的新型公安队伍。健全预防和惩治腐败体系，狠抓反腐倡廉工作；加强执法主体建设，完善执法管理制度体系，扎实推进执法工作上水平；深化和谐警营建设，大力实施“政治建警、从严治警、从优待警、文化育警”工程，不断提高了队伍履职能力，保证了各项公安保卫任务圆满完成。

分局举行执法基本法律知识常态化考试

编辑说明

一、《天津区县年鉴》(以下简称《年鉴》),是天津市人民政府主办、天津市地方志编修委员会办公室组织编辑的综合性年刊。2000年创刊,逐年出版,公开发行,本卷为第14部。

二、《年鉴》以邓小平理论、“三个代表”重要思想、科学发展观为指导,深入贯彻落实党的十八大和市第十次党代会精神,坚持实事求是原则,坚持辩证唯物主义和历史唯物主义观点,忠实记载天津市各区县经济社会年度发展状况。

三、《年鉴》记述的时限,以2012年的事物为主,考虑到事物的完整性和年鉴的时效性,对一些事物的记述,适当做了上溯或下延,特别是文献,收录了2013年本卷出版前发表的文章。

四、《年鉴》的篇目为“特载”、“重要文献”、“专文”、“天津概况”、“滨海新区”、“中心城区”、“环城四区”、“远郊区县”、“人物”、“统计资料”、“附录”、“索引”。各区县分篇中的下设栏目依次为概述、区级领导名单、年度十件有重要影响的事和街道乡镇。重点反映区县经济社会发展的特点、亮点和民计民生的新举措、新变化。

五、《年鉴》中的统计资料,由天津市统计局提供。“滨海新区”、“中心城区”、“环城四区”、“远郊区县”篇目中各区县经济社会发展数据,因统计口径、统计方法和统计时间不同,尚存在差异。

六、《年鉴》编纂工作得到各区县地方志办公室和市教委、市卫生局年鉴编辑部的大力支持,在此一并深表谢忱。由于编纂者水平所限,书中难免存在疏漏和失误,敬请广大读者批评指正。

编　者

2013年9月

《天津区县年鉴》编辑委员会

《天津区县年鉴》特邀编委

《天津区县年鉴》编辑人员

目 录

特 载

重要文献

专 文

天津概况

滨海新区

滨海新区·塘沽

中心城区

河西区

河东区

南开区

河北区

红桥区

环城四区

东丽区

西青区

津南区

北辰区

远郊区县

武清区

宝坻区

宁河县

静海县

蓟　县

人　物

统计资料

附　　录

为民服务热线

滨海新区

中心城区

环城四区

远郊区县

天津市部分医院一览表

天津市学校名录

索　　引

Main Contents

Binhai New Area

The Center District

Four Districts around the City

Outer suburbs

Characters

Statistical information

Appendix

Index

特　　载

胡锦涛在天津考察

金秋时节,渤海之滨人和年丰,海河两岸日新月异。

9月18日下午,中共中央总书记、国家主席、中央军委主席胡锦涛在天津出席发展中国家科学院第十二次学术大会暨第二十三届院士大会开幕式后,由中共中央政治局委员、国务委员刘延东和中共中央政治局委员、市委书记张高丽等陪同,来到天津一些高新技术企业,就实施创新驱动发展战略进行调查研究,同干部群众共商加快转变经济发展方式、保持经济平稳较快发展大计,勉励大家同心协力、奋发进取,以优异成绩迎接党的十八大胜利召开。

天津力神电池股份有限公司主要从事锂离子电池的研发、生产。2000年6月,胡锦涛曾到这家刚投产不久的企业考察。当时的力神公司只是一个规模很小的高科技企业,公司员工不到200人,产能500万只、400多万安时,产品只有两种。经过10多年的不懈努力,力神公司已经发展成为国内重要的锂离子电池生产企业,产能达到4.5亿只、7亿多安时,产品有140多种,80%的产品出口。胡锦涛兴致勃勃地考察了这家企业的全自动生产线和琳琅满目的产品展厅。企业负责人向总书记汇报,力神公司这些年的发展主要得益于自主创新,目前公司已拥有一批自主知识产权。胡锦涛说:“看到你们企业壮大了、发展了,一派欣欣向荣的景象,我感到十分欣慰。你们的实践表明,要把‘小电池’做成‘大产业’,必须不断提高科技创新能力。”车间外停放着几辆使用力神公司动力电池的电动公交车。胡锦涛饶有兴趣地登上车,仔细察看车内设施,从电池成本、使用寿命、充电时间、充电一次行驶里程,问到车辆行驶最高时速,同企业负责人热烈地探讨起电动汽车的推广问题。总书记语重心长地说,新能源是具有广阔发展前景的战略性新兴产业。希望你们面向市场需求,推进自主创新,着力攻克核心关键技术,使锂离子电池的性能不断提高、成本不断降低,在推动我国新能源产业发展中再创佳绩。

曙光信息产业股份有限公司是从事高性能计算机和通用服务器研发、生产的企业。在曙光品牌体验中心,胡锦涛认真参观陈列的产品,详细了解企业科研、生产情况。曙光公司依托雄厚的科技实力,研制出超百万亿次、超千万亿次等一批高性能计算机。得知这些情况,总书记称赞曙光公司走出了一条高新科技成果产业化的成功路子。在企业生产车间,胡锦涛来到繁忙的生产线旁,观看高性能计算机的生产过程,同员工亲切交谈。看到几位科技人员正在对最新研制的曙光高性能计算机进行调试和测试,总书记走过去,向他们询问这一型号产品的性能、应用和市场销售前景。胡锦涛强调,实现创新驱动发展,最关键的是要促进科技与经济紧密结合。他希望曙光公司坚持走中国特色自主创新道路,把握经济社会发展需要,瞄准世界信息技术发展前沿,加大研发力度,加快成果转化,努力推出更具技术优势和市场优势的高性能计算机,为推动我国信息化建设贡献更大力量。

总书记的亲切关怀和殷切期望,极大鼓舞和激励了广大科技人员和企业员工。大家决心牢记总书记嘱托,坚持推进自主创新,不断创造辉煌业绩,把伟大祖国建设得更加美好更加强盛。

中共中央办公厅主任栗战书,市委副书记、市长黄兴国,市委副书记何立峰,市委常委、市委政法委书记散襄军,市委常委、市委秘书长段春华,副市长王治平、尹海林,市政协副主席、市公安局局长武长顺及市有关方面负责同志陪同考察。

(转自2012年9月20日《天津日报》)

温家宝在天津考察

中共中央政治局常委、国务院总理温家宝 8 月 31 日下午在天津考察保障房建设时强调，衡量安居工程进展好坏、水平高低，不能只看开工数，也不能只看竣工数，而要看是否及时投入市场，解决群众的迫切需求，质量和服务群众是否满意。

市委书记张高丽，市委副书记、市长黄兴国陪同考察。国家发改委主任张平，住房城乡建设部部长姜伟新，国务院副秘书长项兆伦随同考察。

温家宝来到天津市北辰区双青新家园建设工地。这里是天津目前在建的、规模最大的保障性住房项目。项目总占地面积 352 万平方米，总建筑面积 370 万平方米，包括公共租赁住房、限价商品住房、普通商品住房、经营商业及配套公建。温家宝走进正在施工的楼房内，察看了房屋结构和建设情况。温家宝对施工队伍说，保障性安居工程涉及千家万户，关系广大群众尤其是低收入群众的切身利益。希望你们把质量和安全摆在首位，从设计、施工、管理、监理到验收，每一个环节都要一丝不苟、精益求精，让人民满意，让党和政府放心。

随后，在工地旁板房内，温家宝与保障房建设、施工、监理单位负责人座谈。温家宝说，2009 年至 2011 年底，全国共开工建设城镇保障房 2100 多万套，基本建成 1100万套。保障性住房覆盖面从 2008 年不足 4%提高到 11%，这项工作得到了广大群众的衷心拥护。事实证明，保障性安居工程是民生工程，是发展工程，也是民心工程。

温家宝说，做好保障房工作是稳定房价、巩固房地产市场调控成果的重要支撑。本轮房地产调控已经持续两年，取得了明显的成效，房价过快上涨势头总体上得到遏制。但是，房地产市场调控仍处于关键时期，巩固房地产市场调控成果，需要坚决遏制投资投机性购房需求，更重要的是增加住房有效供应，包括普通商品房和保障房供应。已建成的保障房要尽快投入市场，如果建成的保障房放在那里不能使用，或者群众使用不满意，既解决不了群众的困难，也不能发挥保障性安居工程推动经济增长的作用，就不能说是合格。

温家宝说，要高度重视保障性安居工程规划、建设、分配几个关键环节。第一，建设环节除了要按期进行施工外，最重要的是保障质量。要把质量作为安居工程的生命线。第二，分配和管理环节，必须建立严格的制度和规范的程序，体现公开、公正和透明。申请、受理、审核、公示每个过程都要做到公平，才能保障结果的公平。第三，布局和配套设施必须摆在重要位置。保障性住房规划选址要充分听取群众意见，充分考虑群众交通、上学、购物、就医等实际问题。配套设施和保障房要同步规划、同步建设，不仅让群众租得上、住得上，还要让群众实实在在感到生活方便。

温家宝还到天津公租房、经济适用房小区秋怡家园看望居民，了解他们的生活情况。

市委常委、市委政法委书记散襄军，市委常委、常务副市长崔津渡，市委常委、市委秘书长段春华，副市长尹海林，市政协副主席武长顺，市政府秘书长王宏江及市有关方面负责同志陪同考察。

（转自 2012 年 9 月 2 日《天津日报》）

重要文献

进一步加快滨海新区开发开放 为把天津建设成为国际港口城市 北方经济中心和生态城市而奋斗

——在中国共产党天津市第十次代表大会上的报告

(2012年5月22日)

张高丽

同志们：

现在，我代表中国共产党天津市第九届委员会向大会作报告。

大会的主题是：高举中国特色社会主义伟大旗帜，以邓小平理论和“三个代表”重要思想为指导，深入贯彻落实科学发展观，进一步加快滨海新区开发开放，为把天津建设成为国际港口城市、北方经济中心和生态城市而奋斗。

一、过去五年的主要工作

市第九次党代会以来的五年，是极不平凡、极不寻常的五年。面对许多大事难事急事的严峻考验，我们在以胡锦涛同志为总书记的党中央坚强领导下，在历届市领导班子打下的基础上，团结带领全市广大党员干部群众，认真贯彻党的十七大和十七届历次全会精神，以邓小平理论和“三个代表”重要思想为指导，深入贯彻落实科学发展观，按照胡锦涛总书记对天津工作的一系列重要要求，大力实施市委“一二三四五六”的奋斗目标和工作思路，着力构筑“三个高地”，全力打好“五个攻坚战”，推动各项工作站在高起点、抢占制高点、达到高水平，全面完成市第九次党代会确定的目标任务，经济建设、政治建设、文化建设、社会建设以及生态文明建设和党的建设取得显著成就，开创了科学发展和谐发展率先发展的新局面。

1. 综合实力跃上新的台阶。积极应对国际金融危机巨大冲击，连续四年开展“上水平”活动，加快转变经济发展方式。2011年，全市生产总值1.12万亿元，是2006年的2.5倍，年均增长16.5%，人均生产总值1.3万美元；辖区财政收入5333亿元，是2006年的3.4倍，年均增长27.8%，其中，地方财政收入1455亿元，是2006年的3.5倍，年均增长28.4%；全社会固定资产投资7511亿元，是2006年的4.1倍，年均增长34.9%；社会消费品零售总额3395亿元，是2006年的2.5倍，年均增长19.5%；实际直接利用外资131亿美元，是2006年的3.2倍，年均增长25.9%；实际利用内资2086亿元，是2006年的4.8倍，年均增长37%；万元生产总值能耗、化学需氧量、二氧化硫排放量累计分别下降21.3%、9.6%、11.2%，完成国家下达的节能减排任务。

2. 经济结构明显优化升级。集中力量发展实体经济，积极培育战略性新兴产业，高端化高质化高新化产业体系逐步建立。累计实施总投资2.27万亿元的1440项高水平大项目好项目，700多个已建成投产，打造6个销售收入过千亿元企业集团。建成5个国家新型工业化产业示范基地，八大优势支柱产业占全市工业比重超过90%，工业总产值突破2万亿元，信息化水平处在全国前列。服务业占全市生产总值比重由2006年的42.6%提高到46.1%。新增高标准设施农业45万亩，主要农副产品自给率提高到90%。以子牙循环经济产业区为代表的五种循环经济发展模式得到推广应用，关停并转一千多家高耗能、高污染企业。建成一批国家级科技创新、产业技术研发平台和高新技术产业化基地，多项重大创新成果填补国内空白。科技型中小企业2.6万多家，科技“小巨人”企业1300多家。高新技术产业产值占全市工业比重

31.1%，全社会研发经费支出占生产总值比重2.6%，每万人口发明专利拥有量比2006年增加3.1倍，是全国平均水平的3倍，综合科技进步水平保持全国第三位。

3. *滨海新区全面开发开放*。深入落实国家发展战略，确定实施“一核双港、九区支撑、龙头带动”的发展策略，争创高端产业聚集区、科技创新领航区、生态文明示范区、改革开放先行区、和谐社会首善区。完成综合配套改革三年实施计划，启动第二个三年实施计划。行政管理体制改革实现重大突破。功能区加快建设，一批国家级、区域级高端产业和研发转化基地正在形成，创新示范和服务辐射作用不断增强。重点加强道路交通、水资源、能源、环境整治四大基础设施工程建设，天津港货物吞吐量4.5亿吨、成为世界第四大港，东疆保税港区建设取得突破性进展，内陆“无水港”增至21个，天津滨海国际机场成为国内第四个双跑道运营的大型机场，北方国际航运中心和国际物流中心作用进一步显现。开发区主要经济指标保持国家级开发区首位。2011年滨海新区生产总值6207亿元，是2006年的3.1倍，年均增长23.2%。

4. *区县发展活力显著增强*。中心城区大力发展高端服务业和都市型工业，提升改造海河两岸和滨江道、意式风情区等一批特色街区，建成津湾广场、梅江会展中心、大悦城、水游城、红星国际等大型设施和一批五星级酒店，综合开发泰安道地区，保护利用五大道地区，培育“近代中国看天津”等旅游品牌，打造一批楼宇经济、总部经济聚集区和创意产业园区。郊区县积极实施“三区”统筹发展战略，建成31个示范工业园区起步区、20个农业示范园区、155个养殖示范园区，43个示范小城镇加快建设，40万农民迁入新居。实施“三改一化”试点，探索了统筹城乡发展的新途径，全市城镇化率80.5%。

5. *生态城市建设成效显现*。坚持高起点规划、高水平建设、高效能管理，确定实施“双城双港、相向拓展、一轴两带、南北生态”和“一主两副”城市空间发展战略，编制完成一批重点规划和专项规划，实现中心城区和区县重点地区城市设计全覆盖，初步形成大气洋气、清新靓丽、中西合璧、古今交融的城市风格。京津城际等3条铁路和京津二线等9条高速公路建成通车，地铁2、3、9号线年内试运营，快速路新增里程160公里，天津站、西站综合交通枢纽投入使用，南水北调天津境内干线工程主体完工。中新天津生态城加快建设，8平方公里起步区初具规模。实施生态市建设行动计划，推进清水工程、绿化工程、净化工程。奋战900天综合整治市容环境，整修道路5370公里、建筑2.4万栋、社区943个，建成50公里夜景灯光体系，改造提升149个公园并免费开放，新建提升改造绿化面积1.5亿平方米，植树造林110万亩，城镇污水处理率87.5%，城镇生活垃圾无害化处理率93%，全市空气质量二级以上天数320天。

6. *改革开放迈出重要步伐*。调整和改革市委、市政府机构。市级审批事项由1033项减少到495项，综合审批效率提高80%。推进规划管理体制改革，实施城市管理规定，完善“两级政府、三级管理”体制。完成金融改革创新40项重点工作，设立和引进一批金融机构，组建一批创新型资本及要素市场，加快发展股权投资基金、融资租赁等新型金融业态，有效防范金融风险，初步建立金融机构、业务、市场、环境体系。加大国资监管力度，加快行业企业重组。中小企业加快发展，民营经济实现增加值占全市生产总值40%。创新土地管理体制，推进土地征转分离试点。成功举办夏季达沃斯论坛等重大活动，在津投资的世界500强企业150多家，国内500强企业200家，2011年进出口总额突破千亿美元，境外投资项目超千个。与兄弟省区市的交流合作日益密切。提前一年高水平完成支援陕西地震灾区恢复重建任务，新一轮援疆和对口支援西藏昌都、甘肃、重庆万州、青海黄南州工作取得好成绩。

7. *人民群众生活不断改善*。连续实施六个20项民心工程，共842个子项。2011年全市财政用于民计民生支出占总支出的76.2%，比2006年提高9.5个百分点。累计建设保障性住房4005万平方米，发放租房补贴8.5万户，为45万户中低收入家庭提供住房保障。新增就业204万人，城镇登记失业率稳定在3.6%左右，劳动合同签订率达到90%以上。城市居民人均可支配收入26921元，农村居民人均纯收入13200元，年均分别增长13.5%和10.7%，城乡居民收入差距是全国最小的地区之一。城市低保标准由300元提高到520元，最低工资标准由670元提高到1310元，人均养老金发放标准由981元提高到1880元。65岁以上老年人免费乘坐公交车。在全国率先建立统筹城乡居民的基本养老保障和基本医疗保险制度，参保人员看病就医全部实行即时联网结算。实施全民意外伤害附加保险和困难家庭帮扶、重症患者救助制度，提高重点优抚对象抚恤补助、城乡低保特困救助、农村五保供养和残疾人生活补贴标准，建立完善社会救助和保障标准与物价上涨挂钩联动机制。全市燃气、自来水覆盖率100%，中心城区集中供热率超过96%。解决323万农村人口的饮水安全问题。有效化解高校债务，高等教育质量全面提升，新增博士一级学科30个、硕士一级学科125个，服务经济社会发展能力显著增强。高水平举办四届全国职业院校技能大赛，海河教育园区成为全国职业教育改革创新示范园区。完成178万平方米中小学校舍安全加固工程，义务教育学校现代化达标建设和学前教育三年行动计划目标今年将全面实现。深入推进和谐校园建设。新增劳动力平均受教育年限接近15年,教育综合实力和整体水平位居全国前列。新建改扩建一批大型综合医疗卫生设施,建成537家社区卫生服务机构,建设2586家标准化村卫生室,每千人拥有床位和医护人员数大幅增加,显著优化就医环境,二级以上医院全面实行无假日门诊,基层医疗机构实行基本药品零差率销售,药品价格平均下降25%以上,城乡居民免费享受18项基本公共卫生服务,重大传染病发病率处于全国最低行列。妇女儿童健康保障居全国领先水平。2011年全市人均期望寿命81.46岁。人口与计划生育工作、老龄和残疾人事业取得新进步。

8. *文化改革发展扎实推进*。社会主义核心价值体系建设切实加强,总结提炼宣传"天津精神","同在一方热土、共建美好家园"活动深入开展。建成市文化中心等一批重要文化设施,市级博物馆、纪念馆、科技馆、公共图书馆、规划展览馆免费开放,3706个行政村农家书屋、村文化室和免费数字电影放映全覆盖,历史风貌建筑有效保护利用。电视剧《解放》、《辛亥革命》等一批精品力作产生广泛影响。实施100项重点文化项目,8个国家级文化产业园区建设进展顺利,设立文化产权交易所和文化产业股权投资基金。深化出版、发行、电影体制改革,完成国有经营性文化单位转企改制和文化市场综合执法改革,在全国率先实行报业宣传经营两分开和广播电视制播分离,文化体制改革进入全国先进地区行列。群众体育、竞技体育和体育产业取得新成绩,成功协办北京奥运会,获得第九届全国大运会、第六届东亚运动会和第十三届全运会承办权。

9. *社会保持和谐安全稳定*。深入推进社会矛盾化解、社会管理创新、公正廉洁执法三项重点工作,深入开展大接访大走访活动,强化大调解工作体系建设,进京非正常访保持全国低位。建立社会稳定风险评估机制,健全社会管理综合治理体制机制,搞好滨海新区全国社会管理创新综合试点,流动人口、特殊人群、非公有制经济组织、社会组织、信息网络等服务管理取得新进展。深化平安天津、法治天津建设,完善社会治安防控体系,依法打击违法犯罪活动,严密"护城河"工程,加强基层基础和基本保障建设,成为全国最安全稳定的地区之一。强化食品药品监管,严格落实安全生产责任制,安全生产形势总体平稳。国防后备力量建设得到加强,双拥共建水平显著提高,军政军民团结局面进一步巩固。

10. *党的建设水平切实提高*。坚决贯彻中央决策部署,广泛开展深入学习实践科学发展观和"解放思想、干事创业、科学发展"大讨论活动,定期举办市委理论学习中心组读书会和集体学习,各区县互看互比互学,每年到兄弟省区市学习考察。市委总揽全局,协调各方,凝心聚力,充分发挥人大、政府、政协和各民主党派、无党派人士、各人民团体的作用。做好民族、宗教、侨务、港澳和对台工作。抓班子带队伍,建立健全决策目标、执行责任和考核监督体系,在干中锻炼、考察、培养和使用干部,加大干部交流和年轻干部培养力度,竞争性选拔干部比例提前实现中央的目标要求,造就了一支高素质干部队伍。圆满完成区县乡镇换届,领导班子整体功能和合力进一步增强。人才结构不断优化,总量达到202万人。扎实开展创先争优和学习型党组织创建活动,实施党的组织和党的工作全社会覆盖工程。切实改进会风文风和工作作风,每年组织数千名干部深入基层、深入实际、深入群众,排忧解难,搞好服务。加强反腐倡廉建设,形成具有天津特点的惩治和预防腐败体系基本框架,社会公众对反腐败工作认可度逐年提高。

五年艰苦的实践,五年不懈的奋斗,积累了十分宝贵的经验,探索出一条符合科学发展观要求、具有天津特点的发展路子。一是坚持解放思想,把中央精神与天津实际紧密结合,善于总结发扬天津的好做法,善于学习借鉴国内外的先进经验,善于消化吸收再创新,创造性开展工作。二是坚持科学发展,正确处理好与快、当前与长远、局部与全局的关系,扎实做好打基础、上水平、利长远的工作,努力实现速度和结构、质量、效益相统一,经济发展和人口、资源、环境相协调。三是坚持以人为本,全心全意为人民服务,集中群众智慧,依靠群众力量,把更多资源用于改善民计民生,以实实在在业绩取信于民。四是坚持改革开放,用改革的办法破解发展难题,以开放促改革促调整促发展,激发创新创造创优的社会活力,加快建立有利于科学发展的体制机制。五是坚持求真务实,标准要高、要求要严、工作要实、调子要低、效果要好,各项工作经得起实践、人民、历史的检验。六是坚持党的领导,保持党的先进性和纯洁性,坚定正确的政治方向,始终同以胡锦涛同志为总书记的党中央保持高度一致,科学执政、民主执政、依法执政,营造团结和谐稳定、风正气顺心齐、想干会干干好的环境氛围,充分调动各方面积极性。这些经验是全市人民创造的宝贵精神财富,一定要长期坚持和发扬光大。

同志们,这五年是天津发展进程中非常重要的历史阶段,不仅实现了经济社会又好又快发展,也为今后全面协调可持续发展、加快实现中央对天津的定位奠定了坚实基础。各级领导班子和广大党员干部,为了党的事业,为了天津这方热土,为了人民群众利益,恪尽职守,日夜奋战,无私奉献,鞠躬尽瘁,努力工作。全市人民创造了天津精神、天津速度和天津效益。人民群众自信心和必胜心显著增强，凝聚起可贵的民心民气，形成干事创业的强大合力。实践充分证明，市第九次党代会以来市委确定的发展目标、思路和举措，符合中央要求，符合天津实际，符合群众愿望，是完全正确的。

五年来我们取得的一切成绩，是以胡锦涛同志为总书记的党中央正确领导的结果，是努力实践科学发展观的结果，是全市上下同心同德、团结奋斗的结果。我代表中共天津市第九届委员会，向辛勤工作在各条战线的广大共产党员、干部群众，向各民主党派、各人民团体和社会各界人士，向老领导和离退休老同志，向驻津人民解放军和武警部队官兵，向所有关心支持天津发展的同志们和海内外朋友们，表示衷心感谢、亲切问候和崇高敬意！

在总结成绩的同时，必须清醒地看到存在的问题和差距。主要表现在：思想观念与贯彻落实科学发展观的要求还不适应，解放思想和改革创新的任务仍然艰巨；综合实力与城市的地位作用还不适应，服务业比重偏低，民营经济发展不够快，节能减排形势严峻，经济结构需要进一步调整优化；生活水平与人民群众的期待还不适应，部分群众生活比较困难，社会保障和公共服务有待加强；社会管理创新与面临的新情况还不适应，影响社会稳定的因素比较突出；执政能力与肩负的重大责任还不适应，形式主义、官僚主义仍然存在，腐败现象时有发生。我们必须高度重视，采取有力措施切实加以解决。

同志们，好的形势来之不易，一定要万分珍惜、坚决维护、不断巩固发展。只要我们保持与时俱进的精神状态，坚持行之有效的思路做法，不自满、不松懈、不畏难，一届又一届、一代又一代奋斗下去，就一定能够不断开创天津发展的新局面。

二、今后五年的奋斗目标

综观全局，今后一个时期仍然是机遇与挑战并存，机遇大于挑战。面对复杂多变的国内外大环境大背景，面对天津转型发展的新情况新问题，面对人民群众过上美好生活的新期待新要求，我们一定要围绕中央对天津的定位，增强做好工作的前瞻性、主动性和创造性，居安思危，抢抓机遇，攻坚克难，奋勇争先，在新的更高起点上实现新的跨越。

中央明确提出，到2020年将天津市逐步建设成为经济繁荣、社会文明、科教发达、设施完善、环境优美的国际港口城市、北方经济中心和生态城市。今后五年，是为实现天津定位奠定更加坚实基础的关键时期。

我们必须高举中国特色社会主义伟大旗帜，以邓小平理论和“三个代表”重要思想为指导，深入贯彻落实科学发展观，按照胡锦涛总书记对天津工作的一系列重要要求，牢牢把握主题主线主攻方向，大力实施市委“一二三四五六”的奋斗目标和工作思路，进一步加快滨海新区开发开放，统筹三个层面协调发展，全面加强社会主义经济建设、政治建设、文化建设、社会建设以及生态文明建设和党的建设，努力实现科学发展和谐发展率先发展，全面增强综合实力、创新能力、服务能力、竞争能力。

我们必须按照中央的要求，根据新形势新任务，坚持和完善市委“一二三四五六”的奋斗目标和工作思路，即成为一个排头兵，做到两个走在全国前列，构筑三个高地，实施四个战略，打好五个攻坚战，实现六个更大突破。一个排头兵是：滨海新区成为深入贯彻落实科学发展观的排头兵。两个走在全国前列是：在贯彻落实科学发展观、推动经济社会又好又快发展方面走在全国前列，在保障和改善民生、促进社会和谐方面走在全国前列。三个高地是：高端产业高地、自主创新高地、生态宜居高地。四个战略是：富民强市战略、科教兴市战略、文化强市战略、城乡一体化发展战略。五个攻坚战是：滨海新区开发开放攻坚战、结构调整优化升级攻坚战、体制机制改革创新攻坚战、文化大发展大繁荣攻坚战、保持社会和谐稳定攻坚战。六个更大突破是：经济发展方式实现更大转变，体制机制改革见到更大成效，城乡环境面貌发生更大变化，群众生活水平得到更大提高，文化整体实力迈上更大台阶，社会管理创新取得更大进展。

我们必须切实做到：思想境界达到新高度，立足大格局，把握大趋势，以更宽广的视野、更博大的胸襟，科学谋划天津发展，使发展理念和发展思路更具时代性；创新能力达到新高度，全面推进体制创新、科技创新、文化创新、管理创新，提供更多创新示范，率先实现创新驱动、内生增长；开放层次达到新高度，树立世界眼光，实施更加积极主动的开放战略，不断拓展新的开放领域和空间，显著提高天津国际化程度；整体水平达到新高度，经济发展和社会事业，硬件建设和软件建设，都要坚持高标准，充分体现天津水平，不断扩大天津影响，全面提升天津地位，再创一个黄金发展期。

同志们，加快建设国际港口城市、北方经济中心和生态城市，是时代赋予的重大责任。再经过五年的艰苦奋斗，到2016年，全市生产总值超过2万亿元，人均生产总值超过2万美元，地方财政收入突破3000亿元，服务业增加值占生产总值的比重达到50%以上，全社会研发经费支出占生产总值比重达到3%以上。我们完全有基础、有条件、有能力战胜各种困难和挑战，实现宏伟的奋斗目标。一个发展更加科学、实力更加强大、文化更加繁荣、社会更加和谐、生态更加文明、人民更加幸福的天津将展现在世人面前！

三、更好发挥滨海新区龙头带动作用，进一步壮大区县综合实力

滨海新区正处在又好又快发展的关键时期。要全力打好滨海新区开发开放攻坚战，用新理念、新模式、新机制推动工作，充分发挥科学发展实践作用、深化改革试验作用、对外开放门户作用、区域发展服务作用、生态文明示范作用，努力成为全国最具潜力、最有活力、最为开放的现代化新区之一。要增创高端产业新优势，坚持项目集中园区、产业集群发展、资源集约利用、功能集成建设，全面加快开发区、保税区、高新区、临港经济区、南港工业区等功能区开发建设，形成具有国际影响力的现代制造业基地。要增创科技领先新优势，积极推进国家创新型试点城区、国家863计划产业化伙伴城区、国家知识产权示范园区建设，把未来科技城建设成为智慧经济城、创新先导城，使滨海新区成为我国重要的高新技术研发转化基地。要增创体制机制新优势，在重点难点领域先行先试，完成综合配套改革第二个三年实施计划，规范建设创新型交易市场，加快建设现代金融体系、金融改革创新基地和金融服务区，积极稳妥推进土地管理、收入分配、户籍制度等改革，完善“新区事新区办”机制，健全滨海新区管理体制，成为改革开放新的桥头堡。要增创服务功能新优势，发展现代物流，完善“大通关”体系，健全“无水港”网络，创新海关特殊监管区域管理制度，推动东疆保税港区向自由贸易港区转型，建设国际一流大口岸，构筑北方国际航运中心和国际物流中心。要增创生态环境新优势，加强生态功能区、生态廊道和生态组团建设，大力发展海洋经济，建设海洋经济科学发展示范区，全面加快中新天津生态城建设。要增创和谐稳定新优势，深入推进全国社会管理创新综合试点，率先建成宜居生态型新城区。

统筹滨海新区、中心城区、各郊区县联动协调发展，是实现多元增长、增强整体实力的重大战略举措。要加强规划引导，制定综合政策措施，放大滨海新区各类功能优势，探索建立产业联动、基础设施联建的机制，做到利益共享、优势互补、错位发展、整体效益最大化。要全面提升中心城区功能，高标准建设城市主中心和两个副中心等重点地区，加快发展总部经济和楼宇经济，促进城市空间的立体开发，着力提高投资强度、科技含量和产出效益，把中心城区建设成为国际化大都市的标志区。要坚持郊区县“三区”联动发展，搞好海河上游后五公里和中下游综合开发，推进北部新区和京滨综合发展轴建设，培育更多强区强县强镇。要加快社会主义新农村建设，稳定和完善农村基本经营制度，加强土地承包经营权流转管理和服务，加大强农惠农富农政策支持力度，推动财政投入、资源要素、基础设施、公共服务向农村倾斜和延伸，提高农村工业化、农业现代化、农村城镇化水平，促进城乡一体化发展。

四、加快转变经济发展方式，进一步提高发展质量效益水平

发展是硬道理，是第一要务。要把加快转变经济发展方式作为解决深层次矛盾和问题的根本之策，以转变谋发展，以转变促跨越，努力实现转型发展。

加快调整经济结构，促进信息化和工业化深度融合，实现产业布局科学化、产业发展聚集化、产业结构优质化、产业水平高端化。要坚持以质取胜，巩固壮大实体经济，抓好高水平大项目好项目建设，推动优势支柱产业集群发展、战略性新兴产业规模发展、传统产业升级发展，做大做强先进制造业。要提升提速服务业，搞好国家和市级服务业综合改革试点，加快发展传统服务业，大力发展现代服务业，积极发展会展经济，高标准建设国家会展中心，把旅游业培育成为战略性支柱产业，提高服务业比重、层次和水平。要大力发展现代农业，进一步加强农业基础设施建设，高标准建设设施农业、生态农业、观光农业，全面实施都市型现代农业提升工程，完善社会化服务和产业化经营体系，提高农业科技水平，促进农业发展方式实现更大转变。

加快自主创新步伐，实施一批重大科技专项，努力承担国家重大科技项目，实现重点领域的技术突破，全面增强科技引领、应用转化、品牌创造、标准制定、创新服务能力，建设创新型城市。要壮大创新主体，引导和支持资金、人才、技术等创新要素向企业聚集，鼓励企业建立研发机构，大力发展科技型中小企业。要完善创新体系，打造一批公共科技创新平台，建设一批科技企业孵化器、工程中心、工程实验室和生产力促进中心，促进科技成果尽快转化为现实生产力。要聚集创新人才，继续实施“千人计划”、“131”创新型人才培养等重大人才工程，培养和引进更多领军人才、学术技术带头人和高技能人才。要优化创新环境，深入实施知识产权战略，加大财政科技支出，完善多元化投融资机制，健全科普工作体系，营造鼓励创新、保护创新的浓厚氛围，使科技优势成为天津发展的最大优势。

加快推进改革开放，注重整体设计，注重协调推进，注重互利共赢，注重成果普惠。要深入推进行政管理体制改革，坚持责权利相统一，理顺市和区县管理职能，完善行政审批制度，建设服务、责任、法治、廉洁政府。要大力推动国有企业产权多元化改造和兼并重组，完善公司法人治理结构，健全国有资产监管体系，培育一批具有较强国际竞争力的大型企业集团。要落实促进非公有制经济和小型微型企业发展的政策措施，支持中小企业和民营经济加快发展。要积极稳妥推进事业单位分类改革，增强公共服务保障能力。要深化财税、投资体制改革，推进资源性产品价格改革和要素市场建设。要加强市场监管，维护市场交易和市场竞争秩序。要加快转变外贸发展方式，大力发展服务贸易，积极开拓新兴市场，提高贸易便利化水平，保持外贸进出口稳定增长。要创新利用外资方式，改善和优化投资环境，提高利用外资质量。要鼓励和支持企业“走出去”，在境外建设原料基地、生产基地、营销网络和研发机构，积极推进境外经贸合作区建设。要深化与兄弟省区市交流合作，扩大利用内资，积极推进京津冀都市圈和环渤海地区建设，全力做好对口支援和扶贫开发工作，为促进区域经济发展作出贡献。

加快建设生态城市，进一步提高规划建设管理水平。要深入落实城市总体规划和空间发展战略，突出城市特色品位，推进城市规划立法，增强规划的科学性、先导性、权威性和稳定性。要构建现代综合交通体系，增强港口辐射服务全球的能力，建设北方大型门户枢纽机场，形成市域铁路网、中心城区环放式轨道交通网络，完善公路路网和城市路网，加强交通管理，优先发展公共交通。要建设“智慧天津”，实施物联网示范工程，发展云计算产业，大力推进三网融合，搞好电子政务。要落实城市管理规定，加强城乡结合部管理，巩固提升综合整治市容环境成果，做到人性化服务、网格化覆盖、智能化应用、精细化管理。要积极创建国家园林城市、卫生城市和生态市，推进国家循环经济示范试点城市、国家低碳城市试点和于家堡金融区亚太经合组织首个低碳示范城镇建设，南水北调天津干线及市内配套工程建成通水，建设大型郊野公园，建立细颗粒物监测体系，加大环境保护和污染防治力度，加强水、土地等资源节约和管理，着力优化能源结构，下力量抓好节能减排，努力把天津建设成为独具特色的国际性、现代化宜居城市。

五、发展社会主义民主政治，进一步加快法治天津建设

坚定不移走中国特色社会主义政治发展道路，坚持党的领导、人民当家作主和依法治国有机统一，巩固和发展民主团结、生动活泼、安定和谐的政治局面。坚持和完善人民代表大会制度，支持人大及其常委会依法行使职权。坚持和完善中国共产党领导的多党合作和政治协商制度，支持人民政协积极履行职能。完善同民主党派、无党派人士合作共事机制，贯彻党的民族、宗教、侨务政策，进一步做好港澳、对台工作，巩固和壮大爱国统一战线。加强和改进工商联工作，充分发挥工会、共青团、妇联等人民团体的作用。发展基层民主，深化政务、厂务、村(居)务和公共企事业单位办事公开，保障人民的知情权、参与权、表达权、监督权。

大力加强社会主义法制建设，加强和改进地方立法工作，提高立法质量。推进依法行政。深化司法体制改革，支持和保证审判机关、检察机关依法独立公正地行使审判权、检察权，提高司法公信力。加强政法队伍建设，做到严格、公正、文明执法。搞好“六五”普法，增强全民法律意识和法律素质，形成自觉学法尊法守法用法的良好氛围。深入开展国防教育和双拥共建活动，加强国防后备力量建设，巩固和发展军政军民大团结。

坚持依法治市，建设法治天津，是时代的需要和重大的课题。要牢固树立社会主义法治理念，切实维护宪法和法律权威，保障人民合法权益，促进社会公平正义，实现各项工作法治化。

六、推动文化大发展大繁荣，进一步扩大天津文化影响力

实现天津的定位，既要加快建设经济强市，又要加快建设文化强市。我们要以高度的文化自觉和文化自信，推动文化建设与经济建设相辅相成、文化创新与其他创新相互促进、文化发展与人的发展紧密结合，更加注重提高经济社会发展的文化含量，更加注重提高城市规划建设的文化品位，更加注重提高全市人民的文化素养。

建设文化强市，就是要具有较高文明素质和文明程度，涌现大量文化精品力作，实现基本公共文化服务均等化，文化产业成为国民经济支柱性产业，建立比较完善的管理体制和经营机制，拥有大批优秀文化人才。要坚持中国特色社会主义文化发展道路，坚持社会主义先进文化前进方向，始终把社会效益放在首位，充分发挥文化引领风尚、教育人民、服务社会、推动发展的作用，为加快实现天津的定位提供坚强思想保证、强大精神动力、有力舆论支持、良好文化条件。

天津具有深厚的文化底蕴，必须充分挖掘文化资源，传承优秀传统文化，不断丰富时代内涵。要着力推进社会主义核心价值体系建设，建设马克思主义理论研究工程基地，实施提升市民素质五年行动计划，深入开展理想信念、民族精神、时代精神、社会主义荣辱观教育，加强青少年思想道德教育，弘扬践行天津精神，构建社会信用体系，推动学雷锋活动常态化，深化“同在一方热土、共建美好家园”等群众性精神文明创建活动，争创更多全国文明城区。要着力加强文化创作生产引导，发展哲学社会科学，繁荣文学艺术，发展健康向上的网络文化，为人民提供更好更多的精神食粮。要着力发展公益性文化事业，加强文化遗产保护利用，深入实施重点文化惠民工程，加快文化基础设施建设，完善公共文化服务网络，促进城乡文化一体化发展。要着力推动文化产业跨越式发展，加快国家级文化产业园区建设，提升出版印刷、广告影视等传统文化产业，壮大创意设计、动漫游戏等新兴文化产业，扶持津派表演艺术、民间艺术等特色文化产业，推动文化与科技、商贸、旅游、金融等融合发展。要着力提高文化传播能力，健全舆论引导机制，加强主流媒体建设，加快发展新兴媒体，创新对外宣传方式，支持文化产品和服务走出去。要着力深化文化体制改革，培育发展文化产品和要素市场，完善行政管理、投资融资、政策保障、合作交流、人才激励等机制，推动文化改革发展走在全国前列，显著增强文化软实力，使天津成为富有独特魅力的文化名城。

七、切实保障和改善民计民生，进一步构建社会主义和谐社会

安居乐业、社会和谐是全市人民的共同愿望。要统筹发展、民生、稳定，坚持民生优先、服务为先、基层在先，坚持每年实施20项民心工程，加大投入和政策支持，下力量抓好事关民计民生的重点工作，实现好、维护好、发展好最广大人民的根本利益。

要抓好扩大就业工作，实施更加积极的就业政策，多渠道开发就业岗位，鼓励自主创业，开展职业技能培训，加强公共就业服务，着力解决重点人群就业问题，确保零就业家庭动态为零，努力促进充分就业，构建和谐劳动关系。

要抓好增加收入工作，加大财政再分配调节力度，完善企业职工工资协商共决和正常增长、支付保障机制，完善企业退休人员养老金、城乡居民低保标准正常调整机制，完善基本生活必需品价格上涨与困难群众生活补助联动机制，着力提高低收入群体收入，逐步提高最低工资标准，增加城乡居民财产性和经营性收入，拓宽农民增收渠道，打造“四金”农民，努力实现居民收入增长和经济发展同步、劳动报酬增长和劳动生产率提高同步。

要抓好保障性住房建设工作，完善租房补贴政策，扩大保障覆盖面，加大农村危房改造力度，两年完成外环线以内城中村改造，三年完成中心城区旧楼区居住功能综合提升改造，五年完成市区危陋房屋改造，促进房地产市场长期平稳健康发展。

要抓好社会保障工作，按照“广覆盖、保基本、多层次、可持续”的原则，健全基本养老、医疗保险和失业、工伤、生育保险制度，大力发展补充保险，加快机关事业单位养老保险制度改革，推进全民参保，提高保障标准，落实优抚安置政策，发展社会福利和慈善事业，完善社会救助体系，实现人人享有基本社会保障。

要抓好优先发展教育工作，深入实施中长期教育改革和发展规划纲要，切实推进素质教育，推动义务教育优质均衡发展、高中教育特色多样发展、高等教育内涵提升发展、职业教育改革创新发展、民办教育健康有序发展，搞好学前教育、特殊教育、继续教育，加强师资队伍建设，探索培养创新人才有效途径，进一步缩小城乡教育差距。完成校园环境和学校现代化建设标准提升工程，加快建设全国高校科技创新成果转化中心、国际青少年交流中心、国家职业教育改革创新示范区、海河教育园区二期工程、南开大学和天津大学新校区、健康产业园区，把全国职业院校技能大赛办成具有国际影响的赛事。

要抓好医疗卫生健康工作，深化医药卫生体制改革，完善基本药物制度，推进公立医院改革，鼓励社会资本办医，统筹城乡医疗卫生资源均衡布局，新建改扩建一批市级和区县级医院，加快建设全国中医药研发中心，加强医德医风、和谐医患关系建设，提高基层医疗服务能力、疾病预防控制能力、食品药品安全监管能力、卫生应急处置能力。做好人口和计划生育工作，发展妇女儿童和残疾人事业，健全社会养老服务体系。大力发展体育事业和体育产业，办好第六届东亚运动会和第九届全国大运会，做好第十三届全运会筹备工作。

要抓好社会管理创新工作，完善社会管理格局，健全体制机制。加强社会矛盾预防和有效化解，依法维护群众权益，全面推进社会稳定风险评估，深化大调解工作体系建设。加强流动人口服务管理，健全覆盖全部实有人口的动态服务管理体系。加强对特殊人群服务管理，最大限度预防和减少重新违法犯罪。加强非公有制经济组织服务管理，完善劳动关系协调机制。加强社会组织培育发展与监督管理，促进社会组织健康有序发展。加强基层社会管理和服务体系建设，提高管理效能和服务质量。加强社区建设，提高自治和服务功能。加强信息网络建设管理，提高对虚拟社会管理水平。加强公共安全体系建设，健全监管、应急管理体制，做好防灾减灾工作。严格落实维护稳定工作责任制，搞好治安防控体系，加强国家安全工作，严密防范和依法打击各种违法犯罪活动，继续保持全国最安全稳定的地区之一。

八、加强和改进党的建设，进一步增强科学执政能力

实现宏伟目标，关键在党。要坚持党要管党、从严治党，以党的执政能力建设和先进性建设为主线，以改革创新精神全面加强和改进党的建设，坚定理想信念和正确方向，不动摇不懈怠不折腾，保持党的纯洁性，经受住执

政考验、改革开放考验、市场经济考验、外部环境考验，化解精神懈怠的危险、能力不足的危险、脱离群众的危险、消极腐败的危险，不断提高党的建设科学化水平。

大力加强思想政治建设，加快建设学习型党组织，坚持集体学习制度，发扬理论联系实际的优良学风，促进学习、思考、创新有机统一。深入学习中国特色社会主义理论体系，用马克思主义中国化最新成果武装头脑，坚持党的基本理论、基本路线、基本纲领、基本经验不动摇，坚持走中国特色社会主义道路，始终同以胡锦涛同志为总书记的党中央保持高度一致，坚决维护党中央的权威。开展新一轮大规模干部培训，学习和掌握现代化建设所需要的各方面知识，提高战略思维、创新思维、辩证思维能力。精心做好迎接党的十八大工作，推动党的十八大精神贯彻落实。

大力加强领导班子建设，认真贯彻执行民主集中制，健全集体领导和分工负责制，完善议事规则和决策程序，推进决策科学化民主化。优化领导班子配备，选好配强党政正职，形成合理结构，增强班子综合素质和整体活力，提高领导科学发展、驾驭复杂局面、做好群众工作和维护社会稳定的本领。严格党内组织生活，讲政治、顾大局、守纪律，互相关心、互相支持、互相理解，不断增强领导班子的凝聚力和战斗力。

大力加强干部队伍建设，坚持正确的用人导向，坚持五湖四海、任人唯贤，坚持德才兼备、以德为先，突出政治品质、道德品行和科学发展实绩，注重选拔政治坚定、有真才实学、实绩突出、群众公认的干部，坚决不用以权谋私、投机钻营、不讲原则、不敢担当、不干实事的干部。深化干部人事制度改革，健全考核评价机制，完善竞争性选拔方式方法，加大交流力度，提高选人用人公信度。大力培养优秀年轻干部，注重培养选拔女干部、少数民族干部和党外干部，发挥不同年龄段干部的作用，做好离退休老干部工作。坚持党管人才，深入实施中长期人才发展规划纲要，创新和落实重大人才政策，充分发挥各类人才的聪明才智。

大力加强基层党组织建设，完善组织设置，扩大组织覆盖，创新活动方式，夯实基层基础工作。深入开展创先争优活动，大力推进"强基创先"工程，注重解决基层党组织经费保障和活动场所问题，认真做好党员发展和教育、管理、服务工作，加强基层党组织书记队伍建设，充分发挥基层党组织战斗堡垒作用和党员先锋模范作用。推动城乡基层党组织互联互动，推广"一村一站一助理"等模式，建设服务型基层党组织，普遍开展部门包村、干部驻村、"城乡支部一帮一"等活动，构建城乡统筹的基层党建新格局。

大力加强党的作风建设，大兴密切联系群众、求真务实、艰苦奋斗和批评与自我批评之风，为群众办更多的实事好事，确保各项工作合民情、得民心、顺民意。进一步改进工作作风，精简会议文件和领导活动新闻报道，加强调查研究，少说多干，低调实干，抓难点、攻难关、破难题，不说大话空话假话，不搞形象工程，不做劳民伤财的事，坚决反对形式主义、官僚主义。坚持厉行节约，勤俭办一切事情，反对铺张浪费和大手大脚，自觉抵制享乐主义和奢靡之风，以优良的党风促政风带民风。

大力加强反腐倡廉建设，坚持标本兼治、综合治理、惩防并举、注重预防的方针，严格执行党风廉政建设责任制，按照板块化布局、系统化构建、网络化联动、信息化支撑的途径和方法，扎实推进惩治和预防腐败体系建设。深入开展党性党风党纪、廉洁从政和保持党的纯洁性教育，健全党内监督，增强自我净化、自我完善、自我革新、自我提高能力。保持惩治腐败高压态势，加大查办案件工作力度，加强专项治理，认真解决群众反映强烈的突出问题。深化重点领域和关键环节改革，大力推进廉政风险防控机制建设，加强和改进巡视工作，搞好监督检查，确保权力运行程序化和公开透明。各级领导干部要认真落实廉政准则，讲党性、重品行、作表率，管好自己、配偶、子女和身边工作人员，做到为民务实清廉。

同志们，我们团结一心走过了不平凡的历程，我们拼搏奋进取得了新的成绩，我们无怨无悔付出了心血汗水。我们完全相信，具有爱国诚信、务实创新、开放包容精神的天津人民，不仅能够创造令人鼓舞的过去，也一定能够开辟更加美好的未来。让我们更加紧密地团结在以胡锦涛同志为总书记的党中央周围，高举中国特色社会主义伟大旗帜，以邓小平理论和"三个代表"重要思想为指导，深入贯彻落实科学发展观，大力实施市委"一二三四五六"的奋斗目标和工作思路，团结一心，励精图治，奋发有为，满怀信心地为实现中央对天津的定位而努力奋斗，以改革开放和现代化建设的优异成绩迎接党的十八大胜利召开！

附注

1. 市委"一二三四五六"的奋斗目标和工作思路：是在2007年12月25日市委九届三次全会上提出的。这就是：明确一个奋斗目标，把握两个发展阶段，实施三个重要战略，坚持四个毫不动摇，贯彻五个工作方针，取得六个显著变化。

一个奋斗目标是：努力实现科学发展和谐发展率先发展，把天津建设成为经济繁荣、社会文明、科教发达、设施完善、环境优美、人民富裕的国际港口城市、北方经济中心和生态城市。

两个发展阶段是：第一阶段到2010年，全面完成“三步走”战略和“十一五”规划目标任务，提前一年实现市第九次党代会确定的人均生产总值超过8000美元的目标；第二阶段到2020年，发展方式实现重大转变，在优化结构、提高效益、降低消耗、保护环境的基础上，实现人均生产总值比2000年翻三番以上。

三个重要战略是：大力实施富民强市战略，群众富裕程度处在全国前列；大力实施科教兴市战略，建设创新型城市；大力实施城乡一体化发展战略，建设社会主义新农村。

四个毫不动摇是：毫不动摇地解放思想、开拓创新，毫不动摇地深化改革、扩大开放，毫不动摇地转变发展方式、推动科学发展，毫不动摇地改善民计民生、促进社会和谐。

五个工作方针是：坚持社会主义市场经济改革方向，用发展的办法解决前进中的问题，用完善的体制机制促进科学发展，用创新的精神培植新优势；坚持统筹兼顾，推动滨海新区龙头带动、中心城区全面提升、各区县加快发展三个层面联动协调发展，鼓励、支持、引导非公有制经济发展，充分调动各方面的积极性；坚持走中国特色新型工业化道路，提升优化第一产业、做强做大第二产业、大力发展第三产业，努力构建高端化、高质化、高新化的产业结构，不断提升配置资源、服务周边、带动区域发展的功能；坚持好字优先，把建设资源节约型、环境友好型社会放在工业化、现代化发展战略的突出位置，抓好节能减排、保护生态环境、集约利用土地，高水平搞好城乡规划建设管理，努力实现速度质量效益相协调、消费投资出口相协调、人口资源环境相协调、改革发展稳定相协调；坚持以人为本，更加注重社会建设，着力保障和改善民生，扩大公共服务，完善社会管理，做到发展为了人民、发展依靠人民、发展成果由人民共享。

六个显著变化是：经过坚持不懈的努力，天津的综合实力显著增强，北方经济中心地位充分显现；创新能力显著提升，技术引领作用更加突出；生活质量显著改善，人民群众安居乐业；和谐程度显著提高，社会更加文明祥和；城乡面貌显著变化，充分展现大都市现代化气息；生态环境显著优化，生态城市高水平建成。到2020年，全面实现中央对天津的定位要求，全面建成更高水平的小康社会，为率先实现现代化打下牢固的基础。

第十次党代会，按照中央的要求，根据新形势新任务，对市委“一二三四五六”的奋斗目标和工作思路进行了完善。

2. “上水平”活动：市委、市政府应对国际金融危机冲击、加快转变经济发展方式采取的重大措施，包括2009年“保增长、渡难关、上水平”活动、2010年“解难题、促转变、上水平”活动、2011年“调结构、增活力、上水平”活动和2012年“调结构、惠民生、上水平”活动。

3. 战略性新兴产业：以重大技术突破和重大发展需求为基础，对经济社会全局和长远发展具有重大引领带动作用，知识技术密集、物质资源消耗少、成长潜力大、综合效益好的产业。2010年9月，国务院通过《关于加快培育和发展战略性新兴产业的决定》，明确了节能环保、新一代信息技术、生物、高端装备制造、新能源、新材料和新能源汽车等七个产业为战略性新兴产业。

4. 6个销售收入过千亿元企业集团：中国石油化工股份有限公司天津分公司、中国石化销售有限公司华北分公司、天津物产集团有限公司、天津中环电子信息集团有限公司、中国海洋石油总公司天津有限分公司、天津钢铁集团有限公司。

5. 5个国家新型工业化产业示范基地：2009年以来，工业和信息化部在全国组织开展国家新型工业化产业示范基地创建工作，前三批示范基地中我市有5个，分别是：经济技术开发区汽车产业示范基地、滨海新区石油化工产业示范基地、经济技术开发区电子信息产业示范基地、空港经济区航空产业示范基地和子牙循环经济产业区资源综合利用产业基地。

6. 八大优势支柱产业：航空航天、石油化工、装备制造、电子信息、生物医药、新能源新材料、国防科技和轻工纺织八个产业。

7. 科技“小巨人”企业：年销售收入超过1亿元的科技型中小企业。

8. 无水港：在内陆地区建立的具有报关、报检、签发提单等功能的物流中心，是港口功能向内陆地区的延伸，是在没有水的地方建立起来的港口，故被称作“无水港”。

9. 郊区县“三区”：示范工业园区、农业产业园区和农村居住社区。

10. 三改一化：农村集体经济组织股份制改革、“农改非”户籍制度改革、村委会改居委会、促进城乡一体化发展。

11. 一主两副：“一主”是小白楼、解放南路、文化中心周边地区城市主中心。“两副”是西站地区和天钢柳林地区两个综合性城市副中心。通过“一主两副”的实施，中心城区由单中心向多中心转变，综合服务功能更加完善，城市空间形态更加科学合理。

12. 城镇生活垃圾无害化处理率：经无害化处理的城镇生活垃圾数量占产生总量的百分比。生活垃圾无害化处理方式主要包括卫生填埋、焚烧、堆肥以及分选、消毒、加工后再利用。

13. 学前教育三年行动计划:2010 年 11 月国务院下发《关于当前发展学前教育的若干意见》,要求各省区市以县为单位编制学前教育三年行动计划,有效缓解“入园难”问题。

14. 期望寿命:刚出生的一批人平均一生可能存活的年数。通过平均寿命的比较分析,可以衡量一个国家或地区人们的健康水平。

15. 天津精神:爱国诚信、务实创新、开放包容。

16. “护城河”工程:1996 年以来,北京市与周边各兄弟省区市围绕维护首都安全稳定建立的地区间联防、联控、联调、联打的工作模式和工作机制,在维护首都地区稳定中发挥了多方面的综合效益和重要作用。1996 年开始时成员单位为北京、天津、河北,2007 年根据党的十七大安保和 2008 年奥运会安保的需要,增加了内蒙古、辽宁、山西。

17. 863 计划:1986 年 3 月,邓小平同志在王大珩、王淦昌、杨嘉墀和陈芳允四位科学家提出的“关于跟踪研究外国战略性高技术发展的建议”上作出重要批示。党中央、国务院于 1986 年 11 月启动实施了高技术研究发展计划,简称 863 计划。

18. 未来科技城:是中央组织部和国务院国资委为深入贯彻落实建设创新型国家和中央引进海外高层次人才“千人计划”而建设的人才创新创业基地和研发机构集群。目前已有北京、天津、武汉、杭州四个未来科技城,天津未来科技城位于天津滨海高新技术产业开发区。

19. 大通关:口岸各部门各单位各企业相互协调配合,采取有效手段,使口岸物流、单证流、资金流、信息流高效顺畅地运转,是提高口岸工作效率工程的简称。

20. 北部新区:位于规划外环线东北部调整线与现状外环北路之间,总用地面积 104 平方公里。规划发展定位是以总部商务办公、现代商贸为主的天津市北部公共服务中心,以高新技术、科技研发为主的国家级高新技术产业基地,以度假、文化创意为主的生态、休闲、旅游基地,低碳、生态的宜居宜业示范新区。

21. 京滨综合发展轴:它依次连接武清区、中心城区、海河中游地区和滨海新区核心区,有效集聚先进生产要素、承载高端生产和服务职能,实现与北京的战略对接,形成高新技术产业密集带、京津冀地区一体化发展的产业群和产业链。

22. 千人计划:中央人才工作协调小组自 2008 年开始实施“海外高层次人才引进计划”,主要是围绕国家发展战略目标,用 5 到 10 年,引进 2000 名左右人才,简称“千人计划”。我市共有国家“千人计划”人选 74 人。

23. “131”创新人才培养工程:到 2020 年,选拔第一层次人选 1000 名,培养成为在国内外具有一定知名度,在国际上有一定影响或具有国内领先水平的创新创业领军人才;选拔第二层次人选 3000 名,培养成为在国内各学科专业领域内知名、居全市领先地位的学术技术带头人;选拔第三层次人选 10000 名,培养成为各系统和单位的专业技术骨干和学术技术带头人后备力量。

24. 智慧天津:在充分利用物联网、云计算等新一代信息技术的基础上,统筹整合各类城市信息系统,实现高度智能化的城市管理、运行和生活目标,构建面向未来、可持续发展的先进城市形态。

25. 物联网:通过信息传感设备,按照约定的协议,把任何物品与互联网连接起来,进行信息交换和通讯,以实现智能化识别、定位、跟踪、监控和管理的一种网络。

26. 云计算:以公开的标准和服务为基础,以互联网为中心,为用户提供安全、快速、便捷的数据存储和网络计算服务,让互联网成为每一个用户的数据中心和计算中心。云计算的核心是将大量用网络连接的计算资源统一管理和调度,构成一个计算“资源池”,向用户提供服务。

27. 三网融合:电信网、广播电视网和互联网融合发展,实现三网互联互通、资源共享,为用户提供话音、数据和广播电视等多种服务。

28. “四金”农民:拥有薪金、租金、股金、保障金的农民。

29. 一村一站一助理:在每个行政村设立村级综合服务站,并配备 1 名村级事务助理。村级综合服务站主要负责咨询有关政策法规、调解基层矛盾纠纷、代办需要到乡镇办理的事务、为外出务工农民联系工作单位等。村级事务助理主要由乡镇驻村干部或大学生村官担任。

(摘自 2012 年 5 月 28 日《天津日报》)

在中共天津市委十届二次全体会议上的讲话

（2012年12月26日）

孙春兰

同志们：

这次全会的主要任务是深入学习、全面贯彻党的十八大和中央经济工作会议精神，总结今年工作，部署明年任务。现在，我代表市委常委会讲几点意见。

一、深入学习贯彻党的十八大精神，为实现中央对天津的定位接续奋斗

党的十八大描绘了全面建成小康社会、夺取中国特色社会主义新胜利的宏伟蓝图，对新的时代条件下推进中国特色社会主义事业作出了重大战略部署，为党和国家事业进一步发展指明了方向。

党的十八大闭幕后，全市各级各部门迅速兴起了学习贯彻的热潮，在统一思想、振奋精神，指导实践、推动工作上取得了积极成效。当前和今后一个时期，要继续把学习贯彻党的十八大精神作为首要的政治任务，在前一阶段学习贯彻的基础上不断引向深入，切实把广大党员干部群众的思想和行动统一到党的十八大精神上来，把智慧和力量凝聚到党的十八大确定的目标任务上来，始终同以习近平同志为总书记的党中央保持高度一致。

要继续深入学习党的十八大报告，全面理解把握精神实质，深刻领会中国特色社会主义是党和人民长期实践取得的根本成就，深刻领会中国特色社会主义是由道路、理论体系、制度三位一体构成的，深刻领会建设中国特色社会主义的总依据、总布局、总任务，深刻领会夺取中国特色社会主义新胜利的基本要求，深刻领会确保党始终成为中国特色社会主义事业的坚强领导核心，努力做到学深学透，真懂真信真用。

学习党的十八大精神要在贯彻落实上下功夫，密切联系天津发展实际，把党的十八大精神落实到全面建成小康社会的具体实践中，体现在改革发展稳定的各项工作中。党中央、国务院对天津发展高度重视、十分关心，明确提出到2020年将天津市逐步建设成为经济繁荣、社会文明、科教发达、设施完善、环境优美的国际港口城市、北方经济中心和生态城市。这个定位突出了天津的发展特色和比较优势，指明了今后的发展方向和战略重点。去年9月，习近平同志考察天津时，要求我们“进一步加快转变经济发展方式，进一步统筹城乡一体化发展，进一步加强和创新社会管理，进一步加强和改进党的建设”，这“四个进一步”使天津发展的思路更加清晰，是我们做好各项工作的重要遵循。

多年来，历届市委、市政府为天津经济社会发展打下了坚实基础。以张高丽同志为班长的市领导班子团结带领全市人民砥砺奋进、拼搏进取，天津发展速度快、势头好，经济、政治、文化、社会、生态文明建设和党的建设都取得了显著成绩，朝着实现中央对天津的定位迈出了坚实步伐。我们完全有基础、有条件、有能力，在新的起点上实现更大发展，再创一个黄金发展期。对此，我们要始终充满信心，坚定不移。同时也要清醒地看到，对照党的十八大提出的全面建成小康社会新要求和“两个翻番”的目标，对照中央对天津的定位和寄予的期望，对照人民群众过上更好生活的热切期待，我们还需要继续埋头苦干、艰苦奋斗，丝毫不能懈怠。把党的十八大精神落到实处，最重要的是与全面落实中央对天津工作的重要要求紧密结合起来，与落实市第十次党代会决策部署紧密结合起来，进一步强化机遇意识、责任意识、忧患意识，在坚持既定发展思路、工作部署的基础上，根据党的十八大提出的新目标、新任务、新要求，与时俱进，乘势而为，凝心聚力，接续奋斗，努力把宏伟蓝图变为美好现实。

二、清醒把握当前形势，明确做好明年工作的总体要求

明年是全面贯彻落实党的十八大精神的开局之年，是实施“十二五”规划承前启后的关键一年。做好明年工作，意义十分重大。一分为二地分析我们面临的形势，具备许多有利条件和积极因素，同时也面临严峻的困难和挑战。

一方面，从国际环境看，经济全球化深入发展，新一轮科技和产业革命正在孕育兴起，世界经济格局持续调整，国际形势总体上有利于我们发展。从国内情况看，经济社会发展基本面长期向好，国内市场潜力巨大，生产要素综合优势明显，我国仍处于可以大有作为的重要战略机遇期。近年来，天津抢抓机遇，发展速度明显加快、经济总量迅速扩大，今年全市生产总值预计达到 1.28 万亿元，综合实力迈上了大台阶；随着工业化、信息化、城镇化和农业现代化的深入推进，将为我市发展注入新的动力，特别是在提高城镇化质量方面还有很大的空间和潜力；当前天津正处在开发建设的高峰期，有一大批项目在建和待建，将陆续形成新的经济增长点，为全市经济发展积蓄后劲；明年国家继续坚持稳中求进的工作总基调，实施有利于稳增长、调结构、惠民生的宏观政策，我市滨海新区、高新技术产业、港口基础设施建设等都符合国家政策导向，有利于我们继续争取中央政策支持。

另一方面，我市经济社会发展仍然面临许多困难，各种难以预料的风险挑战不可低估。明年世界经济走势明显放缓，经济低迷已成为全球经济新常态，市场需求成为全球竞争最稀缺的资源；我市经济外向度较高，受国际市场的冲击较为严重；产业结构偏重，资源环境的制约日益加大；受当前市场需求不足的影响，部分企业生产经营困难，我们面临的挑战可能要比想象中的更为严峻。

对此，我们必须保持清醒头脑，坚持“两点论”，善于运用“底线思维”分析看待问题，既要看到发展的有利条件和积极因素，进一步坚定信心和决心；也要充分认识各种不利因素和薄弱环节，做好迎接更大困难的准备，努力争取最好的结果，牢牢把握发展的主动权。

根据中央精神，结合天津实际，明年全市工作的总体要求是：高举中国特色社会主义伟大旗帜，以邓小平理论、“三个代表”重要思想、科学发展观为指导，全面贯彻落实党的十八大和中央经济工作会议精神，按照中央对天津工作的一系列重要要求，加快实施市第十次党代会的战略部署，紧紧围绕主题主线，稳中求进，开拓创新，扎实开局，切实推动经济建设、政治建设、文化建设、社会建设、生态文明建设和党的建设取得新进展，改革开放取得新突破，保障和改善民生取得新成效，社会和谐稳定取得新成果，为实现党的十八大确定的目标任务开好局、起好步。

根据这一总体要求，我们要科学确定明年发展的预期目标。一是要保持合理的经济增长速度。这些年天津发展很快，要继续保持这样的好势头，在经济增速下滑的形势下有所作为，为扩大就业、改善民生打好物质基础。这符合中央提出的经济持续健康发展的目标，符合稳中求进的要求，也有利于把各方面注意力引导到转方式、调结构上来。工作中，我们要力争取得好于预期的实际结果，努力实现有质量、有效益的增长。二是要把提高群众收入水平作为工作重点，力争实现城乡居民收入实际增长与经济增长同步。

完成明年各项目标任务，要进一步解放思想。实践反复证明，解放思想是个“总开关”，哪个地方的干部群众思想解放，哪个地方就能抓住机遇，赢得发展。解放思想必须紧密联系实际，真正落实到更新不符合科学发展观的思想观念上，落实到解决影响发展的实际问题上。要看到在激烈的区域竞争中，不进则退，慢进亦退。与兄弟直辖市北京、上海相比，虽然我们追赶的步伐较快，但无论是经济总量、人均水平还是产业层次，都有很大差距。所以我们不能满足于已有的成绩，不能满足于自己与自己比。要密切关注国内外经济形势的发展变化，视野更开阔一些，办法更多一些，勇于探索、敢于超越。

三、把握全局，突出重点，切实推动改革发展稳定各项工作开好局、起好步

（一）加快推进滨海新区开发开放

加快滨海新区开发开放是国家重大发展战略。党中央、国务院高度重视，并给予一系列政策支持。习近平同志去年在津考察时强调指出，“滨海新区是天津又好又快发展的重要引擎。”新世纪看滨海。滨海新区不但要带动天津的发展，而且要成为区域发展的增长极，成为全国最具潜力、最具活力、最为开放的现代化新区之一。可以说滨海新区担负的使命光荣，责任重大。我们要坚定不移地把加快滨海新区开发开放作为全市工作的重中之重，继续举全市之力加快推进。

滨海新区开发开放的重大意义，不仅仅是建设一个高新技术产业集聚区，更重要的是在制度创新上先行先试。要深化行政管理体制改革，提高行政效能和办事效率。深化金融改革创新，搞好股权交易平台和创新型交易市场，加快建设全国金融改革创新基地。深化涉外经济体制改革，推进东疆保税港区向自由贸易港区转型。深化社会领域改革，积极探索收入分配、户籍制度改革新思路，

推进构建和谐劳动关系综合试验区建设。

要按照各功能区产业规划发展方向，加大招商引资力度，大力引进龙头企业，培育壮大一批具有明显竞争优势的产业群和产业基地。要加大基础设施建设，加快建设生态宜居的现代化新城区，建立健全服务配套体系，加快发展教育、医疗、文化等社会事业，聚集人气，吸引人才，让更多人流、物流、资金流留在新区，发展在新区。

(二)千方百计扩大内需

扩大内需是转方式、调结构的首要任务。从天津的实际看，我们必须把投资和消费放在更加突出的位置，推动经济持续健康发展。

一要切实发挥投资对经济增长的关键作用。现阶段实现稳增长的目标，客观上需要保持一定的投资规模。我市在产业项目、基础设施、城镇化建设、公共服务等领域投资的需求还很大，我们要积极实施项目带动战略，推动在建项目加快进度，早竣工投产，早发挥效益。同时，进一步加大重大项目前期工作力度，源源不断地筹划和推出一批影响力大、市场竞争力强的大项目好项目。要更加注重优化投资结构，使扩大投资与调整优化产业结构、增加最终需求有机结合起来，坚决杜绝重复建设和形成产能过剩。要多渠道扩大投资资金来源，切实发挥好政府投资的导向作用，进一步放宽民间资本准入门槛，支持民营企业以独资、参股、控股、特许经营等多种方式，进入基础产业和基础设施、市政公用事业和保障性住房建设等领域。要及时发布项目合作、招商引资等信息，引导扩大民间投资行为，改变投资过度依赖政府主导的模式，使民间资本真正成为投资增长的主体。

二要切实增强消费对经济增长的基础作用。扩大消费需求大有潜力，要在稳定消费预期、增强消费能力、优化消费环境、推动消费升级、拓宽消费领域上下功夫。多渠道提高城乡居民收入水平，特别是要努力增加中低收入群体收入，真正让居民有钱可花。进一步完善社会保障体系、加强社会救助、扩大公共服务供给，切实解除广大居民的后顾之忧，稳定消费预期，让大家放心消费。加快培育文化、旅游、健身、养老和节能环保产品等新的消费热点，大力发展网络购物等新型业态，充分挖掘消费潜力。加快推进城乡消费流通体系建设，拓宽流通渠道，减少流通环节，降低商贸物流成本，进一步改善城乡消费环境。

天津外向型经济比重大，必须同时做好扩大内需和稳定外需两篇文章。明年外贸形势将比今年更加严峻，我们要进一步完善出口政策，加大政策支持力度，继续深入实施主体多元化和市场多元化战略，加快培育一批新的外贸增长点，巩固发展传统市场，积极开拓新兴市场，优化进出口结构，提高贸易便利化水平，努力推动外贸健康发展。

(三)加快推进产业转型升级

区域经济竞争，说到底是产业水平的竞争。要瞄准新一轮产业革命的发展方向和国家产业政策导向，加大产业结构战略性调整力度，努力构筑富有竞争力和天津特色的现代产业新体系。

要做大做强先进制造业。围绕八大优势支柱产业和重点发展的战略性新兴产业，充分发挥我市航空航天、装备制造等重大项目产业链条长、带动作用强的优势，引导更多关联企业进行技术、产品和产业配套，加快形成一大批在国内外具有明显竞争优势的产业集群，既有"顶天立地"也有"铺天盖地"，不断提升天津产业发展和实体经济水平。要继续发展壮大海洋石油、海洋化工、海洋装备制造等优势支柱产业，加快发展海水利用等海洋新兴产业，不断壮大海洋经济规模和实力。

要大力发展现代服务业。先进制造业和生产性服务业融合发展是当今产业发展的新趋势。近年来，天津工业的快速发展为生产性服务业加快发展提供了广阔空间。我们要把发展生产性服务业作为现代服务业的突破口，做大做强现代金融、现代物流、技术研发、工业设计、信息咨询、文化创意等产业，尽快形成与经济中心地位相适应的服务经济体系。楼宇经济和总部经济是一个城市聚集和辐射能力的集中体现，是生产性服务业发展程度的重要标志。与北京、上海、深圳等城市相比较，我市楼宇经济还有很大发展空间，企业总部还较少。要尽快建成一批设施完备、功能齐全、管理先进、与国际接轨的中心商务区和中心商贸区，健全楼宇基础设施，完善办公和生活环境配套，吸引更多跨国公司和国内大型企业集团来我市设立综合型、功能型总部及结算中心、采购中心、研发中心等，加快打造一批新的亿元楼宇。要提升消费性服务业发展水平，减少行政审批项目，创造公平竞争的市场环境，鼓励消费性服务业发展。旅游业是"老百姓"经济，对于扩大就业、增加收入、提高群众生活水平有着重要的作用。天津旅游资源丰富，既有自然资源，也有五大道、意式风情区、杨柳青年画等人文历史景观和文化遗产。要进一步挖掘和整合这些宝贵资源，利用好中国旅游产业博览会这一平台，加快建设中国旅游产业园，重点抓好"近代中国看天津"、红色旅游、都市博览游、海河风光游、滨海休闲游、山野名胜游，加大对天津城市形象的宣传力度，提高城市知名度，打造在国内外叫得响的旅游品牌。

天津科技资源丰富，科技人才众多，具有明显的科技创新优势。要继续深化科技体制改革，大力实施科技小巨人发展三年行动计划，加强公共服务平台建设，加大对小微企业的扶持力度，帮助企业解决钱从哪里来的问题，落实小额贷款，完善征信体系，健全抵押贷款和金融担保制度，建立风险投资基金，同时也要切实防范区域性金融风险。

我市农业在三次产业中的比重很小，但农业作为基础产业，仍然在全局中具有极为重要的地位和作用。要认真贯彻中央农村工作会议部署，围绕“保供增收惠民生、改革创新添活力”的目标任务，扎实抓好农业农村工作，促进农民增收产业增效。要重点发展都市型现代农业，大力发展高附加值的设施农业、生态农业、休闲观光农业，构建集约化、专业化、组织化、社会化相结合的新型农业经营体系，提高农业综合生产能力，确保农民收入增长势头不减弱，进一步增强农村发展活力。

（四）努力建设国际港口城市

港口资源是天津的核心战略资源和最大优势。近年来，天津港得到长足发展，已经跻身世界级大港行列，但与国际先进港口相比还有一定的差距，这个差距不仅是货物吞吐量，主要还体现在港口通关、金融、保险、法律等服务体系水平上。我们要以建设国际港口城市为目标，深入做好港口这篇文章，真正做到以港兴市，港城共荣。一要加快完善港口集疏运体系。目前，天津港还是公路运输占比高，货物运输成本也较高。要加快与港口连通的铁路建设，提高铁路直通港口码头的能力，加强与主要腹地和西部能源基地的铁路连接，完善以天津港为核心的物流网络。二要进一步完善港口功能。逐步形成商业港、工业港、渔港、邮轮母港和休闲娱乐港等功能完备的综合性海港。加快“无水港”建设，最大程度发挥广阔腹地对港口的支撑作用。吸引更多物流企业和航运、公路、铁路企业进驻，吸引金融、保险、信息、咨询等要素聚集，大力发展租赁、航运、仓储、贸易结算等，促进港口经济多元化、集群化发展。三要不断优化口岸服务环境。学习国际通行做法，借鉴先进地区经验，认真落实“大通关”制度，进一步简化通关环节，提高通关效率，探索改进海关特殊监管模式，不断提高港口国际化管理水平。

（五）着力提高城镇化质量

城镇化是扩大消费、拉动内需、实现未来经济增长的新引擎。工业创造供给，而城镇化制造需求，会带来大量的投资机会，对市场有着巨大的刺激作用。近年来，天津探索了一条符合实际的城镇化发展路子。我们要认真总结和推广有益经验，重点围绕提高城镇化质量，坚持建设管理并举，硬件软件并重，加大制度创新力度，积极稳妥推进城镇化健康发展。

提高城镇化质量，要坚持走集约、智能、绿色、低碳的发展道路。在建设上，要坚持经济发展和产业布局紧密衔接、城镇规模与资源环境承载能力相适应，宜大则大、宜小则小，宜镇则镇、宜村则村，协调推进新城、中心镇、一般镇规划建设。加快水、电、路等基础设施建设，提高城镇的承载能力。在管理上，要围绕实现“人口城镇化”要求，不断探索解决农民进城后就业、入学、社会保障、住房等方面的问题，完善公共服务体系，逐步实现基本公共服务全覆盖，加快消除城乡二元差别。要使进城农民真正转变为“市民”，还要加强教育培训，提高他们适应城市生活的能力和综合素质。各郊区县要从资源禀赋和自身条件出发，大力发展特色经济，因地制宜发展劳动、资金、技术等多种要素密集型产业，不断壮大区县综合经济实力，使城镇化真正成为促进产业结构、就业方式转变的动力。

（六）加强民生保障工作

改善民生既是党和政府工作的目的，也是人民群众自身奋斗的目标。要按照“守住底线、突出重点、完善制度、引导舆论”的原则抓好民生工作，处理好当前可承受和未来可持续的关系，兼顾民生需求和财力可能，既要尽力而为，抓紧解决当前必须做、能够做的民生问题，又要量力而行、循序渐进，把实事办好，把好事办实。

一要千方百计增加城乡居民尤其是中低收入者收入。进一步调整财政支出结构，宁可少上一些生产性项目，集中更多财力，办好有利于群众直接增收的民生项目，认真落实职工工资正常增长机制，不断提高企业最低工资标准。要加强职业教育和技能培训，完善就业服务体系，多渠道创造就业岗位。要引导广大群众转变观念，强化创业意识，通过自己的创业创造，勤劳致富、增加收入、改善生活。明年我市将有11万高校毕业生，就业形势仍然严峻。各级政府要制定完善相关政策，支持大学生自主创业，解决他们的后顾之忧。

二要着力提高公共服务水平。坚持全覆盖、保基本、多层次、可持续，稳步提高社会保障统筹层次和保障水平，提高最低生活保障、特困救助、优抚对象抚恤补助标准，重点保障低收入群众基本生活。明年我市计划建成8万套保障性住房，要完善设施配套，注重建设质量，确保分配公平。要健全全民医疗保障体系，全面启动县级公立医院改革试点，促进城乡医疗卫生资源均衡分布，不断满足群众基本医疗卫生服务需求。加快完善社会化养老服务体系，加强社区服务和公共体育设施建设。继续实施重点文化惠民工程，扩大基层公共文化设施覆盖面。

三要加强社会管理创新。创新管理理念和模式，坚持以人为本、服务为先，健全基层社会管理和服务体系，推进网格化管理，增强城乡社区服务功能，实现由“管理管控”向“寓管理于服务”的转变。要认真落实重大决策社会稳定风险评估机制，出台涉及社会稳定的政策举措时要充分考虑社会风险，预防影响稳定问题发生。深入排查引发矛盾纠纷的苗头隐患，立足抓早抓小，做到防患未然，坚决防止发生影响全局的信访突出问题和群体性事件。

四、切实提高党的建设科学化水平，确保明年各项任务落到实处

党的十八大对全面提高党的建设科学化水平提出了明确要求，我们要牢牢把握加强党的执政能力建设、先进性和纯洁性建设这条主线，坚持党要管党、从严治党，全面加强思想、组织、作风、反腐倡廉和制度建设，为实现经济持续健康发展和社会和谐稳定提供坚强保障。

一要加强领导班子和干部队伍建设。市委已于今年完成了换届，明年年初，市人大、市政府、市政协也将换届。新班子要有新形象、新风貌。要紧紧抓住思想政治建设这个根本，深入学习中国特色社会主义理论体系，建设学习型、服务型、创新型党组织。要进一步加强制度建设，认真贯彻民主集中制原则，制定完善各项规章制度，严格按程序办事、按规则办事。要着眼于建设高素质执政骨干队伍，加强各级领导干部的能力建设，树立世界眼光，开拓决策视野，切实提高把握和运用市场经济规律、社会发展规律的能力，提高战略思维、创新思维和辩证思维能力。

二要加强基层党的建设。探索完善基层党组织设置形式，强化农村、城市社区党组织建设，加大非公有制经济组织、社会组织党建工作力度，扩大党组织和党的工作覆盖面。加强城乡基层党建资源整合，普遍开展部门包村、干部驻村、“城乡支部一帮一”等活动。抓好党群共建，以党的基层组织建设带工建、带团建、带妇建。加强基层党组织带头人队伍建设和党员的教育管理，巩固和扩大创先争优活动成果，充分发挥党员先锋模范作用。

三要切实改进工作作风。以为民务实清廉为主要内容，认真解决群众反映强烈的突出问题。各级领导干部要认真贯彻执行关于改进工作作风、密切联系群众的有关规定，以身作则，率先垂范。以开展“促发展、惠民生、上水平”活动为载体，深入企业、基层，帮助解决实际困难。继续开展互看互比互学活动。积极推进效能建设，加大绩效考核力度。要牢记“空谈误国，实干兴邦”，牢固树立正确的政绩观，多做打基础、利长远、惠民生的实事，保持工作的连续性，不反复，不折腾。要艰苦奋斗，厉行节约，深入推进惩治和预防腐败体系建设，严格落实党风廉政建设责任制，自觉遵守廉政准则。

做好明年工作，完成各项目标任务，必须最大限度地调动各方面的积极性，凝聚各方面的智慧和力量。要支持人大及其常委会依法行使职权，更好发挥人民政协作为协商民主重要渠道的作用，充分发挥各民主党派、工商联凝聚人心、汇聚力量的积极作用。要进一步加强党对工青妇等人民团体的领导，支持他们把切实维护各自所代表群体的合法权益作为基本职责。进一步巩固和发展军政军民团结的大好局面，同心同德，团结奋斗。

明年改革发展稳定的任务十分繁重。让我们紧密团结在以习近平同志为总书记的党中央周围，解放思想，开拓创新，攻坚克难，为把天津建设成为国际港口城市、北方经济中心和生态城市而奋斗！

（摘自2012年12月31日《天津日报》）

政府工作报告

——2013年1月26日在天津市第十六届人民代表大会第一次会议上

天津市市长　黄兴国

各位代表：

现在，我代表市人民政府，向大会作政府工作报告，请予审议，并请市政协委员和其他列席人员提出意见。

一、过去五年工作回顾

过去五年，是天津发展进程中极不平凡的五年。本届政府在党中央、国务院和市委领导下，高举中国特色社会主义伟大旗帜，以邓小平理论、“三个代表”重要思想、科学发展观为指导，认真贯彻党的十七大、十八大精神，大力实施市委“一二三四五六”的奋斗目标和工作思路，紧紧抓住滨海新区开发开放重大机遇，求真务实，锐意进取，全面完成了市十五届人大历次会议确定的目标任务，全市经济社会发展取得显著成就，开创了科学发展和谐发展率先发展的新局面。

五年来，主要做了以下工作：

(一)坚定不移推动科学发展，综合实力跨上一个大台阶

我们坚持以科学发展为主题，以加快转变经济发展方式为主线，以调整优化经济结构为主攻方向，认真落实国家宏观调控政策措施，有效应对国际金融危机严重冲击，统筹推进滨海新区、中心城区、郊区县三个层面协调发展，狠抓大项目小巨人楼宇经济等重点工作，大力发展实体经济，保持了良好发展势头，经济总量跨上万亿台阶，发展的质量效益水平明显提升。

2012年，全市生产总值12885亿元，是2007年的2.5倍，年均增长16.1%，人均生产总值1.48万美元；地方财政收入1760亿元，是2007年的3.3倍，年均增长26.7%；全社会固定资产投资8871亿元，年均增长34%；社会消费品零售总额3921亿元，年均增长19.6%；外贸进出口总额1156亿美元，年均增长10.1%；城乡居民收入年均分别增长12.6%和12.1%，价格总水平保持基本稳定；万元生产总值能耗累计下降21%，节能减排完成国家下达的目标任务。

(二)深入落实国家发展战略，滨海新区开发开放全面推进

我们举全市之力加快推进滨海新区开发开放，功能区建设全面展开，高端产业加快聚集，自主创新能力不断提升，龙头带动作用和服务辐射功能明显增强。

对外开放门户作用得到发挥。开发区、保税区竞相发展，港口和保税功能不断向腹地延伸，建成内陆“无水港”23个。“大通关”体系基本形成，国际贸易与航运服务中心功能继续完善，通关效率明显提高。口岸进出口总值突破2000亿美元。

高水平现代制造业和研发转化基地初步形成。开发区主要经济指标保持国家级开发区首位，南港工业区、临港经济区建港造陆200平方公里，空港经济区、滨海高新区加快开发。百万吨乙烯、千万吨炼油、空客A320总装线、中航直升机总装基地等项目建成投产，大推力火箭、300万吨造修船、长城汽车等项目加快推进，形成了航空航天、石油化工、电子信息、装备制造、新能源新材料等一批高端产业基地。建成国际生物医药联合研究院、中科院工业生物技术研究所等一批重大科技创新、研发转化平台。

国际航运中心和国际物流中心功能进一步提升。天津港航道达到30万吨级，货物吞吐量4.77亿吨，居世界第四位，集装箱吞吐量1230万标准箱。东疆港岛30平方公里全部成陆，保税港区整体封关运作，南港港区开港试通航。滨海国际机场新航站楼和第二跑道投入使用，二期工程全面展开，旅客和货邮吞吐量较快增长。京津高速公路、天津大道、海滨大道等竣工通车，津保铁路、于家堡铁路中心站等加快建设，港口集疏运体系不断完善。

宜居生态新城区建设成效明显。新区实现控制性详规全覆盖。生态湿地得到有效保护，国家循环经济试点项

目北疆电厂一期工程竣工投产，海水淡化能力达到日产31.6万吨。中心商务区、滨海旅游区建设加快。中新天津生态城8平方公里起步区基本建成，示范效应显现。

（三）加快转变经济发展方式，经济结构调整取得重大进展

我们始终坚持把结构调整作为转变经济发展方式的关键环节，狠抓大项目好项目建设，不断增强自主创新能力，高端化高质化高新化产业体系逐步形成。

先进制造业不断壮大。全市工业总产值达到2.4万亿元，五年增长1.3倍。实施重大项目180项，八大优势支柱产业占全市工业比重超过90%。高端装备制造、新一代信息技术、节能环保等战略性新兴产业快速发展。建成6个国家级新型工业化示范基地，产业聚集效应进一步显现。节能降耗成效显著，关停并转1000多家高耗能、高污染企业。形成五种具有示范效应的循环经济模式，国家循环经济试点城市建设加快推进。

自主创新能力明显提升。建设产业化重大项目140项，“天河一号”、“曙光星云”超级计算机等一批国际领先水平的科技成果投入应用，新引进31家国家级科研院所，新增23个国家级重点实验室，建成一批国家级工程中心、企业技术中心和重大科技创新平台。大力实施科技小巨人成长计划，科技型中小企业达到3.5万家，小巨人企业1800家。制定实施中长期人才发展规划纲要，人才队伍继续壮大。专利申请14万件、授权5.9万件。全社会研发经费支出占生产总值比重由2.3%提高到2.7%，综合科技进步水平位居全国前列。

服务业加快发展。实施重大项目160项，服务业占全市经济比重由42.8%提高到47%。全市金融机构数量增长4.8倍，存贷款余额分别增长1.5倍和1.8倍。商品销售总额达到2.5万亿元，建成银河购物中心、万达广场、水游城、大悦城等大型商业综合体，新建改造佛罗伦萨小镇等38条特色商业街。津湾广场一期、泰安道五大院、意式风情区、极地海洋世界等特色商业旅游设施交付使用，新增五星级标准酒店25家，国际邮轮母港开港运营。建成梅江会展中心，成功举办三届夏季达沃斯论坛，以及一大批国际性重大会展活动，城市国际影响力显著提升。

（四）扎实推进城乡统筹发展，区县经济实力迅速壮大

我们坚持城乡一体化发展战略，大力推动示范工业园区、农业产业园区、农村居住社区“三区”联动发展，探索出一条具有自身特色的城乡统筹发展新路。

农村城镇化加快推进。运用宅基地换房办法建设43个示范小城镇，45万农民迁入新居。实施“三改一化”改革，打造“四金”农民，实现了安居乐业有保障。改制设立华明、北辰等村镇银行。累计创建文明生态村1023个。全市城镇化率达到81%。

农村工业化和农业现代化加快发展。整合建设31个示范工业园区，一大批高水平项目落户，成为新的经济增长点。建成21个现代农业示范园区、155个养殖示范园区，设施农业累计达到60万亩，保障了市民“菜篮子”。粮食生产连年丰收。农业标准化体系不断完善，科技兴农效果明显，90%以上的农户进入产业化体系。

中心城区服务功能进一步增强。楼宇经济蓬勃发展，海河两岸综合开发改造成效显著，建成一批总部聚集区、特色街区、创意产业园区，都市型经济发展加快，公共服务水平明显提升，繁荣繁华程度不断提高。

（五）坚持深化改革扩大开放，不断为发展注入活力

我们努力开拓创新、先行先试，全力推进综合配套改革，加快建立有利于科学发展的体制机制，以开放促改革促调整促发展，形成全方位对外开放新格局。

综合配套改革成效显著。先后实施两个“三年行动计划”，重点领域和关键环节改革实现新突破。顺利完成市政府机构改革，设立了滨海新区行政区。完成金融改革创新两批40项重点工作，股权基金、融资租赁、创新型交易市场快速发展，“融洽会”影响不断扩大。全面整合政府投融资平台，有效防范金融风险。实施土地管理改革试点，土地节约集约利用水平进一步提高。经营性国有资产实现统一监管，实施了渤海钢铁集团等49项资产重组。民营经济实力增强，占全市经济比重40%以上。向区县下放公路养管事权。涉外经济体制、科技体制、社会管理等领域改革迈出新步伐。

对外开放水平明显提高。累计实际利用外资554亿美元，引进内资8483亿元，在津世界500强企业152家，国内500强企业201家。对外贸易规模不断扩大，出口结构进一步优化，培育一批国家级出口基地，形成一批外贸公共服务平台。“走出去”步伐加快，境外投资增长17倍。国际交流、国内合作日益密切。高水平做好对口支援帮扶工作，陕西地震灾区恢复重建三年援助任务两年完成，援疆援藏成效显著。

（六）全面提升规划建设管理水平，城乡面貌发生重大变化

我们坚持高起点规划，高水平建设，高效能管理，着力提升城市载体功能，生态宜居城市建设取得重要进展。

规划引领作用较好发挥。实施“双城双港、相向拓展、一轴两带、南北生态”的空间发展战略，开展城市总体规划和土地利用总体规划修编，编制370项专项规划。历史文化名城保护取得成效。建成天津规划展览馆。

基础设施建设继续加快。京津城际、京沪高速铁路天津段竣工通车。天津站、天津西站综合交通枢纽投入使

用。荣乌天津段等9条高速公路建成。地铁2、3、9号线实现联网运营,5、6号线开工建设。中心城区快速路网基本形成。南水北调天津境内干线工程全面建成,城市防洪圈全线封闭。供电、供热、供气、供排水等设施进一步完善。建立工程质量安全监督管理总队,建设质量不断提高。

生态环境建设全面推进。先后实施生态市建设两个“三年行动计划”,清水工程、绿化工程、净化工程取得明显成效。综合治理河道133条,建成污水处理厂76座,城镇污水集中处理率达到87.5%。植树造林120万亩,林木绿化率达到21.8%,郊野公园开始建设。启动供热改燃并网工程,建成东北郊热电厂一期工程,关停第一热电厂,实施陈塘庄热电厂、纪庄子污水处理厂搬迁,综合治理“黄标车”。城镇生活垃圾无害化处理率达到94%。空气质量二级以上良好天数每年稳定在300天以上。

大规模市容环境综合整治成效显著。整治道路、铁路、河道沿线5000多公里、居民社区1000个、建筑2万多栋,新建改造164个公园全部免费开放,新建提升绿化面积1.67亿平方米。颁布实施城市管理规定,完善“两级政府、三级管理、四级网络”城市管理体系,初步建立长效管理机制。城乡面貌发生重大变化,独具特色的城市风格基本形成。

(七)积极发展各项社会事业,人民群众生活水平持续提高

我们坚持统筹经济社会协调发展,不断提高公共服务水平,连续实施20项民心工程,把70%以上财政资金用于民生领域,群众生活明显改善。

教育事业优先发展。全面完成学前教育“三年行动计划”,新建、改扩建幼儿园806所,基本解决“入园难”问题。完成1206所义务教育学校、特殊教育学校现代化标准建设和中小学校舍安全加固工程。全面推进国家职业教育改革试验区、创新示范区建设,形成特色鲜明的多种职业教育办学方式,建成海河教育园区一期工程,启动二期工程,成功举办五届全国职业院校技能大赛。有效化解高校债务,完成师范大学、工业大学等13所高校新建、改扩建工程,大学软件学院投入使用,全市教育综合实力和整体水平位居全国前列。

卫生事业快速发展。优化资源配置,中心妇产科医院、总医院、人民医院、肿瘤医院等新建、改扩建项目投入使用,一批乡镇卫生院、社区卫生服务中心、村卫生室完成标准化建设。建立基本药物制度,基层医疗机构实行基本药物零差率销售,药品价格平均下降25%以上。公立医院改革稳步推进。免费向城乡居民提供18项基本公共卫生服务,重大传染病发病率处于国内最低水平。全面完成妇女儿童健康行动计划。全市人均期望寿命保持发达国家水平。

文化体育事业繁荣发展。建成市文化中心,成为市民艺术欣赏的“城市客厅”。公共图书馆、博物馆、美术馆、文化馆全部免费开放,农村实现文体中心、文化室、农家书屋全覆盖。电视剧《解放》、《辛亥革命》等艺术精品获全国大奖。国家动漫产业综合示范园、国家数字出版基地一期工程建成。文化体制改革扎实推进。哲学社会科学、新闻出版、广播影视、图书档案、文化遗产保护等事业长足发展。总结宣传“天津精神”,深入开展精神文明创建活动,市民文明素质和社会文明程度明显提高。圆满完成北京奥运会协办任务,成功举办第九届全国大学生运动会,获得第六届东亚运动会和第十三届全国运动会承办权,全民健身运动广泛开展,竞技体育取得优异成绩。人口和计划生育、妇女儿童、老龄、残疾人、社会福利、慈善等事业全面发展。

城乡居民收入持续增长。新增就业218万人,应届高校毕业生就业率超过90%,三类困难企业近60万职工得到妥善安置。四次提高最低工资标准,连年增加企业退休人员养老金,推进企业工资集体协商,事业单位实施绩效工资,拓宽农民增收渠道,城乡居民收入保持两位数增长。

社会保障体系进一步完善。率先建立统筹城乡的基本养老和基本医疗保险制度,实现社会保险制度全覆盖。养老保险参保人数明显增加,医疗保险参保率超过95%。城乡低保、优抚对象抚恤补助、特困救助、农村五保供养及残疾人生活补助标准有较大提高。建立完善了价补联动机制,惠及35万低收入困难群众。

群众生活质量不断提高。住房保障制度进一步完善,建立了“三种住房、三种补贴”政策体系,建设保障性住房4700万平方米,为50万户中低收入住房困难家庭提供了住房保障。启动中心城区旧楼区综合提升改造工程,首批80万群众受益。“城中村”改造全面推进。新建扩建一批老年日间照料服务中心、社区配餐服务中心,为4万多名患病困难老年人大幅度提高护理补贴,无收入老年人享受生活补助,65岁以上老年人免费乘坐公交车。解决了344万农民饮水安全问题。更新公交车7500辆、出租车3万辆。新建改造一批社区商业中心、菜市场、人行天桥和停车设施。实施放心食品系列工程,食品安全保障体系逐步完善。

(八)努力提高服务管理水平,政府自身建设进一步加强

我们始终按照廉洁、勤政、务实、高效的要求,依法行政,尽职尽责,努力工作,不断提高行政效能和服务管理水平。

认真执行市人大决议、决定，主动加强与市政协联系，人大代表、政协委员的建议、提案全部办复。加强政府法制建设，提请市人大常委会审议地方性法规38件，制定政府规章57件，开展依法行政考核，健全决策程序规则，完善行政复议工作，行政执法更加规范。努力转变工作作风，连续四年开展干部下基层帮扶活动，协调解决了一大批实际问题。行政审批制度改革成效明显，审批效率提高80%以上，全面建成三级行政服务中心。“8890”服务网络办理群众求助事项1200万件。积极推行政务公开，完善重大事项公示、听证制度和新闻发言人制度。加强政府廉政、监察、审计工作，建成“5+1”公共资源交易监管平台，运用“制度加科技”办法管人管钱管交易。完善应急管理体制，应对各类突发事件的能力不断提高。加强和创新社会管理，推进平安天津、法治天津建设，社会治安综合治理、生产安全、交通安全、食品药品安全得到加强。重视信访、调解等工作，妥善化解社会矛盾。普法工作顺利推进。积极支持工会、共青团、妇联等人民团体发挥作用。民族、宗教、侨务、港澳、对台工作取得新进展。深入开展双拥共建活动，军政军民团结进一步巩固。

各位代表，过去五年是天津发展进程中非常重要的历史阶段。这是全市综合经济实力、竞争力大幅提高的五年，是城乡面貌发生重大变化、城市地位显著提升的五年，是社会事业全面进步、人民群众得到更多实惠的五年。面对严峻复杂的形势和非同寻常的考验，全市人民凝心聚力、风雨同舟、艰苦奋斗、攻坚克难，创造了天津精神、天津速度、天津效益，书写了科学发展的精彩篇章。

五年奋力拼搏取得的显著成就令人鼓舞，五年生动实践获得的有益经验弥足珍贵。我们深刻体会到，在推进社会主义现代化建设实践中，做好新时期政府工作，一定要始终以解放思想、改革开放为强大动力。坚决贯彻落实中央的方针政策和市委的决策部署，遵循市场经济规律，创造性开展工作，不断创新发展思路，不断突破瓶颈、破解难题，不断增强发展的活力、动力。一定要始终以推动经济持续健康发展为首要任务。紧紧扭住经济建设这个中心，更加注重加快转变经济发展方式，更加注重依靠科技进步和提高劳动者素质，更加注重节约资源和保护环境，不断提高发展的质量效益水平。一定要始终以实现好维护好发展好人民群众的根本利益为一切工作的出发点和落脚点。把为全市人民谋幸福作为最大责任，让发展成果更多更公平地惠及人民群众。一定要始终以求真务实、勤政为民为基本准则。增强工作的科学性前瞻性主动性，注重顶层设计，坚持规划引领，多干打基础利长远惠民生的事情，用心把握用心工作用心落实，努力创造一流业绩。一定要始终以建设法治政府、责任政府、服务政府、清廉政府为努力方向。加快转变职能，改进工作作风，加强制度建设，提高行政效能，努力做到让人民满意。以上这些体会归结到最根本一点，就是始终坚持科学发展，把科学发展观的要求落实到政府工作的各个方面，与时俱进，开拓进取，使我们的工作经得起实践检验、群众检验、历史检验。

在总结成绩的同时，我们也清醒地看到，全市发展仍面临不少矛盾，政府工作还存在很多不足，与城市定位的要求和群众的期待还有不小差距。主要表现在：综合实力还不够强，服务功能不够完善，服务业比重比较低，自主创新能力不强，转方式调结构的任务仍然繁重；国有经济活力需要增强，民营经济发展仍不够充分；资源环境约束进一步强化，节能减排任务十分艰巨；体制机制尚不完善，一些制约发展的瓶颈和难题尚未有效解决；群众生活水平还不够高，部分群众生活还比较困难，适应人口老龄化的措施还不够完善，生态环境还需进一步优化，一些关系群众切身利益的突出问题需要加快解决，教育文化卫生等社会事业还需大力发展；城市管理中还存在一些需要解决的顽症，社会管理面临不少矛盾和问题。在政府自身建设方面，服务意识、工作效率还要进一步提高，形式主义、官僚主义、做表面文章和一些领域的腐败现象仍然存在。我们一定高度重视这些问题，采取有力措施，切实加以解决。

各位代表，过去五年取得的成绩来之不易。我们靠的是党中央、国务院和市委的正确领导，靠的是各个方面的大力支持，靠的是全市人民的共同奋斗。在这里，我代表市人民政府，向全市各族人民，向人大代表、政协委员和各民主党派、工商联、人民团体、社会各界人士，向中央各部门、兄弟省市区，向人民解放军和武警驻津部队，向所有关心和支持天津发展的港澳同胞、台湾同胞、海外侨胞和国际友人，表示衷心的感谢！

二、今后五年目标任务

站在新的起点上展望未来，天津发展面临着前所未有的机遇和挑战。党的十八大明确提出了全面建成小康社会的宏伟目标，市第十次党代会对加快实现天津城市定位作出了全面部署，指明了前进方向。按照中央要求，到2020年把天津建设成为经济繁荣、社会文明、科教发达、设施完善、环境优美的国际港口城市、北方经济中心和生态城市，今后五年是实现城市定位决定性攻坚阶段。面对激烈竞争的形势，我们完全有基础、有条件、有信心、有能力，战胜艰难险阻，齐心合力，接续奋斗，开创各项工作新局面，再创新的黄金发展期。

今后五年政府工作的总体要求是：高举中国特色社会主义伟大旗帜，坚持以邓小平理论、“三个代表”重要思想、科学发展观为指导，全面贯彻落实党的十八大精神，按照中央对天津工作的一系列重要要求，实施市第十次党代会战略部署，牢牢把握主题主线，进一步加快滨海新区开发开放，统筹三个层面协调发展，全面加强社会主义经济建设、政治建设、文化建设、社会建设、生态文明建设，全面增强综合实力、创新能力、服务能力、竞争能力，为实现城市定位奠定更加坚实的基础。

全市经济社会发展的总体目标是：全面完成“十二五”规划和市第十次党代会提出的目标任务，到 2017 年全市生产总值超过 2.2 万亿元，人均生产总值达到 2.2 万美元，地方财政收入超过 3000 亿元，城乡居民收入年均分别增长 10%和 13%以上，全社会研发经费支出占生产总值比重提高到 3%以上，全面完成节能减排任务。

今后五年，我们必须紧紧围绕实现城市定位，努力在以下方面迈出更大步伐，取得更大成效。

第一，*建设拥有雄厚综合实力的北方经济中心*。这是实现城市定位的核心所在。要加快转变经济发展方式，扩大经济规模，优化经济结构，提升发展质量，完善服务功能，着力增强城市竞争力、影响力和综合实力。滨海新区开发开放，仍然是我们必须紧紧把握的重大发展机遇，要继续发挥新区龙头带动作用，狠抓产业发展和功能提升，加快建成北方对外开放门户、高水平现代制造业和研发转化基地、北方国际航运中心和国际物流中心、宜居生态型新城区。进一步壮大郊区县经济实力，大力实施“三区”联动发展战略，培育更多强区强县强镇，城镇化率达到 90%，统筹城乡发展走在全国前列。全面提升中心城区功能，加快城市主中心和两个副中心建设，促进高端化都市经济集聚发展。进一步调整优化产业结构，坚持不懈抓大项目小巨人楼宇经济，调高调优第一产业，做强做大第二产业，加快发展第三产业，不断壮大实体经济。经过五年努力，全市经济总量跨上两万亿台阶，高端化高质化高新化产业体系形成，三个层面协调发展，初步成为具有较强经济实力、资源配置能力、服务辐射能力、自主创新能力的经济中心城市，在区域经济发展中发挥更加重要的带动作用。

第二，*形成具有国际竞争力的先进制造业基地*。这是实现城市定位的重要支撑。要坚持走新型工业化道路，促进信息化与工业化深度融合，推动重大项目建设，实现优势产业集群发展，进一步增强产业竞争力。继续发展壮大优势支柱产业，培育战略性新兴产业，改造提升传统产业，石油化工、装备制造成为万亿级产业，重点打造航空航天、新能源新材料等 10 条产业链，建成电子信息、生物医药、节能环保等 15 个新型工业化产业示范基地，工业总产值达到 4.5 万亿元。经过五年努力，建成一批国家级产业基地，成长一批具有国际竞争力、行业领先的大企业大集团，拥有一批掌握核心技术、占据产业链高端的自主品牌，产业布局更优，层次更高，效益更好，对经济发展的支撑作用更强。

第三，*构筑引领驱动作用明显的科技创新高地*。这是实现城市定位的强大引擎。要大力实施科教兴市、人才强市战略，找准科技与经济结合点，大项目承担，小巨人应用，科技平台整合，要素分配激活，科技金融助推，扩大开放做强，推动科技融入经济建设主战场，加快建设创新型城市。继续加强创新能力建设，紧紧围绕产业发展，组织一批科技重大专项和产业化项目，突破一批关键技术、核心技术，提高原始创新、集成创新和引进消化吸收再创新能力。发展大学科技园，建设未来科技城。着力构建以企业为主体、市场为导向、产学研用相结合的技术创新体系，深化部市、院市合作，建成一批重大科技创新平台、科技企业孵化器、工程中心、企业技术中心，显著提升研发转化服务能力。加快培育创新主体，大力发展科技型中小企业，打造更多技术水平高、发展潜力大、拥有“杀手锏”产品的科技小巨人企业。实施知识产权战略，加强知识产权保护。培养和聚集大批优秀人才，是天津未来发展的关键，要在全社会大力营造创新创业氛围，完善激励机制，激发创新活力，增强人才吸引力和凝聚力。经过五年努力，科技支撑引领作用更加显著，创新人才大量涌现，创造活力竞相迸发，创业激情充分涌流，研发转化、品牌创造、标准制定、创新服务能力明显增强，综合科技进步水平保持全国前列，成为我国重要的科技创新高地、人才聚集高地。

第四，*打造功能完善的现代化国际港口城市*。这是实现城市定位的重要基础。构建完善的城市基础设施和快捷高效的大交通体系，是我市向更高目标发展不可逾越的阶段。要坚持高水平规划引领，以“双城”为中心、“两港四路”建设为重点，充分发挥港口资源优势，加快基础设施建设，努力增强服务功能。天津港进一步提升港口能级，完成深水航道、高等级专业码头等工程，全面推进南港港区开发，货物吞吐量达到 6 亿吨，集装箱吞吐量突破 2000 万标准箱。滨海国际机场完成二期扩建项目，旅客吞吐量突破 1500 万人次，货邮吞吐量超过 50 万吨，建成北方大型门户枢纽机场。加快铁路、高速公路、地铁、快速路建设进度，不断完善集疏运体系，建成现代化综合交通枢纽。完善“无水港”布局，推进港口、保税功能向腹地延伸。增加国际航线，发展大陆桥运输和多式联运，完善“大通关”体系，创建国际一流口岸，更好发挥对东北亚、中西亚等地区的辐射作用。要努力推动现代服务业跨越发展，重点发展生产性服务业，积极发展生活性服务业，服务业占全市经济比重超过50%，尽快形成与城市地位相适应的服务经济体系。依托海空两港，建设北方综合物流基地。促进文商旅融合发展，旅游业成为支柱产业。建设国家会展中心项目，建成一批大宗商品交易市场，大力发展电子商务等新兴业态。推动总部经济、会展经济、邮轮经济、文化创意、研发设计、中介咨询等新兴服务业加快发展。经过五年努力，城市功能明显提升，现代服务业发展壮大，基础设施更加完备，综合交通体系全面形成，基本建成拥有世界一流大港、口岸服务功能完善、对外合作交流活跃、高度开放的国际港口城市。

第五，构建我国北方改革开放先行区。这是实现城市定位的根本动力。改革开放的广度深度决定发展的速度高度。要以更大的决心和勇气，推动综合配套改革试验向更宽领域、更深层次迈进，充分释放“改革红利”，全面增强发展活力，做到改革不停顿、开放不止步。继续加快金融改革创新，基本建成功能完善、规范发展的现代金融服务体系和金融改革创新基地，形成股权基金、融资租赁、资金结算、要素市场四个中心，建成于家堡金融服务区。加快财税体制改革，完善公共财政体系。继续深化涉外经济体制改革，大力推进北方国际航运中心核心功能区建设，东疆保税港区加快向自由贸易港区转型。着力增强国有企业发展活力，破除阻碍民营经济发展的各种障碍。继续推进行政体制、科技体制、土地管理、社会管理等领域改革。实施更加积极主动的开放战略，努力把对外开放提升到一个新水平。提高利用外资、内资质量，推动引资、引技、引智结合，引导资金投向优势产业、战略性新兴产业、现代服务业和节能环保等领域。加快转变外贸发展方式，实施以质取胜和主体多元化、市场多元化战略，提高贸易便利化水平，保持进出口平稳较快增长。积极鼓励和支持企业“走出去”。加强与各省市区交流，推进环渤海地区务实合作，借重用好首都资源。面向全球组织资源要素，掀起新一轮对外开放热潮。经过五年努力，基本建立起比较完善的社会主义市场经济体制，综合配套改革取得重点突破，重要领域和关键环节改革迈出重大步伐，市场配置资源的基础性作用得到充分发挥，对外开放广度和深度进一步拓展，有利于科学发展的体制机制率先形成，成为我国开放程度最高、发展活力最强、最具竞争力的地区之一。

第六，共建生态宜居的美丽家园。这是实现城市定位的必然要求。天津发展既要金山银山，更要绿水青山。要把生态文明建设放在更加突出位置，不断提升人居环境质量。大力实施生态市建设行动计划，继续推进清水工程、绿化工程、净化工程。主要河流水系全部实现水清岸绿，城镇污水集中处理率达到95%以上。加强引滦、引黄、引江水质保护，治理水源地污染，南水北调工程实现通水。大规模植树造林，建设一批郊野公园，建成天津动物园，全面提升外环线绿化带，建成区绿化覆盖率提高到36%。搞好七里海、大黄堡、北大港、团泊洼等湿地保护和修复。完成供热改燃并网工程。加快推进中新天津生态城开发建设，更好发挥示范作用。发展壮大海洋经济，保护海洋生态环境。持续开展市容环境综合整治，提高城市智能化、精细化管理水平，城镇生活垃圾全部实现无害化处理，使天津成为全国最整洁的城市之一。坚定不移推进节能减排，全面促进资源节约和综合利用，实施重点节能工程，明显减少主要污染物排放量。积极发展循环经济，建成子牙国家“城市矿产”示范基地。经过五年努力，建设资源节约型、环境友好型社会取得重大进展，基本形成空间布局优化有序、资源利用节约集约、生产生活方式绿色低碳、城乡环境整洁优美的生态宜居城市格局，实现天蓝地绿水净，人民群众生活更加舒适。

第七，创造富裕文明和谐的幸福生活。这是实现城市定位的根本目的。要把人民群众对美好生活的向往，作为我们的奋斗目标，不断提高基本公共服务水平和均等化程度，解决好群众最关心最直接最现实的利益问题，让全体市民共建共享改革发展成果。推动文化大发展、大繁荣，加强社会主义核心价值体系建设，基本建成覆盖城乡的公共文化服务体系，促进文化产业快速发展，努力建设文化强市。实施中长期教育改革和发展规划纲要，高标准推进各类教育发展，全面建成海河教育园区，办好人民满意的教育。进一步完善公共卫生和基本医疗服务体系，建成一批重点医疗卫生设施，提高疾病预防控制能力。积极发展群众体育和竞技体育，建设健康产业园区，办好第六届东亚运动会和第十三届全国运动会。大力保障和改善民生，特别是要安排好困难群众的生活。实施更加积极的就业政策，推动更高质量的就业，新增就业230万人以上。千方百计增加群众收入，城乡居民收入保持两位数增长。完善住房保障机制，再为33万户中低收入住房困难家庭提供住房保障，覆盖35%的城镇家庭。健全城乡全民社会保障体系，完善困难群体救助制度，实现人人享有基本社会保障。大力推进社会养老服务体系建设。优先发展公共交通，中心城区建成轨道交通基本网络。加强和创新社会管理，健全重大决策社会稳定风险评估机制，加快形成源头治理、动态管理、应急处置相结合的社会管理机制。搞好防灾减灾体系建设。经过五年努力，社会事业全面发展,民计民生明显改善,广大市民能够享有更好的教育、更稳定的工作、更满意的收入、更可靠的社会保障、更好的医疗卫生服务、更舒适的居住条件、更丰富的精神文化生活,孩子们快乐成长,青年人机会更多,中年人乐业创业,老年人得到很好照顾,使人民群众过上更加美好的生活。

各位代表,今后五年发展任务十分繁重,政府肩负着重大责任。我们一定在市委领导下,紧紧依靠广大人民群众,集中各方面的力量和智慧,以强烈的紧迫感、责任感、使命感,抢抓机遇,奋力争先,实干苦干,毫不懈怠,向全市人民交上一份满意的答卷!

三、2013 年重点工作

2013 年是全面贯彻落实党的十八大精神的开局之年,是实施“十二五”规划承前启后的关键一年。要全面贯彻落实党的十八大、中央经济工作会议精神,落实市委十届二次全会部署,以提高经济增长质量和效益为中心,稳中求进,开拓创新,扎实开局,推动经济持续健康发展、社会和谐稳定。

今年全市经济社会发展的主要预期目标是:生产总值增长 12%,地方财政收入增长 12%,全社会固定资产投资增长 13%,社会消费品零售总额增长 14%,外贸进出口增长 10%,城乡居民收入分别增长 10%、13%,居民消费价格涨幅控制在 3.5%左右,城镇登记失业率控制在 3.8%以内,万元生产总值能耗下降 4%,主要污染物排放量分别下降 2%。

重点抓好六个方面工作:

(一)着力推进滨海新区开发建设,进一步加快改革开放步伐

继续打好滨海新区开发开放攻坚战。全面加快功能区建设,推进东疆港区整体开发,实施第二港岛围海造陆工程。启动中新天津生态城中部片区和生态岛片区开发,加快产业园区建设。南港工业区、临港经济区新增造陆面积 20 平方公里。滨海旅游区完成 13 平方公里基础设施工程,建设国家海洋博物馆。加快中心商务区建设。继续推进开发区、空港经济区、滨海高新区等开发建设。加大招商引资力度,吸引更多好项目落户新区。完成天津港 30 万吨级深水航道二期工程、南港 5 万吨级航道疏浚工程,推进国际邮轮码头二期建设,建成滨海国际机场二期主体工程,津秦客运专线竣工通车,加快于家堡铁路中心站、京津城际延伸线、滨石高速、津港高速二期等项目建设,实现中央大道全线贯通。

进一步推进体制机制改革。全面完成综合配套改革第二个“三年行动计划”。加快和规范发展股权基金、融资租赁、创新型交易市场,继续办好“融洽会”,扎实搞好“意愿结汇”、“新三板”、“营改增”等试点工作。加快改制、设立村镇银行,实现郊区县全覆盖。东疆保税港区拓展国际船舶登记、国际航运税收、航运金融和租赁业务。稳步推进高考改革。全面启动区县公立医院改革试点。进一步深化土地管理、科技体制、国有企业、社会管理等方面改革。全面提升开放型经济水平。制定新一轮扩大开放的政策措施,实施面向 500 强招商引资“三年行动计划”。促进加工贸易转型升级,大力发展服务贸易,建设进口商品交易市场。支持企业建立海外区域营销中心,继续搞好苏伊士经贸合作区等项目建设。加强区域合作,扎实做好对口支援和帮扶工作。

(二)着力推进大项目小巨人楼宇经济发展,进一步促进产业优化升级

继续做强做大八大优势支柱产业,加快培育战略性新兴产业。推出新一批工业重大项目,建成超大型航天器、无人机生产基地、长城汽车二期、大众汽车变速箱、卡特彼勒发电机组等项目,推进中俄大炼油、造修船基地、北疆电厂二期、蓝星化工新材料、腾讯科技等工程建设。进一步加大科技型中小企业发展力度,实施科技小巨人“三年行动计划”,全年新增科技型中小企业 1 万家、小巨人企业 400 家,打造更多行业领先的“杀手锏”产品。实施 10 个重大科技攻关专项,形成一批高水平科研成果。启动建设国家中医药研发中心、国家 863 成果展示交易平台,新增国家级重点实验室和工程中心 5 家,新建一批高水平孵化转化载体。实施海水淡化、纯电动汽车等 10 项科技示范工程。聚集更多高层次人才,建设未来科技城“人才特区”和领军者公寓。推进“智慧天津”建设,提高信息基础设施水平。强化节能减排,推广重大节能环保技术,抓好重点行业、重点企业节能工作,推进结构性减排。大力发展循环经济,加快国家循环经济和低碳城市试点建设,深入开展资源综合利用,推进清洁生产。推出新一批服务业重大项目,基本建成国家动漫产业综合示范园,加快国家会展中心、津湾广场二期、恒隆广场等重点工程建设,建成华侨城欢乐谷主题公园、米立方水世界等一批旅游项目。积极拓展中心城区发展空间,加大发展楼宇经济力度,推出第三批重点支持项目,建成更多亿元楼宇。继续支持服务业综合改革试点城区建设。启动绿荫里、六纬路南站地块、民园体育场等高端商业商务综合体和棉三、天拖、一热电等老厂区创意产业园区的规划建设。

(三)着力推进“三区”联动,进一步加快区县经济发展

发挥区县优势,扩大经济规模,增强财政实力。加大区县示范工业园区拓展区建设力度,高水平招商引资,引

进更多具有支撑带动作用的大项目好项目，区县880个重大项目全部竣工，继续推出新项目。提高设施农业科技含量和组织化程度，丰富市民“菜篮子”。加强农田水利建设，稳定粮食生产，新增节水灌溉面积20万亩。加快示范小城镇建设，着力提升公共服务功能，新开工农民安置住房1000万平方米，竣工800万平方米，进入示范小城镇居住的农民达到60万人。全面完成“三改一化”第二批试点，扩大试点范围。加快农村路网建设，完善排水供电等基础设施，高标准创建文明生态村100个。

（四）着力推进生态环境建设，进一步提升城市服务功能

全面实现生态市建设第二个“三年行动计划”目标。完成清水工程，综合治理河道20条，建成污水处理厂6座，纪庄子污水处理厂迁建工程竣工。继续推进净化工程、绿化工程，实现32座供热燃煤锅炉改燃并网，完成陈塘庄热电厂搬迁工程，加快治理“黄标车”，植树造林17万亩，新增绿地1200万平方米，建成西青、东丽郊野公园一期工程。完善城乡规划体系，进一步推进西站、天钢柳林等重点地区规划建设。加快基础设施建设进度，铁路地下直径线竣工通车，西南环线、南港一线、京津城际机场引入线、曹庄动车所开工；地铁2号线机场延伸线贯通，3号线南站配套工程试运营，5、6号线加快建设；国道112东段延长线具备通车条件，塘承高速公路二期等工程加快推进。建成一批城市道路，改造完善水电气热等管网设施。全面完成独流减河综合治理项目，启动北运河、永定新河二期治理工程。继续开展市容环境综合整治，新建提升公园13个，对车站、机场、城乡结合部等地区进行重点整治，对违法建设、运输洒漏等进行专项治理。全面落实城市管理规定，推进管理常态化、精细化。

（五）着力推进社会事业发展，进一步完善公共服务体系

推动文化事业全面繁荣、文化产业快速发展。更好发挥文化中心服务功能，加快群众艺术馆等文化设施建设改造，推进公共电子阅览室、城市书吧、职工书屋、农村电影放映等文化惠民工程建设，办好优秀剧目展演、音乐大讲堂等群众文化活动，做好文化遗产保护工作，抓好文艺作品创作生产，加快北方印刷基地、国家3D影视创意园等项目建设进度。大力发展哲学社会科学、新闻出版、广播影视、图书档案、科普等事业。进一步提高教育现代化水平，启动学前教育提升计划，实施新一轮义务教育学校和普通高中现代化标准建设。加快推进海河教育园区二期工程建设，南开大学、天津大学等新校区项目全面开工，建设天津开放大学，高水平办好全国职业院校技能大赛。继续促进高等教育内涵发展，建设高校协同创新中心。进一步提高人民群众健康水平，搞好公共卫生和基本医疗服务，完成天津医院、胸科医院、中医一附院等新建、改扩建工程，加快第二儿童医院、环湖医院等项目建设进度，启动妇女儿童健康促进计划。稳定低生育水平，健全人口和家庭公共服务网络。推动全民健身运动蓬勃发展，把第六届东亚运动会办成一届高水平的体育盛会。继续做好妇女儿童、老龄、残疾人、慈善等工作。

加强和创新社会管理。搞好社会管理和服务体系建设，增强社区服务功能。做好流动人口、特殊人群服务管理工作，促进社会组织健康有序发展。畅通和规范群众诉求表达、利益协调、权益保障渠道，有效预防和化解社会矛盾。强化安全生产责任，对食品、药品、消防、施工、交通安全实施有效监管。完善社会治安防控体系，把平安天津建设提高到新水平。

（六）着力推进民心工程，进一步提高市民生活质量和水平

精心实施20项民心工程。多渠道促进充分就业，完善创业带动就业政策，支持小微企业发展，实施百万技能人才培训计划，开发400个“职业培训包”，全年新增就业48万人。加强劳动争议调解仲裁和劳动保障监察工作，促进劳动关系和谐。落实好各项增加居民收入的政策措施，继续推进企业工资集体协商，继续提高最低工资标准，继续提高企业退休人员养老金和居民基础养老金，继续提高优抚对象抚恤、城乡低保、特困救助、农村五保供养等补助标准。进一步提升社会保障水平，完善职工和居民养老保险制度，实施居民生育保险制度，城乡居民医疗保险补助标准由人均300元提高到420元。重点保障低收入群众基本生活，做好高校大学生生活困难补助。新建保障性住房8万套，新增租房补贴1万户。加快中心城区危陋房屋改造，全面实现“城中村”三年改造目标。完成中心城区480个旧楼区提升改造工程，110万群众受益。保持房地产市场平稳健康发展，全面提高物业管理水平。努力稳定市场价格，保障市场供应。大力推进放心食品系列工程，完善食品安全保障体系。新建提升20个标准化菜市场。新增环保公交车2000辆，推动公交向郊区县延伸。新建一批过街设施、无障碍设施和停车场，改造一批卡口道路，方便群众出行。积极发展养老事业，新增养老机构床位5000张，累计达到4.2万张，新增老年日间照料服务中心80个，中心城区老年助餐社区覆盖率提高到90%，在全社会弘扬尊老爱老道德风尚，使老年人生活得更幸福更有尊严。

各位代表，实现今后五年的目标和任务，对政府自身

建设提出了新的更高要求。我们一定把人民群众放在心中最高位置，把人民的信任支持作为最大动力，恪尽职守，真抓实干，努力建设人民满意的政府。加快转变政府职能，创造良好环境，提供优质服务，维护社会公平正义。进一步搞好经济管理，加强运行监测，做好第三次经济普查工作。调整优化财政支出结构，把更多财政资金投向民生领域。大力转变工作作风，落实为民务实清廉要求，继续组织机关干部深入基层，开展“促发展、惠民生、上水平”活动。全面推进依法行政，提高推动发展、化解矛盾、维护稳定的能力。自觉接受市人大及其常委会的法律监督、工作监督，主动接受市政协的民主监督，认真听取各民主党派、工商联、无党派人士的意见和建议。不断提高政府立法质量，切实做到严格规范公正文明执法。健全行政监督机制，特别要加强对权力集中、资金资源密集、与群众利益密切相关部门的监督。坚持科学民主决策，完善公众参与、专家论证机制。大力推进政务公开，保障群众的知情权、参与权、表达权和监督权。切实提高行政效能，深化行政审批制度改革，进一步整合部门内部审批职能，继续加强三级行政服务中心建设，提升审批服务水平。落实行政问责制，推进绩效管理，加大督查力度，确保政令畅通。努力建设清廉政府，严格实行廉政建设责任制，强化行政监察和审计监督，抓好工程建设、政府采购、资金使用等重点领域和关键环节的监管，完善“5+1”公共资源交易监管平台，进一步健全市场机制，用程序用机器管人管钱管交易，勤俭节约，严控“三公”经费。大力支持工会、共青团、妇联等人民团体开展工作，认真落实党的民族、宗教、侨务政策，做好新时期港澳、对台工作。积极支持国防和军队建设。

各位代表，新的征程已经开启，新的目标催人奋进。让我们紧密团结在以习近平同志为总书记的党中央周围，在市委领导下，万众一心，奋力拼搏，为把天津建设成为国际港口城市、北方经济中心和生态城市而努力奋斗！

（摘自 2013 年 2 月 6 日《天津日报》）

·天津区县年鉴·

专　　文

关于市级地方志书变更冠名的通知

津志〔2012〕2 号

各区县地方志编修委员会、市属部门修志机构：

经市人民政府批准，自 2013 年 1 月 1 日起，第二轮《天津通志》统一变更冠名为《天津市志》。之前已经出版的第二轮《天津通志》不再重新印刷，一律视为《天津市志》各分志。市地方志编修委员会及其办公室此前印发的文件，凡涉及第二轮《天津通志》内容的，也相应视为《天津市志》，不再变更。

天津市地方志编修委员会

2012 年 11 月 20 日

《天津通志》审查验收规定

（2012 年 5 月 21 日）

为进一步规范天津市志书审查验收工作，根据国务院《地方志工作条例》和中国地方志指导小组《地方志书质量规定》等法规文件，制定本规定。

一、坚持三审制度

《天津通志》实行初审、复审、终审三审制度。

（一）初审。由市属部门修志机构即《天津通志》分志承修单位负责，依据志书审验标准对志书初稿进行审查。分志修志机构认定合格后，向市地方志办公室提出复审申请，市地方志办公室审验同意后，由分志承修单位付印志书评审本（蓝本）。

（二）复审（蓝本评审）。由市地方志办公室牵头，会同分志承修单位组织相关人员，召开评审本评审会议对志稿进行评审。市地方志办公室将评审本评审会议提出的意见汇总，交由分志承修单位修改，形成志书终审本。

（三）终审。由市地方志办公室负责，组织志书审验组对志书终审本进行审查验收。分志承修单位按照志书审验组提出的意见修改，市地方志办公室复核验收合格后，报市政府批准。《天津通志》由市地方志办公室统一安排出版印刷。

志书出版发行后，原初审、复审、终审志稿和相关文件、资料等，交由市地方志馆保存、管理。

二、严格审验标准

（一）政治观点正确。坚持以邓小平理论和“三个代表”重要思想为指导，深入贯彻落实科学发展观。内容记述要符合国家的法律、法规，符合党的路线、方针、政策。

（二）体例完备合理。事类划分符合科学分类原则，领属关系得当，层次分明，排列有序，标题简明，题文相符，重复、交叉处理相宜，时代、行业特色鲜明，志体运用得当。

（三）资料翔实可靠。入志资料必须符合真实性、全面性、系统性要求。如实记载历史，横不缺项，纵不断线。内容记述要素齐全，统计数据准确、可靠。

（四）行文标准规范。采用语体文、记述体，文风严谨、朴实、简练，言简意赅、文通句顺。行文符合《天津市地方志书编修行文规范》要求。

（五）配图真实恰当。图照清晰完整，图文相符，主题明确，要素齐全，制作规范，具备存史价值。

三、设立审验机构

设立天津市地方志书审查验收组，组长为市地方志办公室负责人，成员为分志承修单位负责人、市地方志办公室部门负责人，根据志书类别组织保密、档案、历史、法律、经济、军事等方面的专家参加。天津市地方志书审查验收组负责复审和终审相关工作。

四、审验适用范围

本规定适用于以《天津通志》名称冠名的、并纳入天津市政府修志规划的地方志书。未经审查验收的，不得公开出版。

本规定由市地方志办公室和市属部门修志机构组织实施。

本市行政区域，未纳入市政府修志规划的专业志、部门志参照本规定执行。

天津市区县志书审查验收规定

（2012年5月21日）

为进一步规范天津市区县志书审查验收工作，根据国务院《地方志工作条例》和中国地方志指导小组《地方志书质量规定》等法规文件，制定本规定。

一、坚持三审制度

区县地方志书实行初审、复审、终审三审制度。

（一）初审。由区县地方志办公室（含滨海新区功能区修志机构，下同）负责，依据志书审验标准对志书初稿进行审查。区县地方志办公室认定合格后，向市地方志办公室提出复审申请，市地方志办公室同意后，由区县地方志办公室付印志书评审本（蓝本）。

（二）复审（蓝本评审）。由市地方志办公室牵头，区县地方志办公室组织，召开评审本评审会议对志稿进行评审。市地方志办公室将评审本评审会议提出的意见汇总，交由区县地方志办公室修改，形成志书终审本。

（三）终审。由市地方志办公室负责，组织志书审验组对志书终审稿进行审查验收。区县地方志办公室按照志书审验组提出的意见修改后，报送区县政府批准。区县志书由市地方志办公室统一安排出版印刷。

志书出版发行后，原初审、复审、终审志稿和相关文件、资料等，由区县地方志办公室妥善保存，适时移交区县档案馆或市地方志馆保存管理。

二、严格审验标准

（一）政治观点正确。坚持以邓小平理论和“三个代表”重要思想为指导，深入贯彻落实科学发展观。内容记述符合国家的法律、法规，符合党的路线、方针、政策。

（二）体例完备合理。事类划分符合科学分类原则，领属关系得当，层次分明，排列有序，标题简明，题文相符，重复、交叉处理相宜，时代、区域特色鲜明，志体运用得当。

（三）资料翔实可靠。入志资料符合真实性、全面性、系统性要求。如实记载历史，横不缺项，纵不断线。内容记述要素齐全，统计数据准确、可靠。

（四）行文标准规范。采用语体文、记述体，文风严谨、朴实、简练，言简意赅、文通句顺。行文符合《天津市地方志书编修行文规范》要求。

（五）配图真实恰当。图照清晰完整，图文相符，主题明确，要素齐全，制作规范，具备存史价值。

三、设立审查验收机构

设立天津市地方志书审查验收组，组长为市地方志办公室负责人，成员为区县地方志办公室负责人、市地方志办公室部门负责人，并聘请有关专家参加。天津市地方志书审查验收组负责复审和终审工作。

四、审验适用范围

本规定适用于本市以区县行政区域名称冠名的，并纳入市政府修志规划的地方志书。未经审查验收的，不得公开出版。

本规定由市地方志办公室和区县地方志办公室组织实施。

区县地方志办公室可参照此规定制定本区域乡、镇、村志和部门志的验收规定。

天 津 概 况

基本情况

天津,中国四大直辖市之一,也是中国北方最大的开放城市和工商业城市。天津简称"津",意为天子经过的渡口,也称"津沽"、"津门"。

天津地区在商周时期即有人类居住,但作为城市则形成较晚。隋朝大运河的开通,使位于运河北部、兼有河海运输之便的天津地位日渐重要,运河与"五河尾闾"(今海河)在市区三岔河口交汇,天津便以"三会海口"名于史册。唐朝中叶以后,天津成为南方粮、绸北运的水陆码头。金贞祐二年(1214)设直沽寨,直沽是天津城市发展中有史料记载的最早名称。元延祐三年(1316)"改直沽为海津镇",是军事重镇和漕粮转运中心。

明建文二年(1400),燕王朱棣率兵经海津镇渡河南下,称帝后即将海津镇改名"天津"。永乐初年(1404~1406)先后设天津卫、天津左卫、天津右卫,并建筑城池。清顺治九年(1652)三卫合一,归并于天津卫。雍正三年(1725)改卫为州。雍正九年(1731)升州为府,辖6县1州,成为畿辅首邑。从明朝永乐二年(1404)正式设卫至今,天津建城已有600多年历史。

1860年,天津被辟为通商口岸后,西方列强纷纷在天津设立租界,天津成为中国北方开放的前沿和近代中国洋务运动的基地。军事近代化以及铁路、电报、电话、邮政、采矿、近代教育、司法等方面建设,均开全国之先河。天津成为当时中国第二大工商业城市和北方最大的金融商贸中心。

清光绪二十八年(1902)直隶总督衙门迁津。1912年中华民国成立,天津改为县,属直隶省。1913年直隶省省会设于天津。1928年6月,天津改为特别市,此为设市之始。同年7月,直隶改称河北,省会仍设天津,10月省会迁北平。1930年6月,天津改为直辖市。同年10月,河北省会再迁天津,遂改为省辖市。1935年6月,河北省会迁保定,天津又改为直辖市。1945年8月15日日本投降后,天津仍为直辖市。1949年1月15日天津解放,划为华北人民政府直辖市。同年10月1日中华人民共和国成立,天津被定为中央直辖市。1958年2月11日,天津改为河北省省辖市;同年4月18日,河北省省会由保定迁到天津。1966年5月河北省省会再迁保定。1967年1月2日,天津恢复为直辖市至今。

1949年中华人民共和国成立后,天津作为直辖市,社会面貌发生了天翻地覆的变化。1978年中国实行改革开放后,天津作为首批对外开放的沿海港口城市,经济社会发展取得辉煌成就,人民生活水平实现从温饱到小康的跨越,津沽大地焕发出无限生机和活力。

自然环境与资源

地理位置 天津市位于北纬38°34′~40°15′,东经116°43′~118°04′之间,处于国际时区的东八区。地处中国华北平原东北部,海河流域下游。北起蓟县黄崖关附近,南至滨海新区大港翟庄子沧浪渠,南北长189公里;东起滨海新区汉沽洒金坨以东陡河西干渠,西至静海县子牙河王进庄以西滩德干渠,东西宽117公里。东临渤海,与山东、辽东二半岛相望;北依燕山,与河北省、北京市相邻。是海河五大支流南运河、子牙河、大清河、永定河、北运河的汇合处和入海口,素有"九河下梢"、"河海要冲"之称。天津市疆域周长约1290公里,其中海岸线长153公里,陆界长1137公里。市域总面积11916.9平方公里,海域面积3000余平方公里。

天津市地处太平洋西岸环渤海经济圈的中心,背靠中国华北、东北、西北地区,面向东北亚,不仅毗邻首都,还是华北、西北广大地区的出海口,是亚欧大陆桥中国境内距离最短的东部起点。北距北京120公里,是拱卫京畿的要地和门户。

地势 天津绝大部分为平原,少部分是山地和丘陵。地貌特征:其一北高南低,西北高东南低。从蓟县北部山区到塘沽、汉沽、大港的滨海,呈簸箕形向海河干流和渤海方向倾斜。最高点为蓟县与河北省兴隆县交界处的九山顶,海拔1085.5米。最低处是塘沽大沽口,海拔为零。其二山区面积小,平原辽阔。山地、丘陵海拔高度小,相对高度大。平原既低且平。其三河流纵横,坑、塘、洼、淀星罗棋布。其四古海岸遗迹(俗称贝壳堤)明显存在,成为滨海平原的奇观,为中国其他滨海地区所罕见。天津的地貌类型有山地、丘陵、平原、洼地、海岸带、滩涂等。丘陵分布在燕山南侧,介于山地与洪积、冲积倾斜平原之间,面积

228.7 平方公里;平原分布在燕山至渤海之间，面积约占全市土地面积的 95.5%，绝大部分在海拔 20 米以下，其中 2/3 地区为低于 4 米的洼地；冲积平原分布在燕山山前洪积冲积平原以南，滨海平原以西的广大地区。地势低平，海拔均在 10 米以下，地面坡度为 1/5000~1/10000，受河流交叉沉积影响，地面有小规模缓岗和碟形洼地交错起伏，河流泛区分布有沙丘、沙地;海积冲积平原分布在宁河、潘庄、北仓、杨柳青一线以南，南运河以东，汉沽、塘沽、甜水井一线以西，是全新世以来海洋和河流交互作用地区，地貌低平，多湿地，海拔高度 3~5 米，地面坡度 1/5000 左右，有贝壳堤和古泻湖、洼淀;海积平原位于海积、冲积平原以东和海啸所达上界（蔡家堡至驴驹河一线）之间的狭长地带，海拔 1~3 米。地面坡度小于 1/10000，现仍受海水影响，多盐滩、沼泽和低湿地，表面组成物质以盐质黏土为主。海岸带和滩涂位于特大高潮线以下地区。海岸物质粒径小于 0.05 毫米的占 50%以上，属于泥质海带。有龟裂带（也称湿地）、潮间浅滩及水下岸坡等。

水文　天津地处海河流域下游，河网密布，洼淀众多。历史上天津的水量比较丰富。海河上游支流众多，长度在 10 公里以上的河流 300 多条。这些大小河流汇集成中游的永定河、北运河、大清河、子牙河和南运河五大河流。这五大河流的尾闾即是海河，统称海河水系，为天津市工农业生产和人民生活的水源河道。此外，天津还有自成水系的蓟运河。

气候　天津地处北温带半干旱半湿润季风气候区，四季分明。冬季受蒙古冷高压控制，盛行西北风，天气寒冷干燥；夏季受西北太平洋副热带高压西侧影响，多偏南风，且高温高湿，雨热同季；春季干旱多风，冷暖多变；秋季天高云淡，风和日丽。天津主要为大陆性气候特征，但受渤海影响，有时也显现出海洋性气候特征，海陆风现象比较明显。全年平均气温在 11.4℃~12.9℃之间，1 月最冷，月平均气温在-5.4℃~3.0℃之间；7 月最热，月平均气温在 25.9℃~26.7℃之间。年平均降水量为 566 毫米，全年 85%左右的降水量集中在夏秋季。年平均日照时数在 2471~2769 小时之间。年平均风速为 2.3 米/秒。年平均水分蒸发量为 163~1912 毫米，最大蒸发量 2673.3 毫米。

自然资源

（一）矿产资源：天津市已探明的矿产资源主要有金属矿、非金属矿和燃料矿 20 多种。金属矿和非金属矿主要分布在蓟县北部山区，燃料矿主要埋藏在天津平原地下的渤海大陆架。金属矿主要有锰硼石、锰、金、钨、钼、铜、铝、锌、铁等，其中锰、硼不仅为国内首次发现，也为世界所罕见；非金属矿主要有水泥石灰岩、重晶石、迭层石、大理石、天然油石、紫砂陶土、麦饭石等。燃料矿产主要有石油、天然气和煤成气等。其中优势矿种为石油、天然气、地热、水泥灰岩、紫砂陶土。

石油、天然气。天津平原及渤海海域蕴藏着丰富的石油和天然气资源。已探明的石油地质储量 40 亿吨，油田面积 100 多平方公里；天然气（含伴生气）地质储量 1500 多亿立方米。煤田面积 80 多平方公里。

地热。天津地区地热资源属于非火山沉积盆地中、低温热水型地热。地热资源丰富，主要分布在宝坻断层以南约 9638 平方公里的范围内。根据地质构造和地势场分析，分为新生界热储层和基岩热储层两大类。依据在温梯度 3.5℃/100 米的等值线为底界在天津地区划分出 10 个地热异常区，探明面积 2434 平方公里，水温在 30℃~90℃。已探明的中低温地热资源总量及开发利用程度居全国前列。

水泥灰岩。水泥灰岩是天津市非金属矿产中的优势矿种，已探明工业储量的矿产地有 5 个，矿体赋存于中元古界蓟县系铁岭组石灰岩层中，含氧化钙 48%~50.7%。已探明工业储量的 5 个矿产地是东营房、转山、铁岭、老虎顶和渔山，探明储量 1.8 亿吨。

紫砂陶土。天津市蓟县紫砂陶土矿赋存于中上元古界二个层位，即串岭沟组和洪水庄组的伊利石页岩。其中串岭沟组伊利页岩分布在下营镇，全长 12 公里，宽 2 公里，出露面积 24 平方公里，露天储量 7 亿吨。二个层位的伊利石岩是一个大型黏土矿床，是紫砂陶器的优质矿物原料。

（二）土地资源：全市土地总面积 11916.9 平方公里。其中，农用地面积 7097.7 平方公里（耕地面积 4407.5 平方公里），占全市土地面积的 59.56%；建设用地面积 3946.1 平方公里，占全市土地面积的 33.11%；未利用地 873.1 平方公里，占 7.33%。全市的土地，除北部蓟县的山地、丘陵外，其余地区都是在深厚沉积物上发育的土壤，在海河下游的滨海地区，有待开发的荒地、滩涂 1214 平方公里，可作为建设和生态用地。

（三）海洋资源：天津海岸线位于渤海西部海域，南起歧口，北至涧河口，长达 153 公里。所辖海域面积约 3000 平方公里。天津海洋资源可分为海洋自然资源和海洋空间资源两大类。海洋自然资源包括滩涂、海洋生物、海水、海洋油气及海洋能等；海洋空间资源包括海洋水运资源、海港、海岸带及滨海旅游资源等。

滩涂资源。天津滩涂十分发育，宽度在3000~7300米之间，海拔高度0~3.5米，坡降0.4%~1.4%。滩涂面积约370平方公里，大部分尚未充分开发利用。

海洋生物资源。在渤海湾西部海域水中、海底及潮间浅滩生活着较为丰富的海洋生物。按其生活方式和生活区域可分为浮游生物、游泳生物(鱼类)、底栖生物和潮间带生物四大类。据调查，渤海湾西部浮游生物162种，其中浮游植物98种，主要种类是硅藻、甲藻和绿藻，多分布在近岸；浮游动物64种，包括浮游幼虫类、桡虫类、箭虫类和其他浮游动物。渤海湾西部水域有鱼类56种，分别隶属13目，主要种类有鳓鱼、黄鲫、山黄鱼、白姑鱼、银鱼等。底栖动物181种，隶属11个门类。最重要的优势种为角板虫、绒毛细足、日本棘刺蛇尾等，作为经济种的有对虾和三疣梭子蟹。另外天津沿海潮间带生物96种，其中软体动物27种、多毛类25种、甲壳类23种、鱼类13种、腔肠动物3种、棘皮动物2种、腕足动物和纽虫动物各1种。

海水资源。天津海域海水成盐质量高，氯化钠含量95%~96%。天津自古以来就是著名盐产地，长芦盐场是目前中国最大的盐场。天津原盐85%是工业用盐，是盐化工的主要原料。海水资源除发展制盐业之外，还可以直接用作工业冷却水及海水淡化等。

海洋油气资源。渤海油气区油气资源非常丰富，是中国海上石油勘探与开发最早的海域。目前，已发现45个含油构造。

旅游资源 天津是首批中国优秀旅游城市。旅游资源丰富，景观种类齐全。既有盘山清幽的自然景色，又有八仙山山高林密、保留着山林野趣的自然特色，还有记载古老地质历史的巨厚的中上元古界地层，以及海退后在滨海平原留下的贝壳堤和湿地景观。天津作为历史文化名城，还具有丰富多彩、独具特色的人文景观。1860年天津开埠后，英、法、美、德、日、俄、意、比、奥九国在天津设立租界，随之一些官僚、军阀、买办在租界内设公馆、别墅，陆续建成各种结构和形式的大楼建筑和花园洋房800多幢。在中国近现代史上有许多重大的历史事件与天津有着密切的关系，一些近现代的革命人物也在天津留有革命业绩。天津早年因漕运兴旺而发祥，各方商贾云集，逐渐形成天津独特的地方民俗文化景观。天津有A级景区88个，国家工农业旅游示范点14个，全国红色旅游经典景区5个。天津传统的风味食品多种多样，“津门三绝”(狗不理包子、十八街麻花、耳朵眼炸糕)深受国内外宾客喜爱。

行政建制

行政区划 天津市辖13个区、3个县，有111个街道办事处、1448个居民委员会，有123个镇、11个乡和3782个村民委员会。市辖区包括和平区、河西区、河东区、南开区、河北区、红桥区6个中心城区，以及滨海新区、东丽区、西青区、津南区、北辰区、武清区和宝坻区；市辖县有宁河县、静海县、蓟县。

政府机构 市人民政府是天津市最高行政机关，设工作部门45个，其中办公厅和组成部门25个，即：市发展和改革委员会、市经济和信息化委员会、市商务委员会、市教育委员会、市科学技术委员会、市民族事务委员会、市公安局、市国家安全局、市监察局、市民政局、市司法局、市财政局、市人力资源和社会保障局、市规划局、市国土资源和房屋管理局、市城乡建设和交通委员会、市环境保护局、市市容和园林管理委员会、市农村工作委员会、市水务局、市文化广播影视局、市卫生局、市人口和计划生育委员会、市审计局、市外事办公室；特设机构1个：市国有资产监督管理委员会；直属机构19个，即：市工商行政管理局、市统计局、市质量技术监督局、市旅游局、市新闻出版局、市体育局、市海洋局、市安全生产监督管理局、市机关事务管理局、市交通运输和港口管理局、市知识产权局、市政府法制办公室、市政府研究室、市信访办公室、市侨务办公室、市合作交流办公室、市人民防空办公室、市金融服务办公室、市口岸服务办公室；部门管理机构6个，即：市公务员局、市外国专家局、市粮食局、市监狱管理局、市劳教局、市食品药品监督管理局。

天津市地方志编修委员会办公室是具有行政职能的事业单位，是全市地方志工作的主管部门，负责全市地方志编修的组织推动、督促检查、审核验收等工作。

天津市共有法人单位190099个，其中企业单位170599个，机关事业单位8131个。

人口状况

天津市常住人口1413.15万人，其中，外来人口392.79万人，占常住人口的27.79%。全市户籍人口993.20万人，其中农业人口376.84万人、非农业人口616.36万人。全市城镇化率80.5%。人口出生率8.75‰，死亡率6.12‰，自然增长率2.63‰。天津市共有49个少数民族，少数民族总人口30.38万人。

天津市常住人口中，具有大专以上程度的226.16万人；具有高中(含中专)程度的267.23万人；具有初中程度的493.60万人；具有小学程度的220.58万人。从业人员

803.14万人，其中，城镇从业人员621.29万人，农村从业人员181.85万人。

经济发展

全市生产总值12885.18亿元，人均生产总值1.48万美元。其中，第一产业增加值171.54亿元，第二产业增加值6663.68亿元，第三产业增加值6049.96亿元。三次产业结构为1.3:51.7:47.0。全市地方财政收入1760.02亿元，其中税收收入1105.56亿元，占地方财政收入的62.8%。全市财政支出2112.21亿元。全社会固定资产投资8871.31亿元。

农业 全市农业总产值375.60亿元。其中，种植业产值196.88亿元，林业产值2.79亿元，畜牧业产值105.20亿元，渔业产值60.40亿元。粮食总产量161.76万吨。农村示范工业园区、农业产业园区、农村居住社区统筹联动发展。31个区县示范园区基础设施建设基本完成，建成20个现代农业示范园区、155个养殖示范园区。43个示范小城镇加快建设，40万农民迁入新居。实施"三化一改"试点，探索城乡统筹新途径。农民专业合作社2414个，进入产业化体系的农户90%。

工业 全市工业总产值24017.18亿元，净增3000亿元。工业增加值6122.92亿元，比上年增长16.1%，高于全国平均水平6.1个百分点。规模以上工业总产值23250.54亿元。航空航天、石油化工、装备制造、电子信息、生物医药、新能源新材料、轻纺工业、国防科技八大优势产业完成工业总产值21085.08亿元，占工业总产值的87.79%。新能源、新材料、新一代信息技术等战略性新兴产业迅速发展，航空航天、装备制造、石油化工等产业聚集区形成规模，高新技术产业产值6951.65亿元，占28.94%。

服务业 全市服务业增加值5153.88亿元，占全市经济46%。其中，交通运输、仓储及邮政业增加值721.04亿元，批发和零售业增加值1678.81亿元，住宿和餐饮业增加值220.86亿元，金融业增加值959.03亿元，房地产业增加值448.82亿元。商品销售总额25157.54亿元。旅游业长足发展，旅游外汇收入21.47亿美元，旅游支出46.14亿元。全市有星级宾馆111家，旅行社388家，其中国际旅行社29家。

社会事业

科技 天津综合科技水平位居全国第三位。化学、化工、精密仪器、干细胞、膜材料与分离技术等一批学科和技术领域保持全国领先水平，在基因组学、蛋白组学、纳米材料和干细胞等国际前沿领域取得一大批具有国际重大影响的研究成果。全市16项科技成果获得国家科学技术奖。完成市级科技成果2030项，其中，基础理论成果221项，应用技术成果1786项，软科学成果23项。签订技术合同13409项，合同额251.22亿元，交易额172.11亿元。全社会研发经费支出占生产总值的2.7%。科技型中小企业3.5万家。国家数字出版基地云计算中心投入运营。全市有国家级重点实验室9个，国家部委级重点实验室45个，国家级工程(技术)研究中心33个，国家高新技术产业化基地24个，国家级企业技术开发中心39家，市级企业技术开发中心410家。全市专利申请量41500件，专利授权20003件。全市每万人口发明专利拥有量6.3件，居全国第三位。拥有两院院士37人。新建博士后流动站、工作站11个，总数229个。高级以上技术工人36.7万人。

教育 坚持教育优先发展，促进教育均衡发展，实施学前教育三年行动计划，认真抓好学前教育，加快义务教育学校现代化标准建设，着力实施职业教育，加快海河教育园区建设，推进高等教育改革发展。全市有各级各类学校1514所，其中，普通高校55所，中等专业学校40所，职业中学26所，技工学校31所，普通中学519所，小学843所，在校生总数161.01万人。学前三年入园率94%，义务教育巩固率99%，高中阶段毛入学率95%。全市新增劳动力平均受教育年限14.81年。教育综合实力和整体水平位居全国前列。

文化体育 切实加强社会主义核心价值体系建设，提炼总结"爱国诚信、务实创新、开放包容"的天津精神。"同在一方热土，共建美好家园"活动深入开展。建成市文化中心、音乐厅、电影艺术中心等一批重要文化设施。全市拥有公共博物馆、纪念馆75个，公共图书馆31个，市级公共图书馆总面积12万平方米，居全国第一位，人均拥有公共图书馆藏书0.94册，居全国第二位。全市有艺术表演团体43个，培育形成了"和平杯"中国京剧票友邀请赛，"天穆杯"全国小品展演等国家级群众文化品牌活动。推出一批艺术水准高、社会反响大的精品力作，打造了以电视剧《解放》、《辛亥革命》为代表的重大题材文艺创作品牌。全市广播节目22套，市级电视节目36套。有线电视用户284.5万户，其中数字电视用户244.5万户。文化惠民工程扎实推进，全市行政村农家书屋、村文化室和免费数字电影放映实现全覆盖。文化产业快速发展。有国家级文化产业园8个，市级文化产业园区和示范基地50个。深化文化体制改革，在全国率先实行报业宣传经营两分开和广播电视制播分离。竞技体育、群众体育和体育产业全面发展。建成一批体育公园、户外运动营地等大型体育场所，全民健身活动丰富多彩。获得第九届大运会、第六届东亚运动会和第十三届全运会承办权。

卫生 高度重视并抓好医疗卫生健康工作，大力推进公共卫生和医疗卫生建设。统筹城乡医疗卫生资源均衡布局，新建改扩建一批市级和区县级医院。全市有各类卫生机构4551个。其中,医院、卫生院466个,社区卫生服务中心97个,卫生防疫机构24个,妇幼保健机构23个。卫生机构床位53509张。其中,医院、卫生院48896张,社区卫生服务中心2915张。平均每千人医院床位3.24张。卫生技术人员7.69万人,其中,执业医师及执业助理医师3.07万人,注册护士2.76万人。全市婴儿死亡率5.1‰，孕产妇死亡率6.8/10万，人口平均预期寿命81.46岁。深化医疗卫生体制改革,完善基本药物制，公办基层医疗机构实行基本药物零差率销售。城乡居民免费享受18项基本公共卫生服务。基层医疗服务能力、疾病预防控制能力、卫生应急处置能力进一步增强。

对外开放

天津大力发展外向型经济,不断提高利用外资和对外贸易水平。外商及港澳台商投资企业在天津经济中占有重要地位。全市批准外商及港澳台商投资企业22878家,合同外资额1371.15亿美元,实际直接利用外资额800.94亿美元。新批外商投资企业632家，合同外资额185.85亿美元，实际直接利用外资150.16亿美元。全市规模以上外商及港澳台商工业产值8541.66亿元,占全市规模以上工业的41.0%;出口308.68亿美元，占全市出口总额的69.4%。引进国内招商项目4305个,实际利用内资2600.67亿元。全市外贸进出口总额超过千亿美元，达到1156.23亿美元。其中,出口483.14亿美元,进口673.09亿美元。一般贸易出口186.04亿美元。机电产品出口341.09亿美元，高新技术产品出口189.77亿美元，分别占全市出口的70.6%和39.3%。

城市建设

城市总体规划 2006年7月27日,国务院印发《国务院关于天津市城市总体规划的批复》,明确天津城市性质为:环渤海地区经济中心,逐步建设成为国际港口城市、北方经济中心和生态城市。2009年8月制定《天津市空间发展战略规划》,提出实施“双城双港、相向拓展、一轴两带、南北生态”的总体战略。“双城”，指中心城区和滨海新区核心区，是天津城市功能的核心载体；“双港”，指天津港的北港区和南港区,是城市发展的核心战略资源,是天津发展的独特优势。“相向拓展”,是指“双城”及“双港”相向发展,是城市发展的主导方向。“一轴”,指依次连接武清区、中心城区、海河中游地区和滨海新区核心区的“京滨综合发展轴”;“两带”，指贯穿宁河县和滨海新区的“东部滨海发展带”和贯穿蓟县、宝坻区、中心城区、西青区和静海县的“西部城镇发展带”。“南生态”,指以“京滨综合发展轴”以南的“团泊洼水库—北大港水库”湿地生态环境建设和保护区为核心构建的南部生态体系;“北生态”,指以“京滨综合发展轴”以北的蓟县山地生态环境建设和保护区、“七里海—大黄堡洼”湿地生态环境建设和保护区为核心构建的北部生态体系。依据这一总体战略,进一步明确了滨海新区、中心城区和各区县的功能定位和发展方向，统筹三个层面联动协调发展，调整完善空间结构和发展策略,优化要素资源配置,形成多点支撑、多元发展、多极增长的市域空间格局。

生态城市建设 坚持高起点规划、高水平建设、高效能管理,不断加快城市基础设施建设，天津生态城市建设成效显现。建成京津城际高铁、京沪高铁、蓟港铁路和京津二线等一批高速公路,改扩建天津站、天津西站等大型交通枢纽。建成天津港30万吨航道、天津机场二期等重要交通基础设施。新建改造一批城市道路桥梁，地铁1、2、3、9号线建成运营,5、6号线启动。全市公路通车里程15163公里，其中高速公路1103公里,港口吞吐量4.5亿吨,集装箱吞吐量1159万标准箱,机场旅客吞吐量755.4万人。人均拥有道路面积16平方米。城市整体功能进一步提升。全面实施生态建设三年行动计划,大面积植树造林,规划治理城区河道,改造污水处理厂,饮用水源水质达标率保持100%,污水集中处理率87.5%,生活垃圾无害化处理率93%,全市林木覆盖率21.8%,建成区绿化面积33%，全市空气质量二级及以上天数320天。从2008年起,连续四年奋战900天,市容环境综合整治取得重大成果，综合整修道路928条5370公里，桥梁128座,管线入地100公里。新建提升改造绿地1.5亿平方米,新建改造公园149个,植树造林110万亩。整治居民社区943个,对1940万平方米老住宅进行节能改造，完成海河沿线及重点地区50多公里灯光设施建设。天津城乡面貌发生历史性变化。

人民生活

坚持以人为本，着力改善民计民生，连续实施20项民心工程,涉及生活、就业、就医、收入等各个方面。实施积极的就业政策,扩大就业规模，城镇登记失业率控制在3.6%左右,实现零就业家庭动态为零,劳动合同签订90%以上。制定提高群众收入的政策措施，颁布工资指导线，推进工资集体协商，提高最低工资标准，增加企业退休人员养老金。城市居民人均可支配收入29626元，农村居民人均可支配收入13571元。城市低保标准提高到520元，最低工资标准提高到1310元。全市城镇低保标准每人每月480元，农村低保标准每人每月280元。城市居民恩格尔系数为36.7%，农村居民恩格尔系数为35.3%。在全国率先建立统筹城乡居民的基本养老保障和基本医疗保险制度，参保人员看病就医全部实行即时联网结算。建立完善社会救助和保障标准与物价上涨挂钩联动机制。通过实施廉租房、公共租赁房、经济适用房、限价商品房、向中低收入住房困难家庭发放租房补贴等措施，改善中低收入居民住房条件。城市居民人均住宅建筑面积32.77平方米，农村居民人均住房面积30.22平方米。全市燃气、自来水覆盖率100%。中心城区集中供热超过97.0%。65岁以上老年人免费乘坐公交车。群众生活质量进一步改善。

滨海新区

天津是国务院批准的首批沿海开放城市之一。1984年建立经济技术开发区，1991年5月建立天津港保税区，实施管理体制改革后的天津港建设规模加大，服务功能越来越强。1994年3月，市十二届人大二次会议审议通过政府工作报告，提出“用10年左右时间，基本建成滨海新区”。天津滨海新区包括塘沽区、汉沽区、大港区三个行政区和天津经济技术开发区、天津港保税区、天津港区以及东丽区、津南区的部分区域，规划面积2270平方公里。1994年，成立天津市滨海新区领导小组；1995年，成立天津市滨海新区办公室；2000年9月，成立天津市委滨海新区工委和天津市滨海新区管委会。2005年4月，国务院总理温家宝带领国务院15个部委负责人到天津考察，指出加快天津滨海新区开发开放是环渤海区域及全国发展战略布局中重要的一步棋。2006年，国务院颁发《关于推进天津滨海新区开发开放有关问题的意见》，天津滨海新区开发开放纳入全国整体发展战略布局。2009年11月，国务院批复同意天津市调整部分行政区划，撤销天津市塘沽区、汉沽区、大港区，设立天津市滨海新区。年底到转年初，新一届区委、区政府宣告成立。

天津滨海新区位于中国环渤海地区的中心位置，是继深圳经济特区、上海浦东新区之后中国新的经济增长极。新区的功能定位是：依托京津冀、服务环渤海、辐射“三北”、面向东北亚，努力建设成为中国北方对外开放的门户、高水平的现代制造业和研发转化基地、北方国际航运中心和国际物流中心，逐步成为经济繁荣、社会和谐、环境优美的宜居生态型新城区。

落实国家发展战略，天津滨海新区实施“一核双港、九区支撑、龙头带动”的发展策略。“一核”，指滨海新区商务商业核心区，由于家堡金融商务区、响螺湾商务区、开发区商务及生活区、解放路和天碱商业区、蓝鲸岛生态区等组成。重点发展金融服务、现代商务、高端商业，建设成为滨海新区的标志区和国际化门户枢纽。“双港”，指天津港的北港区和南港区。“九区支撑”，指通过滨海新区中心商务区、临空产业区等九个功能区的产业布局调整、空间整合，打造航空航天、石油化工、装备制造、电子信息、生物制药、新能源新材料、轻工纺织、国防科技八大支柱产业，形成产业特色突出、要素高度集聚的功能区，成为高端化、高质化、高新化的产业发展载体，支撑新区发展，发挥对区域的产业引导、技术扩散、功能辐射作用。滨海新区中心商务区主要发展金融、贸易、商务、航运服务产业；临空产业区主要发展临空产业、航空制造产业；滨海高新区主要发展航天产业、生物、新能源等新兴产业；先进制造业产业区主要发展海洋产业、汽车、电子信息产业；中新生态城主要发展生态环保产业；海滨旅游区主要发展主题公园、游艇等休闲旅游产业；海港物流区主要发展港口物流、航运服务产业；临港工业区主要发展重型装备制造产业及研发、物流等现代服务业；南港工业区主要发展石化、冶金、装备制造产业。“龙头带动”，指通过加快“一核双港九区”的开发建设，提升综合服务功能，营造一流发展环境，率先推进综合配套改革、率先提高对外开放水平、率先转变经济发展方式、率先增强自主创新能力，当好改革开放的排头兵，凸显滨海新区作为新的经济增长极的龙头带动作用，在加快天津发展，促进环渤海地区经济振兴，推动全国区域协调发展中发挥更大作用。

注：文中所涉数据未标年份的，均为2012年数字。

2012年天津百件大事

1. 20 项民心工程

2012 年 20 项民心工程：①改善住居条件。开工建设保障性住房 10.5 万套，其中公共租赁住房 1.8 万套、经济适用住房 7.1 万套、限价商品房 1.6 万套。新增租房补贴家庭 1 万户。拆迁改造“城中村”房屋 150 万平方米。新开工农民安置住宅及配套公建 1100 万平方米，竣工 500 万平方米。②增加群众收入。推动工资集体协商，覆盖企业 1.6 万户、职工 150 万人。扶持 3000 户低收入农户发展生产，实现自主创业增收。③不断扩大就业。全市新增就业 47 万人，城镇登记失业率控制在 3.8%以内，保持零就业家庭动态为零，培训各级技能人员 20 万人，按规定给予培训成本 50%至 100%的培训费补贴。④完善社会保障。城乡居民在一级医院发生的 600 元以上 3000 元以下门(急)诊医疗费用报销比例，由 30%、35%和 40%统一提高到 50%；城乡居民医疗保险补贴标准，由年人均 210 元提高到 300 元。⑤强化食品安全。建设 20 条“餐饮食品安全示范街”，推进“放心餐馆”工程建设。实施“放心馒头”、“放心猪肉”、“放心奶”和“放心菜基地”等食品安全工程。⑥实施文化惠民。全市公共图书馆、美术馆、文化馆(站)全部向社会免费开放。每月至少举办一次免费展览、培训和公益讲座，组织文艺演出进社区、进农村、下基层活动。⑦综合治理交通。提升改造津文公路、唐通公路等连接周边省市公路。改造制万公路、梅丰公路，打通区县公路卡口路段。⑧发展公共交通。启动小白楼至西青开发区快速交通项目工作。继续开设公交专用道。新增更新公交车 2000 辆。新建改造长春道、梨双公路等 8 处公交首末站。⑨综合整治社区。完善新建居民区公共服务设施，配建社区文化场所 10 处。新建标准化菜市场 20 个。⑩完善养老服务。新增养老机构床位 4000 张。新增社区老年日间照料服务中心(站)100 个。在中心城区每个区各建 1 所老年配餐服务中心，惠及困难老人 4 万余名。⑪发展教育事业。新建、改扩建 50 所公办幼儿园，提升改造农村乡镇中心幼儿园 55 所、村办标准幼儿园 160 所，实现三年全市新增 4 万余个学前教育学位，基本解决“入园难”。实现全市城乡 1200 所义务教育学校现代化建设全部达标。⑫完善医疗服务。全市二级以上医院开展预约门诊和节假日门诊服务，分别占全市门诊总量的 20%以上；20 家医院实现远程挂号、自助缴费，方便患者就医。为全市城乡居民建立健康档案，免费提供高血压、糖尿病管理等 18 项公共卫生服务。对全市 60 至 74 岁居民开展大肠癌筛查，使 80 万人受益。⑬推动全民健身。更新、配建健身园 1500 个，建设体育公园 30 个，配建、改建篮球场、羽毛球场、健身路径等全民健身设施。为已经建成的乡镇文体中心配建健身器材。⑭继续整治市容。综合整治市区里巷道路 22 片，改造次支道路 10 条，综合整修建筑 150 栋。全面提升城际铁路武清站至塘沽站沿线市容环境，增加、提升绿化 27 万平方米，综合整修各类建筑 670 栋。⑮打造绿色天津。全市造林 17 万亩，其中高速公路、重要公路、成片林地、环城和园区等重点绿化工程造林 5.8 万亩。完善提升京沪高铁和荣乌高速公路两侧绿化。新增苗圃 1 万亩。实施中心城区周边郊野公园建设，启动北辰区郊野公园建设，规划东丽区、西青区郊野公园。⑯改善环境质量。综合治理 15 条(段)、87 公里河道，新建扩建 5 座污水处理厂，铺设配套管网 80 公里。启动燃煤供热向热电联产和天然气供热转换工程，完成改燃 10 处。⑰改造水热管网。改造 10 万户居民户内自来水旧管道，对 120 处高层建筑进行二次供水提升改造。改造供热旧管网 100 公里。⑱完善燃气管网。改造燃气旧管网 200 公里，其中外网改造 100 公里，户内改造 5 万户。新增区县燃气供气管道 100 公里。启动燃气民用灶具连接管安全改造工程，完成 20 万户。⑲维护市民安全。规范校车管理，推动校车发展，加强校车交通安全工作。完成对 4万名救护员的应急救护培训和 80 万市民的普及性宣教，市民对应急救护工作知晓率达到 70%。⑳建设村镇设施。创建 100 个文明生态村，修建北部山区 27 个自然村共 29 公里的未通油路，实现北部山区自然村“村村通”。搭建天津市涉农信息服务资源平台，建设 500 个农村信息服务站和 1500 个信息点。

2. 超大型航天器项目落户滨海高新区

2 月 2 日，天津市与中国航天科技集团举行签约仪式，载人空间站等超大型航天器项目落户滨海高新区。市委书记张高丽会见出席仪式嘉宾。中国人民解放军总装备部副部长、载人航天副总指挥牛红光，市委副书记、市长黄兴国，中国航天科技集团总经理马兴瑞，国家国防科工局总工程师张建华，总装备部载人航天工程办公室主任王文宝等出席仪式。超大型航天器项目将建设超大型航天器 AIT 中心等 17 个，主要承担国家空间站、超大型通信卫星和超大型遥感卫星等科研任务。

3. 天津市召开“调惠上”动员大会

2 月 3 日，天津市“调结构、惠民生、上水平”活动动员大会暨新一批重大项目建设推动会在天津礼堂大剧场举行。市委书记张高丽出席并讲话。市委副书记、市长黄兴国作部署。市委副书记何立峰主持会议。市委、市政府决定，2012 年继续组织机关干部下基层服务，在全市深入开展“调惠上”活动。市和区县、乡镇(街道)三级党政机关 4000 名干部，成立 611 个服务工作组深入基层、企业、项目单位，开展为期半年的帮扶活动。集中推出新一批重大项目 160 项，总投资 2121 亿元。

4. 市委研究制定增加城市居民收入政策措施

2 月 13 日，市委召开常委扩大会议，研究制定天津市 2012 年增加城市居民可支配收入政策措施。市委书记张高丽主持会议并讲话。2012 年增加城市居民收入工作方案，制定 19 项政策措施，实现全年城市居民人均可支配收入增长 10%以上的目标。2012 年最低工资标准由每月 1160 元提高到 1310 元，增加 150 元，增长 13%。自 2012 年 7 月起调整失业保险金标准，月人均增加 60 元。调整企业退休人员养老金，按照月人均增加 180 元安排，增加养老金支出 30 亿元。4 月起，将城乡低保标准由每人每月 480 元、280 元提高到 520 元、320 元，农村五保供养标准由每人每年 5060 元提高到 5560 元；特困救助家庭由人均收入低于城乡低保标准的 130%调整为低于城乡低保标准的 140%。

5. 科技成果获国家科技奖

2 月 14 日，国家科学技术奖励大会在北京举行，天津市有 16 项科技成果获得 2011 年度国家科学技术奖，其中自然科学奖二等奖 1 项，由南开大学领衔完成的几类无机材料的氢、锂、镁储存与电池性能研究获得；技术发明奖二等奖 1 项，由天津大学精密测试技术及仪器国家重点实验室完成的柔性在线自动测量方法、技术及应用项目获得；天津中医药大学领衔完成的芪参益气滴丸对心肌梗死二级预防的临床试验等 14 项科技成果获得科学技术进步奖。

6. 天津市容整治成果动员大会

2 月 22 日，天津市巩固发展奋战 900 天市容环境综合整治成果动员大会在天津礼堂举行。市委书记张高丽出席会议并讲话。市委副书记、市长黄兴国作部署。副市长、市政协副主席只升华主持。850 人参加会议。

7. 天津市召开科学技术奖励大会

2 月 24 日，天津市科学技术奖励大会在天津礼堂举行。市委书记张高丽出席会议并讲话。市委副书记、市长黄兴国主持会议。副市长王治平宣读《关于颁布 2011 年度天津市科学技术奖的决定》。2011 年度，全市有 16 项科技成果获得国家科学技术奖，239 项科技成果获得天津市科学技术奖。市领导为获奖代表颁发获奖证书。

8. 天津市 10 区县荣膺全国双拥模范城(县)称号

2 月 27 日，全国双拥模范城(县)命名暨双拥模范单位和个人表彰大会在北京人民大会堂举行。天津市东丽区、河西区等 10 区县被命名为全国双拥模范城(县)；红桥区西于庄街、北辰区宜兴埠镇被评为全国爱国拥军模范单位；武清区双拥办副主任孙百全、天津石化公司退休职工赵燕被评为全国爱国拥军模范。

9. 天津与曼谷全面加强交流合作

2 月 27 日，市长黄兴国在迎宾馆会见到津访问的泰国曼谷市市长素坤潘·博力帕亲王一行，双方共同签署两市建立友好交流与合作关系协议书。双方根据平等互利原则，在经济、环境、卫生、科技、文化、教育、旅游、民间往来等方面开展多种形式的交流与合作，促进共同发展。市教委与曼谷市教育局还签署建立友好学校合作意向书。

10. 中海油天津浮式 LNG 接收终端项目落户南疆港

2 月 29 日，由中国海洋石油气电集团有限公司、天津港(集团)有限公司、天津市燃气集团有限公司共同投资建设运营的浮式 LNG 接收终端项目落户南疆港。市委书记张高丽在迎宾馆会见出席奠基仪式的中国海洋石油总公司总经理杨华。该项目分为两期，一期总投资约 57 亿元，涉及码头工程、接收站工程、输气管道工程三个方面的建设内容，一期年设计吞吐能力 220 万吨，保障天津市从国际能源市场获得长期稳定的优质能源供应，形成多个气源构成的充足稳定供气系统。

11. 天津市与中国矿业联合会签署合作备忘录

3 月 3 日，市委副书记、市长黄兴国在北京与国土资源部部长、中国矿业联合会会长徐绍史会谈，共同推进矿业金融市场建设。市委常委、副市长崔津渡与中国矿业联合会常务副会长王家华在合作备忘录上签字。天津市与中国矿业联合会开展务实合作，充分发挥先行先试的政策优势，在津打造国际矿业综合服务区，逐步建立与国际接轨的矿业资本市场，共同推进矿业走出去战略，积极参与国际合作，提高矿业保障力度。

12. 温家宝参加十一届全国人大五次会议天津代表团审议

3 月 7 日，中共中央政治局常委、国务院总理温家宝参加在人民大会堂天津厅举行的十一届全国人大五次会议天津代表团全体会议，与代表们一起审议《政府工作报告》。市委书记张高丽主持会议并简要汇报讨论《政府工作报告》等情况。市委副书记、市长黄兴国发言。

13. 天津市与教育部等加强战略合作

3月7日，天津市与教育部、农业部、中国气象局在北京举行签约仪式，加强部市战略合作。市委书记张高丽，市委副书记、市长黄兴国，教育部部长袁贵仁，农业部部长韩长赋，中国气象局局长郑国光出席。根据协议，天津市与教育部共同建设天津职业技术师范大学；与农业部共同推进都市型现代农业发展；与中国气象局共建国际性现代化宜居城市气象保障体系，滨海新区与中国气象局共建天津滨海新区国家气象科技园。

14. 天津市与商务部共建国家会展项目

3月12日，商务部与市政府共同建设国家会展项目合作框架协议签字仪式在京举行。市委书记张高丽，市委副书记、市长黄兴国会见商务部部长陈德铭，共同出席签字仪式。市委常委、常务副市长杨栋梁与商务部副部长李金早共同签署合作框架协议。国家会展项目位于海河中游南岸，为会展综合体，采取一次规划、分期建设方式进行。该项目将立足环渤海、辐射东北亚、面向全世界，以内外贸结合、进出口结合、服务贸易与货物贸易结合的发展模式，打造国际一流、具有持续领先能力的会展综合体，成为打造全球会展业新高地的重要平台。

15. 天津市召开保持党的纯洁性教育动员会

3月21日，天津市开展保持党的纯洁性教育动员会在天津礼堂召开。市委书记张高丽出席会议并讲话。市委副书记、市长黄兴国主持会议。市委常委、市纪委书记臧献甫作部署。按照市委统一部署，到6月底，各区县、各部门、各单位要结合实际制定具体方案并召开会议，进行动员部署，组织党员、干部学习教育。从7月初到9月底，各级领导班子和党支部召开专题民主生活会，查找问题，剖析原因，制定整改措施。从10月初到12月底，各级党组织要联系改革发展稳定实际和党员干部队伍建设现状，健全完善制度机制，逐步形成科学管用的保持党的纯洁性长效机制。

16. 天津女足勇夺足协杯

3月25日下午，在昆明海埂基地，本赛季女足足协杯赛落幕，天津女足在决赛中以1:0击败江苏队，荣获足协杯冠军。3月14日，2012年足协杯赛在海埂基地开赛，北京、上海、天津等16支女足队伍参加。比赛分小组赛和淘汰赛两个阶段进行。在淘汰赛中天津、上海、江苏、长春跻身四强。在23日进行的半决赛中，天津女足2:0战胜卫冕冠军上海队闯入决赛，与江苏队争夺冠军。

17. 天河与华大签署合作协议

3月26日《天津日报》载，日前，国家超级计算天津中心与全球最大的基因组研究机构——深圳华大基因研究院签署合作协议，天河—华大生物信息计算联合实验室在滨海新区正式揭牌成立。华大基因将依托国家超级计算中心共同在滨海新区打造国际领先的基因数据计算及研发北方基地。此次合作双方将从高性能计算应用研发领域入手，针对海量数据的储存和处理，开发出高质量的生物信息学计算分析工具，快速求解各类需要大量计算的生物信息难题，从海量生物信息数据中挖掘出各种生命现象的内在规律。

18. 天津市与国开行举行开发性金融高层联席会

4月5日，国家开发银行与市政府开发性金融高层联席会议在迎宾馆举行。市委书记张高丽会见国家开发银行党委书记、董事长陈元一行。市委副书记、市长黄兴国主持会议，简要介绍天津经济社会发展情况，陪同客人参观考察。会后，国开行天津分行与天津钢管集团股份有限公司、天津力神电池股份有限公司签署《开发性金融合作协议暨贷款合同》。

19. 天津市与中国医药集团总公司开展战略合作

4月12日，市政府与中国医药集团总公司战略合作框架协议签约暨国药集团(天津)医疗器械有限公司揭牌仪式，在迎宾馆举行。市委书记张高丽会见出席仪式来宾。市委副书记、市长黄兴国，中国医药集团总公司董事长宋志平、总经理佘鲁林出席仪式。根据协议，国药集团将积极参与天津生物医药产业发展，在医药物流分销、生物医药制造等方面加强合作，构建生物医药产业科工贸一体化和现代医药物流体系。

20. 泰国总理英拉·钦那瓦访津

4月19日，泰国总理英拉·钦那瓦率团40多人到津访问。中共中央政治局委员、市委书记张高丽，市委副书记、市长黄兴国在迎宾馆会见客人。泰国外交部长素拉蓬·都威乍猜军，国务部长娜丽妮·塔维信、尼瓦塔隆·汶松派讪，交通部长扎努蓬·棱素万，副部长差·军蒂洛，驻华大使伟文·丘氏君等随同到津。

21. 卡梅隆—佩斯集团中国总部落户天津

4月26日，卡梅隆—佩斯集团中国总部落户天津签约仪式在迎宾馆举行。市委书记张高丽会见卡梅隆—佩斯集团共同主席詹姆斯·卡梅隆。天津滨海高新区、天津北方电影集团与卡梅隆—佩斯集团签署协议书，共同打造世界级3D产业基地。8月7日，卡梅隆—佩斯集团中国总部在滨海高新区正式成立。同时，集团中国总部行政中心和中国拍摄制作基地分别揭牌。

22. 庆祝“五一”国际劳动节大会

4月27日，天津市庆祝“五一”国际劳动节大会在天津礼堂举行。市委常委、市委组织部部长尹德明出席会议并讲话。市人大常委会副主任、市总工会主席邢明军主持。会上,宣读表彰决定并为获奖代表颁奖。王树军等31名职工荣获全国“五一”劳动奖章,天津市南港工业区开发有限公司等9个单位荣获全国“五一”劳动奖状,天津三建建筑工程有限公司文化中心大剧院项目部等36个集体荣获全国“工人先锋号”称号。天津市1498名个人、440个集体和147个单位分别荣获2011年度天津市“五一”劳动奖章、奖状。荣获全国和天津市“五一”劳动奖状、奖章先进单位、集体和个人的代表,各区县局、集团公司党政工负责人约2000人参加会议。

23. 河北省党政代表团访津

4月26日至28日,河北省委书记、省人大常委会主任张庆黎,省委副书记、省长张庆伟率党政代表团90余人在津考察,举行两省市交流合作座谈会。市委书记张高丽,市委副书记、市长黄兴国,市人大常委会主任肖怀远,市委副书记何立峰出席座谈会并陪同考察。河北省委常委、常务副省长杨崇勇,省委常委、石家庄市委书记孙瑞彬,省委常委、省委秘书长景春华等一同到津。

24. 中国(天津)人力资源发展促进中心落成

5月5日,中国(天津)人力资源发展促进中心落成。中心坐落于河东区九经路25号,占地4.4公顷,建筑面积3.5万平方米。中心设有人才招聘会展大厅、综合业务服务大厅等专门场所,设有80多个服务窗口,可以受理100多项人力资源和社会保障事务。对就业培训、人才引进等多项服务,均可在中心实现“一站式”集中办理。

25. 市委九届十三次全会

5月10日,中共天津市委九届十三次全体会议召开。市委书记张高丽主持并讲话。市委副书记、市长黄兴国,市人大常委会主任肖怀远,市政协主席邢元敏,市委副书记何立峰出席。会议审议通过中共天津市第九届委员会向中共天津市第十次代表大会的报告,提请中共天津市第十次代表大会审议;投票确定天津市出席中国共产党第十八次全国代表大会候选人预备人选名单;审议通过《中国共产党天津市第九届委员会第十三次全体会议关于召开中国共产党天津市第十次代表大会的决议》,定于5月22日召开市第十次党代表大会。市委委员、市委候补委员出席会议。市纪委委员列席会议。

26. 国际行动理事会第30届年会

5月10日,由国际行动理事会主办,外交部和天津市政府承办的国际行动理事会第30届年会,在天津迎宾馆开幕。中共中央政治局委员、市委书记张高丽,国际行动理事会联席主席、奥地利前总理弗朗茨·弗拉尼茨基致辞。国际行动理事会联席主席、加拿大前总理让·克雷蒂安主持开幕式。全国政协副主席、国际行动理事会成员董建华,前国务委员、国际行动理事会特邀嘉宾唐家璇,国际行动理事会名誉主席、德国前总理赫尔穆特·施密特,国际行动理事会名誉主席、澳大利亚前总理马尔科姆·弗雷泽,市委副书记、市长黄兴国出席开幕式。国际行动理事会成员、新加坡前总理吴作栋作主旨发言。国际行动理事会成立于1983年,是由前国家元首和政府首脑以个人身份组成的非政府国际组织。理事会每年举行一次会议,就国际形势、和平与安全、世界经济、人口和环境等问题交换意见,寻求共同解决问题的方案。

27. 中国·天津第十九届投资贸易洽谈会

5月11日至15日,中国·天津第十九届投资贸易洽谈会暨第八届PECC国际贸易投资博览会在天津梅江会展中心举行。市委书记张高丽会见来宾并宣布开幕。市委副书记、市长黄兴国致辞。中国商业联合会名誉会长何济海等出席。副市长任学锋主持。展会主题是“展示天津,搭建平台,扩大交流”。展会吸引26个国家和地区、18个省区直辖市以及41个地市的60多个经贸团组和8500家企业,5万多客商参展参会。会上签约总额1429亿元,比上届增长9.9%,商品贸易额9.5亿元,比上届增长19%,264名博士、1000余名高专人才确定或达成工作意向。参加展会的重量级企业超过200家,中粮、神华等13家央企,三星、联合利华等18家全球500强,红星美凯龙、阳光集团等50家知名民企成为展会亮点。

28. 天津市与工信部签署战略合作框架协议

5月17日,市政府与工业和信息化部“共同推进战略性新兴产业发展,促进天津工业转型升级战略合作框架协议”签约仪式在天津迎宾馆举行。市委书记张高丽会见到津出席会议的工业和信息化部部长苗圩。市委副书记、市长黄兴国出席签约仪式。根据协议,双方建立部市合作机制,发挥滨海新区在国家战略性新兴产业培育发展中的示范带动作用,培育一批有核心竞争力的战略性新兴产业集群,建设一批面向重点行业和工业园区的公共服务平台,增强企业自主创新能力,加快改造提升传统产业,推进信息化与工业化深度融合,促进工业绿色低碳发展。

29. 天津市第十次党代会

5月22日至26日,中国共产党天津市第十次代表大会在天津礼堂隆重召开。张高丽代表中共天津市第九届委员会向大会作报告。大会选举出48名天津市出席党的十八大代表,选举出83名市委委员、15名市委候补委员,选举出45名市纪委委员。大会通过关于中共天津市第九届委员会报告的决议、关于中共天津市第九届纪律检查委员会工作报告的决议。26日下午,中国共产党天津市第十届委员会第一次全体会议在天津礼堂举行。张高丽主持会议并讲话。全会选举张高丽为中共天津市第十届委员会书记，选举黄兴国、何立峰为中共天津市第十届委员会副书记。当选市委常委的还有：廖可铎、臧献甫、散襄军、崔津渡、尹德明、段春华、刘长喜、成其圣、袁桐利、朱丽萍。全会通过中共天津市第十届纪律检查委员会第一次全体会议选举产生的市纪委书记、副书记、常务委员会委员。臧献甫为市纪委书记，韩启祥、闫堃、李伟、梁宝明为市纪委副书记。市委书记张高丽在全会选举结束后讲话。

30. 中国金融租赁高峰论坛

5月31日，由中国银行业协会、天津市人民政府和中国外商投资企业协会联合主办的第三届中国金融租赁高峰论坛在津召开。市委副书记、市长黄兴国在天津宾馆会见出席论坛的中国银监会副主席蔡鄂生等与会嘉宾。论坛以“助力实体经济发展——租赁的角色与使命”为主题，设立两个分论坛，分别是“推动资产交易，探寻可持续发展之道”和“纵论金融租赁在新兴产业中的发展机遇”。

31. 首届津台媒体合作发展高层峰会

6月2日，首届津台媒体合作发展高层峰会在天津举行。市长黄兴国出席圆桌会议并与台湾媒体互动交流。市委常委、市委统战部部长刘长喜，台北市报业商业同业公会理事长、中视董事长林圣芬致辞。峰会以“沟通、融合、创新、发展”为主旨，搭津台传媒之桥，唱两岸和谐发展。来自台湾报业、广播电视、杂志的30余位媒体高层人士和天津市主要媒体负责人出席。峰会达成三点共识：进一步发挥媒体沟通两岸民众情感的桥梁纽带作用，共同推动两岸关系和平发展；进一步强化津台媒体合作发展高层峰会的影响力，共同推进津台媒体沟通联系的平台建设；进一步挖掘两地媒体合作的潜力和资源，共同提升两地媒体的核心竞争力。

32. 张高丽率中共代表团赴哥斯达黎加等国访问

6月6日至20日，应哥斯达黎加、圭亚那、苏里南、巴巴多斯四国政府及其执政党邀请，中共中央政治局委员、天津市委书记张高丽率中共代表团，对上述四国进行友好访问。中联部副部长陈凤翔陪同出访。中共代表团于7日下午抵达圣何塞。哥斯达黎加总统钦奇利亚8日上午会见张高丽一行。会见前，张高丽向钦奇利亚总统转交由中国国家开发银行完成的《哥斯达黎加交通规划咨询报告》。会见后，张高丽与哥斯达黎加第二副总统利伯曼共同出席《中哥合资炼油厂项目合作备忘录》、《天津市和蓬塔雷纳斯市加强友好交往合作备忘录》签字仪式。10日下午，代表团抵达乔治敦。圭亚那总统、人民进步党总书记拉莫塔11日上午会见张高丽一行。当日，张高丽还会见圭亚那国民议会议长特罗特曼和总理海因兹，分别就进一步加强两国议会交往、中圭关系及共同感兴趣的议题深入交换意见。10日晚，拉莫塔为中共代表团举行欢迎宴会。12日下午，代表团抵达帕拉马里博。苏里南总统、民族民主党主席鲍特瑟13日上午会见张高丽一行。当日，张高丽还会见苏国民议会议长西蒙斯，并出席副总统阿梅拉里的欢迎午宴，分别就进一步加强两国议会交往、中苏关系及共同感兴趣的议题深入交换意见。18日代表团抵达布里奇顿，对巴巴多斯进行友好访问。巴巴多斯总理、民主工党领袖斯图亚特会见中共代表团。张高丽还会见巴巴多斯总督贝尔格雷夫、参议长埃菲尔、众议长卡林顿和反对党领袖阿瑟，出席斯图亚特总理举行的欢迎晚宴，就进一步加强中巴两国关系、议会交往和党际关系等共同感兴趣的议题深入交换意见。20日张高丽率中共代表团回到天津。

33. 华润天津医药有限公司成立

6月6日，华润天津医药有限公司成立仪式在梅江会展中心举行。市委副书记、市长黄兴国在迎宾馆会见到津出席仪式的香港华润集团董事长宋林一行。华润天津医药有限公司是由华润医药商业集团与天津天时力医药有限公司强强联合、共同组建的医药流通企业，公司将依托华润医药商业集团先进的信息管理系统，使医药管理实现信息流、物流、资金流一体化运营。

34. 台盟天津市第九次盟员大会

6月6日至7日，台湾民主自治同盟天津市第九次盟员大会在鑫茂天财大酒店举行。全国政协副主席、台盟中央主席林文漪向大会发来贺信。全国人大常委会委员、台盟中央常务副主席汪毅夫，市委常委、市委统战部部长刘长喜出席并致贺辞。台盟市委会主委叶惠丽代表台盟天津市第八届委员会作工作报告。大会选举产生台盟天津市第九届委员会和出席台盟第九次全盟代表大会的代表。台盟天津市第九届委员会第一次全体会议选举产生新的领导班子，叶惠丽(女)当选主任委员。

35. 九三学社天津市第十一次代表大会

6月8日至10日，九三学社天津市第十一次代表大会在鑫茂天财大酒店举行。中共天津市委副书记何立峰，全国政协常委、九三学社中央委员会副主席张桃林出席并致贺辞。市政协副主席、九三学社天津市委会主委陈永川代表九三学社天津市第十届委员会作工作报告。大会选举产生新一届委员会和出席九三学社第十次全国代表大会的代表。九三学社天津市第十一届委员会第一次全体会议选举产生新的领导班子，陈永川当选主任委员。

36. 邢元敏率团赴台交流访问

6月8日至15日，应台湾工业总会邀请，市政协主席邢元敏率天津海峡两岸经贸文化交流联合会交流参访团赴台湾进行交流访问。全国政协港澳台侨委员会副主任、海峡两岸关系协会副会长李炳才为参访团顾问。市政协副主席陈质枫和秘书长刘琨，天津海峡两岸经贸文化交流联合会会长王文华，天津海峡两岸经贸文化交流联合会顾问张大宁参加。在外访问的中国国民党荣誉主席连战委托中国国民党副主席林丰正欢迎参访团。邢元敏会见中国国民党荣誉主席吴伯雄，台湾立法机构负责人王金平，海基会董事长江丙坤，中国国民党副主席蒋孝严、洪秀柱，新党主席郁慕明，亲民党秘书长秦金生等。向台湾各方面全面介绍天津改革开放和现代化建设取得的显著成就，积极推动津台两地经贸文化交流合作，不断增进两地基层民众的了解和友谊，进一步加深两岸同胞的骨肉亲情。参访期间，台湾连降特大暴雨，参访团成员向台湾部分县市受灾民众捐款600万元新台币，表达天津人民对台湾同胞的亲切慰问和诚挚祝福。6月15日晚参访团回津。

37. 第六届中国企业国际融资洽谈会

6月10日至12日，由全国工商联、国家科技部、美国企业成长协会与天津市共同主办的第六届中国企业国际融资洽谈会，在天津梅江会展中心举行。全国政协副主席、全国工商联主席黄孟复宣布融洽会开幕。全国政协副主席、科技部部长万钢，市委副书记、市长黄兴国，全国工商联常务副主席孙安民，美国企业成长协会总裁盖瑞·兰博诚致辞。市委常委、副市长崔津渡主持开幕式。开幕式上宣布，天津市等16个地区被确定为首批促进科技和金融结合试点地区。融洽会吸引全球五大洲30多个国家和地区的1万多家企业及机构参会，融资规模1000多亿元，达成融资意向14900多项。参会8500多人。参会国内外企业、机构3580多家。美国、加拿大、西班牙、日本、德国和香港等30多个国家和地区参会。国内有30个省、市、自治区相关机构参会。其中，各种工商科技企业2000多家，企业总资产达1100亿元，融资总需求1080多亿元；参会各类金融投资机构1122家(包括银行19家)，管理资产规模达19500亿美元；参会律师、会计、资产评估、担保等中介机构110家。投资机构与融资企业共计进行快速约会1239次，意向融资额236亿元。

38. 致公党天津市第五次代表大会

6月11日至12日，中国致公党天津市第五次代表大会举行。天津市委副书记何立峰，致公党中央委员会副主席王珣章出席并致贺辞。市政协副主席、致公党市委会主委曹小红代表致公党天津市第四届委员会作工作报告。大会选举产生新一届委员会和出席致公党第十四次全国代表大会的代表。致公党天津市第五届委员会第一次全体会议选举产生新的领导班子，曹小红(女)当选主任委员。

39. 农工党天津市第十次代表大会

6月13日至14日，中国农工民主党天津市第十次代表大会举行。全国人大常委会副委员长、农工党中央主席桑国卫出席会议并致辞。市委副书记何立峰出席会议并致贺辞。市政协副主席、农工党市委会主委沈中阳代表农工党天津市第九届委员会作工作报告。大会选举产生新一届委员会和出席中国农工民主党第十五次全国代表大会的代表。农工民主党天津市第十届委员会第一次全体会议选举产生新的领导班子，沈中阳当选主任委员。

40. 民盟天津市第十次代表大会

6月15日至17日，中国民主同盟天津市第十次代表大会举行。市委副书记何立峰，全国人大常委会委员、民盟中央副主席李重庵出席并致贺辞。市政协副主席、民盟市委会主委高玉葆代表民盟天津市第九届委员会作工作报告。大会选举产生新一届委员会和出席民盟第十一次全国代表大会的代表。新一届民盟天津市委会第一次全体会议选举产生新的领导班子，高玉葆当选主任委员。

41. 中科院天津工业生物研究所获批

6月18日《天津日报》载，中国科学院天津工业生物技术研究所近日获中央机构编制委员会办公室批复成立，是中科院落户天津市的首个研究所。2009年3月，天津市与中科院签署《中国科学院天津市人民政府共建中科院天津工业生物技术研究所协议书》。2011年底，研究所已累计争取地方和企业项目50余项，资金合计5420万元，申请专利近百项。中科院天津工业生物技术研究所将围绕工业蛋白质工程、微生物制造工程、生物系统与生物工艺工程三个重点领域，着力开发生物制造产业技术，积极推动可再生资源替代化石资源和生物技术替代传统化学工艺，加快石油烯烃的生物制造、甾体化合物的生化合成、植物珍稀萜类化合物的微生物合成技术等三个领域重点突破，进一步发挥国家院所高端科技成果的辐射和带动作用，促进更多的科技成果在天津转化。

42. 民进天津市第九次代表大会

6月19日至20日，中国民主促进会天津市第九次代表大会举行。市委副书记何立峰出席并致贺辞。全国政协常委、民进中央副主席冯骥才出席，全国政协常委、民进中央副主席蔡达峰致贺辞。副市长、民进市委会主委张俊芳代表民进天津市第十届委员会作工作报告。大会选举产生中国民主促进会天津市第十一届委员会和出席中国民主促进会第十一次全国代表大会的代表。民进天津市第十一届委员会第一次全体会议选举产生新的领导班子，张俊芳(女)当选主任委员。

43. 全国职业院校技能大赛

6月26日至29日，2012年全国职业院校技能大赛天津主赛区比赛全面开赛。技能大赛由教育部、天津市政府等23个部门、组织共同举办，共设18个专业大类、96个比赛项目，参赛队伍4000支，参赛选手近万人。大赛共有1118人次获得一等奖，2264人次获得二等奖，3262人次获得三等奖。大赛组委会评选出优秀组织奖10个、合作企业突出贡献奖11个。天津市承担96个比赛项目中的45个赛项，其中26个比赛项目在海河教育园区开展。天津共派出74支代表队、300余名选手参加比赛，参赛项目涉及79个比赛项目。大赛期间有40个国别的代表通过观摩比赛、现场体验、沟通交流等不同形式参与大赛。闭幕式于6月29日上午在海河教育园体育馆举行。中共中央政治局委员、国务委员刘延东致信祝贺。中共中央政治局委员、市委书记张高丽会见来宾并宣布大赛闭幕。副市长张俊芳主持闭幕式。

44. 全国创先争优表彰大会

6月28日，全国创先争优表彰大会在北京人民大会堂召开。会上宣读表彰决定，并为受表彰代表颁奖。天津钢管集团股份有限公司党委等20个基层党组织荣获全国创先争优先进基层党组织称号；北京师范大学天津附属中学党总支书记袁滨渤，市监狱管理局办公室副主任王宝强荣获全国创先争优优秀共产党员称号。滨海新区区委、西青区委荣获创先争优活动先进区党委称号。

45. 民革天津市第十一次代表大会

6月29日至30日，中国国民党革命委员会天津市第十一次代表大会在鑫茂天财大酒店举行。市委常委、市委统战部部长刘长喜致贺辞。市政协副主席、民革市委会主委田惠光代表民革天津市第十届委员会作工作报告。大会选举产生第十一届委员会和出席民革第十二次全国代表大会的代表。民革第十一届委员会第一次全体会议选举产生新的领导班子，田惠光(女)当选主任委员。

46. 民建天津市第十一次代表大会

7月2日至3日，中国民主建国会天津市第十一次代表大会在鑫茂天财大酒店召开。市委副书记何立峰，全国人大常委会委员、民建中央副主席辜胜阻出席并致贺辞。民建市委会主委欧成中代表民建天津市第十届委员会作工作报告。大会选举产生新一届委员会和出席民建第十次全国代表大会的代表。民建天津市第十一届委员会第一次全体会议选举产生新的领导班子，欧成中当选主任委员。

47. 第五届津台投资合作洽谈会

7月4日晚，由天津市人民政府、国务院台湾事务办公室、海峡两岸关系协会、政协天津市委员会共同主办的第五届津台投资合作洽谈会在天津迎宾馆开幕。中共中央政治局委员、市委书记张高丽，全国政协副主席郑万通，海峡两岸关系协会会长陈云林等出席开幕酒会。中共中央台湾工作办公室、国务院台湾事务办公室主任王毅，市委副书记、市长黄兴国，中国国民党副主席蒋孝严致辞。市委常委、市委统战部部长刘长喜主持开幕酒会。第五届津台投资合作洽谈会为期5天，主题是“深化合作、再创共赢”。商务部、台湾政要团组、台北世贸中心团组等350余人参加开幕酒会。7月5日，第五届津台投资合作洽谈会签约活动在梅江会展中心举行。同时，台新融资租赁(天津)有限公司正式揭牌。中国国民党副主席蒋孝严，台北世贸中心董事长王志刚，市委副书记、滨海新区区委书记何立峰，市委常委、常务副市长崔津渡等出席。洽谈会共签订台商投资项目25个，其中现场签约16个，签约投资总额约50亿元人民币。

48. 中新天津生态城联合协调理事会第五次会议

7月6日，中新天津生态城联合协调理事会第五次会议在苏州召开。中共中央政治局委员、国务院副总理、理事会中方主席王岐山，新加坡副总理、理事会新方主席张志贤共同主持会议并讲话。国家住房和城乡建设部副部长仇保兴，新加坡国家发展部兼贸易及工业部政务部长李奕贤在会上发言。会议审议并通过由市委副书记、滨海新区区委书记何立峰所作的生态城工作报告。会议充分肯定四年来中新天津生态城发展建设所取得的成绩。会前，何立峰与苏州市主要负责人进行会面，围绕进一步深化双方合作进行交流。会议结束后，何立峰还参加中新双边合作联委会第九次会议。

49. 黄兴国率天津市参访团访问台湾

7月8日至14日，应台湾工业总会邀请，市长黄兴国率天津市参访团到台湾参观访问。参访团于8日下午乘机离津。副市长任学锋以及市有关方面负责人随同出访。8日下午，参访团抵达台湾桃园机场。当晚，黄兴国在台北国宾饭店出席中国国民党荣誉主席连战及夫人连方瑀的欢迎晚宴。黄兴国转达了市委书记张高丽对连战夫妇和台湾各界朋友的亲切问候，并介绍当前天津经济社会发展和滨海新区开发开放的情况。9日下午，黄兴国率参访团到高雄左营崇实里社区参观访问。在崇实里社区会议室，黄兴国宣布，邀请包括左营社区在内的500名台湾社区代表到天津参观访问。离开崇实里社区，参访团赴高雄金典酒店，出席天津港集团与台湾港务公司合作框架协议签字仪式。按照协议，双方将进一步加强在港口、物流、航运等领域的深度合作。10日下午，参访团到嘉义县身心障碍者联合会及残障人庇护工厂，参观茶叶包装室、计算机培训室和LED组装培训室等。嘉义县是台湾重要的茶叶产地，该庇护工厂生产的乌龙茶，曾荣获台湾名牌产品称号。黄兴国在他们的产品上写下“第一等好茶”五个字，并表示帮助在津建立销售渠道，让更多天津市民品尝到优质的乌龙茶。11日上午，参访团参观彰化县秀传医院。秀传医院正与天津市商谈开展医疗机构建设和微创医师培训等方面的合作。随后，参访团一行由彰化县抵达台中市，开展妈祖文化交流活动。黄兴国向镇澜宫赠送天津天后宫镇馆之宝“天上圣母宝印”复制铜印。黄兴国在镇澜宫文化中心参加天津市旅游协会与台中市旅行同业公会签署两市旅游合作协议。11日下午，参访团一行抵达新竹市，考察该市头前溪规划建设情况。12日，参访团到达台北参观访问。中午，黄兴国会见台湾民意机构负责人王金平。下午，参访团一行参观台北世贸中心，并与台北世贸中心董事长王志刚等台湾知名工商界人士进行交流。13日上午，黄兴国赴台北故宫博物院参观该院馆藏文物，并就推进与天津博物馆的交流合作与该院负责人进行深入交谈。下午，“津彩魅力”天津摄影展在台北信义诚品书店开幕。中国国民党荣誉主席吴伯雄、市长黄兴国在开幕式上致辞，副市长任学锋主持。14日上午，黄兴国会见台北市市长郝龙斌和中国国民党元老郝伯村。中午，黄兴国在桃园县会见该县县长吴志扬等，双方就加强两地在农业、旅游、航空、产业等领域的合作深入交换意见。下午，参访团乘飞机离台返津。副市长任学锋及市有关方面负责人一同返津。

50. 天津物产集团入围世界500强

7月11日《天津日报》载，最新公布的2012年财富世界500强中，天津物产集团以2011年营业收入264.1亿美元的成绩入围，成为天津市首家进入世界500强企业。天津物产集团前身为天津市物资集团，是天津市国有生产资料流通企业，注册资本24.6亿元，总资产980亿元，拥有企业266个。天物集团在2011年“中国企业500强”和“中国服务业500强”排名中分别排第57位和第27位。此次入榜2012年财富世界500强，天物集团排名第416位，在中国入榜的73家企业中排名第62位，在12家入榜的贸易类行业企业中排名第10位。

51. 天津市与海航集团签署全面战略合作协议

7月19日，市政府与海航集团有限公司全面战略合作协议签约仪式在迎宾馆举行。市委副书记、市长黄兴国会见海航集团副董事长兼首席执行官王健一行，并共同出席签约仪式。根据协议，“十二五”期间，海航集团将利用自身产业优势，与天津市共同在航空旅游业、现代物流业、现代金融业、区域综合开发、新能源、文化产业等六大领域进行全面深入合作。

52. 天津市与秋田县建立交流合作关系

7月25日，市长黄兴国在迎宾馆会见日本秋田县知事佐竹敬久，并共同签署天津市和秋田县建立交流与合作关系协议书。根据协议，双方将为企业间合作提供支持和援助，推动经济贸易发展；加强技术、人才等领域交流合作，促进中小企业发展；吸引观光游客，共同推动旅游业发展；通过开展派遣国际交流员、青少年互访等活动，促进人员往来。双方还将积极努力全面巩固和发展两地的友好关系。

53. 天津市破获特大假冒轴承案

8月3日《天津日报》载，近日，在公安部组织指挥下，市公安局经侦总队对柏某等人特大制售假冒轴承案开展集中破案收网行动，一举摧毁制售假冒轴承犯罪团伙4个，捣毁制假售假窝点17个，抓获柏某等嫌疑人31名，缴获假冒“SKF”、“NSK”、“NTN”、“FAG”、“timken”等国际知名品牌轴承9万余套，以及一大批制假工具，涉案价值近亿元。

54. 滨海高新区成“新三板”首批扩容试点

8月3日，中国证监会宣布，“新三板”首批扩大试点方案已经国务院批准。天津滨海高新区成为“新三板”首批扩容试点之一。“新三板”市场特指中关村科技园区非上市股份有限公司进入代办股份系统进行转让试点，因为挂牌企业均为高科技企业而不同于原转让系统内的退市企业及原STAQ、NET系统挂牌公司，故形象地称为“新三板”。首批扩容试点除中关村科技园区外，新增天津滨海高新区、上海张江高新产业开发区和武汉东湖新技术产业开发区。今后，滨海高新区内暂时不符合主板及创业板上市标准、已经完成股份制改造的企业，都可能进入“新三板”市场，实现快速融资。

55. 强风暴潮袭击天津

8月2日至4日，受第10号台风“达维”影响，天津市沿海地区出现大风和强风暴潮过程，塘沽出现自2003年以来最高潮位5.22米，超警戒水位0.32米。8月4日清晨，10号台风“达维”对天津市影响结束。据统计，8月2日以来天津市虽然出现近年来最高潮位，但是风暴潮未造成人民生命财产损失。

56. 甘肃省党政代表团访问天津

8月5日至6日，由省委书记、省人大常委会主任王三运，省委副书记、省长刘伟平率领的甘肃省党政代表团70多人到津访问。市委书记张高丽，市委副书记、市长黄兴国，市政协主席邢元敏，市委副书记何立峰在迎宾馆会见客人。两省市举行合作交流座谈会。张高丽主持并讲话。座谈会上，黄兴国、刘伟平分别介绍天津市和甘肃省经济社会发展情况。座谈会后，两省市领导共同出席天津市人民政府与甘肃省人民政府新阶段东西扶贫协作和深化合作框架协议签字仪式。根据协议，天津市将进一步加大对甘肃的对口帮扶资金力度，重点支援甘南藏族自治州和武威市天祝藏族自治县，同时与甘肃省积极开展产业、科技、教育等方面的合作；甘肃省将整合本省政策、资金和资源，支持天津的帮扶与合作项目建设。6日上午，代表团分别与天津市企业家和文化企业家进行座谈。

57. 纯电动公交车投运

8月8日，天津市首批纯电动公交车正式投入运营，海泰综合充换电站同时启用。市长黄兴国出席启用仪式。国家电网公司副总经理杨庆及有关方面负责人出席。纯电动公交车，采用天津市力神公司自主开发的动力电池，技术达到国内领先水平。海泰充换电站具备为180辆纯电动公交车换电的能力，拥有七项创新技术，可实现对纯电动公交车运行状态的实时监控。首批投入运营的40辆纯电动公交车在公交638路和862路上运营。

58. 黄兴国率天津市代表团考察新疆和田地区

8月8日至10日，市委副书记、市长黄兴国率天津市代表团在新疆维吾尔自治区和田地区考察，检查天津援疆项目进展情况，推动援疆工作深入开展，看望慰问援疆干部，进一步密切两地交流合作。新疆维吾尔自治区党委书记张春贤，自治区党委副书记、自治区主席努尔·白克力10日中午专程从乌鲁木齐赶到和田会见黄兴国一行。9日，黄兴国出席策勒县10万亩沙漠综合开发启动仪式、和田尧柏水泥点火开工仪式和万能地毯架捐赠仪式，并在天津策勒食用菌示范园区为天津市专家服务站揭牌。代表团分两路深入和田市、策勒县、于田县、民丰县，考察天津援建项目，黄兴国等市领导与当地干部深入交流，察看项目进度，听取意见建议，并与各族群众亲切交谈。在新疆期间，黄兴国还专门看望慰问了天津援疆干部，并召开座谈会，听取天津援疆工作前方指挥部负责人有关情况汇报。

59. 天津网球男女队双双夺冠

8月16日，2012年全国网球团体锦标赛在浙江台州结束，天津联通男女队在决赛中以2∶0的相同比分分别战胜江苏男队和北京女队，勇夺冠军。这是天津网球女队连续12年夺得该项赛事的冠军，创造了中国竞技体育运动连续夺冠的纪录。天津网球男队也是连续3年并第七次夺得该项赛事的冠军。天津女队成员包括张帅、郑赛赛、段莹莹和徐一璠；天津男队四名队员为李喆、常雨、欧阳博文、高鑫。

60. 津产直升机首次批量交付海外

8月17日，4架完成总装生产的AC312直升机通过天津滨海国际机场空运出港，交付给海外用户。这是该基地首次向海外用户批量交付直升机，标志着中航直升机天津产业基地已经进入批量总装、交付运营阶段。

61. 周永康在天津考察

8月20日，中共中央政治局常委、中央政法委书记周永康在天津市就政法机关执法规范化建设情况进行专题调研。周永康一行考察了天津市第一中级人民法院、天津市河西区人民检察院大要案指挥中心和天津市河西区马场派出所。考察结束后，召开执法规范化建设座谈会，充分肯定天津经济社会发展和政法工作取得的显著成绩。中共中央政治局委员、中央政法委副书记王乐泉，国务委员、中央政法委副书记、公安部部长孟建柱，最高人民法院院长王胜俊，最高人民检察院检察长曹建明一同考察并在座谈会上讲话。市委书记张高丽，市委副书记、市长黄兴国陪同在津考察并出席座谈会。

62. 市委举办理论学习中心组读书会

8月21日至23日，市委理论学习中心组读书会暨"调结构、惠民生、上水平"活动交流推动会在天津礼堂举行。市委书记张高丽，市委副书记、市长黄兴国，市人大常委会主任肖怀远，市政协主席邢元敏出席。市委副书记何立峰主持。会议分三个阶段进行，一是专题学习，自学有关材料，撰写发言提纲；二是召开全体会议，各区县和有关部门进行汇报交流发言，观看各区县项目展示专题片，领导点评；三是进行会议总结。会议23日结束。市委书记张高丽讲话。市委副书记、市长黄兴国，市人大常委会主任肖怀远出席并讲话。市委副书记何立峰主持会议。市领导散襄军、崔津渡、只升华分别汇报有关工作情况。16个区县和16个部门的主要负责人作发言。张高丽强调抓好八项重点工作。市委、市人大常委会、市政府、市政协，市有关部门、各区县、滨海新区有关单位、天津市和中央驻津新闻单位主要负责人参加会议。

63. 青年科学家入选国家杰出青年科学基金建议资助项目

8月28日《天津日报》载，近日国家自然科学基金委员会对2012年度国家杰出青年科学基金建议资助项目申请人名单予以公布，天津市有6人入选，分别是天津大学马军安、郝继贵、何桢，南开大学胡俊杰、孙红文和天津科技大学王硕。国家杰出青年科学基金每年受理一次，资助名额200名，资助期4年，资助金额200万元。

64. 天津市召开参加伦敦奥运会总结表彰大会

8月29日，天津市总结表彰参加第30届伦敦奥运会大会在天津礼堂召开。市委书记张高丽，市委副书记、市长黄兴国，市人大常委会主任肖怀远，市委副书记何立峰在会前接见全体运动员、教练员及各训练单位主要负责人。在伦敦奥运会上，天津体育选手取得3枚金牌、1枚银牌、1枚铜牌，两次打破男子举重77公斤级世界纪录,创造了境外奥运会的最好成绩。市和各区县有关负责人,运动员、教练员及体育工作者代表近300人参加会议。

65. 天津市与俄勒冈州签署加强友好合作备忘录

8月29日,美国俄勒冈州议会代表团到津访问。市人大常委会主任肖怀远在迎宾馆会见以美国俄勒冈州众议院共同议长、俄州民主党众议员阿尼·罗布兰为团长的代表团一行并出席签约仪式。副市长任学锋与阿尼·罗布兰共同签署天津市与俄勒冈州加强友好交流合作备忘录。双方将在经济、贸易、科技、文化、教育、体育、卫生、人才等方面开展多种形式的交流与合作,促进共同繁荣发展。

66. 中欧合作三大项目落户滨海新区

8月30日,中德双方在京签署10余项合作协议,涉及航空、汽车等多个领域，其中3项落户天津市滨海新区,分别为保税区、中航工业集团公司与欧洲空中客车公司签订的“空客天津总装线二期合作框架协议”,开发区与德国大众汽车集团签订的“关于建立环境友好型生产基地和机床技术培训中心的共同声明”,保税区与欧洲直升机公司签署的合作框架协议。这三大项目合作协议的签订,将成为中欧工业合作新的里程碑,对天津市乃至中国航空产业和汽车制造业发展具有积极意义。

67. 温家宝在天津考察

8月31日,中共中央政治局常委、国务院总理温家宝在天津考察保障房建设。市委书记张高丽，市委副书记、市长黄兴国陪同考察。国家发改委主任张平,住房城乡建设部部长姜伟新,国务院副秘书长项兆伦随同考察。温家宝到北辰区双青新家园建设工地，察看房屋结构和建设情况,在工地旁板房内,与保障房建设、施工、监理单位负责人座谈。到天津公租房、经济适用房小区秋怡家园看望居民,了解他们的生活情况。

68. 空客第100架A320飞机下线

8月31日下午,空客天津总装线第100架A320飞机下线仪式，在空客天津总装公司最终装配车间举行。中共中央政治局常委、国务院总理温家宝,德国总理默克尔,中共中央政治局委员、市委书记张高丽,空客公司总裁兼首席执行官布利叶共同为第100架空客飞机亮相开启飞机模型。仪式结束后,两国领导人登上飞机参观并与工人进行交流。德国副总理兼经济和技术部部长罗斯勒,交通、建设和城市规划部部长拉姆绍尔,德国驻华大使施明贤;外交部部长杨洁篪,国家发改委主任张平，商务部国际贸易谈判代表兼副部长高虎城,市委副书记、市长黄兴国,中国驻德国大使史明德等出席仪式。

69. 新加坡总理李显龙率团访津

9月4日至5日，新加坡总理李显龙率代表团一行60余人访问天津。中共中央政治局委员、市委书记张高丽在迎宾馆会见来宾。市委副书记、市长黄兴国,市委副书记何立峰参加会见并陪同参观考察。李显龙总理夫人何晶女士,新加坡外交及律政部部长尚穆根,人力部代部长兼国家发展部高级政务部长陈川仁，贸易与工业部兼国家发展部高级政务部长李奕贤，新加坡驻华大使罗家良,吉宝集团董事长李文献等一同到津。

70. 第九届全国大学生运动会

9月8日至18日,由教育部、国家体育总局、共青团中央联合主办，天津市政府承办的中华人民共和国第九届大学生运动会在天津举行。中共中央政治局委员、市委书记张高丽出席开幕式并宣布大运会开幕。共青团中央书记处第一书记陆昊,市人大常委会主任肖怀远,市政协主席邢元敏,市委副书记何立峰,第九届全国大运会主席团副主席、组委会执行主任、教育部副部长郝平等出席开幕式。第九届全国大运会主席团主席、教育部部长袁贵仁,第九届全国大运会主席团主席、组委会主任、市长黄兴国致辞。第九届全国大运会主席团副主席、组委会执行主任、市人大常委会副主任苟利军主持。参加开幕式约7000人。来自各省区市、新疆生产建设兵团和香港、澳门特别行政区的34个代表团,6196名运动员、教练员，1196名裁判员参赛,设田径、游泳、篮球等12个项目。18日,第九届全国大学生运动会闭幕。市委常委、市委教育工委书记朱丽萍主持。苟利军、郝平致词。天津市、北京市、上海市等代表团获得第九届全国大学生运动会团体总分前10名;江苏省、天津市、河南省等代表团获得第九届全国大学生运动会科学论文报告会团体总分前10名;“校长杯”奖项由天津工业大学、天津师范大学、上海交通大学等40所高校获得;北京市、天津市、河北省等代表团获得体育道德风尚奖。大运会决出265块金牌,打破4项全国纪录和81项全国大运会纪录。天津代表团夺得102块金牌、62块银牌、51块铜牌,获得金牌总数、奖牌总数、团体总分三项第一。第十届全国大学生运动会将由浙江省承办。10月24日,第九届大学生运动会总结表彰大会在天津礼堂召开。市委副书记、市长黄兴国出席并讲话。市人大常委会副主任苟利军主持，副市长张俊芳宣读表彰决定。会议对64个先进单位、98个先进集体和548名先进个人进行表彰,市领导为受到表彰的代表颁奖。

71. 第七届中国邮轮产业发展大会

9月9日上午，第七届中国邮轮产业发展大会在天津国际邮轮母港拉开帷幕。大会以“培育邮轮市场,发展邮轮产业”为主题,由来自中国、英国、新加坡、马来西亚、日本及香港、台湾等十几个国家和地区的数百位邮轮界专业人士围绕行业发展展开交流与探讨,并分别举办行业领导者论坛、邮轮城市与港口论坛和邮轮产业发展论坛等活动。同期举行了国际邮轮博览会。副市长任学锋、国家旅游局副局长杜江等相关单位负责人,以及皇家加勒比邮轮有限公司等全球7大邮轮公司负责人出席开幕式。下午,由天津旅游集团独家包船包航的亚洲最大邮轮皇家加勒比“海洋航行者”号在天津国际邮轮母港首次启航,3000余名游客乘坐该邮轮前往日本、韩国开启悠闲的度假旅程。

72. 天津市工商联第十三次会员代表大会

9月9日至10日,天津市工商业联合会第十三次会员代表大会举行。市委副书记何立峰在会上致贺辞。张元龙代表天津市工商联第十二届委员会作工作报告。大会选举产生第十三届执行委员会和商会领导班子。10日,市工商联第十三届执行委员会召开第一次全体会议,选举产生新的领导班子。黎昌晋当选主席。

73. 中国国际石化大会

9月10日,2012中国国际石油化工大会暨第十一届中国国际化工展览会在天津经济技术开发区开幕,美国陶氏化学项目投资意向协议签字仪式同日举行。中共中央政治局委员、市委书记张高丽在迎宾馆会见与会中外来宾。全国人大常委会原副委员长顾秀莲宣布开幕并致辞。市委副书记、市长黄兴国,中国石油和化学工业联合会会长李勇武致辞。中国国际石油化工大会举行CEO圆桌会、中韩石化会议等高层会议,并就石化领域相关内容举办五场专题报告会。同时,中国国际化工展展出石油、石化、化工及其相关产业数万种产品和技术,并举办高峰论坛、技术交流、新技术推广、贸易洽谈等活动。来自国内外著名石化企业、国际咨询机构和政府有关部门的1200多位代表参加相关活动。根据协议,天津开发区管委会与美国陶氏化学(中国)投资有限公司达成投资意向,将在南港工业区建设陶氏天津特殊化学品项目,研发生产高端化学产品。

74. 第六届夏季达沃斯论坛

9月11日至13日,世界经济论坛2012年新领军者年会(第六届夏季达沃斯论坛)在天津梅江会展中心举行。中共中央政治局常委、国务院总理温家宝出席开幕式并致辞。世界经济论坛主席施瓦布主持开幕式。中共中央政治局委员、市委书记张高丽出席。市委副书记、市长黄兴国致辞。卢旺达总统卡加梅、丹麦首相托宁-施密特、拉脱维亚总理东布罗夫斯基斯、立陶宛总理库比柳斯、巴基斯坦总理阿什拉夫、哥斯达黎加副总统利伯曼、津巴布韦副总理穆坦巴拉和澳大利亚前总理陆克文、新加坡荣誉国务资政吴作栋、英国前首相布朗,全国政协副主席、全国工商联主席黄孟复,全国政协副主席、科技部部长万钢以及来自世界86个国家和地区的约2000名嘉宾出席开幕式。国家发改委主任张平,商务部部长陈德铭,卫生部部长陈竺,国务院研究室主任谢伏瞻,国家质检总局局长支树平等出席开幕式。论坛以“塑造未来经济”为主题,与会者围绕创造性应对当前挑战,认识科技领域新前沿等议题展开讨论。12日晚,参加论坛的中外嘉宾在天津文化中心出席由市政府举办的盛大文化晚宴。市长黄兴国、世界经济论坛主席施瓦布分别致辞。副市长任学锋主持。13日下午,第六届夏季达沃斯论坛落幕。市长黄兴国出席闭幕式并致辞,世界经济论坛执行董事顾润贺主持。闭幕式后,天津市在梅江会展中心举行夏季达沃斯闭幕酒会。2014年,夏季达沃斯论坛将回到天津举办。

75. 天津市与人力社保部签署合作备忘录

9月14日,天津市与人力资源和社会保障部“共同推进天津人力资源和社会保障事业改革与发展备忘录”签约仪式在中国(天津)人力资源发展促进中心举行。市委书记张高丽在迎宾馆会见人力资源和社会保障部领导。市委副书记、市长黄兴国,中组部副部长、人力资源和社会保障部部长尹蔚民出席仪式并讲话。协议的内容主要包括,在天津市实施更加积极的就业政策,促进社会充分就业;大力开展职业技能培训,全面提升劳动者职业技能素质;加快健全覆盖城乡的社会保险体系,逐步提高社会保障水平;加大高层次人才引进、培养、激励工作力度,建设适应经济发展的宏大人才队伍;加强劳动权益维护,构建和谐劳动关系;建立健全公共服务体系,加快实现基本公共服务均等化。

76. 发展中国家科学院第十二次学术大会

9月18日,发展中国家科学院第十二次学术大会暨第二十三届院士大会在天津开幕,国家主席胡锦涛出席开幕式并致词。胡锦涛向获得发展中国家科学院科学奖的19位获奖者颁奖。中共中央政治局委员、国务委员刘延东,中共中央政治局委员、市委书记张高丽,全国人大常委会副委员长、九三学社中央主席韩启德等出席开幕式。中国科学院院长、发展中国家科学院新一届院长白春礼主持开幕式。来自60多个国家和地区的400余位院士、科学家、科技界人士等出席大会。

77. 胡锦涛在天津考察

9月18日下午,中共中央总书记、国家主席、中央军委主席胡锦涛在天津出席发展中国家科学院第十二次学术大会暨第二十三届院士大会开幕式后，由中共中央政治局委员、国务委员刘延东和中共中央政治局委员、市委书记张高丽等陪同，到天津一些高新技术企业，就实施创新驱动发展战略进行调查研究。到天津力神电池股份有限公司考察全自动生产线和产品展厅，在车间外登上使用力神公司动力电池的电动公交车，察看车内设施，同企业负责人探讨电动汽车推广问题。到曙光信息产业股份有限公司考察曙光品牌体验中心，参观陈列产品，了解企业科研、生产情况。在生产车间观看高性能计算机生产过程，同员工亲切交谈，向科技人员询问产品性能、应用和市场销售前景。中共中央办公厅主任栗战书，市委副书记、市长黄兴国，市委副书记何立峰等及市有关方面负责人陪同考察。

78. 中国旅游产业博览会

9月20日上午，由国家旅游局和天津市政府共同主办、联合国世界旅游组织特别支持的2012中国旅游产业博览会，在天津梅江会展中心开幕。市委书记张高丽宣布开幕。市委副书记、市长黄兴国，国家旅游局局长邵琪伟致辞。联合国世界旅游组织秘书长塔勒布·瑞法依发来贺信。副市长任学锋主持。约4000人出席开幕式。博览会参展展位2500个、展览面积近5万平方米、分5个展区，参展企业500家，参展参会和采购人员超过2万人。博览会于9月22日落下帷幕。博览会期间，参观者突破20万人次，参加业务洽谈人数39376人次；签订采购房车、游艇、旅游大客车、旅游设施及旅游商品等合同210项，意向签约942项，交易和意向金额达30.6亿元。博览会有来自全国31个省、自治区、直辖市，12个省会城市和计划单列市、环渤海16个港口城市、18个首批国家智慧旅游试点城市及全国20家旅游院校的代表参加。

79. 第三届中国(天津滨海)国际生态城市论坛

9月21日，由国家发展和改革委、住房和城乡建设部、天津市政府、中国国际经济交流中心共同主办的第三届中国(天津滨海)国际生态城市论坛暨博览会，在滨海新区开幕。中共中央政治局常委、全国人大常委会委员长吴邦国致信祝贺。中共中央政治局委员、市委书记张高丽，市人大常委会主任肖怀远会见出席论坛来宾。全国人大常委会副委员长乌云其木格出席开幕式并宣布开幕。市委副书记、市长黄兴国，新加坡国家发展部部长许文远致辞。市委副书记何立峰主持开幕式。中国国际经济交流中心副理事长兼秘书长魏建国，美国著名生态学者瑞吉斯特，中国工程院院士、著名生态学者李文华在开幕式上致辞。第三届中国(天津滨海)国际生态城市论坛暨博览会以“生态城市创造和谐未来”为永恒主题，以“生态城市建设与体制机制创新”为年度主题，举办一个主论坛和七个平行分论坛。来自国内外的政府官员、专家学者、国际组织和企业代表1300多人参加开幕式。论坛期间，举行为期5天的博览会，设立“低碳生态示范市展示区”以及“低碳技术和战略新兴产业展区”、“循环经济展区”、“绿色建筑与建材展区”3个企业展示区，来自世界各地的130多家企业参展。

80. 天津市与印尼东爪哇省建立友好省市关系

9月24日，天津市与印度尼西亚东爪哇省建立友好省市关系签字仪式在迎宾馆举行。市长黄兴国会见东爪哇省省长苏卡洛一行，并共同签署协议书。根据协议，双方将深入开展贸易工业投资、农业、科学技术、渔业、青年体育、旅游、文化艺术、健康、运输、教育等领域的合作。

81. 天津市获“五个一工程”满堂红

9月25日，中宣部第十二届精神文明建设“五个一工程”奖在北京揭晓。在评奖所设立的电影、电视剧、戏剧、歌曲、广播剧、文艺类图书6个门类中，天津市有8部作品获得优秀作品奖，喜获“满堂红”殊荣，市委宣传部荣获组织工作奖。此届“五个一工程”评选的是自2009年以来创作生产的作品。天津市的8部获奖作品分别是电视连续剧《解放》、《辛亥革命》、《小站风云》，广播剧《秒针上的较量》，动画电影《兔侠传奇》，河北梆子《晚雪》，歌曲《我们的天空》，图书《开开的门》。

82. 天津市荣获全国文化体制改革工作先进地区称号

9月28日《天津日报》载，日前，全国文化体制改革工作表彰大会在北京人民大会堂举行。天津市荣获全国文化体制改革工作先进地区称号，成为12个文化体制改革工作先进省市之一，这是天津市连续第三次获此殊荣。天津日报传媒集团有限公司、天津市今晚传媒广告有限公司、天津广播电视网络有限公司等8个单位荣获全国文化体制改革工作先进单位称号。纪秀荣等6人荣获全国文化体制改革工作先进个人称号。

83. 天津市与中国电信集团签署战略合作框架协议

10月9日，天津市政府与中国电信集团公司《共建智慧天津战略合作框架协议》签字仪式在迎宾馆举行。市委书记张高丽会见中国电信集团公司董事长王晓初一行。市委副书记、市长黄兴国出席签字仪式。根据协议，双方本着“政府主导、电信运营、聚合产业、服务民生、合作创新”的原则，围绕智慧政府、智慧民生、智慧产业三个领域，在信息基础设施、信息化应用等方面推动天津信息产业发展。

84. 天津市与中国民用航空局签署会谈纪要

10月16日，天津市与中国民用航空局《加快推进天津民航发展会谈纪要》签字仪式在迎宾馆举行。市委书记张高丽会见中国民用航空局领导。市委副书记、市长黄兴国,中国民用航空局局长李家祥出席签字仪式。根据《会谈纪要》,中国民用航空局积极支持天津率先发展民航战略,加快推进天津机场基础设施、航空货运枢纽建设和客运发展,完善机场载体功能和航线网络等,支持天津机场建设成为中国北方国际航空物流中心和大型枢纽机场。天津市将制定出台支持民航发展的一揽子政策措施,在机场规划建设、航空客货运发展、航空物流园区建设等方面给予全方位支持。

85. 中国国际矿业大会组委会会议

10 月 26 日,2012 中国国际矿业大会组委会会议在津召开,天津市与国土资源部共建天津国际矿业金融改革示范基地合作备忘录签约仪式同日举行。市委书记张高丽晚上在迎宾馆会见出席会议的国土资源部领导。市委副书记、市长黄兴国,国土资源部部长徐绍史出席会议并讲话,共同签署协议。根据协议,双方将按照"管控有力,风险可控"的原则,共同推进天津国际矿业金融改革示范基地建设,开展股权变更和矿业权融资托管试点工作,开展矿产风险勘查资本市场规则制度的制定工作,开展国内外矿业信息采集服务,探索矿业企业股权融资模式等试点工作。

86. 第十九届中国国际广告节

10 月 27 日,由天津市人民政府、中国广告协会主办的第十九届中国国际广告节,在梅江会展中心开幕。天津市与国家工商总局"关于进一步推进天津广告产业创新发展战略合作协议"签字仪式同日举行。市委书记张高丽会见国家工商总局领导和出席活动来宾。市委副书记、市长黄兴国,国家工商总局局长周伯华,国际广告协会主席阿兰·卢瑟福在开幕式上致辞。根据协议,天津市与国家工商总局共建天津滨海广告产业园,争创国家广告产业园区;推动天津广告产业整合资源,促进广告产业向集约化、专业化、国际化发展;创新广告产业投融资模式,打造全国广告产业投融资服务平台;支持天津举办广告业的各类国际性和全国性重大活动;共同探索新兴媒体广告业务发展模式等。

87. 中国国际矿业大会

11 月 4 日,由国土资源部、天津市人民政府、中国矿业联合会共同主办的 2012 中国国际矿业大会在梅江会展中心举行。中共中央政治局常委、国务院副总理李克强为大会发来贺信。国土资源部部长徐绍史,市委副书记、市长黄兴国在开幕式上致辞。国土资源部副部长徐德明主持。加拿大驻华大使赵朴、澳大利亚驻华大使孙芳安、南非驻华大使兰加分别致辞。21 个国家和地区的政府官员、驻华大使;国内外矿业企业代表、金融机构代表、专家学者出席开幕式和相关活动。大会的主题是"携手应对、共促发展"。来自 60 个国家和地区的 6000 多名代表参会。大会推出 31 场专题论坛和 9 场矿业合作项目推介会等活动。大会展览面积达 25000 平方米,国内外 400 余家企业参展。5 日晚,2012 中国国际矿业大会颁奖仪式在梅江会展中心拉开帷幕。国土资源部部长徐绍史,市委副书记、市长黄兴国出席并为获奖企业和单位颁奖。有 8 个单位和企业获得 5 项大奖。与会中外嘉宾代表约 1000 人参加颁奖仪式。同日,2012 中国国际矿业大会项目对接签约仪式在梅江会展中心举行。签约项目 89 个,涉及 30 个国家,合计签约金额 132.27 亿元。其中,国内项目 21 个,主要分布在华南和西北地区,投资金额 50.63 亿元;国外项目 68 个,主要分布在阿根廷、柬埔寨、加拿大等国家,投资金额 81.64 亿元。项目主要分为 4 大类:调查与选区评价 13 项,预、普、详查 45 项,矿山开发与建设 7 项,战略合作、股权转让和综合研究等 24 项。

88. 天津国际矿业金融改革示范基地揭牌

11 月 5 日下午,天津国际矿业金融改革示范基地揭牌仪式在梅江会展中心举行。国土资源部部长徐绍史,市委副书记、市长黄兴国出席仪式并共同揭牌。仪式上,天津矿业权交易所与首批矿业金融试点企业签署合作协议,中国冶金地质总局等 5 家地勘机构成为首批风勘融资试点单位;昆仑信托等 6 家信托机构成为首批矿业权信托融资试点单位。天津矿业权交易所与中国银行、蒙古国发展协会、蒙古国出口商协会、澳大利亚伊尼瓦燃气有限公司等企业和机构签署国内外矿业项目战略合作协议。其中,中国银行将为交易所会员提供 100 亿美元综合授信。在仪式现场,通过天津矿业权交易所电子平台,6 个国家 48 家企业的 158 个矿业项目鸣锣挂牌。

89. 张高丽当选中共第十八届中央政治局常委

11 月 8 日至 14 日,中国共产党第十八次全国代表大会在北京人民大会堂举行。在 15 日举行的中共十八届一中全会上,天津市委书记张高丽当选中央政治局委员、中央政治局常委。

90. 天大原创技术打破国际垄断

11 月 12 日,由天津大学石化中心张敏华教授领衔研制的成套自主知识产权技术,生物乙醇制醋酸乙烯(VAC)工业装置在广西建成投产,年产 5 万吨生物乙烯装置及 10 万吨生物醋酸乙烯装置一次试车成功,并生产出高活性的醋酸乙烯及高质量的聚乙烯醇(PVA)产品。该项目的核心技术打破国际大公司技术垄断地位,使中国一举成为生物乙烯及醋酸乙烯生产技术强国。

91. 市委召开常委扩大会学习贯彻党的十八大精神

11 月 19 日,市委召开常委扩大会议和全市领导干部会议，学习宣传贯彻党的十八大精神，传达党的十七届七中全会精神、习近平在党的十八届一中全会上的重要讲话。市委书记张高丽主持并讲话。市委副书记、市长黄兴国传达。

92. 天津市委主要领导调整

11月21日，天津市召开领导干部会议，宣布中共中央关于天津市委主要领导同志调整的决定。中共中央决定：张高丽同志不再兼任天津市委书记、常委、委员职务，孙春兰同志兼任天津市委委员、常委、书记职务。

93. 中科院天津工业生物技术研究所通过验收并揭牌

11月29日，市委书记孙春兰，市委副书记、市长黄兴国在迎宾馆会见中科院院长白春礼一行，对中科院天津工业生物技术研究所揭牌表示祝贺，感谢中科院给予天津发展的支持。白春礼出席验收会和揭牌仪式并致辞。中科院副院长施尔畏主持验收会。市人大常委会副主任苟利军代表验收委员会和建设领导小组宣读验收意见。院市领导还向在筹建工作中作出突出贡献的单位和个人颁奖。中国科学院天津工业生物技术研究所位于天津空港物流加工区，2009年3月由中科院和市政府共同筹建。研究方向涉及工业蛋白质科学与生物催化工程、合成生物学与微生物制造工程和生物系统与生物工艺工程。

94. 天津—费城深化友城合作暨项目签约仪式

12月3日，天津—费城深化友城合作暨项目签约仪式在迎宾馆举行。市长黄兴国与应邀率团访津的美国费城市长迈克尔·纳特共同签署两市进一步深化友城合作备忘录，并出席项目签约仪式。按照两市签署的合作备忘录规定，双方将进一步加强经贸交流、港口物流、教育和人才等方面的交流与合作。

95. 共青团天津市第十三次代表大会

12月19日至21日，中国共产主义青年团天津市第十三次代表大会在天津礼堂大剧场召开。市委书记孙春兰出席会议并讲话。市领导黄兴国、肖怀远、邢元敏、何立峰等出席会议。团中央书记处书记汪鸿雁出席并讲话。市总工会副主席邢铁龙代表天津市各人民团体致祝词。天津警备区政治部主任尚振贵致祝词。团市委书记刘志强代表共青团天津市第十二届委员会作工作报告。市委常委、市委组织部部长尹德明出席闭幕式并讲话。大会审议通过共青团天津市第十二届委员会工作报告，选举产生共青团天津市第十三届委员会，通过《共青团天津市第十三次代表大会决议》。21日下午，共青团天津市第十三届委员会举行第一次全体会议，选举产生新一届委员会常务委员，书记、副书记。刘志强任共青团天津市第十三届委员会书记。

96. 科技"小巨人"入选国家创新型企业

12月21日《天津日报》载，科技部、国务院国资委、中华全国总工会日前联合确定第五批国家创新型企业。天津经纬电材股份有限公司、天津市市政工程设计研究院、中国汽车技术研究中心、天津第一机床总厂4家科技"小巨人"企业入选国家创新型企业。入选的4家"小巨人"企业是在新材料、环保、汽车和先进制造领域拥有自主知识产权"杀手锏"产品的企业。

97. 子牙循环经济产业区升级为国家级开发区

12月21日《天津日报》载，经国务院批准，天津市子牙循环经济产业园日前正式升级为国家级经济技术开发区。子牙循环经济产业园是国内目前唯一一家以循环经济为主导产业的国家级经济技术开发区。至此，全市国家级经济技术开发区总数增至4家，分别为：天津经济技术开发区、天津西青经济技术开发区、天津武清经济技术开发区和天津子牙经济技术开发区。

98. 天津市金融机构人民币存款余额首次突破2万亿元

截至12月20日，天津市金融机构人民币存款余额达20071.53亿元，首次突破2万亿元，标志着天津经济社会发展步入新阶段。全市人民币存款余额自2004年底首次突破5000亿元，到2009年初突破1万亿元，再到目前突破2万亿元，不到8年时间增长3倍，年均增长19%。

99. 天津市委十届二次全会

12月26日至27日，中共天津市委十届二次全会在天津礼堂召开。市委书记孙春兰讲话。市委副书记、市长黄兴国主持。市人大常委会主任肖怀远，市政协主席邢元敏，市委副书记何立峰，市委委员、市委候补委员出席。市有关方面负责人和部分基层代表列席会议。全会审议通过《中共天津市委2013年工作要点》、《中国共产党天津市第十届委员会第二次全体会议关于递补贾凤山同志为市委委员的决定》、《中国共产党天津市第十届委员会第二次全体会议决议》。

100. 天津市荣获最具幸福感城市金奖

12月30日下午，由中国市长协会、新华社《瞭望东方周刊》主办、今晚报协办的"2012中国最具幸福感城市调查推选活动"在北京钓鱼台国宾馆揭晓。天津继2008年、2011年荣获中国最具幸福感城市后再次入选，并荣获中国最具幸福感城市金奖，为2012年唯一获得金奖的城市。除天津外，获得2012中国最具幸福感城市的还有杭州市、成都市、南京市、无锡市、长春市、长沙市、宁波市、西安市、南通市。

（邹积浩　唐　旗）

·天津区县年鉴·

滨 海 新 区

滨 海 新 区

概 述

天津市滨海新区地处华北平原北部,海河流域下游,天津市中心区的东部,渤海湾中心,天津港坐落其间。东临渤海,西与东丽区接壤,南与河北省黄骅市为邻,北与天津市宁河县、河北省丰南县为邻,距北京市140公里。境域地理坐标为北纬38°40′~39°00′,东经117°20′~118°00′,区境南北长,东西窄,呈弯弓状。地当东北亚地区中心地带,是欧亚大陆桥的东起点,辐射中国"三北"(东北、华北、西北)地区。

滨海新区包括塘沽、汉沽、大港3个城区和12个功能区,下辖新村、于家堡、新北、新港、杭州道、新河、向阳、大沽、北塘、胡家园、渤海石油、寨上、汉沽、河西、胜利、迎宾、海滨、古林、港西、泰达20个街道,新城、大田、茶淀、杨家泊、太平、小王庄、中塘7个镇。2012年,区域面积2270平方公里,海岸线长153公里,海域面积3000平方公里。全区常住人口263.52万人。户籍人口41.95万户115.88万人。其中,农业人口21.21万人,非农业人口94.67万人;男性人口59.74万人,女性人口56.14万人。

2012年,滨海新区经济保持又好又快发展,综合实力进一步提升,实现生产总值7200亿元,比上年增长20%。财政总收入1655.80亿元,增长20.1%。其中,地方财政收入1123亿元,增长22.4%。一般预算收入731.80亿元,增长22.9%。全社会固定资产投资4453.30亿元,增长20.3%。实际利用外资98亿美元,增长15%。实际利用内资604亿元,增长32%。实现外贸进出口总额818亿美元,增长15%,其中出口310亿美元,增长12%。天津港货物吞吐量4.70亿吨,集装箱吞吐量1200万标箱。内陆无水港发展到23个。机场旅客吞吐量超过810万人次,货邮吞吐量19.20万吨。成功举办第三届中国国际文化创意展交会、第三届滨海生态城市论坛及博览会、中国国际石化大会等56个大型展会。实现社会消费品零售总额1015亿元,增长15%。农村居民人均可支配收入增长13%。城市居民人均可支配收入增长12%。万元生产总值能耗下降4.1%。现代农业稳步发展,建成3个市级科技园区、6个农业标准化示范基地,11个市、区两级园区加快建设。新增设施农业477.07公顷,改造提升186.67公顷,建成放心菜基地266.67公顷,新建和改建循环水养殖车间6.50万平方米。工业快速发展,实现工业增加值4750亿元,增长21%。八大优势产业实现总产值12670亿元。其中,汽车及装备制造业规模突破4000亿元,石油化工突破3000亿元,电子信息突破2000

滨海新区

(摄影:焦永普)

亿元，粮油食品突破1000亿元；航空航天、新能源新材料、生物医药等战略性新兴产业加速成长，总产值突破1100亿元。服务业发展加快，金融、租赁、服务外包等行业加快成长，旅游业进一步扩大，全年旅游接待量1500万人次，实现旅游综合收入100亿元。

2012年11月16日，第三届中国(天津滨海)国际文化创意展交会
(摄影：焦永普)

坚持项目集中园区、产业集群发展、资源集约利用、功能集成建设，加快推进功能区开发建设，推动优势产业加快集聚、产业布局优化提升。南港工业区整理项目用地70平方公里，6个通用泊位建成投入使用，中石化液化天然气、壳牌润滑油等16个项目开工。轻纺经济区二期基础设施建设加快建设，中矿、罗莱家纺等项目顺利推进，入驻企业222家。临港经济区完成造陆111平方公里，实现港区吞吐量1800万吨，京粮、金天源食品科技等18个项目竣工投产，太重二期、春金棕榈油等11个项目开工建设。核心城区城市环境不断优化，泰达MSD核心区建成投入使用，9个金融机构总部和大型商贸类项目入驻，服务外包园二期、周大福滨海中心加快建设。塘沽海洋高新区北方黄金珠宝基地一期、滨海信息安全产业园运营中心主体完工，智造创意产业园、华油研发制造中心等项目加快建设。中心商务区响螺湾10栋楼宇建成使用，20栋主体封顶；于家堡铁狮门金融广场、罗斯洛克金融中心加快建设，7栋楼宇主体封顶。中新天津生态城起步区基本建成，商业街、中小学、幼儿园等公建配套设施投入使用，国家动漫园二期、国家三维影视园、科技园、产业园加快建设，引进通用新概念汽车、博纳影业等优质项目，注册企业累计超过800家。东疆保税港区实现二期封关运作，新注册企业386家，国际商品展销中心开业，奔驰汽车加工中心等项目竣工投产。滨海旅游区5平方公里基础设施基本建成，欢乐海魔方、渤海监视监测基地等18个项目开工建设，世界最高的妈祖圣像落成，航母主题公园改造全面提速，新增注册企业115家。开发区西区长城汽车一期、鸿富锦基地等项目建成投产，大众变速箱、三星电子等项目开工建设。空港经济区空客二期、欧洲直升机项目成功签约，GE医疗、赫氏航空复合材料、央视未来电视等项目落户，麦格纳、瑞士百超等项目竣工投产。滨海高新区未来科技城基础设施建设加快，神舟飞行器、富通光纤预制棒等项目建成投产。北塘经济区总部企业基地一期竣工，北塘古镇投入运营，中银征信、万达信息北方总部落户，注册企业累计达到230家。中心渔港经济区远洋捕捞、冷藏、加工、交易产业链初步形成，冷链物流项目24个，游艇产业稳步发展。建成中际装备、钜宝电子、西子电梯等71个工业重大项目，开工建设久益环球采矿机械、联合利华等126个项目。实施334个重大服务业项目，基本建成10个服务业聚集区。新引进卡梅隆佩斯集团、搜狐视频、华夏人寿等37个总部项目，总

2012年3月7日，滨海新区工业产值超千亿元企业表彰大会
(摄影：焦永普)

部企业超过200家,64座楼宇投入使用。福丰达、兆讯传媒被评为国家文化产业示范基地。全年投资930亿元,实施135个重大基础设施项目。

实施44项重大科技成果产业化攻关,形成30项代表行业制高点的关键技术。新增国家级企业技术中心2家、市级企业重点实验室14家、市级企业技术中心13家、孵化器9家。市级以上认定的各类研发中心235家。新增科技型中小企业4363家、科技小巨人企业260家,总数分别达到11023家和526家。国家高新技术企业740家,占全市的71%。申请专利13000件。中国驰名商标总数达到19个,天津市著名商标262个,市级名牌产品105个,参与制定国家标准、行业标准10项。

坚持规划提升、城市建设、环境保护同步推进,大力推进宜居生态新城区建设。启动修编城市总体规划,提升分区规划、专项规划、重点区域规划和标志性建筑规划,实现核心城区城市设计全覆盖。天津港30万吨级航道一期完工,神华煤炭码头二期等工程加快建设,天津机场二期扩建取得进展。津秦客运专线完成铺轨,于家堡站、滨海站、滨海北站加快推进。中央大道北段、春风路地道、海景大道等11条道路竣工,西外环高速公路、轻纺联络线等9条道路加快建设。新开提升10条公交线路,建成6处首末站、70对中途站,新投入节能环保公交车100辆。完成汉沽水厂扩建、大港聚酯水厂提升改造工程,新建供水管网80公里,新增日供水能力11万吨。全面完成住宅老旧供热管网三年改造计划。数字化城市管理信息系统加快建设,建成基础地理信息共享、三维城市建模、电子政务专网和云中心等数字化平台,光纤覆盖110万户。

建成北塘、空港、南排河等6座污水处理厂,新增日处理能力13.60万吨,城镇污水处理率93%。实施多水源联合调配,利用淡化海水、再生水等非常规水比重提高到11%。第一垃圾发电厂建成投产。实施海堤达标治理、河道除险加固和排涝工程,防汛防潮能力显著增强。完成52个重点减排项目,实现增产不增污。继续深入开展市容环境综合整治,整修主干道路30条、社区66个,新建改造公园10个,新增和改造提升绿化面积1262万平方米,绿化覆盖率35.5%。全方位加强环境监管、监察和治理,空气质量好于二级天数保持在85%以上。创建国家环保模范城工作扎实推进,国家卫生城区复审工作进展顺利。

坚持统筹兼顾,更加注重社会建设和保障民生,民生领域支出766亿元,占财政支出的82%。全年新增就业11万人,转移农村富余劳动力7692人,帮扶1657名就业困难人员就业,城镇登记失业率控制在3%以内,被国家授予“全国创业先进城区”称号。评选表彰1800名优秀外来建设者,被批准为全国首家构建和谐劳动关系综合试验区。社会保障体系不断完善,参保人数稳步增长,参保结构稳步改善,保障水平稳步提高,发放各类社会救助金7886万元。成立滨海新区慈善协会。启动建设滨海新区第一、第二、第三社会福利院和贻芳托老所,新建老年照料中心14个,为1877位困难老人发放居家养老服务政府补贴。建成5个社区服务中心和23个社区服务站,社会组织服务管理中心投入使用。改造提升48个菜市场。开工建设保障性住房200万平方米,竣工100万平方米。建设农民还迁住宅218万平方米,竣工151万平方米。新建、改扩建学校和幼儿园27所,启动建设南开中学滨海生态城学校。学前教育行动计划顺利完成。义务教育学校全部通过市现代化达标验收,被评为全国“两基”工作先进地区。引进北京东方剑桥幼教集团、天津外国语大学附属学校等名优教育资源。塘沽第一中等职业学校成为国家级示范校,滨海职业学院成为市级示范校。空港国际医院、天津医科大学中新生态城医院开工建设,大港油田总医院迁建工程、开发区西区医院等项目主体完工,第五中心医院、港口医院和安定医院的新建工程投入使用。建成心脏大血管外科等4个国家级重点学科,解放路、新港街社区卫生服务中心被评为全国示范单位。开设21个国医堂,成为全国基层中医药工作先进单位。妇女儿童健康行动计划全部达标。成为全国流动人口计划生育服务管理先进单位。新建和提升105个文化站、104个文化广场、86个农家书屋,举办上千场各类文化活动,157项精品力作获省部级以上大奖。在天津市第三届全民健身运动会上取得金牌和奖牌数第一。被授予全国青少年业余训练工作先进单位和全国群众体育工作先进单位称号。

全面实施综合配套改革第二个三年计划,深入推进10个方面26个重点改革项目。继续深化行政管理体制改革,“一级政府、分类服务”的行政框架得到进一步加强。承接市政府第二批下放的65个审批事项和职能事权,行政审批要件减少30%,审批效率和服务质量保持领先。深化土地管理制度改革,探索实施用地预审、征转用地报批、农民自行开发耕地等改革措施,扩大用地指标“增减挂钩”试点,完善土地集中交易制度,加大闲置土地处置力度,保证重大项目用地需求。深化金融改革,股权投资企业及其管理机构1988家,注册资本4280亿元。天津股权交易所挂牌企业215家,总市值212亿元。滨海高新区被批准为全国非上市公司场外交易市场首批扩容试点。融资租赁由飞机、船舶拓展到动车组、地铁车辆等领域，业务总量占全国四分之一。意愿结汇和离岸金融在东疆保税港区和中新天津生态城实现双向拓展。深化涉外经济体制改革，航运物流企业免征营业税、融资租赁货物出口退税等政策试点实现突破，转口贸易快速发展。扎实推动与香港、澳门合作，成为全国CEPA示范区。深化国有企业改革，初步理顺国资监管体制，完成公交集团重组。大力支持民营经济发展，配套出台38项政策措施。深入推进农村城市化、城镇化和新农村建设，示范镇累计完成投资168亿元。组建滨海新区登记交易和房地产管理中心，强化销售许可、权籍和资金的规范管理，完善多层次住房保障模式。深化公立医院改革，在二级以上医院全面推行预约诊疗、无假日门诊和优质护理服务，大医院帮扶社区医疗服务中心长效机制不断完善。全市首家中外合资合作医院泰达普华医院建成使用。启动实施社会管理创新五年规划，全域覆盖的流动人口服务管理模式初步形成。

深入开展"调结构、惠民生、上水平"活动，组织138个工作组、500多名干部深入基层和企业开展帮扶，解决各类问题3719个。政民零距离、区长信箱等收到群众诉求2万多件，全部及时交办回复，被评为全市优秀办理单位。推行依法行政年度报告制度，进一步提高行政效能。推进政务公开和政府信息公开，落实重大事项公示和听证制度。启动法治滨海建设，司法救助资金审批程序进一步完善。发挥大调解机制作用，妥善处置突发性事件、群体性事件和历史积案，化解矛盾纠纷8283件。启动滨海新区首部地方志书编修工作。双拥共建活动深入推进，巩固军民军政团结。注重源头治理，在市容环境、安全生产、车辆超载等方面加大整治力度，实现食品药品一体化监管模式。健全应急联动机制，有效应对"7·26"暴雨等自然灾害。深化平安创建活动，形成警防技防民防"三网融合"、陆海空全域覆盖的立体化防控体系。认真落实"筑堤行动"，强化重点领域、关键环节的审计监察，反腐倡廉和行政监察扎实推进。

（蔺胜寒）

滨海新区区级领导名单

中共滨海新区区委领导名单

书　记：何立峰

副书记：袁桐利(6月始任)　宗国英　张继和　吕福春

常　委：何立峰　袁桐利(6月始任)　宗国英　张继和　吕福春　何树山　刘子利　杨英涛　霍庆生　李新建　石凤妍(女)　张锐钢　李伟成　赵玉石　王建军(挂职)

滨海新区人大常委会领导名单

主　任：张家星

副主任：郝寿义　王殿起　曹纪华　张建军　丁巨波　李玉梅(女)

滨海新区政府领导名单

区　长：宗国英

副区长：刘子利　张锐钢　蔡云鹏　王　盛　郭景平(女)　阳世昊　郑伟铭

政协滨海新区委员会领导名单

主　席：张同庆

副主席：况清利　赖德斌　刘胜和　杨志刚(兼)　杨建英(女，兼)　邵芝祥(兼)　赵树月(兼)

（区委组织部提供）

循环经济和低碳经济 2012年,滨海新区编制完成《滨海新区污水处理实施方案》和《滨海新区海水淡化产业研究》。与南开大学合作,启动《我国低碳产业园区建设与发展模式研究》研究课题。组织安排滨海新区全年循环经济和低碳经济专项资金2000万元,扶持26个项目,拉动总投资17.40亿元。积极做好企业服务,先后为有关企业争取到国家和市级专项资金共1.70亿元。其中,为滨海环保公司的大港垃圾发电工程、中心渔港污水处理厂2个项目争取国家发改委城镇污水垃圾处理设施及污水管网专项资金1.34亿元。为滨海环保公司南港轻纺工业园污水处理厂、空港水务公司扩建3万吨/日市政污水处理厂、保税区雨污分流改造等3个项目申请2012年重点流域水污染治理中央预算内投资3270万元。为诺恩公司、瑞德赛恩公司争取天津市循环经济专项资金300万元。组织滨海新区7家单位参加第二届中国国际循环经济成果交易博览会,加大对滨海新区循环经济企业的宣传力度和影响力。积极开展创建低碳试点城市和循环经济试点城区工作,低碳城市试点工作滨海新区政府任务落实方案上报市政府。先后编制《天津市滨海新区"中国低碳发展宏观战略案例研究区县"项目申报书》和滨海新区海水淡化试点城区申报材料,上报国家发改委。

(王 芳)

海外学人回国创业周活动 12月25日至27日,以"创新创业报效祖国"为主题的2012海外学人回国创业周活动在滨海新区举办。此次活动由共青团中央、中华全国青年联合会、欧美同学会主办,滨海新区人民政府、共青团天津市委员会、天津市青联、中国青年科技工作者协会、全国青联留学人员联谊会承办。全国青联副主席、中华全国台湾同胞联谊会副会长纪斌,团中央统战部部长刘佳晨,滨海新区副区长郭景平,团市委副书记王晓亮出席开幕式,开幕式由团市委副书记李强主持。美国、英国、法国等国家和地区的涉及生物、信息、电子、管理、金融等多个研究领域的近百位海外学子参加活动。活动期间,团中央举行海归创新创业报告会,滨海新区科委、商务委、人力社保局等有关部门和单位,就滨海新区科技创新政策、招商引资环境及人才发展战略向海外学人进行宣讲推介,并与海外学人开展项目、投资、人才、技术等方面的洽谈、合作与交流。海外学人还参观滨海新区规划建设展馆、国家超级计算天津中心、天津大学科技园,实地感受滨海新区的发展成就。

(王 芳)

第三届生态城市论坛暨博览会 2012年9月21日至25日,由国家发改委、国家住房和城乡建设部、天津市人民政府、中国国际经济交流中心主办,天津滨海新区人民政府承办的第三届中国(天津滨海)国际生态城市论坛暨博览会在天津滨海国际会展中心举行。论坛以"生态城市创造和谐未来"为永恒主题,以"生态城市建设与体制机制创新"为年度主题,举办1个主论坛和7个平行分论坛,围绕可持续发展、全球气候与能源、绿色智能建筑等重要课题进行广泛探讨。同期举行为期5天的博览会,设立"低碳和生态城市示范展区"以及"绿色建筑与建材展区"、"循环经济展区"、"低碳技术与战略性新兴产业展区"。论坛暨博览会参会代表1400人,其中海外代表232人,国内外137家企业参展,展位1300余个,西班牙坎塔布里亚自治区、加拿大魁北克省以及厦门、西安等11个国内外低碳生态城市亮相博览会,参会城市共同发起成立中国低碳生态城市联盟和污染场地修复产业技术创新国际联盟。论坛及博览会期间吸引观众7万人次,达成合作(意向)协议74项,涉及金额30亿元。

(王 芳)

农村城镇化建设 2012年,滨海新区按照稳步推进农村城市化、有序推进农村城镇化、积极推进新农村建设的三条路径,统筹推进城镇化建设。按照区委、区政府的统一部署和要求,以"调结构、惠民生、上水平"活动为契机,稳步推进农村城市化城镇化建设工作,取得显著成果。全年完成投资18.85亿元。新开工建设农民还迁住宅61万平方米,主体竣工69.30万平方米。安置农民1.90万人,农村向小城镇转移人口16.04万人,滨海新区城市化率达到83%。年内,滨海新区有10家(第七批)农业龙头企业获得农业产业化经营市级重点龙头企业称号,4家企业被确认继续享受农业产业化经营市级重点龙头企业称号;2家农民专业合作社获市级示范社资格。同时,根据年度工作安排和市农委、市财政局《关于开展市级示范农民专业合作社创建活动的通知》要求,在全区开展区级示范农民专业合作社创建活动,参照市级扶持标准,规范、提升、扶持12家农民专业合作社,2个农业产业化龙头企业,扶持资金合计150万元。

(王 芳)

新型工业化产业示范基地创建工作 2012年,滨海新区有新型工业化产业示范基地10个,其中国家级示范基地5个,分别是经济技术开发区汽车产业基地、滨海新区石油化工产业基地、空港经济区航空产业基地、经济技术开发区电子信息产业基地、临港经济区装备制造产业基地。天津市市级示范基地5个，分别是滨海高新技术产业开发区新能源产业基地、滨海高新技术产业开发区软件和信息服务产业基地、临港经济区粮油食品产业基地、滨海新区军民结合（航天）产业基地、中新生态城软件和信息服务产业基地。其中，临港经济区依托港口工业一体化优势，积极吸引国内外装备制造业龙头企业，发展形成船舶及海上工程设备制造、陆上交通设备制造等产业链条，12月被工业和信息化部命名为国家新型工业化装备制造业示范基地。滨海新区示范基地创建工作，体现了走新型工业化道路的基本要求，具有较强的示范带动效应。具体呈现5个特点：一是主导产业优势突出。10个示范基地完成工业总产值占全区工业总产值的72%左右，成为优势支柱产业和战略性新兴产业发展的重要载体，石化产业规模位居全国原材料工业类示范基地首位。二是产业集约化程度高。10个示范基地单位土地平均投资强度达到5000万元/公顷以上，单位土地平均产值超过7000万元/公顷。三是产业创新能力增强。示范基地研发投入占销售收入比重平均2.5%以上。四是“两化”融合水平进一步提高。推进信息化与工业化深度融合，加大信息基础设施建设力度和提高公共服务信息化水平，规模以上企业宽带接入率100%，骨干企业在生产、研发、物流、管理等主要环节的信息化应用达到国内先进水平。五是公共服务体系不断完备。各基地已建设技术研发、检验检测、信息化等各类公共服务平台近80个，基本形成以技术研发平台为主，门类齐全、服务广泛的公共服务平台体系。

（王莉莉）

中小企业和民营经济发展 2012年，滨海新区中小企业和民营经济保持持续、健康、稳步发展态势。全区中小企业达到4.80万户，占全部企业的99.6%；实现营业收入1.80万亿元，占全部企业的60%，比上年增长20%；从业人员48万人，占全部企业的60%，增长5%；人均年工资7.15万元，增长12%。至年底，累计认定科技型中小企业11053家。全区民营企业3.90万户，增长6%，注册资金6424.34亿元，增长8%；个体工商户3.57万户，增长18.2%，注册资金16.78亿元，减少13.8%。个体工商户从业人员6.50万人，增长11.5%。至年底，全区列入天津市前九批区县重大项目合计150项，其中前八批项目合计142项，计划总投资718.70亿元。至年底，前八批项目累计完成投资518.50亿元，累计完成投资率72%；累计竣工投产项目109项，投产率76.8%。滨海新区有8个项目列入天津市第九批区县重大项目，计划总投资19亿元，项目投产后预计新增产值30亿元，利税4.30亿元。全年为103个项目争取各类扶持资金6780万元。其中，争取国家中小企业专项资金、天津市郊县工业技改和公共服务平台建设项目30项，争取支持资金总额1780万元。经对2010—2011年度支持资金使用情况验收，142个享受资金支持的项目总计新增产值56.60亿元，新增税收3.20亿元，新增就业5183人。启动《滨海新区中小微企业发展规划》编制，拟对2015年、2020年中小微企业发展的总体思路、基本原则、发展目标、发展方向、重点工作、主要任务和保障措施，提出系统规划。启动《滨海新区促进中小微企业发展意见》起草工作，结合中小微企业面临的困难和问题，拟从财政、税收、人才培育、品牌创建等方面，有针对性地提出促进企业健康快速发展的支持措施。组织实施中小企业系列培训工程，举办领导者素质提升、精益大讲堂等21次培训，培训高层管理人员2500人次。依托专业咨询公司，为20家重点企业进行管理咨询诊断，协助企业制定发展战略，促进企业长远发展。推动龙威粮油、津荣天宇、东汽风电等3家企业导入精益管理，不断提升企业管理水平，加快企业转型升级。积极搭建融资服务、孵化中心、生产力促进中心等公共服务平台，筹备成立滨海新区中小企业协会和服务联盟，建立企业与政府间的桥梁和纽带，进一步壮大中小企业服务资源。通标标准技术服务（天津）有限公司、天津市质量监督检验站第四站等5个单位被评为市级公共服务平台，天津泰达中小企业园建设有限公司、天津泰达国际创业中心等38家公共服务平台机构获得各类专项资金支持。整理编印《2012年天津市滨海新区重点企业产品推荐目录》，在相关部门、重点建设单位和企业广泛发送。组织10家产品需求单位和60家产品供应单位，举办“手拉手”产需对接活动，签约涉及混凝土管桩、铝合金门窗、PE和PPR管材等20余种产品的13个合作项目，签约意向金额13.23亿元。组织100余家汽车零配件生产商、机械设备制造商，参加国外采购商“产需配对会”，部分企业达成合作意向。以开展“调结构、惠民生、上水平”活动为契机，采取实地走访、调查问卷、座谈等方式，对460家中小微企业进行调研，针对政策环境、企业融资、市场开拓、劳动用工、问题建议等5方面生产经营中存在的40个重点问题，有针对性地进行协调解决。

（王莉莉）

国家创新型试点城区建设 2012年6月，滨海新区召开多名院士参加的“构建自主创新高地,争创科技创新领航区”研讨会。7月份,组织召开区委理论中心组“创新型国家发展战略与第三次工业革命”专题学习。9月份,举办创新型城区建设处级干部研修班,专项资助一批滨海新区科技发展战略研究课题,集中国内高水平专家紧密跟踪全球创新趋势,为滨海新区发展出谋划策。聘请北京大学、南开大学、天津大学、天津市科学学研究所等机构专家研究创新型城区发展战略,结合产业需求开展技术前沿跟踪研究等。积极开展科普活动,提升居民科学素养,全方位增强创新认知能力。贯彻落实《滨海新区综合配套改革第二个三年实施计划》及“十大改革”具体任务,加强全区体制改革的协同性,强调科技改革与行政改革、经济改革、社会改革同步,将经济指标作为科技创新和科技项目的核心标杆,全面支持企业创新,促进产业升级。制定并落实滨海新区《企业科技创新平台支持办法》《科技小巨人企业成长计划》《产业技术联盟发展意见和管理办法》《滨海新区高新技术企业认定办法》《滨海新区科技成果转化支持政策》《科技奖励办法》《科技统计调查实施办法》等,并在科技项目组织实施中推行了一系列相关新举措。加快滨海新区科技金融集团组建步伐。在巩固发展现有的科技担保、科技投资等职能机构的基础上,进一步创建科技银行、金融超市、小贷公司等专业科技金融服务机构,不断创新金融产品和工具,提高金融机构的服务水平和国际竞争力。注重发挥滨海风险引导基金的作用,设立渤海产业投资基金、航空产业基金、船舶产业基金、物联网产业基金、生物医药产业基金等多项战略性新兴产业专项发展资金。通过与美国优点基金、日本亚洲投资基金合作实现风投机构与国际对接。大力推进科技担保,建立10家担保公司,担保余额100亿元。在发展中坚持点面结合,促进竞相创新,各功能区基于各自发展基础、发展途径和发展目标,呈现出相互错位和相互激励的创新灵活性特点,高新区着力推进股权激励和新三板试点,开发区积极开展国家创新型园区试点,保税区着力引进高端创新资源等,滨海新区初步形成多元化科技投资格局。

(王莉莉)

第二届滨海新区国际作家写作营活动 2012年9月3日至8日,第二届中国天津滨海新区国际作家写作营开营,邀请海内外16位知名作家,其中7人来自海外。9月3日,在泰达国际酒店隆重举行开营仪式,滨海新区区委常委、宣传部长、统战部长石凤妍主持开营仪式,滨海新区区委副书记张继和致欢迎辞,向作家代表赠送《2011年中国天津滨海新区国际作家写作营文集》,作家代表发言,中国作家协会副主席、党组副书记张健讲话。天津市委常委、滨海新区区委副书记袁桐利与张健共同为写作营揭牌。中国作协名誉副主席、天津市作协主席蒋子龙,中国作协外联部主任刘宪平,天津市作协党组副书记、秘书长万镜明,滨海新区副区长郭景平,滨海新区区委办公室主任刘树增,滨海新区区委宣传部副部长、文化广播电视局局长张仁刚,天津市文联党组成员、《文学自由谈》主编任芙康等出席开营仪式,滨海新区的作家和文学爱好者代表60多人应邀参加开营仪式。写作营以“经济发展中的生态环境和文化元素”为主题,组织开展圆桌交流,组织作家深入滨海新区建设现场采风,了解滨海新区的历史文化、发展规划、生态环保理念、市民生活、经济和高新技术发展特点,体验改革开放对滨海新区文化与生态发展的影响,并积极创作了一批具有滨海新区元素的文学作品。活动达到促进中外文学交流,让中外作家了解、感受、传播滨海新区,进而了解中国、传播中国的多方面效果。应邀参加写作营的外国作家有:古巴作家、古巴文化部文学顾问阿尔弗雷多·普利托(Alfredo Pricto),匈牙利作家阿提拉·巴提斯(Bartis Attila),立陶宛作家雷塔若斯·丹泽瑟斯(Liutauras Degesys),法国女作家皮亚·彼得森(Petersen Pia),韩国诗人、小说家、文学评论家、童话作家朴德奎(Park Duk Kyu),芬兰作家、翻译家佩蒂·赛帕拉(Seppälä, Pertti),罗马尼亚作家、小说家、翻译家欧金·乌里卡洛(Uricaru Eugen)。中国作家有:北京市作家协会副主席徐坤,北京市作家协会签约作家、北京市东城区作家协会副主席徐虹,四川省作协副主席、成都师范学院中文系教授邓贤,新疆维吾尔自治区作协副主席刘亮程,河南省文学院专业作家、河南省作协副主席乔叶,江西省作协副主席、省文联副主席温燕霞,青年小说家、译作家孔亚雷,青年作家杨群芳。

(刘　兴)

医疗卫生体制改革 2012年,滨海新区制定《大医院对社区医疗服务中心一体化管理考核补助办法》,每年投入100余万元引导大医院优质资源向社区流动,大医院分别选派中高级技术人员到社区稳定工作半年,对口支援社区医疗服务。减免社区门诊、住院费用48万元。制定《滨海新区关于实施家庭签约责任医生制度的意见》,全面启动家庭签约责任医生制度,全区建立155个家庭责任医生服务团队,与13726户20708名特殊人群及其家庭签订协议书，签约率 63.6%，为签约家庭提供基本医疗和公共卫生服务 3.80 万人次。新港街、解放路街社区卫生服务中心创建成为全国示范社区卫生服务中心。新华社《天津参考》专题报道滨海新区社区卫生体制改革情况。制定《社区服务中心大医院门诊部设置指导意见》，汉沽中医医院寨上街社区服务中心 1000 平方米门诊部投入使用，北塘街、河西街社区服务中心大医院门诊部建设积极推进。在全区二级以上医院继续推行预约诊疗、无假日门诊、优质护理服务等便民惠民措施。顺利完成食品安全综合协调、餐饮服务、保健食品、化妆品和公共场所卫生监管职能划转工作。卫生行政审批实行一站式服务，形成相互配合、相互制约的权力制衡机制，其做法被新华社《天津高管信息》报道。

（刘　兴）

改善民生　2012 年，滨海新区人力资源和社会保障局以“更加注重保障民生”为主线，坚持民生为先、服务为先、落实在先、基层在先的工作理念，在全区人力社保部门的共同努力下，全年新增就业 11 万人，比上年新增 1.06 万人，全区新增人数占全市 22.5%，其中转移农村富余劳动力 7692 人，完成全年任务目标的 175%。城镇登记失业率继续保持在 3%，低于全市 0.6 个百分点。滨海新区被确定为全国首个构建和谐劳动关系综合试验区。新增就业规模持续扩大，就业质量不断优化。就业结构优化改善，就业稳定性进一步提高。其中，单位新增就业占比 95.3%，高于全市的 92%，灵活就业、自谋职业和公益性岗位就业明显下降。就业增长由依赖经济增长向经济拉动和创业带动“双轮驱动”转型。参与第三届中国（天津）创业项目展示会，并被国务院评选为全国创业先进城区。加大帮扶力度，重点群体就业安置工作成效明显。一是细化措施，帮扶高校毕业生顺利实现就业。通过“政策引导、就业见习、鼓励创业、困难援助”四项措施，助推本地高校毕业生就业创业。全年举办综合型、大学生专场招聘会 139 场，累计进场单位 16425 家次，累计提供就业岗位 172073 个次。累计建立高校毕业生就业见习基地 248 个，吸纳 6052 名高校毕业生见习。二是注重实效，农村富余劳动力转移就业扎实推进。滨海新区大力推进农村富余劳动力转移就业工作，以技能培训、创业引导性培训为重点，提升劳动力素质，积极搭建适龄劳动力就业平台，以制造加工业、物流商贸业、社区服务等为重点，多渠道开发就业岗位。三是措施到位，认定困难群体全部实现稳定就业。通过实施免费就业培训、公益岗托底安置，综合运用社保补贴、岗位补贴等政策，逐级管理，动态跟踪。强化对接服务，重大项目拉动本地就业能力稳步提高。全年滨海新区对接重大建设项目 105 个，已成功对接就业岗位 8500 个。2011 年至 2012 年，拉动本地劳动力就业 1.89 万人。全区 27 个街（镇）全部建立劳动保障服务中心，213 个社区、145 个行政村全部建立劳动保障工作站，实现劳动就业登记、参保登记等近 20 项劳动保障业务就近办理，市、区、街（镇）、社区（行政村）四级就业公共服务体系初步建成，村级劳动保障工作步入稳定化发展轨道。

（刘　兴）

滨海新区·塘沽

概 述

塘沽是天津滨海新区三个城区之一,处滨海新区中心城区位置。地理坐标为北纬38°44′~39°13′,东经117°30′~117°46′,城区南北长50公里,东西宽25公里,海岸线长92.16公里。东濒渤海湾,西与东丽、津南两区接壤,南临大港,北抵汉沽。海河、潮白河、永定新河、蓟运河、独流减河5条河流流经城区并注入渤海湾。境域属暖温带半湿润大陆季风型气候,四季分明,平均气温13.4℃,无霜期年均234天,降水量平均590.60毫米。2012年,城区面积790.24平方公里。户籍人口185794户506275人,有31个民族,汉族占总人口的97.37%。

塘沽,1949年3月建区,初名塘大区。1952年2月更名为塘沽区。2009年11月撤区,改为城区融入天津市滨海新区。2009年12月,成立天津市滨海新区塘沽管理委员会。2010年1月,成立中共天津市滨海新区塘沽工作委员会。

2012年,塘沽实现地区生产总值578亿元,比上年增长20%;财政总收入202.40亿元,增长15%;固定资产投资1314亿元,增长19%;工业总产值266亿元,增长20%;实际利用外资5.40亿美元,增长27%;实际利用内资163亿元,增长32%;外贸进出口51.70亿美元,增长15%;社会消费品零售额340亿元,增长15.3%;城市居民人均可支配收入37740元,农民人均纯收入14340元,分别增长12.2%和12.5%。

重点项目建设进展顺利。围绕经济转型升级,一批示范和带动作用明显的重大优质项目陆续开工建设,全年列入新区5000万元以上的重点项目52个,总投资470亿元。河滨公园提升改造、天津滨海生态农业科技园、北塘渔家乐示范项目一期等工程竣工,北方黄金珠宝基地一期主体完工,滨海信息安全产业园、中国智造创意产业园封顶,滨海国际企业大道二期、埃克森美孚增资等项目陆续开工建设。

海洋高新区建设加快推进。全年生产总值161亿元,固定资产投资52亿元,实现税收39.60亿元。项目实施成果明显,全年续建和开工项目24个,总投资约566亿元,在谈储备项目50个,意向投资额400亿元以上。区域环境提升显著,全年投入4.20亿元,新建路网3.50公里,新增和提升绿化面积4.80万平方米,区域规划实现跨越,拓展区城市设计方案报新区政府审核,土地利用规划及路网设计基本完成。土地收储扎实推进,累计征收土地68.33公顷。

街镇经济持续壮大。街镇经济发展体制机制进一步完善,“工商进社区”等一系列服务措施得到落实,城区街道全部完成财政所、工商所、税务征稽处和经济服务中心的平台建设工作。全年引进企业1190家,注册资金59.90亿元,其中亿元企业20个以上。楼宇经济取得新突破,泛华国际大厦、津滨科技园、时代大厦、渤海建工大楼被认定为重点发展楼宇,其中泛华国际大厦在天津市首批94家亿元楼宇中实现税收位列第40名。协税护税实现全覆盖,全年代征地税2404户,代征税款3700万元。

科技型中小企业加速成长。新增认定科技型中小企业608家,累计1210家,新增小巨人企业17家,累计38家,在全市各区县中位居前列。31个科技项目入选国家、市、区级计划。安排专项帮扶资金9179万元,引导企业研发投入8亿元,10项科技成果获得市、区科学技术奖励,销售收入增加23.50亿元、税收增加2.35亿元。建成海洋科技商务园、中创科技企业孵化器等载体,孵育科技型中小企业300余家,成功引进沈昌祥、张全兴院士等一批著名科学家来塘创办科技产业。

国家卫生区迎复审工作圆满完成。启动城中村和城乡结合部治理、社区治理、市场综合治理、中心城区市容环境综合治理等“四大战役”,对道路、城乡结合部和街道小区进行综合整治,清运各类垃圾,清除私搭乱盖、乱圈乱占、小广告,清理露天烧烤、马路餐桌、占路摆卖、饲养家禽,清理二级河道。对农贸市场及其周边进行综合改造和整治。12月,塘沽地区继续被评定为国家卫生区,迎复审工作取得圆满成功,为滨海新区创建国家文明城区做出阶段性贡献。

城市服务功能更加完善。维修改造海河外滩公园、文化墙,整体提升河滨公园环境面貌,恢复南园使用功能,维修扩建湖濒楼,吸纳社会资金建成少儿欢乐谷。老旧社区改造工程进展顺利,对拥政里、遵义里等25个老旧社区进行改造。道路保障能力不断增强，启动胡北路大修、完成厦门路道路维修工程，宁波道综合改造项目竣工通车。完成重点工程货运通道建材里拆迁工作。绿化景观水平不断提升，全年新建绿化面积28.20万平方米，改造提升绿化面积4.70万平方米。

西部新城起步区按期完成两个试点村约6000名居民还迁安置，组建居委会，强化物业管理，完善便民服务。以“局部征地、过渡安置”方式，完成头道沟建设区民宅、企业和农用设施拆迁，拆迁率99.7%。黄圈村整体拆迁工作全面启动，大营盘起步区征拆率93.9%。西部新城起步区全年新修道路1100米，铺设排水管线3600米，绿化造林3959平方米，完成中水处理站等土建工程。首期83万平方米农民还迁住宅全部启动。

产业园区发展成效显著。胡家园产业园编制并落实控制性详细规划。深国际现代综合物流港、华美立家家居建材广场等十大优势产业项目落户园区。组建平台公司，全力推进基础设施配套建设。南部新城龙头项目天津滨海生态农业科技园区累计投入资金9.25亿元，正式开张纳客。北塘“渔家乐、农家乐”项目组团整体推进，渔家乐一期休闲区服务中心、休闲木屋和垂钓屋建设完工。北塘休闲渔业科技示范园区完成立项和总体规划批复，纳入天津市农业科技示范项目。

社会事业取得丰硕成果。教育教学质量不断提升，中、高考成绩继续保持全市先进行列。建成塘沽四中二期等7个中小学和幼儿园项目，完成西部新城九年一贯制学校等5个学校项目的主体或基础工程。创建特色学校40余所。第五中心医院改扩建一期工程、安定医院二期工程竣工投入使用。公共卫生服务扎实开展，为3.60万名老年人和3.80万名适龄妇女免费查体，为5万名60岁以上老年人免费进行大肠癌筛查，为1.70万名小学生免费进行窝沟封闭筛查。举办第十七届海门艺术节等各类主题及群众性文化活动50余场次。文化服务深入基层和居民，文化馆、图书馆、少儿图书馆免费向居民开放，文化馆顺利通过国家一级馆评审，文化局流动电影放映队被授予全国农村数字电影优秀放映队称号。竞技体育保持好成绩，塘沽残疾人运动员在伦敦残奥会获女子铅球银牌。

社会保障能力继续加强。新增就业2.30万人，实现零就业家庭动态为零，登记失业率控制在3%以内。全年举办劳动技能培训263期，培训各类人员1.30万人。社会保障覆盖面进一步扩大，城镇职工养老保险、城镇居民医疗保险和失业保险工作进一步规范。农民工权益得到保障，为3500余名农民工协调解决工资1687万元。住房保障工作有序推进，塘沽首个限价房项目福升园536套住房，已有350余户中低收入家庭入住。

城乡低保实现全覆盖。为城乡低保对象发放低保救助金4625万元、特困救助金2382.83万元。为老服务工作扎实开展，投入502万元为老年人办理意外伤害保险、免费镶牙、购买居家养老服务，建成大沽街和盛苑等4个老年人日间照料中心和新村街社区食堂等2个老年人用餐服务站，投资2000余万元、拥有225张床位的阳光富民老年公寓投入使用，成为滨海新区规模最大、设施最先进的养老机构。

（王　芳）

助推经济发展　2012年，塘沽利用“津洽会”、生态博览会等招商平台，拓宽招商引资渠道。主动邀请国内大企业、大集团、企业总部到塘沽考察，先后接待采埃孚（中国）有限公司、日本朝日田株式会社、香港浩润国际集团公司、香港国际资源有限公司、国际摩托艇天津站赛事承办机构深圳天荣投资有限公司等中外企业到塘考察，就投资事宜进行深入洽谈。组织各街镇一线招商人员分批次集中培训，为各街镇招商引资工作提供全方位服务。不断完善项目跟踪服务，坚持树立“保姆式”服务意识，为企业提供全方位、全过程、高效率的“一条龙”服务，做到签约项目抓审批、审批项目抓到账、到账项目抓验资、验资项目抓开工、开工项目抓进度。全年内联引资项目10个，实际到位额23亿元。新批和增资外资企业21家，实际利用外资8170万美元。全年，重点服务业建设项目23项，在建项目16项，总投资287亿元，累计完成投资84亿元。总部经济加快发展。9个总部经济项目中开工8项，累计完成投资21亿元。楼宇经济不断成长。推动新村街道泛华国际大厦“亿元楼”招商工作，向阳街道时代大厦、新港街道津滨科技园、新河街道渤海建工大楼等楼宇转型改造。泛华国际大厦入驻企业75家，津滨科技园入驻企业45家，时代大厦入驻企业76家，渤海建工大楼入驻企业5家。采取“请上来，走下去”相结合方式，深入民营企业开展调研，三次召开企业代表座谈会，帮助企业协调解决存在的问题。针对企业内部管理落后问题，举办中小企业经营管理团队建设培训班，提升管理团队和经营管理骨干整体素质。组织部分重点中小企业参加专家诊断咨询活动，为中小企业成长发展提出合理化建议。搭建产需对接、产品互供对接、市场衔接和银企对接平台，拓展渠道，增强企业活力。帮助民营、中小企业解决融资难问题，为4家企业做好贷款担保前期审核推荐工作，担保金额 2500 万元。截至年底，塘沽私营企业 8618 户，从业人员 3.96 万人，注册资金 603.27 亿元。

（王 芳）

海洋高新区建设 2012 年，塘沽海洋高新区一大批大项目好项目相继落户开工，形成强劲发展态势。截至年底，实现增加值 161 亿元，比上年增长 21%；税收 39.60 亿元，增长 20%；固定资产投资 52 亿元，增长 24%。探索招商引资新模式，注重重大产业、高端服务业、高新技术和新兴产业项目引进，实现内联引资 14.50 亿元，增长 30%。洽谈储备一大批高端、高质、高效的大项目好项目，园区项目储备 50 余个。其中，科技项目占 35%，现代服务业项目占 40%，先进制造业项目占 25%。狠抓北方黄金珠宝基地、海洋科技总部园、智造、中海服研发基地、滨海信息安全产业园、明发综合体、总部楼宇、富岭商业、酒文化产业园九大引擎项目建设。珠宝基地、科技总部园、富岭商业中心、中海油研发基地、信息安全产业园 5 个项目被列入天津市重大项目。全年累计续建和开工项目 24 个，总建筑面积 935 万平方米、总投资 566 亿元，其中投资 10 亿元以上的重大项目 7 个，投资 1 亿元以上、9 亿元以下的项目 17 个。创新创业园成功实现转型，被天津市授予天津市孵化转化载体试点单位、天津市小企业创业基地，申报的天津滨海国际工业设计园成功立项，初步构建起面向科技型中小企业的“2+1”创新服务平台，全年新认定科技企业 30 家，实现技工贸收入 30 亿元，新增税收 1 亿元。滨海信息安全产业园引进 IT 项目 9 个，其中市级以上工程（技术）中心 4 个。创业服务中心在孵科技企业 69 家，拥有专利技术 200 余项，实现技工贸收入 3.20 亿元，增长 19%。园区累计拥有小巨人企业 21 家，区级以上高新技术企业 48 家。国家级、市级重点实验室、工程技术中心、孵化器、生产力促进中心 12 个。申请专利 1808 项，其中发明专利 546 项。全年科技企业实现营业收入 482 亿元，增长 47%，占总产值的 43.8%。

（王 芳）

海洋高新区建成区远眺

（海洋高新区供稿）

民心工程建设 2012 年，塘沽下大力实施民心工程建设。实施“清水工程”。完成 4 条河道 14.34 公里河道护坡、清淤以及截污治污工作，累计投资 2.40 亿元。对河道垃圾及漂浮物进行打捞清理，清理河道近 90 公里，清理倒运垃圾 2.10 万立方米。适时对河道实施水体置换，有效改善河道水质及周边水生态环境，为附近居民提供良好居住环境。推进农村城市化基础设施建设。完成道路长度 1100 米、面积 1.32 万平方米，排水管线 3.60 公里，绿化面积 3959 平方米，在施道路长度 80 米，面积 900 平方米。道路配套管线（给水、路灯）1000 米。中水处理站完成土建工程的 80%，完成总投资约 6960 万元。全年住宅在施面积 946 万平方米，住宅开工面积 198 万平方米，住宅竣工面积 176 万平方米。住宅跨转面积 779.90 万平方米，住宅开工计划面积 160 万平方米，竣工计划面积 173 万平方米。完成验收 14 个新建住宅项目，为 115 幢楼房核发住宅准许交付使用证，发证面积 126.10 万平方米。顺化道、振化路大修工程通过竣工验收，质量达到优良标准。滨海湖道路工程通过竣工验收，工程质量达到优良标准。地道箱体、U 型槽、排水泵站等分项工程全部达到规范标准，按时如期保障国际赛事的顺利举办。实施防汛排水设施建设。胡家园污水泵站主体工程和胡家园街前进里及红光家园小区排水工程全部完工。彻底解决该地区雨季居民住房淹泡和生活污水排放问题。完成外滩二号蓄水池节制闸工程，保障外滩汛期安全度汛。塘于路和孟港排河排水泵站建设，基本完成前期各项目审批。加速重点工程建设。对河滨公园广场地下停车场和地上景观进行方案策划和投资预算。对车站后广场和还建楼用地重新进行测绘。实施老旧住宅小区供水管网改造工程。提前完成群众反映强烈、供水管道漏水严重、急需实施改造的迎春园、迎宾园、德景花园 3 个小区的庭院供水管网改造。

（王　芳）

科技服务业转型　2012 年，塘沽通过采取政策引导、资金扶持、项目提升、服务助推等各项措施，助推科技服务业由传统服务业向高技术服务业转型，继续保持全市排头兵地位。全年科技服务业增加值 141.84 亿元，增幅 12.3%，继续位列全市第一名，科技服务业增加值占全市 21 个区县、功能区总数的 46.2%，引领和带动天津市科技服务业发展。协助 11 家国家高新技术企业通过复审，组织 12 家企事业单位 21 项成果申报天津市、滨海新区科学技术奖励，其中 12 项成果获奖。指导企业完成科技成果鉴定 28 项，认定技术合同 317 份，实现合同额 8.15 亿元，技术合同交易额 3.83 亿元，申请专利 2664 件，其中发明专利 744 件，开具专利费用减缓证明 366 份。探索产学研合作长效机制，聘请 11 位科技特派员和 69 位创业导师深入企业开展技术指导、帮助企业制定成长路线图、研究解决企业在创新发展过程中遇到的人才、技术、资金等难题。推进孵育载体建设，投入 3.90 亿元专项资金，相继建成滨海信息安全产业园运营中心、海洋科技商务园、泛华国际科技企业孵化器、中创科技企业孵化器孵育载体，孵育面积 5 万多平方米，孵育科技型中小企业 300 余家。开设科技型中小企业认定服务窗口，研制启用了科技项目网上申报系统，建立天津唐大生产力促进中心、天津滨海新区塘沽裕鑫科技人才服务有限公司、新港街科技型中小企业服务中心、胡家园科技型中小企业服务中心等公共服务平台，为科技型中小企业创新创业提供了信息、技术、人才、金融等一站式、一条龙社会化服务。

（王　芳）

2012年 5 月 27 日，滨海数字科技馆启动仪式

（塘沽科委供稿）

教育特色建设　2012 年，塘沽一中特色高中建设项目“学生自主教育育人模式”的创建工作，提出“规范+自主”的育人模式，“优秀+特长”的培养模式和“参与+选择”的锻炼模式。通过加强班主任队伍建设，渗透自主教育理念。学校德育处通过班主任例会、班主任沙龙、班主任论坛和班主任培训等各种方式向班主任渗透学生自主教育理念，让班主任思考适合学生自主管理的方法，鼓励班主任实践学生自主管理的班级管理模式。通过成立学生自主管理组织，创设自主教育空间。由德育处、团委牵头，组建学生会、学生社团、志愿者服务大队、校园执勤大队、卫生检查大队、国旗护卫队、青年学生党校等学生组织。特别是学校的 36 个学生社团中，戏剧社、电视台、舞蹈团、合唱团排演的节目参加天津市文艺展演，多次获得一等奖。模联社在天津市第三届中学生模联大会上，荣获最佳代表奖。通过开展丰富的学生活动，搭建自主教育舞台。学校每学年第一学期的“校园文化体育艺术节”和第二学期的“社团节”均初具规模。组织高一、高二特色课 15 节，高三研讨课 8 节，信息技术整合课 6 节，骨干教师示范课 19 节。特色建设促进质量提升，高考再创佳绩，有 290 人考到 600 分以上，其中 3 人突破 700 分，6 人考取清华大学。建立有效的教研机制，为学生的自主学习提供指导。全年申报自主教育课题 9 项，其中国家级课题 1 项，有 35 篇论文在各级各类比赛中获奖。依据学校传统体育项目，开设体育俱乐部。在篮球俱乐部联赛中，俱乐部的组成、命名和训练均由学生自主完成。在全校范围内进行体育教学改革，根据学生的兴趣和师资条件开设足球、篮球、排球、毽球、太极、健美操和体育游戏与健美 7 个运动项目的选修课。编写自主教育校本教材《塘沽一中体育选修模块校本教材》《体育课程中培养学生自主健体能力的实验研究》。组织体育特色活动。定期组织篮球比赛、排球比赛、毽球比赛和健美操街舞大赛，为学生展示自我提供空间。在天津市中小学阳光体育展示推动会上，塘沽一中的校操、健美操被指定参加第九届大学生运动会开幕式表演。在第九届大学生运动会开幕式上，塘沽一中从学校健美操比赛中选出 92 名同学参加大型团体操表演，学校被评为大运会先进集体。学校健美操队在全国

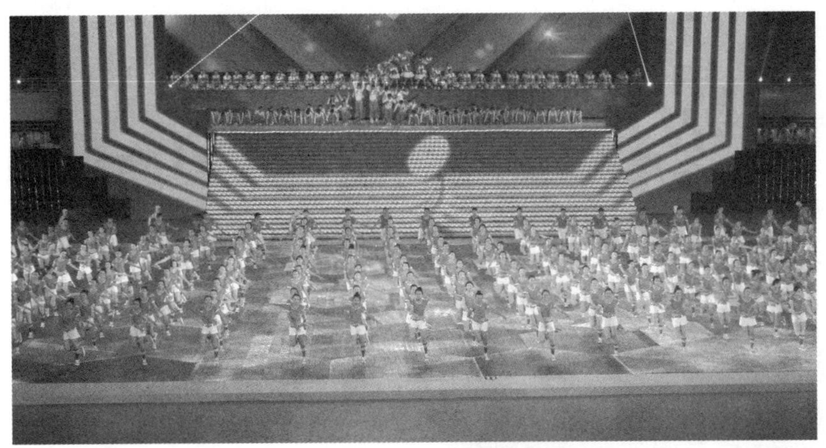

2012 年 9 月 7 日，塘沽一中 92 名同学参加全国大运会大型团体操“我运动、我健康、我快乐”表演

（塘沽一中供稿）

健美操大赛总决赛上再次获得两个项目的第一名。

（王　芳）

文化交流　2012 年，塘沽通过塑造文化品牌、开展文化交流活动，全面提升文化影响力。组织落实滨海新区国际艺术节在塘沽举办的文化活动和交流安排。以塘沽的品牌文化活动“海门艺术节”为龙头，不间断地举办各项活动。完成塘沽第十七届海门艺术节开幕式及相关系列文化活动，先后举办塘沽版画新作展、庆楹联协会成立 25 周年征联比赛“联墨展进南园”、“好书伴我成长”以及新年音乐会、春节文艺晚会、迎新春戏曲专场、庆祝建党 91 周年合唱大赛等一系列主题鲜明的文化活动，活跃群众文化生活。为促进版画艺术发展，塘沽画院全年创作 25 件市级水平新作，其中 12 件作品在展览中获奖。举办美术基础班和版画创作班，共培训学员 800 余人次；组织专业和业余美术作者进行写生 20 余人次，辅导创作版画新作 26 件，其中 15 件作品入选市级展览。应邀参加《中国观澜国际版画博览会》，选送 40 余件版画精品参赛；参加湖北省举办的《首届全国工业题材版画作品展》，选送 21 件作品入选，5 件作品获奖，参赛作品全部被湖北美术馆收藏。

（王　芳）

医疗卫生体制改革试点　2012 年，塘沽先行滨海新区社区医疗卫生体制改革试点。制定《塘沽社区医疗卫生体制改革实施方案》《塘沽家庭签约责任医生制度方案》《塘沽大医院对社区卫生服务中心业务技术一体化管理工作方案》，第五中心医院、中医医院分别对有关社区医疗服务中心的业务技术进行一体化管理，选派中高级医务人员到社区医疗服务中心开设专家门诊，进行技术指导和人员培训。向阳街、新港街社区卫生服务中心试点运行“家庭签约责任医生”工作。2011 年 11 月至 2012 年 9 月试点期间，两家中心组建 35 个家庭责任医生团队，与 8900 余户家庭签订服务协议书，提供各类健康服务 1.30 万余人次。10 月，在塘沽城区社区卫生服务中心全面推行此项工作。组建家庭责任医生团队 112 个，与 9300 余户家庭签订服务协议书，提供各类健康服务 2.90 万余人次。解放路街、新港街社区卫生服务中心被授予国家示范社区卫生服务中心称号。为社区 42339 名高血压病和 14276 名糖尿病患者建立健康档案，社区高血压健康管理率 33.33%、糖尿病健康管理率 35.21%。将排查发现的 1356 名重性精神疾病患者纳入管理范围。认真落实政府“民心工程”，积极开展 60~74 岁人群大肠癌免费筛查项目，筛查 52403 人，初筛任务完成率 103.77%，超额完成市卫生局分配任务。通过筛查发现高危人群 4029 人，对其中 1177 人开展肠镜检查，肠镜任务完成率 78.47%，完成数量居全市第二位，完成率居全市第三位。做好老年人保健工作，提高老年人群生活质量，开展第二周期老年人免费查体工作，查体 36000 余人，

2012年 4 月 27 日，塘沽第十七届海门艺术节开幕式

（塘沽文化局供稿）

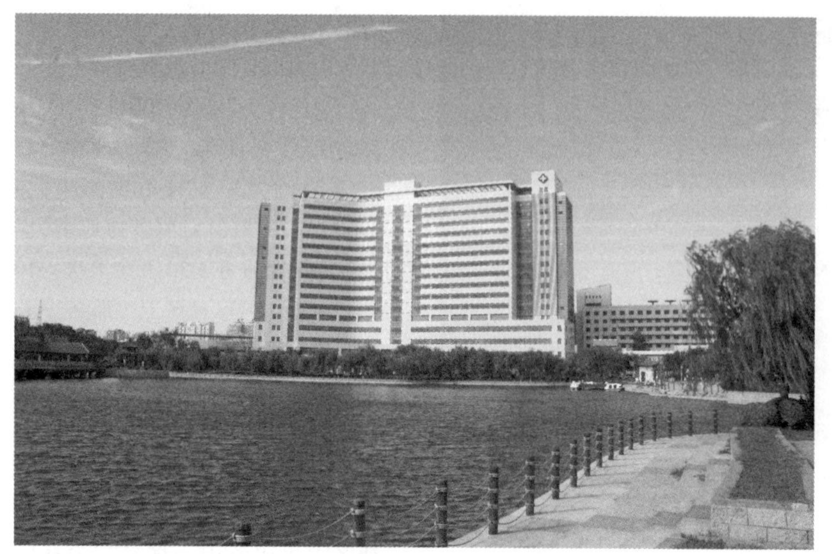

天津市第五中心医院新住院医技大楼

（天津市第五中心医院供稿）

老年人对查体工作的满意度达 90%以上,查体工作得到居民普遍认可。

（王　芳）

改善民生　2012 年，塘沽有低保对象 5625 户 10244 人。其中,城市低保对象 4714 户 8306 人，农村低保对象 911 户 1938 人,边缘户 40 户 1470 人，累计发放低保金 5452.77 万元。实现低保动态管理,保障标准稳步提高。城市低保标准由 2011 年的 480 元提高到 520 元,农村由 280 元提高到 320 元。在低保救助基础上，实施特困救助等 11 项救助措施，发放各类救助金 3145.50 万元。以社会救助资金审计为契机,进一步规范救助资金使用。根据国家审计署提供的救助资金审计情况，会同各街镇及时查找存在问题的原因,分析、梳理不同情况。采取有力措施进行整改，注销 312 户,变更 75 户,制订下发《关于进一步加强和改进最低生活保障工作的通知》,规范低保审批程序,加强动态管理,受到审计部门好评。落实滨海新区“强街强镇”战略,下大力推动社区服务中心(站)建设。有 10 个街镇社区服务中心列入新建范围,新北街建成投入使用，北塘街年底投入使用，其余 8 个在办理相关手续。列入新区投资计划的社区服务站 7 个,吉庆里等 6 个建成使用,和谐园社区站进行施工前期准备。由管委会和街道分别匹配资金改造的文安里等 4 个社区站建成使用,于家堡街自筹资金装修改造的朝阳楼等 10 个社区站建设完成。截至年底，塘沽发放老年人健康补贴金 82.28 万元、老年人关爱金 16.30 万元、老年节慰问金 306.15 万元,为 78648 名 60~80 岁老年人办理意外伤害组合保险，支出 78.65 万元,为 552 名 70 岁以上老年人进行免费镶牙，合计补贴金额 24.84 万元,为 5197 名 65 岁以上老年人发放免费乘车卡,为 10205 名 80 岁以上老年人发放每人 300 元的老年节慰问金,发放 306.15 万元,为 540 名 60 岁以上老年人实行居家养老政府购买服务,拨付补贴金 102 万元,为老服务支出 678 万元。

（王　芳）

滨海新区·汉沽

概 述

汉沽位于天津市东北部，是滨海新区北翼的城市副中心。境域地理坐标为北纬 39°7′40″~39°19′56″、东经 117°7′40″~118°3′35″。城区东与河北省唐山市丰南区接壤，西南邻塘沽，南濒渤海湾，北连宁河县。距天津滨海国际机场 50 公里，距天津港 21 公里，有海岸线 28 公里，东距唐山市曹妃甸和南堡 35 公里。蓟运河南北流经穿跨城区从北塘入海，境内全长 28 公里。京山铁路，唐津高速公路、滨保高速公路横贯境内，海滨大道沿海岸线通过汉沽，塘汉快速路、中央大道直通滨海核心区。津宁高速公路通达天津市中心城区。天津至秦皇岛铁路客运专线经过汉沽，设滨海北站。2012 年，辖区面积 367 平方公里，耕地面积 3698.90 公顷。户籍总人口 6.74 万户 17.58 万人，其中农业人口 1.65 万户 4.61 万人。以汉族为主体，另有蒙古、回、苗、壮、布依、朝鲜、满、侗、瑶、土家、黎、仡佬、锡伯、京、赫哲 15 个少数民族，汉族占总人口的 99.2%。

汉沽 1949 年 3 月设置特别区。1954 年设汉沽市，属河北省。1958 年划归天津市，改称汉沽区。2009 年 11 月撤区，改为城区融入天津市滨海新区。同年 12 月，成立中共天津市滨海新区汉沽工作委员会。2010 年 1 月，成立天津市滨海新区汉沽管理委员会。

2012 年，汉沽开发开放继续推进，落实国家发展战略，以科学发展观为指导，坚持稳中求进、稳中求好、稳中求快的工作基调，各项目标任务全面完成。在地考核生产总值 109 亿元，比上年增长 14.1%。固定资产投资 101 亿元，增长 18.9%。财政收入 43.10 亿元，增长 20.2%；社会消费品零售总额 47.70 亿元，增长 10.7%；城市和农村人均可支配收入分别达到 24086 元和 13280 元，分别增长 12.5%和 13%。城乡社会发展、民计民生等指标任务按期完成，全域继续保持了稳定和谐的良好局面。

经济建设取得新成效。产业转型加快。大力发展新型工业，中聚锂离子电池、港航管桩等 11 个项目投产。大力发展高端服务业，亚圣泰会议服务楼、飞图大厦投入运营。特色农业旅游进一步提升，7 家乡村旅游景点分别被农业部评定为四星级和三星级全国休闲农业与乡村旅游示范园区。全年实现旅游综合收入 5912 万元，接待游客 23 万人次，增长 22%。依托葡萄和水产两大优势产业，新增设施农业 66.70 公顷，新建工厂化养殖 5 万立方米，完成农业总产值 13.10 亿元，增长 5.6%。大鲵人工驯养示范基地等总投资 1.50 亿元的 10 项重点农业开发项目按期完成。

招商选资成果显著。强化组织推动，组建外派招商局，常驻京津沪穗等地区洽谈项目。跟踪对接项目 115 个，总投资额超千亿元。三一重工、北新建材等 9 个亿元以上项目签约，20 个千万元以上项目落位，总投资 80 亿元。全年内资到位 17.40 亿元，增长 166%，增幅名列新区第二；外资完成 5001 万美元，增长 55.7%，增幅名列新区第一。35 项区县重大项目完成投资 7.50 亿元，投资率 62.5%；一商友谊等项目开工建设，项目开工 35 项，开工率 100%。爱米特制药、风力发电等 37 项新区第三批重点建设项目，完成投资 40 亿元，投资率 50%；项目开工 27 项，开工率 73%。千方百计实现融资 25 亿元，保障了银行信用。

科技发展取得新进步。全年新增科技孵化器项目 3 个，增长 300%，30 家科技型企业落位。汉沽生产力促进中心通过市级示范认定。耀华校友汉沽工作站挂牌，专家级引智平台开始搭建。新增科技型中小企业 100 家，增长 50%，累计 300 家；新增“小巨人”企业 6 家，增长 150%，累计 10 家。5 家企业成为国家级高新技术企业。社会建设取得新成绩。社会管理不断加强。制定《汉沽社会管理工作创新实施方案》，总结提升“寨上做法”，也称“一五五”做法。“一网”即社区网格化服务管理；“五通” 即信息化为民服务一点通、一键通、一线通、一信通、一贴通；“五和”即建设转型和美、楼院和睦、共建和乐、人心和善、社会和谐的新型社区。城市社区在全市率先实现“网格化管理”全覆盖，这一做法得到中央领导和市、区领导肯定，中央政法委主办的《长安》杂志对此介绍经验；创新流动人口服务机制“四方承诺制”，社区治安明显改善，《人民日报》对此作专门介绍；“五大员”（政策讲解员、网格服务员、民情调解员、社区指导员、文明监督员）发挥重要作用，90%以上的信访问题在基层得到化解。

民计民生继续改善。投入资金4亿元,改善人民生活10件实事全面落实。全年安置就业再就业1.10万余人，高校毕业生就业1252人,城镇登记失业率控制在3%以内,保持零就业家庭动态为零。全年转移农村劳动力4000多人,占全区总数的50%。发放低保金和特困救济金等各类资金3951万元。完成保障性住房葆芳苑限价商品房一期主体建设。每月向90岁以上老年人发放健康关爱金。在抓好素质教育的同时,对考入北京大学、清华大学的学生给予奖励。汉沽中医院门诊部投入使用,一村一卫生室建设高标准完成。妇女儿童健康行动计划达标。

城市环境质量提升。总投资2.46亿元整治市容环境、重点道路沿线建筑和15个居民社区。新建、提升绿化面积9.50万平方米。新增天然气用户1.10万余户,新增供热面积40万平方米。创建3个市级文明生态村。环境空气质量二级和好于二级天数87%以上,高于全市平均水平。

2012年2月17日,市委副书记、滨海新区区委书记何立峰(前排左二)视察寨上街道综治信访服务中心

(摄影:杨大同)

群众文化生活活跃。成功举办国际版画藏书票交流展和滨海汉沽葡萄文化旅游节。举办多种艺术门类展览30余场,为基层放映公益电影800余场、慰问演出60场。完成15个居民书屋和居民文化室的筹建和测评工作。汉沽飞镲作为中国内陆唯一代表赴香港展演。

(刘建国)

党建工作 2012年，汉沽工委坚持以改革创新的精神，全面加强和改进党的建设，为汉沽经济社会稳中求快发展提供坚强保证。加强思想建设,推进理论政策学习,制定实施党员领导干部理论学习与干部选用挂钩办法，对767名党员科处级干部进行轮训，培养党员和党组织“学习→思考→创新”三位一体的思想方法和行为习惯，党员干部科学思维方式和思想政治理论水平进一步提升。以创先争优为动力,开展争当单项排头兵行动，围绕经济转型、城市管理、社会事业、生态文明建设,精心谋划单项“排头兵”项目。从成果优秀、水平领先和体制机制创新上严格排头兵项目立项条件，完成86项中的60项。以“实绩突出”为主要标准,以单项排头兵和招商协税任务为主要内容，健全考核机制,奖励分出档次,有效转变了懈怠作风。加强党风廉政建设。严格执行以《廉政准则》为主要内容的廉洁自律各项规定，健全民主评议政风行风机制,制定下发《2012年民主评议政风行风工作实施方案》,对治理教育乱收费、“小金库”、公路“三乱”、医药购销和医疗服务中的不正之风等做跟踪督查，促进发展环境不断优化。加强对农村党员特别是两委班子负责人的反腐倡廉教育，村级“公决”和民主监督制度进一步完善。加强政法工作。以“社会管理创新年”为总抓手,以服务汉沽科学发展、服务社会和谐稳定、服务人民群众新期待为主线,以建一流班子、带一流队伍、树一流作风、创一流业绩为标准，加强政法队伍的思想政治建设和执法能力建设，促进执法水平显著提升。畅通民意诉求表达渠道,狠抓各类隐患排查,把各类问题解决在基层,化解在初发阶段。全年无重大安全生产事故发生。政法各部门取得历史新业绩。汉沽审判区在全市基层法院质效指标考核中综合排名第一并荣立集体一等功、评为全市优秀法院；公安分局百名民警破获刑事案件位居全市第三名,查处治安案件位居全市第二名；检察院反贪局侦查一科荣立滨海新区检察院集体三等功；交警支队在2012年绩效考核中获全市优秀单位并荣立集体三等功。

(刘建国)

民推党选 2012年，汉沽工委在综合以往“两推一选”和“公推直选”两种选举方式优势的基础上,结合汉沽农村实际，研究制定并实行村级党组织换届选举的“民推党选”(即：民众推荐候选人初步人选,党内直接选举产生党组织委员和书记、副书记，把提名权交给群众，把群众意见作为前置条件，使党员在党内生活中的主体地位进一步体现)做法。在34个村级组织换届选举过程中，有16个村通过“民推党选”选举产生新一届党支部(总支)，取得良好效果。主要做法：一是公开报名。采取党员自荐、党员和群众联名举荐、党组织推荐等方式，对村党组织委员职位进行公开报名。以党员自荐为主，充分发挥党员为群众服务的主观能动性。16个“民推党选”村中，报名参加竞选人数共计134人。其中，党员自荐89人，党员群众联名举荐29人，党组织推荐16人。对报名人选经镇党委、街工委资格审查后，确定推荐人选名单。二是民众推荐。采取召开公推大会的形式进行。本村户代表和党员、人大代表、政协委员、村委会成员、村民代表参加推荐。推荐票每户一票，并注明身份。党员推荐票和群众推荐票分开计票。依据党员推荐票比例和群众推荐票比例相加数排队情况，按照委员职数两倍的名额确定候选人初步人选。16个“民推党选”村中，参加推荐的党员562人，占党员总数的78%；户代表3804人，占户代表总数的56%，户代表中人大代表34人，占农村人大代表总数的72.4%；村委会成员45人，占村委会成员总数的95.7%；村民代表237人，占村民代表总数的92.2%。三是组织考察，确定候选人预备人选。由镇党委、街工委对确定的候选人初步人选，派出考察组进行全面考察，重点是了解人选的遵纪守法情况、带领群众致富能力和群众工作能力。经考察合格的人选按不少于50%的差额比例确定新一届村党组织委员候选人预备人选。四是党内选举。采取差额选举、无记名投票的办法进行，先由全体党员选举产生村党组织委员，再由全体党员从当选委员中直接选举产生书记（党总支在书记人选产生后，再由全体党员从其他委员中直接选举产生副书记）。实行民众推荐、党内选举产生村级党组织的同时，试验发展党员的“民推党选”，把提名权交给群众，把群众意见前置，夯实党的群众基础。在工委直属单位党组织的150个党支部发展党员中实行“民推党选”，推荐产生入党积极分子55人，发展对象50人，预备党员48人，预备党员转正9人。“民推党选”试点工作得到市、区领导和有关部门肯定，得到广大党员群众好评。中央政策研究室主办的《学习与研究》杂志对此做法作介绍。

（刘建国）

2012年2月25日，汉沽管委会引进项目联合签约仪式

（摄影：许　凯）

区域经济　2012年，汉沽经济继续保持健康快速发展势头。工业经济平稳运行，规模以上工业企业完成总产值195.50亿元，比上年增长7.1%。实施工业开发技改项目36项，完成投资22亿元。骨干企业支撑作用明显，渤天化工、长芦盐场、国投津能发电有限公司、中石化润滑油天津分公司、日石润滑油脂有限公司、大无缝新矿业6家企业，完成工业总产值130.40亿元，占区域工业总量的66.7%。产值超过10亿元的行业主要是石油加工业、化学原料及制品业、交通运输设备业和电力热力供应业。三资企业完成工业总产值22.90亿元，增长15.7%。农业发展态势良好。完成农业产值13.30亿元，增长7.0%。畜牧养殖业加快发展，全年出栏生猪9.50万头，肉类总产量8698吨，水产品总产量2.70万吨，蔬菜总产量3.30万吨，禽蛋产量942吨。产业化经营规模不断扩大，农业生产条件进一步改善。商业经济平稳增长，市场供应稳定。区域商品销售额完成105亿元，增长3.4%。百货大楼、金佰汇商厦两家零售企业完成零售额1.40亿元。招商引资工作取得新进展，新批内资企业70个，一批新项目签约、落位，为汉沽经济发展注入新活力。财税金融持续健康发展。营业税、土地增值税、增值税、企业所得税占汉沽本级税收收入的69%。金融机构人民币各项存款余额112.20亿元。金融机构人民币各项贷款余额111.70亿元。城乡居民收入稳定增长，城镇居民人均消费性支出15293.90元，增长16.9%。

（简　勇）

设施农业 2012年，汉沽新增设施农业66.70公顷、无公害产品认证面积83.30公顷、放心菜基地面积88.30公顷，提升设施面积33.30公顷，新建工厂化养殖水体5万立方米。建成茶淀华林示范园蔬菜基地、茶淀西孟设施蔬菜基地、天羽翔生态农庄园、滨港农业设施园设施园区、蓟水湾休闲农业示范园5个设施农业园区。果蔬产业园区被列入新区农业示范区项目，10.33公顷设施基地投入生产。宝田村6.67公顷蔬菜设施基地完成。优质水产品养殖示范园区引进南美白对虾、三纹鱼等新品种试验养殖成功，东海大黄鱼和三纹鱼养殖填补天津市空白。不断提升农业技术示范推广能力，组织开展新品种新技术引进推广项目34项，总投资3600万元，均通过验收。开通试行“农信通”群发短信服务平台，向400余户种植大户、专业合作社发送农业政策、新技术、病虫害防治、农业气象等方面信息。开展各类科技培训98期，培训农民4100人次，发放各类科技简报17000份。茶淀葡萄科技园区建设继续推进，园区注册完成葡萄憋冬芽法等五项农业技术专利。与天津科技大学达成开发引进葡萄饮料加工项目合作意向。

（简 勇）

民心工程 2012年，汉沽民生领域项目投资16亿元，占财政支出的80%。崔庄还迁房完工投入使用。维修直管公房3.05万平方米。3个物业小区达到市优秀小区标准，5个物业小区达到市达标小区标准。开展“十百千万”系列就业服务活动，完成安置就业再就业目标任务，对困难群体开展就业帮扶，培训下岗失业人员1196人。妇女手工编织中心建成启用。社会保险覆盖面继续扩大，城镇职工养老、医疗、失业、工伤、生育保险参保人数稳步增长。发放失业保险金280万元，社会保险补贴825万元，医保补偿支付122万元。河西街道社区服务中心、汉沽街道社区服务中心主体完工，12个社区服务站建成，其中3个投入使用。27个社区达到和谐社区标准。新区第二福利院启动建设。积极改善办学条件，汉沽三中建设开工，实验幼儿园竣工。26所学校标准化建设通过验收。实施大肠癌免费筛查17159例，完成率100%。新区人口计生系统首家“青苹果家园”在汉沽一中揭牌成立。群众文化体育活动丰富多彩。举办第四届汉沽社区文化艺术节、中小学田径运动会、羽毛球、乒乓球比赛。荣获市中小学田径锦标赛市区组第四名。为茶淀小区、桥沽村、付庄村和金谷里4个社区（村）配建体育健身路径设施。评剧进入新区第一批非物质文化遗产代表性名录。一纬路沿线建筑整修完工。华兴商贸街环境综合整治以及三明里、七星里游园改造完成。五纬路新建通车。维修乡村道路14.70公里。农村清水和疏浚加固付庄排海河道工程完工。桥沽和大田两个泵站改造竣工投入使用。留园里宿舍等低洼片排水设施改造工程竣工。汉沽水厂二期扩建工程投入使用。铺设供水管网23公里。东扩区公交总站投入运营。河西环保型垃圾中转站主体完工。开展安全生产专项整治，食品安全、校园安全工作取得良好效果。

（简 勇）

社区建设 2012年，汉沽把加强和创新社会管理作为“争当排头兵、抢占桥头堡”的重要目标，着力推进社区服务机制建设，将社会管理创新工作细分为13个重点项目，初步形成以网格化管理、网络化服务“双网组合”为特色的创新社会管理体系。一是“居站分设”加快改革。以社区党委、社区居委会、社区工作站、社区共建理事会为社区治理的组织架构，在汉沽27个居委会全面铺开，从社区层面把基层政府的行政职能和居委会的自治功能依责分开。“居站分设”成为激发基层组织自治的推动力，推进管理重心下移，公共服务延伸，居务管理自治进小区、进楼门、进家庭，特色社区品牌亮点纷呈。二是和谐社区共享共建。街道共建理事会与辖区各单位签订党建、城市管理和综合治理等方面的目标责任书，明确辖区各单位参

汉沽东扩新城区初展雄姿

（摄影：许 凯）

与社区建设的责任目标及奖惩办法。解决群众反映强烈的急事难事，促进就业创业、社会保障、文化惠民、社会管理、环境整治等民生工作落实到社区、成效在社区，让群众得到更多实惠。三是社区网格化管理领先推进。开展“对标互学”，推广“一网七员”规范化管理、“双网组合”、“网联共建”等社会管理工作方式。网格化管理在汉沽3个街道实现全覆盖，人、房、事、物、情、安全、组织全部纳入网格进行管理，构成辖区街道、社区、网格“三级”管理体系。四是社区网络化服务全面实施。汉沽27个社区实现居委会博客、社区贴吧、网上社区警务室、民情邮箱、服务热线全覆盖，部分社区还开展“e”键通手机呼叫、QQ群交流服务。汉沽在滨海新区全面推行社区网格化管理，城市社区网格设置“无缝隙”。

（刘建国）

社会稳定 2012年，汉沽坚持多策并举，专群结合，全力做好社会稳定工作，为汉沽经济社会又好又快发展保驾护航。强化领导责任。按照“属地管理、分级负责、谁主管、谁负责”的原则，形成上下联动、齐抓共管的工作格局。坚持领导信访包案制度，每周局级领导干部接访制度，12名局级领导年内接访30次，接待群众69批720人次，解决重难点问题53个，约80%的案件得到有效化解。全年受理来信来访3951(件)次，比上年下降33%。领导带头下访。深入责任单位及相关部门现场办公，或直接与上访代表对话，听意见、查问题，研究解决信访案件。领导带头约访。围绕反映问题，主动约见上访代表，悉心解释，耐心疏导，真心施策，使问题得到有效化解。强化信访稳控。发挥信访维稳联席会议和人民调解员作用，开展积案化解集中整治活动，减少社会不和谐因素。开展重信重访专项治理，对历史积案进行认真筛选，采取梳理排查、分析研究、会议交办和督查、督办等形式，化解和终结15件，占筛选历史积案的62.5%。做好舆情信息工作，责成专人负责网络舆情和社会舆情的搜集，全年承办北方网、人民网、滨海政务网等各类网络信访195件，实现100%按时限回复、100%满意率的目标。强化排查化解。开展排查化解纠纷，90%以上的重点案件得到妥善化解和有效稳控。排查化解民生热点。加大对拆迁安置、劳动保障、涉法涉诉等群众反映集中的难点的调处力度，维护群众合法权益。排查化解专项重点。针对村级组织换届、项目开发建设，食品安全、防汛减灾等重点工作进行专项排查，把影响稳定和可能引发群体性事件的苗头性、倾向性问题排查出来，评估风险，超前化解。强化基础建设。发挥街、镇综治信访服务中心作用，实施村、居干部信访代理制度，做到大事不出街镇，小事不出村居。创新基层管理模式。在27个社区推广“一网七员”规范化管理，实现民情联系无遗漏、社区管理无盲点、社区服务无缝隙。加强基层队伍建设。组织基层信访工作人员深入学习信访工作相关政策法规，研究信访热点和难点问题，商讨解决办法，交流经验，促进信访服务水平的不断提高。

（简 勇）

河西街社区文化 2012年，河西街道落实新区“强街强镇”战略部署，不断创造街道工作的新经验、新亮点、新成果。依托街道社会组织联合会，街道社区文化取得新成效。宜春里社区创建学习型社区，从2010年老年大学成立，设立声乐、舞蹈、太极、书画等11个班，至2012年已有200多名学员，丰富了老年人业余生活。2012年6月，社区老年大学合唱队参加中央电视台《歌声与微笑》节目录制，向全国观众展示了河西街老年人的风采。五羊里社区和谐腰鼓队参加天津市第二届全民健身大会，获得亚军。九龙里以九龙里小舞台为阵地，创建文化型社区。着力提升“九龙里小舞台”社区品牌形象，成立飞镲队、舞蹈队、评剧队、京剧队、老年迪斯科、秧歌队、老年模特队等，成为以教育学习，健身保健，休闲娱乐，培训，交友等为一体的文化活动载体，丰富了社区文化

汉沽飞镲闹新春

（摄影：郑 颖）

娱乐活动。“小舞台”充分发挥社区文艺爱好者和民间老艺人作用,组建一支 16 人的创作队伍,结合社区实际自编自导自演，把社区的发展变化和党的富民政策向社区群众做宣传。以九龙里社区飞镲队成员为骨干的汉沽飞镲队，在上海世博会天津周期间的精彩表演，赢得社会各界人士的欢迎和好评。

（简　勇）

滨海新区·大港

概　述

大港地处天津市东南部，境域地理坐标为北纬 38°33′~38°57′，东经 117°08′~117°34′。东临渤海，西连静海县，南接河北省黄骅市，北靠塘沽、津南和西青区，具有独特的地理和区位优势。2012 年，区域面积 1113.83 平方公里，约占滨海新区总面积的一半，耕地面积 1.34 万公顷，海岸线 34 公里。人口 52.31 万，民族 24 个。

大港自然资源丰富，北大港湿地自然保护区 4.40 万公顷，栖息鸟类近 100 万只，有白鹳和白天鹅等珍稀鸟类。北大港水库 1.50 万公顷，是华北地区最大的人工平原水库。域内储有丰富的石油、天然气、地热和荒地资源，盛产优质芦苇、海淡鱼类、海虾、海河蟹、冬枣等。津淄公路、津歧公路穿越境内，津晋、津汕等高速公路毗邻而过，黄万铁路贯通京沪和京哈两大铁路干线，万黄铁路连接黄朔铁路，与山西煤矿基地相连。区域经济以石油化工为主，是滨海新区石油化工基地。

大港 1979 年 11 月建区。2009 年 11 月撤区，并入天津市滨海新区。2009 年 12 月，成立中共天津市滨海新区大港工作委员会。2010 年 1 月，成立天津市滨海新区大港管理委员会。

2012 年，开展“调结构、惠民生、上水平”活动，实施富民惠民战略，实现地区经济、社会健康较快发展。

全年实现地方生产总值 288.70 亿元，比上年增长 20.2%；地区财政收入 26.60 亿元，增长 20%；固定资产投资 174 亿元，增长 20%；社会消费品零售总额 118 亿元，增长 20%；实际利用内资 70 亿元，增长 32.4%；实际利用外资 6100 万美元，完成计划任务的 54.5%；外贸进出口总额 11.60 亿美元，增长 18%；城镇居民人均可支配收入 30664 元、增长 10.1%，农村居民人均可支配收入 13310 元、增长 12%。万元生产总值能耗、化学需氧量和二氧化碳排放量均有明显下降。

提升开发区载体功能，全年收回土地 23 公顷、清理闲置厂房 17.40 万平方米，新增注册企业 35 家。提升服务业整体水平，建成南部城区幸福广场大型购物中心、太平示范镇配套商业项目。发展楼宇经济。化工产品交易中心、开发区科技大厦等商务载体吸引 600 余家企业入驻。发展民营经济，产值增幅超过 20%，占地方工业总产值 80%以上。

改善民计民生，连续第六年开展的 20 项民心工程如期完成。深入推进就业和再就业工作，全年新增就业 2.30 万人，城镇登记失业率控制在 3%以内。推进城乡教育均衡发展，完成义务教育学校现代化达标建设任务，实现学前教育行动计划，地区中、高考成绩处于全市前列；第二中学新建主教学楼主体封顶，港东新城第十中学和幼儿园开工建设，润泽园幼儿园全面完工，示范镇各小学、幼儿园建设顺利展开。全面实行无假日门诊，落实社区医疗机构药品零差率销售，建成国医堂 10 个；妇女儿童健康行动计划 12 项惠民项目全面完成；油田总医院迁建工程基本完成主体施工，建成农村标准化卫生室 43 个，地区医疗卫生资源配置更加合理。开展敬老、爱老、助老活动，推动 80 岁以上老年人生活补贴发放工作，新建老年人食堂和日间照料服务中心 14 个。为

2012 年 2 月 21 日，市委副书记、滨海新区区委书记何立峰(前排右四)在幸福广场调研

(摄影：黄贤云)

残疾人提供托养服务的创建“阳光家园”计划得到中残联批准并顺利推进。发展社会救助事业,出台农村困难母亲帮扶措施，低保和各类困难群体救助工作实现全覆盖。

落实惠农政策，全年兑现农村补贴近3亿元，其中农业补贴2.10亿元。注重农业产业基础保障,不断扩大设施农业规模，新增高标准设施农业133.33公顷，改造提升146.67公顷，农业机械综合作业水平89%;设施渔业有新提高,海升公司1.20万平方米工厂化养殖车间投入使用，地区设施渔业面积累计5万余平方米;加快新技术、新工艺、新设备的引进运用，蕈菌产业科技园的白灵菇工厂化培育、奥群牧业的种羊选育、太空蔬菜设施化种植等,为农业增产增效开拓了新前景;积极发展农业合作组织，累计组建各类农民专业合作社105个，加快了农产品产销环节对接；农业招商工作取得新进展，投资1.50亿元的中塘万码畜牧养殖基地建成运营，投资1.90亿元的窦庄子奶牛良种养殖项目正式开工。示范镇建设成果明显，太平示范镇一期住宅楼全部竣工、即将进入还迁阶段,小王庄示范镇还迁住宅楼全部封顶，中塘示范镇河西片全面开工、河东片开始打桩，其他涉农居住社区建设在统筹推进。

优化城乡面貌。建设滨海大道一期工程,太沙路北延、世纪大道东延拓宽、学府路东延等工程完成基础施工，全年新建改造乡村公路26.90公里;整修双安里、三春里等老旧小区,投资2470万元改造提升10个农贸市场；启动大港公园和南部城区中心公园改造工程；动工建设港东新城污水处理厂，太平示范镇污水处理厂实现试运营；完成日处理能力1000吨、年发电量1.10亿千瓦时的大港垃圾焚烧发电厂一期工程。

增强环保意识,做好环保工作。支持电厂脱硝改造；加大对湿地资源的保护力度，湿地自然保护区面积达1.85万公顷;推进水环境治理,全线贯通长青河水系，城区周边河道水体置换更为顺畅；开展社区绿地义务补植活动，绿化小区25个、补植乔灌木16万株;推进城乡植树造林工作，完成独流减河南港防护林一期工程。全域新植树木129万株,新增绿化面积3.40万平方米。

举办新年音乐会、春节演出月、正月正戏曲专场、“六一”少儿系列展演、广场大舞台、群众大合唱比赛等群众喜闻乐见的文化活动；举办以喜迎党的十八大为主题的系列演出；邀请多个国外演出团体和市级剧团到大港演出；农家书屋建设全面完成，公益电影放映1700余场，受到广大群众欢迎。

（马士春）

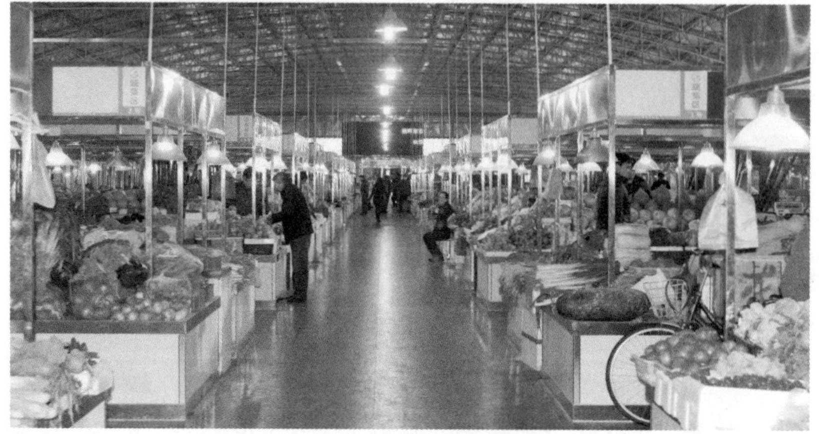

改造后的春晖北里市场

（摄影:韩　鹏）

农业向多产业发展　2012年，大港完成农业增加值2.30亿元,比上年增长3.9%。完成农业总产值6.29亿元,增长6.7%。其中,种植业产值1.44亿元,下降7.8%;牧业产值3.22亿元,增长11.7%;渔业产值1.61亿元，增长12.6%；林业产值0.02亿元,增长4%。主要农副产品产量,粮食4.46万吨、下降35.3%,生猪存栏9.60万头、增长10.1%,肉类1.13万吨、增长4.6%,禽蛋0.28万吨、增长3.7%,水产品1.10万吨、增长15.8%，蔬菜2.62万吨、增长8.7%,水果0.85万吨、增长7.6%,冬枣0.75万吨、增长7.1%。农业由单一大田规模种植为主导，逐步向大田种植、设施种植、设施养殖、冬枣种植等多产业发展，发展冬枣林6666.66公顷、设施种植业533.33公顷、设施养殖业75.33公顷、设施渔业3.74万平方米，建成二代节能温室1623栋、钢骨架塑料大棚2745栋、智能温室占地面积62.80万平方米。农业园区不断壮大,刘岗庄设施农业园区二期300栋二代节能温室建成投入使用；李官庄农业综合开发项目占地10公顷的75栋大棚主体工程全部完工；小辛庄设施农业园区占地60公顷的600栋钢骨架塑料大棚建成；东群盟科技园区占地8公顷的45栋大棚投入生产;杨柳庄农业综合开发项目占地10公顷的53栋节能温室墙体全部完工;崔庄皇家枣园占地6.67公顷的生态智能温室新品种研发中心项目1万平方米智能温室正在施工建设;占地2.33公顷、建筑面积7520平方米的四季田园智能温室主体工程完工；盐生植物科技园占地6.67公顷的60栋节能日光温室在抓紧施工。设施农业全面发展,对金绿源、春伟顺和奥群3个现代畜牧养殖示范园区进行建设提升。加快立达、海升、玉清养殖及海通垂钓等项目建设,投资4960万元建工厂化养殖车间1.90万平方米和垂钓池1个。完成马棚口二村26.67公顷底管增氧养虾项目建设,虾池全部投放虾苗进行养殖试验。投资2139万元对沙三滨海四季生态田园、大地合作社崔庄设施蔬菜基地、李官庄设施蔬菜基地(南片)、潮宗桥设施蔬菜基地和友爱设施蔬菜基地进行提升,提升面积133.33公顷。对全区2000公顷冬枣依标生产示范园和667公顷冬枣精品园进行提升,拓宽冬枣销售渠道,推进冬枣产业发展。大港全年产冬枣7512吨,基本实现尽产尽销。

(于秀臣)

工业园区建设 2012年,大港工业生产增速放缓,实现工业总产值1953.04亿元,比上年下降3.4%。其中,中央工业完成总产值1286.39亿元,下降6.9%。天津石化公司、中沙(天津)石化公司设备停车检修,是导致产值下降主因。地方工业实现总产值666.65亿元,增长4%,其中规模以上工业总产值606亿元,增长2.4%。主要工业产品产量,原油478.50万吨、与上年持平,原油加工量1515.50万吨、下降12.2%,化学纤维10.60万吨、下降14.5%,乙烯113.2万吨、下降15.7%,天然气4.40亿立方米、下降2.2%,发电量92.70亿千瓦时、下降3.1%,钢材111.60万吨、增长27.5%,合成纤维原料64.10万吨、下降15.7%,合成纤维聚合物26.00万吨、下降12.8%,初级形态塑料130.70万吨、下降9.9%,两轮脚踏自行车309.30万辆、下降4.4%,电动自行车108.50万辆、增长10.6%。工业园区建设全面展开。市政府正式批准太平中华民营经济园更名为天津经济开发区南部新兴产业区。6个工业园区注册企业150家,从业人员12430余人,增长20%,其中两个示范工业区实现总产值80亿元、销售收入75亿元、税收2.40亿元,分别增长27%、26%和18%。中塘镇工业园区中,广和基业(天津)有限公司等8个项目投产,总投资7.62亿元;易锦集装箱等27个项目正在施工建设,总投资16.50亿元;鹏翎二期等8个项目拟开工建设,总投资23.20亿元;国电华北电力燃气电厂等6个项目签约,总投资36.47亿元;重点在谈项目23个,计划总投资50.30亿元。港西工业区中,天润水泥、发电、环卫车3个项目投产,总投资额9.80亿元,年可实现产值16.60亿元,税收1.10亿元;签约项目11个,总投资额17亿元,投产后可实现产值33亿元,税收2.40亿元;中技方桩土地摘牌,正在办理土地证和建设许可证。

(于秀臣)

2012年5月4日,滨海新区大港第一届"农村好青年"表彰颁奖典礼在大港大剧院举行,会上对101名大港户籍的"农村好青年"进行表彰

(摄影:王 娟)

重点项目建设 2012年,大港全力推进大项目、好项目建设。总投资220亿元的8批49个区县重大项目,累计完成投资137亿元,完成总投资的62.8%,当年完成投资10.20亿元。截至年底,天津石化液化空气气体有限公司建设气体分离、滨海大港客运中心、商业购物中心等28个项目竣工,总投资71.90亿元。金伟晖、陆港橡胶、龙源风电、一轻精细化工园等10个项目部分竣工,总投资91亿元。广和基业高强度预应力管桩、鲁华化工二期、天津振华玻璃制品等10个项目在建。工委、管委会确定的71个重点项目,包括天津天瑞水泥粉磨站、长兴化学合成树脂等21个项目竣工,总投资30.60亿元;建城基业企业总部、管桩等10个项目新开工,总投资13亿元;天津国电沙井子风电场、米高化工高效钾肥等17个项目在建,总投资71.20亿元。准备开工项目12个,总投资35亿元,包括大港港东新城污水处理厂、金汇达数控机床设备、天津津滨混凝土离心方桩制造、舜天达天然气等。各项目正在抓紧办理前期手续。

(于秀臣)

科技工作上水平 2012年,大港科技型中小企业新增注册365

家，累计注册911家；新增认定科技型中小企业252家，累计认定603家；新增科技小巨人企业20家，累计65家，占已认定企业的10.78%。认定通过国家高新技术企业7家，累计31家。滨海新区高新技术企业17家，累计38家。全年组织申报新区以上科技项目231项，获立项支持90项，争取国家、天津市、新区资金支持6000余万元，对立项的85个大港地区级科技创新项目给予616万元资金支持。加快发展种源农业，有种源基地4个，分别为蔬菜类、海珍品类、畜牧类、食用菌类。农业逐步由大田种植向设施种植、设施养殖、冬枣依标种植等多产业发展，发展冬枣林6666.67公顷、设施种植业533.33公顷、设施养殖业75.33公顷、设施渔业3.74万平方米，滨海效益型特色农业初具规模。推进知识产权战略实施、运营及保护，全年专利申请1500件，争取各类专利补助900余万元。申报天津市科技进步奖5项，天津市创新工程奖3项，滨海新区科技进步奖11项。加快科技孵化器和生产力促进中心建设，大港生产力促进中心被评为国家示范生产力促进中心，小王庄镇科惠生产力促进中心被评为天津市示范生产力促进中心。天津市聚贤科技企业孵化器有限公司通过市级科技企业孵化器评审。实现每个街镇至少建立一个载体的任务目标，辖区内累计建有孵化器8家，生产力促进中心7家。

（于秀臣）

教育事业取得新成绩 2012年，大港地区有普通中学36所，在校学生2.71万人；职业高中1所，在校学生1452人；小学38所，在校学生2.50万人，学龄儿童入学率100%；托幼园所57个，在园儿童9741人；参加成人教育2389人；中小学任课教师大学本科及以上学历3570人，占任课教师的78.5%。天津外国语大学、南开大学滨海学院等4所院校在校学生2.71万人，毕业生6018人。全年教育总收入7.44亿元，比上年增长14.68%；总支出7.23亿元，增长14.81%。大港十中等一批新建项目顺利启动，油田四中等5所学校改造任务全部完成，完成广播电视大学大港分校迁址，启动青少年活动中心迁址改造工程。《学前三年规划》通过市、区达标验收。大港教育系统所属58所义务教育学校，总投资5.80亿元，现代化达标任务全面完成，完成率100%。在天津市教委2012文艺展演活动中，同盛小学等学校选送的《森林爷爷》等7个节目获天津市一、二等奖；油田四中被命名为全国中小学优秀文化艺术传承学校。大港一中排球队、油田四中乒乓球队等运动队在市级比赛中取得优异成绩；大港九中、三号院小学等6所学校获得天津市体育传统项目先进校荣誉称号；天津市中小学田径锦标赛，大港取得11金4银7铜，1人打破赛会纪录的历史最好成绩。全国第27届青少年科技创新大赛，刘岗庄中学学生刘瑜获一等奖。中考总平均分高出全市39.95分；高考高分段学生、一二本上线率、文理科平均分、艺体考生上线率均创历史新高。职业学校在实行学部制管理、校企合作方面取得进展；成人教育累计培训1.50万人次。大港五中、同盛学校被命名为教育部百所数字化校园示范校，大港一中和大港六小分别被授予全国“和谐校园”荣誉称号，大港五中被评为全国平安校园先进校。

（宋文政　高居易）

文化事业实现新发展 2012年，大港文化事业实现新发展，年末拥有文化馆1个，文化站8个，公共图书馆1个，广播电台1座，广播人口覆盖率、电视人口覆盖率均达100%。电视台有3个自办电视频道，平均每日播出时间16.60小时，每周电视播出节目116.30小时。以满足群众更高层次文化需求为目标，组织开展更加贴近实际、贴近生活、贴近群众的系列文化活动。以世纪广场为主，基层社区广场为辅，成功举办第十六届广场大舞台演出活动，相继组织演出100场文艺节目。6支公益电影放映队，深入农村、学校、社区、部队、开发区等地点进行放映活动，全年放映电影1698场。大港大剧院在元旦、春节、元宵节期间，邀请国内外专业艺术团体以及大港地区群众业余文艺团体，组织开展6大系列近30项系列文化活动。成立滨海新区大港第一届文联，推进地区文化团队规范化建设和文学创作、文艺展演活动开展，创办《滨港文苑》，《大港文艺》《大港时讯》更具影响力，教育局、工会、共青团、妇联、工委党校创办特色报刊。成立文化信息中心，大港文化信息网站10月26日正式开通。公共文化服务体系建设更加完善。大港文化馆、图书馆、古海岸遗迹博物馆、街镇文体中心、文化站等基本做到全面开放。古林街、迎宾街、中塘镇文体中心落成投入使用。大港书画院举办书法绘画展览10次，接待参观近5000人次。筹集资金100万元，对古林古海岸博物馆进行绿化、美化、升级改造。投资50万元对图书馆舍升级改造，全年接待读者近8万人次，借阅图书5.80万册。分别建设52座农家书屋和52个标准化文化广场。精神文明创建活动面向基层、注重实际效果，文明楼门建设走在新区前列，道德模范事迹文艺展演入校园，到镇村，反响热烈。

（李　霞）

卫生事业规范发展 2012年，大港地区有医疗卫生机构23家，二级医院4家，一级医院19家。社区卫生服务站65个，农村村级医疗点73个。卫生技术人员3103人。其中，执业医师(助理医师)1211人，执业药师(士)125人，执业技师156人，注册护士1230人。全年完成门、急诊374.10万人次，比上年增长28.5%，出院4.94万人次。城乡居民医疗保险参保20万人，新增1万人。规范妇幼保健机构职能建设，完成卫生监督所承担的餐饮服务、保健食品、化妆品和公共场所卫生监督职能和相关人员划转。推进创建三级医院工作，加大对大港医院硬件投入力度，完成大港油田总医院迁建工程主体施工。启动大港医院、中医医院卫生信息化建设试点工作。完成15家预防接种门诊标准化建设，43个村卫生室达标改造，10个社区卫生服务中心国医堂规范化建设工作。提升医疗服务质量，强化医疗安全管理。二级医院有15个试点专业、28种试点病种实行临床路径管理，19个病房（大港医院5个，油田医院14个)实行优质护理服务工程。规范基层抗菌药物应用与管理，组织开展医疗机构医疗废物处置与管理专项监督检查。及时化解调处医患纠纷25起，全年未发生医疗事故及重大医疗安全事件。引进油田医院CT血管造影和CT灌注成像指导下的高血压性脑出血分型分层治疗技术，填补天津市空白项目1项；科研项目立项22项；获市科委成果鉴定3项。城乡居民健康建档32.70万份，建档率61.5%。全年报告法定传染病16种3470例，发病率485.07/10万，比上年上升31.31%，无甲类传染病发生。大肠癌筛查问卷调查43327人，完成率106.50%。7~9岁儿童窝沟封闭筛查13803人，封闭治疗2666人，超额完成市、区目标任务。

（于秀臣）

社会管理创新 2012年，大港加强和创新社会管理工作，各镇街、各单位在实践中创造出一批有益经验，迎宾街推行社区网格化管理，胜利街开展“十大员”(督导员、管理员、治安员、教练员、保健员、保洁员、助理员、宣传员、调解员、信息员)建设和结对共建帮扶活动，古林街开展“警民共建调委会、服务辖区创平安”活动，海滨街建立“街道、企业、单位、社区”多元调解纠纷机制，港西街开展“街企共建、村居互助”活动，中塘镇实行重大事项社会稳定风险评估机制，太平镇开展“统筹辖区资源、搭建维稳平台”活动，小王庄镇开展“一联双百”(即：发展联谋、矛盾联调、工作联动、问题联治、平安联创、治安联控、人员联管、信息联享)；每名包村领导和中层干部与所包村100名党员、群众以及原籍在本村的各界人士建立双向“连心卡”，村干部与本村100名党员、群众及原籍在本村的各界人士建立双向“连心卡”活动。按照《滨海新区推进全国社会管理创新综合试点区建设实施方案》，做好“两新”组织(新经济组织和新社会组织)和流动人口、特殊人群的服务与管理，努力实现社会管理的全覆盖。深化矛盾调处化解工作，建立村居、镇街和工委管委会三级信访责任机制，使群众有意见、有想法有地方去说、有人听、有人管；坚持变群众上访为干部下访，发挥村居人民调解员作用，做到小事不出村居，难事不出镇街，大事不出地区。建立企地矛盾纠纷联查联调联处机制，做到责任共担、和谐共建。在全地区广泛开展石化产业科普教育活动，广大群众对发展石化产业有了更加科学理性的认识。推进平安大港建设，开展“利剑”、“春雷”、“秋风”、“寒光”等专项行动，严厉打击“两抢一盗”、非法传销等各类违法犯罪活动，依法打击“法轮功”等各类邪教组织。开展安全生产大检查活动，健全应对突发事件应急预案，认真排查火灾隐患，突出抓好生产安全、校园安全、交通安全、食品药品安全。推进法制教育进课堂、进社区、进农村、进机关、进企业。

（于秀臣）

2012年3月6日，大港司法局联合妇联走进天津市女子劳教(强戒)所开展“庆三八”帮教联谊会

（摄影：张 雨）

滨海新区·功能区

天津经济技术开发区（南港工业区）

概况 1984年12月6日，国务院批准兴办天津经济技术开发区，是为中国首批国家级经济技术开发区之一。其规划面积33平方公里，位于天津市东部，距市区45公里。区域东起东海路，西至京山铁路，南靠新港四号路，北接塘沽北塘。天津开发区英语表述Tianjin Economic Technological Development Area，其缩写“TEDA”，中文译音为“泰达”。

1986年8月21日，中国改革开放总设计师邓小平视察天津开发区，指出“对外开放还是要放，不放就不活”，并欣然题词：“开发区大有希望”。天津开发区以其成功实践证实邓小平的科学预言，不断推动区域改革开放、经济社会发展。

1993年后，开发区分别在武清县、西青区和汉沽区辟建逸仙科学工业园、微电子工业区、汉沽现代产业区三个区外小区。2012年，三小区工业保持较快发展，共完成规模以上工业总产值1262.17亿元，比上年增长33.7%。2004年，辟建西区。2012年，西区工业保持强劲增长势头，全年规模以上工业总产值620.89亿元，比上年增长1.1倍。2009年4月，天津市委、市政府决定组建南港工业区管委会（与天津开发区管委会“一套机构、两块牌子”）。该区已完成分区规划、总体发展规划编制，并获市政府批复；坚持“三资并重”，倾力招商，形成项目“储备一批、签约一批、开工一批”态势；推进现场施工，开发建设进展迅速。2012年，南港工业区开发建设取得新突破。年内渤西管线切改项目顺利开工，解决工业区通航瓶颈。吹填造陆稳步实施，累计整理项目用地70平方公里。新建成4个2万吨级通用泊位。启动液体化工码头、5万吨级航道及港区配套工程建设。中石化LNG、壳牌润滑油、泰奥石化等龙头大项目开工建设。年内完成固定资产投资43.23亿元，其中基础设施24.94亿元。

天津开发区管委会落实国务院对国家级开发区“三个为主、两个致力于、一个促进”的要求（以提高吸引外资质量为主，以发展现代服务业为主，以优化出口结构为主，致力于发展高新技术产业，致力于发展高附加值服务业，促进国家开发区向多功能综合性产业发展），根据形势发展和情况变化适时进行区域经济发展定位。2010年，提出：着力打造高端产业高地、自主创新高地和绿色发展高地，在天津市大发展和滨海新区加快开发开放中当先锋、打头阵、挑重担、做贡献。科学的区域经济定位，引领经济快速、持续发展。

2012年，开发区经济保持高速平稳增长态势。全年实现地区生产总值2201.38亿元，可比增长20.4%；工业总产值7117.05亿元，比上年增长18%；全年完成全社会固定资产投资550.03亿元，比上年增长5.7%；全年财政收入490.19亿元，比上年增长21.5%；出口220.48亿美元，增长11.1%。经济运行效率显著提高。全员劳动生产率42.97万元/人，可比增长13.9%；每平方公里实现生产总值19.50亿元，万元地区生产总值能耗148.05公斤标准煤，节能减排成效明显。第三产业对全区生产总值贡献率17.8%，内资工

2012年10月18日，天津键凯科技公司新工厂开业庆典在开发区西区举行。开发区（南港工业区）党组书记、管委会主任何树山，开发区（南港工业区）管委会副主任郎东以及键凯科技公司总经理赵宣等出席开业庆典

（开发区新闻办供稿）

业企业对全区工业总产值增长的贡献率46.1%。坚持将抓大项目、好项目作为调结构、转方式的主要抓手，发挥体制、队伍、资源、渠道优势，促进项目签约落户。全年新批外商及港澳台投资项目157家，办理增资项目185家，项目投资总额93.37亿美元，比上年增长21.43%；实际使用外资金额50.03亿美元，增长15%。投资规模在1000亿美元以上的外资项目115家。新设立1000万元以上的内资企业104家。融资租赁、保理、小额贷款等新型金融机构加速集聚，年内新增15家公司。开展"调结构、惠民生、上水平"活动，全年召开各类座谈会、专题协调会50次，走访企业260余家，协调解决问题250个。全年受理政策兑现申请5041件，兑现金额9.10亿元。

（开发区地志办）

科技创新能力提升 2012年，开发区科技招商、科技资源整合、科技服务水平继续提升。全年组织、推荐500余个科技申报项目，300余个获立项支持，其中48个项目为国家级科技项目。加快科技载体建设，全年新增孵化载体16万平方米。科技招商再创佳绩，引进科技型中小企业150家，注册资本逾10亿元，活跃项目储备逾400个，全年新增研发机构14家。新认定科技型中小企业871家，其中科技小巨人企业106家，是全年目标的两倍以上。至2012年末，全区拥有国家高新技术企业209家。申请专利1400件，获授权专利700件。形成"1+N"人才政策体系，实施"顶尖人才引领工程"和"高层次人才聚集工程"，全年引进"千人计划"、院士等领军人才21人，高层次人才134人。出台《紧缺人才目录》，鼓励人才向优势、重点产业聚集。

（开发区地志办）

社会事业全面进步 2012年，开发区新增就业6.30万人，就业形势保持稳定。推进社会保险扩面，5项社会保险均超额完成市下达任务。完善外资企业住房公积金政策，推进其与全市统一并轨。开展工资集体协商企业1694家，覆盖职工19.08万人，同比增长23%。教育基础设施建设加快推进，教育国际化水平显著提高，公办义务教育优质均衡化成果进一步巩固，中高考创历史最好水平。泰达医院学科设置逐步健全，人才引进力度逐步加大，参评"三甲"条件基本具备。泰达心血管病医院被评为天津市优质护理服务医院、全国首批优质护理示范病房（全市仅4家），成为国家卫生部心血管病介入治疗临床基地。社区卫生服务网络逐步健全，10个社区卫生服务站实现区域全覆盖。制定并实施年度文化氛围提升计划，培育文化特质，构建发展平台，筹建多个文化艺术团体，开展系列高品位文化活动。安全生产监督坚实有力，企业安全管理水平进一步提升。发挥劳资关系三方职能，促进劳资关系和谐。抓紧处理劳动仲裁积压案件，加强隐患排查，劳动争议发生率低于全市平均水平。保持企业"关、停、并、转"事件劳动关系有序、可控。全年无重大群体性事件发生。完善信访办、区工会、人社局、法院及相关职能部门联动机制，健全流动人口管理、法律援助服务和社区调解机制，"大调解"格局成效显著。国家安全、武警、消防、交警等部门强化服务功能，建立快速反应机制，维护区域和谐稳定局面。

（开发区地志办）

开发区获十五连冠 商务部于2013年1月10日公布2011年度国家级开发区综合发展水平评价结果，天津开发区以727.60分位居第一。此为天津开发区自商务部开展此项评价活动以来的"十五连冠"。此次年度评价活动，将131个国家级开发区纳入综合发展水平评价体系。其中，90个开发区参加2010年评价，41个2010年后升级或设立的国家级开发区为首次参评。此次年度评价确保其公平、公正，将原评价体系中8大类别指标调整为经济发展、科技创新、生态环境、社会发展、体制创新5大类，实行定量指标为主、定性指标为辅的原则。天津开发区经济发展、体制创新指标保持第一；生态环境、社会发展指标名列第三；科技创新指标位居第五。

（开发区地志办）

2012年9月26日，由市政府批准设立的全市第一家中外合资医院——天津泰达普华医院在天津开发区（南港工业区）举行开业庆典

（开发区新闻办供稿）

2012 年 6 月 10 日，壳牌华北石油集团南港油库项目开工奠基仪式在天津开发区(南港工业区)举行。市委副书记、滨海新区区委书记何立峰，市委常委、滨海新区区委副书记袁桐利出席

（开发区新闻办供稿）

南港工业区建设 2012 年，南港工业区按照天津市、滨海新区的工作部署，扎实推进各项工作，规划编制逐步完善、招商引资成效显著、基础配套日趋完备、园区管理逐渐成熟，初步形成一个承接重大项目的发展平台。全年工业总产值 6649 万元，完成固定资产投入 43.23 亿元，其中基础设施投资 24.94 亿元，工业区逐步由以基础建设为重点的第一阶段向以重大项目建设为重点的第二阶段转变。全力推进中石化 LNG、散货物流中心、陶氏化学等项目用地建设，完成吹填施工面积近 25 平方公里，新增 10 平方公里项目用地，累计实现项目摆放土地 70 平方公里。港区建设稳步推进，4 个 2 万吨级通用泊位建成试投产，启动液体化工码头、罐区建设和 5 万吨级航道疏浚，完成港务大楼桩基施工，完成 VTS 工可研报告编制、通讯频道申请等港区配套建设；码头运营、合资合作等工作顺利开展，全年实现吞吐量 200 万吨；岸线出让管理工作逐步规范，公共码头岸线利用率进一步提高。全年新增签约项目 8 家，包括：中石化 LNG、中石化国家原油储备基地、陶氏化学特种化学品生产、江森自控蓄电池、杰士汤浅蓄电池、托普索工业催化剂、路路达润滑油、长芦盐业-加拿大 Recochem 发动机冷却液等，总投资 262.225 亿元。全年新增开工项目 7 家，包括：壳牌润滑油、壳牌成品油库、博弘-宝莫聚丙烯酰胺、永创石化化工仓储、环捷国际危险品库、泰瑞化工精细化学品、英图卡斯连铸结晶器保护渣等。总投资 17.65 亿元。2012 年 3 月，南港开发公司获得全国总工会颁发的 2011 年全国五一劳动奖状，多个单位先后获得天津市精神文明单位、市五一劳动奖状、市五一劳动奖状先进单位、滨海新区五一劳动奖状先进单位、滨海新区文明单位标兵等称号。2012 年 6 月，南港应急指挥中心和南港建设服务中心正式获批成立。南港应急指挥中心主要负责南港工业区区域安全监控、事故和灾害预警以及调度指挥一体化管理。南港建设服务中心主要负责南港工业区入区项目、建设工程的规划、管理及提供港口、铁路等相关配套服务。

（开发区地志办）

泰达核心区整体竣工 2012 年 9 月 28 日，泰达 MSD 核心区整体竣工庆典在其现场举行。天津开发区(南港工业区)管委会党组书记、管委会主任何树山，管委会高级顾问李勇等参加庆典活动。泰达 MSD 核心区整体竣工，是滨海新区“十大战役”的重要成果，是开发区产业转型升级的重要标志，使开发区投资环境和城市品位得到提升，使滨海新区美好形象更加显现。整体竣工的泰达 MSD 核心区，包括 4 栋国际水准的顶级写字楼，2 座共 6 万平方米

2012 年 9 月 28 日，泰达 MSD 核心区竣工庆典仪式在天津开发区(南港工业区)举行。天津开发区(南港工业区)管委会党组书记、管委会主任何树山出席

（开发区新闻办供稿）

2012年4月20日，东亚银行滨海支行在天津开发区泰达MSD举行开业仪式
（开发区新闻办供稿）

的商业裙房，1万平方米的“泰食汇”休闲美食街，3万平方米的中央花园，1.50万平方米的屋顶花园。泰达MSD系现代服务产业区。该项目自2008年启动，用5年时间完成。首期C区写字楼2010年底投入使用，威立雅水务、国际SOS救援中心、伊势丹百货、三菱商事、德事商务中心、用友软件、中国石化、中国建筑、东亚银行、恒生银行等一批中外知名企业入驻并予认可。

（开发区地志办）

天津港保税区

概况 天津港保税区是中国对外开放的重要区域，是天津滨海新区的核心组成部分，有海港保税区和空港经济区两个区域，总面积73平方公里。2012年，保税区生产总值突破千亿元，达到1050亿元，比上年增长20%；工业总产值1430亿元，增长30%；财政收入148.60亿元，其中区级一般预算收入57.40亿元，增长15.6%。进出口总额208.50亿美元，增长8.7%。

海港保税区于1991年5月12日经国务院批准设立，面积5平方公里，具有国际贸易、国际物流、临港加工和展示展销四大功能，是中国华北、西北唯一的、北方规模最大的保税区。保税区内设有保税物流园区，规划面积1.50平方公里，一期封关运作0.60平方公里。海港保税区已形成以保税为特色，临港为依托，自由贸易为运作空间的功能产业基本框架，在服务中国北方经济发展中发挥了辐射和带动作用。一是发挥了联接两个市场的窗口和桥梁作用。截至2012年，保税区的3000多家贸易公司同世界上100多个国家和地区建立了贸易联系。美国3M、霍尼韦尔、泰科电子、美卓矿机，德国大众、奔驰、海德堡，法国家乐福，日本住友、丰田通商、松下、伊势丹，韩国三星、SK，台湾永立建机等知名国际贸易企业在保税区投资。二是发挥了作为国际货物进出绿色通道的作用。吸引新加坡叶水福，日本邮船汽车物流，荷兰铁行渣华，澳门振华物流，中远散货等200多家跨国物流企业，棉花、食用糖、汽车、橡胶、煤炭、稀有金属等大宗商品交易市场聚集。三是临港加工业形成聚集效应。美国卡特彼勒、雪佛龙、久益，韩国SK润滑油，台湾台达电子，香港嘉里粮油，黑龙江农垦集团九三油脂，龙威粮油、TPCO工业园在区内投资。区内的保税物流园区积极拓展国际采购、分拨和过境贸易业务，实现进口集装箱货物直提分拨功能及功能延伸，引进瑞士名门、日本川崎汽船、香港东方海外等一批具有全球经营网络的第三方物流企业。

空港经济区于2002年10月经市委、市政府批准设立，规划面积46平方公里，是融现代服务业、科技研发转化和先进制造业为一体的综合经济区。2009年5月，与东丽区达成协议，在空港经济区以南紧邻机场的位置合作开发22平方公里的航空城新区，空港经济区总面积达68平方公里。在空港经济区，设有1平方公里的全国第一个空港保税区、2平方公里的综合保税区和1平方公里的空港国际物流区。

空港经济区围绕空客A320总装线项目建设，美国古德里奇、PPG，中航直升机、西飞机翼总装、海特、

空港经济区一景
（天津港保税区管委会供稿）

航新、维斯通用航空等世界一流航空项目落户，航空产业迅速成为天津产业发展的一大亮点。积极搭建科技创新园、软件外包服务基地等科技发展平台，加快高科技项目的集聚和产业链条培育，瑞典沃尔沃IT,台湾威盛电子,美国CSC,中兴通讯、大唐电信、中科院工业生物研发转化基地、清华紫光、华旗资讯、金发科技、东软等领先项目,带动了通讯信息产业能级提升。装备制造业发展势头强劲,法国阿尔斯通,意大利扎努西,美国卡特彼勒、久益、豪士卡，英国联合利华，加拿大麦格纳、加铝,柳工机械、新疆特变电、鞍钢、天汽模等骨干企业相继开工或投产。

空港物流园位于滨海国际机场货运中心区。新加坡淡马锡丰树、台湾华宇航空货栈、空港货运等企业入区经营。

滨海新区综合保税区是国家批准的第二家综合保税区，重点发展航空研发、加工制造、维修改装、物流配送、商贸展示等功能,为空客项目顺利实施提供政策保障,形成具有国际先进水平的民航产业聚集区。

（翟 怡）

招商引资 2012年，保税区坚持拉网聚焦、多元开发,拉好产业、产品、企业和渠道四张网，围绕北京、上海和深圳开展三个阵地战,对投资活跃的韩国、德国和台湾重点开发,取得显著成效。全年实现合同外资额52亿美元，比上年增长10%;实际利用外资30亿美元,增长15%;内联引资额107.80亿元,增长29%。引进包括14个世界500强企业投资的一批大项目好项目。GE医疗、斯凯孚再制造、伊宁骨科材料、利纳玛精密加工等先进制造业项目落户。空客二期、欧洲直升机合作框架协议签订,海航达美发动机维修、左迪雅戈航空座椅、赫氏航空复合材料、合力直升机飞行员培训项目取得实质性进展。华硕云计算、中移动IDC、Dell软件、中天联科芯片设计、E人E本研发中心、新浪微博等科技项目形成新聚集。SM、太平洋工业中国投资公司、联合利华销售公司、庞大欧力士租赁、燕莎奥特莱斯、康捷空、去哪网第三方支付平台等总部、金融、商业、白领密集型现代服务业项目落户，宜家贸易物流中心签订框架协议。空港商务园招商成果显著,总体租售率60%。引进唐钢等一批项目。全年开发515个项目线索,为2013年储备重点临门项目79个。

（翟 怡）

规划建设 2012年，保税区城市规划进一步提升和完善。编制完成空港二期金融商务区、科技研发区修建性详细规划、《空港绿化设计导则》《空港绿色建设导则》《空港内部交通提升规划》《空港绿化建设导则》,启动实施“八大亮点”方案,推动“两湖一路”建设,区域形象实现新提升。项目建设稳步推进。GE医疗、久益环球、利纳玛、利拉伐、瑞普生物等26个项目开工建设;86个项目在建,包括美国卡特彼勒、联合技术航空部件、法国道达尔、瑞典利乐、韩国SK、香港益海嘉里等10个500强项目;阿尔斯通二期、麦格纳汽车动力总成、联合利华、瑞士百超、直升机总部、金发科技二期、香飘飘、南洋电缆、柳工北方机械基地等40个项目竣工并部分投入使用。基础设施建设取得新进展。完成南通道项目跨越津滨、京津塘高速公路架梁施工；完成环河北路湿地和沿津汉公路河道北侧绿化带工程；汽车园新建道路、青年公寓球场、东六道和环河东路、海港雨污分流改造一期道路等项目按期投入使用。建筑市场监管、土地整合、物业管理等工作进一步完善。编制《建设工程质量通病防治手册》《建设工程质量安全监督手册》,加大建筑市场监管力度;制定《天津港保税区空港经济区物业管理办法》,提升物业管理水平;土地空间利用取得新进展,整合土地46.30万平方米。

（翟 怡）

功能开发 2012年，保税区强化市场风险防范，加大市场企业服

世界最大单体商业建筑SM效果图

（天津港保税区管委会供稿）

务力度，促进各类交易场所规范健康快速发展，全年市场集群交易额近3万亿元，纳税2.50亿元。飞机单机租赁业务获海关总署批准，进口汽车常年展获市商务委批准。功能招商取得新进展，吸引美泰公司在综合保税区设立供应链公司，推动设立霍尼韦尔亚太物流中心和三星通信原材料分拨中心；吸引耀莱文化产业股份、海汇贸易、爱德龙润滑油贸易等结算型总部注册。空港物流功能不断深化，成功引进顺丰、圆通、中通、韵达等多家快递项目，空港快件产业园初步形成；中外运生物医药监管库、公共拼装区、华宇快件中心等投入运营；推动国航开通天津至荷兰和西班牙的全货机航线，中远空运开通天津至香港全货机航线。

（翟　怡）

空港总部经济区商务园全景

（天津港保税区管委会供稿）

科技创新　2012年，保税区坚持科技招商和科技服务并举，完善环境，搭建平台，努力构建产学研紧密结合的科技创新机制。全年申请专利突破2000件，累计拥有市级示范单位10家，市级试点企业12家，区级试点企业6家，海鸥表业集团和天津汽车模具分别获得2012年天津市专利金奖和优秀奖。新增科技型中小企业1151家，新增科技小巨人企业45家，完成全年任务指标。加铝等18家企业通过国家高新技术企业认定，中铁十三局等企业8项成果获得天津市科技进步奖，紫光测控等企业9项成果获得滨海新区科技进步奖。争取国家、天津市、滨海新区科技资金近6500万元，为推动自主创新工作提供有力保障。依托区内企业建立软件评测中心、RFID技术应用展示中心等公共服务平台，与中科院天津工业生物技术研究所合作开展保税区生物产业公共研发平台建设，与天河一号超算中心建立光纤连接，进一步推动区域创新环境和区域信息化建设。

（翟　怡）

循环经济和节能减排　2012年，保税区节能制度建设不断完善。编制完成《保税区工业及基础设施类项目节能效果评估验收导则》等五项规范性文件；开发《保税区重点用能单位能源管理系统》，对80家重点耗能企业的能源利用状况实施动态监管，重点用能单位全部开展清洁生产和能源审计工作，万元生产总值能耗下降明显。节能项目推广取得新进展。完成地源热泵项目60万平方米，建成普林电路1.5兆瓦光伏发电项目，完成节能诊断、余热回收及蒸汽冷却水回用、LED灯照明改造等较大节能改造项目30余项，实现节煤20000吨；争取节能支持资金1200余万元，拉动企业投资2亿余元；加大环境执法力度，开展环境保护大检查，纠正各类环境违法行为及不规范行为200余次。

（翟　怡）

人才引进　2012年，保税区人力资源保障工作取得新成效。一线工人供给平台建设逐渐完善，出台《天津港保税区一线工人供给保障专项补贴办法》，推出优秀外来建设者“圆梦计划”项目，与天津市七所高校开展“区校企”合作，举办三场“区校企”合作对接会，与天津市及外埠20余所高校就劳动力用工基地建设事宜达成意向；举办12场大型招聘会，累计吸引进场企业550余家次，提供就业岗位8000余个，有效缓解用工紧张难题；组织开展航空、汽车维修、叉车等六项技能大赛，有效提升了职工技能。人才高地建设不断推进。修订高级人才引进政策，办理人才引进119人，新申报4家博士后企业分站，推荐4人申报国家和市级创业“千人计划”，留学人员创业园正式挂牌成立。人力资源管理者队伍不断完善。成立人力资源经理联谊会，举办人力资源经理培训班，招工稳岗座谈会，收到良好效果。

（翟　怡）

社会事业　2012年，保税区文化、体育、教育、卫生、社区、交通等各项事业日趋成熟。区域配套设施不断完善。健身中心投入使用，图书馆主体封顶，国际医院开工建设，M2公交站接驳线投入运营；百万平方米商圈初步形成，SM商业项目主体封顶，湖滨广场开工建设；工业旅游全面启动，全年接待游客5万人。公共服务能力不断提升。湖滨社区卫生服务中心和120急救中心正式运行，社区服务中心和文化活动中心建成运营，可为居民提供“一站式”便民服务；空港学校规模进一步扩大，幼儿园、小学、初中全面招生；借助公共文化服务平台，依托企业博物馆，充分发挥文化活动站平台作用，开展2012空港文化体育嘉年华系列活动，进一步丰富文化功能，满足群众文化生活需求。

（翟　怡）

空港体育中心

（天津港保税区管委会供稿）

天津滨海高新技术产业开发区

概况　天津滨海高新技术产业开发区（以下简称滨海高新区）原称天津新技术产业园区，是1991年3月经国务院批准成立的首批国家级高新技术产业开发区之一，2009年3月5日，经国务院正式批复同意更名为天津滨海高新技术产业开发区。

2012年，滨海高新区完成总收入4602亿元，比上年增长27.2%；地区生产总值1206.28亿元，增长27.8%，其中核心区完成地区生产总值615.64亿元，增长250%；注册口径规模以上工业总产值687.20亿元，增长82%；固定资产投资312.62亿元，增长30.1%；财政收入61.85亿元，其中地方财政收入34.30亿元，增长16.7%；内联引资72.70亿元，增长32%；实际使用外资7.65亿美元，增长40.7%；外贸出口9.74亿美元。滨海高新区形成“一区六园”格局。“六园”，即华苑科技园、滨海科技园、南开科技园、武清科技园、北辰科技园和塘沽科技园。

华苑科技园是滨海高新区的直属辖区之一，也是滨海高新区的核心区之一，坐落天津市区西南部，规划面积11.58平方公里，是市区内唯一成片开发的区域，其中环内2平方公里、环外9.58平方公里。地处京津发展轴，距首都北京100公里，距天津滨海国际机场18公里，距天津港50公里，紧靠京沪、津保、京塘高速公路，毗邻京沪高速铁路，城市地铁3号线穿行其间。华苑科技园地理位置优越，生活条件便捷，创新资源丰富，高端人才集聚，是天津市第一个“无燃煤区”和“国家ISO14000环保示范区”。在电子信息、新能源、生物医药、先进制造业、现代服务业等领域形成具有较强创新能力的产业集群，一批具有自主知识产权的高新技术龙头企业迅速成长。

滨海科技园是滨海高新区的直属辖区之一，位于天津市中心城区的东北部，东至唐津高速公路，西至津汕高速公路，南临杨北公路、京津塘高速南线、津滨高速公路，北达京津塘高速公路北线、津汉快速路。地处天津市东丽湖、黄港湖结合处，距天津市中心城区20公里、距机场9公里、距港口18公里、距北京150公里。规划面积32.50平方公里，分为集中新建区25平方公里和7.50平方公里绿化带，生态环境得天独厚。2006年，国家科技部与天津市政府决定共同开发建设滨海科技园，滨海科技园成为国务院批准的国内第一个“部市共建”国家高新区。已基本完成基础设施的主体框架建设，航天五院、航天十一院、中海油新能源产业基地等一批重大项目相继落户，渤龙湖总部经济区吸引、聚集高端产业和高端资源的优势日益显现。滨海科技园是科技自主创新的领航区、高端人才的聚集地，是一座生态宜居的科技城。

南开科技园是滨海高新区的功能区之一，位于天津市南开区西南部。园内有南开大学、天津大学等一批高等学府和天津药物研究院、航天机电集团三院8358所等一批国

华苑科技园环内

（摄影：张　磊）

家和市级科研院所，教育、科研、人才资源十分丰富。

武清科技园是滨海高新区功能区之一，地处京津之间，区位优势得天独厚。已形成电子信息、生物医药、新型建材、机械制造、汽车及零部件五大主导产业。

北辰科技园是滨海高新区功能区之一。分为南、北两大发展区域，南区地处天津市区京津塘高速公路宜兴埠出口处，北区地处京津公路引河桥北、九园公路两侧。已形成新能源、机电制造、生物制药、汽车配件、新材料、食品饮料、橡胶制品、现代物流八大支柱产业群体。

塘沽科技园是滨海高新区功能区之一。东至渤海海岸和蓟运河口线，西至河北路和新河干渠，南至天津经济技术开发区北塘高压电厂输电的高压走廊绿化带，北至北环线和永定新河。已形成海洋高新技术、新材料、现代机械制造、电子信息等优势产业。

（赵林杉）

经济运行 2012年，滨海高新区推动梦金园、诺威尔、华鼎高科、神农百草、三五互联、农行北方呼叫中心等重点项目开工建设，开工面积超过200万平方米。通过实施经济发展“新十条”，调动工业产值增长110亿元，拉动增幅15个百分点，其中梦金园、力神电池、天地伟业、广电网络等重点企业平均增幅超过40%。全力推进高银117组团实施进度，CBD配套施工进入地面六层。滨海新区“十大战役”之一的渤龙湖总部经济区全面进入收官阶段。滨海高新区工业总产值实际完成突破千亿大关，生产总值在全市各区县中排名由上年的第8位跃升到第3位，生产总值占全市经济总量的比重由上年的3.3%上升至5%以上。

（赵林杉）

渤龙山庄

（摄影：张　磊）

项目引进 2012年，滨海高新区引入高水平项目70余个，协议投资700亿元，有力增强了主导产业的经济基础。卡梅隆中国总部、GE保理、中国有色生产物流基地、中国网上钢材交易市场、应收账款中心等一批标志性项目和总部经济落户；药研院国家重点实验室、天地图全球数据服务基地项目等一批高端研发及产业化项目入驻。通过重点项目的引进和建设，滨海高新区加速集聚形成了航天航空、文化创意等四大产业集群。

（赵林杉）

科技创新 2012年，滨海高新区引进科技型中小企业819家，其中注册资金2000万元以上企业84家。通过科技型中小企业认定的高新区企业3996家，占滨海新区的37%，其中科技小巨人企业103家。全年，高新区企业获得各类科技计划项目立项293项，获得财政资金支持近2亿元。其中，获得科技型中小企业技术创新基金（资金）项目立项166项，占全市的23%，占滨海新区的52%；获得天津市2012年支撑计划重点项目立项24项，获得立项支持资金1400万元；获得滨海新区自主创新重大科技项目12项，获得立项支持资金4400万元；获得天津市科技型中小企业发展专项资金项

滨海高新区BPO基地一角

（摄影：张　磊）

目1020万元贴息；天大天久公司获得国家国际科技合作专项项目立项支持，是天津市唯一获此项目的企业。高新区充分发挥国家级孵化器和“三级孵化”的优势，各孵化器新增企业300余家，新认定智慧山、生机、华鼎3家孵化器。

（赵林杉）

科技城入口

（摄影：张　磊）

未来科技城　2012年，滨海高新区委托中国建筑设计研究院建筑设计总院和天津市城市规划设计研究院完成天津未来科技城规划提升方案和核心区域规划调整方案，并推动市政府出台《关于鼓励中央企业研发机构落户天津未来科技城若干政策规定》。未来科技城已落户各类项目60个，其中产业项目47个、现代服务业项目13个，项目协议总投资近700亿元。包括中国航天科技集团、中国机械工业集团、中国海洋石油总公司、中国节能环保集团、中国有色金属集团等央企所属的10个高端研发及产业化项目落户未来科技城。

（赵林杉）

科技城扩建　2012年，按照市委、市政府指示，滨海高新区在宁河县启动未来科技城北部扩区工作，作为未来科技城拓展区。拓展区规划面积150平方公里。年内，首先确定拓展区4.50平方公里起步区范围，在七里海大道以东、永定新河以北范围内开始开发建设工作。高新区管委会聘请咨询公司编制拓展区起步区城市设计与导则，协调推动市规划院编制拓展区总体规划与起步区控制性详细规划、土地细分导则。配合市规划院推进七里海地区保护与利用总体规划和拓展区总体规划编制工作。同时，基本完成《未来科技城拓展区发展规划纲要》编制工作，初步确定拓展区发展战略、发展原则以及功能定位。

（赵林杉）

新三板扩容试点　2012年8月，国务院正式批准天津滨海高新区作为场外交易市场“新三板”扩容试点园区。高新区邀请券商、投资公司、管理咨询公司等举办企业上市方面的培训会、咨询会与研讨会，积极推动符合条件的企业申请公开上市，同时组织区内拟上市企业赴上市公司聚集地区参观学习，了解资本市场运作模式，借鉴上市公司经验，并集中学习资本市场专业知识。在大力推动区内企业申请挂牌的同时，利用扩容效应，招商引资，培育小巨人企业。年内，高新区有10家企业申请挂牌，5家企业成功挂牌。还有15家企业出具挂牌申请确认函。

（赵林杉）

新兴产业提升　2012年，滨海高新区战略性新兴产业继续提升。文化创意产业持续发展，仁永动画公司的代表作品《草莓乐园》在央视少儿频道播放。神界漫画出品的《三国演义》获西班牙巴塞罗那第三十届国际漫画节特别奖，神界漫画有限公司入选文化部2012年重点动漫产品名单。天影集团出品的《兔侠传奇》获得金华表奖、金鸡奖。生物医药产业，药研院生物医药产业基地等一批龙头项目竣工投产，九州

力神电池公司

（摄影：张　磊）

通北方医药基地等项目开工建设。高新区重点发展的新能源领域，巴莫科技、力神电池等锂电产业项目实现增资扩产，英利300兆瓦光伏项目完成一期投资。钜宝电子、航天十一院特种飞行器一期、富通900吨大水峰光纤预制棒产业化基地一期等项目基本完成。

（赵林杉）

滨海科技园综合服务中心

（摄影：张　磊）

基础设施建设　2012年，滨海高新区围绕未来科技城核心区的定位和建设目标，在滨海科技园完成20平方公里核心区域的道路、桥梁、管网、绿化等市政基础设施主框架建设，实现"九通一平"。渤龙湖总部经济区开发建设部分完工，建成科研、办公楼宇56栋、配套住宅84栋，酒店、餐饮、银行等商业及生活服务设施基本完备，配套小学、幼儿园加快建设，开通5条公交线路，初步满足区内企业员工和居民的工作生活需要。滨海科技园新开工道路6条5.30公里，竣工道路12条9.40公里，在建市政场站4座，已办结西北部雨水泵站、西南部雨污水合建泵站及规划次干路等五条道路划拨用地手续。在华苑科技园推动开通连接地铁2、3号线的公交620路；在滨海科技园地铁2号线接开通驳线班车，在渤龙湖市民广场开通3条公交运行专线。滨海科技园蓝白领公寓一期建设完毕，具备入住条件。通过调整容积率等方式，在华苑科技园增加建筑容量240万平方米，滨海科技园新增产业用地1.07平方公里，有力增强了区域载体功能及发展后劲。

（赵林杉）

服务体系建设　滨海高新区在滨海科技园规划渤龙天地商业街、高新区公寓商业配套、渤龙湖生态住宅区商业配套、航天置业居住区商业街、渤龙湖市民广场5项综合性商业配套项目。2012年，商业项目启动运营2项目，共计16991平方米，重点推动渤龙湖市民广场项目，年底实现运行。

（赵林杉）

2012年11月18日，渤龙湖市民广场庆典仪式

（摄影：杨晓天）

临港经济区

概况　临港经济区，东临渤海，西为滨海新区规划中部新城，南接南港工业区和轻纺工业区，北与天津港隔大沽沙航道相望，位于海河、独流减河入海口之间滩涂浅海区，是通过围海造陆而形成的港口工业一体化的新兴经济区，规划总面积200平方公里，用海面积230平方公里。是滨海新区重要功能区，也是国家循环经济示范区和国家新型工业化产业示范基地，已形成装备制造、粮油食品、口岸物流三大支柱产业，将建设成为中国北方以装备制造为主导的生态型临港经济区。2012年，临港经济区地区生产总值145亿元，比上年增长30%。工业总产值在地口径400亿元，比上年翻一番。固定资产投资242亿元，财政总收入

30.50亿元,增长30.5%。外贸进出口总额7.26亿美元,完成全年目标12.10倍。港口吞吐量1805万吨,增长20%。

(李武东)

基础配套设施 2012年,临港经济区建成道路13条、变电站3座、泵站10座,与道路建设同步,铺设给水、雨水、污水管道,推进燃气、蒸汽、桥梁、景观河道等市政设施建设,保障了企业施工和生产需求。泰达、天保、海泰集团投资建设的65万平方米生活服务区建成。其中,泰达生活服务区实现居民入住,一期14万平方米蓝领公寓主体封顶,37.70万平方米标准厂房建成投入使用。

(李武东)

围海造陆 2012年,临港经济区不断探索总结创新围海造陆、土地固化的新技术、新工艺。先后总结形成用半圆体、大型充砂袋建设围海大坝,用世界首例大圆桶结构保护油气管线,用皂化渣拌合、真排式深层抽真空法、二次真空预压固化土地等工艺造陆,取得6项国家专利,使得建设大坝、造陆固化成本分别比传统工艺降低20%以上。截至年底,累计完成固定资产投资1100余亿元,建设外坝80公里,内坝130公里,围合海域140平方公里。吹填泥沙5.30亿立方米,造陆130平方公里。固化处理土地70平方公里。

(李武东)

港区建设 2012年,临港经济区双向10万吨级大沽沙航道正式运营,大沽口港区10号、11号通用泊位建成投入使用,2号、3号10万吨级粮油码头完成空载试车,万吨级以上码头泊位20个,北防波堤基本建成,港区吞吐能力提高至3000万吨。港区配套工程、口岸开放设施逐步完善,临港搜救中心建成。临港港务集团获得国家交通运输部行业贡献奖。8月28日,由天津博迈科海洋工程公司(BOMESC)生产的中国出口中东最大的海上石油钻井平台生活楼模块在临港经济区大沽口港区装船启运。

(李武东)

招商引资 2012年,临港经济区内联引资49.10亿元,比上年增长31.6%。实际使用外资2.35亿美元,增长30.5%。新增招商引资协议额508亿元。招商引资项目累计202个,总投资2000余亿元。其中,投产项目84个,总投资800余亿元;在建项目64个,总投资500余亿元;签约项目54个,总投资700余亿元。在谈、储备项目108个,投资总额1700亿元。在已落地项目中,有LG、中船重工、中粮等9个世界500强企业投资的项目;有中国北车、太原重工、泰达控股等10个中国500强企业投资的项目;百亿元以上项目有天碱、大沽化、中船重工、华能、奥特莱斯等5个;单项产品世界第一的有新龙桥聚苯乙烯、法液空工业气体、孚宝物流等6家。

(李武东)

中心商务区

概况 中心商务区地处滨海新区核心地带,东至跃进路,西至河北路、兴业路,南至大沽排污河,北至新港四号路,规划面积37.50平方公里。中心商务区2007年开始筹建,2010年12月正式挂牌成立,功能定位为环渤海地区的国际金融、国际贸易、总部经济、高端商业和现代服务业的聚集区,将建设成为滨海新区的商务商业和行政文化中心、中国的金融创新基地、世界一流的中心商务区,成为未来城市形象标志区和国际化生态宜居城区。中心商务区规划建设进度为"两年开发启动、三年全面建设、五年初具规模、十年基本建成",力争用15到20年全面实现规划设计要求和功能定位目标。整个区域规划布局为"一河两岸六区",即以海河为轴线,沿河两岸开发为重点,规划建设于家堡金融区、响螺湾商务区、天碱及解放路

2012年5月15日,金光集团天津临港粮油食品综合加工项目投产仪式

(摄影:焦永普)

地区、大沽地区、新港地区、蓝鲸岛及大沽炮台区等6片区域。2012年，固定资产投资180亿元，比上年增长29%。财政收入28.60亿元，增长90.7%。内联引资80亿元，增长28%。利用外资1.30亿美元，增长30%。

（李武东）

人寿迁入，中租公司批准开业，国际能源控股公司得到批复，罗斯柴尔德洛希尔集团、毕马威、民生银行北方交易中心及联创融资租赁、智达金属交易市场等一批项目签约落户。银监局滨海分局、股权基金协会、农行滨海分行等一批机构入驻，于家堡金融及要素市场聚集初现。

2012年2月15日，中心商务区互比互看现场交流推动会

（摄影：焦永普）

工程建设 2012年，中心商务区累计开工1050万平方米，投资389.20亿元，竣工251万平方米，在建799万平方米。响螺湾6栋楼宇竣工，累计10栋竣工，市政配套投入使用。于家堡7栋楼宇主体竣工，能源中心、南北地下车库、共同沟均实现开工。滨海商业中心（天碱）基础设施道路启动施工。大沽地区完成土地整理和部分基础设施工程，跨海河安阳桥开工。

（李武东）

招商引资 2012年，中心商务区累计注册企业2015家，注册资本金1509亿元，实际到位额860亿元。在谈及储备项目205个，引进大型金融类总部9家，注册资本金283.30亿元，金融类企业320家，科技型中小企业31家。洛克菲勒完成基金设立，托马斯·李基金公司成立，华夏响螺湾新增入驻企业210家。成功举办于家堡论坛和首届媒体娱乐业合作交流论坛，区域影响不断扩大。

（李武东）

环境面貌 2012年，中心商务区彩带岛绿化基础工程，完成蓝鲸岛52万平方米绿化。对天津大道、迎宾大道等主干路线进行专项市容环境清整，治理运输洒漏、乱停乱放、乱摆乱卖和黑出租等问题。完成河南路安阳里、新桥里等6个社区、111栋楼宇的提升改造。

（李武东）

中新天津生态城

概况 中新天津生态城是中国与新加坡两国政府间的重大合作项目，也是世界上第一个国家间合作开发的生态城市。2007年11月18日，两国政府签署协议，中新生态城项目落户天津。2008年9月28日，生态城开工奠基。总规划面积30平方公里，人口规模35万，10~15年基本建成。按照发展定位，生态城将建设成为综合性的生态环保、节能减排、绿色建筑、循环经济等技术创新和应用推广的平台，国家级生态环保培训推广中心，现代高科技生态型产业基地，参与国际生态环境建设的交流展示窗口，“资源节约型、环境友好型”的宜居示范新城，努力实现人与人、人与经济活动、人与环境和谐共存，能实行、能复制、能推广，为其他城市的可持续发展提供样板。2012年，实现地区生产总值34亿元，比上年增长48%。固定资产投资180亿元，增长13%。财政收入27.90亿元，增长28%。招商引资合同外资额1亿美元，增长18%。实际利用外资1.54亿美元，增长50.5%。新增招商项目232个，累计注册项目854个，注册资金652亿元。

2012年，中新天津生态城以国家动漫园等为载体，文化创意产业加快聚集，迅速成长为区域的首个主导产业。生态城纳税额过千万元的产业项目15家，其中文化创意类12家。出版类企业注册资金占全市的84%，广告业产值占全市的25%，构建成以楼宇经济为代表的绿色产业发展框架。

（李武东）

招商引资 2012年，中新天津生态城推进招商方式方法的创新，建立产业小组与各投资促进署相互交叉的矩阵式招商体系，取得良好效果。借助创新中国大赛、中国首届角色扮演（COSPLAY）精英赛、生态城市博览会等，强化区域整体宣传推广，区域品牌知名度和国际影响力进一步增强。

(李武东)

南部片区建设 2012年，中新天津生态城起步区基础设施进一步完善，建成路网60公里，智能交通一期工程基本建成，中部热源厂顺利供热。推出60项重点工程加快建设，在建项目总面积352万平方米，竣工175万平方米。累计1.20万套住宅上市销售，交付使用6466套。截至年底，南部片区的市政、道桥、绿化基本完成8平方公里，水、电、气、热、交通、通信、电视等保障逐步到位，产业、商业、住宅建设全面展开，中小学、幼儿园等相继开学，一批满足居民日常基本生活保障的商业店铺陆续开业，一个企业乐业、居民乐活的良好氛围初步形成。

(李武东)

2012年1月15日，中新天津生态城新加坡美食城项目开工奠基仪式

(摄影：焦永普)

体制机制创新 2012年2月，中新天津生态城积极推动内设机构改革，在建设局、商务局创新设立公屋署、公建署等"署"一级的内设机构，取得初步成效。不断拓宽工作领域，强化工商管理、市场监管、商标广告管理及消费者维权工作。全面推进人力资源和社会保障工作，出台人才政策，简化工伤、劳资纠纷受理程序，启动人才服务中心筹备。创新环境管理，明确不同类型企业在审批、建设、验收、运行各个阶段的不同要求，实现审批信息表格化、竣工验收备案制、管理部门联动制。创新城市管理，依托智能化平台，实现统一指挥，快速协调、智能识别、远程决策、科技执法的协调联动管理机制。加强前瞻性政策研究和法规制定，颁布《促进南部片区生活性商业发展暂行办法》等4个行政规范性文件。

(李武东)

区域环境 2012年，中新天津生态城完成污水库治理，并通过科技部验收，污染底泥处理技术获得国家专利。大力推进盐碱地治理，累计绿化300多万平方米，故道河北岸、生态谷、蓟运河堤外湿地等景观项目加快推进。扎实推进清水行动，利用雨季向清净湖调水200多万立方米，启动源头水引入及污水厂二期建设。筹划设立生态环境监测中心，强化对污水厂进出水水质监测，确保污水处理设施正常运营和达标排放。在联合国可持续发展大会上，中新天津生态城被评为全球绿色城市。

(李武东)

社会管理 2012年，中新天津生态城教育事业成功起步，首所幼儿园和小学、中学分别开学，南开中学加快建设。商业配套加快推动，商业街、建设公寓、动漫园等区域初步聚集一批商家，居民基本生活得到保障。组建医院筹备组，加快医院建设进度。积极引进有影响力的社会组织，成立"绿色之友"生态城分会。开通户口管理、身份证管理、暂住证管理、蓝印户口受理等户籍管理系统，为居民购房落户等提供便利。截至年底，生态城办理户口登记110户，入住人口1500人。

(李武东)

东疆保税港区

概况 东疆保税港区位于滨海新区最东端，天津港港区的东北部，2006年8月31日经国务院批复正式成立，规划面积10平方公里，分为码头作业区、物流加工区、港口综合配套服务区，具备集装箱码头装卸、集装箱物流加工、商务贸易、生活居住、休闲旅游五大功能。目标是建设成为北方国际航运中心和国际物流中心，滨海新区实施综合配套改革的先行先试区，中国新一轮开发开放的重要标志区。2012年，东疆保税港区固定资产投资183亿元，比上年增长63%。税收收入9亿元，增长67%。外贸进出口50亿美元，增长116%。其中，进口42.50亿美元，增长114%。实际使用外资1.50亿美元，增长50%，内联引资实际到位额18.50亿元，增长32%。全年注册企业444家，注册资本406亿元，其中注册资本超亿元企业32家。

（李武东）

基础设施建设 2012年，东疆保税港区二期开关顺利实施，10平方公里整体通过海关总署验收，保税港区实现全部开关运作，成为全国面积最大的保税港区。标准仓库建成77.20万平方米，普罗旺斯一期、大洋冻品一期、梅赛德斯奔驰物流园一期、英利绿子橄榄油分拨中心一期等14万平方米建筑竣工。高银红酒项目开工，万科一期、瞰海轩开盘销售，建成13万平方米的国际商品展销中心，金融服务中心、海景度假酒店主体完工。公安基地、公交场站建成。

（李武东）

租赁业 2012年，东疆保税港区融资租赁货物出口退税试点完成全国第一单退税业务。飞机租赁企业享受进口环节增值税优惠，并累计获得国家发改委批准中长期外债指标8亿美元。注册资本10亿元的大唐融资租赁、注册5亿元的南车投资租赁等一批大型设备租赁企业落户，租赁公司累计355家。租赁飞机129架、租赁船舶36艘、租赁飞机发动机9台，租赁总资产69.70亿美元，年税收贡献2.40亿元。

（李武东）

航运物流产业 2012年，《天津北方国际航运中心核心功能区建设方案》赋予的22项试点政策已落实17项。享受国际航运税收试点营业税免征政策的航运物流企业63家，累计免征营业税1.60亿元。航运及船舶服务企业60家，中散集团将注册资本提高到260亿元，区内航运集团4家。新注册物流企业83家，具备红酒、冻品物流配送能力的特色物流产业发展迅速。

（李武东）

国际商品交易市场 2012年，东疆保税港区获得商务部授牌，成为中国北方唯一的国家进口贸易促进创新示范区。市场交易额、纳税额均有大幅提升，东疆口岸进口葡萄酒180万升，进口乳制品原材料9万吨，进出口汽车12万辆。中粮食品营销、中煤焦化、中煤华北总部等超大贸易结算型央企项目落户，新增贸易和结算类企业96家。结算额220亿元，结算额亿元以上的企业16家，贸易结算企业纳税总额2.20亿元。

（李武东）

2012年8月12日，东疆港国际商品展销中心开业暨天津市进口贸易促进创新示范区揭牌仪式

（摄影：焦永普）

滨海旅游区

概况 滨海旅游区于2009年5月成立，位于滨海新区北部生活片区，东至渤海-2.5米等深线，西至中央大道，南起永定新河北治导线，北至津汉快速路。总规划面积99平方公里。其中，陆域28平方公里，海域71平方公里。重点发展旅游装备制造业、总部经济、游艇总会、主题公园、商务会展等五大产业，建成以旅游服务业为主导，旅游产品与旅游装备制造为补充，面向东北亚的生态宜居国际旅游城。2012年，固定资产投资150亿元，比上年增长25%。地区生产总值15亿元，增长50%。财政收入14.15亿元，增长84%。接待游客120万人次，旅游收入1.22亿元，分别增长20%。

（李武东）

基础设施 2012年，滨海旅游区南部区域沿路滨河5平方公里地块路网骨架成型，第一启动器周边配套工程如期竣工，新建12条道路，铺设各类管网36公里。中央大道、生态公园及贝壳堤公园60万平方米植绿工程基本完成，门区景观初具形象。第一启动器2号厂房(健身中心)投入使用。3~13号厂房及蓝领公寓项目基本达到入驻条件，欧风国际商业街及白领公寓主体封顶。北部区域投资3.50亿元的渔航路、航北路建成通车，2.89地块土地平整工程告竣，总长度10公里。

（李武东）

招商引资 2012年，滨海旅游区内联引资21.60亿元，比上年增长54.2%；利用外资1.32亿美元，增长33.8%，新增注册企业150家，增长3倍，注册资本金15亿元。引进中视广告、中美大地等7个总部经济项

2012年1月30日，天津滨海旅游区投资服务中心揭牌暨建交中心落成仪式

（摄影：陶 然）

目。渤海监测监视基地开工建设，北方房车展销中心、游艇展销中心、天新茶叶现货电子交易市场入驻标准厂房。国家海洋博物馆通过国家立项审批，国家气象主题公园签约，总投资近200亿元的海斯比游艇城配套基地、旭辉文化旅游产业园等16个大项目签约。跟踪洽谈总投资近410亿元的渤海生态游乐港、中交城市综合体等27个项目。

（李武东）

重点项目 2012年，滨海旅游区重点项目18个，总投资546亿元，在建面积120万平方米。欢乐海魔方一期嬉水乐园建成可容纳8000人冲浪的造浪池，综合服务楼、门区及漂流河紧张施工。东方文化广场完成地下土建工程，碧桂园滨海城总建筑面积18.60万平方米的住宅项目开始对外销售，妈祖经贸园18万平方米的阳光海岸完成5栋住宅楼及商业会所建设，人造沙滩、景观岛等室外景观工程竣工。成功举办妈祖圣像落成典礼仪式。临海新城建设明显提速，中交BT4.60平方公里地块完成真空预压和成陆验收，具备开发条件。以航母主题公园为龙头，与周边区域联合申报国家AAAAA级景区工作有序推进。

（李武东）

融资与土地征储 2012年，滨海旅游区组建管委会国资公司，完成滨旅控股公司资本金结构调整和充实注册资本金工作，累计实现金融机构和项目合作融资33亿元，保证了区域开发对资金的需求。完成对渤化集团二期5.56平方公里的土地征储、海魔方二期9.40公顷的农用地转用工作，回购泰达控股公司收储的陆域341公顷，落实与八一盐场土地置换工作。全年累计出让土地20宗、面积152.99公顷，比上年增长324%。

（李武东）

北塘经济区

概况 北塘经济区东至渤海海岸线，西至塘汉快速路，南至京津高速延长线，北至永定新河。北塘经济区将建成滨海新区国际会议中心、中小企业总部基地、国际旅游目的地、生态人文宜居小镇。2012年，实现地区生产总值18亿元，固定资产投资220亿元，财政收入23亿元，内联引资11亿元，实际利用外资5583万美元。

（李武东）

重点项目 2012年，北塘经济区道路、水系、绿化及配套管线等基础设施建设基本完工。一期企业总部及其配套住宅全部建成投入使用，津能滨海热电有限公司、万达信息北方总部、中部新城开发投资有限公司、中国进出口银行滨海筹备处等企业总部入驻办公。北塘古镇内重点商业项目基本建成。“五一”试营业以来，先后接待游客近30万人次，成为天津市新的旅游目的地。还迁房项目全部完工，北塘学校、社区服务中心投入使用。公交首末站、商业综合体、文化体育中心、蓝白领公寓、垃圾转运站等配套项目抓紧建设。加快推进幼儿园、学校、医院

北塘经济区总部基地

（北塘经济区供稿）

等项目建设，打造北塘经济区宜业宜居的生活环境，进一步增强区域整体竞争力和吸引力。实施北塘古镇、企业总部基地、北塘大街等重点地段的夜景灯光工程，完成30万平方米的绿化提升改造工程，初步呈现一个清新靓丽的新北塘城区。

（李武东）

招商引资 2012年，北塘经济区拓展招商引资工作思路，完善招商引资优惠政策。通过举办微电影节、奥林匹克长跑节、北塘杯“新力量”论坛等系列活动，扩大区域知名度和影响力。全年新增注册企业67家，注册资本金15.10亿元，累计完成企业注册230家，注册资本金50.67亿元人民币，其中外资2.20亿美元。签约或达成入驻意向的企业100多家。中国人民银行征信中心、中国民生银行滨海分行、中国坞环球影视服务总部基地、万达信息北方总部等一批大项目好项目先后落户，吸引更多同类企业聚集，初步形成产业聚集优势。

（李武东）

区域管理 2012年，北塘经济区始终把城市综合服务和管理作为一项重点工作来抓，完善北塘经济区城市管理制度，强化城市综合执法队伍建设，科学划分建成区与建设区，实行分区管理，实现开发建设与城区管理的有机衔接。采取“政府购买服务”、“契约合作”等方式，与新加坡玮盛集团、泰达市政公司等国内外知名企业就区域市容保洁、市政设施维护管理、绿化养管等项目进行合作，确保城市管理的高起点、高标准。

（李武东）

中心渔港经济区

概况 中心渔港经济区位于滨海新区北部，西接中央大道，南邻渤海湾，北至津汉高速路。规划总面积18平方公里，其中陆域面积10平方公里，围合海域8平方公里。根据总体规划，中心渔港依托丰富的腹地经济优势及渔港码头等资源优势，以服务环渤海三省两市为宗旨，以建设现代性、都市性、商业性为一体的中心渔港为目标，围绕“北方冷链物流与水产品加工集散中心”和“北方游艇产业中心”产业定位，带动休闲运动、海洋科技、工业园区、港口物流、商业会展、餐饮娱乐等综合开发，构建多元海洋生态主题经济区，创建特色休闲旅游文化品牌，打造渤海湾假日休闲旅游目的地。2012年，中心渔港经济区固定资产投资50.77亿元，财政总收入3700万元。

（李武东）

基础设施 2012年，中心渔港经济区完成陆域三期10.50公里主干道路建设，同步铺设10.80公里管网，铺设提升人行道94190平方米，安装路灯609盏。建成东区雨水泵站，开工建设陆域绿轴西侧的雨污水提升泵站。完成519路公交首末站的装饰装修工程，提升区域交通出行环境，方便民众出行。完成35万平方米的区域绿化任务，悦海道、海湾一道、游艇港路的苗木种植任务，栽种乔木27723株、灌木56590株，种植草坪10.30万平方米，完成绿化组团58519平方米，区域生态文明建设初现雏形。

（李武东）

启动器项目 2012年，中心渔港经济区新一批“启动器”载体项目开工建设。天津中心渔港水产市场开工，项目规划总面积23000平方米，包括14000平方米的水产批发市场和9000平方米的餐饮中心，以及码头、停车场等配套设施。水产批发市场主要为大宗交易市场及小型独立商户，按功能划分为生鲜区、冷鲜区、冷冻区及部分独立商户。餐饮中心为地上两层，主要为餐饮商铺用房，内部功能均为独立的商铺配以连接外部的外廊及连接内庭院的

2012年6月12日，市委副书记、滨海新区区委书记何立峰，市委常委、滨海新区区委副书记袁桐利等新区领导到中心渔港调研

（中心渔港经济区供稿）

内廊。项目建成后,可满足水产品的大型批发交易、商业零售以及餐饮等功能需求。中心渔港示范冷库扩建工程启动建设,建筑面积5072.52平方米。其中,食品车间4947.52平方米,附属用房125平方米。

(李武东)

招商引资 2012年,中心渔港经济区新签约和注册项目20多家,总投资30.70亿元,到位注册资本4.90亿元。累计注册企业46家,注册资本23亿元。主要包括北京鑫辉源发水产品加工厂、天津海宝海洋食品加工及冻品物流工业园、南太平洋农业集团有限公司水产品加工厂、太原市远东食品有限公司冷链仓储物流中心等项目。同时,积极储备一批新项目,已储备近20家重点项目,主要包括北京市化冰食品有限公司水产品加工仓储、海南梦幻岛船艇及水上运动器材产品制造、五洋冷藏食品有限公司冷链物流等项目。

(李武东)

亚洲冷链物流高峰论坛 2012年7月3日至4日,亚洲冷链物流高峰论坛在中心渔港经济区举行。该论坛是第五届津台投资合作洽谈会暨2012天津·台湾名品博览会的一项重要活动。此次论坛由天津市滨海新区人民政府、两岸冷链物流技术与服务联盟主办。论坛以“供应链整合行销”为主题,介绍亚洲各地区冷链食品检验检疫的标准、物流标准、环保节能冷链仓库的设计、冷链运输与生鲜食品产销供应链案例,着眼于国际冷链物流的合作与天津市冷链物流与食品流通业的发展,进行最新冷链物流技术引进及促进商业流通合作。论坛内容包括专题演讲、冷链设备采购洽谈、冷链食品采购洽谈会、食品加工与物流园区招商洽谈会等环节。论坛邀请亚洲水产业、农产业、名产特产业、高科技水产养殖业、连锁零售流通业、餐饮行业与冷库专业运营商共计300余名代表参会。

(李武东)

轻纺经济区

概况 轻纺经济区坐落于滨海新区南部,东至临港经济区,西至大港城区,南至南港工业区,北至官港湖森林公园。总规划面积78平方公里,包括42平方公里工业区和36平方公里生活区。主要承接石化中上游资源,延伸拓展石化下游产业,是构筑新区“油头—化身—轻纺尾”完整石化产业链的重要一环,以合成树脂、合成纤维、合成橡胶三大石化合成材料为基础,打造轻工、轻纺、商贸物流三大板块,重点发展高端纺织、轻工建材、塑料制品、电子汽配等石化下游产业,着力打造中国北方重要的轻工轻纺产业基地和商品流通基地。2012年,固定资产投资101.44亿元,比上年增长23.2%。地区生产总值9.86亿元,增长70%。财政收入4.90亿元。工业产值5亿元,外贸进出口200万美元,均实现零突破。

(李武东)

基础设施 2012年,轻纺经济区基础设施建设取得积极进展。工业起步区7平方公里基础设施配套逐步完善,首座公交首末站主体封顶,首条公交线开通,首座消防站开工动建。一期19平方公里工业区基础设施建设快速推进,土地整理工作基本完成,新增建设用地933.33公顷,新增道路建设18公里,垃圾焚烧发电厂、污水处理厂具备试运行条件。生活区3.60平方公里基础设施全面启动,土地整理全面展开,启动区包括纺四路、世纪大道等6条主干道路在内的一期市政基础设施工程全面施工。截至年底,累计建设道路39公里,完成67万平方米绿化及沿线雨污水管线等工程,在建工业区路网基本形成。

(李武东)

启动器项目 2012年,轻纺经济区综合服务中心、一期蓝领公寓、一期标准厂房、轻纺大厦、滨海三号酒店等项目全面投入使用,并有效运转。标准厂房签约入驻率100%。综合服务中心有工商、公安、税务等职能部门入驻办公,基本具备行政审批服务职能。蓝领公寓近1000人入住,邮局、超市、药房、食堂等配套功能齐全,并设有图书室、健身室、体育场等文娱活动场地,入住员工的基本生活需求得到有效保障。轻纺大厦内,民生银行轻纺支行入驻开业,水、电、气、热等配套单位入驻办公,有效为落户企业提供金融、能源、物业等方面服务。

(李武东)

招商引资 2012年,轻纺经济区研究出台促进产业发展等相关政

轻纺经济区工业起步区

(轻纺经济区供稿)

策,促进区域招商工作。以商招商成为吸引项目落户的有力措施，华恒包装、国际家纺城等项目吸引泗水胶带、罗莱家纺等上下游企业10余家。神华化工销售公司、中矿海外营运基地等总部经济带动作用明显，实现销售额36.28亿元,带动入区企业5家。12月27日至28日,与中国产业用纺织品协会、中国工程院、新区商务委、经信委及知名高校共同举办产业用纺织材料技术创新论坛，吸引有投资意向企业近20家。2012年,实际利用内资11.56亿元,比上年增长44.3%，实际利用外资520万美元,新增注册企业96家。注册资金11亿元,新签约项目10个,累计注册企业210家，注册资金30.86亿元。其中,累计注册资金亿元以上企业9家、5000万元以上企业13家;总投资10亿元以上项目5个;认定科技型中小企业25家。外资引进实现突破，累计注册外资企业5家，注册资金3075万美元,其中新签约外资项目丹麦洛科威防火保温材料项目，入选新一轮全市重大工业项目。

（李武东）

项目建设　2012年，轻纺经济区工业区总开工面积100万平方米。华恒包装材料、美浓触摸屏、和能新型建材、德昱塑业等10个项目投产,实现产值5亿元。天津国际家纺城等商贸物流项目初具规模,滨海厦翔国际物流中心30万平方米工程基本建成，累计吸引150余家PVC、PPR管件管材企业落户。新纶科技、环众华北产业园等30个项目在建，储备重点在谈项目30余个。

（李武东）

滨海新区·街镇

新村街道

新村街道位于塘沽中心，东起河北路，西至新胡路与胡家园街道相接，南与新城镇相邻，北抵京山铁路。2012年，街域面积8.68平方公里，辖10个居委会。常住人口3.17万户101693人。2009年11月滨海新区行政区成立。2010年1月10日，天津市塘沽区新村街道更名为天津市滨海新区新村街道。

天津大沽化工厂、天津长芦集团等大型国有企业，塘沽河滨公园、塘沽体育场、塘沽图书馆、塘沽大剧院、塘沽电视台等文体娱乐设施坐落界内。

2012年，引进内资企业443家，注册资金10.56亿元。完成地税纳税申报348户，征收税款248.37万元。

打造亿元示范楼宇，协助泛华国际大厦进行提升改造，协助办理计委立项、发改委立项、消防报批等前期手续，协助举行泛华国际亿元楼宇开业典礼暨塘沽亿元楼宇示范楼揭牌仪式。引进20余家企业入驻泛华国际大厦。街道在该大厦成立联合招商中心，天津泛海华业物业有限公司签订亿元楼宇经济合作框架协议，为科技中小企业认定设定窗口，为工商、税务预留窗口。与泛华国际大厦合作开展孵化器建设，重点引进建筑新材料、新技术设备、节能、节水、低碳环保创新技术类项目。全年认定科技型中小企业85家。

为1200户发放慰问款物合计92万元；为394户611人发放最低生活保障金407.20万元；二次救助发放救助金36.90万元，街慈善协会发放9300元救济困难群众15人。举办大型公益招聘会5场，提供就业岗位1745个，达成就业意向431人，安置就业648人。

完成河华里精品示范社区和惠安里“创建再就业型”社区、丹东里“宜居生态型”特色社区初建。成立新村街物业管理公司，对两个社区实行准物业管理。新建正义里社区服务中心，实行“一站式”办公服务。

街道志愿者协会以“爱在滨海，扬善助困”为主题开展志愿服务活动。3月5日举行志愿服务年启动仪式，200余名志愿者参加，滨海集团社会救助基金会向新村街捐赠15万元慈善基金。26个单位递交《共建和谐社区志愿服务协议书》。志愿者学堂举办百余名志愿者参加的《婚姻法》司法宣讲报告会。街道志愿者协会招募导诊服务志愿者，40多名大学生参加。在滨海新区助残月“六助一送”活动中，街道志愿者协会走访塘沽祥羽孤独症互助会。年内全街参加服务活动的志愿者8000多人次，奉献时间1.50万小时，宣传服务群众3万多人次。千余名志愿者到辖区两个养老院送服务近百次，奉献时间2130小时，服务老人2400多人次。年内志愿者协会党支部被评为天津市社会组织先进党支部。

以塘沽第十七届海门艺术节和第八届邻居节为契机，结合街道历史文化底蕴深厚、现代文化魅力独特和群众文化基础坚实的特点，开展国学文化进机关、进企业、进学校、进社区、进家庭的“五进”活动。以青少年教育为重点，制定国学文化“五进”活动方案，并将之作为文化惠民工程列入新村街道2012年20件实事之一。在街道机关、10个社区、试点企业、试点学校、试点家庭设立“国学堂”。以各社区国学堂舞台，发掘辖区社团的文化资源和人才资源，按照“一居一特色”要求，开展形式多样的活动。编辑印发国学文化宣传读本1万余册；利用媒体宣传引导，合力营造文化氛围。滨海电视台、滨海时报、每日新报等多家媒体给予宣传报道。年内，街道获市级荣誉12项，区级荣誉25项。

（张继文）

于家堡街道

于家堡街道坐落塘沽中南部，东至春阳路，西至河北路，南至海河，北至京山铁路线和新港四号路。街道办事处成立于2010年11月16日，由原塘沽区解放路街道和三槐路街道合并而成。2012年，街域面积10.23平方公里，辖12个社区居委会，常住人口80801人。

2012年，引进企业24家，引资额0.54亿元；在谈企业10家，招商引资额2.40亿元。引进和认定科技型中小企业25家，协助22家科技型中小企业完成年检工作。代征税款578.90万元，固定资产管理收入78万元。对接辖区商务楼宇3个，与北方大厦招商合作协议在洽谈中。

利用自筹资金150万元，完成联合村、紫云园社区服务站及联合村、紫云园、福星里、新城家园居家养老中心的改扩建任务，为6个社区配齐办公设施。海河园社区服务老干部工作获得天津市社区服务老干部评选工作第一名，被评为2012年天津市社区离退休干部服务先进单位。

开展优秀共产党员和“我们身

边雷锋”评选活动,评选优秀共产党员82名、学雷锋标兵11名。朝阳楼社区被评为滨海新区优秀半边天家园。工会对辖区1300余家非公企业的经营状态拉网式排查,与320家企业签订工资集体协商合同。举办3场招聘会,采集就业岗位1156个,安置失业人员536人。

开展以“家佳计划”为重点的“幸福家庭”创建工作,召开创建和谐幸福家庭活动总结表彰大会;与三槐路社区卫生服众中心合作,成立滨海新区首家婚育学校。成立流动人口服务阵地12个、流动人口协会16个,完成1183人(次)育龄妇女免费妇科病普查,为748户计划生育独生子女家庭办理意外伤害保险。

完成20项惠民工程,迎接国家卫生城复审,成立于家堡街道城市管理综合服务中心,动员街道干部和社区工作者参加卫生清整活动,向辖区居民发放2万余份限期整改通知书,对52个自然小区全面整治,清运垃圾杂物、拆除违章、铲除小广告、粉刷和改造金泰新村、新华东里等11个自然小区的消防通道。协助祥和家园社区成立业主委员会。

全年办理新增低保33户、变更178户、迁移9户、注销118户;向困难群体发放低保金66万余元、特困金1.50万元、边缘金1.50万元、物价补贴63万余元、一次性大病助困救济72人8.50万元;向最低生活保障对象发放春节救助金22万余元;为困难家庭子女发放助学金11万余元;免费为辖区白内障患者进行手术治疗;为辖区200余户困难残疾人发放救助金约48万元;为81名90岁老人发放健康补贴10万余元,为2452名70岁以上老人查体。为2268人(次)失业人员发放失业金149万余元,为2816人办理城乡居民基本医疗保险,报销金额31万余元。“两节”期间,街工委走访慰问困难党员等462人,送去慰问金、慰问品折合4.80万元。组织开展志愿服务活动,辖区有109名党员结对帮扶生活困难群众,结成帮扶对子131个。

组织群众文化活动120场次,参加活动7000余人,举办文体骨干培训班16次,培训260人。至年末,街道拥有文体骨干队伍58支1600余人。组织“聚焦滨海”摄影比赛,征集作品50余幅。街道被评为“天津市歌舞民间文化艺术之乡”;申报2012年优秀文化书屋和文化活动室先进单位4个(紫云园、金海花园、新城家园、联合村社区);街道办事处与滨海电视台“滨海大舞台”栏目组联合举办社区消夏晚会。

社区两委换届,选举产生新一届社区党委9个,党总支1个,党支部2个,楼院党支部41个;居委会成员126名。

(张继文)

新北街道

新北街道位于滨海新区核心区北部,东起京山铁路,毗邻天津经济技术开发区;西至宁车沽路—威海路—新河干渠,与新河街道相邻;南至京津塘高速公路及其延长线,与杭州道街道、向阳街道相接;北至北环铁路,与北塘街道相连,成立于2010年8月30日。2012年,辖区总面积37.70平方公里,辖9个社区,常住居民32922户81359人。

2012年,招商引企,认定企业137家,注册资金14亿元,认定科技型中小企业52家。代征税款307余万元。与环渤海装饰城、滨海钢材市场、中创集团等大商户接洽,协助40家企业办理缴税服务;为37家企业协调解决经营地注册问题。

街道社区服务中心正式投入使用。服务中心分A、B两座,总面积6595平方米,A座一层设有“一站式”综合服务大厅,以社区服务、接待为主要功能。

拆除圈占绿地和乱堆乱放700多处;清理杂物、渣土900多车;拆除违章房屋136间;清理各类涂鸦广告10万余张;投资百余万元,粉刷楼道237个,迎复审综合治理工作取得阶段性成果,治理小广告、涂鸦方法经验被全区推广。着力解决群众反映的难点热点问题,为辖区群众解决实际困难和影响居民生活的新老问题50余件。街道办事处自筹资金数十万元,改造严重影响群

新北街阳光姐妹舞蹈队参加塘沽庆祝第四个“全民健身日”展示活动

(摄影:王 珺)

众出行的两条小区道路。

街道文体活动中心、融盛社区盛星东海岸小区创建的居民文化室、心贻湾下沉广场和贻成尚北中心喷泉广场，通过滨海新区宣传部验收。街道借助这些平台，开展内容丰富、形式多样的文体活动，组织承办塘沽第八届邻居节开幕式和“滨海大舞台进社区”新北站文艺晚会；开展“让健康永伴”和“邻居节”系列活动，参加八段锦、建党91周年合唱等展演比赛20多场；参与群众6000余人。街道艺术团阳光姐妹舞蹈队的舞蹈《我的家乡大平原》获得市级二等奖，入围天津电视台春节联欢晚会。群众文化活动得到新区政府、文广局等部门肯定，并给予文化项目立项支持，调拨30余万元的乐器设施。

“六联”机制是新北街道工委针对驻辖区单位种类和数量多、流动人口多、新建住宅小区多、非公企业多、新社会组织多等特点，以辖区党建联席会、共建联席会、新市民联谊会、物业公司联谊会、工商业者联谊会和社会组织联谊会为6个着力点和重要抓手，最大限度地整合辖区各类资源，延伸街道的管理和服务职能，进行基层社会管理和公共服务创新的一种尝试。“六联”机制分别在街道和社区两个层面推开，在促进辖区经济社会发展中发挥了卓有成效的作用。该做法曾被中国日报网、滨海时报等多家媒体报道。

年内“阳光少年之家”在街成立。总面积约100平方米，分为学习辅导区、休闲娱乐区、关爱谈心区、亲情沟通区和体育运动区等多个区域。街道招募一批青年志愿者，组成爱心服务队。爱心志愿者实行阶段轮换制，根据不同类型、不同年龄段外来务工人员子女健康成长的实际需求，定期开展学业辅导、社会化技能培训等多方面的志愿帮扶，保证活动的持续性、有效性和稳定性。

（张继文）

新港街道

新港街道位于滨海新区核心区东部，东临渤海，西至春阳路，南至海河入海口中心线，北与天津经济技术开发区、天津港保税区接壤。2012年，街域面积7平方公里，辖10个社区，常住人口91776人。

2012年，招商引资认定额12.01亿元，认定科技型中小企业81家，科技小巨人企业4家，代征零散税收280余万元。

新港街道作为塘沽管委会部分行政事权下放的试点单位，被滨海新区第一地方税务局赋予印花税代征职能，滨海新区工商局塘沽分局新港管理所进驻新港街道经济发展促进中心。通过派驻、委托、交办等形式，街道社区服务中心办理75项行政事权及便民事项，业务范围涵盖就业失业、劳动保险、老年人服务、低保特困群体救助、优抚、计划生育、个体税金缴纳等内容。

提升社区服务水平，引导社会力量参与社会管理和公共服务。公布2012年拟购买的7个社会服务项目。街道自筹资金50余万元，对重要的公共文化产品、公益性文化活动及重大公共服务项目，采取政府购买、项目补贴、定向资助等方式予以支持。经竞买评估，购买成功5个项目。贻芳托老所被列入滨海新区“三院一所”(塘沽社会福利院、汉沽社会福利院、大港社会福利院和新港街道贻芳托老所)项目，并正式奠基。

举办新港街道第八届邻居节暨2012年睦邻文化节活动，征集民众寄语2000余条。会同塘沽文化局，以“睦邻文化”为主题，面向全国词曲作者和音乐爱好者，公开征集睦邻文化主题歌曲。征得睦邻主题歌曲390首，评出一等、二等、三等奖共5名。联合滨海大舞台，举办走进蓝领公寓消夏晚会。华云园社区与台湾新竹市代表团举行“走亲戚”津台两地社区大型交流活动；华云园社区与新竹市东区文化里签订《友好交流协议书》，推动两岸睦邻友好交流。

2012年7月4日，新港街道举行睦邻文化节启动仪式

（新港街道办事处供稿）

举办首届“公益新港”行动启动暨“学雷锋志愿服务月”集中活动日。成立10个社区公益服务社和2个阳光家园志愿服务队。开展“学雷锋、建新功”系列活动，包括10个系

列30余项活动。举行"关爱他人,关爱社会,关爱自然"志愿服务活动。全年开展各类社区教育活动逾500场(次)。开展党员示范岗、党员承诺、党员奉献月、五一劳动光荣等党员奉献活动,增强党员奉献意识。落实文明城区建设方案,开展"文明楼院创建"活动。7个"快乐营地"组织开展慰问独居老人,卫生清整,延安精神进社区、进学校等活动20余项。

党的十八大期间,组织开展"十百千"大型巡逻防控平安行动。排查出132项隐患,全部得到解决;取缔违法经营68处。化解原船窗厂职工参加城市基本养老保险等多起较大矛盾纠纷。矛盾纠纷调解率及调解成功率100%。开展"六五"普法宣传工作,编撰《法律明白人读本》。全面承接社区矫正人员归口管理工作。

建设滨海新区首个"人大代表之家",作为人大闭会期间开展代表活动、学习培训的阵地,知政、议政的场所,工作和活动的中心。年内,街道总工会与247家企业签订工资集体协商协议和女职工权益保护专项集体合同,签订率95%。建立街企共建蓝领公寓青年联系点,服务流动青年。

2012年,街道荣获全国社区服务先进街道、全国科普示范社区、天津市创先争优先进基层党组织、天津市可持续发展示范街道等称号。

(张继文)

杭州道街道

杭州道街道地处滨海新区中心城区,东起吉林路,西至车站北路,南倚京山铁路,北邻京津塘高速公路。辖区内有津滨轻轨、津塘公路、杭州道、广州道、福州道等主干道路。2012年,辖区面积3.80平方公里,辖14个居委会,总人口42940户123463人,常住人口69885人,暂住人口17136人。

2012年,引进企业67家,协议引资额6.47亿元,到位额3.66亿元。自有经济收入110万元。零散税收1210万元。引进企业入库税收突破3亿元。

落实20项惠民工程,建立外来务工子女图书角和职工书屋。在洋货市场建立流动人口服务室,为外来务工人员提供优质计生服务。依托街道"阳光家园"建立新区街道系统首家孤独症康复中心,为26名病患儿童提供康复治疗。整合辖区资源,为居家老人提供配餐服务。14个小区更换安装健身路径。辖区457名育龄妇女免费查体。改造文安里、贵阳里等4个小区,铺设路面22万平方米、整修花坛37个。改善旧小区环境秩序,长征里、新园里等6个老旧小区实行物业管理。迎接全国卫生城复审,集中清理辖区13处卫生死角,清运渣土垃圾1400吨。拓宽妇女就业渠道,在淘宝网开办首家街道妇女编织站网店。举办5场大型用工招聘会,为971人提供就业岗位。免费培训下岗职工342人。完成新园里精品社区,长征里、文安里特色社区建设。组织社区艺术节、文化节、邻居节活动,举行各类演出113场次。完成文安里社区两个"党员家庭书屋"建设,新购图书3000余册。"两节"和"七一"期间,筹资20余万元,慰问381户困难党员。完成56个文明楼门建设。

投入32万元装修改造新园里社区办公用房,购置电脑、桌椅、音响和图书等。完善"一站式"服务大厅、社区学校、社区党校和社区老年大学设施。成立全国首家"社区道德大讲堂",举办各类讲座34期,听众1100余人(次)。辖区开展"党员先锋楼门"、"和谐楼门"、"文明楼门"创建活动。在居民群众中开展"好邻居"、"好子女"、"好儿媳"和"好婆婆"评选活动。587人自愿加入志愿者服务队伍,组建社区治安巡逻队、环境卫生维护队、困难群体救助队、矛盾纠纷调解队和"两劳"人员帮扶队。成立社区合唱团、社区传统剧社、社区舞蹈队、社区健身队等文体队伍,丰富居民文化生活。

完成街道社区综合服务中心建设项目立项、环评、开工建设审批手续。调整新园里泰和城、京山道、静安里等社区办公地点,完成文安里、新园里、丽水园等6个社区服务站改扩建工程,总建筑面积由1043平方米增至1996平方米。改造街道社区服务中心、劳动保障中心和零散收税服务中心,增加设施,拓展功能,提升服务环境和水平。

依托街道延安精神宣教中心、老干部宣讲团,以及辖区学校、科研院所优势,组建街道社区居民群众教育培训师资队伍。新建文体队伍12支,全街各类文体队伍58支,参与活动1800余人,在市、区以及塘沽组织的比赛中获得7项奖励。召开党建共驻共建经验推广会,14个社区党组织和辖区45个单位结成共驻共建对子。

完成11个社区党委、2个社区党总支、51个社区党支部、12个非公企业党支部和14个非公企业联合党支部换届选举工作。77个党支部全部评定为先进党支部。评选"党员促进和谐示范岗"、"青年创业示范岗"、"巾帼建功岗"等12个示范服务窗口。街道工委表彰先进党组织10个,优秀党务工作者10名、优秀共产党员100名。

(张继文)

新河街道

新河街道位于滨海新区核心区城区西北部,东至车站北路与杭州道街道和新北街道相邻，西至排灌渠与胡家园街道接壤，南隔京山铁路与新村街道衔接，北至杨北公路与北塘街道交界，毗邻天津经济技术开发区西区、塘沽海洋高新区。2012年，辖区面积42.50平方公里。辖9个居委会。总户数24683户，常住人口41790人，流动人口18425人。

京津塘高速公路直通天津滨海国际机场，近邻塘沽火车站、津滨轻轨、津塘公路、津滨高速公路、津沈高速公路，为人们出行和物资流通提供便利。

2012年，招商引企82家，注册资本10.20亿元；认定科技型中小企业50家，全街科技型中小企业101家，科技小巨人企业1家；地税额260余万元，比上年增长22%；渤海建工大楼被塘沽管委会认定为首批四家亿元楼宇项目之一。

开展“同在一方热土，共建美好家园”主题实践活动，对社区涂鸦广告、乱堆乱放、私搭乱盖、饲养家禽等问题重点整治。街道处级领导包片负责，深入社区现场指挥，承担重点地域、重点部位的集中性突击整治任务。组织社区工作者、社区志愿者队伍，对集中突击整治后的社区进行清整、保洁和维护。巩固社区卫生自治制度，发挥社区在环境治理中的自治作用。配套完善新建里社区环境自治工作机制，合理运用行政强制权力，保证社区环境自治纵深推进。定期召开社区居民代表会议，及时宣传环境治理的政策、重点、成效，加强与社区居民沟通交流，广泛征求居民意见，争取理解支持。抓住社区居民向上、向美心理，扎实开展新建里社区示范楼创建，集中打造特色鲜明楼院，形成先进带后进、局部促整体的社区环境自治局面。

塘沽第五届“让健康永伴”系列活动启动仪式在新河街举行。全年组织社区腰鼓、太极扇、柔力球、广播体操，跳绳、象棋比赛等86场次。参加塘沽体育局、老年体协、文化局、街道办举办的各项比赛29场次，获一等奖6个，二等奖9个。举办社区消夏晚会9场，丰富居民文化生活。街道合唱团参加塘沽庆祝建党91周年合唱展示大会，入选滨海新区合唱决赛，获三等奖。街道体育队在2012年塘沽全民健身运动会上，以团体总分122分的成绩勇摘桂冠。邻居节期间，各社区评选出百名“好邻居”，王宗瑞等10人被授予塘沽“好邻居”荣誉称号。积极开展双拥工作，街道被评为滨海新区爱国拥军模范单位。

党建工作进一步深化。落实教育学习计划，采取集中学习、参观考察、观看专题片等形式，进行政策理论、形势教育等方面学习，提高党员干部思想政治素质和理论水平。以贯彻落实党风廉政建设责任为抓手，组织各级各类人员签订党风廉政建设责任书，推进廉政工作深入开展。开展创先争优表彰活动，建党91周年前夕，对3个先进党组织和26名优秀共产党员进行表彰，3人被塘沽工委、1人被滨海新区评为优秀共产党员，岷江里社区党支部被塘沽工委评为先进党组织。

（张继文）

向阳街道

向阳街道位于滨海新区塘沽中部偏北，东至建材路—洞庭路，西至吉林路—河北路，南至京山铁路，北至京津塘高速公路延长线—泰达大街(四号热源厂南围墙)。辖区地理位置优越，投资环境良好，商业气息浓厚。2012年，辖区面积8.06平方公里，下辖11个居委会，人口100845人，流动人口36366人。荣获国家级奖项5项，市级奖项23项，区级奖项40项。

2012年，街道获得滨海新区首批20万元专项资金的扶持奖励，引进企业135家，引资额6.50亿元。网上申报科技型企业126家，认定90家。时代大厦通过塘沽经发局商务楼宇认定。地税代征户3539户，代征税款505万元，完成全年任务的112%。以街道经济服务中心为主，对辖区企业在行政许可审批、企业劳动用工、生产配套等方面开展保姆式服务。建立信息客户帮扶例会和帮扶台账制度。重点深入37家企业调研，对经营活动以及招商活动中遇到的各项问题进行帮扶，得到企业一致好评。

加大“迎复审”工作力度。动员党员干部、企事业单位、街道机关社区工作人员、志愿者、楼门栋长、解放军指战员、公安干警、学生等各类人员3万多人次参加迎复审各项劳动。投入资金433万元，用于开展各项迎复审工作。粉刷楼门栋、大中小型清整、拆除违章搭建、清理乱圈乱占、清除乱堆乱放等。街道被评为“市级爱国卫生先进集体”，康居园社区被天津市评为“市级安静居住小区”。

提升居民居住的生活环境。协调解决居民因房屋漏雨、上下水疏通、采光、供电等引起的邻里纠纷，排险补漏、疏通上下水、补换井盖等，完成康乐园、贻和花园、跃进里、金福里、安琪花园、福园里、迁安里7个旧小区改造任务，对9个社区133栋楼房5259平方米漏雨面积维修、4317平方米排险维修，涉及4058户居民，更换下水井盖203个，积极推广准物业管理的成功经验，对美景园、吉宁里等小区成功实施准物业管理的基础上，启动贻和花园、宏达园、洲山街、泽丰苑4个小区的准物业管理，为居民创造正规有序的社区环境。

圆满完成青年农民工融入社区项目试点工作，三年工作实践，形成项目实施成功经验。在国家民政部举办的青年农民工融入社区项目总结会上，向阳街道典型经验得到联合国项目评估组和国家民政部的高度评价，并编入国家民政部《农民工融入城市社区工作手册》和《中国民政》等刊物。《中国社会报》头版刊登“青年农民工融入社区试点项目”纪实。

顺利完成社区居委会换届选举工作。11个居委会全部采取直接选举方式。候选人面向社会公开招聘，经过笔试、面试和计算机考核择优，推选出136名正式候选人。经过选举产生居委会成员103人，其中主任11人、副主任22人、委员70人。

开展“迎新春、送温暖、献爱心”扶贫助困系列活动，慰问困难户476户，发放慰问品、慰问金50.52万元，为421户低保户发放低保金及二次救助金共416万元。办理临时救济救助12万元，慰问264户困难残疾人31万元；为734名80岁以上老年人发放慰问金30万元。参加免费招聘专场4场，安置就业772人，其中安置“4050”人员再就业295人；进行免费创业者培训31人；办理失业金发放1427人次，发放失业金92万元；办理就失业证118件；办理社会保障卡2259件。办理“五七工”养老保险134人，办理社区居民医疗保险2731人。

（张继文）

大沽街道

大沽街道位于海河南岸，东临渤海，西与塘沽新城镇毗邻，南与大港接壤，北依海河。2012年，街域面积400平方公里，设9个社区居委会，实际入住户24471户，其中常住人口37025人，流动人口22560人。2009年11月滨海新区行政区成立。2010年1月10日，天津市塘沽区大沽街道更名为天津市滨海新区大沽街道。

2012年，拓宽招商引资渠道，完善招商引资机制，完成注册资金5.10亿元目标。实现协税收入190余万元。科技型企业认定36家，超额16家。完成和睦园社区服务站改造项目，和盛苑社区服务站改造项目。

启动开展“温馨计生五项系列工程”。为辖区2000多名育龄妇女，200名流动育龄妇女免费查体。医疗部门开展社区生殖健康知识巡回宣传4次，青春期知识健康讲座2次。对计生家庭空巢老人实施亲情护理“一对一”活动。建立儿童早教指导中心，召开儿童早期教育研讨会，组织早教知识宣传讲座。为金色摇篮外来务工子女早教基地60多名儿童免费查体。

开展第八届“邻居节”系列活动，评选“好邻居”。组织社区文化队伍，参加塘沽第八届“邻居节”开幕式文艺演出。各社区分别成立剪纸、书法、绘画、摄影、插花、民间手工艺编织等协会组织，各文艺团体活跃在社区各个场所。

与滨海大舞台栏目组举办“走进社区”《滨海大舞台》电视文艺演出晚会。组织广场舞队参加塘沽2012年社区广场舞大赛，荣获优秀表演奖和优秀组织奖。改编后的小品《坏毛病》应邀参加天津市“我与国书馆读书知识竞赛”演出。“大沽龙队”在滨海新区举办的大赛中荣获二等奖。在塘沽全民健身路径运动会上，街道荣获团体总分第二名。

作为市级安全社区创建工作试点街道，做好安全社区创建培训工作，建立辖区单位安全生产数据库，为安全生产检查和监督工作开展提供可靠依据。对辖区企业核定检查，签订安全责任书，对每家企业实地拍照并通过卫星地图定位，建立企业台账。成立大沽街道安全社区促进委员会，做好安全生产大检查，开展安全生产领域“打非治违”专项行动。

坚持处级领导接访制度，对维稳信访工作定期专题研究部署，梳理出辖区不稳定隐患和矛盾集中点，抓好各类矛盾纠纷源头预防和有效化解。每逢重大节日、重要会议、重大活动，开展矛盾纠纷和不稳定因素专项排查。每月将各社区的矛盾纠纷信息逐项登记，努力提高矛盾纠纷排查化解效果，全年受理民事调解案件300余起，经调解全部达成协议。接待到访群众500余人。做好驴驹河还迁居民选房过程中的维稳工作和入户走访工作。

发挥妇女在基层和家庭的作用，发展手工编织业。得到20余万元资金支持，手工编织业短时间内迅速发展。建立大沽街妇女手工编织站1个，和美苑巧妇工作室、远景手工编织家园等10个编织站点，发展编织会员200多人。组织毛线编织、串珠、沙画等20余次培训，培训500多人，50多人参与加工手工编织。完成编织品600多件、价值6万元的订单任务，编织加工白菜、双鱼、双面福、苹果、抽纸盒、钥匙链等20多种工艺品。

（张继文）

北塘街道

北塘街道地处塘沽北部，东接天津经济技术开发区，西至黄港度假村，南临塘沽海洋高新区，北抵中新生态城。京山铁路横贯南北，津京塘高速公路穿越东西，是一座有着570年历史的海防重镇，2009年辖区被列为滨海新区“十大战役”之一。2012年，辖区面积117平方公里，其中北塘城区面积10.30平方公里。辖4个行政村、3个居委会、4个渔业公司。户籍人口9579户25428人，其中农业人口2972户6077人。全街农作播种面积350.40公顷，水产品养殖面积1424.47公顷。

2012年，完成地区总产值26650万元，比上年增长1.17%。其中，第一产业完成11600万元，第二产业完成5100万元，第三产业完成9950万元。完成增加值9010万元，增长1.63%。其中，第一产业4600万元，第二产业820万元，第三产业3590万元。水产品产量10500吨。

做好劳动保障工作。办理就失业证156人，办理失业人员登记196人，累计发放失业金50.95万元；办理一次性申领13人。办理城乡居民基本养老保险参保87人。为“五七工、家属工”年满65周岁未参保老年人办理补缴养老保险参保手续。为7215人办理城乡居民基本医疗保险参保。全街在册低保、特困户575户1081人，累计发放保障金423万元；发放实物救助卡共计59.30万元；发放物价补贴55万元。“两节”期间，救助675户，发放大米1.35万公斤，面粉1.35万公斤，食用油6750公升，慰问金28.11万元。为低保户发放饺子款6.31万元；春节困难补助86.39万元；煤火补贴及供热补助30.45万元。

做好为老服务工作。为65岁以上老年人办理免费乘车卡202个，为70岁以上老年人办理老年证19个、办理免费镶牙20人；为60~69岁老年人办理天津市老年证11人；为60~80岁老年人办理意外伤害保险3314人。为80岁以上老年人发放健康慰问金12.70万元；为90岁以上老年人发放健康慰问金4.38万元；为167名老年人发放副食补贴1.49万元；为孤老户报销医药费3.82万元。

做好残疾人工作。有持证残疾人651人，享受最低生活保障金的残疾家庭196户220人。为4名重度残疾人边缘户申请生活补助金3200元；为11户低保多残家庭重度残疾人申请护理补贴；为5名残疾人发放助残款6000元；为1户残疾人低保户申请大病困难补助金4000元；为488名无工作残疾人申请办理意外保险。

与辖区20家单位签订安全管理责任书。开展隐患排查治理、事故隐患排查及专项整治。对辖区各村(居)、生产经营单位、渔业公司、码头、建筑单位进行安全生产大检查，利用专项整治活动进行专项检查，对存在安全隐患的单位限期整改、复查。利用安全生产月、节假日、社会治安综合治理集中宣传日，在辖区宣传安全生产法律、法规和安全生产知识。做好安全社区创建工作。根据区安监局工作部署，按照资源整合、全员参与、持续改进要求，开展创建安全社区活动，确保工作目标任务全面完成。

全街常住人口10888人，流动人口1464人，居住辖区的已婚育龄妇女2093人。年内，举办计生干部业务培训3期。控制政策外怀孕，对短效育龄妇女每月进行孕检。严格二孩拟审和报批程序，至9月底，拟审上报政策内二孩21名，初审合格率100%，计划生育家庭特别扶助34人7.68万元，为辖区独生子女意外死亡家庭救助24人5.76万元；为农村退二孩指标家庭奖励22人2.20万元；发放农村、城市独生子女奖励费10余万元；开展人口理论学习2期。利用科技周、母亲节、世界人口日等开展计生政策、法律法规、生殖健康、关爱女孩等宣传教育活动，受益群众近万人。

(张继文)

胡家园街道

胡家园街道位于滨海新区西部，东临新河街道，西与东丽区接壤，南接海河，北抵黄港水库南大堤。京津塘高速公路、唐津高速公路、津滨高速公路、京山铁路、津滨轻轨、津塘公路贯穿全境。2012年，街域面积75.20平方公里，耕地面积2128.40公顷。辖19个行政村、6个居委会和3个居委会筹备组。总人口71609人。其中，农业人口35450人，非农业人口18294人，外来人口17865人。2009年11月滨海新区行政区成立。2010年1月10日，天津市塘沽区胡家园街道更名为天津市滨海新区胡家园街道。

2012年，完成增加值13.10亿元。其中，第一产业0.40亿元，第二产业5.38亿元，第三产业7.32亿元。招商引资3.90亿元。农民人均纯收入16037元，比上年增长3.2%。成立街道科技型中小企业服务中心，为60家企业办理落户手续，认定科技型中小企业20家。

头道沟还迁地块完成民宅拆迁373户，拆迁率99.7%；完成12家企业、15家种养殖户、258户农用地承包及2处村属公建房拆迁补偿工作，拆迁率100%。陈圈、善门口两个试点村签约村民分三批完成选房并全部入住西部新城觉祥园社区。签约农民全部办理“农转非”手续，享受与城市居民同样的养老医疗保险待遇，成为塘沽农村城市化惠民政策的领先受益者。解决农村城市化拆迁安置和重点工程征地拆迁，涉及历史遗留问题和现实利益问题，全年受理群众到访993件次3563人次，对上访人员集中组织两次普法宣传，引导上访人员依法依规理性诉求。

迎接国家卫生城复审，街道开

展卫生环境自查自纠,组织执勤队、志愿者对辖区居民小区、道路、市场、沟渠等地点场所进行卫生环境巡查、督促和整改。重点治理津塘公路、于庄子路、海兴路等主要道路环境脏乱差问题。取缔胡北路占道旧家具市场,完成胡家园市场下水改造工程,统一规范市场牌匾,加强市场内部管理和设施配备,完成胡北路、小咀道沿线和中心庄村、八堡村沟渠清淤治理。

做好劳动和社会保障服务工作,安置下岗职工和转移农村劳动力 82 人。保管失业人员档案 1725 份,办理就失业证 183 个,发放社保卡 1868 张。举办大型招聘会,进场单位 150 余家,到场 2000 余人,达成意向 600 余人。为农村城市化人员办理养老、医疗保险手续 1865 人,办理退休手续 65 人,为试点村 851 名老年人发放养老金,为 1085 名退休人员办理城镇职工医疗保险补缴手续。全年发放低保金 376 万元、二次救助金 72 万元、物价补贴 42 万元、优抚金 98 万元、药费补贴 13 万元,发放 80 周岁以上老年人慰问金 31 万元,其他各类民政事业费 68 万元。

全年计划生育专项经费投入 100 万元,生育奖励 77 人,特别扶助 62 人,3060 户享受独生子女光荣费,主动放弃或退二胎指标奖励 106 人。完成国家计生委反馈的 1.50 万名流动人口信息补录工作。计划生育率 98.96%。

7 月 26 日深夜,域内遭受特大暴雨袭击,导致海河水位急剧上涨,街区 1006.33 公顷农田被淹,前进里、光明里两个居委会 396 户居民家中进水,中八车所属桂花园小区发生传染病疫情等灾害。街道组织 1000 多人的抗洪抢险队伍,用麻袋 1.20 万条,出动挖掘机和运输车辆 86 部,确保抗洪抢险最后胜利。桂花园小区因饮水受污染发生疫情,街道及时采取措施,消除小区污染问题,有效遏制疫情蔓延。

(张继文)

渤海石油街道

渤海石油街道位于塘沽东部,濒临天津港和临港工业区,东起新港船闸,西至振兴楼,南倚津沽复线,北靠闸北路及军粮城地区。2012 年,街域面积 14.85 平方公里,设 6 个社区居委会。人口 5.20 万人(含流动人口),居民构成基本为海洋石油渤海公司员工及家属。2009 年 11 月滨海新区行政区成立。2010 年 1 月 10 日,天津市塘沽区渤海石油街道更名为天津市滨海新区渤海石油街道。

2012年,出台实施方案,帮助渤海油田"家属工"纳入社会统筹养老保险体系,解决老有所养问题。

全面落实低保政策。扩大对社区特殊人群救助,困难家庭基本生活得到保障。享受不到低保待遇、或者享受低保待遇后仍然困难的家属,街道劳动保障中心合理使用企业专项救助资金,每季度向社区困难家庭发放困难补助金。开展"慈善和博爱二日捐"活动,筹集慈善基金,为社区 100 户困难家庭房屋维修、家电家具添置、生活用品添置,提升困难人群生活质量。开展大病、助学、赈灾等临时救助。发挥劳动协管员作用,协助开展再就业工作,全年帮扶 100 余名就业困难人员就业。

建立入户走访制度,干部员工定期深入社区了解困难家庭生活情况。对社区 425 名残疾人进行建档、立卡分类管理,帮助社区困难家庭精神残疾人接受康复治疗、为肢体残疾人申请轮椅、免费配发助听器。坚持家庭养老和社区养老两步走。社区管理站为空巢老人发放关爱卡,一对一对接,以就医、买菜、家政等实际行动给老人以关爱。举办才艺作品展、厨艺展、重阳节联欢、读书会等适合老年人特点的文体活动。

结合社区文化艺术节和邻居节,举办特色群众文化活动,社区内开展"五一"广场文艺演出、消夏纳凉晚会共 4 场大型文化活动,吸引观众近万人。举办"感动社区"事迹宣讲会,由居民推选出的"感动人

2012年 8 月 5 日,胡家园街中心庄村党组织换届选举党员大会

(胡家园街道办事处供稿)

物”讲述自己在促进社区安定、维护家庭和谐、调解邻里纠纷等方面的感人事迹。向政府推荐在社区有一定影响力的“热心慈善老人”，通过树典型活动，带领居民共同参加社区管理，维护社区稳定。

加大日常隐患排查深度和治理力度，组织开展住宅楼外墙空鼓开裂隐患排查与治理等专项工作。加强渤海矿区非公产权房商户安全管理，将其纳入居委会日常安全管理，实施动态管理。向经营商户和社区居民发放安全宣传册，普及安全基本常识；举办高层住宅楼、菜市场、商贸区消防疏散演习，提高居民、商户的安全意识和应急实战能力。

构筑维稳网络，吸纳志愿者、楼长、居民骨干为“情报员”、“调解员”、“巡逻员”，掌握社区动态、化解重点人员思想矛盾。重大节日和党的十八大前夕，对社区重点人员定期排查、分析，根据每个人情况建立管控方案，实行责任倒查制度。建立完善人民调解、矛盾纠纷排查等工作制度，形成上下联动、责任落实的调解格局，确保社区和谐稳定。

加强社区基础设施建设，实施六大民心工程，解决道路不畅、路灯不亮、房屋漏雨等问题，群众生活环境转变。实施年度东沽、滨海社区绿化提升改造项目。对花园小区、东沽一区、东沽113号等公园和道路绿地进行改造。突出主干道景观提升，改变东盐路老旧种植模式，采用多层次种植方法，呈现出错落有致的立体自然景观。加大公共设施维修投入，完成道路、花园、围墙等公共设施维修217项。与区相关部门协调沟通，由天津市建委投资近90万元对滨海和东沽两个商贸区维修改造，市场整体环境提升。

（张继文）

2012年3月2日，市委常委、市委政法委书记散襄军（左三）陪同全国社会管理创新调研指导组到寨上街道调研指导工作

（摄影：杨大同）

寨上街道

寨上街道位于汉沽东南部，东临唐山市丰南区，西枕蓟运河与北塘镇相接，南濒渤海，北至汉沽城区的府北街、友谊街、大丰路、汉南路等路段，拥有28公里海岸线。2012年，辖区面积144.70平方公里，其中滩涂面积77.25平方公里。辖10个社区和2个自然村。居民3.23万户8.01万人。

2010年1月滨海新区行政区成立，天津市汉沽区寨上街道更名为天津市滨海新区寨上街道。

2012年，实现生产总值28770万元，社会总产值98575万元，税收2390万元，农民人均纯收入14847元，固定资产投入3000万元。招商引资实际到位资金1.80亿元，协税护税450.11万元。全市首家联网式税务代征站从5月份运行，吸纳纳税户源1760户，完成零散税收95.70万元。

转变发展方式，推进经济结构调整。认定科技型中小企业16家。发展楼宇经济，鸿钰大厦招商达到计划预期。投资2000万元建造3对大马力钢壳渔船；舜泰海珍品养殖场循环水改扩建项目完成。东金生态科技有限公司53.30公顷刺参池塘集约化养成基地池塘改建竣工，进入生产养殖阶段。工业项目建设加快推进，辖区企业开工率达100%，企业全部签订消防安全生产责任状，保障了企业安全生产平稳运行。

加强和创新社区管理。社区网格化服务管理机制实现全覆盖，街道社会组织联合会成立，以“寨上做法”（参见汉沽概述第七自然段）为代表的社会管理创新模式正在推广。社区博客访问量突破15万次。每个社区在新区综合门户网站、滨海社区贴吧的发帖量多、更新速度快，形成新亮点。村居两委换届圆满完成。

推进街道社区服务设施建设。街道社区服务中心累计接待群众咨询2万人次，为群众办理事项7000余件，群众满意率100%。街道社区服务中心荣获“全国先进社区服务中心”称号。中央社会管理创新综合试点调研组、中央信访工作督导组和市、区领导多次到街道社区服务中心视察指导工作，对中心建设及管理使用给予高度评价。铁坨里、德阳里、平阳里社区服务站投入使用，老年日间照料中心同时启用。铁坨里社区探索建立“一站七园”的服务管理模式，为社区居民提供综治信访、卫生、健身、便民、文化、养老等多种服务。在铁坨里社区召开“汉沽城区社区标准化建设现场会”，启动便民服务代办、信访服务代理“双进”社区，推动管理服务上水平。惠阳里、建阳里社区服务站竣工。

推进城乡居民医疗保险参保工作，居民参保7216人，参保率99.98%；城乡养老保险参保572人，享受老年人补贴1790人。申领发放社会保障卡2969张。安置就业再就业1034人；组织下岗失业人员参加招聘会18场，并进行小额贷款专门培训。组织失地失船人员参加创业培训75人。认定十类就业困难群体138人，全部得到就业安置。为910户低保特困户发放低保金545.60万元，受理廉租房补贴200户，审核申报80户，享受53户。

加强防潮防汛工作，对28公里海岸线海垱责任段进行全面检查。开展环境整治活动，城乡环境卫生治理得到加强。街道残疾人联合会召开第一次代表大会。加强流动人口管理服务，维护妇女儿童合法权益，特殊人群得到关心照顾。做好来信来访工作，受理各类信访案件316件，解决315件，办结率99.7%。开展“博爱送万家”活动，丰富居民群众生活。

（张兴艳）

汉沽街道

汉沽街道位于汉沽城区东北部，东至大丰路，西至蓟运河，南邻府北街、友谊路，北抵大田镇。2012年，辖区面积6.06平方公里。辖9个社区居委会，居民2.43万户6.60万人。

2010年1月滨海新区行政区成立，天津市汉沽区汉沽街道更名为天津市滨海新区汉沽街道。

2012年，引进招商项目12个，注册资金6410万元，协税完成80万元。举办横街业态调整商洽会，对横街业态布局进行调整，逐步形成文化产业一条街。申报横街为传统文化产业示范园区项目。开展零散税源征缴工作，完成零散税收47.10万元。

创新社区管理模式，首创并推广覆盖整个汉沽城区的流动人口管理“四方承诺制”，被《人民日报》宣传报道。搞好法制宣传教育、法律咨询、法律援助活动。组织开展社会治安综合治理集中宣传、综治宣传日、反邪教警示教育等活动，冬季安全生产大检查、铁路护路等活动，维护辖区社会稳定。加强流动人口服务管理，开展为流动人口“办实事、送温暖”活动，走访慰问流动人口60余户，并赠送慰问品。抓好信访稳定工作，受理信访案件45件，其中群众来访17件，接待群众28人次。

加强低保工作，为625户低保户1115人发放低保金416.58万元，特困69户129人，发放特困金11.75万元。为615户居民发放副食补贴5.51万元，发放退岗补贴59人47.83万元。为5户困难家庭申请临时救济金1.26万元，为低保家庭申请医疗救助金16.42万元，报销孤老医药费692.50元。办理廉租房补贴42户，新申请廉租住房租房补贴22户，发放廉租住房租房补贴18户，审批限价商品房2户。

搞好就业再就业工作，就业安置506人。为72名下岗失业人员办理小额担保贷款共计41万元。组织72人参加就业培训。参加城居医疗保险累计2533人，新办理发放医保卡2672人，参加城乡居民基本养老保险居民累计113人，领取老年人生活补助累计16人。

加强街道社区服务设施建设。街道社区服务中心及东滨里、滨河家园社区服务站完成主体工程。建成汉沽街老年日间照料中心。完成横街北侧二期拆迁、红霞里花园提升改造工程。配合完成后坨里燃气入户700户，组织大型清整活动8次，拆除乱圈乱占、乱堆乱放300多处，对部分社区进行硬化补建，补建面积8500平方米。投放鼠药、蟑螂药400公斤。完善市政设施5处，市政设施完好率达95%。

举办汉沽街第二届“迎新春”书画笔会、汉沽街谭云个人演唱会、消夏纳凉晚会30场。天津武警医院大型义诊活动2次，病理咨询200余人。组织社区居民130人参加健身大拜年家庭趣味运动会，举办汉沽街第二届“邻里节”。举办各类健康保健、科普知识讲座14场，发放宣传材料3000余份。深化计划生育优质服务工作，计划生育各项指标达标。社区两委换届圆满完成。

（张兴艳）

河西街道

河西街道位于汉沽城区西部，东、南邻蓟运河与汉沽街道、寨上街道相望，西与茶淀镇比邻，北接京山铁路。2012年，辖区面积4.75平方公里。辖8个社区，常住人口1.94万户4.88万人。

2010年1月滨海新区行政区成立，天津市汉沽区河西街道更名为天津市滨海新区河西街道。

2012年，引荐招商和协税企业26家，其中注册资金百万元企业19家。招商引资实际到位额2.30亿元；

完成协税 83.48 万元。开辟经济服务窗口，对重点企业、规模企业实行领导挂点全程跟踪，帮助新引进企业全程代办工商、税务等各项审批手续。

开展环境综合整治活动，加强沿街里巷环境卫生清理，开展义务劳动 32 次，清理乱堆乱放和卫生死角。配合搞好一纬路沿线整修和供热管网改造工程，完成七星里平房供热改装工程。加大对三明里等社区外溢市场治理力度，规范市场秩序。

做好重点地区部位的安全隐患排查整治工作，在 8 个社区全面推行综合治理工作新模式。接待群众来访 1756 人次，解答居民各类咨询 896 件，解决求助问题 462 件，调解纠纷 581 件。开展"交通安全进社区"、"和谐交通，文明出行"大讨论座谈会、"文明使者进社区"、"青少年反邪教读书学习会"等系列活动。

以婚育新风进万家活动为主题，大力宣传计划生育法律法规及相关知识。落实城市特别扶助对象奖励扶助制度，发放扶助资金 38.25 万元。开展"送计生温暖入村居，为育龄妇女服务到家门"优质服务万户行活动，组织开展育龄妇女查体活动，受益 1200 人次以上。加强对现居住地育龄妇女信息的登记、录入和信息变更工作，实现计划生育居住地服务与管理，基本实现"一人一卡一信息"。

搞好社会保障工作，为 870 户低保特困家庭发放低保特困救助金 528 万元，帮扶、走访困难家庭 1010 户，发放各类救助款 800 多万元。办理廉租房租房补贴 62 户，办理经济租赁房补贴 27 户。办理丧葬补贴 53 户。为 122 位老年人办理老年证，发放老年乘车卡 468 张。为 53 名 90 岁以上老人办理老年人关爱金。被市政府评为爱国拥军模范单位。召开河西街第一届残疾人联合会代表大会。推进就业再就业工作，安置下岗失业职工 668 人。

推行"网格化"社会服务管理，以"分片包干"形式，每个网格的所有事务由网格管理员专职负责。开展中青年职业技能大赛暨社工站副站长选拔赛，选拔出 8 位优秀选手被聘为社工站副站长。以河西街社会组织联合会为依托，打造"一居一特色"的社区品牌。街道社区服务中心及泰安里、三明里、七星里社区服务站完成主体工程，进入装修阶段。五羊里、清园里社区服务站工程开工建设。社区两委换届圆满完成。

（张兴艳）

胜利街道

胜利街道位于大港中部，东以迎宾街道为界，西至炼油厂青年点，南至南环路，北至世纪大道。2012 年，街域面积约 21 平方公里。辖 17 个居委会，人口 6.30 万人。

域内原主要居住着 1956 年到此开荒的胜利、前进、新立三村村民。1974 年初，中石化四公司为建天津化纤入驻此地，在胜利村北建起 8 幢楼。1976 年后，化纤厂又在四周先后建起 6 个居民区。1981 年底筹建街道办事处，1984 年 4 月经大港区政府批准成立。由天津石化公司组建，为厂办区管体制。1999 年 7 月移交地方管理，2000 年成立胜利街道工作委员会。曾获全国军民共建社会主义精神文明先进单位、全国社区体育先进街道、天津市民间艺术之乡、天津市文明机关和文明机关示范点等称号。2009 年 11 月滨海新区行政区成立，天津市大港区胜利街道更名为天津市滨海新区胜利街道。

2012 年，完成税收 1460 万元。零散税源征收 132 万元。引进天津港海科技公司等 37 家企业，引进资金 1.36 亿元。完成公司注册 37 家，个体工商户注册 823 家，注册资金总额 3618.50 万元。推进孵化基地企业注册认定工作，完成科技型中小企业注册 10 家，累计完成 23 家。

试运行街道协税护税服务系统，服务企业 610 余次。采集就业岗位信息 1244 条，实现新增就业 3013 人；受理劳资纠纷案件 5 起，通过调解妥善处理，结案率 100%。为 2416 人办理社会保障卡，全年援助就业困难群体 113 人，为 129 人办理城乡养老保险，超额完成各项指标任务。

走访慰问 205 户低保户，发放临时救济补贴 9.50 万元，对低保、特困家庭发放保障金 39 万元，助残月期间对残困户 80 余户 90 余人发放饮料、白糖、衣物、食品等防暑用品，对重大疾病患者资助近百万元。为残疾人提供免费查体和发放辅助器具等服务。荣华里社区服务站建成投入使用。

组织开展义务劳动，清整卫生环境，动用运输车 36 台次，清运垃圾杂土 1350 余吨；开展大型义务劳动 14 次，对老旧小区，出动 2700 余人次，清除乱贴乱画 76000 余张，乱堆乱放 1260 余处，摘除各类广告牌匾 650 余块，处理私养家禽近 400 只，拆除违章建筑和阳台私搭乱建 86 处，雇用人员对各社区 469 栋楼道粉刷；联合城管局对辖区烧烤市场、早点市场、菜市场进行整治，累计投入保障经费 10 万余元，优化生活环境。

成立胜利街艺术团，各社区组建合唱队、秧歌队、腰鼓队等，自创自编自演，参加进社区、走军营、入企业等各类文艺演出。组织体育比赛、书法绘画等活动 150 余场次，参加人员 2.80 万余人次。

集中力量解决辖区热点难点问

题，引导居民群众就地反映和解决诉求,重大事件得到有效解决。排查不稳定因素、处理信访事件27起。开展安全联查活动，联合公安、物业、城管和综治等部门，对辖区企业、流动人口聚集地等重点部位拉网式排查，对安全隐患及时提出整改意见和整改时限，明确整改责任人,维护辖区安全。

（刘旭东）

迎宾街道

迎宾街道位于大港城区中心，东至津歧公路,西至胜利街道,南至南环路,北靠学府路。2000年,由港北街道与板厂街道合并组成。2012年,街域面积23平方公里。辖28个居委会,人口15.33万人。2009年11月滨海新区行政区成立，天津市大港区迎宾街道更名为天津市滨海新区迎宾街道。

2012年,完成财政收入2219万元；招商引资1.02亿元；企业注册130家,注册资金3.60亿元;外贸出口额700万美元。科技型企业注册24家,认定10家。建成1家生产力促进中心和1家科技孵化器。街帮扶小组走访辖区企业45家,协调解决问题32个。

改善社区环境,发放“致党员一封信”、“共建宜居型家园倡议书”共计2万余份,悬挂布标178幅,开展大型环境卫生清整活动14次,累计出动车辆500台次，清运垃圾1000余吨,清除脏乱点位600余处,清除乱贴乱画50万余张,清理乱栽乱种503处，清理占道经营摊点300余处，拆除违章20余处300余平方米,清理菜地5000余平方米,补植绿化面积10万余平方米,参与清整1万余人次，完成创卫复审各项任务,社区环境明显改善。

走访慰问困难群众788户,发放慰问金及慰问品价值300万元。提供空岗信息3704条,挖掘就业岗位3300个。安置再就业2760人。举办招聘会2场,166家用人单位参加,提供各类岗位1700多个,来访学生和群众3700余人,现场达成就业意向727个。

维护辖区稳定，组织发动志愿者780余人，社区8小时内都有工作人员开展治安巡逻，走访居民20000余户,排查治安隐患80余起,化解各类矛盾纠纷80余起,清理乱堆乱放等800余处，社区治安秩序良好。

加强信访稳定信息的收集和整理,全年接待群众信访案件168件,成功调解纠纷160件。配置26个民情意见箱,召开12次民情民意分析会，收集民情民意221件次，解决198件次,帮扶党员群众36人次,受到居民好评。

与辖区3000余家门脸商户签订安全生产管理责任书，印制发放《安全知识温馨提示》等宣传材料1万余份。督促所属企业开展自查自纠,完成辖区1267家企业及商业门脸检查工作,检查隐患问题139处,责令整改61家。

创建文明社区，推动以吉祥艺术团为主体的春港花园及重阳里文化型家园创建工作；组织兴慧里等14个社区举办消夏纳凉晚会；组织象棋、舞蹈、书画、健身等各类比赛及展演活动；开展创建文明楼门活动,累计创建文明楼门200个,星级文明楼门创建工作陆续展开，楼门建设迈上新台阶。

组织举办老少乐书画手工作品展、第四届迎宾杯健身展演、社区消夏纳凉晚会、迎宾街社会组织联合会成立一周年汇报演出等37场大型文化活动,并走出社区进行演出。社区服务中心居民文体活动室全天候免费向社区居民开放。兴盛里居民王永艳的泥人申请非物质文化遗产获新区通过，正在申报天津市审批。春港花园社区吉祥舞蹈队在全国广场舞大赛中，荣获第8名的好成绩。

（王奎芳）

海滨街道

海滨街道位于大港东南部,东至渤海边，西以排减河为界与港西街道为邻,南至防洪大堤,北至穿港路。2012年，街域面积118平方公里。辖27个居委会，人口14.02万人。

街道居民区原为大港油田职工家属基地,由大港油田自行管理,产生于1965年油田建设初期。2000年3月,因大港油田企业减负,油田居民区由地方政府接管，经天津市人民政府批准，建立大港区海滨街道办事处,隶属区政府街委会。2001年8月,大港区合乡并镇,海滨街道西部6个居委会划归港西街道。2005年,团泊基地划归海滨街道管辖,成立团泊洼居委会。2006年,成立心港假日居委会。2009年11月滨海新区行政区成立，天津市大港区海滨街道更名为天津市滨海新区海滨街道。

2012年,引进企业5家,招商引资10550万元,完成指标的105.5%。完成零散税代征代缴任务，地方留成税金比上年增长18%。为12家企业申请新区小巨人项目资金支持，为5家企业申请科技创新项目资金支持,为5家企业申请8个专利,为354家企业破难解疑，为27家企业解决融资、升级改造、用工、配套设施等问题。

建立630人的义务巡逻队,与派出所、治安巡逻员、物业治安人员组成24小时防控队伍,有效遏制各类案件发生。全年化解调处矛盾纠纷近200件300余人。将油田近3万人外省户籍转为天津户籍，彻底解决这一老大难问题。开展企业生产、交通、消防、食品安全检查活动，出动1500人次，检查各类企业2646家，查出一般安全隐患980处，及时督促整改，有效防止安全事故发生。

全年发放米2980公斤、面1800公斤、油855升、其他物品1103件，慰问款68.42万元。救助低保户、特困户、边缘户1284户2324人，发放低保特困金近204万元。为81名贫困单亲母亲发放慰问金48600元。为215名老年人、残疾人开展居家养老服务，办理老年证1900份，补办敬老卡211张，办理就失业证58本、发放失业金24.97万元。提供2500余个就业岗位，2039人达成就业意向。帮助326人完成自谋职业和自主创业。新建18个社区服务站，其中16个投入使用。开展创建特色社区活动，创建"宜居社区"和"最充分就业社区"11种类型的特色社区。组织社区开展邻里互助、楼门文化、书画作品展览等活动，推进社区文明楼门创建，创建和谐型等70个文明楼门。

组织有关单位联合开展5次大型集中卫生清整活动，出动5700多人次，车辆107部，清除卫生死角101处，垃圾530余吨，覆盖非法广告5712条，清理小吃摊515个，清除不规范广告牌匾124个。重点对光明大道两侧开展市容整治工作。组织人员入户发放宣传材料、签订拆除整治协议264份。拆除各类牌匾401块，门斗271个，违章建筑约5030平方米。

新建17万平方米的大型文化休闲广场。成立海滨街艺术团和海滨街道社区组织联合会，文艺骨干1163人。组织开展29场消夏纳凉晚会，3500人参演，上万名群众观看；举办海滨街喜迎党的十八大专场文艺演出。利用信息网络，挖掘收集各类信息，各类报刊刊登海滨街信息161篇，编写《街居信息》12期。

（周　伟）

古林街道

古林街道位于大港城区东部，东与塘沽相接，西与迎宾街道相连，南与河北省黄骅市接壤，北与津南区相邻。2012年，街域面积209平方公里，耕地面积69.90公顷，辖10个居委会、5个行政村，人口6.37万人，其中农业人口3439人。辖区内有企业法人单位546家。

该街成立于2000年3月，由原上古林乡、官港街和千米桥街合并而成。2009年11月滨海新区行政区成立，天津市大港区古林街道更名为天津市滨海新区古林街道。

2012年，实现地方生产总值18.13亿元，比上年增长20%；规模以上工业总产值18.19亿元，增长28.8%；固定资产投资12.68亿元，增长126%；税收1.02亿元，增长28%；实际利用内资6.13亿元，增长193%；外贸出口额2.21亿美元，增长15.1%；创建科技型中小企业24家，完成工作目标的100%；农村居民人均纯收入16226元，增长12.3%。

开展企业职工教育培训，培训2040人；帮助企业申报政策扶持，为20家企业申报各类支持24项、落实支持资金506万元；完成科技型中小企业网上注册85家、认定60家，申报"小巨人"周转金5项、"小巨人成长计划"项目12项。对重点项目实行全程跟踪，确保项目签约、立项、开工和投产"四个落实"。

投资设施渔业项目5个，总投资6940万元；注册成立马二村"荣腾海水养殖专业合作社"；全年水产品产量2500吨，实现产值4880万元。

安置就业2900人，认定十类就业困难人员45人，享受灵活就业保险补贴22人；累计办理社会保障卡26500张，办理城乡居民养老保险参保1338人、医疗保险参保5800余人，报销医疗费64万元，发放失业金9万余元；发放高龄老年人补贴730人96.30万元，老年人生活补贴2515人200余万元；完成华北油田首批参保65岁以上654人和65岁以下187人参保手续审批，完成参

2012年3月25日，海滨街道在大港油田体育馆举办"春风行动人才招聘会"

（摄影：黄贤云）

加城镇企业职工保险 150 余人的老年补贴退费；为 202 名村民办理城镇企业职工养老保险续接手续。全年发放一次性补贴、低保(特困)救助金 167.90 万元；为新增 27 名 80 周岁以上老年人办理享受居家养老服务，为 280 名老年人办理老年证、免费乘车卡，为 40 户困难老年人家庭发放慰问实物；为 17 名困难家庭学生发放助学款 112 万元；为新增 70 名残疾人办理居家托养，实现全街残疾人居家托养全覆盖；为 11 名残疾人申请公益彩票辅助器具；为 24 名退伍老兵发放抚恤、补助金 100.30 万元；为 19 名伤残军人、59 名义务兵发放伤残抚恤金和家属优待金 93.90 万元。

街道社区服务中心和欣欣里、建北里、建工里、港电社区服务站竣工交付使用；开工建设 2 个社区服务站，改造社区服务站 4 个，古林里小区环境综合整治工程开工，古林里、睦林里新建住宅 4 万平方米。

2012年 4 月 11 日，古林街社区服务中心落成揭牌仪式

(摄影：翟　铭)

配合“大港送文化下乡”活动，向社区居民赠送多功能音响、图书和春联；成立“古林街海韵艺术团”积极组织排练，开展“文体大拜年”活动；参加节日系列文体活动，取得大港地区红歌比赛第 8 名、大港机关干部运动会总分第 7 名，街道居民刘大庆等 4 人荣获大港戏曲比赛京剧“十大票友”称号；采用多种演出模式，在全街各社区、村及驻街部队，开展“文化繁荣促和谐，科学发展新古林”主题文艺巡演。全年向各类媒体报送信息、稿件 200 余篇，其中 130 余篇被区、市和国家级媒体刊播。街道被滨海新区政府评为信息工作先进单位。

(刘树稳)

港西街道

港西街道位于大港南端，东与大港油田和海滨街道为邻，西与太平镇相接，南与河北省黄骅市接壤，北靠大港水库。地处大港油田腹地。2012 年，辖区面积 74.92 平方公里，辖 6 个行政村、6 个社区居委会。人口 3.40 万人，其中农业人口近 1 万人。回族 900 多人，是大港少数民族聚居区域。

全街乡镇企业 275 家，以石油化工、制钉、汽车改装与配件、造纸与纸制品、彩钢与仪表和仓储物流为主导行业。有耕地 1133.30 公顷，水库及滩涂 1000 公顷，市、区、街三级养殖小区 16 个。

该街前身为沙井子乡。2001 年 8 月撤乡并镇，将邻近油田的 6 个居委会并入，成立港西街道。2009 年 11 月滨海新区行政区成立，天津市大港区港西街道更名为天津市滨海新区港西街道。

2012 年，实现地方生产总值 16.65 亿元，比上年增长 22%；规模工业总产值 49.32 亿元，增长 28%；内资到位额 6.01 亿元，增长 75%；固定资产投资 11.80 亿元，增长 51%；农民人均纯收入 15700 元，增长 13%。

全年新投产项目 4 个，总投资 10.30 亿元。沙井子风电场累计发电 2.67 亿度，实现产值 1.60 亿元；天瑞水泥项目生产水泥（矿粉）39.10 万吨，实现产值 1.21 亿元；兴源化工浅色石油树脂和泓锋泰电动环卫车项目全部投产。新认定科技型中小企业 34 家，完成任务的 117%；为 18 家企业代理申报专利 100 余项。天津市倍成生产力促进中心有限公司被认定为全市街乡镇中第一家市级示范生产力促进中心。

开拓就业渠道，安置就业 2850 人，超额完成目标任务；做好城乡医疗和养老保险工作，城乡医疗保险参保率连续三年保持 100%；建成沙井子学校、远景学校综合楼。校园环境提升工程全部完成；建成 6 个农村卫生室并全部投入使用，卫生医疗条件明显改善；成立港西红色电影放映队，丰富群众业余文化生活。

新建住宅楼 1.50 万平方米。完成太沙路北延线工程路基工程。四季田园景观建设正在进行，其中的港西农庄基本完工，地热井开发工程积极推进，智能温室建成，着手做好太空蔬菜栽种前的准备工作；风电观光塔全部完工，等待有关部门验收；亲水平台、休闲码头和主题广场工程全部建成。实施设施农业提升工程，设施农业园的基础配套得到进一步完善。

6个社区工作站全部建成，春节前投入使用。在华隆社区、双丰社区试点建设8个特色楼门，并开展“同在一个社区，共建美好家园”活动，群众支持、参与社区建设的意识显著增强。

（孙玉伟）

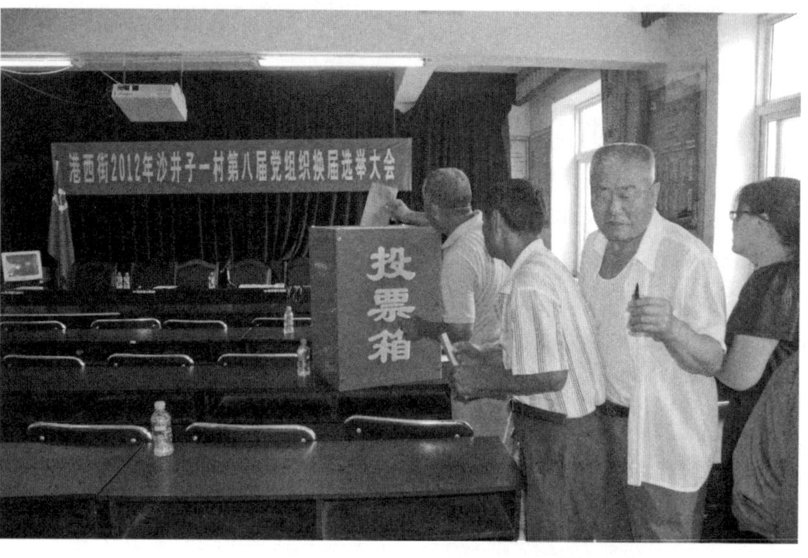

2012年7月14日，港西街进行“两委”换届选举投票

（摄影：赵洪琛）

新城镇

新城镇地处滨海新区中心区海河南岸，同塘沽城区隔河相望。东临河南路，西与津南区葛沽镇毗邻，南连塘沽盐场、大港，北靠海河。辖区内海河岸线长13.80公里。2012年，全镇面积31.01平方公里，耕地面积546公顷。辖5个行政村，1个居委会筹备组。常住人口27638人。其中，农业人口14754人，非农业人口4499人，少数民族人口1553人。2009年11月滨海新区行政区成立。2010年1月10日，天津市塘沽区新城镇更名为天津市滨海新区新城镇。

2012年，实现地区总产值15.15亿元，增加值4.16亿元，营业收入14.50亿元，出口供货值2000万美元，固定资产投资3亿元。税收0.60亿元，利润总额0.80亿元，农民人均纯收入14115元。

都市型设施农业迅速发展。天津滨海生态农业科技园区经过三年建设，通过高效设施农业、生态休闲服务业和科技教育培训业三大产业完善发展，形成集农业、科研、生产、展示、观光于一体的高科技农业园区。该园区项目总投资10.20亿元，占地面积3.89万平方公里。至2012年底，累计投资9.36亿元，建成1万平方米蔬菜展示中心，0.27万平方米科技研发中心，4万平方米主题广场，10万平方米生态园，3.20万平方米农民技能培训中心，2万平方米蔬菜种苗工厂。

制定农村城市化计划。与中建新塘公司和天津塘沽城建拆迁有限公司签订《南部新城起步区拆迁合同》，2011年12月9日启动南部新城农村城市化黄圈大营盘起步区拆迁工作，完成大营盘农用地地上物征收补偿，土地征收补偿。2012年11月9日，与中建新塘公司签订《滨海新区新城镇黄圈村、南开村拆迁委托协议书》，11月10日启动黄圈村966宅整体拆迁过渡安置工作。完成镇农村城市化基础调查，5个村集体经济组织成员确认，辖区小城镇人口年龄结构、就业人数、在学人数、拥有宅基地人数、小产权房人数等详细统计。

投资150万元完成邓善沽村自来水管网改造。投资4.38万元对黄圈村小二楼自来水管维修，对新东里14栋楼顶两个水箱和新东里16栋水箱改造。解决东海燃气公司遗留问题，镇政府投资80万元对新东里18、19、20三栋楼200余户燃气进行置换。投资1.30万元对镇区休闲广场照明设施维修。投资85万元完成12条总长10.50公里排水沟渠清淤整修。投资39万元对梁子村泵站和镇属3座窑泵站维修改造。投资15.75万元清理村级河道。投入防汛资金81万元。购置21台高压潜水泵及配套设备。

全镇有低保对象415户，低保边缘户8户，五保对象21人。全年发放低保金及生活补贴款385余万元。救助82人次，发放救助金、助学金12万元。慰问困难家庭、残疾人家庭、优抚对象956户，款物折合110万元。为五保老人发放五保金18万元。为80~99岁老年人发放健康补贴及慰问金12万元。为205位老年人办理乘车卡。发放在乡老复员军人及参战、参试人员生活补助金和关爱功臣卡共计33.77万元。

全镇有8726人参加城乡居民医疗保险。为768人办理社保卡，为87人办理临时卡。为58人办理城乡养老、退休、“五七工”等保险手续。为62名新生儿办理参保手续。为115位未在医院联网病患手工报销药费35万元。为93名年满60周岁未参加社会养老保险人员办理养老补贴，为2247人发放养老补贴。为

868人办理补费手续，征缴医疗费2000多万元，为220人办理企业职工退休手续。全镇育龄妇女4601人。采取避孕措施4031人，全年出生149人，流动人口育龄妇女1026人。

完成两委换届工作。参与换届党员400余名，选民10630人，参加投票选民6757人，参选率61.67%。

（张继文）

大田镇

大田镇位于汉沽西北部，东临河北省唐山市，西接蓟运河，南连汉沽城区，北接宁河县芦台镇。京山铁路、唐津高速公路、112国道、芦汉公路、津汉改线纵贯全境。2012年，镇域面积13.553平方公里，耕地面积530.93公顷。辖10个行政村，1个居委会。人口3686户9842人，其中农业人口3028户8424人。

大田区域清代属宁河县兴义里，民国年间为宁河县第五区芦家（坞）乡，1959年随宁河县并入汉沽区，1961年宁汉分置时划入宁河，是年10月再入汉沽，遂置大田庄人民公社，1982年改为大田庄乡，2001年撤乡建镇，设立大田镇。2010年1月滨海新区行政区成立，天津市汉沽区大田镇更名为天津市滨海新区大田镇。

2012年，完成生产总值3.09亿元。其中第一产业0.48亿元，第二产业1.50亿元，第三产业1.11亿元。规模以上工业总产值9.05亿元，农业总产值1.05亿元。固定资产投入2.60亿元。招商引资5.50亿元。税收收入3178万元，农民人均纯收入14445元。

着力发展设施农业、观光农业，休闲农业。完成大田镇农业总体规划设计。新增设施农业28.12公顷，新建3000平方米智能温室，固定资产投入6000万元。提升改造小马沽村金湾设施农业园，建有8个功能区，打造农业观光、乡村旅游特色村，带动周边万凤、芦鑫、懿轩等园区共同发展，都市型现代观光农业初具规模。

大田镇金湾设施农业观光园

（摄影：郑　颖）

工业发展势头良好。建成区级生产力促进中心，为提升企业科技创新能力提供保障。全年固定资产投入2亿元，实施开发技改项目9项。建成区级生产力促进中心，认定科技型企业20家。加大招商引资力度，引进项目3个，在谈项目5个，投资实际到位额5.50亿元。加快企业建设步伐，针织、印铁等项目投产。天津颐尚温泉度假区项目达成初步意向。

社会事业蓬勃发展。培训农民2600人，安置就业712人。城乡居民医疗保险实现全覆盖，推动城乡养老保险工作。各项支农资金发放到位。983名60岁以上城乡老年人享受生活补助。落实强农惠农政策，发放各项支农资金近600万元。成立镇级残疾人联合会。加大对低保、特困、五保及优抚对象救助力度，发放救助金135余万元。完成大田中心学校6000余平方米塑胶操场改造工程，完成小马、芦前幼儿分园主体建设。完成中心学校现代化达标复检验收、中心幼儿园市级标准园验收工作。建成村卫生室。10个村的农家书屋图书种类齐全，丰富群众文化生活。推进综治信访中心站点信息化建设。创新综治社会管理，各村、居建立健全群防群治组织。采取"四走访"工作机制，强化矛盾排查、调解工作，深入企业开展安全生产检查，未发生一起安全生产事故，全镇社会安全稳定。

（董　坤）

茶淀镇

茶淀镇位于汉沽西南部，蓟运河畔，东临汉沽城区，西与北京清河农场接壤，南连塘沽，北至宁河七里海。2012年，辖区面积52.38平方公里，耕地面积1813公顷，辖17自然村，人口0.86万户2.45万人，其中农业人口0.75万户2.15万人。京山铁路穿越全境并设站，津汉公路、唐津高速公路贯穿东西，塘汉快速路、津秦高铁、津宁高速公路在境内贯穿。2011 年被评为全国文明乡镇。2012 年被国家环保部授予国家级生态镇称号。

茶淀原名“塌淀”、“塔淀”，清代属宁河县崇仁里，民国期间属宁河县第二区，1941 年建乡，抗日战争胜利后改属第五区，解放后仍属宁河。1957 年划入汉沽，1958 年置茶淀乡，同年建为红旗人民公社，后属群英公社、芦台公社，1961 年建茶淀人民公社，1983 年更名茶淀乡。2001 年 10 月，由茶淀乡、后沽乡合并为茶淀镇。2010 年 1 月滨海新区行政区成立，天津市汉沽区茶淀镇更名为天津市滨海新区茶淀镇。

2012 年，完成生产总值 10.31 亿元，比上年增长 5.7%；固定资产投入 5.07 亿元。招商引资 5.20 亿元。财政收入 3175 万元。协税护税 578.25 万元，增长 8.2 倍。农民人均纯收入 15494 元，增长 14.8%。

茶淀以盛产玫瑰香葡萄闻名，被誉为“中国玫瑰香葡萄之乡”，葡萄种植面积 1333 公顷，年产量 5 万吨，产值 2.50 亿元。有设施大棚 490 公顷，葡萄保险库 396 座，实现大棚葡萄早上市，延长了葡萄销售供应期。农业固定资产投入 1.82 亿元。大鲵人工驯养示范基地，完成 6000 立方米水体建设，引进种鱼 200 组，人工驯养能力达 1800 条。正跃出口鱼基地，是北方地区重要的淡水鱼出口基地，带动汉沽和周边淡水鱼出口 5000 吨。维江生态养殖农家院、天羽翔农业休闲示范园基地、金泰观赏鱼基地、天津滨海农业示范园、蓟水湾农业休闲示范园基地等农业项目建设初具规模。

工业发展势头良好。工业固定资产投入 3.25 亿元，完成技改项目 12 项。年产值 500 万元以上的规模企业达 41 家，加大招商引资力度，引进项目 25 个。发挥科技型中小企业孵化作用，申报成功科技型中小企业 22 家。

旅游业蓬勃发展。打造以葡萄采摘为特色的 AAA 级旅游景区滨海葡萄科技园、以娃娃鱼繁育为主的大渔头度假村、以垂钓休闲为特色的督军园中园，以养殖观赏珍禽、品珍禽宴为主要特色的丰利源休闲园，以养殖热带观赏鱼为主的金泰水产养殖有限公司等 10 个市级特色乡村精品旅游路线，逐步成为南连北塘小镇、北接七里海的滨河农业旅游景区。

社会事业协调发展。开展网格化管理试点。推行网格民情博客，便民信箱、服务热线等服务方式，拓宽为民服务渠道。发放资金对低保户、特困户、五保户进行救助。开展各类培训 22 次。新建、扩建 8 个标准化卫生室。举办各类文艺演出 114 场，放映电影 98 场，丰富居民业余文化生活。发挥综治信访服务中心作用，做好来信来访工作，畅通群众诉求渠道。推进警员、司法力量进社区，着力从源头化解矛盾。

（董　坤）

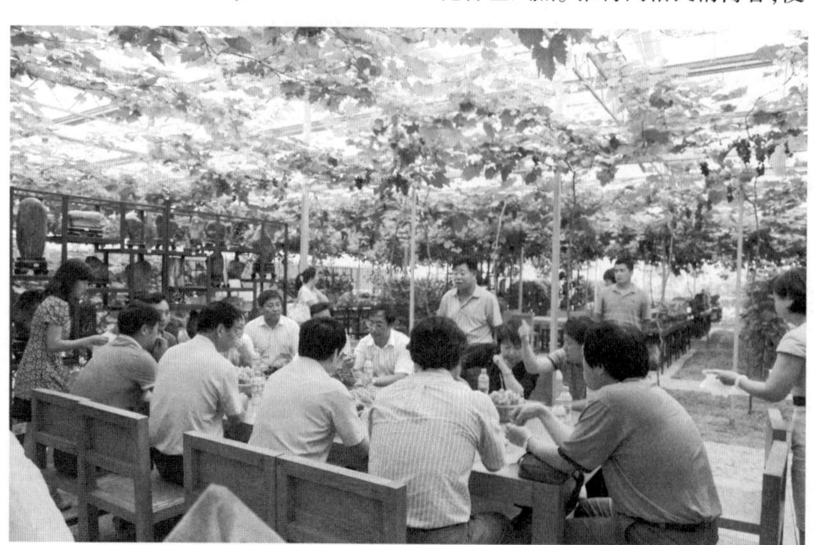

2012年 8 月 14 日，专家考察茶淀葡萄科技园

（摄影：郑　颖）

杨家泊镇

杨家泊镇位于汉沽东北部，东临河北省丰南市，西接宁河县，南与寨上街道相邻，北与河北省汉沽农场接壤。2012 年，辖区面积 60.17 平方公里，耕地面积 1355.30 公顷。辖 13 个自然村。居民 0.55 万户 1.71 万人，其中农业人口 1.58 万人。

杨家泊区域清代属宁河县崇仁里，解放前为宁河县杨家泊乡，河北省丰南市的部分村庄分别于 1957 年、1960 年相继划入。1958 年属东风人民公社，后经多次调整，1961 年建杨家泊公社。1983 年改称杨家泊乡，1984 年因驻地更名东尹乡，1994 年由东尹乡改制设立杨家泊镇。2010 年 1 月滨海新区行政区成立，天津市汉沽区杨家泊镇更名为天津市滨海新区杨家泊镇。

2012 年，完成生产总值 9.21 亿元，其中第一产业增加值 2.25 亿元，第二产业增加值 2.08 亿元，第三产业增加值 4.88 亿元。招商引资协议资金 20 亿元，实际到位 6.90 亿元，固定资产投资 6.64 亿元，完成税收 3000 万元，农民人均纯收入 14842 元。

水产养殖业发展良好。全镇水产养殖面积 653 公顷，其中海水 440 公顷，淡水 213 公顷。工厂化养殖企业 41 家，总水体 50.40 万立方米，其中孵化水体12万立方米、工厂化养殖成鱼水体38.40万立方米。工厂化孵化虾苗52.90亿尾,孵化鱼苗480万尾，工厂化成品鱼养殖产量2150吨。海淡水养殖南美白对虾投放虾苗6.60亿尾,总产量5150吨。淡水鱼投放鱼苗520万尾，总产量4800吨。实现渔业产值4.30亿元,投入资金6400多万元,完成海水工厂化养殖车间循环水设施改造10万平方米，改造后的车间降低养殖水资源排放量80%以上，节约电力资源30%以上,减排增收效果明显。

设施农业开发面积160公顷。种植业有耕地1355.30公顷,粮食总产5360吨,棉花总产570吨,蔬菜总产3339吨,果品总产5123吨,实现种植业产值6392万元。杨家泊水产聚集区，是滨海新区六大农业科技产业园区之一,规划占地面积350公顷,园区各项前期准备工作就绪,完成起步区拆迁平整53.30公顷。

以工业聚集区建设为载体,优化园区投资软硬环境。加大项目引进力度,扩充园区范畴,规划占地面积1.99平方公里的工业聚集区开发整理土地80公顷,新引进开发项目2个、达成投资意向项目9个,协议投资额14亿元。港航管桩、海龙管业、锦利程包装等5家企业投入生产。

加强和创新农村社会管理,推广总结"桃园经验",建立对口帮扶双轨制，组成13个包村工作组,重点协调解决各村在经济社会发展中存在的问题。加快发展各项社会事业,加大校园安全整治力度,保障师生出行安全。投资60余万元,完成3所小学学前班建设,完成5000余平方米操场硬化及200米标准运动场地建设。建成镇残疾人服务中心。全年发放低保、优抚、大病救助金266万元。为17365名城镇居民办理基本医疗保险，职工基本养老保险新参保176人，累计参保823人。为185人补助医疗费用67.40万元,发放老年人补助款104.50万元。

（董　坤）

太平镇

太平镇位于大港南部，东接港西街道,西靠小王庄镇,南邻河北省黄骅市，北濒大港水库，东西宽16公里,南北长18公里。2012年,镇域面积174.70平方公里，耕地面积4900公顷。辖22个自然村、19个行政村,人口3.40万人,其中农业人口3.18万人。

该镇曾被誉为冬枣之乡、全国书画艺术之乡,文化艺术名扬天下,涌现出作曲家孟庆云、农民画家窦锡珍等一批艺术人才。还是全国综合改革试点镇、全国亿万农民健身活动先进乡镇。市政府正式批准中华民营经济园更名为天津经济开发区南部新兴产业区。

新中国成立前，该地属河北省黄骅县。1949年属黄骅县五、六区。1953年属六、七区。1958年先后属东风公社和北大港公社。1961年5月成立太平村公社。1963年2月划归河北省天津市北大港区。1970年属南郊区。1979年11月归属大港区。1983年,太平村公社改建太平村乡。1987年3月，改建太平村镇。1998年9月,更名太平镇。2009年11月滨海新区行政区成立，天津市大港区太平镇更名为天津市滨海新区太平镇。

2012年，实现乡镇企业增加值29.01亿元，完成任务的100.2%;外贸出口额0.21亿美元，比上年增长15%；规模企业产值39.85亿元;固定资产投资14.11亿元；财政收入5310万元；农民人均纯收入14990元,增长12%。帮扶"小巨人"企业成长,新增注册企业25家、认定企业24家。帮助企业完成周转金申报15家，通过答辩14家，到位资金156万元。申报新区小巨人项目10家。申请各类专利400余件，获得认证200余件。

进口良种奶牛养殖示范基地项目,建成2公里园区主干道,完成20公顷土地平整,围墙、接待区等基础设施建设。胡家泊绿色生态园项目,完成办公用房、库房等设施建设,栽种各种乔灌木2.50万余株，育苗1.33公顷;40公顷标准化池塘改造基本完成。顺起生猪养殖小区经过提升改造通过市级验收，年出栏6000头。启动万亩农业综合开发项目，完成45.80公里支干渠清淤工程,新修田间道路3公里,新建闸涵32座,重建泵站1座。

中华民营经济园更名为天津开发区南部新兴产业区，区内2条主干路及配套管网开工建设；美国约翰迪尔投资项目落户。

示范镇一期还迁区34.69万平方米农民还迁楼主体及内外装修全部竣工;小区硬化、绿化、亮化工程以及配套水、电、气、暖、污水处理等基础设施基本完成；欣苑幼儿园开园启用,初期招生260人;欣苑小学达到招生标准；商业中心及农贸市场基本竣工;物业公司组建完毕,管理人员及相关设备全部就位，开始前期运行。示范镇二期一标段施工道路及临时围墙建设完毕,13.80万平方米还迁楼主体动工建设。

"崔庄冬枣"地理商标在国家商标总局注册成功,投资1200余万元建成环村水系、科普墙、仿古牌楼等设施;投资4300万元的东禹圣综合型生态农业项目,特禽养殖中心、智能温室、科研中心等设施基本竣工;投资3000余万元的耐盐植物培育产业化基地项目,育苗实验室、办公区等建筑主体基本竣工。

全年完成乡村公路养护92.30

公里；新修镇村公路10.15公里；翻修道路4.30公里。开展农村“四绿”工程，完成绿化面积28.87公顷，栽植绿植10万余株，动用土方46.30万立方米。推进文明生态村建设，投资230余万元完成翟庄子村1.70万平方米主干路硬化；投资220万元完成远景二村1.30万平方米道路基础土方。改善楼房化小区居民冬季取暖条件，投资500余万元完成同安、窦庄子等镇区楼房小区楼内循环管道改造工程。

发放低保、五保及各类救济金200余万元。新增就业2501人，技能培训765人。投资300万元，完成太平镇第一小学教职工食堂改建、操场垫平，欣苑幼儿园干路建设工程，以及大道口村、翟庄子村两所小学冬季供暖设施改造工程。建成农村标准化卫生室9个。举办农民书画艺术展、戏曲展演、农村“欢乐星期天”等活动100余场。组织慰问老年人活动6次，投资8万元改建敬老院食堂。

（张　龙）

小王庄镇

小王庄镇位于大港西南部，东邻大港水库，西至205国道与静海县中旺镇接壤，南与河北省黄骅市接壤，北靠马厂减河。2012年，镇域面积105平方公里，其中耕地面积3758.90公顷。辖20个行政村，总人口2.30万人，农业人口2.04万人。

205国道穿镇而过，津汕高速公路、黄万铁路、钱顺公路横贯其间。经过发展建设，形成“三大基地、五大中心、六大经济功能区”的总体发展框架，成为大港西部崛起的农业重镇。

新中国成立前，该地属河北省静海县。建国后属静海县抛庄区。1950年改为七区。1953年7月，区下设乡，小王庄地区设小王庄和西湾河2个乡。1958年，小王庄地区划归团泊洼公社管理区。1963年7月，划属河北省北大港区。1965年4月，成立小王庄公社。1970年1月，划属南郊区。1979年11月，划归大港区。1983年5月，小王庄公社改建小王庄乡。1986年8月，小王庄乡改建小王庄镇。2001年8月，徐庄子乡并入小王庄镇。2009年11月滨海新区行政区成立，天津市大港区小王庄镇更名为天津市滨海新区小王庄镇。

2012年，实现地方生产总值14.70亿元，比上年增长26%；规模工业总产值6.70亿元，增长11%；实际利用内资4.25亿元，增长418%；固定资产投资17.125亿元；镇级财政收入1138万元；农民人均纯收入14831元，增长10%。

做好奥特莱斯和风能发电项目的跟踪服务；全年新增科技型中小企业注册86家，累计119家；认定23家，累计57家；新增滨海新区高新技术企业认定1家；累计申报专利440件，其中135件获得授权；实施千万元以上新扩技改项目17项，固定资产投资累计17.13亿元。天津市科惠生产力促进中心成为全市第一家市级乡镇示范生产力促进中心。

加快示范镇建设，开工建设还迁房45.30万平方米，其中43万平方米主体竣工，进行室内装修和外墙保温、防水施工，部分初步具备还迁条件。建筑面积6900平方米的第一、第二幼儿园主体竣工，9500平方米的小学开工建设。

规划面积139.40公顷、建筑面积1.30万平方米的滨海现代蕈菌产业园项目，建成白灵菇工厂化车间，全部正式生产。刘岗庄设施农业园区建成温室大棚500个，并承包到农户。东群盟农业科技示范园种植丹参26.67公顷；占地4.67公顷的70个大棚建成，种植夏季菇30万棒，部分采收。李官庄设施农业提升项目规划面积147公顷，建设温室大棚379栋，完成高效育苗温室大棚12座，育苗30万株；道路、基础配套全部完成；设施农业关键技术研究示范与创新服务项目获得新区科委立项；物联网加速实施。占地333.33公顷、投资0.90亿元的农场精品果树项目种植葡萄166.67公顷，绿化面积80公顷。

完成河道疏浚3万米、硬化道路9.40万米、绿化植树1.20万株；打机井4眼、安装变压器4台、架设输电线路2500米；完成喷灌示范工程66.67公顷、滴灌示范工程33.33公顷、防渗暗渠工程433.33公顷。投资800多万元的洪瑞种猪繁殖厂正在进行施工；刘岗庄53.33公顷池塘标准化改造完成，进入农业科技改造阶段。

组织就业培训，实现就业2540人；基本养老保险参保224人，办理退休229人；发放老年人生活补助1860人；发放救助资金近170万元。筹措资金90万元完成围墙改造、漏雨维修工作。组织开展春节“千人秧歌庆新春、万户放灯祈丰年”活动；组建小王庄镇草根艺术社合唱团；小王庄民间吹打乐、南和顺高跷、小辛庄秧歌3个乡土气息浓郁的保留节目被列入滨海新区第一批区级非物质文化遗产名录。

（刘洪先）

中塘镇

中塘镇位于大港北部，东至十米河与津南区小站镇毗邻，西连小王庄镇，南靠天津石油化工公司，北与静海县、西青区相交。丹拉高速公路、津港公路比邻而过，205国道、黄万铁路横贯其间。2012年，镇域面积89平方公里，耕地面积2756.15公顷。辖24个行政村,人口4.50万人,农业人口3.78万人。

新中国成立前,该地隶属河北省天津县小站市。1950年隶属河北省天津县第六区。1952年划归天津市管辖。1953年,隶属天津市南郊区,同年7月建中塘乡和大安乡。1956年,大安和中塘2个乡合并为中塘乡。1959年隶属河西区小站公社西小站管理区,同年11月西小站和小站、中塘划属南郊区。1979年11月6日,南郊区西小站公社以马厂减河为界,划分为西小站和中塘2个公社,中塘公社划归大港区。1983年,中塘公社改称中塘乡。1994年撤乡建镇。2001年8月,赵连庄乡并入中塘镇。2009年11月滨海新区行政区成立,天津市大港区中塘镇更名为天津市滨海新区中塘镇。

该镇是国家星火技术密集区,全国乡镇企业示范区,首批全国小城镇综合改革示范镇。拥有世界第一的二、三酸生产基地,中国第一的汽车胶管生产基地。

2012年,实现乡镇企业总产值288亿元、销售收入284亿元、增加值45亿元、利润总额13.40亿元,比上年增长20%以上,固定资产投资27.08亿元,增长72%以上;镇级财政收入1.50亿元,增长50%。农民人均纯收入1.50万元,增长10%。

"两园一区"(河东工业园、日嘉工业园和中塘工业区)总计投产项目8个、总投资7.62亿元。河东工业园道路、雨污排管网、上下水等配套设施达到标准。日嘉工业园控制规划调整正在协调。中塘工业区完成拆迁、修路、铺设给排水管道等基础设施建设,完成140公顷林下经济带苗木栽植。为中小企业争取资金2300多万元,科技型中小企业注册115家,复核认定75家。

中塘镇社区文化活动丰富多彩

(摄影:王奎芳)

完成设施蔬菜种植园提升改造放心菜基地建设、绿生源新厂区和畜牧基础设施配套建设;投资1200万元的杨柳庄设施农业休闲园国家农业综合开发建设基本完成;注册潮宗桥大白菜、常流庄水萝卜、马圈茶树菇等商标3个;实施千亩生态林、林下经济带、河东工业园、中塘工业区、中港路绿化工程,完成绿化面积146.60公顷。

还迁区西区10万平方米还迁楼开槽建设;东区10万平方米开始打桩。示范镇房屋测量评估核准正式启动,安置区土地整体审批获批复。市容环境综合改造工程全面竣工;总投资近900万元、占地4500平方米的镇文体中心全面建成;金角西电站至中塘35千伏变电站、耀皮玻璃厂110千伏变电站、安达工业区35千伏变电站3条高压线全面完成。

安置就业3366人,城镇登记失业率控制在3%以下。完成城乡居民退休和老年人补助调标工作;办理养老保险参保489人;发放老年人生活费320余万元;城乡医疗保险报销医疗费60万元。完成20个村标准化卫生室建设。

栖凤北里文体中心及室外广场落成;建成新区二、三级文化广场3个,建设10个村文化活动室,完成吉安里休育广场建设,改造更新体育器械6处。完成天津市民间文化艺术之乡申报工作。建立各门类文艺队伍12支,成员300多人。

(郭庆振)

中心城区

和平区

概　述

和平区位于天津市区中部，海河干流西岸，地处北纬 39°08′，东经 117°12′，一般海拔高度 2.80~4.50 米。行政区域呈不规则四边形，东西最宽处 3.72 公里，南北最长处 4.20 公里。北、东濒临海河，南以津河、马场道与河西区相邻，西以南门外大街和卫津路与南开区接壤。是天津市中心区的核心区，也是天津政治、商贸、金融、文化、信息中心。2012 年，区域面积 9.98 平方公里，辖劝业场、体育馆、南市、小白楼、新兴、南营门 6 个街道。有 63 个社区居委会。户籍人口 402213 人，常住人口 229469 人。除汉族外，有回、满、蒙古、朝鲜等 30 多个少数民族。

2012 年，和平区深入贯彻落实科学发展观，认真落实市、区第十次党代会精神，牢牢把握“稳中求进、稳中求好、稳中求快”的总基调，突出创新发展、科学管理和特色服务三个重点，紧紧抓住大项目、“小巨人”、楼宇经济、优化环境、保障民生和维护稳定不放松，深入开展“调结构、惠民生、上水平”活动，扎实推进“十大建设”(大项目建设、高质金融建设、商务楼宇建设、高档商圈建设、“小巨人”建设、文化旅游建设、市容环境建设、民心工程建设、“智慧和平”建设、人才队伍建设)，经济社会保持了又好又快的发展势头。

坚持发展重点，主要经济指标再创新高，综合实力迈上新台阶。坚持“抓项目、调结构、扩总量、提质量”，以总部经济和楼宇经济为重点，以财政增收为核心，全力推动服务业加快发展，经济实现平稳较快增长。实现地区生产总值 645 亿元，比上年增长 12%；考核口径增加值 266 亿元，增长 15%；区级财政收入 48 亿元，增长 26%；固定资产投资 118 亿元，增长 10%；社会消费品零售总额 326.72 亿元，增长 15.2%；外贸出口额 16.23 亿美元；万元生产总值能耗 0.203 吨标准煤，降低 4.08%。

招商引企成效明显。内资到位额 121 亿元、外资到位额 5.70 亿美元，均增长 18%。引进进出口银行天津分行等一批优质企业，发展后劲和可持续发展能力进一步增强。

商旅市场繁荣活跃。泰安道五大院商业设施投入运营，海信广场等高端卖场品牌效应凸显，中心商业区品质进一步提升。老字号企业

2012年 5 月 11 日，和平区组团参展“津洽会”
(摄影：何　成)

创新发展。举办系列商旅活动，开展优质服务竞赛。实现外贸出口额16.20亿美元。社会消费品零售额326亿元。

楼宇经济加快发展。商务楼宇达91座361万平方米。成立楼宇经济管理办公室，出台商务楼宇管理服务标准，开展星级楼宇创建，推动楼宇管理标准化。税收超亿元楼宇达15座，其中4座楼宇税收超过5亿元。楼宇经济对区级财政贡献率超过60%。

科技型中小企业快速发展。建成电子商务大厦，科技金融大厦投入运营。“智慧和平”一期基本建成。19个科技项目获得市级支持。1625家科技型中小企业通过市认定备案。科技小巨人企业10家。

投资环境持续优化。以“调惠上”活动为载体，举办系列特色活动，修订出台相关政策，组织700多名干部走访2000余家企业办实事解难题。开展加快开放型经济发展服务月活动，建立投资项目联合审批联席会议制度，中介免费全程领办服务机制进一步完善，重商、亲商、安商、富商氛围更加浓厚。

坚持建管并重，重点项目稳步推进，城区面貌发生新变化。华胜村、多伦道等地块拆迁取得实质性进展。大沽路3个地块摘牌并启动建设，津湾广场二期等加快建设，汇融大厦等项目竣工，金谷大厦投入使用。全年开工519万平方米、竣工102万平方米。被评为全国国土资源节约集约模范区。

基础设施加快建设。区应急人防指挥中心投入使用。建成食品街停车场。全面完成燃煤锅炉供热改燃，建成无燃煤区。完成二次供水改造30处，自来水户管改造1.70万户。提前一年完成“五大道”地区供热补建任务。

管理水平显著提高。巩固发展市容环境综合整治成果，综合整修10条道路，新建、提升改造绿地11万平方米。空气质量二级以上天数达82%。对40片106万平方米旧楼小区实施居住功能综合提升改造，同步实施二步节能和准物业管理，居住条件显著改善。

坚持为民惠民，就业规模不断扩大。新增就业岗位5.28万个，零就业家庭动态安置为零，城镇登记失业率控制在3%以内。

社会保障和救助工作扎实有效。区民生大厦投入使用，实现民生服务“一站式”办理。和畅园定向安置房基本竣工。社会保险覆盖面不断扩大。深化“二元三级”长效救助机制，困难群众生活得到有效保障。

社区建设走在前列。完成社区区划调整和居委会换届。“选聘结合、三会一站”的社区管理运行机制更加完善。提升改造10个社区综合服务设施和一批为老服务设施，规范标准化菜市场和连锁超市，15分钟便民服务圈更加完善。和谐社区建设“三大支点、六大服务体系”进一步深化，“文明、整洁、和谐”社区达82%。

教育布局调整全面完成。高标准完成义务教育学校、特教学校现代化达标和学前教育三年行动计划。新二十一中学、万全小学、昆明路小学主校区投入使用，全年提升改造21个校区，调整16所学校。保证每个街道至少有1所国办幼儿园、1所优质义务教育学校和1所示范性高中，教育资源实现合理配置、均衡发展。教师队伍和学校特色建设扎实推进，制定并率先实施市义务教育学校服务标准，教育教学质量稳步提升，基础教育优势地位更加明显。

卫生和计划生育工作创新推进。南市街社区卫生服务中心投入使用。继续实施23项免费公共卫生服务和药品零差率销售，深化“医指通”和家庭责任医生服务，推进社区

四川路菜市场一角

(摄影：佟云伟)

卫生服务中心特色专科建设，努力为群众提供优质便捷的医疗卫生服务。符合政策生育率100%。

文化体育事业蓬勃发展。国家公共文化服务体系示范区创建工作顺利推进。举办“和平杯”京剧票友进京展演，获得各界好评。深入开展“十大文化品牌”活动，群众文化生活丰富多彩。启动民园体育场地区提升改造，南市小剧场竣工，引进一批文化旅游企业。成功举办“和平杯”第六届亚太宿将乒乓球邀请赛。和平区输送的运动员在伦敦奥运会、残奥会上获得4枚金牌。通过全国城市文明程度指数测评。

社会保持和谐稳定。加强和创新社会管理，深入开展“大走访、大接访、大检查”活动，落实维稳责任制，深化领导包案工作，解决一批历史积案。加强政法机关和基层基础设施建设，保障能力显著提升。全力应对汛期持续强降雨袭击，保证群众生命财产安全。强化安全生产、建筑施工、食品安全、道路交通、消防等监督检查，扎实推进“平安和平”建设，城区保持和谐稳定。

坚持转变职能，自身建设得到新加强。街道机构改革稳步推进。完成事业单位清理规范工作。深入开展“创建文明机关、争做人民满意公务员”活动，公务员整体素质明显提高。自觉接受区人大及其常委会的法律监督和工作监督，接受区政协的民主监督，广泛听取各民主党派、工商联、无党派人士和人民团体的意见。认真办理人大代表建议和政协委员提案，办复率和满意率均达100%。加强反腐倡廉建设，推进政务公开，强化政务督查、效能监察和审计监督，节约型服务型政府建设取得新成效。推动“六五普法”和“法治和平”建设，依法行政考核被确定为优秀等次。民族、宗教、侨务、外事、对台、人防、档案、保密、妇女儿童、防震减灾、应急处置、国防动员和双拥共建等工作取得新进展。

（张国治）

和平区区级领导名单

中共和平区委领导名单

书　记：李金亮

副书记：张盛如　常大光　李海军

常　委：李金亮　张盛如　常大光　李海军　石季壮　曹学建　路艳青（女）　李　凤（女）　卫克武　陶东宁　赵昔涛（7月调离）　赵春意（7月任职）　马桂平（女）

和平区人大常委会领导名单

主　任：冯绍宽

副主任：马洁泉　庞学光　王　毅　陈秋华　王晓琳（女）

和平区政府领导名单

区　长：张盛如

副区长：石季壮　路艳青（女）　何　鹏（满族）　姚增顺　张宁宁　孟冬梅（女）

区长助理（副区长级）：曹大伟　赵昔涛（10月任职）

政协和平区委员会领导名单

主　席：潘庆元

副主席：李联国　陈永林　胡广元　高平武　张素华（女，兼）　汤　欣（兼）　刘朝霞（女，兼）　马成喜（兼）

（区委组织部提供）

经济发展上水平 2012年，和平区把握“稳中求进、稳中求好、稳中求快”的发展基调，突出创新发展、科学管理和特色服务三个重点，坚持大项目、“小巨人”、楼宇经济、优化环境四措并举，实施“十大建设”，经济社会保持又好又快发展势头。主要经济指标高位平稳运行。实现地区生产总值645亿元，比上年增长12%；考核口径增加值266亿元，增长15%；区级财政收入48亿元，增长26%；固定资产投资118亿元，增长10%，社会消费品零售总额326.72亿元，增长15.2%；实际利用内资到位额121亿元、增长18%，直接利用外资到位额5.70亿美元、增长17.69%；外贸出口额16.23亿美元；万元生产总值能耗0.203吨标准煤，降低4.08%。六大支柱产业加快聚集，对经济发展起到明显支撑作用。金融业实现增加值111.60亿元，对区经济发展贡献率54.65%，年内有银行、证券、期货等42家金融类机构落户，共有小贷公司16家，外资银行和传统金融机构分别占全市的87%和40%，“金融和平”优势凸显。扶持科技型企业加快发展，新增科技载体6万余平方米，19个科技项目获得市级支持，通过市认定备案的科技型中小企业新增525家，总数达1625家，科技小巨人企业达10家。商旅市场繁荣活跃，中心商业区品质提升。引进217个国际品牌、7家知名餐饮企业，19家国际品牌旗舰店、31家特色餐饮企业开业；泰安道英式风情区“五大院”商业设施投入运营，友谊精品广场开业，海信广场等高端卖场品牌效应增强。营造重商、亲商、安商、富商氛围，投资环境持续优化。以总部经济为重点开展招商工作，引进进出口银行天津分行等一批优质企业，可持续发展能力增强。年内新增经济主体2223户，新增注册资金43.85亿元。其中，个体工商户1449户、注册资金9950万元，私营企业724户、注册资金15.17亿元。在“调惠上”活动中，修订出台优惠政策，组织700多名机关人员走访2003家企业，解决153个影响企业发展问题。开展加快开放型经济发展服务月活动，完善中介免费全程领办服务机制，行政审批服务实现再提速，年内办理审批事项34024件，办结率100%。完善国有资产监管体系，稳妥推进国有企业改革，国有资产保值增值率和运营质量提高。

（张国治）

2012年4月28日，友谊精品广场开业

（摄影：何　成）

楼宇经济贡献率持续提升 2012年，和平区把楼宇经济作为调整经济结构、转变发展方式的着力点，打造“立在中心城区的开发区”。在全市第一个成立作为区政府职能部门的楼宇经济管理办公室，形成全市第一个职能部门、楼宇企业、入驻企业“三位一体”的管理机制。提出2012年至2016年创建税收超亿元、5000万元、1000万元楼宇规划，参照ISO9000质量管理体系编制完成并发布实施全市第一个区《商务楼宇管理服务规范》，为科学管理提供依据。制定颁布全市第一个《星级商务楼宇考核标准》，启动星级楼宇创建工作。建立和平区楼宇经济网站，建成全市第一个楼宇经济数据库和和平区创建税收亿元楼宇数据库，实现重点楼宇信息和政策信息网上查询、管理资源共享，按照“一楼一档”对重点商务楼宇实施动态跟踪服务。持续提速高端商务楼宇项目建设，挖掘闲置商务楼宇资源，置换行政办公楼宇，对部分老旧楼宇进行“二次包装”，新增商务楼宇面积66万平方米，楼宇功能和品质提升。加强招商宣传推介，提高入驻企业质量，区内商务楼宇中有82家国内外500强企业的地区总部、分支机构，银行、保险、证券等金融机构地区总部107家，注册资金1亿元以上的高端商务企业50余家，形成具有辐射能力的商务及总部集群。至年末，全区有商务楼宇91座，总建筑面积361万平方米，其中1万平方米以上楼宇57座；实现全口径税收76亿元，15座楼宇税收超1亿元，其中税收超10亿元楼宇1座。税收超5000万元楼宇8座，税收超1000万元楼宇27座。楼宇经济对区财政收入的贡献率超过60%，为区域经济可持续发展提供了有力支撑。

（张国治）

城市建设加速推进 2012年，和平区推动大项目、重点工程建设。全年在建项目67个，开工面积518.91万平方米，总投资额572亿元，其中新开工面积103.46万平方米，商业酒店写字楼项目49个431.40万平方米，社会事业项目14个28.53万平方米。竣工面积101.55万平方米，汇融大厦等项目竣工，金谷大厦投入使用，津湾广场二期等加快建设。启动民园广场建设。泰安道英式风情区五大院项目，四号院竣工，五号院商业部分竣工，写字楼加快建设。完成4个项目、6个地块的土地出让，实现土地交易额22.508亿元。被评为全国国土资源节约集约模范区。区财政主导投资的教育及民生项目共计18项，建设规模44.68万平方米，占开工总规模的8.6%，投资35.93亿元。加快教育布局调整。第二十一中学、昆明路小学、南市模范小学竣工投入使用，南市幼儿园进行基础施工。加快社会事业设施建设。区市民服务中心主体封顶。区110指挥中心正在内外装修，区民生服务楼、南市社区服务中心、南市小剧场竣工。城市基础设施和民心工程建设项目取得新进展。区应急人防指挥中心投入使用，建成食品街停车场。五大道地区供热补建工作三年任务两年完成，覆盖供热面积32万平方米，涉及5300户，该地区大部分居民首次享受集中供热。开展旧楼区综合提升改造40片、236幢楼、919个楼门、106万平方米，受益群众1.83万户，同步实行准物业管理。努力提升人民生活水平，着力解决供水、供气、供热等问题。重点完善市政公用设施，新增供热面积51.80万平方米。新增天然气用户1280户。燃气旧管网改造24片16.50公里。自来水户内管网改造76处，二次供水泵房改造30处。

（张国治）

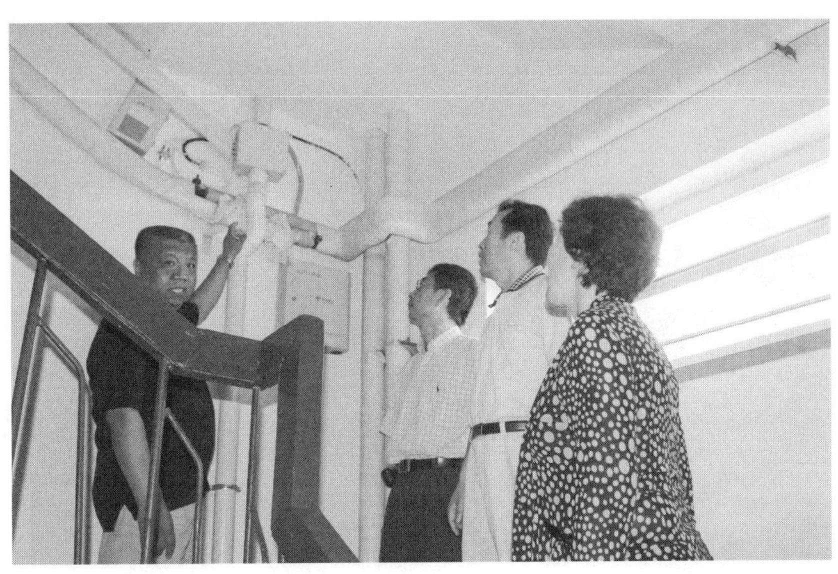

供热补建工作温暖群众心

（区建委提供）

财税工作惠民生 2012年，面对严峻复杂的宏观经济形势，和平区推进公共财政体系建设，着力打造财源税源，加强收入征管，实现财政收入较快增长。优化财政支出结构，加大对民计民生领域投入力度，努力提高公共财政服务水平，有力促进各项事业全面发展。面对严重的经济下行压力，全区各部门密切配合，通过加大“招商引税”、“引企增税”力度，不断引入新的财源税源，体现了保住存量、扩充增量、激活变量、做大总量、提升质量的整体工作要求，为财政增收提供坚实支撑。税务部门通过不断推进现代化征管机制的建立，健全完善收入分析、评估、监控和稽查的良性互动机制，细化对重点行业、企业和楼宇的税收辅导和检查，切实加强对契税、房产税的征管与稽查，征管质量和效率明显提高。做好国有资产有效整合工作，不断提升国资收益对财政支持的可持续性。全年实现地方一般预算收入48亿元，实际收入位列市内六区第一，增幅位列第一，完成财政收入48亿元，财政支出47.30亿元，实现财政收支预算平衡。主要支出情况为：一般公共服务3.83亿元；公共安全4.40亿元；教育16.37亿元；科学技术0.72亿元；文化体育与传媒0.64亿元；社会保障和就业3.10亿元；医疗卫生3.13亿元；环境保护0.105亿元；城乡社区事务6.56亿元；其他各类支出8.445亿元。集中财力惠民生，投入财政资金建成民生大楼、新二十一中学、昆明路小学、万全小学、南市社区卫生服务中心、110指挥中心、应急指挥中心等一大批项目。加大公共卫生资金投入，支持国医堂、社区卫生服务站建设，基本公共卫生服务经费标准由人均30元提高到50元，高于全市水平40%。落实各项惠民政策，慢性病管理服务项目以及低保、特困人员生活补助等工作得到财政高标准保障。“智慧和平”智能信息管理平台建设、国家公共文化服务体系示范区创建工作顺利展开，和平区公共服务设施水平得到质与量双重提升。

（张国治）

文体活动丰富多彩 2012年，和平区开展国家公共文化服务体系示范区创建工作，成为第一批国家公共文化服务体系示范区申报区县

新建成的万全小学

（摄影：何　成）

之一，新建4个街道综合活动文化站，电子阅览室全覆盖各街道、社区。9月22日，在北京全国政协礼堂举办“盛世菊坛和平杯”——中国京剧十大名票、十小名票演唱会，“和平杯”京剧票友邀请赛进京展演。中央电视台《空中剧院》进行现场录制，京津两地1000名观众现场观看演出，为中国京剧200年历史上首次，也是迄今唯一一项由各地政府文化主管部门层层选拔、经权威部门认定，并由国家主管部门授予“中国京剧十大名票”等荣誉称号的全国性群众文化活动。10月24日，第十一届“和平杯”京剧票友邀请赛鸣锣开赛。经过复赛遴选出的69名海内外票友全部荟萃津城，进入决赛的还有来自美国、日本、英国、秘鲁、加拿大的选手。进入决赛的国内60名选手、9名港、澳和海外选手，连续演出5场，展现了中国传统文化的风采。开展非物质文化遗产宣传、保护工作，按照申报标准，经专家鉴定，和平区有10项文化遗产列入第二批非物质文化遗产名录。举办“和平区非物质文化遗产大篷车校园行”系列活动。“大篷车”校园行走进10所小学。通过观看展牌和听取非遗知识讲座，传承人现场为同学们传授中国传统技艺等形式，让孩子们了解非遗、热爱非遗，做传承非遗的小主人。年内还开展漫画大赛、青少年书画大赛、楹联大赛、天津市合唱艺术大赛、第九届中国·天津五大道旅游节等品牌文化活动和“和平之春”、“纳凉晚会”等社区系列艺术活动，全年文化演出达1000场。设立文化旅游引导资金，发展文化旅游产业。

（张国治）

科技工作进入快速发展期

2012年，和平区科技型中小企业实现突破性发展，科技创新实力明显提升，信息化应用水平显著提高，科协、科普、知识产权等各项工作深入推进，科技工作整体进入快速发展期。全区有1625家科技型中小企业通过市科委认定，年内新增525家，总量居市内六区第二位，科技小巨人企业达10家。加大招商力度，在深圳投资商会、海淀区科委等招商渠道基础上，加强与市科委、市经信委、北京商会等单位联系，引进盛英旗科技、世纪正源、北方先创等17家注册资金千万元以上的创新型科技企业，为科技产业发展增添后劲与活力。科技产业不断发展壮大，科技企业创新氛围日益活跃，年内有19个创新项目获得市科委、市经信委等部门专项资金扶持，资金总量达3590万元，再创历年新高。区内一批科技企业成功获得科技支撑重点项目支持。举办“第二十六届科技活动周”、“全国科普日”、“科技助力公共机构节能”等群众性科普宣传活动，开展“食品安全与公众健康”主题社区巡讲等专项活动。编印相关科普宣传资料6.50万件(套、份)；举办科技讲座(报告会、研讨会)258场，听众达1.92万人次；组织科技培训218次，受训1.37万人次；举办科普知识竞赛1268场次。对24处社区科普画廊和11处太阳能科普画

2012年9月22日，“和平杯”中国京剧票友邀请赛进京展演在全国政协礼堂举行

（区文化和旅游局供稿）

廊内容进行更新，新建新型太阳能科普画廊12处120延米，普及宣传节约能源资源知识，推动节约型公共机构建设。把青少年群体作为提升全民科学素质重点，组织以“参与绿色经济践行绿色消费”为主题的纪念“6·5世界环境日”知识技能大比赛、2012全国及天津市青少年信息学奥林匹克竞赛、和平区2012年计算机应用能力竞赛等活动，激发广大青少年学科学、用科学的兴趣，提升科学素质，扩大了全民科学素质行动群众基础。

（张国治）

教育优质均衡发展 2012年，和平区教育优质均衡发展。调整布局，优化资源配置，高标准全面完成义务教育学校、特教学校现代化达标和学前教育三年行动计划。调整16所中小学校址，完成27个校区的新建、改扩建和提升改造，高标准通过义务教育现代化达标建设检查验收，第二十一中学、万全小学、昆明路小学主校区投入使用。调整幼儿园园址、扩大办园规模9所，实现每个街道办事处辖区内至少有1所优质国办园目标。至此，和平区有公办中学13所、小学17所，各类型幼儿园22所，民办中学5所、小学4所，特殊教育学校1所，职校1所，成人学校人专、中专、进修学校、青少年宫各1所，天津市旅游育才职业中等专业学校更名为天津市和平区教育研究与服务中心。办学条件进一步改善。完成昆明路小学总校区、万全小学南市校区、第二十一中学新校舍建设工作。完成鞍山道小学、原万全道小学总校、原万全道小学宁夏路校区、哈密道小学以及卫津路中学（现和平艺中）一期工程5个校区、7个楼座的校园安全加固工程。做好第十一中学、第六十一中学、鞍山道小学、岳阳道小学等学校的提升工程，完成21个单位、27个校区工程建设，16所学校完成搬迁。教师队伍和学校特色建设扎实推进，制定并率先实施市义务教育学校服务标准，开展“和平杯”教师技能竞赛，继续实施“学科首席教师领衔团队工程”和“名校长、名教师培养工程”，11名教师当选天津市中小学第八批特级教师，数量居全市各区县之首。举办“和平教育对外交流研讨会”和天津·香港“社会责任与可持续发展教育”师生论坛。做好未成年人思想道德建设工作，社区教育与成人教育办学质量提高。促进青少年学生身心健康成长，广泛开展阳光体育运动，丰富学生文体活动内容，降低学生近视眼发病率，促进青少年学生健康成长。在全区中小学生中开展保护视力征文活动和“正确读写姿势和习惯培养”活动。通过艺术教育，提高学生艺术鉴赏水平，举办和平区学生艺术节暨“阳光下成长”学校艺术展演决赛、美术集体项目暨“龙的传人”手工艺品制作大赛，参加天津市学生合唱节合唱团专场比赛和厦门“第四届全国中小学生艺术展演”。

（张国治）

医疗卫生体系进一步健全 2012年，和平区围绕深化医药卫生体制改革主线，落实各项改革措施，抓好“三个建设”（基础建设、能力建设、内涵建设），搞好“两项服务”（基本医疗服务、基本公共卫生服务），努力构建与和平区城市功能定位相适应的医疗卫生体系。区健康教育指导中心、南市街社区卫生服务中心新址建成投入使用。南市街社区卫生服务中心面积由800平方米增加到3500平方米，增加国医堂、放射科、健康家园等科室，完善辅助设施，计划免疫接种门诊达到市级规范化门诊标准；新添置数字化影像系统、彩超等设备，提升服务功能。通过房屋置换和资源调整等方式，解决区妇幼保健机构公共卫生职能建设和区疾控中心标准化建设中面积不达标问题。区疾控中心业务用房建筑面积由2500平方米增加到3800平方米，区妇儿保健中心面积增加1450平方米，达到卫生部标准。继续实行药品零差率销售。建立新的药品零差率销售政府补偿机制，各社区卫生服务中心药品零差率销售工作运行平稳。6个社区卫生服务中心药品销售达8086万元，为

2012年9月12日，区环保局联合区教育局在第五十五中学开展纪念国际臭氧层保护日暨环保课堂进学校活动

（区环保局供稿）

群众让利1212万元。启动绩效工资制度，调动医务人员积极性。第一、二批实施绩效工资改革单位完善绩效工资制度，加大绩效考核力度，整体工作进入良性循环轨道。年内启动的其他事业单位绩效工资改革稳步推进。继续开展23项公共卫生服务，拓展和深化基本公共卫生服务内容，扩大服务人群，增加服务内容，建立健康档案180613份，建档率60.3%，管理60岁以上老年人33813人，高血压管理21683人，糖尿病管理7510人，脑卒中管理1697人，残疾人社区管理1185人。完善家庭责任医生工作，建立家庭责任医生服务团队38支，团队队员222人，将特困、孤老、高龄空巢、失能、优抚等老年人作为重点服务人群，开展签约式服务，签约家庭18950户，受益33015人。提供免费B超检查10921人次、中医治疗项目服务7585人次。每季度为签约家庭发放《家庭责任医生专刊》。提高家庭责任医生信息化管理水平，在社区卫生服务管理软件中添加家庭责任医生内容，和平区家庭责任医生信息化管理逐步完善。建成集自助健康检查、健康指导为一体的“健康家园”。社区卫生工作更加贴近百姓，在小白楼、新兴、南市街社区卫生服务中心建成以自助健康检查和健康指导为主要内容的“健康家园”。加强传染病监测预警，提升预防、处置能力，做到早发现、早报告、早处置，通过网络监测、哨点监测、专项监测三类监测项目，每日对传染病疫情和突发公共卫生事件信息进行网络实时监测，全年无突发疫情发生。做好手足口、流感等传染病疫情分析和处置工作，结合学校托幼机构密集特点，及时开展传染病防治专题培训，并加强疫情监测与分析。手足口病例124例，处理聚集性病例9起，发病数低于全市平均水平。全年

2012年5月24日，和平区在南市街道举办计划生育展览

（南市街道办事处供稿）

无麻疹病例报告。继续维持无脊髓灰质炎状态。

（张国治）

市容环境整治成效显著 2012年，和平区贯彻落实《天津市城市管理规定》，加大工作力度、提高管理水平，努力做到管理的常态化、精细化、科学化、法制化。组织开展三次市容环境卫生大清整活动，累计出动30000余人，车辆600余辆，清理脏乱及堆物点位120余处、垃圾近20吨。清整绿地6000延米。加强对重点区域、居民区集中检查，发现市容环境和卫生方面的问题2456处，及时下发《市容环境整改督查通报》。对聚集摊点、店外摆卖、流动商贩、马路餐桌、占道加工（堆放）、马路市场等各类非法占道经营行为进行全面治理。对绵阳道、建物大街、河南路、万全道等重点地区占路经营进行综合整治。推进数字化城管工作，开展道路两侧空树穴、道路路面破损情况、海河亲水平台夜景灯光破损和开启情况、路灯设施损坏、马路“问题井”、海河亲水平台市容环境问题、道路两侧死树、道路两侧低挂和落地线缆等36次市容环境专项普查。完成市容环境问题信息采集和处置工作，上报有效案卷127694件，立案120659件，立案率94.49%，案卷处置112003件，处置率92.83%，应结案120210件，结案111958件，结案率93.14%。完成三友里等40片旧楼区提升改造任务。完成楼房粉刷251栋155739平方米，围墙3971平方米，存车棚规范改造36处7586平方米，建垃圾桶下排水103处。完成迎宾迎检线路整修涉及的35条道路首层整修任务，对卫津路、南门外大街、新兴路、西康路4条道路的牌匾进行规范，涉及点位185处6500平方米。巩固扩大“奋战900天”市容环境综合整治成果，不断提升城区绿化水平。完成南京路、南门外大街等10条道路提升改造，改造面积4万平方米，栽植乔木199株，花灌木221株，模纹绿篱7850平方米，花卉21400墩，安装树篦子133个，白栏杆12525延米。完成土山公园7520平方米、延寿里19421平方米绿化建设任务。解放北园8410平方米景观综合提升改造工作全部竣工。

（张国治）

抓保障促就业 2012年，和平

区积极推进公共服务均等化，投入70%以上财力用于发展社会事业、改善群众生活。受理各类保障性住房收入核对1281件，和畅园定向安置房基本竣工。围绕“十大建设”和60多个大项目做实岗位，津塔写字楼、五大院商务区落成后，提前介入，摸清用工需求，储备人力资源。全年新增就业岗位39735个，新增就业中，单位从业占比93.8%；第三产业占91.1%；大专以上学历占比40.6%，就业结构进一步优化。累计登记社会失业人员6965人，通过各种渠道安置6218人，安置率89.27%。累计认定十类就业困难人员2217人，实现安置2193人，单亲、零就业家庭保持动态安置为零。累计发放失业保险金813万元。享受灵活就业社保补贴10597人，补贴金额5144.64万元。支付自谋职业、自主创业扶持资金1.95万元。区属公益性公司、服务型公司、商贸企业、再就业基地等累计安置下岗失业人员2216人，发放公益性工资补贴3896万元。投入近1亿元，建成建筑面积1.08万平方米的民生大厦，整合婚姻登记、养老助残、流动人口管理等10个服务中心、40个服务窗口，实现民生服务“一站式”办理。深化“二元三级”长效救助机制，困难群众生活得到有效保障。全年发放低保、特困救助补贴款674.39万元，上调5798人补贴标准。2950名享受政府出资提供上门服务的老人，每人每月补贴标准由45元增加到80元。启动对80岁以上困难老人由政府出资上门服务工作，新增服务对象239名，居家养老服务老人总数达4340人。在全市率先建起托老所，建立2个社区老年食堂。保证残疾人生活保障、医疗康复、教育培训、就业创业、文化体育等方面合法权益，为2727名残疾人全额缴纳城乡居民基本医疗保险；为668名残疾人缴纳城乡居民基本养老保险，为1562名低保特困残疾人发放生活救助金补贴，为424名残疾人提供个性化、一对一的居家助残服务。建成区残疾人特教中心，向残疾学生和困难残疾人子女发放助学金30余万元。关注高校毕业生就业，加大就业见习力度，落实大学生到基层和中小企业就业政策，引导企业自觉承担社会责任，消除就业歧视，提供公平就业机会。加强就业服务工作，开展就业培训，举办各类人员培训班74个班次、8个专业，培训4233人。加大劳动监察执法力度。查处劳动违法案件187件，追发拖欠工资580.20万元，督促用人单位补签劳动合同11531万份，补缴社会保险340.50万元，对实名举报和因拖欠工资引发的群体性突发事件，优先受理、快速反应、及时处理。

（张国治）

劝业场街道

劝业场街道位于和平区西北部，东至营口道，西临多伦道接南门外大街，南抵南京路，北起张自忠路、和平路。2012年，辖区面积约1.78平方公里，辖12个社区居委会，户籍人口27774户78098人，常住人口15461户41073人。

界内商业设施比较集中，业态比较齐全，除国有企业外，还有“两新”组织348家、个体经营户近6000家。

2012年，完成招商引资任务4000万元。

推出以“拓展一条渠道、设立一项基金、抓好一个延伸、健全一批载体、创新一种机制、打造一个亮点”为主要内容的惠民服务“六个一”系列举措，深化安全维稳、长效解困、环境清整、社区服务、社区管理和双拥共建工作，实现服务载体、服务方式的进一步创新。

建立长效帮扶机制，拓宽就业渠道，完善社会保障体系，两次召开大型招聘会，提供岗位3000余个，创岗安置2589人，组织89名失业人员进行创业能力测试，为10名有创业意向的失业人员提供创业培训，为6名创业人员办理小额贷款审核和贷款后跟踪服务，带动9人就业。深入辖区单位走访用工需求，为用工单位招聘失业人员进行空岗备案登记85人次。换发社会保障卡5621人；为原“五七工、家属工”办理养老保险参保和退休手续。

开展包括就业、教育、康复、救助等为残疾人办实事工作。组织360名残疾人进行体检，为42人定期投药，为53人进行白内障手术筛查，为20人发放轮椅，为72人发放盲杖，为29名听力一级残疾人发放助听器，为116人登记配发助视器，为5人登记配发矫形器。

改善民计民生。做好社会救助工作，全年救助4550余人次，发放救助金260万余元。设立扶危解困专项基金，解决社区群众生活难题，缓解居民临时出现的急、难、特困境，让社区群众更多享受发展成果。开展大规模走访慰问活动，与240余户困难户、低保户结为长期帮扶对子，赠送慰问金5万余元，解决问题2000余件。

全面整治居民区、道路、里巷环境卫生。清理脏乱点位120余处，清理工程渣土、垃圾杂物300余吨。综合治理占道经营烧烤28家。完成花园路婚介市场、沈阳道、锦州道、辽宁路、河南路、山西路6个重点地区综合整治工作。对周边地区占路摆卖集中清理。开展“用文明行动，建美好家园”、“文明靠大家，幸福你我他”等宣传活动。

推进文化工作，举办劝业场街第二十五届“和平之春”开幕式大型文艺演出，筹备数字化信息平台智慧社区网站建设工作,街道和 12 个社区筛选出文字资料 800 多篇,照片 700 多张。

树立“人人为我,我为人人”的志愿服务理念,把社区志愿服务活动与构建和谐社区结合起来,“奉献、友爱、互助、进步”的志愿服务精神得到弘扬。“两节”期间,各社区组织志愿者慰问街长寿公寓等 3 个老年公寓,送去 18 台次精彩文艺节目;启动“爱心助空巢”志愿服务项目,了解社区独居空巢老人需求,在社区招募志愿者 43 人,为社区 40 位空巢老人提供“一对一”、“多对一”结对承包帮扶服务,签订帮扶协议,开展帮扶活动。

贯彻落实和平区平安建设总体要求,立足街情,整合资源,实现专业力量与社会力量、消防工作与社区警务的有效结合,成立由街道办事处、公安消防支队、综治办、社区负责人组成的防火安全委员会,在全街开展社区消防网格化管理。深入开展危险品安全管理专项整治,对辖区 375 家餐饮企业进行液化专项安全整治,对使用液化气罐的 135 家餐馆落实监督措施。

(张国治)

体育馆街道

体育馆街道位于和平区南部,北起南京路,西北至营口道,西至贵州路,西南至西康路,东南至马场道。2012 年,辖区面积 1.78 平方公里,设 12 个社区居委会,户籍人口 26200 户 73600 人,常住人口 13809 户 39714 人。

该街地处天津市著名的“五大道”地区,界内有历史风貌建筑 395 栋,是中国近代建筑文化的浓缩。界内机关企事业单位 1486 家,其中市级机关及大型国有企业 27 家。有志愿者队伍 14 支 9100 余人,规模较大的社区团队组织 165 个。

2012 年,引企增税 6 家单位,招商引资 8700 余万元,圆满完成目标任务。

遵循以服务群众为核心,以居民自治为防线,以社区稳定为基础,以文化活动为载体,以社区党建为保障,努力构建治安秩序安定安全、人际关系团结和谐、文化氛围健康向上、居住环境舒适优雅、社区管理规范有序、社会保障功能完善、生活服务方便快捷的文明和谐社区的工作思路。

对湖南路、三盛里等 5 个社区重新进行区划调整,新组建华荫南里社区。至此,共有 12 个社区居委会。本着公开、公正、公平、好中择优的原则,依法进行社工人员招聘选拔,经过笔试、面试等程序,新招聘社工 31 人。为社区居委会充实新鲜血液,为搞好社区“两委”换届奠定基础。换届后社区居委会班子成员平均年龄 37.50 岁,大专以上学历占班子成员的 78.6%。

保障民生,完善各类社会救助机制。开展社会救助,保证困难群众生活无忧。全年发放低保救助金 3717 户次 6245 人次 263.72 万元;特困救助金 408 户次 837 人次 6.23 万元。春节期间一次性救助 357 户 634 人 50.72 万元,其中低保家庭 319 户 558 人 44.64 万元,特困家庭 38 户 76 人 6.08 万元。发放中央一次性补贴 19.05 万元。发放饺子费 358 户 635 人 3.59 万元,春节期间对边缘户困难群众救助 466 户 921 人 20.65 万元。完成 1150 名残疾人《天津市持证残疾人基本状况调查》,全年申报残疾学生和困难家庭健全子女助学金 29 人,残疾人养老保险补贴扩面 13 人,为改善残疾人工作提供更好服务。全年举办两场公益性招聘会,进场求职 650 余人,达成求职意向 120 人,为 150 名下岗失业人员办理求职登记,达成意向 40 人。为 90 名“五七工”人员办理退休手续。创造再就业岗位 1000 个。审批小额贷款 6 人 30 万元。

解决五大道地区供暖问题,年初组织召开由相关职能部门、津能集团、人大代表、政协联络员、社区居委会、居民代表参加的现场办公会,听取意见建议,在上年供热补建试点 6 万平方米基础上扩大范围,进一步铺设入户二次管网,新建供热站 18 个,改扩建供热站 12 个,受益居民 4579 户,新增平房供热 200 余户,基本完成五大道供暖工作。

五大道地区热力改造

(摄影:何 成)

完成泰华里、云成里、河新里3个小区提升改造。配合区“十大建设”项目民园体育场周边地区提升改造，配合民园体育场改造指挥部，做好政策宣传工作，帮助协调周边商户、居民腾迁，确保民园体育场周边提升改造工程如期顺利施工。

（张国治）

南市街道

南市街道地处和平区西北角、海河西南侧。东面以海河为界与河北区相望，西面和北面分别以南门外大街、南马路为界与南开区毗连，南面以多伦道为界与劝业场街道对接。2012年，辖区面积1.217平方公里，辖9个社区居委会(其中大都会居委会正在筹建中)，户籍人口25200户64700人，常住人口13300户27772人。

界内有道路25条，楼门419个。拥有卫生事业机构8个，社区体育设施137个，文化展览馆2个，社区学校9所，国家级中专1所，市级重点中学1所，模范小学1所，市级绿色幼儿园1所。各类社团组织82个，社区志愿者8675人。

2012年，招商引企3家，注册到位资金103亿元，引企增税企业44家。

丰富和发展“楼门文化”自主创新品牌，开展整个地区“送福到家，千名党员送温暖活动”，新建改建特色楼门40个，发挥楼门文化展览馆、南市会馆、南市图书馆、提春园等文化载体作用，先后开展“南市记忆展”、“周恩来图片展”、“楹联文化展”、“喜迎十八大百幅牡丹展”等大型展览。在“南市记忆”实物图片精品展中，收集到南市老照片和老物件300余件，有清末时期的独轮车、大烟枪、梳妆台，民国时期的纺车、房契、牌九、20世纪30年代的老地图，还有小人书、算盘、面盆等旧时日常生活用品，反映了南市地区风土人情和街景变化，体现了南市的文化精髓和独特气质。率先组建天津市街道一级、下设17个团队的“南市艺术团”，依托区域文化，形成品牌效应，带动社区60多支文化团队蓬勃发展，开办各类公益演出20余场，参与群众近万人次。成立“老南市文化研究会”，编撰出版《天津老南市》一书(上下册)近50万字。

2012年5月11日，南市街道庆有西里社区以“共驻共建和谐邻里一家亲”为主题举办第九届“邻里节”活动

（南市街道办事处供稿）

按照社区公园化、小区盆景化、楼道客厅化标准，对近年提升改造的小区基础建设进一步完善，实现社区精细化管理，形成区、街、社区(保洁队)三级联网工作格局。围绕夏季群众生活热点、难点问题，精心部署工作任务，为群众舒心度夏提供多种优质服务。协调区建委和自来水集团公司，对社区进行二次水网管道改造，改善居民用水难问题。针对建物街占道经营和乱摆乱卖现象，加强市容环境综合治理。开展“七彩假期”暑假夏令营活动，为未成年人搭建健康成长乐园。

开展“一街一品牌，一居一特色”活动。围绕地域特点和人文色彩将所辖社区划分为中心社区和特色社区，对每个社区确定各具风格的发展主题。中心社区的福方里社区确定为“书香文化社区”，庆有西里社区确定为“魅力楼门社区”。巩固深化福厚西里社区志愿者服务优势，创建“志愿服务社区”；发挥怀远里社区党员主题实践活动作用，创建“党建先锋社区”；调动食品街社区内企业单位参与率，创建“共建共享社区”；探索“四位一体”社区管理模式，创建“平安稳定社区”；挖掘整合新文化花园社区文化资源，创建“团队文化社区”；依托坐落裕德里社区全国唯一的街道级红楼梦学会研究阵地，创建“红学研究社区”。

（张国治）

小白楼街道

小白楼街道位于和平区东北部，海河西岸。东面、北面分别与河东区、河北区隔河相望，南面与劝业场街道、体育馆街道相邻，东南面与河西区相接。2012年，辖区面积2.27平方公里，设9个社区居委会，户籍人口18898户56693人，常住人口11398户30982人。街域是市人大、市政协，和平区委、区政府所在地。

小白楼地区是集高质金融、高端商务、高档商业、高新科技、文化旅游于一体的核心地区，辖区有中央、市、区驻街单位近200个，有著名的利顺德国际酒店、滨江万丽国际酒店、海信广场、友谊精品店、滨江购物中心以及天津市地标建筑“津塔”、高端餐饮娱乐中心津湾广场。2012年投入使用的高端商务圈“五大院”基本建成投入运营。

享受到应有的实惠。根据辖区居民不同生活难题，确定服务百姓10件实事，包括旧楼区“三管一灶改造”、高层楼电力系统更新、取暖设施补漏等，全部兑现，居民受益匪浅。

举办两次大型公益性招聘会，通过在社区增设公益岗，为下岗、失业人员、大中专学校毕业生提供就业岗位1400余个。提升社区综合服务设施水平，9个社区居委会硬件建设基本达标，其中开封道社区居委会综合设施面积500平方米以上，改造得像花园一样，市委书记张高丽亲临视察，与居民同乐同享。

和平区“五大院”之一的二号院

(摄影：高　平)

2012年，借助地区经济发展优势，新引进企业16家，注册资金共计3710万元，分支机构4130万元。完成招商引资任务3600万元，为和平区经济发展做出一定贡献。

以发展经济为中心，率先成立街道企业服务中心，吸引有规模、有潜力的企业落户。针对老年人、残疾人、困难户等服务对象的独特需求，培育新项目，细化服务内容，对空巢老人设立“老年聊天站”以排除寂寞；对没有能力做饭的老人通过两个途径解决就餐问题，在有条件的社区居委会设公益岗请专人为他们做饭，条件不具备的，就近联系协调社区单位食堂对他们开放；对不同困难群体分别设置温暖助困、阳光助学、博爱助医等，所有困难群体都

开展倡导文明出行，杜绝生活陋习活动，发动社区楼门院长、社区志愿者及义务监督员800余人，对辖区内居民区杂物和户外楼体小广告及各种设施上张贴、喷涂的小广告全面彻底清理，对居民乱扔垃圾，乱丢纸屑烟头，汽车乱停乱放等不文明行为进行劝阻，清理居民区户外小广告1100余处，绿地捡脏6000余延米，劝阻各种不文明行为1200余人次。

发展群众文化，把长远规划与具体安排相结合。每个社区都制定三年群众文化工作发展规划和每年的具体落实措施，实现三个转变，即由单纯的自娱自乐活动向具有思想性、教育性的文化活动转变，由单一政府资助向市场化运作方式转变，由单一的社区团队文化活动向全员参与的群众文化活动转变。最初的群众文化活动只是停留在大家在一起唱唱跳跳的休闲娱乐，现在各团队无论在内容还是形式上都更加注重挖掘内涵，形成特色团队文化。都市风雷大鼓队，除公益演出外，还承接一些企事业单位开业庆典等有偿活动，年可收入6万余元，全部作为活动经费，保证自身可持续发展。一些文化团队把楼门作为活动阵地，张贴作品美化楼道，入户为孤老残表演，把爱心洒向楼门邻里。各个社区利用节假日，定期组织召开家庭趣味运动会、厨艺切磋交流会、文艺演出汇报会，居民在群体活动中分享到快乐，展示了自我。

(张国治)

新兴街道

新兴街道位于和平区西南部。东以贵州路经西康路至马场道与体育馆街道接壤；西以卫津路，从卫津路与电台道交汇处起至津河交汇处止与南开区接壤；南沿津河至马场道与河西区相邻；北沿电台道经气象台路至营口道和贵州路交汇处，与南营门街道相邻。2012年，辖区面积1.77平方公里，设11个社区居委会。户籍人口24639户68391人，常住人口25749户62488人。

因新兴路而得名，同时取其“创新兴旺发达”之意。界内有天津广播电视台、市规划局等市级单位；有中环电子仪器公司等大型企事业单位；有集教学、科研、实践为一体的天津医科大学。该街是全国第一个社区服务志愿者协会诞生地。

2012年，招商引资3407万元，

招企引税注册资金4138万元。

建立西康路社区。2012年,对土山花园和永丰里社区居委会进行调整,从永丰里社区和土山花园社区各划出一部分,与新建的星美御公寓合并建立西康路社区。

落实最低生活保障制度,对低保实行动态管理,做到应保尽保。全年办理低保42户,解困2户;复审低保402户662人,解困53户110人;低保变更28户,撤保50户,撤销解困卡12户。春节慰问救助低保户、解困卡家庭、困难边缘户1398户2685人121.09万元。春季大病救助65户11.12万元,秋季大病救助67户;春季助学76人4.54万元,中高考学生救助21人;对27名贫困母亲救助5400元,学费减免49人。司法救助35人;为5户低保户办理暖气初装费减免手续,办理房屋减免9户。办理廉租房租房补贴50户,经济租赁房租房补贴70户,限价商品房补贴60户,公租房补贴12户,经济租赁房补贴复审30户。

对重点帮扶对象开展志愿服务活动,受益4000余人。春节期间慰问孤老残等困难户2400余户,发放慰问品及慰问金百万余元。加强社区建设,对朝阳里社区居委会提升改造,完成卫华里老年人日间照料中心建设和社区食堂建设运行,完成社区40%楼门创建和谐特色楼门建设工作。

制定就业安置规划,实施空岗对接。发挥劳动保障就业信息平台和社区协管员作用,采集就业信息1109个,开发岗位1013个,安置失业人员344人,完成空岗对接备案登记122个单位。对新增十类就业困难群体认定申报、审批410人,困难群体享受到国家优惠政策。对全街1439名享受保险补贴人员进行年检。对120名符合条件的未参保集体企业退休人员办理城镇企业职工基本养老保险。全年为3628人办理社保卡,为2580人办理临时卡。为1021人办理城镇居民医疗保险,审理申办医药费报销117人。为114人办理城镇居民养老保险。

旧楼区提升改造,和平区共40个小区,新兴街占17个小区。街道抓住“创文”有利时机,对社区环境卫生进行综合整治。检查清除户外小广告3800余处,工程土195堆,杂物560处。加大爱卫工作力度,发放宣传材料4000余份,投鼠药590公斤、粘鼠板500张、放置鼠盒1640个。

开展安全生产大检查活动,消除各类安全隐患。每两个月对辖区192家街管生产经营单位进行一次安全生产大检查,对检查情况实行网上录入,随时更新。开展“市级安全社区”创建活动,做好档案资料的编辑、整理和电脑课件制作。

按照创建公共文化服务体系示范区工作要求,从充实完善文化档案、加强阅览室基础建设、街级图书馆建设、开展文化活动、加强街级文化中心和社区文化站基础设施建设6个方面,完善文化服务功能。完成2011年度“创建国家公共文化示范区”档案整理工作,通过区创建领导小组验收。2012年度创建工作档案基本整理完毕。街级文化中心电子阅览室配齐20台电脑,11个社区全部建立电子阅览室,并配齐10台电脑。街级及11个社区电子阅览室电脑设备正在进行安装调试。街级图书馆2000册图书及书架全部到位,并贴好标签录入借书电子系统。

年内,有9个社区进行换届选举,2个社区进行选举工作。11个社区聘任社工73名,平均年龄36.50岁,党员19人。

(张国治)

南营门街道

南营门街道位于和平区西南部。东以营口道为界,与体育馆街道连接;西至卫津路,与南开区万兴街道为邻;南至电台道,与新兴街道接壤;北临南京路,与劝业场街道相连。2012年,辖区面积1.25平方公里,设10个社区居委会,户籍人口21662户59788人。

界内有25条街道,驻街单位400多个。天津医科大学总医院、天主教西开教堂、国际商场、天津中

2012年4月13日,新兴街道组织和平区“十佳公仆”选举投票

(新兴街道办事处供稿)

心、经联中心、第五十五中学、和平区中心小学、区人大、区法院、技术监督局、地税局、工商和平分局等单位坐落域内。

2012年，完成招商引资任务8700万元。

以迎接全国卫生区复查为契机，巩固数字化城管成果，提高社区环境精细化作业和管理水平。发挥城市环境综合治理作用，完善长效管理机制，提高城市综合管理水平。对松月郜等8个小区的车棚、绿化、楼道、垃圾道和煤气管道进行综合改造，方便居民生活。对绵阳道、独山路等地区反复治理，有效遏制无证非法制售、私搭乱盖、占路经营现象。控制违章搭建，制止破坏绿化、乱堆乱放、乱披乱挂等现象，拆除违章建筑近200平方米；开展专项创建工作，文化村被评为市级环保安静社区；完善资料，清理环境，圆满完成创建文明城区环境卫生实地考察。华胜村拆迁，街道干部克服拆迁户大病、重病、残疾人多和长住国外不回等各种困难，依法办事，公平公正，圆满完成任务。

创建完善街、居创业、就业平台，加强劳动保障中心和行政服务中心建设，提高一站式服务水平。健全完善帮扶体系，确保零就业家庭托底安置。举办招聘会2次，提供岗位640个，安置就业300人，发放失业救济金120余万元。落实各项民政政策，探索民政救助、就业安置、社会保障、精神文化慰藉联动的帮扶工作机制；加强低保审计，撤销34户，变更13户，完成450户调标，发放低保救助金、解困卡212.42万元，物价补贴32.50万元。开展帮扶救助工作，发放各类救助金35.23万元。落实住房保障政策，办理租房补贴67件、实物配租2件、限价商品房15件、公租房5件，核减公产房租金5件。

加强社会治安体系建设。加强防灾、防火、防盗、防事故、防隐患的宣传和排查，落实警民联防、邻里联防、社区单位联防，建立健全群防群治覆盖地区、楼门的安全网。有效防范遏制安全事故、治安案件和不稳定问题发生。加大排查力度，调处民间纠纷，全年排查矛盾121件，解决111件，避免引发集体上访事件4件。坚持“打防结合、预防为主”方针，有效治理鞍山道168号大院及世昌里吉星北里小区治安混乱问题。加强医疗卫生、食品药品和安全生产监管，创建安全社区的做法，受到市、区安监局的肯定和推广。

发展社区文化。发挥社区文体活动团队引领作用，培育壮大骨干队伍，精心组织群众性文化体育活动。整合文化资源，成立南营门街艺术团，举办“和平之春”、“爱国歌曲大家唱”、“和平纳凉”和第二届文化艺术节系列活动，丰富居民文化生活。参加全区广播操比赛，获得第一名。组织社区主任参加区健康教育知识竞赛，荣获第一名，并获优秀组织奖。开展科技周、科普日、献血、控烟宣传工作，居民学习科学意识、自我保健意识明显增强。规范基层计生档案，制定街居档案规范标准，宣传科学生育理念，为育龄妇女体检，已婚育龄妇女信息采集普及准确。发挥属地单位医疗机构专家作用，建立“帮帮驿站”，提供生理、心理和生活服务，“家佳推进计划”扎实推进。

完成社区换届选举，一批优秀人才被选进社区“两委”班子，班子结构更趋合理，年龄结构和文化程度改善，整体素质提高。社区居委会换届选举，登记选民15750人，参选率95.79%。对社区工作者进行民政知识、社区工作制度和社区工作流程培训，建立实施考评机制，调动工作的积极性、主动性。根据居民人口构成和居民不同需求，拓展服务项目，创新服务内容，开展“一居一特色”、“一居一品牌”创建活动，形成“帮教型”、“温暖型”、“便民利民型”、“文化体育型”等各具特色的服务品牌，受到辖区居民群众普遍赞誉。

（张国治）

河西区

概 述

河西区是天津市中心城区之一,位于市区东南部,因地处海河西岸而得名。境域地理坐标为北纬39°12′,东经117°22′,东临海河与河东区相望,西迄卫津南路、卫津河与南开区、西青区交界,南沿双林农场引水河与津南区毗邻,北抵徐州道、马场道、津河与和平区接壤。2012年,区域面积41.24平方公里。辖下瓦房、大营门、马场、天塔、友谊路、东海、尖山、陈塘庄、柳林、挂甲寺、桃园、越秀路、梅江13个街道办事处,共161个社区。全区户籍人口801106人。

河西区历史悠久,界内津门古刹挂甲寺始建于隋唐时期,沿解放南路两侧的德式风貌区至今仍保留许多日耳曼风格的小洋楼。建国以来,经历社会主义时期建设,成为天津市发达的工业区、繁荣的商业区、新型的居民区、先进的文化区和重要的涉外区。以友谊路为轴线,四周分布着天津迎宾馆、天津礼堂、国际展览中心、天津工业展览馆、天津自然博物馆等,全市重要的政治活动、国际交往、经贸科技交流多在这里举行。

2012年,河西区调整优化产业结构,区域经济平稳较快发展。实现区域生产总值664.50亿元(在地口径),区属生产总值339.20亿元。第三产业所占比重进一步加大,区属口径实现增加值331.86亿元,同比增长19.3%,剔除价格增长因素,可比增长15.3%,占区属口径生产总值的97.8%。驻区金融企业累计创造区属口径增加值192.44亿元,同比增长27.3%,金融业增加值占全部区属口径生产总值(GDP)的56.7%,产业贡献率为77.8%。实现三级财政收入88.75亿元,区级财政收入44.94亿元。完成固定资产投资90.15亿元。国内招商引资实际到位额102.50亿元,吸引外资实际到位额2.04亿美元。新增就业47314人,城镇登记失业率3.68%。

新建、改扩建道路9条,维修养护道路90条11.40万平方米。房地产业实现开工面积422万平方米,竣工面积98万平方米,完成固定资产投资62亿元。全年实施各类房屋征收(拆迁)总量4065户18.90万平方米。完成地铁5、6号线3个站点房屋征收。“奋战900天”市容环境综合整治,整修市文化中心周边道路沿线建筑,提升改造大沽南路等重点道路10条,提升改造佟楼公园等3个公园,整改清脏治乱点位1600个,整修建筑立面23万平方米,楼房“平改坡”22栋,规范牌匾近1万延米,顺利通过国家卫生区复审。完成总建筑面积291万平方米的47个旧楼区居住功能综合提升改造工程,受益居民5.30万户15万人。全面启动2011—2013年河西区生态城区建设三年行动计划,完成5个减排项目,化学需氧量、二氧化硫、氨氮、氮氧化物四项排放量均控制在指标范围内,完成市下达的考核任务。

全年新增科技型中小企业549家,总数1300家。新增小巨人企业9家,总数26家。新建科技企业孵化器4家,总数9家。完成科技成果登记47项,技术合同登记额8亿余元。举办2次产学研项目对接推介会,推出235项可转化项目,与区内60余家企业形成合作意向,有26项科技成果成功转化为现实生产力。

各类教育优质均衡协调发展。新建、改扩建幼儿园4所、小学1所和中学1所,满足就近入学、入园需求。高水平通过学前教育三年行动计划市级评估和义务教育发展基本均衡市级评估,被评为首批全国中小学心理健康教育示范区、全国数字化学习先行区,连续第14次荣获

2012 年 6 月 1 日，市委书记张高丽(前排右三)等市、区领导深入河西区平山道小学与孩子们共庆“六一”

(区教育局供稿)

全国和谐德育先进实验区称号。中、高考再创佳绩，一本和二本上线率分别达到 52.4%和 78.5%；初中学业考试区平均分分别超出全市和市内六区平均分 96.83 分和 32.18 分，高分段人数占市内六区 24.15%；高中各年级学业水平考试综合得分和单科成绩均位列市内六区第一。

提升公共文化服务水平，区文化馆、图书馆和少儿图书馆免费开放，全力推进图书漂流基地等载体建设。开展“西岸风”文化惠民系列活动，组织高雅艺术及数字电影进社区、西岸文化大讲坛等活动 100 余场，成功举办西岸相声节、西岸图书节、世界文化发展论坛。邻居节、安居节、居民节等社区睦邻文化活动丰富多彩，群众文化团队总数 1000 余支。

全区有 12 所社区卫生服务中心、68 个社区卫生服务站，社区公共卫生服务覆盖率 100%。全面落实 22 项免费公共卫生和基本医疗服务，继续实行药品零差率销售。建立全民健康档案 541183 份，建档率 61.9%，为高血压患者建立档案 49746 份，糖尿病患者建立管理专案 19483 份，重性精神病患者管理 2066 人，肢体残疾康复管理 2588 人，脑卒中后遗症患者康复管理 3572 人，为 60 岁以上老年人查体 88629 人次。区卫生系统全年诊疗 268.38 万人次；全年收治入院病人 4095 人，出院 4113 人，治愈好转率 98.44%。

完善全民健身公共服务体系，为 12 个街道 25 个社区新装和改造健身器材 285 件。全民健身日活动，全区 13 个街道百余支健身队伍在 6 个场地集中展示。先后举办离退休老干部运动会、机关干部运动会、河西区全民健身乒乓球比赛、各街道社区运动会等；组织 1500 余人参加天津市全民健身运动会 32 个大项的比赛，并承办毽球、轮滑比赛。组织青少年学生开展阳光体育展示活动、区中小学田径比赛、区中小学足球和篮球比赛、区游泳运动会等。参加市级比赛共获金牌 138 枚、银牌 128 枚、铜牌 158 枚，向市体校输送优秀运动员 14 名。

(李　群)

河西区区级领导名单

中共河西区委领导名单

书　记：张　杰

副书记：彭　三(白族)　李　清

常　委：张　杰　彭　三(白族)　李　清　陈玉恒　苏　智　钟继发　刘小芃　赵年伏　王亚令　王　芸(女)　韩　琳

顾　问：杨书奎　史学群(4 月退休)　王惠敏(女)　王炳祥(4 月退休)

河西区人大常委会领导名单

主　任：刘开基

副主任：滕仲喜　王秀琴(女)　姜德义　王　炜　边　海(兼)

河西区政府领导名单

区　长:彭　三(白族)

副区长:陈玉恒　王亚令　张忠汉　刘永刚　孙惠玲(女)　吴兴东

政协河西区委员会领导名单

主　席:李红梅(女)

副主席:康凤海　江　洺　刘国胜　李金水　王爱俭(女,兼)　武国维(兼)　王丽萍(女,兼)　缪　明(兼)

顾　问:魏　涛(4月退休)　李玉玫(女)

(区委组织部提供)

孙春兰调研　2012年12月21日，市委书记孙春兰到河西区就贯彻落实党的十八大和中央经济工作会议精神进行调研。市委常委、市委秘书长段春华,副市长尹海林参加。在区委书记张杰、区长彭三陪同下,察看东江南里居住功能综合提升改造成果,与居民群众亲切交谈,并深入孙玉和老人家中慰问。孙春兰说,各级党委政府要多办顺民意、得民心、惠民生的实事好事,进一步解决好人民群众普遍关心的热点难点问题，使人民群众的生活质量不断有新的提高。要求社区解决好居民活动场所、物业管理等问题,把群众生活的小事当大事办。随后到桂发祥麻花饮食集团考察，参观麻花主题文化馆和旗舰店。孙春兰对桂发祥集团挖掘历史文化内涵、致力技术革新、提升品牌价值的做法表示赞赏。她说,“老字号”企业是宝贵财富,是传播城市文化、提升城市形象的重要载体。我们要大力实施品牌战略，着力提高产品科技含量和附加值，切实拓展传统品牌的发展潜力和空间，增强企业的竞争力和影响力。12月28日,市委书记孙春兰在市委常委、市委秘书长段春华和副市长王治平及区委书记张杰、区长彭三陪同下，深入友华菜市场察看节日农副产品供应情况。听取区领导有关情况介绍，向商贩询问货源、运输、价格和经营情况,向群众征求对节日市场供应的意见建议,检查市场内蔬菜农药残留物检测工作。孙春兰要求有关部门积极组织货源，稳定市场物价，搞好卫生检疫,确保食品安全,让全市人民过一个欢乐祥和的节日。

(李　煌)

文明城区创建　2012年9月24日，召开河西区创建全国文明城区工作动员大会,全面启动三年“创文”工作。成立河西区创建全国文明城区工作委员会、办公室、9个指挥部和24个分指挥部,形成“创文”组织架构体系。区“创文办”内设7个职能组,从全区抽调精兵强将,在指定办公地点集中办公。对《全国文明城区测评体系》《全国未成年人思想道德建设工作测评体系》和《全国志愿服务工作测评体系》三大测评体系进行学习研究，深入调研河西区“创文”工作基础情况,制定河西区创建全国文明城区三年规划和2012年工作方案,编制《河西区创建全国文明城区指标任务分解》《河西区创建全国文明城区各单位指标任务明细》和《河西区创建全国文明城区工作学习指导手册》,进一步明确全区“创文”工作任务、总体目标和工作思路。各指挥部和成员单位分别召开动员会,成立本单位“创文”机构,制定“创文”工作规划和方案,对照三大测评体系,分解指标任务,部署落实各项创建任务。在区“创文委”领导下,全区“创文”社会动员、宣传报道、培训指导、档案收集、活动开展、督查指导等各项工作有条不紊开展,掀起“创文”工作高潮。在社区、学校、医院、餐厅等公共场所张贴宣传海报万余张，在全区5条主要干道制作悬挂“创文”宣传道旗222处；各社区166块LED电子屏幕全部滚动播发“创文”口号和文明提示语；区内5块大型彩色LED屏幕滚动播发文明提示语和公益宣传片;在18处户外大型广告牌和5处工地围挡制作发布“创文”公益广告达千余平方米；在区内7座地铁站83块广告位及部分公交站牌发布“创文”口号及文明提示语。通过大量的社会环境布置，有效提升创文工作的宣传面和覆盖面。设计制作创建全国文明城区市民手册、致市民的一封信、文明行为系列漫画集、文明提示语标志牌、“创文”主题台历等宣传品,通过走访入户、开展集中宣传活动等方式发放至居民手中，向全区市民宣传文明理念和创建意义,为创建工作奠定全民知晓、全面支持、全民参与的良好群众基础。组织开展媒体宣传,河西有线电视台开设专栏“共创文明城区”,播发“创文”信息和深度策划报道。《天津日报·新河西》开设“文明监督岗”专栏，倡导文明举止和言行；刊登“创文”及文明礼仪知识答题,组织全区居民积极参与有奖答题活动。在新浪、腾讯开通认证微博(@文明河西),发布文明提示和创建工作动态。充分运用短信和彩铃平台,面向全区所有手机用户,适时发送文明城区创建宣传口号、工作信息和文明行为常识,为全区处级以上领导干部和相关机关单位固定电话设置"创文"宣传彩铃。全区上下形成浓厚的"创文"氛围和巨大的创建声势。

（李　群）

刑事案件侦破成效显著　2012年,公安河西分局不断健全完善经常性严打机制、案件协调联动机制、犯罪信息研判预警机制,狠狠打击各类严重刑事犯罪活动,打击处理犯罪嫌疑人747名。恶性敏感案件侦破成效显著。分局综合运用多种侦查手段,对发生的每起恶性敏感案件始终保持高度重视,坚持做到全力以赴,快侦快破,消除社会影响。相继侦破"1·21"友谊路丽园里杀人案等7起现行命案,命案破案率100%;相继侦破"2·1"、"2·4"吉星大厦团伙抢劫、强奸案,"7·5"友谊路系列绑架案、"8·17"系列抢劫、抢夺案等一批各级领导关注、社会影响恶劣、群众反响强烈的重大刑事案件。同时,通过刑侦支队等部门历时一年的连续奋战,辗转重庆、新疆等5省市,行程数万公里不懈追踪查缉,一举侦破发生在河西区长达11年的命案积案,将犯罪嫌疑人杜承东在新疆地区抓获归案。打击多发性侵财犯罪案件成绩斐然。分局建立情报会商例会制度,强化治安动态分析研判,有针对性地开展打击多发侵财犯罪、打击后夜入室盗窃等一系列专项行动。通过重拳出击,猛打严防,成功侦破多起系列侵财案件,摧毁四川、湖北等地区犯罪团伙8个,打掉团伙成员43名。10月22日,分局刑侦支队经过连续蹲控、缜密侦查,一举攻克立达博兰小区系列爬阳台入室盗窃案件,将该团伙10名外省市流窜犯罪嫌疑人相继抓获归案,破获发生在河西区及津南区、和平区、滨海新区塘沽等地入室盗窃案件37起。禁毒专项工作成绩突出。9月11日,分局禁毒支队通过布控,将涉嫌运输贩卖毒品的嫌疑人张呈鑫、许耿城抓获,收缴冰毒1300余克,仿六四式手枪1支、子弹3发。打击经济犯罪能力不断提升。按照"破案、追逃、缴款"并重原则,努力探索建立经济领域犯罪预警机制、防控机制和协作机制,提高经济案件侦办质量和水平,全年为国家、企业及个人挽回经济损失2903.06万元。

（卢宝虹　王学成）

招商引资　中国·天津河西2012商务商贸节于5月8日在万丽天津宾馆隆重开幕。为期4天的商务商贸节,先后举办聘请经济顾问、招商引资顾问,中介机构、金融机构、跨国公司、上市公司、地产公司、小巨人企业、友好城区负责人河西行,多元文化城区发展论坛、智慧河西论坛等丰富多彩的商务活动和商贸配套活动。23个市级相关部门、外省市驻津办事处、驻津商会、国内外500强优势企业、跨国公司、上市公司、地产公司、国内外知名顾问公司、小巨人企业、金融机构、中介机构、友好城区负责人,以及新闻界的朋友1000多人出席盛会,推出房地产开发、商业综合体、亿元楼宇和重点楼宇等共47个洽谈项目。商务商贸节向国内外宾客展示了河西区未来发展蓝图,为政府与企业之间、企业与企业之间搭建了交流合作、共同发展的平台。累计促成大项目、小巨人、楼宇经济、国内外知名商业品牌4大类15个投资项目成功合作签约,合同投资金额共计人民币116.80亿元、美元1.02亿元。天津国际贸易中心、创智天地、国鑫大厦、阳光家世界等10个重点开工建设项目均实现开工,建设进展顺利。其中,天津国际贸易中心、阳光家世界完成主体封顶,国鑫大厦、富润中心即将实现封顶。银河国际购物中心、洲际INDIGO酒店、富裕大厦等10个重点服务的竣工和开业项目进展顺利,其中,银河国际购物中心、彩悦城·阳光乐园、怡乐天地、洲际INDIGO酒店、沃尔沃汽车品牌旗舰店竣工开业;富裕大厦、香年广场、鑫磊大厦、乐园大厦竣工;国际酒文化市场、郁金香酒店即将开业。商务商贸节签约项目,乐天百货、比如世界旗舰店、小鬼当佳旗舰店开业,中科46所科研中心投入使用,海河大观、天津湾三期开工建设,天津庞实实业有限公司、亚富路小额贷款有限公司完成注册手续,郡都大厦、天朗大厦、科技创意产业园、星座国际葡萄酒中心及乔治阿玛尼、古奇、特力屋等品牌店正在办理开工和注册前期手续。主动出击创新招商模式,突出以商招商、关系招商,聘请市政府驻外省市8个办事处和23位市级相关部门领导为河西区经济顾问,聘请58位金融机构、驻津商会、国内外500强优势企业、跨国公司、中介机构、国内外知名顾问公司的负责人为河西区招商引资顾问。制定全年招商计划,着重加强叩门招商,对多年来积累的客户资源认真筛选,按照企业坐落区域不同,进行科学分工,主动出击。2012年,分别赴新加坡、香港、广州、上海、北京、深圳、厦门、济南招商,与厦门国贸集团等多家国内外500强企业及知名企业总部进行广泛接触,为河西区土地、商业、酒店等载体招商,成功引进中海集团等5家国内外500强和知名企业。

（刘东捷）

金融服务体系协调发展 依托友谊路金融服务区、小白楼中心商务区的区位优势，河西区围绕建设国际商务城区的发展目标，明确打造“多元化、立体化、优质化”现代金融服务体系的工作思路，不断吸引国内外金融、新金融机构落户河西。截至2012年，坐落河西的总部型及地区总部型内资银行有26家，占全市的78.8%；总部型及地区总部型保险公司有20家，占全市的47.6%；证券营业部有25家，占全市的25%。另有小额贷款公司、融资性担保公司、股权基金管理公司等30家新金融机构落户河西。2012年，累计创造区属口径金融业增加值192.44亿元，比上年增长27.3%，金融业增加值占全部区属口径生产总值的56.7%，产业贡献率为77.8%。此外，区政府通过搭建银企对接交流平台，推动驻区金融机构与重点项目建设、各类企业共赢协调发展。针对不同的金融产品，不同的企业融资需求，搭建不同的投融资平台，解决重点项目、各类企业融资难问题，发展壮大金融企业投融资规模。针对科技型中小企业融资发展问题，积极协调区科委、区民营企业局等单位，开展科技金融融资洽谈活动，实现科技与金融的深度融合。2012年，金融、新金融机构累计为河西区100多户中小企业提供100多笔共计30亿元的授信融资额度。

（李　群）

市容环境秩序管理 2012年，河西区综合执法局依托天津市数字执法和河西区智慧河西两大平台，充分运用光纤视频监控、GPS定位、安卓系统、物联网、3G无线网络等多智能技术，实现对市容环境秩序的智慧感知、智慧指挥、智慧办案、智慧评价、智慧分析等诸多综合执法应用功能，扎实推进“三全”（即全天候、全方位、全覆盖）管理模式的落实到位和网格管理的责任到位，从而迈入信息化、高效化和科学化管理的新阶段。全面落实网格化执法责任管理机制，通过6个A级、25个B级、66个C级以及145个D级的网格划分，将责任路段、责任区域逐级分解落实到每一名队员，坚决取缔乱摆乱卖、乱搭乱盖、乱堆乱放、乱拉乱挂和乱贴乱画的“五乱”现象，严防回潮。不断强化督查标准，加大治理力度，对市容环境秩序实施全方位、全覆盖式管理，确保治理工作不留盲区和死角，全年清理各类堆物80余车次，涂鸦贴画20万余处（次）。针对沿街商户橱窗乱贴乱画、乱吊乱挂以及随意设置LED显示屏等违章现象进行重点治理，强化对占路修车和洗车的管理力度，取得显著成效。继续强化与各居民社区和物业小区的沟通联系，积极配合早点工程，严格规范经营行为，进一步巩固居民社区的环境秩序。针对马路餐桌和夜间烧烤现象，继续采取广泛宣传、坚决取缔和夏季24小时管理的工作举措，清理各类马路餐桌和露天烧烤苗头50余次，河西区夜间市容环境更加有序。扎实做好拆违工作，巩固往年拆违成果，全面实现新违章建筑的零指标，保证全区市容环境秩序始终保持高标准和高水平。

（徐　征　苑树旺）

2012年8月9日，好洁公司为天津文化中心配置新型机械化环卫作业车辆

（区环卫局供稿）

教育事业发展 截至2012年，河西区有公办中学15所、小学30所、幼儿园22所、职业中等专业学校1所、特殊教育学校1所、成人教育院校2所，民办中小学和幼儿园13所，企事业单位办幼儿园8所，非学历培训机构87个。在校学生71787名，2029个教学班；教职工7625名，专任教师5790名。2012年，河西区教育工作立足高起点，坚持“一个目标、三个坚持、六个着力、五个发展”的工作思路，加强文化建设，推进内涵发展，提高教育质量，各项工作取得突出成效。高水平通过学前教育三年行动计划市级评估和义务教育发展基本均衡市级评估，被评为首批全国中小学心理健康教育示范区、全国数字化学习先

行区，连续第14次荣获全国和谐德育先进实验区称号并获得2013年全国和谐德育年会承办权，成为教育部0~3岁婴幼儿早期教育试点区。区教育局被评为全国“两基”工作先进单位、天津市“阳光体育”活动先进单位。各类教育更加优质协调。新建、改扩建幼儿园4所、小学1所和中学1所，满足居民就近入学、入园需求。学前教育深化“一助一”帮带计划，公办和民办幼儿园携手并进，2所幼儿园晋升为市一级园。成功举办2012多元智能国际研讨会，督导课题成果“区域幼儿园现代化建设标准及评估”获中国教育学会论文一等奖。巩固延伸现代化创建成果，大力推动普优工程，启智学校通过现代化达标建设评估。普通高中特色发展步伐加快，北师大天津附中、梅江中学特色高中建设成效明显，《人民教育》刊发四中特色校创建经验，副市长张俊芳作出批示。职业教育实现整合优化，电子职专获批建设国家中等职业教育改革发展示范学校。深入实施素质教育。突出德育实效，强化学生基础道德建设和中华美德教育，开展学子节、国学论坛、传统文化教育月、学生文化志愿者服务等品牌实践活动。出台河西学子形象标准，评选表彰百名美德少年。开展爱心助学和河西学子圆梦行动，1338名中小学生获资助，海河中学成为市级慈善文化进校园活动试点校。不断提升课堂教学效益，切实减轻学生过重的课业负担，学生中高考再创佳绩。大力开展体育艺术科技教育，学生体质健康水平提升，艺术素养提高，动手实践能力增强，10余名学生在全国职业院校技能大赛、青少年机器人全国竞赛及国际选拔赛中获佳绩。不断强化教师队伍建设。深化“爱、尊重、责任”师德建设，召开师德事迹宣讲会，启动教师志愿工程，弘扬高尚师德。扎实推进教师队伍提升行动，深入实施全员教师提高、新任职青年教师培养、骨干教师培养和名师工作室建设四项工程，11名教师被评为天津市特级教师。优化队伍结构，首次面向社会公开招聘教职工124人。加强教师培训，60名骨干教师分赴加拿大、澳大利亚、新加坡参加培训，45名英语教师在蓟县基地接受封闭式业务培训。加强信息化建设和对外交流工作。实施教育城域网建设，122个单位实现光纤全覆盖。新建14个视频教育教学平台，远程教学教研活动在首届全国中小学信息技术教学应用展演上直播展示。1名教师获2012年全国小学信息技术优质课展评特等奖，2所学校被评为全国教育信息化试点。9名师生参加小学五年级学生赴加拿大留学项目，4名教师赴英国苏格兰地区孔子课堂任教。

（邵春琦）

社区卫生服务 2012年，河西区有12所社区卫生服务中心、68个社区卫生服务站，承担社区公共卫生和基本医疗服务工作，社区公共卫生服务覆盖率100%。按照社区卫生服务综合配套改革方案，组织引导社区卫生服务机构全面落实22项免费基本公共卫生服务。全区12个社区卫生服务中心建立全民健康档案541183份，建档率61.9%，为高血压患者建立档案49746份，糖尿病患者建立管理专案19483份，重性精神病患者管理2066人，肢体残疾康复管理2588人，脑卒中后遗症患者康复管理3572人，为60岁以上老年人查体88629人次。尖山街社区卫生服务中心被卫生部授予国家示范社区卫生服务中心称号，下瓦房街社区卫生服务中心被天津市卫生局授予市级示范社区卫生服务中心称号。与13个街道建立联系，在8条主干道设立健康教育宣传橱窗22块，在公共场所设立大型电子屏播放健康教育知识。在全区105个点位配备健康教育书架，开展大型公益及社区健康教育讲座4次，主题宣传活动17次，印发健康处方4余万张。大营门街道、下瓦房街道被评为天津市健康教育示范社区。组织医学专家参与市民学校主题教育月宣传活动，大力开展公民健康

2012年10月26日，河西区中学第九届教学节正式启动。活动期间，洋思中学与北师大天津附中开展课例研讨活动

（区教育局供稿）

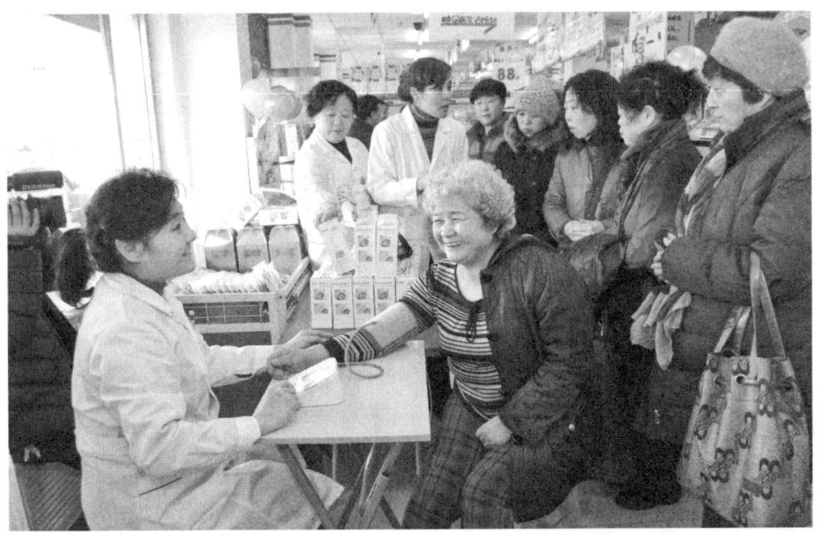

2012年12月25日，河西区总工会联合驻区企业瑞澄大药房开展劳模职工“求医问药”送健康活动

（区总工会供稿）

素养宣传活动，有效提高社区居民健康知识知晓率和健康行为形成率。创新服务模式，实行家庭医生服务。截至2012年底，累计签约14221人，建立健康档案10626份，提供健康咨询25721人次，开展预约诊疗31196人次，开展上门送医送药及医疗服务6584人次，提供中医药服务13876人次。其中，与孤老、特困、离休干部等特殊人群签约6512人，占全区家庭医生签约服务的45.8%。推进社区卫生医疗服务联合体建设项目，与9家三级医院和天津市医学高等专科学校签订合作协议，支援社区卫生服务工作。城市医生“百人团队”进社区活动，接收来自市属三级医院主治医师职称以上的三批共71名临床医师，深入12个社区卫生服务中心开展内科、外科、中医科等20余个科目的诊疗活动，累计涉及接诊17322人次，上转诊694人，回转411人，双向转诊工作取得初步成效。

（李　群）

就业工作　2012年，河西区完成新增就业47314人，城镇登记失业率3.68%。主要做法包括：大力开发就业岗位。将全区经济发展作为落实新增就业岗位的主渠道，紧紧盯住2012年将要竣工开业的15个重点项目，主动上门，全程跟踪，为企业提供用工和就业登记等全方位服务。与各用人单位签订就业联盟协议，积极扩大就业联盟规模，使更多的用人单位能够随时提供就业岗位，及时安置失业人员和新生劳动力。年内，全区发展就业联盟单位1571家，安置失业人员2169人。就业困难群体得到有效帮扶。2012年，河西区认定就业困难群体3162人，其中认定零就业家庭874人。通过公益性公司吸纳就业和灵活就业补贴政策扶持，使就业困难群体得到有效安置，并保持零就业家庭动态为零。其中公益性公司在稳定就业方面发挥很大作用，全年公益性公司安置困难群体538人。大力开展以创业带动就业和就业技能培训。不断加大相关政策宣传力度，为创业者提供创业小额贷款等政策支持，鼓励失业人员实现自主创业，从而带动更多的失业人员实现就业。做好应届高校毕业生就业工作。经广泛调查摸底，2012年全区有应届高校毕业生723人，已就业595人，未就业128人。区人力社保局努力发挥政策聚集效应，通过推荐就业见习、公益性岗位托底安置、给予灵活就业补贴等政策，以及开展职业介绍等就业服务活动，进一步促进应届高校毕业生尽快实现就业。积极搭建就业服务平台。区人力社保局联合区妇联、团区委、区总工会等部门，相继举办“‘三八’架金桥，春风送岗位”免费招聘专场、“迎五四促和谐”春季大学生专场招聘会、民营企业招聘专场等专场招聘会和综

2012年1月8日，河西区首次面向社会公开招聘教师，来自全国各地的考生进入笔试考场

（区人力社保局供稿）

合性招聘会24场，为应届毕业生、失业人员等提供人才招聘、创业能力测评、创业培训、创业咨询、小额担保贷款、青年就业见习基地咨询等一站式服务，招聘岗位涉及金融、机械制造、高新技术、平面设计、电子商务、计算机网络技术、纺织类、服装设计类等，提供就业岗位9000余个，入场10万余人次，达成就业意向30%。

（李　群）

社区建设　2012年社区居委会换届选举，全区161个社区均采取户派代表的方式进行，全区应参选户派代表254883人，实际投票233753人，投票率91.71%，整个换届选举过程组织严密，操作规范，充分体现“公平、公开、公正”的选举原则。新一届社区居委会工作班子年龄结构、知识结构更趋合理，一大批年纪轻、学历高、热爱社区工作的人员加入社区工作者队伍。为使新一届社区居委会工作人员尽快适应社区工作岗位，增强他们服务居民的意识和能力，自4月开始，先后对300多名社区居委会新进人员和160余名社区一把手开展专题培训，由区民政局领导和具有丰富社区工作经验的老同志，结合社区工作的方法、经验等内容，有针对性地对社区工作者做深入细致的讲授。与此同时，组织各街道结合各自地域特点，以专题讲座、新老主任座谈会、技术练兵比武等不同方式，对社区居委会工作人员进行全方位培训。加大社区居委会综合性服务设施建设力度，在深入调研居民需求基础上，积极协调有关部门，多方筹集资金，对具备条件的10个社区、4700余平方米的综合服务设施进行改扩建，完善服务功能，更好服务社区百姓。10月12日，在东海街汉江里社区召开河西区加强社区居委会建设现场推动会，推广东海街在推行社区居委会“八项规范”、加强社区居委会硬件和队伍建设等方面的经验和做法，推动全区社区居委会建设再上新台阶。截至2012年底，社区综合服务设施建筑面积在300平方米以上的社区达到全区40%以上。加强社区社会组织建设与管理，进一步规范社区社会组织专干和活动立项规范工作。每街设立一名社区社会组织专干，负责指导协调本地区社区社会组织开展活动。区民政局指导各街道以“2+1”形式申报2012年活动项目，全年拨付活动经费近20万元用于扶持各级社区社会组织开展活动。深入推进社区志愿服务，组织相关街道招募300余名志愿者为文明督导员，在市文化中心制止不文明行为，劝导市民文明参观、文明游玩。推荐挂甲寺街老妈妈服务队和东海街爱心润春芽义务辅导班两个志愿服务项目，申报全国优秀志愿服务项目评选。12月12日，河西区首届“社工节”开幕式在天津财经大学篮球馆举行，市、区有关领导与来自全区13个街道的1000余名社区工作者参加，各街道社工表演精心排练的团体操，展示出充满活力、积极向上的精神风貌。12月，各街开展2012年社区居委会评议工作，全区各社区分别召开居民代表会议，7988名居民代表对161个社区居委会和1089名社区居委会工作人员全年工作进行评议，居委会满意率和工作人员称职比例均在98%以上。

（刘德禄）

下瓦房街道

下瓦房街道位于河西区东北部，海河西岸。东临海河与河东区隔河相望，东至台儿庄路，南界湘江道、津河，西至广东路，北迄绍兴道。2012年，街域面积1.701平方公里。设9个社区，居民18875户53839人。

2012年，招商引资1.90亿元，零散税征收80万元。

对龙海公寓一委、南华里、久仰里3个旧楼小区进行提升改造综合整治，清理各类杂土废弃物40余车100余吨，清除卫生死角50余处，清理乱贴乱画170余处，拆除私搭乱盖、违章圈占42处。5月，集中力量整治居民区环境卫生，全面治理乱堆乱放、乱贴乱画、私搭乱建、饲养

2012年12月12日，河西区首届“社工节”开幕式在天津财大篮球馆隆重举行，社工们整齐的动作、动感的舞姿展示出别样风采

（区民政局供稿）

家禽家畜等现象，彻底解决楼道内外涂鸦、小广告问题，工程杂土做到随出随清，垃圾窑池箱桶等设施整洁完好，垃圾日产日清并密闭收集清运，保证没有卫生死角。全年清理各种废弃物工程杂土300余车1000余吨，拆除私搭乱建20余处，处理家禽家畜20余只。

“迎新春，情暖万家——慈善助困”活动中，救助困难边缘户419户931人，发放救助金13.83万元。春节前夕，街党政领导走访慰问低保特困残疾人家庭44户。对王三柱等15户因病致困家庭及时发放慈善款。组织“红十字博爱送万家”救助工作，救助38户困难群众。开展年度重特大疾病医疗救助工作，为8名符合条件的低保、特困户发放救助金4.11万元。为低保、特困残疾人子女及残疾人学生34人办理助学金2.77万元。开展爱心助学活动，21人得到资助。“呵护花蕾行动”对27人进行一次性慈善救助3.18万元。

全年登记各类失业人员2250人，其中失业困难人员450人，帮扶就业448人，为159名有就业愿望的失业人员办理求职登记，就业困难人员就业率98%。建成3个充分就业社区，100%达到创建充分就业社区标准。举办大型专场招聘会，53个驻街单位带着300余个就业岗位进场招聘人才，当场达成用人意向210人。全年开发就业岗位1028个，涉及30多个工种，超额完成千人就业指标任务。

开展下瓦房街道“文化大拜年”系列活动。举办地区居民书画展等系列迎新春活动。元月12日，在人民公园北方娱乐星阵营举办慰问社区工作志愿者相声专场演出，受到广大志愿者的欢迎和喜爱。老年协会举办下瓦房街老年人“展风采”棋牌比赛，全街9个社区老年朋友百余人参加跳棋、扑克牌比赛，丰富了老年人文化生活。市民学校在原有基础上，增设曲艺、鼓曲讲座和学唱课程，健身气功讲座课程，共有9大类26个班级，学习人数1200余人。深化东舍宅社区、大沽路社区、福建路社区终身学习型服务中心创建，开展各种讲座12堂，560余人次参加。面向居民开展红十字救护知识培训，共计培训1550人。

全年化解矛盾纠纷45起，其中排查解决疑难纠纷4起。接待信访群众600余人，办理市、区转办信函14件，处级领导接待上访群众21起。其中，群体访主要涉及物业管理、施工扰民、烧烤扰民、精神病扰民等问题10起56人次；个访涉及申请低保、廉租房、大病救助等问题12起，市容环境卫生整治问题4起，其他问题11起。全部及时给予回复解答，并将有关情况上报国家信访专网，有效防止非正常访和集体访事件发生。由于领导组织有力、协调到位，各科室和各社区紧密配合，许多上访问题得到及时调处，避免了矛盾进一步激化，并先后化解两起积案，保证了地区的安全稳定。

开展律师进社区活动，举办法律讲座和咨询服务，获得居民好评。积极开展社区服刑人员矫正和刑满释放人员安置帮教工作，对18名社区矫正人员和32名刑满释放人员，定期开展谈话，要求他们按时写思想汇报，取得较好效果。组织地区单位、社区平安志愿者和物业公司150余人参加综治宣传，积极营造创建平安社区行动的良好氛围。全国禁毒日，在各社区轮流展出戒毒宣传展牌、标语，发放禁毒宣传书籍，各社区利用宣传橱窗、广告栏和电子屏同时广泛开展禁毒宣传。春节前，各社区开展防火安全检查，清整安全隐患。对全街重点地区和重点单位进行滚动排查，对存在重大安全隐患的餐饮业下发整改通知书限期整改，及时排除富裕广场社区一氧化碳浓度超标的重大安全隐患。

（张　颖）

大营门街道

大营门街道位于河西区东北部，东临海河，西至天津外国语大学，南至绍兴道，北至马场道、徐州道与和平区接壤。2012年，街域面积0.995平方公里。设7个社区，居民12811户35560人。

2012年，引进企业6家，招商引资额2亿元，零散税征收380万元。

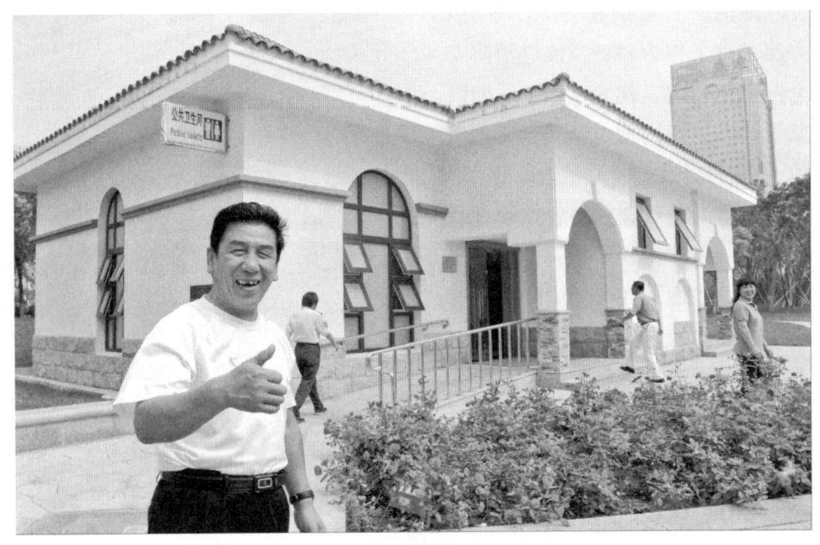

大营门街道团结公园公厕

（区环卫局供稿）

帮扶8家中小型企业转型为科技型中小企业。

完善区、街、居三级市容环境卫生秩序数字平台建设，实现区、街、居互动，及时有效解决环境卫生质量问题。对南昌路、九龙路3号院等重点点位实行全天候站位式管理，城管、居委会每天安排专人进行盯防，发现问题及时处理。

社区居委会开展走百家门、知百家情、解百家难、暖百家心的“四百”活动，实行分片包户的工作方法，详细了解居民情况，建立连心卡，配备《民情日志》，不断夯实社区工作群众基础。针对困难、残疾、老年等不同群体情况，做好扶贫助困工作。全年完成创岗安置等各种形式就业1014人，超额完成任务的1.4%。十种就业困难群体认定134人，动态就业率100%。东莱里社区工作站就业安置工作事迹被天津电视台“都市报道”栏目播出。

成功举办大营门街第八届文化节以及“南园之夏”、“三义庙会”、读书文化月等活动，天津卫视进行报道。街市民学校的教学活动，《人民日报》进行报道。该街征文《社区分校星级化建设》入选全国社区教育优秀实验项目。

把消防安全摆在突出位置，以夯实基础工作为重点，推进消防安全网格化管理，建立三级消防网络监管体系。年内重点清理三义大厦地下室，提升改造爱心敬老院等。

在富海龙珠金翅楼餐饮管理有限公司、天津市麦金特科技发展公司成立党组织，在天津国际经济贸易中心成立综合党委，实现非公企业党建全覆盖。基层工会组织建会489家，建会率98%，建制417家。

（孟庆刚　齐　冰）

马场街道

马场街道位于河西区西南部，东至友谊路，西以卫津河与南开区为邻，南邻宾水道，北靠津河与和平区接壤。2012年，街域面积4.45平方公里。设11个社区，居民18578户54023人。

2012年，招商引资2亿元，超额完成53.8%；小税种征收300万元，比上年增长71.4%。

全面整修德才里等5个社区旧楼区，整修240个楼门26万平方米，粉刷楼栋1000余个，更换垃圾桶760个，清运工程渣土3000余吨、乱堆乱放700余处。

强化“三零”服务理念，即工作零差错、沟通零距离、服务零投诉。超额完成保障和改善民生十件实事。安置再就业1119人，失业登记率控制在3.8%。落实社会保障政策，1.25万人受益。

举办“手拉手温暖马场居民，心连心共创马场和谐”七彩爱心志愿服务，“绽放生命，与爱同行”等公益救助系列活动，总计发放救助款193万余元，5000多困难居民受益。开展居家养老服务，安装爱心门铃64对，发放优惠就医卡100张，新建社区便民医疗站2处，建成全区唯一的社区儿童早教室。新建和改造四化里、气象里社区办公及活动用房各300平方米。

成功举办“书韵飘香，幸福马场”首届居民读书节，“十个一”系列活动创意新颖，深入人心。完善社区图书室、图书角11处，建立4个读报长廊。推进社区民主自治，汇聚微力量，构建大和谐。四方共建、一元基金会、爱心QQ群、相约星期五聊天室等社区特色活动形成品牌。文化进社区、进军营、进校园、进大墙活动，文化大拜年、市民学校十周年成果展、“夕阳映马场、和韵唱晚年”老年人健康万米行等各类活动精彩纷呈，受到居民普遍欢迎。

以“追求卓越，腾飞马场”为主题成功举办第二届社工节暨社区公共文化服务项目启动仪式。社工节旨在提高社工的服务意识，提升社工社会地位，为社工展示才艺和成长搭建平台，集中展示社工个人发展新追求、释放构建文明和谐正能量。全部活动分为“唱响主旋律，激发新活力”、“传播正能量，增强引领力”、“打造新品牌，提升软实力”三大板块。配乐诗朗诵《走进百姓心

2012年11月24日，马场街举办“献爱心招聘会”

（马场街道供稿）

中》讲述社工与百姓的故事，感人至深；小品《你还别不信》展示新一代社工创新社区管理的风采。社工艺术团自编自演的节目赢得来宾热烈掌声。

2012年12月8日，马场街第二届社工节暨社区公共文化服务项目启动仪式举行。图为该街合唱团演唱社工者之歌

（马场街道供稿）

深化平安社区创建，对重点部位、餐饮、娱乐单位拉网式检查，与135家单位签订安全生产目标责任书。开展法律共建，举办模拟法庭进社区和35场次法律宣讲。开展家庭拒绝邪教活动，实现入户率100%，居民参与率96.78%，签卡率95.88%。全年调解矛盾纠纷168起，接待群众上访案件155起。

（董志宏）

天塔街道

天塔街道地处河西区西南部，坐落于天津电视塔脚下，东北向起紫金山路，西至卫津南路，南到四化河。2012年，街域面积3.28平方公里。设19个社区，居民27719户75707人。

2012年，招商引资3.50亿元，超额完成任务。零散税征收326万元。

规范强化社区环境卫生管理，对重点地区进行综合治理。全年清运堆物、工程渣土1000余吨，清理社区楼体立面、楼道内等点位广告涂鸦5000余处，清理违章圈占35处，治理污水跑冒6处。协调做好气象南里、津淄东里、环湖东里、高风里、警校宿舍5个社区10个自然小区的旧楼区提升改造，改造施工项目包括自来水、天然气管道及楼道设施等9项，6161户居民受益。对全街15万平方米绿地、5000多株乔木和12个社区游园养护管理及时到位。

开展“两节”送温暖活动，全街348户困难家庭慰问率达100%。抓好低保、特困户日常动态管理，对低保家庭412户724人、特困家庭58户139人、临时困难救助113人，及时做好补助发放、夏令及冬令救济、暖气费报销等各类救助工作。发挥慈善工作站和爱心超市作用，随时解决困难群体应急救助工作，全年慈善救助105人，救助资金10余万元。对2045户空巢老人、1207户残疾人家庭每月进行一次走访。组织100名残疾人免费查体，开展“登天塔俯瞰津城新变化”活动。坚持每月举办“献爱心招聘会”，进场单位276家，提供就业岗位3400个，累计参加2950人次，达成就业意向536人次。全年安置1004人再就业，落实失业人员档案管理、灵活就业、就业援助等劳动保障政策，全街零就业家庭动态为零。

街道市民学校设2个校区，开设22项课程，招生1000余人次。纪念市民学校成立十周年，组织开展“河西区市民学校成立十周年征文活动”、评选“感动市民学校人物”、举办学习成果展示等系列活动。有终身教育服务中心5个，在充分发挥其载体功能同时，加强对其他社区指导培育，对高风里等3个社区进行申报，气象南里等5个社区被评为“河西区学习型示范社区”，紫金里等8个社区被评为“学习型先进社区”。具备一定规模的群众文体社团30余个1000多人。开展公共卫生知识宣传活动，举办健康教育讲座102次，受益群众5000余人次。

举办第十四届邻居节，主题为“以德为邻、团结互助、情暖万家、共建和谐”，评选表彰好邻居标兵、好邻居志愿者、好邻居家园、好邻居模范岗。开展“和谐邻里一家亲”、“志愿服务展风采”、“倡文明生活，建美丽家园”、“睦邻楼栋，品位生活”、“走进社区——好邻居博客群”5大板块60项群众活动。“邻居节”活动被评为全国睦邻文化建设十大品牌项目奖。

定期开展矛盾纠纷排查分析，加大调处力度，全年接待来信来访200余人次，化解各类纠纷60余起。落实消防安全网格化管理，建立基础构架，加强运行指导监督。对辖区150余个人员密集场所、高层住宅、六小单位、菜市场、学校、房屋出租户等重点点位进行严格排查，排查安全隐患20余处，并督促整改。

（刘　艳）

友谊路街道

友谊路街道位于河西区南部,东起尖山路,西至紫金山路,南到卫津河,北至宾水道、平江道。2012年,街域面积2.87平方公里。设15个社区,居民26437户73412人。

2012年,完成招商引资额3.20亿元,零散税征收300万元。

高标准完成寿园里、纯真里2个社区的旧楼区提升改造工程。对谊景村社区立面、阳台及外飘窗进行提升改造,确保文化中心周边环境改造整体进度。发挥数字化城管平台的纽带和服务作用,全年处理市容环境卫生管理等案卷100多卷,对于群众反映的问题做到事事有答复,处置率96%,办结率100%。全年清运装修工程土、堆物600余车,清除各类圈占200余处。全方位组织地区单位、社区,在居民区、单位、辖区道路两侧投药灭害,覆盖率100%,有效防范病媒生物滋生。

发挥街、居两级救助体系作用,对全街395户低保户、90户特困户,开展救助慰问活动。全年为困难边缘户发放生活救助、医疗救助22万余元,为低保特困家庭512户发放节日补助110万余元,医疗救助合计5万余元。发放残疾学生助学金、困难残疾人家庭学生助学金2万余元。

全年安置新增劳动力1034人,完成计划的103.4%。"两节"期间,在15个社区工作站开展送政策、送岗位、送温暖、送服务的"四送"活动,为600多户下岗失业人员提供创岗安置和政策咨询等方面的优质服务。

应对老龄化社会发展趋势,深化"1+1+1"志愿者助老服务,创新服务模式,搭建服务平台,为社区孤寡、困难、独居老人就近便捷地提供精神慰藉、生活照料、安全防范、权益维护、医疗健康和文化娱乐6大类服务。截至2012年,参与助老服务的好邻居、志愿者1040余人,与520名困难老人签订"1+1+1"助老协议,很多困难老人在家中就能得到"多助一"服务。2012年,友谊路街"1+1+1"志愿助老服务荣获中国幸福城市社会管理创新奖。

以构建地区和谐为目标,优化六种机制、打造六大板块,连续6年开展友谊路地区"和谐友谊全民行动",取得丰硕成果。街道以"务实·惠民·友谊·和谐"为主题,以"年初启动,年终展示,围绕主题,活动贯穿"为主要形式,以"六大板块"为载体,开展一系列亮点突出、特色鲜明的主题活动,吸引居民参与,进一步扩大了活动的影响面。活动中,涌现出一大批共建和谐社区的先进单位、楼栋、家庭和个人,全面促进了和谐社区建设创新发展。友谊路街"和谐友谊全民行动"成为河西区和谐社区建设的品牌活动。

推进全国文明城区创建,丰富辖区居民文化生活,谊景村社区率先建立"城市书吧",为居民打造高品位的阅读环境。深化青少年"七彩虹"冬夏令营活动,开展"红领巾情系橄榄绿,军营一日跟我来"夏令营主题活动,与友谊路小学联合举办"老少携手绘爱的同心园"冬令营主题活动。街道市民学校增开手语、民族舞、葫芦丝提高班等新课程,英语、书法两门课程获得全国市民学校特色课程教材优秀奖。通过黑板报、宣传橱窗、电子屏、专场宣讲等形式,大力宣扬"天津精神",开展"感动365——讲述身边好人"活动事迹征集活动。全年在天津日报、今晚报、渤海早报、中老年时报、天津新闻、新闻12点报道等市级媒体报道街道及社区活动21条。

12月11日,天津市学习宣传贯彻党的十八大精神基层巡展在友谊路街谊景村社区全面启动。市委常委、市委宣传部部长成其圣,市委宣传部常务副部长、市文明办主任陈浙闽,河西区委副书记、区长彭三,以及市文明办、河西区委宣传部、平津战役纪念馆相关负责人,各区县文明办主任、河西区各街道党工委书记、市民学校宣讲员、社区居民代表等参加启动仪式。启动仪式上,陈浙闽、彭三分别致辞,成其圣为巡展揭幕,并向市民代表赠送《党的十八大精神市民读本》。启动仪式后,街道广大社区干部群众认真观看展览,并在留言册上写下感言和寄语。

(孙　瑞　张小军)

东海街道

东海街道位于河西区东南城郊结合部,东起微山路,西至洞庭路,南迄涪水道,北抵珠江道。2012年,街域面积2.12平方公里。设15个社区,居民28535户76172人。

2012年,引进企业19家,完成引资额3.80亿元。

深入开展珠江里、川江里、漓江里、平江里、同江里社区旧楼区配套设施提升改造工作,重点打造川江里社区,协调相关单位更换楼栋塑钢窗、粉刷楼体外墙和楼道,改造管线、燃气、下水等,顺利通过检查验收。深入开展社区堆物、圈占清理工作,清理圈占堆物900余处,工程杂土500余吨,乱贴乱画、小广告3000余处,废旧非机动车642辆,家禽家畜342只,社区整体环境明显改善。

针对地区弱势群体较多现状,开展"迎新春情暖万家慈善救助"活动,为223户低保、特困、边缘户家庭发放医疗救助金39.83万元。落实困难群体救助工作,发放低保、特困救助金70.44万元,夏令、冬令救济5.84万元,残疾人助学金、救助金20

余万元。街慈善分会救助8户边缘户家庭,发放救助金1.05万元。指导社区社会组织举办"爱心润春芽"义务辅导班,为家庭困难学生义务补习功课。联合人大代表单位为85户困难家庭学生发放救助金5.50万元。落实劳动保障政策,创岗3000个,安置就业1100人,办理社会保障卡8000张。

2012年8月17日,东海街人大代表冯喜增捐资助学大会

(东海街道供稿)

完善社区硬件基础,完成龙江里1100平方米新建居委会提升改造工程,巩固居委会规模优势,提升社区整体综合实力。按照新建居委会集办公、服务、活动于一体的规划原则,细化标准、充实内容,制定《东海街社区居委会建设八项规范》实施方案,居委会工作更加标准化、规范化、制度化。街道健身中心年内建成投入使用。发挥新建居委会设施功能,建设"创文"活动阵地,支持引导社区社会组织、民间文体社团发展,以"文明在东海,道德伴我行"为主题,开展丰富多彩的群众文体活动,地区文化氛围更加浓厚,文化底蕴进一步提升。

深化创先争优活动,在社区党建工作中推行"组织建设网格化、群众服务互助化"的工作思路和措施,建立"三级管理、三线联系"的社区党建新模式。以"党员连心户"活动为载体,细化管理内容,完善服务功能。完成基层党组织换届工作,召开"庆七一暨基层组织建设年"推动会,表彰一批先进基层党组织、优秀党务工作者和优秀党员。开展"两创建、两评选"活动,创建三水南里等一批市级、区级特色党建品牌、党建示范点。

(刘 娟)

尖山街道

尖山街道位于河西区西南部,东起洪泽路,西至隆昌路、白云山路,南迄潭江道,北抵大沽南路。2012年,街域面积6.30平方公里。设21个社区,居民26665户74059人。

2012年,完成招商引资额3.02亿元,征缴零散税503万元。

全年累计出动清整人员15076人次,清理乱圈乱占128处1068平方米,拆除违章建筑9处80平方米,清理楼道及大环境堆物2335处,清除乱贴乱画33322张,清运各种杂土527吨,处理城市管理考核反馈单200余件。洪泽花园小区实施旧楼区改造工程,彻底改变环境脏乱差局面。7月26日,纯洁里社区太行里平房区暴雨后出现严重积水内涝,街领导、机关干部和社区居委会人员及时做好群众疏散转移,并送水送饭,协调有关部门抢险排涝。

拓展爱心救助范围和渠道,围绕助学、助医、助残、助困、助孤、助老"六助"需求,组织开展"爱在尖

2012年3月,团中央权益部部长刘涛(中)到东海街松江里社区调研指导市级闲散青少年教育帮助和预防犯罪试点工作

(东海街道供稿)

山，温暖 2012”系列社会救助主题活动。与辖区 30 家企业签订救助联盟协议，重点实施 10 个救助项目，累计救助各类困难群体 12819 人次，救助金额 273 万元。为 20 个社区 93 名 60 岁以上老年人提供家政、日间照料、订餐送餐、就医等服务，为 8 户残疾人家庭进行“蹲改坐”改造。

在 21 个社区居委会建立再就业信息网络，积极协调市、区劳动保障技能培训等部门和单位，实行由政策咨询、信息采集、培训指导到上岗就业的“一站式”全程再就业服务保障措施。截至 10 月底，安置下岗失业人员再就业 1200 人，超额完成全年工作任务。为 357 人办理十种困难家庭认定，为 240 名零就业人员办理社保补贴，为 1600 人次发放失业金，为 260 人办理特岗、病退及正常退休手续。为 972 名“五七”生产人员办理社会保险认定服务工作，为 98 人办理纳入社会统筹手续。

举办主题为“幸福家园，共建共享”的第二届和谐社区建设成果展示周活动。活动包括“企业文化共建共享、六位一体共建共享、睦邻文化共建共享、流动人口共建共享、军休干部共建共享”5 个版块 33 个项目。展示周期间，表彰十佳社区共建单位 16 个、百名感动社区之星等 6 大类 300 人，召开社区社会管理机制创新推动会，街百花越剧团上演《狸猫换太子》全剧，特色活动广受好评。街道被中国社工协会授予全国社区社会管理体制创新“示范街道”荣誉称号，珠江集团被评为全国社区社会责任示范单位，平江北里社区被评为全国睦邻文化建设工程示范社区。

以百花越剧团、红叶合唱团为代表的 128 支近 3000 人的社区业余文艺演出团队活跃在社区各个舞台，极大丰富了社区居民群众文化生活。以“我运动、我健康、我快乐”为主题，举办尖山街道第五届老年人运动会，20 个社区 600 余名老年人参加比赛，满足老年人的健身需求，展示尖山地区老年人的精神风貌。

（钟 滨）

陈塘庄街道

陈塘庄街道位于河西区东南部，东起微山路、学苑路，西至洪泽路，南抵珠江道、泗水道，北傍海河。2012 年，街域面积 6.50 平方公里。设 12 个社区，居民 19301 户 51861 人。

2012 年，引进中国科技集团第 46 所、天津港保税区捷拓贸易有限公司等企业，吸引投资 3.14 亿元。零散税征收突破 300 万元，比上年增长 25%。

微山里、泰山里、棉四一社区实施旧楼区提升改造，206 个楼栋及外环境经全面清整，清理各类杂物、垃圾、工程废料 420 余车，小广告 3000 余张。国家卫生区复审迎检，对棉四一、瑞泰公寓、天山里等社区的乱圈占彻底清理，对两个城中村及油毡厂宿舍周边环境等重点区域开展集中治理，协调市政部门完成棉四一社区小马路及社区内道路的修缮改造。

圆满完成社区居委会换届选举，产生义务制居委会 1 个，混合制居委会 11 个。新一届居委会成员 58 人，平均年龄 47 岁。其中，连任的 28 人，占 48%；硕士研究生 3 人；党员 44 人，占成员总数的 75.9%。全街 12 个社区通过公推直选产生社区党组织成员 60 名。书记平均年龄 36.60 岁，其中硕士 1 人、本科 9 人、大专 2 人，全部实现书记、主任“一肩挑”。

新建幸福家园社区居委会办公用房 500 平方米，全部竣工投入使用。310 平方米的双山新苑居委会正在装修，完成后，街道 300 平方米以上的居委会将达到 8 个。

春节期间启动代表、委员献爱心活动，筹集善款 30 余万元。全街慰问边缘户、困难户 894 户，慰问金额 38 万余元。开展助残月活动，帮助残疾人 800 余人次。开展爱心助学，为 80 余名家庭困难学生发放各种助学款 4 万余元。对 113 户特困家庭发放夏令救济、111 户特困家庭发放冬令救济代金券。全年完成 770 户低保调标工作。为 25 户低保特困家庭办理公房租金核减，为 141 户低收入家庭办理廉租住房租房补贴，为 199 户家庭办理经济房租房补贴，为 2 户家庭办理实物配租。劳动保障服务中心全年安排就业 1040 人；办理社会保障卡 3100 张；办理城乡医疗保险报销支付手续 84 人，报销金额 37.10 万元；为 75 人办理原城镇集体企业“五七”生产人员补缴养老保险的资格认定及缴费工作。

在陈塘庄美术科技馆举行陈塘庄街 2012 年“文化繁荣年”启动仪式，确定“创建百支文化团队，进行百场文化活动”的工作目标，推进陈塘地区企业文化、校园文化、军营文化、家庭文化、社区文化全面发展。依托陈塘庄科技美术馆建立流动展览馆，举办流失海外的历代中国书画作品社区巡展等，丰富社区居民文化生活。

年内接收社区矫正人员 35 人，安置帮教人员 108 人。排查各类矛盾纠纷 33 起，成功调解 33 起，成功率 100%，未发生因调解不及时造成群体性上访事件。

（赵 晶）

柳林街道

柳林街道坐落于河西区东南方向城郊结合部，东至双林引河与津南区接壤，西至学苑路、微山路，南至泗水道、新会道，北起海河。2012

年，街域面积4.20平方公里。设13个社区，居民25922户81450人。

2012年，引进企业18家，引资额1.75亿元，零散税征收60余万元。

以旧楼区提升改造和国家卫生城区复审迎检工作为契机，深入开展地区环境卫生治理，清运垃圾杂土70余吨，清理454个楼门楼道堆物212吨，清理楼群环境堆物128.40吨，处理家禽410只、家畜19只，清除各类涂鸦、小广告15000余处。义务清整日活动，集中对腾华里小二楼、幸喜道、先登里平房、团和楼、双林小马路、风致里、景致里、雅致里等社区存在的居民杂物、垃圾杂土、工程渣土、私搭乱建、乱圈乱占、乱贴乱画等重点脏乱点位进行清整，地区环境明显改善。

对东江南里、景致里、雅致里、恒山里、微山东里5个旧楼区实施提升改造工程，6284户17000余人受益。施工严格按照全市旧楼区改造的24项"规定动作"进行，解决了路面积水、园林景观、社区安全、后期管理等问题，改造后实行准物业管理，小区面貌焕然一新，赢得百姓赞誉。对列入市提升改造试点的东江南里小区，增加市政道路和排水设施改造、绿化提升、摄像监控、宣传栏、外檐粉刷、居委会和物业管理办公用房等6个自选项目，将该小区打造成旧楼区改造精品。

新建微山东里社区居委会办公用房，对金海湾、景雅里、贺福里、微山东里社区活动用房进行内装修，完善配套服务设施。

举办以"互助欢乐，幸福你我"为主题的柳林街第九届互助节，以互助节为载体，实现救助工作常态化。全年发放春节补贴费971户1705人95.55万元；春节饺子补贴费948户1581人10.47万元；医疗救助费21户21人98.51万元；暖气费减免902户1704人32.33万元；发放副食补贴1087户1087人7926元；累计为13228户23996人发放644.45万元低保特困金，为10781户18928人发放202.47万元物价补贴。对各类贫困对象实施慈善补助1040户27.80万元；对大病、重病困难对象实施一次性困难救助56人2.39万元；发放医疗救助资金90人23.90万元；组织"呵护花蕾行动"救助2人1.86万元；筹资3.04万元开展"兴和天使"救助工程，152人受益；组织"有爱不再孤单"六一救助活动，救助9名孤儿2万元；组织"爱心成就梦想"慈善助学活动，105名学子得到9.25万元助学金，7名学生得到助学款4000元，6名学生得到助学款2000元。为245户独生子女死亡的残疾家庭发放特扶金50多万元。开展"红十字博爱送万家活动"，为60户困难群众发放价值12000元的爱心物品。

完成新增就业指标1017人。加强社区工作站建设，12个工作站全部达到充分就业社区标准。安置下岗职工再就业，全年举办16次免费招聘会。办理缴纳城镇职工保险417人，开具各种证明1284份；经办社保卡，包括补卡、退卡、临时卡发卡共计10498张；接转档案466份；为2100人办理城乡医疗保险，为146人办理缴纳城乡养老保险；办理就失业证49个。

（文成兵）

挂甲寺街道

挂甲寺街道位于河西区中部偏东，东临海河、天津市第四棉纺厂西大道，西至隆昌路，南抵资水道、大沽南路，北迄津河末梢、湘江道。2012年，街域面积2.41平方公里。设15个社区，居民30498户80030人。界内津门古刹挂甲禅寺相传建于唐代，街名由此得来。

2012年，引进企业9家，引资额3.08亿元。零散税收完成410万元。

社区居委会换届选举，参选率92.4%，95人当选，平均年龄42岁。社区党组织换届采取"公推直选"方式，选举产生12个社区党委、3个社区党总支，入选成员包括21名大学生社区工作者。

修订《挂甲寺街社区环境卫生长效管理实施方案》等多项制度，制定《社区卫生主任管理细则》，为所有社区配备手持对讲机，提高社区卫生管理效率。完成3个旧楼区改造，协调解决科艺里小区排水问题。加大环境整治力度，协调执法局等部门解决美澜园院外垃圾堆放等难点问题53件。大力提倡文明祭奠、移风易俗，为322个丧者家庭组织"送鲜花、寄哀思"活动。在新城小区开展绿色共祭活动，市、区相关领导参加。

3月，经区民政局批准，撤销原书苑里社区居委会，成立海景雅苑社区居委会，服务范围为书苑里小区和新建成的海景雅苑小区。

建立应急救助机制，对因突发事件、大病等造成生活困难的居民给予救助。严格执行低保政策，努力实现应保尽保，完成724户低保户复审，审批减少低保42户。"两节"期间开展大走访、大慰问活动，区、街出资41万余元慰问1356户困难家庭。落实住房保障政策，为240户居民办理廉租房、经济租赁房租房补贴，对113户进行经济租赁房、限价商品房复审。全年为8735名居民办理社保卡、老年人生活补贴、失业人员养老保险、失业金领取等多项劳动保障服务。劳动保障中心采集就业信息820条，开发岗位919个，安置下岗失业人员1295人，大学生就业44人。街道下岗人员就业率97.99%。根据政策规定，对未参保集体企业退休人员和“五七工”家属80余人进行资格认定。

加大为民办事力度，先后协调解决湘江花园、麦收大厦、宝澜园等物业与业主之间矛盾，协调解决美好东里商品房雨水管修缮，北洋新里照明灯安装等问题。关注社区老年人，为80位高龄老人提供理发、修脚等居家托养服务，对381名老人提供“一天一问候”服务，为19位老人启动送餐服务。关爱社区残疾人生活，为27户残疾人家庭进行无障碍设施改造，为社区200余名残疾人发放轮椅等生活用品。年内，市、区残联领导及外省市残疾人工作者4次到挂甲寺街视察和调研。

集中开展矛盾纠纷和不安定因素排查20余次，调处各类矛盾纠纷113起，调处成功率98%以上。落实

挂甲寺街开展“志愿服务大家庭”活动

(挂甲寺街道供稿)

开展文化社团大拜年等活动23场。以“传承经典民俗、弘扬民族文化、构筑和谐社区”为主题，举办第四届民间民俗文化艺术节，包括文化之星表彰、笔墨丹青书画笔会、京韵京味专场演出、民间手工艺作品展、民间剪纸大赛和“喜迎十八大，共舞夕阳红”社区健身舞大赛六大板块活动，13000余名居民参加，天津日报、渤海早报、河西有线电视台等多家媒体报道。市民学校全年培训学员27800余人次，并举办十周年成果展及百人表彰等系列活动，编印《感动十年征文集》。发挥10个社区终身学习服务中心作用，6万余人次参加学习，地区人口覆盖率75%。2012年，街道被评为河西区创建学习型城区示范单位、河西区素质教育示范街道，10个社区被评为学习型居委会先进单位；市民学校被评为河西区市民学校优秀校，市民学校《泥塑》课程被评为全国社区教育特色课程，“市民学校学员自我管理体制研究”项目被命名为全国社区教育实验项目验收合格项目。

帮教措施，对90名安置帮教人员、22名社区矫正对象建档建册，定期谈话，掌握动态。加大平安社区建设力度，投资10万余元在新城等社区安装30组视频探头。成立外来人口服务管理站，采集流动人口信息，核查流动人口4000余人次、新登暂住流动人员1600余人，辖区内流动人口实现零犯罪。

(贺　菲)

桃园街道

桃园街道地处河西区西北部，西北沿西康路、马场道与和平区交界，东至广东路，南到津河。2012年，街域面积1.09平方公里。设10个社区，居民16406户61089人。

2012年，招商引资3.10亿元，零散税征缴300万元。

加大旧楼区环境清整力度，以连荣里、元兴新里、庆荣里、照耀里、修业里和信德里等7个自然小区为重点进行社区环境综合整治，为旧楼区改造创造条件。年内改造196个楼门，更换楼道采光窗1133个，封堵垃圾窑门29个，封堵楼道内垃圾投放口203个，新添体育设施26件。对45个自然小区环境卫生全面清整，清理楼栋800个，清理堆物10000余处、装修渣土1000多车，清理各类圈占77处、广告涂鸦50000余处，拆除楼道内违章7处。加强病媒生物滋生地治理防控，发放各类药品600余公斤，投药覆盖率100%。落实民心工程，为聚鑫园、圣德园、安德公寓、华义公寓、广顺园5个社区实施自来水一次、二次供水设施改造，受益居民3052户。

“两节”期间开展“2012年迎新春情暖万家”慈善助困活动，解决困难家庭实际困难，发放各类补贴及救助金119万余元，实现不让一户过不去目标。全年办理各类住房保障490户，完成对全街358户低保、64户特困户复审工作。街慈善分会开展慈善助学活动，为85名困难学生发放救助金43000余元。帮扶残疾人工作落到实处，开展“情系万家，爱心救助”系列活动。与世界海外韩人贸易协会天津支会举办帮残助残主题救助活动；与中天浩业公司举办“‘1+1’对口助残”活动，为267名困难残疾人发放救助物资。助

残月期间，开展以文化助残为主题的系列助残活动，组织辖区残疾人开展趣味运动会、游园、参观图书展览等。

开展就业援助月系列活动，全年举办以“春暖桃园”为主题的8场招聘会。完成新增就业1478人，达全年任务的147.8%。采集就业用工信息1036条，开发就业岗位1863个。为辖区居民办理社保卡3012张，发放社保卡2130张。率先启动“五七”家属工办理城镇企业职工养老保险参保工作，为93名“五七”家属工办理参保手续。街劳动保障服务中心被评为全国新型农村和城镇居民社会养老保险工作先进单位。

桃园街道第十一届安居节以“安居、快乐、健康、和谐”为主题，推进公民道德建设工程，加强社会公德、职业道德、家庭美德、个人品德教育。安居节期间，开展“十佳志愿者标兵、十佳道德模范、十名社区健康寿星、十佳微笑服务之星”等系列评选表彰活动，宣传先进典型，引导人们形成讲正气、作奉献、促和谐的良好风尚。举办第十一届安居节开幕式暨桃园地区文化成果展示、第二届社工才艺展示、桃园街“十佳社团、十佳优秀社团团员”表彰大会暨文化社团汇报表演、“与身边好人面对面”交流座谈会，以及安居乐业社区居民才艺展示、“庆安居、看往昔、晒幸福”座谈会、老少同乐棋牌赛、王家声个人根雕展等一系列文化教育和娱乐活动。

丰富社区居民文化生活，以“文化促发展、教育促和谐、科普促健康”为抓手，组织开展迎新春联欢会、庆中秋文艺演出等节庆活动。举办新华网天津书画频道走进桃园街书画惠民活动。在危改广场承办河西区第二十六届科普周启动仪式。围绕市民学校成立十周年校庆，开展市民学校课程展示、教师学员座谈会、优秀成果展示等活动。举办第三届桃园街老年人摄影作品展，展示老年人丰富多彩的晚年生活。

（张淞恒）

越秀路街道

越秀路街道位于河西区中部，东起隆昌路，西至友谊路，南起平江路，北至津河。2012年，街域面积2.64平方公里。设14个社区，居民24293户67342人。

2012年，招商引资3.50亿元，零散税征收420万元。

提升改造红波里、黄埔里、恩德里、珠海里4个旧楼区，一次性通过验收。市容环境综合整治工作取得明显效果，提升了辖区道路景观和社区环境质量。社区环境治理，清运工程渣土400吨，各种杂物、堆物160车，清理小广告涂鸦百余万条，对14个社区70%的垃圾箱桶进行更换。投入3万余元对越秀路和荔湾路菜市场进行修缮和维护，更换市场内漏电保护器、商户灯具和牌匾。

为1627户困难群众捐款、捐物折合38万元。夏令救济80户，冬令救济75户。出资1300余元为14位失独老人和无子女老人购置电子血压计，为242名残疾人发放近300份救助物资，为36户残疾家庭进行无障碍设施改造。落实劳动保障各项政策，促进下岗失业人员就业，全年创岗安置下岗失业人员1008人。

维稳工作落实领导包片科长包社区的包保责任制，发动楼栋长、志愿者和巡逻队，加强日常巡控和反宣品清缴。党的十八大期间，对重点人员逐人逐级落实监控措施，实现零进京上访目标要求。协调解决群访个访难题，做到合理诉求解决到位，不合理诉求解释到位，妥善解决中豪国际大厦居民产权证等5个群众集访个访案。

开展“龙年新春越秀地区民间民俗文化超市”、第五届文化艺术节、市民学校成立十周年展示等活动。举办16场2850余人应急救护培训。

社区居委会及党组织换届，选举产生14个混合制居委会，居委会成员70人、社区工作者51人，其中党员49人、硕士研究生2人，年龄结构更趋合理，文化程度有所提高。选举产生社区党组织书记14名，党委委员56名，两委成员交叉任职率62%，并全部配备专职副书记，确保党建工作专人专职专项。

投入1.50万余元，对四新里、增强楼、惠阳里社区办公及活动用房等维修。投入27万元对祥和里社区居委会二次改扩建，面积达460平方米。投入15万元对健美里社区改扩建。投资近3万元为部分社区购置触摸屏，促进党务居务公开。

（王　华）

梅江街道

梅江街道位于河西区西南部，东起五号堤路、白云山路，西至卫津河，南至潭江道，北起郁江道。2012年，街域面积2.60平方公里。设8个社区，户籍人口5895户16562人，暂住人口2万余人。

2012年，招商引资3亿元，零散税征收842万元。

社区环境治理，全街干部包保社区，与居委会工作人员一起细化楼门分工，实行动态清整。对建工、建新宿舍外围进行粉刷，全面覆盖社区涂鸦。对市场内地漏和排水管道及市场外垃圾站进行改造，解决市场周边环境卫生问题。建立违章建筑台账，建立长效管理机制。

成立物业办，协调业主、业委会、物业公司之间关系，做好物业公司撤出应急处置预案。在区市容园林委及环卫局指导帮助下成立街环卫所，通过积极有效工作，实现新老物业平稳交接，确保过渡期和谐稳定。

积极开展“四日捐”活动，募集善款69311元。通过“废品变善款”、“一元善款”等慈善项目，募集善款1620.42元。“两节”期间开展“迎新春情暖万家慈善助困”活动，对辖区37户低保、特困以及边缘户进行有效救助。与辖区爱心企业共建，结成帮扶对子3对。组织残疾人参加“汇集爱心，共享繁荣”公益文化助残活动；在“残疾人日”走访慰问85名残疾人。走访失业人员家庭57户，安置失业人员就业306人。其中，新增灵活就业34人，公益岗就业77人，单位就业195人。对全街61名享受就业补贴人员进行年检，办理新增无业老年人养老补贴3人，失业人员档案接转92人，为居民办理社保卡1000余张。

成功举办第四届梅江街文化节，历时20余天，先后举办戏曲专场、文艺汇演、书画展览等特色文化艺术活动，4000余名居民参与。组织社区青少年开展“科技小能手”活动，开展丰富多彩的冬令营、夏令营活动8次。与河西一幼共建，举办“幼儿园进社区”送书活动，组织79名社区0~3岁幼儿到河西一幼参加“活力宝宝大赛”。

建立街道—社区—楼栋三级侨务工作服务网络，设立“侨友之家”、“侨友活动站”等活动阵地，在天下梅江网站设立“侨法宣传角”专栏，形成“社区为侨服务好，侨为社区贡献多”的双向服务机制。设置专门的侨务接待室，接待来访的侨胞侨眷，做到件件有登记，事事有答复。泉水园社区在天津市社区侨务工作推动会上获得国务院侨务办公室颁发的全国社区侨务工作明星社区荣誉称号。

（张彦喆）

河东区

概 述

河东区是天津市中心城区，境域地理坐标为北纬39°04′7″~39°09′7″，东经117°11′7″~117°18′1″，是中心城区连接滨海新区的起始点，毗邻空港、海港，天津站交通枢纽坐落区内。隔海河与和平区、河西区相邻，向东与东丽区为伴，西、北与河北区相交。沿海河经济带8.28公里，天津中央商务区坐落其间。2012年，区域面积39.63平方公里(不包括天津天铁冶金集团有限公司街道)，辖大王庄、上杭路、东新、富民路、鲁山道、大直沽、常州道、中山门、向阳楼、春华、唐家口、二号桥、天津天铁冶金集团有限公司13个街道办事处。有社区居委会149个、居委会筹委会(筹备组)9个。常住人口88.98万人(不包括天铁集团街道)。人口中汉族为主体，另有回、满等39个少数民族。

2012年，河东区坚持以邓小平理论、“三个代表”重要思想、科学发展观为指导，按照市委、区委全会决策部署和中心城区全面提升的要求，围绕“金贸河东”功能定位，聚焦经济社会发展，圆满完成区十六届人大一次会议确定的各项目标任务。

打造南站现代商务中心，十一经路现代金融商务区，津滨大道现代物流商贸区，新开路商务商贸区。海河东部新城市中心发展格局初步形成，区域整体发展实力、综合竞争力和社会影响力明显提升。

实现区属增加值173亿元，比上年增长18%。区级财政收入32.30亿元，增长23%。规模以上固定资产投资100亿元，增长5%。新增注册企业1123家，新增注册资本32.73亿元，其中注册资金亿元以上企业11家。实际使用内资额179.60亿元、外资额1.04亿美元，分别完成计划的115%和122%。社会消费品零售额192亿元，增长13%。外贸出口额突破4亿美元。万元地区生产总值能耗下降4.1%。“调结构、惠民生、上水平”活动扎实有效，“互看互比互学”活动中有12项指标排在市内六区前三位。

打造金融服务与产业对接示范区，深化金融改革。全年金融业创造留区税收2.20亿元，增长25%。引进光大金控投资控股公司、光大金控(天津)产业基金管理公司、含泓投资管理公司，光大金控产业基金总部落户河东区；引进上海百联集团，启动第三方支付商业金融创新项目；引进津发担保、东银国际保理、

红星国际广场、河东万达广场带动津滨大道商圈繁荣

(摄影：刘泽瑞)

末名股权投资、恒利鑫玉小额贷款等13家新型金融企业;新设招商银行等5家支行，区内银行品牌23个;培育浩年医药、五洲元通成功上市;融资服务中心、海河企业发展促进中心等项目积极有序推进。

商贸服务业成为拉动区域消费、优化区域经济结构的支柱产业。河东万达广场成为天津商业新地标。红星美凯龙家居MALL、台湾宝岛美食城、中山门乐易购购物广场、月坛商务大厦酒店项目建成开业。引进感知物联网集团等龙头企业、天津物产俊泽矿产等优势企业、7-ELEVEN等国内外知名品牌落户河东。积极储备中储集团、世贸集团等内外资项目。

加快推进23个总投资超过600亿元的重点项目建设。红星美凯龙百货MALL开工建设并快速推进。天津万达中心商业主体、嘉里中心综合购物中心主体、金地广场商业主体等高端服务业项目封顶。中粮大道、渤海银行总部、中信城市广场、水岸银座等项目按计划推进。

加快实施科技小巨人成长计划，新发展科技型中小企业396家，总数1096家。新培育小巨人企业8家，总数19家。5家企业通过国家级高新技术企业认定。科技载体建设加快推进，帅领科技园改造工程全面完成，招租率95%。东宁产业园启动17.40公顷园区工程建设。与二轻集团共建的先之轻工科技园筹备启动。与天津工业大学、武警后勤学院洽谈合作的大学生科技创新载体和科技创业产业园在积极推进。

出台《河东区楼宇经济园区认定及管理办法》及相应奖励政策，为重点楼宇发放专项资金1000余万元。34座商务楼宇和13座重点扶持楼宇全面提升改造。万隆大厦、海河大厦、天星河畔等7座商务楼宇实现亿元楼目标。

重点对新开路等9条38.60公里道路和河东段6.50公里城际铁路沿线进行整治提升，整修建筑796栋261万平方米。维修里巷甬路14.30万平方米。新建15座一类公厕，改造3座环保型转运站，华龙道停车楼建成。天津市首座以体育为主题的河东体育健身园建成投入使用。推进国家园林城区和生态城区建设，新建和提升绿地46.70万平方米，推进小区锅炉并网改造工程，区域环境质量持续改善，空气环境二级及以上良好天数达标率超过80%，超额完成年度主要污染物减排任务。

积极推进20项民心工程，加大旧楼区居住功能综合提升改造。整修47个小区，626幢居民楼，总建筑面积285万平方米，惠及近5万户居民，所有项目一次性通过验收，验收合格率位居全市前列。社区环境清新靓丽、温馨宜居，百姓对居住环境满意度明显提升。

新建和整修电传路、毛条厂路等8.20万平方米道路，完成广宁路等120条达标道路修复工作，打通泰兴路和广瑞路2条道路，沙柳路和广宁路涵洞主体工程全部完工。城市路网布局更加合理，载体功能明显增强。

新建公建设施和文化设施1.10万平方米。完成快速路、地铁沿线11片住宅公建12.96万平方米拆迁任务。启动减速机厂、中山门D地块还迁房建设工程，推进钢渣山、板钳六厂、一商学校、糖精厂、万东路保障房项目建设。实施建筑节能改造工程142.80万平方米，新增供热面积27.20万平方米，节水41万吨。城区保障功能和群众生活环境质量得到明显改善。

加大5个重点地区、49条道路和三、四级道路居民区环境治理力度，开展占路经营专项治理，加大街容立面违章管理和道路灯光管理力度。区级数字化城市管理中心保持良性高效运行。天津站地区管理机制创新，保持站区安全稳定、秩序井然有序。

抓好社会保障工作，全年实现新增就业4.40万人，完成计划的111.4%，登记失业率控制在3.6%以内。落实最低生活保障制度，完成低保调标和审计整改工作，慰问救助困难家庭、困难职工群众5万余人次，发放救助金5098.70万元。开设"95081"老年人应急呼叫和社会保障平台。新建16个社区老年食堂、6个社区居家养老服务中心。新建养老院3所，新增床位410张。新增住房保障户5000余户。

重视基层和基础建设，完成136个社区居委会换届选举工作，选出居委会成员952人，聘任社工站干事695人。新建和改造提升中山门、十五经路、建新3个菜市场，新建商业网点100家。河东区获得"全国社会组织创先争优活动优秀指导单位"荣誉称号。

重视信访、调解等工作，健全群众诉求机制，完善矛盾纠纷排查化解机制，推行信访工作代理制，妥善化解社会矛盾，有效解决信访突出问题和行政争议案件，圆满完成党的十八大、达沃斯论坛、大运会、院士论坛等重大活动期间维稳保障工作。社会治安状况继续保持全市较好地区之一。

教育教学质量提升。中、高考创造历史佳绩，德育、艺术、体育教育协调发展。开展特色高中实验项目，学前教育三年行动计划圆满完成，全区义务教育学校现代化标准建设达标率100%。完成首届"河东名师"评选表彰工作，教师队伍综合素质进一步增强。

举办第26届科技周，开展主题社区科普月系列活动，推进"科普益民计划”，构建社区科普大联合、大协作格局，东新街道远翠西里社区荣获全国科普示范社区称号。

成功举办“海河之春”国际音乐艺术节、第六届社区文化艺术节，组织迎接党的十八大群众文化活动，完成第三次全国文物普查工作，积极开展市、区级非物质文化遗产项目挖掘、整理、申报工作，完成中山门影剧院提升改造。文化执法工作获国家表彰。

加大医改惠民力度，改善就医环境，提高医疗保障水平。创新中医特色服务，组织博士生、硕士生服务团进社区并签订长期合作协议。全面启动天津市20项民心工程大肠癌筛查项目。巩固国家基本药物制度，药品零差率销售1.23亿元，让利于民1852万元。建立食品安全三级监管网络，食品安全工作更加规范高效。

抓好全民健身活动。组织开展群体活动500余场次，参与人数超过10万人次。组队参加天津市第三届“体彩杯”全民健身运动会，取得优异成绩。成立体育舞蹈等10个单项体协和残疾人体协。对社区525件破旧体育健身器材进行更换。体育工作“进社区、进机关、进学校、进企业、进部队、进家庭”的经验在全市宣传推广，河东区被评为全国全民健身活动优秀组织单位。

动员社会各界力量，抓好残疾人事业。推行“一簿一卡一编”残疾人服务体系建设，市残联在河东区召开现场会，对残疾人诉求表达机制和信访代理机制进行全面推广。河东区被中残联确定为全国“阳光家园”示范创建地区和全市唯一的全国残疾人文化建设创建示范区参评单位。

抓好精神文明建设，广泛宣传“天津精神”，开展“十大为民杰出人物”、“五好楷模”等评选表彰活动，构建社会主义核心价值体系，提升市民文明素质。河东区实现全国双拥模范城“六连冠”。人民防空、防震减灾和国防后备力量建设不断加强。加强市场物价、食品药品监管和生产、消防、交通安全管理，全区生产生活安全有序。人口计生、妇女儿童、民族宗教、对台工作、侨务外事和统计、档案、保密等各项工作取得新成绩。

（区政府办）

河东区区级领导名单

中共河东区委领导名单

书　记：王福山

副书记：刘道刚　杨文璁

常　委：王福山　刘道刚　杨文璁　刘　祺　毕宝泉　甘同波（任职至2月）　靳　昕（女）　姜德志　刘春波　李建军　解　葆　张运频（2月始任）

河东区人大常委会领导名单

主　任：孙宏光

副主任：刘建国　王毅斋　韩馥香（女）　孙基刚　马连庆（回族）

河东区政府领导名单

区　长：刘道刚

常务副区长：刘　祺

副区长：毕宝泉　刘程彦　李连仲　赵　霞（女）　张庆岩

区长助理（副区长级）：卢卫东　宋建华（任职至7月）

政协河东区委员会领导名单

主　席：温继平

副主席：吴秀宏（女）　邓福来　张春跃　王占勤（女）　黄　伟　逯　鹰　王晓红（女）　王玉颖（女）

（区委组织部提供）

河东区委十届五次全会 2012年12月30日，中共天津市河东区委十届五次全体会议召开。会议审议通过《中共天津市河东区委2013年工作意见》、《中国共产党天津市河东区第十届委员会第五次全体会议决议》，学习、贯彻市委十届二次全会精神，围绕区委常委会工作报告、2013年工作意见和区委工作部署进行讨论。区委书记王福山，区委副书记、区长刘道刚，区人大常委会主任孙宏光，区政协主席温继平，区委副书记杨文璁出席会议。会议提出，要把深入学习贯彻党的十八大精神同认真学习贯彻中央经济工作会议和市委十届二次全会精神结合起来，紧密联系河东区发展实际，创造性地开展工作，开创科学发展、创新发展、转型发展的新局面。会议提出2013年全区经济社会发展主要预期目标，明确以提高经济增长质量和效益为中心，加快转方式调结构，加快重点项目建设，进一步保障和改善民生、维护社会和谐稳定，全面推动经济建设、政治建设、文化建设、社会建设、生态文明建设和党的建设取得新成效、实现新突破、再上新水平。会议强调，要坚持党要管党、从严治党，全面加强党的思想建设、组织建设、作风建设、反腐倡廉建设和制度建设，进一步提高领导能力和水平，为确保圆满完成2013年各项目标任务提供坚强保证。

（王存召　王　印）

民主评议现场会 2012年10月16日，河东区召开民主评议政风行风工作现场评议大会。邀请12个街道的人大代表、政协委员、企业代表、纠风志愿者、街道干部代表、社区监督委员会代表和社区居委会主任以及城镇居民代表等200人，对14个行政执法单位、13个综合管理单位和坐落区内的20个公共服务行业的依法行政、政务公开、工作效率、服务质量、服务标准化、诚信与职业道德建设、廉洁从业从政7个方面进行现场评议打分，推进全区民主评议政风行风工作深入开展。评议代表现场观看被评议单位制作的政风行风建设宣传片，深入了解被评议单位的工作职责和政风行风建设情况，并通过问卷调查、集中测评等形式，以实事求是和公平公开为原则填写测评意见。

（孙慧馨）

2012年12月30日，中共天津市河东区委十届五次全体会议召开

（摄影：刘泽瑞）

高层次人才引领作用 2012年，河东区重视高层次创业创新人才在区域社会进步和科学发展中的重要作用，专门成立由区委书记挂帅的区人才工作领导小组，提出“以项目为依托，以博士后创新实践基地、131人才工程为载体，搭建好政策平台、工作平台、服务平台”的工作思路。年内，在全区相关系统开展“131人才工程”各层次人选选拔推荐工作。经选拔，130人符合入选条件，其中符合第二层次入选条件35人、符合第三层次入选条件95人。完善政策平台，会同区委组织部编写《河东区专业技术、高技能人才发展规划（2010~2020）》《河东区高层次人才引进服务管理办法》《河东区博士后创新实践基地建设和管理实施方案》《河东区人才工作目标责任制考核办法》。搭建服务平台，发挥典型引领作用，会同区委组织部开展河东区第一届、第二届专业技术突出贡献人才座谈会，并结合形势发展需要，对河东区第三届专业技术突出贡献人才评选进行研讨。搭建工作平台，开展清华园定向引才活动，组织嘉禾天泰科技有限公司等驻区企业参加清华大学高层次人才招聘会，9名人才与企业达成初步合作意向。与有关部门配合，在对帅明海归园实地调研基础上，对帅明留学生创业园提出“特色化、服务化、专业化”等系列措施，结合全区经济发展实际，为高层次人才发挥积极作用开辟空间。

（区人力社保局）

国家级表彰企业和园区 2012年11月29日，第六届中国中小企业节在浙江省义乌市幸福湖国际会议中心开幕。主办方中国中小企业协会联合中国企业创新成果案例审定委员会，发布2012年中国中小企业优秀创新成果案例暨十大成长之星(10家)、创新先锋人物(20人)、创新百强企业(113家)、创新服务先进单位(15家)、创新服务先进园区(20家)和创新服务先进机构(15家)的表彰名单。河东区三电新光节能环保工程有限公司，凭借自主研发的高效清洁气体降温装置技术，跻身中国中小企业优秀创新成果企业排行榜；企业负责人董军荣获中国中小企业创新先锋人物称号；区二号桥都市工业园作为天津市唯一获奖园区，被评为中国中小企业创新服务先进园区。

（区商务委）

新建成的河东体育健身园

（摄影：刘泽瑞）

红星国际广场家居开业 2012年2月18日，天津市首批20个重点项目之一——红星美凯龙河东旗舰店正式开业。红星国际广场坐落于津滨大道旁，总投资100亿元，其中红星美凯龙河东旗舰店总面积25万平方米，是北方地区规模最大的家居生活广场，汇集一流家居建材品牌与多业态经营模式。商场入驻商户600家，包括近百个国际一线品牌，近5万种商品。二期百货MALL5月份开工建设，2014年建成。届时红星国际广场与河东万达广场将以近百万平方米的现代商业，使津滨大道商圈成为天津又一商业新地标。

（魏永萍）

天津浩年世纪医药公司上市 2012年9月25日，在天津股权交易所诞生了天津市第200家也是河东区首家上市企业——天津浩年世纪医药股份有限公司。天津浩年世纪医药股份有限公司成立于2010年2月，注册资金7118万元人民币。公司设有新品开发部、销售中心、药品批发超市、医疗试剂部等多个业务部门。公司在市场占有率中，二级以上医院达到30%，并覆盖了静海县、津南区、河东区的一级医院、社区医院以及全市范围内的药店市场。下一步，公司将以挂牌为契机，加大开设新店力度，以并购整合连锁药店为主要手段，着力打造天津地区最大药店连锁品牌。

（区地志办）

科技型中小企业发展 2012年，河东区科技型中小企业新增396家，总数达1096家，占全区中小企业总数的11.46%。年销售收入1亿元以上的科技小巨人企业19家，比上年增加8家。区科技型中小企业的工业总产值116.93亿元，居市内六区之首，科技型中小企业主营业务收入115.99亿元，科技型中小企业总资产208.65亿元。

（刘春立）

文化产业升级 天津音乐街作为河东区的文化产业精品项目及国家AAA级旅游景区，经过精心的培育和专业的管理，呈现出蓬勃的发展态势。2012年，接待游客28500人次，营业收入1770万元，实现纳税近百万元。为进一步延伸服务，音乐街与天津市产权交易中心联系，开展知识产权交易服务并正式挂牌，音乐街的文化产业品牌效应进一步凸显。引进的时尚舞台剧“开心麻花”，经过几年的市场探索运营，已经形成品牌。年内，开心麻花系列舞台剧累计演出60余场，受众约36000人，看“开心麻花”已经成为津城白领娱乐休闲的不二选择。

（李　静）

河东体育健身园 2012年，河东区对卫国道与昆仑路交口处7万平方米绿地进行改造，建设全市首个体育健身主题公园。建设采用现代园林布局手法，融入都市运动休闲活动功能。主入口处修建印有天津市优秀运动员手模的“星光大道”和“荣誉之杯”雕塑，附入口设立“体育之乡”主题雕塑。园内建有羽毛球、乒乓球、篮球、网球、门球、五人制足球等10余个活动场地及室内场馆。8月9日，公园对外开放，周边太阳城、万新村两大居民区20万人受益。体育健身主题公园获天津市园林学会“2012年天津园林规划设计一等奖”。

（刘世斌）

治理桥梁、涵洞摆卖

（摄影：王宏林）

道路环境管理 2012年，河东区综合执法局以“提高治理标准、强化长效管理”为目标，巩固提升重点地区和主干道路管理水平。对二宫地区、东站后广场、中山门公园、危改广场、万达广场5个重点地区和十一经路、卫国道等37条必保道路上各类动、静态违章和易反复违章现象进行细化治理，对万东路、崂山道等12条必治道路上占路经营和晚间马路餐桌、露天烧烤等问题实施严格治理，累计清理占路经营1070余处，规范报刊亭200余个，治理店外经营现象650余处，清理马路餐桌、烧烤点位230余处，摘除各类布标幔帐560余块，清理橱窗贴画2000余处、乱贴乱画3900余处，清理堆物1480余处，全区重点地区、重点道路环境质量得到明显提升。

（王宏林　阎　蕊）

居家养老服务中心启用 2012年9月，河东区95081居家养老服务中心正式启用。市民通过手机或特制呼叫终端，拨打95081服务热线，就可享受各种便捷的居家养老服务，电话会在9秒内接通。95081的服务项目包括：提供保姆、小时工、钟点工、做饭、普通管家、家政保洁、水电维修、管道疏通、家电维修、门窗维修、空调维修、搬家等服务。服务中心还将成立95081现代服务业培训中心，开展家庭服务、养老服务、电子商务、行业产品等服务，通过健康终端、视频监护、家庭安防、亲情定位、紧急救援、远程医疗、健康追溯、家庭档案等养老产品，更好地为老年人服务。

（王　炜）

大王庄街道

大王庄街道位于河东区西部，东北隔京山铁路依次与唐家口街道、春华街道为邻，西南隔海河与和平区、河西区相望，东南至十五经路与大直沽街道相连，西北至天津站与河北区接壤。2012年，辖区面积3.32平方公里，设10个社区居委会、1个居委会筹委会。常住人口2.91万户7.06万人，暂住人口0.76万人。街道办事处坐落八纬路26号增1号。

街道地处全区政治、经济、文化中心区域。界内有中央直属单位6个、市属单位34个、区属单位6个、合资民营企业102家、银行8家，有大中小学6所、医院3所、托幼园2所、敬老院4所、各类商业网点405个。

2012年，招商引资到位额1.80亿元，完成计划的200%；引进科技型企业21家。

开展“送温暖、献爱心”活动。元旦、春节期间，救助困难户471户，发放救助金22.60万元；临时救助99人次，发放救助金5.12万元；为

2012年1月9日，大王庄街道举办爱心救助活动启动仪式

（摄影：韩佩祥）

34户和1户困难群众申报低保和特困手续；完成低保、特困调标工作，低保调标733户1445人，特困调标47户108人。为45户群众办理经济租赁房补贴手续、为32户办理廉租房补贴手续、为67户办理限价房申请手续，保障困难群体基本生活。开展助残活动，为54户困难残疾家庭子女发放助学金5.14万元，为13名残疾学生申请助学金1.19万元，为112名残疾人免费查体，为46名精神病患者提供价值2.68万元的免费药物。推进老龄工作，为辖区生活困难的老年人提供政府购买服务782人次，办理敬老卡733张、老年证1211个，提升老年人生活质量。

完善就业帮扶机制。召开招聘会12场，采集岗位信息1084条，创岗1498个，实现就业再就业2215人。认定十种困难人员256人，为2名失业人员办理小额担保贷款资格审核及网上审批，为207名失业人员办理从事灵活就业享受社保补贴手续，发放失业保险金110万余元，为126名下岗失业人员办理正常退休、特岗退休相关手续。

做好信访维稳工作。落实领导包片包案责任制，构筑街道、居委会、楼栋三级稳控网络。坚持处级领导和相关科室定期深入社区下访制度，做好信访接待工作，畅通群众诉求渠道，及时掌握社情民意。坚持警防、技防、群防三结合，完善社区治安防控体系，确保辖区和谐稳定。

改善生活环境。巩固“奋战900天”市容环境综合整治成果，完成3个居民小区旧楼改造任务，拆除违章150余处，清运垃圾杂物300余车，提升旧楼区居住功能。拆除城际铁路沿线6片居民区楼体外挂物889件，配合相关部门粉刷楼体外墙。加强环境卫生日常清扫保洁力度，开展环境卫生大清整活动，清除脏乱死角。推动病媒生物防治工作，消灭疾病传染源。

推动社区教科文卫体事业开展。实施社区教育工作计划，抓好社区教育分校组织管理与课程建设；在3个社区建立图书馆，配备图书1500册；整合街域资源，完成《建立社区居民资源服务圈》实验项目申报工作，年内项目入围市级优秀实验项目。落实人口和计划生育目标管理责任制，严把生育指标审批关；营造新型生育文化氛围，开展“送政策献关爱”宣传活动，向辖区居民宣讲政策，解答难题，发放药具药品；开展“幸福佳园(员)发展计划”及“流动人口育龄妇女免费健康检查”等活动，辖区流动人口及生活困难的妇女儿童感受到党和政府的关怀。开展社区文体活动，丰富居民文娱生活。组织居民参加天津市第三届全民健身运动会，取得1个亚军、2个季军、3个第四名、4个第六名的成绩；组织街道体育舞蹈团参加天津市第十届吉特巴舞蹈大赛并获集体舞金奖，代表区总工会参加天津市总工会举办的退休职工舞蹈大赛并获一等奖。

2012年，街道及各社区荣获市级先进集体5个、市级先进个人8名，区级先进集体12个、区级先进个人25名。

（朴劲松）

上杭路街道

上杭路街道办事处于2000年5月组建。街道地处河东区中部，辖域自京山铁路路基南下坡线与红星路中心线交汇点起，向北沿红星路中心线自然走向至成林道中心线折向东，沿成林道中心线自然走向至月牙河中心线折向南，沿月牙河中心线至成林道月牙河桥南侧桥栏向西至月牙河西岸上坡线折向南，沿月牙河西岸上坡自然走向至京山铁路路基南下坡线自然走向至红星路中心线止。2012年，辖区面积3.11平方公里，辖14个社区居委会。总户数3.01万户，常住人口6.50万余人，流动人口1.80万余人。街道办事处坐落成林道程林里54号楼旁。

世纪大道、津滨大道贯穿街境。河东万达广场、劝业·红星美凯龙广场、河东新闻中心、河东公园、登发装饰城、平河装饰城、天津家具街、南方灯具城、华润万家超市、家乐福超市坐落界内。驻有铁路车辆段、全聚德饭店等特色企业。有中学2所，小学2所，幼儿园3所。

2012年，引进企业40家，其中千万元以上企业8家；招商引资2.02亿元；引进科技型企业8家。

改善社区环境。对4个旧楼区进行居住功能综合提升改造，开展大规模清整活动90余次，出动车辆1000余辆次、人员1500余人次，清理堆物堆料、乱堆乱放、乱圈乱占、乱贴乱画86处，清运垃圾渣土、废弃物5100余吨。对236件整改项目和群众反映的7件热点、难点问题进行整改和解决，整改率超过95%。开展“除四害”工作，集中投放鼠药1500公斤，发放毒饵盒1000个，辖区鼠密度降至1.34%，灭效率96.32%，达到国家规定标准。

和谐社区建设。组织社区居委会换届选举工作，完善社区功能、提高服务效率。组织招聘会10次，安置1948人就业。为63户122人办理低保手续，为4户11人办理特困救助手续，为328户边缘户家庭提供生活救助和临时救助，为125户困难家庭提供慈善救助和医疗救助，为10名在校大学生和51名特困家庭子女发放助学金。拓展芳水河畔社区老年人日间照料中心服务功能，增加服务设施，向47名老年人发放“呼叫终端”。以幸福家园(员)发展计划为载体，推进人口与计划生育工作。组织社区文艺团队参加河东区第六届社区文化艺术节，组织社区群众观看露天电影，举办社区广场舞大赛等文化活动。组织2100名居民参加应急救助普及型教育活动，居民应急救助知识知晓率达70%。完成申报全国社区教育个案材料工作。

信访维稳工作。落实信访维稳工作领导责任制，坚持领导阅批群众来信和接待制度，做好16件批办件、4件市长电子邮件的调查处理工作，接待群众来信来访234件(次)。对重要信访问题实行一线指挥、领导包案、分组负责、重点监控措施，确保全国“两会”、市第十次党代会期间安全稳定。全年化解重大矛盾纠纷9起，其中群体性事件4起。发挥街道综治信访服务中心、社区综治信访服务站作用，排查、梳理各类矛盾纠纷68起，接待来访460余人次，协调处理问题235件，调解率100%，调解成功率90%。

(王　丽)

东新街道

东新街道位于河东区东北部，东以沙柳北路为界与东丽区相接，西至昆仑路与向阳楼街道相邻，南至成林道与东丽区交界，北起卫国道与鲁山道街道相连。2012年，辖区面积2.12平方公里，辖23个居民区，设15个社区居委会，户籍人口3.65万户8.87万人，常住人口10.47万人，是比较稠密的居民住宅区。街道办事处坐落天山路与盘山道交口。

2012年，招商引资到位额9290万元，完成计划的103%。引进科技型企业4家。

改善民计民生。完成2676户5780人的低保金发放工作，为1219户群众提供各类救助。办理各类保障住房补贴手续378份、限价商品房申请手续80份、公房租金减免手续1105份。发放“两节”救助款、大病救助金、丧葬补贴840.50万元。街道慈善超市开展活动4次，为53户群众提供25.31万元的慈善救助。安置下岗失业人员2300人，完成计划的104.5%。为1599名老年人办理生活补贴，为1827人办理城乡居民医疗保险，发放社会保障卡6361张。为2220名残疾人提供大病救助、免费体检等服务。推进人口和计划生育信息化建设，深化幸福佳园(员)活动；开展计划生育“四个一”帮扶活动，关爱特别扶助家庭。

改善社区环境。完成4个小区55栋楼的旧楼区提升改造任务，4997户居民受益。改造后，武警家属楼小区被评为精品小区。规范社区保洁及物业管理，对物业人员统一培训，提升服务水平，提高保扫质量，完成暴雨积水及积雪清扫任务。开展“创卫”活动，配合相关部门清理占道经营，做好消毒和灭蝇、灭鼠、灭蟑工作，建立长效管理机制。

维护社区稳定。以平安和谐社区创建为载体，开展平安综治新“十星”评选活动，9个单位、1个社区居委会被评为平安建设单位。完善综治信访服务中心和服务站建设，接待群众来访、来电1021件1433人次，其中1018件得到解决；调处矛盾纠纷72起，防止民转刑事件5起，处置群体性上访事件1起。完成“两节”、“两会”及特殊时期稳控任务。

在全市率先成立街道文化协会，举办街道第七届风筝节，成功申报天津市可持续发展示范街道。家庭教育科研项目被列为“十二五”国家级科研课题，“保护和传承区域特色民俗文化的实验”项目荣获天津市社区教育项目三等奖，“情暖东新、爱在身边”项目获得河东区十大精神文明建设品牌项目荣誉称号。安淑霞、张惠冬等4名志愿者获得“河东区五好楷模”荣誉称号，尹升获得“河东区第十届十大为民杰出人物”荣誉称号。做好“经济广播社区行”等新闻报道工作。年内，街道报送的信息被国家级媒体采用5条、市级媒体采用21条、区级媒体采用近100条。在街道劳动保障中心建立天津市第一家“零散务工半边天家园”。开展“未成年人零犯罪社区”创建活动，举办“龙腾十五展民俗、爱心交换聚温情”特色民俗展示暨爱心义卖活动，“新心”小记者团项目被团中央评为“全国七彩课堂示范课程”；在团区委组织的“青春建功、幸福河东”庆祝建团90周年情景剧大赛中，街道的“小小法庭进行时”模拟法庭情景剧获得优秀奖。

(刘健军)

富民路街道

富民路街道位于河东区东南部，东北起中环线中山门立交桥至月牙河路与中山门街道相邻；东南起月牙河路至海河与东丽区接壤；西南起海河中心线至中环线光华桥与河西区相望；西北起中环线光华桥至中环线中山门立交桥与大直沽街道为界。界内有主干道路2条。2012年，辖区面积5.20平方公里，辖8个社区居委会、1个筹委会，驻有9个团级以上部队单位。常住人口2.30万户4.94万人。街道办事处坐落富民路65号合汇大厦。

2012年，引进企业11家，招商引资到位额1.25亿元，3家企业转型为科技型中小企业。

优化社区环境。完成旧楼区提升改造任务，清理乱堆杂物50余车100余吨，拆除楼道内违章7处、楼外违章棚亭8处，清理乱贴乱画3000余张，拆除乱圈乱占19处，清理乱吊乱挂100余处。开展“降低四害密度”重点整治活动，夏季组织人员对树木统一修剪、喷药，减少虫害。雨季汛期、大雪冰冻期派工作人员清扫道路、疏通管道，方便群众出行。年内，街道在“以奖代补”考核中成绩名列全区前茅。

拓展民生服务新举措。做好再就业安置工作，开发岗位657个，举办专场招聘会4场，创岗安置1785人；增加电气焊、保健按摩等培训种类。为1021户办理廉租住房租房补贴、为37户办理廉租住房实物配租补贴、为80户办理经济租赁房租房补贴，完成公房租金核查425户、限价商品房收入核查1338户、公租房收入核查10户。以街道慈善分会和爱心超市为平台，开展“劳动兑换救助品”活动，组织低保和特困人员参与社区志愿服务。举办第二届陈秋英女士爱心助学资金发放仪式，救助辖区7名品学兼优的贫困学生。推进“康复进社区”工程。服务社区残疾人，做好生活困难残疾人“特困救助”、“个性化救助”工作，搞好“居家托养”服务，为辖区70余户困难残疾人提供免费家政服务，为符合条件的132名残疾人申领养老保险。在居家养老服务中心建立天津市老年大学“书画研究会”活动基地，举办名家书画作品社区展，丰富老年人生活。

维护社区安全稳定。建立信息传递制度，推行排查分析制度，落实责任调处制度，坚持领导包片制度、领导接访制度，实施回访制度。接待群众来信来访40余人(件)次，解决问题20件，调解纠纷20起，调解成功率100%，确保“十八大”、“两会”、市第十次党代会等重点时期安全稳定。以社会治安综合治理宣传月为契机，开展防火防盗知识讲座、外来务工人员法律宣传咨询等活动。发挥社会治安防控体系作用，组织“平安天津”志愿者开展治安防范工作。健全安全生产监督管理体系，举办宣传活动，提高全民安全生产意识。开展隐患大排查、大整治专项行动，加强对重点行业、重点企业、重点地区危险源整治，加大对重大危险源、危化品的监管力度，全年未发生重大安全生产事故。

组织社区文化团队参加市、区文艺、体育比赛，促进团队健康发展。街道太极拳协会在天津市第三届“体彩杯”全民健身运动会比赛中获得集体第七名。组织社区群众参加河东区“美凯龙杯”广场舞大赛，荣获一等奖。配合区文化局举办消夏晚会，丰富居民文化生活。举办以“倡导全民阅读、推进全民学习”为主题的第六届社区教育成果展活动，营造全民学习氛围。与上杭路街道共同研究的社区教育课题“构筑社区国学教育平台提升居民人文素质”，获天津市社区教育项目三等奖。

年内，街道获得市级卫生先进单位、统计“网上一套表”市级先进集体、河东区社会治安综合治理先进集体、区级优秀基层武装部等荣誉。

（李　玮）

鲁山道街道

鲁山道街道位于河东区东北端，北、东两面隔北塘排污河与东丽区相望，西隔月牙河与常州道街道相邻，南隔卫国道与东新街道接壤。2012年，街域面积1.07平方公里，辖8个社区居委会。人口1.66万户4.78万人，户籍人口2.14万人。街道办事处坐落丽苑小区云丽北道3号。

界内有中学1所、小学1所、幼儿园2所，企事业单位180个，农贸市场1处。

2012年，引进企业4家；招商引资到位额9900万元，完成计划的110%。

市容环境建设。出动人员180余人次、车辆70余台次，清除垃圾点位40余个，清运建筑垃圾、工业垃圾、废土等140余吨，清理社区生活垃圾40余吨。做好爱国卫生工作，投放鼠药1200余公斤。年内，代表河东区接受市爱卫办灭鼠检查验收，圆满完成任务。

平安社区建设。制定《鲁山道街道十八大维稳工作预案》及《鲁山道街道小二楼地区冬季应急预案》，形成社会矛盾联合调处、治安问题联合治理、反对邪教活动联合防范、社会矛盾齐抓共管、为民服务联合办事的工作机制。化解矛盾17件，下基层为民办实事2件。

改善民计民生。落实困难群体帮扶政策。为647户1491名低保户发放低保金58.12万元，为57户130名二低保户发放低保金8892元；发放物价补贴47万元。为9名考上大学的低保户家庭子女发放“爱心成就梦想”帮扶救助金2.40万元。为19名精神病患者提供价值6332元的免费药物；全国助残日期间，慰问残疾人2户，发放慰问金1000元。为179名老年人发放副食补贴1.59万元，为268名老年人发放生活补助费。为1287人办理城镇居民基本医疗保险，为90人办理城镇居民基本养老保险，为6950人办理社会保障卡。做好住房保障工作。办理廉租住房租房补贴手续615件、经济租赁房租房补贴手续20件、实物配租手续48户、限价商品房收入核定354件、公租房收入核对6户。推进就业再就业工作。采集岗位信息159条，举办、协办残疾人专场招聘会、高校毕业生招聘会等招聘会9场，120余人达成就业意向。全年创岗安置800人。为289人办理灵活就业社会保险补贴手续，为1人办理自谋职业补贴手续，为3人申请小额贷款15万元。

发展社区文卫体事业。发挥社区文艺团队作用，开展“社区文化艺术节暨鲁山道街道文化周”、“河东区第六届社区文化艺术节广场舞大赛”等文化活动;开展“五好楷模”和第十届“河东区十大为民杰出人物”评选活动,推进社区精神文明建设。将社区青少年教育作为工作重点,建立未成年人信息档案,组织青年志愿者开展志愿活动。元旦、春节期间,开展红十字慰问活动,慰问10户居民,送去价值2000余元的慰问品;参加区红十字会举行的纪念“5·8”世界红十字日大型宣传活动,发放宣传材料300余张(册)。组织42名社区体育爱好者参加市、区体育局举办的“一、二、三级体育指导员”培训工作;完成彩丽园社区和蓝山园社区4个健身活动点申报区级“星级全民健身活动站点”工作。

(杨　帆)

大直沽街道

大直沽街道位于河东区西南部,东起东兴路中心线与京山铁路中心线相交处,由该处向南沿东兴路中心线至海河中心线相交,沿海河中心线向西至小十五经路中心线相交,向北沿小十五经路热电一厂东围墙、十五经路中心线、热电一厂铁路中心线至京山铁路中心线相交,沿京山铁路中心线向东至东兴路。2012年,辖区面积3.70平方公里,下设13个社区居委会。人口4.12万户11.08万人。街道办事处坐落大桥道文华里1号。

界内有中央所属单位2个,市属单位188个,区属单位134个,驻街道委办局9个;有第三中心医院、大直沽医院、区妇幼保健中心等4个社区医院,5个社区医疗站;有第八十二中学、财贸干部管理学院、立达职专等15所学校;有第五体育场健身娱乐中心、体育中心等文化体育场所。

街道因辖区为原天津市区最早聚落大直沽村而得名。蒙古太宗丙申年(1236),在大直沽设熬煎办,管理盐业生产。元世祖至元十九年(1282)开海运,南粮北调,大直沽设有接运厅、临清运粮万户府和天妃灵慈宫,成为元代海运终点港和河海传输中心。明永乐二年(1404),天津筑城建卫;十三年(1415),罢海运。天津城市发展中心移向三汊口、小直沽一带。至清末,大直沽成为城东荒原一村镇。1900年八国联军入侵天津,大直沽村大半个村落被战火摧毁,失去原村镇规模。1931年属天津特别第四区。1945年改属五区。1949年天津解放后,成立大直沽人民街公所。1954年改为大直沽街道办事处。1961年7月改为大直沽街道人民公社。1963年2月恢复街道办事处。1968年8月建立大直沽街道革命委员会。1978年撤销革委会,恢复街道办事处。

2012年,引进企业62家,招商引资到位额9600万元。帮助发展科技型中小企业5家。

加强社会保障。创岗安置2210人,举办公益性招聘会15场次,为4人提供20万元的小额担保贷款。对违规享受低保问题审查,核减低保户38户112人。为4户办理廉租房实物配租,为100余户办理廉租房租房补贴,为185户办理经济房租房补贴。开展“博爱助百家”活动,对30余户特困家庭慰问,送去价值6000余元的米、面、油等生活用品。为残疾人提供“四位一体”托养服务,60名残疾人享受居家服务,6名残疾人享受日间照料服务。发放老年人政府服务补贴5.28万元,为60岁以上老年人办理老年人优待证1000余张,对低保、高龄、半自理和不能自理老年人进行入户走访健康评估,为46名60岁以上老年人提供政府补贴购买服务。

改善生活环境。完成津塘村、金昌里、金昌南里、艺苑里、怡安、后台6个小区的旧楼区综合提升改造工程。择优聘用、培训街道环卫所保洁员,增加电动保洁车数量,提高清扫效率。年内,病媒生物防治工作通过市、区爱卫办检查验收。加强物业管理服务和指导,协助靓锦名居社区完成业委会缺员补选和业主大会备案工作。

提高社区建设与管理水平。从服务项目、服务态度、服务能力等方面加大对行政服务大厅的窗口化管理,行政服务大厅获得天津市“市级

为社区安装体育健身新设施

(摄影:刘泽瑞)

文明窗口”称号。做好民族宗教工作，年内，街道被评为区级先进单位。以创造和谐示范社区为主题，推进各社区“四个机制”建设。完成社区居委会换届选举工作，提升服务群众能力。

保障社区安全。做好重大政治活动及敏感时期信访维稳工作，确保辖区重点时期政治稳定。加大信访问题解决力度，将矛盾纠纷解决在基层。做好突发事件应急处理工作，妥善处置东宿舍火灾善后事宜。

计划生育工作。强化基层基础工作，提高数据采集质量，确保基础数据准确性。推进幸福佳园（员）建设，建成幸福佳园社区服务指导站13个。开展“一居一特”特色计生活动，做好独生子女困难家庭救助牵手服务工作。

发展社区文体教育事业。向社区群众普及科技知识，社区教育志愿者谈煦家庭、王士华家庭分别获得天津市科学文明家庭称号。创新社区教育载体，社区学校“弘扬直沽地域文化、创建和谐美好家园”实验项目被评为全国社区教育实验项目优秀项目。配合市、区体育局检查各小区体育器械情况，新增、更换健身器械13处、11套。组织辖区37支文体队伍开展文化体育活动，丰富居民业余生活。

（房芳芳）

常州道街道

常州道街道位于河东区东北部，辖区东侧沿泰兴北路，自北向东和月牙河相形，与鲁山道街道临界，西至红星路与春华街道相连；南至卫国道与向阳楼街道为邻；北面西侧以真理道为界，与河北区江都路街道接壤。2012年，辖区面积3.66平方公里，辖10个社区居委会、2个筹备委员会。常住人口2.34万户6.44万人，人口呈东疏西密型分布。街道办事处坐落常州道20号。

界内有高压供电公司、城东供电公司、铁道部电气化勘测设计院、市地热勘察设计院、常州医院、常氏骨科医院、常州道小学、益寿里小学等348个企事业单位。街域西接天津站，东临空港，是中心城区融入滨海新区开发开放的前沿。

2012年，引进企业10家，招商引资到位额9000万元。引进科技型企业10家。

提升社会保障水平。促进社区群众就业再就业，完成1700人的就业安置任务。发挥“爱心救助慈善超市”、社区救助站的救助功能，保障困难群众基本生活。为771户低保家庭发放低保救助金687.19万元，为151户低保户发放大病救助金18.20万元。为816户贫困户发放救助金、物品价值202.12万元。为560人办理城镇居民基本医疗保险参保手续，发放社会保障卡3076张。为789户居民办理住房补贴手续，为111户居民办理租赁补贴手续。为33名精神残疾人发放药品，为90名残疾人办理养老保险，为90名残疾人进行免费体检。为114名老年人提供居家养老服务。为45户低保家庭中60岁以上不能自理老年人提供政府购买服务，发放服务费6.14万元。为4名百岁老人发放补贴款1.76万元。为10918名60岁以上老年人发放保障卡。

推进宜居社区建设。巩固“奋战900天”市容环境整治成果，对益寿东里36栋居民楼进行旧楼区综合提升改造，实施准物业管理；完成三、四级道路清扫改制工作，对社区部分地埋垃圾箱、窨门进行维修、更换，清整楼道，改善居民生活环境。

维护社区安全稳定。完善领导干部接访、下访、约访、解访制度。接待群众上访877人次，群众诉求化解率超过98%；排查矛盾40个，其中20个急难问题通过代理制得到化解。巩固志愿者队伍，强化综治、安全、防范责任，实现全年消防安全零事故目标。年内，常州里第一社区、常州里第二社区被评为市级“平安示范社区”。

社区文化体育建设。引领社区居民进行体育健身活动，更新社区体育健身器械，激发居民参与活动

常州道街道老年大学国画班学员作画

（摄影：田立智）

的积极性；对 33 名社区体育指导员进行培训，提高体育理论水平与技能。深化社区教育，在“政务公开大讲堂活动”中，街道撰写的《以政务公开大讲堂为载体构建社会生活共同体》课题论文被评为市级社区教育一等奖。科技周期间，根据各社区实际情况，举办宣传科普知识及科技典型人物的“三个一”活动、“节约能源，低碳环保低碳生活”讲座、“科学膳食，科学用药”讲座、“饮食文化与保健”讲座等 30 余项社区科普活动，受到居民欢迎。以社区老年大学为阵地，为老年人开辟文化课堂，开展网络技术、书法、绘画、合唱、摄影班课程，使老年人“老有所学，老有所乐”。

（肖玉茹）

中山门街道

中山门街道位于河东区东南部，东以月牙河为界，与二号桥街道相邻；西以中环线东兴路为界，与大直沽街道相连；南以津塘路为界，与富民路街道相接；北以京山铁路为界，与上杭路街道相交。2012 年，街域面积 2.38 平方公里，下设 14 个社区居委会和 1 个社区筹备组。户籍总数 4.20 万户，总人口 12 万人，常住人口 9.40 万人，是河东区人口密度最大的街道。街道办事处坐落中山门四号路平房 2 号。

界内有法人单位 175 个，其中中央驻津单位 1 家（水利部海河委员会）。有中学 2 所、小学 3 所、幼儿园 2 所、中等职业学校 1 所、医院 3 家、银行 8 家、超市 15 家。

2012 年，招商引资到位额 1.42 亿元，完成计划的 158%。引进注册资金 1000 万元的天津华鑫投资咨询有限公司，填补河东区地质勘查业金融项目空白。新发展科技型中小企业 3 家。

社区环境建设。做好 6 个社区 146 幢楼 563 个楼门栋、总面积 48 万平方米的旧楼区提升改造工作。清理杂物 680 车 1360 余吨，1.20 万户居民受益。巩固“奋战 900 天”市容环境综合整治成果，开展市容环境卫生清整月活动。组织机关干部、环卫所保洁人员、社区志愿者对互助南里、和睦北里 2 个社区集中清整，出动 200 人次，清除广告涂鸦 7000 余张，清运垃圾杂土 10 余吨。对中山门菜市场周边主、次道路乱摆乱卖现象集中整治，依法纠正和处罚占路摆卖行为 100 余起，清除窗贴及小广告 1100 余张，清理堆物堆料 50 余车次。

维护社区稳定。与 14 个社区居委会签订《2012 年度社会治安综合治理目标责任书》，明确 4 大项 33 个小项工作目标，强化领导责任制。加强矛盾纠纷排查化解，实行“不间断排查”，及时解决龙潭路社区拆迁片居民吃水问题、中山门东里与和悦小区间建设围墙问题，有效控制个体访和集体访事件。接待来信来电来访 280 余件（次），领导下访接待群众 300 余次，保证党的十八大等重要时期安全稳定。推进“平安中山门”建设，开展安全生产大检查、平安社区宣传月和“五小单位”安全生产大排查活动。开展“平安社区”、“平安单位”创建活动，完成 14 个“平安社区”和 12 个“平安单位”复核工作。组织铁路护路宣传月活动，做好铁路沿线治安隐患排查工作。

改善民计民生。做好就业再就业工作，开发就业岗位 1650 个，安置下岗失业人员 1785 人。组织公益性岗位招聘会，采集岗位信息 425 条，80 家用工单位提供岗位 360 个，登记求职 298 人。认定十类就业困难人员 605 人并安置上岗，为 367 名失业人员办理灵活就业保险补贴手续。开展送政策、送岗位、送补贴、送服务的“四送”就业援助活动，对大学生实施就业援助。开展“两节”送温暖活动，为生活困难群体提供一次性救助、医疗救助、生活救助。举办“慈善助学”活动，资助贫困大学生 33 人，发放助学金 8.60 万元。完成 2119 户低保户和 136 户特困户的低保调标工作。做好住房保障工作，办理廉租住房租房补贴手续 110 件、限价商品房收入核查 70 件、公房核减租金手续 105 件、经济租赁房租房补贴手续 140 件、公共租赁房收入核查 32 件。服务社区残疾人、老年人。组织河东区第 22 个全国助残日艺术团巡回演出专场，举办街道第五届残疾人特奥运动会暨老传统游戏活动，激发残疾人对生活的热爱之情。完善社区居家养老服务机制，为 93 户老年人提供居家养老服务，发放政府补贴金 14.21 万元。

发展社区教科文卫体事业。组织社区文教主任、社教老师参加数字化学习培训，评选并表彰学习型家庭。开展“科普在身边、健康在行动”宣传服务展示活动，举办“迎新春、筑和谐”春联书法笔会、“龙年闹元宵”社区居民厨艺大比拼等活动，丰富居民业余生活。落实幸福家园（员）发展计划，建设特色人口文化园心桥工作室，形成“幸福（3+1）品牌”社区。

（李　媛）

向阳楼街道

向阳楼街道位于河东区东北部，东至月牙河，与东新街道临界；西至红星路，与唐家口街道相连；南至成林道，与上杭路街道为邻；北至卫国道，与常州道街道相接。2012 年，辖区面积 4.10 平方公里。辖 15 个社区居委会、1 个社区筹备组。常住人口 3.39 万户 9.03 万人，流动人口 0.15 万人。街道办事处坐落靖江路晨光5号楼旁。

界内有注册、经营单位559家,机关事业单位49家。天津送变电工程公司、军事交通学院、天津市行政许可服务中心、武警8630医院、物美大型综合超市坐落域内。

2012年,引进企业10家,招商引资到位额1.77亿元,完成税收4653万元。

环境综合整治。完成阳明里、阳新里旧楼区改造工作,通过市、区检查验收。拆除违章建筑43间、棚亭326间,清除乱贴乱画和涂鸦广告1.08万张,清理乱堆乱放2497处,清运装修工程渣土8000余吨。加大社区日常保洁工作力度,对街域16个社区进行15次集中消毒工作,相关企事业单位2天消毒1次,做到垃圾日产日清。做好春、夏季消毒除害工作,投放杀虫药剂40箱、鼠药2.50吨。组织街道干部、社区工作人员和保洁员对临池里、永宁路等脏乱点位集中清理12次。

推进社会保障。加强劳动保障服务中心窗口作风建设和规范化建设,健全综合办公"一站式"服务,提高工作人员服务水平。举办公益性招聘会6场,开展职业技能培训20余次,安置就业1900人,80%的社区达到充分就业社区标准。为1448户3009名低保户、82户214名特困户发放生活救助金117万元,为498人办理灵活就业社会保障补贴认证,为2360人办理城乡居民基本医疗保险手续,办理失业保障金领取手续1464人次,制作社会保障卡4356张。发挥区人大代表、政协委员和各社会团体作用,为社区困难群众捐赠价值13.45万元的款物。坚持将特困家庭和残疾人、老年人帮扶工作作为民生工作重点。建立街道、居委会和社区志愿者为民服务网络与"一站式"帮扶机制,搭建老年人爱心平台与残障人救助平台。建立向阳楼街道残疾人日间照料站、向阳楼街道居家养老服务中心、向阳楼街道社区老年食堂和送餐中心,在晨阳里社区开展"残疾人文化进社区"试点工作,举办"学雷锋、献爱心,关爱残疾人"等爱心活动。

维护社区安全稳定。成立维稳工作指挥领导组、重点人控制组、现场处置组、群众工作组、接返控制组、安全保卫组,成立平安天津志愿者队伍,确保重点时期和重要节假日安全稳定。解决向阳楼59号楼污水严重外溢等问题,调处矛盾122件次,为群众排忧解难。加强安全生产管理。完成550个单位和个体商户防火安全检查工作,排查隐患5起,解决5起。健全社会治安监测评估体系,及时、准确掌握辖区治安状况。

构建和谐社区。举办培训班43个、讲座32场,提升社区教育工作水平。组织"迎新春军民同乐会"、"粽叶飘香传真情、喜迎端午一家亲"、"颂歌献给党,喜迎十八大"等特色活动。开展以关爱青少年身心发展为主题的"向阳家园"关爱行动,在滇池里等7个社区成立天津市第五批青少年快乐营地。助推计划生育特别扶助民心工程。在滇池里社区创建民族团结示范社区,成立向阳楼街道侨胞之家。在晨阳里社区设立河东区图书馆分馆。为各社区安装体育健身器材90件,实现体育健身设施全覆盖目标。

年内,街道获得全国社区侨务工作示范单位,天津市2012年度残疾人工作先进单位,市级平安志愿者先进集体、禁毒工作先进集体,天津市阳光计生行动示范单位等荣誉称号。晨阳里社区劳动保障工作站荣获国家级充分就业示范社区称号。东局子一社区青少年快乐营地获得市级先进荣誉。

(张　卓)

春华街道

春华街道位于河东区西北部,毗邻天津站后广场,东起红星路,西至天津站后广场及京山铁路,南起华昌大街,北至新开路小树林地道及真理道。2012年,辖区面积3.03平方公里。辖11个社区居委会。常住人口2.69万户6.34万人,流动人口0.43万人。街道办事处坐落新广路汇和家园小区旁。

2012年,招商引资到位额1.27亿元,完成计划的105.8%。深入356家企业走访,解决问题112件。

开展矛盾纠纷排查调处工作。落实消防、安全生产责任制,提高对群众来信来访的接待办理质量。做好稳控工作,加强对涉法涉诉上访人员的思想教育和疏导。坚持接访与下访相结合,完善矛盾排查和信息报送网络体系,引导群众采取合理合法手段反映诉求,及时解决群众反映强烈的问题。坚持领导接待日制度。班子成员接待来访群众96人次,受理信访73件,集体访10件,办结率100%。开展治安、消防、安全生产检查、排查工作,深入辖区320家企业检查,发现问题110个,下发整改通知18份,组织联合工作组对突出问题进行专项治理,确保全年无事故。开展"创平安社区"活动,制定《社区平安建设总体活动方案》,指导、组织社区开展平安建设活动,并将平安社区建设工作列入社区总体考核目标,提高社区平安创建活动的质量和水平。

改善民计民生。做好低保日常审核、发放、变更等基础性工作,落实大病慈善救助及一次性救助政策,为困难群众开辟绿色通道,给予分类救助。提升为残疾人服务水平,为57名残疾人提供托养服务,为21人申请一次性救助金1.05万元,为

6人申请大病救助金1.10万元，为106名残疾学生发放助学金6.05万元，办理残疾证138个。做好困难老年人救助补贴发放和居家养老工作。为43名老年人提供政府购买服务并进行日间照料，为1030名老年人发放副食补贴9.12万元，发放老年证596个、敬老卡900余张，为空巢老人发放免费“一键通”电话43部。提高就业安置工作质量，召开免费职业招聘会15场，协调用工单位121家，创岗安置2261人，为244名“4050”人员办理灵活就业社保补贴手续。

改善社区面貌。完成惠森花园小区6座楼及铁路沿线吊挂物清拆工作，拆除阳台护栏101个、窗护栏190个、半栏1个、遮阳罩2个，为铁路沿线整体立面提升改造工程奠定基础。做好华泰里、调料楼、春华里和明合里4个居民区22万平方米旧楼居住功能提升改造工作，清理小区楼道内堆物堆料，协助区综合执法队拆除违章搭建并通过市旧楼区综合提升改造指挥部验收。举办纪念爱国卫生运动60周年宣传活动，开展灭鼠、灭害虫工作，发放鼠药，将鼠患、虫害控制在最低标准。

做好社区科教文体和计划生育工作。组织体育健身活动及特色文艺演出，举办科普、健康教育讲座，促进居民群众思想道德水平、文化品位、健康水准全面提升。培育“一街一特色”项目，申报国家非物质文化遗产拦手门武术项目为国家级实验项目。丰富社区学校网站服务内容，加强数字化资源建设，评选10户数字化学习家庭。在街道全体居民中营造终身学习氛围，创建2个学习型社区，评选出2个学习型家庭和1个读书家庭。成立计划生育重点工作领导小组，党政一把手亲自抓、负总责。加强基层计划生育队伍建设和服务网络建设，与62个驻街单位签订《计划生育工作共建协议书》。加强信息化建设，完成全员人口信息补登工作。加强对社区流动人口的摸底调查、服务与管理。

（单子霞）

春华街道老年健身队表演秧歌

（摄影：刘泽瑞）

唐家口街道

唐家口街道位于河东区中部，地域呈三角形，东北至红星路与上杭路街道、向阳楼街道相连，西北至华昌大街与春华街道接壤，西南隔京山铁路与大王庄街道、大直沽街道相望。2012年，辖区面积2.55平方公里，辖14个社区，设13个社区居委会、1个筹备组。人口2.35万户5.95万人，流动人口2050人。街道办事处坐落唐家口花园路2号。

界内有新型小区18个，旧楼小区12个，其中旧楼改造小区9个。有企事业单位1126个。是河东区文化教育和产业工人居住较为集中地区。

2012年，引进企业3家，招商引资到位额9332万元，完成计划的103.7%。引进科技型中小企业1家、认定5家。

落实再就业优惠政策。召开招聘会23场，采集信息3047条，提供岗位3854个，166人达成就业意向。创岗安置2380人，完成任务的108%。新增失业登记率3.6%，零就业家庭动态安置为零。依托社区劳动保障工作站对就业困难家庭进行帮扶，为438名十类困难人员进行补贴认定，其中灵活就业344人、公益岗位安置94人，享受补贴341人，补贴金额87.40万元。为1人申请1500元的自谋职业补助，为33名灵活就业人员办理失业救济金一次性申领手续，申领金额16.58万元。

扶贫助困工作。为1432户2951名低保户发放低保金122.38万元，为58户146名二低保户发放低保金9048元。提高社会保障工作水平。为83户住房困难群众办理廉租房低收入补贴，为29户办理廉租住房低保补贴，为30户办理廉租房实物配租补贴，为117户办理经济租赁房补贴。为158人办理失业救济金申领登记。为1426人接续养老、医疗保险，参保金额943.30万元。为158人办理失业职工退休手续，为10人办理城镇居民退休手续。换发社会保障卡4151张。关爱社区残疾人、老年人。全国助残日期间，走访、慰问残疾人群众，并发放慰问金。为38名精神残疾人申请药费减免，为

5户困难残疾人申请大病救助。为残疾学生、残疾人家庭健全子女发放助学金。拓展居家养老服务覆盖面，为26位困难老人提供上门服务。

市容环境整治。完成5个居民区、140个楼门、30处圈占的清整工作。联合区综合执法局对嘉华小区11号楼东侧堆物进行清理，清运杂物19车次。做好城际铁路立面清拆工作，清拆护栏635个。分2期对6个小区进行旧楼区综合提升改造。开展冬春灭鼠活动，向14个社区投放鼠药1500公斤，灭杀效率超过98%。年内，街道在“以奖代补”考核中取得较好成绩。

维护社区和谐稳定。落实社会管理综合治理工作责任制，搞好居民自治、群众诉求、矛盾化解、邻里沟通、扶贫帮困“五个机制”建设，为群众办好事、办实事。建立社情民意接待岗，受理居民诉求535件，解决509件。加大维稳工作力度，提高信访工作效率。接待群众来信来访来电788件次，并给予妥善解决。

开展特色文化活动。组织社区居民参加由市文明办、今晚报社、市楹联学会主办的“弘扬‘天津精神’全国征联”活动，收到楹联作品552篇。与区委、市楹联学会联合主办“和谐河东”全国征联大赛，并刊印《和谐河东全国征联比赛作品集》。街道诗词楹联学会作为市级先进集体代表，在天津市第六届社区教育成果展暨全民终身学习活动周开幕式上作现场展示。组织1000余名群众参加由区政府、区文化局主办的“第六届社区文化艺术节”消夏晚会系列演出。开展“科学文明家庭”评选活动，选出“科学文明家庭”10户。年内，唐家口六段社区被评为河东区科普示范社区。

（邢爱民）

二号桥街道

二号桥街道位于河东区东南部，东与东丽区接壤，西与中山门街道、富民路街道隔月牙河相望，南邻东丽区村庄可直达海河，北靠京山铁路。2012年，辖区面积5.39平方公里，设12个社区居委会、2个筹备组。人口2.81万户7.75万人，其中暂住人口0.84万人。街道办事处坐落津塘公路175号。

辖区有1条市级道路和14条区级公路，津滨轻轨沿津塘路贯穿街域。天津第一机床总厂、中国地震局第一监测中心、中国核工业集团理化工程研究院和中国机械工业集团天津电气传动设计研究所等坐落域内。辖区有帅超、帅明2家科技园区，天寅和银驼2家工业园区，有职业院校2所，中学1所，小学2所，幼儿园2所，敬老院6所，医院1家。

2012年，引进企业4家，招商引资到位额2.60亿元，协税护税13.02万元，认定科技型企业9家。

市容环境建设。改造旧楼区6片，共89座楼、269个楼门栋、5163户、32.12万平方米，清理垃圾废物2742处125车。年内，市委常委、市委宣传部部长成其圣，副市长张俊芳到提升改造后的河东区首个示范小区福天里社区检查，对提升改造工程给予高度评价。

平安建设活动。坚持主要领导亲自接访、处理难题，分管领导及班子成员化解矛盾隐患，包社区干部亲临防控一线，社区干部密切配合工作的方法；坚持一个问题、一个小组、一套方案、一抓到底的“四个一”工作机制；坚持群防群治，发挥居委会、社区平安志愿者作用，协助公安机关维护社会治安秩序，确保街道在全国“两会”、市第十次党代会期间的稳定。全年受理信访信息113件，办结率98%；建成平安社区6个、示范平安社区1个、平安单位8个。

改善民计民生。举办招聘会5场，提供岗位信息300余个，114人达成就业意向。为230人办理灵活就业保险补贴，为5人申办小额贷款，为4名个体工商业者办理自谋职业补助费申领。服务社区老年人、残疾人。2月21日，由区民政局与盛世阳光为老服务网合作成立的“居家乐网络超市”在红旗巷社区正式启动，为居家老年人提供生活用品配送服务，帮助解决生活必需品采买及水电气费用缴付等难题。开展

2012年4月19日，唐家口街道诗词楹联学会举办“弘扬‘天津精神’全国征联”活动作品展

（摄影：刘泽瑞）

特色助残服务，为残疾人员提供技能培训和生活帮助。关注特扶家庭，创建“手牵手社团”博客，为特殊困难家庭提供精神帮扶。

推动社区教科文卫体事业发展。利用街道数字化平台推进数字化学习，开展第六届社区教育成果展示周暨全民终身学习周活动。街道“老年电脑知识入门”被评为全国社区教育特色课程。发挥科普学校作用，在12个社区建立教育分校，成立街道成长驿站并开展文化活动。组织社区体育爱好者参加河东区第六届全民健身运动会，获得团体总分第二名；参加天津市第三届体彩杯全民健身运动会广播操比赛，获得第七名；在天津市“体育大拜年”活动中，获得2011年度全国全民健身活动先进单位称号。举办“社区幸福佳园指导员走访百位老人”等活动。

2012年2月21日，区民政局与盛世阳光为老服务网合作成立的“居家乐网络超市”在红旗巷社区启动

（摄影：魏　新）

年内，街道获得全国社区教育示范街道、全国人口和计划生育基层群众自治示范村居（红旗巷社区）等国家级荣誉，获得天津市示范流动（留守）儿童之家、天津市2010~2011年度人口和计划生育药具工作先进集体、天津市科普示范社区（红旗巷社区）等市级荣誉，获得河东区文化工作先进街道等10项区级荣誉。

（马　亮）

天津天铁冶金集团有限公司街道

天津天铁冶金集团有限公司街道（简称天铁街道），地处太行山腹地河北省涉县境内，属于企业办街道，隶属天津市河东区人民政府。辖区东临玉林井、三合村，西靠更乐镇，南与更乐吕仙庙相接，北与井店镇和老爷庙村相连。2012年，街域面积6平方公里，设6个居民委员会，居民1.27万户3.18万人。街道办事处位于河北省涉县。

辖区除公司机构外，还有银行、保险公司、工商分局、税务分局、公安分局、邮政局、电信公司、幼儿园、学校、医院等企事业单位。

天铁街道是在天铁各生活区基础上形成的，1990年2月，经天津市人民政府批准成立，其前身是始建于1973年1月的天铁后勤处居民工作科。街道成立初期，面对企业办社会无现成模式可以借鉴的情况，从摸清居民底数开始，边工作，边建制，先后设置神山、黄花脑、旁岐、寨坡山、玉林井、神黄6个居委会，2011年，撤销玉林井居委会，设立新家园居委会。1989年，按照《中华人民共和国城市居民委员会组织法》要求，召开居民代表大会，民主选举居民组长和片长，组建治保、调解、计生、民政、卫生等居民工作机构。之后，又组建卫生保洁队、昼夜治安巡逻队，设立神山、旁岐、黄花脑文化站，形成完整的社区居民工作网络。

2012年，街道紧跟企业发展形势，按照社会管理服务工作要求，注重创新，提高工作水平。

绿化美化工程。种植乔木1.10万棵、灌木2.50万棵、小苗42.70万棵，新增绿化覆盖面积18.10万平方米。集团公司绿化覆盖率40%，成为“全国绿化模范单位”候选单位之一。

社区民心工程建设。完成厂区5号路改造、工会广场主席台重建工程并交付使用。完成黄花脑广场及道路拓宽（一期）、神黄南苗木基地建设（二期）、黄花脑和旁岐生活区停车位改造及绿化等工程。完成各类小修项目以及夜景灯、居民楼防盗对讲门、居民楼顶漏雨维修等13项大中修项目。搞好便民服务。实施阳光早点工程，实行成本价销售，惠利于职工居民。开展岗位培训练兵活动，提高员工整体素质，提升便民服务水平。

社区社会化建设。召开居民议事会，为居民提供诉求渠道。为1800户家庭落实申请购买天津市限价房相关政策。调整低保家庭最低生活保障标准。为447名居民发放副食补贴4.02万元，为145名无养老金老年人增加生活补助费，为43名符合办理城乡居民养老保障金条件的居民和20名重度残疾人增加养老保障金，为585名残疾人、6户低保家庭发放价值10.88万元的慰问品和慰问金。做好街道第六次残疾人代表换届改选工作。助残日期间，开展系列助残活动，发放慰问品1152份。发放老年证210个、老年免费乘车卡680张。举办居民教育78次，4153人参加。开展校外辅导工作，4718人次参加。公开社区居委会工作承诺，强化社区志愿者监督管理。调解纠纷136次，调解成功率98.52%。年内，街道被河东区委评为爱国拥军模范集体。

环境卫生综合治理。组织爱国卫生月和重大节日卫生检查考核、夏季消杀打药、厂区道路专项卫生治理、夏季道路洒水降温和消除扬尘以及“清理占道经营，美化社区环境”综合治理活动，改善社区环境面貌。

人口和计划生育工作。落实“一把手负总责”等各项管理制度，开展计生优质服务，提高计生干部业务水平，达到计划生育率99.9%、人口出生率8.63‰、独生子女领证率98%的目标。

特色文体活动。为居民举办食品健康、消防、治安、医疗保障、花卉养殖、法律等知识讲座。组织居民参加集团公司春节大型广场花会演出。发挥文化娱乐设施作用，举办太极拳、老年门球、柔力球、乒乓球、象棋、围棋等比赛，丰富群众文化生活。

（王海军）

南开区

概 述

南开区是天津市辖区之一，位于市区西南部，境域地理坐标为北纬39°3′35″~39°8′3″，东经117°6′8″~117°11′16″。东起海河与河北区相望，沿荣吉大街、兴安路、南马路至南门外大街、卫津路和卫津南路，分别与和平区、河西区接壤；西、南至密云路、芥园西道、陈塘庄铁路支线与西青区相连；北抵通北路、北马路，沿西马路至西关大街、津河、南运河与红桥区毗邻。南北长9.20公里，东西宽5.60公里，略呈倒三角形。2012年，区域面积40.636平方公里（含华苑街道），辖鼓楼、兴南、广开、长虹、向阳路、嘉陵道、万兴、学府、水上公园、王顶堤、体育中心、华苑12个街道办事处。其中，华苑街道和向阳路街道的西横堤系非属地管理。有166个居民委员会。户籍人口846768人。除汉族外，有回族6946户20258人，满族1621户6733人，蒙古族389户2117人，朝鲜族294户1169人，以及壮、黎、土、土家、锡伯、俄罗斯等少数民族259户2246人。

历史上，南开区是天津的发祥地，文化悠久、商业繁荣、民俗独特，对天津的发展起到重要作用。

2012年，南开区坚持以邓小平理论、“三个代表”重要思想、科学发展观为指导，贯彻落实党的十八大和市、区第十次党代会精神，把握全局、迎难而上、稳中求进，围绕建设“科技南开”，推进结构调整，改善民计民生，加强社会管理，推动经济社会发展。

调结构促转变，区域经济实现平稳较快发展。把推进结构调整、转变发展方式贯穿经济工作始终，强化经济运行分析监控，统筹完善政策措施，狠抓大项目、“小巨人”和楼宇经济，主要经济指标稳步增长。实现区县生产总值530亿元，比上年增长9.8%；地区增加值238亿元，比上年增长12.9%；区级财政收入38亿元；社会消费品零售额531亿元。

科技产业发展步伐加快。制定科技产业发展实施意见，助推科技服务、电子信息、生物医药三大主导产业加快发展。出台科技企业发展扶植政策，落实扶植资金6100万元，350家企业获得政策支持。科技型中小企业总数2551家，科技“小巨人”企业35家。“创世生态”在“新三板”挂牌，“九安医疗”位列全市科技企业百强。科技型中小企业发展迅猛，保持全市领先态势。协同创新领域不断拓展，与市科委合作推进科技金融创新，与天津大学共同推动鞍山西道沿线建设规划，第二届青年博士团服务对接企业300余家。科技企业发展环境进一步优化。创投之家等22家金融、中介机构为企业融资33亿元。天津科技广场主体封顶，新建8家科技企业孵化器，累计20家，入驻企业1000余户。开展专利“消零”行动，专利申请、授权量保持全市领先。

服务业改革发展全面推进。深入推动服务业改革创新，创建服务业数据统计平台，制定服务业发展指导名录，获批国家和天津市1300万元引导资金。创意产业、电子商务、服务外包、金融服务等现代服务业快速发展。天大1895创意大厦吸引23家知名建筑设计企业入驻。南开电子商务产业园成为全市首批示范基地。服务外包企业规模效益居中心城区首位。引进金融机构19家，金融业增加值增长30%。发展楼宇经济，加强动态管理，抓注册率、贡献率，新增亿元楼宇4座，累计11座。老城厢—东马路等服务业聚集区辐射能力进一步增强，奥城国际时尚风情街等特色商业街品牌效应不断提升，大悦城等商业综合体成为新的经济增长点。

重点项目建设成果显著。落实重点项目责任制，建立联合督查督办机制，推进150个经济发展重点项目,固定资产投资95亿元。25个城建项目总规模294万平方米,金融街等10个项目开工,兴业里二期等项目建设进展顺利。经过市、区共同努力,美湖里、绿荫里地块成功出让。全区建设项目在建面积325万平方米,新开工107万平方米,竣工91万平方米。25个服务业项目总投资83亿元,天佑城、彩七汇等项目建成开业或完成招商。100个科技创新项目38个实现产业化,创造产值18.85亿元。坚持“走出去,请进来”,借势“津洽会”推介重点项目,开展招商活动,与洲际集团、松江集团等知名企业达成投资意向。招商引资到位额120亿元。

2012年6月2日,第五届南开发展高层论坛在南开大学省身楼报告厅举行
(区委研究室供稿)

经济发展环境进一步优化。深入开展“调结构、惠民生、上水平”活动。对接天津市25条扶植企业发展措施,整合规范南开区相关政策。各级干部深入基层，解决企业和群众反映的各类问题470余件。继续减少和规范审批事项，行政审批再提速32.5%,新注册企业超过5000户。加强政风行风建设,11个基层站(所)被评为全市公共服务标准化建设示范单位,民主评议、效能评估的作用更加突出。加强市场监管,开展创建诚信市场活动。鼓励支持民营企业加快发展，民营经济对区域发展的贡献不断提升。表彰517家功勋、明星、重点企业,营造尊商安商、公平诚信的发展环境。

群众生活环境显著改善。下力量改善群众出行环境，落实人大代表一号议案，黄河道综合整修工程全面告竣。拓宽改造红日南路等10条道路23万平方米,建成津河大学道桥,道路通行能力大幅提升。在中心城区率先完成地铁5、6号线房屋征收,2、3号线开通运营，群众出行更加便捷。下力量改善群众居住环境。完成58片290万平方米旧楼区居住功能提升改造,5.50万户居民居住环境得到改善，罗江东里小区成为全市样板。实施二次供水设施改造32片,整修排水管网22公里。完成13个小区51万平方米既有住宅节能改造,8000余户居民受益。五金城西、东王家台保障性住房加紧建设。全区3400多户中低收入家庭享受住房保障。改善与群众生活密切相关的配套设施。新建改造一批公厕和垃圾转运站，启动燃煤供热锅炉改燃并网试点工作，污染物排放量实现零增长。

社会保障能力不断增强。多渠道开发就业岗位，托底安置就业困难群体,新增就业4.60万人。加大社会救助力度,发放低保、助学等各类救助金1.05亿元。推进政府、企业、社会三方合作，探索为老服务市场化长效机制，在全市率先实现老年配餐服务全覆盖。创立社会养老机构星级评定标准，建成全市首家区级老年人综合服务中心,新建12个日间照料中心(站),区、街、居三级为老服务网络初步建立。区残疾人康复服务指导中心投入使用，安置120名残疾人就业，为1100名困难残疾人免费体检。发挥红十字会、慈善协会等社会组织作用，探索社会共建、公众参与的社会保障模式。

社区建设扎实推进。坚持以规划统筹、引领社区发展。推出社区配套地理信息管理系统；制定社区居委会基础设施建设三年规划；以嘉陵道街为试点,制定特色街道、特色社区发展五年工作纲要。完成社区居委会换届，选举产生居委会成员1244人,公开招录社工干事200名,“一居一站”队伍结构得到优化。文明社区“五个一”创建活动不断深入,新建文明小区20个,完成长虹街整街建制创建。新建改造云阳道等5个菜市场。超额完成应急救护培训任务,普训居民7万人。建成全市首家社区工作者培训基地，社会工作者、志愿者队伍不断壮大。

文化建设进一步加快。完成文化发展10个重点项目。编制《南开区文化产业发展规划》,推动文化事业、文化产业协调发展。天后宫整体修缮工程完成，海河大剧院建成使用。成功举办第六届中国·天津妈祖文化旅游节、“南开杯”全国相声新作品大赛，扩大南开文化品牌影响力。成立南开区文学艺术界联合会、京剧谭派艺术发展促进会，培训百名社区文艺指导员，南开区图书馆、少儿图书馆、文化宫免费开放。举办南开首届合唱、舞蹈比赛，“飞雪迎春”、“南开之夏”等传统群众文化活动蓬勃开展。

各项社会事业长足发展。全面完成学前教育三年行动计划，基本解决入园难问题。重建南江里小学，扩建中营小学。全面完成义务教育学校现代化标准建设，通过义务教育发展基本均衡区市级验收。推进招生制度改革，“减负提效”课题实验取得成效。创建“国家慢性病综合防控示范区”工作通过卫生部验收，华苑医院等3家社区医院被评为全国社区卫生服务示范中心。黄河医院二期工程主体封顶，“国医堂”特色服务深受群众欢迎。青少年阳光体育、群众体育、竞技体育全面发展，南开区输送的运动员获得伦敦奥运会2枚金牌。在中心城区率先建设消防二级指挥中心。百年历史的仓门口教堂修缮竣工。举办第26届科技活动周，在全市首推光纤进社区、进企业，完成光纤入户15万户。

城市管理水平进一步提高。加强规划源头管理，完成五金城周边等9个重点地区城市设计，完善环卫设施、城市电力等布局规划，实现城市设计全覆盖。加强建设项目管理，严格管控施工噪音，规范渣土清运，强化文明施工。加强市容环境管理，重点治理城厢中路等15条道路、奥体中心等5个地区，整修各类建筑12.50万平方米，新建提升绿化50余万平方米。开展夏、秋季市容环境百日专项整治。合力应对重大汛情，保证全区人民群众生命财产安全。

区域安全监管不断强化。制定《关于进一步明确和规范安全生产工作职责意见》，强化政府监管责任和企业主体责任。开展安全生产宣传教育，全民安全防范意识不断增强。大规模开展安全生产检查，建筑施工、交通运输、特种设备、危险化学品、高层建筑、公众聚集场所的日常监管不断加强，及时排查治理各类隐患。加强食品药品监管，建立三级监控网络，开展清理取缔非法药品市场专项行动。健全应急管理体系，完善各类应急预案，基本实现安全监管全覆盖。

“平安南开”建设深入推进。畅通区长热线、电子信箱、为民服务专线，妥善解决一批群众反映的热点问题。加强信访工作分析研判，加大节庆稳控力度。建立区、街两级综治信访服务中心，着力解决一批信访突出问题，满足群众合理诉求。深入开展社会管理综合治理，不断增强群防群治能力，为弱势群体提供无偿法律服务，流动人口服务管理水平不断提高。依法打击各类违法犯罪活动，强化校园及人员密集场所治安防范。及时处置各类突发事件，完成重大活动安保工作，社会秩序安全稳定。

（区地志办）

南开区区级领导名单

中共南开区委领导名单

书　记：韩宏范

副书记：张丽丽（女）　冯卫华

常　委：韩宏范　张丽丽（女）　冯卫华　朱伟山　丁登山（任职至2月）　林　洁（女）　田金萍（女）　谷云彪　左　林　朱树江　李喜军　左　军（2月任职）

南开区人大常委会领导名单

主　任：王宝安

副主任：王维宁（女）　刘顺源　刘建农　李志新　马金然（女，兼）

南开区政府领导名单

区　长：张丽丽（女）

副区长：朱伟山　谷云彪　刘凯华（女）　朱　峰　罗进飞（苗族）　陈友东

政协南开区委员会领导名单

主　席：郭建勋

副主席：段金英（女）　孙国珍（女）　吕强民　石　江　张社荣（兼）　李占通（兼）　孙昌隆（兼）　管怀明（兼）

（区委组织部提供）

2012年9月19日，南开区举办科技型中小企业管理与创新高级管理人员研讨班

（区工商联供稿）

国家服务业综合改革试点 2012年，制定下发《关于调整完善南开区服务业综合改革试点工作领导机构的通知》和《关于深入开展国家服务业综合改革试点加快我区服务业发展实施意见》。坚持“三个一”（每个责任部门都要提出一个服务业改革项目，争取一项服务业改革政策，确保在一个方面取得改革突破或取得成果）部门工作例会制度，提出改革突破建议18项。制定出台《南开区促进企业发展扶持资金政策》《南开区促进科技（现代服务业）企业发展扶持资金政策》，加强对重点行业、重点企业、楼宇经济的扶持力度。为重点项目争取国家和市级服务业引导资金支持。全年推出服务业重点项目25个，总投资83.20亿元，总规模97.50万平方米，年底19个项目建成或开业。开发服务业综合数据服务平台，编制《南开区服务业发展指导名录》，制定《南开区服务业行业统计分类标准》，将科技创意、文化创意、居民服务等新兴服务业纳入分类标准，实现对全区服务业企业动态情况的数据分析，成为天津市乃至全国的首创。区发改委与市发改委组成课题组，开展《天津市南开区服务业优化发展研究》和《天津市南开区金融出版传媒聚集区（南京路—海光寺地区）服务业优化发展研究》，探索服务业业态合理配置方向。

（刘　威）

科技型中小企业发展 2012年，南开区经市科委认定的科技型中小企业累计2551家，其中科技“小巨人”企业35家，数量位居全市第二，完成计划的116%和100%，拥有有效专利3368件。企业主要分布在科技服务、电子信息和生物医药及医疗器械领域。年内，推动孵化器建设，搭建科技型中小企业发展载体，形成区域经济创新发展新模式。至9月底，提前完成“十二五”规划的20个孵化器建设任务。其中，通过市科委资格认定7家，已授牌市级孵化器3家，申请国家级孵化器2家。孵化器建设总规模36.50万平方米，入驻及在孵企业954家（区内注册企业800家，科技型中小企业260家），注册资金总额26.60亿元，解决就业1.10万人。推动天津滨海高新区成为中国证券场外交易市场（俗称“新三板”）首批扩容试点园区工作，联系100余家南开科技园区企业，会同证券公司为10余家重点企业进行“一对一”培训交流。8月27日，天津创世生态景观建设股份有限公司正式向中国证券业协会报送挂牌申请，成为天津滨海高新区首批申报材料的企业之一，10月22日

2012年9月12日，天津市南开区外经贸企业协会成立

（区商务委供稿）

2012 年 8 月 14 日，南开区举行专业技术拔尖人才"1+X"培养计划启动仪式
（摄影：廖年生）

企业收到中国证券业协会《备案确认函》，11 月 9 日在深圳交易所成功挂牌。

（王　佶　史庭仙）

服务外包　2012 年，南开区组建服务外包工作推动小组，制定《南开区促进服务外包园区建设的意见（草案）》《2012 年南开区服务外包转向资金使用计划和实施意见》。邀请业内专家参与、指导南开区服务外包工作，举办服务外包政策培训及宣讲会 2 次。建立服务外包网站，充实专职工作人员，指导企业登陆注册服务外包直报系统。至年底，南开区服务外包企业 22 家、培训机构 1 家，其中从事离岸服务外包业务企业 6 家。实现服务外包合同额 4683 万美元、执行额 4893 万美元。其中，离岸合同额 995 万美元、离岸执行额 2105 万美元，名列市内六区之首。

（李　理）

电子商务园区建设　2012 年，南开区依托新南马路五金城项目聚集优势，引导实体企业进入电子商务领域。新南马路五金城自主开发的"五金天下网"，将网络经济与实体市场相结合，指导商户建立电子商铺，构建 MRO 工业品一站式采购平台。至年底，市场内近 30 家企业开展电子商务应用。制定南开区电子商务产业园建设方案，组织申报天津市电子商务产业园，通过评审南开区获批"天津市首批电子商务产业基地"，"五金天下网"获批"天津市电子商务示范企业"。11 月 22 日，天津市电子商务示范基地在新南马路五金城揭牌，新南马路五金城成为集专业卖场、网络平台、物流服务、信息支撑于一体的现代化物流基地。

（李　理）

人才工作　2012 年，南开区出台《关于将人才工作目标责任制考核纳入区综合考核目标体系的实施办法（试行）》，明确考核对象、考核内容和方法步骤，对区委科技工委、区科信委、教育局、卫生局、文化和旅游局等 7 个人才比较集中的重点单位（部门）进行考核工作试点。启动实施南开区专业技术拔尖人才"1+X"培养计划，制定《关于在南开区专业技术拔尖人才中实行"1+X"培养计划的实施意见》（津南人才办〔2012〕1 号）。建立《南开区区级领导干部联系高层次人才工作制度》《关于为企业选派科技特派员工作的实施办法》。举办科技型中小企业管理与创新高级管理人员研讨班，科技园内经认定的高新技术企业、"小巨人"企业、"小巨人"培育期企业的高级管理人员和有关部门负责人 70 余人参加培训，设计《科技型中小企业管理与创新高级管理人员研讨班学员调查问卷》，征求对培训内容、时间安排、教学方式的意见建议。区

2012 年 9 月 27 日，第六届中国天津妈祖文化旅游节在古文化街亲水平台举行开幕式
（区政府办公室供稿）

委组织部撰写的人才工作案例《不倦创新的"小巨人"》，入选《天津市人才工作案例选编》。

(李 艳 刘 冬)

妈祖文化旅游节 2012年9月27日，以"弘扬妈祖文化共建和谐家园"为主题的第六届中国·天津妈祖文化旅游节在古文化街海河亲水平台举行。开幕式前，在古文化街天后宫举行"同谒妈祖情四海一家亲"天津天后祭拜大典活动。开幕式演出由"万世敬颂"、"慈航普度"、"福佑四方"及"天海安澜"4个板块组成。18个国家和地区的友好嘉宾、妈祖界知名人士、专家学者及社会各界人士2500余人参加开幕式。开幕式后，天津、台湾皇会15道会600余人进行踩街表演。活动为期3天，其间举办传统祭拜、皇会踩街表演、中华妈祖文化交流协会二届五次会员大会、天津市旅游推介、南开区经贸项目座谈会、游览海河等系列活动。

(王 楠)

文化南开建设 2012年，南开区出台《中共南开区委关于贯彻落实党的十七届六中全会和市委九届十一次全会精神加快推进文化强区建设的实施意见》，起草《南开区文化产业发展规划》，推动全区文化重点项目落实。搭建文化活动社会化新载体，3月，南开区文学艺术界联合会成立，第一届全委会有委员83人，天津市文史研究馆馆员、天津社会科学院历史研究所原所长罗澍伟当选主席；6月，南开区谭派艺术发展促进会成立，谭派艺术第五代传人谭元寿任名誉会长，谭派第六代传人谭孝曾任会长。"十一"期间，举办"南开杯"第二届全国新相声作品大赛，收到全国30个省市区、台湾地区以及海外华人报送的参赛作品300余部，组织专场演出20场，百余位相声演员参与演出。推进文化志愿者走基层、进社区，为群众服务。举办南开区首届合唱比赛、舞蹈比赛、新年音乐会等一系列文化活动，促进群众文化繁荣发展。以"扫黄打非"专项行动和文化执法队伍建设为保障，有效净化社会文化环境。

(路 彤)

2012年10月1日，"南开杯"第二届全国(天津)相声新作品大赛在中国大戏院开幕

(摄影:武延增)

旧楼区综合改造 2012年，是天津市委、市政府决定用三年时间对中心城区旧楼区居住功能进行综合改造的第一年，南开区在全市率先成立旧楼区居住功能综合提升改造分指挥部，全年完成59个小区301万平方米旧楼区居住功能综合提升改造任务，建成罗江东里、迎水西里、昔阳南里、淦江东里4个提升改造示范小区，55186户群众直接受益。其中，罗江东里小区试点工作，完成覆盖14栋楼3.55万平方米的24个规定项目和6个自选项目，工程项目涵盖疏通更换下水管道，安装新型信报箱、楼栋门、小区大门，修补破损甬路，补植园林绿化，完善体育设施，室外通信网络弱电线路入地以及新装小区监控系统等，660户群众直接受益，中央电视台新闻联播等多家主流媒体30余次报道该项工程。

(闫 颖)

黄河道提升改造 2012年1月，南开区第十六届人民代表大会第一次会议将《关于黄河道提升改造综合整治的议案》确定为人大代表一号议案。2月，南开区举行2012年改善群众生活20件实事暨黄河道综合整治工程启动仪式。整体工程分为道路改造及沿线景观综合整治提升改造两部分，9月底全面竣工。其中，道路改造工程东起西马路西至密云路，全长3.90公里，工程总面积16万平方米，铺设雨水、污水、中水管道，改造通信、电力、燃气、热力管线4.87万延米，更新路灯172盏，增设果皮箱100个、坐椅50个，交通设施齐全，公交线路畅通。景观提升改造工程整修单体70个，完成雅润嘉园、咸阳路等街景绿化景点17个4.74万平方米，在保留道路原树木基础上，新栽植全冠白腊行道树406株，平整绿地、草坪等2.40万平方米。推进沿线经营业态调整，服务楼宇经济。提升社区特色商业服务，建成翰园里商业街。

(李 胜 宋建成)

老年综合服务中心 2012年3月，南开区启动老年综合服务中心建设,10月20日开业运营。中心坐落南开区横江路横江里3号，总面积1500平方米,主体楼三层,总投资1100余万元,是天津市首座为老年人提供综合服务的区级中心。中心具有老年配送餐、日间照料、托老和居家养老综合管理服务功能,设有老年食堂、老人休息室、老年人聊天室、医疗保健室、阅览室、健身康复室、棋牌室,兼多功能活动室和老年学校，并配置网络和老年人服务热线。工作机构内设事业发展、市场管理、评估、综合、财务5个部门，实现全区居家养老服务综合管理和老年人全方位生活照料服务有机结合。

（郭 建）

南开区为老送餐车

（区老龄委供稿）

嘉陵道街道罗江东里小区旧楼区居住功能综合提升改造前后对比图

（区房管局供稿）

鼓楼街道

鼓楼街道位于南开区东北部，辖域东起海河,西至西马路,南临荣吉大街、兴安路、南马路,北抵北马路、通北路。2012年,街域面积2.117平方公里。划分6个社区,老城厢社区工作站2个。户籍居民22698户51169人。除汉族外,有回族649户1673人,满族124户359人,蒙古族22户79人，朝鲜族19户51人,以及苗、壮、黎、布依等少数民族11户45人。因界内建有鼓楼而得名。

界内有鼓楼商业街、古文化街、天后宫、文庙、广东会馆、天津民俗博物馆等旅游景点。有天津市人民检察院第一分院、市第一中级人民法院、市消防局等市级单位,高级中学1所、小学1所、医院1所,公安派出所2个,新安购物广场、远东百货、乐天百货等工商服务企业亦坐落界内。

解放前,鼓楼北地域属第八区，鼓楼南地域分属第七区和第十一区,设保甲制。解放后,取消保甲制,建立街公所。1954年6月,街公所改称街道办事处。1958年10月,西北角街与西南角街合并，改称鼓楼西街,划归和平区。1960年4月,改建成东北角、东南角和鼓楼西3个人民公社。同年10月,划归南开区。1962年10月,恢复东北角、西北角、东南角、西南角4个街道办事处。1993年1月1日,东北角、西北角两街道合并,命名鼓楼北街道办事处;东南角、西南角两个街道合并,改称鼓楼南街道办事处。1999年3月,南开区街道行政区划调整,将鼓楼北、鼓楼南街道合并为鼓楼街道。街境辖区俗称老城厢,是天津的发源地。

2012年,引进企业286家,资金到位额2.26亿元,其中市外资金7131万元。重点楼宇新增企业96家,资金到位额6734万元,其中市外资金2563万元。新增科技型中小企业25家,完成任务目标的312%、冲刺目标的250%。协税护税756.72万元,完成计奖目标的120%、工作目标的110%、冲刺目标的103%。零散税源稽征456万元,比上年增长26.6%。

建立街道、居委会、社区单位三方联动机制,拆除违章建筑3处200平方米,清理堆物堆料763处、社区乱贴乱画241处,整修树木50余棵、花草100平方米。完成春季灭鼠工作,投放鼠药300公斤,达到国家相关标准。利用数字"城管通"采集信息2000条,反馈信息1500条,登录率及巡查率90%以上。

制定《街道市民社会事务服务中心标准化体系》。街道市民社会事务服务中心占地300平方米,服务窗口12个,实行敞开式服务。设咨询台、服务指南、服务手册、语音排队叫号系统、休息等候区、无障碍通道等服务设施。系统平台、服务窗口、热线电话归类整合,形成"一口受理,协同办公,一口收费,限时办结"无缝隙服务体系。实行服务内容、政策依据、办理程序、申报资料、承诺时限、收费标准"六公开"。利用服务评价器,随时掌握窗口办事效

鼓楼街道创办《老城厢文化》专刊

(区地志办供稿)

果。中心服务满意率100%。

有低保户939户1634人、救助卡户19户46人,全年发放低保金900万元、救助金4万元。为984户低保、特困、低收入、优抚对象和定期救助家庭发放冬煤补贴、暖气救助款近60万元。受理廉租房补贴申请212户,发证178户;受理实物配租补贴申请79户;受理经济租赁房租房补贴620户,发证510件;为40户购买限价商品房家庭、10户申请公租住房家庭出具收入核查证明。为110名残疾人办理残疾证。办理老年人优待证820余册,发放敬老卡540余张,补办敬老卡120余人,为3名百岁老人办理营养补助费。

新增就业人员693人,安置下岗失业人员388人,确定十种就业困难群体305人,发放就失业证761本,为253名灵活就业人员办理保险补贴,新增领取失业金117人,办理正常退休6人,为7名失业人员办理病退材料申报工作,为2333名失业人员代缴养老保险。城乡居民基本医疗保险参保1885人,报销112人;城乡居民基本养老保险参保49人,退休10人;残疾人养老参保53人;社保卡制卡3257张,发卡3123张。采集用工信息960条,求职登记435人,签订用工协议25份。举办"民营企业招聘周"活动,签订就业协议12人。

有已婚育龄妇女4113人,全年出生338人。其中,政策内一孩307人、政策内二孩29人、政策外二孩2人,符合政策生育率99.41%。与街团委联合开展《天津市计划生育条例》计生政策、法规咨询服务,发放宣传折页100余份,药具50盒。组织230名下岗、失业人员育龄妇女免费查体。新增特别扶助人员12人,累计123人,发放特扶金26.06万元。完成流动人口动态监测调查问卷40份。开通阳光计生服务热线接待群众咨询800余人,满意率100%。联合水阁医院举办孕期课堂讲座50次,1000余人参加。建立0~3岁儿童早期发展促进服务站,培训2次,受益400户,指导、咨询和随访科学育儿服务300户。

(韩　萌)

兴南街道

兴南街道位于南开区东部，辖域东起南门外大街，西至南开五马路、南丰路，南临长江道、南京路，北抵南马路。2012年，街域面积1.70平方公里。划分9个社区，户籍人口17228户44141人。除汉族外，有回族501户1385人、满族73户232人，以及蒙古、朝鲜、土家、白、黎等14个少数民族32户136人。

界内有市级重点中学1所，区级重点中学1所，私立小学2所，幼儿园2所，医院2所。天津市高级人民法院、周恩来青年时代在津革命活动纪念馆、今晚报社、中国石化天津石油分公司、天津百利机电控股有限公司、家乐福超市海光寺店、3522工厂、清真东大寺坐落界内。

2012年，选商引资确认项目120个，实际到位额8240万元，其中市外资金1050万元。协税护税563.85万元，完成计奖目标的183.35%、工作目标的166.69%、冲刺目标的157.71%。征收零散税源350万元。发展科技型中小企业24家，完成工作目标的160%、冲刺目标的126%。

提升改造耀远里居民区，清理堆物堆料260吨，拆除违章建筑1处、违章圈占4处，清除垃圾死角6处，清除广告残标200余处，清理废旧自行车17处，各社区清理堆物堆料90吨。悬挂爱卫标语266条，板报205块，布鼠盒984个，投放鼠药0.45吨。处理家禽家畜18只。治理四马路小学门前秩序。

5月14日，兴南街市民社会事务服务中心运行。中心实行“一口受理，后台分类”管理模式，政策管理流程23项，管理制度13项，实行错时工作制和延时工作制。

“两节”慰问低收入家庭134户，低保边缘家庭80户，重残、双残家庭50户，特困家庭10户，发放米、面、油及现金合计58820元。为13户困难家庭大学生减免50%的学费，办理残疾人家庭优秀中小学生助学金39人，发放冬煤补贴和暖气补贴53万元。

重新审核656户享受住房政策家庭，退回不符合条件21户，调标783户。受理新户220户，实物配租4户，廉租房租房补贴55户，经济租赁房租房补贴116户，限价商品房40户，公租房5户。发放丧葬补贴64人，发放敬老卡156张。办理老年证266册，孤寡老人临终关怀2人。新增登记失业人员513人，采集就业信息1366条，开发就业岗位1455个，安置就业2258人，办理灵活就业保险补贴178人，办理社保卡4311张，养老保险续缴费1797人。

有已婚育龄妇女4851人，全年出生305人。其中，政策内一孩291人、政策内二孩14人，符合政策生育率100%。年内申报政策内二胎28例，计划生育家庭特别扶助107户174人，发放独生子女证184册，避孕工具3500盒。免费办理流动人口独生子女意外伤害保险12份，育龄妇女查体220人。建立单亲家庭信息档案135户，高位孕妇档案14人，签订《诚信计生承诺协议书》4000份。评选街级生育文明家庭9户，区级生育文明家庭7户。

（徐　莹）

广开街道

广开街道位于南开区中北部，辖域东起西马路、南开五马路、南丰路，西至津河，南临长江道，北抵西关大街。2012年，街域面积1.70平方公里。划分13个社区，户籍人口28918户81931人。除汉族外，有回族782户2277人，满族110户586人，蒙古族21户183人，以及壮、黎、土、土家等23个少数民族27户328人。

界内有大中专院校各1所，中学2所，小学3所，幼儿园2所，医院3所，公园2座，天主教堂1座，金融机构26家。规划分局、区检察院、区教育局、区卫生局、区房管局、区综合执法局坐落界内。

2012年，扶植科技型中小企业24家。招商引资到位额5600万元，完成协税248万元，征收零散税源234万元。发展楼宇经济，永信大厦楼宇底商面积2.60万平方米，经营快捷酒店、饭店、练歌房等，其中16家企业在区注册。方正大厦13家入驻企业均在区注册。天津地铁资源投资有限公司入驻格调春天A座办公。格调春天B座楼宇成为国家服务业综合改革试点区服务项目之一。

开展奋战100天市容环境综合整治工作，完成黄河道沿线立面清整，拆除违章建筑60余处。旧楼居住功能综合提升改造达标小区8个，清整楼门300余个，清理小区杂物3000余吨，拆除违章、圈占170余处2000余平方米。投放灭鼠药1000公斤，小区投药率100%，进行灭鼠密度检测。办复市容环境综合整治信访件150余件，办结率98%。

9月，广开街市民社会事务服务中心启用，办公地点设在宝龙湾社区，面积460平方米。服务中心设置住房保障、残联、老龄、殡葬、劳动保障“一站式”服务窗口。大厅设有办事流程图、电子滚动屏和电子取号系统。

有低保户1679户、特困救助卡户114户，全年发放低保金127.81万元、救助金17.78万元。发放殡葬补贴110人19.80万元，扶贫助困资金509户52.76万元，居民副食补贴1182人10.55万元，夏、冬令救济金10人2000余元。发放敬老卡661

张,老年证911本。对持有二代残疾证2156人进行入户基本调查。完成广开街残疾人联合会第六届代表大会换届选举工作。办理限价房手续88件,发放廉租住房和经济租赁住房补贴547件267.30万元。

失业人员领取失业金3389人199.43万元。办理十种就业困难群体就业认定418人,发放未参加工作老人生活补贴1348人133.90万元。153名未参保集体企业退休人员参加城镇职工基本养老保险。办理社保卡4902张。报销城乡居民医疗保险230人83.50万元。

有已婚育龄妇女10614人,全年出生596人。其中,政策内一孩560人、政策内二孩36人,符合政策生育率100%。办理独生子女证200本,发放独生子女费9万余元。发放计划生育特别扶助金53万余元。发放药具3200余盒。组织201名社区育龄妇女查体。对2个社区40名流动人口进行动态监测。

(郭　玥)

长虹街道

长虹街道位于南开区北部偏西,辖域西临咸阳路,南起长江道,东、北至津河、南运河。2012年,街域面积2.635平方公里。划分13个社区,户籍人口21874户56511人。除汉族外,有回族659户1787人、满族100户290人、蒙古族14户69人,以及维吾尔、朝鲜、苗、彝等9个少数民族17户52人。

界内有长虹生态园、黄河影剧院,有天津市电子信息职业技术学院,中等专业技术学校4所,中学4所,小学3所,幼儿园2所。有黄河医院、天津怡泰医院、汶水医院、咸阳医院、天津血液中心等医疗卫生单位;有企事业单位43家。中共南开区委、区人大、区政府、区政协坐落界内。

2012年,招商引资41家,到位资金2.28亿元。协税1098.07万元,零散税源征收199.62万元。为大通大厦注册科技型中小企业4家,引进企业1家。全年科技型中小企业注册44家。帮助芥园西道水郡花园开发商确定底商招商意向,帮助虹畔大厦主办方联系四川大酒店转让事宜,协助创研产业科技园开展招商宣传。

对7个自然小区旧楼综合居住功能综合提升改造,清理圈占86处520平方米、堆物堆料240车750吨、楼道244个门栋,拆除违章19间118平方米、棚亭28间120平方米,一次性通过区有关部门验收。配合黄河道改造工程,拆除窗护栏和阳台吊栏108件,空调移机83处,化解施工单位与居民纠纷23次。投放灭鼠药5246袋、灭蟑螂药2247袋,投药覆盖率100%;堵鼠洞386个,鼠密度3%以下。

制定《长虹街整街建制创建和谐社区实施方案》和《长虹街整街建制创建标准实施细则》。改扩建光明路、翰园里社区办公用房;改善雅美里社区办公用房、多功能活动室条件,达到“五个一”文明小区标准。通过产权置换,增加建华里社区办公用房;通过共建解决华美里社区150平方米活动场地。利用新建小区配套房,增加平陆东里、广灵里社区办公用房。提升已达标准的盛达园、芙蓉南里、雅云里、雅园里4个社区。

有低保户1041户1908人,救助卡户51户123人,低收入户170户384人,全年发放低保金940.33万元、救助金9.27万元。发放民政专项经费低保金107人47978元,副食补贴987人88210元。提供优抚人员养老保险1人1000元,办理参战参试人员保险补贴1人1000元,救助优抚对象2人。报销低保人员社险药费11人18290元。助学低保对象6人24000元,爱心慈善助学5人12000元,助学重病、重残结对子家庭2人6000元。办理廉租住房补贴80户,核查限价房收入72户,办理经济租赁房租房补贴146户,年审经济租赁房14户。办理残疾人生活补贴50人,新办残疾证61个,安装无障碍设施8户,办理残疾人直观认定手续3人,免费筛查白内障居民41人,组织残疾人免费体检73人,申请精神残疾人免费药品12人,申报残疾人燃油补贴123人。办理享受政府助老服务低保老人档案303户,发放百岁老人补助5人60000元;发放老年人乘车卡6556张;办理老年证1277本。发放无收入人员丧葬补贴71人12.78万元。

新增失业登记774人,领取失业救济金168人。办理“4050”保险补贴293人,招工345人,迁出38人。人事代理城镇职工基本养老保险2187人次,办理病退申报7人,正常退休1人,死亡清户5人。采集就业信息2594条,开发岗位5288个,安置下岗失业人员542人,办理十种就业困难群体认定354人。申办社保卡3762张,发放3267张。征缴城乡居民基本养老保险74人、城乡居民基本医疗保险815人,医疗费报销125人。归集、整理、上报未参保集体企业退休人员111人。

有已婚育龄妇女7691人,全年出生322人。其中,政策内一孩313人、政策内二孩9人,符合政策生育率100%。启动计划生育窗口化服务,实行信息采集和微机管理,办理独生子女证283个,办理一孩生育服务证429个,办理二孩生育服务证40个。核查、更新计生网上信息6349条。慰问独生子女困难家庭20个,组织育龄妇女免费健康查体403人。

(田洪军)

向阳路街道

向阳路街道位于南开区西北部，辖域东起咸阳路，西至芥园西道、陈塘庄铁路支线，南临长江道、密云一支路，北抵南运河。2012年，街域面积3.887平方公里。划分17个社区(含西横堤片3个)，户籍居民37817户100859人。除汉族外，有回族1027户2908人，满族119户412人，蒙古族36户129人，朝鲜族11户39人，以及苗、壮、土家、黎等16个少数民族13户59人。

界内有中学1所，小学6所，幼儿园2所，国家重点职专1所。国家海洋技术中心、天津市针织运动衣厂、市津水自来水配套有限责任公司等大型企事业单位43家，新南马路五金城坐落界内。

2012年，招商引资4500万元，协税188.32万元，零散税源征收35.62万元。开展“调结构、惠民生、上水平”活动，为企业解决难题26个。全年帮助30家企业申报科技型中小企业。其中，26家申报成功，4家待批。街重点服务对象环兴科技园一期入驻企业31家，入驻率91%，工商注册率90%。

开展宜君里社区专项综合整治工作。全年对538个楼门反复清理，清理堆物932吨，出动车辆354辆次，拆除违章12间、圈占101处，封堵门脸7处，责任目标12个小区全部通过验收。组织全街性义务劳动，拆除各类围挡和违章建筑600余平方米。开展爱国卫生运动，春季灭鼠投放鼠药560公斤，对1998个楼门进行直流喷洒消杀蚊蝇。开展数字考核工作，定期组织18名信息员进行指导交流，“城管通”发送信息16000余条。

完善社区基础设施建设，在昔阳里社区新建300平方米的老年日间照料站、300平方米的社区医疗服务站、300平方米的社区存车处。办理廉租房补贴107户，经济租赁房补贴158户，复审廉租房补贴215户，限价房130户。有低保户1706户3196人，救助卡77户188人，全年发放低保金1449.80万元。特困救助463户，发放救助金45.81万元。低收入老年人268户，重病重残家庭197户，扶贫助困拨款32.45万元。为325户低保残疾人家庭免费享受居家托养服务。319名老人享受居家养老服务。办理60岁以上老年证1180本，70岁以上老年证333本。办理各类残疾人证87本，累计发放敬老卡13980张。发放丧葬补贴125人22.50万元。

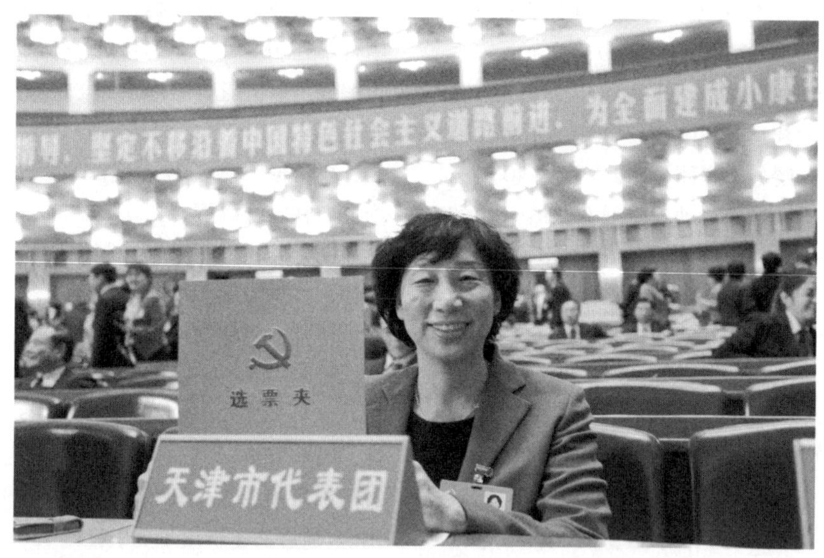

向阳路街道昔阳里社区党委书记、居委会主任王月华当选党的十八大代表

(向阳路街道供稿)

全年采集就业信息5547条，开发就业岗位4984个，安置下岗人员4185人，审批办理困难救助卡984人，发放失业金387人，办理病退15人，办理小额贷款5笔，为5名自谋职业者发放补助金，办理保险补贴529人，组织96名失业人员参加技能培训，换发社保卡6966张，为1920名60岁以上无工作老人登记办理补贴。举办2场失业人员及大中专学生招聘会、1场退伍军人职业介绍座谈会，邀请86家企业参加，620人与用工企业初步达成就业意向。为1685人办理城乡居民基本医疗保险，为656人办理城乡居民基本养老保险，为1401人办理城镇职工基本养老、医疗保险，157名未参保集体企业退休人员参加城镇职工基本养老保险。

有已婚育龄妇女13620人，全年出生809人。其中，政策内一孩768人、政策内二孩41人，符合政策生育率100%。办理一孩生育服务证858本，审批二孩生育41人；办理独生子女证597本，发放独生子女奖励费99270元。发放避孕药具万余盒。办理流动人口婚育证12人。为14名社区流动人口独生子女免费办理健康保险。完成15000余条信息数据搜集、整理和录入，为906名育龄妇女新建信息卡片。

(陈　霈)

嘉陵道街道

嘉陵道街道位于南开区西部，辖域东起红旗路，西至陈塘庄铁路支线,南临天拖北道,北抵密云一支路、长江道。2012年,街域面积3.672平方公里。划分16个社区,户籍人口29191户77707人。除汉族外,有回族732户2047人,蒙古族28户134人,满族104户408人,以及土家、布依、纳西、俄罗斯、瑶等17个少数民族27户147人。

界内有中学2所,小学5所,医院1所。区委党校、区民政局、环保局、环卫局、消防南开支队、公安南开分局经侦支队、交管南开支队亦坐落界内。

2012年,开展“调结构、惠民生、上水平”和服务月活动,帮扶企业170家。走访企业100家,招商引资到位额1.07亿元,其中市外资金8999万元。协税护税573.44万元,完成工作目标的246.7%、冲刺目标的232%。确定万兆慧谷15~18层作为区科技企业孵化基地。确认科技型中小企业12家。新落户企业18家,帮助企业解决人才引进和申请特惠政策等问题10余件。

以罗江东里小区试点工程为重点,完成9个小区旧楼区居住功能提升改造工程。清理垃圾、废弃物1405车次3665吨,拆除私搭乱盖35间、棚亭121个、圈占256处、吊挂物877处,清除残标7900张,涉及163个栋楼595个楼门,10421户28518人受益。将旧楼区属地化管理情况纳入对社区居委会年度考核内容。投放鼠药2.20吨,安装投药盒3000个,鼠密度小于3%。固定专职消杀员每两周消杀5次,楼道消杀3次,未发生疫情。使用“城管通”采集信息1500余条。

有低保户1021户1985人、救助卡及低收入户310户,全年发放低保金920万元、救助金15万元。免费为低保及残疾人家庭安装暖气3户,发放各类医疗救助39308元。为129名残疾学生和低保残疾家庭学生发放助学金54240元。为455人发放残疾人救助金,向84户残疾家庭发放燃油补贴,免费为视力残疾人做白内障复明手术2人。为157名残疾人办理养老保险补贴,组织残疾人免费查体199名。办理老年证1148个,为280名老年人提供居家养老服务。办理廉租房、经济租赁房租房补贴161户,限价房收入认定68户。实施“银龄幸福”工程,为老送餐服务实现全覆盖。

新增失业登记853人,发放就失业证1157册。采集就业信息3551条,开发就业岗位4167个,安置3828人。组织下岗失业人员参加公益性招聘活动10余场,办理续接社会保险1136人,十种就业困难群体认定612人。新增灵活就业保险补贴408人。办理新增失业保险金待遇426人,失业金一次性申领30人。城乡居民医疗保险新参保2898人,药费报销213人。新增天津市城乡老年人生活补助费登记11人。137名未参保集体企业退休人员参加城镇企业职工基本养老保险。受理天津市社会保障卡6385件。残疾人参加城乡居民基本养老保险缴费补贴172人。

有已婚育龄妇女1.13万人,全年出生480人。其中,政策内一孩450人、政策内二孩30人,符合政策生育率100%。办理一孩生育服务证602份,独生子女证325份,发放独生子女费8万余元,征收社会抚养费10人19万元。育龄妇女查体1052人,录入流动人口信息760户。发放特别扶助金312人91.82万元。开展孕产妇保健知识讲座,评选新生育文明家庭16户。计划生育办公室被评为天津市药具工作先进集体。

(徐宴嫔)

万兴街道

万兴街道位于南开区东部,辖域东起卫津路,西至红旗路,南临鞍山西道,北抵长江道、南京路。2012年,街域面积3.54平方公里。划分22个社区,户籍人口42757户118054人。除汉族外,有回族878户2628人,满族217户854人,朝鲜族34户125人,蒙古族39户267人,以及维吾尔、苗、土家、壮、锡伯等28个少数民族28户213人。

界内有天津轻工业设计院、天津药物研究院等10个科研单位,天津市人民检察院等17个行政事业单位,天津市中新药业股份有限公司等8个市属企业。大学4所,中学2所,中专4所,技校1所,小学5所,幼儿园4所,医院3家,大型超市2家。天津市儿童福利院分院、南开文化宫、科技宫和少年宫亦坐落界内。

2012年,开展“调惠上”活动,走访企业86家,了解问题16个,均与有关部门反馈落实。协税护税1747.80万元,完成工作目标的107.6%、冲刺目标的101%。征收零散税源533万元,留区税收268.80万元。引进科技型中小企业28家,完成指标的112%。仲恺国际大厦、环球置地广场实现亿元税收。

旧楼区居住功能综合提升改造涉及三潭西里、西湖里、卧龙东里、卧龙北里、龙井里(东西)、平湖里(东西)、花港里(东西)、紫云里、苏堤东里、三潭东里13个自然小区120个栋楼524个楼门,建筑面积42万平方米,受惠居民10190户。至11月中旬,工程全部验收合格。清理堆物堆料11462吨,拆除违章119间1930平方米,拆除圈挡109处1607平方米,拆除棚亭245处2065平方米。

发放就失业证990册,收发失

业人员档案1976份。办理十种就业困难群体申报766人。3204人享受社会保险补贴,其中新增484人。办理养老保险接续手续4101人。发放失业金289人,办理失业金一次性领取48人。采集就业信息3701条,开发就业岗位2543个,安置就业1254人。组织300余名下岗失业人员参加免费职介招聘会。办理审核小额贷款15人。受理上报申请病退人员8人。办理城乡居民基本养老保险参保281人,76名参保人员享受养老保险待遇。老年人享受生活补助1862人,办理城乡居民基本医疗保险3580余人。办理社保卡登记申领手续26681人。

有已婚育龄妇女14130人,全年出生944人。其中,政策内一孩875人、政策内二孩66人,政策外生育3人,符合政策生育率99.7%。1月,与22个社区签订目标责任状,奖励兑现达标社区居委会。完善街计划生育交流中心博客。全年举办98场生殖健康知识讲座,8000余名育龄妇女参加。办理一孩服务证926个,二孩服务证59个,审批二孩手续55件。办理独生子女证522个,流动人口婚育证明31个。办理社会抚养费征收手续14件,办结10件。新增特别扶助对象38人,发放独子费91000余元。新录入新婚卡片973张,育龄妇女卡片1422张,修改育龄妇女卡片9000余条。为育龄妇女免费发放药具8000盒,生殖健康查体1256人。与辖区6500余名育龄妇女签订诚信责任书。完成全国流动人口抽样调查工作及2个社区居委会20户问卷调查与微机录入工作。

(王 凤)

学府街道

学府街道位于南开区中部偏东。辖域东起卫津路,西至红旗路,南临复康路,北抵鞍山西道。2012年,街域面积4.70平方公里。划分14个社区,户籍人口21308户93572人。除汉族外,有回族381户1515人,满族214户1473人,蒙古族54户532人,朝鲜族20户183人,以及藏、壮、维吾尔、苗等少数民族53户996人。

界内有南开大学、天津大学两所著名高等学府,中学4所,幼儿园4所,医疗单位3所。有航天科工集团8358所、国家海洋局天津海水淡化研究所等科研单位18个,企事业单位2314家。天津科贸街亦坐落界内。

2012年,招商引资7270万元。协税护税1745.71万元,完成工作目标的103.7%、冲刺目标的97.5%。零散税源征收83.83万元。走访调研12座楼宇698家企业,帮扶企业9家15次。帮助企业协调解决问题5个。引进和帮扶转型科技型企业31家。

对荣迁西里、风湖里、光湖里、荣迁东里旧楼区居住功能综合提升改造。发放《致居民一封信》3500余张,召开现场对话会7次,征求39户居民意见,封堵窗改门8户,修建围墙600米,封堵小区多余出入门,改造工程通过市、区有关部门验收。集中治理南开大学市场周边环境,清理堆物堆料400处、家禽家畜36处、废旧自行车160辆,清除残标423处,清运垃圾150吨。治理天津大学四季村市场外溢和乱摆乱卖现象。调动各社区及社区单位100人,完成街域灭前灭后鼠密度检测工作。

有低保户278户477人、救助卡户14户35人,全年发放低保金278.30万元,特困救助金3.02万元。重新审核报批286户494人享受低保家庭和人员。为低收入家庭发放实物救助960份。继续开展扶贫助困献爱心"一帮一"结对子活动,32个单位与街内73户困难家庭结对子,资助金额36500元。为69名残疾人进行免费体检,为5名白内障患者进行免费复明手术,办理残疾证12本,发放轮椅3辆。为50户家庭办理住房保障事宜。推广老年人配餐服务,70名老年人享受配餐。与天津大学离退休管理处建立居家养老工作联系制度。

认定十种就业困难群体183人,提供就业服务162人。招收101人参加就业培训,组织700人参加结业考试。申报病退3人。接收失业人员档案500份,发放就失业证550本,为340人办理招工提档、转迁手续,发放失业金2607万元。办理社保卡3799人,补办社保卡456张,

万兴街道玉皇里社区青少年环保课堂

(摄影:廖年生)

2012年3月5日，南开区“郭明义爱心团队志愿服务基地”在学府街道落成

（摄影：廖年生）

办理临时卡3022张，发放社保卡2908张。为1542人缴纳各类保险。办理城乡居民基本医疗保险500人，报销51.90万元。新增办理天津市城乡居民基本养老保险、城镇职工基本养老保险一般人员3人、残疾人22人、退休3人。44名未参保集体企业退休人员参加城镇职工基本养老保险。为个人创业提供贴息65万元。

有已婚育龄妇女10279人，全年出生489人。其中，政策内一孩466人、政策内二孩20人、政策外生育3人，符合政策生育率99.39%。办理一孩生育服务证514人，二孩生育服务证23人，二胎审批34人。签订《诚信计生协议书》2800余份。举办“多彩小太阳”优生优育知识等讲座4次，座谈3次。办理流动人口独生子女家庭意外伤害保险参保33户。有特别扶助对象109人。生殖健康查体340人，建立查体档案并做好跟踪服务工作。

（刘　芳）

水上公园街道

水上公园街道位于南开区南部，辖域东起卫津南路、水上公园东路，西至红旗南路，南临苍穹道、宾水西路，北抵复康路。2012年，街域面积5.633平方公里。划分10个社区，户籍人口12870户42006人。除汉族外，有回族170户591人，满族87户467人，蒙古族31户180人，以及苗、壮、白、土家等30个少数民族37户350人。

界内有水上公园、周恩来邓颖超纪念馆、天津图书馆、天津网球馆、复康路游泳馆、天津跳水馆。驻有天津青年职业学院等大专院校11所，小学2所，医院3所。天津社会科学院、新华社天津分社、人民日报天津分社、八里台新文化广场、上谷商业街亦坐落界内。

2012年，开展“调惠上”活动，成立5个服务工作小组，对街域176家企业走访调研，排忧解难。招商引企15家，注册资金3455万元。协税护税486.50万元，完成工作目标的106.5%、冲刺目标的100.1%。零散税源征收390万元。完成科技型中小企业认定15家。亿元楼宇中天大厦企业入驻率100%，注册率100%，税收贡献率稳步提高。

巩固市容环境整治奋战900天成果，建立市容管理长效机制，做到巡查常态化。开展夏秋季大干100天社区综合整治活动，清理楼道杂物堆物，消除安全隐患。全年治理卫生死角300处，拆除违章圈占25处400余平方米，清运10个社区各类垃圾、堆物、杂物1760余处326车880余吨，清除乱贴乱画3000余处。筹措资金100余万元，对庆丰路蔬菜市场提升改造，健全菜市场管理制度、人员职责及安全管理办法。

依托街市民社会事务服务中心，为失业、无业人员存档1130份。认定十种就业困难群体107人，经帮扶全部实现就业。办理城镇职工基本养老、医疗保险新增及续缴427人；缴纳并享受灵活就业社保补贴549人，新增72人；城乡居民基本医疗保险登记496人，报销44人次27.70万元；社保卡发放1565张，临时卡发放788张。加强低保动态管理，有低保户133户228人，救助卡户10户23人。办理廉租房住房补贴18户，经济租赁房补贴32户，限价商品房申请22户。办理残疾证43人，助残体检61人次，发放轮椅5个、助听器8个。办理老年证563本，发放老年卡491张。加强街级居家养老服务中心建设，筹建欣苑社区老年日间照料中心和近园、临园、复康里3个照料站，老年人日间照料工作辐射社区80%以上。配合市二次供水设施改造工程办公室、区建委，改造爱俪园等5个小区高层住宅楼二次供水设施，让居民喝上干净的放心水。

全年出生283人。其中，政策内一孩266人、政策内二孩17人，符

2012年5月23日,水上公园街道诉讼调解服务站成立

（区法院供稿）

合政策生育率100%。审核发放各种婚育证明材料审批64份。审核发放独生子女证179本，独生子女费建档25人次,到期撤档31人次,全年为320人发放独生子女费1.92万元。发放计划生育特别扶助金90人31.37万元,其中新增11人。审核发放流动人口婚育证12本，为11名常住流动人口家庭独生子女交纳意外伤害保险,为35名流动人口育龄妇女提供妇科免费查体。接待群众来电来访政策咨询2000人次,发放药具34980盒。

（程东记）

王顶堤街道

王顶堤街道位于南开区西南部,辖域东起红旗路、红旗南路,西、南至津浦铁路陈塘庄支线，北抵天拖北道。2012年,街域面积5.016平方公里。划分23个社区,户籍人口40927户109221人。除汉族外,有回族780户2363人，满族203户694人,蒙古族51户193人,朝鲜族29户100人,以及苗、壮、瑶、高山等19个少数民族27户111人。

界内有大学3所,中学5所,小学5所,医院2家。有约翰迪尔天拖有限公司、天津食品公司冷冻厂、天津勘察院、天津市泰通客运公司、天津评剧院等企事业单位。

2012年，发展科技型中小企业20家。协税护税362.50万元,完成工作目标的70.39%、冲刺目标的66.15%。对赛德广场原有38户商户进行登记统计,制作每月报表。引进10家企业入驻楼宇。零散税源征收170万元,完成工作目标的85%。

对迎水西里、淦江东里等5个小区参与旧楼区居住功能综合提升改造工程。拆除圈挡500余处,清理楼间、楼道堆物3000余吨,清除乱贴乱画3000余张，治理家禽家畜200余只。粉刷楼道8万平方米,为311个楼门规范整理楼内管线、安装修复楼道照明设施。配合区房管部门安装信报箱311处，楼栋对讲门311个,自来水管改造2779户,燃气内管改造5224户。社区利用数字"城管通"平台上报信息。

有低保户1077户1987人、救助卡户49户136人、低收入家庭465户，全年发放低保金953万元、救助金8万元，为低收入户发放实物折合71万元。对临时困难家庭发放救助金10.80万元。发放副食补贴12万元、困难户冬煤补贴38万元,报销暖气费36万元、医药费8万元。为困难家庭考取二本学生发放资助金1.50万元，为一本学生报销学费11万元,为500户低保家庭开具减免学费证明，为380户低保家庭开具公产房租金资格年审证明。审核190户申请限价商品房和19户申请公共租赁住房家庭收入。办理廉租住房和经济租赁房补贴220户,办结204户。为无业人员发放丧葬补助27.50万元。

创新残疾人托养服务机制,明确领导职责,制定《社区居家托养服务工作制度》,组织社区干部统计调查残疾人状况,建立专门服务档案。与服务公司签订服务协议,印制《上门服务联系单》。借助6次助残大型活动和入户慰问，宣传鼓励社会各界参与助残活动和残疾人居家托养服务工作。年内,为270名重度残疾人提供托养服务。

推荐林苑西里社区工作站参加国家级充分就业示范社区评比。按照标准全面核查社区人员底数和就业安置情况。该社区有就业能力和就业愿望人员就业率98%。改造和提升社区工作站办公条件，添置电脑和文件柜，完善台账和微机录入基础资料。10月,被评为国家级充分就业示范社区。

有已婚育龄妇女20127人,流动人口育龄妇女658人，全年出生1132人。其中,政策内一孩1032人、政策内二孩95人，政策外生育5人,符合政策生育率99.56%。与社区单位签订《计生工作目标责任书》,与公安派出所等单位建立流动人口联席会议制度。参加生殖健康免费查体1200人次。在淦江里小区修建人口文化园，筑立以家庭和谐幸福为寓意的雕塑，并设立计划生育宣传牌。

（邱仲明）

体育中心街道

体育中心街道位于南开区南端，辖域东起卫津南路，西至水上公园东路、宾水西道，南临津浦铁路陈塘庄支线，北抵苍穹道。2012年，街域面积5.26平方公里。划分12个社区，户籍人口12238户32678人。除汉族外，有回族163户446人，满族103户399人，朝鲜族76户190人，以及蒙古、彝、壮、锡伯等22个少数民族42户200人。

界内有天津体育中心、奥林匹克体育场、南翠屏公园。有中学1所，小学1所，幼儿园4所，医院5所，科研、行政、企事业单位228个。公安部天津消防研究所、中国农业银行党校、解放军464医院、市民政局、市残联、市市容园林委、市老年活动中心、时代奥城商业广场亦坐落界内。

2012年，第一批亿元楼宇奥城商业广场4号楼引进企业101家，实现纳税额1.22亿元。第二批亿元楼宇奥城商业广场11、12号楼年初竣工进行招商，其中11号楼引进企业8家，实现纳税额4.18亿元；12号楼引进企业17家，实现纳税额1.15亿元。全年协税额653万元，完成区考核基数的124%、工作目标的113%、冲刺目标的106%。零散税征收427.05万元，留区216.89万元。

集中清整凌研里、金福里、宁乐里、阳光花园、金淼园、金谷园、金禧园、金福南里等小区，清理堆物100吨。开展7次集中义务劳动，出动400人次，清理堆物垃圾废弃物80余吨。对社区持有数字“城管通”人员专题培训3次，现场培训5次。向居民群众发放《天津市城市管理规定》宣传册3000余份。开展爱国卫生运动60周年宣传活动，设置展牌，发放宣传材料300余份。在23个自然小区免费投放灭鼠药品90公斤。在5个社区22个自然小区开展蟑情密度调查及夏季蚊蝇消杀工作。

有低保户76户129人、特困救助户4户9人、低收入户29户，全年发放低保金70.92万元、救助金5412元，民生超市实物救助折合金额25800元。困难边缘残疾人家庭40户享受临时救助金和实物5800元。发放副食补贴191人17190元，为低保和优抚暖气费报销53047元。办理居民租房补贴15户，经济租赁房补贴10户，公共租赁房5户，限价房收入核查70户。有持证残疾人369人，向残疾人家庭优秀中小学生发放助学金11人5200元。发放敬老卡360张，补办卡95张；发放百岁老人补贴57000元；享受居家养老服务19人。

组织招聘会6场，提供就业岗位760个，安置635人，完成计划的100%。办理城乡居民医疗保险参保手续451人，医保报销66人22.80万元。470名无收入老年人享受补贴。166名老年人按月享受养老待遇。办理城镇职工基本养老、医疗保险参保手续789人，办理社保卡2679张，发放1565张。办理灵活就业补贴手续816人，其中391人享受社险补贴。发放失业救济金58人近18万元。

有已婚育龄妇女8501人，全年出生479人。其中，政策内一孩443人、政策内二孩36人，符合政策生育率100%。办理一孩生育服务证509人次，二孩生育服务证44人次，发放独生子女证222个，办理再生育审批62人次。设立免费避孕药具发放点32个，避孕药具发放率95%以上。对41名计划生育家庭特别扶助对象资格进行确认与审核，为4名符合政策的计划生育家庭办理特别扶助申请，发放特别扶助补贴13万元。

（谭　睿）

华苑街道

华苑街道（系非属地管理）位于南开区西南部，辖域东起津浦铁路陈塘庄支线，西至外环线，南临宾水西道，北抵迎水道。2012年，街域面积1.68平方公里。辖12个全封闭式物业管理小区，划分11个社区。户籍人口14627户38919人。除汉族外，有回族224户638人、满族167户559人、朝鲜族58户166人、蒙古族51户167人，以及土家、锡伯、哈萨克、白、瑶、仡佬、达斡尔等20个少数民族34户108人。

界内有物业公司8个。驻有中学2所，小学3所，幼儿园10所，医院1家，公交汽车站2处，农贸市场、大型超市各2个。鹤童老年福利院、公安南开分局刑侦支队坐落界内。

2012年，招商引企18家，引资到位额1.65亿元，其中市外资金到位额9100万元。协税354.59万元，完成考核基数的113.65%、工作目标的103.38%、冲刺目标的97.15%。发展科技型中小企业15家。久华里、地华里2个菜市场由紧密型管理转为指导性管理。结合“调惠上”工作为企业解决实际问题，组织会员企业进行企业管理培训。

开展市容环境大干100天工作，二次提升改造社区用房硬件条件，投入10万元对久华里等3个社区用房进行修缮，提升社区服务水平。9月25日至27日，安华里、绮华里、莹华里等6个社区开展市容整治工作，对社区卫生脏乱死角集中清理，清整杂草、垃圾11车220余袋。为每个社区配置“城管通”,发现市容环境方面问题及时上报并反馈物业公司进行整改。

有低保户 11 户 14 人，救助卡户 2 户 5 人,低收入户 18 户,全年发放低保金 60494 元、救助金 312 元。4 月,对街域内工商业者 11 户、低保户 58 户、救助卡 2 户进行重新审核确定和调标工作。办理享受低收入困难户 18 户,廉租房 12 户,限价房收入核定 300 余户。为甘肃、河北等地受灾居民捐款 19000 元;慰问困难户 1200 户；发放副食补贴 180 余人次 14796 元。新办、换发老年证 700 余人次。健全辖区残疾人和 60 岁以上老年人档案,进行入户居家养老服务。有残疾人 260 人,新办残疾证 40 余人。成立街殡葬管理工作领导小组和街殡葬管理联合执法队,实现汉民火化率 100%,引导居民文明祭扫。

采集就业信息 1722 条,开发各类岗位 1178 个,安置失业人员就业 790 人。接收失业人员档案 310 人,迁出档案 94 份，发放就失业证 58 册,新增“两险”正常参保 298 人。新增享受保险补贴 107 人，年检续保 645 人，办理困难群体认定 146 人。城乡居民基本养老保险参保 33 人，办理退休 4 人，城乡居民医疗保险参保 1088 人。发放社保卡 4681 张、临时卡 1710 张,保证居民即时联网就医。13 名未参保集体企业退休人员参加城镇职工基本养老保险。

有已婚育龄妇女 10032 人,全年出生 465 人。其中，政策内一孩 441 人、政策内二孩 23 人、政策外生育 1 例,符合政策生育率 99.78%。办理试管婴儿 13 例。接收无业人员享受独生子女父母奖励 23 人,发放独生子女父母奖励费 13155 元。新增特别扶助人员 8 人。利用网络建立“华苑街人口计划生育驿站”博客,公布办事指南、政策问答、法律法规、优生优育和科技服务等知识。开展宣传活动 10 场，发放宣传材料 4000 份、避孕药具 2000 盒。春节慰问困难家庭 10 户,免费为流动人口独生子女家庭提供意外伤害保险 3 份。组织 65 名育龄妇女免费查体。建立流动人口育龄妇女卡片 96 人。

（贺　云）

河北区

概 述

河北区是天津市中心城区之一,位于市区东北部,因地处海河和原金钟河以北而得名。境域地理坐标为北纬39°08′,东经117°10′。东部与东丽区接壤;西部以海河、北运河为界,与和平、南开、红桥三区隔河相望;南部与河东区毗连;北部与北辰区相邻。2012年,区域面积29.62平方公里。辖新开河、铁东路、光复道、江都路、月牙河、鸿顺里、望海楼、宁园、王串场、建昌道10个街道办事处,103个社区居委会,户籍人口238540户618761万人。除汉族外,还有回、满、蒙古等26个少数民族。

2012年,河北区按照发展“三个经济”、实施“五大战略”的总体思路,深入开展“调结构、惠民生、上水平”活动,全区经济社会保持平稳较快发展。实现生产总值165.18亿元,比上年增长14.8%;区级财政收入30.11亿元,增长24.72%;固定资产投资101.69亿元,增长9.9%。实现国内招商引资到位额110亿元,增长6.6%;直接利用外资到位额1.85亿美元,增长15.3%;社会消费品零售总额173.28亿元,增长16.5%。在全市22项经济社会可排位指标中,有11项指标总量或增幅排在中心城区首位。

产业结构调整成效明显。都市产业园区建设加速推进。基本完成张兴庄产业园一期土地整理、路网规划;实施巷肆创意产业园提升改造,成功吸引中意两国政府合作项目——中意设计创新天津分中心落户;积极推进绿领低碳产业园二期、3526创意产业园、通广科技产业园、红星18创意产业园等提升改造。科技支撑能力增强。新增科技型中小企业571家,累计1317家;新增科技小巨人企业5家,累计21家。新认定市级高新技术企业6家,总数达12家。通过天津市区县科技进步考核。楼宇经济贡献水平提高。全区商务商住楼宇新增入驻企业799家,实现税收14亿元;全力打造14座亿元楼宇,6座楼宇税收超过亿元,2座楼宇税收超过5000万元。服务业发展质量提升。市级服务业综合改革试点工作扎实推进,服务业增加值占地区生产总值的92%。海河沿岸高端服务业聚集区建设初具规模。加快推进白金湾商务广场、茂业大厦等高端服务业项目;打造意式风情区中央商务区,华电重工等15家大型企业入驻;依托渤海商品交易所、渤海股权投资基金龙头效应,引进渤海国投基金等5家创新型金融机构和3家银行。文化旅游业发展氛围日趋浓厚。修缮提升梁启超纪念馆和觉悟社纪念馆,加固修缮望海楼教堂,完成李叔同故居等4个国家A级景区评定工作。多渠道进行文化旅游宣传推介,引进6家旅游服务机构,开展系列文化旅游节庆活动,扩大文化旅游影响力。

开发带动战略全面提速。重点地区规划不断完善。对新开河两岸、地铁沿线上盖区域、产业园区等规划进行全面提升。中铁建国际城、和融广场、嘉海等建设项目规划进一步深化,编制一宫花园历史文化街区保护、工业遗产保护等专项规划。项目建设取得新进展。通过多轮次的综合调研、专题对接、现场推动,启动并推进新开河两岸综合开发。中海环宇城、仁恒二期、嘉海等建设项目相继开工,中海北宁湾、乐活坊等在建项目进度加快,茂业大厦土建基本完工,凯旋大厦、仁恒一期等项目实现竣工。征收整理步伐加快。在全市率先完成地铁5、6线房屋征收工作,地铁建设单位全部进场施工。八马路—盐坨西、汇森商业广场、调纬路等9个地块基本实现拆迁净场,律纬路西、榆关道、汽车锻造厂等3个地块实现挂牌出让,地铁北运河、北宁起步区、张兴庄产业园、律纬路东等地块基本具备挂牌出让条件。全年项目开工402万平方米,竣工101万平方米,呈现出开发建设体量大、商业商贸设施比例高的良好态势。

宜居城区建设扎实推进。市容环境整治向产业延伸。结合沿河、地铁、园区项目建设的规划与实施,提升新开河两岸整体市容环境。提升意式商务区周边道路环境。完成寿安街出入境管理中心等15个点位的环境提升,完成民族路等9条道路绿化提升。提升海河沿岸市容环境景观。完成天泰路等9条道路的市容巩固完善工程。推进规划地铁站区周边的拆违、整治和环境提升。提升产业园区周边环境。对辰赫等8个产业园区周边环境实施综合整治,加强对周边环境卫生、道路秩序的综合治理。市容环境整治向社区延伸。清整辖区内的小区,清理垃圾2300余吨。提升花屏里、靖江里等社区绿化,绿化清整清水园等34个旧楼区和物业撤出小区,面积12.80万平方米。市容环境向民生延伸。新建南普公园,提升、修复曹家花园,对月秀、笑石、北斗等街心、社区公园进行提升,新建、提升公园8个,面积11.20万平方米。拆除违章建筑1400平方米,栽植树木4255株,安装体育设施10套。万元生产总值能耗指标同比下降4.6%;各项污染物减排任务超额完成。环境空气质量二级及以上良好天数占有效监测天数的81.5%,声环境、水环境质量保持良好水平。

各项社会事业协调发展。推进教育优质均衡发展。落实教育布局调整规划,实施第七十八中学改扩建及春和景明小学建设工程,提升改造一批学校和幼儿园。完成天津市学前教育三年行动计划的目标任务和义务教育学校现代化建设达标任务,通过市义务教育均衡发展工作督导评估。教育教学质量稳步提高,职业教育、特殊教育和民族教育健康发展,9名教师被命名为全市第八批特级教师。提升公共卫生服务水平。加快区公共卫生医疗中心建设,完成宁园街等社区卫生服务中心提升改造,创建月牙河街全国示范社区卫生服务中心。实施基本药品零差率和网上统一采购,深入推进家庭责任医生等工作。代表天津市参加2011年度全国基本公共卫生服务项目考核,获得第一名。开展食品专项整治活动,不断完善食品安全三级监管网络。完善公共文化服务体系。建设提升10个公园书吧。区文化馆、图书馆、少儿图书馆实现免费开放,成立河北区摄影家协会、音乐家协会、作家协会、曲艺家协会等群众性文化协会组织。大力开展科学普及,王串场街艳泉里社区被命名为全国科普示范社区。加强社区体育设施建设,开展丰富多彩的群众性体育、健身活动。加快推进人口计划生育工作转型,符合政策生育率99.7%,在中心城区名列前茅。“民生档案服务月”、“博爱送万家”等活动取得良好效果。

改善民生工作深入落实。圆满完成改善人民生活10项工作。不断稳定和扩大就业。实现新增就业3.97万人,登记失业率控制在3.6%以内,积极开展困难群体安置就业、就业创业培训及和谐企业创建工作。帮扶安置十类困难人员4255人,困难群体就业安置率95%以上。提高社会保障能力。严格落实低保救助政策,开展对困难群体的“助医、助学、助老、助困”活动和残疾人群体的特色救助活动。推进“家庭改变计划”,救助困难家庭61户,资助1400名困难学生,筹集善款300万元救助各类生活困难人员。为残疾人发放生活救助金950万元。不断扩大社会保险覆盖面,开展未参保集体企业退休人员参保工作,城镇居民医疗保险和养老保障工作走在全市前列。加强社会福利设施建设,建成3个老年公寓和5个日间照料中心,区残疾人综合服务中心落成投入使用。落实住房保障政策。保障性住房施工66.80万平方米、竣工11.44万平方米,住房补贴扩面等工作不断落实,完成责任目标2097户。完成2300个廉租住房实物配租补贴、廉租住房租房补贴、经济租赁房租房补贴。高标准完成旧楼区居住功能综合提升改造,惠及居民4万余户。继续实施既有住宅建筑节能改造,完成二次供水设施改造和年内“三管、一灶、两提升”项目改造任务,完成单户循环改造77万平方米、二部节能改造103万平方米。强化和谐社区建设。实施3个街级社区服务中心建设任务,对6个社区居委会用房进行改造,全区社区办公服务设施面积平均达290平方米。在全市率先完成社区居委会换届工作,并对居委会工作人员进行全员培训。深入开展和谐社区创建活动,打造一批社区建设新亮点。

和谐稳定大局得到巩固。加强安全生产监管。深入开展安全生产领域“打非治违”专项行动和安全生产大检查活动,生产、消防、铁路道口和特种设备等领域均未发生安全事故。加大信访维稳工作力度。扎实开展矛盾纠纷排查化解工作,严格落实领导包案等制度,推进重点信访案件“三级终结”,解决一批信访遗留问题,有效控制非正常上访和越级上访数量。不断创新基层社会管理。强化街道综治信访服务中心和社区服务站功能,有效发挥吸附化解社区矛盾、解决群众实际问题的作用。加强安全社区建设,光复道街成功创建全市首个国家级安全社区。全面启动“法治河北”创建活动，加大惩治犯罪和社会治安管控力度，平安建设深入推进。大力开展双拥共建活动，再次荣获全国双拥模范城称号。做好防灾减灾和应急管理工作，严格落实防汛、清雪等工作责任制，保证群众生命财产安全和正常生产生活秩序。民族、宗教、侨务、妇女儿童权益保障等工作扎实推进。

（朱英华）

河北区区级领导名单

中共河北区委领导名单

书　记：孙宝华

副书记：苑广睿　姚建军

常　委：孙宝华　苑广睿　姚建军　杜　翔　连　洁（女）　李耀进　沈志勇　李承毅　徐生建　田勤耘　李　春

河北区人大常委会领导名单

主　任：张俊英（女）

副主任：郑永盛　王秀文（女，回族）　于连会　王　立　贾凤鸣

河北区政府领导名单

区　长：苑广睿

常务副区长：杜　翔

副区长：李承毅　周　路（女）　周承光　李志琦　刘冬云（女）

政协河北区委员会领导名单

主　席：崔志勇

副主席：赵玉良（满族）　郑全喜　张景云　李根生　马丽娣（女）　刘艳明（兼）　刘文伟（兼）　王海英（兼）

（区委组织部提供）

调结构、惠民生、上水平活动　2012年，河北区委、区政府通过实施包园区、包企业、包街道、包社区、包信访案件和重点项目，以及促整理、促开工、促建设、促运营的“五包”、“四促”工作制度，深入基层解决问题；区人大开展“为调结构解难题，为惠民生办实事，为上水平出实力”的“三为”活动；区政协开展“服务委员帮企业、走进社区惠民生”主题活动，全区形成有效帮扶机制。参加帮扶的区级领导28人、正处级领导61人，成立20个服务组，有1000余名干部参与，确定重点帮扶的企业和项目231个。收集反映的问题689

2012年8月19日，区委书记孙宝华（前左）深入驻区企业就开展“调结构、惠民生、上水平”活动进行调研

（区委办公室供稿）

件，解决680件，解决率98.7%。制定《河北区对接落实全市促进经济发展25条措施工作方案》，各职能单位制定具体对接措施171条，全力促进经济发展，扶持科技型中小企业，促进实体经济规模壮大，提升审批服务效能。全面对接市活动办公室各项工作，完成专项任务20余件。先后编发专刊《情况简报》60余期，市活动办公室《工作简报》先后9次专题刊发河北区"调惠上"活动情况，并在天津人民广播电台展示活动成果，市督查五组先后两次到河北区督查工作并给予高度评价。

（傅常欣）

互比互查亮点项目 2012年8月，天津市组织的河北区互比互查学亮点项目共有5个。中央商务区：位于意式风情区腹地，是全市重点培育的首批亿元楼宇之一。该商务区以金融类、企业总部经济，特别是国际、国内500强企业为主要招商目标，已引进渤海商品交易所等15家重点企业入驻，累计注册资金48.45亿元。育婴里小学仁恒校区：2009年12月动工，2011年8月竣工，总投资7800余万元，办学条件通过天津市义务教育阶段现代化学校达标验收。该校区占地1.60万平方米，建筑面积1.30万平方米，拥有30个标准教室、11个专用教室、1个多功能报告厅，人均教学面积13平方米。曹家花园及新开河沿线环境综合提升：曹家花园始建于1903年，曾是民国总统曹锟的私家园林，按照"挖掘历史、修旧如旧"理念修缮提升后，成为以生态景观和历史文化为主体的新型公园。河北区对新开河南岸耳闸公园至月纬路延长线周边环境进行综合整治，整修道路1680延米、修复建筑3000多平方米、治理水体湖面1.60万平方米，地面铺装1.50万平方米，提升绿化近7万平方米。茂业大厦：坐落于天津站东侧海河岸边，占地0.90万平方米，建筑面积12.30万平方米，总投资10.20亿元，是建筑总高度205.30米的综合性超高层建筑，被河北区列为重点打造的亿元楼宇项目。巷肆创意产业园：位于河北区四马路36号，占地0.24万平方米，建筑面积0.52万平方米，在对原天津橡胶四厂老厂房提升改造的基础上建起，是集商务办公、旅游和文化交流等功能于一体的新型创意产业园区。该产业园是落实"创意河北"功能定位、保护和利用工业遗存方面的新尝试，利用"城市再生"理念，由中意两国知名设计师共同设计，保留20世纪70年代工业厂房独特的建筑肌理，既延续"城市记忆"，又融入新的发展内涵。中意设计创新(天津)中心等10多家创意、创新及科技型企业和机构已入驻。

（傅常欣）

2012年12月12日，副市长熊建平(左三)到河北区检查推动地铁5、6号线工程建设

（区新闻中心供稿）

地铁线功能区房屋征收 2012年2月22日，地铁5、6号线房屋征收正式启动，6月25日，涉及河北区14个站点12.40万平方米（882户）的功能区房屋征收全部告捷。市长黄兴国批示："要表扬河北，希望其他区切实做好征收工作。"区委、区政府将地铁工程作为区域发展的三大经济支柱之一，针对区域内大型公建多、底商及住宅集中等特点，确定以公建促民建、以国营公建促个体公建的征收思路。通过解决动力机厂、木箱二厂、轧钢三厂等一批大型公建征收难题，带动周边100多户住宅、30余户底商搬迁。征收前邀请市政府法制办公室、市国土房管局等部门讲解征收政策，对征收补偿方案和风险评估办法进行反复论证。抽调各部门精干人员组建区指挥部，统一调遣征收队伍、使用征收资金；成立联合宣讲组到各征收站点现场答疑，发放宣传资料；组建依法劝迁工作组，入户劝离滞留户。按照市指挥部确定的工作节点目标，细化征收流程，逐站逐户锁定责任人。工作人员对不熟悉、不理解征收政策的居民，帮助算清经济账；对特困家庭，送上补助金，挑选房源，免费提供搬家车辆；对因家庭内部有纠纷，无法签订征收协议的居民，帮助处理好家庭关系。区指挥部针对历史遗留的未登记建筑问题，提前与市法制办、市一中院沟通认定标准和依据，寻求法律保障。

（傅常欣）

2012年10月22日，市长黄兴国（前排右二）到河北区检查旧楼区居住功能综合提升情况

（区新闻中心供稿）

旧楼区居住功能提升改造 2012年，河北区按照“试点先行、样板引路”工作思路，将新开河街东华里小区作为旧楼区居住功能综合提升改造工程试点，2月14日启动，至3月25日完成6幢楼、4.17万平方米、528户的21项规定整修项目和9项自选项目的系统改造。此后，提升改造工程在全区更大范围铺开。提升改造内容为：更新一个信报箱，安装两道门（楼栋门、小区大门），改造三根管（自来水管、燃气管、排水管），实现四个化（甬路平整化、健身设施普及化、楼间环境规范化、非机动车停放集中化），完善五功能（屋面防水、供热计量节能、供电安全保护、整修楼道照明及相关设施、垃圾设施修复）。全年提升改造40个旧楼区、229.37万平方米、4万余户，达到“住用安全、功能完善、环境优美、管护到位”的预期目标，通过市指挥部核查组的现场验收并得到好评。组建由区长任指挥、3位副区长任副指挥，27个相关部门为成员的旧楼区提升改造分指挥部，形成自上而下、分工明确的组织体系。遵循“先规划后整治、先设计后施工、先样板后推广”的原则，制定施工方案，在工程操作规程、技术标准上用心把握，在工程进度、质量、安全生产、资金使用、招投标上严格监督。对选材、用料、色调精雕细琢，对工艺、环节、品质精益求精；对群众的想法建议认真讨论，融入施工方案；对施工范围内的居民讲解政策，进行安全提示，防范安全事故发生。通过提升改造，房屋住用功能和小区整体环境得到改善。

（蔺金凤）

二次供水设施改造 2012年，历时4年的河北区老旧楼区二次供水设施改造工程竣工，累计改造楼区98片，4.50万居民受益。成立由分管区领导为组长，区政府办、区建委、市自来水集团主要领导为副组长的领导小组，区建委负责实施，相关部门配合。各街道办事处及居委会成立相应的组织推动机构，形成区、街、居三级管理网络。组织召开动员会、推动会和培训会等，对群众进行宣传，开展基础情况调查，对符合二次供水设施改造条件的合格楼区列出改造顺序，对不合格楼区进行督促整改。注意做好施工现场宣传和问题解决工作。区有关单位配合威立雅公司深入待改造项目现场，对楼内管道、泵房条件、设备情况逐一查勘，对具备改造条件和居民要求改造较强烈的楼区及时上报并列入计划，仅2011年，即从年初制定的28片增加到41片。对于管道结构复杂的旧楼，研究管道改造新方案，拓宽新渠道。动员产权单位自行改造，对产权不明及产权单位经济不景气的房屋实行费用补贴，做好居民的动员工作。对于改造工程中出现的一些不配合施工的住户，做好群众工作；对于因装修造成无法更换水管的情况，与产权单位或管理部门联系，采取可行措施进行整改；对于拒绝更换水管的住户，做好思想工作，确保改造工程顺利完成。协调解决管道施工中出现的破路、破绿化、环卫等问题，并解决好月云公寓、鸿基公寓、金兆园等多年遗留的难点片问题。

（傅常欣）

职业培训 2009~2012年，河北区接受各类培训人员33362人，职业资格证书取得率达96%，培训后就业率90%；组织创业培训8006人，带动48036人实现创业就业，其中2012年创业成功率和培训就业率分别达到30%和95%。副市长崔津渡批示：“请市人保局认真总结河北区等区县促进就业创业经验，在支持就业创业、满足大企业用工需求两个方面取得新经验。”主要做法：一是坚持三个加强，落实组织保障。加强组织领导，狠抓目标责任。成立工作领导小组，制定三年规划纲要，责任落实到人。加强基础建设，搭建培训平台。建立技能培训和创业培训2所学校，组建专业培训师资队伍，拥有专兼职教师22人，聘请4名大学教授为兼职教师。增建1000平方米培训教室，改建500

平方米实训基地。加强规范管理,保证培训实效。在选派教师、制定教学计划、落实实训场地等方面实施精细化管理。二是推进四个深入,抓好分类培训。深入街道社区,对失业人员进行"更新型"职业培训。深入企业,对在职人员进行"提升型"职业培训。深入高校、部队,对大中专学生和现(退)役军人进行"就业创业型"职业培训。深入医院、饭店、建筑工地,对外来务工人员进行"安技型"职业培训。三是搞好五项服务,提高培训质量。通过宣传服务、网络服务、实训服务、跟踪服务和政策服务五项培训服务,有力促进了就业创业工作,其中帮助926人实现成功创业。

(蔺金凤)

公园书屋建设 2012年,河北区按照"文化进公园"工作要求和市长黄兴国到该区视察调研时提出的建设公园书屋的指示,8月初选址规划,9月前建成10个公园书屋并对公众开放,截至年底读者已超过1.10万人次。书屋调拨和采购1.90万余册图书并全部上架,每个书屋平均配置图书2000多册,涵盖政治、经济、文学等30多个门类。曹家花园日新堂书屋,使用面积110平方米,以天津近代史及人物传记为主题。中山公园书屋,使用面积132平方米,以收藏、园林和童真童趣为主题。一楼使用面积60平方米,为儿童阅览室,以童趣童真为主题;二楼为成人阅览室,以孙中山先生生平为主题。北宁公园大雅堂书屋,使用面积170平方米,以中国书法艺术为主题,辅以围棋、版画等多种文化元素。北宁公园问津书屋,使用面积100平方米,以旅游文化为主题,兼具游客服务中心功能。北宁公园待月书屋,使用面积40平方米,以国防教育和天津抗日斗争内容为主题。耳闸公园遂闲书屋,使用面积80平方米,以绘画艺术为主题。北斗公园北斗书屋,使用面积67平方米,以健身养生为主题。王串场公园辅仁书屋,使用面积72平方米,以国防科技和军事为主题。巷肆创意产业园巷肆书屋,使用面积90平方米,以意大利文化和建筑、环境设计为主题。经纬艺术街区经纬书屋,使用面积65平方米,以青年艺术家创业基地为主题。

(傅常欣)

2012年9月6日,区委书记孙宝华(前排右一)等领导实地了解中山公园书吧建设情况

(区委办公室供稿)

社区换届 2012年,河北区社区党组织和社区居民委员会换届选举工作,于2月中旬开始,至4月底结束。103个社区中实行直接选举的98个,实行"海选"的5个。新一届社区居委会选聘人员1064人,其中,选举产生社区居委会成员721人,聘任社区工作站人员343人;社区居委会成员中中共党员564人,占社区居委会成员总数的78%。新一届社区居委会成员中,大专及以上学历515人,占总人数的68%,比上一届提高35%;居委会成员平均年龄36岁,比上一届下降9岁,其中28岁以下的有293人,占总人数的38.8%,除社区居委会主任有的为退休人员外,副主任和社工均为非退休人员。加大重点难点社区人员配备力度,对28个实际居民户数在3000户以上、低保户300户以上的社区各增加1名工作人员。在换届选举工作中,河北区成立"两委"换届选举工作领导小组,对各街道主管换届选举的相关领导进行培训,对5个"海选"的街道进行"海选"培训,对工作人员进行专题培训。充分利用宣传横幅、公告、板报、宣传栏、电子屏幕、标语等形式,对选举工作进行广泛宣传。换届选举后,有246名居委会老主任离开社区工作岗位。各街道组织老主任座谈会,召开欢送会,赠送纪念品和慰问金,对生活困难的老主任进行妥善安排。

(蔺金凤)

社区亮点项目 2012年10月,围绕"一居一特色、一街多品牌、全面上水平"的工作思路,河北区组织开展街道系统亮点项目互查互看活动。10个街道亮点项目具有明显的"多"(共20个)、"广"(涉及社区民生和经济建设)、"新"(体现社会管理创新的新成果)等特点。涉及社区民生的10个亮点项目为:光复道街瑞海名苑社区文化服务中心，鸿顺里街律纬路社区“民族和谐家园”建设，建昌道街桥园里社区“一键通”需求信息服务站，江都路街通达新苑社区绿色社区建设，宁园街爱家社区老年人日间照料服务中心，铁东路街敬贤里社区综合服务功能提升，王串场街艳泉里社区实施三维数字管理，望海楼街金兆园社区推进网格化管理，新开河街盛和家园“舒心型”社区建设，月牙河街锦江北里社区文化建设。涉及经济建设的10个亮点项目为：光复道街金禹源商贸有限公司，鸿顺里街辰赫创意产业园，建昌道街桥园里菜市场，江都路街天津华尔金贵金属交易市场，宁园街北京海蓝潮文化传媒有限公司，铁东路街天津机辆轨道交通装备有限责任公司，王串场街银信典当行，望海楼街天津危险化学品交易市场，新开河街格林豪泰酒店，月牙河街天津市三源电力广告有限公司。河北区街道系统亮点互查互看活动始于2009年，2012年之前每年推出10个亮点项目，这项活动还将持续搞下去。

（蔺金凤）

2012年10月25日，中国职业安全健康协会专家组对光复道街国家安全社区创建工作验收评定

（光复道街供稿）

安全社区建设 2012年，光复道街被评为国家级安全社区，成为天津市首个获此殊荣的街道。河北区按照《国家安全社区建设基本要求》《安全社区评定管理办法》等标准和规定，完善安全管理体制，由伤害风险管理向伤害防控体系管理模式转变。成立区、街两级领导小组，街道组建创建国家级安全社区促进委员会，区内17个相关部门为成员单位，全员参与创建。制作、发放社区居民问卷调查表5100张，掌握居民反映集中的安全问题，搜集、整理2年内事故与伤害数据等作为风险辨识依据，确定以交通安全等9个重点方面作为创建国家安全社区促进安全项目。2009年，光复道街以“人人享有安全和健康”为理念，坚持“安全第一、预防为主、综合治理”的方针，经3年创建，街域环境明显改善。交通安全方面，辖区交通设施基本完善，重点路段交通事故比2008年下降23.8%。安全生产方面，未发生安全生产责任事故，两次被评为年度安全生产标兵单位。消防安全方面，无重大火灾事故发生，被评为天津市安全社区。公共场所安全方面，消除公共场所重大安全隐患，界内意式风情区年接待游客200余万人，多次承担重大接待任务，食品安全和公共卫生无任何问题和事故。社区安全方面，获天津市健康教育示范街荣誉称号。校园安全方面，学生、儿童发生在学校与公共场所的伤害比2007年下降61.5%。治安安全方面，通过实施矛盾化解促进项目，信访案件、民间纠纷数量锐减，全面保持安全态势。体育安全方面，被国家体育总局评为全国群众体育先进单位，被天津市体育局评为全民健身工作先进单位。

（蔺金凤）

新开河街道

新开河街道位于河北区西北部，因邻新开河而得名。辖域东南至志成道和榆关道；东北邻京山铁路线；西侧由新开河闸起向北沿子牙河、北运河至勤俭桥与红桥区为界；西北一侧以普济河道与北辰区为界。2012年，街域面积4.52平方公里，辖13个社区居委会、2个居委会筹备组，户籍人口28418户68740人。街道办事处位于天泰路席厂下坡14号。

界内有隆顺榕制药厂、天津电子线缆公司等10余家大型企业。

2012年，引进内资9170万元、外资50万美元，协税护税1050万元，楼宇税收1500万元。引进科技型企业50家。

完成东华里、东联里旧楼区功能综合提升改造工程；完成11个小区、94座楼、427栋楼的环境治理，清理楼道648栋，对天泰路、席厂下坡等重点地区进行集中清整。新建宝祥园社区办公用房500平方米。

安置再就业2482人，再就业技能培训530人，续缴保险1038人，新增城镇职工养老保险 807 人、城乡居民养老保险 52 人,城乡居民医疗保险 3695 人。认定十类困难就业群体 316 人,安置 316 人、办理“五七工”参保 208 人;新增 4 家人事代理和劳务派遣企业。对 1951 户困难家庭 3842 人开展救助活动;新增低保户 131 户 218 人,新增特困户 60 户 112 人,停发低保 244 户 569 人,停发特困救济 47 户 83 人;有低保户 2031 户 3941 人,特困 354 户。办理限价房 44 户、经济租赁房补贴 171 户、廉租住房租房补贴 89 户、廉租住房实物配租补贴 18 户。发放低保、特困、临时救助资金 2561 万元。人大代表、街领导班子成员、社区居委会主任 28 人募集善款 5.03 万元,为 5 户困难家庭改善居室环境。

与流动人口育龄妇女签订计划生育协议书 136 份。走访慰问计生困难家庭 700 户,新增特别扶助对象 36 人,为 219 人发放特别扶助金。为 1761 名独生子女父母发放奖励费 10.34 万元。为 1395 名育龄妇女进行免费查体,审批 32 例二胎指标,办理生育服务证 661 张,符合政策生育率 99%。获 2012 年度天津市阳光计生行动示范单位称号。

受理化解群众来信来访事项 35 件,市长、区长电子邮件信访事项 16 件,为民服务热线反映问题 22 件。

组建 35 家基层工会,签订工资集体协议 251 家,创建和谐企业 8 家。“金秋助学”12 人,发放助学金 9600 元。街道办事处被评为市“关心少儿健康行动”先进集体。评出 10 户区级平安、慈孝、爱心、环保、文化家庭,6 户市级“平安家庭”示范户,1 名市级优秀家长,街妇联荣获 2012 年全国基层示范家长、儿童之家称号。选树市级优秀志愿者 1 名、真情天津年度人物 1 名、区级“五好楷模”1名。

(张长来)

铁东路街道

铁东路街道位于河北区北部。辖域东南一侧由南口路与志成道交口起,沿志成道至规划路与北辰区交界;东北一侧沿规划路与北辰区接壤;西北一侧沿宜白路、榆关道至南口路;西南一侧为南口路。2012 年,街域面积 4.16 平方公里,辖 9 个社区居委会,户籍人口 20384 户53233 人。有回、满、壮、蒙古等少数民族。街道办事处位于华宜里 58 号。

界内有北车集团天津机车轨道交通装备有限公司、天津职业大学、天津外国语大学附中、第一医院等。

2012 年,引进内资 2.50 亿元、外资 50 万美元,协税护税 537.50 万元。引进、转化科技型中小企业 36 家,引进楼宇企业 21 家。

旧楼区改造中宜里、华宜里、振宜里、兴宜里 4 个社区。经常性环境综合治理出动 1800 人次,清理垃圾渣土 2600 余吨,清理堆物堆料 42 车 160 吨。安装楼房窗护栏 65 个 496 平方米。

召开 2 场招聘会,50 余人与企业达成就业协议。组织技能培训 12 期,培训 327 人;创业培训 12 期,培训 664 人。新增就业 1428 人次。办理居民医保 5679 人,发放社保卡 3379张。为 65 名未参保集体企业退休人员办理参保,其中 54 人享受退休待遇。低保户 1420 户 2669 人,其中新增 112 户 289 人。特困户 259 户 541 人,其中新增 44 户 98 人。为 1381 个家庭发放一次性临时救助金 42.37 万元;发放冬夏令救助物品 50 余件、救助金 6310 元。为 171 户办理房补,其中廉租房补贴 75 户、经济租赁房补贴 96 户,廉租房实物配租 16 户。为 130 户低保家庭办理公房租金核减。为 1499 户低保户、265 户特困户发放补助金 279.92 万元、饺子费 19.22 万元;为困难家庭发放人均 300 元的中央财政补贴 104.97 万元。为 47 人办理大病救助 9.30 万元。市、区慈善协会,区政协,区残联,区妇联,区红十字会等 16 个单位,向 512 个困难家庭赠送慰问金 9.88 万元;慰问品 705 件,折合现金 5 万余元。

全年出生 577 人,办理二胎审批 12 例,征收社会抚养费 5 例。为待业、流动人口育龄妇女报销手术费 15 例 6262 元。发放独生子女费 77705 元。

2012 年 9 月 18 日,区委常委、区委组织部部长沈志勇参加铁东路街党工委民主生活会

(铁东路街供稿)

街综治信访中心接待群众 162 人次，解答咨询 324 件，解决求助问题 12 件，调解纠纷 5 件。各社区综治信访服务站接待群众 420 人次，解答咨询 303 件，排查隐患 11 件，解决求助问题 112 件，调解纠纷 66 件。在“调惠上”活动中，为居民解决困难 237 件，走访帮扶对象 211 人，帮扶 121 位居民。

9 个社区组建调委会，有调解员 70 名，调处纠纷 123 起，成功率 100%。华宜里社区党委书记、居委会主任闫双贵荣获 2012 年司法部“全国人民调解能手”称号。

社区换届选举的 9 个居委会采取直选方式，参选居民 12943 户。新一届社区居委会成员 63 人，平均年龄 42 岁，大专以上占总人数 40%，党员 51 人、占 81%，连选连任 48 人，社会公开招聘 15 人。社工 31 人，平均年龄 33 岁，大专以上 21 人、占 68%；党员 7 人、占 22%。

改建社区办公房。敬贤里社区建成两层钢混结构、建筑面积 260 平方米办公用房，内设“一站式”服务大厅、日间照料室、多功能会议室等。投资 30 余万元，增设 LED 电子显示屏、DVD、电视机、电脑、打印机、投影仪等电子设备。

（张长来）

光复道街道

光复道街道地处河北区最南端。东以京山铁路与河东区为界；西侧和南侧由狮子林桥至解放桥与南开区、和平区隔河相望；北以狮子林大街与望海楼街道为界。2012 年，街域面积 1.95 平方公里，辖 7 个社区居委会，户籍人口 16080 户 37586 人，有 7 个少数民族 227 户 591 人。街道办事处位于胜利路娘娘庙前街 25 号。

界内有国家、市级驻区单位 170 余家，包括中远散货运输公司、审计署京津冀特派员办事处、渤海商品交易所、市工商局、市国税局、市电力公司、铁路天津站、天津规划展览馆、意式风情区等。

2012 年，引进企业 284 家，其中楼宇企业 208 家，注册资金 3 亿元，纳税 1664 万元。引进内资 3.80 亿元，其中市外资金 1.30 亿元，引外资 76 万美元。楼宇企业协税护税 550 万元。引进转型科技型中小企业 40 家。完成社会消费品零售额 5.78 亿元。

开展市容环境综合整治活动。清理垃圾杂物 60 余吨，投放灭鼠药箱 6 个、灭蟑药箱 4 个。重点解决金纬路立交桥下、海河大道等环境脏乱问题。

加大社会保障力度。举办创业培训 5 次，125 人参加；技能培训 4 次，82 人参加。认定就业困难群体 343 人、灵活就业 155 人，就业安置 843 人。办理城居医保 1410 人，社保卡 2450 张。办理未参保集体企业人员参保 83 人。新增低保户 46 户、特困户 13 户、大病救助 85 户。停发低保 68 户。发放各种生活补贴 932.50 万元。报销低保户医药费 3.67 万元，为 276 户低收入家庭办理租房补贴。为 5 户军队退改离人员报销医药费 13 万元，为 40 名伤残军人补发抚恤金 31 万元，为义务兵发放优待金 12.40 万元，为 800 名老年人发放副食补贴 7 万元。为 7 户困难家庭改善生活条件和居住环境。举办专场招聘会，21 家用工单位和 200 余残疾人及家属参加，71 名残疾人和企业达成用工协议。

深化计划生育工作。审批计划生育指标 308 人，其中一胎 277 人、二胎 31 人，计划生育率 99.9%。发放独生子女证 325 个，为常住人口育龄妇女 3400 人，流动人口育龄妇女 123 人免费体检，发放避孕药具 1.26 万盒。

加强综治信访工作。完成领导包案 6 件，区信访办交办信访事项 8 件、热线信访件 6 件。配合有关部门解决信访事项 8 件。接待来访群众 21 人次。创建平安楼栋 29 个、平安社区 1 个、平安门店 126 个。

强化安全生产监管。与辖区单位签订安全生产责任书 300 份，组织检查 2275 次，督促整改安全隐患 15 处。街道获国家级“安全社区”称号。

推动社区创建工作。实施换届选举，参加投票 1 万余人，参选率 71.2%，选出新一届社区居委会成员 49 名。成立社区“三位一体”服务管

2012年 8 月 9 日，光复道街学雷锋志愿服务站正式成立揭牌

（光复道街供稿）

理委员会，下设 9 个小区服务管理工作站。

开展群众文体工作。林古里社区如意剧社参加区有线台举办的建国 63 周年文艺演出暨街道艺术团队优秀节目展演活动。组队参加市第三届“体彩杯”全民健身运动会，2 个全民健身活动站点被评为星级站点，各获 2000 元奖励。市城市职业学院投资 14 万元建成光复道街社区学校。

（翟亮亮）

2012年 11 月 19 日，江都路街手工编织培训班结业

（江都路街供稿）

江都路街道

江都路街道位于河北区东南部。辖域东至泰兴路与河东区接壤，西到红星路与王串场街道相望，南至真理道与河东区分界，北到金钟河大街与建昌道街道相邻。2012 年，街域面积 1.95 平方公里，辖 7 个社区居委会、40 自然小区，户籍人口 17726 户 46836 人，有汉、回、蒙古、壮、满等 13 个民族。街道办事处位于靖江路 9 号。

界内有铁路通信信号公司、河北省水电工程勘测设计院、第三医院、公交一公司、普林电路板厂，城市职业学院、第七十七中学、聋哑学校等 200 余家企事业单位。

2012 年，引进企业 103 家，注册资金 2.29 亿元，其中楼宇企业 60 家，注册资金 1.61 亿元，楼宇税收 821.90 万元。引进市外企业 46 家，注册资金 8744 万元。协税 1060 万元，护税 748 万元，引进内资 312 万元、外资 80 万美元。引进科技型中小企业 38 家。

开展市容环境综合整治活动。组织清整 260 余次，清理堆物堆料 345 处、卫生死角 198 处、垃圾渣土 8600 余吨，清刮残标 5.56 万处。对 27 个非物业小区及三、四级道路卫生点位进行清理。完成如皋里等 5 个小区旧楼区改造。

加大社会保障力度。采集就业信息 279 条，安置失业人员 1183 人，灵活就业 225 人，认定就业困难群体 255 人，创业培训 78 人。向 214 人发放失业救济金。181 人缴纳养老保险 92.80 万元，97 人缴纳医疗保险 4.20 万元，88 名新生儿参保，为 975 人发放老年人生活补助。对低保户、特困户发放救助款 486.10 万元，向困难家庭发放救助款 202 万元，向 58 名重点优抚对象及伤残军人发放抚恤金 44.20 万元，发放义务兵优待金 23.70 万元。发放老年人副食补贴 7.60 万元，办理敬老卡 125 张、老年证 201 个。开展供热管网维护和管理工作。更换外管网 1000 余米，补建 196 户，对 495 户实施“一户一环”改造，安装热计量表 1200 块，收取 8707 户取暖费 941.80 万元，收费率 70.02%。

深化计划生育服务工作。对 6500 余名育龄妇女免费查体，药具发放到位率 95%以上。新出生 388 人，计划生育率 99.74%。

加强综治信访工作。受理群众来信来访 122 件次，办理上级部门交办案件 12 件，办结率 100%。排查各类不稳定隐患 48 起，化解率 100%。调解居民纠纷 32 起，调解率 100%。复核平安楼栋 1215 个，占全街总数 94%。

强化安全生产监管。与 262 家企业签订安全生产责任书，开展安全生产排查隐患活动，下达整改通知书 3 份，未发生人员安全和生产事故。

推动社区创建工作。完成社区居委会换届。如皋里社区张玉婵获得“建设家园好模范”荣誉称号，高广亲被评为市级清廉先进人物。打造衡山里社区特色文化养老品牌，完善如皋里居家养老动态管理体系。

（赵瑛瑛）

月牙河街道

月牙河街道地处河北区东部，因界内有月牙河穿过而得名。辖域东起排污河向北沿上江路至月牙河，与东丽区相邻；西从排污河转弯处向北沿排污河至金钟河大街与江都路街道相连；南由上江路起向西沿排污河至乌江路与河东区相邻；北抵金钟河大街向东沿金钟河大街至电话 62 局赵沽里分局北侧与建昌道街道、东丽区接壤。2012年,街域面积1.77平方公里,辖12个社区居委会、40个自然小区。户籍人口24340户65268人,流动人口1214人。街道办事处位于义江道36号。

界内有铁道部第三勘测设计分院、电话62局赵沽里分局等46个企事业单位,有中专1所、中学1所、小学3所、幼儿园3所、医院2所。

2012年,引进企业12家,注册资金1.04亿元。引进内资8650万元,引税护税383万元,楼宇税收451万元。

清理整顿楼道1652个门栋,清理乱堆乱放1865处,拆除各种圈挡586处,清运杂物2400吨,拆除各类违章36间。

常住人口育龄妇女1.31万人,全年出生250人,计划生育率99%。

为164名未参加企业养老保险人员办理城镇职工养老保险,2700人参加城居医疗保险,新增老年生活补贴23人,办理残疾人养老保险119人,受理换发和申办社保卡4950张,办理退休82人(其中病退2人)。开展"人力社保大走访"活动,走访66户就业困难家庭,为443人办理就业特困认定,帮扶306名失业人员实现灵活就业、享受社保补贴优惠政策。举办2次招聘会,参加招聘60余个单位,提供岗位145个,推荐用工105人。新增就业1469人。举办17期创业培训班,培训1115人,其中425人取得培训合格证书,3人办理小额贷款实现自谋职业。推进签订工资集体协议企业209家,创建和谐企业5家。

元旦、春节期间,走访困难户124户,发放慰问金、慰问品总价值近10万元。救助大病困难家庭34户,发放大额医疗救助金12万元。动员社会捐资13万元,建立月牙河街社会救助基金,救助21户困难家庭10万余元。为12户困难家庭粉刷居室、更换门窗、添置家庭必需品等。

对7058名居民进行应急救护普及性教育,应急救护知晓率达80%。举办5期应急救护员认证培训,培训救护员350人。

对32支社区文体团队进行登记和管理,组织文艺展演6场。

(张长来)

鸿顺里街道

鸿顺里街道位于河北区西南部,因界内有1959年时任国家主席刘少奇视察的鸿顺里人民公社而著名。东南一侧以中山路与望海楼街道为界,东北一侧隔京山铁路与宁园街道相望,西南一侧由金刚桥起向北沿海河至新开河闸与红桥区为邻;西北一侧以新开河为界与新开河街道、铁东路街道相邻。2012年,街域面积2.58平方公里,辖11个社区居委会,户籍人口29460户76827人,流动人口1217人。街道办事处位于宇纬路13号。

界内有区法院、区检察院、区总工会、铁三院、大悲院商贸街、天津美术学院、育婴里小学、二五四医院、第二医院、假日酒店、老板娘大饭店等。

2012年,引进企业80家,注册资金2.36亿元,其中科技型中小企业36家。引进内资1.46亿元、外资10万美元,协税护税引税370.83万元。中山路商贸商务聚集带楼宇企业47家,税收1245.60万元。

开展市容环境综合整治工作。对团结里、二美里等6个旧小区实施"三管一气"更换、楼道粉刷、报箱重置、防盗门安装等工程。对65个自然小区清运垃圾渣土3000余吨,清理堆物堆料1412处、整治涂鸦小广告2654处。

加大社会保障工作力度。安置失业人员2200人。组织16期450人参加的创业培训。为278人落实灵活就业政策。参加5区28站"再就业直通车"招聘会,提供就业岗位180余个。二五四社区工作站荣获全国再就业优质服务窗口称号。为1587户2837人发放低保金1307万元,为278户558人发放特困补助42万元。完成廉租住房实物配租12户,发放经济租赁房租房补贴167户、廉租房租房补贴81户,核查限价商品房收入90户。为7户残疾人家庭免费安装坐便器,为25名残疾人发放轮椅燃油补贴7.80万元。募集善款12.80万元。60余户困难家庭得到红十字会"博爱送万家"救助。

深化计划生育工作。为1310人发放独生子女父母奖励金3.95万元。全年审批二胎40例,办理一孩生育服务证430个,符合政策生育率100%。为155名适龄妇女进行查体、建立生殖健康档案。

加强综治信访工作。接待群众信访68件次,信访办结率95%。排查化解各类矛盾纠纷200余件。建立由942人组成的821个社区调解维稳小组,二五四社区获市级"平安社区"称号。

强化安全生产监管。建立1276家企业安全生产台账,对1100家单位开展安全生产检查,对50家企业下达安全隐患整改通知书。全年未发生重特大安全事故。

推动社区创建工作。新建鸿顺里社区居委会200平方米办公用房。对18个物业小区进行整治,指导双湖花园等4个小区选举产生业委会。推动宝兴里等8个社区成为第二批未成年人"快乐营地"。

完成10个社区居委会直选、1个社区居委会"海选"和党组织双换届工作,新一届社区工作者81人。

推进社区文化建设。开展首届社区"达人秀"才艺擂台赛、书画笔

2012年8月21日，鸿顺里街开展政协委员进社区服务日活动

（鸿顺里街供稿）

会等活动，新组建社区文艺团队3支，在宝兴里社区建成全街首个数字化教室。

（张长来）

望海楼街道

望海楼街道位于海河东岸，三岔河口附近，因界内有望海楼天主教堂而得名。街域自东由金钟河大街地道起，向北沿京山铁路至北站，与宁园街道为邻；西由狮子林桥起，沿海河东岸至金刚桥，与红桥区隔河相望；南由狮子林桥起，沿狮子林大街至金钟河大街地道，与光复道街道相邻；北从金刚桥起，沿中山路至北站，与鸿顺里街道接壤。2012年，街域面积2.25平方公里，辖11个社区居委会，户籍人口28194户73350人。街道办事处位于新大路63号。

该街是区委、区政府机关所在地，区建委、区房管局、区新闻中心、著名文化名园中山公园等坐落界内。

2012年，引进企业36家，引进内资8740万元、外资50万美元，引税护税607.54万元，楼宇税收568.80万元。

开展市容环境综合整治活动。配合旧楼区整修工程，出动700余人次，出车160辆次，清理渣土杂物300余吨，清运垃圾70余吨，清除小广告3000余处。

加大社会保障力度。新增就业2100人，组织就业培训580人。举办春季职业推介会，提供就业岗位600个。联合台湾伊阳辰光助学扶困基金，为50名品学兼优的困难学生提供价值1万元的学习用品；为100户困难群众提供价值2万元的生活用品。深化计划生育工作。发放独生子女证530个。全年出生556人，计划生育率99.28%。

加强综治信访工作。建立处级领导包案和信访接待制度，在综治信访服务大厅设立领导接访室，及时化解各类矛盾纠纷。与公安和公共服务职能单位建立协调工作制度，召开10次联席会议，解决小区公共设施维修等问题。

推动社区建设。开展楼栋文化建设，为春柳公寓小区送去100幅风景画。在金田花园小区举办第一届小区睦邻节。在金钟公寓小区推行楼门栋自治管理，改变脏乱差面貌。推动金田花园、春柳公寓、金狮家园、金梦园、金泽里、金明里等7个小区实施自治管理。春柳公寓小区代表河北区参加全市平安社区建设亮点互查。

强化安全生产监管。完善安全生产预警联查机制，开展3次拉网式安全检查，消除隐患11个。建立社区综治QQ群，及时通报信息，形成一支信息畅通的综治信访队伍，保障地区安全稳定和谐。

开展特色文化教育活动。以群众文艺骨干为演出主体，举办望海楼街第四届社区文化艺术节；组建市民学校，完善硬件设施配套，制定

2012年9月，望海楼街举办第四届社区文化艺术节

（望海楼街供稿）

社区教育方案，健全电化教育网络，开办社区教育10个课程，组织各类知识讲座30余次，培训群众1000余人次；开展评选身边道德典型活动，建立感动人物素材储备库；区委宣传部举办望海楼街第五届“感动你我他”先进事迹报告会暨全区推动会。

（翟亮亮）

宁园街道

宁园街道位于河北区中部，因界内有著名公园宁园而得名。辖域东北起育红路，与建昌道街道交界；西傍京山铁路线，与望海楼、鸿顺里两个街道为邻；东南至金钟河大街，与王串场街道接壤；西北隔新开河与铁东路街道相望。2012年，街域面积2.36平方公里，辖6个居民委员会。户籍人口12900户32860人，有回、蒙古、满等8个少数民族。街道办事处位于中纺前街32号。

界内有纺织机械公司、绿领产业园、正达宾馆、乐购超市、第十四中学等。

2012年，引进企业64家，引进内资1.05亿元、外资50万美元，引税护税1394.11万元，楼宇税收625.33万元。

开展市容环境综合整治活动。健全环境卫生巡查制度和“百分考核制度”，实现社区网格化管理。完成舒园里和珍园里两个旧楼小区提升改造工程，设立24小时门岗和保洁人员，小区物业管理走向规范化。实施华新街道路改造工程，改善周边环境和居民出行条件，升级改造华新街菜市场。

改善保洁员居住环境。该街保洁队员全部是外来人员，大部分携家属住在破陋平房。该街筹资在万柳村大街一侧建造名为“保洁队之家”的集体宿舍，为每名保洁队员及家属提供2间住房，同时建成保洁队队部、会议室、食堂、浴室、厕所，保洁车辆、工具清洗池等设施，改善保洁队员的居住环境和生活条件。

2012年11月13日，宁园街社区卫生服务中心在珍园里社区举办知识讲座

（宁园街供稿）

加大社会保障力度。新增就业890人，新增灵活就业112人。认定困难群体228人，新增申领失业保险金人员130人。创业培训231人。办理未参保集体企业职工参加城镇职工养老保险51人，办理居民养老保险493人、居民医疗保险1390人、老年人补助433人。办理社保卡2579张、临时卡1045张。发放救助金50.80万元、大病救助金12.80万元、临时救助金24.90万元。为691户低保特困户发放一次性补助金136.50万元，为60户低保边缘户发放3万余元慰问品，为24户困难家庭发放市、区慈善救助款和慰问品总价值9600元。办理廉租房补贴19户，经济租赁房补贴46户，实物配租4户，限价房27户，公租房补贴2户。

深化计划生育工作。常住育龄妇女5078人，流动人口育龄妇女406人，新出生292人，计划生育率100%。

加强综治信访工作。街道综治信访服务中心和社区服务站接待群众上访365件500余人次，比上年下降6%，及时化解356件，化解率97%。

强化安全生产监管。在全国“两会”、党的十八大等时期，对辖区596个单位进行拉网式大检查，发现和整改事故隐患127处。

完成社区居委会换届。有5个社区居委会采取“直选”、1个社区采取“海选”方式，选出新一届社区居委会班子。新成员平均年龄由上届46岁降至34岁，大专以上学历由43%升至71%。

（赵瑛瑛）

王串场街道

王串场街道位于河北区东南隅。东起红星路，西南抵京山铁路线；南至真理道，西北邻金钟河大街；西、南两侧与河东区相望。2012年，街域面积2.14平方公里，辖14个社区居委会，55个自然小区，户籍人口35317户93957人。街道办事处位于一号路清水园小区。

2012年，引进企业195家，注册

资金 3.02 亿元。其中,引进转化科技型企业 45 家,引进市外资金 1.46 亿元。协税护税 559.50 万元,楼宇税收 3243 万元。

开展市容环境综合整治活动。以旧楼改造的 6 个社区和居民反映强烈的脏乱点位为重点，清整乱圈乱占 113 处,清理堆物堆料 317 吨,更换破损垃圾箱 110 个,清理残标、涂鸦 1900 余处。

加大社会保障力度。新增就业 2361 人；收缴 605 人养老保险费 343 万元，收缴 308 人医疗保险费 70 万元；办理城居保险 4062 人;为 456 名失业和灵活就业人员办理退休;向 4692 名失业人员发放失业救济金 328 万元；举办创业培训班 24 期,977 人取得合格证书；办理社保卡 7147 张。推进未参保集体企业职工上养老保险工作,报名 284 人,缴费 203 人,已享受退休金 142 人。低保户 2066 户 3877 人,其中新批 165 户 295 人；特困户 572 户 1081 人,其中新批 60 户 128 人,累计发放低保金 1703.50 万元，特困救助金 98.10 万元。发放价格补贴 211.10 万元,发放供热补贴 122.10 万元,发放春节一次性救助 566 万元，发放临时救助 2057 人次 126.30 万元。办理廉租房租房补贴 98 户、经济租赁房租房补贴 204 户,实物配租 5 户、限价商品房收入认定 57 户、公租房收入审核 12 户。为 590 位享受政府补贴的居家养老老年人，提供日间照料及配餐服务。

深化计划生育工作。办理政策内一孩、二孩生育服务证 1193 个。举办“向城市建设者致敬”演讲决赛,6 名流动人口计划生育代表获奖,渤海早报、今晚报、河北区有线电视台等新闻媒体报道。

加强综治信访工作。与 62 个驻街单位、14 个社区签订《综治领导责任书》；开展排查调处矛盾纠纷工作，综治维稳服务中心和社区服务站接待群众 2000 余人次,排查化解社会矛盾 140 起,其中集体访 3 起；信访登记案件 60 件,来访 600 余人次,案件办结率 100%。以创建“平安街”为载体,开展安全生产监督检查和禁毒宣传活动，加大对集贸市场和 700 余户生产经营单位的检查力度。

提高居民文化素养。市民学校开展文体活动,1.20 万人次参加民乐、声乐、剪纸、京剧、评剧、合唱、书法培训班。为 10 个社区安装 15 组 181 件体育设施。在中国科协“社区科普益民计划”评选活动中,艳泉里被评选为国家级科普示范社区。

指导森百小区成立业主委员会,帮助业委会引进物业公司;帮助 6 个旧楼区改造后建立居民自治管理委员会。

7 月 26 日夜间暴雨造成环盛里社区 24 段五排平房积水严重,最深水位 1 米，紧急疏散受灾群众 102 人,保证群众生命安全。

(张长来)

建昌道街道

建昌道街道位于河北区东北部。东南一侧以金钟河大街为界,与月牙河街道和东丽区相望；东北一侧以外环线为界，与东丽区金钟街道毗邻;西南一侧以育红路为界,与宁园街道接壤；西北一侧以新开河为界,与铁东路街道及北辰区相邻。2012 年，街域面积 5.05 平方公里,辖 13 个社区居委会和 1 个社区居委会筹备组。户籍人口 25721 户 70104 人,少数民族 630 户 1435 人。街道办事处位于小红星路 52 号。

界内有市戒毒所、区工商局、金三角海鲜酒店、天磁有限公司等企事业单位 546 家;有幼儿园 3 所、小学 2 所、中学 2 所、职专 2 所、医院 2 家。

2012 年,引进企业 105 家,注册资金 1.45 亿元。引进内资 9030 万元、外资 62 万美元;引进中小型科技企业 43 家入驻楼宇；协税护税 492 万元。

开展市容环境综合整治活动。完成康桥里、福桥里、乐桥里、览桥里、梅宏园 5 个小区旧楼区改造,整修路面,粉刷楼体,整理管线、安装信报箱和对讲门。桥园里市场升级改造工程 8 月 11 日竣工试运营,改变了桥园里地区乱摆乱卖、交通不畅、环境卫生不良状况。

加大社会保障力度。认定就业困难人员 518 人，其中 337 人办理灵活就业；安置失业人员 1917 人；为 148 人办理招工手续,为 91 人办理就失业证;为 10 人办理小额贷款 50 万元;为 395 人提供技能培训。为低保户 1223 户 2179 人发放救助金 903.64 万元，为特困户 240 户 565 人发放救助金 55.39 万元。新批低保户 136 户、特困户 51 户。

深化计划生育工作。全年出生 576 人，其中一孩 551 人、二孩 25 人,领取独生子女证 394 人,新增独生子女费发放 87 人。

加强综治信访工作。成立由街道、派出所、辖区重点单位组成的综治维稳联席会议组织，成立信访维稳应急小组，接待群众 80 人次,调处化解各类矛盾纠纷 42 起。

强化安全生产监管。检查单位 901 家,发现并整改隐患 134 处。

改善社区办公设施。对建湖里等社区居委会进行办公用房提升改造，全街 13 个社区和 1 个筹备组的办公用房总面积达 4950 平方米，每个社区办公用房平均面积 353 平方米，列全区第一。为康桥里等 7 片居民区重装体育健身器械 80 余件。

推动社区创建工作。在社会各

界赞助支持下，建立职工书屋，有电脑15台，各类书籍3000余册。引进“华夏未来少儿艺术中心”、“康妈妈配餐中心”、“国医堂”等服务项目。9月11日，成立中国北方人才市场河北工作站，为界内企事业单位提供人才服务。建昌医院与355位老年人签订服务协议书，提供便捷医疗服务。成立桥园里社区“一键通”需求信息服务站。辖区内21个相关单位、个体经营户签订共建服务协议，通过集通信和一键呼叫为一体的移动智能电话机，为16户空巢老人提供居家养老服务，占41户空巢老人的39%。

（张长来）

红桥区

概 述

红桥区是天津市六个中心城区之一,位于天津市区西北部。境域地理坐标为北纬 39°09′56″,东经 117°08′45″。东与河北区为邻,西与北辰区、西青区接壤,南与南开区相连,北与北辰区交界,是天津早期城市聚落的发祥地之一,也是传统天津市区和近代天津市区的主要组成部分。区内跨河桥梁较多,有金刚桥、北洋桥、大红桥、新红桥等,区名即是根据境内古老的红桥而来。2012 年,全区面积 21.30 平方公里。辖双环邨、咸阳北路、芥园、三条石、丁字沽、西沽、西于庄、邵公庄、大胡同、铃铛阁 10 个街道办事处,有 129 个居民委员会,户籍人口 546187 人。除汉族外,有 31 个少数民族,其中回族 42287 人。

2012 年,红桥区紧紧围绕"建设城市副中心,构建和谐新红桥"主题,深入开展"调结构、惠民生、上水平"活动,加快完善"一二三"区域经济发展布局,大力发展实体经济,着力实施惠民工程,全力维护社会稳定,圆满完成区十六届人大一次会议确定的目标任务。实现地区生产总值 124 亿元,比上年增长 16%;区级财政收入 14.80 亿元,增长 22.9%;实现社会固定资产投资 60 亿元。

按照"招商引优、招强引链、招才引智"的思路,招商引资的质量和效益明显增强。实现内联引资到位额 106.90 亿元,增长 18.1%;实际利用外资 1502 万美元,增长 60.1%。组织 30 余场招商活动,吸引 1200 余家知名企业参会,与万达集团等 10 家大型企业签订合作协议,意向投资额 160 余亿元。各街道办事处超额完成引税目标。创新推介方式,主动与全国知名企业对接,融创集团、绿地集团等 200 余家企业来区考察洽谈,金侨集团、中煤设计院等一批知名企业落户。全年新引进企业 554 家,注册资金总额 10.20 亿元,注册资金 1000 万元以上企业 29 家。出台《关于深化引进税源工作的实施意见》。完善招商项目库建设,重点包装、储备 22 个、总建筑面积 670 万平方米的招商项目。为各类企业提供融资担保 6800 万元,有效解决企业融资难题。

把项目建设作为优化产业结构、带动经济增长的强力抓手,千方百计促开工、快建设、保竣工。在施工程面积 400 万平方米,竣工 80 万平方米。推进 60 个重点项目建设,宝能现代科技广场、红桥广场二期等 117.60 万平方米项目实现开工。宝能创业中心、银泰大厦等项目实现竣工。陆家嘴广场、海河华鼎等 262.50 万平方米商贸、商驻项目加快推进。光荣道都市型产业园 6 号地实现出让。组织 50 项惠民生工程。完成 26 个 113 万平方米旧楼区居住功能综合提升改造。修缮房屋 29 万平方米。完成老住宅供热补建 2.80 万平方米。区疾控中心等一批公共服务载体项目进展顺利。红星职专人防超市主体竣工。丁字沽三号路地铁超市开业。中嘉花园菜市场重新投入使用。实施各类房屋拆迁 60 万平方米。双环新苑碧春里二期主体竣工。和苑一期、名景花园、西于庄农工商等安置房项目实现入住,累计安置居民 5846 户。

以发展楼宇经济和科技型企业为重点,全力打造现代服务业聚集区,努力构筑高端、高质、高新化产业结构。12 座亿元楼宇招商实现高起步,成功引进一批知名企业。实现税收 4.50 亿元,增长 105%。创新资本运营模式,严把水游城商务楼宇招商,打造医药商业大厦、冠锜大厦、中煤设计大厦、国投大厦 4 栋特色楼宇,引进企业 42 家,入驻率 90%以上。银泰大厦引进中铁中基、中铁航空港等16家大型企业。宝能创业中心与80余家企业达成招商意向。金兴大厦、天鸿大厦等原有楼宇加快提升改造和业态调整，新引进优质规模企业39家。认定科技型中小企业808家，培育科技小巨人企业12家，意库创意产业园被认定为国家级科技企业孵化器。与市科委签订共建协议，建立科技发展共赢机制。嘉杰电子和金虹桥电气获国家火炬计划立项。深化与滨海农商银行、工商银行等14家驻区金融机构的业务合作。光大、兴业、北京等多家银行达成落户意向。金融服务业成为拉动财政增收的重要支撑，实现留区税收1.14亿元，增长128%。

发挥历史文化生态优势，加快商贸载体建设，打造文化旅游品牌。实现社会消费品零售额136亿元，增长10%；外贸出口额2900万美元，增长12.4%。天津水游城客流量达630万人次，实现销售收入3亿元。大胡同商贸区打造眼镜商城等专业市场，引导个体工商户转型升级为企业，实现税收1.50亿元，留区税收突破6000万元。耳朵眼文化会馆和狗不理大酒店达成落户意向。着力打造"津卫摇篮"旅游板块。福聚兴机器厂旧址对外开放。曾公祠复建工程主体封顶。组织天津运河文化旅游桃花节和"百万市民游津城"走进红桥等系列主题活动。西沽公园初步成为高端文化的聚集地。与市出版传媒集团合作建成西沽文苑。荣宝斋、西沽书画园成功举办倪萍、纯空法师画展等系列活动。虹桥新天地实现开街，引进11家特色餐饮企业和4家商务总部企业。天津酒文化街阿德勒大酒店正在装修，津酒业务综合楼和教学设备站节点项目实现开业。潞河风情街完成规划设计。

扩大市容环境综合整治成果，着力推进常态化、精细化管理，努力打造生态宜居城区。对勤俭道等13条道路开展立面整修"回头看"，重点对西青道和丁字沽一号路综合整修，整修建筑157栋35万平方米。完成怡华路等3条支路和青春里等9片里巷道路市政设施提升改造。新建、提升绿化面积10万平方米，绿化覆盖率42.6%。实施西站等重点地区夜景灯光建设。增配一批现代化环卫设施，提升环卫作业水平。对水木天成、中嘉花园等重点地区实施综合整治。拆除各类违章建筑406间6000平方米。对西营门外大街等地区非法占路经营集中整治。完善城市管理长效运行机制，组建监督考核中心和指挥协调中心。建立GPS定位管理系统，数字化、智能化管理应用水平进一步提升。严格规范西站站区运营和环境秩序，圆满完成首次春运和"十一"黄金周的服务保障任务，全年安全迎送旅客1500万人次，树立新西站文明窗口形象。

以解决群众生活的热点、难点问题为重点，加快发展社会事业，努力实现经济发展和人民生活同步提升。30所义务教育学校达到市现代化建设标准，通过义务教育发展基本均衡区县验收。高水平建成红星、育才等4所幼儿园，特殊教育办学条件明显改善，设施一流、全市领先的新培智学校建成投入使用。社区教育、终身教育体系不断完善，被命名为全国数字化先行区。基本药物零差率销售累计为患者让利1867.50万元。18项社区公共卫生服务覆盖面继续扩大，受益人群36万人。法定传染病得到有效控制，发病率低于全市平均水平。建立食品安全三级监管网络，推进"放心餐馆"工程，未发生重大食品安全事件。承办中国乒乓球超级联赛、中国男子手球联赛天津队主场赛事，中央电视台、天津电视台及全国多家网络媒体现场直播。区文化中心启动建设。区博物馆等4个文化场馆实行免费开放。组织社区文体艺术节、传统武术展示等系列主题文体活动。功力门武术等9个项目申报市级非物质文化遗产。丁字沽街道、双环邨街道被命名为天津市民间文化艺术之乡。累计实现新增就业3.30万人。发放各类救助金1.60亿元。有效落实住房保障政策，新增受益家庭8340户。建成鸿佳河怡养老院和老年人配餐服务中心，新建、改扩建6个日间照料站和14个老年食堂，新增养老床位400张。退役士兵全部得到安置。顺利完成区、街两级残联换届工作。为75名困难残疾人进行白内障复明手术，免费发放助残器械1200余件。圆满完成129个社区"两委"换届选举工作，选举产生社区两委成员793名。百余名大学生走上社区工作岗位。芥园街启动"智慧街区"项目，咸阳北路街"社会管理与便民服务网络"申报为国家科技惠民项目。精心组织第十九届民族团结月活动，开展少数民族书画作品展等15项主题活动，努力为少数民族群众办实事、办好事。

注重预防，加强监管，及时化解，保持安全稳定的大好局面。深入开展矛盾纠纷排查、预警和化解工作，努力把各种不稳定因素化解在基层和萌芽状态。圆满完成党的十八大、达沃斯论坛等30余项重要会议和重大活动期间的信访维稳工作。推进领导干部接访、下访活动，区领导累计接访115人次，化解历史积案34件。调处化解各类矛盾纠纷6273件，化解率95%。严厉打击各类违法犯罪活动。在全市率先成立社区矫正中心。开展各类安全检查283次，督促整改安全隐患1834件。

（区政府办　区地志办）

红桥区区级领导名单

中共红桥区委领导名单

书　记：赵建国

副书记：张泉芬(女)　高树彬

常　委：赵建国　张泉芬(女)　高树彬　王　禹　宋　奇(女)　刘克建　刘广理　杜忠晓　吴　成　方立民　唐瑞生

红桥区人大常委会领导名单

主　任：姬俊英(女)

副主任：张学信　徐永有　刘连泉　陈淑芳(女)　刘玉明(兼)

顾　问：李金城

红桥区政府领导名单

区　长：张泉芬(女)

副区长：王　禹　杜忠晓　华长虹(女)　马　政　穆　强(回族)　田　野

区长助理(副区长级)：冯贺起

政协红桥区委员会领导名单

主　席：孙晓军

副主席：由明胜　马　平(女)　刘国光(回族)　李　可　苑春鸣(兼)　赵树钢(兼)　韩恩山(兼)　李金胜(兼)

顾　问：黄禄衡　马速成(回族)

(区委组织部提供)

楼宇经济加速发展　2012年，红桥区加速发展楼宇经济和总部经济。实现12座亿元楼宇招商高起步，全年税收4.50亿元，比上年增长105%。其中虹桥科贸大厦上半年税收即超亿元，提前实现亿元楼宇目标。年内新增入驻企业85家，新增注册资金15.75亿元，楼宇入驻企业累计624家。统筹安排各楼宇工作，推动各楼宇开展点对点、面对面招商，参加一系列招商洽谈活动，与30余家商会、行业组织、几百家知名企业对口洽谈，引进大型规模企业10家，有良好发展潜力的科技型企业40余家，适合楼宇发展的贸易结算类公司30余家，其中既有注册资金10亿元以上、亿元以上的央企集团

水游城商务大厦

(区商务委供稿)

公司，也有多家注册资金5000万元以上的大型企业结算公司，以及具有良好发展潜力的科技型企业。天鸿大厦、金兴科技大厦完成阶段性改造目标；意库创意中心分园、科教产业大厦新增载体改造项目相继动工或实现竣工进驻；银泰大厦、水游城大厦等新建楼宇装修工程全面完工，部分楼宇完成全面进驻，入驻率95%以上。初步形成以医药、钢铁物流贸易为特色的水游城科技大厦，以工程设计为特色的水游城商务大厦，以央企及地区总部为特色的中小企业发展大厦，以创意产业为特色的意库创意中心，以云计算为特色的卓朗科技服务中心，以电子商务为特色的天鸿大厦，打造高品质的专业特色楼宇取得良好效果。

（陈景庆）

帮扶解困成绩显著 2012年，红桥区总工会建立困难职工档案和网络动态管理体系，实现卡内信息及时变更、卡外救助纪实录入。救助网络延伸拓展到困难农民工，投入帮扶资金150余万元，对5993名困难职工和外来务工人员进行帮扶。"两节"期间，慰问困难职工、困难孤老职工、困难劳模及农民工家庭1268户。"送凉爽"活动对重点工程的一线及室外高温作业7000余名职工进行慰问，为400余名"绿卡"困难职工和500余名环卫农民工送去慰问金及防暑降温用品。"金秋助学"活动，多方筹集资金资助困难学生80余名，帮助12名困难职工家庭高校毕业生实现就业。冬季给200余名困难职工补贴。"五一"前夕，慰问70岁以上老劳模52名，为市级困难劳模发放低收入补助金。多渠道争取专项帮扶资金，为因病致困的1名全国劳模、16名市级劳模争取并发放医疗帮扶金，帮助外来务工劳模邸盼虎解决廉租房。利用再就业联社载体，争取到市总工会的政策支持近47万元，为6200名下岗职工实现再就业。聘请退休劳模法官每周定期到区总工会进行现场法律服务，开通法律援助热线，无偿提供职工法律咨询。区工会系统参与、协调、配合劳动争议调解案件366件，为困难职工和外来务工人员挽回经济损失百万元。在女职工相对集中的企业实现女职工签订专项合同，组织特困女职工和外来女工享受免费查体，并为单亲特困女职工缴纳安康保险。

（史国闻）

2012年7月2日，区总工会开展"暑期送凉爽"活动

（区总工会供稿）

招商引资成果丰硕 2012年，红桥区实现内联引资到位额106.90亿元，完成计划的111.3%，比上年增长18.1%。引进各类企业554家，注册资金10.20亿元。其中，注册资金1000万元以上企业29家。接待来区合作考察投资洽谈团队210余批700余人次。借助红桥政务网招商网站、北方网红桥在线、政务公开网络平台，发布招商信息171条。编发招商工作快报、专报或信息31期。主动加强与经济日报、中国经济时报、香港成报、每日新报·新金融观察等媒体交流合作，探索优势互补、互利共赢的长效合作机制。举办与上海商会房地产企业项目对接座谈会、与上海鹏欣集团对接座谈会、天津·红桥2012招商宣传大会、温岭商会企业与红桥招商项目推介联谊会等系列招商活动，走访考察和泓地产、中冶建设等大型企业集团，宣传红桥发展优势、投资环境，推介招商引资项目。4月27日，在天津·鹏欣水游城举办天津·红桥2012招商宣传大会，国内200余家企业、400余人参加，重点推介房地产、商务楼宇载体、光荣道科技产业园等22个重点投资项目。与天津陆津房地产开发有限公司、天津亿城山水房地产开发有限公司等10家大企业当场签订投资合作框架协议，意向投资总额100余亿元。组织参展中国·天津第十九届投资贸易洽谈会（津洽会），包装和重点推介22个、总建筑面积670万平方米的地块和载体项目，展会期间参加全市重点项目签约大会，与大连万达商业地产股份有限公司签署投资合作意向书。以"强化服务企业载体，提高投资贸易便利化水平"为主题，以"让企业满意在红桥活动"为载体，为企业发展

4月27日，天津·红桥2012招商宣传大会签约仪式在天津·鹏欣水游城举行

（区合作交流办供稿）

提供全方位、“保姆式”服务，深入宝能创业中心、卓朗科技、陆家嘴、荣宝斋、水游城、青年园、民联园等多家驻区重点企业走访问需，帮助企业协调解决困难。搭建银企融资担保平台，与浦发银行、天津创投之家等金融机构召开银企投融资对接会15场次，13家科技型中小企业达成融资意向，落实贷款4480万元。通过企业联保、互保等形式，帮助正本电器等8家企业融资3320万元。

（李文华　陈景庆）

惠民工程深入实施　2012年，红桥区以社区服务中心建设为重点，推进民生工程载体建设。社区服务中心建设项目快速推进，西于庄街北岸潞园，西沽街流霞里，邵公庄街科园，咸阳北路街化工设计院社区，三条石街御河湾公寓、畅景家园小区、河滨花苑、名景家园、和苑C地块、盛运大厦等10个社区居委会建成使用。南头窑、金领国际、万通上游国际、丽水园（农工商）等社区服务中心建成准备交接。小学、幼儿园等民计民生配套项目建设扎实开展，和苑C地块幼儿园、河怡幼儿园和铃铛阁街办事处、派出所项目竣工；区疾病控制中心、三条石幼儿园进行配套施工；和苑B地块幼儿园和金筑幼儿园主体完成；铃铛阁小学、幼儿园开工，进行基础建设。供热20万户，供热覆盖率96%，区建委供热办直属供热面积761万平方米，供热户12万余户。新建住宅及公建供热工程项目完成30万平方米；老住宅补建补装725户2.73万平方米，单户改造906户5.80万平方米；旧管网改造完成洪湖里、翡翠城、绮水苑1.20万米。佳荣里和军械所2个供热站实施改燃。改革供煤环节，组织供煤招标会，节省资金3000万元。老丁字沽锅炉房90米旧烟囱拆除工程完成，该工程采取招投标方式，节省预算资金30万元。圆满完成全国第一次水利普查各项工作任务，9个单位被授予天津市节水型先进单位称号；中心小学、中铁隧道设计院、佳园里小学、碧春园小区、西站皮肤病医院、北岸潞园小区、双环邨街道办事处、区文化馆、铃铛阁外国语中学、云汉大厦、第五中学、中心幼儿园、雷锋小学等13个单位通过市节水专家组验收。西青道3-5号楼高层居民住宅二次供水设施改造任务竣工，解决380余户976名居民水压低、水质差、长期吃水难问题。节水型水龙头兑换，发放节水型器具近2000个。子牙里试点小区及其他小区“三管一灶”和二次供水改造任务顺利完成。完成旧楼区建筑节能改造14片72万平方米；完成旧楼区综合提升改造管网整修项目19片89.70万平方米。

（张洪波）

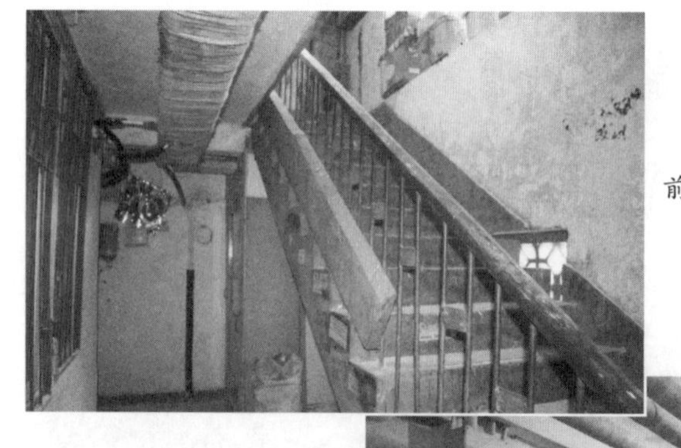

植物园东里旧楼改造前后效果对比（改造前）
（区房产总公司供稿）

植物园东里旧楼改造前后效果对比（改造后）
（区房产总公司供稿）

虹桥新天地滨河休闲街开街 红桥区“商贸红桥”重点建设特色街区之一虹桥新天地滨河休闲街，是天津市2012年20项重点商贸项目，由地产巨头上海陆家嘴集团投资打造，是天津陆家嘴项目的重要组成部分，位于南运河畔的惠灵顿国际社区。项目总体占地面积1.58万平方米，全长730延米，建筑面积6000平方米，由15栋建筑面积300至600平方米现代简约式二层建筑沿河排布组成，建筑风格各具特色，宛若镶嵌在南运河畔的15颗璀璨明珠。该项目秉承“一步一景色、一楼一特色”理念，引进泰津殿、浙江海鲜楼、广源合记等9家特色餐饮企业，收藏天下、艺友会馆等2家文化会馆，日本穴吹、上海全筑等4家商务总部企业，基本实现满铺招商，8月18日隆重开街，运行良好。虹桥新天地开街，提升了红桥区商业业态和品牌水平，促进了红桥区商贸旅游业繁荣发展，将为天津广大市民和国内外游客创造休闲娱乐、旅游观光的新景点，成为西站城市副中心一张靓丽的商业名片。

（王亚辉）

2012年4月19日，在天津卓朗科技发展有限公司进行科技型中小企业专题宣传报道活动

（区科委供稿）

推动科技型中小企业发展 2012年，红桥区投入3275万元，其中2050万元用于帮扶支持科技型中小企业发展。帮扶科技型中小企业获得社会融资7000万元。实现科技型中小企业复核认定450家，总数达808家；新增科技小巨人企业2家，总数达12家；组织推荐天津华一有限责任公司、天津正本电气股份有限公司等8家企业列入科技小巨人重点培育企业。召开进一步推动科技型中小企业加快发展大会，制定出台《关于对处级领导干部扶持科技型中小企业发展进行考核工作的实施办法》《红桥区科技型中小企业发展三年行动计划（2013-2015）》。纳入市委组织部考核的300名实职副处级以上领导干部，全部完成引进或转型1家科技型中小企业任务。启动“企业信息化”工程，区科委联合天津卓朗科技发展有限公司开展为科技型中小企业免费建网站活动，完成69家企业网站制作，科技型中小企业网站拥有率达52%。出刊《红桥区科技型中小企业发展工作简报》164期，在《天津市科技型中小企业发展工作简报》刊登信息79条。红桥区科技型中小企业发展工作获得市级领导批示7条，区级领导批示4条；科技型中小企业相关新闻在《天津日报》《今晚报》《每日新报》报道10篇，市级刊物刊载17篇。区委宣传部在北方网建立科技型中小企业宣传专版。以培训会、座谈会、推动会等多种形式开展科技政策宣传10余次，对天津卓朗

2012年8月18日，虹桥新天地滨河休闲街开街

（区商务委供稿）

科技发展有限公司等科技型中小企业进行专题宣传报道。参与活动的科技型企业享受建站指导、服务器主机空间、网站制作和技术培训四个方面免费服务；建成的网站可展示4—6个栏目版块，发布5万—8万文字信息、300—500张图片，满足企业的共性和个性需求。

（陈云红）

3月31日，桃花堤2012天津运河桃花节暨首届桃花堤咏春诗会现场

（区文化和旅游局供稿）

教育教学质量提高 2012年，红桥区以“我们同行”调研活动为载体，117人次到7所小学听课72节，根据问题撰写专题报告跟进落实。中学开展常态课展示活动，建立课堂教学效益评核机制，提高常态课教学质量。展示常态课238节，说课、评课158节，1393人次参加听课。小学开展“名师教学风采”系列展示和“同课异构”课堂教学研究展示活动，促进课堂教育教学质量持续提升。初中教育教学质量保持全市前茅，中考总平均分469分，超全市平均分75.27分，超市内六区平均分10.62分，三中、五中、民族中学和五十一中学4所学校总平均分均在500分以上，第三中学平均为539分；全区12所中学中考平均分均高出全市总平均分；其中11所中学平均分超过市内六区平均分；中考优秀率48.56%，高于市内六区1.69个百分点；合格率94.14%，高于市内六区5.82个百分点。高考本科上线率比上年提高9.89个百分点，一本上线率提升5.42个百分点，实现高分段学生名列全市前茅、高分段学生数大幅度增长、本科上线率大幅度增长、高中学校特色办学成效凸显4个历史性飞跃。

（周广渝）

2012年3月8日，在第五中学礼堂召开红桥区常态课展示活动表彰暨优秀常态课展示大会。图为受到表彰的中学领奖

（区教育局供稿）

文化旅游业长足发展 2012年，红桥区60项重点建设项目和“调惠上”活动50项惠民生项目之一的文化中心，被列入市第二批文化大发展大繁荣重点建设项目，7月6日举行开工仪式。3月31日成功举办运河桃花节暨首届桃花堤咏春诗会。云集全市百余位知名诗人，吟诗唱和。近10万游人观光，创20年之最。以“赏西沽美景、享文化盛宴”为主题，举办“百万市民游津城”走进红桥暨萧朗及学生书画展活动，书画展展出萧朗先生历年创作的40余幅绘画作品及8位弟子的100余幅精品力作。8月24日至9月12日举办纪念梁崎龚望纪念馆建馆两周年暨梁崎龚望学生书画展活动。完成义和团吕祖堂坛口遗址主体油漆手绘工程，义和团纪念馆国家AA级旅游景区挂牌，接待观众6000余人。福聚兴机器厂旧址落架大修后，成功创建国家AA级旅游景区和天津市工业旅游示范点，5月9日对外开放，接待各界观众5000余人。曾公祠异地重建工程主体竣工。平津战役纪念馆开展国家AAAA级旅游景区申报。在全区旅游行业继续开展“旅游服务质量提升年活动”，区

文化旅游局与各旅行社、A级景区、星级饭店签订安全生产责任书。引进旅行社门市部1家，依法注销经营不善者1家。

（张朝锋）

就业再就业工作扎实有效 2012年，红桥区实现新增就业3.38万人，完成计划的102.5%。举办大型公益性招聘会10场，其中“春风送岗位”大型招聘会提供岗位近千个。组建职业介绍服务Q群，设立专人负责监管，企业随时通过网络了解就业政策、招聘各类人才；认定就业困难群体4001人，实现就业3884人。安置零就业家庭、未就业高校毕业生、农村转移劳动力三类就业重点人员2.03万人；城镇登记失业率控制在3.8%以内。顺利完成区人大常委会对《就业促进法》和《天津市就业促进条例》的执法检查。成立天津市创业培训指导中心意库分中心。完成创业能力测评600人，占市局下达任务的120%。及时兑现补贴4499万元，扶持企业扩大和稳定就业。城镇职工养老保险缴费7.20万人，基金征缴6.46亿元；失业保险缴费6.70万人，基金征缴6508.20万元；医疗保险缴费8.60万人，基金征缴3.44亿元；工伤保险缴费5.50万人，基金征缴1274.74万元；生育保险缴费8.29万人，基金征缴1540.05万元。

（杨传勇）

民计民生持续改善 2012年，红桥区低保金由480元提高到520元；特困救助金由144元提高到156元；物价补贴实行动态管理，参照每月的物价指数及时发放到困难群众手中。全区低保对象1.25万户2.17万人，发放低保金878.34万元；特困对象1385户2856人，发放低保金、特困金、物价补贴8859.69万元。保障519户丧偶单亲子女在学家庭享受1.5倍低保金分类救助；保障41名孤儿享受3倍低保金分类救助；保障396名言语、听力一二级等病患家庭享受50%低保金分类救助。为8900余户困难群众发放价值60万元的时令救助物品；特殊节日救济，为1600名“三无”对象、集中供养人员、少数民族困难户、困难老人发放过节食品及慰问金20余万元；新增低保1012户1523人55.60万元，特困228户457人3.50万元。为全区2.45万名低保、特困群众全部办理2012年医保医救“一卡通”；对个别医保报销后负担仍然较重的大重病户，适当给予医疗救助金。审批临时救助2628户3952人，发放临时救助金184.30万元。“两节”期间开展“千百万”阳光救助、应急救助、医疗救助、住房救助活动，为2.60万余名困难群众发放米、面、油及各类救助慰问金2600万元。为16名散居孤儿发放慈善助学助困款物价值1.90万元。帮助650余名边缘户、突发灾害困难户、贫困三好学生、优秀少先队员、优秀学生干部、散居孤儿、高考一本线贫困生，发放慈善助学助困款物40余万元。建立贻成慈善超市，填补无大型慈善互助超市空白。

（柴镇汉　武传贵）

双环邨街道

双环邨街道位于红桥区西北部，东靠北运河及丁双公路，西与北辰区刘家房子村相望，南与北辰区郭辛庄接壤，北与北辰区王庄相邻。2012年，辖区面积1.10平方公里，设7个居委会，户籍居民11708户31110人。

2012年，引进企业53家（其中科技型企业12家），注册资金2630万元，其中留区部分188.40万元。与民生银行联手为双环商会会员企业搭建平台，帮助1家企业融资30万元，帮助17家企业完成科技认定，吸引70余家企业洽谈合作事宜。制定深化引进税源工作办法和促进招商引资工作实施办法，初步形成全员招商新局面。

对佳园东里旧楼区居住功能改造提升，清整82个楼门楼道及楼间杂物，协调配合相关部门更新“一报箱”；安装、维修“两道门”（楼道对讲门、小区大门）；改造“三根管”（燃气管、燃气管道与灶具连接管、下水管），三根管改造率均高于全市平均比率；实现“四个化”（社区甬路平整化、楼门照明普及化、整体环境规范化、社区车棚功能化）；整修“五设施”（屋顶、外檐、楼道墙面、楼梯、楼内采光窗），将民心工程落到实处。

对辖区各条支线道路以及佳园南里、佳园北里、浩达公寓小区综合整治，拆除绿地圈占16处，清理堆物43处，清理社区垃圾死角、楼跟散水千余平方米。

落实以城市居民最低生活保障为基础，特困救助、临时救济为补充，各项优惠政策相配套的社会救助体系，为100余户发放生活困难救助金8.46万元；发放过节费161.84万元。办理廉租房租房补贴30件。在全区率先完成615户老年人健康档案调查和录入工作。建成佳园东里、浩达公寓、益春里3个基础设施完善、服务功能齐全的社区居家养老服务中心，创建适合居民需求的特色居家养老服务内容，整合社区资源全盘联动，为辖区所有老年人服务。

开展就业援助月活动，围绕“帮扶到人、岗位到手、政策到位、服务到家”主题开展宣传、摸底调查，掌握社区失业人员基本情况及求职类型，特别是就业困难人员和残疾登记失业人员基本情况和就业需求，完成高校毕业生就业调查。为952人办理灵活就业保险补贴手续。对3

名有就业愿望尚未就业的困难对象实施每人500元资金援助。5月在浩达社区中心广场举办大型现场招聘会，14个用人单位拿出60个岗位，当场达成就业意向近50人。成功推荐314人、促进“4050”人员和新生劳动力1320人实现就业。

推进城乡居民基本医疗保险参保工作，为辖区124名新生儿、294名高中以下学生、865名居民办理医疗保险。为110人办理一次性医疗报销及多次报销48万元，其中发放低保户报销金5万元。为2596人办理医保卡换领社保卡，为2000余人发放临时社保卡。为281人办理就业困难认定，为235名失业人员办理灵活就业社保补贴手续。为2065人次发放失业金121.60万元，为6人办理死亡退险手续。为无业、失业育龄人口报销计生四种手术费5例。为111人办理特扶金，发放31.34万元。办理一孩生育服务证284个，审批计划内二孩8例。发放独生子女证128个，独生子女费2.89万元。审批享受国家计划生育困难家庭特别扶助政策对象112人。计划生育率100%。

开展“感动双环”和“感动社区”活动，选树12位感动双环人物和社区新典型50余个，形成“学典型、树新风”的浓厚氛围。利用社区形象大使赵津生的名人效应，组织大型文化经济联动活动，邀请著名艺术家姜昆、阎肃、李金斗等几十位文化名人和军政企业界人士出席，区委、区政府领导陪同参观，亲自讲解红桥文化特色和区情。6月9日，在明珠园举行区非物质文化遗产展示展演暨双环邨街第十届文体艺术节开幕式。举办“政协委员进社区书画摄影艺术展”和政协委员寄情“感动双环人物”书画会，展出100余幅艺术家和社区爱好者的作品，吸引众多爱好者和群众参观。完成清真寺门前路面翻修工程。元宵节和端午节，协调市九方文化传媒有限公司对社区少数民数群众特困户进行慰问。

以“公推直选”方式，完成社区党支部和居委会换届，实现新老班子交替和新班子成员的知识化、年轻化。

（杨　凌）

咸阳北路街道

咸阳北路街道位于红桥区西北部。东面与丁字沽街道相靠，西面与双环邨街道相依，南面与西于庄街道相连，北面分别与丁字沽街道和北运河相邻。2012年，辖区面积2.42平方公里，设20个居委会，户籍居民27984户76010人。

2012年，盘活原有资产2处，为区域经济创造发展空间。招商引企20家，注册资金678万元。引进税源424万元，其中留区部分320.80万元。

强化落实街城管科、社区居委会、社区志愿者三级管理巡查制度。在沿街立面整治工程中，出动文明督导队5批次40余人次，发动社区居委会300余人次，空调移机800余台、安装空调罩1600个，各主干道路达到美观大方，整齐统一。拆除违章棚亭、摊点234处，违章圈占5处，放置灭鼠毒饵540余千克，居民区投药覆盖率100%。完成6个旧楼区改造清整任务，清理杂物70余车次200余吨、拆除圈占8处，改造4134户216个楼门，直接受惠居民1.13万人。集中开展4次安全大检查，对228户“六小企业”及200余户菜市场摊点、236户社区独居老人、残疾人家庭进行安全隐患排查。

采取立体式、网络式、互动式方法，安置失业人员3000余人，连续第七年实现失业下岗人员动态为零。利用公益性岗位政策，为西站的建设与发展提供60余人的劳务服务。参加医疗保险3500人，累计办理养老保险参保手续29人。保证居民实现病有所医，老有所养。建立60岁以上老年人健康档案。组织开展“三促进工程”、“生育关怀”、婚育新风进万家、“关爱五类人群”、“关爱女孩”等服务活动和各类人群健康知识讲座。计划生育药具发放率90%以上，随访率100%。

开展“健康大拜年”、“消夏纳凉”、“喜迎国庆金秋”等特色活动，丰富群众文化生活。组织社区文艺队参加红桥区广播操评比，获二等奖。为社区更换健身路径7套，提升

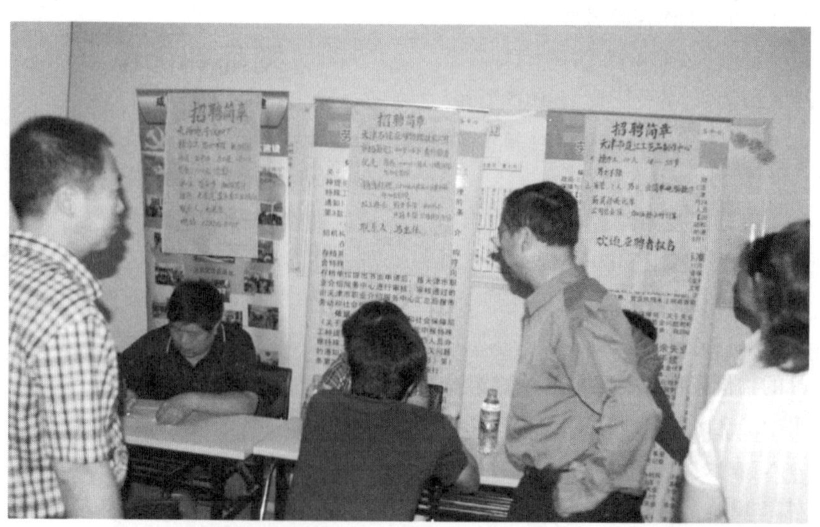

2012年9月19日，红桥区在咸阳北路街道举办“心连心·送岗位”招聘会

（咸阳北路街供稿）

社区健身硬件条件。9月,举办《庆国庆迎十八大》书画作品展,23幅作品参展。开展“好人在身边,美德沁心田”活动,弘扬正气,倡导新风。

组织动员社区力量,投资近30万元用于防汛抢险,保证社区居民安全度汛。实现天津市首个街道基层武装工作信息化。开展军地共建活动,获评2012年度市级双拥工作模范集体。新建两处社区老年食堂,本溪社区老年食堂11月开业。召开咸阳北路街第六届残疾人代表大会。开展暑期青少年教育工作,获评天津市关心青少年健康行动先进集体。开展对外社区交流,10月台北市中山区苗栗县县议员及基层民众代表一行70余人到咸阳北路街本溪社区参观访问。

完成20个社区居委会换届,换届后居委会班子年龄、文化结构更趋合理,能力进一步增强。

(阎　洁)

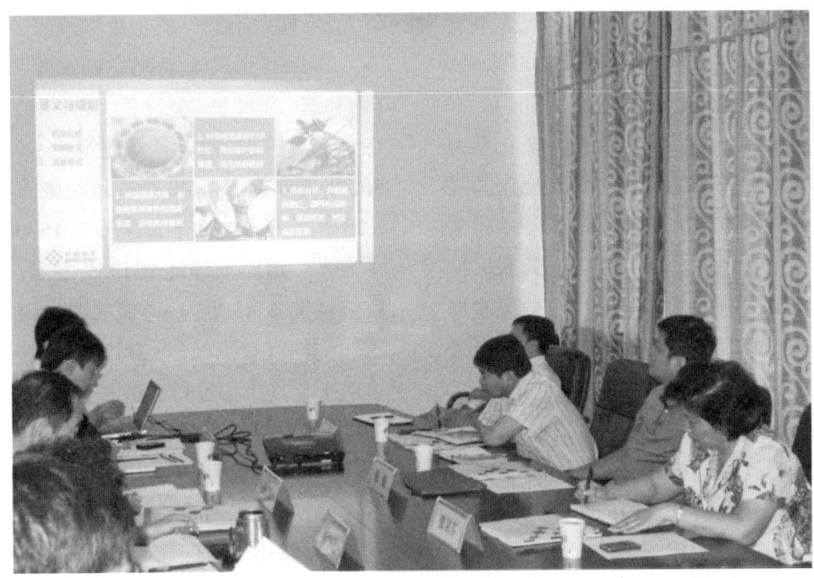

2012年9月5日,红桥区在芥园街召开“智慧芥园街区”项目启动汇报会

(芥园街供稿)

芥园街道

芥园街道位于红桥区南部,东起北门外大街,西至旧墙子河(津河)与南开区毗邻,南以芥园道为界与铃铛阁街道衔接,北临南运河与邵公庄街道隔岸相望。2012年,辖区面积1.64平方公里,设9个居委会,户籍居民17759户40880人,其中回、满等少数民族1245人。

该街历史上曾是清朝雍、乾时期著名园林水西庄故址。当时,水西庄驰名南北,蜚声一时,景致甚佳,颇具江南特色。乾隆皇帝南巡曾到此处游玩,正值芥花盛开,于是赐名“芥园”。现街道办事处亦袭用“芥园”名称。

2012年,招商引企30家,注册资金4000余万元;引进税源570余万元,其中留区部分300余万元。介入虹桥新天地项目,促进特色街区持续繁荣发展。对复兴路两侧、南运河南路主要商业路段摸底调查,走访调研水游城商家97户和非公企业300余家,编制街域商铺基本情况档案。出台2012年招商引税工作奖励办法。成立红桥区工商联(商会)芥园街道分会,密切企业与街道以及各企业之间联系。

完成民丰楼、宜兰里社区旧楼改造项目,涉及8栋楼31个楼门833户居民,总面积3.98万平方米,改造下水管道580户,改造燃气户管640户,更换楼顶防水层、楼道窗户,粉刷楼道,安装防盗门。出动清整力量300余人次,拆除绿地圈占、私搭乱盖,清理杂物及各类废弃物40余车60余吨。

开展“加强和创新社会管理”专项调研与整改,《加强和创新社会管理工作的探索与实践》调研报告刊登在8月《红桥》杂志上。委托天津市卓朗科技有限公司,筹划启动“智慧芥园街区”项目,提升城市综合治理现代化水平。

选举新一届居委会主任63名。印发《芥园街道加强社区建设工作手册》,社区劳动服务工作人员重新签订协议。赴上海东和国际社区考察学习,成立河滨花苑社区居委会筹委会,通过开展入户走访与网上博客互动、印制双语服务手册等方式,探索国际社区管理新路。首创新型社区救助模式“红桥互助救助家园”。救助困难户88户14万余元,发放临时救助62.70万元。划定低保户1018户1662人,发放低保金近1000万元。为1000余户住房困难群众办理住房保障补贴。开展以“真情送凉爽,温暖聚民心”为主题的第十三届为民服务活动。

开展“进社区、进企业、进家庭、送政策、送技能、送岗位”系列服务活动,进企业32家,走访65户下岗失业困难家庭,59人享受优惠政策,49人实现再就业。安置1310人再就业,受理申办及补办社保卡2330张,办理个人全额垫付药费报销140人次96.40万元。发放老年人生活补贴84.30万元、失业金124万元、小额贷款15万余元。劳动服务大厅被评为红桥区“五一”劳动奖状先进集体。

免费为50名育龄妇女查体,为763户60岁以上老年人建立健康档案。计生药具政策知识宣传，发放宣传材料6000余张、药具1000余盒，受益4000余人。

举办“弘扬民族传统文化魅力 社区在芥园”社区传统文化作品展示活动，举办“创新促发展，科技惠民生”科技小发明展示会，荣获区科协唯一特色活动奖。组织居民参加《防火知识》《建和谐送健康》等科普讲座。水西园社区居委会通过博客、QQ群等渠道传播科学方法和科学思想，被评为全国科普示范社区，入选《中国科协汇编》。举办芥园街红十字应急救护培训，50余人获得红十字会急救员资格证。

（杨　萍）

三条石街道

三条石街道地处子牙河和南运河交汇入海河的三角地带，东至引滦纪念碑（三岔河口），西至西站前街中心线，南至南运河北岸，北至子牙河南岸、津浦铁路线以南。2012年，辖区面积1.47平方公里（含大胡同地区0.10平方公里），设8个居委会，户籍居民17621户39550人，常住居民5469户14015人。

三条石历史博物馆、引滦入津纪念碑、天津市现代工业纪念馆坐落界内。清同治九年（1870），直隶总督李鸿章的妻子在总督衙门的寓所去世。为出殡，李鸿章将“果子行窑洼”填平筑路，铺上三条通街的大青石，三条石街由此得名。三条石地区，水路、旱路交通方便，南运河曾是南北运输要道，车来船往为其经济发展提供了有利条件。得天独厚的地理环境和机械铸造业的发展，使三条石地区成为中国现代工贸的繁盛之地，素有“民族工业发祥地”、“华北工业摇篮”的美誉。

2012年，招商引企12家，引进资金1200万元，其中留区部分320万元，发展中小型科技企业12家。

高标准完成大胡同“四大里”（钧和里、利民里、金钟里、爱华里）综合整治任务。拆除违章建筑95处562平方米，棚亭40个，道路施工1.20万平方米，地下管网施工1500平方米，道路硬铺装9813平方米，甬路铺装6585平方米，面貌明显改善。采取有效措施，对钧和里、金钟里两个自发市场进行改造和管理。

推出《三条石街加强和创新社会管理工作动态》，利用网络平台，开通微博，建立街道、社区两级便民直通车，畅通与社区居民交流渠道，实现服务于民、问计于民。

制定《关于落实大胡同“四里”消防安全工作责任的报告》，明确相关单位消防责任，制定消防联席会议制度，定期召开现场会议，安排工作，排查隐患。

接待群众来访784人次，受理来信来访69件，其中来信34件，来访26件，重复访9件，回复率100%，确保事事有着落、项项有交代、件件有结果。

完成居委会换届工作。新一届居委会成员57人，其中党员17人，大专以上33人（含本科7人），平均年龄40岁。对新录用的16名居委会主任进行岗前培训。健全居委会各项制度。成立北开花园居委会，完成基础资料收集整理和办公场所装修。

开展社区文化活动。以文化活动为主体、以御河湾社区为依托，开展蓝色家园——送福、送文化进社区；橙色体育——丰富多彩的体育健身活动，成功举办御河湾第一届社区趣味运动会；绿色社区——科普知识宣传培训进社区；红色舞台——爱党、爱国、爱家红歌会及社区精品文艺节目展演；银色艺术——成立御河湾艺术团、金领艺术团并开展活动；紫色夜晚——消夏纳凉晚会；金色收获——书画、摄影展等主题鲜明的特色活动。

开发就业岗位3000个，采集就业信息2500条，新增就业1500人。新增医疗保险参保108人，养老保险58人，发放各类救济金211.70万元。

新批低保102户169人，新增低保金额5.72万元，新批特困21户40人，发放各类救助金921.33

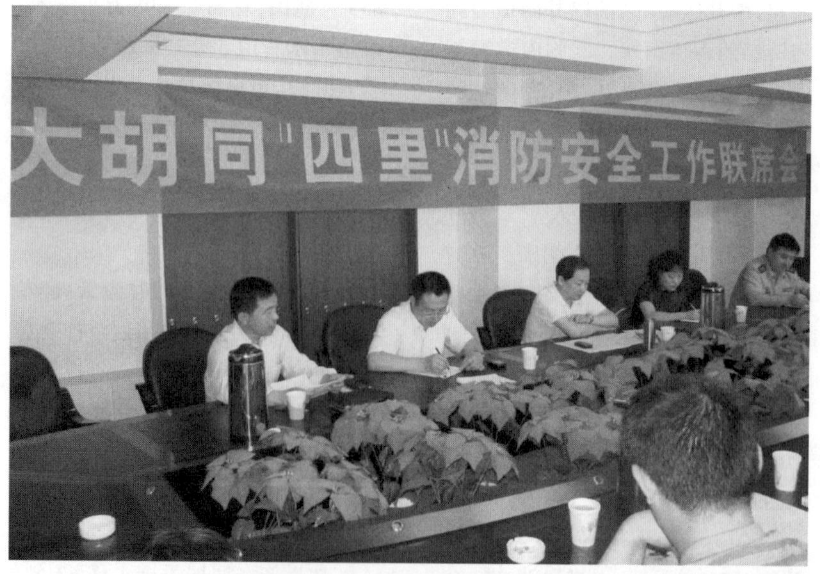

2012年5月24日，三条石街道在滨水饭店召开“四大里”消防安全工作联席会议

（三条石街供稿）

万元。经济租赁房补贴215件,廉租房补贴209件，实物配租25件,审核住房保障政策189户，年审72件。完成残联换届工作。御河湾老年日间照料站正式启动。接待老年人189人次,开办各类知识讲座16场,组织志愿者210人次为独居老人服务。

以重大节日为契机、以各社区为依托,组织开展科普知识宣传,打造“十分钟人口文化圈”。全面实现计划生育总体业务网络化管理。做好流动人口服务管理机制建设,开通计划生育服务热线。全面落实生殖健康“三促进”工程,提高家庭幸福指数。

(王金华)

2012年9月13日,召开丁字沽街道宣讲团成立十周年大会

(丁字沽街供稿)

丁字沽街道

丁字沽街道地处红桥区北部,东起光荣道与西沽街道相邻;西北至咸阳北路与咸阳北路街道相接;西南邻丁字沽一号路与咸阳北路街道接壤;东北靠北运河与北辰区、河北区隔河相望。2012年，辖区面积2.47平方公里，设17个居委会,户籍居民32083户91599人。

2012年,招商引企80家,其中留区部分360万元，完成任务的280%。强化固定资产监管,盘活闲置资产,实现资产保值增值。

完成新桃花园南里、桃花园南里、桃花园东里和丁字沽十段4个社区70栋楼、242个楼门、4600余户旧楼区居住功能综合提升改造任务,1.25万人受益。在天津市旧楼区首批改造提升社区验收中,勤俭桥、桃花园南里两社区通过市验收,成绩名列前茅。

一号路和咸阳北路立面整修,累计入户900余次，更换安装空调罩784个,拆除阳台护栏、半栏及鸽子窝等10个,清理二楼阳台堆物15处,解决规范门匾难点问题3个,四新道拆除违规门脸3处。协调区市容园林委等五部门，拆除私搭乱建126间1579平方米，实现自建市场后首次大变身,真正成为“四新”道,即路面新、立面新、容貌新、秩序新。发挥社区管理无线指挥网络作用,设立应急抢险组，对受强降雨天气影响的340余户家庭进行排险和生活上的帮助。

加强低保管理工作，对重点低保户进行核查。新批低保户245户371人，增加低保金12.60万元;新批特困户71户150人。“两节”期间,发放财政补贴318万元,生活补贴121万元,搞好夏令、冬令救济,对困难家庭进行大病救助和临时救助,发放救助金14万元。完成第六次残疾人联合会换届选举和残疾人情况调查。办理廉租房补贴152户,廉租房实物配租13户,办理经济租赁房补贴191户,困难群众实现“住者有其居”。

建立再就业长效机制，搭建社区与企业就业工作平台；落实安置人员上网数1250人,灵活就业认定人数550人,灵活就业补贴人员300人。全年安置就业3000人。办理“五七工”参保223人。充实社区文化建设队伍，强化对民俗文化价值的挖掘力度,全力宣传、打造以桃花堤为代表的民俗文化品牌，被评为天津市民俗文化之乡。开展医疗服务进社区工作,组织迎三八“健康在我身边”、“惠民健康知识大讲堂”等讲座，提升应急队伍应对和处理突发事件能力。

深入开展矛盾纠纷排查化解工作,处级领导接访76人次,调解矛盾纠纷,解决诉求48件,无民转刑案件发生。发挥综治信访服务中心(站)作用,帮助社区解决疑点和难点问题，接待来访群众3864人,解答咨询6426件，解决求助341件,调解各类纠纷202件，发现并消除隐患84件。

制发《百人百讲颂时代主旋律星星之火点亮和谐之光》图册,召开社区宣讲团成立十周年大会，荣获2011年度红桥区优秀社区宣讲团称号。加强基层组织建设,圆满完成社区党组织和居委会换届工作。采取“公推直选”方式,选出新一届社区党总支(党委)委员85名,达到60%交叉任职要求。15名专职副书记走上工作岗位，社区党组织结构得到优化。

(周晓杰)

西沽街道

西沽街道位于红桥区中部。东以北运河为界，与河北区隔河相望；西至西横堤与西青区相邻；南以津浦铁路为界，与三条石街道、邵公庄街道相连；北面一部分以子牙河为界，与西于庄街道隔河相望，一部分以光荣道、新红路为界与丁字沽街道、西于庄街道相依。2012年，辖区面积4.77平方公里，占全区面积1/4；辖26个居委会，户籍居民28540户70869人，有汉、回、满等7个民族。

2012年，招商引企16家，引进资金1541万元，完成协税217万余元。配合区政府"西沽文苑"建设，提前完成津沽公司下属企业新华昌商店的房屋腾空、双纳职工分流安置等工作。

以创建湘潭道、江源东道示范道路活动为依托，采取"日常管理与集中清理相结合"、"疏堵结合"的方式，水木天成、龙禧园社区周边道路及红桥北大街等处占路摆卖、脏乱拥堵问题得到有效缓解。水木天成一至八区甬路拓宽工作基本完成，增加停车位1500余个。完善三级巡查网络，拆除私搭乱建86处912平方米。推进优美、示范社区创建，各社区先后出动1225人次参与清理和义务劳动，拆除私装地锁323个，社区面貌大为改善。

对被市、区政府列为旧楼改造重点提升社区的湘潭里、青春南里，出动300余人次，车辆120辆次，清理各种杂土堆物百余吨，小区内的楼道、门窗、上下水、煤气管道等设施全部更新完善，46个楼门757户居民受益。配合有关部门完成桥北大街翻修改造等工程。

发挥城市管理服务网络作用，接待处理群众来访200余人次，回复人民网、北方网等有关电子邮件150余件。

强化救助工作公开性、透明性，享受低保救助居民1.27万户次2.16万人次，发放低保金832万元，物价补贴101万元；救助特困户1831户次3692人次，发放特困金28万元，物价补贴17万元。开展两节"送温暖"救助活动，救助651户困难群众，3100余人受益。为1300余户困难家庭办理住房补贴。发放残疾证2516件，办理有关补贴660人次。开展"和谐西沽爱心永存"人大代表定点帮扶活动，捐款5800元，救助困难家庭36户；妇联救助单亲母亲30名，救助金额1.20万元。加强社区计生工作规范管理，发挥计生协会组织作用，吸收协会会员1.64万人，其中流动人口会员1223人，协会工作覆盖面85%以上。

通过举办大型社区招聘会、在社区张贴就业信息、为高校毕业生送岗位等方法，就业安置2000余人；对2个居委会480户居民进行入户劳动力抽样调查；促进劳动者自主创业、加强职业技能培训，为8名自主创业人员申请办理小额担保贷款45万元。构建多层次、广覆盖的社会保障体系，为3800余人办理城乡居民医疗保险，办理社保卡4276张，临时卡4000余张；报销居民医保医药费230人次80万元；3040人领取失业救济金193万元。

完成居委会换届工作，采取"公推直选"方式选出121名新的居委会成员，其中党员65名。2.30万人参加投票，占登记选民的93%以上。社区党组织成员平均年龄由换届前的51岁降至49岁(其中35岁以下19人)；大专以上文化程度由26人升至76人。在3个党委建制的社区成立纪委。

运河西社区400平方米居委会办公设施改扩建完工。河怡社区图书馆收藏各类图书、杂志3000余册，实现与天津图书馆同步电子阅览。落实"两节"期间社区文化活动，举办第十届艺术节。河怡花园、水竹花园、湘潭道、燕宇等社区接受系列迎检创优活动检查，获得市、区多项奖励。做好新建社区接收、居民入住等工作。

(李红明)

西于庄街道

西于庄街道位于红桥区中部。东以桥口街、桥口南街、三兴里、纯德里为界，与西沽街道相邻；西以千里堤与北辰区接壤；南与西沽街道隔子牙河相望；北以光荣道、新红路与咸阳北路街道、丁字沽街道、西沽街道相连。2012年，辖区面积3.89平方公里，设14个居委会，居民25780户65224人，有汉、回、满等多个民族。

2012年，招商引企89家，注册资金2.80亿元。其中，帮扶和引进科技型中小企业12家，引进注册资金1000万元以上企业6家。完成留区税源260万元。成立红桥区工商联(商会)西于庄街道分会。

以子牙里1、2号楼为试点，完成5个居委会，6个小区的旧楼区居住功能改造任务，5300余户居民受益。旧楼改造工作在全市综合验收中名列前三名。投资150万元提升改造中嘉市场。满足1万余居民生活需求。

社区"两委"班子换届选举，面向社会公开招聘社区工作者16名，社区党组织副书记11名。实现"两提高、一降低"工作目标(党员比例提高50%、大专以上学历比例提高48%、整体年龄下降12%)。

救助困难家庭1500余户，发放慰问品、慰问金13万余元。办理低保139户，对1827户困难家庭低保金调标补助，实施动态管理，注销各类超标低保户182户，临时大病救助300余户36万余元。办理廉租房补贴150户，经济租赁房补贴185户，家庭收入复审400户，廉租房实物配租10户。投资5万余元对增产里、纸厂等平房社区办公用房修缮，投资100万元对西于庄社区居委会进行内部装修及软硬件配备。

投资45万元提升改造怡康苑居家养老服务中心。推行政府购买居家养老服务工作，有145名困难老年人享受政府补贴30余万元，解决社区200余名老年人配餐就餐问题。举办夏季残疾人专场招聘会。为10名肢体残疾人申办轮椅，为25名听力残疾人申办助听器，为6名低视力残疾人申办助视器，为19名白内障患者免费做复明手术，为不同类别等级的686名困难残疾人申请8.40万元的困难残疾人生活保障金。

城乡医保征缴1520人，支付医药费152人次52.56万元；办理灵活就业590人；城乡居民基本养老保险参保337人；申请办理病退登记50人次；失业人员办理死亡清理个人账户5人；发放老年人生活补助费1486人；受理换发社保卡3768张；采集开发用工信息2000余条，实现社区安置2238人；新增领取失业金310人，累计发放失业金200.30万元；办理发放就业失业登记证144本；办理小额贷款7人，贷款35万元；再就业公司安置员工109人。

为694名现孕人员办理一孩生育服务证，出生437人。办理政策内二孩指标33例，征收社会抚养费1例。发放独生子女证400个，独生子女费8万余元，发放药具16万余元。

培训百名社会体育指导员和140名救护员，组队参加天津市桃花堤咏春诗会、红桥区“翰墨书盛世丹青绘宏图”书画作品展、红桥区传统武术展示及表彰大会、社区文体艺术节优秀文艺节目展示等活动。开展“红十字博爱助老”慰问活动。组建由12名社区居民和2名街干部组成的应急无偿献血队伍。开展“博爱一日捐”活动，募集捐款7500元。

9月10日，成立西于庄街道食品安全工作监管站，下设14个社区食品安全工作监控点。推动信访维稳工作制度化、规范化。维护辖区安全稳定。评出145名文明市民、137户文明家庭、138个文明楼院和20名“十优社区文明之星”、“十佳社区文明之星”。

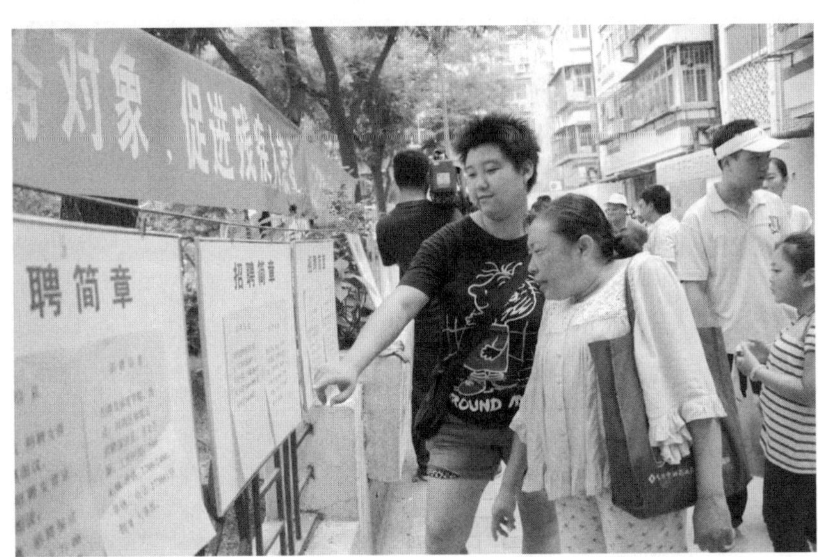

2012年7月19日，西于庄街道在子牙里社区举办残疾人专场招聘会

（西于庄街供稿）

新建工会组织56个，发展会员800人。签订工资集体协议108家，区域性集体工资协议16个，涵盖职工2566人。新创建6家A级和谐企业。新建10个非公团组织。为19名单亲困难母亲每人提供400元救助金，为5户单亲母亲家庭大学生发放助学金5000元。

（李　伟）

邵公庄街道

邵公庄街道位于红桥区西南部。东至西站前街与三条石街道相邻，西至西横堤与西青区接壤，南至南运河与芥园街道隔河相望，北靠津浦铁路。2012年，辖区面积3.12平方公里，设17个社区居委会，居民24141户59277人。

2012年，招商引企6家，认定科技型企业10家，完成留区税源292万元。9月成立红桥区工商联（商会）邵公庄街分会。

设立旧楼改造办公室，对商学院、静安里、益鑫里3个社区92个楼门近1800户居民，进行园林绿化、排水管网、休闲设施等23个项目的旧楼区居住功能提升改造工程，商学院教师公寓作为市旧楼区提升改造示范点，被列为环境优美示范社区。10月22日，市长黄兴国莅临商学院社区现场指导，给予充分肯定。河通花园、富泰兴园、云兴家园、仁爱社区被列为环境整洁示范社区，维新道被列为环境优美示范道路。

完成全部社区居委会换届选举工作，居民参选率90%以上。加大节假日救助力度，发放米2850公斤、面2850公斤、油1500升，其他慰问品和慰问金,折合360余万元。审批最低生活保障对象148户223人,发放保障金8.80万元。变更低保1666户,保障金上调14.60万元。停发低保143户288人,停发低保金约10万元。对380户重大病及特殊困难群体发放临时救助金30余万元。受理租房补贴143户,经济租赁房租房补贴113户;经济租赁房租房年审48户,廉租住房保障家庭收入状况复审751户。办理老年证732个;为716户残疾人低保家庭发放慰问金70余万元。完成街残联换届工作。

以人口理论党校、板报橱窗、讲座、图片展、社区宣讲团宣讲等活动,向居民宣传国家人口形势、计划生育政策、优生优育知识。利用全员系统录入新婚人员665人,办理政策内二孩指标31例,征收社会抚养费4例,办理新增计划生育特扶对象27人,办理退出1人;发放独生子女证266个,独生子女费(1–8月)4.80万元,发放药具8400盒。

新增法人单位50家,产业活动单位6家,及时更新名录库系统信息。劳动力抽样调查涉及30家第三产业商户,了解每户16岁以上人员从业情况。

环卫局地块拆迁909户,完成任务量的99.5%,做好5户滞留户思想工作。五十一中地块拆迁84户,完成任务量的59.15%。

对辖区平房摸底排查,排查平房134间(空房23间),涉及居民100余户,提前通知、认真准备、及时疏导,确保几次降雨中,辖区没有发生房屋倒塌、人员伤亡。培训170名急救员,发放应急救护知识手册1.10万册,为困难群体募捐1.40万元。继续开展就业援助月工作,为居民送岗位21个,为31人办理十种困难群体认定。加大对高校毕业生调查力度,开展就业服务,解决17个社区高校毕业生就业问题。优化社保卡换发工作,办理换卡手续3037人,补卡900人,临时卡1800张。建立街道—社区网络平台,23个社区工作站全部实施网络化管理。

(李森来)

大胡同街道

大胡同商贸区(大胡同街道)位于红桥区东南部,北马路东段北侧。东至三岔河口汇合处,隔河与河北区相邻,东南部临界南开区鼓楼街道,西接芥园街道,北靠南运河与三条石街道隔河相望。2012年,辖区面积0.50平方公里。因街内有大胡同而得名。大胡同商贸区是天津市重要的小商品集散中心和商贸繁华区,也是华北地区的小商品集散地,高峰时购物人数每天30万人次。

2012年,与国税、地税等部门配合加强税收税额精细化管理,筹备建立地区协税护税网络组织;协调国税、地税部门,对地区重点税源企业、商户纳税情况建立服务和动态跟踪监控系统;及时跟进了解小百一期股权转让、天隆达商厦房产税等重点项目。完成招商引企9家。实现地区全额税源1.46亿元,比上年增长2.46%,留区部分6067.91万元,增长12.72%。

推进天鸿大厦业态调整,强化对仓储货物上行的错时检查管控力度;大厦仓储由551套降至379套,调整仓储89间,仓储率降至49%;引进帮扶6家科技型企业落户天鸿大厦,并通过市科委认证;完成天鸿大厦A座整体提升改造工程,改善硬件环境。结合"安全生产月"和"春季消防安全整治百日战役"活动,开展"两节"、"两会"等重点时期综合整治和"打非治违"专项行动。与各企事业单位签订安全生产目标责任书。结合"6·30"蓟县火灾教训,组织相关单位和部门,对商贸区各市场主办单位及沿街商铺进行专项安全检查,对366个重点单位和店铺进行整改。平稳解决天隆达商厦矛盾纠纷和万隆商户集体上访事件;成功化解天奕地下商城和大胡同集团因供暖问题产生的群体访事件。管委会办公室被评为天津市指导人民调解工作先进单位。

检查、排查、整改各类安全隐患386处;清理明火,打通消防通道和

2012年3月15日,红桥区在政府礼堂召开大胡同街道文明商户表彰大会

(大胡同街供稿)

治理乱摆乱卖、乱吊乱挂、里空外卖，清理查处各类违章近900处(次)，提升地区安全度，取得较好成效。在新开大街、影院街市场安装和完善感应式电子巡更巡查系统，并安装大型市场工艺造型标志；规范天津都行商城外围商铺下台阶经营、占压消防设施等各类违章行为；提高餐饮市场管理标准，拆除7家商户乱搭乱建及固定经营户违章吊挂16处。落实城市管理考核，加强卫生督查，保障地区环境卫生质量，落实保洁费收缴工作；开展爱国卫生宣传月活动，完成集中灭鼠、灭蟑，搞好环境保护和绿化等工作，被评为市级爱国卫生运动60周年先进集体。万隆大胡同置业有限公司、宝林祥食品有限公司被评为2012年市级卫生先进单位。开展第三届“文明之星和文明商户”、优秀单位评选表彰活动，利用《今日大胡同》报刊及宣传橱窗、电视台、电台等媒体宣传大胡同，扩大地区影响力和知名度，营造诚信、文明、和谐、繁荣的商贸区环境。

(张文虎)

铃铛阁街道

铃铛阁街道地处红桥区南部，东至西马路，西至青年路、三元桥，与南开区毗邻，南至西关街、西营门外大街，北至芥园道。2012年，辖区面积1.10平方公里。辖10个社区居委会。户籍人口18911户44082人。界内有国家级历史文物保护单位吕祖堂和百年清真南大寺，以天津三宗宝之一的“铃铛阁”坐落界内而得名。

2012年，引进企业11家。其中，注册资金3000万元的1家，1000万元以上的2家。完成税收172万元，其中留区部分129万元。

6月15日，提前全面完成自主承担的地铁6号线拆迁任务，得到市、区领导充分肯定。

在社会治安综合治理工作中，妥善解决晓春里建高层引发居民上访事件，做好“两会”、市第十次党代会、达沃斯论坛、大运会、院士会、党的十八大期间维稳工作，保障辖区稳定。加强对吸毒人员及法轮功人员的帮扶管理，开展签订“拒绝邪教承诺卡”活动。创建8个平安社区。

根治青年路“鬼市”乱摆乱卖顽疾。及时处理数字化平台整改件和政民零距离督办单。完成旧楼区居住功能综合提升改造工作，南头窑、晓春里两个社区85个楼门1800余户居民直接受益。

发挥社会救助长效机制作用，对特困户、孤残户和优抚对象重点救助。开展低保救济、经济租赁住房和廉租房补贴、限价商品房和公租房收入核查等工作，实现救助全覆盖。1444户享受低保，发放低保金1219.33万元；174户享受特困救助，发放救助金31.65万元；发放临时救济金26.90万元，180户184人得到救助；为4户低保家庭申办廉租房。为73户居民办理经济适用房和限价商品房收入核查。

扩大就业和再就业以及困难群体就业援助工作。举办以针对少数民族群众、下岗失业人员、残疾人、农民工为对象的4次专题招聘会，累计安置2015人就业。做好就失业证、失业金和小额担保贷款发放工作。城居医保参保人员微机录入及报销医药费工作名列全区前茅。

落实民族宗教政策，加强宗教事务及宗教场所管理，完成民族团结和谐社区创建。强化清真食品检查，精心组织第19届民族团结月活动，慰问清真两寺及宗教界人士、少数民族知名人士，资助特困少数民族群众及优秀特困学生。

安排好冬夏季人民生活。制定防汛预案，成立防汛抢险指挥部，组建应急分队，储备防汛物资和应急食品。在“7·21”、“7·26”、“7·28”暴雨袭击中妥善安置受灾群众。街党政主要领导及时部署冬季征兵工作，深入辖区开展大规模宣传，有15人上站查体。开展“我为创造和谐社区做贡献”主题系列活动，促进人大代表深入选区联系选民达80余人次。完成调研材料3篇，均被区人大采纳。开展特别扶助对象认定审核及育龄妇女信息修复工作。制定并落实规范化信息变动、核对、共享措施。举办主题为“共建廉洁环境，营造诚信和谐氛围”的互动公益活动。

(徐　斌)

·天津区县年鉴·

环城四区

东 丽 区

概 述

东丽区地处津滨发展主轴，东接滨海新区核心区，西连中心城区，是天津市中心城区和滨海新区的重要功能区。区境介于北纬39°00′~39°16′，东经117°13′~117°29′，东西长30公里，南北宽25公里。2012年，区域面积477.34平方公里。其中，39平方公里位于中心城区，225平方公里属于滨海新区。辖张贵庄、丰年村、万新、无瑕、新立、金钟、华明、军粮城、金桥9个街道，有109个村委会(已撤41个村委会)，63个社区居委会，5个城市公司。总人口988487人(含东丽湖管委会、东丽经济开发区人口)。其中，户籍人口352577人，寄宿人口95486人，流动人口540424人。户籍人口中农业人口170097人，非农业人口182480人。区内居住汉、回、朝鲜、满、蒙古、壮42个民族，少数民族人口9907人。其中，回族7065人、满族1351人、蒙古族389人、朝鲜族498人、壮族118人、土家族115人，其他少数民族人口均在百人以下。

2012年，东丽区紧紧围绕"二三三五五"奋斗目标和工作思路，准确把握经济转型和城市转型的大势，坚持不懈调结构、稳增长、促提升，持之以恒重统筹、惠民生、促和谐，全面完成区十六届人大一次会议确定的目标任务。实现地区生产总值576.04亿元，比上年增长21.2%；区级一般预算收入65.23亿元，增长25.2%；固定资产投资508.95亿元，增长28.4%；实际利用内资390.45亿元，增长20%；实际利用外资6.62亿美元，增长20.3%；农村居民人均可支配收入16380元，增长15%。

工业经济提质增效。加快建设中国北车、航天科工等62个市级重大工业项目，霍尼韦尔等34个项目竣工投产。完成技改投入71.60亿元，实现工业总产值1640亿元，增长28.1%，其中规模以上企业完成产值1355亿元，增长30.2%。服务业加快发展。加快建设华侨城欢乐谷、天安科技园、空港国际总部基地等21个项目，宜家家居、红星美凯龙等大型商业项目和金钟科技园、华明集团总部等创新载体投入运营。天津对冲基金服务中心落户，累计注册对冲基金及管理企业49家。发展金融创新企业21家，新增楼宇企业1015家。完成服务业增加值198亿元，增长20%。现代都市农业稳步推进。国家级农业科技园核心区建设初具规模，滨海国际花卉科技园一期投产，建成国家级观赏植物资源开发实验室和天津市花卉技术工程中心。傲绿农业科技园、北方生态园林产业园建设进展顺利，设立两家院士专家工作站。11家产业化重点龙头企业、42个农民专业合作社带动农户4.80万户，实现销售收入10.80亿元。

科技创新资源加速聚集。引进包钢稀土研究院等研发机构20家、华研精粹等科技企业489家，发展产学研联合体116个，新建金河等科技企业孵化器10家、环科环保等生产力促进中心7家，中国汽车研究中心新院区建成运营。实施"转型提升"工程，447家中小企业转型升级为科技企业，新增市级企业技术中心5家，创建名牌产品3个，认定驰著名商标15个。搭建"投保贷"一体化科技金融服务平台，帮助科技企业融资21亿元。园区提升和资源整合扎实推进，新开工孵化转化产业化一体化载体150万平方米，规划建设国际医疗器械等10个特色"园中园"，华明工业园区、东丽经济开发区晋升为市级高新区。组织"高层次留学回国人才东丽行"等活动，引进高端人才2000余名，奖励28名高层次人才投入895万元。新增科技型中小企业1020家，总数达2382家，新增科技小巨人企业51家，总数达112家，提前完成“十二五”工作目标。

改革创新步伐不断加快。积极融入滨海新区，加强与空港经济区、泰达西区、高新技术园区、现代冶金区的合作，在合作开发、设施共建、产业对接和新农村建设等方面建立统筹发展、共赢发展工作机制，实现优势互补、合作共赢。深化区属国有企业改革，积极推进企业向经营性实体转变，组建华义投资、东丽湖旅游投资等经营性实体公司。通过持有物业、土地收储、文化合作等方式，不断提升国有企业发展质量，壮大资产规模。多方式、多途径破解融资难题，实现项目融资87亿元，形成以银行贷款为主，集合信托、企业债券、融资租赁、BT融资等为补充的多元化融资模式。加快推进金融改革创新，华明村镇银行挂牌成立，成为村集体经济组织参与金融活动的新载体。扎实推进“三改一化”(农业户口改非农业户口、农民集体经济改股份制经济、村改居，促进城乡一体化发展)，首批30个试点村改革任务基本完成，第二批40个村全面启动。实施“智慧华明”科技惠民综合示范项目，迈出新市镇创新社会管理的重要一步。创新社区便民服务网点管理，华明示范镇社区经营户备案管理模式在全市推广。

新城区建设加速推进。农民还迁工程加快建设，157万平方米金钟新市镇和95.60万平方米军粮城新市镇一期南区基本竣工，启动还迁工作；95万平方米军粮城新市镇一期北区主体封顶，181.20万平方米二期工程启动建设；新立新市镇开工70万平方米。小王庄等3个城中村改造项目竣工或部分竣工，智慧城等5个项目加快实施。旧城区改造全面推进。徐庄子地区综合整治初见成效，张贵庄中心城区启动提升改造工作，民和巷还迁区进场施工，高水平完成15个小区35万平方米旧楼区居住功能提升改造，6000余户居民受益。市容环境面貌得到新提升。高标准开展奋战180天市容环境综合整治，实施成林道等26个整治项目，新建提升绿化268万平方米，整修立面61万平方米，清理垃圾渣土51万吨。加快推进清水工程，北塘排水河、西减河等河道治理工程全部竣工，完成西河、东河、东减河18.90公里河道清淤。实施绿化生态工程，新增造林353.33公顷、植树34.50万株，郊野公园一期样板段64万平方米绿化工程开工建设。基础设施进一步完善。新赤海路竣工通车，航新路开工建设，完成先锋路等5条道路提升改造工程。完成中河泵站更新改造，张贵庄污水处理厂、华明工业园污水处理站、东丽开发区再生水厂投入运行。实施金钟路供热站改燃等供热工程，改造社区供热管网19公里，新增供热面积300万平方米。加快电网建设，实施新中村智能输变电等4项电力建设项目，完成10项电缆切改和高压线入地工程。

民生和社会事业全面发展。加快创建充分就业区，举办招聘会110场，提供岗位2.60万个；技能培训8032人次，培训就业率保持80%以上。构建和谐劳动关系，900余家企业开展和谐企业创建活动。全年新增就业2.20万人，困难人员就业率93%以上。社会保障水平稳步提高，新增救助项目14个，形成具有东丽特色的3大类99项社会保障救助体系，区财政直接用于保障救助投入4.50亿元。提高为老服务水平，虚拟养老院投入运营，新建养老机构和服务站点7处。发展社会慈善事业，建成9个街道慈善分会和58个社区慈善工作站。实施“中小学提高教学质量三年行动计划”，教育教学水平不断提升。加大教育设施投入，新建、改扩建各类学校、幼儿园16所，特殊教育学校顺利通过现代化达标验收，5所幼儿园晋升为市一级园。举办2012年全国职业院校中职组汽车运用与维修技能大赛。率先实施“健康东丽促进计划”，面向全区群众开展“31260”卫生健康服务。东丽医院二期主体封顶，创建全国农村中医药工作先进区，东丽医院被中国医院协会评为“全国百姓放心示范医院”。深入实施文化惠民工程，设立专项资金扶持群众文化团体建设，举办第21届“东丽杯”全国孙犁散文奖评奖活动。创建全国全民健身示范城区，举办全民健身大会系列活动，建成30个社区健身园和109个星级全民健身站点，东丽游泳中心、体育中心竣工。优化公共交通体系，新增调整客运线路12条、站点20余处，群众出行条件不断改善。

（吴俊侠）

东丽区区级领导名单

中共东丽区委领导名单

书　记：尚德来

副书记：尚斌义　郑会营

常　委：尚德来　尚斌义　郑会营　戴东强　苑树发　王连成　高秀定　李子英(女)
么俊东　于大端　吴　苓(女)

东丽区人大常委会领导名单

主　任：孙富霞(女)

副主任：余明斗　韩学森　陈文华　武广华(女)　赵金山

东丽区政府领导名单

区　长：尚斌义

常务副区长：戴东强

副区长：王连成　丁　梅(女)　张洪宝　刘克强　刘　峰

区长助理(副区长级)：王庆友　龚振波

政协东丽区委员会领导名单

主　席：刘金钟

副主席：刘俊生　王晓敏(女)　王怀英(女)　张长河　田先钰　宋文喜　吴仁彪　高学刚

(区委组织部提供)

党建工作　2012年，东丽区委组织部以组织工作信息化建设为契机，建成党建工作综合信息平台，形成以干部管理、干部监督、组织工作交流宣传3个平台，包括干部信息管理系统、党员信息管理系统、高层次人才信息管理系统；科级干部选拔任用记实监督系统、领导干部报告个人有关事项信息管理系统、“12380”举报网站；东丽党建网、远程教育网、大组工网9个系统的党建工作综合信息平台架构。系统收录2000余个科级以上干部、2.16万名党员信息，涉及350个信息点，146个远程教育终端，东丽党建网点击率86万次，基本实现组织、干部、人才等各项工作实时动态管理、信息综合查询、数据分析输出，发挥信息平台快捷、准确、高效的特点，促进组织工作科学化。坚持将创新工作推动机制作为推动党建工作重点，细化责任、创新管理、强化帮扶，用机制创新保障党建责任制落实。健全完善“书记抓、抓书记”机制，坚持管理与监督相结合，专项述职创先争优活动、村级组织换届等重要工作。组织召开党委书记座谈会3次。推行党建项目化管理机制，将党建亮点、难点、创新点设为年度重点项目，实施重点指导26次，跟踪督查83次。将项目完成情况列入年度绩效党建考核，汇编成册80个特色党建项目。确定华明街道、和顺园社区、区个体劳协等7个基层社会管理示范点。整合商务楼宇、新市镇社区资源，统筹建设和顺园、新华投资集团等3个综合性党建示范基地和服务中心。坚持把有形化建设贯穿党建工作始终。组织召开创先争优现场观摩会1次和集中表彰会1次。创刊并编发《东丽先锋》杂志4期和《东丽党建》简报25篇，编制印发《基层民主的印记》《党建特色项目成果汇编》《东丽区重点战线党建工作述职报告汇编》《2012年组织工作纪实》等组织工作成果集。完成上报市级调研课题5篇，其中，《创新新形势下基层党建工作机制研究》获市组织工作调研成果一等奖，《整合基层组织资源推动干事创业问题研究》《整合干部监督资源切实防止干部带病提拔》获三等奖。坚持在干中培养、锻炼、考察干部，整合组织资源，将培养锻炼考察干部同重点战线、重点工程、重点任务相对接，结合大干180天市容环境综合整治任务，组织开展“攻难关、创精品、当先锋——奋力打好市容环境综合整治攻坚战”主题实践活动，选派13名优秀干部到市容整治第一线进行培养锻炼，参与全区22个综合整治项目、10条一级道路整治和10项秋植绿化工程。强化从严管理，建立以个人基本信息、工作台账、思想汇报、调研报告等为内容的绩效跟踪档案，建立健全日小结、周例会、月总结、季汇报和实绩考核等管理制度，组织干部学习培训、体会交流、赴外调研等10余次，实现“两个工程一起上、两个成果一起要”。

（刘久寨）

“三改一化”工作 2012年，东丽区完成“三改一化”第一批30个村试点工作。涉及华明街道于明庄、贯庄、李场子、赤土、南于堡、北于堡、赵庄、南坨、北坨、胡张庄、永和、范庄12个村，金桥街道流芳台、么六桥、向阳、三合庄、大新庄5个村，无瑕街道大杨、苏庄、西窑、翟庄、老袁、小宋、大宋、李庄、西地、北大道、新五、杨泊子12个村，军粮城街道山岭子村。涉及人口72813人，农业人口48777人。7月启动第二批试点，在新立、军粮城、无瑕、金桥、华明、万新、金钟7个街道筛选出已批准撤村、完成换届选举、具有改革积极性的40个村作为试点单位。制定《关于东丽区示范小城镇开展“三改一化”试点工作的指导意见》《天津市东丽区“三改一化”试点小城镇农村集体经济组织股份制改革实施办法》《天津市东丽区“三改一化”试点小城镇户籍制度改革实施办法》《天津市东丽区“三改一化”试点小城镇撤销村民委员会建立居民委员会实施办法》4个配套文件，以区委、区政府名义下发。制定印发《东丽区关于“三改一化”工作中有关政策的指导意见》，就建立健全新的集体经济组织，明确村集体经济组织改制后新组建公司性质，强化集体土地经营和管理，落实独生子女家庭奖励扶助政策，做好农转非后相关待遇对接工作，加快实施撤村建居工作，妥善安置村干部，积极支持改制后村集体经济发展等八个方面问题明确具体要求。制定《东丽区华明街和无瑕街开展“三改一化”试点工作方案》，以区委办公室、区政府办公室名义下发。做好试点工作的组织实施。大力推动“三个”到位：采取全区范围集中动员、街道党委分头部署等方式，确保自上而下各级领导认识到位；采取政策指导和业务培训相结合方式，确保各级工作人员对改革的主要精神和具体操作步骤掌握到位；建立各项工作制度，全区上下及时沟通改革进度和问题，确保各个单位沟通协调到位。利用区“两台一报”宣传改革相关政策，报道“三改一化”典型代表，推广改革好经验、好做法，《东丽新闻》专栏播出“三改一化”政策讲解，播出时长300分钟，编印下发“三改一化”宣传手册2万余册。利用国家和市级媒体，营造良好氛围，《天津情况》发表《天津东丽区积极推进“三改一化”试点探索系统解决“三农”问题新路》，《人民日报》发表《天津激活城市创新引擎》，《天津日报》报道8篇，《新华社通讯》报道3篇。将“三改一化”列入区重点督查项目，实施项目进展情况周报、月报、季报制度，完成督查专报32期；坚持“专家会诊”，由区委研究室、区农委、退休老同志组成专家组，连续2个月时间进驻华明街道，现场答疑解惑，采取“一村一策”方法，集中破解12个村在清产核资、资格界定、股权量化、公司注册、建章建制等7个环节中的突出问题。深入基层攻克难点环节，公安东丽分局、工商东丽分局等部门对农转非、公司注册特设“专门审批”，到华明街道、无瑕街道现场办公4次，提供便捷服务。

（刘久寨）

世博华明馆被批准为国家AAA级景区 2008年3月20日，华明示范镇作为上海世博会唯一农村城市化题材案例，在全世界87个城市106个报名参选项目中脱颖而出，成功入选2010年上海世博会城市最佳实践区。以“一样的土地，不一样的生活”为主题，参展上海世博会，构筑社会主义新农村建设美好前景。2010年5月1日，华明展馆正式开馆；5月9日天津周开幕，市领导张高丽、黄兴国、刘胜玉、邢元敏率天津市党政代表团参观华明展馆；5月10日为华明展馆活动日。184天精彩展示，华明展馆向世界展示东丽区华明示范镇建设创新模式及农村城市化成就，迎来中外参观者200万余人次，各类专业团队、重要来访300余批次，5万余人在馆内留言，表达热切观感和真诚祝福。为继续发挥“华明世博效应”，充分展示东丽区农村城市化先进理念、发展经验及实践成果，以“参加一次世博会，带回一个实践区”为亮点，世博会后将世博华明馆整体迁回华明示范镇，成为天津市永久性展馆。华明世博馆布展设计思路保持上海世博会华明馆的设计风格基调，作为展示中国农村城市化建设的最新成果。展馆突出华明“一样的土地，不一样的生活”创新理念与区域特色，体现华明示范镇城市化发展进程，展示人民生活水平提高和城镇建设高速发展的双赢模式，记述华明示范镇未来规划。项目选址华明5、6、7号路间的三角地，毗邻华明会议中心和华明博物馆，主体建筑分为两层，总建筑面积1789.67平方米，一层建筑面积1137.06平方米,二层建筑面积652.61平方米。由万名笑脸组成的“笑脸墙”,世博会期间这面墙上的“笑脸”是按照设计程序,自动进行大小影像的更换,升级后这面“墙”上的照片可以随你而动,用手指随意点击任何一小张,都可以立即放大到整面墙上。作为展馆重点,大型数字沙盘配合25米超大弧幕,运用多媒体等技术演绎未来规划。互动体验区内,通过高科技展示华明示范镇湿地公园。魅力东丽:多通道墙幕、地幕联动系统、四联屏系统、桌面触控屏系统、魔镜系统。荣耀珍藏展区用数字屏和实物,展示华明示范镇在上海世博会和历年所获荣誉。世博华明馆增设展区,以“十二五”规划为主线,展示“三区联动,强镇惠民”内容。现代农业示范展区展示华明“三区联动”(万亩现代农业示范区)。生态宜居新市镇展区用灯箱展板、丝网印刷、数字屏幕展示华明“三区联动”(2万亩生态宜居新市镇)。作为唯一反映农村城市化题材的案例,华明馆的成功亮相,让全世界看到一个真实的中国农村。2012年12月12日,依照国家标准《旅游景区质量等级的划分与评定》和《旅游景区质量等级评定管理办法》,经天津市旅游景区质量等级评定委员会组织评定,世博华明馆被批准为国家AAA级景区。

(杨婷婷)

人才工作特色化发展 2012年,东丽区人才办落实人才政策、举办特色引才活动、加大宣传力度,推进人才强区建设。开展首次高层次人才评审表彰工作。组织首届高层次人才申报评审,评选出28名高层次人才,奖励金额总计895.50万元,人才单项奖励最高达150万元;举办特色引才活动,举办东丽区首届中高端人才引进洽谈会,吸引105家大型企业、3200余名优秀人才到场洽谈,求职意向率42.5%;举办高层次留学回国人才东丽行活动,28名海归博士参加,8名博士达成落户创业意向;承办第82届南开大学物理系同学会,60余名物理、化学领域高层次人才和专家组团到东丽区考察,取得良好效果。在国家“千人计划”网站全文刊登东丽区《关于引进和鼓励高层次人才暂行办法》。在《天津人才工作》《天津新闻》等市级以上媒体刊播30余篇,在《求贤》杂志第9、10、11期连续刊登宣传报道文章,创办刊发《东丽人才工作专报》13期,编制印发《东丽区高层次人才风采录》。

(刘久寨)

华明世博馆场馆部分展片

(摄影:魏兴欢)

工业项目建设 2012年,东丽区工业经委坚持“三个一批”(签约落地一批、开工建设一批、投产达产一批)要求,着力推进重大工业项目开工建设,清理投产、在建、拟建工业项目182个,分解落实市级重大工业项目62个,包括国家电网装备基地、中国一重天津滨海生产基地、北车机车装备等18个高端制造业项目;中航(天津)航空保障服务基地、航天精工等7个航空航天产业项目;国家级半导体照明材料产业园、山东鲁电、汽研中心等33个节能环保、新材料新能源等58个战略性新兴产业项目。62个市级重大工业项目占地1105.40公顷,计划总投资531.30亿元,累计完成投资287.70亿元,预计项目全部投产达产后,年可新增产值1147.10亿元、利税166.80亿元、税收83.40亿元。全年计划投资174.60亿元,累计完成投资101.50亿元;开工建设54个项目,开工率87.1%;51个项目全部或部分投产,投产率82.3%,中核扩能、天钢联改造等21个项目全部投产,北车机车装备制造、航天精工飞机标准件国产化生产线等13个项目部分投产,国家级半导体照明材料产业园、海特总部及研发中心等17个项目,年底完成主体工程建设并部分投产,全年可新增产值183.80亿元、利税17.50亿元。

(沈忠营)

航空产业区项目建设 2012年,东丽区空港国际项目总占地26.13万平方米,总建筑面积34.83万平方米。由天津大学建筑设计院和天津建筑设计院设计，11月实施桩基工程。天津航空总部基地项目总用地面积4.13万平方米，建筑面积3.20万平方米，总投资1.60亿元。园区环境工程累计投入6000万元，改善基础设施和市容绿化，完成相应配套建设。机场路两侧新增2.10万平方米绿化，空港国际总部基地内新增3万平方米绿化，设立围挡3000平方米，粉刷墙面1400平方米，拆除15处建筑物1850平方米。完成机场进场路南侧鱼池填埋工程，完成园区主干道路160盏路灯和21个交通指示牌安装及道路打线工程，提高机场大道、平盈路、航双路、通庆路4条主干道路环境水平。

（沈忠营）

2012年8月29日，东丽区环境应急监测演练

（摄影：刘海俨）

环境监测体系建设 2012年，东丽区环保局加强环境监测技术人员业务培训，组织各类监测业务培训150余人次，32名专业技术人员参加持证上岗考核，通过率100%。全年，开展大气、水污染等各类常规监测项目8300余样次；开展环境监察、环境信访、本底验收、减排核查等业务监测6900余样次。完善监测数据和监测报告监督审核制度，编制完成各类环境监测报告1520份，编写《东丽区2011年环境质量报告书》。完善《东丽区环境污染事故应急预案》及重点企业、产业园区应急预案，制定下发《东丽区汛期环境应急预案》，督促50家重点企业制定企业汛期应急预案并落实应急物资储备。投入资金160万元，新购置便携式溶氧仪、BOD快速测定仪等环境应急设备及防护装备33台（套）。组织科莱恩（天津）有限公司等企业开展突发环境污染事故实地应急监测模拟演练，市环境监测中心检查组、和平区、南开区环保局主管领导及企业负责人参加现场观摩、交流。

（王　楠）

程林道建筑立面整修前后对比

（摄影：曹　伟）

市容环境综合整治 2012年，东丽区组织召开东丽区奋战180天市容环境综合整治动员会暨东丽郊野公园建设推动会，区委办公室、区政府办公室等200家驻区企事业单位参加。完成综合整治任务22项。其中，市级整治项目3项，区级整治项目19项。整治程林道、津塘路、津滨大道等迎宾道路、主干道路12条；整治上东壹街、东丽湖津汉公路入口、宜家家居周边、徐庄村周边等重点区域4处；整治京津城际铁路沿线外环线内侧东丽区段4.50公里环境。完成津塘路以南先锋里、福山里等11个社区路面硬化。全年，新建绿地73.18万平方米，提升改造绿

化194.30万平方米；建筑外檐立面整修61.51万平方米；空调移机1223台；安装空调罩4653个；护栏油饰7.30万平方米；铺筑路面花砖14.20万平方米；新建围墙7794米；拆除违章广告1937块、规范广告牌匾1.61万平方米；治理垃圾点位71处，清理垃圾渣土9.60万吨。

（王 楠）

教育协调发展 2012年，区教育局按照《东丽区学前教育三年行动计划(2011-2013)》文件要求，促进学前教育快速发展，学前幼儿入园率96%。组织召开东丽区学前教育联席会议7次，研究解决学前教育发展中重点、难点问题10余件。完成审批民办幼儿园一类1所、二类8所，学前教育服务点40所。9个街道主要负责人、分管学前教育负责人及区教育局主要负责人20余人参加天津市学前教育第四次联席会议现场会，交流东丽区落实《学前教育三年行动计划(2011-2013)》经验，作题为《落实行动计划，规范办园行为，促进东丽学前教育持续健康发展》典型发言。考察区民办学前服务点、民办一、二类幼儿园4所和新(改)建国办幼儿园4所。丰年幼儿园、和顺幼儿园、春瑕幼儿园、春华幼儿园、流芳幼儿园晋升天津市一级园。完成天津市学前教育三年行动计划专项督导评估检查工作，评估检查工作名列新四区(东丽区、西青区、津南区、北辰区)第一。小学入学率、巩固率、合格率、流动人口子女入学率均100%，小升初各科考试成绩合格率100%；初中入学率100%、义务教育完成率98%以上，毕业合格率100%；高中入学率94%。中考成绩450分以上高分段人数比上年提高0.2个百分点。百华实验中学超过市内六区平均分16分，程林中学超过全市平均分23分。高考本科以上录取率比上年提高5.7个百分点，全区600分以上70人，110人分别被国家“985”工程和“211”工程院校录取，2名学生被清华大学和北京大学录取。明强特殊教育学校通过天津市特殊教育学校现代化达标验收，达到现代化建设标准。全市各区县特殊教育学校教师100余人参加天津市特殊教育学校康复项目现场会，明强特殊教育学校进行教学康复工作经验介绍。2012年全国职业院校中职组汽修大赛，全国37个省市代表队的435名选手参加比赛，东丽区参赛选手获二等奖1人、三等奖2人。召开东丽区职业教育中心学校新校区启用仪式暨国家级示范校项目建设与校企合作工作推动会，国家教育部、中国汽车维修行业协会、113家企业代表等500余人参会。

（高 岩）

华明一幼孩子们在交通安全体验园区开展体验活动

（摄影：刘凤新）

双拥工作再创佳绩 2012年，东丽区民政局组织各驻区部队、优抚对象、军队离退休干部200余人参加春节军民联欢会。“春节”、“八一”期间走访慰问48支驻区部队和8户优抚对象代表，赠送慰问金、慰问品价值88万余元；赴河北昌黎慰问驻训的93675部队官兵，赠送慰问金、慰问品价值5万余元。区中心组成员、全区副处级以上领导干部及驻区团级以上部队领导参加国防教育专题报告会，就中国总体安全形势和当前南海局势及对策进行专题讲座。制定出台《巩固全国双拥模范城创建成果争创全国双拥模范城“七连冠”实施意见》。发放随军家属自谋职业补助金80余万元；引导社会拥军团体广泛开展拥军活动；召开学雷锋主题实践活动宣讲会。中国人民解放军某集团军工兵团（雷锋团)汽车连(雷锋连)原指导员，现任该团保卫股长阎绍川和雷锋班现任副班长李红，应邀专程从辽宁抚顺到场做雷锋精神宣讲专题报告；区双拥艺术团原创歌曲《拥军妈妈》作为天津市唯一选送节目参加全国双拥办优秀双拥文艺节目调演，获得歌曲类第二名。以全市考核第一的成绩荣获全国双拥模范城“六连冠”，区委书记尚德来、区武装部部长高秀定代表天津市参加全国双拥模范城命名表彰大会，受到胡锦涛、温家宝、习近平等党和国家领导人亲切接见。

（高 岩）

张贵庄街道

张贵庄街道位于东丽区西南部,东至外环线与丰年村街道相邻,西连河东区二号桥街道,南接新立街道崔家码头村,北靠京山铁路。街域属东丽区中心城区。2012年,面积2.88平方公里,辖18个社区居委会。总人口51573人。其中,户籍人口24620人,流动人口16422人,寄宿人口10531人。有企业1157家。

1981年8月,成立东郊区张贵庄街道办事处。1992年3月,更名为东丽区张贵庄街道办事处。

2012年,完成三级财政收入5.90亿元,区级一般预算收入1.40亿元。引进楼宇企业170家,总注册资金5.70亿元,纳税总额8000万余元。

完成惠民里、永平巷等5个小区24项基础设施维修改造工程,面积12.14万平方米,2000余户受益。完成上东壹街提升改造工程。完成津塘路以南11个社区10万平方米路面硬化及26盏路灯安装工程。完成华亭里、利津路综合楼主体改造工程。配合区轻轨站建设拆迁办公室,拆迁公建居民楼5893平方米。完成华亭里、振兴里、永平巷、振华里等5个社区供热改造2.85万平方米,完成永平巷1.52万平方米道路改建工程和170幢楼屋顶防水改造工程。

建立区街扶持、居民参与、公安配合的“三位一体”管理模式,清理垃圾渣土205吨,清理违章建筑78处600平方米,清掏化粪井280车,维修下水井300个,更换或修补井盖70个,疏通下水管道800延米,清理违章摆卖138处,铲除小广告5万余张。

安置就业722人,举办招聘会5场,各类技能培训256人次。发放城镇低保250万元,340户受益;为54户低保户报销医药费12万元;为115户困难家庭发放补助款40万元;303人享受居家养老服务;为42名残疾人实施残疾人养老保险减免;将576名持证残疾人纳入意外伤害保险;为55名精神残疾人发放就医补贴6万元;慰问168户低保户,发放慰问款物价值10万元;发放优抚对象慰问补助金4万元;办理廉租房补贴39户;为1277人缴纳医疗保险61.45万元;为98人缴纳城乡居民养老保险67.80万元;发放社保卡2135张、临时卡1200张。计划生育率99.5%,综合节育率93.1%。巩固创建充分就业社区12个,新创建充分就业社区6个,提前3年完成创建充分就业社区目标。

狠抓居委会、辅警和社区义务志愿者“三支队伍”建设,为18个社区配备专职辅警、社区工作者、平安志愿者队伍770人,形成以警防为主,协防为辅,居委会和社区义务巡逻为补充的“四位一体”防控网络。排查调处各类纠纷161起,调解成功率98%。党的十八大期间实施24小时监控,实现进市进京非访为零。

组织安全检查13次,排查治理安全隐患25处,隐患整改14处,下达整改通知16份,协调落实整改较重大隐患2处。召开各类座谈会196次,发放宣传材料7879份,对辖区272家食品企业登记造册。7月下旬,连降暴雨,街道紧急启动防汛应急预案,发动全体干部职工深入社区防汛第一线。

惠民里小区提升改造旧貌与新颜

(摄影:韩 宇)

举办“五月的鲜花”东丽区群众文艺巡演张贵庄街道专场、庆祝建党91周年等系列文化活动;组织3支社区文体队伍100余人参加新年文化大集活动和天津市第三届“体彩杯”全民健身运动会,街道腰鼓队获中老年组第二名;撰写新闻信息稿件70篇,市级媒体刊发16篇。编辑出版第二部《张贵庄街道年鉴》。印刷出版《社区文化艺术展集》《构建和谐社区打造首善之街2012印象张贵庄》图册。

完成换届选举任务,产生新一届社区两委班子;与驻街71个企(事)业单位建立共建关系,解决社区难题57个,为居民办实事278件;落实工会工作,建会128家,签订工资集体协议156份,和谐企业70家,各类培训289人次;建立困难职工档案67份,为4名困难职工捐助帮扶款7100元;对625家企业进行全面核查。

(吴俊侠)

丰年村街道

丰年村街道位于东丽区西南部,地处城乡结合部。东至津塘公路四号桥河,西接外环线,南至津塘二线,北到京山铁路线。龙廷路、富安路、丰安路贯穿南北,津塘路、津塘二线横跨东西,轻轨新立站位于域内。2012年,街域面积5.50平方公里,辖7个社区居委会。总人口19904人。其中,户籍人口7568人,流动人口3633人,寄宿人口8703人。

1988年3月，成立东郊区丰年村街道办事处。1992年3月，更名为东丽区丰年村街道办事处。

2012年，有中小型企业228家，其中注册型102家，科技型16家，商贸类110家，注册资金2863万元，实现纳税1387万元。

协调解决石油楼141户居民冬季供暖，为常熟里社区114户居民更换自来水管道，修缮常熟里社区10栋旧楼房漏雨屋顶，为香港花园162户居民安装管道天然气。提升改造丰年北里主干道路及地下管网。协调市燃气集团更换泰兴里社区600余户居民燃气管道。

清整环卫点位16次，出动460余人，车辆100余次，清理垃圾杂物250余吨。取缔富安路与津塘公路交口卖砂石料商贩，硬化地面600平方米，粉刷沿街立面300平方米。拆除龙亭里违法建筑21间300余平方米，硬化1500平方米，提升改造4个雨水井及排污井井口。拆除不规范牌匾5处，更换新型制式垃圾箱470个。整修石油楼外墙，拆除外置护栏100个，粉刷立面4300平方米，安装空调室外机罩74个。修复电大路破损路面300余平方米。街道被天津市卫生局评为市级爱国卫生先进单位。

安置就业330人，各类技能培训116人次，创建充分就业社区7个。发放救助金372.05万元。其中，低保救助金356万元，医疗救助金6.10万元，临时救助金5500元。发放优抚对象慰问补助金14万余元。为355名持证残疾人提供针对性服务，为319名残疾人办理意外伤害保险，对20位残疾人实施居家托养服务。为875名70岁以上老年人发放生活补助金21.80万元。为19户低收入家庭办理核减公房租金年审证明，为3户家庭办理限价商品房家庭收入核查证明，为16户家庭申请廉租住房补贴，为18户家庭申请经济住房租赁补贴。为55人申请灵活就业保险补贴，为4人办理城乡居民基本养老保险，为6名60岁以上老年人申请生活补助，为1100人更换社保卡。组织1833名育龄妇女健康查体，普查率83%，流动人口建档率100%，符合政策生育率100%。

推进平安社区建设，建成专职辅警队45人、流动人口协管员队12人、社区义务巡逻队120人、“平安天津志愿者”队224人、安全生产监督员队154人。接待上访1005人次，排查矛盾纠纷253起，调处化解248起，成功率98%。重新登记外来人口3888人。开展安全检查16次，全年辖区内无安全事故。

投资3万余元对丰安路、福安路等主干道路布置春节街景。开展“红色电影月”活动，为居民播放电影8场。举办街道第二届社区居民运动会，历时8个月，开展健步行等26个项目30余场比赛，参加活动1800人次。新建3处健身路径，申报8个体育星级站点。投资7万余元，建设50米科普宣传长廊。常熟里社区被东丽区科技活动周组委会评为市、区两级科普示范社区。

完成社区居委会和基层党组织换届，对社区两委班子成员培训4次。开展入党积极分子和预备党员培训，发展新党员5名。开展“创先争优，服务居民”主题实践活动，解决29个热点难点问题。新建10家企业工会组织，与69家企业签订工资集体协商协议，覆盖职工307人。

（吴俊侠）

2012年5月初，丰年村街道丰安路上建成百米科普长廊

（摄影：马塾琴）

无瑕街道

无瑕街道位于东丽区东南部，东邻滨海新区胡家园街道，西靠军粮城街道，南隔海河与津南区葛沽镇相望，北依京山铁路，地处滨海新区规划范围内。津塘公路、津滨轻轨、津塘二线贯穿全街。驻有天津钢管股份有限公司、中国一重集团天津重工有限公司、天津钢铁有限公司等国有大型企业。2012年，街域面积21.86平方公里，辖15个村民委员会，5个居民委员会。总人口79595人。其中，户籍人口31902人，流动人口43272人，寄宿人口4421人。

街道原名李庄子人民公社。1983年3月，建立东郊区李庄乡。1992年3月，更名为东丽区李庄子乡。1993年12月，撤乡建立无瑕街道办事处。

2012年，实现地区生产总值64亿元，比上年增长27.6%；三级财政收入8.27亿元；增长22.3%；街级财政收入1.92亿元，增长20.6%；固定资产投资24亿元，其中生产性固定资产投资22.50亿元；工业技改投资14.50亿元，增长26%。

完成工业总产值316亿元。楼宇经济型企业216家，累计注册资本24.50亿元，纳税1.66亿元。通过天津市科委复核备案企业73家，认定科技型中小企业201家，科技小巨人企业17家，实现税收1.28亿元。新引进楼宇注册企业72家，新增注册资本1.97亿元，其中注册资本1000万元以上9家。中冶天管钢铁渣粉、海滨圣地钢绞线、金鑫冶金耐火材料、星钢石油钢管钻接4个项目相继投产。滨海无瑕农业生态园被市农委批准为天津市无公害农产品示范基地、天津市旅游特色点，实现净收益540万元。

完成新五、西地、老袁、翟庄、西窑等11个村集体经济组织产权制度改革和户籍制度改革。成立天津滨海新瑞投资开发有限公司、苏腾资产管理有限公司、朝瑕资产管理有限公司、羽佳资产管理有限公司、圆茂资产管理有限公司、丽瑕资产管理有限公司、乐聚资产管理有限公司、益东资产管理有限公司、晓北资产管理有限公司、盛北资产管理有限公司、官鑫资产管理有限公司。李庄村和杨泊村完成“三改一化”工作表决以及股东代表委托，小宋村、新袁村开始启动“三改一化”工作。完成农转非3789户8544人。

安置就业950人，劳动力培训990人。累计发放农村低保113.44万元，215户453人受益；城镇低保114.91万元，280户646人受益；1099人享受城乡居民基本医疗保险；发放优抚抚恤费96.57万元；为735名残疾人办理意外伤害保险；发放残疾人生活补贴4.68万元；发放困难家庭慰问品价值54万元。为1477名70岁以上老年人发放生活补助413.69万元；为6320名16周岁以下独生子女家庭上安康保险6.32万元；为5215名育龄妇女查体，查体率80%。承办东丽区第二届农村劳动力职业技能大赛，设叉车司机、电焊工、起重机驾驶员、电工、家政服务员5个工种竞赛项目。40人参加，17人获得奖项，包揽天车组一等奖、二等奖、三等奖。

出动执法人员250人次，清除破旧布标60幅，粉刷涂鸦58处，拆除违法广告牌匾36块，违法建筑21处140平方米，清理集装箱21个、市场内废品收购站2处。清理新袁、小北、官房3个未拆迁村沟渠1000延米，清扫路面1.10万平方米。投资765万元建立垃圾转运站。无瑕花园农贸市场投入使用。

投入资金10万元，改造综治信访服务中心。接待信访案件194件。其中，咨询类问题176件，处理矛盾纠纷问题18件。街道专职巡逻队员67名，1000余名平安志愿者23个分队。6名治安巡逻保卫工作志愿者排查14个重点地区和部位、20个村（居）、2个繁华路段、2个集贸市场和2个治安重点地区和部位。为农民工上门服务16次，办理居住证271个。小北庄村投入10万元在重要地段安装摄像头18个，实行全天24小时监控。

（吴俊侠）

2012年6月17日，东丽区第二届农村劳动力职业技能大赛比赛现场
（摄影：赵莉莉）

万新街道

万新街道位于天津市中心城区和滨海新区之间，东与天津滨海国际机场相连，西邻河东万达广场，南靠海河，北邻卫国道。东南半环快速路、津滨大道、成林道、津塘公路贯穿辖区。2012年，街域面积27平方公里，辖12个村民委员会(已撤12个村委会，建立社区管委会)，18个社区居委会，5个城市公司。总人口154207人。其中，户籍人口40077人，流动人口70218人，寄宿人口43912人。

街道原名东郊区万新庄人民公社。1983年1月，建立东郊区万新庄乡。1992年3月，更名为东丽区万新庄乡。1993年6月，撤乡建立东丽区程林街道。2005年8月,更名为东丽区万新街道。

2012年,实现地区生产总值61.70亿元,比上年增长32.4%,三级财政收入35.08亿元,增长17.56%;固定资产投入69.55亿元,增长72.75%;内联引资43.48亿元。

认定科技型企业100家,累计认定203家,赛特测机有限公司、瑞中特种电工材料有限公司、万新建筑安装工程有限公司3家通过天津市科技小巨人企业认定,其中赛特测机有限公司通过市级企业技术中心认定。

完成汇城广场商业六层及A座塔楼外檐施工,B座塔楼主体封顶,完善万新大厦建设手续及整合收购前的项目审计评估;上海烟草集团天津卷烟厂二期技改项目竣工投入使用;顺景都市大酒店融资5000万元,实施内部装修。汉拿商业设施2.20万平方米实现主体封顶。

拆除南片詹庄、潘庄、辛庄、冯口、杜庄、吴嘴6个村民宅、公建和违章建筑296户320余套。其中,公建37处2.86万平方米,民宅6处1204平方米;北片南程林还迁地块77户民宅签订拆迁协议;环外36.14公顷绿化带土地交付天津市土地整理中心;北程林还迁地块民宅签订拆迁协议6户;增兴窑还迁地块签订拆迁协议146户;杨台公租房项目民宅签订拆迁协议14户,公建企业1处,还迁住宅建设项目38栋楼主体封顶。粮食局宿舍签订拆迁协议13户。拆除海河东路范围内公建企业2处,民宅4户。拆除雪莲南路民宅11户852平方米。

推进成林道和昆仑路道路两侧提升改造,粉刷墙体13.32万平方米,房屋改形4.73万平方米,规范牌匾1.05万平方米。新建津滨大道两侧围墙1050延米、规范牌匾1123平方米、安装景观风挡3427延米、墙体补灰7400平方米、粉刷3.19万平方米。取缔成林道和昆仑路增兴窑段废品回收站点21个。完成13次卫片治理工作,拆除各类违法建筑2.10万平方米。完成新丰里、荟臻里、程林东里10片59栋老旧楼区整体提升改造。疏通更换下水管道3.04万延米,改造排水管网3763延米,维修楼间甬道2650平方米,居民受益3984户。建成雪山路融盐站1座,面积700平方米。

开发公益性岗位280个,安置就业1200人,帮扶失地农民自主创业290人。发放各类救助金1918.40万元,为59名重点优抚对象发放优抚金56.56万元,为1616名70岁以上老人发放生活补助441万元,为149名无丧葬补助居民申领发放丧葬补贴34.70万元。免费为全街残疾人办理商业意外保险,为25名残疾人安排就业,为24户残疾人申请办理康复机械进家庭,为10名智力残疾适龄儿童安排特教。为130人发放失业保险金10.08万元。办理社保卡2063张。计划生育率99.2%,综合节育率90.5%。

完成村、居党组织换届,培训120名基层两委干部。开展建党91周年活动。新增非公企业团组织20家,发展新党员23名,表彰创先争优活动专项优秀党员6名。其中,市级1名,区级5名。在企业中建会79家,建制211家,A级和谐企业108家。街道总工会协同区人力社保局、团区委、区妇联,举办实用技能技术、健康知识讲座、工会基础理论等培训班9期,1500人参加。

(吴俊侠)

改造后的成林道

(摄影:魏同婧)

新立街道

新立街道位于东丽区中心位置,地处城乡结合部。东邻军粮城街道,西与万新街道接壤,南邻海河,北靠金桥街道。天津滨海国际机场、海河高新区坐落域内,津滨高速、津塘公路、津北公路、津塘二线、京山铁路、津滨轻轨贯穿全街,建设中的津秦高铁穿街而过。2012年,街域面积66.60平方公里,辖27个村民委员会(已撤5个村委会),3个居民委员会。总人口228664人。其中,户籍人口90897人,流动人口130555人,寄宿人口7212人。除汉族外,还有回、满、朝鲜等少数民族。

街道原名新立村乡。1958年8月建新立村人民公社,同年10月划归天津市河东区,称新立村管理区。

1962年2月由河东区划归东郊区，称新立村公社。1981年8月所辖13个居委会划出，组建张贵庄街道办事处。1983年7月，新立村公社撤销，分别建立新立村乡和么六桥乡。1993年6月撤乡建镇。2001年4月，撤镇建街。2001年10月，小东庄镇并入新立街道。

2012年，实现地区生产总值85.80亿元，比上年增长29.4%；三级财政收入8.89亿元，一般预算收入2.95亿元；固定资产投入43.60亿元；内联引资59亿元，实际利用外资0.78亿美元；招商引税1.25亿元；工业销售收入179亿元。

宜家家居商场、红星美凯龙项目正式开业。天津金日久建材科技股份有限公司、三众机械制造有限公司、澳德添加剂制造有限公司、钒钧科技发展有限公司4个项目投产。安塞密项目2万平方米厂房竣工投产。昊雄钢铁物流集团有限公司大厦项目完成竣工验收申报。天津铁路信号厂与武汉英康汇通电气公司签订战略协议共同研究转化微型涡轮发电机。天津市精美特表面技术有限公司与兰州大学合作建设精美特公司污水处理再利用研发中心、兰州大学人才基地挂牌。中国煤炭科工集团有限公司计划建设水煤浆工程技术实验室项目，10月正式揭牌投入使用。引进国家铁路电源研发中心和中煤科工集团建立区域工程技术实验室。认定科技型中小企业95家，新引进89家，转化6家，完成4家小巨人企业备案审批。天津市浩利达科技企业孵化器有限公司、鸿鑫物流有限公司等楼宇载体引进楼宇总部企业205家，注册资金5.50亿元。

新立新市镇还迁区拆迁启动，还迁范围涉及顾庄、翟庄、西杨场、新立、崔家码头5个村，安置占地面积132.47万平方米，项目东至驯海路、南至海河、西至外环线、北至先锋东路。翟庄、顾庄2个村搬迁企业22家，拆除厂房10.30万平方米，清理农田9.16万平方米，拆除违法建筑3.20万平方米，开工建设60万平方米还迁楼。军粮城新市镇二期14个村完成社保测算、安置地块拆迁测算复核工作。张贵庄村和崔家码头村城中村改造，涉及3704户9359人。张贵庄村还迁楼一期工程26栋楼10.70万平方米竣工。二期工程43栋楼，其中33栋封顶、6栋在建、4栋准备开工。崔家码头村智慧城2098套还迁楼开工建设。

安置就业2848人，技能培训1402人，举办招聘会8场，签订就业联盟企业60家，安置十类就业困难群体135人，其中享受灵活就业保险补贴116人。培训农村劳动力1340人，培训失业人员1206人，创建充分就业社区(村)8家，巩固充分就业社区(村)15家。75%以上村建立劳动保障工作站，有劳动能力和就业愿望劳动者就业率95%以上。为937户低保家庭发放1143.60万元，为119户因病受困家庭发放147.30万元。为138名优抚对象发放抚恤金220.80万元。街道社区综合服务中心投入使用。

拆除津塘公路宜家段违章建筑4600平方米，广告牌匾2564平方米，更新牌匾312平方米，粉刷立面1.87万平方米，拆除津塘二线外环线至开发区二经路广告牌匾1600平方米，粉刷立面1.82万平方米。27个村成立保洁公司，保洁人员320人，保洁面积165万平方米。

(吴俊侠)

金钟街道

金钟街道位于东丽区西北部，地处城乡结合部。东、南两面与华明街道相连，西侧与河北区接壤，北隔新开河、金钟河与北辰区为邻。外环线、京津塘高速公路、津蓟高速公路、津宁高速公路、金钟路、津蓟联络线、跃进路、杨北公路贯穿全街。2012年，街域面积45.30平方公里，其中耕地面积12.50平方公里，辖9个村民委员会。总人口140927人。其中，户籍人口39263人，流动人口96928人，寄宿人口4736人。

街道原隶属天津县。20世纪50年代，隶属河北省天津市河北区，名为兴淀人民公社。1964年，建立天津市东郊区大毕庄公社。1983年，建立东郊区大毕庄乡。1992年2月，更名为东丽区大毕庄乡。1993年，撤乡建立大毕庄镇。2007年9月，撤镇建立金钟街道。

2012年，实现地区生产总值69.68亿元，比上年增长36.9%。三级财政收入4.16亿元；区级一般预算收入1.42亿元。固定资产投资61.92亿元，增长29.8%。实际利用内资32.81亿元，增长18.5%。楼宇经济税收1.83亿元，增长61.9%。工业总产值102亿元，增长30%。工业技改投资3.88亿元，增长68.7%。

认定科技型中小企业115家，培育正天医疗器械、天津国电津能等4家科技小巨人企业。与华中农业大学、工业大学建立科技项目扶持机制，提出建立动植物检验检测、食品产业化设计、电液伺服控制试验等多个联合研发平台新思路。依托街属金投、金旺2家市级孵化器服务体系，引进迈克尔科技、和兴纺织机械2家具备行业领先技术研发生产机构入驻金钟科技园。新增楼宇企业613家，实现楼宇税收1.83亿元。

竣工金钟科技园二期项目5.40万平方米，建设津亚伟业物流园3万平方米；泰达垃圾发电厂项目主体1.20万平方米完工，设备安装到位并调整试运行；天津市物流货运

天津国电津能东北郊热电厂

(摄影:孙　超)

中心商务楼宇建设项目主体完工;编制完成金河低碳科技园规划方案,委托市规划设计院进行控规编制;亿联总部大厦和渤海创业园前期规划手续开始办理。

安置就业1420人,组织汽车驾驶、叉车、保洁、针织等培训班18期,培训916人。累计发放农村低保69.60万元,城镇低保151万元;2007人享受城乡居民养老保险;3322人享受农村退养补助797万元;为2119名60岁以上老年人发放生活补助165.30万元;发放社保卡894张;为350人次报销城乡居民基本医疗保险费205.40万元;发放优抚抚恤费101万元;为1114名残疾人办理意外伤害保险,为享受低保待遇残疾人发放生活救助金8.40万元。开展育龄妇女生殖健康普查活动,计划生育率98%。为8514名育龄妇女免费查体,普查率80.32%。检查辖区农工商企业5109家,查出安全隐患1607处,限期整改61家。

出动环境综合治理人员6000余人次,各类工程车辆2000余台。清除南何庄垃圾场、大毕庄垃圾场以及春江里、“三网一灯”宿舍、惠天小区5000余吨垃圾。清理杨北公路两侧广告牌480平方米,粉刷沿街商户外沿2000平方米。推进徐庄地区市容环境综合整治工作,关停物流企业1985家,拆迁建筑物4.13万平方米,完成交通道路路口封堵,建过街天桥2座,修建导行路2条。

清理整治辖区40家“黑网吧”,走访居民5652户次,商铺、摊点1529个次,新登记暂住人口1.99万人,开展打击吸毒、盗窃等违法犯罪活动20余次;坚持对街域“两劳”释放人员帮教工作,组建9支治安巡查队伍,发案率下降10%。接待来访73批次211人次,其中集访8批次131人次,结案率100%。

完成8个村委会和9个村党组织换届选举工作,完善街道党委自身建设、党建工作、机关内部管理等10余项规章制度。发展新党员18名,组织积极分子培训班1期,培训31人。上报信息简报398篇,被市级媒体采用19篇,区级媒体采用232篇。组织开展“少儿书屋”、“六进乡村”、“学雷锋志愿服务”等精神文明活动10余场,参加人员400余人次。

(吴俊侠)

华明街道

华明街道位于东丽区中北部,东邻滨海新区,西依万新街道,南与金桥街道、军粮城街道接壤,北连金钟街道及宁河县。天津空港经济区、东丽湖温泉度假旅游区、天津滨海国际机场坐落街域。2012年,街域面积156.20平方公里。其中,华明示范镇占地面积561.80公顷,华明工业园区用地面积1000公顷。辖14个村民委员会(已撤4个村委会),7个社区居委会。总人口115648人,其中户籍人口51037人,流动人口52623人,寄宿人口11988人。耕地面积3033公顷。

街道原名荒草坨乡。1962年2月,建立东郊区荒草坨乡。1993年2月,更名为东丽区荒草坨乡。1994年11月,撤乡建立华明镇。2001年10月,撤销赤土镇,将其并入华明镇。2006年10月,撤镇建立华明街道。

2012年,实现地区生产总值63.30亿元,比上年增长33%;固定资产投入90.95亿元,增长26%;三级财政收入6.54亿元,增长25%;一般预算收入2.35亿元,增长34%;内资到位额56.40亿元,增长9%;外资到位额1亿美元,增长214%;外贸出口额1900万美元,增长19%;工业总产值121亿元,增长25%;楼宇经济税收2.22亿元,增长34%。

投资12亿元引进特种车辆研发制造基地和天津市电力公司物资供应基地2个项目;发挥华明低碳产业基地和清华科技园天津分园资源优势,引进包头稀土研究院天津分院、北京圣富源科技有限公司、百顺松涛(天津)动力电池科技发展公司、乐威(天津)医药科技发展有限公司等14家国家级科研院所和科技型中小企业。加快EOD总部港、北方园林产业基地等10个项目区

2012年2月16日，市政府副秘书长于忠诚(前排右一)视察清华科技园

(摄影：李彦武)

招商步伐，引进中铁十六局二分公司、浙江宝业工程建设有限公司等85家企业，注册资本金22197万元。

完成涉及天津滨海国际总部商务园一期部分区域、天津市电力公司物资供应基地、天津丽川电力装备制造有限公司、华丰路、华裕路等项目土地征转56.82公顷，挂牌出让38.50公顷，累计投入12.40亿元完成7.30平方公里基础设施建设，建成道路25公里，自来水管网35公里，雨、污水管网42.30公里，雨检查井800个，污检查井1400个，绿化35.30万平方米，种树10.80万株，建成35千伏变电站1座、污水处理厂和雨水泵站1座。

华明工业园区实现生产总值19.20亿元，固定资产投入59.30亿元，三级财政收入4亿元，内资到位额24亿元，外资到位额3120万美元，楼宇企业税收1.50亿元。3月15日，华明工业园区在全市31个示范工业园区综合考核中再次名列前茅，被评为天津市优秀示范工业园区。

完成4.91万人成员资格认定工作，认定4.83万人，完成比例98.49%，740人正在外调核实。1.58万农户填写农转非申请1.51万户，转非比例96%。完成14个村清产核资工作，净资产总计16.20亿元。改制后公司通过工商注册，选出561名股东代表、63名董事会成员及46名监事会成员。制作发放《三改一化》宣传册1.80万份。

按照市长黄兴国“探索建设村镇银行新模式，服务农村经济发展”指示，5月28日成立华明村镇银行。年内，华明村镇银行累计发放贷款67笔，涉及金额4亿元，按时还款率100%。存款余额70029万元，贷款余额58036万元，实现利润2035.61万元，涉农贷款51433万元，小微企业贷款55505万元。股本由1亿元增加到5亿元。截至年底，拥有华明总部、张贵庄支行、军粮城支行3家营业网点。

为困难户、应届困难大学生发放临时补助14万元，大学生救助金5万元。累计发放民政事业费635.20万元，发放70周岁以上高龄生活补助2.55万人次551万元。投入双拥优抚慰问资金66万余元。为212名重度残疾人办理城镇医保，为1931名残疾人办理意外保险，办理82例残疾人助行车燃油补贴，发放补贴款21320元。城乡居民医疗保险，村民参保率100%。开展育龄妇女健康查体7424人，普查率81.1%，计划生育率98.1%，综合节育率93.4%。发放独生子女证184册。

接待上访1400人次，答复率100%，按期办结率100%，群众满意率90%。收到书记信箱来信61封，涉及选房、人员资格界定、小户型、家庭困难、社区管理、土地受益款6类问题，答复率100%，满意率95%。强化社区治安，创建“平安社区、平

2012年9月1日，中央财经领导小组办公室副主任、中央农村工作领导小组办公室主任陈锡文(前排左二)一行考察华明村镇银行

(摄影：李彦武)

安校园、平安企业”，推进“平安华明”建设。改造提升域内800余个监控探头，启动5个物业公司监控设备，设置300个巡更点。

（吴俊侠）

军粮城街道

军粮城街道位于东丽区东部，东邻塘沽和无瑕街道，西与新立街道、金桥街道接壤，南邻海河，北靠东丽湖。津北公路、杨北公路、津塘公路、京山铁路、京秦高速铁路、京津城际铁路延长线、津滨轻轨、京津塘高速公路、津滨高速公路横贯街域。街域大部分坐落滨海新区内，是滨海新区的重要组成部分。2012年，街域面积77.40平方公里，辖19个村民委员会，5个社区居委会。总人口125048人。其中，户籍人口52352人，流动人口71862人，寄宿人口834人。

街道原属宁河县。1956年建立高级农业生产合作社。1958年8月划归天津市河东区，建立军粮城管理区委员会。1961年8月，建立东郊区军粮城人民公社。1983年改为军粮城乡。1984年4月建立军粮城镇。1992年3月，更名为东丽区军粮城镇。2008年7月，撤镇建立军粮城街道。

2012年，完成地区生产总值51.20亿元，比上年增长21.2%；三级财政收入3.09亿元；街级财政收入1.06亿元。固定资产投资51.30亿元，增长20%；引进内资28.80亿元，增长29.7%；利用外资2505万美元，增长38.1%。

完成生产性固定资产投入15.30亿元，工业技术改造投资8.73亿元。帮助年销售收入2000万元以上的22家企业寻求市场突破，完成产值55亿元，占全街工业总产值39%。合并清理9家无资质企业。完成北京华诚永信工程管理有限公司、天津中厚矿业管理有限公司、北京中建协工程咨询有限公司注册，落户街道楼宇项目区，并开始经营。完成北京航空航天大学下属的北京中航腾翔科技有限公司民用无人直升机项目注册，进驻街道滨城公司厂房。完成中广汇铁路有限公司与天津工业大学铁路信号导向创新项目；宝丰混凝土有限公司与天津大学建立混凝土预应力研发中心项目；天津金立钢管有限公司与天津理工大学建立钢材研发项目签约工作。

4月12日，军粮城街道举办被征地农民2012年春季就业专场招聘会

（摄影：赵广荣）

军粮城工业园区完成广福商业中心、通钢大厦、中冶建工、滨城公司4个项目地块，17.40公顷土地整合工作。与园区8家企业洽谈协商其他相关15.80公顷土地整合事宜。打造滨城、丽兴园、立业园等总面积4.98万平方米楼宇项目区。完成销售收入88亿元，固定资产投资2.20亿元，技术改造投资1.10亿元；利用内资15亿元，实现税收1亿元。引进楼宇企业212家，实现税收2700万元。

完成山岭子村清产核资、资产评估、产权界定、资格认定等工作，成立东丽区山岭子资产管理有限公司，经山岭子村1345户代表推荐产生公司第一届64名股东代表，选举产生公司董事会成员5名，监事会成员3名，董事长1名。启动山岭子村、兴农村、大安村、永兴村、唐山村、民生村、一村村民户籍改革工作，完成4645户1.24万名农业户籍人员，完成调查、表决、公示及农业户籍转非农业户籍申报审批工作。

安置就业1649人。其中，企业安置1568人，自谋职业33人，灵活就业48人。116人领取失业保险金。举办劳动职业技能培训班24期，培训1031人次、16个专业工种。参加征地养老人员4793人，征地参保人员1.19万人，城保人员1.14万人。全面实施城乡居民基本养老保险和基本医疗保险。新增参加城乡居民基本养老保险164人，全街参保1603人。参加城乡居民医疗保险3.36万人。为246户519人发放最低生活保障金65.96万元，发放老年人生活补贴680.50万元，义务兵优待金57.22万元，退伍军人抚恤金135.36万元。为城乡低保、特困、五保家庭报销医疗费20.54万元，发放救助款13万元。

完成19个村基层党组织和12个村民委员会换届选举工作。举办村级干部任职培训班，培训33人次。组织党员专题教育活动5次，受教育700余人次。发展新党员19名，预备党员转正30名。在和顺园社区组建2个社区党支部。建立科级干部廉政档案36卷。对6名违法犯罪党员给予开除党籍纪律处分。

（吴俊侠）

金桥街道

2012年10月19日，金桥街道第二批“三改一化”工作动员部署会

（摄影：只炳利）

金桥街道位于东丽区中心地带，东与军粮城街道和新立街道接壤，西与天津滨海国际机场和新立街道毗连，南邻京山铁路，北邻天津空港经济区和空客A320项目基地。天津空港经济区及空客A320项目坐落街域。2012年，街域面积20.06平方公里，辖13个村民委员会。总人口36996人。其中，户籍人口13849人，流动人口22283人，寄宿人口864人。回族人口2964人，占总人口17.2%。

街道原属新立村人民公社。1983年9月，建立东郊区么六桥乡。1985年1月，撤销么六桥乡建立东郊区么六桥回族乡。1992年3月，更名为东丽区么六桥回族乡。2011年5月，更名为东丽区金桥街道。

2012年，实现地区生产总值21.90亿元，比上年增长31.53%；三级财政收入1.69亿元，增长60.7%；街级财政收入6431万元，增长100.6%；固定资产投资24.25亿元，增长39.9%；工业销售收入52.14亿元，增长18.12%；技改投入4.20亿元，增长38.28%；外资到位额2102万美元，增长39.76%。

驻街企业458家，注册资本10.07亿元。招商引税7975万元。纳税千万元以上企业2家。认定企业142家。其中，科技型中小企业56家，科技小巨人企业4家。投资3.14亿元完成7个重点项目建设。川铁集团能馈式牵引力控制系统项目投资4000万元，投入试生产；滨海辐照二期项目投资3000万元，设备试运行；蓟汕联络线项目投资1.50亿元，完成3家企业2万平方米拆迁补偿工作，完成3500米道路施工；金桥商务楼宇总部项目投资3400万元，购置4000平方米商品楼，69家企业注册；航宇科技企业孵化器项目投资6000万元，建成生产面积2万平方米的科技企业孵化器，完成注册手续；金桥科技园地块整合项目完成注册并签订框架协议；航空科技研发中心项目进入施工招标阶段。

流芳台村在全区率先开展户籍制度改革试点工作，召开三委联席会议、党员会议、村民代表会、股东代表会15次，街、村干部2次深入全村575户进行政策宣传引导，接待来访咨询120次。流芳台村户籍制度改革入户表决通过率100%。街道推广流芳台村户改经验，完成大新庄、么六桥、三合庄、流芳台、向阳5个村户改任务。5个村有农业户2247户，同意率97.19%，农业人口5768人，同意率97.3%。5个村户籍转非资料通过公安东丽分局审核。启动第二批大东庄、窦家房子、刘辛庄、中心庄、骆驼房子、穆家台、双合、郭家台村产权制度和村民户籍改革工作。

召开7次招聘会，安置就业770人，新增十类困难人员就业27人。举办电工、叉车、营养配餐等11个工种培训16次798人，妇女就业培训33人。累计发放农村低保25.50万元，23户55人受益；发放城镇低保25.30万元，27户67人受益；9928人享受保险；538人享受城乡居民养老保险664.90万元；146人享受农村退养补助28.80万元；为756名70岁以上老人发放生活补助155.50万元；为122人次报销城乡居民基本医疗保险费29.14万元；优抚抚恤费9.50万元；为135户困难户发放救助金51.70万元；开展“助残日”、“爱心捐赠月”活动，募集善款10.30万元，发放轮椅24辆；完成华明还迁区社区综合服务中心建设，新建残疾人康复站3个。计生服务站提供服务2211人次。慰问47户退二胎指标、计划生育困难家庭。

保洁乔园、悦园、润园等9个还迁小区20万平方米,对4万平方米绿化面积实施养护。投入500万元,完成1200米管网主干管道铺设及配套工作。出动32车次,吸附污物90吨,清整城区污水管网。出动160人次,调用挖掘机25台次,铲车19台次,装卸车辆120车次,清理淤泥、渣土、生活废物850吨,沟渠2500延米。拆除违章建筑1500平方米,双违治理"零记录"。

集中宣讲党的十八大精神25场次,受教育群众790人次。邀请民航大学教授、区委党校教授4次授课,解读"临空经济"和市、区第十次党代会内容。组织68名科级以上干部和村级组织负责人赴广东考察学习改革经验。修改调整村级组织绩效考核办法。举办入党积极分子培训2期120人,发展新党员22人。

(吴俊侠)

西 青 区

概 述

西青区位于天津市西南部，境域地理坐标为北纬 38°51′~39°51′、东经 116°51′~117°20′，东与红桥区、南开区、河西区及津南区毗邻，东南与滨海新区大港相连，西与武清区和河北省霸州市接壤，南靠独流减河与静海县隔河相望，北依子牙河与北辰区交界。南北长 48 公里，东西宽 11 公里。2012 年，全区总面积 570.80 平方公里，其中耕地面积 13787.53 公顷。辖李七庄、西营门 2 街和杨柳青、张家窝、中北、辛口、大寺、王稳庄、精武 7 镇，包括 160 个自然村(含 11 个城中村)、56 个居委会。常住人口 761000 人，户籍人口 370729 人，其中农业人口 239580 人、非农业人口 131149 人，有少数民族 39 个 5031 人。

2012 年，西青区新一届政府按照“稳中求进、稳中求好、稳中求快”的总体要求，解放思想，奋力拼搏，高质量完成区十六届人大一次会议确定的年度目标任务。

综合实力进一步增强。积极应对宏观经济下行压力加大等不利影响，努力推动全区经济逆势上扬、高位增长。全区实现地区生产总值 612 亿元，比上年增长 22.2%；区级财政收入迈上百亿元台阶，达到 100.86 亿元，增长 23%；固定资产投资 763 亿元，增长 19.9%；农民人均可支配收入16477 元，增长 15.5%。主要经济指标继续位居全市区县前列，节能减排指标高标准完成全市下达任务。

产业结构进一步优化。农业持续提质。新增改造设施农业 533.33 公顷、高标准农田 1733.33 公顷，建成“放心菜”基地 733.33 公顷，新建养殖业示范园 4 个、种业基地 6 个。市级农业产业化龙头企业 15 家，新增农民专业合作组织 44 家，累计 159 家，曙光沙窝萝卜专业合作社被评为国家级首批示范社。工业加速提升。汽车及零部件等八大产业集群产值占规模工业比重提高到 65%，电子信息成长为工业第一大产业。战略性新兴产业增速 51%，其中新材料和高端装备制造产业增速 80%以上。新增规模以上企业 52 家，累计 569 家，年产值超亿元企业 210 家，超十亿元企业 30 家。“新宇”等 4 件商标被认定为中国驰名商标，全区驰名、著名商标分别达到 10 件和 80 件。服务业明显提速。服务业增加值增长 31%，占全区经济总量的比重上升到 43%；限上企业同比实现翻番，达 1004 家。运营中北永旺购物中心等一批大型卖场，建成希乐城少儿职业探索乐园等一批旅游新亮点，发展拉夏贝尔服饰公司等一批总部经济，引进蓝辰融资租赁公司等一批新兴服务业业态。6 个运营楼宇入驻企业 400 家、注册资金 34 亿元。全年接待国内外游客突破 1000 万人次，西青区被评为全国休闲农业与乡村旅游示范区。

项目建设进一步加快。全年新开工项目 345 个，计划总投资 682 亿元。新竣工项目 194 个，总投资 208 亿元，385 个“三级五类”重点项目基本建成，尤尼佳生活用品产业基地等一大批重点项目投产达效。项目引进再结硕果。全年新签约项目 382 个，计划总投资 1277 亿元，其中投资超 1000 万美元的外资项目 19 个、超亿元的内资项目 69 个。项目储备再蓄后劲。全区有在谈项目 333 个，计划总投资 938 亿元。组织参加“津洽会”、厦门国际投资洽谈会等招商活动，设立驻日本招商办事处和驻香港招商联络处，成立中国产业转移投资促进会天津分会，在上海、深圳、日本、德国等重点区域举办招商推介活动 36 场，新拓展各类招商中介机构500余家。

“三区”联动进一步推进。农村居住社区进展顺利。6个示范小城镇新增投资54亿元，新开工40万平方米，新竣工和主体封顶172万平方米；累计完成投资170亿元，竣工247万平方米，17个村4.90万人还迁入住。“城中村”改造快速实施，6个村1.50万人迁入新居。加快建设示范工业园区。3个示范工业园区全年完成基础设施投入8.40亿元，新增“七通一平”面积5.60平方公里，建成汽车工业区拓展区；累计实现销售收入390亿元，完成税收11.20亿元，增幅均超过40%；新签约项目51个，计划总投资245亿元。农业产业园区稳步提升。10个农业产业园区实现产值8.80亿元，增长32%；新增投资4亿元，智能温室和日光温室分别达到18公顷和1533.33公顷。建成张家窝镇食用菌休闲产业园和大寺镇农业绿生园。

改革创新进一步强化。金融改革有效推进，积极搭建银政、银企对接平台，探索实行融资租赁加理财的融资新方式，推动天津诺尔电气公司在天交所成功挂牌。新引进各类金融机构8家，累计42家。行政审批改革扎实推进，新增“立等可取”审批事项37个，现场审批率95%以上。农村综合改革有序推进，中北镇被纳入全市第二批“三改一化”试点。科技创新成效显著。新增科技型中小企业1008家、累计2308家，新增科技小巨人企业60家、累计221家；新增高新技术企业30家、总数超过80家。新注册生产力促进中心5家、总数18家，2家企业通过市级科技企业孵化器资格认定，成功创建1家市级工程中心。新开发市级科技成果85项，专利申请量超过3000件。人才工作持续加强。全面落实人才发展“十二五”规划，完善“1+6”人才政策体系，投入人才发展资金3300多万元，增长20%。引进培养创新创业人才182人，资助人才项目51个、高层次和急需紧缺人才50人。全年培训各类人才4.30万人次，举办北京大学高级管理人员EMBA研修班。全区入选市“131”创新型人才培养工程121人、市高层次人才2人，享受国务院特殊津贴专家1人。

环境面貌进一步提升。城镇规划日益系统化。完善提升《西青区总体规划》，修编《西青区土地利用总体规划》，编制《西青区基础设施建设规划》和《西青新城综合交通规划》，构建新城“二环七横七纵”的路网交通体系。完成郊野公园总体规划和区体育场改造、“三馆合一”建设设计方案，编制提升赛达大道、南运河等重点区域城市设计。基础设施日益城市化。建设高泰路、青静路等一批城镇道路，翻修改造王埠路等11条乡村道路。建成大寺污水处理厂二期工程，新铺设雨污水管道103公里，新建雨污水泵站11座，全区污水集中处理率85%。新铺设燃气管道122公里、供热管道79公里。积极协调配合陈塘庄热电厂搬迁、纪庄子污水处理厂迁建等一批市重点工程建设，地铁2号线、3号线建成通入区境。环境建设日益生态化。编制《西青区生态文明建设规划》，启动生态文明建设试点工作。巩固发展“奋战900天”市容环境综合整治成果。新增造林面积553.33公顷，栽植乔灌木102万株，建成张家窝镇滨河休闲公园等一批公园绿地。市级卫生村和文明生态村分别达到135个和51个。加快推进清水工程，加大污染减排和环境治理力度，空气质量好于二级良好天数占有效监测天数85%以上。

民计民生进一步改善。总投资36亿元的10项民心工程全面落实。新增就业2.65万人，其中转移农村富余劳动力6775人，城镇登记失业率控制在3.5%以内，保持零就业家庭动态为零。严格执行最低工资标准，工资集体协商覆盖企业3567家、职工14.60万人。进一步提高城乡低保、农村五保供养、低保家庭子女助学金等标准，开办“民政致富营”，着力为残疾人办好10件实事。新建老年日间照料站和老年食堂各10个，虚拟居家养老服务5260人，西青区获评全国养老服务示范单位。文化惠民工程丰富多彩。免费开放区文化馆和图书馆，提升杨柳青年画馆，推动霍元甲武术馆建设，新建8个街镇文体中心、9个人口文化园，充实149个农家书屋。实施“2131”电影放映工程，圆满承办第十二届世界精武武术文化交流大会。杨柳青等5个街镇被命名为天津市民间文化艺术之乡。社会环境保持和谐稳定。健全社会稳定风险评估机制，加强社会治安综合治理，完成党的十八大、夏季达沃斯论坛等重要会议和重大活动期间的维稳安保工作。有效抵御强降雨等自然灾害。强化药品监管，建成食品安全三级监管网络，实施放心食品系列工程，西青区被评为全国餐饮服务食品安全示范区。扎实开展生产安全、消防安全、校园安全等领域的安全大检查，完善突发事件应急处置机制。

政府自身建设进一步加强。自觉接受区人大和区政协监督，办理人大代表建议和政协提案87件，满意率100%。主动公开政府信息700余件，处理依申请公开21件。通过“公仆电话接待日”、“区长信箱”和“政民零距离”等平台办理群众诉求3000余件次。广泛开展“调结构、惠民生、上水平”活动，组织310名机关干部深入基层和企业开展帮扶，解决各类问题298个。

（王富盛）

西青区区级领导名单

中共西青区委领导名单

书　记:周家彪

副书记:王学旺　杨茂荣

常　委:周家彪　王学旺　杨茂荣　杨令生　杨　震　杨　光　左建平　陈　川　刘　红(女)　杨洪跃　兰　强

西青区人大常委会领导名单

主　任:王宝仁

副主任:于之河　肖培芝(女)　勾树松　赵春跃　姜美武

顾　问:于茂珍(女,7月退休)　高秀冬(女,10月退休)　徐世魁(7月退休)

西青区政府领导名单

区　长:王学旺

常务副区长:杨令生

副区长:杨洪跃　李治阳　刘启阁　高　艳(女)　王　强

区长助理(副区长级):龙亚伟　杨祥林　刘金洪

政协西青区委员会领导名单

主　席:燕连玉

副主席:胡有刚(10月任正局级非领导职务)　高向军　韩晓华(女)　郭宝印(不驻会)　史　津(不驻会)　刘　强(不驻会)　万国普(不驻会)　张庆梅(女,不驻会)

顾　问:周学九　孙秀华(女,7月退休)

(区委组织部提供)

政治建设进一步加强　2012年,中共西青区纪委制定下发《西青区关于廉政风险防范管理工作的实施意见》,召开现场会,总结经验,分析问题,研究解决办法。全区各单位查找廉政风险点5310个,编制流程图907套,制定完善制度675项。构建动态预警机制,对涉及人、权、钱事项的重点岗位、重点人员进行重点监控。完善廉政谈话、预警谈话制度,做到早提醒、早防范。区委组织部门在干部选任中坚持做到“三看”:一看德,二看干,三看果,切实把干部的德和工作实绩作为选人用人重要标准。指导教育、法检系统开展竞争上岗,采用差额遴选方式选拔产生团区委书记人选,通过竞争方式选拔产生处级干部占提拔总数的53.8%。深入落实“十二五”人才规划,注重人才引进及政策兑现,组织开展人才工作宣传月活动,确定32名人才为区级党政干部重点联系对象。区委宣传部门开展“党组织书记讲党课”活动,组织区、街镇、村(社区)三级宣讲团讲党课200余场,累计听众万余人次。深化精神文明创建,组织开展第三届“感动西青”十佳人物评选活动、“天津精神”宣传阐释活动、“传承雷锋精神、弘扬文明新风”主题活动,以及“天津美丽乡村”大型电视评选活动,通过活动李七庄街王兰庄村、大寺镇王村荣获“天津美丽乡村”称号,水高庄村荣获“天津特色乡村”称号。深入推进区文明村、文明小区、未成年人快乐营地创建活动以及“同在一方热土,共建美好家园”活动。

(李　刚)

农业生产能力显著提升　2012年,西青区落实中央和天津市各项强农惠农政策,累计投入区级以上财政扶农资金2.24亿元,全区设施农业水平明显提高,在5个重点镇、10个农业园完成899.90公顷种植业设施提升改造任务,全区种植业设施面积增加到14534.92公顷,农业综合生产能力显著提升。投资

2485万元，完成杨柳青镇、王稳庄镇生猪养殖示范园区，大寺镇奶牛养殖示范园区和王稳庄镇水产品养殖示范园区建设。实施“放心菜”基地建设工程，建成放心菜基地1649.90公顷，其中核心区850公顷。按照“三区”联动统筹发展要求，农业产业园区完成投资20.40亿元，建成智能温室18.12万平方米，日光温室4230栋，农产品生产车间31.12万平方米，交易展示大厅11万平方米，各类景观设施40万平方米，农田道路23.70万平方米。围绕蔬菜、花卉、食用菌、果品种植、畜禽养殖、水产养殖等农业主导产业和农产品市场流通体系建设，产业化龙头企业25家，其中资产在千万元以上的23家。进入市级重点龙头企业行列的12家，进入国家级重点龙头企业行列的2家。全区登记的各类农民专业合作社159家，注册总资本2.23亿元，带动农户3102户。不断拓展农业功能，着力完善观光休闲农业，张家窝镇现代农业产业园、精武镇观赏鱼产业化示范园、李七庄梨园花卉市场被评为天津市旅游特色点。杨柳青庄园被认定为全国休闲农业与乡村旅游示范点。全区园区旅游综合收入1100万元。

（李　刚）

服务业长足发展　2012年，西青区服务业重点建设项目130个，计划总投资1457元，已开工104个。永旺商业中心、希乐城儿童体验中心、名众假日广场等大型商业项目相继建成开业。凌奥创意产业园三期、天安数码城、九策高科技产业基地等科技项目投入运营。挖掘服务业潜力，将指标任务分解到各街镇和开发区，逐月跟踪完成进度情况。抓好各类市场捆绑整合工作，在红旗农贸批发市场、集美家居开展统计试点工作，进行市场捆绑整合统计，盘活存量，做到应统尽统。落实扶持政策，为加快发展提供政策保障。修订完善《西青区促进服务业发展的扶持意见》，在原有政策基础上，增加对楼宇经济、企业上市融资、工业企业剥离等政策扶持，扩大了政策优惠空间，进一步优化了发展环境。落实《西青区促进服务业发展的扶持意见》和《实施细则》，对拉动辐射作用强、规模大、前景好及服务便民的项目和企业进行扶持和补贴。为津兰国际商贸中心、鑫瑞兴宇、中北永旺等重点项目申请补贴金额4845万元。按照服务业发展规划，落实资金145万元，推进封闭菜市场建设工作。

（李　刚）

工商行政管理　2012年，西青区有各类企业10272户，注册资金671.21亿元。个体工商户15762户。为促进企业发展，打造良好招商引资环境，区工商局实行“首问责任制、限期办结制、一次性告知制、绿色通道制”，实行24小时开门服务，提高服务时效。确定人员24小时服务，公开专线服务电话、传真和办公地点，接待企业和群众咨询。开通网上注册登记服务系统。加大对无照经营治理力度。全年引导办照837户，立案查处无照经营76户，确保市场主体增量。新增乐仁堂、太阳、新宇、COP、宝岛等中国驰名商标5件，新增天津市著名商标24件。提前完成《西青区商标发展三年(2010-2012)规划》任务目标。保证市场秩序繁荣稳定，加强市场监管，整治重点区域30处，捣毁制假售假窝点10处，查办各类案件257件，金额189.10万元，查获假冒伪劣商品30种。食品市场整顿活动中，组织专项行动14次，出动检查1635人次，检查经营户10256户次，查处销售过期食品案件11起，保证流通领域食品安全。维护消费者权益，受理消费者申(投)诉和举报1166件。至年底，申(投)诉举报全部办结，为消费者挽回经济损失72.05万元。

（李　刚）

群众文化活动　2012年，西青区开展迎新春联欢会、元宵节秧歌花会展演、元宵节大型灯展、民俗堂会等多项群众文化活动，传承了特色民俗文化，展示了西青广大人民群众良好的精神风貌。放映各类电影1788场，组织文艺大舞台固定演出30场，流动演出10场。举办戏曲曲艺艺术节，组织15场赛事。有280名选手参加各种赛事演出，这些选手分别来自西青区党政机关、街镇，以及各学校。在文艺大舞台欢乐西青行活动中安排9个街镇的专场演出，各街镇文艺骨干的精神面貌和艺术才华得到充分展示。开展街镇间文化交流展示活动，包括戏曲曲艺、专场演出、书画摄影、文化设施和花会汇演5项内容，通过文化交流展示活动，促进各街镇文化繁荣。书画摄影文化展示，来自9个街镇的150幅书画、摄影作品参展，邀请专家以街镇为单位进行评奖。花会汇演文化展示，有来自9个街镇的18支队伍，包括9支150人以上的基础队伍和9支30人至50人的特色队伍共2000余人进行表演。文化设施展示以查看材料、听取汇报和实地考察的形式，对各街镇文体中心、农家书屋利用情况和文化队伍活动情况等进行评比。

（李　刚）

文化遗产保护　2012年，西青区加强对第三次文物普查中新发现文物保护力度，完成张家窝镇小甸子村菩萨庙等新发现文物进行的测绘，绘制建筑平面、立面、剖面图纸及相关节点详图和复原三维效果图。“寻根大运河”文化发掘工作取得明显成绩，在河北省东光县收集到爱国武术家霍元甲家族《霍氏家谱》等一批文史资料。做好大运河申遗准备工作，制定《西青区大运河保护和申遗实施方案》。完成西青区传统村落调查工作。在全区范围内进行深入普查。走访普查草编柳编技艺、永乐高跷、西马高跷、曹庄法鼓会、香塔老会等多个文化遗产项目，在此基础上公布《西青区第二批非物质文化遗产名录》，包括6个类别13个项目。组织推荐杨柳青风筝等4个项目申报第三批天津市非物质文化遗产代表性项目。杨柳青镇(民间花会)、中北镇(合唱)、大寺镇(舞蹈)、西营门街(曲艺)、李七庄街(书法、绘画)5个项目单位被命名为天津市民间文化艺术之乡。由于文物保护工作业绩突出，区文广局文保所被评为全国文物系统先进集体，是天津市唯一获此殊荣的文物保护单位。

(李　刚)

旅游工作量质并提 2012年，西青区成功举办第三届京津冀旅行社媒体看西青活动，组织天津市知名旅行社到区内景点考察。联合平面及电视媒体制作发布旅游专题，组织区内9家A级旅游景区加盟“畅游天津”旅游年票，密切与北京市、河北省旅游主管部门、旅行社、新闻媒体联系合作。完成西青旅游宣传口号和形象标识征集活动。增加西青旅游网英文和韩文频道。重点推出5条休闲农业与乡村旅游精品线路，着力宣传一日游及两日游市场。赴韩国、澳大利亚和港澳地区进行主题推广，组团参加国内、国际旅游交易会、北京国际旅游博览会和第七届台北旅游展，扩大西青旅游品牌知名度。相继策划举办第九届杨柳青民俗文化旅游节、第十二届世界精武武术文化交流大会、第八届大柳滩桃花节、第四届西青金秋旅游节暨百万市民游津城——走进西青启动仪式，以及曹庄花卉旅游节、峰山药王庙会、沙窝萝卜节、张家窝冬枣节等。结合小长假和黄金周，协助策划“荷塘月色”水高庄园荷花节、水高庄园葡萄采摘节、杨柳青庄园戏水消夏节等特色活动。西青区旅游活动的数量、内容、形式、质量均实现新提升。

(李　刚)

素质教育全面推进 2012年，西青区教育系统开展各项育人活动，促进学生全面而富有个性的发展。召开“西青区心理健康教育指导中心”成立大会，成立区级、校级心理健康教育指导中心。拟定《西青区中小学心理健康教育工作评估方案》，开展中小学心理健康教育先进学校评比，杨柳青一中、区实验小学、张家窝中学、天津师范大学第三附属小学被评为市级心理健康校，同时评出4所区级先进校。召开纪念五四运动93周年暨建团90周年表彰大会。开展“从心启程，关爱老人——第13个中国青年志愿者服务日主题志愿服务”、“红领巾心向党——学先锋、找榜样、争四好”全国统一主题队日以及“手拉手”送温暖活动，引导青少年树立崇高理想，端正人生观价值观。广泛开展“体验本土文化，争当红领巾小导游”主题教育实践活动，增强少年儿童爱党、爱家乡、爱社会主义祖国的朴素感情。持续开展阳光体育活动，举办西青区中小学秋季田径运动会、西青区第二届中小学阳光体育活动冬季长跑比赛；选派50名运动员参加天津市中小学田径锦标赛，获中学、小学组6枚金牌。召开西青区中小学阳光体育活动现场会。

(李　刚)

就业工程深入实施 2012年，为早日解决企业用工难问题，西青区有关部门与鑫茂科技等40余家企业建立就业联盟，借助项目拉动就业，把每月一次的公益招聘增加到三次，在“24小时求职公寓”内开设“求职超市”，实施招聘对接就业。举办培训班185期，培训9274人，培训就业率90%以上。推动培训促进就业，把促进高校毕业生就业放在首位，把促进农村富余劳动力转移作为就业重点，把困难群体纳入就业援助范畴，确保重点人员就业。落实《区小额担保贷款管理办法》，为失业人员提供创业资金支持，实现创业带动就业。全区新增就业2.65万人，其中转移农村富余劳动力6775人，超额完成年度任务，城镇登记失业率控制在3.5%以内，确保零就业家庭动态为零，其中杨柳青镇有失业人员618人实现再就业，安置农村富余劳动力752人。中北镇开通就业网站“乐才网”，为求职者打造又一就业平台。依托“24小时求职公寓”就业服务平台，走出去招聘外来务工人员，与河北、山东、山西等16家劳务输出地区就业部门建立合作联盟。开创校企联盟新模式，组织开展学生顶岗实习等措施，为企业解决缺工难题。

(李　刚)

残疾人生活质量提升 2012年，西青区关注残疾人生活状况，有关部门为1648户残疾人低保家庭发放取暖补贴164.80万元。投入26万余元，临时救助83户残疾人。投入26万余元，为8372名残疾人上意外伤害险。投入69万余元，为1195名重度和享受低保残疾人缴纳养老保险。为2756名低保重度残疾人缴纳医疗保险。为1671户残疾人低保家庭发放价值13万余元的防暑降温物品。新建社区康复站6个，投入资金24万余元，配备康复器材90余件。举办社区康复员培训班，开展盲人定向行走培训。新建5个残疾人日间照料站，为15名残疾人进行日间照料。举办残疾人就业专场招聘会3场，残疾人就业政策推介会1次，提供就业岗位100个，安排残疾人就业87人。举办残疾人技能培训班15期，培训590人；培训就业指导员10人；新扶持残疾人就业扶贫基地1个，为4家扶贫基地申请贴息贷款34万余元，妥善安置残疾人167人。提高残疾人体质，组队参加天津市第三届“体彩杯”全民健身运动会(残疾人组)比赛。全区80名残疾人参加轮椅健身操、田径、游泳、羽毛球、乒乓球、飞镖、跳绳和五子棋8个大项比赛。

(李　刚)

李七庄街道

中天首府社区综合服务处

(李七庄街广播站供稿)

李七庄街道地处西青区东部，东与河西区相邻，西与精武镇接壤，南与大寺镇搭界，北与南开区相连，有4个村处在市区境内。紧邻市奥体中心、天津第三高教区、西青经济技术开发区、华苑高新技术产业园区和梅江生态居住区。2012年，街域面积54平方公里，耕地面积476.93公顷。辖20个村，2个居委会。总户数10686户，总人口26594人，其中农业人口21183人。

辖域明代为静海县地。清雍正年间划属天津县。民国年间属天津县二区。新中国成立后，先后隶属津西郊区、西郊区。1958年，属南开区东风人民公社。1962年，划回西郊区。西郊区在境内设李七庄、梨园头人民公社，后两个公社合并为李七庄人民公社。1983年，改称李七庄乡。1997年，撤乡设街，称李七庄街道。

2012年，实现地区生产总值43.55亿元，比上年增长23.84%；农民人均可支配收入18502元，增长15.6%。

大力发展都市型现代农业，组织开展“天津梨园花卉奇石、珠宝、玉石展览会”、“红木家具精品展览会”、“水族造景展”、“梨园花卉插花大赛”等各种展会和赛事活动。推进占地10公顷、投资7000万元的梨园花卉二期建设。对22户养殖户的能繁母猪发放补贴款3.48万元。启动0.50公里的三环化工厂截污管道工程及7.60公里的大沽排污河截污管道工程。

实现工业总产值25.30亿元，完成计划的101.3%。其中，规模工业总产值18亿元，完成任务数的100.05%。加快产业集聚区和园区建设，新增中环电子信息产业园、四新高科技产业园两个产业园，大津城、凌奥商城两个商业楼宇综合体集聚区，完成中环电子信息产业园中环绿色照明产业、中环绿色能源产业等6个基地的前期规划设计以及部分基础设施建设。申报认定科技型中小企业220家，创建科技小巨人企业5家，高新技术企业1家，完成专利申报145件，科技载体平台4家，其中生产力促进中心3家、孵化器1家。

第三产业完成增加值35.20亿元，占生产总值的81%，增长30.4%。实现三产营业收入152亿元，完成计划的100.7%，增长30.4%。第三产业有工商注册企业397家，个体户1968家，提供就业岗位1.30万个。依托秀川国际、九策大楼、悦雅国际等载体，加快发展商业设施、商务楼宇、商住公寓等多种形式的租赁业。坚持“整合资源，盘活存量；招商引资，优化增量；挖掘潜力，扩大总量”的思路，培养新兴的研发设计、现代物流、仓储配送等生产型服务业，优化服务业结构，提升服务业发展水平。

实施城乡一体化发展战略，加快新农村建设步伐。新竣工住宅楼68幢，总建筑面积42万平方米。完善村民生活居住区配套设施，打造中天首府示范社区，完善杨楼、鹏程里、学府雅苑的软硬件设施配备，推动已建成的社区综合服务中心全部进驻并投入使用，为辖区居民提供各项管理和服务职能。

落实城乡居民最低生活保障政策，将低保金标准由每人每月480元提高到520元，全年累计发放低保金、残疾人补贴、丧葬补贴等520

余万元。发放城乡困难居民临时救助款2.40万元。保障残疾人基本生活，全年办理残疾证13本，向5名残疾学生每人发放助学金1500元，为3名残疾人办理城乡基本养老保险缴费补贴，为5名年满60周岁残疾人办理养老保险一次性缴费补贴，救助困难残疾人2人，发放临时救助款4000元，为452名残疾人每人缴纳30元的人身意外保险，为享受低保待遇的10名精神残疾人免费发放药品，为15名残疾人发放轮椅。

实施项目带就业、培训促就业、政策帮就业等多种措施，安置就业岗位1278人，组织技能培训1300余人。不断扩大城乡居民基本养老保险覆盖面，新参保369人，争取区级养老保险补贴145.50万元。推行城乡居民医疗保险，新生儿参保135人，全街参保率99.92%。

（王富盛）

西营门街道

西营门街道位于西青区东部，地处城乡结合部。东与南开区、红桥区相邻，西与中北镇接壤，南与李七庄街道搭界，北隔子牙河与北辰区相望。2012年，街域面积21.85平方公里，耕地面积185.07公顷。辖10个行政村，7个居委会（其中2个厂属居委会）。总户数4112户，人口9386人，其中农业人口5026人。

街域明代为静海县地。清雍正年间划属天津县。民国时期属天津县三区。新中国成立后，先后隶属津西郊区、西郊区。1958年，划归南开区东风、红旗人民公社。1962年，划回西郊区。西郊区在境内设赵庄子、王顶堤人民公社，后两个公社合并为西营门人民公社。1983年，改称西营门乡。1998年，撤乡设街，称西营门街道。

2012年，实现生产总值37.30亿元，比上年增长24%；税收总额4.05亿元，固定资产投入19.97亿元，增长26.39%。农民人均可支配收入2.28万元，增长16.14%。

实现农业产值2072万元，农业增加值937万元，其中畜牧业增加值185万元，蔬菜产量5922吨，牛奶产量2438吨，禽蛋产量492吨。加强高致病性禽流感防治，按照强制免疫程序对5万只鸡进行禽流感疫苗免疫，对170头猪进行O型口蹄疫、蓝耳、猪瘟疫苗免疫，对850头牛进行亚1型口蹄疫疫苗免疫，免疫率100%。完成区农委下达的造林2.07公顷、植树2100余株任务。

西营门街怡合村村民新居

（西营门街道办事处供稿）

新建工业项目3个，总投资7500万元。服务业项目1个，总投资24.64亿元。续建项目3个。拟建项目1个，总投资50亿元。

服务业快速发展，完成增加值27.80亿元，占经济总量的74%，新增限上法人单位4家，大个体43家。工业调整进一步深化，完成增加值9.30亿元，占经济总量的25%。全街规模工业企业32家。加快楼宇招商引资进度，全年新注册企业42家，注册资金5.89亿元。

推进城中村改造项目，怡和村、小稍直口村村民住宅建设一期主体施工部分全部完成，王顶堤村村民住宅项目完成总体工程量的50%。完成赵苑东、西里14幢楼房约10万平方米旧楼区居住功能综合提升改造，居民生活质量提高。

发挥社区党组织作用，努力创建新型社区，全年为低保户发放低保金70余万元，为特困户发放特困金13000多元，为五保户发放五保金17000多元；春节慰问五保户、优抚对象、困难党员等各类困难家庭249户，发放慰问款44000元，慰问品210余份；大病一次性救助29户，临时性救助15户；申请办理区残联残疾人家庭从业救助金8000元，救助2户。

健全劳动就业服务体系和协调机制，新增就业指标600人，其中农村劳动力转移350人，组织转移劳动力培训450人，11688人参加城乡居民养老保险。妥善处理劳动争议纠纷，解决投诉案件14起。清欠农民工工资11.17万元。

开展丰富多彩、寓教于乐的文体活动。在全民健身系列活动中，广播体操荣获二等奖、中国象棋比赛荣获男子团体第一名和个人第二名。开展“农民读书”征文、“农家书屋”知识竞赛和基层电影放映等不同形式的文化活动，推动群众性文化活动开展。

提高妇女素质，举办妇女健康知识、心里素质、家庭教育等系列讲座。组织7个村3318人参加妇女平安保险，为3名出险的妇女赔付5万元保险金，提高家庭抵御大病风险能力。

（王富盛）

杨柳青镇

杨柳青八街狮子会

（杨柳青镇政府办供稿）

杨柳青镇位于西青区西北部。东与中北镇、杨柳青农场毗邻；西与河北省霸州市搭界；南与张家窝镇和辛口镇接壤；北与北辰区、武清区交界。2012年，镇域面积64平方公里，耕地面积2213公顷。辖25个行政村，24个居委会。人口32587户79839人，其中农业人口30634人。

辖域明代属顺天府武清县地，清代雍正年间设天津县，划属天津县。至民国年间不变，日伪统治时期亦然。新中国成立初期是河北省直辖镇。1954年改为静海县县辖镇。1958年，静海县在杨柳青设红色人民公社。1960年一度划入南开区。1962年划属西郊区，后西郊区设杨柳青人民公社，称杨柳青镇。1983年撤销人民公社体制，称杨柳青镇至今。

2012年，完成生产总值63亿元，比上年增长26%；固定资产投入79.20亿元，增长2.7%；农民人均纯收入19956元，比上年增加2755元。

完善杨柳青园艺科技博览园各项功能。完成育苗中心建设，启动蔬菜保鲜库建设项目，可加工保鲜各种蔬菜2600吨。投资700多万元，对园区提升改造。注重品牌建设，东洼设施农业园区通过天津市无公害产品和产地认证。东淀区域内重点项目建设进展顺利，完成益利来养殖基地建设，香猪基础母猪群达420头，香猪存栏2000头。启动占地7.73公顷的水产种业基地项目建设，引进乌克兰鳞鲤、中科三号、翘嘴红鲌等淡水水产品新品种。农民享受各种政策补贴186.18万元。开展职业技能和农村实用技术培训，职业技能培训100人，实用技术培训625人。

示范工业园区建成企业18家，累计投资24.76亿元；在建项目8家，计划总投资11.80亿元。与38家企业签订入驻园区协议。与鑫茂集团合作，加快鑫茂科技园建设和招商进度。全镇新增注册企业360家。

开展重点项目建设。完成元宝岛项目招商引资，与北京国泰恒生投资(集团)有限公司签订合作开发协议，投资40亿元打造集高档住宅、商贸设施、民俗文化于一体的休闲、购物、住宅区。完成大院区招商工作，与广东巨龙国际古玩城集团签订整体合作协议，将大院区打造成为华北地区最大的古玩古典家具博览城。完成杨柳青示范小城镇、杨柳青庄园改造提升、高尔夫度假村、枫蓝国际等一批重大项目建设。

服务业营业收入147亿元，新增规模以上单位80家。对零售服务业集中管理，将柳青商厦、百顺超市周边商户划分为2个大的个体统计单位，将金三角市场分类为5个大的个体统计单位，避免漏报社会零售额现象。名众假日商业广场竣工开业，成为集休闲、娱乐、购物、餐饮等功能于一体的现代化综合商业中心，日销售额20万元。

启动镇西路网工程，打通泽杨道、润杨道、文昌道、青宁路、胜利路，总投资达14亿元。

举办第九届杨柳青民俗文化旅游节。吸引近千名国内外游客和摄影人。传统的西游记和地高跷秧歌表演颇具民俗特色，杨柳青特色小吃展卖让游客大饱口福。石家大院准备了精彩的堂会展演，杨柳青年画作坊让游客们与年画名家面对面，现场演绎年画制作过程。

（王富盛）

张家窝镇

张家窝镇位于西青区西南部。东与精武镇接壤，西邻辛口镇，南隔独流减河与静海县良王庄乡相望，北与工农联盟农牧场相连。2012年，镇域面积62.70平方公里,耕地面积1494.20公顷。辖16个自然村、2个居委会,人口13309户32057人,其中农业人口24923人。

辖域元明两代属静海县地。清雍正年间设天津县，境内所辖村庄分属天津、静海两县。民国年间分属天津县二区、静海县六区。新中国成立后，先后属静海县二区、津西郊区。1958年,静海县在境内设小甸子人民公社。1960年,曾一度划入南开区、和平区。1962年,划属西郊区。1963年,在境内设张家窝、古佛寺、小甸子人民公社，尔后3个公社合并为张家窝人民公社。1983年,改称张家窝乡。1994年,撤乡设镇,称张家窝镇。

2012年，实现生产总值39亿元,农民人均纯收入19021元,比上年增加1879元。

加快农业产业园区建设，投资2.07亿元,建成闽中食用菌二期、农业生物技术育苗中心二期、农产品保鲜库、生态葡萄采摘园4个项目。其中闽中食用菌二期成为北方第一家食用菌文化展览馆，展室面积5万平方米，可日产双孢菇50吨,实现年销售收入2亿元。改善农田生产条件,投资3000万元,整修水利、防汛排涝等工程。举办第六届冬枣节,带动以冬枣采摘为主的休闲、观光旅游业发展，冬枣产业年产值2000万元，实现农业增效、农民增收。加快招商引资,大力开展园区招商，先后有68家客户签订入驻协议,总投资50亿元。加快科技型企业发展，新认定科技型中小企业96家、科技小巨人企业9家。分别注册完成科技孵化器和生产力促进中心各1个,落实相关政策和扶持资金,促进企业快速发展。

示范镇建设总投资87.30亿元,涉及16个村10530户。建成配套公建10万平方米,13个村9679户村民实现整体还迁。加快土地复垦工作,复垦土地面积167.74公顷,对复垦土地进行改造,种植冬小麦、棉花等作物。投资3.10亿元,建成滨河休闲公园一期工程、华夏育星第二、第三幼儿园和华旭小学,并投入使用。投资6.70亿元,修建各种道路12.50公里。投资1100万元,实施旧小区楼房改造。

解决再就业813人。发放低保金、救助金、救灾款、抚恤金等款项240余万元。实施人才和农民素质提高工程,5000余人次接受专业技能和专业知识培训。调解各类矛盾纠纷340起，接待上访1010人次,没有发生一起有较大影响的上访事件。开展文明小区创建活动,成立60个民间文体组织。

(李　刚)

食用菌休闲产业园

(张家窝镇政府办供稿)

中北镇

中北镇位于西青区东北部,东邻西营门街道,西与杨柳青镇搭界,南与工农联盟农牧场接壤，北靠津沪铁路与杨柳青农场相连。2012年,镇域面积39.75平方公里,耕地面积951.80公顷。辖23个自然村。人口17906户46489人，其中农业人口34952人。

镇域明代属静海县地。清雍正年间划属天津县。民国年间分属天津县二、三区。新中国成立后,先后隶属津西郊区、西郊区。1958年,南开区在境内设红旗人民公社。1962年划回西郊区，西郊区在境内设中北斜、大稍直口、李楼人民公社,后3个公社合并为中北斜人民公社。1983年改称中北斜乡。1997年撤乡设镇,称中北镇。

2012年，实现地区生产总值78.50亿元,比上年增长26.6%;固定资产投入136亿元,增长0.6%;农村居民人均可支配收入18594元,增长15.6%。各项经济指标和重点工作继续走在全市街镇前列。

全年新签约项目72个,总投资308亿元。汽车及汽车零部件、装备制造、电子信息等主导产业的集聚效应更加突出,新能源、新材料等战略性新兴产业不断壮大，现代制造业和研发转化高地的洼地效应逐步显现。加快示范工业园区建设,提前完成园区部分基础设施建设，年内被评为市级示范工业园区“优秀园区”。扶持科技型企业发展,300家企业通过天津市科技型企业认定,33家企业成为科技“小巨人”,在全区

中北镇亚美汽车生产线

（中北镇政府办供稿）

街镇中总数第一。帮助企业申请扶持资金3000万元。重视科技创新工作，企业科技投入额（R&D投入）1.37亿元，新增9家市级技术研发中心，示范工业园被确定为专利试点园区。全镇完成专利申请310件。

第三产业实现营业收入190亿元，增长41.8%；增加值31.50亿元，增长40%，占全镇经济总量的40.1%。引进投资55亿元的奥特莱斯“游乐购物公园”项目、投资20亿元的物美集团“汽车文化产业发展园”项目；吸引凯迪拉克、别克、宝马等13家汽车4S店落户汽车贸易大道；吸引富祥酒楼、百饺园、九一九美食城等一批知名餐饮休闲企业落户东北斜商业组团。李家园商业中心、汪庄综合楼、中北斜西北斜商业设施等一批服务业项目进展顺利。希乐城儿童职业体验馆、永旺购物中心正式对外营业，全年接待顾客10.90万人次，实现经营收入1800万元；完成热带植物观光园提升改造工程，全年接待游客35万人次，实现经营收入1300万元。助推服务业企业发展，投入各类扶持资金2000万元。企业规模不断壮大，新增限上企业51家，总数达141家。

村民住宅建设取得阶段性成果，雷庄组团进展顺利，部分还迁楼实现主体封顶；中北斜组团和大梁王庄组团还迁楼完成招投标手续。基础设施建设不断完善，完成阜锦道、春光路等5条道路和阜锦桥、阜春桥等道桥工程。协调市相关部门完成卉康道、卉安道等7条道路的路灯启用工程。完成造林绿化面积64.80公顷，植树19.60万株。全年用于综合治理和景观建设的各级资金2亿元。

累计为2229户城乡低保户发放保障金、救助金、临时补贴301万元；为五保户30人发放五保金20万元；临时救助困难家庭62户，发放临时救助款9.90万元。

推进就业安置工程。发挥中北招聘会品牌效应，全年举办公益性招聘会11次，新增登记人员1700余人次，镇内登记人员80%以上。组织各类职业培训2900人次，开通中北镇就业网站“乐才网”，为求职者打造就业平台。

城乡居民养老保险参保新增130人，累计支付养老待遇660.40万元。为符合政策条件的470人报批一次性享受5000元的养老保险补贴待遇，合计补贴235万元。出台《关于对中北镇农业户籍人员实施城乡居民基本医疗补助的办法（试行）》，在基本医疗保险报销基础上，对农业户籍人员、低保、五保人员再报销剩余自负部分的20%。完善城乡社会救助体系，将城乡社会救助标准调高至520元。

（王富盛）

辛口镇

辛口镇位于西青区西南部。东与张家窝镇接壤，西邻河北省霸州市扬芬港乡，南隔独流减河与静海县良王庄乡相望，北与杨柳青镇相连。2012年，镇域面积62平方公里，耕地面积3510.75公顷。辖18个自然村。人口13283户36422人，其中农业人口31933人。

辖域元明两代属静海县地。清代乾隆年间属静海县北路，同治年间静海县在境内划地练。民国年间属静海县四、五、六区。新中国成立后，先后属静海县三、十区。1958年属杨柳青人民公社。后曾一度划入南开区。1962年划属西郊区，在境内设当城、木厂人民公社，后两个公社合并为上辛口人民公社。1984年改称上辛口乡。1997年撤乡设镇，称辛口镇。

2012年，实现生产总值19.10亿元，税收收入1.28亿元，固定资产投入11.05亿元。农民人均纯收入15771元，比上年增长11.3%。

全年农业投资3.23亿元。高标准实施86.67公顷国家农业综合开发设施蔬菜、466.67公顷放心菜工程等15个项目，设施农业面积达2667公顷。沙窝萝卜连续三年获得全国农交会农产品金奖。农业组织化水平显著提高，曙光专业合作社被农业部评为全国示范社。新增都市菜园农户100余户，全镇累计700户。

新型工业呈现快速发展态势，

规模工业企业 22 家。完成多家企业技术改造，以及工业园区道路管网、产业布局、配套设施调整和规划设计工作。新增 4 家科技小巨人企业、5 家高新技术企业，还有 3 家企业进行申请市级专利试点工作。全镇科技型中小企业 130 家。

改善经营环境，对当城村碧城农产品批发市场改造提升，全年交易量 82 万吨、交易额 11.40 亿元。文化旅游业加快发展，东淀都市型现代农业示范园区核心区、子牙河风情园区大型游乐设施配套项目投入运营，全年接待游客近 30 万人次，综合经济效益 1800 万余元。

镇容村貌明显改观，全镇 80% 的垃圾实现直运和无害化处理。顺利通过国家卫生镇复审。有 4 个村通过市级卫生村复审。示范小城镇建设有序进展，安置区内 10 万平方米起步区地质勘查、桩基、施工设计完成。

开展再就业培训和专场招聘会，安置就业 903 人，完成培训 1110 人次；落实各类惠农富农政策，发放各类粮食补贴资金 272 万元。

成立健身队伍 11 支，组织参加西青文艺大舞台、全区秧歌比演等文化活动，为群众播放数字电影 200 场。加强各村农家书屋、文体活动室、体育健身设施使用和管理。巩固安全稳定局面，完善镇综治信访服务中心和 18 个村的服务站建设，深化综治信访工作机制。

（李　刚）

大寺镇

大寺镇位于天津市西南部，东与津南区毗邻，西与精武镇接壤，南与王稳庄镇相依，北靠外环线，与李七庄街道相邻。2012 年，镇域面积 86 平方公里，耕地面积 1309.60 公顷。辖 15 个自然村，2 个居委会。总户数 14393 户，总人口 38764 人，其中农业人口 33412 人。

镇域明代为静海县地。清雍正年间划属天津县。民国年间属天津县二区、静海县六区。新中国成立后，先后隶属津西郊区、西郊区。1958 年属南开区东风人民公社。1962 年划回西郊区，西郊区在境内设芦北口、大任庄人民公社，后两个公社合并为大寺人民公社。1983 年改称大寺乡。1995 年撤乡设镇，称大寺镇。

2012 年，完成地区生产总值 67 亿元，比上年增长 23.53%；三级财政收入 10.04 亿元，增长 4.80%；固定资产投入 74.10 亿元，增长 18.56%；农民人均可支配收入 17359 元，增长 17.50%。

绿色农业示范园二期 46.67 公顷 100 栋二代温室建设完毕，并建成 700 平方米保鲜库 1 座。完成绿生园种苗种植高效农业园建设，以及占地 66.67 公顷的天津金角设施农业产业园建设。天津宇泰设施农业产业园，规划总占地 37.76 公顷，59 栋二代节能温室及配套服务区建成投入使用。凯润循环农业产业园，投资 2838.50 万元，新建食用菌种植质量安全追溯、优势水产品养殖示范园区、乌克兰鳞鲤良种场、秸秆与畜牧养殖有机废弃物转化食用菌基质 4 个项目，全年产菇量 2400 吨，产值 3000 万元，解决当地 2500 名农民工就业。

全镇发展集体、民营等各类工业企业 335 家，规模企业 55 家，超亿元企业 15 家，实现工业总产值 177.95 亿元，营业收入 183.86 亿元。完成大桥集团整合扩产、旭阳纸制品加工、威尔朗耐磨材料等重大项目投资建设。加快园区建设步伐，大寺汽车零部件产业园实现营业收入 20 亿元。大任庄村和北口村联合建成大寺工业园，园区企业实现工业产值 19.90 亿元，营业收入 22.20 亿元。门道口村投资兴建的腾达工业园以标准厂房租赁为主，入驻企业 53 家，全年实现产值 4.60 亿元，营业收入 4.90 亿元。

第三产业形成以房地产开发、商贸流通、餐饮住宿、仓储物流、交通运输、金融服务为主的产业体系，规模企业 46 家，个体经营户 5000 余家，服务业占全镇经济总量的

农村新面貌

（辛口镇政府办供稿）

43%。全年完成营业收入 286 亿元，增长 29.15%；固定资产投入 72 亿元，增长 43.71%。

培育开发楼宇经济。全镇在建远洋万和城等商品房小区 6 个，在建面积 94.31 万平方米。镇域内建成商品房小区 17 个(环内 8 个，环外 9 个)，累计竣工建成小区面积 204 万平方米。“亿元楼”天物化轻大厦项目一期 A 座写字楼完成招商，企业全部入驻，年实现营业收入 108 亿元，梅江津滨友谊商业广场全面营业，皇冠假日酒店竣工进入内部装修阶段。总投资 6 亿元的王庄子综合服务区，酒店和人人乐超市全部完工。

完成大寺新家园一、二期征地拆迁工作，推进新家园电力线路地上物拆迁工程进度。进行周芦铁路、梨双公路（大寺段）前期地上物调查、工程设计和路由规划审核。启动门道口等 6 个村平房改造工程，将青凝侯村纳入第四批示范小城镇建设试点。投入 263 万元，对赛达大道两侧、津港公路、友谊路延长线等进行立面整修。全镇城市化率 87%。

总投资 6500 万元的大寺镇社区文化活动中心竣工，是全市面积最大、功能最全、设施最优的街镇级社区文化活动中心。体育公园改造工程完工，安装总造价 50 万元的各种体育设施、健身器材 48 件，大型儿童滑梯 1 部。总投资 110 万元的大寺镇人口文化园建成投入使用。总投资 1500 万元的大寺镇第一所公办幼儿园正式招生开学，可解决 560 名幼儿入园。

全年完成就业 1061 人，实施岗前技能培训 200 人次，组织农村富余劳动力转移培训 1025 人次，全镇城乡居民基本医疗保险参保率 100%，享受区、镇救助资金 51 万元。新增城乡居民养老保险参保 338 人，1890 人享受城乡居民基本养老待遇。为 708 名符合条件的老年人安排居家养老服务，为 44 名重度残疾人安排居家护理服务。全年发放节日慰问、低保救济等 477 万元。

（王富盛）

王稳庄镇

王稳庄镇位于西青区东南部，东与津南区毗邻，西隔独流减河与静海县相望，南与滨海新区大港接壤，北与大寺镇相依。2012 年，镇域面积 116 平方公里，耕地面积 2482.21 公顷。辖 15 个行政村，人口 12630 户 36801 人，其中农业人口 33317 人。

辖域明清两代属静海县地，民国年间属静海县二区。新中国成立后为静海县八区王稳庄乡，1958 年属静海县团泊洼人民公社。后曾一度划入和平区。1962 年划属西郊区，在境内设小孙庄、王稳庄人民公社，后两个公社合并为王稳庄人民公社。1983 年改称王稳庄乡。1997 年撤乡设镇，称王稳庄镇。

2012 年，实现生产总值 30.20 亿元，税收收入 2.90 亿元，农民人均纯收入1.50 万元，比上年增加 400 元。完成规模工业总产值 100.10 亿元。

农作物播种面积 2880.10 公顷，生产粮食 628.60 万公斤，蔬菜 840 万公斤。出栏生猪 8.01 万头，出栏肉鸡 65 万只。蛋鸡存栏 9 万只，蛋鸭存栏 15.20 万只，奶牛存栏 750 头，产禽蛋 240 万公斤，鲜奶 180 万公斤。水产品产量 1.45 万吨。搞好蔬菜生产，完成东台子 33.33 公顷蔬菜设施农业园区后续建设。投资 2050 万元，建占地 20 万余平方米共 180 栋蔬菜温室设施。

加快全镇经济发展，新增落地项目 9 个，总投资额 36.50 亿元；新增意向在谈项目 8 个，总投资额 32.60 亿元。不断完善园区服务平台，加快建设投资 1.30 亿元的高标准服务中心和人才公寓。高端金属工业区与西青开发区实现深层次战略合作，对外影响力和项目吸引力明显增强。

示范城镇建设推进顺利，123 万平方米居民高端住宅和配套公建主体基本建成。投入 660 万元，新建全长 4 公里的稳胜道、稳富道，对主干路网进行改造升级，津淄公路路灯、红绿灯等交通设施不断完善，路网功能持续提升。

巩固发展“奋战 900 天”环境综

大寺镇王村获得 2012 年天津美丽乡村称号

（大寺镇政府办供稿）

王稳庄村村委会换届现场

（王稳庄镇政府办供稿）

合整治成果，出动人员与车辆，清理主干道路和进村路柴草堆物1000余吨；清理集装箱等违章棚亭22处，清理广告灯箱140个、违规废品收购点3个，清除喷涂广告600余处，新建彩钢围挡760余延米；配备垃圾箱870个，新建垃圾池350座。

教育事业蓬勃发展，投资1亿元建成全市规模最大、教育设备最先进的王稳庄中心小学。提升改造12个村卫生基础设施项目建设。发展科技型中小企业83家。文化事业持续繁荣。成立200人的基层文化队伍，积极参加西青区文化大繁荣、文艺大舞台等交流活动。

深入开展社会治安综合治理，有效畅通信访渠道，全年接待来信来访173件696人次，做到件件有着落、事事有回音。

（李　刚）

精武镇

精武镇位于西青区中部，东与李七庄街道相连，西临独流减河与静海县、隔西大洼排水河与张家窝镇相邻，南与大寺镇接壤，北与工农联盟农场、天津第三高教区搭界。2012年，镇域面积57.20平方公里，耕地面积1164.85公顷。辖18个行政村、2个居委会。人口12127户29589人，其中农业人口24200人。

辖域明代为静海县地。清雍正年间设天津县，境内所辖部分村庄划入天津县。民国年间分属天津县二区、静海县二区。新中国成立后，分属津西郊区、西郊区和静海县二区。原属静海县的村庄在1960年曾划入和平区。1962年划属西郊区，在境内设小卞庄、付村人民公社，后两个公社合并为付村人民公社。1983年改为付村乡。1986年称南河镇。2009年改称精武镇。

2012年，实现地区生产总值18亿元。农民人均纯收入17345元，比上年增加2925元。

生产粮食115万公斤、蔬菜21.40万公斤、各种水产品360万公斤，肉类产量450万公斤。落实各项惠农政策，发放各种补贴20.02万元。实施高标准春季造林绿化工程，完成绿化造林41.33公顷，植树6万株。加强春、秋两季疫病防控工作，为全镇30万余只禽类全部注射禽流感疫苗。猪、牛、羊分别注射口蹄疫、兰耳病、猪瘟疫苗。配合南水北调工程，对姚村、付村段地上物调查、拆迁补偿及施工进行协调工作。

位于该镇的学府工业园区占地面积270.29公顷，新增注册企业48家，注册资金20.40亿元，实收资本14亿元。实现销售收入104.90亿元，税收1.86亿元，从业人数累计9700余人。

举办第十二届世界精武武术文化交流大会，14个国家和地区的37个精武体育会代表团，国内外武术界知名人士、精武文化专家学者等2200余人参会。中华武林园景区开展各种特色旅游活动，对外影响日趋扩大，全年接待游客近10万人次。

示范小城镇安置区建设项目，开工面积25.25万平方米，其中一期开工的10.80万平方米主体全部封顶，正在进行装修。改善卫生环境，组织人工700余个，动用挖掘机、运行车等50台次、费用8万余元进行河道清整。实现再就业903人。维护农民工合法权益，追回被拖欠工资5.62万元。参加西青区组织的文化戏曲曲艺大赛、文艺大舞台“欢乐西青行”演出活动。举办精武镇书画展，展出150幅作品。

深入开展创建“平安精武”系列活动。信访服务中心全年接待来信来访236件次853人次，及时处置突发事件9件，化解民工工资信访问题18件。

（李　刚）

津 南 区

概 述

津南区位于天津市东南部,海河下游右岸。地处北纬38°50′02″~39°04′32″,东经117°14′32″~117°33′10″。东与滨海新区塘沽毗邻,西与河西区、西青区接壤,南与滨海新区大港相连,北与东丽区隔河相望。2012年,全区面积387.84平方公里,耕地面积13740.27公顷。辖咸水沽、小站、双港、八里台、双桥河、葛沽、北闸口、辛庄8个镇及长青办事处,有173个村民委员会、37个居民委员会。年末户籍人口415153人,其中农业人口103938户288887人。区内居住汉、回、朝鲜、蒙古、满等41个民族。2010年4月28日区机关借址八里台镇办公。

2012年,津南区围绕构建“东工、西商、南旅游、北高端、中园区”产业发展布局,大力实施“八六五”工程,着力推进城乡一体化建设。完成地区生产总值452.47亿元,比上年增长20.2%;全社会固定资产投资495.94亿元,增长29.6%;农村居民人均可支配收入15440元,增长14.71%。

工业经济运行平稳,实现工业总产值999.50亿元;454家规模以上企业完成产值861.25亿元;万元工业总产值综合能耗下降6%;新增天津市名牌产品7个、著名商标12件,圣斯克家具被认定为中国驰名商标。建筑企业发展到192家,总产值230亿元,增长15%。服务业加快发展,完成社会消费品零售额151.14亿元,增长19.3%;外贸出口12.80亿美元,增长12%。京基皇冠假日酒店开业,宝德福、盛华公馆被评为国家特级酒店;全年商品房销售72.50万平方米、成交额57.90亿元;新增运输企业76家,运力总量6.47万吨。滨海葛沽农业科技示范园等10个重点项目完成投资3.60亿元,11家龙头企业实现销售收入11.50亿元,带动农户13.30万户。

加快园区经济发展,开发区和各镇园区实现销售收入980亿元;基础设施投入14亿元,新增“七通一平”面积231.16公顷;新引进实体项目107个,经纬电材新厂、荣钢合金棒材等一批项目竣工投产;治理低效企业68家,盘活厂房8.68万平方米,增加税收3036万元。实施国家农业科技园区基础设施提升改造,新引进企业16家,税收增长60%。

招商引资取得新进展,内资到位270.75亿元,实际利用外资4.70亿美元;引进二十二冶天津公司总部、天津特种设备检测院东南中心、润石国际生物医药产业园等一批高端高质高新项目。累计注册企业7900余家,纳税15亿元,增长21.3%;长青大厦等4座商务楼宇成为“亿元楼”。

加快科技型中小企业发展,新增科技型中小企业900家,累计1880家;新增科技小巨人企业40家,累计90家。八里台电子信息产业孵化转化载体成为首批市级高新技术产业开发区。新增高新技术企业9家,累计34家。新增市级企业技术中心4家,累计31家;开发填补市空白以上新产品85项;实施固定资产投资300万元以上技改项目80项,完成投资17.50亿元。

编制楼宇经济发展、葛沽历史文化名镇保护等16个专项规划,实现控制性详细规划全覆盖;报批建设用地2071公顷,收储土地264公顷,出让土地229公顷,规划引领和用地保障作用不断增强。完善农村金融改革创新试点方案;驻区银行新增5家,总数达23家,新增1家证券公司;协调驻区金融机构为区内中小企业累计提供贷款52.30亿元。营信担保公司为58家企业提供担保5.60亿元。扎实开展“调结构、惠民生、上水平”活动，帮助172个重点项目、165个村办实事723件。

启动20个村整合拆迁工作，保证国家会展中心等重点项目用地需求。示范镇和中心镇建设加快推进，新开工建设还迁房110万平方米，竣工210万平方米，还迁1.20万户。海河教育园区二期开工建设，天钢柳林城市副中心、津南新城起步区建设按计划推进。

完成津南大道双桥河段建设，大修改造4条道路。完成5项绿化工程，新增绿化面积74万平方米，绿化造林253公顷，绿化覆盖率进一步提高。双林等3个污水处理厂投入运营，日处理能力增加7万吨；实施重点河道综合治理，卫津河等8条河道实现水清岸绿。新建改造小站等6座泵站，城镇排水和农村调蓄能力进一步增强。完成北石林旅游区等综合配套工程，新增集中供热面积560万平方米，延伸供水干线13.50公里，新增天然气用户1.70万户，城市功能不断完善。

实施环境建设，完成津歧路等3条道路、津晋等6个高速出入口的综合整治。在全市率先完成旧楼区综合改造工程。加强还迁安置区物业管理，居住社区整体环境得到改善。认真落实主要污染物减排任务，完成8项污染减排工程，环境质量持续改善；生态建设取得突破，八里台、葛沽、小站被命名为市级生态镇。建立健全城市管理体系，数字化平台进一步扩展。整修街景立面、清整老旧小区、治理市场外溢，奋战900天市容环境综合整治成果进一步巩固。北闸口镇被评为市级卫生镇。治理违法用地、违章建设、超载超限取得新成效。积极稳妥推进25个村的“三改一化”试点工作，基本完成12个村清产核资任务，启动大滩等3个村的户籍制度改革。

落实学前教育三年行动计划，建成七幼、八幼等8所幼儿园，学前三年入园率97%。投资5.10亿元，新建、扩建咸水沽第四小学、双桥中学、培智学校等14所中小学，义务教育学校现代化达标任务圆满完成。全面推进素质教育，扩大教育均衡发展校区合作，开展特色学校建设，办学质量实现新提高。

健全医疗质量管理与控制体系，推行预约诊疗服务制度，开展优质护理服务活动。咸水沽医院与天津市第三中心医院对口帮扶初见成效，完成妇儿中心标准化建设，辛庄体检中心投入运营，积极发展国医堂，特色医疗机构建设取得新进展。推动人口计生公共服务转型，建成双港、葛沽人口家庭公共服务中心。2012年，津南区被评为全国人口和计划生育综合改革示范区。

加强基层文体设施建设，北闸口镇文体中心投入使用。推进文化惠民工程，举办第八届文化艺术节，免费开放图书馆、文化馆，举办灯展、焰火晚会等60余项大型主题活动。农村电影“2131”工程放映300余场次。加强文化市场监管，扫黄打非、净网行动、出版物市场专项整治取得成效。举办群体赛事23项，新增便民健身器材29台套。

抓好十项民心工程，落实“万人创业、十万人就业”计划，新增就业1.91万人，转移农村富余劳动力8900人。努力扩大社会保障覆盖面，新增征地参保人员1.30万人，基本实现城乡居民基本医疗保险全覆盖。开通203路环城公交线，新建2条商业街、4个标准化菜市场。全年救助2.80万人次，发放救助金4700万元。启动残疾人康复中心建设。建成5个社区综合服务中心，推行老年人日间照料、婴幼儿早期发展等社区服务项目，社区服务水平进一步提升。

完善社会治安防控体系。加强食品药品安全监管，治理交通秩序，清剿火灾隐患，安全生产形势保持稳定。完善应急预案，强化应急演练，建成双港消防特勤站，应对突发事件能力明显增强。动员各方面力量，战胜有气象观测记录以来的最大汛情，保障人民群众生命财产安全。“听民声”活动收效显著。落实“六五”普法规划，法治津南建设全面展开。

坚持科学民主决策，严格执行重大事项集体决策、专家论证、社会公示、公开听证等制度。全年办理人大代表建议82件、政协委员提案119件，办复率100%。区长热线、区长信箱、公仆接待日、政民零距离、家庭生活服务热线成为与群众沟通的桥梁，群众的知情权、参与权和表达权得到保障。加强政府法制工作，依法行政水平不断提高。落实党风廉政建设责任制，扎实推进政务公开和民主评议政风行风活动。严格落实工程招投标管理、领导干部任期经济责任审计、重大建设项目决算审计等制度。加强基层民主政治建设，圆满完成村(居)组织换届选举工作。

(宋剑锴)

津南区区级领导名单

中共津南区委领导名单

书　记:李国文

副书记:赵仲华　刘　惠(女)

常　委:李国文　赵仲华　刘　惠(女)　祖大祥　张　明　窦双菊(女)　李学义
　　　　王黎明　袁英才　张　伟　尚　春

津南区人大常委会领导名单

主　任:杨国法(女)

副主任:吴炳喜　刘万春　刘义民　刘凤禄　韩志秋

津南区政府领导名单

区　长:赵仲华

副区长:祖大祥　张　伟　李文海　吴爱民　葛汝凯　韩凤敏(女)

区长助理(副区长级):申利坤　郝树民

政协津南区委员会领导名单

主　席:刘宝忠

副主席:杨玉忠　刘恒志　龚伯生　孙宝顺　柴宝成(兼)　黄厚祥(兼)　孙奇涵(女,兼)　张荣华(女,兼)

(区委组织部提供)

国家会展中心开工建设　2012年5月8日，国家会展中心开工仪式在津南区举行。中共中央政治局委员、市委书记张高丽,国家商务部部长陈德铭,市委副书记、市长黄兴国,国家商务部副部长李金早,市领导杨栋梁、段春华、熊建平、任学锋、袁桐利及区领导李国文出席。张高丽宣布国家会展中心开工。陈德铭和黄兴国共同为国家会展中心（天津)有限责任公司揭牌。李金早对天津国家会展中心开工表示祝贺。天津国家会展中心位于津南区海河中游南岸、天津大道以北的北洋村,东至规划国展路,南至天津大道,西至规划蓟汕联络线，北至规划海河南道,规划可用地面积1.31平方公里。该工程将于2013年全面开工建设,项目分两期,包括大型展馆、室外展场、会议中心、会展辅助设施、会展接待用房、管理办公用房、地下车库

2012年5月8日,国家会展中心开工仪式

(摄影:陈　浩)

和设备用房等，建筑面积120万平方米(展览面积40万平方米)，包括地上100万平方米，地下20万平方米，是天津梅江会展中心一、二期面积的3倍以上。其中，一期工程占地约70万平方米，建筑面积约62万平方米(地上52万平方米，地下10万平方米)，包括室内展览、辅助设施、会议中心及综合配套，预计2015年竣工。将以内外贸结合、进出口结合、货物贸易和服务贸易结合为发展模式，立足环渤海、辐射东北亚、面向全世界，力争建成具有持续领先能力的会展综合体。

(张天娟)

2012年12月22日，津南区进一步推动科技型中小企业发展大会召开

(摄影：何洪梁)

园区规模不断壮大 2012年，津南区工业经委按照“中园区”布局、“五型园区”(创新发展型、质量效益型、资源节约型、产业聚集型、全面协调型）建设标准和示范园区建设导则，狠抓各园区载体功能建设，重点对建成区内道路、绿化和沿街建筑立面可视效果进行提升，各园区配套功能不断完善。开发区和各镇园区全年基础设施投入14.50亿元，绿化面积18.65万平方米，修建道路26.18万平方米。各园区加大招商引资力度，成功引进易华录信息技术、中国电科46所等一批高科技项目。同时，随着经纬电材、芳华通讯、华彩汽车配件等一批好项目竣工投产，全年累计引进企业115家，引资规模156.54亿元，累计到位124.95亿元，实现销售收入962.50亿元，上缴税金23.80亿元。对年初列入治理计划的68家低效企业逐家分析原因，针对不同情况通过“腾笼换鸟”、扩大产能、协调督促区外注册企业迁入等“一企一策”治理措施，盘活土地5公顷，腾出厂房面积8.68万平方米，增加税收3036万元，从整体上提升园区企业的贡献率。

(田　阳)

城镇建设加速推进 2012年，津南区建设管理委员会按照年初制定的“贯穿一条主线、履好三大职能、实现五个目标”的135工作思路，强力推进重点工程建设，推动建筑业市场健康有序发展，不断完善基础设施建设，保质保量完成各项工作任务。全区房屋建设总投资182.35亿元，比上年增加8.25亿元，建筑行业累计完成税收30.51亿元，其中建筑业完成税收12.42亿元，房地产业完成税收18.08亿元。在施面积1666.40万平方米，比上年增加190万平方米，其中保障房1026.78万平方米，投资133.76亿元；商品房639.62万平方米，投资48.59亿元。竣工353.50万平方米。其中，保障房227.80万平方米，商品房125.70万平方米。全区新办、升级、增项、转正建筑企业19家，市建委已全部批准，办理建设工程招标项目166项，比上年减少47项，总建筑面积720.45万平方米，中标价格71.48亿元。投资1.22亿元，承担津南大道(双桥河段)工程，盛塘路大修工程，丰收路改造工程，津沽路、体育场路、津歧路道路环境整治工程和体育场北路、益华里道路改造5项工程，完善了全区镇域内15分钟交通圈。

(田　阳)

科技创新载体建设 2012年，津南区大力开展科技招商，吸引科技资源。通过推介会、洽谈会、恳谈会等形式，邀请有投资意向的企业及个人到区考察投资环境。建成科技孵化器9家，孵化面积10余万平方米，入驻企业91家，生产力促进中心10家，区生产力促进中心通过市级示范生产力促进中心认定。推进科技型中小企业发展，全面提升科技创新能力。至年底，全区累计认定科技型企业1870家，小巨人企业95家，居全市第6位。支持区级科技型中小企业发展项目立项27项，落实支持资金1140万元，完成对2011年度金融机构的奖励审批和奖金发放，为12家金融机构发放370余万元奖金。安排科研攻关计划项目16项，科技创新专项项目27项，科研补贴类项目14项，传统农业类项目18项，成果实施转化专项项目10项，落实支持资金1100万元。安排区级专利试点企业15家，市级专利试点企业2家。推动企

2012年9月12日,《天津小站练兵图集》首发式

(小站镇政府供稿)

业快速发展。

(田 阳)

《天津小站练兵图集》出版发行 2012年9月12日，天津市地方志编修委员会办公室和津南区地方志编修委员会联合编著的《天津小站练兵图集》举行首发式。市地方志办公室主任苏长伟,市档案局副局长杨文杰,市文化局文博志编辑部主任李家璘,区委常委、常务副区长祖大祥,区委常委、区委办公室主任李学义,区人大常委会副主任吴炳喜,副区长韩凤敏,区政协副主席龚伯生出席,区属各单位分管地方志工作的领导参加会议。该书深入挖掘小站练兵文化,历经数载,多方查找搜寻出与小站练兵有关的珍贵历史图片、图表1000余帧,分门别类,并配以3万字文字说明,从重要人物、练兵场景、新军兵器、重大历史事件等多方面记述,图文并茂,兼具可读性和观赏性。图集还适当收录了新军机构、军旗、军制、新军招募等珍贵资料,充分展现了天津清朝末年编练新军实景,为进行中国近代军事研究提供了重要史料,是挖掘津南历史资源而成的又一部反映近代中国军事文化的力作。著名红学专家周汝昌先生生前专门为该书作诗序。《天津小站练兵图集》的出版发行,成为津南区对外宣传、让社会各界了解津南的又一个窗口。

(田 阳)

央视寻宝活动走进小站 2012年,由中央电视台、津南区委、区政府、天津日报传媒集团主办的中央电视台《寻宝》海选活动,在津南区小站镇小站练兵园火热进行。此次海选设青铜佛造像、书画、玉石杂项、瓷器四大门类,持宝人根据自己藏品的类别，分别接受不同专家组的鉴定。来自天津、北京、浙江、吉林等全国各地近万名收藏爱好者带着自己心爱的宝贝来到小站。在现场瓷器、玉石书画、青铜、杂项4个队列中，每一类排队的市民都携带着锦盒、包裹、袋子、箱子,大家似乎都对自己手中的“珍品”颇有信心。鉴定过程中，虽然有约六成的宝贝被鉴定为赝品,但人们仍然热情十足,增长了学问。《寻宝》栏目是中央电视台一档全国受众面广、关注度高的大型艺术品收藏领域活动节目,已经成为展现地方文化特色、宣传区域经济社会发展成果的有效媒介。此次活动在小站镇举行,就是基于小站镇散发着“中国第一支近代军队”、“第一支警察队伍”、“第一杆军用火枪”等诸多第一的文化气息，具有深厚的历史文化底蕴。通过活动,展示了天津文化产业发展成果和全民参与的文化氛围,促进了天津收藏文化繁荣发展,为天津收藏艺术爱好者提供了鉴宝和交流的平台。同时,对深入挖掘小站古镇历史文化,展现古镇底蕴,叫响“中国历史名镇小站”称号,营造了良好氛围。

(田 阳)

疾病预防控制与公共卫生 2012年，津南区卫生局加大对重点传染病的防控力度，全年报告甲乙类传染病发病率130.68/10万,比上年下降12.13个百分点，强化对乙肝、狂犬病、艾滋病等疾病的防范并积极开展结核病防治。组织开展6周岁以下儿童脊髓灰质炎和麻疹疫苗查漏补种月工作，保质保量完成各类疫苗接种，国家规划内疫苗以镇为单位接种率均在95%以上,保持全区无脊灰状态。组织开展大肠癌筛查，完成3.35万人的大肠癌初筛,全结肠镜检查率为54%。推动控制吸烟工作，启动卫生应急示范区创建，加强预案体系、卫生应急队伍、应急制度建设。深化18项公共卫生服务，落实服务项目和实施管理。完成区卫生局信息化平台搭建并与市卫生局实现对接，启动门诊建档工作，建立电子健康档案382611份,建档率60.75%,全区常住老年人建档率99.78%。高血压管理32683人，糖尿病管理9370人，脑卒中管理2604人，精神病管理2039人，肢残康复管理1432人,对已建档管理的慢性病患者完成4次

2012年5月27日，津南区承办天津市第六届“洋河沙龙杯”乒乓球大奖赛
（区体育局供稿）

随访共192512人次，扩大了公共卫生服务覆盖面。

（孙宝兴　李恩昱）

群众体育蓬勃开展　2012年，津南区深入实施《全民健身计划》，围绕“津南新风尚”全民素质提升工程，大力实施十项民心工程，为全区7个乡镇的还迁小区、健身广场、文体中心增配健身器材29套。至年底，累计配建体育健身器材247套。广泛开展群众体育活动，先后举办迎新年津南区“乒协杯”乒乓球邀请赛、“全民健身日”展示活动、消夏篮球赛、中国象棋大奖赛、6项区级乒乓球比赛、3次区级信鸽比赛等传统体育活动；与区总工会、区妇联举办津南区妇女春季运动会暨第31届“城建杯”妇女三八健康体育活动通讯赛；与区教育局合作，举办津南区中小学田径运动会；加大体育服务力度，协助荣程钢铁集团举办2012年第三届职工春季运动会，成功举办“中信公园城杯”2012年市民健身大赛和社区体育活动，“双梁杯”中国象棋大奖赛，“津南新城杯”长跑、羽毛球比赛。

（杨立新）

计生工作创新开展　2012年，津南区人口计生委以统筹解决人口问题为主线，以促进家庭幸福为主题，以人口家庭公共服务体系转型为突破口，以落实“家佳推进计划”为切入点，全面推进人口和计划生育综合改革，创新统筹解决人口问题机制。全区符合政策生育率98.8%，继续保持稳定的低生育水平。建立城乡一体化的人口计生公共服务模式，创新人口家庭公共服务体系，全面实施“家佳推进计划”品牌工程，确立独生子女父母养老服务保障模式和人口计生特色婴幼儿早期发展模式，创新人口计生宣教模式，推动生育关怀“津南模式”不断完善，严格依法行政，开展“走基层进家庭”主题实践活动，不断夯实基层基础。人口计生特色婴幼儿早期发展模式在全市创新项目评审中被评为优秀。在全市目标管理责任综合评估中位列一档。被评为全国创建幸福家庭示范区。国家人口计生委主任王侠对津南区建立和完善人口和家庭公共服务体系，推进新形势下人口计生创新发展的思路和实践，给予高度评价。

（田　阳）

市容环境综合整治　2012年，津南区开展“巩固发展奋战900天市容环境综合整治成果”活动。完成整修建筑39栋；外檐整修10万余平方米；空调罩制作安装520余个；牌匾改造1420平方米。完成违法用地治理376宗，恢复土地面积170.19公顷；确定第一批可于年内拆除的违法建筑899宗，已拆除297宗，组织协调完成全区重点工程和企业拆迁28家；拆除建筑33处，实

2012年11月1日，指导师对婴幼儿和看护人开展亲子集中活动指导
（区人口计生委供稿）

2012年9月7日，八里台、葛沽、小站3个镇被天津市环保局命名为市级生态镇

（摄影：袁莉莉）

现综合整修打造环境。建立完善减排项目定期通报制度、联络调度制度、减排预警制度、减排考核和问责制度，污染减排工作纳入制度化管理。咸水沽污水处理厂、双林污水处理厂、双桥河示范镇污水接管工程等9个减排工程中，除荣钢集团淘汰两个小烧结机工程未实施外，其余全部完成。同上年相比，水污染物化学需氧量排放减少1510.15吨、氨氮排放量减少19.90吨，大气污染物二氧化硫和氮氧化物年排放量完成市政府下达的总量控制任务。八里台、葛沽、小站3个镇通过天津市生态市创建领导小组考核验收，并被命名为市级生态镇。

（田　阳）

就业与劳动保障　2012年，津南区人力资源和社会保障局贯彻落实区委、区政府“万人创业、十万人就业”计划，创新工作机制，强化管理服务，会同8个镇举办创业培训23期，培训828人，发挥“津南职介”品牌服务优势，创新举措开办“就业超市”小型招聘专场11场，指导各镇开展招聘专场50场。全年实现新增就业1.91万人，农村富余劳动力转移就业8900人，帮扶城镇十类就业困难人员就业684人，实现零就业家庭成员未就业状况动态为零。新认定区级“就业帮扶基地”4家，安置农村富余劳动力等444人。完成全区参保扩面任务，企业养老保险参保8.81万人，医疗保险参保8.95万人，工伤保险参保8.70万人，生育保险参保6.99万人，失业保险参保6.81万人，城乡居民基本医疗保险参保31万人，超额完成全年任务。成功解决镇办集体企业334名退休人员参保问题，进一步规范农民工生活补助费发放流程，实现拨款月结，异地领取。

（田　阳）

大案要案侦破　2012年，公安津南分局先后开展夏季治安、命案侦破、打黑除恶、清网追逃、打击“两抢两盗”、禁毒人民战争等一系列专项行动。累计破获刑事案件2483起，打处犯罪嫌疑人1054人。其中，破获“10·26”乔国喜持枪杀人、“9·10”毛祥磊强奸幼年女网友等“八类案件”288起；打掉恶势力犯罪团伙10个，破获各类刑事案件33起，判决团伙成员51人；破获侵财犯罪案件1121起，打掉侵财犯罪团伙40个，破获公安部督办的北闸口镇张博心利用“洋垃圾”制售伪劣卫生用品案件，破获市局A级督办系列侵财案件3件，相继破获郭峰博团伙跨区域撬砸汽车玻璃盗窃、杨双利团伙系列盗窃韩资企业等一系列侵财类案件。追回各类逃犯450人。其

2012年6月25日，区人力社保局举办“津南区创业项目巡展推介会”启动仪式

（区人力社保局供稿）

公安津南分局民警破获抢劫案件

（公安津南分局供稿）

中，命案逃犯 8 人，省级督捕逃犯 12 人，“5·26”前上网逃犯 20 人，消除了社会影响。相继开展打击经济犯罪“破案会战”、打击假币犯罪、打击整治发票违法犯罪、打击银行卡犯罪等一系列专项行动。先后破获范玉红、范玉梅虚开增值税发票，高光亮票据诈骗等一系列案值巨大、影响严重的案件，破获经济案件 645 起，移送起诉 85 人，挽回经济损失 1189 万余元，维护了津南区市场经济秩序。

（朱雪冬）

咸水沽镇

咸水沽镇位于津南区境北部，辛庄镇以东，双桥河镇以西，海河南侧，大沽排污河以北。2012 年，镇域面积 55 平方公里，耕地面积 2128 公顷。辖 27 个行政村、13 个居委会。人口 38330 户 101935 人，其中农业人口 44427 人。

隋称豆子航，明始有咸水沽地名文字记载。1948 年 12 月解放。1949 年成立咸水沽市，同年撤销，称咸水沽镇。1958 年归河西区美满人民公社。1959 年系小站人民公社管理区。1961 年成立咸水沽人民公社。1966 年称永红镇。1969 年撤镇建街。1983 年复称咸水沽镇。1985 年咸水沽乡并入。2001 年南洋镇并入。

2012 年，实现地区生产总值 68.31 亿元，比上年增长 25.20%；税收 7.29 亿元；固定资产投入 38.09 亿元，增长 15.82%；内资到位额 48.96 亿元；实际利用外资 4398 万美元，完成任务的 129.70%；农民人均纯收入 16059 元，增长 11.5%。引进创意经济企业 290 家，累计 1138 家。签约落地 11 个实体项目。

新开工还迁房 54.29 万平方米，竣工 40 万平方米，在施面积 202 万平方米。结合国家级会展中心和海河教育园区二期项目，完成北洋和五登房村整体拆迁，拆迁 2171 户，动迁 6085 人，拆除面积 57 万平方米，整理土地 706.67 公顷，保证重点工程顺利进行。

全年更换、维修环卫基础设施 400 处，修建绿化 1.60 万平方米，拆除乱搭乱架 300 多处，清理堆物、垃圾 5000 多吨，美化群众居住环境。

全面实施“万人创业，十万人就业”工程，举办各类就业招聘会 10 场，推荐就业 7600 余人次，帮扶创业 800 余人。大力开展职业技能培训，增强群众就业竞争力，全年培训 1977 人。筹资 3.38 亿元，为北洋、苑庄子、五登房等村村民办理城乡居民养老保险；为 1647 位村（居）民办理养老退休手续；农村城乡居民医疗保险实现全覆盖，参保率 100%。为 930 户低保家庭发放低保金 720 万元，为 146 户困难家庭办理低保手续；发放医疗、生活救助金 25.16 万元，救助 151 人；继续开展“5·25”扶贫助学助残活动，开展慈善助医、助老、助学、助困十件实事，支出善款 176 万元，救助 8200 人次。

加强教育基础设施建设，咸水沽第四小学建成投入使用、咸水沽第七小学主体完工；投入 200 余万元，加强各达标学校环境建设，达到绿化、美化、教育化标准。开展公共卫生专项服务，老年人大肠癌筛查比例超过 80%，居民医疗卫生建档率超过 80%，老年人免费查体率超过 90%。成功举办第五届全民运动会，开展各类文体活动 125 场，丰富群众业余生活。加强对育龄妇女和外来人口管理服务，坚持“一票否决”，保持低生育水平。

与 86 个责任单位签订责任书，全年未发生重大事故。全面启动裕民等 5 个村“三改一化”工作；圆满完成第八届村两委班子换届选举工作。妥善应对津南区有气象观测记录以来的最大汛情，取得防汛抢险工作胜利。坚持政务公开，全年回复群众网络咨询 122 件，办理人大代表建议和政协委员提案 8 件，满意率均达 100%。工会、共青团、妇联、人民武装、老龄、残联等工作取得新成绩。

（何　然）

小站镇

小站镇位于津南区东南部，东与葛沽镇毗邻，西与八里台镇相连，南与滨海新区大港相交，北与北闸口镇和双桥河镇接壤。2012年，镇域面积56.72平方公里，耕地面积2398.87公顷，辖27个行政村和5个社区居委会，人口22077户58971人。有汉、回、蒙古、土家、苗、满、维吾尔7个民族居住。

该镇因小站稻而兴旺，因小站练兵而闻名，是中国近代史上有重大影响的历史文化名镇，始建于清同治十二年(1873)，因清代铺设马新大道设驿站而得名。小站练兵、小站稻驰名中外。1937年4月，小站成立中共特别支部，是津南地区最早的党组织。1948年12月解放，成立小站市。1949年8月，小站市改为小站镇。1958年8月，成立小站人民公社。1983年4月6日建镇（含乡）。1985年6月，小站乡与小站镇合并为小站镇。2006年被列为天津市首批示范镇。

2012年，实现地区生产总值31.40亿元，比上年增长25.6%。完成税收5.90亿元，增长20%。固定资产投资37.35亿元，增长32.5%。农民人均纯收入15187元，增长10%。三产服务业固定资产投入20.05亿元，增加值25.50亿元。社会商品零售额4.17亿元。

工业总产值50亿元，增长56%；销售收入48亿元，增长17%。内资工业企业固定资产投资17.20亿元，国内引资到位额14.13亿元，实际利用外资3799万美元。新认定科技企业94家，累计认定科技型中小企业204家，投入300万元以上技改项目12项，投入资金8278万元。示范工业园区基础设施建设不断完善，累计完成基础设施投资8亿元，新增开发面积220公顷。

农作物种植1613.27公顷，完成全国水利普查和基本农田普查工作。完成黄台复垦23公顷。5个农业园形成集生态农业、休闲旅游、文化、参与体验于一体的新型都市农业，实现一园一品，特色发展，错位发展。

示范镇建设稳步推进，拆迁住宅142户、非住宅16户、企业14家。还迁房总建筑面积38.20万平方米，市政配套能力逐步完善。全年完成道路修建11.79万平方米，在建工程4处35698平方米，全年融资6.30亿元，为示范镇建设提供资金保障。

完善镇村共管、以村为主、镇级考核、群众监督的工作机制，发挥村级队伍和物业、市容、治安、执法、社区“五位一体”管理网络作用。与27个村、5个居委会、9个职能部门、12家危化企业、13家重点企业签订安全生产责任书。对镇域内企业进行安全生产检查，查处隐患2266处，下达限期整改指令书544份，全部整改完毕。

2012年6月29日，央视“《寻宝》走进天津小站”节目录制现场

（摄影：刘文姝）

民计民生工作有效开展。小站实验小学、小站第四小学、东大站小学建成投入使用。5所学校被评为教学质量先进校。为全镇920户发放低保金744余万元，发放各类补贴420余万元。全面落实城乡居民基本医疗保险和基本养老保障制度，参保35323人，参保率100%。组织五次大型企业用工招聘会及项目推介会，149家企业参加，提供近3000个岗位，安置就业2800人。全年使用善款3682381元，救助17642人次。

提高出生人口素质，投资近3万元打造中山路社区婴幼儿早期发展促进中心。17个村党支部和村委会完成第八届村级组织换届工作。对新一届村两委班子进行培训。开展创建“工人先锋号”、“职工书屋”、“职工之家”活动，特色家庭创建活动等，倡导文明向上的生活方式，提升全民整体素质。“《寻宝》走进天津小站”节目在中央电视台正式播出，进一步提高了小站镇在全国的知名度和影响力。

（何 然）

双港镇

双港镇位于津南区西北部，海河南岸。东邻辛庄镇，西界河西区，南连西青区，北临海河。津沽公路纵穿南北，天津市外环线、梨双公路横贯东西，距天津机场9公里，以海河为主线的八大河域内纵横交错。2012年，镇域面积30.16平方公里，耕地面积304.26公顷。辖16个行政村、2个居委会。人口16784户52606人,农业人口33257人。有汉、回、满、壮、苗、白、彝、瑶、朝鲜、蒙古、布依、土家、哈尼、东乡、纳西、维吾尔16个民族。

该镇历史悠久,以老海河与赤龙河形成的小港叉而得名双港,素有“双港古寨,海门要津”之称。解放后,经历河北省天津县第四区、第一区、第九区、天津市东郊区、西郊区、河西区、南郊区等行政归属变化。1983年6月建乡,隶属南郊区。1992年12月31日撤乡建镇,隶属津南区。

2012年,实现地区生产总值54.42亿元,固定资产投资35.51亿元,吸引内资到位额44.08亿元,利用外资到位额3595万美元,税收9.50亿元,农民人均纯收入16554元。

示范工业园区全年基础设施建设投入3500万元,扩域26.68万平方米。10个项目签约落地,全年吸引内资到位额44.08亿元,利用外资到位额3595万美元,第二产业固定资产投入16.99亿元,增加值16.77亿元,实现税收6.50亿元。双港联东U股等5家总部类企业开展二次招商,全年引进各类企业93家。科工贸园区建成投入使用的楼宇有7处,全年引进注册企业130家,注册资金11.83亿元,实现税收4亿元。科技产业园区,全年固定资产投入7200万元,实现税收3000万元。引进企业13家,第三产业固定资产投入19.20亿元,生产总值36.88亿元,全镇社会消费品零售额94.30亿元,商品销售额77.37亿元。

启动双港中心镇区、新家园、柳林风景区、河畔星城及北马集、先锋等15个村的房屋拆迁及拆迁扫尾工作。拆除各类住宅和非住宅5714处,拆除面积65.28万平方米。全年新开工43栋33.14万平方米。全镇累计还迁住宅1.20万套131.02万平方米。

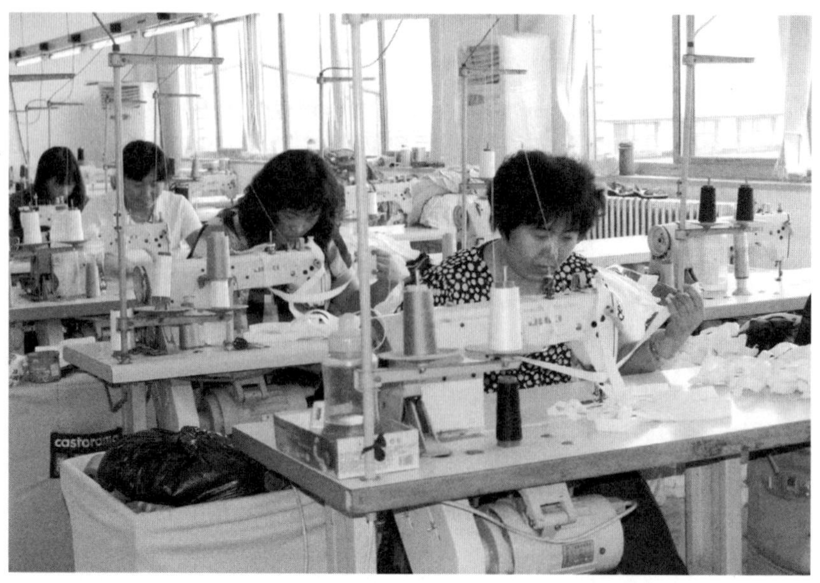

2012年9月25日,港鑫服装厂开展技术比武活动

(摄影:杨宝桂)

双港镇中小学学校规模扩大,教育效率逐步提高。中小学及幼儿园总占地13.84万平方米,建筑总面积7.05万平方米。4所小学全部跨入现代化建设标准达标校行列。教学改革不断深化,积极推进和谐平安校园建设,落实安全情况上报制度。

推进文化建设,建立并完善覆盖16个村的文化体育服务网络。全镇建文体活动场所37处,组建各类文体活动团队62支。制定出台《双港镇改善民生进一步丰富群众文化生活工作方案》,确定文化工作任务和目标,并纳入镇级考核。投入专项资金200余万元,建成久隆街休闲广场和七大街文化娱乐广场。举办各类文体活动50余场次。开展集中清整日活动。集中治理乱堆乱放2278处,清理占道经营摊点2439个,乱贴乱挂4389处,强制拆除违章建筑160处1.30万平方米。

创岗安置劳动力4999人,新增注册企业57家,搜集岗位898个。举办各类招聘会16场,开展6次送岗位、送项目进村进社区活动。与13家企业签订岗位开发协议书,全年创建和谐企业18家,其中A级企业16家。全镇城乡医疗保险参保2.74万人,参保率100%,全额垫付医疗报销482人,医疗报销61万元。全年发放各类救助款126.50万元。募集慈善款352万元。稳定低生育水平,提高出生人口素质。全年出生408人,独生子女领证3392人,领证率39.21%。为育龄妇女康检29019人次。

(何　然)

八里台镇

八里台镇位于津南区西部,东临北闸口镇,西界西青区,南连滨海新区大港,北接辛庄镇。2012年,镇域面积105.96平方公里,耕地面积2677.87公顷。辖15个行政村、1个居委会。人口16945户51504人,其中农业人口45995人。有汉、回、满、朝鲜等8个民族。

1953年隶属天津市津西郊区。1959年隶属小站人民公社,设八里台管理区。1961年增入八里台公社建制。1984年更名八里台乡。1992

年12月11日更名八里台镇。2001年10月8日双闸镇并入八里台镇。

2012年，实现地区生产总值38.18亿元,比上年增长25.5%;财政收入8.56亿元；全社会固定资产投资38.03亿元,增长28.49%,农民人均纯收入16357元,增长11%。引进内资到位额47.96亿元,实际利用外资6376万美元。园区引资到位额40亿元,实现税收7亿元。园区楼宇经济发展迅猛,引进注册企业107家,注册资本44亿元，完成税收7805万元。投资6000万元进行工业园基础设施建设。工业区成为天津市首批市级高新区,向全市示范园区迈进。

夯实农业基础，完成园区绿化管养面积6.50万平方米。调整片林基地种植结构3.30公顷，补栽各种树木3000株,加大农业结构调整力度,提高园区建设标准。5个园区投入资金2.60亿元。完成土地使用权流转1000多公顷。落实农业机械补贴45户350台套。水产养殖总面积达1200多公顷,成为农民增收的主要支撑力量。

大力发展现代服务业。实现服务业增加值24.85亿元，增长20.34%;服务业税收1.98亿元。全镇规模以上企业零售额6.20亿元,增长68%,销售额36.92亿元。天津京基皇冠假日酒店顺利营业。星耀五洲成功申报国家3A级旅游景区。

示范镇建设取得阶段性成果。示范镇一期团洼村、新春居委会居民喜迁新居,二期工程全面开工。成功申报市级生态镇。三期的大孙庄村,获市政府批准。配合海河教育园二期建设，完成征地范围内133户拆迁任务。成立物业纠纷联合调解中心，各级调解组织排查不稳定因素和各类矛盾纠纷426件，调委会调解案件456件,涉及787人,确保社会稳定。

加强党建工作，在八里坊社区建立“党建工作展示中心”。全镇有非公企业党组织62个,其中党总支1个,独立党支部38个,联合党支部23个。不断提升学校软硬件水平。推进校舍工程建设，八里台第一小学迁入新校舍。完成义务教育学校现代化达标评估工作。八里坊社区建成0~3岁婴幼儿早期发展指导中心,该中心设“一中心两室”,总投资28万元,建筑面积120平方米。为婴幼儿早期教育填补空白。

加强流动人口管理，实现全部住户报警系统与防控服务系统联网。建成八里台社区综合服务中心,改善办公条件,提升社会管理水平。开展家庭美德、“社区文明之星”、“文明民间组织”等评选活动。全年评选星级家庭299户。促进文化事业发展繁荣，组织开展百余场文化活动，群众文化实现“一村一品”特色。

开展全民创业活动，全镇新增自主创业企业637家，注册资金98967万元,安置就业4859人。救助各类困难人群约1万人，发放救助款342万元,为325户五保、低保、特困家庭发放冬季取暖补贴21.38万元。举行大型公益募捐活动,募集善款280余万元。为5465名60~80岁老人上意外保险17.80万元。为185名困难残疾人办理养老保险。

(何　然)

双桥河镇

双桥河镇位于津南区东部,东临葛沽镇,西接咸水沽镇,南连小站镇、北闸口镇,北依海河。2012年,镇域面积30.76平方公里，耕地面积1143.20公顷。辖16个行政村。人口10630户29861人,农业人口25384人。有汉、回、满、苗、朝鲜、蒙古、土家7个民族。

1950年7月属七区东泥沽乡。1958年属美满人民公社。1961年成立西泥沽人民公社。1971年公社驻地由西泥沽村迁至双桥河边。1983年更名双桥河乡。1997年12月9日撤乡建镇。

2012年，实现地区生产总值12.30亿元,比上年增长25.9%;税收2.96亿元；固定资产投资22.01亿元,增长17.51%。农村居民人均可支

2012年1月7日,双桥河镇“庆三八”暨风采女性事迹报告会

(双桥河镇党办供稿)

配收入 15768 元,新增就业 2128 人。

示范镇一期聚和园 12.76 万平方米全部竣工,完成首批还迁入住。东周庄村整合工作完毕,20 公顷土地复垦通过验收。9 月进行示范镇二期建设。华盛寺项目占地 5.40 公顷,建筑面积 1.39 万平方米。海河科技园区(双桥河)规划面积 242 公顷,投入资金 9000 余万元。起步区 31.33 公顷土地办理储备手续。韩家圈村启动整合,平整土地 26.67 公顷,具备出让条件。李家圈村创新开展创建星级出租户活动。

开展扶残助残工作,为 284 名残疾人发放生活救助金 4.89 万元,为 3 人申请实施免费白内障复明手术,组织 22 人参加残疾人专场招聘会,为 60 名残疾人免费体检,为 51 名残疾人上缴养老保险,59 名残疾人参加农业实用技术培训。举办"庆三八"暨风采女性事迹报告会,表彰 10 名风采女性、10 名优秀女性和 5 个妇女工作先进单位。为 0~3 岁婴幼儿建立《健康宝宝》家庭档案,实施个性化指导和服务。举办餐饮业职工技能比赛。

新建的双桥中学和津南七幼投入使用。投入 3400 万元对双桥河一小进行扩建。双桥中学、双桥河一小、二小、三小顺利通过天津市义务教育学校现代化达标验收。开展"寄语十八大翰墨抒情怀"书画展活动,"唱响红歌喜庆十八大"活动,"书记讲党课"活动。对全镇 16 个村 93 名新任两委班子成员进行培训,组织两委班子成员召开村务公开和民主管理工作会议。

宝成集团自主研发的 SZS 百蒸吨大型热水管燃气热水锅炉,各项指标均优于国家标准,达到国际先进水平,行业占有率 70%,获得"国际同类产品先进水平"的鉴定结果,被国家列为第一批高耗能特种设备节能技术推荐产品。科技助推企业发展,规模以上企业通过 ISO 系列认证的占 60%;申请专利 83 件,授权专利 45 件,授权发明专利 30 件;认定科技型企业 80 家,累计科技型中小企业 185 家,累计培养小巨人企业 5 家。

(张天娟)

葛沽镇

葛沽镇位于海河下游南侧,东临滨海新区塘沽,西南连小站镇,南界滨海新区大港,西北接双桥河镇。2012 年,镇域面积 43.48 平方公里,耕地面积 1754.87 公顷。辖 25 个行政村、10 个居委会(含 4 个村转居社区)。人口 19031 户 54847 人,其中农业人口 40088 人。有汉、回、蒙古、满、壮 5 个民族居住。

该镇为华北"八大古镇"之一,是津南区唯一坐落在滨海新区的镇级单位。1948 年 12 月解放,称葛沽市,属天津县。1949 年 10 月更名葛沽镇。1952 年 4 月更名葛沽乡。1958 年 9 月属塘沽区,称河南人民公社。1962 年 10 月属南郊区,成立葛沽人民公社。1966 年称卫东镇。1969 年成立葛沽街道办事处。1983 年 8 月建葛沽镇(含乡)。1985 年 6 月乡镇合并。1989 年政府迁至津沽公路南侧解放道南段办公。2010 年 7 月迁至津沽公路南侧创意中心大楼。

2012 年,实现地区生产总值 144.91 亿元,比上年增长 25%;三级财政收入 5.38 亿元,下降 46.2%;农民人均纯收入 16000 元,增长 15%。工业增加值 109.87 亿元,增长 24%;固定资产投入 16.40 亿元,增长 17%。落实投资 3000 万元以上重点项目 17 项,与大专院校、科研院所结成产学研联合体 11 个,开发填补市空白以上新产品项目 15 项,完成专利申报 32 项,认定科技型企业 112 家、科技小巨人 8 家。创意中心引进企业 240 家,实现税收 2 亿元。

大田种植 533 公顷,获取粮种补贴 50.29 万元;蔬菜种植 458 公顷,产量 4548 万公斤,产值 5387 亿元;水产养殖总面积 147.50 公顷,产量 1160 吨。

完成 6 个村整合拆迁工作,土地复垦 130 公顷,完成一、二期全部复垦的 76.5%。"三改一化"试点村,已拆迁 18 个,启动整合尚未拆迁 2 个。顺利完成村级换届。镇政府与 22 个村 10 个社区 16 个综治领导小组成员 23 家企业签订社会管理综合治理目标责任书,与各村、社区签订责任书 1057 份,签署企业责任书 15 份。发动、组织群众建立完善村级群众组织,有治保会、民调会、刑释解教帮教小组各 32 个。全年接待来访群众 1091 人次,解决各类问题 198 件。

计生工作扎实推进,31 个村居及泽水园社区全部建立七类家庭信息档案。实现计划生育率 98.5%。对 1099 名婴幼儿建立宝宝档案。率先成立葛沽镇环卫工人奖励基金会。全年清运建筑垃圾 4000 余吨,生活垃圾 20805 吨。加大"双违"治理力度,查处违法占地和违章建筑 75 宗。实施"千人创业,万人就业"工程。举办 7 场大型招聘会,4 场创业展示会,31 期就业创业培训班,培训 2079 人。实现创业 380 人,就业安置 2720 人。发放各类救助金 424 万元,助学款 25.50 万元,慰问款物 68 万元,募集善款 340 余万元。

镇域 7 所中小学均通过现代化建设达标验收。津南九幼舞蹈《葛沽娃》荣获第五届"校园时代"全国青少年春节晚会金奖。实施课外文体活动工程,4 所学校被评为区级创新大课间和阳光体育市级先进单位,葛沽实验小学获天津市篮球比赛小学男子组第一名。编辑出版第一本反映葛沽庙宇资料的《葛沽庙志》。

为葛沽宝辇注册商标，举办民间花会展演和妈祖娘娘诞辰纪念活动。举办3场大型晚会及“百姓七天乐”社区文化周、纪念李鹤年诞辰100周年等共计20余场文化活动。承办2012—2013年度CBA联赛16场。

（张天娟）

北闸口镇

北闸口镇位于津南区中部。东临双桥河镇，西界八里台镇，南连小站镇，北依大沽排污河。2012年，镇域面积38.32平方公里，耕地面积1992.13公顷。辖19个行政村(周庄房村年内划入双港镇)、4个社区居委会（新增2个），3个社区服务中心。人口13223户34807人。

镇内清光绪元年(1875)提督周盛传屯田练兵的营盘番号至今仍有沿用，如后营、正营、东右营、西右营、仁字营、老左营等。1961年4月建北闸口人民公社，属河西区；1961年12月属南郊区。1966年改为东方红人民公社，机关迁至西右营。1968年复称北闸口人民公社。1973年机关迁回北闸口。1983年改称北闸口乡。1997年12月9日撤乡建镇。2009年被批准为天津市第三批示范小城镇。

2012年，实现地区生产总值25.66亿元，比上年增长25.9%；三级财政收入4.64亿元，降低1.29%；固定资产投资22.84亿元，增长15.70%；农民人均纯收入14999元，增长9.88%。工业生产总值36.15亿元。工业固定资产投入16.37亿元，增长19.49%；工业增加值9.03亿元；销售收入35.47亿元；利税总额3.65亿元。内资到位额13.19亿元；外资到位额3372万美元。园区扩域36.41公顷。安置当地劳动力就业1553人。引进注册型企业68家，总注册资金3.24亿元，实现税收3000万元。

种植作物1244公顷。土地复垦99.62公顷。落实惠农补贴政策，补贴种粮面积638.29公顷，补贴金额81.99万元，629户农民受益；补贴种棉面积539公顷，补贴金额12.13万元。按政策规定对356头能繁母猪给予补贴3.56万元，通过“一卡通”或“一折通”全部直接兑付到养殖场户。

宜惠园小区全面竣工并办理村民还迁入住手续，小区占地10.73公顷，总建筑面积25万平方米，成套住宅2500套，安置西右营、吕坨子2个村还迁村民2200余户。北闸口文体中心工程全面竣工交付使用。完成土地整理储备工作97.80公顷，14个项目出让土地17.40公顷。年内，开工建设项目8个，竣工项目14个，其中2个还迁楼宜惠园、泽惠园完成验收。成立北闸口镇物业管理办公室，重点完成泽惠园农民还迁小区配套设施整修完善，投入100万元对60部电梯进行部件更换，彻底维修；投入36万元对地下停车场进行规划和设施安装。北闸口镇物业整治工作获全区物业综合整治联查评比第一名。

召开计生工作会，举办首届人口计生杯宝宝大赛。发展特色小学教育，打造规范加特色学校，培育合格加特长学生，提升办学质量。镇内多所中小学教师制作的教学课件获国家级奖励8项、市级奖励16项、区级奖励30余项。镇政府召开教师节表彰大会，投资25万元对坚持特色办学，提高教育质量的学校和教师给予表彰。创建市级卫生镇工作通过验收。防汛除涝，战胜津南区有气象观测记录以来的最大汛情。

创新监管手段，提升安监水平。240家工业企业建立安全生产计算机管理网络系统，完成工业企业安全隐患网上自查自报1344次，现场检查、整改、复查企业504家，查出安全生产隐患2016条，企业整改率98%。在区安委会2012年安全生产考核中，北闸口镇8次排名第一。

（张天娟）

辛庄镇

辛庄镇位于津南区西北部。东邻咸水沽镇，西与双港镇相连，南与八里台镇接壤，北隔海河与东丽区相望。2012年，镇域面积29.12平方公里，耕地面积1340.73公顷。辖20个行政村，人口10949户30622人，其中农业人口9707户26861人。少数民族6个。

1961年4月辛庄地区成立白塘口人民公社，下设20个行政村；1969年3月白塘口公社由白塘口村迁至中辛庄村；1983年改称白塘口乡；1985年6月改称辛庄乡；1997年3月10日撤乡建镇。截至2012年底，16个行政村拆迁整合，4个村未拆迁。

2012年，实现地区生产总值26.57亿元，税收4.46亿元，固定资产投资22.74亿元，实际利用外资3036万美元，吸引内资到位额17.22亿元，农民人均纯收入14638元。工业总产值31.10亿元，外贸出口7566万美元。完成91家科技型中小企业认定，6家获得政策资金扶持175万元，新增税收600万元。帮助企业融资5000万元。三产服务业固定资产投资6.84亿元，比上年增长16%；销售额63.56亿元，增长47%。创意经济引进注册类企业236家，注册资金12.86亿元，实现税收5800万元。

完成柴家圈、新桥、建明、清和、继泰和唐庄子村拆迁工作2681处，累计59万平方米，涉及2400余户5870人。上小汀村和邢庄子村进行选房，涉及选房户1007户，确选套数1862套，确选面积16.31万平方

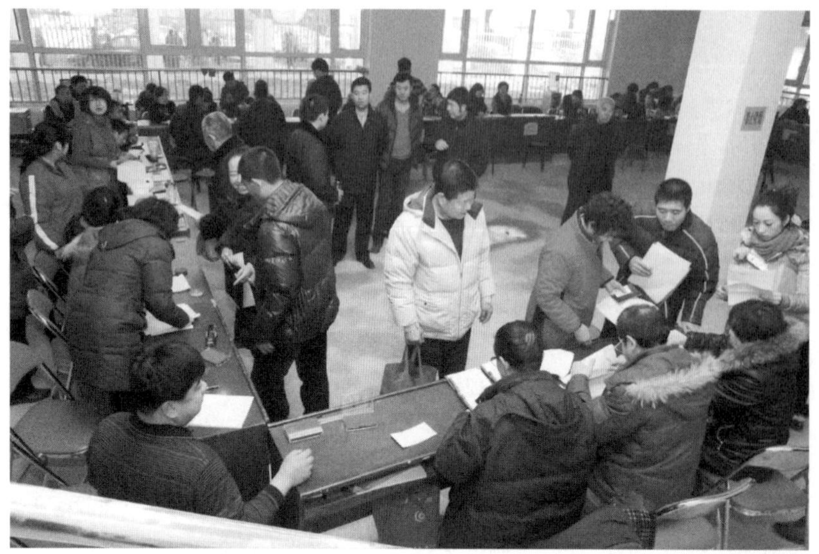

2012年11月18日，邢庄子还迁户领钥匙

（摄影：陈　昊）

米。示范镇建设全面推进，土地复垦90.39公顷，完成任务的101.1%，全部通过市级专家组验收。全年累计融资到位8.22亿元。

文体活动丰富多彩。开展文化进学校、进社区、进家庭、进企业、进机关活动，文化综合实力全面提升。白塘口村老年协会剪纸组创作16米长剪纸作品迎接党的十八大。白塘口武术队参加"感恩杯"第十届香港国际武术节比赛，取得4金8银5铜。教育水平不断提升，投资100万元为辛庄小学和白塘口小学进行设施改造。镇域3所小学全部达到市级九年义务教育学校现代化标准。筹集67.81万元奖励教育工作业绩突出的集体和个人。4所学校、1所幼儿园获得集体荣誉28项，88人获得国家级、市级、区级各类荣誉193项。

民计民生不断改善。新建辛庄镇卫生院4月10日投入使用，该院被确定为津南区征兵工作体检中心。计生工作在津南区保持一档水平。发放638人次残疾人救助金12万元，为90岁以上老年人发放生活补贴3.94万元，优抚金142.86万元，"5·27"扶贫助学助残活动募集善款202万元，慈善出资77.60万元，发放低保金264.50万元。推进"万人创业，十万人就业"计划，实现自主创业256人，劳动就业安置2222人，投入40.30万元。整合6个村，签订保险协议1887户，参保5397人。累计受理城乡居民医疗保险报销279人次83万元。全年接待上访1100余人次，受理来信来访248件，排查不稳定隐患25次。拆除违章建筑21宗8607平方米。12月基本完成村级组织换届工作。开展创先争优活动，全年发展党员10名。

（张天娟）

长青办事处

长青办事处位于津南区西北部。东起灰堆，西至城（市）区八里台，南与李七庄交界，北接小刘庄。户籍管理属河西区，土地、行政管理属津南区。2012年，辖黑牛城、东方红、万年红、挂甲寺、灰堆、向阳、星光、西楼8个管委会（亦称分公司）。组建长青集团等10余家直属企业，长青职工总数2200余人。办事处坐落黑牛城道南侧。

1949年1月，灰堆村属天津县管辖，向阳、星光等村属河西区管辖。1958年建立灰堆人民公社。1959年属河西区小站公社。1962年1月归南郊区管辖。1983年12月撤销人民公社建制，建立长青农工商联合总公司。1992年12月24日设立长青办事处。

2012年，实现地区生产总值11.13亿元，财政收入4.79亿元，外资到位额2191万美元，引进内资8.57亿元，人均收入17236元。直属企业营业收入1600万元，税收6290.70万元。引进企业150家。

大力开发房地产项目，主要有：长青科技研发中心项目，用地面积5954平方米，总建筑面积44748平方米；谷星新里住宅小区项目，总建筑面积32091平方米；信恒广场项目，用地面积51748平方米，总建筑面积96361平方米；宝坻区津围公路以西银练路以北的联排别墅和高层住宅公寓，用地面积53228平方米，建筑面积87826平方米。

落实"六五"普法规划，开展"法律六进"、法治宣传月和"12·4"法治宣传日等活动，组织普法培训、知识答卷、知识竞赛等活动，提高干部职工的法律意识和法律素养，做好人民调解工作，充分发挥人民调解在化解社会矛盾中的"第一道防线"作用。新建工会265家，创建职工之家1家、职工书屋1家、工人先锋号1家、"四好"班子6家。对园区企业进行8次检查，协助劳动监察部门处理企业劳资纠纷8件、历史遗留问题5件。

实施"长青老年家庭夕阳关爱工程"，为9户独生子女伤残死亡家庭及独生子女大病特困家庭进行特殊帮扶和慰问，为1128名职工免费进行健康体检，投入经费21万元。"六一"期间，为14岁以下独生子女发放慰问金1.38万元，为高中阶段以上独生子女发放助学奖励金 3 万元。

开展“迎新春助困送温暖”活动。慰问低保户 1500 元,物品折合 300 元。慰问困难家庭 12 户,每户 500 元。春节及“八一”建军节,分别对双拥共建单位进行慰问,加强军民合作。召开机关退伍军人座谈会,对机关退伍军人进行节日慰问。开展“慈善四日捐”活动,组织干部职工捐款 14.13 万元。召开残疾人联合会第六次代表大会。开展残疾人基本情况入户调查,对残疾人实行动态管理,全年慰问残疾人 8 名。举办应急救护知识培训,29 人取得应急救护资格证。组织 4 名机关干部进行造血干细胞血样采集。长青红十字会开展助残助困活动,全年慰问困难职工 92 人次。

(宋剑锴)

北 辰 区

概 述

北辰区位于天津市区北部，北运河畔。境域地理坐标为北纬 39°10′~39°21′，东经 116°56′~117°24′。东与宁河县相邻，东南隔金钟河、新开河与东丽区相望，南与河北区、红桥区相连，西南与西青区以子牙河为界，西、北均与武清区接壤。2012年，区域面积 478.48 平方公里，其中耕地面积 1.84 万公顷。辖天穆、北仓、双街、双口、青光、小淀、宜兴埠、大张庄、西堤头 9 个镇和果园新村、集贤里、普东、瑞景、佳荣里 5 个街道。有 126 个行政村和 99 个社区居委会。常住人口 74.33 万人。其中，农业人口 76596 户 197759 人，户籍人口 142218 户 375197 人。除汉族外，有回、蒙古、朝鲜、满、土家、壮、藏、维吾尔、苗、布依、侗等 34 个少数民族。区政府驻北辰道 389 号。

2012 年，北辰区实现地区生产总值 588.53 亿元，比上年增长 21.5%(可比价增速)；区级一般预算收入 43.77 亿元，增长 25.2%；农村居民人均可支配收入 15502 元，增长 14.5%；固定资产投资 529.27 亿元，增长 28.2%；到位内资额 315.44 亿元，增长 31.8%；实际利用外资额 8.40 亿美元，增长 17.4%。

大项目建设成效显著。制定出台招商引资奖励办法，在中关村设立招商办事处，拓展招商渠道。组织 24 批次外出招商，赴北京、上海举办发展环境说明会，全年引进清华创业园、美亚总部等 1 亿元以上项目 62 个，总投资 467 亿元。125 个市级项目进展顺利，115 个开工建设，72 个竣工投产。

楼宇经济发展势头良好。制定《加快发展楼宇经济实施意见》。全年建成楼宇项目 42.60 万平方米。全区运营楼宇 25 栋，累计入驻企业 721 家，实现税收 6.30 亿元，其中亿元楼宇 3 座，天辰大厦被评为全市首批优秀亿元楼宇。

园区开发建设全面提速。3 个市级示范园区引进 1 亿元以上项目 50 个、总投资 453 亿元，累计签约项目 89 个、总投资 739 亿元。启动科技园区新区综合配套服务区，5 万平方米商务中心主体竣工。示范园区 14 平方公里拓展区基础设施开工建设。筹建国家级新闻出版装备产业园。陆路港现代物流产业园纳入全市物流发展重点园区。

深化产业结构调整。实现工业增加值 370.60 亿元，增长 24.4%。销售收入过亿元企业 205 家。纳入全市千亿级装备产业基地。服务业保持较快发展，增加值达 197.50 亿元，增长 19.2%，占全区经济总量的 33.6%。引进钢铁物流结算中心、医疗器械电子商务等一批新兴业态。制定《加快推进现代种源农业发展意见》。

增强金融服务效能。出台《科技贷款贴息资金管理暂行办法》《加强担保平台建设实施意见》。引进全市区县首家民生银行科技支行，全区金融机构累计 51 家。完成村镇银行增资扩股和股份改制，成为服务“三农”和中小微企业的本土银行。组织银政银企对接活动 47 次，落实企业贷款 25.60 亿元。天津久日化学股份有限公司成为全国首批“新三板”挂牌企业。

城乡规划体系日趋完善。成立区规划委员会，编制完成空间发展战略规划、近期建设规划和北部新区分区规划，完善提升城市总体规划，深化细化重点片区控制性详细规划，推进供电、供热、排水、消防、公交等市政基础设施专项规划编制工作。

基础设施建设加快推进。完成地铁 5 号线拆迁和 6 条城市道路建设，启动外环北延线、志成道延长线等道路建设。配合做好地铁 3

号线运营工作。九园公路全线通车。新建和启动3座变电站建设和6条高压线路切改。启动双青新家园和科技园区消防站建设。实施4处重点积水片区管网改造,完成高峰路排水渠清淤和丰产河节制闸建设,建成泵站2座,提升城市防汛排沥能力。

推进城中村改造。完成拆迁36.50万平方米,其中刘家房子、丁赵村等8个还迁地块全部清零。启动98.10万平方米安置房建设,在建面积146.20万平方米,34.80万平方米主体封顶,三义村实现整体还迁。坚持一镇一策,推进示范镇建设。开工建设大张庄、双街、北仓3镇63万平方米安置房,青光镇7万平方米安置房及配套公建竣工,大张庄镇30万平方米安置房实现还迁。

市容环境面貌改观。启动郊野公园建设,一期工程基本告竣,形成大绿野趣、生态自然、林水相依的滨水景观。打造京津路沿线夜景天际线,开展农村垃圾、扬尘洒漏等突出问题专项治理。新建和提升城市绿地104万平方米,林木覆盖率24%。启动实施5家危化和重工企业搬迁,开展重点行业、污染企业专项治理,万元生产总值能耗下降4.1%。推进清水工程,启动双青、大双污水处理厂建设。治理同生化工厂铬渣山,生态区建设取得阶段性成果。

实施土地整理监管。成立区地价委员会,制定《加强土地整理储备管理工作的意见》。完成6宗经营性用地整理储备和48宗工业用地整理出让,3宗公益性用地交付使用。开展土地执法监察和违法占地、违法建设专项治理。

完善社会保障体系。实施积极的就业政策,健全三级劳动保障服务机构,建立人力资源信息库,妥善安置城镇新增劳动力2.10万人。扩大社会保障覆盖面,医疗保险参保基本实现全覆盖。提高农村低保和五保集中供养标准,全年发放救助金6114万元,1.60万人受益。健全残疾人服务保障体系,建成区残疾人劳动康复服务中心和3个社区康复站。

推进基础教育。新建改建小学和幼儿园12所,"学前教育行动计划"三年任务两年完成,在全市首批完成全部义务教育学校现代化达标工作。完成朱唐庄中学改造提升,此项目为全国节能改造示范项目之一。第四十七中学被北京大学认定纳入"权威的中国最顶级中学名录"。连续6年蝉联市中小学运动会冠军。率先成立北辰社区教育学院,启动教育信息化中心建设,创建全市首个科技教育实验区,北辰区被确定为全国教育信息化实验区,被评为全国"两基"工作先进单位、全国教育督导工作先进集体和全国家庭教育示范区。

提升医疗卫生设施水平。启动天津市第二儿童医院建设,完成北辰医院新住院楼和瑞景卫生服务中心建设,区疾病预防控制中心主体竣工。北辰中医医院住院楼完成改造,晋升为"三甲"医院,并被评为全国医院文化建设先进单位。北辰区被评为全国农村中医药工作先进单位。

文化事业硕果累累。在全市率先成立文化志愿者服务中心,率先实现文化场馆免费开放,成功举办第三届"天穆杯"全国小品展演,4个节目入围全国第十六届"群星奖"。举办首届新年音乐会。编制文化产业发展规划,创办区文化艺术品超市。北辰区被授予全国"服务农村服务基层"先进集体称号。

群众性体育活动广泛开展。举办北辰区首届全民健身运动会,参加全国第七届农民运动会和市第三届全民健身运动会,取得历史最好成绩。北辰区被国家体育总局授予全民健身活动优秀组织奖。

强化稳定第一责任,落实属地管理、领导包案、考核通报等信访制度,巩固"四位一体、三调联动"矛盾纠纷调处机制,有效预防和化解热点难点问题。强化特殊人群、流动人口服务管理和社会治安综合整治,在全市率先建立社区矫正移动管理平台。严格落实安全生产责任,集中开展危险化学品、消防隐患和车辆超载超限等专项治理。完善应急管理机制,妥善处理防汛抢险突发事件。

开展"调结构、惠民生、上水平"和"走基层、摸实情、解难题、办实事"活动,组织300余名机关干部深入近千家企业,解决5900多个实际问题。制定出台《进一步提高审批效率的实施意见》,健全八部门联审制度。扩大政风行风评议考核对象的覆盖面和民主评议的参与度。推行政务公开,畅通社情民意反映渠道。

(刘秋香)

北辰区区级领导名单

中共北辰区委领导名单

书　记:李宝锟

副书记:高学忠　郭连生

常　委:李宝锟　高学忠　郭连生　李连庆　李大勇　王志平　朱　军　杨　焕(女)　李林河
　　　刘子让　胡学明

北辰区人大常委会领导名单

主　任:穆瑞刚(回族)

副主任:崔金爽(女)　崔兆斌　刘宗浩　张子明　刘学安

北辰区政府领导名单

区　长:高学忠

副区长:李连庆　朱　军　陈文慧(女)　赵怡本　陈　健　吴丽祥(女)

区长助理(副区长级):王慧生

政协北辰区委员会领导名单

主　席:张金锁

副主席:姜渭湖　杨玉良　赵建华　骆守佶　李书秀　苗文秀(女)　赵军屹(女)　于　静(女)

(区委组织部提供)

政治建设　2012年，北辰区按照“站在新起点、采取新举措、实现新跨越”的总要求,开展“调结构、惠民生、上水平”活动,推进经济社会又好又快发展,加快城市化进程,进一步改善民计民生，保持社会和谐稳定。圆满完成区十六届人大一次会议确定的各项目标任务，完成改善城乡人民生活10件实事。选举产生10名代表出席市第十次党代会。刘春海当选党的十八大代表，是全市农村基层党员干部的唯一代表。选举产生北辰区的天津市第十六届人民代表大会代表27人,推荐提名天津市第十二届全国人大代表候选人2人。开展“走基层、摸实情、解难题、办实事”和“双联”特色活动,将触角延伸到社区。完成村居两委班子换届选举工作。落实党风廉政建设责任制,开展党性党风党纪教育,建成纪检监察谈话室和镇纪检监察工作室。北辰区社会治安综合治理委员会更名为北辰区社会管理综合治理委员会，成员单位增至69个,受理群众来信来访5246件,化解矛盾隐患635个。烈士张永楠被市委追认为中共党员，区委作出向张永楠学习的通知。8月31日,中共中央政治局常委、国务院总理温家宝视察北辰秋怡家园社区和双青新家园建筑工地。

(刘秋香)

走基层活动　2012年3月始，北辰区开展“走基层、摸实情、解难题、办实事”活动,每名处级以上领导干部联系一个基层单位和一个重点企业，每名科级干部联系一个重大项目或一项重点工作，每个党支部至少帮扶一户困难家庭。组织党员干部进农村、入企业、下社区,转变作风、帮扶基层、服务群众。区民政局开展带着任务走、带着问题走、带着重点走、带着热点走的“四带四走”活动,走访慰问426户低保和特困家庭。区农机中心将农机购置补贴资金优先安排购置潜水泵、离心泵等排灌机械。普东街与华夏未来集团合作建设华夏未来普东国际双语幼稚园，解决社区子女入园难问题。区科委帮助60多家企业解决科技贷款4亿元。区工经委协调完成40余家企业227名专业技术人员职称评定工作。区合作交流办为宜兴埠镇四街引进注册企业14家,注册资金7000余万元;帮助刘园村引进投资2000万元的餐饮项目。区商务委开辟服务重大项目和重点企业的“绿色通道”。区法院开展以百名法官下基层、走访百家企业和基层单位、深入百个重点工程项目、回访百个诉讼当事人为主要内容的“四个百”活动,提供司法服务850次。至年底,全区各级领导干部建立联系点1300多个,为基层和群众解难题办实事6000余件。区委书记先后7次作出批示,市委《创先争优活动简报》和《农村党建》刊发北辰区经验和做法。

(张晓磊)

人民团体工作 2012年,北辰区净增建会企业533家,净增工会会员4645人。新建“小型非公企业联合基层工会”,组建首家楼宇工会。搭建职工三级维权服务平台,为职工提供无偿法律援助53次,区总工会被命名为全国工会法律援助维权服务示范单位。率先启动并完成农村和社区团组织换届选举工作,新建非公企业和社会组织团组织170家。组织“新企业·新青年”形象展示赛、“高举团旗跟党走”、“继承光荣传统、建设北部中心”等诗歌朗诵赛和教育实践活动50余次。共青团北辰区委关爱外来务工子女经验做法在中央电视台《从我做起》栏目和团中央《关爱农民工子女志愿服务行动工作案例》中推广。依托“妇”字号示范基地,为妇女就业创业搭建平台,举办首届手工编织大赛,建立区妇女手工编织业中心,为166名妇女办理小额贷款1101.40万元,贴息132万元。凤翔畜牧养殖场被评为国家级巾帼现代农业科技示范基地。2户家庭被评为全国五好文明家庭。在354家“两新”组织中创建“妇女之家”和“半边天家园”,成为全市首个在非公企业创建妇女组织的区县,全国妇联副主席、党组书记、书记处第一书记宋秀岩到区调研,肯定该做法。北辰区被评为全市“半边天家园”工作示范区,承办市“半边天家园”工作现场推动会,并在会上作典型发言。召开北辰区残疾人联合会第六次代表大会。投入984万元,建成区残疾人劳动康复服务中心。投入200万元,完成特教学校学龄前儿童教育场所建设。全国人大执法检查组视察津北电线电缆厂和北辰区残疾人康复训练指导中心,肯定北辰残联工作。

(刘秋香)

2012年8月21日,北辰区举行女企业家协会成立大会暨“关爱行动”启动仪式,启动女企业家协会会长基金和工商联光彩助学项目基金17.80万元,对68位困难学生和单亲困难母亲进行资助

(摄影:李富强)

经济发展 2012年,北辰区实现农业增加值9.79亿元,农业固定资产投入3亿元。出台《北辰区加快现代农业建设扶持办法》和《北辰区关于加快推进现代种源农业发展的意见》。双口镇徐堡、岔房子村被评为全国一村一品示范村。6个专业村达到国家级建设标准。新发展合作社、联合社11家,36家注册品牌商标。实施农业综合开发项目6个,总投资3078万元。规模工业实现总产值1535.46亿元,实现工业增加值370.60亿元,固定资产投入241.60亿元。装备制造、生物医药、新能源新材料三大优势产业实现总产值1201亿元,占全区规模工业78.2%,超亿元以上企业216家,其中超10亿元企业29家。新开工1000万元以上新项目206个,其中投资1亿元以上新项目38个,实施1000万元以上技术改造项目77个。完成中小企业转型升级430家。在上海、北京召开北辰区发展环境说明会,推介北辰发展优势,招商形势良好。服务业完成固定资产投资284亿元,实现增加值197.50亿元,社会消费品零售总额159亿元。全区43个市、区级重大服务业项目中,建成24个,在建15个,总投资规模突破379.90亿元。新开发1000万元以上新项目84个,总投资131.50亿元,其中1亿元以上新项目25个。商贸业基础设施建设全面推进,示范社区商业中心达13处,其中国家级3处;标准化菜市场14个,其中国家级4个。龙顺庄园被评为全国休闲农业与乡村旅游示范点,双街现代农业科技园、青水源生态园等4家乡村农业旅游点被评为全国休闲农业与乡村旅游四星级明星企业。建成全市首家国际标准房车营地——龙源马术俱乐部房车露营基地。

(刘秋香)

2012年7月4日，北辰区在北京召开发展环境说明会

（摄影：霍文涛）

科技型中小企业 2012年，北辰区以增强企业自主创新能力为核心，强化组织推动、政策引导和资金扶持，加快科技型中小企业发展。新认定科技型中小企业975家，新培育小巨人企业54家，累计分别达到2282家和216家。9家企业进入全市百家优秀小巨人行列，总体数量和质量均居区县之首，长荣印刷排名全市第一。为440家企业提供扶持资金1.70亿元，比上年增长14.2%。辰寰星谷被评为市级科技企业孵化器，新建河北工大产业园、双辰耀滨等孵化器60万平方米，在孵企业214家。新增国家级企业技术中心3家，累计9家；新增市级企业技术中心6家，累计54家，位于全市前列。新创市级名牌产品11个，驰、著名商标27件，累计分别达到81个和147件，均居全市区县首位。申报专利2913件，知识产权发展水平指数和综合实力指数全市第一。在全市科技进步统计监测中，综合评价指数位居区县首位。北辰区被科技部批准为国家高端数字装备高新技术产业化基地，被评为全国科技进步先进区。

2012年北辰区新创市级名牌产品情况表

序号	单　位	产　品	商　标
1	天津银龙预应力材料股份有限公司	预应力钢棒	宇桥、银龙、SILVERYDRAGON
2	天津银龙预应力材料股份有限公司	PCCP管用钢丝	宇桥、银龙、SILVERYDRAGON
3	天津银龙预应力材料股份有限公司	无粘结钢棒	宇桥、银龙、SILVERYDRAGON
4	天津银龙预应力材料股份有限公司	无粘结钢绞线	宇桥、银龙、SILVERYDRAGON
5	天津市天铁轧二制钢有限公司	预应力混凝土用螺纹钢筋	双锚
6	天津北达线缆集团有限公司	35KV及以下交联聚乙烯绝缘电力电缆	北达
7	天津天能变压器有限公司	干式变压器	图形
8	天津市安正电力高分子材料有限公司	电缆料	安正
9	建科机械(天津)股份有限公司	GJW数控移动式棒材液压剪切生产线	TJK
10	万控(天津)电气有限公司	低压成套柜体	万控
11	天津市中央药业有限公司	麻仁软胶囊	友好(图形)

（刘秋香）

经济行政管理 2012年，北辰区发挥财政职能作用，全面培育经济增长点，投入9251万元落实财政奖励政策，扶持工业及现代服务业、楼宇经济健康发展，兑现再生资源等特殊行业扶持政策。加大经济发展、社会事业、环境建设、改善民生等财政支出。完成税收收入45.47亿元，强化重点税源监控。在全市率先成立商标保护协会，保护北辰地理文化标志和商标品牌资源，完成“皇仓廒舍”、“御河园”等5个历史文化名称在内的45个类别206件商标注册申请。全区拥有注册商标7146件，驰名商标16件，著名商标131件。创建国家级“文明诚信示范市场”1家，市级“守合同、重信誉”企业53家。履行药品、医疗器械、保健食品、化妆品和餐饮服务食品安全监管职责。实施食品安全网格化监管，开展“放心奶”工程建设、特种设备安全“攻坚战”专项行动、质量安全风险排查整治。首次安装电梯故障自动报警系统，组织机构代码服务措施典型经验在国家质检总局网站上专题报道。

（刘秋香）

文化工作 2012年，北辰区加强精神文明建设，开展文明村镇、文明社区、文明团队等十大文明系列创建活动，开展第八届争当“感动北辰文明人”活动。“我绣红旗喜迎十八大志愿服务温暖千万家”天津站主题活动在北辰区启动。《北辰文明网》、《北辰学习网》开通上线。区图书馆、文化馆和基层文化中心在全市率先实现对群众免费开放。在全市率先成立文化志愿者服务中心，各镇街相应成立分中心。北辰文化志愿者服务团队累计103支。4月至8月，举办北辰区首届“小淀杯”舞蹈大赛。4月至11月，成功举办“天穆杯”全国第三届“新农村、新文化、新风尚”小品展演。7月至8月，北辰区“北运河之夏”第七届和谐文化大舞台擂台赛连续演出26场。加强文化市场管理，全年受理文化市场各类举报16件，检查各类场所市场、店档摊点3872家（次），取缔摊点62家，查缴非法出版物音像制品13万余张。区文化市场行政执法大队被文化部授予全国文化市场综合执法先进集体称号。北辰区参加全国档案工作暨表彰先进会议，被授予全国档案系统先进集体称号；先后4次在全市档案会议上作典型发言。广播电视实现新突破，在中央电视台播报3条新闻，在《天津新闻》栏目播报量居区县第一，北运河“明代沉船”新闻在天津卫视连播一周。

（刘秋香）

2012年9月8日，“我绣红旗喜迎十八大志愿服务温暖千万家”天津站主题活动在北辰区启动

（摄影：李富强）

社会事业 2012年，北辰区加强社会保障工作，安置城镇劳动力21109人，组织市场交流112次，提供岗位36771个。与内蒙古自治区喀喇沁旗和多伦县签订劳务基地合作协议，提供劳务基地10家。安排新疆和田地区首批77名未就业普通高校毕业生到区实习。调整城乡低保、特困、五保户救助、百岁老人营养补助标准。为482户因大病、失火等情况导致特困的家庭发放临时救济161万元。区慈善协会设立“津安创新优抚基金”，每年注资100万元。稳步推进城中村改造和示范小城镇建设，加快生态区建设。区环保局被评为“十一五”全国环境统计工作先进集体。实施“家佳推进计划”，以“科学育儿与家庭关爱”为主题，开展30个活动项目，为2.66万个家庭建立服务档案。建成8个社区人口文化园和人口文化社区。完善流动人口协同管理机制，开展“查、讲、治、访”服务，免费健康查体6000余人次。

（刘秋香）

民心工程 2012年，北辰区实施10个方面65个子项民心工程。完成19个旧楼区提升改造，一次性通过市级验收。改造提升集贤公园。建成佳荣里街社区服务中心。改造15处社区公共服务设施，建成示范社区10个。完成供热管网“一户一环”改造95万平方米，补建供热4.60万平方米。发展商业便民设施，新建2座标准化菜市场，创建2处社区商业中心。推进城乡公交一体化，收购30部个体车辆、9条客运班线，新开8条、调整2条公交线路，

2012年11月27日，瑞景街社区卫生服务中心新楼落成投入使用

（摄影：杨兵团）

启用引河北里、淮河东道公交站，公共交通日益完善。

（刘秋香）

史志编修 2012年4月，中国地方志指导小组正式确定北辰区地方志办公室为全国第二轮修志工作试点单位。12月，《天津市北辰年鉴(2011)》获天津市第四届年鉴编纂出版质量评比特等奖。年内，北辰区地方志编修委员会办公室研讨调整志书篇目，增设至34篇。采用一人多稿和一稿多人的方法，完成3轮次志稿修改，志稿字数由210万字精炼为155万字。与天津市档案局(馆)合作，完成200万字地情资料书《档案中的北辰》。指导、修改和审校6部乡镇和部门专业志。其中，《霍庄子村志》、《北辰人口和计划生育志》、《天穆小学校志》陆续出版，《天穆镇志》、《北辰水务志》进入后期制作。出版发行《天津市北辰年鉴(2012)》，全书82万字，设17个篇目、132个栏目。完成《天津区县年鉴(2012)》“北辰部分”供稿任务。启动纪念北辰区行政建制60周年读史读志资政育人活动，推出“北辰纪事——史志之页”地情资政卡片，每周二、五向全区各单位刊发，每周四在《天津日报·北辰之声》连载。启动中共天津历史资料丛书《奋斗的历程——北辰区卷》(1978.12-1992.12)编写任务，完成4个部类33.40万字。征集社会主义革命和建设时期党史资料，完成《中共天津2011年大事述要》“北辰区部分”撰写任务。开辟“北辰党建巡礼”专栏，选登北辰党史文章8篇2万字。与区有关部门联合编纂出版《社会主义核心价值体系学习文集》，收录29篇稿件，约14万字。

（刘秋香）

果园新村街道

果园新村街道位于北辰区中部，东至京山铁路，西至京津公路，南至丰产河，北至北辰道。2012年，街域面积3.67平方公里。辖10个社区居委会。常住人口56000人，户籍居民16500户32267人。

1969年2月北仓公社建新村街，1972年10月改为区政府派出机构，1982年5月改称果园新村街道。

2012年，完成协税、护税4420万元，实现财政收入1754万元。

实施小区和主干道路综合整治，组织清整活动6次，清理垃圾、渣土160余吨。拆除违章建筑、棚亭80余处，违规车锁60余个。丹凤里旧楼区综合提升改造试点工程通过市验收。丹凤里社区被评为全国综合减灾示范社区。

开展“春季送温暖”活动，发放低保户、特困户、优抚对象、困难党员救助金35.80万元。防涝抢险，救助受灾居民700余户，发放救助金、慰问品6万元。为313户低保、特困

2012年2月29日，中国地方志指导小组办公室、天津市地方志办公室负责人到北辰区指导第二轮修志工作

（摄影：李啸宇）

户每人发放春节一次性生活补贴300元、饺子费100元。为11名双残家庭子女和残疾学生申报助学金，为15名肢体残疾人申报残疾人机动轮椅车燃油补贴，举办第四届特奥运动会。为8户低保户老人提供居家养老服务，办理廉租住房租房补贴申请46件，经济租赁房租房补贴33件。

举办春季招聘会，为50名下岗失业人员举办创业培训班。开发就业岗位2610个，安置下岗人员1057人。为居民办理社保卡1847张，养老保险184人，大龄失业保险补贴397人。医保报销83人35.25万元，发放老年生活补贴516人次，发放失业保险金1305人次。举办劳动力转移技能培训，累计培训1887人次，农民学历教育招生130人，毕业29人。

推动卫生医疗进社区，为19岁至50岁的妇女建立健康档案。为育龄妇女建立生殖健康电子档案，指导治疗200余人次，免费为100名生殖道感染患者发放药剂。开办亲子公益课、孕妈妈课堂等。成立15支志愿者服务队，定期帮扶空巢家庭、特扶家庭。慰问计划生育困难家庭346户，发放款物合计5万余元。开展“阳光计生社区行”活动，签订《阳光诚信计生双向承诺书》50份。组织“流动法制课”和“微型法制课”14场次。

健身秧歌队代表天津市参加全国第七届农运会比赛，获3金2银1铜。承办天津市第三届“体彩杯”全民健身大会、“新村杯”健身秧歌、健身舞比赛，获得5枚奖牌。组织消夏晚会及迎双节联欢会10余场。参加区首届全民健身大会，取得14个第一名；参加区“和谐文化大舞台”演出，获金梅花奖；参加区首届“小淀杯”舞蹈大赛，广场舞获金奖。

开展创先争优活动，评选表彰

2012年9月，果园新村街道秧歌队代表天津市参加全国第七届农运会，获得3金2银1铜

（摄影：孙铭修）

32个先进集体和优秀个人。建立街道首家非公企业党组织1家。新建工会10家。成立“学雷锋志愿服务工作站”11个，并开展“志愿奉献当先锋，我为党旗添光彩”等主题实践活动。

（王浩轩）

集贤里街道

集贤里街道位于北辰区中部，东至高峰路，西至京津公路，南至北辰道，北至延吉道。2012年，街域面积0.84平方公里。辖11个社区居委会。常住人口10172户26429人(含外来人口)，其中户籍人口0.82万户14679人。

2012年，新增注册企业79家、个体商户18家，注册资金9175万元。完成一般预算收入2685万元，街级财政收入1010万元。

创建瀛台里、集安里、拜泉里、饶河里4个绿色社区。完成集安里示范社区改造、泰来东里等社区765户供热管网“一户一环”改造和志和里旧楼区提升改造工程。为集贤体育公园、集贤里等7个社区10处点位新安装健身器材177件，铺装跑道300延米；为虎林里增8号院铺装地面800平方米。对泰来道、集贤道、北医道等道路进行6次大规模治理；对安达路进行为期一个月的违章占道专项治理。

举办大型招聘会，开发就业岗位1420个，957人实现就业。为1298人办理养老和医疗保险，办理社保卡3049张，发放失业金16.37万元，报销医疗费26万元。办理住房补贴75件，限价房补贴38件，公租房补贴2件。发放最低生活保障金258.80万元，残疾人困难补助19.10万元，丧葬补贴12.80万元。为38户家庭办理低保手续，为391户低保、特困户上调保障金22.10万元，“两节”期间为困难户发放慰问金102.80万元。为550名老年人发放生活补助43万元。招募50名“牵手夕阳红”志愿者与空巢、孤寡老人结成“一对一”和“一对多”帮扶对子，开展帮扶服务。举办司炉、起重机等专业技能培训48期，培训1678人。

投入资金近20万元，建成街文体活动中心，组建民乐队、腰鼓队，形成当地文化品牌。举办“正月正——万民同乐大联欢”花会展演、“金龙腾飞”贺新春联欢会、“庆五

2012年10月，改造后的集贤公园焕然一新
（摄影：杨　娜）

一”评戏专场演出等文化活动。代表北辰区参加天津市第三届“体彩杯”全民健身运动会，获奖牌3金4银1铜，健身腰鼓实现三连冠。代表天津市参加全国健身气功比赛获得三等奖。集贤里街被评为全国全民健身活动先进单位。

教育和监督13名社区矫正人员。落实安全生产责任，排查安全隐患405处，现场整改198处，下达整改通知书207份。投资10万元建100余平方米的远程教育图书阅览室。开展领导干部讲党课、中层干部讲业务、“青年读书会”等活动。

（付俊生）

普东街道

普东街道位于北辰区东南部，东起汀江路，西邻天穆镇，南起宜白路、与河北区接壤，北至淮河道。2004年4月成立。2012年，辖区面积3.49平方公里，辖17个社区居委会，常住人口26921户74841人，其中户籍人口5156户9038人。

2012年，完成协税、护税5134万元，财政收入445万元。

投入30万元，建万科花园新城、红荔花园2个社区“一站式”服务站。投入85万元，建550平方米集老年文化活动、残疾人康复、婴幼儿早期发展指导等功能于一体的社区文化活动中心。新建华夏未来普东国际幼儿园，引资1500万元，建筑面积5000平方米。整修兴中路，修补破损路面2990平方米，硬化便道4000平方米。重修普康里社区门前道路，改造普兴里、普祥里2个社区路面。专项治理均胜路、宜梦道和中环花鸟鱼虫市场、第九十六中学环境秩序，清理非法摊位240余个、杂物垃圾10余吨。集中清整11次，清除脏乱点位8个、卫生死角102处。拆除违章建筑10处2500平方米。

在12个社区开展“分片包块”网格化管理，该经验在全区推广。启动学雷锋志愿者服务活动，建立志愿服务站18个，服务队84支，注册志愿者3562人。为356户困难家庭赠送慰问品413件41.95万元。采集就业信息907条，开发岗位2150个；举办春、秋季大型招聘会2场、创业培训班2期；全年安置就业1018人，实现零就业家庭动态归零。开展计划生育专干星级评比。举办第二届“普东文化成果展”、第二届“社区艺术节”，放映数字电影70场。规范社区体育健身站点20个，全民健身运动获市级团体、个人奖项3个。组织妇女查体678人，大肠癌筛查3867人，建立健康档案30226人。组织应急救护员培训5期265人次，普及性培训88期5205人次。开展“百名专家进社区”、“科技周”系列活动，获市级“科学文明家庭”2个，申请博爱图书2084册。完成成人教育培训5887人次。

举办“六五”普法宣传2场。在富宜里社区探索建立情感护理站，

2012年10月22日，普东街万科新城社区与台湾高雄南汕里办公处签署交流合作协议

（摄影：周建颖）

在今日家园等11个社区开通网上"说事厅",全街2300余户以"网上说事、议事、评事"参与社区管理。2次召开普东新苑社区"民情恳谈会",解决产权证问题。建立食品安全、安全生产三级目标管理体系,签订目标责任书253份。对554栋楼门和12个重点部位、144家企业进行安全检查,督促整改隐患105项。争取资金120万元,翻建金宜里社区围墙40米,修复田园、普祥、金宜、国宜北4个社区脱落外檐近5000平方米,消除了隐患。

(周建颖)

瑞景街道

瑞景街道位于北辰区西南部,东至辰昌路,西至外环辅道,南至龙泉道,北至龙洲道。2005年9月成立佳荣里街道办事处,2007年7月更名瑞景街道办事处。2012年6月,瑞景街分为两个街道,新成立佳荣里街。是年,辖区面积2.69平方公里。辖12个社区居委会,常住人口18694户52108人,其中户籍人口3297户6213人。

2012年,完成一般预算收入2631.51万元,比上年增长71.63%,其中街级财政收入1160.86万元,增长110.16%。

引进企业51家,注册资金7838万元。落实企业管理台账,实施动态监控管理,重点走访津精华通、乐天玛特、兴辰水电等纳税大户,帮助企业解决经营发展难题。

加大清整环境力度,清运垃圾渣土150余吨,消灭卫生死角3处,清理小广告涂鸦1300余处,捡拾绿篱垃圾5余吨。出动执法队员600余人次,治理占路摆卖、里空外卖478处,乱堆乱放135处。整修社区路面7000余平方米,新增垃圾桶175个,拆除违章建筑170余处。6个社区被评为市、区级绿色社区。

举办春季招聘会,开发就业岗位3820个,安置1038人。开展零就业家庭就业援助,认定就业困难群体341例,失业人员实现月末安置。登记申领(补、换)社会保障卡1600余例,办理新生儿城乡医疗保险296例。受理城乡医疗保险参保人员个人垫付医疗费报销业务112例,金额总计43万余元。

完成社区换届选举,65人当选新一届社区党支部委员,140名居委会工作人员,平均年龄34岁。成立秋瑞家园社区居委会。对困难群体和空巢老人,开展"阳光服务"和"清晨问候"等关爱救助活动,发放慰问品(金)共计20余万元。

出台《瑞景街关于加强基层计生专干管理的实施意见》,建立幼儿早期发展基地和幼儿早期发展指导站。组织80余名流动人口育龄妇女参加免费生殖健康查体,为流动人口免费发放避孕药具1500余盒。

举办"正月十五万民同乐大联欢"瑞景街花会展演、"爱党、颂国、赞北辰"首届群众歌咏大赛和"爱老敬老、构建和谐、欢度重阳"等文艺演出。参加区首届全民运动会,获得两个团体第一;参加全市柔力球大赛,获得二等奖。为8个社区安装体育健身器械。为5个新建社区安装科普画廊。开办"一把手"课堂。举办首届"感动瑞景文明人"事迹报告会,评选出11名文明瑞景人。

监督检查生产经营单位568家次,查处并整改隐患211处。开展安全生产月宣传活动,设立社区现场咨询点20个,开展消防知识讲座18场,组织观看事故警示教育片12场。

(李　珅)

佳荣里街道

佳荣里街道位于北辰区西南部,佳宁道北侧,与天穆镇、青光镇和瑞景街道及红桥区双环邨街道、咸阳北路街道相邻。东至千里堤,西至外环辅道,南至光荣道,北至龙泉道。2012年7月24日揭牌成立,辖区面积2.26平方公里。辖10个社区居委会,常住人口15439户42856人,户籍人口1291户3079人。

2012年,引进企业19家,注册资金982万元。

提升改造佳荣里、佳欣里112个楼门15.90万平方米旧楼区居住功能。整治规范小区脏乱点位80多处;拆除燕宇、井田、瑞贤、佳宁道等社区及道路违章建筑17处,违章地锁70余个,清理违章护栏2处,制止违章建设8起。清运积雪3次。对街域1000余只鸽子实施免疫。

累计采集就业信息2166条,开发就业岗位2846个,安置人员790人。认定就业困难群体213例。举办手工编织、插花、创业培训班3期,培训75人次。开展城乡医疗保险征缴工作,累计征缴433人。办理新生儿登记参保146例。受理城乡医疗保险参保人员个人垫付医疗费报销业务55例。城乡居民基本养老保险新增7例。核定支付老年人生活补贴金1.30万元。登记申领社会保障卡1200余例,发放成人卡600余张。为327名老年人办理老年证和免费乘车卡。办理45例异地领取养老保险金资格审核和14例异地医疗保险定点医院登记。

重新整合街道社区综合服务中心,完善其服务功能,打造区级示范社区。成立街红十字会、残疾人联合会2个群团组织。新办低保户2户。为3户家庭办理申购限价房手续。为104户因灾、因病致困家庭发放临时救助金12万元。

建立民主法治社区3个,开展法制宣传活动13次,发放宣传材料1.80万份,接待群众咨询130余人次,解答产权、住房保障以及法律相关问题38件,实际解决5件。开展流动人口和反邪教等主题宣传12场。举办法律知识培训班9期。建立佳荣里街社区矫正、安置帮教过渡性基地1个。

开展“和谐人口邻居节”计生服务活动,走访育龄妇女、慰问困难家庭、扶助计生特别家庭320次,组织40对待孕夫妇参加免费孕前优生健康检查,为育龄妇女免费查体。评选表彰“十星和谐家庭”13户。

以党员为对象,开展争当“十星”党员活动。举办佳荣里街“感动北辰人”事迹报告会。举办文体活动38场次,开展健康教育知识讲座30期。举办书画作品展和文艺演出10余次。健全葫芦丝、声乐技巧、手工编织等12个社区组织,初步形成社区、学校、家庭三位一体的立体文化网络。

(赵　倩)

天穆镇

天穆镇位于北辰区中南部,东枕京山铁路,西跨北运河,南与红桥区、河北区接壤,北与区内北仓镇相接。2012年,镇域面积25.16平方公里,耕地面积441公顷。辖15个村和17个社区居委会。常住人口40031户116084人,户籍人口53522人,其中农业人口24821人,回族0.60万户1.60万人。

1953年建天穆、南仓、柳滩3个乡,后几经变动。1961年5月建天穆公社,1982年11月改为乡,1986年4月改为镇。域内有3座清真寺,是华北地区最大的回族聚居区之一。北运河、子牙河、丰产河流经镇域,京津塘高速、津霸、京津、西北半环快速等公路穿行。京山、京九(联络线)、南曹(联络线)等铁路贯穿,域内南仓铁路编组站为华北地区最大的铁路编组站。

2012年,实现地区生产总值65.90亿元,比上年增长29.3%;固定资产投入67.86亿元,增长33.3%;镇级财政收入3.64亿元,增长7.4%;农村居民人均可支配收入16946元,增长15%。

引进1000万元以上新项目18个,其中1亿元以上8个,总投资106.60亿元。认定科技型中小企业93家,申请专利184项,新培育小巨人企业3家,申报科技项目19个,天辰工程公司被评为国家级企业技术中心。天辰大厦被评为全市首批亿元楼宇,蓝岸商务广场建成招商,蓝海汽配城和蓝海建材城建成开业,全市首家高档皮草专卖场——海宁皮草城入驻运营。投资15亿元的美亚总部基地被评为国家级小企业创业基地,投资65亿元的红星国际项目进行土地整理。成立镇土地整理办公室,对28家国有企业土地和存量土地进行资源整合。

启动天穆、王庄、郭辛庄3个村8168户民宅拆迁。南仓村10幢高层还迁住宅楼和3幢6层住宅楼封顶,住宅面积9.30万平方米。启动阎街、马庄、霍嘴、柳滩4个村431户民宅还迁安置工作。完成朝阳路、龙门东道等重点工程拆迁任务,西纵快速路天穆镇段拆迁工作全线告捷。至年底,全镇9个村拆迁工作全部启动,累计完成5583户拆迁任务。

完成6个小区旧楼区提升改造工程。开展道路清整、违章建筑拆除、立面整修等专项行动。启用南仓道垃圾转运站,落实“村收、镇运、区处理”管理模式。创建绿色社区1个,超额完成主要污染物减排和项目消减任务。

组织专项招聘会8场,新增就业1831人。举办6期实用技能培训,累计培训2000人。发放低保金、特困救助、生活补贴款等救助金1834余万元,慰问困难群众2721人。对5424人和1500名妇女分别进行大肠癌检测和“两癌”筛查。为520名育龄妇女建立计生服务档案,对291名人户分离的育龄妇女实行暂住地与原拆迁村双向管理。投入218万元设立人口关爱金,建成天穆东苑人口文化园。承办市第三届“体彩杯”全民健身运动会花毽比赛和摔跤比赛,代表天津市参加全国第七届农民运动会花毽比赛,取得4金4银3铜。天穆镇获第三届“天穆杯”全国小品展演剧目一等奖和特殊贡献奖。

2012年4月至11月,“天穆杯”全国第三届“新农村、新文化、新风尚”小品展演在龙顺庄园成功举办

(摄影:张春明)

全年开展12次大规模安全检查,排查800多家企业及公共场所,整改隐患5562处,取缔非法经营企业6家。检查食品生产、餐饮、流通经营户1159户次,依法取缔非法经营4处,保障了群众食品安全。

(杨　玥)

北仓镇

北仓镇位于北辰区中部，东临小淀镇,西接双口镇,南、西南与天穆镇、青光镇接壤,北靠永定新河。北运河流经域内,京津路、外环线、津保高速公路、津永公路过境。2012年,镇域面积32.20平方公里,耕地面积895公顷。辖13个行政村、10个社区居委会。常住人口14798户46921人，户籍人口12005户33615人,其中农业人口8761户24531人。

1953年7月设北仓、周庄、王秦庄3乡,后几经调整变动。1961年5月建(小)北仓公社。1983年4月改为乡。1986年12月改为镇。自元朝始就成为皇粮漕运的集散地，因而得名“北仓”,是历史上的漕运要道、仓廒重地。建有天津市爱国主义教育基地革命烈士陵园，是登高英雄杨连弟的故乡。

2012年，实现地区生产总值38.88亿元,比上年增长23.1%;镇级一般预算收入2.40亿元；农村居民人均可支配收入16070元。

引进企业328家。其中,1000万元以上企业29家,1亿元企业3家,注册总资本9.56亿元。引进1000万元以上项目17个,其中1亿元项目4个。

出台《北仓镇加快科技型中小企业发展实施细则》,新认定科技型中小企业90家,累计192家。落实财政专项扶持资金100万元,10家企业受益。帮助6家企业与银行对接融资需求，取得科技成果转化贷款1800万元,享受市科委贴息支持144万元。

坚持“高效富农、产业兴农、科技强农、政策惠农”发展方向,新建二代节能日光温室68栋。注册成立农业合作社2个，新注册农产品商标3件。

推进城中村改造和示范镇建设，年内拆迁民宅153户，公建20处，总面积4.30万平方米。启动14.40万平方米的还迁房和配套公建建设。三义村在全区率先完成还房任务。完成25万平方米还迁房地勘和7.90万平方米桩基灌注施工。

举办2次大型人才招聘会,安置就业1952人。组织2328人参加养老保险,适龄人员参保率70%。组织17500人参加农村医疗保险。镇卫生服务中心建成国医堂，完成中草药小包装招投标。各村(居)卫生室实施网络改造。

完成第一批学前教育服务点认证工作，发放办园许可证10个,新建幼儿园2所。镇域内3所小学综合测评排名位居全区第二。开展文化活动，申报星级健身站点4个,5个村更换健身器材。刘园村被命名为国家级非物质文化遗产保护基地。

完善社区建设,完成引河北里教工楼小区项目改造,该小区被评为区内旧楼区改造典型示范小区。实施引河南里、北大楼等5个旧楼区改造。御龙湾老年日间照料中心建成使用。

开展信访接待、矛盾纠纷排查化解和重点时期信访重点人稳控工作,调解纠纷492件。落实安全生产责任制,加大生产、流通、建筑等领域的经常性排查，维护全镇社会和谐稳定。

(赵　晨)

双街镇

双街镇位于北辰永定新河北、京津公路两侧,东与大张庄镇相连,西与双口镇毗邻,北与武清区接壤。2012年,镇域面积40.69平方公里,耕地面积1360公顷。辖15个村、2个居委会。户籍人口27410人,其中农业人口6480户18524人。

1941年设双街大乡。1953年7月设双街、张湾、汉沟、常庄4个小乡,后几次调整。1961年5月设双街公社,1983年4月改为乡。1995年8月改为双街镇。

2012年，实现地区生产总值

2012年10月23日,北仓镇举办“喜迎十八大,老年健步走活动”,来自镇内10个社区的500名老年人参与活动

(摄影:杨　军)

2012年10月1日，双街镇举行“迎双节”文艺晚会，吸引上万名群众观看
（摄影：陈立兴）

51.90亿元，比上年增长25.2%；镇级收入1.81亿元，增长6.38%；全社会固定资产投入57.10亿元，增长51.1%；内资到位19.70亿元，增长45.3%，外资到位2940万美元，增长18.6%；农村居民人均可支配收入16300元。

京津公路黄金走廊与北运河贯穿全镇南北，形成双街镇“东工西农中商住”产业布局。年内启动蟹味菇工厂化生产项目和冠锜生态农业园项目建设。建成双街千亩葡萄温室、设施蔬菜和花卉生产基地。成立双街种养殖专业合作社。

注册企业201家，注册资金5亿元。引进1000万元以上项目13个，其中1亿元项目4个，实施技改项目5个。二建产业基地等重点项目相继开工建设，中部一技、国祥空调等建成投产。规模以上工业企业发展到79家，实现工业产值185亿元。

实施科技驱动战略，建立科技企业孵化器2家，新认定科技型中小企业96家，累计突破200家，兑现天使奖励资金50万元。创建国家级企业技术中心1个，市级企业技术中心2个，获得市级名牌产品6个，著名商标3件。

闽双总部经济产业园和东鹏智谷产业园一期工程建成，清大博雅总部产业园主体封顶。庞大汽贸园引进的18家4S店中9家开始营业。

小城镇建设稳步推进，完成张湾集中还迁项目区一期30万平方米地块桩基施工，启动还迁房和配套设施建设。开展市容环境综合整治，清理界内外弃淤地20公顷，迁移坟茔389座，拆除违章建筑30处。投资6350万元铺设污水管网17000延米。

发放慰问金40余万元，慰问困难群众和优抚对象300余户。为68户救济对象发放临时补助88000元。为残疾学生及双残子女发放助学补贴8000元，为81名残疾人发放燃油补贴2万余元。

年内镇政府、村委会、企业累计支教191.30万元。启动第二模范小学建设，新建幼儿园3所。模范小学六升七考核连续4年居全区九镇之首。双街村当选天津市十佳“美丽乡村”。

（赵　坤）

双口镇

双口镇位于北辰区西部，南与西青区为邻，西、北与武清区接壤。津保高速公路、津霸、津永、京福公路、京九铁路津霸联络线、京沪高架铁路域内纵横交错。2012年，镇域面积72.40平方公里，耕地面积3896公顷。辖21个行政村。户籍人口38143人，其中农业人口11993户34815人。

1941年3月建双口、河头大乡。1953年7月设双口、安光、丁庄、岔房子、河头5乡，1958年4月裁并为双口乡和河头乡，后多次分合。1961年5月设双口公社，1963年从青光公社析建岔房子公社，1983年4月两公社改乡，1985年1月岔房子乡改称上河头乡，1995年12月和1999年3月双口、上河头乡先后改镇，2001年10月上河头镇并入双口镇。为津西北果品基地、全市最大的镇级奶牛养殖基地，是革命烈士安幸生的故乡。

2012年，实现地区生产总值22.64亿元，比上年增长23%；一般预算收入2.10亿元；镇级财政收入6250万元；全社会固定资产投入28.70亿元，增长33.5%；到位内资18.91亿元，增长28%；到位外资1650万美元，增长18.4%；农民人均纯收入13328元。

引进1000万元以上工业、服务业项目36个，1亿元以上项目2个。完成投资8000万元的永大电梯二期项目。完成总投资6.80亿元的河北工业大学科技园规划、土地前期手续和土地整理。注册企业32家。完成1000万元以上技改项目6个。整理医药示范园区土地，拆迁面积1万余平方米，完成20余户村民土地流转。

认定科技型中小企业90家，9家企业享受“天使资金”扶持政策，3家企业获市著名商标，3家企业被评为“守合同、重信誉”单位，3家企业完成国家质量体系认证。为永亮水电等9家企业解决贷款6250万元。

天津冬冠公司黄瓜育种规模、新品种品质达到国内领先水平。下河头杏鲍菇项目产销两旺。农民专业合作社累计29家，安排农民就业800余人。投资7000余万元新建和扩建金鸿顺生猪养殖小区等市级养殖示范园区。梦得“中以”奶牛合作示范园奶牛年均产奶量9吨。争取农业扶持资金2000余万元。

完成滨保高速公路植树和京沪高铁绿化补植任务。修整乡村公路6000余平方米，新修乡村公路2.70公里。前堡村获天津市“40大最美丽乡村”称号。整改违法用地项目60宗，强制拆除违法建筑20余处。

举办创业就业、农业技术培训，累计培训1735人次，安置就业960人。发放粮食补贴376万元，农机补贴35.80万元。为69户特困家庭申请临时救济款14万元，为残疾人办理补贴10万元。办理城乡居民养老保险654人190万元，办理医疗保险报销475人84万元，发放养老金640万元。建成双口镇老年日间照料服务中心2个、服务站2个。发放低保金211万元和优抚金205万元。办理丧葬补贴33万元。

解决6起劳资拖欠问题，追讨工资300多万元。定期排查流动人口，抓捕网上在逃犯罪嫌疑人3人。为243名低保、残疾人员发放法律援助联系卡。

新建线河小学、河头学校2所附属幼儿园。完善3所幼儿园硬件设施。为2.60万人建立健康档案，打击非法行医7次，清理和收回行医点15处。举办书画、戏曲等文化活动50余场，免费放映电影140场。新增体育器械120余件。

（顾建刚）

青光镇

青光镇位于北辰区西部，东邻天穆镇，西与双口镇接壤，南隔子牙河与西青区相望，北与北仓镇相连。2012年，镇域面积41.61平方公里，耕地面积1718公顷。辖6个行政村和红光农场社区居委会。户籍人口9742户27750人，其中农业人口8099户23069人。

1941年3月设韩家墅乡。1953年7月设青光、韩家墅、杨家嘴、铁锅店4乡。1958年4月并为青光乡和韩家墅乡，后几经分合调整。1961年5月建青光公社，1983年4月改乡，1995年11月改镇。

2012年，实现地区生产总值24.85亿元，比上年增长26.9%；固定资产投入32.12亿元，增长38.8%；四级财政收入3.22亿元，增长35.6%，镇级财政收入0.79亿元，增长38.3%；内资到位19.30亿元，增长49.2%，外资到位1725万美元，增长18.4%；农民人均可支配收入20192元。

引进投入1000万元以上工业项目29个，其中1亿元以上项目2个，投入1000万元以上技改项目6个。农垦科技产业城项目1500平方米的招商中心大楼投入使用，样板区1.50万平方米土建工程主体封顶，整体景观绿化及广场工程完工。完成客车装配厂45辆城市客车制造及1200辆公交车改色项目任务，开发国Ⅳ排放新型客车4辆，逐步成为全市大客车制造与维修中心。先后引进威稳国际贸易、老电车酒店管理等16家注册企业，累计投资3亿元。引进投资1300万元的四叶草园艺中心项目。建成祥乐奶牛养殖基地，存栏奶牛1600头。

青光示范镇项目区控制性详细规划通过评审。韩家墅还迁区一期37.55万平方米的审批手续基本完成，12月31日，3号地块进场放线试桩。5月30日，杨嘴村刘房子还迁地块全部清零，累计拆迁1156宅，完成拆迁总量的93.37%，取得城中村拆迁攻坚的阶段性成果。

安置就业895人，办理城乡居民医疗保险18136人，医保报销587人次，累计报销金额93万余元；城乡居民养老保险参保1787人，退休153人；办理城镇职工退休86人。发放老年补助费30075人次22.80万元。为全镇397户低保户发放低保金。

青光镇获“天津市民间文化艺术之乡”称号。全镇1所中学、4所小学的年度教学和督导成绩均进入全区先进行列。开展幼儿园儿童手足口病联查活动，补种疫苗110例。开展大肠癌筛查。对24家无牌无证诊所清理清查，查封没收20余件医疗仪器，其中B超机1台，药品3000余千克。为全镇4991名育龄妇女免费查体，孕前优生筛查179对新婚夫妇，对患病人员建立跟踪服务档案。

（屈会涛）

小淀镇

小淀镇位于北辰区东部，津围公路两侧。东隔永金引河与西堤头镇相望，西与北仓镇接壤，南傍宜兴埠镇，北临大张庄镇。2012年，镇域面积43.12平方公里，耕地面积1931公顷。辖5个行政村、1个社区居委会。户籍人口5025户21236人。

1941年3月设小淀乡，1953年7月建小淀乡、刘安庄乡，1958年4月刘安庄乡并入小淀乡。后几经调整，1961年11月建小淀公社，1983年5月改乡，1995年11月改镇。

2012年，实现地区生产总值30.40亿元，比上年增长22.5%；镇级财政收入 1.20 亿元；固定资产投资 41.90 亿元，增长 53.2%；到位内资 23.20 亿元，增长 39.7%；到位外资 2383 万美元，增长 20%；合同外资 2435 万美元，增长 17%；出口创汇 10586 万美元，增长 15%；农民人均可支配收入 15220 元。

启动小淀示范镇项目建设，调整安置区规划，完成温家房子安置区总体平面设计、核定用地及修建性详细规划。刘安庄、小贺庄、赵庄 3 个村安置区完成部分地上物核量工作。完成地铁 5 号线 3 个站体地上物拆迁补偿、职业大学站及北辰道站 2 个站体围墙建设。完成志成道延长线项目 2 万多平方米公建拆迁，津榆公路拓宽改造工程 2 万余株树木迁移清理以及地铁 3 号线、外环北延线占地清点、土地征用及地上物补偿等工作。建立投融资平台，注册资金到位 6000 万元。王朝酒堡正式对外营业。

实施以绿治脏工程，对津蓟高速出口温家房子段、京津塘高速刘安庄段和津榆公路两侧填垫土方 3 万立方米，栽植乔木 3.90 万株，绿化面积 57.47 公顷。开展市容环境综合整治，治理外环线辅道、北辰道延长线、津围公路等主干道路。投资 38 万元，治理刘安庄机电路、红旗农场等垃圾点位及排水沟渠，清运平整小淀中学周边垃圾。投资 55 万元整修小淀村川野路。配合实施小淀地区污水管网和郊野公园津围公路截污工程。完成天锻、小淀供热站等 5 家燃煤锅炉改燃工程和高效脱硫除尘改造工程。对小淀村 26.67 公顷荒废鱼池进行复垦。投资 2000 万元完成丰产河、淀南引河污水切改清水工程。

城乡居民基本医疗保险覆盖率 95%以上；为 1.30 万名村民办理城乡居民基本医疗保险，报销医疗费 69 万元。办理城乡居民基本养老保险 247 人，发放低保金、救助金、助残、退役等救助补贴款 269 万余元。火化救助 178 人，补贴 32 万余元。培训各类人员 4435 人次，解决就业 990 人。投资 200 万元建成小淀村老年日间照料中心。实施供热管网“一户一环”改造，修缮云鼎片区供暖设施。投入 160 万元，建小淀中学西路；投入 100 余万元，改善中小学及幼儿园办学条件。投入 200 万元，新建秀水馨苑幼儿园(早教中心)1 所。完成小淀医院国医堂建设。重组 20 支文体团队，开展以“小淀杯”舞蹈大赛和“小淀杯”篮球赛为品牌的文体活动。

(徐克新)

宜兴埠镇

宜兴埠镇位于北辰区东南部，东靠小淀镇温家房子村，西与天穆镇相邻，南隔新开河与河北区、东丽区相邻，北与小淀镇接壤。2012 年，镇域面积 22.72 平方公里，耕地面积 578 公顷。辖 10 个街(村)、8 个社区居委会。常住人口 20702 人，户籍人口 10218 户 26270 人，其中农业人口 17266 人。

1937 年 7 月至 1952 年 10 月先后属天津市三区和天津县三区。1953 年 7 月建镇，1958 年 10 月并入兴淀公社为大队，1961 年 5 月建宜兴埠公社，1983 年 4 月改乡，1985 年 1 月改镇。是国务院总理温家宝的故乡。

2012 年，实现地区生产总值 445453 万元，比上年增长 22.4%；税收总额 68083 万元，增长 9.7%；镇级收入 17600 万元，增长 10%；全社会固定资产投入 385008 万元，增长 23.6%；到位内资 304030 万元，增长 36.0%；到位外资 6900 万美元，增长 18.5%；农民人均可支配收入 16675 元，增长 10%。

完成工业增加值 30.50 亿元。引进 1000 万元以上工业项目 12 个，总投资 9.90 亿元；完成 1000 万元以上技改项目 8 个，总投资 7.24 亿元。认定科技型中小企业 84 家，培育小巨人企业 5 家。受理和授权专利 190 项，其中发明专利 51 项。天津泰丰小鸟电动车业有限公司获中国驰名商标，天津市老茂生食品有限公司、银锚铝业股份公司获市著名商标。

完成服务业增加值 13.80 亿元，固定资产投资 19.71 亿元。引进上海宝信集团 6 个高端 4S 店项目，建成运营宝马、路虎捷豹 2 个 4S 店。完成 1000 万元以上服务业项目 10 个。发展楼宇经济、总部经济，吸引 20 余家集团总部、工程集团、研发中心落户。总投资 16.70 亿元的恒大科技型中小企业创业中心、万达研发中心、天基产业大厦楼宇项目在建。

实施“以建促拆、拆建并举”工作思路，启动实施“拆除镇政府；还迁老百姓”工程，旧村改造、城中村改造及市重点工程进展顺利。启动 9 号地块 11 万平方米，5 栋多层封顶、8 栋高层打桩，1B 地块 3 万平方米还迁房进场施工，封顶 5 栋多层 1.70 万平方米。8 号地块 6.70 万平方米商品房及 4.50 万平方米地下车库完成桩基施工。一街城中村 12 座还迁楼中 9 座封顶。“三角地”地块完成九街公建拆迁，一期还迁房建设楼 6 座正在打桩；二期片内完成拆迁 139 户。完成地铁 3 号线、5 号线、自来水管线等工程征地及拆迁工作。修缮三千路、宜白路、津围路地段道路 1500 平方米，治理域内 13400 米排水管道及 931 座检查井。

开展环境综合整治，投资 160 余万元，购置环卫车辆、垃圾桶。清理垃圾点位 350 处，平整地面、铺垫黄土 5.70 万平方米，捡拾绿地面积 30 万平方米。加大清理清除违章建筑力度，更换门脸牌匾，强制拆除违章房屋600平方米,立面粉刷13000平方米。对地铁3号线宜兴埠站、天士力站及张兴庄站周边进行绿化,铺设草坪3000平方米。津围公路路面铺油近10万平方米,人行道整修5800米,路口接顺51处,丰产河桥栏杆粉刷130米,道路检查井、雨水井、长井整修206座。津围公路两侧绿化面积6万平方米,植树2万株。

发放困难救助款及低保金1600余万元,办理医疗保险二次报销2500人次400余万元。发放丧葬补助30.60万元。宜兴埠镇被评为全国爱国拥军模范单位。第三小学附属幼儿园被评为天津市阳光乐园。成人学校被评为国家级联合国千年发展项目先进集体。

(孟庆悦)

大张庄镇

大张庄镇位于北辰区东北部,东临西堤头镇,西接双街镇,南靠津榆公路,北与武清区梅厂镇接壤。2012年,镇域面积98.16平方公里,耕地面积4790公顷。辖31个行政村。户籍人口43092人,其中农业人口10742户27986人。

1953年设大张庄乡、李辛庄乡。1958年4月,李辛庄乡、大张庄乡合并为大张庄乡。1961年成立朱唐庄公社,1983年改制为乡。1992年5月,朱唐庄乡改称大张庄乡。1997年改镇,时辖15个村。1962年1月,南王平公社归属北郊区,1983年该公社改乡,1997年12月改镇,时辖16个村。2001年10月,南王平镇并入大张庄镇。

2012年,实现地区生产总值44.62亿元,比上年增长21.1%;镇级财政收入9255万元,增长28.35%;全社会固定资产投资29.42亿元,增长14.3%;农村居民人均可支配收入13268元。

工业增加值实现37.15亿元,增长19.5%。引进1000万元以上项目18个,总投资10.60亿元;投入1000万元以上技改项目6个,总投资1.30亿元。规模以上工业总产值实现203.40亿元,增长5%。完成飞龙科技园45公顷土地招拍挂手续,基本完成园区整体规划设计,11家企业入驻注册。申报国家驰名商标1个。

服务业增加值实现6.05亿元,增长38.2%。引进1000万元以上项目6个,总投资5.30亿元。启动津安创新大楼和宝利商务大楼招商引资,累计入驻企业16家。日吉昌小额贷款公司正式营业,完善镇域金融服务功能。

改造提升设施农业33.33公顷,完成深松土地200公顷,平整土地47公顷。培育农民专业合作社12家,累计34家,占全区的40%。投资300余万元,新建节水工程4项,重建涵桥4处、闸门7座。

完成一期还迁房还迁工作,还房3185套,8个村3000多户村民乔迁新居。二期还迁房主体建设竣工,配套工程在建。强化电力保障功能,完成示范镇外线供电,启动喜逢台110千伏变电站建设。郊野公园大张庄段工程顺利完成,九园公路建成通车,外环北延长线桥北段基本竣工,大双污水处理场管网铺设和津榆公路拓宽工程完工。启动外环北延长线南段、地铁5号线拆迁工程。投入100万元,开展环境综合整治专项行动。

对低保户实现动态管理。发放低保优抚金430余万元,为残疾人、困难户、优抚对象、拆迁村民发放临时救助金、补贴、供养金累计5716.50万元。在“7·21”、“7·26”暴雨期间,连夜冒雨转移36户严重危漏户。启动老年日间照料中心和残疾人康复中心建设。迁移郊野公园坟茔1761座,发放补贴264.20万元。投入161万元修缮敬德园。建成辰风小学,800多名学生迁入新校。镇中心幼儿园被命名为市一级园。组织开展培训班20期,安置富余劳动力就业1039人次。开展文体活动120余场。启动镇卫生服务中心建设。为5000余名60岁以上老年人、4000多名妇女免费查体。对105个家庭开展早期发展培训24期,完成孕前免费检查216对。举办人口文化书画作品展和亲子运动会。

(霍　然)

西堤头镇

西堤头镇位于北辰区东部,东与宁河县接壤,西与大张庄镇、小淀镇为邻,南隔金钟河与东丽区相望,北接武清区上马台镇。2012年,镇域面积89.47平方公里,耕地面积2820公顷。辖10个村。常住人口14649户40157人,流动人口1万余人,户籍人口13751户36648人,其中农业人口12331户33566人。

1953年,境地建宁河县霍庄子乡、东堤头乡和津北郊区韩盛庄乡、芦新河乡,1957年8月霍庄子乡并入东堤头乡,后多次分合。1963年,芦新河公社更名霍庄子公社,1983年4月两公社分别改乡。1995年12月西堤头乡改镇,1997年4月霍庄子乡改镇,2001年10月霍庄子镇并入西堤头镇。

2012年,实现地区生产总值44.74亿元,镇级财政收入7399万元,内资到位18.10亿元,外资到位4305万美元,固定资产投资31.60亿元,农民人均可支配收入15176元。

实现工业增加值33亿元,新入库规模以上企业7家,累计50家,其中销售收入超1亿元企业13家。装备制造、现代冶金、新型建材等支柱产业对工业增长的贡献率达50%以上。服务业增加值实现10.40亿元。完成霍庄子、辛侯庄和韩盛庄3个村节水工程，改造6座桥涵闸。进入产业化体系的农户达65%以上。实施耕耘种业和华园种猪2个市级财政支农项目。

开发引进1000万元以上工业项目16个，总投资12.50亿元，其中1亿元以上项目4个。实施1000万元以上技改项目7个，新开发引进1000万元以上服务业项目7个，总投资3.90亿元，其中1亿元以上项目1个。各类项目开工建设率达74%以上。修缮园区道路17600平方米，铺设管网2500余延米。

投资80余万元，清理整治津榆公路、杨北公路等主要道路两侧、行政村环境卫生秩序。完成丰产河镇域段清淤改造，创建2个市级文明生态村。对14家企业实施清洁生产，万元生产总值能耗下降4.5%，实现节能减排目标。整治违法占地项目118宗，强制拆除30宗，拆除违章建筑1.90万余平方米，完成整改面积39.13公顷。

新认定科技型中小企业100家，累计215家；7家企业进入科技“小巨人”行列。创建市级以上名牌产品5个，冠通汽车配件、福业金属管路2家企业获市级著名商标。5家企业通过ISO9000系列认证，累计35家。新增区级技术研发中心2家，累计5家。

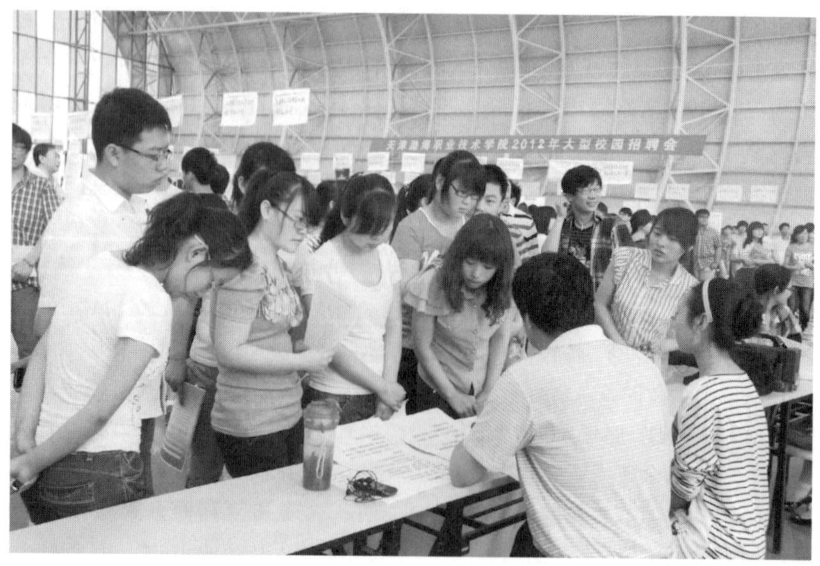

2012年5月18日，西堤头镇在天津渤海职业技术学院举办大型人才招聘会

（摄影：刘安东）

实施职业技能培训690人，新增就业1088人。医疗保险参保25852人，参保率98.5%，养老保险参保累计2231人。落实最低生活保障制度，累计投入1270余万元。协调资金500余万元，新建2所幼儿园，成立镇级、村级文化志愿者服务中心5个，建立镇、村学雷锋志愿服务站13个，志愿服务队成员达200余人。赵庄子、辛侯庄等7个村进入市级民主法治示范村行列。

（刘珂伶）

·天津区县年鉴·

远郊区县

武 清 区

概 述

武清区位于天津市西北部，海河水系中下游，地理坐标为东经116°46′43″~117°19′59″，北纬39°07′05″~39°42′40″。东与宝坻区、宁河县毗邻，西与河北省廊坊市、霸州市接壤，南界北辰区、西青区，北与北京市通州区搭界、与河北省香河县隔青龙湾河相望。境域东西宽41.78公里，南北长65.22公里。2012年，区域面积1574平方公里，耕地面积8.61万公顷。辖杨村、徐官屯、东蒲洼、黄庄、下朱庄5个街道，大碱厂、崔黄口、梅厂、上马台、大良、河北屯、下伍旗、南蔡村、泗村店、大孟庄、河西务、城关、大王古庄、东马圈、黄花店、石各庄、陈咀、王庆坨、汊沽港19个镇，曹子里、大黄堡、白古屯、高村、豆张庄5个乡，有707个村民委员会，38个社区居民委员会。户籍总人口858016人，其中农业人口678686人，非农业人口179330人。除汉族外，有回、满、壮、苗、藏、瑶等少数民族17883人，其中回族9718人。

2012年，武清区完成地区生产总值536.68亿元，比上年增长21.5%；三级财政收入153.37亿元，增长27.6%，其中一般预算收入56.62亿元，增长25.1%；全社会固定资产投资535.56亿元，增长24.9%；职工年平均工资5.07万元；农村居民人均可支配收入1.34万元，增长14.6%。综合实力保持全市区县发展前列。

项目招商建设成果显著。全年引资315亿元，增长28%，其中超亿元项目60个，中兴云计算、比亚迪电动大客车等产业高端项目落户区内。开展“抓开工、抓投产、促落实”专项督查，94个市级重大项目全面启动，85个竣工投产，总投资758亿元的忠旺铝材项目加快推进。开发区高端制造业聚集区、保税物流园和创业总部基地加快建设，启动四期5平方公里起步区开发，全年引资85亿元、税收74亿元。示范工业园开发加速推进，京津科技谷和京滨工业园被评为市级高新区，新增引资120亿元，税收实现翻番增长。楼宇经济加快发展，新建成商务楼宇60万平方米。

产业发展水平提升。工业总量快速扩张，规模以上工业产值1227.67亿元。深化与国家级科研院所对接，与中科院化学研究所、中冶设备总院、机械研究总院等7家院所建立合作关系。科技型中小企业引进培育成效显著，全年新发展873家、累计2607家，新增科技“小巨人”企业57家，累计138家。服务业依托佛罗伦萨小镇、凯旋王国、北运河郊野公园等龙头项目带动，形成休闲娱乐、生态观光为特色的旅游业雏形，全年接待游客420万人次，增长57%，旅游收入翻一番。电子商务产业快速集聚，阿里巴巴、当当网等9家行业龙头落地建设，亚马逊一期投入运营。5平方公里总部商务区开发全面启动，吸引投资200多亿元，引进太平洋电信等一批优质项目，引领高端业态发展的龙头效应显现。现代农业完成1666.67公顷设施农业提升工程，北国之春农业示范园建成开园，农业科技创新基地二期竣工。奶牛、无公害蔬菜两大主导产业健康发展。启动农产品直供直销，辐射带动1万户农户，开辟了农业增效、农民增收的新渠道。

城乡开发建设步伐加快。总长11公里的103国道城区段改造工程如期竣工，提升了城市发展主轴的功能作用。下朱庄、黄庄片区开发向纵深推进，雍阳道、前进道沿线项目建设取得新进展，新城开工面积600万平方米。小城镇建设新完成21个村街拆迁，累计改造村街110个，惠及群众13万人。启动梅上示范镇

100万平方米还迁工程,开展了新一批示范镇申报工作。推进新农村建设,新建文明生态村35个。城乡基础设施更加完善,实施梅石路、杨六路等6条道路新建改造,完成部分110千伏和35千伏变电站增容改造,提高了发展保障能力。实施城乡总体规划修改和西北部功能新区等重点规划编制,规划引领作用进一步增强。

环境面貌实现新改观。投资6亿元,高标准完成15公里北运河郊野公园,滨水景观建设和观光旅游、设施农业开发同步推进,实现生态建设与经济发展的高度统一。推进城乡大绿工程,全年造林2866.67公顷、植树26万株,新增城市绿地160万平方米。开展巩固发展奋战900天市容环境综合整治,主干路网、城市重点部位形象面貌进一步提升,村街长效保洁机制全面建立。加强城市管理两级平台建设,推动巡查、考核等机制向基层延伸。完成第二、第五污水处理厂新建扩建工程。

惠民工程成效显著。600万平方米还迁建设扎实推进,东蒲洼、北河滩等11个小区顺利还迁,5.40万人喜迁新居。完成城区4个老旧社区改造,居民生活环境得到改善。实施5座菜市场、14个早市和一批夜市、超市建设,新增22家早餐连锁店、40辆早餐车,方便了居民生活。完成30个村自来水管网改造,解决了农村群众饮水不安全不方便问题。推进文化惠民,建成6个乡镇文化广场、15个乡镇文体活动中心。新建4座过街天桥,完成城际站广场改造,提升了城市形象、方便了群众出行。加大就业和社会保障力度,新增就业2.50万人,城乡居民基本医疗参保率93%、基本养老参保13.10万人。年内实施的惠民工程全面完成,广大群众得到了新实惠。

社会事业繁荣发展。年内成功举办武清区首次大型国际赛事——天津国际马拉松赛,带动形成全社会热爱家乡、共谋发展的浓厚氛围。加强文化设施建设,启动图书馆、博物馆和影剧院工程。全区拥有文化站、馆、室771个,业余文化团体315个,演出民间花会450道。年末拥有体育设施1349个,全年参加体育竞赛15万人次,获市级以上奖牌150枚,其中金牌55枚、银牌33枚、铜牌62枚。改善教育教学条件,总投入16亿元的义务教育现代化达标工程全面完成,杨村一中新校区主体竣工,一批中小学、幼儿园新建改造工程扎实推进。提升医疗设施水平,区中医院通过三级甲等医院评审,区医院创建三级医院加快推进,完成513所村卫生室建设,“120”急救中心规范运行。开展计划生育“幸福家庭”创建活动,实施出生人口性别比专项治理,保持稳定的低生育水平,计划生育率98.21%。食品药品三级监管网络全面落实,放心食品系列工程扎实推进。“两台一报”(电台、电视台、武清资讯报)舆论宣传的主阵地作用进一步增强。城市品牌宣传推介效果明显,扩大了“京津之翼、生态武清”影响力。国防动员和双拥工作得到加强,实现全国双拥模范城“五连冠”。

社会保持和谐稳定。推进村委会换届工作,完成社区规范化试点建设。开展“平安武清”基层创建活动,严厉打击违法犯罪行为,保障了公共安全。新建区信访接待中心,强化信访机制落实,化解热点难点问题,确保了重大活动、敏感时期社会稳定。集中开展安全大检查,安全生产监管力度进一步加大。完善应急管理机制,加强突发事件应急处置工作。强化统一指挥、科学调度,成功应对百年一遇暴雨灾害,夺取了防汛抢险的重大胜利。

(李久云)

武清区区级领导名单

中共武清区委领导名单

书　记:张　勇

副书记:罗福来　郭宝琴(女)

常　委:张　勇　罗福来　郭宝琴(女)　李建成　钟书明　朱继业　刘志强　周惠军　周德友　李　明　王志强

武清区人大常委会领导名单

主　任:韩胜军

副主任:杨中东　李荣虎　郭久龄　薛　梅(女)　陈　平

武清区政府领导名单

区　长：罗福来

常务副区长：李建成

副区长：钟书明　李伯怀　尤天成　李丽君（女）　钟学军

区长助理（副区长级）：郭明华　邢德惠

政协武清区委员会领导名单

主　席：李学鹏

副主席：王学芝（女）　王占海　谢呈悦　胡宝泽　刘士栋　韩万景　李金元　毛兴宇

党组副书记：程焕金

（区委组织部提供）

主题教育活动　2012年，武清区深入开展“同心谋发展、共建新武清”主题教育活动。举办首届“韵美武清”民间艺术达人选拔活动，着力弘扬优秀民间文化，发现和培养艺术新人。通过开辟新闻专栏，设立专题网页，营造全民关注、全民支持、全民参与的浓厚氛围。600余名（组）选手经过初赛、复赛、决赛的角逐，评选出达人6个，优秀奖10个，纪念奖5个。编印下发《站在新起点聚集新优势实现新跨越》形势任务教育宣传手册1万册。举办形势任务教育活动启动仪式，邀请天津社会科学院专家围绕武清当前发展形势、面对的机遇与挑战等进行专题讲座。在全区各乡镇街道、区直委局组织为期3个月的巡回宣讲，同时，发挥乡镇、委局宣讲团及村级宣传员作用，面向全区广大干部职工群众，开展宣讲交流活动。武清区宣传团被评为市级优秀宣讲团。充分发挥区内宣传阵地作用，积极宣传全区服务发展、投身建设的各级各类先进典型。全年编发《情况简报》21期。高标准完成武清区2013年新春晚会策划筹备及现场演出工作。晚会结合“韵美武清”活动，挑选武清太极、武术等优秀节目参与表演，并特邀虹云、韩磊、徐千雅、徐德亮等知名演员到场演出，丰富了广大人民群众精神文化生活。

（王战勇）

首届“韵美武清”民间艺术达人选拔活动——武术表演

（摘自《武清资讯》）

为民服务活动　2012年，武清区紧密结合“调结构、惠民生、上水平”和“创先争优”活动，全面对接区级重点工程、大项目建设和惠民工程等中心工作，围绕强化宗旨意识、维护和谐稳定、优化服务环境、提高群众工作能力的目标任务，组织实施了确定一批帮扶重点、解决一批群众实际问题、助推一批重点工程项目、化解一批信访矛盾纠纷、形成一批优秀调研成果、结交一批普通百姓朋友的“六个一”工程。进一步健全完善基层联系点、蹲点调研、谈心谈话、民情登记卡和帮扶台账5项工作制度，明确提出困难群众和弱势群体必访、党员和村民代表必访、离任村干部必访、“两代表一委员”必访、重点信访人员和社会闲散人员必访的“五必访”要求，做到准确掌握社情民意、解决重点难点问题。开展以“服务基层解难题、优化环境促发展”为主题的宣传活动，以点带面，发挥了示范带动作用。全区各级领导干部深入基层联系点3209人次，蹲点调研1488次，为基层联系点办实事、办好事653件，协调帮扶助困资金471.60万元，制定改善民生措施 174 条，健全完善改进服务发展举措 169 项,活动效果明显。

（尤雪杉）

国际马拉松赛 5 月 26 日，2012 天津“武清开发区杯”国际马拉松赛开赛。国家体育总局副局长、中国田径协会主席段世杰，副市长张俊芳，区委常委扩大会领导成员出席观看。此次赛事经国家体育总局和天津市政府批准，由中国田径协会、天津市体育局和武清区政府主办。比赛分为男、女马拉松(42.195 公里),男、女短程 10 公里和迷你马拉松 5 公里。奖金总额 80 万元。来自 22 个国家和地区的 10244 名运动员及马拉松爱好者参加比赛。全区参与组织、服务和保障的单位和部门近 60 个,人数达 4000 余人,现场观众超过 10 万人。报道此次赛事的各种媒体 30 余家，报道稿件 500 多篇。区委宣传部门积极做好马拉松赛事宣传工作，赛前先后组织召开 3 次新闻发布会、24 次区内外各个层面的工作协调会，建立赛事宣传工作协调联动机制；筹划举办各界代表 400 人参加的赛事“倒计时 30 天”启动仪式；通过悬挂宣传用语、赛事“刀旗”,制作大型路牌广告、灯箱广告,利用近百块 LED 显示屏滚动播放马拉松相关内容等形式,营造赛事氛围。赛事期间,制定倒计时 72 小时详细工作预案，成立媒体采访服务、媒体后勤保障、赛事新闻中心接待 3 个工作组,确保活动顺利开展;指导区电台、电视台、《武清资讯》开辟“当好东道主、迎接马拉松”专题专栏,刊发(播)赛事稿件 187 篇。赛后,加大与各级媒体的联系沟通力度,累计在市级以上媒体刊发(播)赛事相关报道 552 篇(次),制作专题宣传片分别在央视网、央视四套挂播半年,并在天津电视台体育频道播出 40 分钟赛事专题报道，借力宣传武清。

（李 梅 王战勇）

2012天津武清开发区杯国际马拉松赛开赛现场

（摘自《武清资讯》）

招商引资 2012 年，武清区招商引资完成注册资本 329.70 亿元，比上年增长 34%。其中,内资 303 亿元，增长 45.7%；引进外资合同额 6.67 亿美元,增长 10.7%,实际使用外资 5.64 亿美元,增长 17%。全年引进项目 2591 个,增长 22.7%。其中，生产型项目 545 个，注册类项目 2001 个,注册资本 5000 万元(外资 500 万美元)以上大项目 165 个。落地行业龙头项目 37 家，总投资 54 亿元,注册资本 47 亿元。全区重点在谈项目 62 个(统计口径为注册资本 500 万元以上的注册类项目和注册资本 5000 万元以上的实体类项目),预计投资总额 321 亿元,注册资本约 70 亿元。年内，全区组织 3 次大型集中签约活动,签约项目 155 个,总投资 226 亿元。全区组成 300 多人的专业招商队伍，举办一线招商人员招商培训会，提高招商工作水平和实战经验。拓展信息渠道,建立完善覆盖“内资、外资、科技型”的三大招商信息网络。坚持“多元招商”与“精准招商”相结合,实施高效率、高精准度招商,面向大企业大集团开展门对门、点对点招商,提高项目信息量和谈判成功率。深入推进区级领导大项目攻关责任制，强化区级领导的示范作用，提高了大项目好项目的对接效率，全年对接行业龙头项目 109 家。亚马逊、阿里巴巴、当当网、唯品会、梦芭莎、苏宁易购、国美、京东商城、凡客诚品等一批知名电商的物流分拨中心落户武

2012年 4 月 28 日,武清区招商引资培训会

（区招商局供稿）

清，武清区被市政府认定为电子商务示范区。

（柴 亮 李久云）

两区四园建设 2012年，武清区“两区四园”（开发区、商务区，京滨工业园、京津科技谷产业园、汽车零部件产业园、地毯产业园）招商载体作用增强，引资规模实现较大增长。全年引进实体生产型项目545个，占全区落地项目的21%，注册资本5000万元以上大项目165个。商务区于2012年2月成立，注资3亿元，注册天津赛得投资发展有限公司。年内，引进中兴通讯云计算产业基地、太平洋电信数据枢纽中心等7个项目，项目总投资190.25亿元。完成城区西部新区商务区城市设计和控制性详细规划、土地细分导则、城市设计导则，推进市政基础设施建设。截至2012年底，武清开发区建成和在建区域面积50平方公里，拥有企业190家、从业人员10.75万人。形成电子信息、机械制造、生物医药、汽车及零部件、新材料、新能源六大主导产业。2012年实现税收74亿元，增长31%；地区生产总值220亿元，增长32.5%；工业总产值760.94亿元，增长28%；固定资产投资130亿元，增长34%。新引进项目129个，注册资本85亿元。4个示范工业园区全年完成招商引资120亿元，实现税收5亿元；签约实体项目41个，总投资313.90亿元；新建楼宇、加速器等载体22.60万平方米，公寓7.60万平方米。

（孙 波 赵婧瑜）

设施农业——占地233公顷的现代农业科技创新基地。图为高效节水灌溉示范现场

（摘自《武清资讯》）

农业工作 2012年，武清区实现农业总产值72亿元，农业增加值34.10亿元，比上年增长1.8%。全区90%以上的农户纳入产业化经营体系。武清区被农业部认定为第二批国家现代农业示范区。完成天津市农科院现代农业科技创新基地二期工程建设，创新基地全部建成投入使用。实施市级文明生态村创建工程，建成市级文明生态村35个。在全市率先启动实施农产品直供直销经营模式。投资1.32亿元，在7个村街建成高标准设施蔬菜棚室106.67公顷。投资6120万元，对3个乡镇3333.33公顷农田进行综合治理。新认定国家级农业龙头企业1家，市级农业龙头企业6家，区级农业龙头企业6家。编制《武清区2012年农业主导产业资金扶持办法》，验收扶持项目。对全区饲料生产企业和饲料经营门市部进行定期巡查，规范饲料行业生产经营行为。落实中央农资综合补贴政策和种粮直补政策，全年落实农资补贴和种粮直补面积9.05万公顷，兑现补贴资金1.08亿元，惠及粮食种植农户26.46万户次。

（李树春）

2012年7月29日，比亚迪项目落户汽车产业园

（武清汽车零部件产业园供稿）

就业再就业 2012年，武清区落实就业扶持政策，以撤村建居人员为重点，加强技能培训、岗位对接、创业扶持和困难群体帮扶，完成培训1.76万人，其中职业技能培训1.36万人。通过培训，实现就业1.21万人，技能培训就业率88.7%，落实培训补贴507.20万元。创业培训831人，完成创业能力测评510人，

武清区2012年高校毕业生专场招聘会

（摘自《武清资讯》）

有138人成功创业，发放小额担保贷款688万元，带动1200人实现就业。全年实现新增就业2.5万人，比上年增长5.5%。农村富余劳动力就近就地转移就业1.66万人，其中撤村建居人员转移就业1872人；举办人才招聘会和高校毕业生专场招聘会，推荐高校毕业生就业450人；就业困难群体得到有效帮扶，安置失业人员再就业1986人，落实工资和社会保险补贴资金2425万元，零就业家庭安置保持动态为零，其他就业困难群体安置率95%。

（杜雅林）

教育工作 2012年，武清区有全日制学校370所。其中，幼儿园197所，小学108所，普通中学50所，职业中专2所，农职中、卫校、电大、教师进修学校各1所，其他教育9所。各类成人教育学校475所。其中，区成教中心1所，乡镇成人文化技术学校29所，局级培训中心15所，村成人学校430所。另有青少年活动中心、教研室、设备站、考试中心、中小学后勤管理服务中心、电教中心、学校卫生保健所各1处。有教职工1.07万人。其中，小学4018人，普通中学4514人，农职中51人，职业中专333人，卫校66人，电大68人，教师进修学校30人，其他教育1576人。具有高级职称2021人，中级职称6077人。年末在校学生13.98万人。其中，小学5.98万人，普通中学4.82万人，职业中专4665人，卫校1299人，电大3875人，其他教育2.20万人。年内，全区141所申报达标义务教育学校顺利通过市级评估验收，达标率100%，义务教育学校基本实现楼房化、均衡化、现代化。全面落实学前教育三年行动计划，顺利通过市级评估验收，城乡幼儿园园所环境和办园条件明显改善。杨村十二小、杨村九中、孔官屯还迁小区配套小学建成投入使用。教育教学质量实现新突破。2012年高考，全区本科二批以上上线3926人，比上年增加390人。二本以上上线率63.87%，超出全市平均上线率11.87个百分点。有31人被清华大学、北京大学和香港地区大学等名校录取。

（刘　侃）

文化设施开放 2012年是天津市公共文化服务设施免费开放的第一年。武清区文化馆、图书馆及乡镇文体中心（文化站）全面实行免费开放。区文化馆专业人员在美术、书法、音乐、舞蹈、戏曲、非遗及文物保护等方面为区土地局、财政局、下朱庄街等单位进行辅导和培训。区图书馆全年新办理图书借阅证1000余个，免费接待读者近6万人次。武清区作为天津市基层文体中心（文化站）免费开放试点单位，专门制定并下发《武清区乡镇街文体中心（文化站）免费开放工作管理办法》和《武清区乡镇街文体中心（文化站）

考入清华、北大等名校的部分学生合影

（摘自《武清资讯》）

公共文化设施服务建设——王庆坨镇文体中心

(摘自《武清资讯》)

免费开放工作绩效考核管理办法》,对经费使用、设施管理、场所绿化美化硬化进行具体规定,对图书室、阅览室、文娱活动室、体育运动室、多功能活动厅、室外灯光球场、室内外宣传橱窗进行标准统一,有条件的乡镇可设特色文化活动室。每个乡镇街文体中心(文化站)均配备专人管理,确保每周开放时间不少于40小时。乡镇街文体中心(文化站)成为基层群众休闲娱乐的最佳场所。

(张春凤)

卫生工作 2012年,武清区有医疗卫生机构127家,其中区卫生局所属44家。有三级医院1家,二级医院1家,一级医院29家,专科医院1所。截至年底,全系统固定资产总值5.60亿元;有卫生专业技术人员4313人,开放病床3547张。2012年,武清区把卫生系统管理提升工程确定为区级重点工作,开展了区医院、中医院三级医院创建工作。年内,中医院通过国家中医药管理局专家组三甲中医医院评审,区医院迎接市局专家组三级评审;区医院被评为市级平安医院先进单位,中医院被卫生部评为改革创新先进医院和创先争优先进集体。加强社区卫生服务。启动下朱庄、东蒲洼、泗村店社区卫生服务中心新建工程;推进河西务、黄花店、石各庄创建示范乡镇卫生院工作;完成石各庄、东马圈等10家“国医堂”新建任务;完成全国农村中医药工作先进单位创建工作;制定《城区社区卫生服务站建设和管理办法》,完成14家城区社区卫生服务站规划选址;完成村卫生室标准化建设,新建标准化村卫生室513家。加强医疗队伍行风管理,完成120院前急救整治工作,制定出台规范120中心管理运行各项制度规定,提高卫生系统管理服务水平。全年接警6445例,无责任事故发生。

(吴海杰)

杨村街道

杨村街道位于武清中心城区,是区委、区政府所在地。东隔津蓟铁路与梅厂镇搭界,西与东蒲洼街道毗连,南与下朱庄街道、黄庄街道为邻,北与徐官屯街道接壤。2012年,街域面积22.30平方公里。辖14个村街、22个社区居委会。户籍人口109498人,其中农业人口26634人。除汉族外,另有少数民族7663人,其中回族6470人,七街村回族居民占90%。

2012年,实现地区生产总值29亿元,比上年增长13.3%;三级财政收入6.04亿元,增长24.3%;农民人均纯收入1.65万元,增长12.1%。

全街有林地120.80公顷,育苗0.33公顷。年末羊存栏411只,生猪饲养1111头,出栏410头。

有工业企业244家,从业人员8768人。完成工业总产值24.74亿元,销售收入23.43亿元,利润1.17

新建成的武清区中医院康复大楼

(武清区中医院供稿)

亿元。发挥私营经济区品牌优势，招商引企 250 家，吸引注册资金 8 亿元。其中，注资 1 亿元企业 3 家，注资 1000 万元以上企业 18 家。新引进科技型中小企业 20 家，提升改造 16 家。组织 15 家企业参加校企对接活动，建立技术开发、人才引进的交流合作平台。组织 10 家企业参加银企对接活动，帮助企业解决融资难问题，促进企业成长。

拆迁工作稳步推进。涉及河东商业经营性房屋和非农业居民住宅 206 户 3.70 万平方米；大光明市场改造拆除商业店铺 23 户 7000 平方米；拆除商业大棚 3 个 1.20 万平方米；完成上下园、夹道、北河滩、十街和北郑庄还迁片区分房工作，还迁房屋 5551 套。推进开发项目建设。总建筑面积 11 万平方米的北郑商业项目荔隆时代广场开工建设；完成机场道、大桥道商业项目设计工作。

落实惠民工程。投资 1400 万元，完成福苑小区外墙、上下水道、绿化路面、活动广场等升级改造工程；投资 500 余万元，完成泉州路市场地面石材铺设，新建花坛，购物环境明显提升。

加大教育投入，改善办学条件。投资 7000 万元，新建杨村第二小学和街中心幼儿园，杨村第二小学教学楼进行基础施工，街中心幼儿园完成主体建设。开展丰富多彩文娱活动，有文艺团队 33 个。参加城乡居民医疗保险 2 万人，参保率 100%；办理医疗保险费报销手续 300 余人，报销医疗费 50 万元。参加城乡居民养老保险 5573 人，年内办理退休手续 3600 人。享受城乡老年人生活补助 800 余人，发放补助费 7 万元。加强计划生育宣传教育，完善制度措施，稳定低生育水平，计划生育率 99.7%。

（赵晓东）

徐官屯街道

徐官屯街道位于武清城区北部。东与曹子里乡、梅厂镇接壤，西部为武清开发区核心区和武清开发区物流园，南与杨村街道搭界，北隔龙凤新河与南蔡村镇、大碱厂镇为邻。2012 年，街域面积 19 平方公里，耕地面积 629.67 公顷，辖 11 个行政村、2 个居委会。户籍人口 13195 人，其中农业人口 11089 人。除汉族外，另有少数民族 18 人。

2012 年，实现地区生产总值 7.14 亿元，比上年增长 25%；三级财政收入 1.50 亿元，增长 35%；农民人均纯收入 1.53 万元，增长 11.8%。

粮食种植 322.47 公顷，总产 3886 吨。落实粮食直补及良种补贴 87 万元。发展设施农业。北岚科技产业园占地 16.46 公顷，建成高标准日光大棚 199 个；新刘庄村设施农业产业园占地 4.67 公顷，设有日光大棚 35 个，初步形成农业产业带。有林地 427.33 公顷，果园 3.33 公顷，果品总产 148 吨。年末大牲畜存栏 2868 头，羊存栏 347 只，生猪饲养 3298 头，蛋鸡存栏 2.80 万只，年产蛋 364 吨。

有工业企业 134 家，从业人员 5801 人。实现工业总产值 21.72 亿元，销售收入 24.08 亿元，利润总额 1.87 亿元。加大科技型、规模型、高附加值企业招商力度，拓展招商方式，开办招商网站，实行网上招商。年内引进企业 71 家，引资额 4.12 亿元。推进科技型企业发展。全街有科技型中小企业 61 家，科技小巨人企业 2 家，初步形成高端电子、食品、金属包装、机械制造 4 个产业集群。

完成孔官屯、陈官屯、徐官屯、柴官 4 个村还迁工作，累计还迁 1270户 2800 余套房。推进城镇建设。完成杨六路东外环至杨崔公路 2.60 公里拓宽工程，完成京津塘高速公路段庄带树木更新和京津公路两侧绿化任务，翻修改造部分乡村公路，城镇服务功能显著提升。投入环境建设资金 260 万元，设有保洁员 60 名，大型保洁车 2 辆，做到生活垃圾日产日清，保持环境整治常态化。

街中学、徐官屯小学和段庄中心小学通过市、区级现代化达标验收；新建惠民里小学，占地 10.05 万平方米，建筑面积 1.70 万平方米，设教学班 36 个。新建改建村文化健身广场 5 个，社区文化广场 2 个，组建社区和各村舞蹈健身队、秧歌队、戏曲票友会、歌舞队 6 支，丰富群众文化生活。完成区级重点工程武清区第二养老院、惠民里养老托管所主体工程和外檐装修工作。新建高标准村级医疗服务站 6 个，社区医疗服务站 2 个，方便群众就医。全街参加城乡医疗保险 7325 人，参保率 97%。年内有 712 名 60 周岁以上老年人享受养老补贴。保持低生育水平，计划生育率 98.7%。开展“阳光工程”爱心助学活动，收集捐助贫困学生善款 1.21 万元。

（时春祥 杨连双）

东蒲洼街道

东蒲洼街道位于武清城区西北部，是武清新城开发建设的中心地段。东与徐官屯街道、杨村街道接壤，西邻豆张庄乡以龙凤河故道为界，南隔京山铁路与黄庄街道为邻，北与南蔡村镇隔龙凤新河相望。2012 年，街域面积 48.31 平方公里，耕地面积 1521.33 公顷，辖 5 个行政村、8 个居委会。户籍人口 26561 人，其中农业人口 17523 人。除汉族外，另有少数民族 236 人。

2012 年，实现地区生产总值 1.13 亿元，比上年下降 18.65%；三级财政收入1.37亿元，增长42.71%；农民人均纯收入1.55万元，增长12%。

全年完成招商引资4.20亿元，超额完成110%。新引进科技型中小企业15家。

撤村建居工作全面完成，全街居民全部迁入新建社区居住。完成1.65万人农转非工作。推进社区建设。街道所辖8个社区均建立相应的社区服务组织，其中亨通花园3个社区通过创新阵地建设。年内投资1500余万元，完成亨通3个小区提升改造工程。粉刷亨通花园137栋楼外墙43.74万平方米，重铺小区路面8.20万平方米，更换小区楼门前灯525盏、路灯400盏、围墙灯500盏。

加大环境整治力度。年内出动人力82人次、车辆22辆次，清理南东路西侧临时建筑76间1520平方米，清理社区内不规范小饭馆、小吃铺30户。

落实劳动保障工作。办理城乡养老保险退休9人，累计领取退休费人员67人。办理社会保障卡2495人，变更信息36人。为323人报销住院费60余万元。为225人办理基本生活补助，发放金额1.31万元。发放就业、招聘政策宣传材料5000余份，政策咨询2000余人次，为31人办理保险补贴。开展汽车驾驶、电工、电焊、叉车、美容美发等培训12次，培训600余人次。落实计划生育政策。为1685户发放独生子女费10.10万元；为136名奖扶对象、27名特扶对象，发放奖励扶助金18.56万元。街道计生服务站组织3800名育龄妇女进行查体，发放避孕药具600余份；计划生育率98.17%。新建60平方米的街道综治信访服务中心和8个社区综治信访站，落实10项综治信访工作制度。建立案件受理登记册和工作台账，全年受理信访矛盾370件，咨询问题271件，涉及540人次，成功解决87件。

（唐顺军）

黄庄街道

黄庄街道位于武清区南部，东邻下朱庄街道以北运河为界，西与陈咀镇、豆张庄乡为邻，南到北辰区界，北与东蒲洼街道、杨村街道接壤。京山铁路、京津城际铁路自西向东横跨街境北部。2012年，街域面积42平方公里，耕地面积2201.40公顷，辖10个行政村、1个居委会。户籍人口21460人，其中农业人口19743人。除汉族外，另有少数民族75人。

2012年，实现地区生产总值15亿元，比上年增长73%；三级财政收入1.05亿元，增长40%；农民人均纯收入1.51万元，增长12%。

农业以种植小麦、玉米为主，兼种棉花、油料作物、瓜菜等。粮食种植883.53公顷，总产7192吨。落实夏、秋粮直补面积963.21公顷，补贴资金115.58万元。启动一期37.34公顷设施农业项目建设。有林地661.93公顷，果园6.60公顷，果品总产130吨。加强动物疫病防控工作，发放免疫药品，指导养殖户定期消毒，畜禽免疫率100%。年末大牲畜存栏1521头，羊存栏1410只，生猪饲养1.01万头，蛋鸡存栏800只，年产蛋7吨。

有工业企业118家，从业人员1848人。实现工业总产值3.13亿元，销售收入2.87亿元，利润3733万元，工业增加值7921万元。完成固定资产投资5.60亿元。引进注册资本5.82亿元。新引进科技型中小企业16家，提升改造1家。与街属47家企业签订安全生产目标责任书，签约率100%。

完成黄庄、东州、三里屯撤村建居一期分房工作，已分房屋4037套，惠及2393户7000余人。启动二期撤村建居工作，涉及南寺、北寺、小营3个村，累计签订房屋拆迁协议1747户，拆除合法房屋1799处。全球首座“NBA”中心项目落户黄庄泉州水城，占地2万平方米，正在进行规划设计等前期准备工作。完成老米店村外环路硬化改造工程，硬化路面4800平方米，铺设过路涵管9处；投资160余万元，完成老米店、城上2个村乡村公路建设，方便群众出行。

新建中、小学教学楼，总建筑面积2.40万平方米；投资115万元完成老米店、城上村小学改扩建工程；完成2所幼儿园新建工程。建立马家口、六合庄农家书屋，配备各类图书6000余册。年内参加城乡居民基本养老保险349人，缴费166.41万元。发放老年人生活补助费87.44万元。全街参加医疗保险15059人，参保率99%；门诊医疗费及生育保险报销150人，报销药费20余万元。为群众健康查体3501人次，妇科检查628例，查出各类妇科疾病173例；落实计划生育家庭奖励扶助政策，有165人接受奖励，计划生育率98.06%。

（孟红星）

下朱庄街道

下朱庄街道位于武清区南部，为武清南大门。东邻梅厂镇，西与黄庄街道以北运河为界，南连北辰区，北与杨村街道接壤。街域面积29.74平方公里。2010年重新修订《街域总体规划和总体城市设计》，将原武清农场所属区域7.86平方公里纳入总体规划，实际规划面积37.60平方公里。原辖13个行政村，2009年始实施撤村建居，至2012年底，全街撤村建居工作全面完成。2012年，街道辖7个村民委员会、3个社区居委会，户籍人口17366人，其中农业人口589人。除汉族外，另有少数民族402人。

2012年，实现地区生产总值15.60亿元，比上年增长30%；三级财政收入4.87亿元，增长45%；农民人均纯收入1.57万元，增长10%。

有工业企业103家，从业人员4948人。完成工业总产值28.77亿元，销售收入26.35亿元，利润3.11亿元。全街注册企业845家，累计注册资金63.20亿元。完成科技型中小企业认定40家，提升改造7家，全街科技型中小企业达136家。开展银企对接活动，帮助9家企业申请区级创新资金190万元，为13家企业申请市级周转资金1.20亿元，解决企业融资难题。

推进重点项目建设。天和城片区启动建设。开工住宅项目2家，施工面积16.80万平方米；投入5800万元，完成南湖清淤、土方清运、筑堤、筑岛等工程，具备蓄水条件；君利生态园培训中心竣工，66公顷温室大棚投入使用。龙湾城片区初具规模。开工住宅项目5家，施工面积58.50万平方米，竣工面积66万平方米；开工商业项目1家，正在进行主体施工。华北城片区城区商业辅助功能显现。开工商住项目3家，施工面积8万平方米，竣工面积14.30万平方米；引进全友家私、摩尔广场、任氏物流等一批规模企业入驻；华北城个体工商户总数743家，新注册211家；注册企业总数200家，新增93家，注册资金9.32亿元；全年实现市场交易额17亿元，税收1.02亿元。

推进城市建设。投入8300万元，完成环湖路、天和城起步区支路、嘉通路3条总长4.20公里道路建设；投入1亿元，完成天和路等5条道路绿化，安装路灯330盏；提升嘉河道绿化面积8.70万平方米。建立市容环境综合治理长效机制，该街道路环境成为区级免检单位。成立街道行政服务中心及越秀园社区、静湖社区综合服务中心，成为全区推行“为民服务全程代理”试点乡镇之一。

投入2100万元，完成碧溪园一幼、二幼、三幼建设，并通过市级中心园验收；越秀园、静湖幼儿园通过市级一级园达标复查；投资2000万元，完成龙湾城幼儿园建设。投资80万元打造街域文化。新发展社区文化团体8支，总数达20支；举行民间花会调演16场，丰富群众文化生活。投入2900万元，完成下朱庄医院建设。推进城乡居民医疗保险参保工作，参保率100%。稳定低生育水平，计划生育率97.2%，为2402人发放独生子女奖励扶助金170万元。

（高春燕）

大碱厂镇

大碱厂镇位于武清区中部，东与曹子里，西与南蔡村，南与徐官屯，北与崔黄口等经济重镇相毗邻。2012年，镇域面积35平方公里，耕地面积2086.34公顷，辖26个村民委员会。户籍人口20442人，其中农业人口18351人。除汉族外，另有少数民族128人。

因驻地大碱厂而得名。1939年分属武清县第三、四、六区。1948年12月解放。1949年属武清县第二、三区，同年10月改称第六、第十三区。1950年8月属第四、五、六区。1956年属第四区。1957年2月建大碱厂乡。1958年9月属筐儿港公社。1961年6月由筐儿港公社析置大碱厂公社。1983年改称大碱厂乡。1999年1月撤乡建镇。

2012年，实现地区生产总值5.60亿元，比上年增长24%；三级财政收入1.24亿元，增长28%；农民人均纯收入1.40万元，增长12%。

粮食种植1756.67公顷，总产1.71万吨。落实夏、秋粮直补面积1666.67公顷，补贴资金365万元。发展设施农业，投资1100余万元，新建南辛庄村13.34公顷农业园，有蔬菜大棚92个。镇域新增绿化面积12公顷，有林地576.53公顷，果园10.26公顷，果品总产1018吨。有规模型养殖小区33个，养殖大户165家，涉及奶牛、肉牛、生猪、蛋鸡、肉鸡等10余个种类。年末奶牛存栏3556头，年产鲜奶3300吨；生猪饲养1.35万头，出栏7800头；肉鸡出栏26.50万只，存栏4.20万只；蛋鸡存栏7.75万只，年产蛋755吨。

有工业企业161家，从业人员4887人。完成工业总产值8.32亿元，销售收入7.78亿元，利润2679万元。固定资产投入1.50亿元。招商引企218家，引资额3.50亿元。认定科技型中小企业78家。其中，提升改造35家，新引进43家。帮助14家企业享受各类扶持、奖励资金400万元。

投资4000余万元，完成运河沿线5个生态村提升改造工程，其中投资1600万元，重点打造南辛庄市级文明生态村，并荣获天津市“美丽乡村”称号，成为运河郊野公园观光旅游重要点位。落实惠民工程。完成6个村农田节水示范工程，重建勾兆屯、中丰庄2座桥涵，新修乡村路6公里。投资600余万元新建净水厂，提升改造镇供水站及15个村供水管网，确保农民用水安全。

教学水平提高，中考入学率平稳增长，中小学校软硬件达到标准化建设。稳定低生育水平，计划生育率97.3%。投入200余万元，新建、改扩建村卫生室19个。参加城乡居民养老保险2510人；参加城乡居民医疗保险18030人，覆盖率98%。年内为灾区筹集善款3万余元。

（高秋芬）

崔黄口镇

崔黄口镇位于武清区东北部，东以青龙湾河为界与宝坻区大口屯镇相望，西与大良镇接壤，南以筐儿港北堤为界与大黄堡乡为邻，北与河北屯镇毗连。2012年，镇域面积90平方公里，耕地面积4815.60公顷，辖54个村民委员会。户籍人口51988人，其中农业人口46337人。除汉族外，另有少数民族478人。

因驻地崔黄口故名。1939年属武清县第四区。1948年12月解放。1957年2月撤区并乡，西北部的10个村属辛庄寺乡，其余35个村属崔黄口乡。1958年9月属筐儿港公社。1961年5月从原筐儿港公社划出47个自然村和1个崔黄口自然镇，建崔黄口公社。1983年6月改称崔黄口乡。1988年9月改称崔黄口镇。2001年10月后巷乡并入。

2012年，实现地区生产总值13.80亿元，比上年增长30.2%；三级财政收入1.57亿元，增长21.7%；农民人均纯收入1.46万元，增长12%。

粮食种植3152.60公顷，总产3.26万吨。落实夏、秋粮直补面积6001.60公顷，补贴资金395.67万元。种植蔬菜1128.67公顷，总产7.92万吨。有林地2689.40公顷，果园140.93公顷，果品总产1630吨。年末大牲畜存栏996头，羊存栏2389只，生猪饲养5.59万头，蛋鸡存栏37.70万只，年产蛋5280吨。水产品有鱼、虾、河蟹等，总产9639吨。

有工业企业412家，从业人员1.02万人。实现工业总产值21.61亿元，销售收入20.75亿元，利润3898万元。完成招商引资27.10亿元。一批行业龙头、上市公司和世界500强企业落户地毯产业园。新引进实体项目19家，投资总额40亿元。引进注册企业172家，注册资金8.10亿元。提升改造科技型企业，全年网上申报提升改造获批企业10家。企业新增专利35项，全部获得国家专利局授权。地毯行业全年生产地毯1207.74万平方米，实现销售收入11亿元。

推进城镇开发建设。启动并完成崔黄口示范镇总体规划和各类专项规划方案编制工作，完成上报审批。完善镇域路网体系建设规划，完成店子路、白庄子路、槐家庄路、大周庄进村路4条总长5.06公里道路新建翻修工程。落实镇区、路网沿线及村街保洁长效机制。完成镇区排水系统改造，提高基础功能保障力。

完成镇南小学现代化达标验收工程，启动镇中心幼儿园规划建设工程。完善医疗卫生服务网络，建成村级卫生室42个。参加城乡居民基本养老保险7904人。提高困难群体救助水平，发放保障和救助资金63万元。加强计划生育管理与服务，推进东赵庄、二街、北三、小宫城、北靳庄5个村街“创建幸福家庭”试点。计划生育率97.95%。

（马则栋）

梅厂镇

梅厂镇位于武清区东南部，东与上马台镇为邻，西与徐官屯街道、杨村街道、下朱庄街道接壤，南与北辰区毗连，北与曹子里乡搭界。2012年，镇域面积71.46平方公里，耕地面积4060.67公顷，辖46个村民委员会。户籍人口32482人，其中农业人口28696人。除汉族外，另有少数民族51人。

因驻地梅厂故名。1939年属武清县第五区。1948年12月解放，属武清县第七区。1949年改称第十五区。1950年8月改称第七区。1952年1月改称第三区。1957年2月撤区建梅厂乡。1958年9月建梅厂公社。1983年12月改称梅厂乡。1991年2月建梅厂镇。2001年10月聂庄子乡并入。

2012年，实现地区生产总值10.70亿元，比上年增长28%；三级财政收入1.93亿元，增长24.3%；农民人均纯收入1.55万元，增长12.2%。

粮食种植2403.46公顷，总产2.36万吨。设施农业规模化发展。投资1000余万元，提升改造灰锅口核心示范区及棚室生产区基础设施，核心区采摘园、展示园、智能温室等功能区全面运营，吸引观光游客1万余人，年收益8000余万元。有林地1173.53公顷，果园538.73公顷，果品总产3266吨。年末大牲畜存栏5440头，羊存栏3078只，生猪饲养3.09万头，蛋鸡存栏6.74万只，年产蛋1115吨。

有工业企业246家，从业人员6325人。实现工业总产值35.21亿元，销售收入34.53亿元，利润1.31亿元。固定资产投入11.12亿元。招商引资5.01亿元。福源开发区发展势头迅猛，年内引进企业66家，其中科技型企业15家。提升改造科技型企业6家，扶植培育军星管业、东方先科成为“科技小巨人”。

调整完善梅厂镇总体规划、镇区控制性详细规划及镇区市政配套规划设计，合理配置商贸、交通等基础设施和服务功能。完善路网体系建设，投入100余万元，完成张稗路乡村公路小修和杨聂路2.70公里大修工程。落实卫生长效保洁机制，实现村街、路网沿线环境动态管理。

投资800余万元，新建梅厂镇体育馆投入使用。完成28个村卫生服务站标准化建设，3个村卫生室投入使用，群众就医条件提高。投入15万元，落实独生子女家庭政策待遇1326户。稳定低生育水平，计划生育率98%以上。做好城乡居民“两险”

工作，投入70万元，实施减半补贴政策，医疗保险参保率100%。落实特殊困难群体帮扶机制，筹资594万元及时救助五保、低保、优抚对象和困难家庭。

（薄梦佳）

上马台镇

上马台镇位于武清区东南部，东邻宝坻区和宁河县，西接梅厂镇，南至北辰区界，北隔龙凤新河与大黄堡乡为邻。2012年，镇域面积66平方公里，耕地面积2091.86公顷，辖18个村民委员会。户籍人口17556人，其中农业人口16106人。以汉族为主，另有蒙古、壮、朝鲜、满、黎、毛南等少数民族129人。

因驻地靠近上马台故名。1939年属武清县第五区。1948年12月解放。1949年属武清县第十四区。1950年8月属第七区。1952年1月改称第三区。1958年9月属梅厂公社。1961年将上马台等15个村由梅厂公社析出，另建肖刘杜农场。1963年2月15个村划入大黄堡公社。1974年3月将上马台等15个村从大黄堡公社划出，与从梅厂公社划出的董庄、杨家河、大康庄、小康庄、小裕庄、魏家堡、王老庄7个村另建上马台公社。1983年改称上马台乡。2001年10月撤乡建镇。

2012年，实现地区生产总值19.20亿元，比上年增长26%；三级财政收入4.32亿元，增长23%；农民人均纯收入1.44万元，增长12%。

粮食种植1475.13公顷，总产1.57万吨。落实夏、秋粮补贴资金273.81万元，良种补贴资金20.27万元。特色水产品养殖有彭泽鲫、黄金鲫和白鱼，鱼池面积778.06公顷。有林地1239.53公顷。年末大牲畜存栏153头，生猪饲养1.76万头，羊存栏3150只，蛋鸡存栏1.60万只，产蛋32吨。

有工业企业151家，从业人员1.16万人。完成工业总产值60.11亿元，销售收入56.08亿元，利润6.96亿元。镇工业区规划面积2.60平方公里，至年底，建成区面积2平方公里，企业占地面积133.34公顷，总建筑面积55万平方米。区内有内、外资企业58家，企业投资总额40亿元，注册资本14.10亿元。完成招商引资6亿元。新引进科技型中小企业24家，提升改造8家。

推进示范镇建设。完成大康庄、小康庄、大辛庄、小裕庄、肖家庄、东刘庄、杜庄7个村拆迁工作，拆除房屋1290处，清理土地1333.34公顷。投资103万元，完成金发路、泰源路、金鑫路路灯改造、安装工程。落实卫生长效保洁机制，村街环境显著提升。

改扩建镇中心幼儿园，并通过市专家组验收。建立上马台镇文化站，投资5万余元购置相关设施，建立图书室、书画室、多功能大厅和排练厅，成立演唱协会、书法协会，会员60余人。完成6个村卫生室主体建设和内部装修，并通过区卫生局验收。对全镇2427名60周岁以上常住老年人进行体检，体检率85%。稳定低生育水平，计划生育率97.3%。

（石荣田　韩宇婧）

大良镇

大良镇位于武清区北部，东邻河北屯镇、崔黄口镇，西隔北运河与大孟庄镇相邻，南接南蔡村镇，北至下伍旗镇界。2012年，镇域面积81.20平方公里，耕地面积4933.40公顷，辖55个村民委员会。户籍人口41527人，其中农业人口37017人。除汉族外，另有少数民族481人。

因驻地大良故名。1939年属武清县第三、四区。1948年12月解放。1949年属第四、五区。1949年10月第四区改称第十二区。1950年8月属第五区。1952年1月改称第六区。1957年2月撤区并乡，属大良乡。1958年9月属筐儿港公社。1958年12月从筐儿港公社划出大良及26个村建大良公社，从香河县划入28个村。1961年划出34个村建下伍旗公社，划出33个村建河北屯公社。1973年1月从后巷公社划出10个村入大良公社。1983年改称大良乡。1991年2月撤乡建镇。2001年10月原双树乡并入。

2012年，实现地区生产总值8.80亿元，比上年增长20%；三级财政收入1.72亿元，比上年增加1800万元；农民人均纯收入1.40万元，增长10%。

粮食种植4257.93公顷，总产5.46万吨。落实夏、秋粮直补面积8091.15公顷，补贴资金970.93万元。发展都市型农业。蒙辛庄山药种植试点项目获得成功，项目亩产1250公斤，产值1.40万元。提升宝建农作物种植有限公司设施农业200公顷，建成校企对接放心蔬菜基地。有林地1614.67公顷，果园94.93公顷，果品总产1932吨。年末大牲畜存栏2361头，羊存栏7270只，生猪饲养2.66万头，蛋鸡存栏12万只，年产蛋1200吨。

有工业企业206家，从业人员2408人。完成工业总产值6.60亿元，销售收入6.11亿元，利润4376万元。招商引资10亿元。年内吸引注册企业31家，累计280家，实现税收1.50亿元。

投资766.90万元，完成北赵庄、小河、小十百户3个文明生态村建设；完成北四百户、双树、北小营、炒米庄、安家务5个文明生态村建设，并通过市级验收。新建大良第二供水厂，解决北窑上、北小营、霍寺、安家务、金辛庄、双树、杨场等村群众吃水难问题。投资600万元打造26.67公顷沿路片林和廊良路、旗良路两侧绿化。

投资500万元新建双树幼儿园，完成安家务小学撤并和大良镇中小学布局调整；投资220万元，新建大良镇医疗服务中心投入使用；投资530万元，完成44个村级卫生室新建和改扩建工程，并通过验收；投资70万元完成敬老院改造工程。推进医疗、养老保险参保工作。全镇参加城乡养老保险3972人，发放养老保险待遇630万元，发放养老补贴430万元。参加医疗保险2.80万人，报销金额622万元。落实奖扶、特扶、独生子女奖励费等60余万元。稳定低生育水平，计划生育率98.1%。

（麻书涛）

河北屯镇

河北屯镇位于武清区东北部。东北部与宝坻区大口屯镇隔青龙湾河相望，东南部与崔黄口镇接壤，西与下伍旗镇搭界，南与大良镇毗连，北以青龙湾河为界与河北省香河县刘宋乡为邻。2012年，镇域面积47平方公里，耕地面积3158.67公顷，辖31个村民委员会。户籍人口31556人，其中农业人口29114人。除汉族外，有回、壮、满、瑶、蒙古等少数民族477人。

因驻地河北屯故名。1948年12月解放。东部属武清县第四区。1949年10月改称第十二区。1950年8月改称第五区。1952年1月改称第六区。1957年1月属大良乡。1958年9月属筐儿港公社。1958年12月属大良公社，由香河县划出自然镇河北屯、李大人庄等28个村并入大良公社。1961年6月，从大良公社析出32个村和1个自然镇河北屯，建河北屯公社。1983年7月改称河北屯乡。1999年撤乡建镇。

2012年，实现地区生产总值6.65亿元，比上年增长20.3%；三级财政收入4922万元，增长16%；农民人均纯收入1.37万元，增长11.96%。

粮食种植2543.40公顷，总产3.27万吨。加强设施蔬菜项目基地建设，在冯庄、小黄庄、肖赶庄建设高标准钢骨架塑料大棚900栋，高标准节能日光温室10栋。有林地807.20公顷。年末大牲畜存栏3017头，羊存栏3800只，生猪饲养1.87万头，蛋鸡存栏13.85万只，年产蛋1350吨。

有工业企业123家，以地毯生产、皮革制品、服装为主，另有汽车配件加工、泡棉制品、铝制品、铸造标准件等，从业人员3687人。完成工业总产值8.28亿元，销售收入8.30亿元，利润4306万元。招商引企71家，引进资金3.02亿元。新引进科技型中小企业17家，提升改造1家。

加强农房管理和违章建筑治理，完成8000户农民住宅确权发证和基本农田录入工作，办理农民翻建住房80户。建立农户和土地日常巡查制度，强制拆除4户，整改14户。落实环境卫生长效保洁制度，镇村环境显著提升。

完成4所中小学义务教育现代化建设，并通过市级验收。完成振华小学教学楼和口哨小学扩建工程并投入使用，全镇中小学全部实现楼房化。投资247万元，完成19所村级卫生服务站建设，方便群众就医。稳定低生育水平，计划生育率97.8%。优抚和社会保障工作实现常态化、正规化管理。新办低保6户，五保2户。新建、维修贫困户住房4户。

（杨杰希）

下伍旗镇

下伍旗镇位于武清区北部，东与河北屯镇交界，西傍北运河，南临大良镇，北依青龙湾河与河北省香河县接壤。2012年，镇域面积49.80平方公里，耕地面积3035.13公顷，辖34个村民委员会。户籍人口24650人，其中农业人口22419人。除汉族外，另有少数民族53人。镇西南部有一港北森林公园，是华北地区最大的原始次生林，占地500公顷。

因驻地下伍旗故名。1939年分属第二、四区。1949年属第五区。1950年8月西部属第三区，东部属第五区。1952年1月东部属第六区，西部属第七区。1957年1月建下伍旗乡。1958年9月属筐儿港公社。1958年12月属大良公社，同期香河县刘皮庄等28个村划入武清县大良公社。1961年5月从大良公社析出34个村包括下伍旗，建下伍旗公社。1983年7月改称下伍旗乡。1997年撤乡建镇。

2012年，实现地区生产总值9亿元，比上年增长35%；三级财政收入1.29亿元，增长21.7%；农民人均纯收入1.45万元，增长12%。

粮食种植1987.46公顷，总产2.58万吨。落实夏、秋粮直补面积3721.21公顷，补贴资金446.50万元。启动133.34公顷放心菜基地建设工程，建成24平方米检测室并配齐检测设备，建立田间生产档案50家。完成下伍旗、丁庄、小金庄等片林植树63.67公顷。有林地1054.86公顷，果园9.13公顷，果品总产89吨。年末大牲畜存栏3945头，羊存栏4051只，生猪饲养2.13万头，蛋鸡存栏9.50万只，年产蛋1100吨。

有工业企业176家，从业人员1389人。实现工业总产值2.59亿元，销售收入2.18亿元，利润2570

万元，工业增加值5351万元。招商引企37家，引资额3.08亿元。引进科技型中小企业15家，提升改造3家。

完成红寺、陈庄2个文明生态村建设。硬化村内主干道路1.80万平方米，里巷道路4.70万平方米，修建排水管道1000米，种植风景树1800株；安装路灯172盏；建成健身广场2个；建垃圾池130座；配置垃圾清运车2辆，清理垃圾6000余立方米。完成东王庄、陈庄、褚庄、河各庄、忠义5条乡村公路修建工程，共计7.37公里。

完成3所学校教育现代化达标验收工程，新建260平方米教师流动公寓投入使用。农家书屋补充更新出版物6732册，“一报五刊”204份，音像制品544片，丰富农民文化生活。完成24所村级卫生室标准化建设工程。参加城乡医疗保险19686人。累计发放60岁以上老年人生活补助3.37万人次，共计261.66万元。稳定低生育水平，计划生育率97.2%。

（周丽丽）

南蔡村镇

南蔡村镇位于武清区中部，东与大碱厂镇隔北运河相望，西隔龙凤新河与泗村店镇为界，南隔龙凤新河与徐官屯街道、东蒲洼街道为邻，北与大孟庄镇接壤。京塘高速公路、高速二线、京津公路、京福公路支线南北贯穿全境。2012年，镇域面积80平方公里，耕地面积5058.67公顷，辖48个村民委员会。户籍人口43309人，其中农业人口37331人。除汉族外，另有少数民族365人。

因驻地南蔡村故名。1939年分属武清县第三、六区。1948年12月解放。1957年1月撤区并乡，建南蔡村乡。1958年9月建南蔡村“九五”人民公社。1961年6月1日公社体制变更，以其东南部26个村建南蔡村公社。1983年改称南蔡村乡。1995年4月撤乡建镇。2001年10月原北蔡村乡并入。

2012年，实现地区生产总值10.70亿元，比上年增长62%；三级财政收入1.19亿元，增长24%；农民人均纯收入1.43万元，增长12%。

粮食种植3221.53公顷，总产3.40万吨。无公害蔬菜种植面积200公顷。有林地1548.40公顷，果园60.60公顷，果品总产3429吨。以奶牛业为主导产业，有奶牛养殖小区6个，奶牛存栏800头，年产鲜奶3.50万吨。年末大牲畜存栏7622头，生猪饲养2.49万头，蛋鸡存栏17.37万只，年产蛋3216吨。

有自行车、工艺品、橡塑制品等各类企业343家，从业人员1.15万人。实现工业总产值30.20亿元，销售收入29.66亿元，利润1.64亿元。招商引企142家，引进资金5.90亿元。全镇认定科技型中小企业26家，其中提升改造5家。

完成丁家圈、上丰庄、北蔡村3个生态村建设和张辛庄生态村提升工作。启动大白厂、韩营、甘桥、宋庄子、卞官屯、薛庄6个村撤村建居工作。小白厂村居民入住新居。改造韩羊坊村自来水，确保农民用水安全。3个环卫保洁队坚持日巡查机制，做到卫生长效保洁。

投资6000万元完成教育布局调整。调整后有中学2所，在校生1346人；小学7所，在校生3018人；专职教师388名。有镇文化站1所，民间花会39道。镇内有卫生院2所，村级卫生所21所，各类医务人员101人。全镇居民参加养老保险8000人。稳定低生育水平，计划生育率97.8%。实施帮扶制度，设立帮扶基金90万元，解决困难村民、困难教师和困难学生的生产生活问题。

（赵庆敏）

泗村店镇

泗村店镇位于武清区西北部，东隔龙凤新河与南蔡村镇、大孟庄镇为邻，西与东马圈镇、城关镇接壤，南与豆张庄乡、东蒲洼街道以龙凤河为界，北与白古屯乡以廊良公路为界。2012年，镇域面积52.60平方公里，耕地面积3302.46公顷，辖12个村民委员会。户籍人口17768人，其中农业人口16015人。除汉族外，另有少数民族40人。

因驻地泗村店故名。1939年属武清县第一区。1948年12月解放，分属第九、十二区。1949年10月改称第三、七区。1950年8月属第七、九、十一区。1957年2月建泗村店乡。1958年9月人民公社化，属南蔡村“九五”人民公社。1961年6月建泗村店公社。1983年改称泗村店乡。1995年撤乡建镇。

2012年，实现地区生产总值5.40亿元，比上年增长30%；三级财政收入1.02亿元，增长28%；农民人均纯收入1.38万元，增长10%。

粮食种植2695.86公顷，总产3.22万吨。落实夏、秋粮直补面积4666.67公顷，补贴资金560万元。后庄村种植大棚葡萄1.34公顷，每亩收入3750元，推广采摘观光园6.67公顷。有林地1170.67公顷，果园154.86公顷，果品总产1336吨。年末大牲畜存栏279头，生猪饲养3.44万头，蛋鸡存栏1.64万只，年产蛋112吨。

有工业企业72家，从业人员4569人。实现工业总产值3.03亿元，销售收入2.63亿元，利润2470万元。招商引资3.66亿元。工业园区渐成规模，投资1.20亿元，启动龙凤新城产业园建设，其中40公顷起步区基础配套和企业建设完成。产业园区落户企业14家。认定科技型中小企业21家,其中6家企业获得扶持资金772.30万元。

完成齐东营文明生态村建设并通过验收;改造太子务村主干街道,修建挡土墙1775.70米,修建排水管道110米,修补水泥路150米;翻修仓上主干道路530米,修建挡土墙310米。加大路网沿线管理,清理门店落地牌匾66处,清理卫生死角30余处,清运垃圾360余吨。

投资233.62万元,改造全镇中小学和幼儿园教学楼,完善教学设备及警卫室监控设施。龙凤小学通过市专家组现代化达标验收。有文艺演出团体22支,全年演出200余场。投资126万元,建成6个标准化社区服务站及5个标准化卫生室,全部通过验收。全镇参加养老保险1563人;参加医疗保险1.12万人,参保率96.5%。为1743位老年人发放养老金补贴162.20万元,医疗保险报销240余万元。保持低生育水平,计划生育率97%。占地410平方米的镇行政服务中心投入使用,接待群众问询1800余人次,受理养老保险、医疗保险、村级盖章、社会保障卡制卡、安全生产等业务2100余件。

(王晓静　周士增)

龙凤小学

(泗村店镇供稿)

大孟庄镇

大孟庄镇位于武清区西北部。东以北运河为界与大良镇为邻,西与白古屯乡、泗村店镇隔龙凤新河相望,南邻南蔡村镇,北与河西务镇接壤。2012年,镇域面积46.50平方公里,耕地面积3026.60公顷,辖21个村民委员会。户籍人口22296人,其中农业人口20216人。除汉族外,另有少数民族307人。

因驻地大孟庄故名。1939年分属武清县第二、三区。1948年12月解放。1950年8月分属第三、四区。1952年1月属第七区。1957年1月撤区建大孟庄乡。1958年9月人民公社化,属南蔡村“九五”人民公社。1961年6月公社体制变更,“九五”人民公社一分为三,析东南部建南蔡村公社,析西南部建泗村店公社,析北部1个自然镇大孟庄和22个自然村建大孟庄公社。1983年改称大孟庄乡。1996年撤乡建镇。

2012年,实现地区生产总值4.50亿元,比上年增长11%;三级财政收入6794万元,增长32%;农民人均纯收入1.46万元,增长11%。

粮食种植2172.80公顷,总产2.88万吨。蔬菜种植766.67公顷,总产4960万公斤。温室大棚101.80公顷。有林地740.47公顷,果园242.67公顷,果品总产8056吨。年末大牲畜存栏2508头,羊存栏3923头,生猪饲养2.33万头,蛋鸡存栏10.39万只,年产蛋1397吨。全镇建成蔬菜种植运销、畜禽养殖加工等各类合作社13家。

有工业企业33家,涉及皮件加工、建材、模具、食品、橡胶等行业,从业人员2958人。实现工业总产值11.63亿元,销售收入13.01亿元,利润3227万元,工业增加值3.90亿元。招商引企15家,引资额1.60亿元。东篱产业园项目占地86.67公顷,总投资2亿美元。舍尔特天津有限公司投资1.10亿元,年产值达1.80亿元,税收1200万元。

完成霍屯、蒙村店2个文明生态村创建工作,翻修新建道路1.20万平方米,建公共用房35间,栽植花卉苗木4100株,建健身广场3000平方米。新修乡村公路5350米。落实环境卫生长效保洁制度,镇区亮化、绿化、美化实现常态化管理。

全镇中小学全部实现教育现代化达标,初中升学率保持在98%以上。镇医院、教育中心、中心幼儿园、计划生育服务中心等公共服务设施投入使用,镇区服务功能提升。新建大道张庄、安子上、霍屯3个社区综合服务站。全镇累计参加医疗保险13773人,参保率95.6%;参加养老保险2516人。落实农村计划生育家庭奖励扶助制度、特别扶助制度、独生子女父母奖励费等政策,严格按程序发放生育服务证、办理二胎审批,计划生育率97.9%。

(赵洪路)

河西务镇

河西务镇位于武清区北部,东接下伍旗镇,西与高村乡、白古屯乡接壤,南邻大孟庄镇,北与河北省香河县相连,是京津两市地理中点,是天津市重点发展的中心城镇。2012年,镇域面积69.50平方公里,耕地面积4642.26公顷,辖51个村民委员会。户籍人口41368人,其中农业人口35754人。除汉族外,有回、满、蒙古、壮等少数民族3197人,其中回族2845人。

因驻地河西务故名。1939年属武清县第二区。1948年12月解放,属第六区。1950年8月属第三区。1952年1月分属第七、八区。1957年撤区并乡,东半部属河西务乡,西半部属东、西陈庄乡。1958年9月属河西务公社。1961年6月从河西务公社划出35个村另建大沙河公社和高村公社。1983年6月改称河西务乡。1988年改称河西务镇。2001年10月原大沙河乡并入。

2012年,实现地区生产总值21亿元,比上年增长25%;三级财政收入1.43亿元,增长30%;农民人均纯收入1.50万元,增长11%。

粮食种植2043公顷,总产2.51万吨。无公害蔬菜占地2800公顷,其中温室、大棚等设施1733.34公顷,年产蔬菜5亿公斤。有农民专业合作社19个。有林地695公顷。年末大牲畜存栏766头,羊存栏4630只,生猪饲养2.41万头,蛋鸡存栏6.54万只,年产蛋654吨。

大沙河蔬菜批发市场是国家农业部定点蔬菜批发市场、华北地区影响最大的蔬菜产地批发市场之一,统一注册的“驿泉”蔬菜品牌享誉周边。市场占地8公顷,有保鲜冷库3000平方米。主营蔬菜瓜果120余个品种,远销广东、上海、内蒙古、东北三省等10余个省市,年交易量4亿公斤,交易额3亿元。

有工业企业60家,从业人员3115人。实现工业总产值20.51亿元,销售收入19.74亿元,利润2.67亿元。招商引资7.83亿元。认定科技型中小企业23家,提升改造2家。镇产业功能区累计吸引企业35家,吸收从业人员5600人。

中国艺术家聚集区项目一期占地40.67公顷,建筑面积18万平方米,投资额9亿元;民政部养老示范区规划用地13.34公顷,启动区占地5.26公顷,总投资1.50亿元,年内建筑主体全部封顶并通过竣工验收。

投资4170万元,完成25个村街新农村建设。硬化主干道路48.70公里,胡同里巷25.88万平方米,绿化1.25万平方米,翻修乡村公路50公里。新建健身广场31个。建立农家书屋42个。新建、修缮村级活动场所18个。投资137万元,添置垃圾车3辆,垃圾中转箱90个,村街环境卫生管理纳入常态化。

投资190万元,提升改造1所中心幼儿园、9所村级幼儿园并通过验收。建成44个村卫生室并投入使用。城镇居民基本医疗保险参保率98%。全镇低保、五保和困难户得到老有所养、病有所医。保持低生育水平,计划生育率98%。

(薛红梅)

城关镇

城关镇位于武清区西北部,东邻白古屯乡、泗村店镇,西界河北省廊坊市安次区,南接东马圈镇,北与大王古庄镇毗连。京津塘高速公路和廊良公路贯穿镇域,京沪高速、京津塘高速二线与京沪高速联络线、京津城际铁路穿越境内。2012年,镇域面积56平方公里,耕地面积3686.86公顷,辖30个村民委员会。户籍人口26082人,其中农业人口22650人。除汉族外,另有少数民族209人。

因驻地武清城关故名。1939年属武清县第一区。1948年12月解放。东南部的八里庄属第九区,西部的草茨、田古屯、东张营、西张营、后庄、小屯属第十区,武清城关和其他20个村属第一区。1949年5月原属第十区的6个村划入。1952年1月属第九区。1957年建武清城关乡。1958年建城关红旗人民公社。1961年6月划出27个村和1个自然镇建城关公社。1983年7月建城关乡。1988年置镇。

2012年,实现地区生产总值3.81亿元,比上年增长13%;三级财政收入8210万元,增长21%;农民人均纯收入1.32万元,增长10%。

粮食种植2239.34公顷,总产2.61万吨。有林地969.53公顷,果园224.26公顷,果品总产4953吨。有养猪、蔬菜、水果等专业合作社10个。年末大牲畜存栏1020头,羊存栏1500只,生猪饲养4.10万头,蛋鸡存栏5.20万只,年产蛋420吨。

有工业企业195家,从业人员3063人。实现工业总产值9.16亿元,营业收入8.08亿元,利润1.14亿元。招商引资3.30亿元。引进注册企业150家,引进培育科技型中小企业17家。

加快住宅项目开发,投资4000万元完成博雅轩二期3.80万平方米主体工程建设。投资200万元,重点治理东西大街、庆通路、武落路等重点路段,安装电子监控设备10套。投资110万元翻修镇村公路8.05公里。投资130万元,绿化整改京津塘一线8.50公里,植树3.30万株。落实环境卫生长效保洁机制,累计清理违章占地15宗,清除喷涂广告200余处。

完成4所小学、1所中学教育现代化达标工程。投资13万元,完成中心幼儿园硬件建设。计生服务站与卫生院联合下乡开展义诊咨询4次,发放宣传材料2200余份,累计义诊咨询580余人次。对已婚育龄妇女进行孕情环情监测服务，组织普查4次，累计普查8550余人次，计划生育率97.5%。为114户五保户发放五保经费40万元，为107户低保户226人发放最低生活保障金53万元，为40名困难学生办理助学补助，为70名白内障患者免费体检，为5户重度困难危房户翻建新房。

（刘体乾）

大王古庄镇

大王古庄镇位于武清区西北部，东与白古屯乡、高村乡接壤，西接河北省廊坊市安次区，南与城关镇搭界，北与北京市通州区为邻。2012年，镇域面积48.08平方公里，耕地面积2378.06公顷，辖17个村民委员会。户籍人口22700人，其中农业人口20679人。除汉族外，另有少数民族213人。

因驻地大王古庄故名。1939年属武清县第一区。1948年12月解放，分属第一、六、十区。1949年10月分别改称第一、二、四区。1950年8月属第二区。1952年1月分属第九、十区。1957年2月撤区并乡，属大王古庄乡。1958年9月人民公社化，属城关红旗人民公社。1961年6月，从城关红旗人民公社析出置大王古庄公社。1983年改称大王古庄乡。2001年10月撤乡建镇。

2012年，实现地区生产总值10亿元，比上年增长30%；三级财政收入3亿元，增长80%；农民人均纯收入1.46万元，增长10%以上。

粮食种植1533.34公顷，总产1.53万吨。落实夏、秋粮直补面积2095.31公顷，补贴资金251.40万元。种植棉花380公顷，蔬菜106.67公顷，天鹰椒220公顷。有林地1105.80公顷，果园123.34公顷，果品总产975吨。年末大牲畜存栏756头，羊存栏1600只，生猪饲养2.53万头，蛋鸡存栏3.28万只，年产蛋456吨。

有工业企业90家，从业人员6805人。实现工业总产值60.61亿元，销售收入60.28亿元，利润2.86亿元。固定资产投资29.80亿元。新引进项目184个，投资总额100亿元，注册资金33.90亿元。新增科技型企业100家。

投资259万元，完成聂辛庄文明生态村建设。硬化主干街道8000平方米，里巷2.60万平方米，安装地下排水管道4000米，安装路灯60盏，植树200株，修建健身广场1000平方米，设立垃圾场、点500平方米，购置垃圾池50个。

投资2000万元，完成镇中心幼儿园、第一中心小学和初级中学环境提升工程。投资100万元，安装学校红绿灯。落实计划生育奖励扶助政策，发放独生子女父母奖励费6.33万元，奖励扶助金21.84万元，特别扶助金5.26万元。发放各类宣传品8000余份。育龄妇女综合避孕节育措施落实率90%，免费技术服务率100%，计划生育率98%。办理低保22户、五保2户。为6名白内障患者进行免费手术治疗。为34名残疾人申报残疾人居家托养服务。

（刘晶晶）

东马圈镇

东马圈镇位于武清区西部。东邻豆张庄乡，西邻廊坊市区，南邻河北省廊坊市落垡镇，北邻城关镇。京福公路、京山铁路贯穿全镇。2012年，镇域面积37.40平方公里，耕地面积2400.80公顷，辖13个村民委员会。户籍人口15871人，其中农业人口13903人。除汉族外，另有少数民族76人。

因驻地东马圈故名。1939年属第一区。1948年12月解放，东部和南部属第一区，西部和北部属第十区。1950年8月第十区改称第二区。1952年1月分属第九、十、十一区。1957年属东马圈乡。1958年人民公社化，属东马圈“火箭”人民公社。1961年6月1日，“火箭”人民公社改称东马圈公社。1983年改称东马圈乡。1995年撤乡建镇。

2012年，实现地区生产总值3.50亿元，与上年基本持平；三级财政收入8413万元，增长23.5%；农民人均纯收入1.38万元，增长10%。

粮食种植1256.73公顷，总产1.33万吨。落实夏、秋粮直补面积1609.09公顷，补贴资金193.09万元。设施农业稳步推进，新建棚室93个。有林地779.40公顷，果园54.20公顷，果品总产1394吨。年末大牲畜存栏2371头，羊存栏1036只，生猪饲养3万头，蛋鸡存栏1.63万只，年产蛋219吨。

有工业企业65家，从业人员1548人。实现工业总产值4.78亿元，营业收入4.49亿元，利润3837万元。招商引企51家，注册资金3.89亿元。引进科技型中小企业15家，提升改造5家。

完成安标堡生态文明村创建工程。硬化主干道路8000平方米、里巷街道1.60万平方米，安装路灯170盏，修建健身广场1000平方米，新建垃圾处理场、点500平方米，购置垃圾车4辆、垃圾箱30个，清除垃圾1000立方米。投资3200万元，完成燃气站、供热站建设。推进镇村环境综合治理，卫生环境实现常态化管理。

投资400余万元，升级改造幼儿园3所。为2名新考入重点大学的贫困学生争取助学金2000元。新建农村医疗卫生室13个。参加养老保险1811人；办理报销手续133人，报销总金额88.69万元。为509名80岁以上老年人发放补贴金

2.96 万元。为 29 户困难家庭申请临时救济金 1.83 万元。稳定低生育水平，计划生育率 98.8%。

（李伟超）

黄花店镇

黄花店镇位于武清区西南部，东部和北部邻豆张庄乡，西接河北省廊坊市安次区，南界石各庄镇。境内有黄王公路穿过，连接 104 国道和津霸公路，交通便捷。2012 年，镇域面积 53 平方公里，耕地面积 3226.40 公顷，辖 22 个村民委员会。户籍人口 24447 人，其中农业人口 22472 人。除汉族外，另有少数民族 78 人。

因驻地黄花店故名。1938 年属武清县第七区。1948 年 12 月解放，属第五区。1949 年 3 月属第十一区。1949 年 10 月属第八区。1950 年 8 月属第九区。1952 年 1 月分属第十一、十二区。1957 年 2 月建黄花店乡。1958 年 9 月人民公社化，建黄花店“卫星”公社。1961 年 6 月，南部 6 个村建石各庄公社，“卫星”公社改称黄花店公社。1983 年改称黄花店乡。1999 年 1 月撤乡建镇。

2012 年，实现地区生产总值 5.20 亿元，比上年增长 25%；三级财政收入 8034 万元，增长 34%；农民人均纯收入 1.43 万元，增长 12%。

粮食种植 2766.26 公顷，总产 1.75 万吨。落实粮食直补及良种补贴 411 万元。新建高标准设施蔬菜项目 20 公顷，完成 133.34 公顷设施蔬菜区提升工程和 200 公顷放心菜基地建设项目申报工作，温室棚菜年总产值 1.40 亿元。有林地 1442.67 公顷，果园 50.13 公顷，果品总产 1349 吨。年末大牲畜存栏 3347 头，羊存栏 3560 只，生猪饲养 3.72 万头，蛋鸡存栏 8 万只，年产蛋 258 吨。

有工业企业 121 家，从业人员 2150 人。完成工业总产值 7.40 亿元，销售收入 7.22 亿元，利润总额 9323 万元。招商引企 116 家，引资额 2 亿元。引进科技型中小企业 16 家，提升改造 2 家。完成八里桥纸制品专业园区一期招商工作，入驻企业 13 家。

甄营生态村建设项目通过市级验收，推进冀营生态村建设项目。完成 4 个村街健身广场主体建设。投资 90 万元，大修道路 600 米，维护乡村公路 1700 平方米。完成京沪高铁两侧 100 公顷绿化任务，植树 22.70 万株。投资 120 万元综合整治村容村貌，城镇形象显著提升。

镇内有国办高中 1 所，在校学生 1170 人；有小学 3 所和初级中学 1 所，在校中小学生 2450 人；有幼儿园 3 所，在园幼儿 310 人。投资 110 万元，完成镇中心幼儿园达标建设。投资 170 万元，完成 14 个村街社区卫生室标准化建设。参加养老保险 1457 人，发放养老金 320 万元；有 2544 人享受养老补贴，发放补贴款 177 万元；参加医疗保险 15604 人，报销金额 108.78 万元。保持低生育水平，计划生育率 98.6%。

（张文怡）

石各庄镇

石各庄镇位于武清区西南部，东邻陈咀镇，西接河北省廊坊市安次区，南界汊沽港镇，北靠黄花店镇。2012 年，镇域面积 45 平方公里，耕地面积 3213.34 公顷，辖 12 个村民委员会。户籍人口 22584 人，其中农业人口 20782 人。除汉族外，另有少数民族 93 人。

因驻地石各庄故名。1939 年属武清县第七区。1948 年 12 月解放。1949 年 3 月分属第十一、十五区。1949 年 10 月分属第八、九区。1950 年 8 月改称第九、十区。1957 年置石各庄乡。1958 年 9 月人民公社化，属黄花店“卫星”公社。1961 年由“卫星”公社析出 6 个村建石各庄公社。1983 年改称石各庄乡。1993 年撤乡建镇。

2012 年，实现地区生产总值 23 亿元，比上年增长 25%；三级财政收入 1.96 亿元，增长 15%；农民人均纯收入 1.49 万元，增长 13%。

粮食种植 2382.60 公顷，总产 1.49 万吨。落实夏、秋粮直补面积 2903.73 公顷，补贴资金 348.45 万元；良种直补 2885.57 公顷，补贴 39.14 万元。投资 1200 万元、占地 13.34 公顷的景泰蔬菜种植基地投入使用，建有高标准节能二代日光温室 53 栋、冷棚 3 个，以种植特色果蔬为主，年产值 500 万元以上。有林地 1102.46 公顷，果园 145.46 公顷，果品总产 3005 吨。年末大牲畜存栏 2063 头，羊存栏 2090 只，生猪饲养 3645 头，蛋鸡存栏 9000 只，年产蛋 80 吨。

有工业企业 115 家，从业人员 6425 人。实现工业总产值 23.23 亿元，销售收入 21.49 亿元，利润 9886 万元。引进企业 41 家，引资额 5 亿元。引进科技型中小企业 21 家，提升改造 10 家。完成华瑞德二期铜、铝材加工项目、净源纯铜材加工生产线建设并投入生产，年创税收近亿元。

推进新市镇建设。建成 3 个农村文化活动室示范村；提升改造镇文化广场，文体活动中心投入使用；12 个村全部建成农家书屋并配齐六大类书籍；完成梁各庄东口进村公路翻修工程；拓宽改造梅石路石各庄段铺油，立灯杆 181 根。

该镇 4 所中小学全部通过现代化达标验收。定期开展戏曲表演、书画展等文体活动，丰富农民生活。全镇新建、改扩建村级卫生室 12 所，方便群众就医。参加养老保险 2184

人,为60岁以上老年人发放生活补贴212.18万元。参加医疗保险1.92万人,参保率100%。投资14万元改造服务站,落实独生子女奖励扶助、特别扶助金25.36万元,计划生育率98%。

(王 艳)

陈咀镇

陈咀镇位于武清区西南部,东与黄庄街道接壤,西邻黄花店镇、汊沽港镇、石各庄镇,南至北辰区界,北界豆张庄乡。2012年,镇域面积61平方公里,耕地面积4259.67公顷,辖14个村民委员会。户籍人口31137人,其中农业人口29034人。除汉族外,另有少数民族115人。

因驻地陈咀故名。1948年12月解放。1949年3月津武县撤销。1950年分属第八、九、十区。1953年7月属第十三区。1957年2月建陈咀乡。1958年8月人民公社化,陈咀、渔坝口属王庆坨公社,其余7个村属黄花店“卫星”公社。1961年6月从王庆坨、黄花店公社析出9个村建陈咀公社。1983年改称陈咀乡。2001年10月撤乡建镇。

2012年,实现地区生产总值8.45亿元,比上年增长30%;三级财政收入1.05亿元,增长24.3%;农民人均纯收入1.39万元,增长10%。

粮食种植2483.73公顷,总产1.62万吨。做大做强鲜食玉米保鲜深加工项目,种植、加工、销售形成产业链,被市农业局命名为天津市无公害鲜食玉米生产基地。有林地1206.26公顷,果园109.60公顷,果品总产1816吨。组建养牛专业合作社1个。年末大牲畜存栏2193头,羊存栏3101只,生猪饲养7628万头,蛋鸡存栏3.60万只,年产蛋264吨。

有工业企业85家,从业人员2562人。实现工业总产值14.05亿元,销售收入25.08亿元,利润2.71亿元。加大引进注册企业力度,在上海、北京等地设立招商代理处10余个,完成招商引资5.30亿元。以万兴工贸园发展为龙头,投资1000万元,提升改造园区硬件环境,引进企业34家。新引进科技型中小企业20家,提升改造6家。

完成陈咀村新农村建设,硬化主干道路1.50万平方米,安装路灯46盏,铺设排水管网2500米。新建乡村公路3公里。完成渔四村、杨庄村低压变电改造。投资200万元,完成陈石路4.40公里绿化改造提升及延长线后续桥闸涵扫尾工作。重点治理违法占地行为,查处27件,拆改9宗。

投资2400万元,完成建筑面积1万平方米的镇初级中学主体和附属工程建设。铺设中学供暖管道1200米。渔坝口、陈咀2所幼儿园达标。建成村级卫生室14个。参加居民养老保险2970人。加大弱势群体帮扶救助力度,扶助困难家庭37户,救助大病优抚人员117名。稳定低生育水平,计划生育率97.7%;全年征收社会抚养费20.50万元;为21名独生子女家庭发放助学金8.40万元,为贫困母亲发放生活救助金4.20万元。

(白德军)

王庆坨镇

王庆坨镇位于武清区西南部,东与北辰区、西青区接壤,西界河北省廊坊市安次区,南接河北省霸州市,北邻汊沽港镇。镇内有津保高速公路、京沪高速公路、高王公路、112国道、京九铁路穿过。2012年,镇域面积54平方公里,耕地面积3451.80公顷,辖22个村民委员会,户籍人口39284人,其中农业人口35480人。除汉族外,另有少数民族76人。

因驻地王庆坨故名。1939年属武清县第八区。1948年12月解放。1949年3月撤销津武县复属武清县第八区。1952年1月改称第十三区。1953年7月建王庆坨镇,仍属第十三区。1957年2月建王庆坨乡。1958年9月建王庆坨人民公社。1974年3月划出北部15个村另建汊沽港公社。1983年建王庆坨乡。1988年改称王庆坨镇。

2012年,实现地区生产总值23.75亿元,比上年增长25%;三级财政收入1.63亿元,增长25%;农民人均纯收入1.59万元,增长12%。

粮食种植1919.93公顷,总产1.12万吨。落实粮食直补及良种补贴202万元。新建设施农业面积20公顷。全年植树6.20万株。有林地1742.26公顷,果园192.34公顷,果品总产3138吨。年末大牲畜存栏713头,羊存栏2235只,生猪饲养6981头,蛋鸡存栏4100只,年产蛋40吨。

工业以自行车产业为主导,自行车总产量1200万辆,电动车150万辆,电动三轮车5万辆,实现销售收入38.50亿元。年内完成“中国自行车产业基地·王庆坨”称号的专家组验收工作;组织各地自行车展会,成交额7.50亿元;投资10万元,完成“中国北方自行车商务网”改版升级;企业品牌意识增强,申请中国驰名商标1个,中国自行车零件百强企业3家。引进企业100家,其中亿元以上企业2家。新引进科技型中小企业37家,提升改造14家。全镇实现工业总产值50.91亿元,销售收入47.62亿元,利润4.96亿元。

推进城镇建设,投资1450万元,完成中心街、小范口公路、道沟子路等9条公路翻修改造工程。投资200万元,完成北环路延长线绿化、亮化工程。投资95万元,完成九街街心公园建设并投入使用。加大环境整治力度，清理脏乱点位50余处，清运垃圾300余立方米。镇综合执法中队查收标牌、布标600余条，更换下水井盖300余个，修理津同路护栏300余米，镇区环境秩序显著改善。

完成一街小学、大三河小学达标验收工作，至年底，镇内9所小学、1所中学全部完成达标验收任务。建成21个村级卫生室投入使用。投资20万元，完成镇敬老服务中心冬季取暖设施改造工程。低保、五保户实行动态管理，年内低保户注销15户，申办4户；五保户申办1户。稳定低生育水平，计划生育率98.2%。

（邢丽丽）

汉沽港镇

汉沽港镇位于武清区西南部。东与北辰区接壤，西界河北省安次区，南与王庆坨镇相邻，北邻陈咀镇、石各庄镇。2012年，镇域面积58.56平方公里，耕地面积3864.67公顷，辖18个村民委员会。户籍人口37402人，其中农业人口34789人。除汉族外，另有少数民族143人。

因驻地汉沽港故名。1939年分属武清县第七、八区。1948年12月解放。1949年3月，南部属第八区，北部属第十五区。1949年10月改称第九、十区。1950年8月属第十区。1952年1月改称第十三区。1957年2月成立汉沽港乡。1958年9月人民公社化，属王庆坨公社。1974年3月从王庆坨公社析出，成立汉沽港公社。1983年改称汉沽港乡。1997年8月19日撤乡建镇。

2012年，实现地区生产总值17.20亿元，比上年增长30%；三级财政收入1.10亿元，增长20%；农民人均纯收入1.53万元，增长15%。

粮食种植2361.46公顷，总产1.52万吨。在胡柳子、曹场等村街发展特色棚室种植26.67公顷；小刘堡村有香菇生产基地8公顷。有林地1284.46公顷，果园998.40公顷，果品总产1.75万吨。年末大牲畜存栏392头，羊存栏7416只，生猪饲养8010头，蛋鸡存栏5.81万只，年产蛋964吨。扶持“奶公犊小白牛”循环农业项目，年底小白牛出栏2200头。

有工业企业264家，从业人员8632人。完成工业总产值47.62亿元，销售收入45.56亿元，利润6.23亿元。招商引企70家，引资额4亿元。引进科技型中小企业15家，提升改造6家。推动银企对接，为多家科技型企业协调解决资金6000余万元。

推进示范镇建设，四街作为示范建设的起步区，年内完成房屋合法性认定和分离户报批工作，并启动还迁工程基础设施建设。完成一期420户拆迁协议签订工作。投资90余万元，完成高王路汉沽港段路灯亮化工程，安装路灯78盏。完成胡柳子村102公里和三街村2公里进村路大修工程。完成三街、苑家堡村自来水改造工程。

教育教学质量显著提高，中考高中上线200人，其中有20名学生被杨村一中录取。投资200余万元，完成占地1.10万平方米文体中心修建工程。17个村级卫生室全部竣工，并通过验收。医疗保险参保率104.4%。为3155名60岁以上老年人发放养老补贴289万元。发放各类弱势群体救助金135万元。稳定低生育水平，计划生育率98%。

（韩福蓉）

曹子里乡

曹子里乡位于武清区东北部，东与大黄堡乡、上马台镇接壤，西与徐官屯街道毗邻，南与梅厂镇为邻，北与大碱厂镇搭界。2012年，乡域面积56平方公里，耕地面积3145.73公顷，辖33个村民委员会。户籍人口22289人，其中农业人口20118人。除汉族外，另有少数民族31人。

因驻地曹子里故名。1939年分属武清县第四、五、六区。1948年12月解放。1949年属武清县第三、十四区。同年10月改称第三区。1950年8月属第六、七区。1952年属第四区。1957年属拾棉庄乡。1958年9月，东部属大黄堡公社，西部属筐儿港公社，南部属梅厂公社。1958年

曹子里国际绢花城

（曹子里乡供稿）

12月属大黄堡公社。1961年自大黄堡公社析置拾棉庄公社。1982年更名曹子里公社。1983年改称曹子里乡。

2012年，实现地区生产总值5.89亿元，比上年增长20%；三级财政收入1.10亿元，略有增长；农民人均纯收入1.42万元，增长11%。

粮食种植2491.27公顷，总产2.99万吨。落实夏、秋粮直补面积3984.24公顷，补贴资金478万元；发放良种补贴75万元。有林地1231.53公顷，果园4.33公顷，果品总产418吨。养殖业稳步发展。年末奶牛存栏4112头，月产奶量1075吨。羊存栏1535头，生猪饲养1.81万头。蛋鸡存栏6.70万只，年产蛋805吨。

有工业企业73家，从业人员3053人。实现工业总产值8.21亿元，销售收入7.01亿元，利润2781万元。招商引企159家，引资额5.10亿元。完成占地9000平方米国际绢花城主体工程建设。

完成2个村市级文明生态村创建提升工程；投资390万元，完成4个村健身广场建设，安装器械88件；投资580万元，新修翻修汉百户、大高口、小高口等村乡村公路10.30公里；完成3个村电力低压改造；新建垃圾池12座。投资440万元，建成曹子里乡第三水厂和污水处理厂。投资700万元，完成杨六路两侧及镇区绿化9万平方米；宝武路段植树6000株。

4所中小学全部实现楼房化和现代化教育达标。投资3000万元，提升中小学软硬件建设，修建塑胶运动场共计3.20万平方米；投资1500万元，完成4200平方米“大地幼儿园”建设。33个村街全部配齐农家书屋。送电影下乡400场次，吸引观众2万人次。投资500余万元，新建改造村街社区卫生服务站19个，完成乡卫生院扩建工程，新增X光机和全自动生化仪等辅助诊疗设备。参加城乡医疗保险1.50万人，累计参加养老保险3335人，发放养老金918万元。发放老年人生活补助费694.50万元。发放计划生育奖扶资金5.28万元，发放独生子女父母奖励费7.56万元，计划生育率98.1%。

（刘曼丽）

大黄堡乡

大黄堡乡位于武清区东部，东与宝坻区尔王庄镇接壤，西与曹子里乡为邻，南与上马台镇隔龙凤新河相望，北与崔黄口镇毗连。境内几万亩芦苇荡野趣横生，是古代著名的“燕王湖”故地，津京走廊上著名的“渔苇之乡”。2012年，乡域面积102平方公里，耕地面积844公顷。辖28个村民委员会。户籍人口17844人，其中农业人口16704人。除汉族外，另有少数民族195人。

因驻地大黄堡故名。1939年，北部属武清县第二区，南部属第十四区。1949年10月第二区改称第十三区。1949年12月解放。1950年8月，北部属第六区，南部属第三区。1957年1月建大黄堡乡。1958年9月称大黄堡公社。1983年5月改称大黄堡乡。

2012年，实现地区生产总值13亿元，比上年增长30%；三级财政收入1.28亿元，增长17.4%；农民人均纯收入1.49万元，增长12%。

该乡地产资源丰富，盛产芦苇，有苇田6666.67公顷。有养殖水面3533.34公顷，年产鲢鱼、鲤鱼、草鱼、罗非鱼、武昌鱼、彭泽鲫、河蟹、南美白对虾等各种水产品5万吨，鱼类产品注册“大黄堡”商标。大黄堡湿地保护区有野生植物221种，鸟类199种，是中国北方地区原始地貌保存最好的芦苇湿地。

粮食种植778.20公顷，总产8738吨。落实夏、秋粮直补面积1219.35公顷，补贴资金119万元。加强养殖基地和养殖示范园区建设，申办无公害水产养殖基地6个；东汪庄村休闲渔业建成垂钓池20公顷，钓鱼台40个。有林地5645.20公顷，果园12.33公顷，果品总产130吨。年末大牲畜存栏96头，羊存栏612只，生猪饲养1.27万头，蛋鸡存栏7.91万只，年产蛋737吨。

工业形成化工、地毯纺织、塑料、金属制造、建材、纸制品6大主导产业，其中地毯产品久负盛名，远销世界多国。全乡有工业企业164家，从业人员2690人。实现工业总

东汪庄市级文明生态村

（大黄堡乡供稿）

产值6.38亿元，销售收入5.83亿元，利润1870万元。引进项目94家，引资额3.50亿元。

投资608.50万元，完成千户庄、后蒲棒、东汪庄3个文明生态村建设。硬化主干街道2.64万平方米，胡同里巷1.50万平方米，安装路灯172盏。修建乡村公路8.65公里，完成八黄路、刘靳庄路、小杨庄路、务滋路4500余平方米破损路面整修工作。

大黄堡初级中学、朝阳里小学、八里庄小学和代庄子小学通过市义务教育学校现代化达标复查回访。完成代家庄幼儿园、朝阳里幼儿园提升改造工程。建成八里庄、代庄子2个村级文化活动广场，为26个农家书屋各购置图书198种，光盘10余种。落实"两险"工作，医保参保率96.5%，为3251名老年人发放养老金和生活补助共计775万元。有低保对象106户，五保户37户，发放最低生活保障金和五保金101.03万元。稳定低生育水平，计划生育率97.2%。

（安丽超）

白古屯初级中学

（白古屯乡供稿）

白古屯乡

白古屯乡位于武清区西北部。东与河西务镇、大孟庄镇隔龙凤新河相望，西接城关镇、大王古庄镇，南与泗村店镇接壤，北与高村乡隔凤河西支为邻。2012年，乡域面积51.66平方公里，耕地面积3544.93公顷，辖21个村民委员会。户籍人口22157人，其中农业人口20540人。除汉族外，另有少数民族216人。

因驻地白古屯故名。1939年属武清县第一区。1948年12月解放。1949年分属第二、三区。1952年改称第九、十区。1957年属和平庄乡。1958年9月人民公社化，属城关"红旗"人民公社。1961年6月从"红旗"人民公社析出21个村建东马房公社，公社驻地东马房。1980年驻地迁往白古屯。1982年改称白古屯人民公社。1983年改称白古屯乡。

2012年，实现地区生产总值5.50亿元，比上年增长38.89%；三级财政收入9300万元，增长37.19%；农民人均纯收入1.41万元，增长10%。

粮食种植2785.33公顷，总产3.82万吨。落实夏、秋粮补贴资金650万元。建立27个无公害蔬菜田间生产档案，提高蔬菜生产科技含量。有林地805.33公顷，果园68.87公顷，果品总产2518吨。年末大牲畜存栏593头，羊存栏5051只，生猪饲养2.54万头，蛋鸡存栏6.69万只，年产蛋601吨。

有工业企业57家，从业人员1260人。实现工业总产值1.75亿元，销售收入1.45亿元，利润1605万元。引进企业81家，新增注册资金2.43亿元。引进科技型中小企业19家。打造以豆制品加工为起步区的村级产业功能区，成立集豆制品生产技术开发、咨询，预包装食品、散装食品批发兼零售为一体的天津市凯耀食品有限公司。

投入454万元，建成市级文明生态村2个，硬化主干街道3.50公里，胡同里巷2.40万平方米，安装路灯265盏，修建健身广场2个，大修村级活动场所4个。新建、翻建乡村公路3.50公里。翻建公路桥2座。加大土地管理制度，查处土地违法案件20宗，治理违章建筑46起。

投资8000余万元，推进白古屯中学、白古屯小学、和平庄小学、桐林小学和韩村小学5所教学楼建设，总面积2.55万平方米。投资50余万元，新建幼儿园5所，改建幼儿园1所。建标准化卫生服务站11个，扩建卫生服务站1个。全乡参加养老保险2168人，领取养老金补助989人；农民医疗保险参保率99%，有139人次享受医保报销金额25万元。稳定低生育水平，计划生育率97.7%。

（邢振源）

高村乡

高村乡位于武清区西北部，东与河西务镇为邻，西与河北省廊坊市接壤，南界白古屯乡，北邻北京市区。京津塘高速二线在该乡留有进津第一"出入口"，并在台头村西建有开放式服务区。2012年，乡域面积41.50平方公里，耕地面积2567.87公顷，辖16个村民委员会。户籍人口19025人，其中农业人口16928人。除汉族外，另有少数民族220人。

因驻地高村故名。1939年，西南部属武清县第一区，余属第二区。1948年12月解放，属武清县第六区。1949年10月改称第四区。1950年8月改称第三区。1952年1月改称第八区。1957年建高村乡。1958年9月人民公社化，属河西务人民公社。1961年6月从河西务公社析出14个村建高村公社。1983年改称高村乡。

2012年，实现地区生产总值6亿元，比上年增长30%；三级财政收入7200万元，增长100%；农民人均纯收入1.33万元，增长12%。

粮食种植1150公顷，总产1.93万吨。落实粮食直补及良种补贴190万元。完成农业示范园建设，成立“北国之春生态农业旅游（天津）有限公司”。生态园区占地120公顷，棚室占地92公顷，有高效节能日光温室700栋。有林地1476.20公顷，果园83.73公顷，果品总产1653吨。年末大牲畜存栏2339头，生猪饲养2.79万头，蛋鸡存栏6.14万只，年产蛋821吨。

有工业企业62家，从业人员762人。实现工业总产值3.32亿元，销售收入3.10亿元，利润1.50亿元。加大招商引资力度，制定优惠政策、提供优质服务，成功签约博雅大学、太平洋电信产业园、蒙商创业园等大项目，实现招商引资4.53亿元。

组织申报天津市第五批示范小城镇试点，年内完成示范镇建设规划方案编制并通过审核。投资2亿元，完成供水厂、污水处理厂、燃气站和供热站建设。投资74万元，新修农用桥3座，乡村公路1.80公里。投资58万元购置环卫设备，发放清洁费29万元。

投资800万元，完成4所学校提升改造工程；投资300万元，改造幼儿园3所，完成牛镇幼儿园整体搬迁。投资140万元，新建、扩建卫生室9个。全年累计发放养老保险、保障及退休金1600万元，老年人生活补贴140万元，低保、五保、优抚及残疾家庭等补贴180万元。稳定低生育水平，计划生育率97%。

（陈 晓）

北国之春农业生态园

（高村乡供稿）

豆张庄乡

豆张庄乡位于武清区西部，东与东蒲洼街道接壤，西与河北省廊坊市安次区搭界，南与黄花店镇、陈咀镇毗连，北隔龙河与东马圈镇、泗村店镇相望。2012年，乡域面积61平方公里，耕地面积3682.73公顷，辖18个村民委员会。户籍人口24172人，其中农业人口21673人。除汉族外，另有少数民族128人。

因驻地豆张庄故名。1939年分属武清县第六、七区。1948年12月解放。1949年3月津武县撤销，各村分属武清县第十一、十二、十三区。1957年建豆张庄乡和东柳行乡。1958年9月属东马圈“火箭”公社和杨村公社。1961年从“火箭”公社和杨村公社划出18个村建豆张庄公社。1968年4月改称“四一四”公社。1982年恢复豆张庄公社名称。1983年7月改称豆张庄乡。

2012年，实现地区生产总值6.50亿元，比上年增长25%；三级财政收入2.41亿元，增长8.94%；农民人均纯收入1.37万元，增长12%。

粮食种植2726.47公顷，总产3.02万吨。落实夏、秋粮直补面积

环境提升后的豆张庄乡104国道路段

（豆张庄乡供稿）

3466.67公顷，补贴资金416万元。乡内建有花卉苗木、蔬菜栽培种植基地，全乡草坪种植1000公顷、苗木333.34公顷，产品远销内蒙古、东北及周边地区；瓜果蔬菜种植433.34公顷，其中温室大棚106.67公顷。有林地931.27公顷。有奶牛养殖小区1家，奶牛存栏3500头。年末大牲畜存栏2879头，羊存栏4235只，生猪饲养2.24万头，蛋鸡存栏1.25万只，年产蛋180吨。

有食品、电子、印刷、包装、建材、制药等工业企业93家，从业人员3134人。完成工业总产值14.72亿元，销售收入12.70亿元，利润1.26亿元。招商引企38家。认定科技型中小企业17家，培育科技小巨人企业1家。发展楼宇经济，引进知名企业结算中心2家，为5家企业“腾龙换鸟”。

投资260余万元，完成豆张庄生态村建设任务。投资160余万元，大修3个村街公路4.23公里。提升环境建设水平。清理104国道、高王路、城际铁路、京沪高速公路两侧垃圾1245立方米。加大土地管理力度，拆除违规建设6处2092平方米，拆除棚亭1200平方米。

投资400余万元，完成豆张庄中心幼儿园、豆张庄中心小学、豆张庄中学提升改造任务，全乡中小学全部达到现代化建设标准。医疗服务实现全覆盖，完成国医堂建设。保持低生育水平，计划生育率97.86%。投资60余万元，完成乡敬老院翻修任务。解决困难群众就业542人，职业技能培训96人，帮助农民工追缴工资欠款142.40万元。

（寇西武）

宝坻区

概　述

宝坻区位于天津市北部，地处京、津、唐三角地带的中心区。地理坐标为北纬39°21′~39°51′，东经117°12′~117°40′。东及东南与河北省玉田县、天津市宁河县相邻，西及西北与河北省香河县、三河市相连，南及西南与天津市武清区、宁河县接壤，北及东北与天津市蓟县、河北省玉田县隔河相望。西北距北京、南距天津市区、东距唐山高速公路车程均不超过一小时。

区境南北通长53.70公里，东西横距47.90公里，幅员面积1509平方公里。辖海滨、宝平、钰华3个街道，霍各庄、史各庄、高家庄、牛道口、大口屯、马家店、新开口、郝各庄、大白庄、大唐庄、周良庄、王卜庄、方家庄、口东、林亭口、八门城、大钟庄、新安、牛家牌、尔王庄、黄庄21个镇，有765个村委会和26个居委会。2012年，全区人口68.07万人。出生人口6913人，出生率10.19‰；死亡人口5619人，死亡率8.28‰。自然增长率1.91‰，计划生育率98.29%。

2012年，全区实现地区生产总值381.28亿元，比上年增长17.9%，三次产业全面发展，第一产业完成增加值28.01亿元，增长4.7%；第二产业完成增加值207.59亿元，增长19.0%；第三产业完成增加值145.68亿元，增长19.2%。

财政收入持续大幅增长。区域财政收入78.09亿元，比上年增长30.0%。其中，公共财政预算收入完成33.09亿元，比上年增长30.1%。

工农业生产持续快速发展。完成工农业总产值860.50亿元，增长26.2%。其中，工业总产值完成793.87亿元，农业总产值完成66.63亿元，分别增长27.0%和16.9%。

现代农业提质增效。全年改造提升设施农业483.33公顷，建成放心菜基地1066.67公顷，新增林业循环经济533.33公顷、稻区立体种养800公顷，新建改造标准化养殖小区30个；建成尔王庄现代设施农业园区和蔬菜优质种苗繁育基地，台湾食用菌产业园6个项目投产，滨海现代农业综合发展试验区、禾现代农业生物科技产业园、京津农林高科产业基地等项目加快建设，发展农民专业合作组织67家，促进了传统农业向现代农业转变。实施农业综合开发、基本农田保护示范区建设及扬水站、农用桥闸涵提升改造工程，完成黄庄洼蓄滞洪区围堤工程和潮白河黄庄分洪闸改造，启动农机化实训检测基地建设，加强气象预测预报，提高了现代农业发展保障能力。

农、林、牧、渔业生产效益显著提升。完成农林牧渔业总产值66.63亿元，同比增长16.9%。其中，种植业产值35.81亿元，林业产值0.26亿元，牧业产值24.83亿元，渔业产值5.73亿元。完成农业增加值28.01亿元，同比增长4.7%。

全年粮食作物播种面积88440公顷，比上年增长0.2%。粮食总产量48.62万吨，同比增长1.7%。经济作物播种面积6653.33公顷，蔬菜产量55.22万吨，果品产量2.10万吨。

巩固林业成果。全年造林341.33公顷，植树136.32万株，年末实有林地27660公顷，林木覆盖率26.3%。

畜牧业生产保持稳定。全年生猪饲养量109.08万头，同比增长0.3%，其中出栏73.57万头，同比下降1.1%；肉牛饲养7.15万头，同比下降3.3%；禽蛋总产量5.04万吨，同比增长1.7%。

渔业生产稳步发展。水产品养殖面积3566.67公顷，水产品产量4.14万吨，同比增长1.9%，其中养殖产量3.94万吨。

农业现代化水平提高。全年农机总动力89.08万千瓦,机耕、机播、机收面积分别为8.05万公顷、9.96万公顷和7.65万公顷，化肥施用量8.89万吨,农药使用量705吨。农村用电58853万千瓦,其中农业生产用电量16222万千瓦时。有效灌溉面积65600公顷,当年实灌面积64853.33公顷,节水灌溉面积65520公顷。

工业经济增量升级。完成工业增加值185.17亿元，同比增长19.3%，完成工业总产值793.87亿元,实现利税总额74.89亿元。年内完成工业固定资产投资203.30亿元,同比增长33.4%,园区新增开发面积206.67公顷，节能环保示范工业区成为市级高新区,新能源材料、新型装备制造、新型塑料制品、节能环保制品等战略新兴产业集约化、集群化发展势头强劲，引进龙钨钼科技、北玻节能玻璃制造、中瑞北欧绿色产业园、中韩电子通信技术融复合产业园等一批重大项目，贝特瑞新能源、华建天恒传动设备、霍曼门业二期等项目建成投产，京龙工程机械、电池隔膜纸、实德新型建村二期等项目加快建设，带动了新能源新材料、新型装备制造、节能环保制品等战略性新兴产业壮大集聚。年内新增科技型中小企业426家、小巨人企业60家，完成专利申请1032件,培育驰名商标1个,著名商标10个。

规模以上工业企业主要产品产量

产品名称	单位	数　量	产品名称	单位	数　量
大米	吨	5485.65	化学试剂	吨	8686.00
饲料	吨	462387.30	化学纤维	吨	4093.00
精制食用植物油	吨	13785.00	塑料制品	吨	140692.73
鲜、冷藏肉	吨	4876.00	商品混凝土	立方米	1082291.72
速冻米面食品	吨	21657.00	水泥混凝土排水管	千米	364.66
方便面	吨	2791.40	水泥混凝土压力管	千米	285.00
乳制品	吨	44584.00	铸铁件	吨	13103.33
食品添加剂	吨	51145.00	钢材	吨	2728.00
软饮料	吨	79262.00	铜材	吨	15927.10
布	万米	425.46	铝材	吨	950.80
服装	万件	9191.19	钢绞线	吨	150879.00
皮革鞋靴	万双	544.45	不锈钢日用制品	吨	41733.00
人造板	立方米	124940.00	起重机	吨	1308.00
家具	件	2443309.00	阀门	吨	13986.00
机制纸及纸板	吨	93067.00	钢铁铰接链	吨	4306.09
纸制品	吨	101243.30	混凝土机械	台	352.60
单色印刷品	令	209767.00	电动自行车	辆	81029.00
涂料	吨	18860.85	光电子器件(片、套)	万只	68346.36
初级形态塑料	吨	5412.00	自来水	万立方米	428.78

建筑业保持稳定增长。全年完成建筑业增加值22.42亿元,同比增长16.3%。

全社会固定资产投资快速增长。全社会固定资产投资完成406.05亿元,同比增长29.3%。房地产业发展步伐趋缓。完成房地产业增加值21.77亿元，比上年增长22.2%,投资总额18.48亿元,施工面积201.39万平方米,竣工面积69.60万平方米,销售面积52.47万平方米。

交通运输、仓储和邮政业较快发展。实现增加值27.64亿元,比上年增长22.7%。公路客运量821万人次,客运周转量67335万人公里;公路货运量3370万吨，货运周转量337094万吨公里。

邮电、通信业高速发展。全年邮政业务总量2481.13万元,报纸订阅量573.57万份，杂志订阅量37.85万份，交换机总容量20.33万门,全区电话用户22.38万户,其中家庭用户13.56万户，农村用户13.56万户。宽带网用户9.32万户,年内新增1.11万户,同比增长13.5%。

现代服务业发展提速。金融服务外包园区启动华夏人寿保险和国家邮政储蓄银行后台基地项目,电子商务与现代物流产业基地建设进展顺利,已有深圳电子商务协会(京津)营业中心等70余家企业签约入驻。以生态、温泉、文化为特色的休闲旅游业健康发展，京津新城被国土资源部命名为“中国温泉之城”,黄庄镇辛马头村荣获十大“天津美丽乡村”称号,海滨商贸物流园区和新都汇商业广场等大型商业设施加快建设,粮食仓储物流、机动车等专业市场功能不断完善,“万村千乡”工程深入实施,城乡市场更加繁荣。年内实现服务业增加值145.68亿元，同比增长19.2%，其中批发、零售、住宿和餐饮业实现增加值53.17亿元,同比增长22.0%。全年实现社会消费品零售额124.55亿元，同比增长16.3%。

招商引资取得新成果。全年实际利用外资1.92亿美元，实际到位内资358.25亿元，同比分别增长20.0%和30.3%;新增楼宇和总部型企业1288家，区总部经济服务中心、方盛商务楼提前一年建成亿元楼宇，中国电子商务专家委员会等一批研发机构、创新团队和高端人才落户宝坻。

财政收支同步增长。年内完成区域财政收入78.09亿元,同比增长30.0%,其中公共财政预算收入完成33.09亿元,同比增长30.1%。财政支出71.28亿元，同比增长34.5%,财政收支基本平衡。

信贷规模进一步扩张。金融机构存款余额302.33亿元，其中储蓄存款211.22亿元，分别比上年增长18.3%和29.7%，各项贷款余额120.68亿元,比上年增长3.5%。

保险事业平稳发展。保费收入40252万元,比上年增长0.5%。其中,财产保险费收入8952万元,人寿险保费收入31300万元。赔案件数3.17万件,支付各类赔款6791万元。

科技创新能力不断增强。实施各类科技项目270个，取得市级以上成果16项,专利申请量1032件。组织科普宣传70次,科普活动1512次,科技培训289次,各种科技知识培训群众4.65万人次。全面实施科技“小巨人”培育计划,推动科技型中小企业规模扩大、成长提速,年内新增科技型中小企业426家、“小巨人”企业60家。

教育教学质量不断提高。新建幼儿园2所，学前教育三年行动计划基本完成，完成中小学校舍安全工程,办学条件进一步改善,各级各类教育均衡协调发展。全区各类学校240所,教学班2314个,在校生8.55万人,毕业生2.64万人。年末全区教职员工8537人,其中专任教师7582人。中高考成绩位居全市区县前列,高考本科上线5882人,专科上线6301人。

文化、广播电视事业平稳发展。年内启动区文体中心新建、大觉禅寺迁址重建等文化产业项目，对镇村文体设施进行提标升级，新建城内健身公园1处，城乡固定健身点67个。实施农村数字电影放映、农村有线电视数字化、文化信息资源共享工程,区文化馆、图书馆免费向社会开放。广播电视节目编播质量提高,“两台一报”舆论引导作用加强,成功举办首届“宝坻杯”环渤海评剧电视大赛、第五届文艺展演、第三届职工文化艺术节、盛世和声贺新春等大型文化活动。全区拥有图书馆、室800个,藏书167.21万册。开展文艺演出9236场,观众93.54万人次。有线电视用户13.65万户,比上年增长21.9%,有线电视线路总长度达到2440延长公里。

卫生、体育事业健康发展。实施宝坻区医院急救体系项目新建工程,中医院住院楼、安康医院、钰华医院完成主体,建成黄庄卫生院,新建238所农村标准化卫生室。年末拥有卫生机构46个,卫生技术人员2249人，诊疗人数433.70万人次,治愈率67.8%。

全年举办各类区级运动会14次,参赛人数3904人;全年参加市级及以上各种竞赛获奖牌44枚,其中金牌9枚。

城乡人民生活水平得到新提高。全区财政用于民计民生的支出40亿元,比上年增长25%。10项民心工程圆满完成。全年新增就业1.51万人，转移农村富余劳动力1.10万人。城乡居民收入稳步增长,农村居民人均可支配收入12426元,比上年增长13.8%。职工社会保险参保5.75万人，城乡居民养老保险和基本医疗保险参保分别达到13.80万人和51.90万人。居民储蓄余额不断增加,截至年底,居民储蓄211.22亿元,人均储蓄3.10万元,分别比年初增长29.7%和28.9%。城乡居民最低生活保障和农村五保供养制度不断完善,社会福利、社会救助事业扎实推进。建成区养老服务中心,新建老年日间照料服务中心11个、托老所1个,实施农村“三老”优抚对象安居工程、残疾人扶贫安居工程,保障了困难和弱势群体的基本生活。改造3个老旧社区自来水管网,农村饮水安全工程全面完成。

（张殿成　方广英　何素英）

宝坻区区级领导名单

中共宝坻区委领导名单

书　记:王宏江

副书记:贾凤山　李国田

常　委:王宏江　贾凤山　李国田　李森阳　陈高龙　边荣海　白　艳(女)　殷　奇　薛广庆　王宝雨　刘亚秀(女)

宝坻区人大常委会领导名单

主　任:李连元

副主任:张子堂　王素艳(女)　吴红专　张志友　陈秀华(女)

宝坻区政府领导名单

区　长:贾凤山

副区长:李森阳　边荣海　艾玉昆　尹建国　陈　宇　芮永玲(女)

区长助理(副区长级):冯　义(满族)

区长助理(副区级职级):陈元吉

政协宝坻区委员会领导名单

主　席:李维怀

副主席:张力华(女)　张伯苓　白俊生　康德元　李　海　邹万志(兼)　杨文胜(女,兼)　韩少波(兼)

（区委组织部提供）

现代产业体系日益成型　2012年，宝坻区坚持发展战略性新兴产业与改造提升传统产业并重，狠抓招商引资引智,推进产业结构调整。全年实际利用外资1.92亿美元,实际到位内资358.25亿元，同比分别增长20%和30.2%；新增楼宇和总部型企业1288家,区总部经济服务中心、方盛商务楼提前一年建成亿元楼宇；中国电子商务专家委员会等一批研发机构、创新团队和高端人才落户宝坻。引进天龙钨钼科技等一批重大项目，贝特瑞新能源等项目建成投产，京龙工程机械等项目加快建设,带动新能源新材料、新型装备制造、节能环保制品等战略性新兴产业壮大集聚。全年完成工业固定资产投资203.30亿元，同比增长27.1%；园区新增开发面积206.67公顷，节能环保示范工业园区成为市级高新区；新增科技型中小企业426家、小巨人企业60家。电子商务与现代物流产业基地引进

潮白河开通水上航线

（摄影:魏文杰）

深圳电子商务协会(京津)营运中心等70余个项目,京津金融服务外包园区启动华夏人寿保险和国家邮储银行后台基地建设,京津新城被国土资源部命名为“中国温泉之城”,广济寺正式对外开放,潮白河水上游航线开通,大觉禅寺异地重建开工。农产品、粮食、机动车、五金机电等专业市场辐射力增强,“万村千乡”市场工程深入实施,商贸流通体系更加完善。改造提升设施农业 483.33 公顷,建成放心菜基地 1066.67 公顷,新增林业循环经济 533.33 公顷、稻区立体种养 800 公顷,新建改造标准化养殖小区 30 个;发展农民专业合作组织67 家。

(张殿成)

城乡环境持续改善 2012 年,宝坻区完成城乡总体规划修改设计方案和宝坻新城南部地区城市设计,编制黄庄、尔王庄、牛家牌三镇总体规划方案。宝坻新城 5 个片区改造有序进行,周良庄还迁小区及林亭口、新开口等小城镇居住社区建设进展顺利。宝武公路基本竣工,大修林钟环路、新钟路,启动梅丰公路新建及唐通公路、宝芦公路拓宽改造工程,大修乡村公路 84.50 公里,改造公路桥梁 8 座,新建、整修市政道路、里巷道路 20 条,新建、重建、增容 7 座变电站,建成电气化村 131 个,实施 3G 网络及配套光缆环网建设、通信基础网改扩建工程,启动城南供热站增容工程,扩建宝坻城区净水厂,铺设天然气管线 16.70 公里,全年完成基础设施投资 33 亿元。狠抓生态建设、环境保护和城乡环境综合治理,完成年度节能减排任务,植树 263 万株,新增绿地 176 万平方米,规划启动京津郊野公园建设,对百里河、潮白河城区段进行综合治理,迁建第一污水处理厂,新建 322 所垃圾收集站,数字城管加快建设。创建文明生态村 20 个,黄庄镇小辛码头村入选天津市十大美丽乡村。

(张殿成)

千年古渡小辛码头村一角

(摄影:张海涛)

文化建设扎实推进 2012 年,宝坻区扎实推进文化建设。潮阳公园对市民开放,启动区文体中心建设,对镇村文体设施进行提标升级,新建城内健身公园 1 处,城乡固定健身点 67 个。举办首届宝坻杯环渤海评剧电视大赛、第五届文艺展演、第三届职工文化艺术节、盛世和声贺新春等大型文化活动,区文化馆、图书馆免费向社会开放。实施农村数字电影放映、农村有线电视数字化、文化信息资源共享工程,新增农村有线电视用户 1.50 万户。广播电视节目编播质量提高,“两台一报”舆论引导作用加强。精神文明创建活动深入开展,中医院、工商分局荣获全国精神文明建设先进单位称号;社会公德、职业道德、家庭美德、个人品德建设全面推进,社区文化、村镇文化、校园文化、企业文化协调发展。成功举办全区第五届职业技能大赛。

举办“宝坻杯”环渤海评剧电视大赛

(宝坻报编辑部供稿)

(张殿成)

民生建设取得新成效 2012 年,宝坻区财政用于民生事业的支出 40 亿元,同比增长 25%。10 项民心工程圆满完成。全年新增就业 2 万人。农民人均可支配收入 12250

在建中的历史文化中心广场

（摄影：魏文杰）

元，城镇居民人均可支配收入24000元，同比分别增长12.1%和12.8%。城镇职工社会保险参保5.75万人，城乡居民基本养老保险和基本医疗保险参保分别达到13.8万人和51.9万人。城乡居民最低生活保障和农村五保供养制度不断完善，社会福利、社会救助事业扎实推进。建成区养老服务中心，新建老年日间照料服务中心11个、托老所1个，实施农村"三老"优抚对象安居工程、残疾人扶贫安居工程，保障困难和弱势群体的基本生活。改造3个老旧社区自来水管网，农村饮水安全工程全面完成。

（张殿成）

社会事业协调发展 2012年，宝坻区新建幼儿园2所，学前教育三年行动计划基本完成，完成中小学校舍安全工程，办学条件进一步改善，各级各类教育均衡协调发展。科技创新和品牌培育步伐加快，完成专利申请1032件，实施区级以上科技项目160项，培育著名商标10件、驰名商标1件。实施宝坻区医院急救体系项目新建工程，中医院住院楼、安康医院、钰华医院完成主体，建成黄庄卫生院，新建238所农村标准化卫生室。继续保持低生育水平，符合政策生育率98.3%，出生人口性别比明显回落。完成村委会换届选举。"六五"普法扎实开展，"法治宝坻"建设取得重要阶段性成果。系列公开继续深化，宝坻被命名为全国村务公开民主管理示范区。加强信访、调解等工作，化解一批矛盾纠纷。"一站三中心"建设深入推进，社会治安及生产、交通、建筑施工、食品药品等各个领域安全工作全面加强，应急管理体系进一步完善，"平安宝坻"建设再上新水平，在2012年度全市社会公众安全感满意度调查中排名第一。面对罕见的雨情汛情，全区人民众志成城、积极应对，夺取抗洪除涝的全面胜利。人民武装、人民防空、民族宗教、对台、妇女儿童、档案、地方志等工作取得新进展，工会、共青团、妇联、工商联、红十字会、关工委、革命老区建设促进会、慈善协会、桑梓助学基金会、志愿服务协会等组织的职能作用有效发挥，经济社会发展更加协调。

（张殿成）

财政收入保持快速增长 2012年，宝坻区公共财政预算收入完成33.10亿元，完成预算的105.08%，比上年增长30%，加上政府性基金收入和上划收入，区域财政收入完成78亿元，完成预算的100%，增长30%。其中，财政部门直接组织的收入完成30.10亿元，完成预算的150.72%，增长53.5%。年内，财政以完善强农惠农政策为重点，推进"中国农民补贴网"建设，继续巩固和完善粮食直补、农资综合直补、良种补贴和农机具购置补贴等惠农政策，组织开展粮食直补、农资综合补贴的调查核实、公示、信息采集和调整等工作，完善补贴动态调整机制，发放夏粮补贴资金10100万元，受益农户13万户，良种补贴面积11.09万公顷，受益农户13万户，完成政策性农业保险的审核拨付，拨付补贴资金1308.70万元。支持农田水利基础设施建设，支持农民素质提高工程，推进文明生态村及一事一议财政奖补建设项目，启动17个镇32个村文明生态村建设项目，落实2011年度农业综合开发项目工程实施，完成土地治理项目3个、财政补助项目3个、贷款贴息项目3个、设施蔬菜项目8个。启动2012年农业综合开发项目工程，完成2013年度农业综合开发项目的申报工作。

（张殿成）

新建宝坻一中全景

（宝坻一中供稿）

工业载体功能全面提升 2012年，宝坻区工业企业实现总产值615.25亿元，完成全年任务的100.06%，同比增长26%；实现工业增加值147.15亿元，完成全年任务的100.05%，增长25.76%。工业固定资产投资完成203.35亿元，完成全年任务的101.7%，同比增长33%。全区新增销售收入2000万元以上的规模企业50家，完成全年任务数，总数达到391家；新增销售收入超亿元企业25家，总数达到95家。全区监测在统企业开工率始终保持在99%以上，产销率达99.85%以上。洽谈、对接、落地天龙钨钼、北玻、北欧绿色产业园、中韩电子产业基地等92个项目。新能源新材料、新型机械装备制造、塑料制品、节能环保制品四大产业企业196家，其中投产企业93家、在建企业61家、筹建企业42家，总投资300亿元。完成审批4.95平方公里，新上报待批6.03平方公里，年内新增开发面积206.67公顷，总开发面积23.93平方公里。四个示范园区累计引进企业376家，固定资产投资到位295亿元，平均投资强度187万元/亩。其他工业园区有入区企业266家，总投资91.20亿元，平均投资强度107万元/亩。

（张殿成）

城乡建设开创新局面 2012年，宝坻区城乡建设工作，围绕“建设城乡一体化”工作重心，按照“调结构、惠民生、上水平”和“高起点规划、高水平建设、高效能管理”的工作要求，参与监督工程115项，累计开（复）工375万平方米，其中竣工74万平方米、跨转至续建300万平方米。完成招投标备案93项88万平方米，中标金额21.46亿元。全区注册施工企业93家，同比增长8%。整改质量安全隐患、现场管理人员履职不到位以及非法转包、违法分包等违法违规行为574项，停工176项，实施经济处罚15项。推进高家庄示范小城镇建设，先后完成土地入库、项目区控规设计以及补偿安置办法等前期工作，实施周良庄镇尹家铺村农民绿色住房示范工程，完成农村老旧危陋住房调查摸底工作。全年办结审批手续600余件，其中发放施工许可证79份。收取散装水泥、墙改基金300万元。重点工程相继完成第一中学路改造、建设路西段罩面、里巷路维修和市政设施维护等。

（张殿成）

在建中的宝坻第一家五星级酒店外景

（摄影：魏文杰）

京津新城建设 2012年，宝坻区京津新城建设，安排重点工程11项，完成黄河大道、周良水苑三期、商业区一期3个工程建设。周良水苑三期拆迁户已入住，总投资17640万元。商业区一期项目各种设备安装调试完毕，室外广场及管网施工完成，完成投资6700万元。以天津地成房地产开发有限公司名义向农商行贷款1亿元，以天津市京津新城供热有限公司名义向建行贷款500万元。出让土地2块共39.084公顷，出让金收入47198万元。重点项目建设涉及区重点项目7个，总投资87.30亿元，实现投资3.29亿元。今晚名门会所正在报立项规划方案；大觉禅寺项目打桩完成31栋，单体建筑开槽26栋，基础完成24栋，大斋堂、龙王庙、土地庙、多功能用房（3所）等封顶，年内完成投资

京津新城玉佛宫

（摄影：张海涛）

5000万元；首钢世代商业中心项目多项配套设施完成，年内完成投资6000万元；合生珠江16号地住宅项目300栋别墅主体封顶，70栋进行二层结构施工，年内完成投资2700万元；锦绣香江热带雨林温泉中心项目修建性详细规划开始试桩，完成投资200万元；京津金融服务外包园区的华夏人寿保险后台基地项目，土地已摘牌，正在注册项目公司。国家邮储银行后台基地项目签订土地使用权出让合同，正在办理土地使用权证。

（张殿成）

宝坻经济开发区 2012年，宝坻经济开发区克服国际金融危机和经济萧条所带来的不利影响，全力推进重点项目建设，实现销售收入79亿元；完成各类税收2.50亿元，其中实体工贸企业税收1.10亿元（上年同期9066万元，同比增长21%），注册企业税收1.40亿元（上年同期18960万元，同比下降）；完成固定资产投入56亿元（其中：商贸物流城固定资产投资5亿元）。新引进亿元以上项目27个；内联引资到位额50.60亿元，协议引进外资1.73亿美元；新增规模企业25家；新增投产企业26家；新征土地133.33公顷；完成融资6.20亿元；基础设施建设投入3.50亿元；盘活闲置土地15.50万平方米。申报认定科技型中小企业50家；新认定市级工程技术中心1家，新培育高新技术企业1家，申报天津市著名商标2家；组织10家企业申报专利180余项，组织申报科技小巨人项目8家，中小企业创新项目6家；完成市级高新技术产业园区、新型工业化产业示范基地、知名品牌示范园区、新能源示范园区、环境产业技术应用推广中心的基本材料的准备及申报工作。完成市科委组织的天津市可持续发展示范园区和天津市科学学研究所申报创新体系试点和生产力促进中心项目的申报工作。

（张殿成）

海滨街道

海滨街道于2006年4月建立，街道办事处设在大吴路6号。辖区位于宝坻区西北部鲍丘河南岸。东与霍各庄镇接壤，南与宝平、钰华街道搭界，西、北部均与高家庄镇毗邻。2012年，街域面积16.41平方公里，耕地面积373.87公顷，辖12个居委会、20个行政村，人口13135户36976人，其中非农业人口28349人。绝大多数为汉族，还有回、满、蒙古、藏、朝鲜、苗、壮、高山、土家等少数民族。驻防营村为满族聚居村。

辖区内的城关古镇具有1000多年历史，至今城池痕迹明显可见，呈正方形，四周有环城公路，中有十字大街，交点处有建于辽代的石经幢，为全城最高点。五代时于此置榷盐院，金设为县，旧镇为今城区一部分。

辖区内商铺众多，环境优美。海滨商贸物流城初具规模，新建成的广济寺成为人们旅游观光、休闲、祭拜的景点。

2012年，实现工农业总产值8.66亿元，其中工业总产值8.31亿元、农业总产值0.35亿元；国内生产总值增加值7.45亿元，其中第一产业增加值0.29亿元、第二产业增加值3.95亿元、第三产业增加值3.21亿元。农民人均纯收入1.25万元。

粮食作物以小麦、玉米、大豆为主，种植面积179公顷。经济作物以蔬菜为主，种植面积87.80公顷。粮食总产712吨，棉花总产3吨，蔬菜总产2657吨。生猪饲养5243头，羊存栏422头，家禽存栏1.69万只，禽蛋总产110吨。

有工业企业115家，营业收入8.20亿元，利润总额6709万元，应缴增值税3103万元，实缴税金3291万元。规模以上企业4家，现价产值2.73亿元，应缴增值税951万元，实缴税金1139万元。

有中小学校13所，其中宝坻一中为市级重点中学。文化馆、图书馆、工人俱乐部分别坐落南街和北城路。城内普遍建有社区服务站。年内投资165万元，创建宝坻区第一个“苏北路社区老年人日间照料服

群众文化生活丰富多彩

（海滨街道供稿）

务中心和托老所”。投资 30 万元在石幢北社区扩建托老所，为老年人提供养老，医疗保健，休闲娱乐为一体的综合性服务场所。全街计划生育率 98.20%，一孩率 84.8%，晚婚率 62.8%，综合节育率 100%。

（方广英）

宝平街道

宝平街道于 2006 年 4 月建立，街道办事处设在开元路 1 号。辖区位于宝坻区西北部，通唐公路以南，津围公路以西。东与钰华街道接壤，西与史各庄镇相连，南与马家店镇隔河相望，北与海滨街道毗邻。2012 年，街域面积 18.22 平方公里，耕地面积 560.40 公顷，辖 12 个居委会、13 个行政村，人口 18531 户 55112 人，其中非农业人口 46487 人。绝大多数为汉族，另有回、蒙古、藏、苗、壮、朝鲜、满、土家等少数民族。大马庄、岳家园为回族聚居村，占村内居住人口 20%以上。岳家园村建有穆斯林教堂一座。

区四大机关和大多数政府部门、群众团体及宾馆、广播电视大厦、科技中心、职工活动中心、青少年活动中心、老年公寓、宝坻人民医院、宝坻中医院、宝坻剧院、宝坻气象台均设在辖区内。还设有文化广场、体育广场、游泳馆、射击馆及乒乓球训练基地。有中小学及专业性学校 12 所。烈士陵园被市委、市政府命名为天津市爱国主义教育基地。

2012 年，实现工农业总产值 47.91 亿元，其中工业总产值 47.61 亿元、农业总产值 0.30 亿元；国内生产总值增加值 21.81 亿元，其中第一产业增加值 0.10 亿元、第二产业增加值 11.94 亿元、第三产业增加值 9.77 亿元。农民人均纯收入 1.25 万元。

粮食作物以小麦、玉米、大豆为主，种植面积 615 公顷，粮食总产 3621 吨。

有工业企业 416 家，营业收入 46.68 亿元，利润总额 32.26 亿元，应缴增值税 1.78 亿元，实缴税金 2.24 亿元。规模以上企业 12 家，现价产值 26.34 亿元，应缴增值税 6147 万元，实缴税金 1.07 亿元。天津市津宝乐器有限公司为世界规模和产量最大的打击乐器制造企业。

全街计划生育率 96.4%，一孩率 84.6%，晚婚率 44.8%，综合节育率 94.1%。

（何素英）

市有关领导视察津宝乐器有限公司

（宝平街道供稿）

钰华街道

钰华街道于 2006 年 4 月建立，街道办事处设在津围路东、窝头河南。辖区位于宝坻区西北部，潮白新河北岸。东与霍各庄镇接壤，西与宝平街道相连，南与马家店镇隔河相望，北与海滨街道毗邻。2012 年，街域面积 16.31 平方公里，耕地面积 832.93 公顷，辖 3 个居委会、30 个行政村，人口 7771 户 25347 人，其中非农业人口 10659 人。绝大多数为汉族，还有回、满、藏、朝鲜、蒙古、苗、壮等少数民族人口在此散居。

界内有火车站和公路客运站，津围路与通唐路在境内交汇，交通方便，客货两运繁忙。鲍丘河、窝头河、引滦入津明渠纵横交错，给农业生产和人民生活提供便利。

2012 年，实现工农业总产值 18.82 亿元，其中工业总产值 18.35 亿元、农业总产值 0.47 亿元；国内生产总值增加值 5.40 亿元，其中第一产业增加值 0.21 亿元、第二产业增加值 2.59 亿元、第三产业增加值 2.60 亿元。农民人均纯收入 1.25 万元。

粮食作物以小麦、玉米、大豆为主，种植面积 429.13 公顷，粮食总产 2101 吨。经济作物以蔬菜为主，种植面积 6.93 公顷，总产量 299 吨。牛猪饲养 6829 头，羊存栏 870 头，家禽存栏 3500 只，禽蛋总产 8 吨。

有工业企业 119 家，营业收入 18.11 亿元，利润总额 1.14 亿元，应缴增值税 5322 万元，实缴税金 5920 万元。规模以上企业 9 家，现价产值 6.98 亿元，应缴增值税 1123 万元，实缴税金 1721 万元。

全街计划生育率 99.2%，一孩率 75.7%，晚婚率 60.9%，综合节育率 99.2%。

（张海涛）

霍各庄镇

霍各庄镇位于宝坻区东北部，镇政府驻地东霍各庄村。东、南与方家庄镇接壤，西与海滨街道、高家庄镇相连，南与钰华街道毗邻，北隔蓟运河与蓟县相望。2012 年，镇域面积 36 平方公里，耕地面积 2420 公顷。辖 33 个行政村，人口 8082 户 26864 人。大部为汉族，另有少数回、满、壮、蒙古等少数民族人口在此散居。

该镇因驻地而得名。1953 年建霍各庄乡，1958 年属城关人民公社，1961 年改建霍各庄公社，1983 年恢复霍各庄乡，2001 年撤乡建镇。南邻鲍丘河，北倚蓟运河，引滦入津明渠穿境而过。镇内各村均位于津围公路和津蓟铁路两侧，京沈高速公路东西横跨镇境，津蓟高速公路纵贯全镇，并设有出入口。九园公路以镇内九王庄村为始端，向南延伸。镇域水源充沛，交通便利。

2012 年，全镇工农业总产值 21.33 亿元，其中工业总产值 19.10 亿元、农业总产值 2.23 亿元；国内生产总值增加值 10.66 亿元，其中第一产业增加值 1.26 亿元、第二产业增加值 4.82 亿元、第三产业增加值 4.58 亿元。农民人均纯收入 1.24 万元。

镇域属区境高上地区，地势平坦，土质肥沃。粮食作物以小麦、玉米、高粱和豆类为主，播种面积 8685 公顷，总产 5.29 万吨。经济作物以棉花、蔬菜为主，棉花播种 34.67 公顷、总产 94 吨，建有以陈家口、白龙港百亩日光大棚为示范区的反季节蔬菜生产基地，并以陆地订单蔬菜和设施性农业为特色，蔬菜种植 295.33 公顷，总产 1.27 万吨。以优质生猪、肉牛、羊、蛋鸡、肉鸡为主的养殖业发展迅速，生猪饲养 4.89 万头，肉牛饲养 1297 头，羊存栏 2722 只，家禽存栏 14.67 万只，禽蛋总产 490 吨。有养殖水面 17.33 公顷，水产品产量 257 吨。

加强农田水利基础设施建设。持续加大农业投入，投资 165 万元，完成西霍、王台、东霍 3 个村的农田灌溉小型节水工程。打机井 12 眼，铺设地下节水管道 17400 米，建井房 12 座，机泵管带配套完毕，受益农田 146.67 公顷。加大设施农业、特色农业开发力度。逐步把陈家口村打造成历史文化村落并带动周边形成新的旅游文化观光区。北张温室花卉扩建为占地 1.67 公顷，温室 12 个，每个温室年效益达 3 万元。

全镇工业企业 109 家，营业收入 18.51 亿元，利润总额 9213 万元，应缴增值税 4845 万元，实缴税金 5273 万元。规模以上企业 9 家，现价产值 9.34 亿元，应缴增值税 796 万元，实缴税金 1227 万元。天亨洗涤剂用品有限公司等为骨干企业。沿津围公路两侧的水磨石业发展迅速，厂家 300 多个，成为镇内一大特色产业，有"水磨石之乡"之称。

有初级中学 1 所、中心小学 5 所，有综合卫生院 1 所、社区医疗服务站 10 多个、敬老院 1 个。

全镇计划生育率 97.4%，一孩率 75.3%，晚婚率 30.5%，综合节育率 88.6%。

（邓艳芳）

史各庄镇

史各庄镇位于宝坻区西部，镇政府坐落杨辛庄村。东与高家庄镇、宝平街道接壤，西与河北省香河县毗邻，南与新开口镇隔潮白新河相望，北与牛道口镇相连。通唐公路穿境而过，乡村公路纵横相连，交通方便。2012 年，镇域面积 39 平方公里，耕地面积 1981.67 公顷，辖 26 个行政村，人口 7928 户 25470 人。大部为汉族，另有满、壮、回、蒙古等少数民族人口在此散居。

该镇因原政府驻地史各庄而得名。1958 年属赵各庄人民公社，1961 年建史各庄人民公社，1983 年改称史各庄乡，1996 年迁至现址，2001 年撤乡建镇。

2012 年，全镇工农业总产值 16.75 亿元，其中工业总产值 15.19 亿元、农业总产值 1.56 亿元；国内生产总值增加值9.26 亿元，其中第一产业增加值 0.90 亿元、第二产业增加值 4.30 亿元、第三产业增加值 4.06

史各庄镇"一站三中心"知识竞赛

（史各庄镇供稿）

亿元。农民人均纯收入1.24万元。

粮食作物以小麦、玉米为主，播种面积3217公顷，总产1.70万吨。经济作物以棉花、蔬菜为主，棉花播种98.67公顷、总产270吨，蔬菜播种1555.80公顷、总产8.04万吨。生猪饲养2.43万头，肉牛饲养3236头，羊存栏3012只，家禽存栏22.90万只，禽蛋总产2705吨。有养殖水面6.67公顷，水产品产量91吨。

该镇的朱杨庄萝卜种植专业合作社，经营的水果萝卜用无污染地下水浇灌，风味独特，占地53.33公顷，年产量2400吨。经国家农业部鉴定为无公害产品，在津、京、冀地区享有很高知名度。其中，朱家铺萝卜已有近百年历史。

全镇工业企业203家，营业收入14.56亿元，利润总额1.02亿元，应缴增值税5767万元，实缴税金6205万元。规模以上企业8家，现价产值5.38亿元，应缴增值税1812万元，实缴税金2250万元。以地毯业最为知名，大部分村都有地毯加工厂。其中，鑫海地毯有限公司成为华北地区规模最大的大型地毯企业。镇内建有占地18公顷的工业园区。

有初级中学1所、中心小学2所，建有教学楼4栋，有综合卫生院1所。镇内建有“知青林”一片，位于窦家桥村北侧，占地6.70公顷。

全镇计划生育率97.2%，一孩率73.1%，晚婚率34.2%，综合节育率99.3%。

（方广英）

高家庄镇

高家庄镇位于宝坻区北部，镇政府坐落高家庄村。东与霍各庄镇接壤，西与史各庄、牛道口两镇相连，南与海滨街道毗邻，北隔泃河与蓟县相望。2012年，镇域面积48.40平方公里，耕地面积3292.87公顷。辖46个行政村，人口11571户39876人。大部为汉族，还有少数回、满、藏、朝鲜、蒙古等少数民族人口在此散居。

镇域地处鲍丘河与泃河之间，百里河由西向东曲流而过。宝平公路、宝三公路纵穿全境，通唐公路、双李公路、三赵公路、京沈高速公路东西跨越，乡村公路村村相连，交通十分便利。

该镇因驻地而得名。建国后属宝坻第一区，1958年属城关人民公社，1961年始建高家庄公社，1983年改建高家庄乡，2001年撤乡建镇。

2012年，全镇工农业总产值32.67亿元，其中工业总产值25.67亿元、农业总产值7.00亿元；国内生产总值增加值21.90亿元，其中第一产业增加值4.20亿元、第二产业增加值5.94亿元、第三产业增加值11.76亿元。农民人均纯收入1.24万元。

粮食作物以小麦、玉米、高粱、豆类为主，播种面积2337.93公顷，总产1.02万吨。经济作物以棉花、蔬菜为主，棉花播种930.27公顷、总产1805吨，蔬菜种植47.07公顷、总产3750吨。生猪饲养12.66万头，肉牛饲养4859头，羊存栏5964头，家禽存栏18.33万只，禽蛋总产3506吨。

有工业企业167家，营业收入25.09亿元，利润总额1.34亿元，应缴增值税9688万元，实缴税金1.00亿元。规模以上企业13家，现价产值8.25亿元，应缴增值税2187万元，实缴税金2509万元。服装生产成为主导行业。

小城镇建设初具规模。完成宝武路绿色道路工程和泃河绿色河流工程建设。泃河绿色河流工程植树10000棵，占地12.67公顷，投资25万元。三岔口、肖家铯、李三元、周庄等41个村均建立垃圾收集站；三岔口、高家庄、艾杨、邦道沽、后苑、丁家套、朝小、西会、管曲9个村新建村级卫生室；为60岁以上老年人开展虚拟养老服务；投资150万元翻修总长4.20公里的贾渠路和双宝路；建村级技防网工程，镇30个村和1个农贸市场(三岔口市场)全部安装监测探头。

有中心小学2所、初级中学2所，综合卫生院2所。全镇计划生育率97.5%，一孩率69.4%，晚婚率19.7%，综合节育率95.4%。年内，有35个村被评为“平安村”，达标率92.1%。

（何素英）

牛道口镇

牛道口镇位于宝坻区西北部边缘，镇政府驻地牛道口村。东与高家庄镇接壤，西与河北省香河县、三河市为邻，南与史各庄镇相连，北隔泃河与蓟县相望。2012年，镇域面积72平方公里，耕地面积4618.20公顷。辖23个行政村，人口14003户47787人。大部为汉族，还有少量回、满、蒙古等12个少数民族人口在此散居。镇内沟头村为全区最大、人口最多的村，有1368户4930人。

该镇因政府驻地而得名。1953年属焦山寺乡，1958年属赵各庄乡，1961年始建牛道口人民公社，1983年改称牛道口乡，2001年撤乡建镇。

镇域交通便利，京沈高速公路由西往东横跨全境，并设有出入口。宝平公路由南向北纵贯镇境，曹三公路、三赵公路境内交汇，乡村公路四通八达。

2012年，全镇工农业总产值24.23亿元，其中工业总产值21.06亿元、农业总产值3.17亿元；国内生产总值增加值24.42亿元，其中第一产业增加值2.34亿元、第二产业增加值8.62亿元、第三产业增加值13.46亿元。农民人均纯收入1.24万元。

镇域属区境高上地区，地处武河、沟河流域，土质肥沃，适宜多种作物生长。粮食作物以小麦、玉米为主，播种面积7577.87公顷，总产4.64万吨。经济作物以棉花、蔬菜、油料为主，棉花播种10.47公顷、总产14吨，蔬菜播种377.60公顷、总产2.23万吨，瓜类播种12.27公顷、总产514吨。生猪饲养8.02万头，肉牛饲养1.06万头，羊存栏1.13万只，家禽存栏24.47万只，禽蛋总产4420吨。有养殖水面13.33公顷，水产品产量192吨。

松江生态宝坻现代农业综合发展试验区总占地面积97.33公顷，其中设施农业项目占地面积32.67公顷，是一个以绿色种植为先导，具有示范功能的现代农业综合体。“松江生态宝坻现代农业综合试验基地”温室总占地面积10.67万平方米，其中智能玻璃连栋温室7.27万平方米，塑料薄膜温室3.12万平方米，加工储存区0.28万平方米。一期5万多平方米大棚建设完毕，投入正式运营，棚内蔬菜品种10余种。PC板温室的内部景观绿化工作全面启动，成为集旅游、观光、休闲、生产、娱乐为一体的生态园区。二期6.50万平方米的大棚全面完成，主要从事设施蔬菜的生产和育苗。工程的建设对提高该镇乃至周边地区设施农业的发展将起到积极的促进作用。

全镇工业企业237家，营业收入20.68亿元，利润总额1.23万元，应缴增值税7636万元，实缴税金8350万元。规模以上企业17家，现价产值8.51亿元，应缴增值税5007万元，实缴税金5717万元。

有初级中学2所、中心小学2所，综合卫生院2所。镇内建有全国林业英雄“马永顺纪念林”一片，占地5.70公顷。全镇计划生育率95.3%，一孩率78.5%，综合节育率89.8%。

（张海涛）

大口屯镇

大口屯镇位于宝坻区西南部，镇政府驻地大口屯。东与郝各庄、周良庄两镇接壤，西倚青龙湾河与武清区、河北省香河县毗邻，南与牛家牌镇相连，北与马家店、新开口两镇搭界。2012年，镇域面积88.20平方公里，耕地面积5332.40公顷。辖58个行政村，人口16506户50162人。大部为汉族，其次为回族，另有少量蒙古、壮、朝鲜等少数民族人口在此散居。

大口屯明朝建镇，因地处“萧太后运粮河”（今锈针河）的大口处而得名。1958年建大口屯人民公社，1983年改称大口屯乡，1987年撤乡建镇。

镇域属区境高上地区，交通便利。津围公路、津蓟铁路纵贯全镇并设站，大新公路、大黑公路、青龙湾左堤公路从镇内向外延伸，乡村公路纵横交汇。

该镇是天津市政府首批命名的明星小康乡镇之一，也是天津市重点发展的小城镇之一。镇内基础设施完善，社会服务机构齐全，建起占地10公顷的住宅小区。

2012年，全镇工农业总产值67.68亿元，其中工业总产值60.27亿元、农业总产值7.41亿元；国内生产总值增加值26.58亿元，其中第一产业增加值5.57亿元、第二产业增加值16.96亿元、第三产业增加值4.05亿元。农民人均纯收入1.24万元。

青龙湾河、锈针河纵贯全镇，水资源充裕。粮食作物以小麦、玉米为主，播种面积7294.27公顷，总产3.95万吨。经济作物以棉花、蔬菜为主，棉花种植98.67公顷、总产270吨，蔬菜种植1555.80公顷、总产8.04万吨。生猪饲养11.54万头，肉牛饲养1.72万头，羊存栏7137只，家禽存栏33.25万只，禽蛋总产5251吨，奶类产量852吨。有养殖水面106.67公顷，水产品产量1056吨。

有工业企业343家，营业收入58.15亿元，利润总额3.29亿元，应缴增值税2.38亿元，实缴税金2.58亿元。规模以上企业19家，现价产值27.33亿元，应缴增值税7928万元，实缴税金9993万元。镇内建有占地66.70公顷的工业园区。胜利集团有限公司、天津晨光化工有限公司等成为骨干企业。

小城镇建设不断加强，文化教育事业稳步提升。年内创市级生态文明村2个。投资500余万元用于新中学配套工程，重点中学升学率同比提高30%，考入宝坻一中102人，位于全区前列。

镇内有国办高中1所、初级中学1所、中心小学3所。建有影剧院、敬老院、文化站等福利设施，还有综合卫生院2所。镇域西南部有占地200公顷的青北森林公园一处，颇具原始森林风貌。园内设有多处养殖和服务场所，可供游人采实、野餐、垂钓等。全镇计划生育率98.5%，一孩率66.4%，晚婚率46.4%，综合节育率91.6%。

（邓艳芳）

马家店镇

马家店镇位于宝坻区南部，潮白新河右侧，镇政府坐落马家店村。东与郝各庄镇毗邻，西与新开口镇相连，南与大口屯镇接壤，北倚潮白新河与城区相望。2012年，镇域面积50平方公里，耕地面积2781.33公顷。辖22个行政村，人口7889户27055人。大部为汉族，还有少量壮、满、蒙古、侗、黎、瑶等少数民族人口在此散居。

镇域属区境高上地区，交通十分便利。津蓟铁路、津围公路穿境而过，乡村公路交织相连。

该镇因驻地而得名。建国初属大口屯区,1958年属大口屯人民公社,1961年建马家店人民公社,1983年改称马家店乡,2001年改建为镇。

2012年，全镇工农业总产值57.10亿元,其中工业总产值55.29亿元、农业总产值1.81亿元;国内生产总值增加值17.69亿元，其中第一产业增加值3.54亿元、第二产业增加值11.86亿元、第三产业增加值2.29亿元。农民人均纯收入1.25万元。

粮食作物以小麦、玉米、豆类为主，播种面积7566.53公顷，总产4.39万吨。经济作物以棉花、蔬菜为主,棉花种植393.20公顷、总产354吨，蔬菜种植146.67公顷、总产7157吨,大白菜、“叶三黄瓜”是该镇特产,产品除销往京津唐地区外,还出口日本。随着农业结构逐年调整，建有棉花生产加工、蔬菜生产加工、“三辣”(大葱、大蒜、天鹰椒)和精品农业生产、优质苗木生产、果品生产、肉牛繁育及青贮饲料生产加工六大生产基地。生猪饲养3.03万头，肉牛饲养5373头,羊存栏6610头，家禽存栏10.68万只,禽蛋总产974吨。有养殖水面30公顷,水产品产量160吨。

加强农田水利基础设施建设。投资56万元为马各庄、艾各庄修建生产桥2座,投资230万元为小套、甘泉等5个村铺设地下节水管道23000米，投资14万元清挖干支渠6条,森禾苗木基地新建温室30栋，国家农业综合开发33.33公顷蔬菜工程项目进展顺利，部分农户开始进入产业化体系,推进标准化生产，无公害农业面积达866.67公顷。

全镇工业企业205家，营业收入53.82亿元,利润总额1.62亿元，应缴增值税1.89亿元，实缴税金2.03亿元。规模以上企业22家,现价产值41.98亿元,应缴增值税1.26亿元,实缴税金1.40亿元。以服装、旅游制品、印刷、化纤、机械加工为主导行业。天津金龙服装实业有限公司等为骨干企业。

加强镇村环境建设。镇投资478万元完成小城镇规划二号路、三号路西段道路及排水工程建设，投资22.42万元完成小城镇便道硬化工程建设,投资16.30万元完成便民市场工程建设，投资258.90万元完成四所学校供热管网工程建设，新修乡村公路24公里,投资800万元的污水处理厂即将投入使用，镇域基础设施配套进一步完善。闫各庄村生态村改造升级工程和小广村生态村创建工程通过市级检查验收。

有初级中学1所、中心小学2所,建有综合卫生院1所。全镇计划生育率100%,一孩率76.2%,晚婚率49.7%,综合节育率95.0%。

(方广英)

马家店小城镇居住社区

(马家店镇供稿)

新开口镇

新开口镇位于宝坻区西部边缘,镇政府驻地新开口村。东与马家店镇接壤,西与河北省香河县毗邻，南与大口屯镇相连，北倚潮白新河与史各庄镇隔河相望。2012年,镇域面积41.80平方公里，耕地面积2380.20公顷。辖22个行政村,人口7455户25380人。大部为汉族,还有少量蒙古、回、藏等少数民族人口在此散居。

该镇因驻地而得名。1958年属大口屯人民公社,1961年始建新开口公社,1983年改称新开口乡,2001年改建为镇。

镇域交通便利，东部紧靠津围公路,大新公路纵贯全镇,乡村公路相通。镇域属区境高上地区,地势高而平坦,北部靠潮白新河,一号渠、龙尾屯渠并行自潮白新河一直往南纵贯全镇。

2012年，全镇工农业总产值27.30亿元，其中工业总产值25.43亿元、农业总产值1.87亿元;国内生产总值增加值9.56亿元,其中第一产业增加值1.57亿元、第二产业增加值5.72亿元、第三产业增加值2.27亿元。农民人均纯收入1.25万元。

粮食作物以小麦、玉米为主,播种面积8803公顷，总产4.86万吨。经济作物以棉花、蔬菜、瓜类为主，棉花播种128.87公顷、总产187吨，蔬菜播种980.80公顷、总产4.97万吨，瓜类播种117公顷、总产6433吨。生猪饲养1.45万头，肉牛饲养8070头,羊存栏4449只,家禽存栏37.64万只,禽蛋总产385吨。

加大农业基础建设投入，持续实施中低产田改造工程。完成5座泵站施工，埋设低压管道9500米，穿路涵管10座，改造生产桥2座。

加强农业大棚科学化管理，引进新品种，引导农户在种高端、种精品上下功夫。启动盛龙蔬菜产销合作社农业综合开发、民鑫蔬菜产销合作社“放心菜工程”等项目。设施农业与农业基础工程同步推进，农业经济发展再上新水平。

全镇工业企业152家，营业收入124.97亿元，利润总额2.07亿元，应缴增值税8121万元，实缴税金9639万元。规模以上企业13家，现价产值14.70亿元，应缴增值税3103万元，实缴税金4623万元。形成面粉加工、服装、彩印、塑料、纺织五大主导产业。天津凯业有限公司等为骨干企业。

改善镇村面貌。全面启动镇区改造工程，实施市场搬迁工作。投资150万元的新集贸市场建成投入使用，老市场区域集中改造正在进行。与天津燃气集团签订供气合作协议，已动土施工。开展生态文明村建设，丁家庄村通过市农委生态文明村建设验收。

有初级中学1所、中心小学1所，教学楼4栋，有综合卫生院1所。全镇计划生育率98.8%，一孩率68.7%，晚婚率98.4%，综合节育率107.7%。

（张海涛）

郝各庄镇

郝各庄镇位于宝坻区中部，镇政府坐落前郝各庄村。东与口东镇接壤，西与马家店、大口屯两镇毗邻，南与周良庄镇相连，北倚潮白新河与口东镇、钰华街道相望。2012年，镇域面积45平方公里，耕地面积2482.93公顷。辖21个行政村。人口6616户19583人。大部为汉族，另有少量满、壮等少数民族人口在此散居。

该镇因驻地而得名。1953年建郝各庄乡，1958年属黑狼口人民公社，1961年建郝各庄公社，1983年改称郝各庄乡，2001年撤乡建镇。

镇域地处区境中心位置，津蓟高速公路、宝白公路、大黑公路及引滦入津明渠纵贯全镇，交通便利，水资源丰富。

2012年，全镇工农业总产值17.19亿元，其中工业总产值13.60亿元、农业总产值3.59亿元；国内生产总值增加值9.84亿元，其中第一产业增加值3.90亿元、第二产业增加值3.00亿元、第三产业增加值2.94亿元。农民人均纯收入1.24万元。

粮食作物以小麦、玉米、高粱及豆类为主，播种面积4051.73公顷，总产2.17万吨。经济作物以棉花、蔬菜为主，棉花播种495.33公顷、总产851吨，蔬菜播种960.53公顷、总产4.77万吨。实施以农业龙头企业带动种养业发展战略，建有以大五登村为中心的万亩棉花生产基地，以郝各庄为中心的“三辣”生产基地，以刘各庄为中心的无公害蔬菜生产基地，以岔沽、高台为中心的奶牛生产基地，形成产业集群。生猪饲养29411头，肉牛饲养1776头，羊存栏1168头，家禽存栏16.02万只，禽蛋总产2062吨。有养殖水面40公顷，水产品产量862吨。

有工业企业120家，营业收入13.40亿元，利润总额9313万元，应缴增值税6296万元，实缴税金6938万元。规模以上企业9家，现价产值5.70亿元，应缴增值税1883万元，实缴税金2135万元。形成建筑安装、机械加工、服装三大支柱产业。

着力基础设施建设。投资80余万元，完成秦各庄、杜台两个村道路大修工程；投资140万元新建生产桥3座，闸涵1座；投入20万元建设郝各庄、中登两所中学的自来水饮水工程，改善学生饮水卫生条件；投资84万元，建立村级卫生服务站，方便群众就医。

有初级中学2所、中心小学2所，建有教学楼3栋，有综合卫生院1所。全镇计划生育率99.4%，一孩率96.4%，晚婚率26.3%，综合节育率93.1%。

（邓艳芳）

大白庄镇

大白庄镇位于宝坻区东南部，镇政府坐落大白庄村。东与黄庄镇隔潮白新河相望，西与尔王庄、牛家牌两镇接壤，南与大唐庄镇毗邻，北与周良庄镇相连。2012年，镇域面积82平方公里（不含国营里自沽农场），耕地面积1923.93公顷。辖20个行政村，人口5800户16221人。大部为汉族，另有少量蒙古、回、藏、壮、土家等少数民族人口在此散居。

该镇因驻地而得名。1953年始建大白庄乡，1958年建大白庄人民公社，1983年改称大白庄乡，1996年撤乡建镇。

镇内交通便捷，青龙湾左堤公路、宝白公路和津蓟高速公路呈“川”字形纵贯境内，九园公路横穿东西，乡村公路交织相连。该镇地处大洼地区，地势低平，海拔平均2米。西部有引滦入津明渠经过，中部有引青入潮东西横卧，东部有潮白新河，水资源丰富。

2012年，全镇工农业总产值13.62亿元，其中工业总产值10.55亿元、农业总产值3.07亿元；国内生产总值增加值7.76亿元，其中第一产业增加值1.26亿元、第二产业增加值1.75亿元、第三产业增加值4.75亿元。农民人均纯收入1.21万元。

粮食作物主要以小麦、玉米、水

稻为主，种植面积2502.67公顷，总产1.49万吨。经济作物以棉花、蔬菜类为主，棉花种植92.40公顷、总产104吨，蔬菜种植466.53公顷、总产2.60万吨。生猪饲养1.44万头，肉牛饲养672头，羊存栏1915头，家禽存栏9.57万只，禽蛋总产1038吨。渔业、畜牧业发展迅速。水产品养殖面积653.33公顷，总产8989吨，产品销往北京、河北及东北等地。

农业由经济型向生态型转变。一期投资2600万元，启动400公顷天津市宝坻区现代农业藕稻鱼生产基地项目建设，投资1200万元进行农业综合开发土地治理，建设高标准农田1000公顷。至年底，该镇拥有冷暖棚194座，占地100公顷，全年发展绿色生态农业133.33公顷。

全镇工业企业90家，营业收入10.01亿元，利润总额5344万元，应缴增值税4823万元，实缴税金5183万元。规模以上企业5家，现价产值5.96亿元，应缴增值税1954万元，实缴税金2314万元。京津新城在该镇占地200公顷，吸引投资百万元以上的18家企业入驻。丰瑞旅游制品有限公司、恒润运动器材有限公司等成为骨干企业。恒润运动器材有限公司产品打入国际市场，具有一定竞争实力。

有高级中学1所、初级中学1所、中心小学2所，有综合卫生院1所。累计投入5150万元，完成小学和幼儿园布局调整，镇第二小学建成使用，将5所小学合并为一小、二小两所中心小学，按照路途远近，投资70余万元，为一至五年级小学生发放交通补贴。全镇计划生育率100%，一孩率64.0%，晚婚率45.1%，综合节育率92.6%。

（何素英）

大唐庄镇

大唐庄镇位于宝坻区南部边缘，镇政府驻地大唐庄村。东部、南部均与宁河县接壤，西部与尔王庄镇毗邻，北部与大白庄镇、黄庄镇相连。2012年，镇域面积59.90平方公里，耕地面积2172.60公顷。辖18个行政村，人口4229户13195人。大部分为汉族，另有少量满、壮、蒙古等少数民族人口在此散居。

大唐庄距205国道2公里，距津蓟高速公路2.50公里，距九园公路2公里，青龙湾左堤路贯穿全镇，乡村公路村村相通，交通便捷。

该镇以驻地而得名。1949年属大白庄区，1961年始建大唐庄人民公社，1983年改称大唐庄乡，1996年撤乡建镇。

2012年，全镇工农业总产值15.77亿元，其中工业总产值13.35亿元、农业总产值2.42亿元；国内生产总值增加值9.02亿元，其中第一产业增加值1.48亿元、第二产业增加值5.41亿元、第三产业增加值2.13亿元。农民人均纯收入1.22万元。

境内渠系配套，林网交错，有自然苇地333.33公顷。粮食作物以小麦、玉米、水稻为主，播种面积4265公顷，总产2.33万吨。经济作物以棉花、蔬菜、瓜类为主，棉花种植9.73公顷、总产18吨，蔬菜种植674.93公顷、总产3.30万吨，瓜类种植27.87公顷、总产242吨。生猪饲养3.50万头，肉牛饲养2289头，羊存栏6736头，家禽存栏17.49万只，禽蛋总产635吨。有养殖水面366.67公顷，水产品产量4357吨。

农业综合开发项目涉及大唐庄、鲫鱼甸、东淀、陶家庄、东杜庄、大马庄、小马庄、北里庄、南李庄9个村，除输变电线路准备施工外，其他建设内容均已完成。新修节渗渠道20990米，节制闸2座，井柱桥4座，涵管桥13座，扬水站18座，穿路涵14座，泥结碎石路8.40公里，新开挖渠道4000米，疏通毛渠20000米。董官庄完成节水工程2000米，扬水点1座；南李庄完成节水工程3000米，扬水点2座，井柱桥1座；大唐庄完成节水工程1000米；董塔庄修闸1座；大马庄打井1眼。

全镇工业企业107家，营业收入12.92亿元，利润总额6422万元，应缴增值税4494万元，实缴税金4598万元。规模以上企业7家，现价产值4.09亿元，应缴增值税887万元，实缴税金992万元。以大唐布业有限公司规模最大，固定资产超亿元。形成以服装、制造、橡胶制品、针织品为主的四大产业。

有初级中学1所、中心小学5所，建有教学楼6幢。还有综合卫生院、文化站、敬老院等设施。全镇计划生育率100%，一孩率74.1%，晚婚率23.3%，综合节育率91.8%。

（方广英）

周良庄镇

周良庄镇位于宝坻区中南部，镇政府驻地周良庄村。东隔潮白新河与黄庄镇、口东镇相望，西与大口屯、牛家牌两镇相连，南与里自沽农场、大白庄镇接壤，北与郝各庄镇毗邻。2012年，镇域面积50.50平方公里（含珠江温泉城面积），耕地面积1335.53公顷。辖26个行政村，人口3541户15412人。大部为汉族，另有少量满、壮、蒙古等少数民族人口在此散居。

该镇因驻地而得名。1958年属黑狼口人民公社，1961年始建周良庄公社，1983年改称周良庄乡，2001年撤乡建镇。

镇域地理位置优越，津蓟高速

公路由南向北纵贯全镇，并在镇驻地设有出入口。宝白公路横跨全境，乡村公路交织相连，交通十分便利。

2012年，全镇工农业总产值9.74亿元，其中工业总产值8.65亿元、农业总产值1.09亿元；国内生产总值增加值4.52亿元，其中第一产业增加值1.14亿元、第二产业增加值1.44亿元、第三产业增加值1.94亿元。农民人均纯收入1.25万元。

镇域地势低洼，河渠密布，地上水资源和地下热水资源充沛。经过农业综合开发，镇内土地地势平坦，土质肥沃。粮食作物以小麦、玉米、水稻为主，播种面积3431.07公顷，总产1.74万吨。经济作物以棉花、蔬菜为主，棉花种植43.07公顷、总产125吨，蔬菜种植309公顷、总产3.57万吨。生猪饲养2.64万头，肉牛饲养1738头，羊存栏408只，家禽存栏5.99万只，禽蛋总产540吨。有养殖水面200公顷，水产品产量1153吨。

有工业企业38家，营业收入8.55亿元，利润总额6969万元，应缴增值税2435万元，实缴税金3438万元。规模以上企业7家，现价产值6.19亿元，应缴增值税1514万元，实缴税金2517万元。天津振宇服装有限公司等成为骨干企业。

服务业发展势头良好，农家院旅游接待游客2000余人，张岗铺村被评为天津市特色旅游示范村。开展书画、评戏等民间文艺演出等群众性文化活动，宝坻区老年书画研究会周良分会挂牌成立，乡村少年宫项目全面启动，城镇功能进一步完善。

辖区建有北京科技大学天津学院、天津财经大学珠江学院。有初级中学1所、中心小学1所，有综合卫生院1所。镇内有区招商引资建造的京津新城一座，占地7平方公里，形成达到国家AAAA级标准的温泉休闲度假景区。全镇计划生育率99.1%，一孩率73.3%，晚婚率38.7%，综合节育率92.2%。

（张海涛）

王卜庄镇

王卜庄镇位于宝坻区中部，镇政府驻地王卜庄村。东与大钟庄镇接壤，西与口东镇相连，南与林亭口镇毗邻，北与方家庄、新安两镇搭界。2012年，镇域面积73平方公里，耕地面积4731.20公顷。辖49个行政村，人口11174户33088人。大部为汉族，另有少量蒙古、回、藏、苗、壮、维吾尔等少数民族人口在此散居。

该镇因驻地而得名。1953年设王卜庄乡，1958年成立王卜庄人民公社，1983年改称王卜庄乡，1998年撤乡建镇。

镇域属区境高上地区与大洼地区接合部。镇内九园公路、通唐公路纵横交汇，乡村公路交织相连，交通方便。箭杆河、窝头河、鲍丘河曲流过境，地上水资源充沛。

2012年，全镇工农业总产值24.36亿元，其中工业总产值22.46亿元、农业总产值1.90亿元；国内生产总值增加值18.04亿元，其中第一产业增加值3.91亿元、第二产业增加值7.45亿元、第三产业增加值6.68亿元。农民人均纯收入1.23万元。

粮食作物以小麦、玉米、豆类为主，播种面积1834.33公顷，总产1.06万吨。经济作物以蔬菜、棉花为主，蔬菜种植117.20公顷、总产8319吨，棉花种植742.07公顷、产量964吨，瓜类种植46.33公顷、产量3260吨。全镇形成"东经西养"格局，东部地区以"五叶齐"大葱、天鹰椒、大蒜为特色种植，面积2333公顷，有"三辣之乡"美誉；西部地区多以猪、牛、羊、鸡等群体养殖为主，生猪饲养8.40万头，肉牛饲养962头，羊存栏1632只，家禽存栏6.69万只，禽蛋总产466吨，奶类总产5000吨。有养殖水面33.33公顷，水产品产量353吨。

巩固农业基础地位，结构调整不断优化。继续实施农田水利基础设施建设，解决200公顷农田低洼易涝状况，实现旱能浇、涝能排。投资170多万元，以高明种养殖合作社为依托，申报立项28公顷天鹰椒新品种试验、示范基地项目。其中，试验引进"椒田套养青蛙"的综合绿色辣椒种植6.67公顷，示范田21.33公顷，该项目发展带动会员200多名。

全镇工业企业356家，营业收入21.86亿元，利润总额1.70亿元，应缴增值税5847万元，实缴税金5931万元。规模以上企业6家，现价产值1.94亿元，应缴增值税787万元，实缴税金871万元。主要从事服装、制造、建材、军工、餐饮运输等行业。天津健生制药有限公司等成为骨干企业。

工业园区成立王卜庄镇服务型总部型企业洽谈服务中心。通过积极招商洽谈，中铁物流、海纳天时等一批好项目落户该镇。全镇注册型企业130家，初步形成多业态、多支点的良性格局。

有国办高中1所、初级中学1所、中心小学3所，综合卫生院2所。民间艺术和体育活动较为活跃，有"象棋之乡"的美称。全镇计划生育率98.4%，一孩率73.9%，晚婚率66.4%，综合节育率90.2%。

（何素英）

方家庄镇

方家庄镇位于宝坻区东北部，镇政府驻地方家庄村。东与新安镇接壤，西与霍各庄镇相连，南与王卜庄、口东两镇毗邻，北隔蓟运河与蓟县相望。2012年，镇域面积45.60平方公里，耕地面积2233.20公顷。辖

42个行政村，人口10572户29893人。大部为汉族，另有少量蒙古、壮、满等少数民族人口在此散居。

该镇因驻地而得名。1958年属王卜庄人民公社，1961年建方家庄公社，1983年改称方家庄乡，1996年撤乡建镇。

镇内交通便利，京沈高速公路与津蓟高速公路域内纵横交汇，通唐公路、宝新公路横跨镇境，九园公路纵贯南北，乡村公路四通八达。该镇是中国北方著名的“沙发之乡”，被列入天津市名街名镇。

2012年，全镇工农业总产值41.19亿元，其中工业总产值38.69亿元、农业总产值2.50亿元；国内生产总值增加值21.81亿元，其中第一产业增加值1.53亿元、第二产业增加值14.80亿元、第三产业增加值5.48亿元。农民人均纯收入1.25万元。年内，率先成立天津市首批亿元楼“方盛经济发展中心”。

粮食作物以小麦、玉米为主，种植面积3946公顷，总产2.36万吨。经济作物以蔬菜为主，蔬菜种植673.73公顷，总产3.43万吨。生猪饲养1.49万头，肉牛饲养1207头，羊存栏1500只，家禽存栏5.95万只，禽蛋总产668吨。有养殖水面6公顷，水产品产量80吨。

以天津和泰丰食用菌有限公司为龙头，推进现代食用菌产业基地建设。在完善配套设施和改善生产条件的基础上，投资2000万元，对园区的水、电、路等基础设施进行配套建设。园区产业基地主要分为温室大棚种植、工业化生产食用菌企业和园区配套企业三类。在镇食用菌园区北侧，筹资兴建占地1.67公顷，总投资1000万元的绿色农产品交易中心，已开工建设，预计2013年10月投入使用。原生态村小杜庄村进行提升改造，被天津电视台列入“十大美丽乡村”评选村庄。

全镇工业企业443家，营业收入38.08亿元，利润总额5.56亿元，应缴增值税6268万元，实缴税金6753万元。规模以上企业26家，现价产值18.26亿元，应缴增值税2907万元，实缴税金3392万元。商业、交通、餐饮等服务业300多家，从业人员近万人。工业企业主要有木制品、沙发家具制品、金属制品、服装、鞋业、纸制品等。其中沙发、家具制造业有20多年历史，产品远销北方各大、中、小城市，部分产品打入韩国、澳大利亚、蒙古、俄罗斯等国外市场。

年内，镇投资1600万元，征收土地35.13公顷，进行工业园区三期开发建设。按照总体规划，进行工业园区一期、二期、三期工程对接，实现园区增容，推动产业升级。

有初级中学2所、中心小学5所，投资260万元新建中心幼儿园1所，有综合卫生院2所。建有文化站、敬老院、文体活动中心和灯光健身广场、篮球场等设施。投资50万元新建庞庄老年日间照料活动中心。投入资金204万元新建大角、马庄等17所村级卫生服务站。全镇计划生育率97.1%，一孩率74.0%，晚婚率47.7%，综合节育率94.8%。

（邓艳芳）

口东镇

口东镇位于宝坻区中心，镇政府坐落口东村。东与王卜庄、林亭口两镇接壤，西与钰华街道毗邻，南倚潮白新河与郝各庄、周良庄两镇隔河相望，北与方家庄镇相连。2012年，镇域面积71平方公里，耕地面积3167.60公顷。辖31个行政村，人口8877户28479人。大部为汉族，还有蒙古、回、壮、满等少数民族人口在此散居。镇内老庄子村为宗教村。

该镇因政府驻地而得名。1958年属黑狼口人民公社，1961年始建口东人民公社，1983年改称口东乡，2001年撤乡建镇。

镇域交通便利，宝黑公路、林黑公路、津蓟高速公路纵贯全镇，乡村公路首尾相连。

2012年，全镇工农业总产值22.89亿元，其中工业总产值19.87亿元、农业总产值3.02亿元；国内生产总值增加值17.15亿元，其中第一产业增加值0.78亿元、第二产业增加值9.60亿元、第三产业增加值6.77亿元。农民人均纯收入1.25万元。

粮食作物以小麦、玉米、豆类为主，播种面积3162.93公顷，总产1.33万吨。经济作物以棉花、蔬菜为主，棉花种植73.13公顷、总产230吨，蔬菜种植436.67公顷、总产1.36万吨，瓜类种植55.33公顷、产量2049吨。生猪饲养7.62万头，肉牛饲养297头，羊存栏3051只，家禽存栏16.93万只，禽蛋总产1647吨。还有甲鱼、观赏鱼等特色养殖。有养殖水面37.33公顷，水产品产量520吨。

提高农业发展水平，全面提升农业产业。大力发展农民合作社，新增农民合作社2个。镇特色农业取得较大发展，其中“天林设施农业项目”建成集中连片百栋以上高效温室大棚基地，建立农产品质量安全可追溯系统，促使镇农产品质量安全工作推向更高层次。全年完成八台港、东庄、口东、老庄子、刘台、西河口、新寨村的无公害认证。

全镇工业企业218家，营业收入19.51亿元，利润总额5510万元，应缴增值税6120万元，实缴税金7032万元。规模以上企业12家，现价产值13.30亿元，应缴增值税2980万元，实缴税金3907万元，其中固定资产百万元以上规模企业7家，形成服装、塑料制品、造纸、机床附件四大主导产业。天津凯兴服装股份有限公司等成为骨干企业。

推进塑料园区建设，打造镇域经济增长新亮点，起步区内项目全部排满，累计签约项目74家，协议投资总额63亿元，协议出让入地面积188.80公顷。其中，20家企业正式投产、12家企业在建、42家项目筹建，超亿元项目16家。

有初级中学1所，中心小学2所，综合卫生院2所，幼儿园4所。全镇计划生育率97.9%，一孩率77.7%，晚婚率24.8%，综合节育率89.7%。

（张海涛）

林亭口镇

林亭口镇位于宝坻区东南部，镇政府坐落林亭口村。东与大钟庄镇接壤，西与口东镇毗邻，南与黄庄、八门城两镇相连，北与王卜庄镇搭界。2012年，镇域面积106.40平方公里，耕地面积5258.40公顷。辖55个行政村，人口10378户30349人，大部为汉族，另有少量蒙古、朝鲜、苗、壮、布依等少数民族人口在此散居。

林亭口村历史悠久，明朝时即建有两公里长的龙形街。1949年成立林亭口区，1958年建林亭口人民公社，1960年先后划归汉沽区、宁河县管辖，1962年复归宝坻县，1983年改建林亭口乡，1987年设林亭口镇。

该镇交通十分便利，九园公路纵贯全镇，与宝芦公路、宝钟公路纵横交汇，乡村公路交织相连。

2012年，全镇工农业总产值38.89亿元，其中工业总产值34.20亿元、农业总产值4.69亿元；国内生产总值增加值21.29亿元，其中第一产业增加值2.74亿元、第二产业增加值12.06亿元、第三产业增加值6.49亿元。农民人均纯收入1.24万元。

粮食作物以小麦、玉米、水稻为主，种植面积4366.67公顷，总产2.14万吨。经济作物以棉花、蔬菜为主，棉花种植122公顷、总产185吨，蔬菜种植1838公顷、总产9.95万吨。养殖业形成猪、鸡、鸭、牛、羊大群体养殖格局。生猪饲养5967头，肉牛饲养331头，羊存栏1349只，家禽存栏33.05万只，禽蛋总产2984吨。有养殖水面166.67公顷，水产品产量1217吨。

大力发展“三辣”特色农业，发挥“一兰梓”等农业生产合作社的带动效应，积极吸收农户参与，引进农业龙头企业，“三辣”种植的规模化、区域化、产业化程度不断提升。大力推广“绿色大蒜”与青蛙立体种养示范项目，建设绿色大蒜种植基地35.67公顷，其中青蛙养殖基地3.33公顷，年可增加农民收入30余万元。加大农业基础设施投入力度，投资1200万元，基本完成第三期农业综合开发工程，涉及11个村万亩农田，清淤主要渠道4条、动土12.30万立方米，新建扬水点8处，架设变压器8台，修建各类桥、闸、涵18个，投资50万元改造危桥2座，农业生产条件明显改善。

全镇工业企业160家，营业收入33.83亿元，利润总额1.80亿元，应缴增值税1.58亿元，实缴税金1.71亿元。规模以上企业16家，现价产值24.43亿元，应缴增值税1.09亿元，实缴税金1.23亿元。主要涉及服装制造、军工、建材、运输、餐饮等行业。天津通达集团等成为骨干企业。

城镇建设展现新面貌。适应产业集中、人口集聚的需要，全面启动小城镇建设工程，一期“龙亭轩”项目4.40万平方米11栋住宅楼主体封顶。小靳庄文明生态村与休闲农业观光村建设工程全面启动。

有中心小学4所、初级中学2所、国办高中1所，有综合医院1所，还建有电影院、敬老院等公共设施。林亭口自古就有民间花会、演评戏、唱皮影的历史，群众文化生活活跃。全镇计划生育率100%，一孩率81.4%，晚婚率30.9%，综合节育率85.9%。

（邓艳芳）

八门城镇

八门城镇位于宝坻区东南部，镇政府驻地八门城村。东与河北省玉田县隔蓟运河相望，西与林亭口、黄庄两镇相连，南与宁河县毗邻，北与大钟庄镇接壤。2012年，镇域面积110.50平方公里，耕地面积6845.33公顷。辖54个行政村，人口8473户26947人。大部为汉族，还有少量满、壮、朝鲜等少数民族人口在此散居。

该镇因驻地而得名。1953年建八门城乡，1958年属林亭口人民公社，1960年划归汉沽市，1961年划归宁河县，1962年复归宝坻县，1983年改称八门城乡，1996年撤乡建镇。

镇内交通便捷，宝芦公路由西向东横穿全境，八袁公路由南往北纵贯全镇，乡村公路交汇相连。地处大洼地区，低洼易涝，箭杆河在镇域东北部汇入蓟运河，蓟运河沿镇域东北侧蜿蜒南下。镇内河渠纵横，建有大型扬水站2座。

2012年，全镇工农业总产值23.63亿元，其中工业总产值20.35亿元、农业总产值3.28亿元；国内生产总值增加值15.83亿元，其中第一产业增加值2.61亿元、第二产业增加值10.29亿元、第三产业增加值2.93亿元。农民人均纯收入1.25万元。

坚持兴科技、育“巨人”。全年新投产项目4家，将华夏防火设备有限公司等较大型企业培养成科技“小巨人”。完成10家科技型中小企业认定。

粮食作物以水稻、小麦、玉米、豆类为主，播种面积3629.60公顷，总产1.61万吨。经济作物以棉花、蔬菜为主，棉花种植33.33公顷、总产

19吨，蔬菜种植204.67公顷、总产8934吨。瓜类种植面积10公顷，产量196吨。生猪饲养14.45万头，肉牛饲养76头，羊存栏746头，蛋鸡存栏12.56万只，禽蛋总产713吨。有养殖水面326.67公顷，水产品产量4496吨。

加大现代生态农业示范园基础设施建设力度，累计完成投资5656万元，其中争取市级资金1000万元，公司投入1000万元，自筹资金3656万元，完成示范园办公楼、大餐厅、停车场、暖棚、土地整理、立体种养区基础设施、核心区绿化等工程，新建水上木屋5座、250千伏变压器1个，维修桥梁3座。8月，市委副书记何立峰带领市各涉农职能部门来镇示范园参观考察，对示范园基础设施建设及经营模式给予充分认可，并提出要在全市进行经验推广。在示范园带领下，镇大力发展稻田立体种养项目，年内立体种养面积达1666.67公顷，以稻蟹、稻鱼、稻蛙种养为主，极大提高了亩产效益，使农民得到实惠，实现增收。

全镇工业企业158家，营业收入19.88亿元，利润总额1.35亿元，应缴增值税5549万元，实缴税金6893万元。规模以上企业8家，现价产值10.38亿元，应缴增值税1524万元，实缴税金2871万元。以服装、化工、纸业、五金为四大支柱产业。

有初级中学1所、中心小学5所，有综合卫生院2所。还建有文化站、敬老院等文化福利设施。年内东走线窝村被确定为争创市级标准型文明生态村，该村投资44万元修建4.50公里街道，新建地下排水管道1.50公里，新安装路灯100盏，新建垃圾池80座，垃圾场7200平方米，村容村貌得到改善；镇政府筹资40万元，大修大洛里沽路、梁家沽路、大新路3条路，共计8公里，改善群众出行环境。全镇计划生育率97.4%，一孩率73.3%，晚婚率60.5%，综合节育率92.0%。

（方广英）

大钟庄镇

大钟庄镇位于宝坻区东部，镇政府驻地大钟庄村。东隔蓟运河与河北省玉田县相望，西与林亭口、王卜庄两镇毗邻，南与八门城镇接壤，北与新安镇相连。2012年，镇域面积100平方公里（不含国营大钟庄农场），耕地面积5862.80公顷。辖45个行政村，人口11262户34488人。大部为汉族，尚有少量蒙古、回、苗、壮等少数民族人口在此散居。

该镇因政府驻地而得名。1958年建大钟庄人民公社，1960年划归汉沽市，1961年划归宁河县，1962年复归宝坻县。1983年改称大钟庄乡，1995年撤乡建镇。

镇域地理位置优越，交通方便。京沈高速公路从镇北部通过，通唐公路跨越东西，林钟公路纵贯南北，乡村公路构成四通八达的交通网络。镇域海拔较低，素有“大洼”之称。境内渠网密布，地上水资源充沛，地下水资源蕴藏丰富。

2012年，全镇工农业总产值36.36亿元，其中工业总产值31.54亿元、农业总产值4.82亿元；国内生产总值增加值30.46亿元，其中第一产业增加值3.47亿元、第二产业增加值18.00亿元、第三产业增加值8.99亿元。农民人均纯收入1.25万元。

粮食作物以小麦、玉米、水稻为主，种植面积1434.73公顷，总产7206吨。经济作物以棉花、蔬菜、瓜类为主，棉花种植524.26公顷、总产606吨，蔬菜种植872.27公顷、总产2.04万吨，瓜类种植19.33公顷、总产1027吨。生猪饲养8.64万头，肉牛饲养808头，羊存栏4457头，家禽存栏78.24万只，禽蛋总产1.43万吨，奶类产量1259吨。有养殖水面25.53公顷，水产品产量477吨。有甲鱼、肉狗、肉鸭、奶牛等20多个特色养殖户。

巩固发展特色农业。继续巩固发展“三辣”、西瓜基地和现代养殖业集群，打造无公害农业基地。实施品牌战略，注册“津大钟”西瓜、“五叶齐”大葱等特色优质农产品，发挥名牌效应，提高农业效益。加快土地有偿流转，打造休闲采摘农业园区，发展专业合作组织，推动立体种养模式实验，促进传统农业向现代农业转变。

全镇工业企业221家，营业收入30.73亿元，利润总额1.81亿元，应缴增值税1.61亿元，实缴税金1.84亿元。规模以上企业23家，现价产值14.16亿元，应缴增值税6469万元，实缴税金8748万元。建有大钟、华旗、环球三大企业集团，产品有服装、旅游制品、食品饮料、皮革、塑料、化纤棉、木制家具及包装箱等十几个品种。其中，环球集团为亚洲最大的旅游帐篷生产厂家。

优化工业产业结构。坚持多元发展战略，提升传统产业，引进新兴产业，推进产业结构调整。35家传统企业通过科技型中小企业认证，北京首钢红冶项目建成投产；奥宝特新材料、完煜辉机械加工等项目开工建设；苍鹿矿泉水、庆源农机、活性炭等新项目签约，工业园区形象整体提升。

有国办高级中学1所、初级中学2所、中心小学10所，有综合卫生院2所。全镇计划生育率99.5%，一孩率73.5%，晚婚率54.3%，综合节育率90.9%。

（何素英）

新安镇

新安镇位于宝坻区东北部，镇

政府驻地新安村。东隔蓟运河与河北省玉田县相邻，西与方家庄镇接壤，南与王卜庄、大钟庄两镇相连，北与蓟县隔蓟运河相望。2012年，镇域面积57.60平方公里，耕地面积3729.87公顷。辖46个行政村，人口10437户316500人。大部为汉族，另有少量蒙古、回、满、维吾尔等少数民族人口在此散居。

该镇因驻地而得名。1953年始建新安镇乡，1958年改建新安镇人民公社，1960年随大钟庄公社划入汉沽市，1961年划入宁河县，1962年复归宝坻县，1983年改称新安镇乡，1995年撤乡建镇。

镇域地处大钟庄洼北部，京沈高速公路由西向东横跨镇境，并设有出入口。宝新公路直达城区，新钟公路纵贯镇境，乡村公路互联相通，镇内交通便利。

2012年，全镇工农业总产值45.45亿元，其中工业总产值42.81亿元、农业总产值2.64亿元；国内生产总值增加值21.10亿元，其中第一产业增加值3.45亿元、第二产业增加值6.04亿元、第三产业增加值11.61亿元。农民人均纯收入1.23万元。

粮食作物以小麦、玉米、豆类为主，种植面积1439.33公顷，总产7131吨。经济作物以棉花、蔬菜为主，棉花种植226公顷、总产318吨，蔬菜种植43.80公顷、总产422万吨，瓜类种植24公顷、产量539吨。生猪饲养2.53万头，肉牛饲养6571头，羊存栏1964头，家禽存栏14.74万只，禽蛋产量1766吨，奶类产量9088吨。有养殖水面5公顷，水产品产量40吨。

新增设施农业13.33公顷，全镇设施农业面积176.67公顷，形成以大赵黄瓜，小高、西庄沽韭菜为基础的设施农业发展格局。初步实施京哈高速公路两侧林菌结合设施8公顷，林下经济已现雏形。

全镇工业企业416家，营业收入42.47亿元，利润总额2.64亿元，应缴增值税1.57亿元，实缴税金1.65亿元。规模以上企业14家，现价产值10.98亿元，应缴增值税3603万元，实缴税金4359万元。以体育器械、塑料包装、服装纤缝、彩色制帽、食品饮料为五大支柱产业。以专门生产体育健身器材著称的天津奥林股份有限公司，在国际市场上占有一席之地。

有国办农业职业中专1所、初级中学2所、中心小学6所，有综合卫生院2所。投资192万元完成王善庄等16个村卫生室建设，投资65万元建成车网港村老年人日间照料服务中心，完成覆盖全镇的技防网建设。创建南业前文明生态村。全镇计划生育率100.0%，一孩率76.3%，晚婚率43.6%，综合节育率98.7%。

（何素英）

牛家牌镇

牛家牌镇位于宝坻区南部，镇政府驻地牛家牌村。东与大白庄镇接壤，西与武清区毗邻，南与尔王庄镇相连，北与大口屯、周良庄两镇搭界。2012年，镇域面积61.10平方公里，耕地面积2685.13公顷。辖20个行政村，人口5751户17090人。大部为汉族，另有少量回、满、瑶、壮等少数民族人口在此散居。

该镇因政府驻地而得名。1958年属黑狼口人民公社，1961年始建牛家牌人民公社，1983年改称牛家牌乡，2012年改称牛家牌镇。

镇域地处里自沽洼边缘，锈针河、青龙湾河与左堤公路并行贯穿境内，津蓟高速公路从东部纵穿全境，乡村公路纵横相连，交通方便。

2012年，全镇工农业总产值14.04亿元，其中工业总产值11.65亿元、农业总产值2.39亿元；国内生产总值增加值6.56亿元，其中第一产业增加值2.09亿元、第二产业增加值1.97亿元、第三产业增加值2.50亿元。农民人均纯收入1.22万元。

粮食作物以小麦、玉米、水稻、高粱为主，播种面积2594.27公顷，总产1.41万吨。经济作物以棉花、蔬菜为主，棉花种植386.93公顷、总产1509吨，蔬菜播种138.93公顷、总产1.06万吨。生猪饲养5.56万头，肉牛饲养914头，羊存栏1933头，家禽存栏31.64万只，禽蛋产量3641吨。有养殖水面680公顷，水产品产量7244吨。

有工业企业81家，营业收入11.22亿元，利润总额9882万元，应缴增值税3211万元，实缴税金4128万元。规模以上企业11家，现价产值8.18亿元，应缴增值税2312万元，实缴税金3183万元。其中，大来服装有限公司等成为骨干企业，主导产业为服装、地毯和缝纫机零件。

林下经济日趋壮大，林下养殖效益明显，食用菌产业实现制棒、培植、储存、销售无缝对接，利润翻番。

有初级中学1所、中心小学3所、中心幼儿园1所，有综合卫生院1所。全镇计划生育率100.0%，一孩率70.1%，晚婚率24.2%，综合节育率92.6%。

（张海涛）

尔王庄镇

尔王庄镇位于宝坻区最南端，镇政府坐落尔王庄村。东与大唐庄镇相连，西与武清区搭界，南与宁河县接壤，北与牛家牌镇、大白庄镇毗邻。2012年，镇域面积68平方公里，耕地面积2877.40公顷。辖26个行政村，人口4400户12961人。大部为汉族，还有满、藏等少数民族人口在此散居。该乡幅员辽阔，地广人稀，为全区人口密度较小的镇之一。

改造后的尔王庄农贸集市

（尔王庄镇供稿）

镇内交通便利，九园公路、津蓟高速公路穿境而过，乡村公路村村相通。镇域属大洼地区，青龙湾河、北京排污河流经境内，水利资源充裕。

2012年，全镇工农业总产值6.37亿元，其中工业总产值3.94亿元、农业总产值2.43亿元；国内生产总值增加值6.03亿元，其中第一产业增加值2.41亿元、第二产业增加值2.47亿元、第三产业增加值1.15亿元。农民人均纯收入1.22万元。

粮食作物以小麦、玉米为主，播种面积1094公顷，总产6142吨。经济作物以棉花、蔬菜为主，棉花种植2040.47公顷、总产2637吨，蔬菜播种23.20公顷、总产1752吨。生猪饲养1.60万头，羊存栏1650头，家禽存栏20.74万只，禽蛋总产722吨，奶类产量256吨。有养殖水面613.33公顷，水产品产量6188吨。引进并推广名优品种彭泽鲫，远销韩国等国家和地区，成为出口创汇新的增长点。经多年农业结构调整，初步形成“东菜、西粮、南经、北渔”的粮、经、牧、渔、菜共同发展格局。

有工业企业48家，营业收入3.76亿元，利润总额540万元，应缴增值税2252万元，实缴税金2367万元。规模以上企业1家，现价产值1.50亿元，应缴增值税1247万元，实缴税金1360万元。天津滨涛混凝土有限公司固定资产2100万元，成为骨干企业。

优化产业结构。至年底，该镇在册服务型总部型企业101家，注册资本6.70亿元。在稳定粮食生产和棉花种植的基础上，积极发展现代生态农业，天勘利民农业园、富丽香江农业园累计投资5000万元，建成高标准节能温室65个，积极引进特色产业项目，天津中药集团中药材种植试验基地落户该镇，中药材种植6.67公顷。绿色无公害水产养殖逐年扩大，养殖水面近万亩，淡水虾养殖333.33公顷，养殖效益稳中有升；集市贸易、餐饮、垂钓等第三产业健康发展。

加强社会建设。交通、农田水利基础设施不断完善，群众生活条件逐步改善。全年投资1000多万元，完成5座交通桥、14座生产桥、5个闸涵、6座变压器、5个扬水点和6000米节水工程修建。重修大尔路10公里。完成西杜庄村文明生态村创建工程。投资50万元完成镇集贸市场建设。

有初级中学1所、中心小学3所，建有教学楼3幢。还有综合卫生院、文化站、敬老院等设施。全镇计划生育率98.5%，一孩率72.2%，晚婚率22.2%，综合节育率98.8%。

（邓艳芳）

黄庄镇

黄庄镇位于宝坻区东南部边缘，镇政府驻地黄庄村。东与八门城镇接壤，西与大白庄镇隔潮白新河相望，南与宁河县毗邻，北与林亭口镇搭界。2012年，镇域面积112平方公里，耕地面积4058.07公顷。辖19个行政村，人口3851户11399人。大部为汉族，还有少量回、满、蒙古、壮等少数民族人口在此散居。

该镇因驻地而得名。1953年建黄庄乡，1958年属林亭口人民公社，1960年划归汉沽市，后划归宁河县，1962年复归宝坻县，为黄庄人民公社，1983年改称黄庄乡，2012年改

黄庄“荒改稻”地区农民喜迎水稻丰收

（黄庄镇供稿）

称黄庄镇。

镇域交通便利，九园公路由北向南纵贯全境，乡村公路纵横相连。

2012年，全镇工农业总产值22.21亿元，其中工业总产值19.60亿元、农业总产值2.61亿元；国内生产总值增加值9.13亿元，其中第一产业增加值2.63亿元、第二产业增加值4.09亿元、第三产业增加值2.41亿元。农民人均纯收入1.24万元。

粮食作物以水稻、小麦、玉米为主，播种面积3986.20公顷，总产2.44万吨。经济作物以棉花、蔬菜为主，棉花种植280.27公顷、产量1050吨，蔬菜种植6.67公顷、产量1002吨。生猪饲养2.46万头，肉牛饲养2960头，羊存栏2680只，家禽存栏40.23万只，禽蛋总产1399吨，奶类产量1681吨。有养殖水面230公顷，水产品总产3613吨。

作为区农业大镇，黄庄镇在“一水双用，一地双收”上不断探索新的发展途径。加大水稻品种改良力度，不断提升水稻品质，有效提高水稻产出，成功注册“黄庄大米”地域商标，寻找一条“黄庄大米”统一生产、统一包装、统一销售、统一管理的新渠道，打造出黄庄稻米品牌。大力推广稻鳅、稻蟹立体种养，成立天津市宝坻区潮河泥鳅稻蟹生态养殖合作社，总面积扩大到533.33公顷，已发展9个村队，人均可增加收入500元左右。

借助小辛码头紧邻潮白新河，自然环境优美、文化底蕴深厚等优势，开发千年古渡·小辛码头特色游，全新打造水稻文化园、水生植物园等景观。年内，在“天津美丽乡村”大型电视评选活动中，黄庄镇小辛码头村作为宝坻区代表村之一参加评选，经历初评、大众评审、专家评审、集中展示、网上投票等环节，凭借自身特有的生态优势、人文优势、产业优势一举获得“天津十大美丽乡村”称号，成为宝坻区唯一获此殊荣的村庄。

全镇工业企业42家，营业收入19.01亿元，利润总额1.62亿元，应缴增值税2686万元，实缴税金3818万元。规模以上企业4家，现价产值15.39亿元，应缴增值税1881万元，实缴税金3013万元。形成乳制品、纸制品、棉油、饲料、机加工、服装六大产业。津河乳品有限公司等为骨干企业。

有国办职业中专学校1所、初级中学1所，有综合卫生院1所。全镇计划生育率100.0%，一孩率67.05%，晚婚率44.6%，综合节育率96.5%。

（方广英）

· 名品介绍 ·

宝坻黄板泥鳅 历史上，由于黄庄镇和八门城镇地区地势低洼，河流分割作用形成黄庄洼，黄庄洼最低海拔0.3~1.0米，因洼内有“皇庄”而得名。境内地势平坦，渠道纵横，洼淀众多，水土资源非常丰富。自古鱼蟹极多，传有银鱼紫蟹黄泥鳅之说。后银鱼和紫蟹随着地理环境变化基本消失，但黄板泥鳅却在黄庄、八门城水乡扎下根，成为独具特色的水产品。

黄板泥鳅属鱼纲、鳅科，身体呈黄褐色，身体有规则黑色斑点，口小、下位有须。体型圆润，健壮，呈圆筒形。成年泥鳅可生长20~30厘米，最大可以长到30~40厘米，体重可达100克左右，这在其他地区见不到。黄板泥鳅生命力强，喜在常年有水的稻田、池塘里生活，食习广杂，抗防病能力强，生长速度快，繁殖力强。栖息于静水的底层和有腐殖质的淤泥中，喜在底层活动。夜晚出来觅食，以昆虫、扁螺、水草为主食，也食腐殖质。凡水中或泥中的动植物、微生物及机碎屑等均是它的良好食料，适宜稻鳅立体种养和高密度养殖。

黄板泥鳅肉厚，肉质清淡、细嫩，肉味鲜美，营养丰富。其中，维生素B_1含量比黄鱼、虾类高三四倍，维生素A、C含量比其他鱼类也高，营养价值在鱼类中名列前茅。每百克可食部分的蛋白质含量高达18.4~22.6克，比一般鱼类高，含有脂肪2.8~2.9克，热量100~117千卡，钙51~459毫克，磷154~243毫克，铁2.7~3.0毫克，以及维生素B_1、B_2和烟酸。经国家质量技术监督检验检疫总局多次多项检测均无任何药残、农残、重金属等残留，绿色有机值均达到国际标准。

宝坻区发展稻鳅立体生态养殖面积5万余亩，年产黄板泥鳅2万多吨，在国际市场上，黄板泥鳅深受日、韩客商青睐，成为宝坻区外贸出口的重要水产品之一。

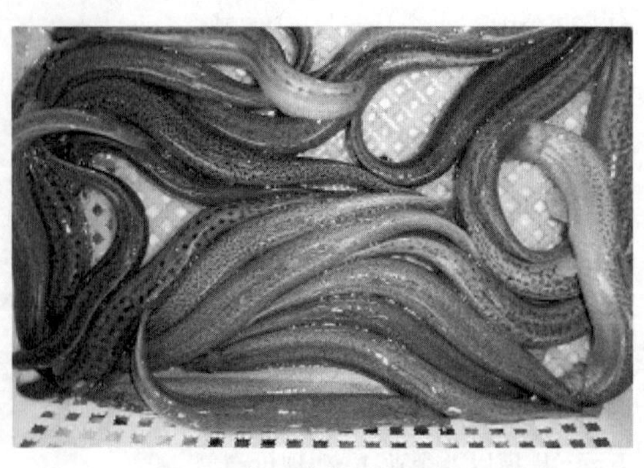

宝坻黄板泥鳅

（黄庄镇供稿）

宁河县

概 述

宁河县位于天津市东北部，京津唐腹地。2001年，汉沽农场划给河北省后，境域地理坐标为北纬39°09′06″~39°34′22″，东经117°18′54″~117°49′17″。南北宽49公里，东西长45公里。境域东接唐山市丰南区、丰润区；西连宝坻区、武清区、北辰区，西南傍永定新河，东南接滨海新区倚京山铁路；南至永定新河、潮白新河汇流地带，邻东丽区；北起还乡河、小新河汇流地带，邻河北省唐山市丰润区、玉田县。县城芦台镇距天津市区80公里。2012年，行政区域面积1296平方公里，耕地面积3.87万公顷。辖芦台、丰台、潘庄、七里海、岳龙、苗庄、板桥、造甲城、宁河、东棘坨、大北涧沽11个镇，俵口、廉庄子、北淮淀3个乡，另有清河农场、芦台经济开发区、潘庄农场。有282个自然村，29个街道居民委员会。全县户籍人口389358人。其中，农业人口87651户284393人，非农业人口45668户104965人。以汉族为主，另有回、满、蒙古、朝鲜、侗、瑶、仫佬等22个少数民族。

2012年，宁河县贯彻落实科学发展观，坚持稳中求好、好中求快，综合实力不断壮大。实现地区生产总值271.50亿元，比上年增长16.4%。财政收入60.16亿元，增长48.1%。其中，地方一般预算收入20.13亿元，增长58.5%。全社会固定资产投资365.62亿元，增长28.4%。农民人均可支配收入13105元，增长13.4%。

农业取得新成效。2012年，农作物播种面积38666.07公顷。农村经济收入402.11亿元，比上年增长13.7%。农业增加值26.15亿元，增长11.32%。种植业收入17.78亿元，增长10.4%。粮食直补面积6.34万公顷，补贴金额2515.48万元。良种补贴面积3.96万公顷，补贴金额805.05万元。建成放心菜基地86.67公顷。无公害产品认证面积338公顷，无公害单品认证40个。抽检蔬菜样品65批次3718个。农业产业化组织286个，固定资产总值13.25亿元，从业者7000人，进入产业化体系农户6.80万家，其中通过订单带动4.50万户。全县进入产业化体系的农户达75%。龙头企业100家。其中，资产千万元以上的市级重点农业龙头企业27家，资产总值19.90亿元，固定资产总值7.50亿元，销售收

2012年5月15日，宁河县农产品展销会

(摄影：李文华)

入 18.20 亿元，带动 52254 户从事农业产业化经营。县贸易开发区综合批发市场被国家农业部批准为第十一批农业部定点市场。金芦米业公司、津沽粮食公司被市政府采购中心确定为全市高校食堂用米定点供应商。5 月，农业产品展销会在宁河宾馆成功举办。

工业构筑新优势。2012 年，宁河县工业企业 3364 家，资产 298.21 亿元，产值 677.54 亿元，比上年增长 38.7%。固定资产投入 256.20 亿元，增长 20.4%。区县属规模以上企业产值 351.70 亿元，增长 21.2%，销售收入 349.10 亿元，增长 21.4%。财政收入 7985.40 万元，增长 15.4%。继续实施纳入全市前八批的 77 个重大产业项目，计划投资 800 多亿元，加上年内新签约的 20 个项目，全县项目总投资超过 1000 亿元。全县工业涉及 26 个行业 1000 余种产品。新能源新材料、食品加工、金属制品、机械制造、高档包装纸五大支柱产业升级，增加值占全县工业增加值的 85%。全县新增转型升级企业 116 家，累计 459 家。累计通过市级复核认定的科技型中小企业 651 家，新增认定 180 家，新增小巨人企业 27 家，累计 67 家。

现代产业区和潘庄工业园区累计招商签约项目 48 个。在建项目 28 个，累计投资 100.21 亿元。跟踪服务 54 个区县重大工业项目和 6 个天津市重大工业项目。64 个区县重大工业项目计划投资 464 亿元，已投资 342.60 亿元。38 个项目进入投产或试生产阶段，6 个天津市重大工业项目开工，累计投资 118 亿元。

服务业展现活力。2012 年，宁河县第三产业增加值 112.02 亿元，比上年增长 21.31%。固定资产投入 112.40 亿元，增长 51.7%。社会消费品零售额 76.65 亿元，增长 18.5%。销售家电下乡产品 96779 件，销售

茂川大厦

（摄影：王士亮）

额 2.39 亿元，补贴金额 3000 万元。

商贸设施不断完善。物流业渐成规模，总投资 30 多亿元的华康、润鑫、天中福等现代物流企业运营。七里海国家湿地公园通过 AAAA 级景区评审验收。位于芦台镇商业道与光明路交口的茂川大厦（高档写字楼）主体完工。

定点屠宰厂屠宰量 14000 头，定点屠宰率、出厂合格率及使用定点猪肉率 100%。供销社年营销额 28.28 亿元，增长 23%。社会消费品零售额 8.90 亿元，增长 26%。营业收入 9.13 亿元，增长 21%；利润 1592 万元，增长 20%；税收 4878 万元，增长 19.4%。

项目建设加快推进。“八大工程”（桥北新区原有村庄拆除和整体开发工程、芦汉路拓宽改造扫尾工程、经济开发区周边村迁村并点工程、唐廊高速公路建设工程、淮淀示范小城镇建设工程、潘庄示范小城镇建设工程、潮白新河拓宽清淤工程、20 项民心工程）、“五大项目”（天津未来科技城项目、大坨 333.33 公顷湿地公园项目、马文化产业城项目、七里海西海 333.33 公顷生态修复项目、京津未来智慧城项目）稳步实施。纳入全市前八批的 77 个重大产业项目全部开工，投产 56 个。玖龙纸业二期、三期建成，三和果蔬一期完工，英利新车间投产，雨润食品工业园试生产。

对外开放拓展深化。全年利用外资 2.10 亿美元、内联引资 240.50 亿元，分别增长 16.4%和 45.8%。实际利用外资 2.11 亿美元，增长 16.4%。合同利用外资 1.79 亿美元，增长 45.6%。外贸出口额 2.49 亿美元，增长 64.9%。

瓶颈制约有效破解。成立宁河投资控股公司和 2 家小额贷款公司，全年运筹发展资金超过 80 亿元。收储整理土地 1513.33 公顷，流转土地 2000 公顷，发展空间拓宽。合并审批事项 213 个，行政审批效率大幅提升。

招商引资成效明显。至年底，全县新上项目 94 个，主要有旭阳物流园项目、天环生物制药项目、昊阳冷冻物流项目、天津震翔板带加工项目等。合作交流办直接引进新项目 27 个。投资总额约 155 亿元，占地总面积 89 公顷，重点项目有：投资 1 亿美元的安博电子商务产业园项目、投资 60 亿元的中电天然气热电联产项目、投资 50 亿元的通益农业生态园及风力发电项目、投资 20 亿

元的天然气调峰储备库项目和投资18亿元的水月湾商驻项目。在谈项目有41个。

规划体系日趋完善。宁河空间发展战略规划、宁河新城控制性详细规划编制完成。七里海湿地保护与恢复规划获市政府批准。宁河城乡总体规划、县域综合交通规划、七里海地区保护与利用总体规划修编工作进展顺利。

基础设施整体推进。唐廊高速、滨海西外环、蓟汕联络线等高速公路开始建设。宁塘公路、海清公路南延线新建和津榆公路拓宽改造加快推进。潮白新河蓄水工程和城乡电力、通讯等年度工程完工。

城镇建设全面实施。县城南小区和赵家园改造基本完成。经济开发区周边村迁村并点开始运作。朝阳路拓宽和华翠小区、晨光楼改造完工。桥北新区进入整体开发阶段。蓟运河城区段治理改道工程启动。光明路蓟运河大桥、区内道路及商业开发等项目开工。小城镇建设陆续展开,潘庄、淮淀新市镇开始实施,赵温、田辛村农民还迁楼和小闫村生态居住区一期工程加快建设。生态环境同步提升,造林2866.67公顷,新增绿地60公顷。创建一批市级卫生镇村和文明生态村,小闫村被评为天津市"十大美丽乡村"之一。

文化事业繁荣发展。送戏10场,电影3396场,书6万册,文化器材3000余件。举办春节、元宵节等12项系列文化活动,举办第五届七里海文化旅游节,第四届七里海湿地河蟹节,第六届社区艺术节,承办天津市第七届农民艺术节。全县有各类文化团体14个,影剧院1个。有乡镇放映队14个,全年群众观影169.80万人次。有乡镇文化站14个,村文化室287个,图书馆1个。

社会事业共建共享。全年科技费用投入4607万元,有专业技术人员10321人。实施国家、市、县级科技项目60项。有国办学校87所,国办幼儿园5所,中等专业学校1所。教职员工4422人,其中普通专任教师4023人。年末在校学生45878人。其中,小学生24624人,增长4.7%,中学生19165人,下降4.3%。九年义务教育率100%,高考录取率96.37%,本科生录取率72.28%。新招聘教师65人。宁河五幼、六幼、北淮淀幼儿园3所国办园建成。新建苗庄镇星辰中心园、丰台镇丰台中心园等6所乡镇中心园。投资544万元,新建、改扩建村办园33所。实施学前教育资助金制度,91名在园幼儿接受资助金11.41万元。宁河儿童乐园开工建设。全县有卫生机构180个,病床1237张,卫生技术人员1613人。其中,乡镇中心卫生院6个,乡镇卫生院13个,乡镇卫生技术人员416人。县医院成为全国首家通过国际医疗卫生机构认证的县级医院。年内,举办宁河县第一届运动会暨首届全民健身运动会,参赛运动员8560人次。

2012年5月19日,七里海旅游节开幕式

(摄影:李文华)

基本民生夯实优化。城乡居民收入不断提高,全县储蓄余额133.39亿元。城乡居民人均储蓄存款34259元,增长14.6%。新增就业8326人,城镇登记失业率低于4%。城乡居民医疗保险累计参保295849人,参保率101%。统筹社会保险单位733个,参险26626人。征集养老金20786万元,支付养老金30439万元。全年抚恤、补助优抚对象3865人,发放优待金2600万元。享受城镇居民最低生活保障1877人,下降8.7%。享受农村最低生活保障12027人,下降1.3%。全年出生3987人,出生率10.24‰。

(县地志办)

宁河县县级领导名单

中共宁河县委领导名单

书　记：李树起

副书记：张炳江　王东升

常　委：李树起　张炳江　王东升　李泽民(10 月调出)　崔　奕　刘宝迎　崔红梅(女)
　　　　李润得(10 月始任)　刘国建(7 月调出)　韩学群　李明海　张付川　焦守平(7 月始任)

宁河县人大常委会领导名单

主　任：王志刚

副主任：刘克忠　韩绍昌　姜福元　康振河　赵锦秀(女，兼)

宁河县政府领导名单

县　长：张炳江

常务副县长：李泽民(10 月调出)　崔　奕(12 月始任)

副县长：李润得　王　华(10 月调入)　杨　霞(女)　张金明　李春海

县长助理：李军峰(副县长级)　张　颢(4 月始任，正处级)

政协宁河县委员会领导名单

主　席：刘建国

副主席：李振亮　李志军　李敬霞　赵仲春　田淑敏(女)　于东祥(兼)　崔玉君(女，兼)　武文术(兼)

(县委组织部提供)

精神文明建设　2012 年，宁河县精神文明建设委员会利用电视台等媒体宣传“天津精神”。开展“雷锋精神学习宣传日”、“学雷锋做好人”、“关爱他人、关爱社会、关爱自然”等学雷锋活动，建立学雷锋志愿服务站 18 个，志愿者 5000 余人参加活动。开展天津市城乡“双百共建工程”、“双十双百”(十佳道德标兵、十佳文明新星，百名道德模范、百名美德少年)评选活动，宁河电视台、宁河人民广播电台开辟“身边感动”专栏，报道百姓爱岗敬业、团结互助、孝老敬亲、见义勇为等先进人物 22 个。宁河电视台《德行天下》栏目播出 30 期。天津电视台报道七里海镇大坨村周淑敏义务照顾、赡养孤寡老人 15 年的事迹。“一元钱理发师”齐建东被评为 2012 年度“感动天津十大人物”之一，2012 年度“感动中国”候选人。小闫村入选天津市“十大美丽乡村”，盆罐村、北移民村被评为“特色乡村”。县青少年宫被评为天津市首届“快乐营地”优秀营地。苗庄镇星辰小学首次承接天津市第二批乡村少年宫建设项目，成为全市

2012年 8 月 9 日，天津市城乡共建精神文明“双百共建工程”启动仪式
(摄影：王春蕾)

2012年10月22日，县、乡领导查看生物质燃料产品
（摄影：王春蕾）

承接乡村少年宫建设六校之一。

（陈宝阳　王士兴）

绿色能源县建设　2012年7月27日，国家能源局、财政部、农业部原则批复宁河县绿色能源示范县实施方案。中央财政资金支持的项目2个，即沼气集中供气工程（天津市龙湖湾养殖场）和生物质成型燃料工程（北京奥科瑞丰机电技术有限公司）。项目投资核定1.22亿元。生物质成型燃料工程投资1.18亿元，申请中央补助资金2275万元，地方补助资金2130万元。建设年产12万吨生物质成型燃料示范工程，建设和改造25000台生物质节能炉具和85T/h（蒸吨，锅炉供热水平）生物质锅炉。在丰台镇小李村建设首个生产基地，占地10000平方米，购置粉碎机、压块机等生产设备，投入资金660余万元。9月生产，燃料年产能力15000吨。

（谢　林　张春凤）

示范小城镇建设　2012年，宁河县发改委完成第二批、第四批示范小城镇建设情况上报工作。北淮淀乡示范小城镇建设工程规划占地625公顷，其中，安置区占地139公顷，出让区占地486公顷；新增建设用地450公顷；拆迁旧区涉及5个村8615户27891人。潘庄镇示范小城镇建设工程规划占地396公顷。其中，安置区占地120公顷、出让区占地276公顷；新增建设用地243公顷；拆迁旧区涉及8个村6535户19387人。

（谢　林　张春凤）

七里海湿地建设　2012年，七里海（西海）湿地走廊工程全长8公里。投资4.60亿元，以七里海生态景观为依托，沿津唐运河两岸造景，北岸以打造水景为主，南岸建设具有水乡风情的人文景观，形成集湿地风光、自然风貌、人文景观于一体的生态走廊。景区工程建设基本完成，建成历史文化长廊、湿地文化展示区、多功能活动区、垂钓基地、儿童游乐园、婚纱摄影基地。出入口5个，木质管理用房6处，露天剧场1处，垂钓池500米，酒吧街637米，酒吧木屋27座，游乐场827平方米。张拉膜、风车房、历史文化长廊大型浮雕14面，民俗雕塑4组，动植物雕塑群10组，民风民俗展示橱窗24处。新栽观赏树木30种，配置草花11万盆，铺置草皮13000平方米，绿化15万平方米。投资126.95万元，建设河道北侧，种植陆生、水生植物36种。投资227万元，加固堤岸。兴海湖鸟岛补种花草3.33公顷，东方白鹳、中华秋沙鸭、白琵鹭等国家一、二级重点保护鸟类光临鸟岛。

（于品松　张春凤）

现代产业区建设　2012年，宁河现代产业区累计签约项目35个，计划投资额432亿元。按照产业定位不同，项目主要分为：以英利光伏产业基地为代表的绿色新能源项目；以海航社区、津塘EOD总部、中英金融交流中心为代表的高端商业项目；以新华产业科技园、嘉禾产业园、仁汇宁河湾为代表的总部楼宇经济项目；以百利展发高端阀门制造、大西洋焊材等为代表的高科技精密制造业项目；以安博国际电子商务产业园为代表的具有国际水平的高端物流业项目等。形成推动区域经济发展的产业集群，提高区域竞争力，凸显产业集聚效应。新注册科技型中小企业39家。35个入区项目中，大部分开工建设。其中，英利

七里海湿地风光
（摄影：王士亮）

海航展厅

（摄影：王士亮）

光伏产业基地、华康物流、润鑫物流项目、爱迪自动化项目竣工投产；百利展发高端阀门制造项目和辉煌水暖项目运营投产。加快建立科技创新服务平台，把平台载体建设与科技型中小企业发展结合起来。新华

京津未来智慧城项目效果图

（摄影：李　强）

产业科技园开工建设，2栋招商中心建成投入使用。嘉禾产业园开工建设，招商中心完工，加快招商步伐，实现科技企业孵化转化功能。

（李　强　张春凤）

京津未来智慧城项目　京津未来智慧城项目坐落宁河县辖区的北京清河农场境内，为宁河县重点项目。计划投资2400亿元，占地66.50平方公里，十年完成建设。起步区8平方公里，占地33.33公顷，投资10亿元。2012年，一期京津水城国际会议中心酒店、员工宿舍楼、设备站房竣工验收完毕，二期精装修及改造实施工程进行多半。县合作交流办公室实行项目进度月报制度，及时与项目方沟通，掌握项目进展情况。

（陈亚东　董　颖）

宁河经济开发区　2012年，宁河经济开发区管委会引进项目5个，协议投资总额3.24亿元，占地8.77公顷；引进注册公司13家；新开工项目12个，占地47.17公顷，协议投资总额9.02亿元。新投产项目13个，占地127.19公顷，协议投资总额41.21亿元。累计认定科技型中小企业64家。其中，新引进13家、转型51家。新增科技型企业10家。对有潜力的企业实施政策聚焦，累计培育科技小巨人企业19家。天津市双荣纸业有限公司原为一家濒临倒闭的纸业小厂，经过帮促，一举成为科技“小巨人”，生产后年销售额1.90亿元，利税近8000万元，成为县内科技转型成功的典型代表。

（闫　颖　张春凤）

潘庄工业区　2012年，潘庄工业区引进项目11个，协议投资总额52.76亿元。中银房地产公司投资8.16亿元建设科技型中小企业产业园；星石公司投资11亿元建设工业标准厂房；三和果蔬项目年内投产，投资5亿元，项目一期建成投产；盛鑫亿阀门等11个项目分别具备挂牌和摘牌条件。年内，建成投产项目38个，签约在建项目16个（不含驭马文化城项目），形成以食品加工、金属制品、商贸物流为重点的产业格局。投资总额近100亿元。

（杨　倩　张春凤）

城市建设与改造　2012年，宁河县加快城市建设与改造步伐。芦台镇朝阳路拓宽改造工程投资1500万元，铺筑油面2.55万平方米，铺设排水管道1100米、花砖1.20万平方米。朝阳花园二期工程建设完成。朝

潘庄工业区三和公司

（摄影：闫宝磊）

阳花园三期、金城嘉园、幸福商业广场D区超市进入装修阶段。御景半岛、龙胤溪园二期、愉悦港湾二期工程主体在建。龙泽馨园进行基础施工。华翠小区节能改造工程,粉刷楼房40幢17万平方米,改造屋顶13541平方米。芦汉路异地安置商铺主体建设完工,施工10500平方米,进入装修阶段。

（郝连用）

宁河县第一届运动会 2012年4月至11月举办宁河县第一届运动会暨首届全民健身运动会。为2012年宁河县20项民心工程之一。3月19日,召开一运会新闻发布会暨组委会第一次全体会议,县委、县政府领导及组委会全体成员及乡镇领导参加会议。会上公布运动会征集的会徽、吉祥物及对运动会赞助回报办法。3月23日,召开宁河县体育工作会议,副县长杨霞出席并讲话。县体育局局长于树国部署工作,筹备工作开始。10月26日,开幕式在县体育场隆重举行。市体育局、市农委、市教委、市文广局、市农民体协、市财政局领导,全市16个区县体育局局长,宁河县县级领导和县属各部、委、办、局以及各乡镇的党政负责人出席开幕式,演职员、观众、工作人员、新闻记者近万人参与开幕式活动。开幕式分为开幕仪式和大型文体演出两部分。全县51个代表团参加入场仪式,开幕式由副县长杨霞主持。县委副书记、县长张炳江致开幕辞。市体育局党委书记、局长刘凤山致贺词。宁河县委书记李树起宣布开幕。此届运动会设6个组别、12个比赛项目。全县68个代表团、604支运动队、4235名运动员参加比赛。通过2442场比赛,产生项目奖牌342块,个人奖牌2355块。教育局、建委、供电局获委局组团体总分前三名;芦台镇、大北涧沽镇、宁河镇获乡镇组团体总分前三名;宏茂塑胶公司、建设银行、粮食直属库获企业组团体总分前三名。此届运动会是县委、县政府自宁河建县以来举办的第一届综合性运动会,举办的赛事均有企业冠名赞助,电视台全程报道,社会影响广泛。

（李云玲 郝连用）

2012年10月26日,宁河县第一届运动会暨首届全民健身运动会开幕式

（摄影:王士亮）

芦台镇

芦台镇位于宁河县东南部,是宁河县政府所在地。东与河北省汉沽农场、唐山市丰南区相邻,西与大北涧沽镇、七里海镇相隔于蓟运河,南与滨海新区汉沽接壤,北与苗庄镇交界。2012年,镇域面积60.60平方公里,耕地面积1370.60公顷,辖37个农村队,10个转非街,19个街道社区居委会,人口37982户112929人。

该镇曾名将台、海口镇、芦台军。唐贞观十九年(645),唐太宗东征高丽,相传在今芦台镇南部"筑土城驻中军"。五代时刘守光于海口镇设芦台军。元朝立芦台盐使司。明朝设芦台盐场。清通永镇总兵驻此。民国初年在此设芦台镇。1938年始为宁河县治。1948年为镇政府驻地。1949年9月宁河县人民政府迁至芦台。1961年设芦台公社。1984年设芦台镇。2001年9月20日,撤销董庄镇、桥北镇建置,并入芦台镇。

2012年,实现财政收入3.01亿元,比上年增长49.8%。工业固定资产投入17.12亿元,增长33%。农业投入1.10亿元,增长27.7%。第三产业固定资产投入6.88亿元,增长101%。内联引资8.95亿元,增长63%。农民人均纯收入14660元,增长10.9%。

畜牧养殖业投入3000万元,水产养殖业投入2400万元,农田基本建设投入350万元。种植作物594.89公顷,其中水稻203.13公顷、玉米278.20公顷、棉花160.60公顷。农机购置投入3000万元,设施农业投入2250万元。植树造林21公顷。投资2000万元,建成运河湾现代农业示范园区内农家院、垂钓园,温泉游泳馆主体框架及配套设施建设完工。投资1500万元,建设龙湖湾奶牛养殖场牧场化建设项目。龙湖湾奶牛场精细化提升改造工程投资600万元,鲜奶产出量提高。投资1350万元,建设农夫种猪场和种猪饲料厂。换新水产良种场投资1000万元,扩建水产苗种繁育基地。天津鑫泽众生物技术有限公司投资1290万元,研制蚯蚓生物菌肽和纯生物有机肥项目,其中蚯蚓生物菌肽有机肥项目研制成功。

荣亨集团工业园建设投资6亿元,部分项目投产。宝溢集团技革技改和新上项目投资2亿元,已投产。御马散热器科技工业园项目投资5亿元,在建中。德馨利机械制造有限公司、金莱特石油设备有限公司、德意利铸造有限公司、新立成金属制品有限公司项目建设完成。投资3000万元的新生电镀厂扩建技改项目、投资5000万元的来源汽车零部件有限公司汽车配件制造项目、投资3000万元的大鹏螺杆泵制造有限公司续建项目在建中。认定科技型中小企业45家,发展科技型中小企业130家。完成科技小巨人认定4家。专利申请53项。

第三产业。投资4000万元的奥博会馆、投资2000万元的至上汽车销售有限公司、投资1000万元的金时伟业汽贸中心开业。桥北新区物流商贸区、凤凰商城、龙胤溪园商业聚集区出租招商工作进行中。新上个体工商户160家。

张二、张前、张北3个村改水、改电、修路投入100万元。中小学现代化学校标准创建工作完成。农家书屋市级验收,社区文体活动场所、文化广场等设施进一步完善。华翠社区、光明社区、幸福小区文化活动中心建立书屋和老年人活动娱乐中心。全镇1311户2581人办理城乡最低生活保障,发放最低生活保障金、医疗等社会救助资金1045万元。优抚对象344人,全年发放优抚款373万元。全镇城乡居民全部实施新型医疗保险。317名残疾人入险。为8名白内障患者免费做复明手术。投资200万元重建改建3所农村校舍。计划生育率95.83%。为全镇育龄妇女体检5000多人。育龄妇女培训2000多人次。

(王术勇　郝连用)

丰台镇

丰台镇位于宁河县北部,东邻岳龙镇,西接河北省玉田县,南连板桥镇,北与河北省丰润县接壤。2012年,镇域面积84平方公里,耕地面积4632.20公顷。辖28个村,人口10025户26098人。

丰台镇在清代光绪三十年始属宁河县,曾享有“一京二卫三丰台”和“京东首镇”的美誉。1961年建丰台公社,1984年建丰台镇,管辖7个行政村。2001年9月区划调整,撤销小李乡、后棘坨乡建制,并入丰台镇。

2012年,实现财政收入1941万元,比上年增长18%。其中,地方收入749万元,增长22.8%。工业总产值26.79亿元,增长7%;工业固定资产投入8.63亿元,增长151.8%。第三产业投入2.10亿元,增长162.5%。农业投入2.45亿元,增长34%。农民人均纯收入14804元,增长10.3%。

全镇设施农业面积500.67公顷,改造设施农业园区93.33公顷。有畜牧养殖小区20个,占地62.67公顷。泰达水务农业园区占地140公顷,累计投入资金8000万元,建成高标准设施蔬菜生产园区120公顷,温室400座,年创效益1000万元。至盛设施园区与中国“三农”天津分中心合作,累计投入资金800万元,改造提升高标准设施蔬菜生产园区33.33公顷,提升温室50座。高稳设施蔬菜园区投入500万元,建设高标准设施蔬菜生产园区5.73公顷,改造提升20公顷。造林214.36公顷。

天津市春益林下养殖合作社,发展林下散养鸡项目,注册“林兴园”特色品牌。新成立的天津市兰欢畜牧养殖专业合作社,占地6.67公顷。“达意源林下狐貂养殖基地”新发展林下养殖基地6.67公顷,狐貂年存栏10000只,年产值400万元,效益150万元。造林214.33公顷,绿化率30%。

工业企业253家。其中,集体企业3家,外资企业1家,规模企业22家,规模以下个体工业企业227家。蔬菜加工企业30家。新申报科技型中小企业4家,累计12家企业被认定为科技型中小企业。引进注册公司12家,其中物流企业3家。

集资255万元,建成集工艺品展示、健身娱乐、生产技术培训于一体的文体活动中心,组建文化产业合作社,下设版画、木雕、剪纸、演艺4个分社。开辟木版年画、木雕剪纸和妇女手工编织3个展览室,展出作品200余件。全镇建立妇女手工编织坊4家,主攻特色旅游产品开发,民俗工艺品和旅游纪念品生产基地初步形成,丰台木版年画以及“宁河八景”、“十二生肖”等剪纸手工艺品销往海外。

(胡桂娜　郝连用)

潘庄镇

潘庄镇位于宁河县西部,东与俵口乡、芦台经济开发区、东棘坨镇连接,西与北辰区搭界,南与造甲城镇相邻,北与宝坻区接壤。2012年,镇域面积114平方公里,耕地面积3625.27公顷。辖17个村,人口12262户31679人。

该镇古名监官庄,建于唐朝武德年间。北宋时因潘美之封地得名。清雍正九年(1731)称集镇。1939年成镇。1957年建潘庄乡。1958年设东风公社潘庄管理区。1961年建潘庄公社。1984年复建潘庄镇。2001年10月撤销大贾乡建置,并入潘庄镇。

2012年,实现财政收入10054

万元,比上年增长43.5%,地方收入5478万元,增长40%;工业固定资产投入19.25亿元,增长11.2%。内联引资12.50亿元,增长24.6%。农民人均纯收入14596元,增长6.5%。

粮食种植1550公顷，总产10367吨，棉花种植1675.27公顷，总产1721吨。蔬菜种植415.67公顷,总产62486吨。投资4000万元,完成齐心庄农业园区、纪庄子农业园区提升改造工程。投资1500万元,扶持大龙湾、孙庄子园区基础设施及棚室兴建工作。修路2000平方米,打机井3眼,建设标准化棚室20个。蔬菜销售收入比上年增加580万元。有养殖合作社45个,其中规模养殖合作社21个。大龙湾长毛兔养殖小区、天隆源养殖小区进一步完善,年收益80万元。养殖小区从15个增加到18个。年出栏肉鸡300万只,年末存栏150万只。生猪出栏50363头,存栏28174头。奶牛1489头。改造中低产田240公顷,改造扬水站2座,沟渠改造15条3080米。植树18万株。

工业企业180家，从业人员4587人。产值42.93亿元,营业收入44.74亿元,利税75232万元。天津中技桩业有限公司员工520人,年产方桩10万米，营业收入1.50亿元，天津雨润工业园招收工人300人。投资5亿元、占地13.33公顷的三和番茄酱项目年内开工生产,招收工人130人。投资11亿元的星石地产项目在建，年内完成主体工程4500平方米。创嘉生物扩建工程投资600万元。对永进缝制品项目升级改造,投资900万元。发展科技型中小企业51家，小巨人企业1家，小微企业180家。

年内落户企业120家。至年底,全镇饭店50家,旅店13家,中小型超市15家,商业零售网点55家。各类批发网点18家,建筑家装20家,专业运输户318户。全镇各类三产经营户1456户,从业人员7000人,占全镇人口23%，三产增加值6亿元。天中福国际建材物流园一期建设完毕,建办公用房、仓储、营业建筑16.91万平方米。

朱头淀中台村、朱头淀东台村生态文明村项目批复。投资550万元,硬化街道6000平方米,改造自来水管网13000米，改造路灯300盏,绿化街道8条,植树2000株。完善健身场所5个。提升文化室4个,增加藏书3000册。扶持村文化俱乐部3个,参加活动3000多人次。扶持单亲母亲家庭10户,帮扶贫困学生12人。为260余名妇女缴纳特殊病种保险。镇中学教学楼防护栏安装及校园绿化完成。争取国家福利彩票中心资金20万元,建设西塘小学少年宫及老安淀小学电教室,扩建潘庄中心幼儿园。

（李继忠　郝连用）

七里海镇

七里海镇位于宁河县西南部，2001年10月由南涧沽乡、任凤乡合并组成。东与芦台镇隔蓟运河相望,西与北淮淀乡、俵口乡搭界,南与滨海新区汉沽、北京清河农场相邻,北距205国道5公里。蓟运河、潮白河、津塘河、曾口河和杨虎子河流经镇域。津宁高速公路、塘承高速公路、滨保高速公路穿越镇区。地处天津古海岸与湿地国家级自然保护区核心区,盛产七里海河蟹。2012年,镇域面积59.50平方公里,耕地面积2576.80公顷,辖15个村,人口8014户27358人。

2012年,实现财政收入7780万元,比上年增长18.3%。其中,地方财政收入3122元,增长45.2%。工业固定资产投入16亿元，增长86.26%。工业总产值84.20亿元,增长1.2%。内联引资8.51亿元，增长17.65%。农民人均纯收入14796元，增长11.5%。

投资1050万元改造农田水电设施。投资1800万元,涉及任凤等5个村的1000公顷农业综合开发和全长3.98公里的蓟运河治理两项工程在建。流转土地82公顷，动土26.8万立方米,完成滨保、津宁高速公路两侧全长17100米绿化带建设任务。栽植农田林网4.13公顷,发展优质高效葡萄33.26公顷。河蟹种业基地投资8000万元,建设芦花香生态园,占地86.67公顷。投资3200万元,建成连栋温室38个,百事成生态园投资1000万元,建成连栋温室70个。

工业企业81家,固定资产投入累计15.80亿元,年产值84亿元,其中规模以上企业11家,固定资产投入4.64亿元。新建企业3家,技改扩建项目3个，新增固定资产3.42亿元。完成科技型中小企业申报工作,58家企业被认定为科技型中小企业,涉及光电科技、制造业、农产品深加工、建筑材料等领域。其中,转型企业29家,引进企业29家,领导帮扶企业20家。申请专利17个。制定招商专篇，完备园区宣传材料及规划,累计内联引资完成8.51亿元,同比增长17.65%。其中，新建项目13家，续建项目4家，在谈项目4家。工业固定资产投入完成16亿元。其中,新建项目11个,续建项目6个。

符合享受农村老年人生活费补助发放条件2524人,每月发放补助金27450元。发放农村老年人生活费补助金19.57万元。投资1300万元,实施环境综合整治工程,拆除垂钓园看护房16处,清理违章建筑13处,打造绿化节点9处,规整沿线坑塘80公顷,平迁坟茔43座。

（赵　彬　郝连用）

岳龙镇

岳龙镇位于宁河县东北部，天津市与河北省搭界之处。东临河北省丰南市，西与丰台镇相连，南邻板桥镇，北与河北省丰润县接壤。2012年，镇域面积67.40平方公里，耕地面积3148.87公顷，其中菜地2016.20公顷(含复种)。辖21个村，人口5377户14946人。以农业种植为主，主要经济作物为露地蔬菜和棉花。

1961年建岳龙公社。1984年建岳龙乡。1995年3月，建岳龙镇。

2012年，实现财政收入2111万元，比上年增长61.7%，其中地方收入763万元，增长49.5%。工业固定资产投入8.12亿元，增长170.5%。内联引资4.74亿元，增长276.8%。农业投入1.66亿元，增长8.5%。农民人均纯收入15424元，增长10.17%。

农作物播种4269.40公顷（含复种）。其中，粮食作物533.60公顷，经济作物3735.80公顷（棉花333.33公顷，露地蔬菜3402.47公顷）。农业投资16330万元，其中农田水利基本建设投资5850万元。建设闸涵4座，架设高低压线路15公里，新打机井65眼，维修排灌站2座，铺设暗灌32.50公里，增加节水面积600余公顷。植树173.67公顷。改造提升二代节能温室126.67公顷，累计投资942余万元，完善园区水电路配套工程建设。完成小闫村年出栏7000头养殖场改扩建工程，建成岳龙村年出栏3000头猪场，完成岳龙村年出栏60万只肉鸡养殖小区建设。全镇生猪出栏23810头，肉鸡出栏230.10万只，年产淡水鱼480吨。

有企业63家。其中，建材企业3家、棉花企业25家、腌制企业22家，新引进震翔板带企业1家，其他企业12家。规划占地30平方公里的津东物流园区启动建设，重点引进总投资10亿元的震翔板带项目，投资5.70亿元的一期工程完工。申报科技型企业11家。

镇、村两级投资2060万元，完成市级卫生镇创建，完成东魏、小良、西魏等5个村队文明生态村绿化工程，完成于潮、曾庄2个文明生态村创建工作。完成丰李公路3000米环境提升工程和西大寨路部分路段翻修工程，村队新修道路21.30公里。全镇低保户261户542人，其中农村低保249户519人，城镇低保12户23人。农村五保110户110人。人口出生率8.82‰，计划生育率95.62%，发放长效节育奖励金4100元。申请农村部分计划生育家庭奖励62人，发放奖金59520元。申请独生子女父母奖励费268人，发放奖励金32160元；落实独生子女意外保险93户，“两全”保险36户。

（丁建江　王福林）

苗庄镇

苗庄镇位于宁河县东部，东隔还乡河与唐山市丰南区相望，西靠蓟运河与宁河镇、廉庄子乡相连，南与芦台镇搭界，北与板桥镇相邻。芦玉公路穿境而过，是县城连接宁河东北部的主要公路。2012年，辖区面积61平方公里，耕地面积2654.13公顷，辖30个自然村，人口6152户17442人。

1961年建苗庄公社，并归属宁河县。1984年建苗庄乡。1998年11月撤乡建镇。

2012年，实现财政收入2113万元，比上年增长66.5%。工业固定资产投入5.10亿元，增长210%。内联引资2.02亿元，增长220%。农民人均纯收入15022元，增长15.2%。

投资3000万元，加强富国水产养殖基地基础设施建设，新建鱼池大棚30个，占地6公顷。新建彩钢弓形顶孵化车间、暂养车间3栋，占地2500平方米。投资850万元，新建泵站8座，打井6眼，新架变压器6座，维修闸涵12座，新建防渗渠道2200延米。栽植片林155.93公顷，新建林下经济试点2个。源泰林下养殖基地年产鸭蛋600吨，鸡蛋150吨。

引进企业15家，全镇注册实体经济企业32家。其中，认定科技型中小企业28家（科技小巨人企业3家），取得发展专项资金企业4家。办理科技专利5件，通过科技周转金项目申请2家，办理科技型中小企业创新基金1家。

筹资632.50万元，硬化乡村公路12.42公里。投入265万元，完善夜间路灯照明系统，安装高标准太阳能路灯22盏。种植花卉苗木35000株。投资55万元，新建5所社区卫生服务站。投资13万元，修建残疾人无障碍设施坡道92座。投资150万元，建成综合服务中心，面积500平方米。全镇农村养老保险参保429人。城乡居民医疗保险参保15250人，参保率101.3%。

贵达卧牛湖生态旅游度假村坐落苗庄镇南端，紧临205国道和津塘高速公路，交通便捷，景区面积100公顷，水域占70%，水上项目丰富，集旅游、餐饮、住宿、娱乐、矿泉洗浴、室内外垂钓和会议接待为一体，环境幽雅。

天祥水产有限责任公司是集苗种繁育、示范养殖、饲料加工、产品销售、科技研发一体化的民营股份制企业，养殖基地266.67公顷，级膨化饲料加工厂年产6万吨。“昌翠牌”南美白对虾、团头鲂专用配合饲料被评为第三届天津农业名牌产品，率先通过国家无公害农产品认证。2012年收入1.25亿元,利润900万元。

（韩　丽　郝连用）

板桥镇

板桥镇地处宁河县城东北部，东与唐山市丰南区相连，西隔蓟运河与宁河镇相望,南与苗庄镇接壤,北与丰台镇、岳龙镇为邻。2012年，镇域面积50平方公里，耕地面积1799.33公顷。辖19个村,人口3740户10243人。

1961年建板桥公社。1983年设板桥乡。1998年10月撤乡建镇。

2012年,实现财政收入3120万元,比上年增长35.8%。其中,地方一般预算收入1127万元，增长52%。固定资产投资5.80亿元，增长93.3%。内联引资1.89亿元，增长142.3%。农民人均纯收入14679元,增长9.99%。

投资1800万元,农业综合开发1000公顷。建成田庄坨绿色有机蔬菜种植园区,占地23.33公顷。投资1400万元,建成海晟农作物种植园23.33公顷,已投产。农业投入1.41亿元，改造农田水利设施、中低产田,建设农田管网。8个村20公里主河道清淤。农作物播种2199.33公顷。种植蔬菜1133.33公顷。初步形成沿滨玉路、板张路“两线、两面”的发展格局。以王石银河养猪场和老万养猪场(各存栏3000头)为龙头，带动全镇14个养猪小区发展，全年饲养量6.45万头,出栏4.50万头。盆罐生猪养殖小区投资107万元,功能提升。全年肉鸡出栏248.50万只,长毛兔存栏5500只。发展林业133.33公顷，形成以杨树为主，果树为辅的林业种植格局。天津海晟农作物种植园区的冬枣、山楂,大麦沽、杨花庄等村的核桃林,东板桥村的油桃、太阳杏,盆罐村的李子，赵学村的大棚桃初具规模，收到效益。东板桥、北板桥、盆罐、王良等村投资400万元,改造小水工程。铺设暗灌6万延米。投资100万元,打井7眼,维修9眼。投资300万元，新建闸涵8个,维修9个。投资50万元，新上高压线路1.80公里,改造1.50公里。

引进注册企业25家,天津宇宸保温管有限公司投资1000万元,扩建厂房和办公楼并添置部分设备。天津金角轧花有限公司投资1500万元，完成由200型向400型的改造提升。天津佳岳兴精铸有限公司投资500万元，扩建厂房并添置部分设备。天津丰新益粮食加工有限公司投资260万元，新上生产线1条。天津金胜达石油机械有限公司投资160万元，扩建厂房并添置部分设备。

翻修乡村公路2300米，板张路铺设花砖5000平方米。东双庄投资30万元，改造管网3000延米。全镇改造管网50公里。赵学庄、学郝铺、老家庄投资50万元,建成村民健身休闲娱乐广场,杨花庄村创建市级标准型文明生态村。创建示范型文明生态村2个,标准型文明生态村15个,市级卫生村13个,县级卫生村19个。通过市级卫生镇复验。

投资150万元，建成盆罐中心幼儿园。新建村级医疗卫生服务站15个。城乡居民医疗保险参保6816人,参保率100%。城乡居民基本养老保险参保518人,向1249人发放老年人生活补贴，社保卡累计发放8753张。医疗保险垫付报销金额30余万元。向59名五保户,662名低保、特困户发放救助金168.80万元。办理残疾人养老保险120人。向60名退伍军人发放优待金48.40万元。新增60岁退伍老兵27名，发放优待金8640元。向五保户发放五保金43.20万元。

（李会娟　郝连用）

造甲城镇

造甲城镇位于宁河县西南部，东与北淮淀乡接壤，西与北辰区搭界,南与东丽区为邻,北与潘庄镇相接。205国道、津芦南线、津塘二线高速公路、津芦南线西支快速路穿境而过。2012年,镇域面积108平方公里。其中,耕地面积2409.60公顷,其他农用地3352.19公顷。辖8个村，人口9188户27196人。

1983年，造甲城人民公社更名造甲城乡。2000年12月撤乡建镇，造甲城乡更名造甲城镇。

2012年,实现财政收入2亿元,比上年增长94.4%。地方一般预算收入1.45亿元,增长234.6%。工业固定资产投入15.16亿元。内联引资12.24亿元。农民人均纯收入14739元,增长10.90%。

设施蔬菜园区3个，面积453.33公顷。投资300万元,改造温室240座，新建温室50座，修路7500平方米。完善农民专业合作社10家。天津市康富迪生猪有限公司水、电、路基础设施配套工程,投资1200万元,养殖规模10000头。天津市喜岭蛋鸡养殖场二期扩建工程，投资1000万元,养殖规模10万只。东小村奶牛场扩建工程，投资260万元,养殖规模500头。

全镇企业121家。工业园区企业17家，累计固定资产投入12亿元。规模企业7家,其中亿元企业2家。基础设施投入1.77亿元。新（扩）建项目85个，投入29.15亿元。注册公司34家。帮扶科技型中小企业11家。兑现专项扶持资金40万元。帮助科技型中小企业协调贷款12.60亿元。指导企业申报专利12项,开发新型固化油墨、特种门窗等新产品。开展技改项目16个。在建项目4个:天津陆港现代物流总部基地建设工程,投资20亿元;天骄工业园建设工程,投资5亿元;世纪天鑫光固化材料三期扩建技改项目,投资5000万元;天环生物制剂项目,建设投资5亿元。

投资1500万元,亮化、绿化、硬化、美化津芦南线造甲城段道路及周边环境,拆除违章建筑72处,整改店面40处,弱电管道改造8公里。投资20万元,建设造甲中学校门辅道。投资600万元,建设造甲城村和七里海大道连接路。投资50万元,修建冯台村至学校水泥路700米。投资200万元,建设冯台村水泥路面2.50万平方米。城乡居民医疗保险参保21086人,居全县第一,实现全覆盖。全镇人口出生率9.60‰,计划生育率94.72%,生殖健康检查率97%,建档率100%。

(王思洁　郝连用)

宁河镇

宁河镇位于宁河县北部,东邻苗庄镇、板桥镇,东北部与丰台镇、河北省玉田县潮洛窝乡相隔于蓟运河,西与东棘坨镇相连,南与廉庄子乡毗邻,北与宝坻区接壤。流经镇域的一、二级河道有蓟运河、西关引河、卫星河,拥有24条排干渠,50多个蓄水鱼塘,总面积200多公顷。地下水资源丰富,有机井199眼,每眼机井淡水年开采量3000多万吨。镇内有二级公路1条(宝芦公路),四级公路3条(任汉路、西关引河路、江艾路),乡村公路26条。2012年,镇域面积83平方公里,耕地面积3812.20公顷。辖27个行政村,人口8786户22002人,其中农业人口19724人。

该镇曾名备粮屯、储粮城、军粮城、梁城,约始于东汉末年。清雍正九年(1731)置县,县治署梁城。因县名宁河,梁城遂改成宁河城里、宁河镇。1956年建宁河乡。1958年设卫星公社宁河管理区。1959年改成宁河公社,时辖51个自然村。1984年设宁河镇。2001年9月区划调整,撤销大辛乡建制,并入宁河镇。

2012年,实现财政收入3869万元,比上年增长39.62%,其中地方收入1512万元。工业总产值21亿元,增长5.53%;工业固定资产投资4.70亿元,增长72.2%。内联引资3.30亿元,增长32.5%。农民人均纯收入14264元,增长11.39%。

投资320万元,建设设施园区,规模33.33公顷。建中冷棚180个,种植西红柿、黄瓜、辣椒、豆角等无公害蔬菜。投资1.30亿元,建设温氏畜牧养猪场,设计规模年上市肉猪40万头。一期工程在建。鑫瑞养猪场投资420万元,完成粪便无公害处理项目。后帮村投资1000万元,新建生猪养殖小区2.67公顷,存栏10000头。牛口村投资50万元,建成林下养殖小区,饲养柴鸡5000只。发展林畜、林禽养殖133.33公顷。成立天津市鑫林达柴鸡养殖专业合作社、天津市泽林鑫丰大雁养殖专业合作社和天津市瀚羽柴鸡养殖专业合作社。

宏宝公司二期工程投资2800万元,建筑面积3000平方米。天津天鑫达针织制品公司扩建,投资100万元。镇内5家棉花企业改建。

江洼口示范型文明生态村建设,投资321.80万元,建道路7.20公里、公厕3座,治理坑塘3个。前帮村综合型文明生态村创建,投资312万元,建道路3000米、健身广场2000平方米、活动中心600平方米、垃圾处理场1000平方米、公厕2个、治理坑塘2个。育龄妇女生殖健康普查体检1893例,国家免费孕前优生健康检查140例,发现患病573人。全镇涉及独生子女父母奖励家庭81人,特扶家庭13人,发放10.65万元。

(庄晓新　郝连用)

东棘坨镇

东棘坨镇位于宁河县西北部,为农业大镇。东与宁河镇、廉庄子乡相连,南与唐山市芦台经济开发区相邻,西、北两面与宝坻区搭界。塘承高速公路穿境而过。2012年,镇域面积164.10平方公里,耕地面积6180.07公顷,辖42个行政村,人口8066户27814人。

东棘坨镇1947年属第3区东棘坨乡公所。1953年区、镇分设,区辖乡,东棘坨乡属第4区。1957年设于京乡。1958年建卫星公社(驻高景庄),属于京管理区。1960年7月划归芦台农场。1961年6月划归宁河县,1962年3月建东棘坨公社。1983年6月建东棘坨乡。2001年9月20日,宁河县进行乡镇区划调整,撤销赵本乡、东棘坨乡建制,合并设立东棘坨镇。

2012年,实现财政收入3107万元,比上年增长37.9%。其中,地方一般预算收入1226万元,增长35.3%。社会固定资产投入8.62亿元,内联引资2.24亿元,农民人均纯收入14905元,增长11.35%。

农业总产值20866万元。投资1280万元,启动前、后大安两村万亩农业综合开发工程,建泵站、挖明渠、修暗灌。投资1611万元,建新型日光节能温室13.33公顷。投资4.50亿元,建设樱桃鸭生产加工基地。大港村266.67公顷土地开发改造项目获批。造林64公顷。年末,牛存栏1.10万头,生猪存栏14.25万头,养兔2.50万只。

投资18.50亿元、规划占地200

公顷的中国北方(国际)建材幕墙总部基地项目启动。认定科技型中小企业7家，帮扶6家中小企业转型升级。

投资80万元，加固东棘坨桥、赵本桥。投资800万元,大修乡村公路16公里。拓宽清淤潮白新河东棘坨段。完成艾林、小丛、李家店3个村市级生态文明村创建工作。投资690万元,于京小学市级达标校建设完成立项、设计、勘测和招标工作。投资140万元，建成东棘坨镇中心园。建成李家店、八里等6个村体育健身广场。建成34个农村卫生服务站。建成东棘坨、高景两村文化室，配齐音乐器材。完成马连、张老仁等5个村有线电视安装工作,实现镇域全覆盖。

(廉　明　郝连用)

大北涧沽镇

大北涧沽镇位于宁河县中部，东与芦台镇隔蓟运河相望，南依七里海镇,西、北两面为唐山市芦台经济开发区所环抱。2012年,镇域面积25平方公里，耕地面积3973公顷，辖11个村,人口4080户13661人，其中农业人口12506人。

清代属文行里。民国期间至1958年管辖归属几经变迁。1961年6月建大北涧沽公社。1984年改称大北涧沽乡。2001年9月撤乡建镇，改称大北涧沽镇。

2012年，实现地区生产总值16.97亿元。财政收入1.03亿元,比上年增长3%。固定资产投入19.60亿元。农业投入9000万元。第三产业固定资产投入1.80亿元。内联引资7.50亿元。农民人均纯收入15414元,增长15.5%。

农作物播种1119公顷,其中粮食作物播种827公顷，主要农作物有水稻、玉米、棉花等。粮食产量7033吨。投资160万元,打井2眼，修复10眼,新铺暗渠6000米,修复闸涵45处。生猪出栏41026头,年末存栏27444头。羊出栏658只,年末存栏954只。年末蛋鸡存栏11.10万只,肉鸡出栏20万只。水产养殖面积231.33公顷。其中,鱼类养殖76.67公顷，产量648吨；虾养殖56.67公顷,产量440吨;蟹养殖16.66公顷，产量12吨,育苗6430公斤。

新扩建工业项目25家,新建标准化厂房5.50万平方米。引进注册公司28家，累计60家。全镇企业712家,从业人员5164人,年净利润5.02亿元。引进科技型项目9个,引入资金1.30亿元，认定科技型中小企业35家,小巨人企业2家,申报科技专利43项。康纳观光农业园建设,计划投资3亿元,一期工程投资1.60亿元。

规范大北支路两侧牌匾112块，清理整治废品点3处，粉刷临路、临街立面墙体10万平方米。规划建设公共绿地6730平方米,新建公厕2座。荣获市级爱国卫生先进集体、市级农村卫生户厕改造先进集体、卫生红旗先进单位等荣誉称号。年内被国家环保总局评为国家级生态镇。投入600万元,修建村级街道21公里,村级生活污水处理设施2座。累计铺设地下排水暗管4公里,装修路灯景观灯、景观树和太阳能路灯173盏。

建设大北、独立、李庄、立新等11个村社区医疗服务中心。城乡医疗保险参保率98%。人口自然增长率4‰。发放救助金135万元,参加农村养老保险843人。11个村农家书屋配备图书17000册，配备音乐器材。投资2375万元,建成小学综合型教学楼,面积6800平方米。改建中心幼儿园1所。

(李玉江　郝连用)

俵口乡

俵口乡位于宁河县西南部,七里海核心区。东距县城芦台35公里,西与潘庄镇隔潮白河相望,南邻北淮淀乡，北靠唐山市芦台经济开发区。潮白河、曾口河流经该乡。1961年建俵口公社,1984年建俵口乡。革命烈士于方舟故居坐落该乡解放村。2012年,乡域面积46平方公里,耕地面积1399.27公顷,辖8个村,人口6194户20253人。

2012年,实现财政收入2354万元，比上年增长33.97%。农业投入1.69亿元,增长31.83%。工业固定资产投入5.55亿元,增长122%。内联引资1.52亿元,增长100%。第三产业投入1.58亿元,增长92.68%。农民人均纯收入14154元，增长8.54%。

农业投资1.69亿元。绿海蔬菜种植园区一期建设投资2000万元。滨保高速两侧葡萄带新增种植面积24公顷，葡萄种植面积超过66.67公顷。投资60万元,重建大马淀子扬水站。投资10万元,洛坨东围农田改造33.33公顷。投资6万元,完成俵口前海与七里海贯通闸涵维修工程。俵口乡重点实施津兴绿丰农业生态园区建设,园区占地面积100公顷,计划投资4500万元。

植树造林116.25公顷。其中,滨保高速绿化带72.20公顷，片林23.08公顷，农田林网6.44公顷,葡萄14.52公顷。发放良种补贴2360户17.05万元。发放种粮补贴3848户111.70万元。发放能繁母猪补贴1667头16.67万元。

完成北洋水箱厂、联泰服装厂科技转型和科技型中小企业申报工作,科技型中小企业总数10家。投资700多万元，天津天源橡胶制品有限公司扩大规模，占地面积1800

平方米。

投资42万元，俵口桃儿岭公路硬化700米，兴坨村各主要道口安装减速带，保证交通安全。投资20万元，清理垃圾土80万立方米。投资62万元，建成俵口卫生院广场。新建、改建卫生服务站7个，完成大肠癌筛查、儿童预防龋齿项目检查。城乡居民健康档案建档率65.29%，乙肝疫苗接种率69.93%。

（李连超　郝连用）

廉庄子乡

廉庄子乡位于宁河县中东部，东与苗庄镇隔蓟运河相望，西与东棘坨镇接壤，南与唐山市芦台经济开发区相邻，北与宁河镇相连。芦宝公路、卫星河公路贯穿境内。1961年建廉庄子公社。1984年建廉庄子乡。2012年，乡域面积45.72平方公里，耕地面积5239公顷。辖16个村，人口6011户17047人。

2012年，实现财政收入2605万元，比上年增长24.42%，一般预算收入988万元，工业固定资产投入4.857亿元，规模以上工业总产值2.20亿元，内联引资2.16亿元。农民人均纯收入14614元，增长16.96%。

农作物种植1745.67公顷。其中，水稻799.73公顷、棉花500.27公顷、玉米411.67公顷、大豆13.33公顷、瓜果蔬菜62.67公顷。造林9.30公顷，植树2476株。生猪出栏36566头，存栏21711头，其中母猪补助421户5768头57.68万元。牛存栏120只，出栏150头。家禽出栏3.50万只，存栏2.60万只。平整土地200公顷，暗灌133.33公顷，打井4眼，新建泵点4座，筑堤3000米，修建闸涵3座。投资480万元建芦林蛋鸡养殖园区，占地1.13公顷。投资200万元新建龙祥生态产业园，占地1.67公顷。投资120万元完成天津市承浩蓝孔雀养殖专业合作社一期工程，占地1公顷。投资400万元，完成银河湾热带鱼养殖基地三期建设工程。投资1000万元建卫星河南岸成片猪舍，年存栏10000头。投资120万元，建设林下花卉、蚯蚓种业示范推广基地。

联合鞋业有限公司更名紫辰鞋业有限公司，投资500万元复建。生产登山运动鞋等10大类产品，年产登山运动鞋15万双，产品销往韩国、朝鲜、新加坡等亚洲国家及国内大中小城市。原轧棉厂更名星通金属铸造有限公司，投资1000万元复建，年产叶导轮50万套，精密造件2600吨，产值5000万元，年利润500万元，产品销往美国、俄罗斯等国及国内各大油田地区。新华塑料厂更名景昊升精密铸造有限公司，投资1000万元复建。

投资1218万元，创建李花、大于、菜园3个生态村，硬化乡村公路61000平方米。安装路灯342盏，植树2426株。修建高标准公厕10座。投资100万元建成综合服务大厅，占地200平方米，实现“一站式”服务。投资80万元改造廉庄、西岳等村自来水，全乡16个村实现24个小时供水。投资165万元，建成15个卫生服务中心。投资30万元，建成天津广播电视网络有限公司宁河分公司。投资40万元，新建邮政储蓄廉庄营业所。全乡16个村有线电视安装完工。筹资100万元救助困难户、重病户、孤老户，为45户办理低保，解决生活困难。

（王聪华　郝连用）

北淮淀乡

北淮淀乡位于宁河县西南部，东与七里海镇相接，西靠造甲城镇，南临北京清河农场，北连俵口乡。是天津古海岸与湿地国家级保护区七里海的重要组成部分，津芦公路横穿境内。2012年，乡域面积64平方公里，耕地面积5961.20公顷。辖3个村，人口6442户20690人。

1957年建北淮淀乡。1958年12月设红星公社北淮淀管理区。1961年7月建北淮淀公社。1984年建北淮淀乡。

2012年，实现财政收入2302万元，比上年负增长7.43%，其中地方收入870万元。农业投入1.16亿元，增长28%。工业固定资产投入4.68亿元，增长29%。内联引资1.82亿元，增长22.1%。第三产业固定资产投入3.42亿元，增长205%。农民人均纯收入15000元，增长17.3%。

粮食作物播种1230.70公顷。其中，玉米1091.91公顷、大豆3.24公顷、高粱135.55公顷。种植优质玉米850.12公顷，优质棉花575.36公顷。投资150万元，大棚钢骨架改造97个。投资70万元，温室微滴灌改造61栋。投资20万元，葡萄扣棚2.67公顷。造林108.67公顷，植树9万株。其中，农田林网29.33公顷，经济林18公顷，津宁高速公路30公顷，海清路31.33公顷。生猪饲养4.82万头，年出栏3.23万头，年存栏1.59万头。全乡3个肉鸡养殖小区年出栏肉鸡200多万只。异地水产养殖3333.33公顷。农建3.50万立方米，连片治理土地133.33公顷，清挖干、支、毛渠8.86公里，建筑物81座，打井2眼，完成全乡水利设施普查工作。

工业园区起步区基础设施建设6.52平方公里，建成园区10号路、7号路、南环路以及附属设施。园区纳入未来智慧城整体规划。完成科技型中小企业网上认证3家，累计8家，申报专利9项。

投资500多万元，新建北淮淀

村幼儿园2600平方米。全乡出生人口232人。其中，计划内一胎199人、合理二胎20人、计划外二胎13人,计生率94.40%。征收社会抚养费150万元。全乡29人享受奖励扶持。免费孕前体检120人。免费为270户独生子女家庭上意外伤害保险。参加城乡居民医疗保险14903人，参保率109.8%。为126人办理报销手续,报销金额47.87万元。参加城乡居民养老保险110人，累计参保1079人。退休108人,办理退休手续466人。符合条件享受老年人补助1842人，新增老年人待遇申领124人，平均每月发放补助金14.15万元。审批低保27户65人,增加社会资金372万元,发放定补110万元。新增参战人员2人，累计发放社会救济、优抚金482万元,帮助困难群众、低保人员、五保人员、优抚人员2200人次。

(赵 涛 郝连用)

静海县

概　述

静海县位于天津市西南部，地处北纬38°34′59″~39°04′15″，东经116°42′06″~117°15′15″。东西宽47.25公里，南北长54.40公里；地形南高北低，西仰东下，平中略有缓坡，地面纵坡约为万分之一；属暖温带半湿润大陆性季风型气候。东北隔独流减河与西青区相望，西与河北省文安县接壤、西南与大城县毗邻、西北与霸州市相连，南与滨海新区大港为邻、与河北省青县和黄骅市交界。2012年，县域面积1414.90平方公里，耕地面积6.46万公顷。辖静海、唐官屯、独流、王口、台头、子牙、陈官屯、中旺，大邱庄、蔡公庄、梁头、团泊、双塘、大丰堆、沿庄、西翟庄16个镇和良王庄、杨成庄2个乡。共383个行政村，36个居民委员会。人口576070人，其中农业人口456894人。人口中汉族占主体，另有蒙古、回、藏、苗、彝、布依、朝鲜、满、白、瑶、土家、傣、黎、土、傈僳、达斡尔、锡伯、鄂温克等18个少数民族。

静海县历史悠久，东周时期即有先民。西汉初年，置东平舒县。宋大观年间(1107~1110)，置靖海县。明洪武初年，改“靖”为“静”，称静海县。1948年12月20日，静海县城解放，建立人民政权，隶属河北省天津地区。1973年8月，改属天津市。

2012年，实现地区生产总值387.35亿元，比上年增长26.0%；三级财政收入85.01亿元，增长40.0%；固定资产投资444.48亿元，增长30.2%；农民人均可支配收入12920元，增长14.5%；社会消费品零售额72.22亿元，增长20.0%；实现直接出口10.15亿美元，增长12.0%；城镇登记失业率控制在3.5%以内；万元生产总值能耗下降4.5%。

转变发展方式，产业转型升级加快推进。按照“优一高二大三”(指调优一产，提高二产，壮大三产，全面提升三次产业水平）的产业发展思路，推进第一、第二、第三次产业协调发展。坚持都市型现代农业方向，新增设施农业533公顷，设施农业总面积6667公顷，完成畜禽标准化规模养殖场3个、渔牧现代化示范园7个；农业规模化经营水平进一步提高，新发展农民专业合作社116家，累计602家，占全市总数的20%；入社农民出资总额23亿元，占全市的25%，突破2万户。一手抓传统工业转型升级，一手抓战略性新兴产业培育发展，优质钢材、装备制造、轻工、再生资源、现代医药等支柱产业完成工业总产值1340亿元，占全县工业的95%。大力推动科技进步和技术创新，申报市级以上科技项目120项，被国家和天津市批准立项的科技项目80项；新增科技型中小企业356家，累计1156家；科技“小巨人”54家，累计195家。大力发展商贸物流业，加快发展金融业，培育发展旅游业。翰吉斯农产品物流园完成16个交易大厅主体及附属工程建设，义乌国际商贸城主商场、奥特莱斯商业广场主体完工。县域内银行机构13家，12家小额贷款公司和融资担保机构开业运营，与滨海农商银行等4家金融机构签署战略合作协议，金融与经济互动发展格局进一步形成。旅游产业日现雏形，涵盖运动休闲、观光度假、商务文化等文化旅游设施进一步完善，团泊新城被国土资源部命名为“中国温泉之城”，西双塘被农业部认定为全国休闲农业与乡村旅游五星级园区。全年接待游客59万人次，实现旅游收入8400万元。

强化项目带动，经济发展后劲进一步增强。坚持以项目建设为龙头，加强招商引资工作，保持投资稳定增长。全年新引进内外资项目169个，到位资金180亿元，其中亿元以上项目22个。天津毅远新材料高档幕墙、红星美凯龙等一批好项目大项目落户静海。市级100个重点项目开工建设90个,竣工投产58个;县级重点项目57个,开工35个。大力发展楼宇经济,新建3座“亿元楼宇”,建成面积39.60万平方米;新引进注册公司319家,实现税收3.50亿元。坚持项目集中园区、产业集群发展、资源集约利用,全面提升园区承载功能,“三区六园一带”(子牙循环经济产业区、县经济开发区和林海循环经济示范区;大邱庄工业园、静海镇北环工业园、唐官屯加工物流园、双塘高档五金制品产业园、中旺滨港高新铸造工业园、蔡公庄乐器工业园;新104国道沿线50平方公里的龙海设施农业产业带)成为静海县产业发展的重要平台和经济增长的强大引擎。子牙循环经济产业园区升级为国家级经济技术开发区,静海县五金制品示范基地被商务部认定为第二批国家级专业型转型升级示范基地,静海海关经中央编委批准正式设立,标志着静海县对外开放和园区建设实现历史性突破。

统筹城乡一体化发展,城乡面貌发生新变化。坚持规划先行,优化提升空间发展战略规划、总体规划等40项,完成14个乡镇规划编制工作。加强路网建设,完成团泊大道、津海公路等16项道路建设工程。改造胜利大街中段、东兴道等5条主干道路,硬化街道里巷20条。大修改建乡村公路155公里。搞好道路绿化、亮化,完成津汕联络线等12条道路绿化工程和静海环线等16条公路太阳能路灯亮化工程。加强市容环境整治,新建改造城市绿地和公园125万平方米,整修东平道、大邱庄镇长江道等13条道路街景立面,粉刷建筑立面34万平方米。县城新建改建公厕11座,建垃圾转运站3座。强化村庄环境整治,创建市级卫生村22个、文明生态村20个。完善排水设施,新建应急排水泵站2座,铺设雨污管道9公里。大力实施造林绿化工程,全年植树4334公顷,全县森林覆盖率45.2%。加快推进示范小城镇建设,团泊示范镇完成6个村搬迁任务,复垦土地67公顷;大邱庄示范镇安置房开工面积150万平方米;子牙示范镇还迁住宅楼全部封顶。

多办惠民实事,人民生活条件得到较大改善。全年用于民计民生财政资金34亿元,增长35%,占一般预算支出的69%。年初承诺的10项民心工程全部兑现。推动实施“修路、治水、建村级卫生室”新3件事,修建37个村通村公路52公里,完成南运河等5条河道清淤工程,改造更新四党口等3座扬水站,高标准建成村级卫生室289所。城乡就业保持稳定,新增就业10650人,安置“4050”下岗失业人员和就业困难人员2343人。加强社会保障体系建设,城乡居民基本医疗参保率达98%,超额完成市下达任务指标。养老保险参保人数明显增加。城镇低保、农村低保、农村“五保”(保吃、保穿、保住、保医、保葬)供养标准普遍提高,全年发放低保和供养金4786万元。社会救助工作位居全市前列。加快养老服务设施建设,建成老年人日间照料中心(站)39所,734名80岁以上老人享受托老服务。建成扶贫助残基地6个,发展残疾人合作社10个,带动462名残疾人就业创业。全面完成食品安全年度监管,构建起食品安全“三级”网络。强力推进“五大放心食品系列工程”(建立健全食品安全监管体系、风险监测体系、督导评估体系、检验检测体系、信息发布及应急管理体系),食药品抽检合格率达98.3%以上。

团泊示范镇

(摄影:张清明)

提升公共服务水平,各项社会事业协调发展。加强和改善办学条件,新建改造大张屯中学、建华学校等53所中小学、幼儿园。全县138所义务教育学校通过现代化达标验收。加强医疗服务和公共卫生服务体系建设,实施中医药进社区、进家庭工程,被市卫生局授予天津市基层中医药工作先进单位。县医院外科综合住院楼建成投入使用。群众体育丰富活跃,竞技体育再创佳绩。全国女子柔道冠军陈飞在伦敦奥运会比赛中荣获第五名,残疾人运动员尚光旭夺得残奥会银牌,实现静海县在奥运会参赛史和奖牌史上零的突破。乡镇达标文体活动中心和村文化活动室实现全覆盖。广泛开展群众性精神文明创建活动,公民道德素质和社会文明程度不断提高。静海书画艺术影响力进一步提升。创新社会管理机制,严厉打击各类违法犯罪活动。“六五”普法和依法治县工作深入开展，民主法制建设进一步加强。排查化解社会矛盾纠纷，一批信访积案得到有效化解。开展安全生产大检查，安全生产形势保持稳定。行政审批、计划生育、民族宗教、外事对台和档案工作取得新成绩。妇女、儿童、老龄、残疾人事业健康发展。军民共建和双拥工作深入开展，国防动员和民兵预备役工作不断加强。

2012年，静海县还存在一些问题和不足，面临着新的困难和挑战。主要是：受宏观经济的影响，部分行业企业运行艰难，产业转型升级的任务还很艰巨；城乡建设特别是村镇环境整治的任务还很重，有待进一步加强和提升；社会管理和创新面临新的形势，不稳定不安全因素增多；一些干部的思想观念和工作作风与静海崛起的新要求和人民群众的新期盼还有较大差距。重视并切实解决这些问题是今后静海县的重要任务。

（王敬模）

静海县县级领导名单

中共静海县委领导名单

书　记：孙文魁

副书记：冀国强　曹殿卿

常　委：孙文魁　冀国强　曹殿卿　张希峰　张绵生　李壮虎（7月调出）　王洪茹（女）　刘　伟　安长海（回族）　畅志杰　李洪东　周跃程（7月任职）

静海县人大常委会领导名单

主　任：高凤阁（女）

副主任：欧宝聚　张忠芬（女）　张　瑛　贺亦农　杨广才

静海县政府领导名单

县　长：冀国强

常务副县长：张希峰

副县长：陈颜忠　崔悦平　张金丽（女）　顾春瑞　于树民

政协静海县委员会领导名单

主　席：刘建国（回族）

副主席：姚金明　黄淑芳（女）　李润华　舒万成　桑少卿　吕　超　王桂花（女）　徐宗佩（回族）

（县委组织部提供）

农业发展　2012年，静海县通过园区引领和项目带动，全面提高农业的组织化、设施化、标准化、科技化、产业化和市场化水平，逐步构建起结构优化、布局合理、功能多样、体系健全、效益显著的现代都市型农业发展格局，农业增加值实现19亿元，比上年增长12.5%，进入农业产业化体系的农户7.90万户。现代农业快速发展。加大设施农业建设力度，建成设施农业533公顷，实施设施农业提升改造347公顷，建设放心菜基地867公顷。林海循环经济示范区全年实现农业产值4.12亿元，完成固定资产投入6.60亿元，招商引资额2.20亿元。龙海产业带果树带完成果树种植457公顷59.20万株。新建光合谷有机蔬菜示范园100栋日光温室，生产优质有机蔬菜20万公斤，年产值1000万元以上，园内蔬菜产品质量达到有机食品国家标准。投资南海松江现代农业示范园2.60亿元，投入基础设施1.80亿元。种植业生产保持稳定发展。全年农作物播种面积68000公顷，其中粮食作物46733公顷，经济作物22600公顷。全年粮食面积与上年基本持平，粮食总产2.40亿公斤。夏粮再获丰收，夏粮种植面积3067公顷，秋粮种植面积43133公顷,小麦良种补贴面积827公顷,总产1527.40万公斤,单产333公斤。渔牧业经济保持稳步发展。畜牧业主要经济指标保持平稳增长,生猪、奶牛、肉鸡、蛋鸡、肉羊、肉牛等主导产业均完成预计目标。渔业投产水面积2367公顷,水产品总产量2.50万吨。全年推广应用高产奶牛精液3万支,生猪良种精液12.20万支,新建和改扩建标准化规模畜牧养殖场8个,创建畜禽标准化示范场3个,完成市现代渔牧业示范园区建设项目7个,实施菜篮子畜产品生产项目10个。农业基础设施建设效果显著。实施南运河、港团河、六排干、迎丰渠南段、互助渠等5条段河道清淤治理工程,治理长度60.75公里,清淤土方293万立方米。完成四党口、王口、薛庄子3座扬水站更新改造工程。建成农业节水项目区33处,新打农用深机井43眼。购置各类农机具810台(套),实施深松作业8000公顷,激光平地作业1333公顷。农业重点工作进展顺利。全年新发展合作社116家,累计602家。扶持农村低收入农户600户。申报农业产业化市级重点龙头企业5家,国家级重点龙头企业1家。完成农民实用技术普及性培训9400人次、职业技能培训2280人。全年引进粮食、蔬菜、瓜类、棉花、中药材等新品种40个,推广测土配方施肥、标准化栽培、保护性耕作等新技术10项53334公顷次。全年对8个乡镇58个村街的村账镇管进行财务审查。

(王敬模)

文化活动 2012年,静海县大力实施文化惠民工程,不断满足人民群众多样化精神需求,文化工作呈现出多个新亮点。公共文化设施建设扎实推进。两馆一院(文化馆、图书馆、书画院)免费开放工作全面启动。县文化馆为群众提供免费文化艺术培训3600人次;县图书馆免费开放4000平方米,接待读者9万人次,网上解答咨询万余条;县书画院免费为书画爱好者提供全方位服务,举办书画展览11次,辅导书画爱好者千余人次;全县16个乡镇新建达标文体活动中心陆续投入使用;完善农家书屋建设,静海县推荐的示范农家书屋和优秀书屋管理员受到国家新闻出版总署表彰;利用村街文化活动室开展各项活动,丰富农村居民业余文化生活,全县涌现出22个市级文化特色村,大邱庄镇、陈官屯镇、团泊镇、王口镇、台头镇被命名为天津市民间文化艺术之乡;完成13个乡镇18个公共电子阅览室试点建设任务,并向社会提供服务。群众文化活动丰富多彩。举办2012年春节文艺晚会、送文化下乡、首届秧歌大赛、书画摄影文学作品展览、电影展映月、民间花会踩街表演、元宵节焰火晚会等春节系列文化活动,受到广大群众欢迎。至年底,送科技、生活等各类图书5000余册,送书画1000余幅,送戏、送文艺节目下乡200余场,放映公益电影6000多场。静海书画影响力进一步提升。承办"中国书法之乡"六省市书法艺术联展,展出各地书法家的书法精品170余幅。"天津书法家协会静海籍会员书法作品展"作为唯一县级书法群体展进入天津市艺术节,并获艺术节展览金奖。组织参加天津市中国民间文化艺术之乡联展、天津市第十六届群星奖书画影作品展、"纪念毛泽东《在延安文艺座谈会上的讲话》发表70周年"天津市美术作品展、中国文化部青年美术书法作品展、全国第三届隶书展等市级以上展览和比赛,并多次获奖,提升了静海书画影响力,展示了静海县"书画艺术之乡"的风采。全县有作家协会、书法家协会、美术家协会、音乐家协会、戏剧家协会、摄影家协会、文苑协会、民间花会协会、葫芦文化协会9个群众文化社团,有会员5000余人,其中国家级会员18人、市级会员100余人。全县有民间花会210道,业余剧团22个,业余文艺演出、书画社(户)49个、各类文艺骨干20000多人。

(王敬模)

教育事业 2012年,静海县教育工作以确保安全稳定为前提,以提高教育质量为核心,以"上档升级,国优市强,强教为民"为目标,积极改善办学条件,狠抓教育教学管理,全面加快教育现代化建设,扎实推进全县教育优质协调、公平惠普高水平发展,先后获得全国"两基"工作先进单位、全国区域推进优秀班集体建设先进单位、全国教育督

静海县模范学校外貌

(模范学校供稿)

导先进集体等3项国家级和12项市级荣誉称号。教育发展日趋均衡。办学条件明显改善，投资8500万元完成教师进修学校、县第三幼儿园、建华学校、良王庄中学、大张屯中学、中旺小学、东滩头小学、西高庄小学、静海镇四小和花园小学新建扩建及续建配套任务，并全部投入使用。投资3100万元提升改造6所乡镇中心园、36所村办幼儿园。总投资3.80亿元的第四、第五幼儿园、光明中学、大邱庄初中高中新建和静海四中、第一幼儿园扩建工程进展顺利。总投资1.66亿元的静海六中迁建工程有序推进。《静海县学前教育三年行动计划》全面落实，率先通过学前三年行动计划市级督导评估。投资4000万元提升改造12所义务教育学校，全部通过市级达标验收。至9月底，全县137所义务教育学校、1所特殊教育学校全部达标。顺利通过全国义务教育基本均衡县市级验收。素质教育有效推进。深入开展“五个教育”活动，6所学校被评为市级心理健康教育先进单位，1名教师被评为全国班集体建设先进个人，8名教师被评为全国优秀校长和班主任。全面落实课程计划，参加国家级学科和美术书法大赛，317名学生获一等奖，获奖级别人数全市领先。成功举办县第三届中小学体育节暨2012年田径运动会，参加市中小学体育运动会获区县组团体总分第三名，参加全国青少年阳光体育节获校园定向跑第三名和跳绳比赛第四名。队伍素质明显增强。强化干部队伍建设，精心组织科级干部竞争上岗工作，2批29名科级干部走上领导岗位；制定出台《教育系统关于进一步加强备案干部管理的意见》，53名备案干部走上中层干部工作岗位，在全国范围内新招录教师224人。扎实开展“学规范，重操守，树形象”主题教育活动，全面启动“名校长，名班主任，名教师”评选认定工作。实施加强教师队伍建设“332”工程，13人参加名骨干教师“国培计划”高校集中培训，602名优秀校长、教师分别参加“265农村骨干教师培养工程”等四项市级培训。教学管理更加规范。全面落实《义务教育学校现代化建设标准》，强力推进《静海县教育教学管理标准》等4个专项文件落实。对82所学校和教师进行教学评估，中小学覆盖率分别达到100%和50%。推行《天津市义务教育学校服务标准》，10所市级试点校工作取得阶段性成绩。

（王敬模）

民政工作 2012年，静海县深化以民为本、为民解困、为民服务的核心理念，以保障困难群体基本生活为根本，做好困难群体救助、养老服务等项工作。夯实民生保障基础，困难群体救助工作实现整体推进。城乡低保工作保证动态管理下的分类施保、应保尽保。完善城乡低保对象核查、变更、注销制度，实行规范化管理。继续实施调标扩面，农村低保标准由每人每月280元提高到320元，农村特困标准由每户每月84元提高到96元；城镇低保标准由每人每月480元调整为520元，城镇特困标准由每户每月144元提高到156元。通过扩面，全县有农村低保对象3750户9366人，发放低保金2427.50万元，农村特困1263户2920人，累计发放救助金140.40万元；城镇低保对象763户1853人，发放城市低保金754.70万元；城镇特困163户380人，累计发放救助金30.50万元，切实保障了困难群众基本生活。专项救助扎实开展，救助领域不断拓展。完成“两节”期间慰问困难群众工作。走访慰问困难群众562户1283人，发放慰问款物合计21万元；为全县低保和特困家庭发放米、面各4812袋。在城乡医疗救助工作中，为全县16655名困难群众核实并上报医疗参保信息，确保困难群众及时得到医疗救助。开展慈善助困工作。春节期间，市、县慈善协会出资26万元救助困难户和低保边缘户320户。开展慈善助孤、助学活动，累计出资13.70万元对34名孤儿和17名考入大学的寒门学子提供资助。县民政部门与天津爱尔眼科医院联合开展“慈善光明行”白内障复明援助行动，为全县18个乡镇200余名老年人进行白内障筛查工作，对符合手术条件的进行免费手术。完善救灾应急预案，自然灾害救助水平显著提高。汛期静海县发生内涝灾害，受灾群众10.96万人，农作物受灾面积39433公顷，绝收面积3674公顷，倾倒居民住房297间，紧急转移安置群众2882人次。老年人日间照料服务中心和居家养老服务工作深入开展。新批建设老年人日间照料中心6所，建成日间照料中心25所，日间照料站14所，资金总投入770万元，基本达到乡镇全覆盖；居家养老工作，对全县80岁以上符合居家养老服务的老人核查评估后，为734名老人提供居家养老服务，下拨资金100.35万元。健全完善农村五保供养机制，五保对象保障力度加大。提高五保供养标准，从4月1日开始农村五保供养标准由每人每年5060元提高到5560元，全县有农村五保对象2601人，全年累计发放供养金1432.70万元。

（王敬模）

人力社保工作 2012年，静海县面对年初“用工难、就业难”并存的结构性问题，创新工作思路，采取积极有效措施，大力推进就业、保险与劳动保障工作。开展就业培训。大力开展“春风行动”和“民营企业周”活动，做到季有大型招聘会，月有专场招聘会，工作日有求职介绍。积极与外省市建立对接渠道，吸纳外省市劳动力补充企业用工缺口。重点建设公共就业服务网络，向全社会各类求职者提供用人单位“真实、完整、有效”的招聘信息和招聘会信息，实现招聘信息的“一点登录、全国查询”。调查1196家企业，重点为502家用工缺口突出企业解决用工需求；发展联盟企业13家，组织招聘会40场，入场求职13500人次，提供就业岗位8970个，现场达成意向4593人。完成新增就业10980人，占全年任务的109.8%。发挥18个乡镇劳动保障中心和协管员队伍作用，入户调查3460户，认定十类困难人员171人，分别享受到公益性岗位、灵活就业社保补贴、服务型企业等就业扶持政策。为13家公益性公司“4050”下岗失业人员2343人落实公益性岗位工资补贴1788万元，落实社会保险补贴1792万元。推进社会保险工作。年初成立社会保险扩面工作领导小组，组织有关人员深入企业、乡镇村街、社区，并依托各种新闻媒介，加强社会保险法规以及便民利民惠民政策宣传，收到一定成效。城镇企业职工基本养老保险参保企业(单位)2118家，参保人数提高到111436人；城镇企业职工基本医疗保险参保企业(单位)2366家，参保人数63173人；失业保险参保企业(单位)1650家，参保人数43579人；工伤保险参保企业（单位)2374家，参保人数61861人；生育保险参保企业（单位)1769家，参保人数50075人。城乡居民养老保险参保人数29454人，农村老年人生活补贴人数53522人；城乡居民医疗保险参保人数464994人，区域覆盖面100%，参保人数完成市计划101.64%。扎实开展工伤认定、劳动能力鉴定工作。全县工伤认定1416件，劳动能力鉴定1015例，846人享受工伤保险金额2804万元。加强劳动保障工作。深入开展劳动合同签订“春暖行动”，推动小餐饮、小旅馆、小作坊以及建筑业、制造业劳动合同和集体合同签订，基本实现劳动合同全覆盖，劳动合同签订率90%以上。督导增长速度较慢企业，确保职工工资12%至15%的增长水平。推动企业建立和谐劳动关系，促进经济发展和社会和谐稳定。新申报劳动关系和谐企业384家；审查工资协议1013份、3087家企业，覆盖职工91580人。实行仲裁案件分类处理，对农民工、工伤职工等群体和集体争议、工资争议等优先受理、快速处理，规范办案程序，提高办案效率。办理劳动争议仲裁案件520件，解决工资297万元，工伤赔付3329万元；审查用人单位2212户，确认3660户用人单位信用等级，劳动保障监察办理案件398件，为职工解决工资1034.90万元。

（王敬模）

林海示范区

静海林海示范区全称静海县林海循环经济示范区，曾被中国绿化协会等四部门命名为国家绿色农业示范区。示范区位于静海县西北部，东至黑龙港河东堤，南至静文路，西始子牙河西堤和梁台路（西段)，北始大清河南岸，规划面积100平方公里。津涞路和子牙河纵穿南北，静霸路和梁台路横贯东西。2012年，示范区土地面积8067公顷，其中林地面积4333公顷，树木1500多万株，130多个树种，林业资源和苗木总值50多亿元。示范区内树木每年吸收二氧化碳24万吨，排放大量氧气，被世人誉为“天然氧吧”。这里有5个示范引领性的大型食用菌生产基地，品种由单一的香菇生产拓展到平菇、黄金菇、木耳、灵芝等多个品种。林下食用菌种植规模367公顷，拱棚数量2600栋，菌棒1550万棒，其中平菇258万棒、香菇1292万棒。林下养殖主要采用散养方式，养殖的畜禽有蛋鸡、肉鸡、鸭、鹅、猪、牛、羊、鸽子、大雁、蚯蚓、乌鸡等，年存栏蛋鸡4万多只，日产鲜蛋1000多公斤，另有鸭、鹅、乌鸡、鸽子等禽类3万只。2012年，示范区农业产值4.12亿元，比上年增长24%；到林海参观、视察的各级领导和国内外人士141团次5523人次。示范区具有丰富的林业资源，优越的农业基础条件，完善的科技服务体系，先进的产业运营模式，突出的特色产业优势。至2012年，示范区初步形

静海林海示范区一角

（林海示范区供稿）

成林地食用菌、散养禽、蔬菜、西瓜、花卉、芦笋等特色产业。示范区立足静海、服务天津、面向京津都市圈，强化精品生产、生态保护、就业增收、示范引领和休闲观光等功能，重点打造林下经济功能区、设施农业功能区、休闲观光农业功能区和区域性绿色农产品供应基地。

（王敬模）

子牙循环经济产业区 天津子牙循环经济产业区的前身是形成于20世纪80年代初期的拆解业。2007年经国务院批准，被国家发改委等六部委命名为国家循环经济试点园区，同时被国家工业和信息化部命名为国家级废旧电子信息产品回收拆解处理示范基地，被国家环境保护部命名为国家进口废物“圈区管理”园区。2008年5月7日，在胡锦涛总书记与日本首相福田康夫的见证下，天津市市长黄兴国和北九州市市长北桥健治共同签署两市开展中日循环型城市合作备忘录，就子牙环保产业园循环经济的产业发展开展广泛合作。园区位于天津市静海县西南部，规划面积135平方公里，重点发展废旧机电产品拆解加工业、废旧电子信息产品拆解加工业、报废汽车拆解加工业、废旧轮胎及塑料再生利用业、精深加工与再制造业。园区设立海关、检验检疫、环保和园区“四位一体”的联合监管体系。至2012年，园区入驻企业128家，年拆解加工能力100~150万吨，每年可向市场提供原材料铜40万吨、铝15万吨、铁20万吨、橡胶素材料20万吨，其他材料5万吨，形成覆盖全国各地的较大的有色金属原材料市场。园区全力打造国际一流的国家级循环经济示范区，成为中国北方地区的“城市矿山”，形成以子牙园区为龙头的环渤海地区静脉产业经济带，促进和反哺于滨海新区动脉产业快速发展。

（王敬模）

团泊新城 静海县团泊新城位于静海县东部，距天津市中心城区14公里，是经国务院批准的天津市2005~2020年城市总体规划中的11个新城之一。新城规划面积210平方公里，定位为突出“水和生态”，依托天津中心市区和滨海新区，建成以现代服务业和生态旅游业为主导，集休闲度假、体育康健、文化创意、商住会议、教育培训、科技研发和生产于一体，宜居宜业的滨湖新城。团泊新城交通、区位及资源优势明显。2012年，已形成由津文路、陈大路、津王路、静港公路和团泊大道组成的新城路网主骨架，加上已建成的次干路和支路，构成四通八达且极为优越的交通网络；素有“华北明珠”之称的团泊湖位于城市中心，52平方公里的水面抵得上12个杭州西湖；团泊地区地热资源丰富，热水储量84亿立方米，含有24种对人体有益的微量元素；团泊洼鸟类自然保护区内珍禽候鸟繁多，天鹅、鸳鸯、白鹭等164种候鸟栖息繁衍，是天津市三大生态环境建设和保护区之一；规划区内可供开发的土地约110平方公里，围绕滨水主题，按照“六河、九岛、十八湖”的水系规划建设，构成河河相连，湖湖相通，岛岛相望的特色水城。建有（包括正在建设的）多个文化、教育、体育、卫生设施，主要有：天津泰达足球训练基地、松江高尔夫球场、天津体育中心自行车馆、萨马兰奇纪念馆、光合谷生态文化产业园、天津大学仁爱学院、中医药大学、天津医科大学国际医学城、天津团泊国际糖尿病医院、团泊温泉度假酒店。有的重点项目已建成运营。2013年的东亚运动会，将团泊新城选定为主要比赛区域。2012年12月7日，团泊新城被国土资源部命名为第三批“中国温泉之城”。团泊新城地处王兰庄地热田中部，地热资源极为丰富，开采条件十分优越。团泊新城分布着两个不同类型的热储层：孔隙型热储层主要是新近系明化镇组和馆陶组；岩溶裂隙型热储层主要是奥陶系和蓟县系雾迷山组。区内流体资源静储量333.87亿立方米，年可开采量572万立方米，日可开采热流体量1.57万立方米。年可利用热资源量1245000亿千焦，每年代标准煤42300吨，年可采地热流体总价值5404万元。地热流体内锂、锶、硼、铬、钒、铜、锌、铁、镍、铝等24种对人体有益的微量元素，其中氟离子含量达到医疗矿水命名标准，碘离子、偏硼酸、硅酸含量均达到医疗矿水标准，属于复合型医疗矿泉水资

团泊新城

（团泊新城委供稿）

源,极具理疗、康复、养生价值。团泊地区有井开采量 92.79 万立方米,仅占团泊新城地热流体可开采量的 16.22%,开发潜力巨大。

(王敬模)

萨马兰奇纪念馆 占地面积 33300 多平方米,建筑面积约 3 万平方米。其中,展区部分 3966 平方米,可同时容纳 2000 名观众,内设多功能厅、国际纪念品旗舰店、西班牙商业街、巴塞罗那餐厅等配套设施,是集国际体育文物珍品展陈、文化艺术交流、大型会展、会议论坛及旅游休闲于一体的国际级高品质、多元化的综合体。纪念馆内展出萨马兰奇收藏的所有奥林匹克纪念品（包括各国领导人赠送的礼物、各种勋章奖章及国际奥林匹克发展的重要文件)及诸多珍贵藏品 16578 件。萨马兰奇 1920 年 7 月 17 日生于西班牙巴塞罗那,喜爱多项体育运动。自 1980 年起担任国际奥委会主席长达 21 年,是继“奥林匹克之父”顾拜旦之后任期时间最长的奥委会主席。在国际奥运史上，萨马兰奇时代是奥运会得到前所未有发展的时代。2011 年 4 月 21 日,这位世界著名的体育活动家在巴塞罗那逝世。2011 年 5 月 25 日,中共天津市委书记张高丽会见国际奥委会委员吴经国时，决定把萨马兰奇纪念馆建立在天津市静海县。2011 年 7 月 19 日，萨马兰奇纪念馆建设合作协议签约仪式在天津举行，天津市市长黄兴国出席签约仪式。2011 年 11 月,萨马兰奇纪念馆动工建设。2012 年底,主体工程告竣。萨马兰奇纪念馆对弘扬奥林匹克精神，加强中国对外交流，扩大和提升天津的国际知名度，促进区域发展起到积极的推进作用。

(王敬模)

静海镇

静海镇位于静海县境中部偏北,为静海县人民政府驻地。东连大丰堆镇和杨成庄乡,西邻梁头镇,南靠双塘镇,北界独流镇和良王庄乡。2012 年,镇域面积 80.20 平方公里,辖 37 个行政村,2 个街道办事处,34个居民委员会。人口 40551 户 113107 人,其中非农业人口 27965 户 75986 人。人口密度为每平方公里 1409 人,是全县人口密度最高的镇。

该镇因驻地静海而得名。历史上,这里称涡口寨,亦称涡子口、涡子寨。西汉至东晋十六国时属东平舒县。南北朝时属平舒县。隋、唐二朝属鲁城县。五代十国时先后属宁州和永安县。北宋时先属乾宁县,大观二年（1108）首次在涡口寨置县治,时称靖海县。嗣后,县治一度去销复置。明朝洪武初年,改“靖”为“静”,称静海县。静海从此定名,沿用至今。

1946 年,这里置县城镇,属静海县第一区。1948 年 12 月,设静海市,属河北省冀中行署八专署静海县。1949 年 12 月,改名城厢区。1958 年 8 月,改建红旗人民公社。1961 年 5 月,改建城关公社。1965 年 3 月,置静海镇。上述区、公社、镇的驻地均在静海。2001 年 8 月调整区划,将城关乡、徐庄子乡和府君庙乡的西五里村、北五里村、魏家庄、付家村并入静海镇。

2012 年，实现地区生产总值 33.80 亿元，财政收入 3.30 亿元,全社会固定资产投入 30.39 亿元。农民人均可支配收入 13863 元。

农业常用耕地 2081.97 公顷,平均每一农业人口占有 0.05 公顷。全年，粮食播种 1378.16 公顷，总产 7590 吨；棉花种植 432.08 公顷,总产 467 吨;蔬菜种植 252.13 公顷,总产 12086 吨。大口子门村 4 公顷高效节能日光温室与龙海产业带所涉及的小高庄、胡家园、三街等村街的果树栽植任务完成;范庄子 16 公顷的绿色农业观光采摘基地在建设中。全镇农、林、牧、渔业总产值 13045 万元。

北环工业区建设迅速。全年投入 1.50 亿元用于基础设施建设,新建主干路延长线 6 条 180 万平方米,种植各类树木 3 万株,完成园区水、热、电、气等配套工程建设,铺设各类管网 10 公里。加强重点项目建设。天津翰吉斯国际农产品物流项目,投资 4.60 亿元,建筑面积 26 万平方米的 16 个交易大棚主体建设完成验收。配套商务区 3.70 万平方米的 21 座商业办公楼主体框架基本完工。海吉星北方总部、冷链储运中心和商业街等项目 9 月开工。义乌北方(天津)国际商贸城项目,首期 36 万平方米主体商城封顶,正在进行装修。

花园小学重建、第四小学扩建及徐庄子小学、孙家场小学幼儿园建设工程完成。全镇 37 个健身活动场所配套更新及 7 个星级健身活动场所建设完成。配合县政府完成胜利路北延拆迁改造和 110 千伏输电线路 9500 米线路工程;乡村公路大修 8.40 公里、小修挖补 3700 平方米。全年,解决 2000 余人就业问题;办理城乡居民医疗保险 61090 人，办理城乡居民养老保险 450 人;动员社会力量资助镇内贫困学生、贫困社会帮教人员子女、单亲困难家庭子女就学共计 105 人 72000 元;1432 户城乡低保、特困、五保等困难家庭得到救助;帮助 33 户残疾人就学、472 人托养、4 户残疾人困难家庭建房,帮助 98 名下岗困难职工申领养老保险补贴。

(王　卉)

独流镇

独流镇位于静海县最北部。东接良王庄乡，西靠台头镇，南与静海镇为邻，北依西青区辛口镇。2012年，镇域面积64.40平方公里，辖28个行政村街。人口13416户36611人，其中非农业人口2278户3795人。镇政府位于兴业大街西侧，南距县城10公里。

该镇因南运河、子牙河、大清河在此汇成一条河流而得名。宋代，曾在这里设独流东寨、独流北寨。明永乐年间移民至此，渐成集镇。该镇地处水陆交通要冲，地理位置非常重要。清咸丰年间，太平天国北伐军曾在这里和清军激战100天。光绪二十六年(1900)，义和团首领张德成曾在此设“天下第一坛”，是义和团运动的重要活动地区。清朝中期，在此设独流地练。1923年，置独流镇，属静海县第五区。1948年12月，设独流市。1949年12月，改设独流区。1950年8月，改设静海县第三区。1958年8月建东风公社。以上区、市、社、镇均驻地独流。1961年5月建独流公社。1965年3月复置独流镇。2001年8月调整区划，将北肖楼乡和府君庙乡的王家营、苟家营、刘家营、冯家村4村并入独流镇。

2012年，完成地区生产总值13.86亿元，财政收入10849万元，工业固定资产投入13330亿元。农民人均可支配收入13024元。

全镇有耕地4109.59公顷，平均每一农业人口占有0.12公顷。全年，粮食播种3029.31公顷，产量21349吨；棉花播种179.42公顷，产量130吨；蔬菜种植1894.08公顷，产量120148吨。有果园148.61公顷，产水果1258吨。全年栽植树木84.71公顷，年末实有林地2322.96公顷。全镇有市级奶牛养殖小区2个，县级综合养殖小区7个。全年肉类总产4223吨，蛋类总产2326吨，牛奶总产12127吨。全镇农、林、牧业总产值39861万元。

有各类工业企业230家（规模企业15家），销售收入21.80亿元，利润总额1.70亿元。新上、技改项目共12个，固定资产投入13330万元，其中新上项目7个，投入资金9830万元。年内，引进项目5个，到位资金7800万元。

投资150万元完成李家湾子中心小学校舍维修加固工程；投资130万元完成李家湾子幼儿园建设；投资280万元的镇中心幼儿园在建设中。镇村投资1225万元，大修13条乡村公路；投资120万元，新建改建桥梁2座；完成友好街、义和街、尚庄子村集中供水管道铺设。全镇528户低保户、247户五保户、239户特困户、346户优抚对象得到救助。

（王　卉）

独流镇政府

（独流镇政府供稿）

唐官屯镇

唐官屯镇位于静海县最南部。东邻蔡公庄镇，西界河北省青县流河镇，南靠青县马厂镇和陈缺屯乡，北连西翟庄镇和陈官屯镇。2012年，镇域面积113.10平方公里。辖43个行政村街，是全县行政村最多的乡镇。人口17907户47238人，其中非农业人口4150户6639人。镇政府位于大张屯村南部的京福公路北侧，北距县城26公里。

唐官屯得名始于明朝。明永乐年间，唐世义率移民来此垦官田，初称唐世义屯，后简称唐官屯。这里位于天津市和静海县的南端，是水陆交通的要冲，地理位置非常重要。清朝时，设唐官屯地练，属静海县南路。1923年置唐官屯镇，属静海县第三区。1946年6月“青(县)沧(州)战役”后，属冀中区。1947年，设唐官屯市，属静海县。1949年12月，改设唐官屯区。1950年8月，改为六区，驻地唐官屯。1957年8月，改设唐官屯乡。1958年8月，建钢龙人民公社。1961年5月，改为唐官屯公社。1965年3月，改置唐官屯镇。上述公社和乡镇驻地均在唐官屯。2001年8月调整区划，将原大张屯乡和大郝庄乡并入该镇。此后，唐官屯镇驻地移至原大张屯乡驻地。

2012年，实现地区生产总值12.44亿元，财政收入1.16亿元，全社会固定资产投入12.80亿元。农民人均可支配收入12702元。

全镇有耕地5908.09公顷，平均每一农业人口占有0.15公顷。全年，

唐官屯镇政府

（唐官屯镇政府供稿）

粮食种植5848.86公顷，产量32180吨；棉花种植455公顷，产量322吨。有果园2217.98公顷，产水果2058吨。全年造林126.60公顷(其中龙海产业带种植苹果树170.80公顷)，年末实有林地5113.62公顷。全镇饲养猪51945头、牛2050头、羊27200只、肉鸡251.12万只。全年，肉类总产6571吨，蛋类总产587吨，牛奶总产6619吨。全镇农、林、牧业总产值26233万元。

有规模以上工业企业13家，从业人员1573人。全年，实现总产值77696万元，营业收入70034万元，利润1748万元。唐官屯物流加工园区基础设施建设继续推进，园区累计签约项目15个，签约额82.40亿元，全年销售收入80万元。

投资1200万元新建的4100平方米大张屯中学教学楼9月竣工投入使用；镇中心幼儿园改建完成。新建村级卫生室37所，城乡居民医疗保险参保率98%。全年大修乡村公路9条14.90公里，挖补公路20公里，修公路涵洞2个。刘上道、刘下道等9个村的集中供水改造工程完成；新建居民住宅小区4处，新增住宅面积6.20万平方米；创建文明生态村2个；完成西沟乐、马集、良辛庄等5村体育健身路径配备，实现43个村街健身路径全覆盖。新增低保65户，五保27人，农村特困32户，落实临时救助款18.60万元。

（王　卉）

王口镇

王口镇位于静海县西部，子牙河两岸。东邻梁头镇，西界河北省文安县滩里乡和德归乡，南连子牙镇，北至台头镇。2012年，镇域面积78平方公里。辖24个行政村街。人口11168户33963人，其中非农业人口1544户2631人。镇政府位于大瓦头村的静文(安)公路北侧，东距县城15公里。

该镇因镇内王口得名。元朝时称文定乡，属顺天府。清初改称王家口，1946年置王口保公所，1947年设王口市，均属大城县。1948年12月改属静海县。1949年12月设王口区，1950年8月设四区，驻地王口。1957年8月建王口乡，1958年8月建旭升公社，1961年改名王口公社，驻地均在王口。1983年7月置王口乡，1988年改置王口镇至今，驻地均在大瓦头。

2012年，实现地区生产总值9.23亿元，财政收入4318万元，全社会固定资产投入2亿元。农民人均可支配收入12812元。

全镇有耕地4703.62公顷，平均每一农业人口占有0.15公顷。全年，粮食播种2356.24公顷，产量12947吨；棉花播种1658.23公顷，产量1186吨。全年造林85.58公顷，年末实有林地4543.40公顷。有果园730.97公顷，产水果7936吨。全年，肉类产量2909吨，蛋类产量112吨，牛奶产量15900吨。因受涝灾，全镇农、林、牧业受到影响，总产值33031万元。

有规模企业5家，销售收入30867万元，利润总额1603万元。

炒货业为该镇支柱产业。至2012年底，炒货园区前期规划工作有序进行，园区前期总规划由天津规划设计院制定完成，并通过县委、县政府主要领导审查，园区控规、详规和产业发展规划由天津交通设计院和天津市经济研究所进行规划设计，园区土地征用前的调查摸底工作仍在进行。

投资150万元用于校园绿化、路面硬化、设备更新、幼儿园改造工程。津文公路改扩建工程是市20项民心工程之一，也是王口镇民生工程之一。该工程涉及镇域段全长9.50公里，沿线8个村，征用土地33公顷，迁移坟墓266座，8家企业用房，2家教练场。至年底，青苗、树木、水利设施等地上物评估补偿、迁坟、企业拆迁等基础性工作仍在进行。年内，圈里、北苗头各0.50公里的惠民公路工程竣工；新增低保35户，特困18户，发放救助金近20万元；雨灾过后完成低保、五保危房改建5户，漏房修建17户，发放米、面、油等救灾物资18.50万元，投入15万元购置抽水机等排水设备20台套，把群众受灾损失降到最低。

（王　卉）

子牙镇

子牙镇位于静海县西南部。东邻梁头镇，西界河北省文安县德归乡和大城县旺村乡，南连沿庄镇，北接王口镇。2012年，镇域面积60.10平方公里。辖16个行政村。人口11368户35495人，其中非农业人口1691户3242人。镇政府驻王二庄，东北距县城19公里。

该镇因原驻地东子牙得名。清朝设子牙地练，属静海县西路。1946年置子牙大乡。1948年12月属静海县第四区。1949年建子牙区。1950年8月改称五区，驻东子牙。1957年8月置子牙乡。1958年8月建卫星公社，驻地东子牙。1961年5月改名子牙公社。1974年公社驻地迁至王二庄。1983年7月复置子牙乡。1989年6月置子牙镇至今。

2012年，实现地区生产总值6.60亿元，财政收入5158万元，固定资产投入3500万元。农民人均可支配收入13701元。

全镇耕地面积3916.42公顷，人均占有耕地0.12公顷。全年，粮食播种2091.25公顷，总产12292吨；棉花播种308.95公顷，总产240吨。有果园416.47公顷，产水果1793吨。年内造林21.14公顷，年末实有林地4888.38公顷。全年生猪饲养18701头，牛饲养55头，羊饲养18316只，肉鸡饲养36400只。肉类总产1445吨，禽蛋总产352吨。全镇农、林、牧业总产值13165万元。

工业依托子牙循环经济产业园区，延伸拆解链条，逐步形成以循环经济为主线，以精细深加工为导向，以最终产品为目标的大循环产业。全镇规模以上企业7家，从业人员319人，全年实现总产值34131万元，利润总额282万元。

投资200余万元完成西高庄小学教学楼建设，完成西高庄小学、王庄子学校现代化达标验收；投资30余万元对镇域内幼儿园改造升级。完成12所村级卫生室建设。投资340万元修建西堤路6.70公里，投资100万元修建小邀铺道1.60公里；投资50万元修建东高庄道1公里，对乡村公路进行小修挖补6公里。全年新增低保、五保、特困户30户79人。投资2万元为大黄庄、大邀铺、东高庄等9个村的35名残疾人办理居家托养服务，全年服务880人次。为92名残疾人发放燃油补贴23920元。

（王　卉）

沿庄镇

沿庄镇位于静海县西南部。东邻陈官屯镇，西界河北省大城县旺村乡，南界河北省青县流河镇和大城县南赵扶镇，北接子牙镇和梁头镇。2012年，镇域面积98.70平方公里。辖24个行政村。人口12308户35295人，其中非农业人口1521户2433人。镇政府驻东滩头北侧，东北距县城18公里。

清朝和民国时期，镇域西部地区属大城县，东部地区属静海县。1948年后属静海县十一区。1950年属五区。1957年8月建沿庄乡。1958年8月设沿庄管理区，属卫星公社。1961年5月属子牙公社。1974年3月建沿庄公社。1983年7月17日复置沿庄乡。2001年8月改为沿庄镇。2001年8月调整区划，东滩头乡并入沿庄镇。

2012年，实现地区生产总值7.30亿元，财政收入5644万元，全社会固定资产投入13650万元。农民人均可支配收入12882元。

全镇有耕地6359.64公顷，平均每一农业人口占有0.19公顷。粮食作物主要有小麦、玉米、大豆。全年，粮食播种4780.52公顷，总产30189吨；棉花种植1354.74公顷，总产1121吨；蔬菜种植324.23公顷，总产18959吨。水果种植以枣、桃为主，年产果品2785吨。有林地6010.87公顷，当年造林402.27公顷。养殖业较发达，新建生猪示范养殖小区1个，全镇有各类养殖小区5个。全年肉产量4354吨，蛋类产量627吨。全镇农、林、牧业总产值24947万元。

工业以喉箍制造、餐具制造和有色金属加工三大产业为主导，有企业234家（规模以上工业企业9家），全年工业销售收入15.40亿元。新增楼宇经济项目37个，累计66个，全年上缴税收650万元。

投入300万元用于教学设备购置、校舍维修、校园绿化、教师培训等工作。投入291.20万元，新修大修乡村公路5.60公里；投入32.50万元，挖补乡村公路2167平方米。为20户48人申请特困、低保待遇，为16人申办五保供养，为64名特困、低保和五保人员办理医疗保险。至年底，全镇有163户520人享受特困待遇，240户840人享受低保待遇，240名孤寡老人和孤残人员享受五保待遇。

（王　卉）

台头镇

台头镇位于静海县西北隅。东连独流镇，西界河北省文安县滩里乡，南邻王口镇和梁头镇，北界河北省霸州市辛章镇。2012年，镇域面积56.60平方公里。辖18个行政村。人口8489户25122人，其中非农业人口762户1347人。镇政府驻台头村，东南距县城16公里。

该镇因驻地台头得名。清朝和民国时期均属大城县。1948年12月，建台（头）黄（岔）市，改属静海县。1949年12月，设台黄区。1950年8月，属静海县四区。1957年8月，建台头乡。1958年8月，置台头管理区，属旭升公社。1983年7月，建台头乡。1989年6月，置台头镇。

2001年8月，调整区划，将二堡乡并入台头镇。

2012年，实现地区生产总值6.23亿元，财政收入3254万元，固定资产投入6664万元。农民人均可支配收入12096元。

全镇有耕地3765.42公顷，平均每一农业人口占有0.16公顷。全年，粮食播种2591.70公顷，产量18416吨；棉花种植540.14公顷，总产444吨；果用瓜种植439.42公顷，总产21175吨。设施农业面积300.20公顷。

加强农业招商，绿园农业生态园扩域46.70公顷，总面积76.20公顷；姜家生态农庄项目主体工程竣工；滨海新区旅游区租赁土地146.70公顷，均已种植苗木。

全镇专业合作社26家，其中民发西瓜种植专业合作社，通过与超市和大型农贸市场联系，设立台头西瓜销售专营点，并示范种植露地嫁接西瓜3.30公顷，每公顷效益比普通种植提高22500元。全镇农、林、牧业总产值29518万元。

有工业企业68家，其中规模以上企业3家。规模以上企业年销售产值12215万元，营业收入10975万元，利润总额172万元。

投资20余万元，对台头二小和黄岔小学教学环境进行改善；镇文体活动中心和黄岔中心幼儿园主体建设完成。年内，台头镇书法艺术之乡（市级）、大六分村（国家级）和民生村（市级）文化特色村申报工作完成。

投资300万元，对三号路、三堡连接路和绿源路进行修整，对五四路、静霸路建设村段进行挖补；配合交通局对静霸路台头镇段进行翻修改造；对二堡路进行重修。投资120万元，完成中二堡、南二堡、坝台村集中供水工程；投资6万元对敬老院进行修缮。全年落实审批农村低保34户，特困9户，五保13户；城乡基本医疗保险实现全员参保。

（王　卉）

大邱庄镇

大邱庄镇位于静海县东南部。东接团泊镇，西连西翟庄镇，南至蔡公庄镇，北邻大丰堆镇。2012年，镇域面积119平方公里，是全县面积最大的乡镇。辖26个行政村街。户籍人口12825户41189人，其中非农业人口2051户4626人。镇政府驻大邱庄，西北距县城18公里。

大邱庄于明朝永乐二年（1404）建村，因多为“邱”姓移民，故起名邱家庄，后改称大邱庄。该镇历史上一直隶属蔡公庄，直到1993年11月18日，撤村建镇。建镇之初，下辖万全、尧舜、津美、津海4街。2003年9月25日，将原蔡公庄镇所辖的大屯、满井子、王虎庄3村划入。2006年1月1日，原西翟庄镇所辖庞庄子村划入。2011年6月23日，原团泊镇、蔡公庄镇、西翟庄镇、大丰堆镇所辖丁房子、邢家邽、东房子、五美城、三间房、刘房子、胡连庄、官坑、太平村、东尚码头、西尚码头、前尚码头、北尚码头、巨庄子、岳庄子、崔庄子、白公坨、李八庄村整建制划归大邱庄管辖。

2012年，实现地区生产总值103.96亿元，财政收入9.08亿元，固定资产投入55.30亿元。农民人均可支配收入15426元。

全镇有耕地4852.49公顷，平均每一农业人口占有0.13公顷。2012年，投资2.90亿元，继续实施三个万亩设施农业工程：生宝谷物、津美、德利泰设施农业流转土地200.10公顷，累计1334公顷，新建温室大棚1200栋；万亩林地工程完成植树867.10公顷92.80万株；万亩高效农业工程，与紫兆公司达成合作意向，建设2万亩高效有机农业园区。全年粮食播种1752.08公顷，总产7106吨；棉花播种2840.49公顷，总产2404吨；蔬菜种植303.08公顷，总产27897吨。有林地1246.22公顷，当年造林48.82公顷。有果园687.01公顷，主产枣和苹果，总产628吨。全镇饲养生猪93888头、牛1513头、羊4944只、肉鸡234.53万只，全年肉类总产7092吨，蛋类总产55吨，牛奶总产7215吨。有淡水养殖面积419公顷，总产水产品2444吨。全镇农、林、牧、渔业总产值32124万元。

工业较发达。全镇规模以上工业企业148家，从业人员21553人。全年实现总产值613.70亿元，营业收入702.84亿元，利润86.67亿元。

示范小城镇建设被市政府批准为天津市第四批小城镇建设试点单

2012年，大邱庄用机械收割小麦

（摄影：孙德民）

位，涉及26个村街、12000户、4万人。至年底，安置房有32万平方米楼房封顶；港团河东西两段道路竣工通车，道路两侧供水、电力、燃气、通信、排水等管道铺设和50米绿化带施工全部完成；初级中学新建工程完成打桩、土地平整和施工场地整修；高级中学新建工程完成地面打桩、教学实验楼和行政楼施工；香港街实施立面整修、牌匾更换、地面铺装、管网铺设、室外大屏幕安装5项综合改造提升；黄山路、泰山路、长江道、静王路4条镇区主干道路全部安装太阳能路灯。

依托“扶贫助困、福慧教育、残疾人救助”3个基金，做公益事业，年内发放扶贫助困助残款266万元，帮扶300户；发放助学金268.50万元，资助537名大学生。

（王 卉）

团泊镇

团泊镇位于静海县东部。东依大港油田生活基地，西邻蔡公庄镇，南靠大港小王庄镇，北隔独流减河与西青区王稳庄镇交界。2012年，镇域面积28.60平方公里。辖8个行政村。人口2728户9665人，其中非农业人口393户936人。镇政府驻团泊村南侧，西距县城20公里。

该镇因驻地团泊得名。清朝属静海县东路大泊地练。1945年置团泊保公所。1948年12月属天津县马圈区。1949年划归静海县。1950年8月属静海县八区。1957年8月属赵连庄乡。1958年8月建团泊洼公社，驻地洋闸。1961年5月改建团泊公社。1983年7月置团泊乡。1999年12月改为团泊镇。2001年8月调整区划，将胡连庄乡并入团泊镇。2011年6月23日，丁房子、邢家堼、东房子、五美城、三间房、刘房子、胡连庄7村析出。

2012年，实现地区生产总值3.64亿元，财政收入9833.50万元，固定资产投入4720万元。农民人均可支配收入12911元。

全镇耕地面积305.15公顷，人均占有耕地0.03公顷。年内，农业示范园建成现代化日光温室大棚81栋，栽种香蕉西葫、五彩辣椒等30余个蔬菜品种，16种蔬菜获得有机蔬菜认证。全镇种植粮食115.86公顷，总产414吨；种植棉花175.95公顷，总产162吨。有枣园20公顷，总产61吨。全年，肉类产量1274吨，蛋类产量93吨，牛奶产量400吨。水产养殖业发达。有养殖水面1142.84公顷，总产水产品12493吨。形成南美白对虾养殖区、商品鱼养殖区和鱼虾套养养殖区布局，品种增加到鲫鱼、鲤鱼、鲢鱼、鳙鱼、草鱼、南美白对虾等10余个。因受涝灾，农、林、牧、渔业受到影响，总产值18556万元。

工业主导产业是金属丝绳、金属制品和金属压延业。全镇规模以上企业13家，从业人员1728人，全年实现总产值14.85亿元，营业收入62999万元，利润总额2218万元。

全镇有低保、特困户48户106人，五保户14户14人；为城乡老年人724人办理补助；为全镇65周岁以上老人发放免费乘车卡，为90岁以上老人发放慰问品。

（王 卉）

大丰堆镇

大丰堆镇位于静海县中部偏东。东连团泊镇，西邻双塘镇，南接西翟庄镇，北至杨成庄乡。2012年，镇域面积55.70平方公里。辖16个行政村。人口5413户15625人，其中非农业人口900户1872人。乡政府驻大丰堆北侧，西北距县城9公里。

该镇因驻地大丰堆得名。清朝属静海县南路高家庄地练。1946年置大丰堆乡，属一区。1948年12月属砖垛区。1950年8月属二区。1956年属八区。1957年8月建大丰堆乡。1958年8月属红旗公社。1961年5月建大丰堆公社。1983年7月置大丰堆乡。2001年3月16日改为大丰堆镇。2011年6月23日，所辖崔庄子、李八庄、岳庄子、白公坨4村析出。

大丰堆镇政府

（大丰堆镇政府供稿）

2012年，实现地区生产总值2.76亿元，财政收入7529.30万元，固定资产投入5418万元。农民人均可支配收入12941元。

全镇耕地面积1492.08公顷，平均每一农业人口占有0.11公顷。粮食作物主要有小麦、玉米、大豆。2012年，粮食播种820.54公顷，总产4179吨；棉花种植784.06公顷，总产581吨。有果园141.20公顷，产水果40吨。新增造林面积87.64公顷，年末实有林地2059.36公顷。饲养生猪40440头、羊930只、肉鸡149.32万只，全年肉类总产4069吨，蛋类总产8吨。水产养殖业较发达。有淡水养殖面积200.10公顷，总产水产品2250吨。全镇农、林、牧、渔业总产值13188万元。

有规模以上企业15家，从业人员633人。全年，实现生产总值10.99亿元，营业收入10.56亿元，利润1505万元。

先后建成村级卫生室12个，镇文体中心、敬老院配套设施建设完成，公共服务体系基本建成。投资500余万元，修建乡村公路5条，总长6700米；投资142万元，建成桥梁3座，涵洞1个。投入人力700人次，出动机械车辆90台次，购置白灰300余吨，清淤泥4000余立方米，清除垃圾400余立方米，打捞漂浮物100余立方米，镇域环境得到改善。

（王　卉）

蔡公庄镇

蔡公庄镇位于静海县东南部。东邻团泊镇，西连西翟庄镇和唐官屯镇，南至中旺镇，北接大邱庄镇和团泊镇。2012年，镇域面积75.40平方公里。辖16个行政村。人口7535户21087人，其中非农业人口897户1535人。镇政府驻蔡公庄，西北距县城21公里。

该镇因驻地蔡公庄得名。清朝属土河地练。1945年置蔡公庄保公所，属静海县二区土河大乡。1948年12月属天津县湾头区。1949年划归静海县。1950年8月设八区，驻蔡公庄。1957年8月建蔡公庄乡。1958年8月设蔡公庄管理区，属团泊洼公社。1983年7月复置蔡公庄乡。1995年12月25日，蔡公庄乡改为镇。2003年9月25日，大屯、满井子、王虎庄3村析出。2011年6月23日，官坑、太平村2村析出。

2012年，实现地区生产总值6.49亿元，财政收入9514.10万元，固定资产投入2.80亿元。农民人均可支配收入13456元。

全镇耕地面积2573.82公顷，平均每一农业人口占有0.13公顷。2012年，农业规模化水平提升，引进农业新品种17个，推广新技术8项，新增合作社6个。静东合作社种植黑色杂粮392.90公顷，年产值1577万元。全年，粮食种植1593.60公顷，总产7975吨；棉花种植1109.35公顷，总产1460吨；蔬菜种植51.49公顷，总产1752吨。有果园317.69公顷，水果以枣、苹果、梨和葡萄为主，果品总产量2377吨。新造林16.61公顷，年末实有林地2623.51公顷。饲养生猪22552头、牛50头、羊2959只，全年肉类总产量2589吨，蛋类产量126吨。全镇农、林、牧业总产值13975万元。

工业以黑色金属轧延、金属制造、乐器制造为主。新增科技型中小企业20家，累计60家。有规模以上企业16家，从业人员2161人。全年实现总产值25.86亿元，营业收入23.76亿元，利润总额8168万元。

投资160万元、建筑面积950平方米的蔡公庄中心幼儿园建成投入使用；投资80万元对镇中学校舍进行改造；投资6万元对顺小王小学取暖设施和门窗进行改造。安排40余万元资金对困难群众、弱势群体进行帮扶。全年发放低保和五保供养金189.90万元，发放特困救济款16.10万元，发放临时救济款3.40万元。

（王　卉）

西翟庄镇

西翟庄镇位于静海县东南部。东邻蔡公庄镇和大邱庄镇，西连陈官屯镇，南至唐官屯镇，北接大丰堆镇。2012年，镇域面积55.90平方公里。辖13个行政村。人口5441户14082人，其中非农业人口773户1190人。镇政府驻西翟庄南侧，西北距县城20公里。

该镇因驻地西翟庄得名。清朝属静海县东路顺民屯地练。1946年置西翟庄保公所，属二区土河大乡。1948年12月属天津县湾头区。1949年划归静海县。1950年8月属八区。1957年8月建西翟庄乡。1958年8月设西翟庄管理区，属钢龙公社。1961年5月建西翟庄公社。1983年复置西翟庄乡。2001年8月改为西翟庄镇。2006年1月1日，所辖庞庄子村划归大邱庄。2011年6月23日，所辖东尚码头、西尚码头、前尚码头、北尚码头、巨庄子5村划出。

2012年，完成地区生产总值4.84亿元，财政收入4901.50万元，固定资产投入6600亿元。农民人均可支配收入12810元。

全镇有耕地2065.77公顷，平均每一农业人口占有0.16公顷。2012年，粮食播种2170.62公顷，总产量10171吨；棉花种植159.68公顷，总产量140吨。小枣产业是该镇特色产业。投资380万元，完成张庄子小枣采摘观光园打井、架线、修路等基础设施建设，嫁接改良33.40公顷枣树新品种。为解决小枣晾晒贮存难题，投资100万元引进小枣烘干加工机器11台，提高小枣干品质量。养殖业发达。饲养生猪7140头、牛2502头、羊2590只、肉鸡148.65万只，全年肉类总产量1909吨。全镇农、林、牧业总产值8381万元。

新发展科技型中小企业9家、楼宇经济7家。全镇规模以上工业企业12家，从业人员1613人，全年完成总产值26.47亿元，营业收入25.98亿元，利润总额10068万元。

投资180.60万元，新建村级卫生室12个。投资348万元，大修改造公路3条3.90公里，硬化里巷胡同4条5.30公里;投资95万元新修桥涵2座。新型农村合作医疗参合率98%；全年发放优抚金98万元，发放低保、五保救助金120万元。

（王　卉）

双塘镇

双塘镇位于静海县中部。东靠大丰堆镇,西连梁头镇,南邻陈官屯镇,北接静海镇。2012年,镇域面积44.10平方公里。辖10个行政村。人口5275户14163人,其中非农业人口859户1425人。镇政府驻东双塘村,北距县城7公里。

该镇因驻地双塘得名。清朝置东双塘地练,属静海县南路。1946年置东双塘保公所，属静海县一区。1948年12月属七区。1950年8月改属一区。1957年8月属八里庄乡。1958年8月置东双塘管理区，属红旗公社。1961年5月建东双塘公社。1983年7月置东双塘乡。2000年12月改为双塘镇。

2012年，完成地区生产总值11.91亿元,财政收入7928.80万元,固定资产投入15亿元。农民人均可支配收入12633元。

全镇有耕地2088.24公顷,平均每一农业人口占有0.17公顷。2012年，粮食播种1866.67公顷，总产12631吨;棉花种植183.36公顷,总产195吨;蔬菜种植418.21公顷,总产20302吨。有果园140.07公顷,产水果555吨。新造林57.56公顷,年末实有林地2491.78公顷。畜牧养殖业发达。饲养生猪21755头、牛6840头、羊1282只、肉鸡18.41万只,全年总产肉类3373吨、蛋类374吨、牛奶35969吨。全镇农、林、牧业总产值25370万元。

园区经济成为引领全镇经济发展龙头。年内引进项目43个,其中天津信隆实业有限公司、康泰恩金属制品等15个项目投产;天津丹田涂料、宏冠宇金属制品等17个项目在建设中。全年引进内资7亿元,实际到位额5亿元；引进外资500万美元,实际到位额200万美元。

第三产业发展迅速。国庆节期间,西双塘村举行“古街”开街仪式,仿古一条街新增古玩、字画、玉石等各类商铺164家。“天下第一象”、梦幻王朝演出、东五台寺等景点，节日期间带动各地观光游客20万人次,零售、餐饮、娱乐等各类服务业销售收入200余万元。

投资400万元，大修公路4.20公里,小修公路2090平方米。新增低保12户,特困2户,五保2户,为不符合低保特困条件但生活确实困难的10余户申请临时救济。为9户残疾人家庭子女以及3名残疾学生申请助学金。

（王　卉）

陈官屯镇

陈官屯镇位于静海县中南部。东邻西翟庄镇,西连沿庄镇,南至唐官屯镇,北接双塘镇。2012年,镇域面积92.50平方公里。辖24个行政村。人口11053户31569人,其中非农业人口1426户2174人。镇政府驻陈官屯村,北距县城12.50公里。

该镇因驻地陈官屯故名。清朝置陈官屯地练,属静海县南路。1949年12月置陈官屯区。1952年10月改称九区,1957年8月建陈官屯乡，均驻地陈官屯。1958年8月建陈官屯管理区，属钢龙公社。1961年5月建陈官屯公社。1983年7月复置陈官屯乡。1988年8月置陈官屯镇至今。

2012年，完成地区生产总值7.64亿元，财政收入4368万元,全社会固定资产投入7550万元。农民人均可支配收入12481元。

全镇有耕地4732.63公顷,平均每一农业人口占有0.16公顷。2012年，粮食播种3819.84公顷，产量18732吨；棉花种植1275.37公顷，产量1657吨；蔬菜种植1214.94公顷,产量63596吨。有果园294.15公顷,产水果459吨。新造林55.36公顷,年末实有林地4276.67公顷。饲养生猪36924头、牛5500头、羊9458只、肉鸡125.69万只。肉类产量3326吨;蛋类产量466吨;牛奶产量27300吨。钓台设施农业园新建智能温室2公顷,年可培育黄瓜、西红柿、辣椒、茄子等种苗200万株,在保证内部供给的同时,对外营销创造效益。镇葡萄示范园经过两年建设,产品于夏季采摘上市。全镇农、林、牧业总产值28783万元。

规模以上工业企业6家，从业人员774人。全年实现营业收入60201万元,利润867万元。招商引资,新上技改项目5个,工业固定资产投入4300万元,吸引内资实际到位2950万元。申办注册经济公司28个,上缴税收760万元。

投资180万元新建的小集幼儿园交付使用;镇文化中心投入使用。24个村街均建有农家书屋、文化活动室、健身广场。投入920余万元,修乡村水泥路14.70公里;完成运河桥大修、港团河东钓台桥和8个铁路涵洞维修。新增低保18户、五保8户、特困12户。组织开展“扶贫助困”活动,47个村街、企业、部门捐款37.60万元,50余户特困家庭生活难题得到解决。

（王　卉）

梁头镇

梁头镇位于静海县西部。东邻静海镇和双塘镇，西接王口镇和子牙镇,南至沿庄镇,北连独流镇和台头镇。2012年，镇域面积96.70平方公里。辖22个行政村。人口7733户21380人，其中非农业人口1178户2136人。人口密度为每平方公里252人，是全县人口密度最小的乡镇。镇政府驻梁头南侧，东距县城5.50公里。

该镇因驻地梁头得名。清朝置梁头地练。1946年置梁头保公所。1948年12月设静海县四区，驻梁头。1957年8月建梁头乡。1958年8月设梁头管理区，属红旗公社。1961年5月建梁头公社。1983年7月复置梁头乡。1997年3月10日改为梁头镇。

2012年，实现地区生产总值7.80亿元，财政收入4709万元，固定资产投入2.10亿元。农民人均可支配收入12452元。

全镇耕地面积5124.56顷，平均每一农业人口占有0.27公顷，是全县人均耕地最多的乡镇。2012年，粮食播种1531.70公顷，总产8121吨；棉花播种3134.90公顷，总产2115吨；蔬菜播种293.48公顷，总产16800吨；果用瓜种植257.80公顷，总产7210吨。有果园845.56公顷，产水果762吨。新造林18.61公顷，年末实有林地5518.29公顷。下半年，因受涝灾，农田受灾面积3868.60公顷，直接经济损失6585万元。年内饲养生猪21530头、羊10648只、肉鸡45.86万只，全年肉类产量1985吨，蛋类总产量272吨。全镇农、林、牧业总产值22360万元。

工业以有色金属轧延、黑色金属轧延、金属制造和针织为主导产业。新增科技型中小企业25家，累计61家；楼宇经济注册企业10家。全镇规模以上企业13家，从业人员1388人。全年实现营业收入97070万元，利润总额502万元。

投资900余万元，完成西柳木中心校主体工程和配套设施建设；完成梁头中心幼儿园和西柳木、东河头、于家村3所幼儿园新建工程；完成张庄子等4所幼儿园改扩建工程。投资464.40万元，新修大修张静路、肖民庄村路等乡村公路5条3.87公里。挖补乡村公路4790平方米。新增低保21户、特困8户、五保8户。对6户老复员军人家庭危房实施重建。

（王　卉）

中旺镇

中旺镇位于静海县东南隅。东邻大港区小王庄镇，西界河北省青县陈缺屯乡，南至青县金牛镇和黄骅市齐家务乡，北隔马厂减河靠唐官屯镇和蔡公庄镇。2012年，镇域面积118.40平方公里。辖29个行政村。人口12954户35358人，其中非农业人口1698户2649人。镇政府驻中旺，西北距县城38.50公里。

该镇因驻地中旺得名。清朝置中旺地练，属静海县东路。1945年5月属津南县。1949年3月划归静海县。1950年8月设七区，驻中旺。1957年8月建中旺乡。1958年8月设中旺管理区，属团泊洼公社。1961年5月改设中旺公社。1983年7月置中旺乡。1988年3月置中旺镇。2001年8月调整区划，将大庄子乡并入中旺镇。

2012年，完成地区生产总值11.01亿元，财政收入5770.20万元，固定资产投入5亿元。农民人均可支配收入12805元。

全镇耕地面积5521.63公顷，平均每一农业人口占有0.17公顷。主产粮食、水果。2012年，粮食播种6703.22公顷，产量35460吨。水果以枣为主，有枣园430.22公顷，产枣560吨。林地面积3718.32公顷，当年造林52.63公顷。新引入金标谷物、绿水丰蔬菜和裕祥葡萄种植3个设施农业项目，总投资4000多万元。全镇各类农民专业合作社21个。全年饲养生猪61883头、牛177头、羊6825只、肉鸡148.22万只，肉类总产5044吨、蛋类总产2891吨。全镇农、林、牧业总产值23789万元。

天津滨港铸造工业区投资700万元，完成1万伏高压线路架设工程，解决园区用电紧张状况。南部附属功能区有项目11个，投资总额6.30亿元。其中，建成投产5个，在建1个，待建5个。北区投入近3000万元，完成滨港大道和三号路修建，建成滨港一号桥，架设高压线路1100米，并就园区的通讯、天然气、供水工程等签订投资意向，具备承接项目条件。至年底，园区办完用地手续的项目12家，占地面积36.39公顷，协议投资额5.90亿元。

中旺小学教学楼配套建设工程和7所村办幼儿园改扩建工程完成；镇中学等8所学校实现集中供热。投资390万元，大修赵齐庄、西小屯等6.50公里乡村公路；投资300多万元，新修唐河桥1座，并对唐河镇区段进行清淤、修葺、绿化等综合改造。投资100万元，完成主管道铺设和中旺幸福家园住宅小区管网入户，天然气入镇工程初见规模。全年发放优抚金198.50万元，发放低保、五保救助金186.30万元，为58名残疾人申报养老保险补贴。

（王　卉）

良王庄乡

良王庄乡位于静海县东北部。东邻杨成庄乡，西连独流镇，南接静海镇，北隔独流减河与西青区辛口镇、张家窝镇交界。2012年，乡域面积53.30平方公里。辖18个行政村。人口7435户19427人，其中非农业人口1142户1855人。乡政府驻良王庄南侧,西南距县城12公里。

该乡因驻地良王庄得名。清朝置良王庄地练,属静海县北路。1946年置良王庄大乡。1948年12月属静海县六区。1949年12月设良王庄区。1950年8月属三区。1957年8月置良王庄乡。1958年建良王庄管理区,属东风公社。1961年5月建良王庄公社。1983年12月复置良王庄乡。2001年8月调整区划,将府君庙乡的王家院、李家院、府君庙、十一堡、普提洼、白杨树6个村并入良王庄乡。

2012年,完成地区生产总值6.64亿元,财政收入4786.50万元,全社会固定资产投入6020万元。农民人均可支配收入12711元。

全乡耕地面积2469.50公顷,平均每一农业人口占有0.14公顷。主要粮食作物有小麦、玉米、大豆。2012年,粮食播种1256.49公顷,总产6711吨;棉花种植747.70公顷,总产507吨;蔬菜种植1211.21公顷,总产59154吨。有果园451.89公顷,产水果3016吨,其中梨2387吨。新造林287.41公顷,年末实有林地1947.44公顷。饲养生猪15255头、牛2900头、羊3407只、肉鸡42.93万只,全年肉类产量1202吨、蛋类产量951吨、牛奶产量16003吨。有淡水养殖面积162.75公顷,总产水产品1830吨。全乡农、林、牧、渔业总产值23784万元。

有规模以上工业企业6家,从业人员655人,全年实现总产值31190万元,营业收入28676万元,利润652万元。招商引资项目4个,协议引资1.80亿元,实际到位3450万元。

完成9条、全长15286米的乡村公路新建、翻修任务和普罗路、万花路6842平方米挖补工程,整修铁路涵洞2座。

投资764万元,完成良王庄中学教学楼配套工程、良王庄中心幼儿园主体工程以及2所村级幼儿园、2所小学新建翻新工程。年内,敬老院维修改造工程完成。

(王　卉)

杨成庄乡

杨成庄乡位于静海县东部。东邻团泊镇,西连静海镇和良王庄乡,南接大丰堆镇,北隔独流减河与西青区精武镇交界。2012年,乡域面积67.50平方公里。辖13个行政村。人口8447户25694人,其中非农业人口1261户2678人。乡政府驻杨成庄西侧,西距县城12公里。

该乡因驻地杨成庄得名。清朝属静海县东路双窑地练。1945年属一区砖垛大乡。1948年12月属天津县砖垛区。1949年划归静海县。1950年8月属二区。1957年8月属管铺头乡。1958年8月属团泊洼公社。1961年5月建管铺头公社。1983年7月置管铺头乡。1984年6月28日更名杨成庄乡至今。

2012年,实现地区生产总值7.94亿元,财政收入9144.50亿元,固定资产投入1.50亿元。农民人均可支配收入12711元。

全乡耕地面积2357.44公顷,人均占有耕地0.10公顷。主要农作物有小麦、玉米、棉花。2012年,粮食作物播种1521.76公顷,产量8529吨;棉花播种921.99公顷,总产671吨;蔬菜种植17.34公顷,总产963吨。有果园277.27公顷,产水果125吨。新造林72.17公顷,年末实有林地1563.25公顷。全年肉类总产4844吨,蛋类总产1364吨,牛奶总产11800吨。有淡水养殖面积156.48公顷,总产水产品2990吨。全乡农、林、牧、渔业总产值24583万元。

有规模以上工业企业11家,从业人员814人,全年实现总产值71299万元,营业收入68231万元,利润总额1373万元。

健康产业园内各项目建设实施顺利,中医药大学项目土方工程50万立方米、管铺头村体育局项目土方工程10万立方米完成;萨马兰奇纪念馆、体育训练基地、多功能体育馆、自行车馆、射击馆、橄榄球场、羽毛球馆等东亚运动会比赛场馆相继开工建设,总开工面积40万平方米。

全乡有低保、特困户116户302人,农村五保户39户40人,取消低保、五保、特困29户78人。年内,发放临时救济款22500元,发放优待金75195元,为3位病故军人家属发放补助3000元,为1户老复员军人翻建房屋,为34名60岁以上老年退役士兵发放生活补助8250元。

(王　卉)

蓟 县

概 述

蓟县位于天津市最北部，地处京津冀都市圈之腹心，东距秦皇岛港236公里，西距北京市区88公里、首都国际机场68公里，南距天津市区110公里，自古为战略要地，有“畿东锁钥”之称。随着津蓟、蓟平高速公路通车，蓟县已经融入京津一小时经济圈，成为环渤海经济圈“京东发展门户”。

蓟县是天津市唯一的山区县，山青水绿，风光秀丽，有京津“后花园”之美誉。山区、平原各占一半，地势北高南低，属暖温带半湿润大陆性季风型气候，四季分明。2012年，全县面积1590.22平方公里，耕地面积5.39万公顷。辖渔阳、洇溜、官庄、马伸桥、下营、邦均、别山、尤古庄、上仓、下仓、罗庄子、白涧、五百户、侯家营、桑梓、东施古、下窝头、杨津庄、出头岭、西龙虎峪、穿芳峪、东二营、许家台、礼明庄、东赵各庄25个镇，孙各庄满族乡1个乡和文昌街道，有949个行政村，总人口841775人，有汉、满、蒙古、回、壮等民族。县城位于县境中部、府君山脚下，是全县政治、经济、文化中心。

蓟县是天津市历史文化名城，有县级以上文物保护单位37处，国家重点文物保护单位2处，被联合国专家组评为“千年古县”。蓟县是华北地区重要的旅游度假休闲胜地，境内名胜古迹、旅游景点众多，有国家重点文物保护单位千年古刹独乐寺、千像寺石刻造像群、白塔寺，国家首批AAAAA级旅游景区盘山，列入世界文化遗产的AAAA级景区黄崖关长城等。蓟县是全国首批生态环境建设示范县和全国环保模范城区，生态环境得天独厚，全县林木覆盖率42.6%，山区达70%，是京津唐都市圈的“绿色屏障”。

2012年，蓟县以科学发展观为指导，贯彻落实中央和市委一系列重要要求和决策部署，贯彻党的十八大精神，加快实施“一四五五”奋斗目标和工作思路，高起步、调结构、惠民生，实现更快发展、发生更大变化、达到更高水平，圆满完成县十六届人大一次会议确定的年度任务。实现地区生产总值333.30亿元，比上年增长26%；县级财政收入43.68亿元，其中一般预算收入20.09亿元，增长30%；全社会固定资产投资430亿元，增长22.9%；城镇居民人均可支配收入24300元，农村居民人均可支配收入12350元，分别增长14%和12.3%；万元生产总值能耗下降4.4%，节能减排完成市下达任务。

坚持项目带动，产业结构调整步伐加快。大项目、“小巨人”、楼宇经济全面发力。狠抓大项目好项目不放松，成立6个指挥部，强化领导包保，落实一线工作法，周推动，季点评，开工亿元以上大项目62个，完成投资216亿元。坚持引进、创办与转型并举，新认定科技型中小企业224家、小巨人企业10家，总数分别达到651家和26家，超额完成市下达的“十二五”目标任务。因地制宜发展楼宇经济，新增楼宇企业200家，楼宇税收1.50亿元。新型工业提质提速。工业增加值增长28.4%，高出服务业增幅4.8个百分点。地球卫士一期正式投产，二期壁纸车间完成主体；凯德瑞异型材、高铁刹车片等扩建项目竣工。工业三大支柱产业占规模以上工业比重达到60%。两个示范工业园实施一批产业重点项目和基础设施工程，载体功能日臻完善。现代服务业上档升级。恒大世纪旅游城开业运营，圣光、唐朝等五星级酒店加快建设，盘山大型实景演出项目启动实施，郭家沟旅游示范村成为全市乡村旅游新亮点。全县接待游客1152万人次，综合收入52亿元，实现品质、效益双提升，“旅游兴县”步伐日益加快。文化产业载体建设积极推进，盘山书院主体封顶，国家画院创作基地竣工。商贸流通繁荣活跃，限额以上商贸企业176家，社会消费品零售额增长20%。农业基础地位不断巩固。改造提升设施农业493.33公顷，新建放心菜基地933.33公顷，设施农业发展实现稳规模、提质量、增效益。组建蓟州绿色食品集团，市场拓展力度加大，黄花山核桃通过地理标志产品认证。开展特色果品产销对接活动，帮助果农打开销售渠道。新发展农民合作社51家，90%以上农户进入产业化体系。农技推广和农机化工作得到加强。标准化养殖健康发展。农业防灾减灾扎实有效。农田水利和防汛排涝工程加快建设，杨庄水库累计引水入州河2000万立方米，缓解州河两岸农业生产用水难题。

坚持合力攻坚，蓟县新城建设掀起高潮。群众工作有序推进。实行乡镇包村、委局对接服务，广大群众参与新城建设的积极性、主动性不断增强。严格履行程序，依法依规运作，启动4个镇31个村群众工作，实现9个村整建制和谐腾迁。及时发放租房补贴、取暖补贴，做好周转房和子女就学保障，腾迁群众生活井然有序。工程建设全面铺开。安置区开工面积163万平方米，其中58栋住宅主体封顶。综合服务中心交付使用，规划沙盘和样板房对外展示，长远生计用房和部分公建项目陆续实施。新城路网一期竣工，小辽河景观改造一新，“一年出形象”目标胜利实现。工程管理全面加强。成立新城管委会，完善新城公司运营机制，形成联动高效的组织推动体系。严格招投标制度，狠抓质量安全管理和成本控制，新城安置区顺利通过全市工程安全质量各项检查，得到好评；5个标段被评为市级文明工地，20栋单体项目荣获“结构海河杯”奖。

坚持建管并重，城乡面貌发生新变化。基础设施建设取得新进展。规划体系不断完善，发展空间进一步打开。塘承高速公路正式开工，京秦高速公路完成征地。实施津围路拓宽、遵玉路大修、仓桑路改造等工程。27个山区自然村道路提升工程如期竣工，大修乡村公路335公里。改造污水管网83公里。热电联产项目启动实施，电网建设、燃气入户、通信增容等市政工程同步推进，城市载体进一步完善。城乡环境治理实现新突破。兴华大街整修一新，于庆成雕塑园对外开放，新建和提升城区绿地45万平方米，城市管理综合考核成绩位居老五县首位。镇村环境持续改观，创建文明生态村23个，总数达259个。旅游环境整体优化，“十一”黄金周疏导有力、接待有序，树立了全新的假日旅游形象。生态环境优势得到新提升。实施城乡大绿工程，营造林4200公顷。完成森林防火三年建设项目，开展有害生物联防联治，林木资源得到有效保护。推进于桥水库污染源治理工程，库区垃圾处理厂建设进入尾声，垃圾转运系统投入使用，湖滨带生态防护水平进一步提高。电厂烟气脱硝工程启动实施，污染减排力度加大，生态立县成效喜人。

2012年4月11日，县委书记肖松（左一）到蓟县开发区视察无机粉体环保纸项目

（摄影：李鹏岳）

坚持改革开放，体制机制创新不断深化。招商引资强势推进。深入开展百日招商大会战活动，走出去“点对点”招商成效明显，全民招商体系不断完善。更加注重选商选资，出台《关于提高工业项目投资强度的实施意见》，实行新上项目会审制，招商质量进一步提升。全年新签约项目42个，总投资818亿元；实际利用内资320亿元、外资1.56亿美元，分别增长45.5%和25%。外贸直接出口额1亿美元。金融创新纵深拓展。广成集团资产规模突破200亿元，全年融资24亿元，实现“借用管还”良性循环。旅游文化集团完成资源整合，全年融资6.50亿元，主营业务收入突破1亿元。专用汽车产业园平台搭建取得突破，融资渠道朝着多元化方向发展。金融服务体系进一步完善，全县贷款余额增长20%，增幅创近年新高。镇域经济竞相发展。乡镇财税管理体制三年改革成效明显，乡镇留成税收2.45亿元，是2009年的3.4倍，7个乡镇税收突破千万元。镇域招商形势喜人，涌现出下仓镇成品油库、桑梓镇飞地招商等新亮点，乡镇固定资产投资增长38%，超过全县投资增幅15

个百分点。

坚持以人为本，人民群众生活持续改善。十项民心工程深入实施。城乡居民收入保持较快增长。新增就业1.20万人，社保补助、岗位援助等政策惠及更多困难群体，零就业家庭保持动态为零。社会保险由制度覆盖向人员覆盖拓展，13.60万城乡居民纳入基本养老保障，基本医疗保险参保率98%以上。向社会散居孤儿发放基本生活费，城乡低保、农村五保、优抚补助和特困救助标准继续提高。社会事业全面发展。科技创新能力明显提高，专利申请量720件，全民科学素质达到全市平均水平。学前教育三年行动计划和育才学校现代化建设如期完成，义务教育学校现代化提升项目通过市级验收，高考创历史最好成绩。县人民医院新址、精神卫生防治中心开工，村级卫生室标准化建设完工，成功创建3个国家和市级重点医疗学科。18项基本公共卫生服务深入开展，妇女儿童健康行动计划累计受益18万人。切实加强人口和计划生育工作，低生育水平持续稳定。文化惠民成效明显。免费开放县文化馆、图书馆、美术馆，为全县949个村级图书室、活动室配齐文体设施。组织一系列民间文艺展演活动，开展文化"三下乡"1万余场。评剧精品剧目《非常妈妈》荣获全国大奖，入选优秀展演剧目。完成文化资源调查工作，举办感动蓟州人物评选活动。全民健身路径工程纵深推进，群众性体育活动蓬勃开展。

（县政府办）

蓟县县级领导名单

中共蓟县县委领导名单

书　记：肖　松

副书记：景　悦　王庆利

常　委：肖　松　景　悦　王庆利　乔金生　王洪海　汪清生　王宝强　薛铁军　王通海　金汇江（朝鲜族）　陈东杰（女）

蓟县人大常委会领导名单

主　任：庞晓光

副主任：倪景泉　靳德军　王永亮　卢　旺　王俊茹（女）

蓟县政府领导名单

县　长：景　悦

副县长：乔金生　汪清生　刘素侠（女）　马占亭　田建国　于　清

政协蓟县委员会领导名单

主　席：卢金生

副主席：郭春富　张　力　张从润　刘燕南　张桂婷（女，兼）　王　友（兼）　尹学芸（女，兼）　李春生（兼，满族）

（县委组织部提供）

上仓工业园　2012年，上仓工业园投产企业实现产值2.50亿元，销售收入2.40亿元，实现利润300万元，完成固定资产投资8.40亿元，招商引资63.40亿元，发展科技型中小企业5家，新增楼宇企业10家，实现楼宇税收260万元。全年完成签约项目6个，达产后年可实现税收9亿元。其中亚太国际新材料项目、10万吨非油炸杂粮方便面项目为超10亿元大项目。园区在建项目6个，其中，宝航门窗幕墙项目1号生产车间竣工，断桥铝门窗生产线投产；酿酒调味品项目酒精生产线投入生产，仁德环保设备制造项目完成生产车间、办公楼及配套设施建设；杰隆生物制品项目生产车间、办公楼及配套设施完成主体封顶；博菲德国家饲料研究中心、汽车电子零件生产项目完成基础施工。园区全年完成基础及配套工程4项；3条供电线路投入使用，6栋返迁楼工程竣工，2.20万平方米样板车间竣工，太阳能灯杆项目签约入

2012 年 2 月 15 日，县长景悦（中）视察上仓工业园北虫草冷藏车间

（上仓镇供稿）

驻并投入生产。

（马小刚）

盘山文化产业园 2012 年，盘山文化产业园加快工程建设，各项工程稳步推进。滨海体育公园五星级唐朝酒店完成主体施工，进行二次结构施工；36 洞高尔夫全部完工；盘山书院封顶；国家画院创作基地竣工；恒大金碧项目酒店和六大中心正式营业；盘山大道跨蓟平高速公路桥实现双向通车。加强园区特色培育，园区文化产业初步形成。注重与项目单位沟通协调，积极培育特色文化产业。《美丽谎言》《风云岁月》等 10 多部网络剧、电影、电视剧产品在京津国际文化产业教育园和盘龙谷文化城拍摄完成；滨海体育公园举办别克杯全国高尔夫球公开赛，提高园区的知名度和影响力，为打造集文化、旅游、休闲、影视为主要特色的园区奠定坚实基础。加大招商引资工作力度，实现可持续发展。采取以商招商、全员招商等多种形式，先后多次赴北京、天津开展点对点招商洽谈，接待加拿大商会、中关村软件园等 30 多家知名企业和组织机构来园区考察。发展科技型中小企业和楼宇经济。完成 5 家科技型中小企业注册，超额 2 家。其中，钟秀孵化器管理公司得到市科委认定，2 家楼宇企业注册落户盘山园区，完成税收 57 万元。

（李文生）

位于盘山文化产业园内的国家画院

（摄影：李鹏岳）

暴雨天气应对 2012 年 7 月 21 日下午到 7 月 22 日凌晨，蓟县普降大暴雨，平均降雨量达 169.90 毫米。7 月 21 日 9 时，气象台发布暴雨四级预警后，县抗旱防汛指挥部立即组织召开全县防汛紧急会商会议。会议明确提出“杜绝人员伤亡”的防汛工作总体目标和要求，形成防汛隐患点位科学研判机制，及时启动防汛应急响应，提前做好群众转移准备工作。在应对强降雨过程中，县委、县政府主要领导坚持雨前会商，一线指挥，科学研判，果断决策，采取得力措施，及时有效做好防范暴雨灾害的应对工作，安全转移群众 292 户 1106 人和游客 260 名，未造成人员伤亡，确保全县安全度汛；各有关责任单位、各乡镇全员上岗，主动进位，密切配合，协调联动，整体作战，形成抢险救灾工作强大合力，防汛抢险工作有序高效进行，成功应对 33 年未遇特大暴雨天气。暴雨过后，县委、县政府立即责成各有关部门和各镇乡迅速组织人员深入灾区察看灾情、了解情况，采取措施，积极应对。组织受灾群众开展生产自救，排除积水，修复基础设施，力争将损失降到最低；组织技术人员深入田间地头，帮助指导农民恢复生产；对全县水库、塘坝、泥石流隐患点以及受灾点位等情况全面检查，排查隐患，指导救灾，杜绝次生灾害发生，并制定落实雨后“十查”工作机制。

（郭 勇）

盘山景区建设 2012 年，盘山景区游客量和收入持续稳步增长，全年接待游客 114.26 万人次，收入 7006 万元，比上年分别增长 26%和 36.28%。工程建设全面完成。投资 1270 万元，完成正门区停车场铺装、绿化美化、污水处理，提高接待档次。增加投资 300 万元，完成盘山雕塑园主体群雕和单体雕像安装工程，对小区进行绿化美化，安装标识牌和垃圾箱，扩大景区容量。投资100万元，完善东门服务区和农家院接待服务中心。投资150万元，对景区寺庙和管理用房进行修缮，升级改造云峰阁宾馆和云松索道伙房。投资200万元，对景区重点游览路段和重点区域进行高品位绿化美化。投资300万元，建设东门服务区和入胜索道电子售票和门禁系统，建设重点区域网络视频实时展播系统，完善景区语音播报和视频监控系统，景区监控点位由32处增加到40处。安装莲花厅LED大屏幕。景区服务功能得到完善，对外形象明显提升。宣传营销效果显著。投资700万元，开展全方位、立体式的宣传营销。在中央电视台国际频道、北京卫视、天津卫视、河北卫视、北京晨报、京华时报等主流媒体做景区形象宣传。组织参加多次旅游交易会，举办第八届盘山庙会暨首届盘山踏青节、第二届中日韩书画名家盘山交流大会、庆祝盘山开放30周年暨正门服务区启用仪式等特色主题旅游活动。与知名网站合作，销售配套旅游产品，扩大消费群体。各大报纸及新浪、搜狐等网络媒体转载盘山景区假日信息。开通天津、北京、唐山等9个地区至盘山景区的旅游直通车。服务理念不断创新。在游客中心设立咨询、导览、医疗救护、气象预报等服务项目，采用多媒体触摸屏及LED大屏幕等科技手段全方位展示景区自然和文化资源。按照国家AAAAA级景区标准，新置、更换各类高档标志牌50块。

（张小龙）

黄崖关长城风景区建设　2012年，黄崖关长城风景区接待中外游客32万人次，实现综合收入2139万元，获得市级风景名胜区等荣誉称号。推进景区升级改造。总投资2880万元的世界文化遗产黄崖关长城旅游基础设施建设项目，共14个大项、24个小项。完工5项，在建9项，工程计划2013年底全部完工。投资2956万元的世界文化遗产黄崖关长城抢救性维修工程开始前期准备工作。景区环境治理效果明显。投资160万元完成泃河改造工程，有效改善泃河两岸脏乱差现象。投资50万元，重点对戚继光雕像、检票口、关城等景点进行绿化美化，提升观赏效果。特色旅游活动不断创新。举办第十三届中国·天津黄崖关长城国际马拉松旅游活动，近百个国家和地区的3000多名马拉松爱好者参加，活动的影响力和知名度不断提升。举办市级风景名胜区授牌暨首届户外探险黄崖关长城越野跑活动，建立集徒步、越野跑、单骑露营等多项户外运动于一体的活动基地，每年定期举办活动。依托长寿园，被市政府老龄委授予尊老敬老教育基地称号，并成为全国旅游景区中第一个尊老敬老基地。成功举办黄崖关长城红叶节。宣传促销方式灵活多样。投入100余万元用于网络宣传、媒体宣传和交通宣传。在中央电视台、天津卫视、滨海频道和天津日报、今晚报、都市报道等官方媒体加大宣传力度，累计在官方网站上传文章、图片、视频205份，在新浪、腾讯微博和博客上发表消息3389篇，照片3521幅，引起社会广泛关注。

（徐艳艳）

于庆成雕塑园　于庆成雕塑园建设工程位于府君山公园内，总投资2500万元，占地面积7万平方米。2012年3月20日奠基开工，7月上旬竣工免费向游人开放。于庆成雕塑园分为于庆成雕塑馆和园区景观两部分。该园将整个场地环境作为一个大地艺术作品来处理，通过把雕塑、园林等各种造景要素有机结合，创造出抒情写意的园林空间。园内设置大型铸铜雕塑作品15组46件，与雕塑馆相映成辉。雕塑馆占地面积1306.65平方米，建筑面积1682.91平方米，分为展厅、办公区两部分，整个雕塑馆形如一件完美的泥塑作品。园区依山而建，起伏有序，园内绿化以乡土树种为主调，根据适地适树原则，选择适应性广，抗逆性强，长势旺，观赏效果佳的乡土树种，按照乔木与灌木相结合，针叶与阔叶相结合，变色树种与常绿

新建的盘山游客中心

（盘山管理局供稿）

于庆成雕塑园一角

(摄影:李鹏岳)

树种相结合的设计理念，栽植有法桐、银杏、蒙古栎等乔木，梨树、柿树、核桃等果木，云杉、白皮松、华山松、油松等常绿苗木，以及各类花灌木1万余株，绿化面积7万平方米，植物种类80余种，形成冬有绿，春、夏有花，秋有红叶的景观效果。同时，与具有浓郁乡土气息的雕塑紧密结合，使整个园区显得自然、和谐、统一。该园的命名来自蓟县的民间艺术大师于庆成，园内的雕塑作品均出自他手，1996年联合国教科文组织授予他民间工艺美术大师称号。

(张贵宝)

房地产管理 2012年，蓟县房地产管理局不断提高管理服务水平。实施供热与热电联产。供热期间，3个供热单位落实目标责任制，大力节能降耗，压缩成本，狠抓收费等措施，安全运行129天，为居民提供优质高效的供热服务。开展城区华奥供热站恢复供热工作。组织91人次对2012户进行温度测量，保证居民享受温暖舒适的集中供热服务。完成《天津市蓟县城乡供热发展规划(2008—2020年)》编制工作。组织新建供热项目的路由勘测、路由报批、工程设计等工作，协调建委等有关部门，确保新建项目供热工程施工，新增供热面积40万平方米。参与新城供热管网建设的投标和施工协调工作，完成新城第一标段总计2638米和城区田畴大道1980米的供热管网铺设工程。开展房地产权属管理与安全鉴定。全年完成产权办证5035件，建筑面积69.94万平方米；产权交易1600件，房地产抵押4046件，商品房备案2409件。完成各项税费代收代缴工作，代收契税9123万元、印花税27.96万元、营业税1320万元、所得税199.86万元、出让金677万元，维修基金5519万元，合计1.69亿元。做好既有房屋普查和安全管理工作。雨季成立乡镇公产房屋安全排查小组，由局领导带队，对26个乡镇公用公产房屋、学校、医院、粮库进行安全巡查。开展房地产市场管理。监管经营性房地产开发用地63宗，合同约定土地面积780.98公顷，规划建筑面积797.71万平方米，规范市场行为。累计出动2084人次，对全县113个物业小区、43家开发企业，35家中介机构巡回检查，制止违规拆改房屋行为18起，整改关停中介机构6家，处理协调中介纠纷6起，下达各类文书88份，维护房地产市场秩序。

(张德永)

建设管理 2012年，蓟县加强建设管理工作。全年各类建筑工程新开面积140.50万平方米、续建面积298.90万平方米，开复工面积累计439.40万平方米，城建项目完成投资217.63亿元。均创历史最高水平。加强建筑市场管理。完善招投标场地设施条件，贯彻执行《天津市建设工程招投标监督管理规定》，完成进场交易工程157项，总面积174.02万平方米，强化标前、标中、标后监管，有效遏制工程招标违规行为发生。加大市场巡查监察力度，规范建设违法行为175项、实施行

蓟县多彩环城路

(摄影:李鹏岳)

政处罚31项，建筑市场行为得到进一步规范。加强质量安全监管。全年下达整改通知和暂停施工通知169份，实施行政处罚1项，提出质量问题351项，委托抽测建筑材料135批次，纠正一般性质量问题2120项；安全监督方面，全年下达检查单、隐患整改通知单和停工整改通知单2065份，实施行政处罚4项，消除各类安全隐患2500余项，杜绝较大以上质量安全事故发生。创海河杯工程2项、主体海河杯工程7项、市级文明工地10个。加强建筑业劳务用工管理。实施协调联动，解决农民工劳资纠纷495起，涉及10076人1.07亿元。实现诉求劳动部门仲裁案件、诉求法院裁决案件、越级进京上访案件、农民工群体性围堵党政机关讨薪事件“四个为零”。加强村镇建设和燃气管理。郭家沟绿色农民示范房、生活污水处理设施竣工；寺沟村生活污水处理设施基础完工；西井峪古文化村保护阶段性完工。青山溪语、舒馨家园燃气入户改造全部完成，全年新增燃气用户7592户，强化燃气安全常态化巡查，液化石油气行业规范管理收到成效。加强审批服务。全年办结审批手续1515件，行政中心窗口月度考核连续保持文明示范窗口，先后荣获县级青年文明岗、巾帼示范岗、三八红旗集体和审批服务先进单位等荣誉称号。

（王明亚）

《非常妈妈》获奖 2012年，天津评剧院三团编演的以反映当今社会所关注的敬老养老问题为背景，以弘扬伦理道德、讴歌伟大母爱、展示人间亲情为主题的大型现代评剧《非常妈妈》，在中国第八届评剧艺术节上获得优秀剧目一等奖、优秀表演奖和表演奖，包揽此届评剧艺术节的全部奖项，并被文化部选定为庆祝党的十八大胜利召开全国优秀展演剧目，到北京评剧大剧院演出。该剧采用时空跨越手法，讲述了20世纪60年代到80年代，一个外来保姆，以巨大的勇气和坚忍的毅力，独自抚养一对龙凤胎弃婴的感人故事，塑造了中国农民再熟悉不过的生活场景和一位既符合常人心理又符合母性自然的伟大母亲形象，歌颂了世界上最伟大的情感母爱，同时融入编者对贫富、亲情、创业等社会问题和伦理问题的思考，对人们的心灵是一次很好的洗涤和净化，具有较强的现实意义和时代特征。该剧剧本由蓟县文广局局长赵海军、沈阳评剧院导演田敬阳、天津评剧院导演邢勇、天津评剧院三团党支部书记奎向阳联合移植创作，田敬阳和评剧院三团团长王秋明执导排练。

评剧《非常妈妈》剧照

（县文化局供稿）

（张永刚）

素质教育全面推进 2012年，蓟县在中小学广泛开展以“爱祖国、爱家乡、促和谐、做栋梁”为主题的爱国主义教育活动，全县师生受教育人数十几万人次。以学雷锋活动为主要内容，组织开展以“学雷锋、树美德、讲文明、做新人”为主题的第二十一届校园文化艺术节，在全县中小学营造积极向上、健康文明的文化氛围。礼明庄中学入选天津市十大特色学校。竞技体育成绩喜人，在天津市中小学田径运动会上，蓟县代表团获总成绩区县组第六名，高中组第二名，阳光体育展示活动获市级二等奖。蓟县代表团被评为精神文明运动队。在市中小学篮球比赛中，获冠军1项，亚军3项，第四名1项。蓟县二中在全市体育后备人才学校田径比赛中获全市第一。科技创新工作取得优异成绩，在天津市第二十七届青少年科技创新大赛中，蓟县选送学生科技创新作品25个，其中获市级一等奖4个、二等奖11个、三等奖10个，获奖率100%。2件作品被推荐参加全国评选，均获全国二等奖。

（王义山）

文昌街道

文昌街道位于蓟县县城，东到凤凰山，西至吉华化工有限公司，南达蓟县火车站，北抵府君山。2012年，街域面积28平方公里，下设28个社区居委会。人口109820人，其中常住人口103922人、流动人口5898人。街道办事处位于文昌街28号。

2012年，加强招商引资工作，吸引内资2700万元。

在信访维稳工作中实行“一把手”工程，制定“网格化管理”工作机制。领导干部包片，一般干部包居，社区干部、工作人员包小区，将属地管理制度落实到具体工作中。“6·30火灾事件”发生后，抽调20名机关骨干，负责遇难家属善后处理工作。

结合“调惠上”工作，将机关干部分成7个下派工作小组，深入28个社区居委会开展摸底调研工作。对调研中了解到的难事、特事梳理汇总，分析研究，制定解决措施。花园新村居民楼漏水问题、舒馨家园小区供暖等问题得到及时妥善解决。针对“7·21”大暴雨城区涉及11个居委会，18个居民小区，248户，476个地下室不同程度进水情况，制定相应防范措施，确保居民安全。防止水灾后发生疫情，在中医院、防疫中心支持下，为726户居民发放消毒药片。落实社区居民最低生活保障工作，对生活困难家庭做到应保尽保。对社区低保、特困户定期走访，实行动态管理，困难群众得到及时有效救助。结合特定节日开展“学雷锋在行动，关爱空巢老人志愿服务”、“深化文明督导，建设文明蓟州、和谐蓟州环境整治”和“爱护环境见行动，我环保、我自豪”等活动。活动期间，组织文艺演出30多场次，入户为特殊群体服务35户，免费测血糖、血压500多人次，清扫路面5000米，粉刷墙面2000多平方米，铲除小广告2万多张，清扫垃圾5吨。

以打造党建新亮点，延伸组织建设到楼栋、楼口为切入点，强化党支部服务职能。组织党员参加社区志愿者服务队和治安巡逻队，深入社区开展为民服务活动。加强对社区非公企业党建工作领导，将辖区206家非公企业纳入社区成立联合党支部范围。在天津小青汽贸公司成立非公企业党支部，建立非公企业党支部6个。

新建天一绿海、青山溪语2个社区居委会，完善幸福时代花园社区活动中心，对26个老社区居委会进行规范管理，明确工作职责。新建示范社区2个，达标社区3个。

（郭长虹）

渔阳镇

渔阳镇位于蓟县中心，是县委、县政府所在地。东与穿芳峪镇接壤，西接官庄镇，南临洇溜镇，北靠罗庄子乡。2012年，镇域面积65.76平方公里，耕地面积1017.07公顷，辖70个村，人口48335户142869人，其中农业人口16889户52910人。

新中国成立后属第一区。1956年撤区并乡，成立城关乡。人民公社化后，建立城关公社。1981年将东关等10个村划出，单独成立城关镇，其他村改为城关乡。1995年将城关乡和城关镇合并为城关镇。2001年撤乡并镇，将逯庄子乡并入城关镇。2008年7月，改为渔阳镇。

2012年，完成地区生产总值64.50亿元，固定资产投资21.90亿元，招商引资30.50亿元，镇级税收10796.50万元。农民人均可支配收入13865元。

配合新城建设，完成21个村473.33公顷土地征收工作。首批启动的7个村签字腾迁工作顺利推进，累计拆除房屋1400宅，完成任务的98%以上，第二批启动的4个村1300余户的住宅清点、计价工作结束，签订腾迁协议近200户。启动新城建设州河整治改造工程涉及的5个村约60公顷土地的征收工作，清点工作顺利结束。

投资1亿元的金鼎大厦商务楼宇项目主体封顶；渔阳旅游接待服务中心建成，进行招商工作，商户陆续入驻；渔阳物流园区、安裕综合市场、兴华食品街建成营业；投资5亿元的海棠湾高档住宅开发项目全面开工；投资1亿元的祥和家园项目、投资6亿元的凯旋城商贸综合体项目用地手续全部办好。发展科技型中小企业32家、小巨人企业1家，超额完成县下达的目标任务。完成14家科技中小型企业转型，11家企业获得“天使资金”政策补贴支持。因地制宜发展楼宇经济，兴华商务中心是天津市首批94个“亿元楼宇”项目之一，年内入驻企业151家，注册资金超过15亿元，税收9818万元，在全县第一个实现税收过亿。

实现城乡养老保险覆盖率90%以上和医疗保险覆盖率100%。落实养老补贴、低保和五保等救助政策，全年发放社救、优抚救助资金1500多万元。完成镇文化中心改造建设，渔阳镇体育活动中心对外开放；高标准完成村级卫生室改扩建任务，人口计生基层基础工作制度化、规范化水平不断提升，镇计生办荣获国家级阳光计生示范单位荣誉称号。市容环境综合整治实现常态化管理，成立25人的保洁专业队伍，将市容环境综合整治向村、社区延伸，加大津围、邦喜、外环线、城郊结合部等重点片区整治力度，全年累计硬化道路7000延米，清运垃圾34000立方米。

提升社会管理创新能力，探索新城“三改一化”试点工作，对新城搬迁和后期管理进行广泛调研，加快形成社区服务与镇村管理相结合的管理模式。强化农村基层治理和调节的组织作用，注重从源头上预防和化解社会矛盾，妥善解决一批信访突出问题，确保党的十八大期间社会和谐稳定。提升保障公共安全能力。落实整改措施，制定应急预案，对重点领域和人员密集场所，持续开展安全生产大检查和专项整治活动，有效防止火灾、交通食品安全事故发生。

（董子忠）

泃溜镇

泃溜镇位于蓟县中部，州河西岸。东邻别山镇，西邻邦均镇，南邻东赵各庄镇，北邻城关镇。2012 年，镇域面积 28.28 平方公里，耕地面积 1511.73 公顷，辖 33 个行政村，人口 7693 户 25615 人，其中农业人口 6730 户 23386 人。

新中国成立后先后属第三、第九区。1953 年属第十区辖 3 个乡。1958 年成立泃溜公社，1983 年改为泃溜乡。1996 年改为泃溜镇。

2012 年，完成地区生产总值 10.22 亿元，固定资产投资 9.028 亿元，招商引资 11 亿元，税收 1002.50 万元，农民人均可支配收入 13297 元。

富王庄村被列为新城建设一期，共有 94 户，先行拆除涉及路网建设的 35 户，签订腾迁协议 89 户，拆除房屋 106 间，确保路网建设顺利施工。至 11 月底，土地征收清点工作结束。

投资 340 万元建设农田水利设施，打井 45 眼，硬化机耕路 7 公里，改造低压线 2000 米，提高农作物产值。投资 300 万元建设安定庄园区提升项目，提升温室 40 公顷，惠及农户 210 户，完成道路硬化 3 公里，打井 10 眼，增容变压器 1 台，架低压线 4000 米，完成水肥一体化建设及相关配套设施建设。完成总投资 1800 万元的高标准农田项目建设，新打和修复配套机井 87 眼，埋设地下管道 128 公里，修建渠系建筑 24 座，配套变压器 8 套，修建机耕路 18.80 公里，营造防护林、植树 1 万株。

总投资 4800 万元，进行迪明彩印包装有限公司、富田肥业有限公司、腾飞废旧汽车拆解有限公司技术改造。新发展天津盛唐印务有限公司等 10 家科技型企业，全镇科技型企业 32 家。楼宇企业入驻 8 家，完成税收 170 万元。个体工商业发展迅速，新增宝鑫、兴源煤炭等 16 家企业，完成销售收入 1.10 亿元、利税 1000 万元。

重点项目建设，天津翔誉食品工贸有限公司总投资 3000 万元，基础设施建设和设备安装全部完成，10 月投产。天津国龙物流公司建设项目，总投资 7000 万元，一期工程基础设施建设基本完成。北方植物蛋白深加工项目进入土地征收阶段，正在运作前期手续。

完成村级组织换届工作。加强新老干部在岗教育培训，组织镇村干部到周围地区进行专题考察。新建镇政府行政服务中心，强化政府服务职能。投资 280 万元，新建村级便民服务中心 900 平方米，文化广场 7 个。投资 100 万元进行铁路、高速路立交桥桥下道路翻修工程。投资 118 万元，整修乡村公路 2000 米。投资 135 万元，新建社区卫生服务所 7 个，改造提升 5 个。全面完成年度医疗保险工作。抓好各领域安全和稳定工作，落实安全责任制，落实重案领导包保制度，确保全镇没有出现非正常上访，没有发生一例责任事故。

（王晓玲）

官庄镇

官庄镇位于蓟县西北部，盘山脚下。东邻渔阳镇，西临许家台镇，南接邦均镇，北与北京市平谷区接壤。2012 年，镇域面积 84.22 平方公里，耕地面积 1681.80 公顷，辖 34 个行政村，人口 9555 户 33814 人，其中农业人口 8492 户 31262 人。

新中国成立后属第三区。1953 年属第九区，辖 6 个乡。1956 年撤区并乡，合并为 3 个乡。1958 年人民公社化后，属城关公社，设 2 个管理区。1961 年公社规模缩小，2 个管理区合并为官庄公社。1983 年改为官庄乡。1990 年改为官庄镇。

2012 年，完成地区生产总值 10.82 亿元，工业总产值 7.82 亿元，固定资产投资 20.93 亿元，招商引资 38.51 亿元，财政税收 1647.10 万元，农民人均可支配收入 13061 元。

投资 5 亿元的盘山金碧五星级酒店恒大旅游城 10 月建成开业；投资 3 亿元的少林寺大殿主体建筑，投资 2 亿元的南美风情园二期工程、智利国家世博馆迁建工程，投资 5 亿元的盘古蜂蜜园二期工程，投资 2.80 亿元的玉石庄新农村、盘山庄园二期部分配套工程和恒大金碧二期等大项目建设快速推进；盘山实景演出、变电站、污水处理厂、盘山消防站、森林防火支队等基础设施项目前期选址征地工作完成。

全镇旅游专业村 7 个、农家院旅游户 500 户、从业人员 3000 人，采摘园、垂钓园、农业观光园共 170 个；盘山磨盘柿、万佛寺素斋、玉石庄泥人等特色消费项目影响力日益扩大；年接待游客 100 万人，旅游综合收入 3 亿元。

扶持发展中小企业和税源型企业，支持企业加快技改扩建、转型升级，新发展科技小巨人企业 9 家。实施自主创业、全民创业工程，鼓励扶持个体私营经济发展。

坚持领导干部分工 AB 制和信访接待日制度，坚持信访稳定工作日碰头、周排查、月分析、季结案制度，建立信访稳定“村、片、镇”三级调解机制，帮助信访当事人解决问题，没有发生一次镇外访，莲花院、门庄子、邢家沟 3 个村被评为全县社会管理创新示范村。

组织 5 次环境整治活动，拆除违章和私建 3000 平方米，狠刹私搭乱建、抢搭抢建之风。投资 100 万元，对主要道路沿线 3 万多平方米外墙立面进行粉刷；拆除 100 余处违章建筑。

盘山庄园二期配套工程分期开工建设,确保农民利益不受损失。玉石庄新农村农民还迁房项目加紧建设,主体完工。全镇文明生态村达13个、社会管理创新示范村3个。

楼宇经济加速发展,引进央企、国企等8家注册资金超过2000万元的企业入驻田盘胜景总部园区。

投资80多万元改造大彩各中心幼儿园,投资150多万元新建和改扩建18所村级卫生室,34个村全部建立农民书屋、村文化室和体育健身小区,农民合作医疗参保率99%。

(彭 敏)

马伸桥镇

马伸桥镇位于蓟县东北部,于桥水库北岸。东邻出头岭镇,西与穿芳峪镇接壤,南临于桥水库,北与孙各庄满族乡、河北省遵化市石门镇相连。2012年,镇域面积43平方公里,耕地面积1352.73公顷,辖42个行政村,人口12819户37575人,其中农业人口10668户33733人。

新中国成立后属第二区。1953年分属二区、十二区,建7个乡。1956年撤区并乡,成立马伸桥乡。1958年成立马伸桥公社,设10个管理区。1983年改为马伸桥乡。1994年改为马伸桥镇。2001年撤乡并镇,将宋家营乡并入马伸桥镇。

2012年,完成地区生产总值8.84亿元,固定资产投资8.80亿元,招商引资1.75亿元,税收分成581.50万元,农民人均可支配收入11596元。

制定《马伸桥镇关于引进注册企业奖励办法》,完成天津市瑞宏乐商贸有限公司、天津丰阳矿产品有限公司等3家企业注册。科技“小巨人”发展势头良好。认证科技型中小企业13家,超额完成11家发展任务。项目建设进展顺利。投资6000万元、占地3.33公顷的垃圾处理厂项目,年初完成项目规划、土地征收等工作,年内完成主体工程建设。投资7000万元的“世界一”苹果科技示范园核心区项目,在一期13.33公顷的核心园区基础上,着手二期观光示范园附属设施项目建设。总投资3000万元、规划占地66.67公顷的千亩蓝莓基地项目,二期工程正在进行,年内达到40公顷。

服务新城建设。完成房屋清点工作,成为第一批转段村,签字、腾迁工作进展顺利,签字完成187户,占任务数的96.4%;腾迁完成178户,占任务数的91.7%。

投资500万元,完成镇区主街大修工程;投资2000万元,安装路灯1000盏,修建健身广场25个,创建文明生态村25个;投资350万元,新建25个村级卫生室;累计投资6000多万元,完成乡村道路硬化280余公里,实现镇村道路硬化全覆盖。

(李晓雷)

下营镇

下营镇位于蓟县北部,距县城25公里。东邻孙各庄满族乡,西与北京市平谷区相邻,南与罗庄子镇相邻,北靠河北省兴隆县。2012年,镇域面积143.64平方公里,耕地面积734.26公顷,辖35个行政村,人口6635户20438人,其中农业人口5639户18547人。

新中国成立后属第八区。1953年建8个乡,1956年撤区并乡,合并为2个乡。1958年成立下营公社,设8个管理区。1983年改为下营乡,1990年改为下营镇。2001年撤乡并镇,将小港乡并入下营镇。

2012年,实现地区生产总值4.13亿元,固定资产投入7.83亿元,招商引资6.50亿元,镇级税收850万元,农民人均可支配收入11632元。

落实国家良种补贴和种粮补贴政策,秋季良种补贴面积3466.67公顷,补贴金额5.20万元;建设石头营村核桃基地20公顷;投资180万元,打造防火道27.60公里;投资40万元,完成西大峪村中幼林抚育266.67公顷;实施优质红梨引进,在郭家沟村、白滩村各栽植1000株;投入1004.40万元,争取市、县资金494万元,完成3个村生态村创建任务;加强基本口粮田建设,涉及4个村,投资141.95万元,面积6公顷。完成沟河治理,修建跌水坝3座,完成梯田整修8.67公顷;新修防渗渠1200米,维修2000米。

2012年9月26日,第二十届中国天津渔阳金秋旅游节开幕式在下营镇郭家沟村举行

(下营镇供稿)

加快科技型中小企业转型，完成4家，累计培育科技型中小企业16家。投产开工3个工业项目，瑞本盛红木工艺品公司带动当地就业70多人，与北京同仁堂合作的山楂片加工项目带动山楂基地200公顷，清涟山水饮品项目带动果品基地333.33公顷以上。投资1500万元，建设环秀湖生态总部基地。汇泽航海工程保障有限公司等15家企业完成注册手续。

完成郭家沟旅游村提升改造。建成最具北方民居特色的旅游目的地并于国庆节前开村，梨花节取得圆满成功，常州村、大平安村完善道路、停车场设施，完成26.67公顷耕读文化园规划，建成150户特色农家院。全年旅游接待81.60万人次，实现旅游综合收入1.26亿元。

完成11条14.62公里乡村公路修建，修补20条。加强6条景区路和全镇各村环境整治工作，实施常态化治理，长效化管理。全年投入1600多万元，新增绿化美化面积4万平方米，实施马营路管线入地12.50公里；加强养老设施建设，镇敬老院被评为市级文明窗口单位；老年保险完成100%；20个村级卫生室建设全部达标验收；计划生育工作通过县检查考核。落实小额贷款政策措施，完成先期培训300人；创新社会管理，完成3个村示范创建工作。落实安全生产措施，开展安全检查，加大整改力度，保证安全稳定。

33个村党支部、31个村委会顺利换届，“一肩挑”的有14个；村两委交叉任职21人，占两委总数的15%；妇女干部37人，实现村村都有女干部。现任村两委干部平均年龄45岁，文化程度高中以上的占90%，基层组织活力进一步增强。

（杨德伟）

邦均镇

邦均镇位于蓟县西部，东与洇溜镇接壤、东南处紧接东赵各庄镇、东北处紧接官庄镇，西接白涧镇、西南与桑梓镇相接，南临东二营镇，北靠许家台镇。2012年，镇域面积34.73平方公里，耕地面积1844.40公顷，辖43个行政村，人口10412户33376人，其中农业人口8094户29347人。

新中国成立后属第三区。1953年成立邦均乡。1958年人民公社化后，成立邦均公社，设11个管理区。1961年邦均公社只保留邦均管理区的22个村。1983年改为邦均乡。1990年改为邦均镇。2001年撤乡并镇，将李庄子乡并入邦均镇。

该镇自古商业繁荣，有“京东第一镇”之美誉，是华北地区最大的苗木花卉生产基地，重型汽车集散地。

2012年，完成地区生产总值17.79亿元，固定资产投入10.70亿元，财政税收分成1215万元，农民人均可支配收入13686元。

投资1亿元的天津华能北方热力设备生产项目、投资6056万元的雀巢三期五加仑桶装水项目、投资1000万元的天津霞辉环保设备研究所项目、投资300万元的邦友商贸中心项目落户。提升改造李庄子村集贸市场项目、天津嵩山伟业集团引进生产冷藏车保鲜车项目、天津春风钨业有限公司与北矿新材料科技有限公司合作项目等，提前完成11家中小企业科技转型任务，成功引进楼宇企业4家，初步形成以挂车及配件制造、钨钼材料加工、裘皮服装加工、食品加工、水泥制品等行业为主体的工业体系。

以102国道、邦均老街、邦喜路两侧退路建楼工程为重点，加快推进小城镇建设；以环境整治为重点，整体提升镇容镇貌。投资245万元，完成4.30公里邦均老街翻修改造工程。投入专项资金50万元，用于镇村环境集中整治工作。完成小孙各村文明生态村提升工程。

投资120万元的李庄子温室大棚提升项目和投资33万元的农业技术服务中心建设项目竣工。完成16500米田间管网铺设工程，新打机井2眼，修建灌溉水池3座。开展创建幸福一条街活动，对43个村街道硬化美化。投资30多万元修便民路400米，投资50多万元为小富庄村架水漫桥和石拱桥各1座。新建村级健身广场5个，村级图书室22个，文化体育活动中心1个。完成邦均七幼和24个村村级卫生室提升改造工程。

完成全镇43个行政村两委换届工作。举办第十一届民间花会大

邦均镇中国四季苗木市场、中国北方植物园

（摄影：李鹏岳）

赛,完成文化资源调查工作。完善安全生产监管体系,进行生产、消防、用电等拉网式安全生产大检查4次,查出安全隐患223处,全部整改。完善信访工作机制,推进社会管理创新,加快平安示范村建设,全年受理各类信访案件131件,接待来访736人次,调节纠纷成功率98%。落实国家对60岁以上老年人发放养老金、粮食直补、母猪补贴、农村社会医疗保险等一系列惠农政策。

(李清华)

别山镇

别山镇位于蓟县县城东南部,东与五百户镇、河北省玉田县,西与洇溜镇、礼明庄乡,南与杨津庄镇接壤,北侧为于桥水库。2011年,镇域面积83平方公里,耕地面积3244.66公顷,辖64个行政村,人口15618户48223人,其中农业人口13132户43859人。

新中国成立后属第六区。1953年建别山乡。1960年,窦家楼等36个村划归河北省玉田县。1962年复归蓟县,成立别山公社。1983年改为别山乡。1994年改为别山镇。2001年撤乡并镇,将翠屏山乡并入别山镇。

2012年,完成地区生产总值6.0454亿元,固定资产投资15.58亿元,吸引外地资金10.59亿元,税收分成1271万元,农民人均可支配收入12215元。

加快农业优势产业发展,土豆总产量24000吨,创产值2880万元;大葱总产量51600吨,创产值4128万元。养殖业持续稳定发展,生猪出栏27658头,肉牛出栏11608头,鸡蛋产量1469吨。

新发展科技型中小企业16家,总数43家,新增产值1.40亿元,利税1860万元。

全镇投资500万元以上重点项目43个。天津大川轻质建材有限公司完成投资3000万元,新建厂房1300平方米,新购置生产线2条。天津融丰水泥制品有限公司完成投资4500万元,扩建厂房1211平方米,购置设备14台套。天津绿川环保设备有限公司投资5300万元,完成企业扩建,新扩建厂房2257平方米,购置各种设备7台套。

完善翠屏山澜商务中心主要功能配套服务设施,楼宇企业34家,比上年增加16家,税收完成975.26万元,在谈项目10家,准备签约4家。

第三产业新增天津市建丰煤炭销售有限公司、天津顺达汽车销售有限公司等15家企业,总数1779家,完成产值10.50亿元、销售收入9.98亿元、利税1.20亿元。

配合新城建设和塘承、京秦高速公路工程,完成两个村252户及33家企业拆迁及中昌路拓宽绿化带征地任务。完成3个村635户房屋清点及宅基地换房申请工作。塘承高速公路进场施工,完成土方工程7万立方米。京秦高速公路涉及4个村243户,腾迁协议签订工作基本结束。电网改造工程,光伏3.5万线路和大秦线路36个塔基征地补偿工作结束。

环境综合整治,累计投资680万元,出动5389人次,车辆391台次,机械设备196台套,清理垃圾23200立方米;打立体墙面2465延米,粉刷墙壁7920平方米,粉刷树木35758棵;栽植绿化树木15700棵;清理边沟28000米,镇村整体环境提升。

新建健身广场8个,改造4个,总数54个;建成农家书屋60个。实施农田水利工程,投资180万元,修农用桥2座,排水涵洞4座,打中井9眼,安装地下排水管道12700米,修山区小水窖40座。依靠库区后扶工程政策,投资377万元,修建19个村水泥路16.47公里;投资44万元,在大葱土豆基地修田间砂石路4.50公里。投资120万元,新修建乡村公路8.71公里。投资276万元,新建和改扩建村级卫生所23个,完成城镇居民医疗保险收缴任务。

全镇64个村全部建立村级信访服务站,有信访稳定信息员和调解员128名,全年调解各类纠纷94件,调解成功率100%,受理信访案件37件,接待来访群众65人次,处理和化解37件,做到“小事不出村,大事不出镇”,形成和谐稳定良好局面。

(吴海宾)

尤古庄镇

尤古庄镇位于蓟县西南部,东至东施古镇,西至桑梓镇,南至侯家营镇,北至东二营镇。2012年,镇域面积49.93平方公里,耕地面积3554.93公顷,辖44个行政村,人口7559户26843人,其中农业人口6384户24617人。

新中国成立后分属第三、第四区。1953年建4个乡。1956年撤区并乡,合并为2个乡。1958年后成立尤古庄公社,设2个管理区。1983年改为尤古庄乡。1996年改为尤古庄镇。

2012年,完成生产总值11.6169亿元,固定资产投资12.17亿元,招商引资10.65亿元,税收完成415.60万元,农民人均可支配收入12631元。

天津绿农农产品销售有限公司与北京康安农业发展有限公司签约,组织18种农产品销往北京,为筹建和启动国际绿色农业物流港项目创造条件。投资1800万元,建设惠及14个村1000公顷的农业综合开发项目。

投资2000万元完成天津东盛油脂公司扩产项目,扩建车间1500平方米,购灌装机等设备5台套,已试运行。投资3000万元建天津菲佳自行车，建生产车间4000平方米、办公用房1000平方米，进入调试阶段。投资600万元为山东鲁花塑料制品有限公司所属东盛油脂配套加工项目建生产线1条，已正式生产。

新发展科技型中小企业10家，总数28家。新注册17家税源型企业、3家楼宇企业。查处各类安全隐患153处，全部整改到位，确保生产安全、食品安全、供电安全、学生假期安全、汛期安全、交通安全，全年无重大事故发生。

审议通过镇2011~2020年总体规划。投资880万元，对乡村路和6个村主干街道硬化、亮化、美化，修乡村水泥路17公里，其中硬化村内道路11公里、新修建乡村主干公路6公里、新建桥梁4座、维修桥梁5座。投资288万元，建设村级卫生室27个，其中新建22个、改扩建5个。

组织集中环境清整6次，清理垃圾1400余立方米，拆除违章建筑13处，规范牌匾14处，粉刷立面8500平方米，清除砂石料8000余立方米。城乡医疗保险参保率96.5%。集中精干力量，完成三岗子村第一阶段拆迁工程(路网和安置区工程)全部任务。

实行领导干部包案、包重点村，一般干部包户、包人的信访责任制度，全年接待信访540人次，案件化解率99%，化解进京上市等非正常访18次。在反复劝解、疏导的同时，采取坚决稳控措施，党的十八大期间未发生进京上市访。

(马俊波)

上仓镇

上仓镇位于蓟县中南部，州河两岸。东至礼明庄镇，西至东施古镇，南至杨津庄镇，北至东赵各庄镇。2012年，镇域面积47平方公里，耕地面积2998.13公顷，辖41个行政村，人口11941户37107人，其中农业人口9060户32129人。

新中国成立后先后属第五、第六区。1956年撤区并乡，合并为上仓乡。1958年成立上仓公社。1960年划归河北省玉田县。1962年复归蓟县，改为上仓公社。1983年改为上仓乡。1994年改为上仓镇。2001年撤乡并镇，将东塔镇并入上仓镇。

2012年，完成地区生产总值16.28亿元，固定资产投资18.46亿元，招商引资11.20亿元，税收分成1400万元，农民人均可支配收入12860元。

上仓现代农业示范园区投资2000万元，完成东方中滨公司北虫草车间改造等工程，购置设备。天津瑞年农业科技有限公司投资500多万元，发展绿色蔬菜种植及柴鸡、驴、野猪特色养殖。园区年产优质蔬菜270万公斤、食用菌130万公斤，北虫草鲜品15万公斤，产值1.34亿元，解决就业3000余人。河西产地市场项目投资1000万元，建成3000平方米的交易棚室和2000平方米的服务中心，完成广场、道路硬化和地下水、电、暖铺装等配套设施。投资1075万元完成粮食基础能力建设，新修田间路12公里，架设高低压线路10.80公里，新打机井34眼，铺设地下管道28公里，疏通渠道17.60公里，栽植绿化树木1250株。

投资3000万元，建设科技小巨人企业天津银山水泥有限公司。天津彩港杂粮有限公司投资700万元，完成厂房扩建和分装设备购置，生产小包装产品，并获得绿色食品认证。新引进建河混凝土等6家企业，总投资额8000多万元，年创利税400多万元。6家企业被市科委认定为科技型中小企业。帮助13家科技型企业申请项目资金2000多万元。

上仓立体经济中心项目，计划在镇政府北侧建设建筑面积8500平方米商务楼，引进企业总部、销售中心、结算中心等新型经济业态，大力发展楼宇经济，完成前期准备工作，并与洪蓟源电力工程有限公司等24家公司签订入驻协议。仓桑路调线东延工程总投资5200万元，全长1000米，架设新州河桥1座、道路铺设和配套设施，6月建成通车。投资1290万元在上仓镇中学和东塔中学内各新建现代化教学楼1栋，总建筑面积9300平方米，8月完工并通过市级验收、投入使用。投资70多万元在上仓敬老院内新建老年人日间照料服务中心，使用面积300平方米，配备休息室、就餐室、文体活动室。程家庄州河家园住宅楼项目投资6000万元，建设10栋农民集资住宅楼及相关配套设施，总建筑面积3万平方米，已入住。在商业街建设商贸楼33户，建筑面积3300平方米。河西供热站改造及配套工程投资160万元，新建锅炉房1座，安装10吨锅炉1个；投资140万元用于配套管网铺设及鑫园小区楼内管道改造。

投资200万元完成北王庄等5个村10公里街道硬化，全镇有18个村实现水泥路户户通，20个村实现主干路硬化。村卫生室标准化建设全部完成。南孙各庄文明生态村投资240万元，完成街道硬化15000平方米；铺设地下排水管道750米，建设800平方米健身广场1座，购置垃圾车1辆，新建垃圾处理点1个、垃圾池20座。新农村建设稳步推进。

(李志兴)

下仓镇

下仓镇位于蓟县南部、蓟运河北岸。东邻河北省玉田县，西与下窝头镇隔河相望，南临天津市宝坻区，北与杨津庄镇相邻。2012年,镇域面积85.29平方公里，耕地面积5535.67公顷,辖67个行政村,人口14497户46951人，其中农业人口12804户42358人。

新中国成立后属第七区,1953年建6个乡,1956年合并为2个乡。1958年设7个管理区。1960年划归河北省玉田县,1962年复归蓟县,改为下仓公社。1983年改为下仓乡。1995年改为下仓镇。2001年撤乡并镇,将蒙圈乡并入下仓镇。

2012年，完成地区生产总值12.34亿元，农业总产值2.43亿元，工业总产值14.80亿元,固定资产投资7.91亿元，吸引外地资金到位额7430万元，农民人均可支配收入12605元。

天津聚能仓储有限公司石油储备库项目总投资5.70亿元，第一期工程正式动工。天津奥明德科技有限公司完成投资1000万元,建厂房2500平方米,购设备18台套。蓟县青甸洼米业有限公司完成投资3500万元,建厂房、仓储库房4200平方米,购专用设备16台套。天津赛男线路器材有限公司完成投资1700万元,建厂房库房500平方米,购专用设备16台套。天津远征工艺品工贸有限公司完成投资800万元,建厂房、库房、围墙800平方米,配齐安保、环保、厂区绿化等设施。

全年完成17家科技型中小型企业转型认定,其中11家企业获得111万元扶持资金,全镇科技型中小企业34家。楼宇经济商务中心入驻企业6家。

第三期中低产田改造工程涉及17个村1000公顷耕地，总投资1800万元,新打机井70眼,架高压线3.50公里,安装80千伏变压器5台套,架低压线20.40公里,修田间路16.70公里。加强农田水利设施建设,争取资金240万元,改造桥闸涵8个,打井12眼,铺设管道6300米。

生态村创建村北石庄村完成投资433万元,修水泥路2.50公里,里巷道路6.00公里，排水暗沟2000米,治理坑塘水域0.067公顷,修建办公场所和健身广场1处。

开展“环境综合整治月”活动，投资70万元，栽植苗木花卉15000株，增加绿化面积4000平方米,粉刷墙面3000平方米,提高沿线景观环境。做好津围路边沟清理工作。根治津围路、杨玉路沿线砂石料、小塑料、废品乱堆乱放,其他主要道路两侧实现100米内无垃圾堆放。投入800万元,修建乡村公路20公里。

配合新城建设,做好包村工作。负责渔阳镇西大屯村拆迁清点工作,包村干部做好思想政治工作。该村已清点317户,占88%,转入人口界定、宅基地确认和评估计价阶段。

“7·21”、“7·25”和“7·28”大雨后，及时启动防汛预案，开启永安庄、大仇庄、干八里、庞家场4个大型排水泵站,提前开泵错峰。检查田间和村庄积水情况,防汛期间,累计出动6000余人次，装防汛用沙袋1600袋,处理处置险情6处,没有发生农田沥涝。

塘承高速公路二期下仓段,全长7.60公里,占地56.21公顷,涉及9个村872户,征地补偿款发放基本到位，工程上土方40万立方米,路基基础基本完成,2座大型桥梁动工,为早日通车奠定基础。

撰写下仓镇文化资源调查报告，录制整理小杨家庄村鞑子摔跤申遗。建成10个体育健身广场。被市文广局命名为第四批天津市民间文化艺术之乡。继续保持低生育水平。签订农业承包合同35份。镇财政所每月发放救济款1400元,救济14名孤儿。为15名残疾学生和残疾人困难户子女发放教育助学金3500元;为60名重度肢体残疾人发放轮椅,实施白内障手术12例,为2名贫困耳聋患者配发助听器。

(王建忠)

罗庄子镇

罗庄子镇位于蓟县北部，东与穿芳峪镇相连，西连北京市平谷区金海湖镇,南接渔阳镇,北与下营镇接壤。2012年,镇域面积99平方公里,耕地面积565.86公顷,辖25个行政村，人口4212户13448人,其中农业人口3798户12332人。

新中国成立后属第八区。1953年建3个乡。1956年撤区并乡,属杨庄乡。1958年人民公社化后设3个管理区。1961合并为罗庄子公社。1983年改为罗庄子乡。2001年撤乡并镇,将洪水庄乡并入罗庄子镇。

2012年，完成地区生产总值3.34亿元，工业总产值10.80亿元，固定资产投资6.40亿元，招商引资2亿元,财政税收878.30万元,农民人均可支配收入11062元。

抽调精干力量成立工作组,派驻下闸村,做好新城包保工作。全年清点住宅475套,签署腾迁协议437份,完成住宅拆迁455套,占任务数的95%以上，获得年度新城建设工作先进集体荣誉称号。

制定实施《罗庄子镇招商引资奖励办法》和《村级招商引资办法》，成功引进建筑、劳务、运输、商贸等10家公司、3家楼宇企业;完成北美风情小镇、欧美风情度假村、蓟洲国际滑雪中心二期和宏泰化工炸药库迁址4个项目土地摘牌工作；引进大型游乐项目并签订投资协议。

建成精品核桃基地266.67公顷、红香酥梨基地333.33公顷、脆枣生产基地133.33公顷。投资446.60万元,完成12个村街道硬化绿化、1所中心幼儿园提升改造、11个村卫生室标准化建设。

完成“6·30火灾”善后处理和“7·21”防汛任务，组建镇森林消防中队和平安志愿者队伍，全年未发生安全责任事故。创建2个县级社会管理创新示范村，被评为市级社会管理创新先进乡镇。完善综治信访服务中心建设，建立镇村矛盾纠纷排查网络，明确镇包村干部和村干部责任，超前排查化解矛盾纠纷，实现全年无越级进京上市访。镇综治信访服务中心代表天津市通过中央维稳办视察验收，信访稳定工作在全县乡镇排名中名列第二。

完成村两委班子换届，完成中组部到基层调研接待任务，先后接受中组部干部一局、中央维稳办、中纪委和天津市委组织部、纪检委、政法委等多部门检查和调研，获市级先进调委会、市级村务公开示范镇等一系列称号。

（王　磊）

白涧镇

白涧镇位于蓟县最西部，东邻邦均镇、东北邻官庄镇，西邻河北省三河市，南邻尤古庄镇。2012年，镇域面积43.31平方公里，耕地面积1084公顷，辖19个行政村，人口6327户20451人，其中农业人口5279户18445人。

新中国成立后属第三区。1953年建3个乡。1956年撤区并乡，合并为白涧乡。1958年属邦均公社，设2个管理区。1961年2个管理区合并为白涧公社。1983年改为白涧乡。2001年改为白涧镇。

2012年，完成地区生产总值8.54亿元，固定资产投资7.30亿元，吸引外地资金1.60亿元，农民人均可支配收入12795元。

投资160万元修建5.60公里公路。投资110万元修塘坝3座、防洪坎20条、集水窖30个、涵洞1座。投资90万元打机井7眼，安装地下管道5000米。投资300万元改造苗木花卉种植面积30公顷，栽植红枫、五角枫等树种15.33公顷。投资200万元改扩建万顺山养殖中心和如燕生猪养殖中心。投资90万元新建二百户村蛋鸡养殖场，被县科委立项为科技型企业。引进北京珍冠庄园畜禽养殖场投资1500万元，新建二百户村养鹿场，鹿存栏190头。

侨友页岩制品有限公司由北京龙玺金源投资公司投资转产，生产电子产品、精密仪器。建成投资2000万元的天津长存挂车项目。投资1800万元的天津万宜轮胎第三期销售中转站项目，完成征地工作。

利用北部山区5个村的废弃地和荒山，开发中国传统文化旅游产业“华夏春天”项目，已进行立项。整合1000多台以石料运输为主的车辆，成立以服务建材、苗木销售及配货等为主的运输集团。吸纳300余户苗木种植专业户和经纪人，建立白涧镇苗木花卉营销集团公司。

加强镇域企业税收征管，依法征税。发展楼宇经济，注册公司15家，在县兴华商埠注册公司2家，新发展科技型中小企业5家，转化3家。

投资80万元，清运垃圾750多立方米，新安装、翻修建透视墙1000延米，粉刷立体墙面767平方米，栽植绿化树木1000多棵，栽植苗木3万多株。投资50万元，新建三百户生态村，改建标准办公场所3个，2个村新建图书室，3个村兴建文体活动广场。

投资590万元新建二百户村小学教学楼1栋，改扩建天平庄村幼儿园1座，硬化刘吉素村小学道路1000米。人口出生率控制在10‰以内，计划生育率95%。投资270万元，翻建卫生院房屋15间，筹建村卫生所18个。投资43万元，筹建邮电所办公设施和生活区。为农业户22人办理最低生活保障，为5户办理五保，为4户困难群众修缮房屋，资助单亲母亲3人，为2名困难儿童发放助学金2000余元，医疗保险参保率96%以上。

服务新城建设和京秦高速公路建设。承担渔阳镇东路庄村腾迁工作，该村45户签约41户。京秦高速过境该镇，占地面积67公顷，正在进行补偿工作。

（卢　东）

五百户镇

五百户镇位于蓟县东南部，于桥水库南岸。东接西龙虎峪镇，西接别山镇，南至燕山山脉，北邻翠屏湖。2012年，镇域面积43.31平方公里，耕地面积1084公顷，辖42个行政村，人口8537户26523人，其中农业人口7362户24151人。

新中国成立后属第二区。1953年属十二区，建4个乡。1956年撤区并乡，合并为2个乡。人民公社化后属马伸桥公社，设2个管理区。1960年27个村划归河北省玉田县，1962年复归蓟县，2个管理区合并为五百户公社。1983年改为五百户乡。2001年撤乡并镇，将九百户乡并入五百户镇。

2012年，完成地区生产总值4.28亿元，固定资产投资3.02亿元，招商引资1.06亿元，税收累计630.70万元，农民人均可支配收入10676元。

推进新城工作。组织3次大规模政策培训活动，就实施细则进行系统培训。逐村制定清点工作方案。成立4个清点工作组，推进入户清点工作，完成12个村清点，清点1643户1502宅。多次组织清点村党员、群众到新城参观，了解新城建设进度，引导群众关心新城、参与新城、支持新城。选取南胖庄、官撞2个基础较好的村率先进行评估计价，2个村入户评估工作完成，进行房屋计价、人口界定及宅基地认定等工作。加强行政执法力量,增加巡查车辆,24 小时不间断巡查执法,依法控制私搭乱建。

协调税务部门,做好企业税收核实征收和固定税率核定工作,确保以翠湖公司为主渠道的税源不流失。建立专门队伍,完善奖励机制,开辟外埠税源,增加税收渠道。全年完成税收 600 万元。

“6·30 事故”发生后,在全镇集中展开三次安全隐患大排查工作。建立长效监管机制,由每位副职牵头,各部门分工负责,加强日常监管,不间断进行各种隐患排查,限期整改,专人督办,确保隐患及时消除。面对 60 年不遇的强降雨,及时制定应急预案,对坝下群众 13 户 32 人临时转移。对水库大埝坚持 24 小时不间断巡查,重点塘坝全天候轮班看守。累计投入排水泵 52 台套,排水管道 1500 米,引低压线 12000 米,出动人力 500 人次进行排涝减灾,投入资金 10 万多元,降低群众财产损失,全镇没有发生一起人员伤亡事故。

42 个村全部配备专职保洁员和清扫工具。购置 3 辆大型垃圾清运车,实行垃圾统一清运,统一处理,全年清运垃圾 9000 多立方米。建立清、运、管三位一体的长效管理机制,库区环境治理成果得到进一步巩固和扩大。

通过建立台账、领导亲自接访、司法调解等办法,处理各类矛盾纠纷 320 多起。对 22 名上访重点对象采取有效稳控措施。全年没有发生大规模集体访。

(王立栋)

侯家营镇

侯家营镇地处蓟县西南部,东与东施古镇相邻、东南与下窝头镇相邻,西与河北省三河市一河之隔,南临宝坻区,北与尤古庄镇相邻。2012 年,镇域面积 55.72 平方公里,耕地面积 3517.33 公顷,辖 43 个行政村,人口 10867 户 38956 人,其中农业人口 9279 户 35840 人。

新中国成立后属第四区。1953 年建 4 个乡。1958 年后属尤古庄公社,设 2 个管理区。1961 年 2 个管理区合并,建立侯家营公社。1983 年改为侯家营乡。2001 年撤乡并镇,将三岔口乡并入侯家营镇。

2012 年,完成地区生产总值 12.22 亿元,固定资产投资 14.17 亿元,税收904.70 万元,招商引资 8.71 亿元,农民人均可支配收入 12910 元。

天津雷云峰科技有限公司投资 3200 万元,扩建厂房、购入加工设备。天津合蓬肉类工贸公司计划投资 4000 万元,新建三星级现代化生猪屠宰场 1 家,建生产车间和保鲜库,引进整猪屠宰生产线和分割设备,完成前期投资 500 万元。天津市燕南包装股份合作公司投资 2300 万元,对厂房和生产线等进行技改扩建。完成企业科技转型 15 家,超额 7 家,全镇科技型中小企业 36 家,其中科技小巨人企业 1 家。引进楼宇企业 6 家,超额 3 家。

投资 1800 万元,完成 8 个村低压线路改造工程;投资 500 万元,完成许有庄等 7 个村 12 公里主街道硬化和 3.50 公里秦下路大修工程。投资 305 万元完成肖河庄文明生态村提升工程和许有庄文明生态村建设;投资 396 万元完成 30 个村级卫生所新建和 4 个村级卫生所改造工程;加大对镇区、宝平公路、一线穿公路和各村的环境整治力度。

投资 3200 万元实施农业综合开发蔬菜生产基地建设项目,新建日光温室 33.33 公顷 98 栋;天津华海世纪农副产品销售有限公司保鲜库投资 1200 万元进行续建,天津市商检局办理出口蔬菜基地相关手续,该公司蔬菜远销马来西亚等东南亚国家。投资 3086 万元,对 433.33 公顷农田进行高标准土地整理,新打机井、铺设地下管道、安装变压器、架设高低压线等,完成工程总量 50%以上。投资 1200 万元实施农田节水灌溉工程 800 公顷。投资 967 万元实施现代农业提升改造项目和放心菜工程。投资 300 余万元帮助设施农业经营者进行灾后恢复生产。

完成城乡居民医疗保险及助老御险工作,按时发放农村老年人基本生活补助。计划生育工作在全县达标考核中名列前茅。加强社会治安综合治理,妥善处置群众来信来访工作,开展不稳定因素稳控和化解工作。落实各项优抚政策,保障弱势群体权益。粮食补贴、良种补贴等及时足额发放。有线电视覆盖面进一步扩大。

(王巨月)

桑梓镇

桑梓镇位于蓟县西南部,距县城约 30 公里。东与尤古庄镇接壤,西与河北省三河市隔泃河相望,南与侯家营镇为邻,北与白涧镇相邻。2012 年,镇域面积 68.76 平方公里,耕地面积 4705.93 公顷,辖 44 个行政村,人口 11718 户 40687 人,其中农业人口 10146 户 37476 人。

新中国成立后属第四区。1953 年属十一区,建 3 个乡。1956 年撤区并乡,合称桑梓乡。1958 年后属尤古庄公社,设 2 个管理区。1961 年 2 个管理区合并为桑梓公社。1983 年改为桑梓乡。2001 年撤乡并镇,将刘家顶乡并入该镇。

2012 年,完成地区生产总值 12.05 亿元,固定资产投资 13.30 亿元,招商引资 5.13 亿元,税收 505 万元，楼宇经济税收150万元，农民人均可支配收入12596元。

引进沈阳中北通磁科技股份有限公司投资3亿元的天津瑞麦格科技有限公司稀土永磁器件项目落户天津专用汽车产业园，创造“飞地招商”成果，开创工业发展新模式。

天津祥润成橡胶制品有限公司改扩建项目超额完成投资5000万元目标。5月中旬投产以来实现销售收入4000万元，创利税500万元，安排农村剩余劳动力300人。坐落天津专用汽车产业园区、投资3亿元的天津瑞麦格科技有限公司破土动工。桑梓镇电镀厂与沈阳中北通磁科技有限公司合作，总投资5100万元的技改扩建项目建成，5条镀镍生产线，2条镀银生产线相继投入生产。桑梓商贸楼项目全面完成。

筹资1100多万元，完成乡村公路硬化8公里，村内道路硬化7万平方米，实现乡村公路村村通。谢庄子村投资310万元，完成市级文明生态村创建。

以村级组织换届年为契机，在调查摸底、化解矛盾、分类排队、务求稳定基础上，推进村级两委班子换届。

完成城乡居民基本医疗保险收缴工作，完成邮政局所建设，以及11个村级卫生室新建和7个村级卫生室改建等工作。

（张福泉）

东施古镇

东施古镇位于蓟县西南部，东至上仓镇，西至尤古庄镇，南至下窝头镇，北至东二营镇。2012年，镇域面积20.20平方公里，耕地面积1276.66公顷，辖17个行政村，人口4959户16763人，其中农业人口4201户15401人。

新中国成立后先后属第四、第五区。1953年建3个乡。1956年撤区并乡，属八营乡。1958年属上仓公社，设2个管理区。1961合并为东施古公社。1983年改为东施古乡。2001年改为东施古镇。

2012年，完成地区生产总值5.55亿元，农业总产值2.78亿元，工业总产值7.20亿元，税收分成308万元，农民人均可支配收入12536元。

注册资金2000万元的天津市如通煤炭销售有限公司落户该镇，正式营业。镇化工厂为凯德瑞公司生产PVC专用稳定剂系列产品试生产成功。全镇完成科技型中小企业转型12家。楼宇经济有新突破，5家公司入驻该镇楼宇。

韩家筏设施农业园区项目接近尾声，项目总投资1360万元，占地面积11.33公顷。毛庄子种鸡养殖场即将投入使用，总投资3000万元，占地6.27公顷，正在进行设备安装调试。福顺源生猪养殖基地成功转型为科技型中小企业，申请“五段工艺饲养技术”专利，通过科技型中小企业认定。万亩节水灌溉工程总投资1000万元，新打机井38眼，新建井房38座，改造井房37座，铺设地下管道14620米，架设低压线路2700米，蹲变压器2台（50千伏安）。农业基础设施建设进一步提高，完成3条渠14600米河道清淤工程。

东施古商贸带和韩家筏商贸带初具规模，入驻商户106家，在建12家。涉及6个村的街道硬化工程基本结束。总投资260万元，新修水泥路34200平方米，其中5个村道路全部通过验收。新建东施古镇邮政所，总投资43.20万元，新建镇行政服务中心和信访服务中心，总投资28.80万元，10月投入使用。镇、村两级匹配资金7万元，翻建危桥3座，涵洞1个，7月通过相关部门验收。

成立新城建设包村工作组，2月5日进驻渔阳镇板桥村，该村237户，已清点229户，签字221户，腾迁210户。

（梁振海）

下窝头镇

下窝头镇位于蓟县南部。东至州河与杨津庄镇相望，西与侯家营镇、东施古镇相连，南至沟河与宝坻区相望，北与上仓镇接壤。2012年，镇域面积44.50平方公里，耕地面积2937.73公顷，辖29个行政村，人口8842户29304人，其中农业人口7582户26538人。

新中国成立后属第五区。1953年建4个乡，1956年撤区并乡，1958年后属上仓公社，设3个管理区。1962年该乡17个村划归河北省玉田县，1963年复归蓟县，将3个管理区合并为下窝头公社。1983年改为下窝头乡。2001年撤乡并镇，将白塔子乡并入下窝头镇。

2012年，完成地区生产总值7.84亿元，税收775.30万元，固定资产投资8.90亿元，招商引资4.40亿元，农民人均可支配收入12554元。

服务新城建设，成立专门工作小组，深入所包村做群众工作，顺利完成西河套村17户搬迁补偿安置协议签订工作。

引进天津普泓科技有限公司项目，总投资12亿元，注册资金1亿元，占地面积27.80公顷。引进天津斯宇康特新型保温材料科技有限公司项目，总投资2.60亿元，注册资金1000万元，项目占地2.80公顷，7月正式投产。

成立协税工作领导小组，引进县外经济，扩大税源。成功引进1家注册资金2000万元楼宇企业，引进赛福迪运输公司。特聘3名人员为驻北京招商代表，协助开展招商引资工作。发展科技型中小企业6家。

启动第三期中低产田改造工程,总投资1200万元,新打机井并配套60眼,修建节水地下管道6万米,架设高低压线路15公里,修建田间道路17公里,栽植树木1万株。争取资金300多万元,硬化4个村15公里主干路。投资228万元,完成全镇20所村级卫生室新建、改建任务。

严把班子配备年龄结构和比例要求,注重成员综合素质,实施“能人”治村工程,全镇29个村两委班子换届任务圆满完成。

逐级签订安全生产责任书,先后6次在镇域范围内展开安全隐患大排查,关闭2家酒精储存企业,取缔6家非法加油站点。组织人员对12109棵电线下树木进行集中整治。

(纪　杰)

杨津庄镇

杨津庄镇位于蓟县南部，东与河北省玉田县隔河相望，西与下窝头镇隔河接壤,南与下仓镇相邻,北与上仓镇相连。2012年，镇域面积71.03平方公里，耕地面积4570.46公顷，辖52个行政村，人口11363户36858人,其中农业人口9603户33614人。

新中国成立后北部属第六区,南部属第七区。1953年属第十区,建4个乡。1956年撤区并乡,合并为杨津庄乡。1958年后属下仓公社。1960年杨津庄等18个村划归河北省玉田县,1962年复归蓟县,改为杨津庄公社。1983年改为杨津庄乡。2001年撤乡并镇,将大埝上乡并入杨津庄镇。

2012年，完成地区生产总值8.83亿元，工农业总产值12.53亿元,财政税收700万元,固定资产投资6.04亿元，招商引资4.45亿元,农民人均可支配收入12356元。

引进内资3350万元,完成京祥制衣有限公司、仓北水泥厂、天津金利针织工贸有限公司3家规模企业的合作扩建项目,增加产值3600万元，税收210万元。引进投资4000万元建设天津晟磊水溶胶制品有限公司项目，年创产值1亿元，利税1000万元。引进投资3000万元的天津挂月能源环保设备有限公司。和平建筑蓟县分公司年营业额6000万元,税收300万元。成立兴杨建筑工程有限公司,年营业额2亿元,税收1000万元。完成7家中小企业科技转型。狠抓楼宇经济。完成入驻楼宇企业2家,年增税收50万元。

发展甲鱼养殖面积133.33公顷,“蓟州牌”糯玉米种植面积333.33公顷。投资700万元建设天津黑土地生态农业开发有限公司一期项目。以大埝上、宗庄子蔬菜基地为核心,采用“公司+合作社+农户”模式,发展蔬菜种植33.33公顷。

清整津围公路两侧边沟5公里,清理乱堆乱放沙石料、煤站点位11个,建筑材料堆放7处约计1800立方米,清理广告牌匾50家,违章摊位18个，拆除拆迁违法建筑24处670平方米，补栽树木2400棵,镇区建筑立面粉刷9600平方米。清理村庄内垃圾点位530余处。投资120万元，完成12个文明生态村巩固提高,建立清洁管护队伍12支。

投资1000万元,修建水泥路45公里。完成村级卫生室建设。新建卫生室18个,改扩建3个,涉及21个村。投资700万元,完成小漫河、杨津庄文明生态村建设，修建垃圾池50座,栽植花草1500平方米,绿化树木700棵,安装路灯150盏,购置垃圾清运车7辆。抓好渔津庄等一批文明生态村提升创建工作，完成投资4000万元的1733.33公顷中低产田改造前期准备工作。

做好不稳定因素排查化解工作,落实定期排查、领导包案、责任追究等制度。发挥村级便民服务站作用,努力把问题解决在基层。做好民心工程、塘承高速公路建设宣传,化解各种矛盾，确保工程建设顺利进行。

(张文存)

出头岭镇

出头岭镇位于蓟县东部，于桥水库东北侧,距县城30公里。东邻河北省遵化市平安城镇，西与马伸桥镇隔淋河相望，南与西龙虎峪镇接壤，北与河北省遵化市石门镇相连。2012年,镇域面积58.20平方公里,耕地面积1846.80公顷,辖36个行政村,人口12231户37342人,其中农业人口10872户34376人。

新中国成立后属河北省遵化县第四区。1956年成立出头岭乡。1958年后属遵化县五星公社。1961年成立出头岭公社。1979年划归蓟县。1983年改为出头岭乡。2001年撤乡并镇,官场乡并入出头岭镇。

2012年，完成地区生产总值8.42亿元,税收744.40万元,固定资产投资5.35亿元,招商引资1.415亿元,农民人均可支配收入11005元。

投资600万元盘活堆肥厂运营,年产有机肥1.20万吨。投资130万元引进蔬菜良种示范项目，建成5600平方米的育秧温室4栋。新发展生态床养猪户80户，养殖面积12000平方米。

投资2000万元建成天津瑞特亨五金工具有限公司,安排就业100人。官场衬衣有限公司超额完成全年任务,实现税收400万元,比上年增长11%。

新引进楼宇经济企业3家,实现中小企业科技转型14家,其中11家企业获得县财政资金项目扶持。积极搭建融资平台，为企业成功申请贴息贷款500万元。

投资50万元对原出头岭大街提升改造，为商家入驻和居民购物提供优美环境。投资1250万元建临街商贸楼5000平方米。完善镇综合集贸市场改扩建工程，投资170万元新建临街商铺1500平方米，铺设水泥路1500平方米，打机井3眼。

启动五清庄生态旅游专业村建设，投资11万元修环山路900米，浆砌泄水沟150米，建停车场300平方米。投资120万元在裴各庄村建成700平方米高档农家院1处。

投资389万元打农田机井24眼，完成配套设施；新安装80千伏安变压器8台，改造低压线路12000米，硬化农田路1400米；完成农田管网建设3万米。

投资252万元建沼气池700多座。投资61.80万元建谷防坝52条1040米，修建40立方米水窖12座。

投资190万元推进5个文明生态村后续工程建设，安装太阳能路灯35盏、铁杆路灯105盏，粉刷墙体2.70万平方米，载植绿化树木3.40万株，新建办公场所900平方米，拆除违章建筑300平方米，建村标6个。投资435万元为朱官屯等22个村修建水泥路19.80公里。投资220万元翻修乡村公路9.20公里。

在田新庄村成立龙凤山书画院。为7个村增添体育器材105件套，安装室外健身器材36件套，新建3个村文体活动广场2300平方米。投资30万元新建出头岭有线电视中心站。东李各庄村舞蹈队参加“挂月杯”广场舞大赛荣获三等奖，参加蓟县新城建设知识竞赛获三等奖。

南河小学完成现代化达标建设工作，投资95万元完成11个村办幼儿园环境改造，投资330万元完成29个村级社区卫生室规范化建设，出头岭镇卫生分院深入开展18项公共卫生服务项目活动。邦喜公路—淋平路—库东路沿线范围内环境得到有效整治，对库区一线村村内垃圾实行统一清运，日产日清，配备垃圾桶550个，垃圾清运车3辆，专职保洁员63名，群众居住环境明显改善。

发放各类优抚款626万元。发放老年人补助373万元。投资48万元，为“三老”人员修建房屋30间。为22名残疾人办理生活救助金，为6名残疾学生申领2900余元助学金，为10名低保重残人员申请养老保险。

（王洪保）

2012年1月13日，县委常委、常务副县长乔金生为出头岭镇龙凤山书画院揭幕

（出头岭镇供稿）

西龙虎峪镇

西龙虎峪镇地处蓟县最东部，于桥水库东岸。东邻河北省遵化市，西接五百户镇，南接河北省玉田县，北邻出头岭镇。2012年，镇域面积45平方公里，耕地面积1255.73公顷，辖16个行政村，人口8317户27417人，其中农业人口7569户25583人。

新中国成立后属河北省遵化县第四区。1958年属遵化县五星公社，1961年建西龙虎峪公社。1979年划归蓟县。1983年改为西龙虎峪乡。2001年改为西龙虎峪镇。

2012年，完成地区生产总值6.29亿元，固定资产投资3.10亿元，工业产值3.50亿元，工业销售收入3.20亿元，工业利润2600万元，税收收入495.90万元，招商引资1.33亿元，农民人均可支配收入10738元。

抓好燕各庄千亩林下食用菌和龙北村166.67公顷优质食用菌、绿色蔬菜、甜瓜等2个设施农业产业园。投资170万元，新栽植酒用葡萄33.33公顷，栽植苗木16.50万株，总面积366.67公顷。投资200万元建成干鲜果品基地，发展优质核桃66.67公顷，栽植苗木5.50万株。改良水产养殖品种，发展100公顷水产养殖。

新发展个体私营企业3家，总数11家。发展个体工商户26户，从业人员1000人。投资2000多万元，发展大型运输车辆50部，总数600部，带动从业人员2000人。

投资1000万元建天津燕都甘栗食品有限公司，进行板栗、红薯、食用菌等深加工。扩大西龙虎峪绿色有机生态发展公司养殖规模，投资150万元养殖獭兔万余只。加快楼宇经济发展，12家楼宇企业入驻，年实现税收200万元。

完成3个文明生态村创建任务并通过市级验收。投资140万元，完成帮扶村修路3.10公里。

投入20万元实施镇村环境综合整治，非法采砂、采矿得到有效治理，违章建筑得到拆除，垃圾死角得到治理。

发放库区移民后期扶持资金320万元，发放退耕还林补助资金110万元。发放扶贫款10万元，为贫困户修缮房屋120平方米，发放粮食直补款60多万元。栽植核桃苗2万余株，帮助310个农户增收致富。做好生猪、鸡、肉牛等动物免费防疫工作，免役率100%。8所学校义务教育现代化建设进一步优化。为63位困难群众办理低保、五保。

加强对两委班子成员业务培训。发展党员13名，入党积极分子达60名。

加强社会治安综合治理，落实信访工作责任制，发挥便民服务站作用。镇村干部实行坐班制，及时化解矛盾纠纷，重大节日期间未发生一起越级上访案件和安全生产事故，连续5年被评为县级文明乡镇。

（王志永）

穿芳峪镇

穿芳峪镇高尔夫山野别墅

（穿芳峪镇供稿）

穿芳峪镇位于蓟县东北部。东至马伸桥镇，西至渔阳镇，南至于桥水库北岸，北至下营镇。2012年，镇域面积48.02平方公里，耕地面积524.87公顷，辖26个行政村，人口4989户15861人，其中农业人口4269户14677人。

新中国成立后属第二区。1953年设5个乡。1956年撤区并乡，并入穿芳峪、马伸桥2个乡。1958年属马伸桥公社，下设2个管理区。1961年合并为穿芳峪公社。1983年改为穿芳峪乡，2011年改为穿芳峪镇。

2012年，完成地区生产总值5.84亿元，固定资产投资7.60亿元，招商引资4.50亿元，地方税收分成527万元，农民人均可支配收入11777元。

实施500万元以上重点项目17个，15个项目完成建设任务，2个项目在建设中，累计完成投资4.48亿元。科技型中小企业、楼宇经济发展迅速，4家科技型中小企业完成认定，总数16家。楼宇经济发展，3家企业完成入驻，与2家企业签订引进入驻协议。

交通条件明显改善，完成镇村主要道路硬化11.70公里，完成18个村里巷街道硬化40.20公里。以创建文明生态村为载体，全面推进新农村建设，环境卫生长效管理机制逐步完善。连续开展环境集中整治活动，全面清整马平路、邦喜路两侧、水库周边和各旅游村点卫生环境，拆除违章建筑，规范商铺牌匾，美化绿化重点路段和部位。

完成义务教育学校现代化建设后续工程，改善办学条件。完成村卫生室建设，为群众提供良好的医疗保健服务。群众文体生活日益丰富，全镇26个村建成农家书屋和文化室，建成12个健身广场。保持低生育水平，人口出生率控制在9‰以内，计划生育率94%。完善农村低保制度，做到应保尽保。新型农村合作医疗保险和农村养老保险覆盖面不断扩大，残疾人和老龄事业有较大发展。

重视信访稳定工作，落实领导干部大接访和领导干部包案制度，开展矛盾纠纷大排查、大调解活动，促进社会和谐稳定。强化社会治安综合治理，建立综治信访服务中心，加强村级综治服务机构建设，推进平安示范村创建工作。开展普法活动，完成普法任务。抓生产安全、交通安全、食品卫生安全、动植物防疫和森林防火工作，未发生重大安全事故。

（侯海斌）

东二营镇

东二营镇位于蓟县西南部，东临东赵各庄镇，西接桑梓镇，南连东施古镇和尤古庄镇，北与邦均镇接壤。2012年，镇域面积28.38平方公里，耕地面积2030.87公顷，辖31个行政村，人口5446户18416人，其中农业人口4692户16865人。

新中国成立后属第三区。1953年建3个乡。1956年撤区并乡，合称东二营乡。1958年后属邦均公社，设3个管理区。1961年，3个管理区合并为东二营公社。1983 年改为东二营乡。2011 年改为东二营镇。

2012 年，完成地区生产总值 4.86 亿元，固定资产投资 5.80 亿元，税收收入 218 万元，农民人均可支配收入 12525 元。

总投资 4800 万元的森淼项目完成投资 2400 万元，规划并栽植各种苗木 93.33 公顷，完成水、电、路等配套设施建设；苗木花卉核心区改造项目完成投资 4000 万元，改造苗木花卉 273.33 公顷。

投资 600 万元，扩建纽伯恩电器有限公司；投资 450 万元，建设完成东三新型建材有限公司；投资 400 万元，新建天津亨益达电气成套设备有限公司。

加大飞楼招商力度，9 家企业入驻该镇飞楼，注册资本 3000 万元，其中 2000 万元的 1 家，涵盖能源、设备、通信等领域。整合镇域零散建设用地资源，全力开展专项招商，2 个新型装饰材料、电气设备工业项目签约落地。

投资 380 万元，创建文明生态村 1 个；投资 290 万元，完成 2.50 万平方米乡村公路和村级街道硬化。完成村级卫生服务站、邮政所补建、农技服务中心、溯南桥和唐头庄桥翻修、农村饮水安全工程、老年人日间照料服务中心以及电视网络服务站建设项目。

强化社会稳定工作责任制，加强和创新社会管理工作。认真解决群众合理诉求，有效解决疑难信访问题。做好历史积案化解工作，坚决控制非正常进京上市访，有效预防和妥善处理各类群体性事件和个人极端事件。加强社会治安防控体系建设，深化落实群防群治各项措施。加强食品、生产、消防、交通安全检查，及时消除事故隐患，保持安全和谐稳定的社会局面。

（陈　连）

许家台镇

许家台镇位于蓟县西北部。东邻邦均镇，南、西邻白涧镇，北邻北京市平谷区。2012 年，镇域面积 42.05 平方公里，耕地面积 415.53 公顷，辖 15 个行政村，人口 3256 户 12293 人，其中农业人口 2869 户 10863 人。

新中国成立后属第三区。1953 年属第九区，建许家台乡。1958 年属邦均公社，设 2 个管理区。1961 年 2 个管理区合并为许家台公社。1983 年改为许家台乡。2011 年改为许家台镇。

2012 年，完成地区生产总值 5.01 亿元，工业产值 4.90 亿元，固定资产投资 14.50 亿元，实现税收 1860 万元，招商引资 33.70 亿元，实现楼宇税收 810 万元，农民人均可支配收入 12915 元。

盘龙谷文化城一期投资 11 亿元，艺术馆投入使用，4 万平方米的演艺中心内外装修基本结束。盘龙谷二期投资 4.50 亿元，20 万平方米的国家画院创作基地使用。滨海盘山体育公园 36 洞山地高尔夫投入运营，五星级唐朝酒店、盘山书院主体封顶。滨海盘山生态公园项目完成投资 1.10 亿元，3 万平方米温室竣工。

新农村一期西区 44 栋还迁楼交付使用，首批 337 户拆迁户有 200 户成功选房。新农村一期东区、北区 22 栋总建筑面积 4.90 万平方米还迁楼主体全部完工。教育布局改造项目顺利推进，总建筑面积 3.90 万平方米的中学、小学、幼儿园教学楼主体完工。

与中国正信集团投资 5 亿元的大石峪现代设施农业项目达成合作意向。与北京长和世纪资产管理有限公司投资 3 亿元的组织细胞研究中心项目达成合作意向。山东格瑞德集团投资 2 亿元的绿色科技园项目达成合作意向。

抽调专人组建税收办公室，制定《许家台镇税收目标考核办法》并建立引进税源奖励机制。建立税收信息台账。加强与国、地税合作，建立零散税源监管机制。对辖区内工商户摸底统计，确保税收颗粒归仓。对重点税源企业实施帮扶。加大招商引资力度，发展科技型企业和楼宇经济。

与绿地集团盘龙谷一期、二期，滨海体育公园、生态公园等项目单位达成用工协议，为失地农民和还迁户累计安置就业岗位 6700 多个。落实惠民政策，全镇 15 个行政村全部建立农家书屋和村级文化活动室，建成体育健身小区 3 个，新建和改扩建村级卫生室 2 个。社会保障体系进一步完善，城乡医疗保险参保 8967 人，参合率 104.4%。加强人口与计划生育工作，全镇人口出生率保持在 10.15‰以内。

主动接访下访，畅通信访渠道，维护群众合理诉求。全镇信访总量比上年下降 37%，问题解决率 93%。

（王春晖）

礼明庄镇

礼明庄镇位于蓟县县城南侧，东部、北部与别山镇接壤，西与洇溜镇接壤，南与上仓镇接壤。2012 年，镇域面积 38 平方公里，耕地面积 2217.47 公顷，辖 37 个行政村，人口 8646 户 25345 人，其中农业人口 7347 户 23062 人。

新中国成立后先后属第六区和第九区，建 4 个乡。1958 年后属洇溜公社管辖。1960 年孟家楼等 32 个村划归玉田县，1962 年复归蓟县。1971 年改称孟家楼公社。1983 年改为礼明庄乡。2011 年改为礼明庄镇。

2012年，完成地区生产总值6.45亿元，固定资产投资2.55亿元，吸引外地资金1.14亿元，工业总产值4.20亿元，工业销售收入3.80亿元，工业利润3300万元，工业增加值4000万元。税收分成485万元，农民人均可支配收入12215元。

3家科技型中小企业通过认定，注册资金5500万元和6000万元的2家企业入驻楼宇，2家企业达成入驻协议。

完成进村路修建里程13.60公里；累计投资186万元，新建村级卫生所15个，改扩建3个，优化村民就医环境。

配合县基础设施建设指挥部完成津围公路提升改造工程建设，累计拆除违章建筑22000余平方米，清理垃圾点180个，清理建筑材料堆放点130个，更换广告牌匾80余家。加大资金投入，建立长效管护机制，对京哈、津围2条标准路段进行高标准维护。加大镇村环境整治力度，在县农委年度环境卫生整治工作中获第一名。

服务园区建设。专业汽车产业园区涉及6宗土地，征用面积176.93公顷，正进行扫尾工作。金鹏铝材、母粒基地项目用地涉及9个村，占地面积226.67公顷，正组织10个清点工作。服务新城建设。新城企业还迁用地1宗，涉及2个村8公顷。配合县高速公路建设指挥部，完成塘承、京秦两条高速公路前期征地准备工作，两宗地总征地面积56公顷，分别进入土方工程收尾阶段和腾迁协议签订阶段。配合县基础设施建设指挥部，完成津围公路全长4.90公里，用地面积6.33公顷。

镇中学教学楼2009年为配合县重点工程项目金鹏管业用地建设进行整体搬迁。2012年8月，县政府与有关部门筹措、调配资金，新的中学教学楼前期勘测结束，开始施工。总建筑面积24213平方米，总投资9539.60万元。

（吴依聪）

东赵各庄镇

东赵各庄镇位于蓟县中部，州河西岸。东与礼明庄镇毗邻，西与东二营镇接壤，南与上仓镇相连，北与泗溜镇衔接。2012年，镇域面积29.43平方公里，耕地面积1920.80公顷，辖31个行政村，人口6680户22055人，其中农业人口5817户22190人。

新中国成立后先后属第九、第十区。1956年合并为2个乡。1960年划归河北省玉田县，1962年复归蓟县，建立东赵各庄公社。1983年改为东赵各庄乡。2011年改为东赵各庄镇。

2012年，完成地区生产总值5.04亿元，固定资产投入6.09亿元，引进外地资金5亿元，利用外资472万美元，税收完成660.50万元，农民人均可支配收入12430元。

制定镇域发展总体规划和重点项目、区域控制规划，对老企业嫁接改造。扶持科技型中小型企业发展，7家企业通过市科委认定，达到科技型中小企业标准。对5家企业产品申请专利，加大技改投入，提高创新能力，增加产品科技含量，不断提高产品市场占有率。

制定招商引资优惠办法，搜集信息，寻找合作伙伴，营造全民招商氛围。在县城兴华商铺设立338平方米写字楼，投资10万元装修。河北廊坊、衡水和天津等4家公司注册入驻。远赴新疆和田洽谈1个2.60亿元的建筑项目。加大税收征管力度，税收任务完成660.50万元。

抓项目推进，抓技术服务，抓种植品种优化，抓销售渠道畅通，落实补助政策。以双孢菇基地建设为载体，发挥田间村民学校作用，完善农业技术推广体系，促进设施农业上档升级，提升设施农业主导地位，全镇设施农业总面积666.67公顷。

设立环境综合整治任务台账，建立70人的村级保洁员队伍。制定村规民约，完善管理制度，建立长效机制。实行党员干部包街、包户，评选卫生示范户，组织村干部互查互看、评比排名，实行周检查、旬督查、半月一点评、每月一考核，奖优罚劣、奖勤罚懒，继续实施道路硬化、净化、亮化、美化，两个村完成街道全面硬化提升。

全镇24个农村标准化医疗室建设全面竣工；投资60万元新打深水井6眼，解决南面5个村居民无氟饮用水困难问题；投资1000万元完成6个村高低压线路改造。

京秦高速公路建设涉及该镇6.80公里，经过12个村，占地面积60.15公顷，涉及农户800余户。成立专门组织，抽调精干力量，组成7个计价签字工作组，全面完成签字登记工作。

加强基层党员教育培训，提高党员干部致富本领。把信访工作纳入年度综合目标考核。引导群众依法合理诉求，信访工作走上规范化、法制化轨道，全年全镇无一例进京上市越级访发生。

（苏成武）

孙各庄满族乡

孙各庄满族乡位于蓟县东北部，东邻河北省遵化市，西侧、北侧与下营镇相邻，南与马伸桥镇接壤，是天津市唯一的满族乡。2012年，乡域面积26平方公里，耕地面积400.47公顷。辖13个行政村。人口2442户7317人。其中农业人口2039户6694人，满族人口占总人口的36.7%。

2012年1月14日，支持蓟县孙各庄满族乡建设与发展爱心助困捐赠仪式

(孙各庄满族乡供稿)

新中国成立后属第二区。1953年设4个乡。1956年撤区并乡。1958年属马伸桥公社，1961年建孙各庄公社。1983年改为孙各庄乡。1985年建立孙各庄满族乡。

2012年，完成地区生产总值2.10亿元，固定资产投资4.40亿元，招商引资1.33亿元，乡级税收收入260.10万元，农民人均可支配收入11191元。

突出资源优势和文化特色，整合乡域招商资源，制定完善招商引资相关规定和政策吸引投资，引进落地项目3个，洽谈项目3个，储备项目2个正在对外招商。

投资200万元，完成商务中心场地平整、绿化、原建筑物改造提升，中心服务区功能基本完善。4家企业入驻，3家企业在谈。

推进中华文明孝道园、科技型中小企业、万亩核桃川等重点项目，培植壮大果品、旅游、文化产业龙头。万亩核桃川示范项目，投资400万元新增优质核桃33.33公顷，嫁接优质核桃66.67公顷，完成新植核桃20000余株、高接换优30000余芽，新硬化生态观光路3000米，新建蓄水量2000立方米的大眼井2座，核桃总产量160万公斤，总产值近6000万元。科技型中小企业发展迅速，确定3家重点中小企业。

“调惠上”服务工作组深入全乡13个行政村、重点企业、重点项目走访调研，制定帮扶计划，协调对口部门，走访企业15家、重点项目5个、梳理问题26个，为企业和项目提供良好服务。

累计投资800万元硬化村内街道30000平方米，新建沼气池120座，绿化6000平方米，安装路灯200盏，新建村综合服务中心1处，新建健身广场2处。完善乡文体中心和13个村农家书屋软硬件设施，丰富群众业余文化生活。卫生服务站建设全部完工。

组建专业队伍每天进行清扫，各村分别确定专职保洁员，设立垃圾箱池256处，清除垃圾4000余立方米，清理排水沟渠4200余米，安装路灯80余盏，立面粉刷8000余平方米，树木刷白3100株，规范牌匾40处，拆除违章建筑60处，拆除遮挡4000余平方米。全乡13个村实现村庄道路硬化、绿化、美化，垃圾无害化、能源清洁化程度不断提高，乡村环境面貌有较大改观。

(孙宝军)

人　　物

人物传

张永楠 (1967～2012),男,汉族,革命烈士。1967年7月24日出生于天津市北辰区双口镇双口一村。初中文化,生前为华信诚木业有限公司员工。2012年2月9日下午2点20分,因救助落水儿童牺牲。2012年2月28日,中共天津市委研究决定,追认张永楠同志为中国共产党党员。2月29日,经天津市政府批准,授予其革命烈士称号。3月8日,中共北辰区委下发《关于开展向张永楠同志学习活动的决定》。4月12日,张永楠烈士骨灰安放天津市烈士陵园。

张永楠几十年如一日,把岗位奉献作为自己的人生追求,把社会奉献作为生命价值的体现,把践行党的为人民服务的根本宗旨作为自己的神圣责任。在家里,他孝敬老人、善待兄弟、体贴妻子、关爱子女。在企业,他立足本职岗位,干一行爱一行,忠诚企业、恪尽职守,爱岗敬业、抢挑重担,忘我工作、争创一流,做出了不平凡的贡献。在村里,他牺牲大量业余时间,扶危救困,以助人为乐,以奉献为荣,向需要帮助的父老乡亲奉献了一片爱心。

人物简介

崔家颖,男,汉族,1961年12月生,天津市人,1981年9月参加工作。2005年8月亚洲(澳门)国际公开大学工商管理专业毕业,研究生学历。1996年12月加入中国共产党,现任东丽区国土资源分局党组书记、局长。2012年度荣获全国国土资源系统纪检监察先进工作者和东丽区"十二五"城市化建设立功奖先进个人荣誉称号。

他积极创新工作思路,努力破解土地管理发展难题。2012年,区国土分局完成土地征收588.14公顷,完成8宗66.7公顷国有土地的公开出让,保障了25个市区级重点项目顺利落地;完成364.2公顷高标准基本农田建设工作;完成东丽经济开发区、军粮城工业园区的土地节约集约利用评价工作,依法履行程序完成60宗闲置土地的处置工作;与公安东丽分局、区综合执法局建立联合执法办公室,对144宗违法用地下达《责令停止土地违法行为通知书》;完成市道桥处地块等6宗57.20公顷土地的收储工作。在他的领导下,东丽区国土资源分局全面完善原有的23项管理制度,推动建立重点岗位廉政谈话等5项廉政制度,在市国土房管系统首创与区纪检监察局、区检察院共建预防职务犯罪机制。区国土资源分局连续三年获得天津市政风行风第一名的优秀成绩。分局先后获得全国节约集约模范区、全国国土资源系统"两整治一改革"先进单位、国土资源部部省市县四级百家联创"12336为民服务示范窗口"单位等7项部级先进荣誉称号。

王树广, 男,1952年11月生, 天津市汉沽区人, 中共党员,大学文化。现任天津市公安局津南分局党委书记。2011年,其个人事迹被收入《时代先锋——中国优秀共产党人人物集》。2012年被公安部授予"任长霞式公安局长"称号并记个人二等功,成为天津警方获此殊荣第一人。

2006年11月, 从天津市汉沽区调至津南区任区委常委、分局党委书记、局长,2011年12月任分局党委书记。任职以来,他成功处置120余起各类群体性事件;研究建立警犬侦训队专业化机构;建立警犬、警车、摩托车、自行车"四位一体"巡控联动机制;在全市首推治安防范创新举措,推进公共安全防控服务中心建设,已完成4个镇分中心建设,安装视频监控探头840余个,语音对讲、电子围栏、紧急按钮系统设备50余处,红外报警装置30余个。津南分局连续四年绩效考核位居全市前三,连续四年获得天津市优秀公安分局荣誉称号。2012年,被评为全国优秀公安局。

宋国祥,1969 年 12 月生，天津市津南区人，中共党员,大学文化。现任天津市公安局津南分局北闸口派出所所长、党支部书记。2008 年被评为“天津市参加和谐办北京奥运会、残奥会”先进个人,2009 年被评为天津市模范公安基层领导干部,2010 年被评为天津市劳动模范,2011 年被评为“全国优秀人民警察”并记个人二等功,2012 年被授予“全国公安机关爱民模范”称号。

2008 年至 2012 年，他带领全所民警破获刑事案件 700 余起,抓获各类违法犯罪嫌疑人 423 名。其中,逮捕 326 名,行政处罚 104 人,抓获各类逃犯 86 人,打掉涉恶团伙 3 个,摧毁特大盗窃团伙 6 个,为人民群众和辖区企事业单位挽回经济损失数百万元。他带领民警到居民家中,认真倾听群众反映,仔细询问每一个环节,对群众反映的问题,采取跟车、蹲点、走访周围群众的方法,从深层次消除问题的根源,同时还帮助群众解决生活中的困难,由他调处的各类民事纠纷达 600 余起，解决疑难信访案件 56 起。北闸口派出所 2008 年至 2010 年连续三年在绩效考核工作中名列全局第一,2008 年、2010 年两次被评为天津市优秀基层所队,荣获集体二等功;2009 年度,荣获集体三等功。

谢长杰，女,1971 年 8 月生,天津市津南区人,中共党员,大学文化。现任天津市津南区双桥河司法所所长,先后被评为全国政法系统优秀共产党员,天津市人民调解工作优秀个人、普法依法治理先进个人、十大优秀司法行政干警等荣誉称号，得到国家司法部部长吴爱英的接见。2012 年获得全国五一劳动奖章,当选为天津市第十六届人民代表大会代表。

自投身司法行政战线以来，她不断探索新形势下司法行政工作,做到“人无我有、人有我优、人优我特”。创新社区矫正、安置帮教工作管理体系,在全镇 16 个村 13 个民营企业中建立“社区矫正、安置帮教法制教育培训安置基地”,在全市开创先河;不断健全完善镇、村、片三级矛盾排查化解网络,成立联合调解工作室,企业、工地、流动人口、学校调委会;探索出“一听二看三心四化”的“长杰”工作法,即:听当事人陈述;看事态、看起因;谈心、诚心、公心;感化心灵、转化认识、融化隔阂、消化分歧。几年来,调处民间纠纷 334 件,成功率 98%,调处疑难纠纷 75 件,防止矛盾激化 63 起，避免和挽回经济损失 800 多万元;为村民追回欠款 30 万元;为社区矫正、安置帮教困难人员协调救助资金 6.5 万元。她领导的司法所被评为全国先进司法所,受到中共中央政治局常委、中央政法书记周永康的接见。

刘春海,1963 年生,天津市北辰区双街村人,中共党员。现任双街置业集团公司董事长兼双盈房地产开发有限公司总经理，中国青年乡镇企业家协会副会长。先后获“全国青年星火带头人”、全国“十大杰出青年农民”、全国“三个代表”基层标兵、全国劳动模范、全国先进党务工作者、全国“五一”劳动奖章,天津“海河骄子”,天津市“十大时代先锋”等称号。2012 年 5 月,当选党的十八大代表,是全市农村基层党员干部的唯一代表。

1985年,他担任双街村养鸡场场长,后又投资创建万吨饲料加工厂,“津宝” 牌饲料很快占领天津市场。1996 年，他领导的生态农业综合养殖公司被命名为国家级星火示范基地。1997 年,经过推荐投票,他担任双街村党支部书记。上任伊始,面对村务管理混乱、卫生脏乱差,偷盗现象严重、8 个村属企业个个经营亏损的一副烂摊子,他带领大家一连烧了“几把火”:加快实施以两个工业区、五个社区、两个创业园和两条商贸街建设为主体的“2522”工程。用土地补偿金和银行贷款买地盖房,建成双盈工业园,吸纳法国乐百氏等 9 家中外企业落户园区,吸引外资 1000 多万美元,内资 1500 多万元,为村民提供 100 多个就业岗位。2004 年,他带领支部、村委一班人,成立双街置业集团,收购河北区中汇大厦和精密钢管厂等企业,开发工业拓展区;在市区繁华地段建起中汇创业园,积极调整农业产业结构,走农业产业化、科技化之路,利用现有耕地,建起 240 栋二代节能温室、植物组培中心、草莓研发中心、蟹味菇工厂化生产车间等现代农业示范园区。他还积极探索集体资产量化改革方式,将集体经营性净资产量化到村民,实行按股分红,使“资产变股权,农民当股东”。

成功开发双街新家园、双街新城、城际美景等居住区,配套建成千米商业街,大型汽车城和银行、邮局、医院、超市、学校等设施,500多家商户和5家汽车4S店落户。为村里18周岁至60周岁的农民上养老保险,为全体村民上新型农村合作医疗保险,并实行二次报销制度,报销率达90%以上。每年春节给每位村民发放福利费,中秋节给每户发放米、油、蛋、鱼等用品。投资4000万元兴建双街幼儿园和北辰模范小学。

2012年,双街村实现销售收入51亿元,利税3.1亿元,村集体积累近10亿元,农民人均纯收入2.8万元。双街村多次被评为全国创建文明村镇工作先进村镇、民主法制示范村、敬老文明村和天津市红旗党组织标兵、明星小康村。

陈立新,男,1951年生,静海县双塘镇西双塘村人。他12岁时,担水把腰脊柱压弯,落下终身残疾。1986年,他在村里办起兴塘织物厂,任厂长。1990年3月,任西双塘村党支部书记,使西双塘由过去“一穷二乱”的后进村一跃成为“全国文明村”。1994年,被评为全国劳动模范,曾被评为全国十大扶贫状元、全国自强模范、全国计划生育宣传工作先进个人、全国乡镇企业家;2013年3月29日,中共中央政治局常委刘云山视察西双塘村,接见了陈立新。

他立足发展农业生态循环经济。先后投资3000多万元,建成占地2000余亩的特色种植、养殖区;兴建高效环保型大中型企业10家,年纳税500余万元,全村年集体收入4000多万元;投资2亿多元建起东五台寺、跑马场、斗牛场等旅游设施;投资1400余万元建起商贸一条街。到2008年底,全村各户均住上人均60多平方米的别墅楼;全村森林覆盖率60%,人均绿地72.6平方米;人均收入由过去的380元增加到10800元。

他热衷社会公益事业。先后拿出个人收入320万元救助贫困家庭、工人、学生,救助涉及7个省市264个家庭和个人。十几年来,捐助支教费用52万元。近些年,他坚持不要工资,并把累计的200多万元奖金全部交给村集体。

他注重精神文明建设,关注民计民生。多年来共投资4000多万元,建成图书馆、文化活动中心、全民健身广场等一批文体活动场所,建立河北梆子剧团、威风鼓队、秧歌队等文体组织。每年全村用于发放村民福利款物、扶贫资金合计500余万元。

他任西双塘村党支部书记后,该村曾被评为天津市明星小康村、文明村标兵;全国最佳经济效益乡镇企业、模范村委会、计划生育先进单位、造林绿化千佳村、文化典范村、精神文明建设先进单位;2012年被国家农业部、中国旅游局评为全国休闲农业渔乡村旅游五星园区,被司法部、民政部评为全国民主法治示范村,被国家体育总局评为全国全民健身活动先进单位。

2012年度区县全国“五一劳动奖章”获得者名录

姓名		单位	职务
胡晓宇		天津膜天膜科技股份有限公司材料研究室	主 任
王红梅		天津顶津食品有限公司储运处成品一科	叉车工
黄 立		软通动力信息技术有限公司研究院	院 长
杜秀龙		天津天地伟业数码科技有限公司	研发项目经理
张战涛		滨海新区国税局中新生态城税务所	科 员
顾新颖	（女）	天津临港经济区经济发展局	科 员
李洪祥		北塘经济区管委会城市综合管理部	部 长
尤爱刚		天津滨海新区投资控股有限公司工程部	部 长
孟 新	（女）	天津市河东区第二幼儿园	园 长
张寒冰	（女）	西青经济开发区管理委员会	副主任

统计资料

2012 年天津在全国的地位

指　　标	单　位	天　津	占全国比重(%)
年末常住人口	万人	1413.15	1.0
社会从业人员	万人	803.14	1.0
全市生产总值	亿元	12893.88	2.5
第一产业	亿元	171.60	0.3
第二产业	亿元	6663.82	2.8
第三产业	亿元	6058.46	2.6
人均生产总值	元	93173	高 54724
城市居民人均可支配收入	元	29626	高 5061
地方一般预算收入	亿元	1760.02	2.9
地方一般预算支出	亿元	2143.21	2.0
金融机构本外币存款余额	亿元	20293.79	2.2
金融机构本外币贷款余额	亿元	18396.81	2.7
保费收入	亿元	238.16	1.5
主要工业产品产量			
天然原油	万吨	3098.31	15.0
发电量	亿千瓦小时	589.69	1.2
天然气	亿立方米	18.73	1.7
原　盐	万吨	149.68	2.4
化学纤维	万吨	11.05	0.3
纱	万吨	3.05	0.1
布	亿米	1.99	0.2
乙　烯	万吨	113.16	7.6
水　泥	万吨	784.26	0.4
生　铁	万吨	1974.62	3.0
粗　钢	万吨	2124.25	3.0
汽　车	万辆	63.82	3.3
自行车	万辆	2262.85	38.3
房间空气调节器	万台	245.79	1.9
移动电话机	万台	9193.85	7.8
集成电路	亿块	8.49	1.0

续表

指　　　标	单　位	天　津	占全国比重(%)
全社会固定资产投资额	亿元	8871.31	2.4
沿海主要港口货物吞吐量	万吨	47697	7.2
社会消费品零售总额	亿元	3921.43	1.9
外贸出口总额	亿美元	483.14	2.4
实际直接利用外资额	亿美元	150.16	13.4
高等学校在校学生数	万人	47.31	2.0
研究与试验发展经费支出	亿元	360.49	3.5
专利申请授权量	项	20003	1.6
医　院	个	304	1.3
医院床位	万张	4.48	1.3
图书出版数	万册	4260	0.5
杂志出版数	万册	3799	1.1
报纸出版数	亿份	9.09	1.9

2012 年各区县主要经济指标汇总

区县	区县生产总值（亿元）	2012比2011年增长(%)	规模以上工业总产值（亿元）	2012比2011年增长(%)	区县级财政一般预算收入（亿元）	2012比2011年增长(%)	区县级财政一般预算支出（亿元）	2012比2011年增长(%)	全社会固定资产投资（亿元）	2012比2011年增长(%)	社会消费品零售总额（亿元）	2012比2011年增长(%)	外贸出口总额（亿美元）	2012比2011年增长(%)	实际直接利用外资（万美元）	2012比2011年增长(%)
和平区	653.26	11.5	57.08	27.4	48.22	26.6	47.21	21.6	115.69	9.7	352.87	14.5	16.23	-4.6	55438	14.5
河西区	662.85	12.1	532.17	9.9	44.94	20.4	42.00	32.7	90.15	6.9	391.28	11.4	13.19	-12.8	20555	-17.9
河东区	261.84	10.0	81.59	-19.4	32.28	22.9	37.61	24.9	100.18	5.1	299.70	9.1	3.60	8.7	10468	13.5
南开区	529.73	9.8	148.55	5.7	38.09	19.0	40.49	25.3	95.53	0.2	531.18	9.0	7.05	0.1	3954	-59.2
河北区	320.50	10.7	373.65	12.1	30.11	24.7	38.27	24.8	101.69	9.9	174.86	12.8	4.06	54.8	18469	15.3
红桥区	140.26	10.5	24.57	16.3	14.86	23.3	26.14	26.0	62.19	-31.0	137.63	10.8	0.32	22.3	1502	60.1
东丽区	671.68	10.2	1538.35	8.0	65.23	25.2	62.38	25.3	508.80	28.4	149.53	12.8	25.22	12.3	66211	20.3
西青区	722.99	18.7	2044.00	13.0	62.60	14.9	59.99	16.3	530.81	21.7	161.46	19.9	21.97	0.3	85078	17.4
津南区	491.17	18.3	862.67	21.6	57.54	19.7	43.31	3.0	495.94	28.2	152.79	19.5	13.29	16.8	46121	18.2
北辰区	666.43	12.7	1585.60	17.9	43.77	25.2	37.52	8.0	529.27	28.2	160.84	16.7	28.55	1.7	83761	17.3
武清区	633.19	18.9	1229.27	25.1	56.62	25.1	76.88	29.3	506.08	28.0	142.66	19.8	23.13	1.9	56355	17.0
宝坻区	414.41	14.0	496.93	25.7	33.09	30.1	54.05	29.5	406.05	29.3	129.87	16.5	4.80	1.4	18727	17.0
滨海新区	7205.17	20.1	14519.77	13.2	515.98	23.8	530.80	21.3	4453.30	20.3	1015.36	15.6	308.64	11.6	984100	15.8
宁河县	280.14	13.9	532.21	25.6	20.13	58.5	31.91	37.7	365.62	28.4	71.68	16.3	2.22	65.1	21065	16.4
静海县	415.45	16.3	1301.38	15.1	33.60	40.1	49.18	30.1	400.48	28.9	76.52	21.5	10.15	7.5	18283	15.5
蓟　县	291.52	14.1	164.48	13.7	20.28	31.2	33.94	17.9	420.42	28.4	121.18	20.4	0.71	9.4	11506	15.0

注:1. 区县生产总值增速按可比价格计算。2. 滨海新区为注册口径,其他均为在地口径。

2012 年各区县基本情况

和平区基本情况

指　　标	2011年	2012年
常住人口(万人)	30.31	34.12
户籍户数(万户)	13.51	13.44
户籍人口(万人)	40.22	39.75
男　性	19.35	19.11
女　性	20.87	20.64
城镇非私营单位从业人员(万人)	19.76	21.13
新增就业人员(人)	40774	39735
区县生产总值(亿元)	577.47	653.26
第二产业	71.90	57.52
第三产业	505.57	595.74
区县生产总值增速(%)	13.2	11.5
*区县增加值(亿元)	232.06	285.02
*区县增加值增速(%)	16.3	14.7
区级财政一般预算收入(万元)	380953	482156
区级财政一般预算支出(万元)	388391	472115
规模以上工业总产值(亿元)	49.39	57.08
全社会固定资产投资(亿元)	127.08	115.69
社会消费品零售总额(亿元)	311.75	352.87
外贸进出口总额(亿美元)	41.72	50.42
#出　口	16.79	16.23
实际直接利用外资(万美元)	48434	55438
专利申请授权量(件)	332	409
小学校数(所)	27	22
小学在校学生数(人)	23398	23646
普通中学校数(所)	22	21
普通中学在校学生数(人)	24475	23720
幼儿园数(所)	22	22
在园儿童数(人)	5469	5382
医院、卫生院(个)	22	23
医院、卫生院床位数(张)	5600	6056
每千人卫生机构床位数(张)	14.40	19.33
每千人执业(助理)医师数(人)	8.04	10.59
每千人注册护士数(人)	8.81	11.94

注:“*”为区属口径数据,其余为全区口径。

河西区基本情况

指　　　标	2011年	2012年
常住人口(万人)	90.10	94.47
户籍户数(万户)	28.10	28.19
户籍人口(万人)	80.30	79.78
男　性	39.56	39.20
女　性	40.74	40.58
城镇非私营单位从业人员(万人)	20.70	20.64
新增就业人员(人)	41819	39735
区县生产总值(亿元)	585.13	662.85
第二产业	116.44	141.96
第三产业	468.69	520.90
区县生产总值增速(%)	9.2	12.1
*区县增加值(亿元)	286.11	318.79
*区县增加值增速(%)	10.2	14.6
区级财政一般预算收入(万元)	373387	449447
区级财政一般预算支出(万元)	316490	419969
规模以上工业总产值(亿元)	518.55	532.17
全社会固定资产投资(亿元)	84.33	90.15
社会消费品零售总额(亿元)	337.24	391.28
外贸进出口总额(亿美元)	24.33	23.56
#出　口	15.13	13.19
实际直接利用外资(万美元)	25000	20555
专利申请授权量(件)	442	580
小学校数(所)	42	33
小学在校学生数(人)	30003	30999
普通中学校数(所)	26	26
普通中学在校学生数(人)	26562	25668
幼儿园数(所)	37	39
在园儿童数(人)	12816	12896
医院、卫生院(个)	37	38
医院、卫生院床位数(张)	7300	7990
每千人卫生机构床位数(张)	9.53	9.05
每千人执业(助理)医师数(人)	4.21	3.87
每千人注册护士数(人)	4.94	4.50

河东区基本情况

指　　　标	2011年	2012年
常住人口(万人)	88.98	92.90
户籍户数(万户)	27.30	27.31
户籍人口(万人)	71.80	70.96
男　性	36.25	35.70
女　性	35.55	35.26
城镇非私营单位从业人员(万人)	12.92	13.77
新增就业人员(人)	40783	39745
区县生产总值(亿元)	254.06	261.84
第二产业	38.24	33.80
第三产业	215.82	228.05
区县生产总值增速(%)	8.0	10.0
*区县增加值(亿元)	146.51	171.03
*区县增加值增速(%)	13.9	13.5
区级财政一般预算收入(万元)	262618	322806
区级财政一般预算支出(万元)	301014	376108
规模以上工业总产值(亿元)	106.99	81.59
全社会固定资产投资(亿元)	95.32	100.18
社会消费品零售总额(亿元)	272.41	299.70
外贸进出口总额(亿美元)	11.15	8.73
#出　口	3.54	3.60
实际直接利用外资(万美元)	9227	10468
专利申请授权量(件)	654	745
小学校数(所)	22	22
小学在校学生数(人)	20337	20770
普通中学校数(所)	19	19
普通中学在校学生数(人)	19359	19018
幼儿园数(所)	35	48
在园儿童数(人)	8596	9170
医院、卫生院(个)	39	43
医院、卫生院床位数(张)	2084	2259
每千人卫生机构床位数(张)	4.50	3.71
每千人执业(助理)医师数(人)	2.71	2.24
每千人注册护士数(人)	2.25	1.90

南开区基本情况

指　　　　标	2011年	2012年
常住人口(万人)	105.54	110.10
户籍户数(万户)	30.36	30.25
户籍人口(万人)	86.66	84.68
男　性	43.63	42.34
女　性	43.03	42.34
城镇非私营单位从业人员(万人)	21.18	22.04
新增就业人员(人)	40783	39735
区县生产总值(亿元)	480.01	529.73
第二产业	68.29	51.74
第三产业	411.72	477.99
区县生产总值增速(%)	13.1	9.8
*区县增加值(亿元)	208.42	238.19
*区县增加值增速(%)	15.1	12.9
区级财政一般预算收入(万元)	320012	380856
区级财政一般预算支出(万元)	323077	404913
规模以上工业总产值(亿元)	173.08	148.55
全社会固定资产投资(亿元)	95.35	95.53
社会消费品零售总额(亿元)	490.07	531.18
外贸进出口总额(亿美元)	10.19	10.54
#出　口	7.18	7.05
实际直接利用外资(万美元)	9702	3954
专利申请授权量(件)	747	1151
小学校数(所)	36	31
小学在校学生数(人)	27156	28160
普通中学校数(所)	27	27
普通中学在校学生数(人)	25365	25491
幼儿园数(所)	41	44
在园儿童数(人)	10833	12010
医院、卫生院(个)	33	33
医院、卫生院床位数(张)	4901	4969
每千人卫生机构床位数(张)	6.50	5.27
每千人执业(助理)医师数(人)	3.48	2.87
每千人注册护士数(人)	3.30	2.85

河北区基本情况

指　　标	2011年	2012年
常住人口(万人)	80.53	84.18
户籍户数(万户)	24.00	23.85
户籍人口(万人)	63.18	61.88
男　性	31.85	31.13
女　性	31.33	30.75
城镇非私营单位从业人员(万人)	10.43	10.14
新增就业人员(人)	40784	39745
区县生产总值(亿元)	291.98	320.50
第二产业	95.20	89.76
第三产业	196.78	230.74
区县生产总值增速(%)	14.0	10.7
*区县增加值(亿元)	141.20	170.69
*区县增加值增速(%)	16.5	14.8
区级财政一般预算收入(万元)	241399	301078
区级财政一般预算支出(万元)	306642	382651
规模以上工业总产值(亿元)	363.38	373.65
全社会固定资产投资(亿元)	95.45	101.69
社会消费品零售总额(亿元)	154.60	174.86
外贸进出口总额(亿美元)	4.22	7.39
#出　口	2.62	4.06
实际直接利用外资(万美元)	16018	18469
专利申请授权量(件)	315	622
小学校数(所)	24	24
小学在校学生数(人)	20095	20618
普通中学校数(所)	23	23
普通中学在校学生数(人)	21629	21029
幼儿园数(所)	29	28
在园儿童数(人)	8629	8872
医院、卫生院(个)	31	30
医院、卫生院床位数(张)	3420	3601
每千人卫生机构床位数(张)	5.87	4.81
每千人执业(助理)医师数(人)	3.31	2.66
每千人注册护士数(人)	3.28	2.72

红桥区基本情况

指　　标	2011年	2012年
常住人口(万人)	54.69	56.33
户籍户数(万户)	20.90	20.45
户籍人口(万人)	53.84	51.86
男　性	27.13	26.05
女　性	26.71	25.81
城镇非私营单位从业人员(万人)	3.46	3.60
新增就业人员(人)	34500	33195
区县生产总值(亿元)	128.68	140.26
第二产业	19.28	13.39
第三产业	109.40	126.87
区县生产总值增速(%)	12.7	10.5
*区县增加值(亿元)	107.05	120.06
*区县增加值增速(%)	14.5	13.1
区级财政一般预算收入(万元)	120475	148590
区级财政一般预算支出(万元)	207435	261398
规模以上工业总产值(亿元)	28.96	24.57
全社会固定资产投资(亿元)	90.19	62.19
社会消费品零售总额(亿元)	124.02	137.63
外贸进出口总额(亿美元)	0.57	0.76
#出　口	0.26	0.32
实际直接利用外资(万美元)	939	1502
专利申请授权量(件)	237	296
小学校数(所)	28	23
小学在校学生数(人)	12944	13260
普通中学校数(所)	22	15
普通中学在校学生数(人)	13387	12287
幼儿园数(所)	17	17
在园儿童数(人)	5806	6072
医院、卫生院(个)	16	17
医院、卫生院床位数(张)	2323	2738
每千人卫生机构床位数(张)	5.25	5.84
每千人执业(助理)医师数(人)	3.26	3.08
每千人注册护士数(人)	2.94	2.97

东丽区基本情况

指　　标	2011年	2012年
常住人口(万人)	63.54	66.03
户籍户数(万户)	13.57	13.48
户籍人口(万人)	35.73	35.26
男　性	18.05	17.68
女　性	17.68	17.58
城镇非私营单位从业人员(万人)	20.12	24.97
乡村从业人员(万人)	12.65	12.90
新增就业人员(人)	18820	18606
区县生产总值(亿元)	602.81	671.68
第一产业	3.80	4.08
第二产业	375.76	386.51
第三产业	223.24	281.09
区县生产总值增速(%)	10.4	10.2
*区县增加值(亿元)	453.96	585.75
*区县增加值增速(%)	24.7	21.2
区级财政一般预算收入(万元)	520784	652268
区级财政一般预算支出(万元)	497690	623845
年末实有耕地面积(公顷)	9777	9473
农林牧渔业总产值(万元)	83852	85409
农林牧渔业总产值增速(%)	2.8	1.9
粮食产量(万吨)	1.77	1.14
肉类总产量(吨)	6265	5008
水产品产量(吨)	10795	9456
蔬菜总产量(万吨)	12.49	12.20
规模以上工业总产值(亿元)	2153.33	1538.35
全社会固定资产投资(亿元)	396.32	508.80
社会消费品零售总额(亿元)	132.07	149.53
外贸进出口总额(亿美元)	43.21	44.23
#出　口	22.46	25.22
实际直接利用外资(万美元)	55028	66211
专利申请授权量(件)	815	1479
小学校数(所)	40	40
小学在校学生数(人)	23294	23317
普通中学校数(所)	20	20
普通中学在校学生数(人)	15276	15313
幼儿园数(所)	70	87
在园儿童数(人)	5975	8839
医院、卫生院(个)	6	6
医院、卫生院床位数(张)	1095	1114
每千人卫生机构床位数(张)	3.41	1.84
每千人执业(助理)医师数(人)	1.98	1.11
每千人注册护士数(人)	1.48	0.88

西青区基本情况

指　　标	2011年	2012年
常住人口(万人)	74.13	76.12
户籍户数(万户)	13.06	13.18
户籍人口(万人)	36.60	37.07
男　性	17.84	18.08
女　性	18.76	18.99
城镇非私营单位从业人员(万人)	28.92	31.90
乡村从业人员(万人)	12.50	13.30
新增就业人员(人)	18821	18608
区县生产总值(亿元)	595.50	722.99
第一产业	10.02	10.80
第二产业	379.64	438.35
第三产业	205.84	273.84
区县生产总值增速(%)	12.4	18.7
*区县增加值(亿元)	500.68	618.58
*区县增加值增速(%)	24.1	23.1
区级财政一般预算收入(万元)	545087	626045
区级财政一般预算支出(万元)	515633	599931
年末实有耕地面积(公顷)	14000	13788
农林牧渔业总产值(万元)	215496	232515
农林牧渔业总产值增速(%)	4.0	7.9
粮食产量(万吨)	3.42	2.51
肉类总产量(吨)	23053	20570
水产品产量(吨)	48751	41895
蔬菜总产量(万吨)	56.80	58.01
规模以上工业总产值(亿元)	2725.46	2044.00
全社会固定资产投资(亿元)	436.09	530.81
社会消费品零售总额(亿元)	134.03	161.46
外贸进出口总额(亿美元)	45.95	52.82
#出　口	21.90	21.97
实际直接利用外资(万美元)	72500	85078
专利申请授权量(件)	685	1929
小学校数(所)	32	32
小学在校学生数(人)	25337	25868
普通中学校数(所)	13	13
普通中学在校学生数(人)	15397	15822
幼儿园数(所)	60	68
在园儿童数(人)	11230	10170
医院、卫生院(个)	25	27
医院、卫生院床位数(张)	1619	2026
每千人卫生机构床位数(张)	4.42	2.70
每千人执业(助理)医师数(人)	1.71	0.85
每千人注册护士数(人)	0.97	0.53

津南区基本情况

指　　标	2011年	2012年
常住人口(万人)	62.98	66.55
户籍户数(万户)	14.82	14.80
户籍人口(万人)	42.06	42.01
男　性	20.95	20.93
女　性	21.11	21.08
城镇非私营单位从业人员(万人)	10.00	10.67
乡村从业人员(万人)	14.90	15.39
新增就业人员(人)	18815	18606
区县生产总值(亿元)	379.97	491.17
第一产业	4.68	5.04
第二产业	234.06	288.31
第三产业	141.23	197.81
区县生产总值增速(%)	18.5	18.3
*区县增加值(亿元)	360.07	472.06
*区县增加值增速(%)	21.0	20.2
区级财政一般预算收入(万元)	480805	575380
区级财政一般预算支出(万元)	420494	433128
年末实有耕地面积(公顷)	13740	13740
农林牧渔业总产值(万元)	112154	120634
农林牧渔业总产值增速(%)	6.3	2.6
粮食产量(万吨)	1.65	1.29
肉类总产量(吨)	20556	20388
水产品产量(吨)	20482	20070
蔬菜总产量(万吨)	7.74	6.47
规模以上工业总产值(亿元)	689.73	862.67
全社会固定资产投资(亿元)	382.77	495.94
社会消费品零售总额(亿元)	128.05	152.79
外贸进出口总额(亿美元)	26.45	30.11
#出　口	11.40	13.29
实际直接利用外资(万美元)	39000	46121
专利申请授权量(件)	774	901
小学校数(所)	39	34
小学在校学生数(人)	26246	27010
普通中学校数(所)	16	16
普通中学在校学生数(人)	18176	18040
幼儿园数(所)	167	185
在园儿童数(人)	14528	14378
医院、卫生院(个)	24	24
医院、卫生院床位数(张)	1589	1949
每千人卫生机构床位数(张)	3.82	3.01
每千人执业(助理)医师数(人)	3.10	2.02
每千人注册护士数(人)	2.05	1.61

北辰区基本情况

指　　标	2011年	2012年
常住人口(万人)	70.43	74.33
户籍户数(万户)	14.08	14.22
户籍人口(万人)	37.37	37.52
男　性	18.62	18.67
女　性	18.75	18.85
城镇非私营单位从业人员(万人)	13.34	14.56
乡村从业人员(万人)	13.35	13.53
新增就业人员(人)	17768	17579
区县生产总值(亿元)	562.99	666.43
第一产业	9.31	9.77
第二产业	363.07	432.04
第三产业	190.60	224.62
区县生产总值增速(%)	10.5	12.7
*区县增加值(亿元)	490.08	592.15
*区县增加值增速(%)	20.9	21.5
区级财政一般预算收入(万元)	349519	437653
区级财政一般预算支出(万元)	347336	375199
年末实有耕地面积(公顷)	18431	18431
农林牧渔业总产值(万元)	191732	198535
农林牧渔业总产值增速(%)	2.6	3.5
粮食产量(万吨)	5.15	3.50
肉类总产量(吨)	25587	23453
水产品产量(吨)	10639	9926
蔬菜总产量(万吨)	25.68	24.44
规模以上工业总产值(亿元)	1410.26	1585.60
全社会固定资产投资(亿元)	404.91	529.27
社会消费品零售总额(亿元)	141.35	160.84
外贸进出口总额(亿美元)	44.65	42.35
#出　口	28.08	28.55
实际直接利用外资(万美元)	71392	83761
专利申请授权量(件)	1588	1387
小学校数(所)	38	37
小学在校学生数(人)	27998	28710
普通中学校数(所)	20	20
普通中学在校学生数(人)	14595	14922
幼儿园数(所)	125	101
在园儿童数(人)	16164	16349
医院、卫生院(个)	6	6
医院、卫生院床位数(张)	1114	1151
每千人卫生机构床位数(张)	3.53	1.79
每千人执业(助理)医师数(人)	2.69	1.49
每千人注册护士数(人)	1.85	1.01

武清区基本情况

指　　标	2011年	2012年
常住人口(万人)	100.51	105.33
户籍户数(万户)	27.21	27.31
户籍人口(万人)	85.55	85.77
男　性	42.63	42.73
女　性	42.92	43.04
城镇非私营单位从业人员(万人)	18.90	21.61
乡村从业人员(万人)	38.69	40.82
新增就业人员(人)	20390	20118
区县生产总值(亿元)	455.51	633.19
第一产业	31.41	34.56
第二产业	266.50	384.35
第三产业	157.60	214.28
区县生产总值增速(%)	19.8	18.9
*区县增加值(亿元)	428.21	572.17
*区县增加值增速(%)	25.2	21.5
区级财政一般预算收入(万元)	452545	566214
区级财政一般预算支出(万元)	594779	768822
年末实有耕地面积(公顷)	86746	86100
农林牧渔业总产值(万元)	691408	759557
农林牧渔业总产值增速(%)	4.2	3.3
粮食产量(万吨)	66.13	46.84
肉类总产量(吨)	53359	49991
水产品产量(吨)	54619	68625
蔬菜总产量(万吨)	144.55	146.59
规模以上工业总产值(亿元)	1046.03	1229.27
全社会固定资产投资(亿元)	389.16	506.08
社会消费品零售总额(亿元)	118.95	142.66
外贸进出口总额(亿美元)	33.56	32.94
#出　口	22.71	23.13
实际直接利用外资(万美元)	48176	56355
专利申请授权量(件)	330	939
小学校数(所)	105	107
小学在校学生数(人)	59608	59832
普通中学校数(所)	49	50
普通中学在校学生数(人)	46203	48220
幼儿园数(所)	187	178
在园儿童数(人)	25898	23996
医院、卫生院(个)	41	42
医院、卫生院床位数(张)	2608	3428
每千人卫生机构床位数(张)	3.21	3.45
每千人执业(助理)医师数(人)	2.59	2.20
每千人注册护士数(人)	1.40	1.37

宝坻区基本情况

指　　标	2011年	2012年
常住人口(万人)	83.12	85.13
户籍户数(万户)	21.74	21.82
户籍人口(万人)	67.59	67.93
男　性	34.05	34.22
女　性	33.54	33.71
城镇非私营单位从业人员(万人)	7.32	7.03
乡村从业人员(万人)	28.16	29.01
新增就业人员(人)	15160	15083
区县生产总值(亿元)	323.33	414.41
第一产业	24.04	28.01
第二产业	161.49	196.25
第三产业	137.80	190.15
区县生产总值增速(%)	13.8	14.0
*区县增加值(亿元)	295.31	389.28
*区县增加值增速(%)	21.6	17.9
区级财政一般预算收入(万元)	254444	330943
区级财政一般预算支出(万元)	417262	540545
年末实有耕地面积(公顷)	76114	76114
农林牧渔业总产值(万元)	570005	666263
农林牧渔业总产值增速(%)	13.3	16.9
粮食产量(万吨)	63.94	48.62
肉类总产量(吨)	81421	80714
水产品产量(吨)	40637	41392
蔬菜总产量(万吨)	55.16	55.22
规模以上工业总产值(亿元)	393.89	496.93
全社会固定资产投资(亿元)	301.40	406.05
社会消费品零售总额(亿元)	111.68	129.87
外贸进出口总额(亿美元)	6.95	5.75
#出　口	4.73	4.80
实际直接利用外资(万美元)	16003	18727
专利申请授权量(件)	241	555
小学校数(所)	69	69
小学在校学生数(人)	32138	34032
普通中学校数(所)	40	40
普通中学在校学生数(人)	39613	36151
幼儿园数(所)	103	104
在园儿童数(人)	11793	10798
医院、卫生院(个)	41	37
医院、卫生院床位数(张)	1642	1773
每千人卫生机构床位数(张)	2.62	2.27
每千人执业(助理)医师数(人)	1.46	1.20
每千人注册护士数(人)	1.06	0.90

滨海新区基本情况

指　　标	2011年	2012年
常住人口(万人)	253.66	263.52
户籍户数(万户)	41.66	41.95
户籍人口(万人)	113.80	115.88
男　性	58.64	59.74
女　性	55.16	56.14
城镇非私营单位从业人员(万人)	116.15	131.94
新增就业人员(万人)	10.7	15.8
区县生产总值(亿元)	6206.87	7205.17
第一产业	8.82	9.36
第二产业	4273.89	4857.76
#工　业	4036.40	4622.81
第三产业	1924.15	2338.05
第三产业增加值比重(%)	31.0	32.4
区县生产总值增速(%)	23.8	20.1
区级财政一般预算收入(万元)	4167477	5159819
区级财政一般预算支出(万元)	4374729	5308023
年末实有耕地面积(公顷)	20383	20383
农林牧渔业总产值(万元)	225082	239299
农林牧渔业总产值增速(%)	5.1	3.3
粮食产量(万吨)	7.87	3.14
肉类总产量(吨)	23250	24372
水产品产量(吨)	51733	53090
蔬菜总产量(万吨)	8.43	8.89
工业总产值(亿元)	12828.95	14519.77
全社会固定资产投资(亿元)	3702.12	4453.30
社会消费品零售总额(亿元)	882.53	1015.36
外贸进出口总额(亿美元)	711.21	812.38
#出　口	276.76	308.64
实际直接利用外资(亿美元)	85.02	98.41
专利申请授权量(件)	5649	6682
小学校数(所)	87	103
小学在校学生数(人)	70948	81539
普通中学校数(所)	81	91
普通中学在校学生数(人)	59817	65879
幼儿园数(所)	109	119
医院、卫生院(个)	59	63
医院、卫生院床位数(张)	5506	5840
每千人卫生机构床位数(张)	5.47	5.59
每千人执业(助理)医师数(人)	3.89	3.69
每千人注册护士数(人)	3.64	3.71

注：本表区级财政一般预算收支含东丽区无瑕街、津南区葛沽镇数据。

宁河县基本情况

指　　标	2011年	2012年
常住人口(万人)	43.10	44.32
户籍户数(万户)	13.14	13.33
户籍人口(万人)	38.74	38.94
男　性	19.67	19.76
女　性	19.07	19.18
城镇非私营单位从业人员(万人)	5.57	5.40
乡村从业人员(万人)	11.99	12.10
新增就业人员(人)	7839	8037
区县生产总值(亿元)	224.95	280.14
第一产业	23.49	26.15
第二产业	111.57	162.56
第三产业	89.89	91.42
区县生产总值增速(%)	16.0	13.9
*区县增加值(亿元)	223.86	283.64
*区县增加值增速(%)	21.5	16.4
区级财政一般预算收入(万元)	126996	201300
区级财政一般预算支出(万元)	231668	319066
年末实有耕地面积(公顷)	38666	38666
农林牧渔业总产值(万元)	481694	535032
农林牧渔业总产值增速(%)	11.8	11.1
粮食产量(万吨)	14.03	10.68
肉类总产量(吨)	96714	103194
水产品产量(吨)	47487	49780
蔬菜总产量(万吨)	42.48	50.16
规模以上工业总产值(亿元)	444.63	532.21
全社会固定资产投资(亿元)	276.51	365.62
社会消费品零售总额(亿元)	61.29	71.68
外贸进出口总额(亿美元)	4.67	5.99
#出　口	1.35	2.22
实际直接利用外资(万美元)	18100	21065
专利申请授权量(件)	178	187
小学校数(所)	59	59
小学在校学生数(人)	23509	24631
普通中学校数(所)	30	30
普通中学在校学生数(人)	20036	19161
幼儿园数(所)	93	36
在园儿童数(人)	9716	8435
医院、卫生院(个)	22	22
医院、卫生院床位数(张)	1091	1237
每千人卫生机构床位数(张)	2.82	2.83
每千人执业(助理)医师数(人)	1.68	1.54
每千人注册护士数(人)	1.12	1.08

静海县基本情况

指　　标	2011年	2012年
常住人口(万人)	67.43	71.20
户籍户数(万户)	19.99	20.20
户籍人口(万人)	57.13	57.59
男　性	29.08	29.30
女　性	28.05	28.28
城镇非私营单位从业人员(万人)	5.86	6.59
乡村从业人员(万人)	20.32	20.40
新增就业人员(人)	7840	8037
区县生产总值(亿元)	343.66	415.45
第一产业	16.88	19.10
第二产业	231.03	283.28
第三产业	95.75	113.07
区县生产总值增速(%)	19.0	16.3
*区县增加值(亿元)	315.64	398.52
*区县增加值增速(%)	21.3	20.4
区级财政一般预算收入(万元)	239759	336021
区级财政一般预算支出(万元)	377976	491751
年末实有耕地面积(公顷)	64551	64562
农林牧渔业总产值(万元)	368998	415993
农林牧渔业总产值增速(%)	8.9	4.9
粮食产量(万吨)	29.28	17.96
肉类总产量(吨)	65727	64000
水产品产量(吨)	23469	24005
蔬菜总产量(万吨)	34.73	41.69
规模以上工业总产值(亿元)	1250.37	1301.38
全社会固定资产投资(亿元)	292.72	400.48
社会消费品零售总额(亿元)	62.97	76.52
外贸进出口总额(亿美元)	24.39	27.54
#出　口	9.44	10.15
实际直接利用外资(万美元)	15800	18283
专利申请授权量(件)	174	545
小学校数(所)	99	99
小学在校学生数(人)	52348	53981
普通中学校数(所)	51	50
普通中学在校学生数(人)	37107	35669
幼儿园数(所)	216	212
在园儿童数(人)	28511	29273
医院、卫生院(个)	28	22
医院、卫生院床位数(张)	1169	1331
每千人卫生机构床位数(张)	2.43	2.24
每千人执业(助理)医师数(人)	1.89	1.51
每千人注册护士数(人)	0.88	0.71

蓟县基本情况

指　　标	2011年	2012年
常住人口(万人)	85.53	88.42
户籍户数(万户)	26.28	26.40
户籍人口(万人)	84.27	84.18
男　性	42.93	42.90
女　性	41.34	41.28
城镇非私营单位从业人员(万人)	6.02	6.13
乡村从业人员(万人)	33.77	33.49
新增就业人员(人)	10975	10559
区县生产总值(亿元)	250.11	291.52
第一产业	23.72	26.50
第二产业	79.36	96.65
第三产业	147.02	168.36
区县生产总值增速(%)	14.2	14.1
*区县增加值(亿元)	246.10	268.93
*区县增加值增速(%)	21.0	14.5
区级财政一般预算收入(万元)	154552	202804
区级财政一般预算支出(万元)	287935	339403
年末实有耕地面积(公顷)	53939	53939
农林牧渔业总产值(万元)	496879	555488
农林牧渔业总产值增速(%)	5.8	4.4
粮食产量(万吨)	50.65	35.91
肉类总产量(吨)	82628	79989
水产品产量(吨)	28160	28746
蔬菜总产量(万吨)	43.25	44.04
规模以上工业总产值(亿元)	137.59	164.48
全社会固定资产投资(亿元)	330.75	420.42
社会消费品零售总额(亿元)	100.63	121.18
外贸进出口总额(亿美元)	0.70	0.74
#出　口	0.65	0.71
实际直接利用外资(万美元)	10000	11506
专利申请授权量(件)	247	275
小学校数(所)	124	122
小学在校学生数(人)	41715	43170
普通中学校数(所)	64	64
普通中学在校学生数(人)	48847	45908
幼儿园数(所)	153	191
在园儿童数(人)	25020	27677
医院、卫生院(个)	31	36
医院、卫生院床位数(张)	1600	1553
每千人卫生机构床位数(张)	1.95	1.84
每千人执业(助理)医师数(人)	1.72	1.74
每千人注册护士数(人)	0.93	0.95

·天津区县年鉴·

附　　录

为民服务热线

滨 海 新 区

区级机关、所属功能区及街镇

单 位	电 话
中共滨海新区委员会办公室	65309224
中共滨海新区纪律检查委员会	65309891
中共滨海新区委员会研究室	65309781
中共滨海新区委员会组织部	65309005
中共滨海新区委员会宣传部	65309108
中共滨海新区委员会统一战线工作部	65309131
中共滨海新区委员会台湾工作办公室（滨海新区人民政府台湾事务办公室）	65309824
中共滨海新区委员会政法委员会	65309652
天津市滨海新区机构编制委员会办公室	65309015
中共滨海新区区级机关工作委员会	65309885
中共滨海新区委员会老干部局	65309397
滨海新区人民代表大会常务委员会	65309276
中国人民政治协商会议滨海新区委员会	65309642
滨海新区人民法院	66306019
滨海新区人民检察院	25209091
滨海新区总工会	25275612
中国共产主义青年团滨海新区委员会	65305164
滨海新区妇女联合会	65305190
滨海新区残疾人联合会	65305691
滨海新区工商业(商会)联合会	65305177
滨海新区人民政府办公室	65309205
滨海新区人民政府研究室	65309370
滨海新区发展和改革委员会	65305353
滨海新区经济和信息化委员会	65305809
滨海新区商务委员会	65305892
滨海新区教育局	65305835
滨海新区科学技术委员会	65305966
滨海新区公安局	65309750
滨海新区监察局	65309891
滨海新区民政局	65305660
滨海新区司法局	65305515
滨海新区财政局	65309559
滨海新区人力资源和社会保障局	65309506
滨海新区规划和国土资源管理局	66223565
滨海新区建设和交通局	65305300
滨海新区环保和市容管理局	65305002
滨海新区城市管理综合执法局	25866012
滨海新区农业局	65305549
滨海新区卫生局	65305769
滨海新区审计局	65305577
滨海新区安全生产监督管理局	65305620
滨海新区国有资产监督管理委员会	65305150
滨海新区文化广播电视局	65309108
滨海新区工商行政管理局	65305119
滨海新区质量技术监督局	65305448
滨海新区食品药品监督管理局	65305706
滨海新区国家税务局	59867520
滨海新区地方税务局	65370105
滨海新区人民政府行政审批管理办公室	66198711
滨海新区人民政府信访办公室	25605105
天津滨海综合发展研究院	66222944
滨海新区人民政府驻市内办事处	23313660
中共滨海新区塘沽工作委员会	25897477
滨海新区塘沽管理委员会	25893377
中共滨海新区汉沽工作委员会	25693177

滨海新区汉沽管理委员会	25694719
中共滨海新区大港工作委员会	63378500
滨海新区大港管理委员会	63378600
天津经济技术开发区管理委员会	25201037
天津港保税区管理委员会	25761001
天津港(集团)有限公司	25707550
天津滨海高新技术产业开发区管理委员会	83715768
天津东疆保税港区管理委员会	25605011
中新天津生态城管理委员会	66328811
天津滨海旅游区管理委员会	67288900
滨海新区中心商务区管理委员会	66890734
天津临港经济区管理委员会	65266932
滨海新区北塘经济区管理委员会	25200980
滨海新区中心渔港经济区管理委员会	67130115
滨海新区南港工业区管理委员会	63107000
滨海新区轻纺经济区管理委员会	63827001
天津泰达投资控股有限公司	66286000
天津滨海新区建设投资集团有限公司	66223635
天津海泰控股集团有限公司	83711800
天津天保控股有限公司	84906968
滨海新区人民政府新村街道办事处	25862244
滨海新区人民政府于家堡街道办事处	25861187
滨海新区人民政府新北街道办事处	25226013
滨海新区人民政府新港街道办事处	65770607
滨海新区人民政府杭州道街道办事处	66317698
滨海新区人民政府新河街道办事处	66313564
滨海新区人民政府向阳街道办事处	25862598
滨海新区人民政府大沽街道办事处	65260861
滨海新区人民政府胡家园街道办事处	25359797
滨海新区人民政府北塘街道办事处	25253496
滨海新区人民政府渤海石油街道办事处	66918062
滨海新区人民政府寨上街道办事处	67195478
滨海新区人民政府汉沽街道办事处	25695668
滨海新区人民政府河西街道办事处	25694085
滨海新区人民政府胜利街道办事处	63311018
滨海新区人民政府迎宾街道办事处	25985467
滨海新区人民政府海滨街道办事处	63957413
滨海新区人民政府古林街道办事处	63213875
滨海新区人民政府港西街道办事处	63199111
滨海新区人民政府泰达街道办事处	25202308
滨海新区新城镇人民政府	25330951
滨海新区大田镇人民政府	25695321
滨海新区杨家泊镇人民政府	67257869
滨海新区茶淀镇人民政府	25694691
滨海新区太平镇人民政府	63157399
滨海新区小王庄镇人民政府	63129101
滨海新区中塘镇人民政府	63278000

塘　沽

单　位	电　话
城管为民服务中心	961001
卫生监督所	25892577
自来水公司	4006518822
电力公司	95598
煤气公司	66269301
供热管理处	66897043
公交公司	25862000
环保局	25866601
环卫局	66306028
营口道派出所	65300609
中心商务区派出所	65300670
开发区派出所	65300687
新洋治安派出所	65300516
临港治安派出所	65300592
公交治安派出所	65300782

汉　沽

单　位	电　话
供电	95598
供水	25695880
供气	25695122
供热	25686421
火警	67121510(119)
气象局	25695359
救护站	67127187(120)
防病站	25695440
食品卫生监督所	25695440
人防地震办	25695678

大　港

单　位	电　话
大港管委会办公室	25990516　25995555

信访办		25991727
建设和交通局大港分局		25991129
港益供热有限公司		63386000
房管局		25992817
供电公司		63215644
行政许可服务中心		25988890
城管局		63224444
环保和市容市政管理局		63221696
工商大港分局		63101966
物价举报电话		12358
广电局		63388158
中国联通大港分公司		63396444
邮政局		63220111
交警支队		63220820
消防支队		25991800
技术监督局	25991089	25985248
消费者协会		12315
教育局		25990665
卫生局		25991012
纪检委		63378590
规划大港分局		63214487
大港供水站		63109201
司法局		25990082
法律服务热线		12348
法院		63366000
检察院举报中心		63222000
民政局		63109908
劳动局		63222631
计生委	63227210	12356
妇联		63221640
残联		63218820
大港报社		63230805
国税局	25990730	63399019
地税局	63222937	63229625
人事局		63385348
科技局		63221296
财政局	63236519	63236578
经发局		63393565
文化局		63222995
体育局		63385486
水务局	25991939	25990092
档案机要保密办		63220205
工会		63222280
团委		63101138

天津经济技术开发区

单　位		电　话
泰达呼叫服务中心		25201111
管委会夜间值班电话	25201470	25201471
管委会办公电话查询		25201114
投资服务中心总服务台		25203000
泰达帮助台		25201600
公安局报警电话		25327275
法律服务专线		25329148
开发区消费者协会		25320315
泰达电视台呼叫中心	25204666	25204338
泰达医院总机		65202000
城管投诉电话		25328437
环保热线		25202174
再就业热线		25202284
天津开发区美国办事处—纽约		001-917-2252607
天津开发区美国办事处—德克萨斯州(达拉斯)		001-214-6862578
天津开发区美国办事处—伊利诺伊州(芝加哥)		001-214-538391
天津开发区欧州办事处	0049-221-932222	0049-173-1573211
天津开发区日本办事处		0081-3-34756848
天津开发区驻香港办事处		00852-21628852
天津开发区北京办事处		010-65101256
天津开发区上海办事处		021-68827776
天津开发区天津办事处		022-23201111
泰达投资控股有限公司服务监督电话	25201297	25202500

泰达投资控股有限公司公用事业企业热线

	24小时	投诉(工作时间)	报　修
自来水公司	66200001	25202535	66200001
电力公司	25202526	25202526	13702186532(民用)
		62018890	25202526(工业)
燃气公司	25326936	25202505	13622105504(民用)
			25326936(工业)
热电公司	25320761	25202502	25295500
市政公司	66208494	25202519	

公交公司	25328864	25202512
污水处理厂	66203579	66203579

天津港保税区

单 位	电 话
保税区服务热线	022-84906611

天津滨海高新技术产业开发区

单 位	电 话
高新区24小时服务热线	83726666
审批办(中心)	83713076
社保中心	83715670 83717220 夜晚:83715665
人社局	83715926 83716232 83715926 83716232
科技局	83715996
城环局	83716002
财政局	83715916
规划处	83718235 83715950
建交局	83718231 83716245(房管)
投资促进局	23708176-616
发改局	83718239
贸发局	83715778
安监局	83715695
工商局	83715931
社会发展局	83715776

中 心 城 区

和平区

单 位	电 话
区政府办公室	23196611
区精神文明办公室	23196216
区台办	23196288
区综治办	23196276
区委党校	27301400
区委老干部局	23140555
区总工会	23196865
团区委	23196877
区妇联	23196015
区文联	27116045
区工商联	27237956
区侨联	27219379
区残联	27256260
区红十字会	27300545
区档案局	27112689
区新闻中心	23127339
区有线电视中心	23122066
区政协办公室	27116426
区法院	27835000
区检察院	23396008
区法制办	23196816
区民宗侨办	23196788
区市容园林委	23196882
区科委	23196222
区人口计生委	23196778
区合作交流办	23266900
区信访办	23196559
区繁华办	27123678
区人力资源和社会保障局	58117680
区教育局	27110457
区文化和旅游局	23337800
区卫生局	23195333
区体育局	23143996
区民政局	23140566
区老龄委	23040581
区环保局	23033630
区市政管理局	23116712
区综合执法局	27113415
区房管局	23399569
区质监局	23040133
工商行政管理局	87811918
行政审批管理办公室	23196318
区市民服务中心	27287601
区人才交流服务中心	27301306
公安和平分局	27114431

交管和平支队			23398244
消防和平支队			27819720
劝业场街道办事处			27110208
体育馆街道办事处			23392822
南市街道办事处			27221562
小白楼街道办事处			23306170
新兴街道办事处			23358620
南营门街道办事处			27810963

河西区

单　位			电　话
区市容园林委			23278513
执法大队市容环境投诉办理中心		88113008	88111008
区建委	23278036	23278801	23278025
区供热办公室		23278043	23278044
市广电网络总公司			96596
广电网络河西分公司		28331118	28330118
区房管局			28377778
区房屋抢修中心			28307778
区市政局			23392495
区市政局监理所			88252975
区市政道路管理所			28335837
区市政局排水管理所			83815582
区环保局			28013698
区环卫局			28385601
工商河西分局		28365172	28365190
区民政局			28337039
区经济发展局			23278805
区卫生局			23278725
区公共卫生监督所			28249988
区文化局			23278815
区文化局稽查队			23278809
区教育局			28302310
区技术监督局			88227100
燃气河西营业所			88293576
自来水第五营销分公司		23149999	28341958
排水五所			28354354
城南供电局		28246208	95598
市供热办			23284009
市津安热电公司			23285550
区城安热电公司			58835000
市热电公司			23024567
市热力公司			23010538
公安河西分局			23394890
交警河西支队			28115853
规划和国土资源处			23288237
市防汛办公室			23333708
区商贸旅游局			23278761
下瓦房街道办事处		23261040	23260779
大营门街道办事处		23240777	23240781
马场街道办事处		23350679	23350873
天塔街道办事处			23345973
友谊路街道办事处			28351683
东海街道办事处			28380169
尖山街道办事处			28333504
陈塘庄街道办事处			28199117
柳林街道办事处			28196526
挂甲寺街道办事处			28221143
桃园街道办事处		23278300	8308 办
越秀路街道办事处		28273030	28273029
梅江街道办事处		88388767	88388763

河东区

单　位		电　话(专线/夜间)
区建委		24387895/24130043
区市容园林委		58811870/58811835
区商务委		24313885/24133285
区科委		24311659/24312164
区发展改革委	12358	24160414/84330113
区信访办		24210375
区人防办		24223273/24304582
区法制办		24301733
区房管局		24307778/24307778
区审计局		24160423/24160423
区民政局	24121245	24316096/24382350
区司法局		24150148/24310295
区文化局		24125574/24126402
区环卫局		24328920/24328920
区卫生局		24125976/24310354
区教育局		24127718/24127718
区体育局		24148780/84120158

区市政局	24125723/24389836 24125945
区人力社保局	24312852/24318127
区财政局	24313930/24310347
工商河东分局	24137197 24150630/24138011
区环保局	24160439/24160439
区质监局	24385380/24385361
公安河东分局	24329682/24329680 24329679
区国税局	24314379/24311844
区地税局	24315502/24127234
区残联	24123049/84287215
规划河东分局	24020230/24020224
交警河东支队	24335600/24335600
区综合执法局	24342959 24340568/24342959
消防河东支队	58993588/58991866
区有线电视中心	96596/96596
区供热办 24316591	24322316/24316591 24322316
区拆迁办	24493768
河东煤气营业所	24388065/23006777
自来水河东公司	26432122/26432122
市电力局服务专线	95598/95598
城东供电局	84408228/84408228
排水四所	24320961/24320961
河东燃气管理所	24388065/24388065 24306777
大王庄街道办事处	24250196/24250196
上杭路街道办事处	24660012/24660012
东新街道办事处	24672110/24673081
富民路街道办事处	84330106/84330106
鲁山道街道办事处	24681487/24681487
大直沽街道办事处	24314320/24310577
常州道街道办事处	24342020/24342020
中山门街道办事处	84330119/84330119
向阳楼街道办事处	24340814/24340814
春华街道办事处	24414218/24414218
唐家口街道办事处	24490960/24493937
二号桥街道办事处	84371639/84371629

南开区

单 位	电 话
区政府热线	27361913
区法院	27350562
区新闻中心	87893445 23730541
公安南开分局	27355957
交管南开支队	27369994
消防南开支队	27629988-8000
工商南开分局	87726754 87726751
区规划分局	85682003 85682005
区质监局	27182300 27182308
区建委	27382828 27380680
区市容园林委	27380586 27451895
区商务委	27638055 27638411
区人力社保局	27381338 27386142
区教育局	27459970 27459979
区民政局	27693402 27693395
区卫生局	27429936
区房管局	27497778 27020156
区市政局	27453380 4006-222-118
区环卫局	27686523 27622441
区环保局	27366533 27034198
区文化局	27631800
区综合执法局	27561237 27561806
区招商合作办	27586676
区信访办	27585252 27585256
区供热办	27423717 27431116
区人防办	27378996
区行政许可中心	27280086 27280003
南开科技园	87891011
区残联	27457062
区配套办	27473872 27474921
区节水办	27420299
城西供电	95598
区有线台	96596
南开网络	96596
区开发公司	27495561 27382831
服装街管委会	27355740 27355910
区防汛指挥部	27453380 27454537
区卫生防疫站	27617139 27618179
区消费者协会	27410315
鼓楼街道办事处	27272699 27273412
兴南街道办事处	27223408
广开街道办事处	27458001 27458010
长虹街道办事处	60220922 60221878
向阳路街道办事处	27632996 27632276
嘉陵道街道办事处	27612943 27686437
万兴街道办事处	27457171 27457162
学府街道办事处	27497590 27497545
水上公园街道办事处	23627844 23627868
王顶堤街道办事处	23366851 23364480

单位	电话
体育中心街道办事处	23919100
华苑街道办事处	23730051-101

河北区

单　位	电　话
区个体劳协	24214364
区纪检办公室	26296146
区法院	26243688
区司法局	26292206
区检察院	26360381-8509
公安河北分局	26462567
交警河北支队	24030901
消防河北支队	26365813
区新闻中心	26263984
区国税局	24462938
区地税局	24467055
区供热办公室	26472352
区房管局	26293614
区环卫局	26236401
区环保局	26298001
区工商局	26321318
区卫生局	26278946
区商务委	26472317
燃气集团河北营业所	26026036
区市政局	26293188
区安监局	26296209
区质监局	26011936
区人力社保局	26242826
区档案局	26296352
区教育局	26288180
区民政局	24554034
区审计局	26296166
区文化旅游局	26296133
区消费者协会	26220315
区节水办公室	26242315
区市容园林委	26296611
区信访办公室	26296121
区建委	26242308
区司法专线	12348
区残联	26292133
规划河北分局	26355688
意式风情区管委会	24451446
区卫生监督所	26473043
自来水五站	26321256
排水三所	26022328
自来水河北营业所	24574501
供水服务部	23149999
供电局河北所	26435717
城东供电所	95598
路灯管理所	24406110
北站地区管理办公室	26452745
区综合执法局	26435403
大悲院管委会	26295763
新开河街道办事处	26636314
铁东路街道办事处	26727033
光复道街道办事处	24464604
江都路街道办事处	24550679
月牙河街道办事处	26154114
鸿顺里街道办事处	26236188
望海楼街道办事处	26246615
宁园街道办事处	26464064
王串场街道办事处	26472000
建昌道街道办事处	26154315

红桥区

单　位	电　话	
区建委	86516850	86516863
区供热办	86513760	86513761
区市容委		86516775
区经贸委		86516160
区计生委		86516071
区信访办		86516116
区法制办		86516090
大胡同管委会	27352640	27273035
区园林局		86516900
区房管局		27599005
区环保局监察支队	86516702	86516700
区市政局	86570705	86510712
工商红桥分局		26372357
区民政局		86516216
区卫生局		86516271
区卫生监督所		27339988

区环卫局		27326501
区教育局		26372001
区文化局		86516158
区劳动局		86516650
区物价局	86516300	86513295
区质监局		27730155
公安红桥分局		27323400
区监察局		86516348
区司法局		27252298
区档案局		86516357
区房产总公司		26067778
区开发总公司		86516800
大胡同集团	27281466	27281476
区残联	26560598	26546153
规划处	27729991	27729990
交警红桥支队		27716993
区执法大队	26568901	86516783
红桥有线台		26372059
煤气营业所		27030138
供水三站		27323304
市津安热电红桥管理处		27043355
市房管局供热(负责红桥)		23110364
市房信集团供热(负责红桥)		23395935
社保基金管理分中心		86520332
双环邨街道办事处		26654462
咸阳北街道办事处	86513831	86516246
芥园街道办事处		27580466
三条石街道办事处	87738917	87736022
丁字沽街道办事处	86513508	86516137
西沽街道办事处	86513560	86513580
西于庄街道办事处		86513600
邵公庄街道办事处	27326896	27320181
铃铛阁街道办事处		87727239

环 城 四 区

东丽区

单 位	电 话
市政府热线	12345
市城建热线	12319
市自来水公司	23149999
市电力公司	95598
市燃气公司	23006777
工商质量监督	12315
公安东丽分局	24960407
东丽交通队	24998220
东丽区公路分局	24862022
消防东丽支队	24967900
工商东丽分局举报热线	84371168
东丽区信访办	84376594
东丽区路障队	84933916
东丽区邮电局市场部	84373099
东丽区宽带网络公司	24978899
天津铁路铁通讯	26180726
东丽区政府热线	24390795
东丽区供电局	24950408
东丽区电话局	24990000
东丽区煤气站	24390801
东丽区供热站	24393734
市公安局	110
邮政客服	11185
急救中心	120
交通事故	122
火警	119
市交管局设施处	28332619
市电力公司路灯处	24340230
天津铁路分局路灯	26193407
东丽区有线电视网络公司	24390717
东丽经济开发区管委会	24990531
东丽湖管委会	24880668
张贵庄街道办事处	84371570
丰年村街道办事处	84931343
无瑕街道办事处	24360652
万新街道办事处	24375278
新立街道办事处	24993464
华明街道办事处	58552777
金钟街道办事处	26791434

军粮城街道办事处	84968504
金桥街道办事处	84893387

西青区

单 位	电 话
区政府值班室	27392411
区新闻中心	27392459
公安西青分局值班室	27392592
区信访办	27940057
区物价举报中心	12358
区检察院举报中心	27932000
区法院诉讼服务中心	27949116转 624
区食品药品监管局	27944591
区安全监督管理局	27390199
西青开发区管委会办公室	83963312
区招商局	27393528
区旅游局	58651897
区政府金融服务中心	27929911
区行政许可服务中心	27949836
区邮电局	27391102
西青通信分公司	23710611
公路局西青分局	27392479
西青供电局	23917456
杨柳青供电所	27945990
杨柳青火车站	27391171
杨柳青汽车站	27391381
杨柳青发电厂	84505467
杨柳青水厂	27392324
西青煤气站	27391560
西青医院(总机)	27391697
空军 464 医院(总机)	23380395
空军水上村医院	23341082
271 医院(总机)	84665114
李七庄街道办事处	23384094
西营门街道办事处	27982005
杨柳青镇政府	27392205
张家窝镇政府	87983344
中北镇政府	27392844
辛口镇政府	27991933
大寺镇政府	23971295
王稳庄镇政府	23990146
精武镇政府	23982026

津南区

单 位	电 话
区政府值班室	28391894
区天然气站	28390819
区电力公司电力服务	95598
区自来水公司	88913333
区防汛办	28392232
区供热办	28514192
区地震办	28390728
区供电分公司	28390853
广电网络津南分公司办公室	28543228
广电网络津南分公司值班室	28521234
区教育局	88511000
区政府热线	88512345
区工商分局	28390920
区信访办	28398084
咸水沽医院	88912404
区疾病预防控制中心	28562233
公安津南分局	28511111
区中医医院	88913526
区妇幼保健院	28391237
航空、铁路售票	28515191
劳动保障咨询热线	12333
法律援助热线	12348
咸水沽镇政府	28390862 88915880
小站镇政府	88615089
双港镇政府	28581842
八里台镇政府	88521590
双桥河镇政府	88659373
葛沽镇政府	28690087
北闸口镇政府	88538495 88737038
辛庄镇政府	88532225
长青办事处	28224221

北辰区

单 位	电 话
区政府办	26819864
区人保局劳动保障监察科	26391044
区北辰人才	26830800
区行政许可服务中心	86814791

区民政局	26391153
区市容委	26392012
工商北辰分局	26913936
区房管局	26391171
区消费者协会	86810315
食药监北辰分局市场监督	26916773
区质监局	26392095
区国税局服务中心	26916709
区地税局税管科	58839366
区文广局执法大队	26396822
区教育局考试中心	26824737
区环境保护局	86819110
区国土资源局	26817329
区建设管理委员会	26390350
区农业经济委员会	26390184
区发展计划委员会	26391119
区商业委员会	26391107
区卫生局	26390197
果园新村街道办事处	26390724
集贤里街道办事处	26391421
普东街道办事处	26737145
瑞景街道办事处	26686792
佳荣里街道办事处	87236918
天穆镇政府	26630968
北仓镇政府	26390250
双街镇政府	26970950
双口镇政府	86835765
青光镇政府	26951957
小淀镇政府	26990461
宜兴埠镇政府	26301250
大张庄镇政府	86853725
西堤头镇政府	86849973

远 郊 区 县

武清区

单 位	电 话
区政府	82138800
区农委	82138860
区商务委	82138856
区发改委	82138827
区信访办	82111053
区档案局	29341066
区计生委	29342484
区行政审批办	82132233
武清开发区	82115688
商务区	22986800
京津科技谷	29498005
汽车零部件产业园区	59678696
京滨工业园区	59678011
地毯产业园区	29575292
武清海关	84202618
区建委	29341748
区人防办	29341534
区市容园林委	59622006
区综合执法局	59622006
区房管局	29341968
区规划局	82100610
区国土局	82111566
区交通局	82191929
区供电公司	82110918
区环保局	22173009
区邮电局	29320005
区农业局	29341331
区林业局	29581328
区水务局	29341218
区畜牧局	29341273
区农机局	29321874
区气象局	82163868
区审计局	29341893
区财政局	22173300
区国税局	82191300
区地税局	82120032
区统计局	29332847
区物价局	29341060
区质监局	29341346
区工商局	29341565

区粮食局	82107201
区烟草局	82111173
区公安局	82167101
区检察院	29341542
区法院	29341071
区司法局	82112083
区人力资源和社会保障局	29342320
区民政局	29341871
区科委	59610216
区新闻中心	82117218
武清资讯	82130280
区卫生局	22106606
区食药监局	82129709
区文化广电局	29342567
区教育局	82171820
区体育局	29342215
区工经委	59623800
区安监局	82125008
区广电网络公司	29330107
区社保中心	29334603
区消防队	29342093
区人才市场	82122053
区行政许可服务中心	82132233
区建委建筑工程质量监督站	29343783
区房管局产权市场管理科	29345107
区国土局地籍管理科	82115211
区交通局公路运输管理所	82175840
区供电公司客户服务中心	29329791
区林业局林政科	29582253
区国税局征收大厅	82191370
区地税局征收大厅	82120017
区质监局质检所	29330842
区工商局机关服务大厅	29347710
区公安局服务办证大厅	82167187
区司法局公证处	82112941
区劳动局劳动力市场	59618750
区民政局婚姻登记科	29345598
杨村街道办事处	82105801
徐官屯街道办事处	29446929
东蒲洼街道办事处	59621399
黄庄街道办事处	59610601
下朱庄街道办事处	59699109
大碱厂镇政府	82219023
崔黄口镇政府	29571185
梅厂镇政府	29534090
上马台镇政府	82289309
大良镇政府	29561038
河北屯镇政府	22275292
下伍旗镇政府	22289169
南蔡村镇政府	29411224
泗村店镇政府	29425634
大孟庄镇政府	22261168
河西务镇政府	29439339
城关镇政府	29461062
大王古庄镇政府	22192002
东马圈镇政府	29471652
黄花店镇政府	29481260
石各庄镇政府	22159180
陈咀镇政府	22146411
王庆坨镇政府	59619500
汊沽港镇政府	29491251
曹子里乡政府	29559019
大黄堡乡政府	82241011
白古屯乡政府	22185372
高村乡政府	22221502
豆张庄乡政府	22167576

宝坻区

单 位	电 话
区政府办公室	29242220 29241328
区城市建设委员会	29241440
区民政局	29241835
区交通局	29241641
区国税局	29241159
区地税局	29242644
区司法局	29241517
区档案局	29241986
区法院	29241195
区检察院	29262809
区审计局	29241493
区邮政局	29225038

区劳动局		29241428
区粮食局		29241381
区农业局		29241049
区畜牧水产局		29241837
区林业局		82622920
区水务局		29241095
区财政局		29241196
区统计局		29242875
区供电局	29241017	29241722
区电信局		82680000
区环保局		29241587
区环卫局		29241830
区房管局		82661347
区教育委员会		29241233
区城管办公室		29236314
公安宝坻分局		29241551
区物价局		29243026
工商宝坻分局	29241430	29243129
区技术监督局		59218900
区广播电视局		29241916
区商业委员会		29243851
海滨街道办事处		29241239
宝平街道办事处		29241813
钰华街道办事处		82656161
霍各庄镇政府		22517599
史各庄镇政府		22578343
高家庄镇政府		22536704
牛道口镇政府		22558101
大口屯镇政府		29689411
马家店镇政府		59219123
新开口镇政府		29611041
郝各庄镇政府		29679010
大白庄镇政府		29660208
大唐庄镇政府		29657908
周良庄镇政府		22499467
王卜庄镇政府		82517853
方家庄镇政府		82447547
口东镇政府		22568594
林亭口镇政府		82538463
八门城镇政府		82567111
大钟庄镇政府		82428606
新安镇政府		82469107
牛家牌镇政府		29635183
尔王庄镇政府		22469832
黄庄镇政府		82579107

宁河县

单　位		电　话
县政府办公室		69591458
县行政许可服务中心		69598890
县政府信息公开查阅中心		69579003
工商宁河分局		69591358
县交通局	69591971	69592034
县市容环境卫生管理委员会		69592446
县环保局		69591471
县劳动与社会保障局		69591514
社保宁河分中心医疗保险科		69585353
宁河供电有限公司	69570016	69591977
县城关供电营业所		69589098
县广播电视局		69591347
县有线电视台		69592341
广电网络宁河分公司		69580925
县城乡建设委员会		69591556
县民政局		69591418
县畜牧水产局		69591426
县信访办公室		69591876
县水务局		69591037
县卫生局		69591817
县新型农村合作医疗办公室		69119255
县规划局		69591555
县技术监督局		69591631
县法律服务专线		9148
县集中供热工程公司(维修队)		69599679
市燃气集团第三销售公司宁河分公司		69118777
天津华燊燃气有限公司		69569976
县供水站		69592270
县救护站		69591917
县消费者投诉热线		12315
县房地产开发公司		69593447
县安驰物业管理中心		69591654
光明小区物业		69584630
幸福小区物业		69118810
华翠小区物业		69564083
中国移动天津有限公司宁河分公司		69563300
中国网通(集团)有限公司宁河分公司		69160001

单位	电话
北方电信有限公司宁河分公司	59310001
芦台镇政府	69591741
丰台镇政府	69489064
潘庄镇政府	69529106
七里海镇政府	69539117
岳龙镇政府	69251504
苗庄镇政府	69221000
板桥镇政府	69469254
造甲城镇政府	69519262
宁河镇政府	69419174
东棘坨镇政府	69379801
大北涧沽镇政府	69549033
俵口乡政府	69331001
廉庄子乡政府	69459704
北淮淀乡政府	69321754

静海县

单　位	电　话
县政府办公室	68612176
县信访办公室	68612696
县防范办公室	68611373
县法律援助中心	28916885
县政府为民服务专线	68612060
县监察局举报中心	68613713
县政府纠风办公室	68611140
县打假办公室	28914042
公安静海分局	28942821
县检察院举报中心	28932000
县反贪局	28942381
县反渎职侵权局	28944110
县消费者协会	28940315
县劳动保障服务中心	28911072
县职业介绍服务中心	28910217
县人才交流中心	28949308
天津市仲裁委员会静海调解中心	28934427
县环保局	28942397
县建设工程质量监督站	28941152
县供电有限公司	28942193
县规划土地管理局	28945141
县开发区办公室	68609512
团泊风景区	68581011
静海镇政府	28942891
独流镇政府	68815045
唐官屯镇政府	68360001
王口镇政府	28836175
子牙镇政府	28859314
沿庄镇政府	68771000
台头镇政府	68139015
大邱庄镇政府	28899495
团泊镇政府	68504012
大丰堆镇政府	68663009
蔡公庄镇政府	68565825
西翟庄镇政府	68371140
双塘镇政府	68865002
陈官屯镇政府	68761000
梁头镇政府	68969045
中旺镇政府	68531094
良王庄乡政府	68120168
杨成庄乡政府	68651015

蓟　县

单　位	电　话
县政府办公室	29142345
县发改委	29142491
县科委	29143629
县商务委	29132413
县人口计生委	29141674
县法制办	29141608
县信访办	29142005
县行政审批办	29039999
县招商局	29142859
县人力资源和社会保障局	82862113
县民政局	29142206
县统计局	29141662
县新城建设管理委员会	82711175
蓟县开发区管委会	29899599
盘山文化产业园管委会	29828088
公安蓟县分局	82863044
县检察院	82826001
县法院	82853001
县司法局	82862385
县农工委	29142112
县农业局	29142129
县林业局	29142189

县水务局	29142617	泗溜镇政府	29899081
县工经委	29142787	官庄镇政府	29821651
县安监局	29142040	马伸桥镇政府	29738547
县质监局	29142406	下营镇政府	29718054
县建委	29038585	邦均镇政府	29818284
县市容委	29143475	别山镇政府	29779381
县规划局	29146848	尤古庄镇政府	29839596
国土资源分局	29127085	上仓镇政府	29858105
县房管局	29140364	下仓镇政府	29878624
县地矿局	29141819	罗庄子镇政府	29728544
县环保局	82869001	白涧镇政府	22879261
县交通局	29142737	五百户镇政府	29792002
县旅游局	29142566	侯家营镇政府	22832017
工商蓟县分局	82862510	桑梓镇政府	22843012
县粮食局	59120100	东施古镇政府	82743024
县文化广电局	29142045	下窝头镇政府	82782009
县教育局	29142619	杨津庄镇政府	29860008
县卫生局	29148282-9001	出头岭镇政府	59160900
县体育局	82862115	西龙虎峪镇政府	22750798
县财政局	29142212	穿芳峪镇政府	22762019
县审计局	82818908	东二营镇政府	22852007
县国税局	29030264	许家台镇政府	22820258
县地税局	29134271	礼明庄镇政府	82791505
文昌街道办事处	29142368	东赵各庄镇政府	82731005
渔阳镇政府	59126060	孙各庄满族乡政府	29855800

天津市部分医院一览表

天津市二级以上医院一览表

序号	机 构 名 称	卫生机构类别	办公室电话	地 址	邮政编码
1	天津市第一中心医院	综合医院	23626191	天津市南开区复康路24号	300192
2	天津市人民医院	综合医院	87729568	天津市红桥区芥园道190号	300120
3	天津市第三中心医院	综合医院	24315660	天津市河东区津塘公路83号	300170
4	天津市天津医院(天和医院)	骨科医院	28332713	天津市河西区解放南路406号	300211
5	天津市儿童医院	儿童医院	23519248	天津市河西区马场道225号	300074
6	天津市中心妇产科医院	妇产(科)医院	58287026	天津市南开区南开三马路156号	300100
7	天津市第四中心医院	综合医院	26183057	天津市河北区中山路3号	300140
8	天津市胸科医院	胸科医院	23147116	天津市和平区西安道93号	300051
9	天津市中西医结合医院（南开医院）	中西医结合医院	27435001	天津市南开区三纬路122号	300100
10	天津市环湖医院	其他专科医院	60367606	天津市河西区气象台路122号	300060
11	天津市第三医院	综合医院	24344746	天津市河北区江都路24号	300250
12	天津市第四医院	综合医院	28340287	天津市河西区小海地微山路4号	300222
13	天津市海河医院	综合医院	58830026	天津市津南区津沽公路双港镇	300350
14	天津市第二人民医院（传染病医院）	传染病医院	27468102	天津市南开区苏堤路75号	300192
15	天津市安定医院	精神病医院	88188818	天津市河西区柳林路13号	300222
16	天津市口腔医院	口腔医院	27119191-3011	天津市和平区大沽北路75号	300041
17	天津市眼科医院	眼科医院	27230169	天津市和平区甘肃路4号	300020
18	天津市中医药研究院附属医院	中西医结合医院	27285158	天津市红桥区北马路354号	300120
19	天津市妇女儿童保健中心	妇幼保健所	58297988	天津市和平区贵州路96号	300070
20	天津市医科大学总医院	综合医院	27813550	天津市和平区鞍山道154号	300052
21	天津医科大学第二医院	综合医院	88328552	天津市河西区平江道23号	300211
22	天津市肿瘤医院	肿瘤医院	23521569	天津市河西区体院北环湖西路	300060
23	天津市医科大学口腔医院	口腔医院	23332100	天津市和平区气象台路12号	300070

续表

序号	机构名称	卫生机构类别	办公室电话	地址	邮政编码
24	天津医科大学眼科中心	眼科医院	58280717	天津市和平区同安道 64	300070
25	天津医科大学代谢病医院	其他专科医院	23333200	天津市和平区同安道 66 号	300070
26	天津中医药大学第一附属医院	中医(综合)医院	27432228	天津市南开区鞍山西道 314 号	300193
27	天津中医药大学第二附属医院	中医(综合)医院	60335388	天津市河北区真理道 816 号	300150
28	天津市第五中心医院	综合医院	25868189	天津市滨海新区塘沽浙江路 41 号	300450
29	泰达国际心血管病医院	心血管病医院	65208005	天津市开发区第三大街 61 号	300457
30	天津市公安医院	综合医院	23142719	天津市和平区南京路 78 号	300042
31	中国医学科学院血液病医院	血液病医院	23909057	天津市和平区南京路 288 号	300020
32	武警后勤学院附属医院	综合医院	60578781	天津市河东区成林道 220 号	300162

天津市学校名录

2012 年普通高等学校名录

校　　名	地　　址	邮政编码	电话号码	校　长
南开大学	天津市南开区卫津路 94 号	300071	23508206	龚　克
天津大学	天津市南开区卫津路 92 号	300072	27403536	李家俊
天津科技大学	天津市河西区大沽南路 1038 号	300222	28340538	曹小红
天津工业大学	天津市西青区宾水西道 399 号	300387	83956000	杨庆新
中国民航大学	天津市东丽区津北公路 2898 号	300300	24092104	吴桐水
天津理工大学	天津市南开区红旗南路 263 号	300384	60215678	马建标
天津农学院	天津市西青区津静路 22 号	300384	23792065	邢克智
天津医科大学	天津市和平区气象台路 22 号	300070	83336888	尚永丰
天津中医药大学	天津市南开区玉泉路 88 号	300193	59596111	张伯礼
天津师范大学	天津市西青区宾水西道 393 号	300387	23766015	高玉葆
天津职业技术师范大学	天津市河西区大沽南路 1310 号	300222	88181500	孟庆国
天津外国语大学	天津市河西区马场道 117 号	300204	23282310	修　刚
天津商业大学	天津市北辰区京霸公路东口	300134	26651929	刘书瀚
天津财经大学	天津市河西区珠江道 25 号	300222	28341570	张嘉兴
天津体育学院	天津市河西区卫津南路 51 号	300381	23012708	姚家新
天津音乐学院	天津市河东区十一经路 57 号	300171	24310376	徐昌俊
天津美术学院	天津市河北区天纬路 4 号	300141	26241716	姜　陆
天津城市建设学院	天津市西青区津静路 26 号	300384	23085000	李忠献
天津天狮学院	天津市武清开发区源泉路 15 号	301700	82112575	朱世和
天津职业大学	天津市北辰区洛河道 2 号	300410	60585269	董　刚
天津中德职业技术学院	天津海河教育园区雅深路 2 号	300350	28776969	张兴会
天津滨海职业学院	天津市滨海新区塘沽庐山道 1101 号	300451	25215008	马连华
天津工程职业技术学院	天津市滨海新区大港幸福路 51 号	300280	25924581	张西江
天津青年职业学院	天津市南开区水上公园路 43 号	300191	23627698	王胜利
天津渤海职业技术学院	天津市河西区九连山路 11 号	300221	88250579	韩　伟

续表

校　名	地　址	邮政编码	电话号码	校　长
天津电子信息职业技术学院	天津海河教育园区雅深路 4 号	300350	28773688	吴家礼
天津机电职业技术学院	天津市红桥区竹山路 7 号	300131	26651156	张维津
天津现代职业技术学院	天津海河教育园区雅观路 3 号	300350	28193132	李国桢
天津公安警官职业学院	天津市西青区精武镇	300382	58393600	尹利民
天津轻工职业技术学院	天津海河教育园区雅观路 1 号	300350	27391637	戴裕崴
天津商务职业学院	天津市河西区珠江道 86 号	300221	88381800	钱伟荣
天津国土资源和房屋职业学院	天津市滨海新区大港学苑路 600 号	300270	63303801	王　钊
天津医学高等专科学校	天津市河西区柳林路 14 号	300222	60276688	刘　斌
天津开发区职业技术学院	天津开发区第十三大街 9 号	300457	60662224	姜炳坤
天津艺术职业学院	天津市河东区娄山道 27 号	300181	58911907	张海涛
天津交通职业学院	天津市西青区西青道 269 号	300110	87912186	吴宗保
天津外国语大学滨海外事学院	天津市大港区学府路 60 号	300270	63353080	王玉泉
天津体育学院运动与文化艺术学院	天津市蓟县许家台镇盘山大道 68 号	301901	22828011	王　军
天津商业大学宝德学院	天津市西青区津静路 28 号	300384	23799800	邱冠雄
天津医科大学临床医学院	天津市滨海新区大港学苑路 167 号	300270	63305281	张文清
南开大学滨海学院	天津市滨海新区大港学府路 634 号	300270	63304888	张东升
天津冶金职业技术学院	天津市北辰区学海道 38 号	300400	26983719	张建国
天津石油职业技术学院	天津市静海县团泊洼天津石油职业技术学院	301607	29000406	李凤杰
天津城市职业学院	天津市河东区真理道 27 号	300250	26430105	李　彦
天津铁道职业技术学院	天津市河北区建昌道 21 号	300240	26181859	李群先
天津师范大学津沽学院	天津市西青区宾水西道 393 号	300387	23766088	范恩源
天津理工大学中环信息学院	天津市西青区杨柳青柳口路 99 号	300380	60541800	李国强
北京科技大学天津学院	天津市宝坻区京津新城珠江北环东路 1 号	301830	22410800	郭景文
天津工艺美术职业学院	天津市河北区红星路革新道 10 号	300250	26786331	孙敬忠
天津城市建设管理职业技术学院	天津市北辰区光荣道 2688 号	300134	58319048	金建平
天津生物工程职业技术学院	天津开发区西区南大街 175 号	300462	66339115	刘晓松
天津海运职业学院	天津海河教育园区雅深路 8 号	300350	28779600	马魁君
天津大学仁爱学院	天津市团泊新城博学苑	301636	68579996	武　星
天津财经大学珠江学院	天津市宝坻区周良庄镇温泉城北环东路 2 号	301811	22410851	高正平
天津广播影视职业学院	天津市西青区东姜井凯苑路 148 号	300112	27529970-8203	柴盛崑
天津市工会管理干部学院	天津市西青区西青道 274 号	300380	58321509	刘永强

2012 年成人高等学校名录

校 名	地 址	邮政编码	电话号码	校 长
天津市广播电视大学	天津市南开区迎水道 1 号	300191	23679931	冯雪飞
天津市和平区新华职工大学	天津市和平区河北路 211 号	300040	23396190	徐 钢
天津市河西区职工大学	天津市河西区徽州道 31 号	300203	23262956	肖昭海
天津市河东区职工大学	天津市河东区大桥道 34 号	300170	24122186	张家俊
天津市红桥区职工大学	天津市红桥区丁字沽三号路 45 号	300131	86513059	李克山
天津市南开区职工大学	天津市南开区五马路 94 号	300100	27373310	贺兰芳
天津市建筑工程职工大学	天津市河西区气象台 93 号	300074	23341906	李 涛
天津市职工经济技术大学	天津市河北区民生路 56 号	300010	58321509	李恒强
天津市渤海化工职工学院	天津市滨海新区塘沽东大街 206 号	300450	25850248	程 刚
天津市管理干部学院	大津市南升区育梁道 4 号	300191	23679103	祝宝钟
天津物资管理干部学院	天津市河东区	300204	23145908	——
天津市政法管理干部学院	天津市南开区水上公园路 45 号	300191	23368935	杨明光
天津市工会管理干部学院	天津市西青区西青道 274 号	300380	58321509	刘永强
天津市房地产局职工大学	天津市大港区	300270	63303860	王 钊

2012 年中等职业学校名录

校 名	地 址	邮政编码	电话号码	校 长
天津市雍阳中等专业学校	天津市武清区大孟庄镇京津公路 14 号	301711	22261042	孙学刚
天津市武清区卫生学校	天津市武清区杨村镇雍阳西道 88 号	301700	29342134	云希荣
天津市武清区 职业中等专业学校	天津市武清区黄庄街	301700	29445951	刘宝玉
天津市中医学校	天津市中医学校	301600	28941701	王宝富
天津市静海县 成人职业教育中心	天津市静海县地纬路 2 号	301600	68692341	李洪明
天津市宁河县中等专业学校	天津市宁河县芦台镇金华路 100 号	301500	69592983	运文江
天津市立信职业中等专业学校	天津市南开区保山道淦江路 4 号	300190	87636012	张 彦
天津市南开职业中等专业学校	天津市南开区黄河道 458 号	300111	27692510	姚铁松
天津市慧翔职业中等专业学校	天津市南开区渭水道 8 号	300110	27641350	张丽芝
天津市中国旅行社 旅游职业学校	天津市南开区迎水道 7 号	300191	23680954	周学伟

续表 1

校　　名	校　　址	邮政编码	电　话	校　长
天津市新华中等职业学校	天津市南开区复康路立交桥西育才路 2 号	300381	23592377	王　斌
天津市礼仪职业中等专业学校	天津市南开区雅安道延安南路 1 号	300113	27032858	冯兆军
天津市北辰区中等职业技术学校	天津市北辰区富锦道 5 号	300400	26390772	李志刚
天津市涉外工业中等职业学校	天津市西青区杨柳青津同公路	300380	27911178	王新鸣
天津市宝坻区职业教育与成人教育中心	天津市宝坻区进京路 28 号	301800	82621469	李卫东
天津市西青区中等专业学校	天津市西青区杨柳青柳霞路 29 号	300380	27390275	刘志强
天津市民族中等职业技术学校	天津市民族中等职业技术学校	300400	26345327	时儒山
天津市旅游育才职业技术学校	天津市和平区哈密道 121 号	300020	27303961	郭兆杰
天津市北洋职业中等学校	天津市红桥区光荣道 18 号	300131	26370089	李克山
天津市红星职业中等专业学校	天津市红桥区丁字沽三号路 45 号	300131	86513122	李克山
天津市中山志成职业中等专业学校	天津市河北区张兴庄大道 57 号	300402	86320612	魏　毅
天津市翔宇科技贸易中等职业学校	天津市翔宇科技贸易中等职业学校	300221	88242034	刘建华
修曼(天津)同文涉外职业学校	天津市河北区张兴庄大道 57 号	300204	88384377	燕　青
天津市南洋工业学校	天津市南洋工业学校	300350	28392677	王崇明
天津市中华职业中等专业学校	天津市和平区贵州路 92 号	300021	27303961	王家栋
天津铁厂中等专业学校	河北省涉县天津天铁集团	056404	0310–3973515	黄金侠
天津市园林学校	天津市河东区津塘路 101 号	300181	84262746	张秀军
天津市劳动保护学校	天津市河东区卫国道南沙柳路东程泉道 2 号	300162	24379649	王玉涛
天津市第一商业学校	天津市河东区津塘路 129 号	300180	84940451	郭　葳
天津市市政工程学校	天津市河东区红星路 107 号	300171	24385574	李桂生
天津音乐学院附属中等音乐学校	天津市河东区七纬路 110 号	300171	24160002	吴秀云
天津市纺织工业学校	天津市河西区琼州道 36 号	300202	23265593	马志刚
天津市体育运动学校	天津市河西区体院北体北道 5 号	300060	23930530	杨志成
天津市仪表无线电工业学校	天津海河教育园雅深路 6 号	300350	88711528	刘　江
天津市建筑工程学校	天津市河西区郁江道 61 号	300221	60267600	杨　庚
天津市美术中等专业学校	天津市南开区长江道 60 号	300102	27373692	张国华
天津市幼儿师范学校	天津市南开区双峰道 38 号	300073	27387602	郭亦勤
天津市城市建设管理学校	天津市西青区侯台村东	300381	58627939	王金鹏
天津市第一轻工业学校	天津市红桥区勤俭道 24 号	300131	26370131	吉永发

续表 2

校 名	校 址	邮政编码	电 话	校 长
天津市第二体育运动学校	天津市西青区津涞道 102 号	300382	23982709	王 伟
天津市劳动经济学校	天津市西青区杨柳青十四街平安道一号	300380	87972179	魏贺平
天津市交通学校	天津市西青区西青道 154 号	300112	27326774	苏 敬
天津市经济贸易学校	天津市西青区卫津南路 239 号	300381	23380960	郝立成
天津市药科中等专业学校	天津市北辰区津霸公路千里堤西刘房子	300400	66339006	刘晓松
天津市滨海中等专业学校	天津市滨海中等专业学校	300270	63109253	唐慧忠
天津市滨海新区 塘沽第一职业中等专业学校	天津市滨海新区塘沽塘汉路 389 号	300451	25218756	贾启来
天津市滨海新区 塘沽中等专业学校	天津市滨海新区塘沽胡家园三爱里 145 号	300454	25350293	贾启来
天津港口管理中等专业学校	天津市塘沽区新港三号路 688 号	300456	25707109	冯启发
天津市统计职业中等专业学校	天津市河西区珠江道西横街 27 号	300222	28158626	张叔君
天津市电子计算机职业 中等专业学校	天津市河西区利民道 48 号	300201	28332896	肖昭海
天津市盲人按摩职业学校	天津市河西区梅江道 2 号	300221	88254496	王琳琳
天津市残疾人职业学校	天津市红桥区芥园道 13 号	300121	27727628	钟建鹏
天津市国际商务学校	天津市河西区贺江道 3 号	300221	88382500	李富森
天津旅游外事职业学校	天津市河西区隆昌路 94 号	300201	28322417	穆建成
天津市滨海新区 汉沽中等专业学校	天津市滨海新区汉沽新开北路 66 号	300480	25692329	李学东
天津市滨海新区 汉沽职业中等专业学校	天津市滨海新区汉沽河西二纬路 32 号	300480	25668926	李学东
天津市机电工业学校	天津海河教育园区雅观路 17 号	300350	26650245	宋春林
天津泰达足球职业学校	天津经济技术开发区第十三大街 9 号	300457	60662877	姜炳坤
观璎戏曲学校	天津市河东区万新村 12 区河东体校内	300162	24711359	张 克
天津市物资贸易学校	天津市西青区侯台村东育才路 2 号	300384	23792300	朱为刚
天津市东丽区 职业教育中心学校	天津市东丽区津汉公路空港三号桥东 500 米	300300	84892879	李正海
天津市华苑职业学校	天津市大港区学苑路 694 号	300270	63315617	许国友
天津市信息工程学校	天津市蓟县武定西街 89 号	301900	29172945	赵金良
天津市轻工中等职业学校	天津市河东区大桥道 62 号	300170	24160786	戴裕崴
天津市立达职业中等专业学校	天津市河东区八纬北路 3 号	300170	24155265	李 军
天津市财经职业中等专业学校	天津市河东区华龙道 77 号	300011	24331743	窦增明
天津市工贸学校	天津市红桥区本溪路 2 号	300131	60208716	刘金栋

续表 3

校　　名	地　　址	邮政编码	电话号码	校　长
天津师范大学附设中职班	天津市西青区宾水西道 393 号	300387	23766015	高玉葆
天津渤海职业技术学院附设中职班	天津市河西区九连山路 11 号	300221	88250579	韩　伟
天津轻工职业技术学院附设中职班	天津海河教育园区雅观路 1 号	300350	27391637	戴裕崴
天津商务职业学院附设中职班	天津市河西区珠江道 86 号	300221	88381800	钱伟荣
天津艺术职业学院附设中职班	天津市河东区娄山道 27 号	300181	58911907	张海涛
天津冶金职业技术学院附设中职班	天津市北辰区学海道 38 号	300400	26983719	张建国
天津城市职业学院附设中职班	天津市河东区真理道 27 号	300250	26430105	李　彦
天津铁道职业技术学院附设中职班	天津市河北区建昌道 21 号	300240	26181859	李群先
天津工艺美术职业学院附设中职班	天津市河北区红星路革新道 10 号	300250	26786331	孙敬忠
天津市聋人学校附设中职班	天津市河北区嵩山里 25 号	300250	24575538	李　强

2012 年成人中专名录

校　　名	地　　址	邮政编码	电话号码	校　长
天津市武清区教师进修学校	天津市武清区运河西街道九街村委会	301700	29341939	毛兴宇
天津市宁河县成人中等专业学校	天津市宁河县芦台镇金华路 100 号	301500	69592983	运文江
天津市南开区职工中等专业学校	天津市南开区五马路 94 号	300100	27373310	贺兰芳
天津市宝坻区教师进修学校	天津市宝坻区城关镇东街 12 号	301800	29262939	王延海
天津市宝坻区职工卫生学校	天津市宝坻区津围路 7 号	301800	29241142	李建东
天津市西青区成人中等专业学校	天津市西青区西青道 329 号	300380	27913068	宋福鬃
天津市北辰区教师进修学校	天津市北辰区京津公路富锦道 1 号	300400	26390905	谢　瑞
天津市红桥区职工中等专业学校	天津市红桥区丁字沽三号路 45 号	300131	86513066	李克山
天津市和平区职工中等专业学校	天津市和平区职工中等专业学校	300070	27814736	董继超
天津求实科工贸成人中等专业学校	天津市河东区津塘路二号桥雪莲南路 71 号	300300	24391721	魏兆斌
天津市农业广播电视学校	天津市河西区友谊路西园道 5 号	300061	28358432	刘训江
天津市航运职工中等专业学校	天津市河西区灰堆柳林路 18 号	300270	28341438	娄志勇
天津市机电工业总公司干部中等专业学校	天津市红桥区竹山路 7 号	300131	26651156	张维津

续表

校　　名	地　　　址	邮政编码	电话号码	校　长
天津市津南区成人中等专业学校	天津市津南区咸水沽津沽路 700 号	300350	28392677	王崇明
天津市北辰区成人中等专业学校	天津市北辰区富锦道 1 号	300400	26830171	穆自强
天津市滨海新区汉沽成人中等专业学校	天津市滨海新区汉沽成人中等专业学校	300480	25667851	白毅军
天津市滨海新区汉沽职工卫生学校	天津市滨海新区汉沽河西三经路南	300480	25694462	鲁　云
中交天津航道局有限公司职工中等专业学校	天津市塘沽区中心路一号	300450	66880276	韦　冬
天津远洋职工中等专业学校	天津市塘沽区津塘路 1498 号	300451	66300663	李建国
天津市滨海新区塘沽职工中等专业学校	天津市滨海新区塘沽东大街 28 号	300450	25894318	贾启来
天津市蓟县成人中等专业学校	天津市蓟县武定西街 89 号	301900	29172900	赵金良
天津市河东区职工中等专业学校	天津市河东区大桥道 34 号	300171	24122186	王发田

2012 年各区县初、高中学校名录

滨海新区

校　　名	地　　　址	邮政编码	电话号码	校　长
天津市滨海新区塘沽一中	滨海新区塘沽烟台道 3 号	300450	25863957	于学光
天津市滨海新区塘沽育华中学	滨海新区塘沽河北路 5 号	300456	66700255	
天津市滨海新区塘沽紫云中学	滨海新区塘沽新港三号路 3351 号	300450	25861758	何建民
天津市滨海新区塘沽二中	滨海新区塘沽上海道浙江路 74 号	300450	25861758	
天津市滨海新区塘沽十三中	滨海新区塘沽广州道开源里 21 号	300451	66368422	段　红
天津市滨海新区塘沽滨海中学	滨海新区塘沽杭州道吉林路 2 号	300450	25716881	张云忠
天津市滨海新区塘沽三中				
天津市滨海新区塘沽体校				
天津市滨海新区塘沽一职专	滨海新区塘沽塘汉路 389 号	300451	66308624	贾启来
天津市滨海新区塘沽中专	滨海新区塘沽胡家园三爱里 145 号	300454	66580138	
天津市滨海新区塘沽五中	滨海新区塘沽营口道 31 号	300450	25894058	贾立新
天津市滨海新区塘沽六中	滨海新区塘沽东大街北头	300450	25893649	甄凤祥
天津市滨海新区塘沽九中	滨海新区塘沽大梁子振教路 12 号	300455	66611151	林桂虎
天津市滨海新区塘沽十一中	滨海新区塘沽向阳北街 1 号	300450	25892263	刘昌芹
天津市滨海新区塘沽十四中	滨海新区塘沽广州道 51 号	300451	25816878	侯树梅

续表 1

校名	地址	邮政编码	电话号码	校长
天津市滨海新区塘沽十五中	滨海新区塘沽广州道江西路 2 号	300451	25349187	潘怀林
天津市滨海新区塘沽新港中学	滨海新区塘沽新港二号路 3 号	300456	25792129	綦婉莉
天津市滨海新区塘沽新城中学	滨海新区塘沽新城镇新城中学	300455	25330921	王长洪
天津市滨海新区塘沽河头中学	滨海新区塘沽胡家园街河头中学	300454	25359039	李晓光
天津市滨海新区塘沽中心庄中学	滨海新区塘沽中心庄村西	300454	25365038	张　兵
天津市滨海新区塘沽实验学校（工农村校区）	滨海新区塘沽河北路 47 号	300451	25212870	张兴泰
天津市滨海新区塘沽实验学校（营口道校区）	滨海新区塘沽营口道 1421 号	300450	25861865	
天津市滨海新区塘沽实验学校（远洋城校区）	滨海新区塘沽远洋城居住区内	300454	66591038	
天津市滨海新区塘沽宁车沽学校(中学部)	滨海新区塘沽宁车沽东村	300453	25231007	王　健
天津市滨海新区塘沽北塘学校（中学部）	滨海新区北塘文化宫大街 28 号	300453	25253464	李世伟
天津市滨海新区塘沽新湖学校（中学部）	滨海新区塘沽胡家园普利达开发小区五翠路	300454	66592021	郭如良
天津市滨海新区塘沽盐场中学	滨海新区塘沽河南路 34 号	300455	66680256	韩凤轩
天津市滨海新区塘沽渤油石油一中	滨海新区塘沽渤海石油家属院内	300452	25808386	郑宝国
天津市滨海新区塘沽渤油石油二中	滨海新区塘沽渤海石油家属院内	300452	66916684	肖宗熙
天津市滨海新区汉沽一中	滨海新区汉沽文化东街 9 号	300480	67193142	白正三
天津市滨海新区汉沽二中	滨海新区汉沽东风路友谊路南	300480	67113547	张洪延
天津市滨海新区汉沽三中	滨海新区汉沽河西二经路	300480	25661724	张　建
天津市滨海新区汉沽五中	滨海新区汉沽新村街	300480	67192727	王克生
天津市滨海新区汉沽六中	滨海新区汉沽河西二连里	300480	25695605	周胜镇
天津市滨海新区汉沽八中	滨海新区汉沽文化街 80 号	300480	67194475	王　伟
天津市滨海新区汉沽九中	滨海新区汉沽太平东街	300480	67114398	张建文
天津市滨海新区茶淀中学	滨海新区汉沽茶淀镇茶西村	300480	25696346	郭志勇
天津市滨海新区桃园中学	滨海新区汉沽杨家泊镇杨家泊村北	300480	67257653	许福禄
天津市滨海新区高庄中学	滨海新区汉沽杨家泊镇高庄村	300480	67261256	张立军
天津市滨海新区大田中学	滨海新区汉沽大田镇大田村南	300480	67227208	刘宗利
天津市滨海新区后沽中学	滨海新区汉沽茶淀镇后沽村南	300480	67273255	孙玉森
天津市滨海新区汉沽中专	滨海新区汉沽新开北路 66 号	300480	25662166	李学东
天津市滨海新区汉沽启智学校	滨海新区汉沽新村街 23 号	300480	67113608	王金峰

续表 2

校　　名	地　　　址	邮政编码	电话号码	校　长
天津市滨海新区大港第一中学	大港区世纪大道东 288 号	300270	25993012	李凤清
天津市滨海新区大港实验中学	滨海新区大港世纪大道 191 号	300270	63386609	宋玉林
天津市滨海新区大港第三中学	滨海新区大港迎宾街 130 号	300270	63388046	李庆忠
天津市滨海新区大港第八中学	滨海新区大港迎新街 77 号	300270	63389201	张　森
天津市太平村中学	滨海新区大港太平镇	300282	63142100	刘承宏
天津市大港第二中学	大港区育秀街和世纪大道交口	300270	63212822	孟宝彦
天津市滨海新区大港第五中学	滨海新区大港学府路	300270	63309825	刘炳昭
天津市滨海新区大港第六中学	滨海新区大港旭日路与凯旋街交汇处	300270	63100303	何世利
天津市滨海新区大港第七中学	滨海新区大港喜荣街与石化路交口	300270	62087438	张明术
天津市滨海新区大港第九中学	滨海新区大港迎宾街开元里	300270	59719204	刘志奇
天津市滨海新区大港滨湖学校	滨海新区大港古林街官港滨湖学校	300274	63285086	周允山
天津市滨海新区大港第四中学	滨海新区大港中塘镇中港路 14 号	300277	63270860	刘文熙
天津市滨海新区大港栖凤中学	滨海新区大港中塘镇栖凤北里	300273	63132822	王文阁
天津市小王庄中学	滨海新区大港小王庄镇 205 国道西侧	300273	63129586	胡秀安
天津市徐庄子中学	滨海新区大港小王庄镇徐庄子村	300275	63169041	高颖贤
天津市刘岗庄中学	滨海新区大港小王庄镇刘岗庄村	300025	63166037	刘月军
天津市太平村第二中学	滨海新区大港太平镇北环路	300282	63148107	刘培义
天津市窦庄子中学	滨海新区大港太平镇窦庄子村东环路	300282	63189128	窦书森
天津市苏家园学校	滨海新区大港太平镇苏家园村西	300282	63155203	刘冬清
天津市远景学校	滨海新区大港港西街远景一村东	300282	63199901	王金峰
天津市沙井子学校	滨海新区大港港西街沙井子二村	300283	63192506	赵议文
天津市滨海中等专业学校	滨海新区大港霞光路 42 号	300270	63219214	唐慧忠
天津市滨海新区 大港油田实验中学	滨海新区大港油田二号院	300280	25969889	朱宝树
天津市滨海新区 大港油田第一中学	滨海新区大港油田二号院	300280	25921168	张庆军
天津市滨海新区 大港油田第二中学	滨海新区大港油田钻井	300280	25972824	张泽庭
天津市滨海新区 大港油田第三中学	滨海新区大港油田测井公司	300280	25962691	王志良
天津市滨海新区 大港油田第四中学	滨海新区大港油田二号院西苑小区	300280	25912470	赵增强
天津市滨海新区大港海滨学校	滨海新区大港油田南苑康宁小区	300280	63953816	靳玉成
天津市滨海新区 大港海滨第二学校	滨海新区大港油田井下公司	300283	25932479	李冠森

续表 3

校　　名	地　　　址	邮政编码	电话号码	校　长
天津市滨海新区 大港海滨第三学校	滨海新区大港油田二道沟	300280	25976064	张燕山
天津市滨海新区 大港海滨第四学校	滨海新区大港油田港东运输或油建公司	300272	25936369	张景利
天津市滨海新区 大港海滨第六学校	滨海新区大港油田总机厂	300280	25925513	张汝新
天津市滨海新区大港港狮学校	河北省沧县东关	061035	25942028	李艳梅
天津市滨海新区大港团泊洼学校	天津市团泊洼	301607	29000348	刘长安
天津开发区第一中学	开发区第三大街翔实路 21 号	300457	66219721	王延瑞
天津开发区第二中学	开发区第四大街 121 号	300457	66223399	杨之凯
天津开发区国际学校	开发区晓园街 9 号	300457	25290136	杨　骞
天津泰达实验学校	开发区发达街 99 号	300457	66629182	武　斌
天津港保税区空港学校	空港经济区东六道 39 号	300381	84906302	杨仲禹
天津外国语大学 附属滨海外国语学校	中新天津生态城南部片区和韵路	300467	66196636	陈法春

和平区

校　　名	地　　　址	邮政编码	电话号码	校　长
第一中学	和平区西安道 117 号	300051	23391126	李　新
耀华中学	和平区南京路 106 号	300040	23394521	任奕奕
第二十中学	和平区湖北路 59 号	300050	23391920	张永泉
第二南开中学	和平区荣安大街 167 号	300021	27314272	庞　威
第十一中学	和平区河北路 211 号	300040	27111351	朱路明
汇文中学	和平区甘肃路 42 号	300020	27222377	杨文利
第十九中学	和平区河北路 30 号	300020	27302030	孙　茁
第二十一中学	和平区贵州路 92 号	300070	27818136	李　军
第五十五中学	和平区鞍山道 131 号	300070	27830123	王　杰
第六十一中学	和平区建设路 87 号	300040	23392252	韩　杰
第九十中学	和平区成都道 144 号	300070	23351756	陈荣荣
和平艺术中学	和平区河沿路 25 号	300070	27833905	赵晶波
建华中学	和平区西藏路 2 号	300021	23126281	王　钊
天津益中学校	和平区西安道 117 号余门	300051	23118688	杨仲禹
耀华嘉诚国际中学	和平区山西路 294 号	300040	23143362	曲丽敏

续表

校　　名	地　　址	邮政编码	电话号码	校　长
双菱中学	和平区湖北路2号	300040	23143501	赵淑珍
兴南中学	和平区山西路36号	300021	27302901	潘天佑

河西区

校　　名	地　　址	邮政编码	电话号码	校　长
新华中学	河西区马场道99号	300204	23247780	于　异
华宁中学	河西区琼州道111号	300203	23286475	张之鑫
实验中学	河西区平山道1号	300074	23358689	张　红
津沽实验	河西区平山道卫星里111号	300074	23383164	余顺扬
海河中学	河西区南京路5号	300202	58688015	钱丽梅
津海中学	河西区徽州道2号	300202	58688015	钱丽梅
四十二中学	河西区大沽南路837号	300200	28331240	孔祥连
四十一中学	河西区马场道195号	300204	23286309	徐长群
精治中学	河西区马场道195号	300204	23280406	陈天顺
第四中学	河西区隆昌路11号	300211	28323157	王洪花
北师大天津附中	河西区大沽南路1010号	300222	28190262	杨伟云
微山路中学	河西区双水道14号	300222	28344550-1550	吴健生
环湖中学	河西区体院北环湖中道4号	300060	23514902	田占杰
滨湖中学	河西区体院北环湖北道1号	300060	23358843	刘　春
枫林路中学	河西区珠江道枫林路2号	300222	28341244	杜惠荣
双水道中学	河西区双水道31号	300222	28340573	张　勇
佟楼中学	河西区围堤道145号	300074	28374182	王昌平
梅江中学	河西区紫金山路与韩江道交口	300221	88363455	邢爱武
卓群中学	河西区白云路37号	300201	28307858	王小红
卓群高中	河西区白云路37号	300201	28307858	
培杰中学	河西区泰山路26号	300211	28307652	任津华
自立中学	河西区琼州道111号	300203	23288278	金文义
实验华冠学校(含瑞江中学)	河西区梅江道69号	300221	88381187	赵子声
电子计算机职专	河西区利民道48号	300201	28332896	肖昭海
电子计算机职专(东校区)	河西区珠江道西横街27号	300222	28158626	张淑君

河东区

校　　名	地　　　址	邮政编码	电话号码	校　长
二号桥中学	河东区福东北里 29 号	300300	81272293	张会清
六中(体校)	河东区万新村 16 区	300162	60571800	张庆森
福东中学	河东区一号桥耐火路 10 号	300180	24390346	陈云清
四十五中	河东区中山门广宁路 15 号	300181	84265335	王金义
华英中学(民办)	河东区中山门龙潭路 5 号	300181	84265335	梁宇宏
九十八中	河东区中山门龙潭路 19 号	300170	84232001	张　骏
八十二中	河东区八纬北路 3 号	300170	24315052	崔学舫
五十四中	河东区六纬路 135 号	300171	24314106	陈　琦
田庄中学	河东区六纬路 84 号	300170	24134667	赵芙蓉
一〇二中	河东区向阳楼晨阳道	300161	24556161	王贺海
二十八中	河东区新大王庄街 14 号	300011	24321707	邵长云
七　中	河东区成林路 30 号	300160	24316337	王　娟
育才中学(民办)	河东区新开路 351 号	300160	24316337	王希才
香山道中学	河东区成林道香山一条	300162	24373015	卫秋然
盘山道中学	河东区万新村 19 区	300162	24720242	任　静
八　中	河东区卫国道丽苑小区秀丽路 55 号	300252	24696797	李　旭
三十二中	河东区东站后广场金纬立交桥旁	300011	60534133	边世强
立达职专	河东区八纬北路 3 号	300170	24155065	
财经职专	河东区华龙道 77 号	300011	24416537	窦增明

南开区

校　　名	地　　　址	邮政编码	电话号码	校　长
天津市五十中学	天津市南开区广开四马路 158 号	300102	27371502	郭光盛
天津市第二十九中学	天津市南开区黄河道临汾路 10 号	300110	27565894	刘　红
天津市第一一二中学	天津市南开区迎风道西头	300191	23360080	司乃祥
天津市南开区体育学校	天津市南开区三潭路 165 号	300192	27380460	张　雯
天津市津津中学	天津市南开区三潭路 165 号	300192	60264312	李国真

续表

校名	地址	邮政编码	电话号码	校长
天津市育贤中学	天津市南开区南丰路 178 号	300193	27417471	李 波
天津市静文高级中学	天津市南开区复康路 210 号	300384	23793962	李佩城
天津市华泽高级中学	天津市南开区雅安道延安南路一号	300113	27032878	马桂生
天津市南开光明中学	天津市南开区保山道横江里 7 号	300190	83614426	李 颖
天津市南开外国语高级中学	天津市南开区旧津保路 2 号	300110	27363476	李春梅
天津市南开艺术中学	天津市南开区云阳道 6 号	300113	27367052	李忠益
天津市第一〇九中学	天津市南开区湖镜道 1 号	300192	27380626	肖 伟
天津市崇化中学	天津市南开区鼓楼西侧北城街	300120	27274528	马淑苓
天津市第二十五中学	天津市南开区灵隐道 14 号	300193	27459901	滕春英
天津市育红中学	天津市南开区南开三纬路 110 号	300100	27433672	苏长质
天津市第九中学	天津市南开区凌宾路奥城 53 号	300381	83774901	吕国强
天津市第四十二中学	天津市南开区黄河道 452 号	300110	27365504	谷梦琴
天津市南开中学	天津市南开区四马路 22 号	300100	27483391	马跃美
天津市第六十三中学	天津市南开区天托南横江里平房 7 号	300190	83614426	李 颖
天津市天津中学	天津市南开区华苑中孚路 41 号	300384	23725549	国赫孚
天津市第六十六中学	天津市南开区云阳道 6 号	300113	27367052	李忠益
南开大学附属中学	天津市南开区三潭路 165 号	300192	60264312	邢维静
天津市津英中学	天津市南开区黄河道 494 号	300112	27518993	张慧颖
天津市南开区外国语中学	天津市南开区旧津保路 2 号	300110	27363476	李春梅
天津市南开翔宇学校	天津市南开区二纬路 109 号	300221	022-58785086	康岫岩
天津市南开区实验学校	天津市南开区华苑小区锦环道	300384	022-23719375	谢永芬
天津市引滦学校	河北省唐山市迁西县洒河乡桃园村	64309	0315-5893099	赵之雍
天津市南开区育智学校	天津市南开区红旗路宜宾道 3 号	300131	022-23694109	尹立新

河北区

校名	校址	邮政编码	电话号码	校长
二 中	河北区昆纬路 109 号	300140	26235867	陈文昌
十四中	河北区水产前街 45 号	300241	26433698	高 虎
木斋中学	河北区建国道民权路 1 号	300010	24457787	王彦祺
三十中	河北区曙光路 6 号	300402	26310308	李成智

续表

校　　名	校　　　　址	邮政编码	电话号码	校　长
三十五中	河北区志成道治安胡同 10 号	300230	26284103	陈树华
四十八中	河北区王串场一号路 42 号	300150	26431870	姚茂春
五十七中	河北区昆纬路 38 号	300141	26236299	张　娟
七十七中	河北区革新道 9 号	300250	26320975	刘玉林
七十八中	河北区增产道 23 号	300150	26438046	刘宏义
九十三中	河北区真理道 22 号	300250	24349230	冯继红
红光中学	河北区建昌道 24 号	300241	26784018	石　勇
扶轮中学	河北区吕纬路 93 号	300142	26184109	康　臣
美术中学	河北区元纬路 50 号	300141	60518150	刘　鹤
新开中学	河北区日纬路 44 号	300142	60518482	李燕翔
汇森中学	河北区昆纬路 46 号	300140	26235868	高　虎
路华中学	河北区沧江道 2 号	300251	26752207	纵瑞彬
求真中学	河东区真理道六号路 7 号	300151	26451300	贺　莹
天士力中学	河北区水产前街 45 号	300241	26433698	魏　薇
美院美高	河北区月纬路 54 号	300142	26222023	王宝响

红桥区

校　　名	地　　　　址	邮政编码	电话号码	校　长
铃铛阁外国语中学	红桥区复兴路西侧	300121	27566902	郭文颖
民族中学	红桥区西青道 87 号	300122	27322498	尹淑霞
西青道中学	红桥区西青道 171 号	300122	27724746	刘　扬
第五十一中学	红桥区邵公庄大街 17 号	300122	27326392	刘　凯
泰达实验中学	红桥区赵家场大街 8 号	300122	87739720	刘学勤
第五中学	红桥区红桥北大街 58 号	300132	86513077	杨海荣
怡和中学	红桥区光荣道 35 号	300132	86513085	张光宇
第八十九中学	红桥区洪湖东路 1 号	300130	86521720	姜海涛
第八十中学	红桥区光荣道 39 号	300130	26371337	张宝华
佳春中学	红桥区千里堤佳春里 18 号	300134	86513110	马树新
第三中学	红桥区丁字沽一号路向东道 1 号	300131	26532554	刘玉明
方舟实验中学	红桥区咸阳北路凤城路 2 号	300131	26370248	王泽宽

续表

校　　名	地　　　址	邮政编码	电话号码	校　长
体育学校	红桥区洪湖东路 1 号	300130	27329943	孙宗浩
复兴中学	红桥区春合路 1 号	300121	87726028	刘　浩
瑞景中学	北辰区环瑞北路 2 号	300134	86681012	杨建华
红星职专	红桥区丁字沽三号路 45 号	300131	86513108	李克山
北洋职专	红桥区丁字沽三号路 45 号	300131	86513108	李克山

东丽区

校　　名	地　　　址	邮政编码	电话号码	校　长
天津市第一百中学	东丽区津塘二线紫英路 2 号	300300	84933639	吴世民
四合庄中学	东丽区津塘公路五号桥	300300	24997770	王玉起
军粮城中学	东丽区军粮城街道刘台村	300301	84968249	李正午
钢管公司中学	东丽区无瑕街道缝春道 2 号	300301	24802331	张桂玲
滨海实验学校	东丽区无瑕街道无瑕花园北	300301	24363716	杨占峰
东丽中学	东丽区张贵庄街道招远路南	300300	24979088	刘敬勇
鉴开中学	东丽区津塘二线北外环线外 1000 米	300300	24959582	李耀桐
程林中学	东丽区万新街道北程林村北	300300	24710496	刘淑霞
南孙庄中学	东丽区金钟街道南孙庄村	300240	84814555	杨东发
东丽区民族中学	东丽区么六桥回族乡一职专西津北公路南	300300	84892612	苑树桐
小东庄中学	东丽区新立街道小东庄村	300300	24991684	张世友
军粮城二中	东丽区军粮城街道气象街 7 排 1 号	300301	84968286	闫桂英
大毕庄中学	东丽区金钟路工业园区	300251	26764344	王玉璋
华明中学	东丽区华明街道华明家园	300300	24890878	霍建刚

西青区

校　　名	地　　　址	邮政编码	电话号码	校　长
杨柳青一中	西青区杨柳青镇崇文道 88 号	300380	27391727	▲韦　芳
杨柳青二中	西青区杨柳青柳口路 51 号	300380	27391603	任广杰
杨柳青三中	西青区杨柳青镇新华道 175 号	300380	27391606	▲李　昕
杨柳青四中	西青区杨柳青镇新华道 42 号	300380	27394428	韦　敏

续表

校　　名	地　　　址	邮政编码	电话号码	校　长
成人中专	西青区杨柳青镇三经路	300380	27390215	宋福铭
中北中学	西青区中北镇政府西	300112	27937996	门玉辉
张家窝中学	西青区张家窝村东	300382	87981244	祝　涛
当城中学	西青区辛口镇当城村东	300380	87990856	冯克文
九十五中学	西青区李七庄街梨园头村	300381	23960014	▲董爱军
大寺中学	西青区大寺镇大任庄村东	300385	23972687	岳庆一
王稳庄中学	西青区王稳庄镇王稳庄村	300383	23990841	▲韩建新
付村中学	西青区精武镇付村津涞公路旁	300382	23985737	▲魏绍荣
进修学校	西青区杨柳青镇柳口路 5 号	300112	27919292	孙爱华

注：▲为主持工作

津南区

校　　名	地　　　址	邮政编码	电话号码	校　长
咸水沽一中	津南区咸水沽津歧路全红桥旁	300350	28558261	许浩然
咸水沽二中	津南区咸水沽镇津沽路东	300350	28399226	李洪来
咸水沽三中	津南区咸水沽镇津沽路南	300350	28539838	周桂成
双港中学	津南区双港镇双港村西	300350	28582456	刘士民
辛庄中学	津南区辛庄镇	300350	88531473	辛宪祥
南洋中学	津南区咸水沽镇津歧路西	300350	88714321	杨金钟
双桥中学	津南区双桥河镇西	300350	28391416	韩志艺
葛沽一中	津南区葛沽镇西	300352	28690002	石文慧
葛沽三中	津南区葛沽镇刘庄村	300352	28690774	王贤瑞
八里台一中	津南区八里台镇中兴大街 17 号	300350	88523316	崔洪顺
北闸口中学	津南区北闸口镇北闸口村	300353	88538766	李永和
小站一中	津南区小站镇	300353	28618681	陈志森
小站实验中学	津南区小站镇北湖村	300353	88615079	邵长春
八里台二中	津南区八里台镇双闸村	300353	88529462	刘泽广
天华中学	津南区咸水沽镇二八公路西侧	300350	88911228	宫玉水
南华中学	津南区咸水沽镇南环路	300350	28510141	刘书琪
培智学校	津南区咸水沽镇红旗路	300350	28392442	刘玉兰
南洋职业技术学校	津南区咸水沽镇津沽路 700 号	300350	28392677	王崇明

北辰区

校　名	地　址	邮政编码	电话号码	校　长
第四十七中学	北辰区京津公路富锦道南	300400	26918802	刘学安
第九十六中学	北辰区宜兴埠镇三千路	300400	26300788	张学伟
南仓中学	北辰区天穆镇南仓村东(南仓村东)	300400	26340148	狄建成
朱唐庄中学	北辰区朱唐庄中学	300402	26990064	李永辉
青光中学	北辰区青光镇政府西	300401	26951982	杜玉宽
北辰区华辰学校	北辰区京津公路517号	300400	26391036	苗　芊
北辰区实验中学	北辰区果园北道21号	300400	86817859	王金成
北辰职专	北辰区富锦道47中北侧	300400	26390772	李志刚
民族职专	北辰区京津公路天穆村北	300400	26345327	时儒山
集贤里中学	北辰区虎林路11号	300400	26392701	刘庆河
北仓二中	北辰区北医道	300400	26391332	尚志伟
双口中学	北辰区双口镇双口中学	300401	86837409	范桂兰
第九十二中学	北辰区双街镇万源星城内顺风路	300400	26979681	胥　刚
北辰区河头学校	北辰区双口镇上河头村	300401	26950041	苗中营
小淀中学	北辰区小淀镇北	300402	26990333	李　东
大张庄中学	北辰区大张庄镇大张庄村	300402	86852308	陈树义
北辰区普育学校	北辰区宜兴埠北下坡	300402	26312208	梁　峰
堤头中学	北辰区西堤头镇东堤头村	300402	86849337	刘福颖
霍庄中学	北辰区西堤头镇霍庄村	300402	86823655	周立东

武清区

校　名	地　址	邮政编码	电话号码	校　长
杨村第一中学	武清区杨村镇泉州路	301700	82171242	赵学斌
杨村第三中学	武清区杨村镇建设南路4号	301700	29342310	孙永生
杨村第四中学	武清区杨村镇建国南路57号	301700	29326911	耿兆奎
梅厂中学	武清区梅厂镇梅三村	301701	29534022	刘天智
崔黄口中学	武清区崔黄口镇卫生院旁	301702	29573685	赵玉良
大良中学	武清区大良镇大良村	301703	29567066	王立新
河西务中学	武清区河西务镇	301714	29439040	赵克良

续表 1

校　　名	地　　址	邮政编码	电话号码	校　长
南蔡村中学	武清区南蔡村镇	301709	29411627	顾维宪
城关中学	武清区城关镇南门外	301712	29461099	郝凤奇
黄花店中学	武清区黄花店镇	301708	29481067	陈玉明
王庆坨中学	武清区王庆坨镇西	301713	29518796	陈广宽
杨村第二中学	武清区杨村镇塔园路 36 号	301700	29581243	李　江
杨村第五中学	武清区杨村镇泉兴路西侧	301700	59616720	苏文发
杨村第六中学	武清区杨村街光明道与泉兴路交口	301700	82162517	张宝生
杨村第七中学	武清区杨村镇雍阳西道亨通花园北	301700	82191672	王贵营
杨村第八中学	武清区杨村镇新湾花园西侧	301700	82171029	周建国
杨村第九中学	武清区杨村镇泉达路东侧	301700	82171148	张立谦
雍阳中学	武清区杨村镇大桥道	301700	22101841	王长明
徐官屯乡初级中学	武清区徐官屯乡初级中学	301700	29337626	耿悦礼
黄庄乡初级中学	武清区黄庄街黄庄村	301700	29362366	张学成
下朱庄街初级中学	武清区下朱庄街道办事处西 200 米	301700	29337044	房秀茹
曹子里乡初级中学	武清区曹子里乡杨碱厂北	301727	29559527	韩宝田
梅厂镇初级中学	武清区梅厂镇梅三村	301701	29535351	云洪祥
大黄堡乡初级中学	武清区大黄堡乡大黄堡村	301731	82241097	刘长春
上马台乡初级中学	武清区上马台镇东薛庄村南	301701	82289906	祖德林
大碱厂镇初级中学	武清区大碱厂镇幸福道 24 号	301706	82219174	郭永强
崔黄口镇崔黄口初级中学	武清区崔黄口镇四街北	301702	29571354	龚　印
崔黄口镇后巷初级中学	武清区崔黄口镇后巷村东	301702	82205299	张秀权
大良镇初级中学	武清区大良镇大良村	301703	29561328	闫井先
下伍旗镇初级中学	武清区下伍旗镇田辛庄村东	301705	22289174	刘振德
河北屯镇初级中学	武清区河北屯镇河北屯村	301704	22275074	黄振民
南蔡村镇南蔡村初级中学	武清区南蔡村镇定福庄村西	301709	29411844	李洪泽
南蔡村镇北蔡村初级中学	武清区南蔡村镇北蔡村	301709	22251430	宋俊芳
大孟庄镇幼庄初级中学	武清区大孟庄镇前幼庄村	301711	22262761	周文亮
泗村店镇初级中学	武清区泗村店镇政府西	301709	29425981	王　龙
河西务镇初级中学	武清区河西务镇河西务村	301714	29430539	张立海
河西务镇大沙河初级中学	武清区河西务镇大沙河村	301714	22235070	张志明
高村乡高村初级中学	武清区高村乡高村	301714	22221626	田金刚
城关镇中学	武清区城关镇南门外	301712	29461049	贺名礼

续表 2

校　　名	地　　　址	邮政编码	电话号码	校　长
白古屯乡初级中学	武清区白古屯乡政府东 100 米	301712	22186483	孙　明
大王古庄镇初级中学	武清区大王古庄镇大王古庄村	301712	22193955	魏秀领
东马圈镇初级中学	武清区东马圈镇东马圈村	301717	29471615	王凤林
豆张庄乡豆张庄初级中学	武清区豆张庄乡政府北	301707	22167714	周桂新
豆张庄乡南双庙初级中学	武清区豆张庄乡南双庙村西	301707	22167697	宋志伟
黄花店镇初级中学	武清区黄花店镇南	301708	29480222	陈　明
石各庄镇初级中学	武清区石各庄镇石东村	301718	22159210	于成文
陈咀镇初级中学	武清区陈咀镇陈咀村东	301741	22146207	刘冠军
王庆坨镇初级中学	武清区王庆坨镇六街	301713	29518807	孙开明
汊沽港镇初级中学	武清区汊沽港镇六道口村东	301721	29491422	王　龙

宝坻区

校　　名	地　　　址	邮政编码	电话号码	校　长
第一中学	宝坻区北城路东段 1 号	301800	29228633	梁建新
第四中学	宝坻区进京路 30 号	301800	82621714	陈国旺
李家深高级中学	宝坻区牛道口镇李家深村	301821	22588125	李　发
大口屯高级中学	宝坻区大口屯镇镇东	301801	29685535	赵宝亮
大白庄高级中学	宝坻区大白庄镇大白庄村	301802	29660252	秦瑞山
林亭口高级中学	宝坻区林亭口镇北	301804	82538309	顾伯儒
大钟庄高级中学	宝坻区大钟庄镇大钟庄村	301806	82428725	王　树
王卜庄高级中学	宝坻区王卜庄镇王卜庄村西	301800	82590706	杨仕仲
育英中学	宝坻区南关大街 20 号	301800	29262638	赵春玉
艺术中学	宝坻区小火神庙胡同 19 号	301800	29262963	刘洪洋
博爱学校	宝坻区宝平街道刘辛庄宿舍北	301800	82623046	张庆武
第二中学	宝坻区海滨街道苏北路 5 号	301800	29241568	肖绍成
第三中学	宝坻区建设路 46 号	301800	29262353	王月明
第五中学	宝坻区宝平街道进京路 31 号	301800	82622966	刘洪新
第六中学	宝坻区宝平街道开元路东	301800	82692912	张敬军
霍各庄镇初级中学	宝坻区霍各庄镇政府东	301800	22518634	高连芳
史各庄镇中学	宝坻区史各庄镇史各庄村东	301800	22578454	张振亚
牛道口镇第一初级中学	宝坻区牛道口镇牛道口村	301800	22558164	刘连庆

续表

校　　名	地　　址	邮政编码	电话号码	校　长
高家庄镇高家庄初级中学	宝坻区高家庄镇乔辛庄西	301800	22538820	陈志杰
高家庄镇三岔口初级中学	宝坻区高家庄镇三岔口村南	301800	22548493	王　宇
大口屯镇初级中学	宝坻区大口屯镇镇西	301801	29689474	陈　静
马家店镇马家店中学	宝坻区马家店镇马家店村	301800	29649245	王希杰
新开口镇初级中学	宝坻区新开口镇新开口村西	301815	29611091	杨万良
牛家牌镇初级中学	宝坻区牛家牌乡工业区东	301809	29635034	汪志文
郝各庄镇初级中学	宝坻区郝各庄镇前郝村	301800	29679047	刘玉普
大白庄镇中学	宝坻区大白庄镇大白庄村	301802	29660291	李金伟
大唐庄镇初级中学	宝坻区大唐庄镇大唐庄村	301802	29657037	李维庆
尔王庄乡初级中学	宝坻区尔王庄乡尔王庄村	301802	22469474	张富春
周良庄镇周良庄初级中学	宝坻区周良庄镇周良庄村	301800	22499457	李国华
林亭口镇林亭口初级中学	宝坻区林亭口镇大侯庄西	301804	82538359	苏玉国
林亭口镇糙甸初级中学	宝坻区林亭口镇糙甸村西	301804	82554682	赵俊富
八门城镇八门城中学	宝坻区八门城镇八门城四村	301823	82567117	赵庆同
黄庄镇初级中学	宝坻区黄庄乡黄庄村北	301803	82579347	杨印昌
王卜庄镇何仉庄初级中学	宝坻区王卜庄镇南申庄西	301805	82458164	陈俊奇
方家庄镇方家庄初级中学	宝坻区方家庄镇方后村	301827	82447140	田庆恒
方家庄镇杨家口初级中学	宝坻区方家庄镇杨家口村	301805	22597259	杨树清
口东镇初级中学	宝坻区口东镇口东政府北 50 米	301800	22568685	王立河
大钟庄镇初级中学	宝坻区大钟庄镇工业小区	301806	82428774	岳树政
新安镇初级中学	宝坻区新安镇正大街 1 号	301825	82469117	杜泽民
宝坻区中等专业学校	宝坻区进京路 28 号	301800	82621469	李卫东
宝坻一职	宝坻区黄庄乡黄庄村南	301803	82579112	张汝光

宁河县

校　　名	地　　址	邮政编码	电话号码	校　长
芦台第三中学	宁河县芦台镇震新路 2 号	301500	022-69561049	杨高山
芦台第五中学	宁河县芦台镇金翠路 2 号	301500	022-69560490	阚文广
宁河镇中学	宁河县宁河镇张辛村	301504	022-69417002	吕国良
宁河镇大辛中学	宁河县宁河镇江洼口村	301507	022-69261084	田长学
潘庄镇大贾庄中学	宁河县潘庄镇大贾村	301508	022-69310442	刘德连

续表

校　名	地　址	邮政编码	电话号码	校　长
潘庄镇中学	宁河县潘庄镇潘庄村	301508	022-69529152	运乃利
丰台镇小李庄中学	宁河县丰台镇小李村	301503	022-69231374	李春阳
丰台镇后棘坨中学	宁河县丰台镇后棘坨村	301503	022-69499868	赵立国
大北涧沽镇中学	宁河县大北涧沽镇大北村	301500	022-69549171	李学辉
东棘坨镇中学	宁河县东棘坨镇西棘坨村	301508	022-69379875	王志生
芦台镇小薄中学	宁河县芦台镇小薄村	301500	022-69111272	张国明
七里海镇中学	宁河县七里海镇大坨村	301509	022-69531163	王宝海
七里海镇南涧沽中学	宁河县七里海镇张尔沽村	301509	022-69361603	孙仕文
造甲城中学	宁河县造甲城镇造甲城村	301510	022-69519249	李学彬
芦台镇赵庄中学	宁河县芦台镇 205 国道与宝芦公路交口南侧	301500	022-69192701	杨术波
苗庄中学	宁河县苗庄镇苗庄村	301504	022-69221042	黄建和
岳龙镇中学	宁河县岳龙镇村南	301502	022-69251624	董建军
北淮淀乡北淮淀中学	宁河县北淮淀乡北淮淀村东	301509	022-69321042	郑永明
东棘坨镇赵本中学	宁河县东棘坨镇李城村西北	301505	022-69439034	钱连省
板桥镇板桥中学	宁河县板桥镇盆罐村南	301507	022-69469047	高志全
廉庄乡中学	宁河县廉庄乡孟庄村南	301500	022-69459857	张汝波
俵口中学	宁河县俵口乡洛里坨村	301506	022-69331144	魏　星
芦台第一中学	宁河县芦台镇一中路 1 号	301500	022-69561221	董丽敏
永兴中学	宁河县芦台镇一中路 1 号	301500	022-69561221	李天才
芦台第四中学	宁河县芦台镇震新路 45 号	301500	022-69110732	陈月桂
丰台中学	宁河县丰台镇东村	301503	022-69489144	刘福军
潘庄中学	宁河县潘庄镇潘庄村	301508	022-69529151	陈再清
任凤高中	宁河县七里海镇任凤村	301509	022-69539034	赵凤来
芦台第二中学	宁河县芦台镇震新路 30 号	301500	022-69564329	杨炳柱

静海县

校　名	地　址	邮政编码	电话号码	校　长
王口中学	静海县王口镇大瓦头村	301603	28836079	王明升
独流中学	静海县独流镇新开路	301602	68815298	李子海
唐官屯中学	静海县唐官屯镇	301608	28878835	李祥民
中旺中学	静海县中旺镇	301614	68531015	张文达

续表 1

校　　名	地　　址	邮政编码	电话号码	校　长
第一中学	静海县地纬路东段	301600	8600800	张福宾
第四中学	静海镇胜利大街南街 112 号	301600	28944988	尚凯军
第六中学	静海镇口子门村新兴路增 1 号	301600	68981998	陈克洪
陈官屯中学	静海县陈官屯镇一街南头	301604	68762997	姜玉彬
光明中学	静海镇静文路 37 号	301600	68600686	汪少盾
蔡公庄中学	静海县蔡公庄镇蔡公庄村南	301606	68565171	姚家新
瀛海学校	静海镇南纬一路西	301600	28941071	胡子孚
实验中学	静海镇建设路 5 号	301600	28919318	王建龙
第二中学	静海镇胜利街 5 号	301600	28948409	李绍玉
第五中学	静海镇地纬路中段	301600	68690503	周明生
第七中学	静海镇胜利南路 89 号	301600	28941045	卢凤臣
体育运动学校	东方石油基地学校院内	301608	28912094	孙春来
双塘镇中学	静海县双塘镇西双塘村	301600	68865025	赵家贵
大丰堆镇中学	静海县大丰堆镇大丰堆村	301609	68663158	张振禄
梁头镇中学	静海县梁头镇梁头村	301600	68969071	高春霞
良王庄乡良王庄中学	静海县良王庄乡良王庄村	301601	68120007	张启志
良王庄乡府君庙中学	静海县良王庄乡府君庙村	301600	68975052	赵志朋
王口镇中学	静海县王口镇王口村	301603	28836193	刘世伟
台头镇中学	静海县台头镇义和村	301613	68131989	李树海
子牙镇中学	静海县子牙镇王二庄村	301605	68856882	韩玉柱
沿庄镇中学	静海县沿庄镇东禅房村	301605	68775351	董继春
沿庄镇东滩头中学	静海县沿庄镇东滩头村	301605	68771109	张　辉
陈官屯镇王官屯中学	静海县陈官屯镇王官屯村	301604	68751037	刘万洪
陈官屯镇中学	静海县陈官屯镇小钓台村	301604	68761034	刘俊新
团泊镇中学	静海县团泊镇宫家堡村	301636	68504126	陈润树
西翟庄镇中学	静海县西翟庄镇西翟庄村	301611	68371043	商恩桥
蔡公庄镇中学	静海县蔡公庄镇蔡公庄村	301606	68565135	周德振
大邱庄镇胡连庄中学	静海县大邱庄镇胡连庄村	301606	68557247	宋振利
大邱庄镇中学	静海县大邱庄镇	301606	28899522	任　超
杨成庄乡杨成庄中学	静海县杨成庄乡杨成庄村	301617	68651100	牛炳宝
中旺镇中学	静海县中旺镇中旺村	301614	68534866	孙锦泉
中旺镇大庄子中学	静海县中旺镇大庄子村	301614	68521635	张树华

续表2

校　　名	地　　　址	邮政编码	电话号码	校　长
静海镇徐庄子中学	静海县静海镇徐庄子村	301600	68686084	马君刚
唐官屯镇中学	静海县唐官屯镇	301608	28877791	孙精华
唐官屯镇大张屯中学	静海县唐官屯镇大张屯村	301608	68361849	李国胜
唐官屯镇大郝庄中学	静海县唐官屯镇大郝庄村	301608	68353013	李树成
静海县独流镇中学	静海县独流镇兴业大街	301602	68815123	刘文玉
静海县独流镇北肖楼中学	静海县独流镇增光渠东侧	301602	68815160	顾来源
天津市静海汇才中学	静海县静海镇静文路37号	301600	28942603	王　骥
模范学校	静海县静海镇地纬路东段	301600	68603088	陈向党
东方石油基地学校	静海县唐官屯基地管理处	301608	68306666	姚增安
台头镇三堡学校	静海县台头镇三堡村	301602	68168074	张作群
静海县子牙镇王庄子学校	静海县子牙镇王庄子村	301605	68951004	曹广彦
大邱庄镇尚码头学校	静海县大邱庄镇前尚码头村	301611	68599075	翟洪霞
大邱庄镇尧舜实验学校	静海县大邱庄镇尧舜度假村	301606	68583993	舒树江
大邱庄镇大屯学校	静海县大邱庄镇大屯村	301606	28895379	苏焕胜
建华学校	静海县静海镇静文路城西33号	301600	28912039	张作林

蓟　县

校　　名	地　　　址	邮政编码	电话号码	校　长
渔阳镇中学	蓟县渔阳镇下闸路	301900	29169229	张素芹
渔阳镇仓上屯中学	蓟县渔阳镇仓上屯村	301900	82862636	王继业
洇溜镇初级中学	蓟县洇溜镇敦庄子村东	301909	29129974	张占山
盘山初级中学	蓟县官庄镇人民政府东	301915	29820119	肖建明
官庄镇南营初级中学	蓟县官庄镇居官屯村西	301915	29825056	王志齐
马伸桥镇初级中学	蓟县马伸桥镇大街北200米	301909	29739180	张　如
马伸桥镇宋家营初级中学	蓟县马伸桥镇宋家营村村北	301909	22777188	王铁铮
穿芳峪镇初级中学	蓟县穿芳峪镇政府南0.5公里路西	2019019	22762649	许学超
孙各庄满族乡初级中学	蓟县孙各庄满族乡夏家林村南	301909	22741044	罗　劲
别山镇科科初级中学	蓟县别山镇科科村	301900	82726137	王志东
别山镇杨家楼初级中学	蓟县别山镇后楼村	301907	29773497	张永波
别山镇别山初级中学	蓟县别山镇别山村	301907	29779036	陈旭东
别山镇下里庄初级中学	蓟县别山镇下里庄村	301907	29779007	李会红

续表 1

校 名	地 址	邮政编码	电话号码	校 长
礼明庄镇初级中学	蓟县礼明庄镇礼明庄村	301907	82791256	唐自国
五百户镇华严寺初级中学	蓟县五百户镇东四百户村东	301908	29791360	潘国忠
五百户镇九百户初级中学	蓟县五百户镇九百户村	301908	29783103	唐汉宇
上仓镇初级中学	蓟县上仓镇后秦各庄北	301906	29859023	邵发伶
上仓镇东塔初级中学	蓟县上仓镇程家庄西	301906	29859341	王少连
东赵各庄镇初级中学	蓟县东赵各庄镇盈福寺村南	301914	82732316	李学庆
下窝头镇中学	蓟县下窝头镇侯井刘村南	301906	82782569	杜汉永
下窝头镇白塔子中学	蓟县下窝头镇白塔子村北	301906	22808345	王东兴
东施古镇初级中学	蓟县东施古镇孟辛庄村南	301906	82743052	孟凡成
下仓镇初级中学	蓟县下仓镇桥头庄	301905	29876799	蒙占武
下仓镇蒙鄙初级中学	蓟县下仓镇南赵庄村	301905	82776046	贾洪超
下仓镇大杨家庄初级中学	蓟县下仓镇大杨家庄北	301905	29870189	白继忠
下仓镇大仇庄初级中学	蓟县下仓镇大仇庄村	301905	82757186	王 宾
杨津庄镇初级中学	蓟县杨津庄镇杨津庄村	301906	29860698	焦连仲
杨津庄镇大埝上初级中学	蓟县杨津庄镇大周庄村	301906	22792978	王守余
尤古庄镇初级中学	蓟县尤古庄镇邓各庄村北	301902	29837126	滕化权
尤古庄镇西塔庄初级中学	蓟县尤古庄镇梁贾庄村南	301902	29837158	王宝占
侯家营镇初级中学	蓟县侯家营镇于庄户村	301904	22832626	绳建丰
侯家营镇三岔口初级中学	蓟县侯家营镇三岔口村北	301904	29841004	付士杰
桑梓镇初级中学	蓟县桑梓镇赵家坨村北	301903	22843103	周尚义
桑梓镇刘家顶初级中学	蓟县桑梓镇刘家顶村	301901	22861052	张桂芳
桑梓镇西芦庄初级中学	蓟县桑梓镇西芦庄村	301903	22843044	潘俊祥
邦均镇第一初级中学	蓟县邦均镇孙后庄村西	301901	22880022	张建峰
邦均镇第二初级中学	蓟县邦均镇京哈公路 17 号	301901	29818611	张海青
许家台镇初级中学	蓟县许家台镇许家台村东	301901	22820660	吴文寛
东二营镇初级中学	蓟县东二营镇东二村	301901	22850638	刘文民
白涧镇初级中学	蓟县白涧镇政府东院	301901	22877918	姜春生
下营镇初级中学	蓟县下营镇下营村	301913	29718112	杨学民
罗庄子镇初级中学	蓟县罗庄子镇史家井	301913	29728631	耿学芳
罗庄子镇洪水庄初级中学	蓟县罗庄子镇洪水庄村	301900	22728297	郝德春
出头岭镇初级中学	蓟县出头岭镇三屯村	301911	29757297	吴志波
出头岭镇景兴春蕾初级中学	蓟县出头岭镇王官屯村	301911	29757637	孙汉峰

续表 2

校　　名	地　　　址	邮政编码	电话号码	校　长
西龙虎峪镇中学	蓟县西龙虎峪镇西龙虎峪村	301912	22752345	赵立志
第一中学	蓟县迎宾大街 1 号	301900	82713016	刘兆来
第二中学	蓟县人民西大街 221 号	301900	82822305	高云波
第四中学	蓟县兴华大街 59 号	301900	29036179	李金钟
渔阳中学	蓟县城关镇迎宾路 1 号	301900	82713158	张宝满
实验中学	蓟县渔阳镇光明路	301900	29196060	吴印福
蓟州中学	蓟县渔阳南路 74 号	301900	29012341	刘建钧
燕山中学	蓟县县城西环路 7 号	301900	29172605	何　志
马伸桥中学	蓟县马伸桥镇北	301909	29739132	陈　忠
杨家楼中学	蓟县别山镇后楼村北	301907	29779532	刘树武
上仓中学	蓟县上仓镇南闵庄	301906	29858232-8029	孙永功
下仓中学	蓟县下仓镇北	301905	29879516	刘巨广
康各庄中学	蓟县尤古庄镇北 1 公里宝平路东	301902	29837908	田　林
邦均中学	蓟县邦均镇大转盘南 400 米	301901	29818301	李　武
下营中学	蓟县下营镇	301913	29710116	张建文
擂鼓台中学	蓟县出头岭镇北擂鼓台村北	301911	59168966	孟庆国

索　　引

索 引

说 明

1. 本索引采用条目主题分析索引方法,主题词词首按汉语拼音音序排列。
2. 主题词后是题材所在区县的限定词,数字表示该题材所在页码,a、b、c分别表示在左、中、右栏。
3. 本年鉴的特载、重要文献、专文、统计资料、附录部分不作索引。

A

B

C

D

W

天津市南开区房地产管理局

市区领导视察旧楼区提升改造工程

2012年，南开区旧楼区居住功能综合提升改造工程启动仪式

2012年，南开区房地产管理局紧紧围绕“适应新形势，立足新起点，瞄准新目标，应对新挑战，实现新发展”的工作思路，在保障民生、保障发展、促进和谐、维护稳定等方面取得了显著成效。

一是着力改善群众居住条件，旧楼区综合提升改造取得新成效。区房管局作为全区旧楼区综合提升改造工程的牵头部门，充分发挥综合协调作用，狠抓工程组织推动，在全市率先启动了罗江东里小区试点工作，完成59个小区、301万平方米改造任务，使55186户群众直接受益，有效改善了旧楼区居民的居住条件和生活环境。

二是着力解决群众住房困难，住房保障工作取得新突破。通过“发放三种补贴”的方式，使全区新增享受住房保障家庭4702户。向52个机关和单位拨付财政补贴资金1.56亿元，完成区五大机关和老干部局、档案局的全额发放工作。

三是着力拉动区域经济发展，协税护税指标取得新进展。积极开展“调惠上”活动，深入开发企业和重点项目，对仁恒、大悦城、金融街等重点项目落实跟踪服务，开辟绿色通道，为项目上市提供便利快捷的服务。全年办理各类房屋登记5.4万件，798万平方米，收缴契税4亿元，超额完成全年任务。

四是着力规范物业市场行为，物业服务水平取得新提升。结合旧楼区提升改造工程，配合区相关部门制定南开区旧楼区长效管理办法及实施细则，并积极组织落实旧楼改造小区物业用房的配置工作。联合相关部门对189个新区住宅物业小区，集中开展专项检查工作，并跟踪落实整改。加强亿元楼宇物业工作指导，帮助16个亿元楼宇企业协调解决物业企业资质、合同备案等方面的难点问题，促进了区域经济发展。

五是着力强化服务监管，房屋行政管理工作取得新进步。对全区19个在售项目开展商品房市场巡查280余次，纠正6家房地产开发企业的违规行为。完成租赁房屋备案88万平方米，收费413万元，完成房屋安全鉴定项目56个，建筑面积共13.4万平方米。

六是着力提升房管部门新形象，窗口服务工作取得新亮点。积极推动实施服务标准化建设，区房管局编写的《房管站服务标准化体系》不但被市局确定为行业最新标准，而且被确定为重点科研项目并通过专家评审验收。嘉陵道房管站获得天津市公共服务标准化工作示范单位，黄兴国市长以及国务院纠风办等各级领导到嘉陵道房管站进行调研给予了高度评价。全年完成租金收入5500万元，投入资金2959万元,完成公产房屋维修工程量175.6万平方米。

国务院纠风办领导视察嘉陵道房管站标准化工作

朗庭园摇号选房仪式

深入开展房屋安全使用知识宣传

渤海银行股份有限公司

渤海银行是1996年以来获国务院批准新设立的第一家全国性股份制商业银行，是第一家在发起设立阶段就引进境外战略投资者的中资商业银行，是第一家总部设在天津的全国性股份制商业银行。

渤海银行由天津泰达投资控股有限公司、渣打银行（香港）有限公司、中国远洋运输(集团)总公司、国家开发投资公司、宝钢集团有限公司、天津信托有限责任公司和天津商汇投资(控股)有限公司等7家股东发起设立。2005年12月30日成立，2006年2月正式对外营业。

渤海银行自成立以来，始终坚持“审慎经营，稳健发展”的经营理念，明确提出 “集约化经营、专业化管理、一体化发展”的经营思路，不断发挥后发优势、国际化优势和滨海新区综合配套改革先行先试的政策优势，圆满完成了第一个五年规划确定的目标，各项成长性指标领先于同业，呈现出持续、健康、快

渤海银行女排夺得总冠军

速发展的良好态势。

渤海银行在第二个五年规划中将追求股东价值、客户价值、员工价值和社会价值的和谐均衡增长，建设公司治理完善、依法合规经营、业务特色鲜明、经营业绩优良的现代银行作为长期愿景。明确提出要将渤海银行建设成为能够为股东持续创造价值的银行，成为能够为客户提供“卓越体验”服务的银行，成为能够为员工提供最佳发展机会的银行，成为能够以创新领先同业的银行。

截至2012年末，渤海银行资产总额4721.02亿元，实现营业收入94.60亿元，税后净利润33.39亿元，不良贷款率为0.14%，资产质量连续多年保持在全国12家股份制商业银行中最优水平。目前渤海银行已在全国设立了14家一级分行、4家二级分行和65家支行，覆盖了环渤海、长三角、珠三角及中西部地区的重点城市，全国性股份制商业银行的布局逐渐形成。

在英国《银行家》杂志公布的2011年“全球银行1000强”和《亚洲银行家》杂志公布的2011年“亚洲银行500强”排名中，分别列于299位和118位。在2012年亚洲金融年会上公布的亚洲银行综合竞争力排名中位居第30位。2012年，在《21世纪经济报道》、《每日经济新闻》、“金融界”网站、腾讯网等组织的一系列评选活动中，渤海银行先后获得“2012年风险控制创新奖”、“2012最具潜力股份制商业银行”、“银行业最具成长性奖”、“零售银行最佳创新奖”、“最佳理财产品品牌奖”等多项殊荣。

渤海银行与鞍钢集团签署全面合作协议

渤海银行支教活动

2012年5月，渤海银行启动“爱心支教 传递希望”支教活动

中国建设银行股份有限公司天津市分行

2012年9月，建行天津分行行长高德高（右一）一行出席天津分行与渤海化工集团战略合作协议签约仪式

2012年9月，建行天津分行副行长刘步其出席“助保贷”签字仪式，支持中小企业发展

中国建设银行股份有限公司天津市分行成立五十余年来，始终认真执行国家经济金融政策，积极服务地方经济发展，形成了独具特色的品牌形象，在中长期信贷、住房金融、审价咨询、投资银行等业务领域具有市场领先地位。

建行天津分行大楼夜景

近年来，建行天津市分行全力支持城市基础设施建设和支柱产业发展，积极为城市路网、轨道交通、港口建设等领域的重大项目提供信贷资金支持，为优质企业客户提供包括信贷在内的组合金融服务。认真践行社会责任，以“民本通达”综合服务方案为主线，不断加大对教育、卫生、文化、社保等领域的金融服务力度。积极扶持楼宇经济、“科技小巨人”等成长型小企业发展，大力支持“三农”和小城镇建设，创新性提出《天津市保障性住房金融服务方案》，牵头为市保障住房建设投资公司组建200亿元银团贷款，独家承办市公积金委托保障房项目贷款，创造了良好的经济和社会效益。

建行天津市分行始终坚持“以客户为中心、以市场为导向”的经营理念，借助国家给予滨海新区在金融改革和创新方面先行先试的政策优势，充分利用短期融资券、中期票据等各种投融资工具满足客户不断增长的多元化金融需求。深入开展以产品整合、特色产品研发为主的创新工作，陆续推出信贷资产转让、融资租赁、保险直投、固定资产融资支持、票据理财、“e商贸通”电子商务平台等创新型业务，为广大客户提供更加优质便捷服务。

建行天津市分行拥有覆盖本市各行政区域的251个分支机构，初步形成包括私人银行、理财中心、营业网点在内的立体化分层客户服务渠道体系。随着综合化建设的深入推进，越来越多的网点能够为广大客户提供包括个人业务、对公业务在内的全方位、综合化服务。自助设备布设力度不断加大、网上银行业务功能不断完善，为客户方便快捷办理业务提供了更加丰富的选择。此外，充分利用独家承办本市住房公积金归集业务以及与公积金

2012年9月，建行积极参加人行专题活动，加大跨境人民币业务宣传推广力度，图为跨境人民币业务推介会会议现场

2012年3月，建行天津分行参加“世界·地球一小时活动”公益环保活动

管理中心各分中心合署办公的优势，在市内六区和滨海新区设立全流程个人贷款中心，为广大市民提供住房贷款一站式服务，相继推出提取住房公积金余额提前冲还贷款、住房公积金通存通兑、并户转移等多项新服务，使房贷客户的满意度不断得到提升。

随着天津市经济社会的快速发展和滨海新区开发开放的深入推进，建行天津分行面临着前所未有的重大发展机遇。全行正在按照股份制商业银行的全新要求，不断开拓创新，锐意进取，朝着“成为天津地区企业形象佳、盈利能力强、员工素质高银行”的愿景目标坚定前行。

2012年6月，建行参展2012年“第六届中国企业国际融资洽谈会”

2012年7月，建行参加银行业协会举办的点钞比赛，图为银行业协会建行选拔赛

2012年10月，中国建设银行2013年度校园招聘宣讲活动，图为活动现场

2012年2月，“建行之春 东方情韵”大型音乐舞蹈晚会

交通银行股份有限公司天津市分行

2012年6月，交通银行天津市分行与天津国税局、地税局签署税收遵从协议

交通银行始建于1908年，于1987年重新组建，现为中国第五大银行。2005年在香港成功上市，成为首家在境外上市的内地商业银行。2007年成功在上交所A股上市。连续四年跻身《财富》世界500强，营业收入跃升至326位；英国《银行家》全球1000家银行一级资本排名由2008年的54位提升至30位；连续三年位列中国《银行家》全国性商业银行核心竞争力排行榜第2名；三大国际评级机构全部把交行评级提升至A区间。

交通银行天津市分行重新组建于1992年。二十多年来，在天津市委、市政府的亲切关怀下，在社会各界的大力支持下，天津市分行始终秉承“诚信永恒，稳健致远”的经营理念，全面深化战略转型，加快改革发展步伐，大力支持天津社会经济发展。同时，分行的规模实力、资产质量、人均效益持续快速提升。目前，全行有员工1600多人，分行部门25个，营业网点68个，自助设备500多台，服务渠道已遍布全市各区，对外形象和服务品牌得到社会各界一致好评。2012年末，分行资产规模779.28亿元；人民币存款余额728.15亿元；人民币贷款余额660.93亿元；实现经营利润13.9亿元；实现拨备后利润14.72亿元。

交通银行天津市分行将继续积极融入天津市新一轮改革开放大潮，投身“调结构、惠民生、上水平”活动，为天津经济发展社会进步和滨海新区开发开放做出新的更大的贡献！

2012年11月，私人银行会所正式营业，提高了服务高端客户的能力

交通银行致力于为客户提供最优质的服务，全方位满足客户需求

交通银行蕴通供应链为企业提供订单、存货、应收、应付等全流程供应链管理，帮助核心企业的上游供应商、下游经销商和终端用户实现快捷融资与结算

交通银行展业通深谙小企业的生产经营特点与财富管理需要，提供智慧金融服务方案，为企业铸就通向成功的展业之路

跨越发展的天津农商银行

天津农商银行董事长李宗唐为获得大运会冠军的天津女排颁奖

2012年是天津农商银行发展历程上至关重要的一年，是落实第一个“3-5年”发展规划承上启下的关键一年。一方面借势而为紧紧抓住天津经济快速发展的良好机遇，努力提升业务规模，实现了建行以来各项经营指标首次两位数的强劲增长；另一方面苦练内功、转机建制，不断加强产品开发和渠道建设，持续优化业务结构，逐步完善服务网络布局，全面提升风险管控能力和后台支持能力。为达到一般商业银行标准，并顺利开启第二个“3-5年”发展规划打下了坚实基础。

总体规模强势增长 截至2012年末，天津农商银行存贷款余额分别达到1405亿、880亿，较上一年增速均超过了10%，存贷款总量在天津的市场份额分别位居第6位和第5位；资产总额达到2142亿元，增速达43%；净资产增长到117亿元，资本实力大大增强。随着发展步伐的加快，尤其是在信贷业务、资金业务、投行业务、中间业务的共同推动下，银行创利能力也持续提升，全年实现拨备前利润36.6亿元，增长超过23%；盈利的高增长，使资本实力日益增强，去年末资本充足率11.2%，比上年末增加0.3个百分点；拨备覆盖率165.4%，与上年基本持平；每股净资产达到1.67元，提前实现每股净资产达到1.6元的承诺。规模、结构、效益、质量的优化和提升，为下一步的持续、快速、稳健前进提供了有力保障。

金融服务水平显著增强 天津农商银行在追求规模的同时，以实现持续发展为目标，在立足三农和中小企业的基础上，不断创新金融产品以及服务方式，以适应现代农村以及中小企业的需要。2008年在静海设立天津首家新型农村金融机构——静海兴农贷款公司，2012年又分别在武清、宝坻、蓟县、宁河四个农业区县建立了兴农贷款公司，实现了新型金融机构对天津市主要涉农区县的全覆盖；拓展业务蓝海，与德国IPC公司签署合作协议，通过借助外脑建立符合该行特色的微小贷款营销管理架构；提升农村金融服务的便利性，持续加快推进农村金融服务站建设工作。截至上年末，已建成595个服务站、112个社区金融便利店，基本实现了对全市千人以上村庄的金融服务全覆盖，为广大市民提供了更加方便、高效的服务。抓住滨海新区开发开放的有利契机，在原滨海、塘沽、汉沽、大港等6家支行的基础上，设立滨海分行，并于2012年12月31日正式挂牌营业，这是农信机构中成立的首家同城分行级分支机构。

天津农商银行便捷、高效的渠道网络初具规模

2012年12月31日，天津农商银行滨海分行开业，这是全国农村商业银行系统成立的第一家同城分行级分支机构

2012年11月5日，天津农商银行召开首次思想政治工作会议，为适应新时期发展提供了有力保证

风控能力实现较大提升 天津农商银行以巴塞尔新资本协议项目落实为契机，加强条线管理，完善制度体系，努力推动各项管理向更高的水平迈进。首先，开发上线新的客户评分卡体系，使其更加贴近涉农和中小企业授信的风险计量要求，更加适应业务的需要。其次，为实现长远发展目标，该行对原有业务流程进行了深度整合和梳理。最后，该行全面推进巴塞尔新资本协议项目，在去年完成新资本协议差距分析及详细项目规划的基础上，加强项目群管理、操作风险、战略风险三大外部项目的前期工作也在有条不紊的开展。

后台支持能力明显提高 随着科技水平的提高和商业银行金融创新的深化，天津农商银行在简化产品和服务流程的基础上，充分运用信息技术，实施了前后台业务分离，建立了分层级的后台集中运营处理中心。逐步优化“大集中”管理模式，同城票据提回系统顺利上线，财务作业处理中心导向作用逐步增强，总行清算中心建设日趋完善；加速推进会计操作的规范化进程，开展“新三铁”教育、通过搭建多元化的学习培训和竞赛体系、制定会计行为规范、划定“业务高压线”等措施，进一步提升会计人员素质及合规意识；启动全面预算管理体系建设，通过预算控制，推动经营方式转型，加强精细化管理；大力推进科技规划实施，推进重点科技系统建设，完成农村金融服务系统、国际结算业务系统、理财系统等多项科技系统的开发建设，特别是该行研发的金融外设统一平台系统被人民银行评为2012年度银行科技发展成果奖二等奖，成为天津地区唯一一家获此殊荣的金融机构。

国内首架以银行名称命名的飞机—“天津农商银行号”翱翔蓝天

天津新金融投资有限责任公司

Tianjin Innovative Finance Investment Co.,Ltd.

于家堡施工现场

天津新金融投资有限责任公司是于家堡金融区的城市运营商，承担于家堡金融区的整体规划、开发建设、招商引资和经营管理工作。新金融公司经天津市政府同意，由天津滨海新区中心商务区投资集团有限公司、天津市财政投资管理中心、天津城市基础设施建设投资集团有限公司和天津海河下游开发有限公司共同出资于2008年9月设立。2012年末，公司注册资本60亿元，总资产321亿元。新金融公司秉承“和谐、激情、创新、奉献”的企业精神，坚持科学管理，依法运营，将发展成为治理完善、主业清晰、资本充裕和持续发展的现代企业。

作为天津滨海新区金融改革创新的基地，于家堡金融区位于天津滨海新区中心商务区的核心地段，规划建设用地3.86平方公里，规划建设120栋楼宇，总建筑面积968万平方米，地下空间400万平方米，由天津新金融投资有限责任公司统筹开发建设。于家堡金融区的定位为全国领先、国际一流、功能完善、服务健全的金融改革创新基地，重点发展市场会展、现代金融、传统金融、教育培训、商业商住等功能。区域建设将采用总体规划、分区建设的形式，计划用十年左右时间分四期基本完成整体区域的开发建设。截止2012年底，起步区开工的15栋楼宇中，华夏人寿、农商银行等8栋主体竣工，其余按进度推进，能源中心、南北车库已开工，道路管网等基础设施同步展开。

于家堡金融区自2009年全面开展招商引资以来，一期35个地块已基本确定投资主体，其中铁狮门集团、洛克菲勒财团、THL集团、华夏人寿、海航集团、宝龙集团等一大批国内外知名企业，已签订地块合作协议，法国苏伊士集团也签订合作协议，确定投资区域能源中心项目。2012年以来，新金融公司紧盯大项目好项目，洛克菲勒基金和托马斯·李基金公司完成设立，华夏人寿迁入，中国金融租赁公司已获批开业，民生银行北方交易中心等一批项目签约落户，银监局滨海分局、天津股权基金协会等一批机构入驻，基本形成了以金融企业为主体，以金融监管机构和金融行业协会为依托，相关行业竞相发展的良好态势。同时，成功举办第二届于家堡论坛年会和第一届媒体娱乐业合作交流论坛，积极参展第十九届津洽会和第六届融洽会，进一步扩大了区域的影响力和知名度，并通过《新金融观察报》平台，打造区域话语权。截止2012年底，累计注册企业478家，注册资本金约880亿元，初步呈现了传统金融、要素市场、股权基金、融资租赁竞相繁荣的金融区产业格局。

天际线新图

洛希尔集团落户于家堡金融区

2012年11月26日，罗斯柴尔德·洛希尔集团正式落户于家堡金融区。天津市委常委、常务副市长崔津渡、德国前总理、洛希尔有限公司高级顾问格哈德·施罗德等出席了签约仪式。洛希尔有限公司是罗斯柴尔德集团旗下的投资银行公司，同时也是世界上最大的私有投资银行。此次被引进于家堡金融区被认为是滨海新区筑巢引凤的又一成功之举。正式签约合作后，洛希尔集团亚洲总部洛希尔（香港）有限公司将在于家堡金融区新设机构，并将该机构作为中国总部在全国范围内开展业务。

第二届于家堡论坛年会召开

2012年6月10日，以“中国人民币的国际化”为主题的第二届于家堡论坛年会成功举办。天津市委常委、常务副市长崔津渡出席了年会并致辞。本次活动由博鳌亚洲论坛国际咨询委员会委员、原外经贸部首席谈判代表、副部长龙永图先生主持，原英国司法部长、工党金融发言人Lord Davison勋爵和THL基金创始人Thomas H .Lee先生作为特邀嘉宾进行了主题演讲。国家外汇管理局副局长王小奕、中国银行首席经济学家曹远征、清华大学中国与世界经济研究中心主任李稻葵、泛亚金融合作战略研究院院长刘光溪等特邀嘉宾出席会议。

于家堡第一届媒体娱乐业合作交流论坛召开

2012年11月1日，于家堡第一届媒体娱乐业合作交流论坛成功举行。论坛由大津新金融公司、毕马威企业咨询、汇友资本和Opus 73 联合主办。论坛围绕“国内外娱乐媒体行业的发展与于家堡金融区文化娱乐产业创新”这一主题，进行了一系列深入的探讨和交流。天津市委常委、常务副市长崔津渡出席并致辞。

TEDA 天津泰达投资控股有限公司
TEDA INVESTMENT HOLDING CO., LTD

泰达金融广场

苏伊士经贸合作区

天津泰达投资控股有限公司（简称“泰达控股”）成立于1984年12月。2012年，销售收入799.6亿元，总资产7930亿元，主要经营领域为区域开发与房地产、公用事业、制造业、金融和现代服务业等，拥有泰达集团、泰达建设等17家全资公司，天津钢管、滨海快速、生态城、渤海银行等22家控股公司和泰达发展、长江证券等24家参股公司，其中泰达股份、津滨发展、滨海能源、泰达物流、四环药业、滨海投资等6家为上市公司。

公司依托在天津开发区29年的建设经验，以滨海新区开发开放为契机，在天津市重点项目、滨海新区“十大战役”和天津开发区统筹发展中，弘扬“泰达”品牌，勇挑重担，攻坚克难，不断攀登新的发展高峰。在区域开发与房地产领域，在中新天津生态城、滨海旅游区、临港经济区、北塘经济区和核心城区等，以及梅江会展中心、津秦客运专线滨海站、大港中塘示范镇等市重点项目中，发挥了主力军和排头兵作用。旗下有泰达集团、泰达建设等多家房地产商，综合实力居天津首位。在埃及合作建设的苏伊士经贸区，起步区已全部建成，入驻企业达34家。在公用事业领域，承担着天津开发区水电气热等能源供应、轨道交通和市政绿化等基础设施的建设和运营，天津开发区已成为外商投资回报率最高的地区；构建了以垃圾发电、污水处理和再生水利用等为核心的循环经济体系；在滨海新区清洁能源天然气利用和生

泰达MSD

开发区热带植物园

地铁9号线开通运营

天津钢管

梅江会展中心

态宜居城市绿化建设等方面发挥了重要作用。在制造业领域，控股的天津钢管集团，作为国内规模最大的石油套管生产基地，效益显著提高。在金融领域，构建了以渤海银行、北方信托、渤海证券为主体的金融发展平台，为天津市金融业发展做出了积极努力。在现代服务业领域，形成了以梅江会展中心和滨海会议中心为代表的会展业，2008、2010、2012三届夏季达沃斯成功举办；以泰达万丽酒店、泰达国际会馆、滨海假日酒店和泰达中心酒店等为代表的酒店业；以滨海航母为代表的旅游业；以泰达物流为代表的物流服务业；以泰达足球为代表的体育文化业等；在市场竞争中彰显“泰达”品牌的价值。

公司以“资源经营”为核心战略，秉承“诚信、专业、唯实、人本、创新”的企业精神，以自然资源、社会资源和品牌资源为主要经营领域，以天津开发区和滨海新区为主要投资、经营和服务区域。

泰达中塘

天津泰达集团有限公司

天津泰达集团有限公司始创于1994年，是天津泰达投资控股公司全资所属的综合性、多功能的大型企业集团，注册资本20亿元，拥有1家上市公司（天津泰达股份公司）、以及43家全资、控股和参股企业，目前资产规模超过360亿元。多年来，泰达集团坚持以服务滨海新区和开发区为己任，目前已初步搭建了区域开发和房地产以及现代服务业两大产业平台。呈现以下几个特点：一是泰达集团是一家伴随滨海新区和开发区一路走来有着滨海新区和开发区背景的大型骨干国有企业。其前身开发区工业投资公司等公司成立于1985年，是和开发区同步成立的区属企业，为开发区的招商引资、区域发展和促进区域繁荣一直发挥着重要作用；二是以滨海新区建设为己任，全身心投入滨海新区和开发区开发开放建设，为提升滨海新区投资环境作出了贡献。泰达集团作为新区开发开放建设的主力军，广泛参与了北塘经济区、滨海新区核心区、开发区南港经济区、汉沽区等“十大战役”项目的建设。三是注重企业经济发展方式的转变。在原有多元业态基础上，逐渐调整缩减为区域开发和房地产以及现代服务业两大业务板块。集团各所属企业也紧密围绕滨海新区战略产业布局调整和泰达控股公司的要求，按照“一企一策”的发展思

泰达中心酒店

泰达集团北塘总部基地

滨海会展中心

路，在全力投身滨海新区新一轮开发开放建设中实现转型升级内生增长；四是致力于品牌文化建设。泰达集团珍视品牌企业，并将区域品牌和企业品牌紧密结合，努力打造颇具影响力的泰达品牌系列集群，并通过企业的产品和服务为泰达品牌增辉，从而形成了“诚信、专业、唯实、人本、创新”的企业精神。五是注重提升党建工作科学化水平，党的建设坚强有力。集团党委紧紧围绕企业经营管理工作实际，深入贯彻党的十八大精神，充分发挥国有企业党的政治优势，内化为企业核心竞争力的有机组成部分，为企业的科学发展提供有力保障。泰达集团党委“8441”党建工作模式创新的经验材料在市委《对策研究》和中央党校《学习时报》都作过刊登。

泰达城·河与海

中国石油集团渤海钻探工程有限公司

2012年12月31日上午，市委常委、滨海新区区委副书记袁桐利（右三）一行到中石油天津大厦施工现场考察

2012年4月6日，中国石油天然气集团公司总经理周吉平（右一）到渤海钻探公司钻井队调研

中国石油集团渤海钻探工程有限公司（以下简称渤海钻探公司）成立于2008年2月，地处天津经济技术开发区，是为油气田勘探开发提供石油工程技术服务的专业化公司。截至2012年底，资产总额275亿元，用工总量2.89万人。技术服务队伍遍及河北、天津、新疆、山西、内蒙古、陕西、海南、浙江、青海等省、区、市、的十几个油气田，以及委内瑞拉、印尼、缅甸、伊拉克、伊朗等国际市场。2008年至2012年，渤海钻探公司先后荣获全国文明单位、全国五一劳动奖状、全国“安康杯”竞赛优胜企业、全国企业文化建设优秀单位、天津市五一劳动奖状、天津市劳动关系和谐企业（AAA）等荣誉称号，连年被中国石油天然气集团公司业绩考核为A类，并被评为安全、环保、节能先进企业。

渤海钻探公司成立以来，秉承“争第一，保一流”的科技理念，健全科技管理体系，完善科技管理制度，强化合作交流，大力推进“技术创新”、“科技创业”工程，取得了丰硕成果。公司累计荣获省部级以上科技奖励54项，被认定为国家技术创新

2012年11月7日，渤海钻探公司与吐哈油田公司签署战略合作框架协议

2012年3月7日，天津市国资委党委副书记孟宪锋（中）为渤海钻探公司颁发全国文明单位奖牌和奖状

2012年3月19日，渤海钻探公司BH-VDT5000垂直钻井系统获第十二届中国国际石油石化技术装备展览会“展品创新金奖”

2012年3月20日，渤海钻探公司向所属定向井分公司和第一录井分公司颁发科技创业奖

2011年6月24日，渤海钻探公司合唱队在“颂歌献给党”庆祝建党90周年天津市职工合唱大赛中获第一名

示范企业、国家级高新技术企业，先后培育形成了“十大特色技术”、“十大优势技术”和“十大技术利器”。

2012年，渤海钻探公司扎实推进企业发展战略，把握新机遇，应对新挑战，各项工作跃上新台阶、取得新辉煌，开创了前所未有的发展局面。经营业绩取得历史性突破，实现工业总产值296亿元、营业收入232亿元，考核利润9.39亿元，超额完成了中国石油天然气集团公司下达的经营指标；服务保障能力显著增强，单队能力大幅提升；和谐局面持续巩固，安全环保实现“一个提升、七个杜绝和两个不超”；员工收入稳步增长，生产生活条件持续改善，队伍呈现良好风貌。社会影响力、市场竞争力与可持续发展能力大幅提升，在促进中国石油整体发展的同时，也为天津地方经济社会发展做出了突出贡献。

渤海钻探公司9000米钻机在新疆施工

博迈科海洋工程股份有限公司

博迈科海洋工程股份有限公司成立于1993年，位于中国天津滨海新区，是一家专注于国际市场的专业模块EPC服务公司，致力于以海洋油气工程、液化天然气LNG、矿业和炼化工厂为主的各类模块的设计和集成建造，为国际高端能源和矿业客户提供服务，是国际化的EPC公司。超过90%的公司业务来自国际客户。其优良的安全管理，质量管理，准时交付和出色的业绩在业界一直享有良好的声誉。

公司提供的产品服务于：中国，中东，北美，欧洲，非洲，南美，新加坡，澳大利亚…公司期望和世界各地的朋友们合作。也期待为世界各地的客户提供优质的EPC服务。

公司的施工技术与质量控制能够满足国际高端客户各种项目的要求，有能力按照API, ANSI, ASME, AISC, ASTM, AWS 和U.L等世界石油通用标准进行高质量的建造与施工。公司拥有完善的质量管理体系，由挪威船级社（DNV）权威认证，并颁发了ISO 9001 质量体系认证的证书。公司根据ISO 14001和OHSAS 18001建立了完整的健康， 安全， 环保体系，由挪威船级社（DNV）认证。这些质量和安全管理体系每年均由挪威船级社（DNV）审查通过，并在接受严格的审查之后，为国际知名客户们所广泛接受，赢得客户的广泛赞誉和认同。

建造工厂

公司拥有充足的资源，有能力同时执行多个项目。有能力提供电气模块、生活模块、化学注入模块和各种橇块的从详细设计开始的EPC服务；有能力提供其它海洋工程、LNG、矿业和炼化工厂所需要的模块产品的从加工设计开始的EPC服务。公司直接拥有50万平方米的建造场地资源，包含国际开放的900米深水码头岸线，年建造能力达到15万吨模块当量，能实现单件

码头

JIMBLEBAR

pdc consultants

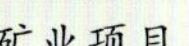

矿业项目

15,000吨重量的模块建造。

经过十几年国际和国内项目执行经验的累积，公司的采办部门建立了完善的材料管理和跟踪体系，拥有丰富的国内和国际采办资源，和执行国内和国际采办任务的经验丰富团队，对于国际客户指定的供应商有着长期的友好的合作，有能力根据项目的需要从国内和国际市场以优良的质量、准时的交货和有竞争力的价格采办所需的物料和服务，并娴熟的处理相关的海关进出口事务，为国际项目的执行提供有力的支持。

公司拥有一支经验丰富、国际化的优秀项目执行团队，借鉴吸收中国、挪威、加拿大、美国、英国、新加坡、澳大利亚、马来西亚等国家的管理经验，通过执行众多的国际和国内工程项目，已建立了完整的、符合国际标准的项目管理体系，为国内外客户所普遍认同。

海洋石油工程项目

FPSO 项目

中国联通天津分公司

天津联通始终以党的十八大精神为指引，深入贯彻落实集团公司和天津市委十届二次全会各项工作部署，牢牢把握滨海新区开发开放和移动互联网发展的战略机遇期，创新发展模式，加快管理提升，全面完成各项任务，实现天津联通规模效益发展新突破。天津联通以推进天津市新一代信息化应用为己任，开拓创新，持续发展，是天津市最大的宽带通信及信息服务提供商，拥有丰富的网络资源，通信网络覆盖全市18个区县，线路管道达4.2万孔公里，中继光缆7000皮长公里，接入光缆达到5万皮长公里，固网语音设备通信能力达到500万户。FTTH PON端口8万多个，光覆盖住宅用户数达到260万户。移动网络2/3G基站共7800个，实现无缝全覆盖，移动核心网承载能力达到700万户。天津联通向全市800多万公众和政企客户提供基于固定和移动网络的语音、宽带数据、多媒体通信和个性化服务综合解决方案，承担重要和应急通信保障任务。天津联通以建设光纤宽带和移动3G两张精品网络为核心，以推进天津市新一代信息化应用为己任，不断加快光纤网络、3G网络、IDC数据中心的建设，加快天津市通信基础设施的改造升级，为全市用户提供全面、优质、高效的通信服务及保障。

大力推进“光纤城市，智慧天津”建设 天津联通作为天津市政府、经信委三网融合试点工作的主责单位与独家合作单位，致力于打造高带宽、高速率、高质量的光纤宽带通信网络，是国内光纤建设与应用领域的领先者和领跑者。三年累计投资30多亿元，以光纤推进天津市宽带网的升级改造，大力实施光纤入户、光纤入大楼和光纤入村工程，全面提升天津市信息化基础设施水平。截至2012年底，天津住宅光纤覆盖达60%、商务楼宇光纤覆盖率达75%、光纤到村率达100%。基于光纤网络，推出IPTV业务，使得天津的“三网融合”工作取得突破性进展，拥有IPTV用户超30万户。积极开展“服务领先、品质领先”活动，实现光纤宽带全流程自动开通，不断提升宽带服务水平，提高光纤宽带用户满意度。

李忠工作室的工作人员共同研究创新课题

“解民忧，惠民生”，打造3G移动精品网络 3G移动网络从无到有，从重点覆盖到广泛覆盖，累计建设完成WCDMA基站3800余个、室内分布系统2200余套，引领天津百姓进入无线高速互联网新时代。截至2012年底，天津联通3G网络在A类楼宇覆盖率达70%以上，市区、县城、乡镇实现100%全覆盖，高

举办营业员实操技术比武，提高营业技能

营业厅提供体验销售等个性化、人性化特色服务受到客户欢迎

创新推出多种IPTV增值应用

铁、高速、动车实现100%连续覆盖，3A以上景区、一类校园实现100%全覆盖，行政村覆盖率达到95%以上。实施HSPA+建设，提升3G用户上网速率，升级基站1000余个，基本建成天津3G精品网络。同时，基于3G网络，以高速数据体验和内容应用创新为突破，推出了移动办公、物联网、电子商务等一系列行业应用产品，为客户提供高速移动互联网应用服务，拥有一大批行业用户。

建成电信级国家数据中心 充分利用5个IDC数据机房，有效改善本地宽带客户网络品质体验，丰富本地互联网内容和应用，在互联网业界树立了“优质网络、优质服务”的良好口碑，确立了国内一流节点地位。在此基础上，在天津华苑数据港和滨海新区保税区空港物流加工区建设大型云计算中心，以5星级高档综合机房为标准，部署云计算中心、云存储中心和弹性计算产品，提升云服务和云方案解决能力。截至目前，天津联通互联网骨干出口总带宽达到600G，IDC机房面积1.3万平方米，机架5000个，IDC骨干/本地合计出口带宽达466G。

展望未来，天津联通将牢牢把握工业化、信息化、城镇化、农业现代化“四化”同步发展带来的新机遇，紧紧抓住天津滨海新区开发开放的历史机遇，一如既往地做好信息化服务和支撑，积极倡导并服务于政府信息化、企业信息化、家庭信息化建设，全面满足广大客户的综合信息服务需求。

加快3G网络建设，助力市中心城区旧楼提升工程

河北路分局社区经理入户装光纤宽带

天津荣程联合钢铁集团有限公司

办公楼

天津荣程联合钢铁集团有限公司（以下简称荣程集团）是以钢铁为主业，涉足智慧地产、数字科技、网络支付、矿业投资、能源化工、农林开发、健康养生、国际贸易、物流运输等多领域的大型现代化企业集团，资产总值138亿元，拥有员工7500余人，具有年产铁、钢、材各500万吨的生产能力，在2012年全国企业500强中排名第211位，中国制造业500强第105位，天津百强企业第15位，连续多年列天津市百强私营企业第1位。

荣程集团坚持科学发展观，努力建设资源节约型和环境友好型企业；集团大力推动科技研发和自主创新，加快产业结构转型升级，与国家高端装备制造业形成产业对接，提升企业竞争力和盈利能力。

荣程正门

能源中心全景

高线生产线

转炉

近年来，结合地区经济结构和国家产业政策，围绕主业做精，多元发展的战略，集团相继投资组建荣智达公司、网络科技公司、数字地产公司、荣程鑫源公司、能源公司、融易达公司等新兴业态企业，加快实施公司战略转型和多元化发展战略，拓展新的发展空间。

荣程是社会的荣程，是国家的荣程，在董事长张祥青和总裁张荣华的带领下，荣程集团奉献社会，回报社会，在社会公益事业方面捐款捐物4亿多元，形成了具有荣程特色和时代特色的企业文化。在这种特有文化的引领和感召下，全体荣程人坚持“诚信立业、责任为本、创新争先、创造价值”的经营理念，以“五项基本原则”和“226”方针为指导，全力践行“责任心、进取心、感恩心、包容心、尊敬心”的五心标准，不断弘扬、丰富和发展“自强不息、奋斗不止、永不言败”的企业精神，以激情和智慧，全力描绘“百年绿色荣程”的宏伟蓝图！

荣域启程夜景

天津市产品质量监督检测技术研究院

科技兴检

检验服务

天津市产品质量监督检测技术研究院是1984年经市政府批准成立的社会公益型检验机构。按照有关法律法规，承担产品质量的监督检验、仲裁检验和其他委托检验工作，承担和参与标准的制修订和有关标准的试验验证工作，开发研究新的检测技术、方法和仪器设备，组织开展相关的技术培训、技术咨询、技术服务等工作。承担全国方便食品标准化技术委员会、全国食品直接接触材料及制品标准化技术委员会油墨分技术委员会、全国自行车标准化技术委员会镁合金及新型材料应用分技术委员会、方圆标志认证集团有限公司天津分公司、天津市质量检验协会等有关工作。

天津市质检院内设有国家加工食品质量监督检验中心、国家印刷装璜制品质量监督检验中心、国家精细石油化工产品质量监督检验中心、国家金银饰品质量监督检验中心（天津）、国家运动健身产品质量监督检验中心，以及电器、电材、建材、轻工、汽车零部件产品检验中心，武清分院和七区质检所，是电线电缆、灯具、液体加热器、溶剂型木漆涂料的强制性产品认证（3C）检测实验室，是国家认监委公布的有机产品、室内装饰装修材料有害物质限量标准检验机构，是56种实施全国工业产品生产许可证制度的产品发证检验机构，国家婴幼儿配方乳粉发证检验机构，是天津市安全生产检测检验机构。截至2012年6月通过计量认证、授权和实验室认可的检验项目3769项。

坚持实施“科技兴检”战略，完成各类科研项目。获得省部级科技进步三等奖4项、承担完成科技部质检公益项目5项、国家自然科学基金委员会项目1项、27项获得厅局级科技进步奖。制定7项国家标准、6项行业标准、8项天津市地方标准并颁布实施，获得2项国家发明专利、8项实用新型专利，在国内核心期刊发表研究论文30余篇。

2011年4月29日，中共中央总书记、国家主席、中央军委主席胡锦涛到天津市质检院考察食品安全问题，并发表了“当好食品安全守卫者”的重要讲话。天津市质检院全体干部职工认真落实总书记重要讲话精神，加快提升产品检验能力，为实现立足天津、服务滨海、辐射全国、走出国门，建设全国一流院所的目标而努力奋斗！

地址：天津市华苑产业园区开华道26号
邮编：300384　传真：022-23078915
电话：022-23078908（业务）022-23078916（办公室）
邮箱：tjzhijianyuan@vip.163.com
网址：www.51315.org.cn

中国石油集团工程技术研究院

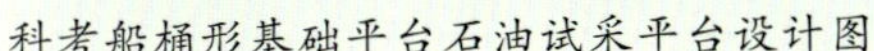

科考船桶形基础平台石油试采平台设计图

自主研发管道全尺寸疲劳试验机

高端产品——管道内防腐减阻剂

中国石油集团工程技术研究院(简称工程技术研究院)，位于天津滨海新区，是一所集科研、技术开发、技术服务为一体的科研院所，主要是从事海洋平台、滩海工程、海工建造与安装、海洋钻采、防腐、保温、焊接、特种材料等技术的研究应用和开发,具有开展中小型工业与民用建筑、加油站设计/改造等设计业务能力。

工程技术研究院，拥有CNPC海洋工程重点实验室、CNPC石油管工程重点实验室—涂层材料与保温结构研究室等功能完备的研究试验平台。现有主要科研仪器设备400台套，其中“土工动三轴循环剪切仪”等15台套仪器设备达到国际先进水平；“管道全尺寸疲劳试验机”等6台套自主研发的仪器设备填补了国内同类设备的空白。研究院拥有石油工业油井水泥及外加剂质量监督检验中心、石油工业防腐保温产品质量检验检验中心、石油天然气工程质量监督总站、首批全国中文核心期刊《石油工程建设》等行业服务体系。

建院35年以来，共完成国家、集团公司重点科研项目580项，拥有专利83项，国家级重点新产品15项。服务范围覆盖到国内各主要石油、石化企业，以及海上石油工程、西气东输、南水北调等重大工程项目。2005年、2008年、2011年连续三次被中央精神文明建设指导委员会评为“全国文明单位”；2011年荣获“全国五一劳动奖状”、全国“巾帼”文明岗等荣誉称号；2012年荣获全国妇女创先争优先进个人荣誉称号。

未来，研究院将围绕中国石油海洋石油开发和重点工程建设，不断提升自主创新和技术研发能力，力争成为中国石油集团海洋石油工程和防腐保温等技术的研究创新基地和技术服务中心，成为中国石油海洋工程公司一体化发展战略中科技创新基地、人才培养基地。

获奖证书

中信天津投资控股有限公司

国家档案局局长杨冬权（左三）、常务副市长崔津渡（右三）考察公司外包服务基地

流程外包服务中心

中信天津投资控股有限公司地处天津滨海新区，是中国中信股份有限公司（简称中信股份）的全资子公司，是中信股份在金融外包产业的投资控股平台。

公司重点投资领域为金融外包服务为主的综合性、全方位外包产业，致力于为以金融机构为主的广大客户提供涵盖票据分配、档案管理、信息处理、现钞物流管理等在内的“一站式”、全方位的综合外包服务，现有业务已经辐射至北京、天津、宁波、青岛、郑州等多个国内大中型城市，并将逐步构建以天津为总部，以京、津两地外包服务基地为核心，覆盖全国各主要金融发达城市和经济发达地区的高端标准化、规模化综合外包运营网络。近年来，公司外包业务收入连年保持20%以上的增速，档案存储量超过36万箱，服务金融机构网点数达到3200多家，在天津市及滨海新区金融改革创新中发挥了重要作用。建设中的“北京综合金融后台外包服务基地”将为公司实现新一轮跨越式发展提供核心动力。

公司金融服务外包业务于2012年被列入《天津市第三批金融改革创新重点工作计划》，下属中信天津外包服务有限公司成为国内首批被认定为国家级“高新技术企业”的服务外包机构。2013年4月，国家档案局局长、中央档案馆馆长杨冬权率国家档案局调研组专程赴中信天津外包服务基地，在天津市常务副市长崔津渡、天津市档案局有关领导的陪同下，实地考察了公司档案管理业务，并对其良好的发展前景给予了高度认同，表示将支持公司开拓业务市场、创新业务模式。6月，国家档案局又组织由各大银行、保险公司等近30家成员单位组成的金融企业档案工作协作组，对公司档案管理业务进行了实地考察，为公司该项业务的全国性推广奠定了良好的基础。

公司还从事工业房地产的开发与运营，主要经营管理中信工业区和中信物流科技园。目前园区出租率达到100%，入驻企业43家，良好的环境、优质的服务，为吸引高端企业入驻创造了有利条件，为滨海新区招商引资、经济发展做出了积极贡献。

公司将秉承中信集团“诚信、创新、凝聚、融合、奉献、卓越”的核心价值理念，进一步推动金融服务外包产业的成熟和变革，努力发展成为行业主导、国内领先、国际一流的现代外包服务企业。

档案信息管理中心

中信北京综合金融后台外包服务基地（效果图）

DYNASTY

酒的王朝

中法合营王朝葡萄酿酒有限公司

中法合营王朝葡萄酿酒有限公司始建于1980年，是中国第二家、天津市第一家中外合资企业，合资的外方为世界著名的法国人头马集团亚太有限公司。2005年1月，公司在香港主板成功上市。企业投资总额为8.2亿元人民币，占地面积440亩。具有国际一流的葡萄酒生产设备和工艺，现生产具有不同风格的五大系列葡萄酒品种，具有生产能力5万吨/年。公司的地下酒窖占地5000平方米，是目前国内面积最大、设施最先进的地下酒窖。

金王朝干红葡萄酒

王朝干红葡萄酒

地下酒窖

王朝半干白葡萄酒

王朝御苑酒堡

天津陈塘热电有限公司

2012年9月27日，市长黄兴国（前排右二）等市领导视察煤改气搬迁工程施工现场

主控制室

天津陈塘热电有限公司（以下简称陈热公司）位于天津市河西区陈塘庄工业区南端，是一座集发电、供热、灰渣综合利用为一体的公益环保型企业。陈热公司始建于1992年，地处电力、热负荷中心，对提高城市热化率、缓解地区电力紧张局面，改善电网潮流分布发挥了重要作用。

公司现有职工773人，其中大专及以上学历职工404人，具有各类技术职称人员242人，占职工总数31.3%。

陈热公司历史最大装机容量为835兆瓦（其中一期总装机容量100兆瓦；二期总装机容量135 兆瓦；三期总装机容量600兆瓦）。根据国家“上大压小”能源政策，公司一期机组已于2010年全部实现关停。一期工程自1993年投产至2010年退役，累计发电77亿千瓦时，供热4004万吉焦，为天津市经济建设、发电供热、社会发展做出了很大贡献。

目前公司在役机组包括二期一台135兆瓦超高压抽凝式汽轮发电机组和三期两台300兆瓦抽凝汽式供热机组，三台机组均为高参数、大容量、节能环保机组。现公司总装机容量为735兆瓦，年发电量可达40.4亿千瓦时，供热面积1600万平米，对天津市的经济建设和改善人民生活发挥着重要作用。

2012年企业在电量被核减10%的不利因素下，公司领导和有关职能部门群策群力，发挥整体运作优势，内强管理、外创环境，采取多种措施，努力应对，紧盯影响效益的关键要素，较好地完成了全年各项任务指标，全年比预算减亏7151万元。

公司厂房全景

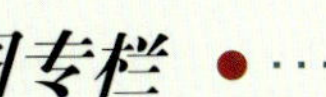

供热管网外景

2010年，陈热公司开始实施“煤改气”搬迁工程。该工程规划建设六套900兆瓦级燃气-蒸汽“二拖一”热电联产供热机组，分三期工程建设。预计2013年底第一套机组投产供热。一期工程投产后年发电量可达83.1亿千瓦时，供热面积2400万平米。该项工程是天津市建设的第一座大型燃气热电厂，是津能公司发展利用清洁能源转型发展的重点工程。公司将抓住这次难得的发展机遇，打破传统的管理模式和理念，以建成“全国节能环保、科技领先、管理高效、环境优美的标杆电厂”为目标，创新工作思路，改变工作方法，全力把工程打造成国家优质金奖工程，为津能公司壮大主业、为“和谐天津、美丽天津”建设再立新功。

供热设备现场

煤改气搬迁工程燃气电厂效果图

天津新北建设集团有限公司

北塘集装箱海鲜街

北塘街道社区服务中心

天津新北建设集团有限公司于2006年11月21日成立，注册资本为1.25亿元人民币。滨海新区“十大战役”之“北塘战役”打响后，公司作为滨海新区政府开发建设北塘区域的企业平台，率先进驻北塘，负责北塘区域内居民拆迁安置、基础设施建设、土地整理、开发项目建设、招商引资等具体工作。先后参与建设了梅山北路、泰山道及洞庭路延长线的工程，同时，负责承建了三河岛及永定新河大堤、北塘还迁生活区及特色旅游区等项目。目前，企业总资产超过百亿元，净资产达1.56亿元，拥有近百名员工。下属八家子公司，经营范围涉及物业、餐饮业、房地产开发、码头管理、燃料销售、投资建设、融资担保等。

北塘集装箱海鲜街项目 项目总投资11935万元人民币，占地面积达6万平方米，总建筑面积为1.5万平方米。由500多个废旧集装箱拼接而成31个集装箱餐厅，使北塘海鲜街作为代表性建筑，成为区域一大特色景观。该项目仅用140天的时间即建成，不但构筑起了目前国内规模最大的集装箱群体建筑，而且也创造出了“北塘速度”的奇迹，体现出北塘独特的海洋文化和节能环保特色。同时，也保护了“北塘海鲜”这一地域品牌。

北塘社区服务中心项目 项目占地面积6000平方米，建筑面积10198平方米，其中地上面积6490平方米，地下面积约3708平方米。总投资7056万元人民币。项目毗邻北塘企业总部区，作为总部配套区的第一个公建项目，不仅是北塘基层政府创建的一个便民便企服务场所，而且对北塘区域的开发建设起到了

听海北塘湾项目效果图

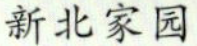
新北家园

北塘邻里中心

北塘学校

积极的推动作用。

北塘生活区建设 还迁生活区是拆迁居民的集中安置区及应对未来服务人口增长的城市生活区，规划总用地约87公顷，建筑体量以多、高层为主。

（1）新北家园项目。为北塘还迁房项目，项目分5个地块进行开发建设，建筑形式以高层、多层建筑为主，占地面积达25.88万平方米，建筑面积为60.41万平方米，基中地上面积49.74万平方米，地下面积10.67万平方米。总投资454968万元人民币。

（2）北塘中心小学项目。北塘区域第一个教育配套项目建设，是集团公司重点落实“想民、惠民、利民”的重大举措。项目总投资为3600万元人民币，占地面积15000平方米，建筑面积11699平方米，其中教学及辅助用房3652平方米，办公用房1070平方米，综合实验楼2631平方米，体育馆1100平方米。

（3）北塘邻里中心项目。作为新北家园社区配套服务公建，项目位于规划支路八和规划支路十五交口，西临小学。规划总建筑面积28806.6平方米，其中地上建筑面积22831.4平方米，地下建筑面积5975.2平方米。

特色旅游区建设 项目处于北塘片区海岸线西侧，具有极佳近海、亲水优势的特色旅游区。总用地面积约14.6公顷，建筑面积约23万平方米，共分七个地块进行开发建设。建成后将成为集海鲜特色餐饮、旅游度假、休闲娱乐、生态宜居等功能于一体的特色旅游度假区。

北塘宁车沽渔家乐示范项目 项目以开展垂钓休闲、住宿、餐饮为主的休闲度假区，配以相对高端的服务管理。主要建设形态为：渔家乐单元、休闲木屋、垂钓平台、管理服务中心等。项目总占地面积为284亩、总建筑面积为19561平方米，初始投资规模为8934万元，建设周期为1年。

胡家园产业区项目 胡家园产业园位于滨海新区塘沽城区西部，胡家园街道办事处辖区内，东至城市生态廊道，西与东丽区接壤，南至规划津塘二线，北至京山铁路。总占地面积17250亩，其中东部10650亩为农业用地，规划建设都市现代农业园；西部6600亩作为起步区，规划建设商业、工业、物流业等。

宁车沽渔家乐

三河岛遗址生态公园

天津市利民调料有限公司

厂区大门

天津市利民调料有限公司是天津市规模最大、设备最先进的酿造及复合调味品生产基地，于2007年4月在空港经济区正式投产运营，总投资2.2亿元，占地面积87.8亩，生产8大类、近200个品种的酿造及复合调味品。

公司按照国际一流、国内领先的要求配置生产线，实现了传统产业的更新换代，由过去的作坊式生产升级为现代机械化生产，企业整体实力不断提升。不仅成功承担了国家“十一五”重点项目—传统发酵食品质量安全控制研究与产业化示范，还获得了“甜面酱”行业标准及“辣椒酱”国家标准的制标权，使利民成为国内调味品生产的典范企业。

利民公司传承百年酿造史，以打造“城市厨房”、“调味生活，料理健康”为目标，以生产放心产品为宗旨，以市场和消费者的需求为方向，把食品安全、卫生、营养作为调味品生产的前提和核心，产品品质稳步提高。公司多次被评为重合同守信誉单位、质量信誉和信用AAA企业，首批获准使用QS市场准入标识，通过了ISO 9001质量管理体系、ISO 14001环境管理体系、OHSAS 18001职业健康与安全管理体系、ISO 22000食品安全体系、HACCP危害分析和关键控制点食品安全管理体系的认证，旗下的“利民”、“光荣”、“玉川居”等品牌荣膺中华老字号、津门老字号、天津市著名商标等称号，产品畅销国内、国际市场。

复合酱车间

研发中心

酱油车间

厂区鸟瞰图

天津市肉类联合加工厂

中华老字号 China Time-honored Brand

花园式生猪养殖基地

10万级真空包装间

专卖店店面

天津市肉类联合加工厂建于1953年，是集生猪屠宰、肉制品加工、仓储物流、冷冻冷藏、食品机械和零售专卖于一体的肉制品加工企业，是天津市农业产业化经营龙头企业。旗下品牌、产品先后荣获“中华老字号”、“天津市名牌产品”、“最具影响力品牌”等称号。企业资产总额3.76亿元，年生猪屠宰能力100万头，年熟肉制品生产能力15000吨，2012年实现利润同比增长33.33%。“迎宾”牌肉制品被津门老百姓誉为“放心食品”，产品除供应本市及上海、河北、辽宁等省区外，还出口日本、韩国、香港等国家和地区。

企业始终秉承“食品工业是道德工业”的经营理念，不断进行管理创新、技术创新和市场创新，实现科学可持续发展。企业先后通过了QS、HACCP、ISO9000等质量管理体系认证。

企业坚持品牌化经营，大力发展营销网络建设，营销网络遍布东北、华北和华东地区。“迎宾”放心肉专卖店以其统一的形象、全冷链配送和销售及现代化的科学管理模式，有效提升了迎宾的品牌形象和影响力。

企业坚持自主创新，成立生产力促进中心，建立高素质的科技研发队伍，并以市场为导向，进行中式产品的改良、西式产品的研发。2012年，先后开发上市了猪皮堡、牛筋肉、桂花肠等数十种科技含量高、营养丰富的产品，深受广大消费者青睐。

企业积极调整产业结构，做肉类行业的领航者。投资近6亿元，在西青区经济技术开发区建设15万平方米国际一流、国内领先的肉制品深加工及物流基地。作为天津市政府重点民心工程，基地投产后，年生猪屠宰及猪肉分割能力将达到120万头，熟制品产能6.3万吨。

熟制品全家福

新厂效果图

天津子牙循环经济产业区

园区科研服务大厦

天津子牙循环经济产业区（以下简称园区），是中国北方最大的循环经济园区，是国务院批准的首家以循环经济为主导产业的“国家级经济技术开发区”。先后被国家发改委、财政部、教育部、工信部、环保部等部委批准为“国家循环经济试点园区”、“国家‘城市矿产’示范基地”、“国家新型工业化产业示范基地”、“国家级废旧电子信息产品回收拆解处理示范基地”、“国家进口废物‘圈区管理’园区”、“中国国际青少年活动中心（天津）”和“国家循环经济教育示范基地”。

2008年5月7日，国家主席胡锦涛和日任首相福田康夫的见证下，天津市市长黄兴国和北九州市市长北桥健治共同签署了两市开展中日循环型城市合作备忘录，园区成为中日循环型城市重点合作项目。2010年5月14日国务院副总理李克强主持召开循环经济工作座谈会，会上听取了天津子牙循环经济产业区的开发建设情况汇报，强调要加快推广循环经济，着力推动绿色发展。2011年9月，国家副主席习近平一行到园区调研，对园区循环经济的发展给予了充分肯定。2013年党和国家领导人张德江、刘云山等相继到园区调研指导工作，对园区循环经济发展高度关注。

园区总体规划面积135平方公里，已开发建设面积50平方公里，分为工业区、林下经济区、科研居住区，构成了“三区联动”、循环互补的经济社会发展格局。

工业区21平方公里。以“厂在林下、林在厂中”为核心理念，重点发展废旧机电产品、废弃电器电子产品、报废汽车、废旧橡塑、精深加工再制造、节能环保新能源等六大产业。区内各种配套设施完善，建有大型公用工程岛，统一建设集污水处理、中水回用、雨水收集、废弃物处理等为一体的综合节能环保系

废旧家电拆解处理线

铜条加工设备

报废汽车拆解处理设备

废旧家电回收处理设备

园区林下经济带

园区小城镇

统，实现产业发展中的“自消化”“零排放”。建有无水港和保税仓库，为园区企业进出口业务提供快速通道。已入住企业226家，年回收利用再生资源能力150万吨，成为天津及环渤海地区的“城市矿山”基地，形成了以子牙园区静脉产业反哺和促进滨海新区动脉产业的循环经济发展格局。

林下经济区20平方公里。重点发展林下种植、林下养殖、生态旅游、文化教育等产业项目，形成农业生态链条，打造农业循环经济示范区。并建有国际化的青少年循环经济理念教育培训基地，为可持续发展培养新型人才。

科研居住区9平方公里。建有科技研发区、商务住宅区、综合服务区等，是全区的经济文化中心。2020年，规划常住人口8万人。居住区沿黑龙港河两岸，伴水而居，并配有地源热泵和太阳能等“节能、环保”设施，形成生态宜居的绿色建筑群。

通过“三区”联动的发展，以战略性新兴产业为主导，大力推进“城市矿山”、“城市油田”、“城市森林”的建设，构筑“循环、生态、智慧、便捷、宜居”的子牙模式，打造国家级循环经济示范区。

天津子牙海关检验检疫验放中心

天津子牙循环经济产业区总体规划（2008--2020年）

04 规划总平面图

天津京滨工业园

京滨工业园位于天津市武清区大王古庄镇，北与北京市通州区、西与河北省廊坊市接壤,地处京津冀“金三角”核心区域，在“谱写新世纪社会主义现代化的双城记”大机遇面前占尽先机。园区也是环北京交通最便捷、环境最优美、服务最规范的工业园区。

理念先行 科学谋划 打造高新产业集聚洼地

2009年8月，京滨工业园被天津市政府批准为市级示范工业园区，结合区域特点确定了电子信息、新材料、精密设备制造三大产业定位。并把招商重点从传统工业型转为总部基地型、科研孵化型和产业链延伸型。

京滨工业园积极探索专业园中园与公共服务区协调发展的新格局，规划建设占地750亩、建设面积65万平米的科技创新园——京滨睿城，包括科研孵化区、产业加速区、总部经济区、自主研发区。合作共建中关村大厦、中国石油大学产业园、中关村产业转移基地、电子商务区、中心服务区等园中园。这些专业功能区相互助力、共同推进，有效促进了产业聚集和加速发展，全面承接了首都北京的资源优势。

京滨工业园的基础设施及城市功能建设始终坚持高标准。交通方面，协调贯通了通往廊坊开发区和京津塘高速的京滨大道，拓宽了通往武清城区的城王路，从而真正挖掘出区位优势；主次路、绿化、市政等设施都按城市标准建设，智能安防系统实现园区道路节点全覆盖，路灯、信号灯全部采用新型节能灯具，园区整体环境优美大气。

同时，按照“建筑风格别致、资源集约利用、环境布局精美”的标准，谋划实施总投资50亿元的城市功能建设，高新公寓、邮政、消防、银行、公交车站已部分投入使用，星级酒店、超市、娱乐功能等一批生活配套设施正在加快建设中。

基础设施的一步到位，城市功能的加快建设，使京滨工业园快速成为高新产业集聚 “洼地”。已吸引4家世界500强企业、19家上市公司入驻，包括世侨总部、阿里巴巴、凡客诚品、当当网、都市丽人、麦特集团、友昌集团等一批总部项目和美国凡士通、日本特殊电极、一汽大众等一批先进工业项目，同时还引进中国石油大学科技园、中国科学院化学所天津研究院、机械研究总院等一批国家级大院大所。园区已引进中关村企业100余家，科技型中小企业300家。

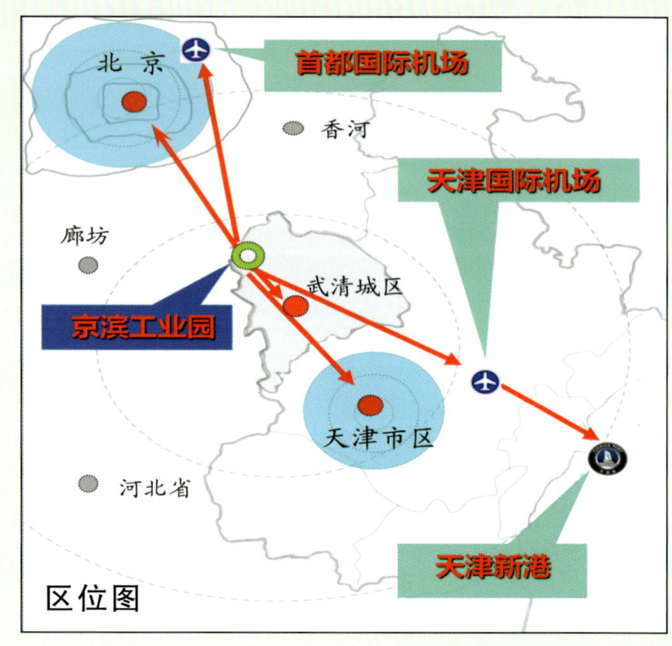

区位图

完善体系 效能管理，软环境建设提升综合竞争力

京滨工业园崇尚效能管理，通过软环境的“修炼”提升综合竞争力。园区一直秉持“服务他人就是发展自己”的理念，以“开放、友好、诚信、共赢”为办区宗旨，积极打造优质高效的服务环境。

京滨工业园通过专业管理提升园区设施管理水平，实行物业

园区一角

园区重点企业

世侨大厦效果图

别墅型总部基地

阿里巴巴效果图

管理市场化，尝试建设智慧型园区，同时把设施管理与生态工业园建设紧密结合起来，按照“企业单点管理、产业循环管理、园区系统管理”的要求对企业、产业和园区进行分层实施，科学管理。

为进一步加速园区科技创新平台建设，成立高新技术促进办公室，在专业部门的管理下，市级高新技术产业园区进入申报程序，国家级高新技术产业园区相关报批工作同期筹备，同时高新办帮助企业申报高新技术企业、对接科研机构，通过产、学、研结合，京滨工业园与中科院化学所、中国石油大学、中关村等顶尖科研机构建立战略合作联系，使三大主导产业都具备顶尖研发支撑，确保在产业发展和结构升级中立于不败之地。

与工业园区同步建设的综合教育园区，占地面积500亩，既满足园区外来管理者、务工者子女的基础教育需求，同时按企业需求设专业，培训当地的学生，通过培训与区内企业签订用工合同者，由管委会全额报销培训费。这项举措既解决企业招工难题，又为这一群体提供了就业机会，使学生成长不脱离组织，有效降低了由此带来的社会管理难度，实现了学生、家庭、企业、社会的共赢。

园区绿化

凌奥创意产业园

凌奥集团董事长 赵光勋

凌奥创意产业园是天津市第一家依法注册并且体量最大的创意产业园，园区发展速度与运营效果均处于天津市同类园区首位，已吸引200余家创意企业入驻，解决就业8000人，年产值近10亿元，对天津市创意产业的发展起到了积极引领作用，先后被认定为国家创业促进就业实验园、国家AAA级旅游景区、天津市文化产业示范基地、天津市孵化转化载体试点、天津市科技企业孵化器、天津市工业旅游示范点等。

园区以“大力发展创意科技产业，加速创意科技资源聚集，加快特色化、专业化创意产业园区建设”为目标，打造可持续、可循环的运营模式，投资12亿元，建设33万平方米的三期工程，已投入使用，具备“青果苗圃”大学生创意创业基地、科技企业孵化器、科技成果转化基地、产业化基地4个功能区，辅以公共技术等5个平台为企业提供从创业→孵化→壮大→产业化的全程服务，并以“服务于青年成长成才，促进企业健康发展、行业转型升级”为目标成立“共青团李七庄街凌奥创意产业园工作委员会”，已吸引颐和设计院、蓝菲国际舞蹈学院等众多高端企业入驻，形成产业群体的整体优势，并逐步升级打造国家级示范园区、天津市创意产业的设计研发基地和孵化培育基地，为天津市创意产业园区发展提供示范。

预计十二五末，园区可入驻1000余家科技文化创意企业，年产值可达80亿元，可解决就业20000人，培育出30家优秀企业及10位以上优秀企业家，园区年租赁收入可过亿元，年纳税超过3亿元。届时凌奥创意产业园将形成集创作、展示、办公于一体，复合动漫、设计、文化、艺术、科技、研发、旅游、娱乐等多行业，形式和内容全面领先的天津乃至全国文化产业门户。

凌奥创意产业园大门

市长黄兴国（左四）等领导到园区视察并指导工作

技术平台

一切成就与财富都从杰出的创意开始

五号楼 四号楼 三号楼 二号楼 一号楼 九号楼 八号楼 七号楼 六号楼

凌奥鸟瞰图

电话：022—23923539 022—23922121

天津鹏翎胶管股份有限公司

天津鹏翎胶管股份有限公司成立于1988年，经过二十四年的不断发展壮大，已成长为国内规模最大、科技水平最高的专业汽车管路制造企业之一，国家高新技术企业，全国胶管十强单位，“鹏翎”商标被国家工商行政总局商标局认定为“中国驰名商标”。2012年，公司应中国橡胶工业协会胶管胶带分会邀请，参加《非轮胎橡胶制品标准汇编》编制工作，参与胶管行业标准的制定。

公司现有总资产6.8亿元，员工1300余人，设有成都、合肥子公司及华苑分公司。公司建有天津市级企业技术中心、国家认可实验室，并先后通过了ISO/TS 16949质量管理体系认证、ISO 14001环境管理体系认证及GB/T28001职业健康安全管理体系认证。

目前，公司已形成冷却管路系统、燃油管路系统、空调管路系统、助力转向管路系统、涡轮增压管路系统、天窗排水管路系统及模压制品共七大系列，为国内外40多家优秀汽车厂的配套供应商，如德国大众、意大利菲亚特、一汽大众、上海大众、日本日产、丰田公司、北京现代、东风集团、江淮集团等，产品综合市场占有率达30%。

产品介绍
Product Introduction

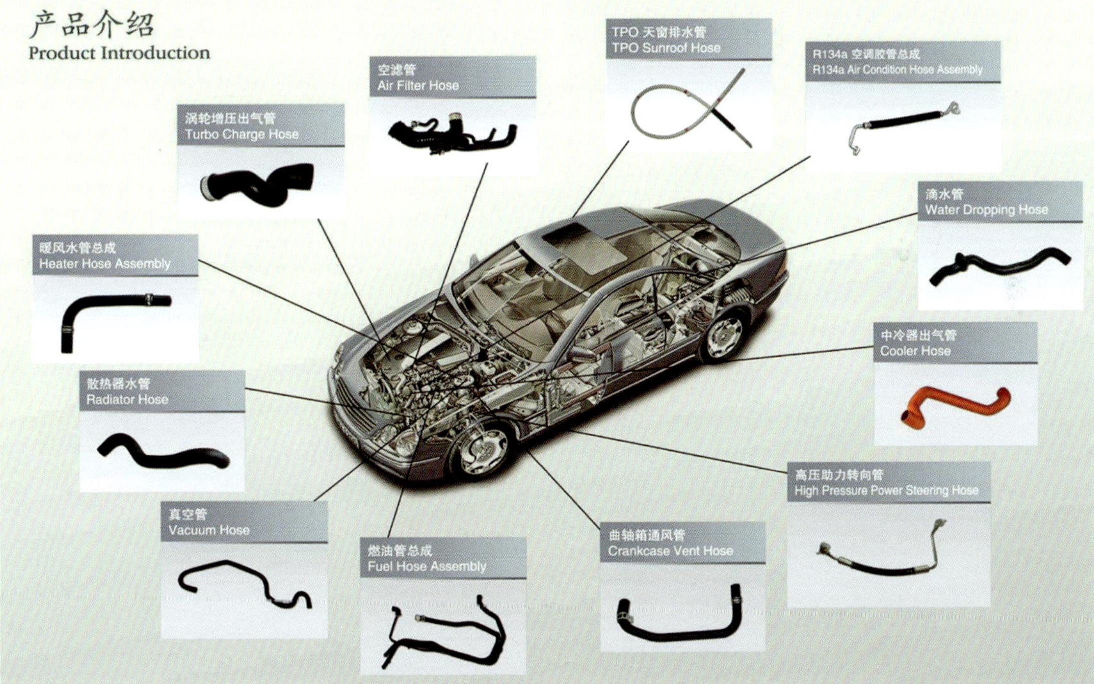

厂景

地址：天津市滨海新区（大港）葛万公路1703号　网址：www.pengling.cn　邮编：300270
电话：022-63269287　传真：022-63269741　电子邮箱：office@pengling.cn

大邱庄

2012年，市委书记张高丽在大邱庄视察

2012年，在县委、县政府的正确领导和大力支持下，按照县委“构筑大邱庄跨越发展高地，重振大邱庄雄风，再造大邱庄辉煌”的要求，紧紧围绕“生态、智慧、文明、富裕”的奋斗目标，以“三区”联动为主攻方向，全面改造提升市容环境，统筹协调推进各项社会事业发展，各方面工作都取得了新的重大成就。全年实现生产总值104亿元，同比增长25.8%；工业销售收入680亿元，同比增长18%；固定资产投入55.3亿元，同比增长57%；税收完成10亿元，同比增长30%；人均收入20000元。

大力推进农业产业区建设 总投资2.9亿元，深入推进三个万亩工程。万亩设施农业工程，年内完成生宝谷物、津美、德利泰设施农业园区改造提升，新流转土地3000亩，新建大棚共1200栋；万亩林地工程完成植树13000亩、92.8万株；万亩高效农业工程与紫兆公司已达成合作意向，建设2万亩高效有机农业园区。全面提升了生宝种猪繁育、云峰养殖基地水平。

大力推进示范工业区建设 按照“传统产业改造提升，高新产业加快发展”的思路，积极推动大项目、小巨人和楼宇经济发展。投入4000万元完善起步区基础设施建设，优化了功能配套。按照“三个一批”要求，强力推动项目建设。年内建设项目51个，其中投产项目36个，在建项目15个。工业固定资产投入40.7亿元。投资6.4亿元的吉宇薄板项目、投资35亿元的轧三搬迁项目已投入生产。加快楼宇经济发展。目前入驻楼宇企业160家，注册资本14亿元，实现税收3500万元。投资2亿元的总部经济基地一期27栋办公楼竣工。2012年，园区实现销售收入313亿元，税收2.9亿元。

大力推进示范小城镇建设 投资22亿元，启动150万平米安置房建设，其中有32万平米楼房主体完工。展厅和指挥部建设全部竣工。投资1.8亿元，完成团泊大道、黄山路、泰山路、香港街、镇区内路灯和线路改造提升工程；投资2450万元，启动大邱庄初中校、高中校建设；全面实施静王路（大屯段）改造提升工程，拆迁5万平米，新建商业设施7万平米。

大力实施环境综合治理 投资5800万元，对黄山路等8条道

支柱产业工业

打造智慧都市农业

科教兴镇

路进行路面整修、便道铺设、更换侧石、建筑外檐粉刷、路口硬化、安装广告牌匾等综合治理，市容环境明显改善。投资600万元，对长江道等五条道路实施护栏安装、修补草皮、补栽树木，绿化效果明显提升。投入830万元，实施污水处理厂改造提升和水环境治理，确保了镇域河道水质清澈。

努力做好民计民生工作 积极开展安全工作专项行动，杜绝安全生产事故发生。建立食品安全三级网络，为群众提供安全健康食品。教学条件又有改善，教学质量大幅提升。年内修建乡村公路8.3公里，改善了村民出行条件。依托“助困、助学、助残”三个基金，做好公益事业，年内筹集发放助困、助残资金266万元，帮扶300户。发放助学资金268.5万元，资助大学生537名。

全面加强党的建设 坚持以抓党的建设推动各项重点工作顺利实施。大力推进服务型基层党组织建设，党员队伍建设水平逐步提升，镇党委副书记李运奇被中央组织部评为全国“讲党性、重品行、作表率”先进个人，并受到习近平总书记亲切接见。党员干部队伍作风明显转变，群众工作更加扎实细致，有效保证了重点工程重点项目的顺利实施。在2012年遭遇的35年一遇的大暴雨中，按照镇党委的统一部署，广大党员干部发挥了中流砥柱作用，积极有效的排除险情，妥善安置972名受灾群众，没有出现因灾伤亡事故。

幸福的大邱庄人

城镇化建设

奋进中的新港街道

新港街道党的群众路线教育实践活动学习讨论会

新港街道区域联合党委成立暨庆祝建党92周年表彰大会

2012年，新港街道在区委、区政府和塘沽工委、管委会的正确领导下，坚持以邓小平理论、"三个代表"重要思想、科学发展观为指导，以"调结构、惠民生、上水平"活动和"创先争优"活动为载体，谋发展惠民生，保稳定创文明，抓党建促和谐，各项事业取得了新的发展，荣获全国社区服务先进街道、全国百家示范街道工会、全国科普示范社区、天津市创先争优先进基层党组织、天津市可持续发展示范街道等市级以上荣誉。

一、经济工作稳步推进

拓展招商引资渠道，加强科技型企业帮扶，巩固自有经济发展基础。充分发挥街道"3+2+1"招商工作模式优势，发挥津滨科技园等招商载体功能，大力推动楼宇经济和科技型中小企业发展，2012年街道招商引资认定额突破12亿元。为历年来最高。加强科技型企业帮扶，全年认定科技型中小企业81家，完成全年任务的135%。认定科技"小巨人"4家，超额完成全年任务。对建港村、海安里菜市场进行改造提升，市场购物环境大幅提升。建立了天津市首家周末车载蔬菜市场、华云园蔬菜直销点。

二、社会事业创新发展

加强特殊群体和城市管理工作，深入开展睦邻惠民活动。"两节"期间，发放救助款、慰问品、救助券等160余万元。残联"六助一送"活动反响热烈。为147名"五七工"、家属连人员办理了参保手续，收取保费460余万元。全年新增就业安置下岗失业人员449人，新增医疗保险参保人员1810人，创业培训31人，其中帮助5人成功申请小额贷款。"文化新港展示月"系列活动异彩纷呈。爱系列原创睦邻文化主题歌曲征集活动取得圆满成功，31个省、自治区、直辖市歌词、歌曲作家、作者及业余爱好者积极应征，共征得383首歌曲，最后经北京和天津的作词、作曲专家评审，评选出一、二、三等奖共6名。华云园社区作为天津市唯一举办2012年"全国社区网络春晚"分会场活动

美丽新港

塘沽管委会部分行政事权下放仪式

居民在创建全国文明城区展板上签名

的社区，获得了由中央文明办、全国社区志愿服务联络总站颁发的“最佳组织奖”。

三、社会管理深入推进

创新公共服务新模式，自筹资金50余万元，采取政府购买服务等方式，开展老旧小区困难家庭暖气设施改造、楼道灯改造，取得良好效果。深化网格化管理经验，“五员”网格服务社区居民，街道行政服务中心大厅事务办结率为100%，未发生一件超期办结现象，政务公开工作继续保持新区街道系统前列，“双拥”工作扎实有效。创建平安新港。深入开展“十百千”大型巡逻防控平安行动，助力和谐社区建设。抓好源头治理、“三个排查”工作，排查出的132项隐患，取缔违法经营68处，矛盾纠纷调解率及调解成功率均达100%，治安形势明显好转。

四、党的建设不断加强

加强基层党组织建设，以基层组织建设年活动为抓手，进一步深化创先争优活动，加强党员干部队伍建设，建立基层党组织运转经费和干部报酬动态增长机制。街道“党员之家”成为两新组织、流动党员的学习交流之家。加强党员教育管理，围绕纯洁性教育，在全体党员中深入开展理想信念教育、服务宗旨教育、艰苦奋斗教育，全年共开展各类社区教育活动500余场（次），有活动能力党员参加组织学习率达到98%。严格落实党风廉政责任制和反腐败工作责任制，提高党员干部廉政风险防控能力。加强精神文明建设，开展“文明楼院创建”活动，建立了学雷锋志愿服务总站和分站，开展了学雷锋志愿服务系列活动，开展青少年消防安全避险自救公益夏令营活动、延安精神进社区进学校活动，取得良好效果。

团工委举办“七彩小屋”揭牌仪式

和谐港西 幸福家园

社区工作站开展便民服务

港西文体中心

港西街地处天津市南部，东邻南港工业区、西靠中华民营经济园、北依北大港水库、南与河北省黄骅市隔河相望。2001年8月撤销沙井子乡建制成立街道办事处。下辖6个行政村、6个城市社区和7个油田驻街二级单位。辖区总面积近80平方公里，人口3.4万人，其中农业人口近1万人，回族900余人。有天津国电洁能电力有限公司、天津天瑞水泥有限公司、天津雪琰管业有限公司等企业286家，其中工业企业170余家，形成了清洁能源、新型建材、石油化工、机械电子、现代物流、都市农业六大优势产业齐头并进的良好格局。

2012年，港西街工委、街道办事处按照大港工委和管委会的要求部署，团结带领全街广大党员干部和群众攻坚克难，奋力拼搏，经济及社会各项事业继续保持了良好的发展势头。

经济持续健康发展 2012年，港西街实现地方生产总值16.65亿元，同比增长22%；规模工业总产值49.32亿元，同比增长28%；内资到位额6.01亿元，同比增长75%；固定资产投

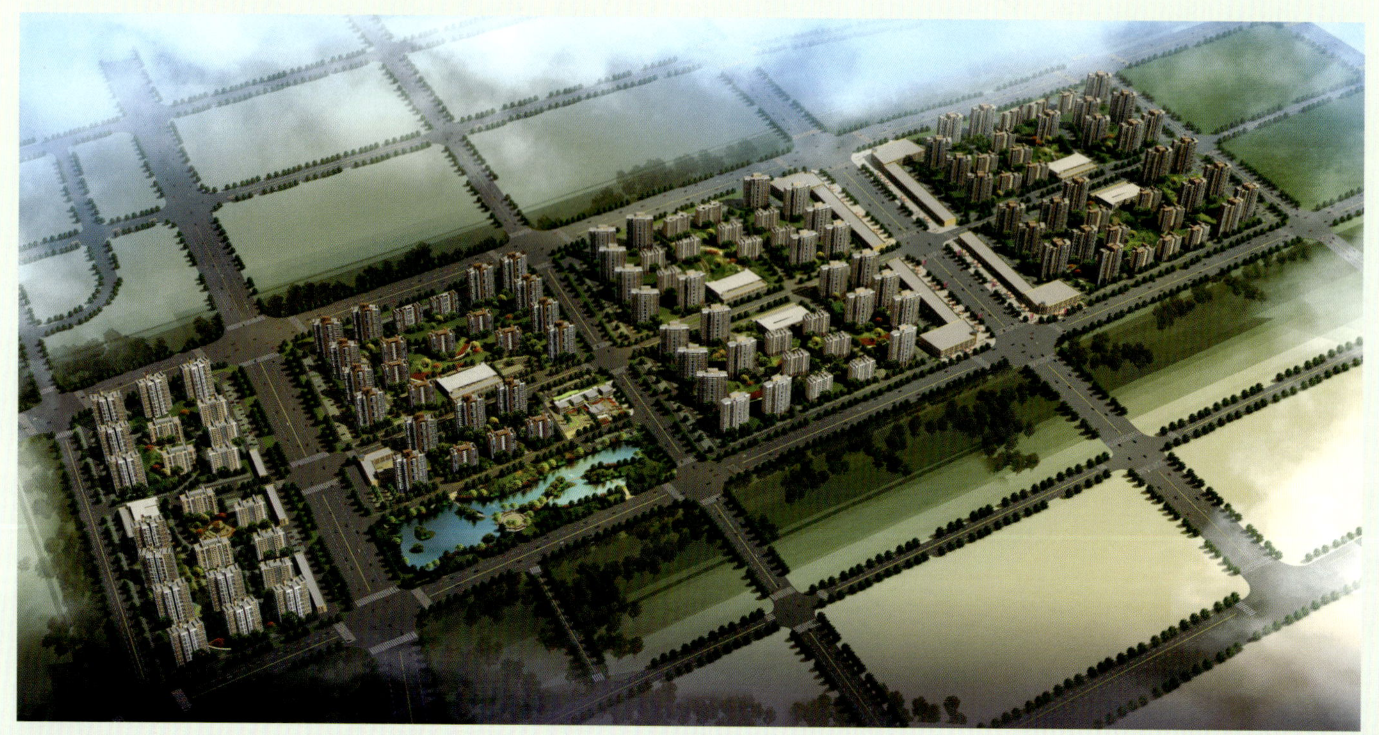
港西新城

四季田园

田园采摘

产11.8亿元，同比增长51%；农民人均收入15700元，同比增长13%。新认定科技型中小企业34家，完成全年任务的117%；为18家企业代理申报专利100余项。天津市倍成生产力促进中心有限公司被认定为全市街乡镇中第一家市级示范生产力促进中心。

社会事业全面进步 大力推进城乡居民医疗和养老保险扩面工作，城乡居民医疗保险参保率连续三年保持100%。完成了沙井子学校、远景学校综合楼建设及校园环境提升工程。6个农村卫生室全部投入使用，卫生医疗条件极大改善。成立了港西红色电影放映队，群众的业余文化生活更加丰富多彩。“诚信计生”和“阳光计生”活动取得显著成效，工作经验在新区范围内进行推广。不断加大不稳定因素的排查力度，妥善调处各类纠纷，全街继续保持了和谐稳定的良好局面。

城镇建设稳步推进 远景三村新建的1.5万平米住宅楼全部分配到户，满足了部分村民住楼需求。太沙路北延工程建成通车，百姓出行更加便利快捷。社区综合服务中心正在建设。四季田园建设取得阶段性成果，其中的港西农庄、赛马场、高尔夫练习场基本完工，地热井开发工程积极推进，智能温室已经建成；风电观光塔全部完工；亲水平台、休闲码头和主题广场工程全部建成。实施了设施农业提升工程，设施农业园的基础配套得到进一步完善。

社区管理更加规范 6个800余平米的社区工作站全部建成并投入使用。按照“一居一特色，一站一品牌”的工作原则，结合社区人员构成和工作实际，实施了为老服务型、党建引领型、和谐互助型、育民学习型、平安有序型、文化魅力型“六型”社区创建活动，进一步提升了社区建设水平。以和谐一家亲、学习型、环保型、党员示范型为主要内容开展了特色楼门创建活动，群众支持、参与社区建设的积极性显著增强。

组织建设坚强有力 坚持超前谋划、规范操作、严肃纪律、依法推进的原则，在大港地区率先圆满完成村居换届选举任务。深入开展了“贯彻落实十八大精神，立足新起点，再创新佳绩”主题活动，进一步激发了全街党员干部解放思想、干事创业的热情。在7.26特大暴雨期间，各级党组织和党员干部充分发挥战斗堡垒和先锋模范作用，始终坚守在抗洪抢险第一线，有力地保证了群众生命及财产安全。

天津国电洁能电力有限公司

天津天瑞水泥有限公司

和谐文明奋进的胜利街

副市长、滨海新区区委副书记、区长宗国英在胜利街调研

滨海新区大港工委书记张志方接见胜利街十大员

胜利街是全国军民共建社会主义精神文明先进单位、全国社区体育先进街、全国民间文化艺术之乡、天津市文明机关和文明机关示范点。

2012年，胜利街工委、办事处在新区区委、区政府和大港工委、管委会的正确领导下，以创建和谐首善之街为目标，立足社区把握重点，深化结对共建，实施文化引领，扎实开展社区十大员管理，各项工作实现了新突破，推动和谐社区建设又好又快发展。

【街道经济】抓好招商引资工作，先后引进天津港海科技公司等37家企业，引进资金共计1.36亿元。完成公司注册37家，个体工商户注册823家，注册资金总额3618.5万元。积极推进孵化基地企业的注册认定工作，建立了天津胜利宏达科技孵化器有限公司，现已完成科技型中小企业注册10家，累计完成23家，全年完成税收1460万元。

【改善民生】坚持以服务为主线，不断扩展民生流水线服务品牌效应，创服务亮点、破服务难点、抓服务重点，充分发挥行政服务中心作用，在原有的医疗保险、劳动监察与仲裁、再就业服务等16个窗口的基础上，增加了住房保障、工商、税务等

十大员志愿者在美丽的胜利人宣讲报告会上

社区群众到胜利街送锦旗

胜利街开展春风行动大型招聘活动

4个服务窗口，20多项服务职能，试运行了街道协税护税服务系统，服务企业610余次。以民生流水线工程为载体，全年共为2416人办理了社会保障卡，全年援助就业困难群体113人，为129人办理城乡养老保险，超额完全全年各项指标任务。先后走访慰问205户低保户，发放补贴临时救济95000元，并于近日对低保、特困家庭发放保障金39万元，还在助残月期间对80余户90余人残困户发放了饮料、白糖、衣物、食品等防署用品，特别是协调动员各方面力量对身患重大疾病程程等患者给予帮扶，解决他们医疗等费用近百万元。

【社会管理与服务】街工委坚持以结对共建助推和谐社区建设，从与社区老劳动模范、老干部、文化骨干、科技工作者、老教师结对子延伸到与社区矫正对象、单亲母亲结对子，与他们谈心交流，成为朋友，为他们排忧解难，解决了居民反映的垃圾乱堆、下水道跑水、就业和再就业等难题30余（件）次，有效维护了社区稳定。成立了胜利街艺术团，各社区也纷纷组建合唱队、秧歌队、腰鼓队等，以身边人和身边事为例自创自编自演社区的好人好事，参加人员达28000余人次，充分展示了胜利地区良好文化底蕴，使全国民间文化艺术之乡名符其实，再放异彩。社区十大员活动在楼群里巷，社区街道，帮助孤残老人整理家务120余人次，化解矛盾30余人次，被居民群众称为社区穿红马甲的活雷锋。社会组织不断发展壮大，由原来的2个发展到11个，维护社会稳定，服务人民群众的意识明显增强，成为密切党群干群、街企之间的桥梁。

【党风廉政建设】街工委从实际出发，不断夯实党建基础，完善党建工作制度，提高党建水平，以强有力的政治保障支撑街道整体工作上水平。一是实现党群及社会组织全覆盖，二是强化党员干部自身学习，三是深度推进社区党建工作的开展。对党员干部集中开展《中国共产党党员领导干部廉洁从政准则》、《党内监督条例》以及“四大纪律”、“八项要求”的学习，认真学习换届纪律，确保社区党组织和居委会如期限正常有序换届。丰富廉政文化进社区各项内容，以书法绘画、剪纸、社区歌曲大赛、社区“十大员”党员示范、党内结对、廉政谈心等多举措、实招法，推进全街党风廉政建设责任制落实，为营造团结干事、风清气正、务实高效的工作氛围发挥了重要作用。

胜利街组织开展军民共建美好家园慰问活动

打造健康产业高地

魅力杨成庄

北洋工业园区成为杨成庄经济发展的龙头

幸福美满的杨成庄人

静海县杨成庄乡地处团泊新城西区，天津健康产业园坐落在该乡区域内，团泊新桥的贯通拉近了与市区的距离，区位优势更加明显。全乡辖12个行政村，面积64.84平方公里，总人口25700人。2012年，全乡实现生产总值80190万元，财政收入10418万元，固定资产投入15460万元，农民人均纯收入12850元。

以新城开发为主导，打造健康产业高地 依托天津健康产业园建设，推进全乡东部地区管铺头、董庄窠等五个村城镇化发展，还迁楼一期工程主体完工，建筑面积24.6万平方米。西部七个村已纳入天津市第五批示范小城镇建设规划。

以招商引资为中心，打造实力乡镇 以静海开发区为依托，提升北洋工业园区功能。下大力量招商引资，推进项目建设。泰斯特仪器、宇昊钢结构等项目相继建成投产；培育壮大了天津东椿大气涂装输送系统设备有限公司、天津宇昊建设工程集团有限公司等骨干支柱企业；发展形成了一批科技型中小企业，促进了产业提质升级，壮大了乡镇实力。

以改善民生为根本，施惠于民 大力实施民生工程，总投资2000多万元，启动了乡中心幼儿园、砖垛小学建设，完成了毕杨路段改造工程。建设瑞祥家园广场和4个村文体活动中心。医疗卫生条件逐步改善，总面积11000平米的鹏海医院改扩建工程正在进行，建成10个村级卫生室，城乡居民基本医疗保险参保率100%。

教育环境不断改善

团泊新桥夜景

美丽的健康产业园街景

津南区水务局

月牙河

洪泥河

2012年，在区委区政府的正确领导和市水务局的大力支持下，津南区水务局坚持以科学发展水务事业为主题，以实施津南"十二五"水务发展规划为主线，以创建节水型区县、加大水环境综合治理力度、加快水利设施建设、提高防汛抗旱减灾能力为主攻方向，全面加强党的建设、作风建设和干部队伍建设，不断提高水务管理工作水平，为津南经济社会更好更快发展提供坚实的水务保障。

水环境展现新面貌。投资6.4亿，完成卫津河、洪泥河、石柱子河、大沽排水河、先锋河、十八米河、小黑河、咸排河、海河故道九条河道的综合治理工程，河道清淤共计74.5公里、铺设截污管线共计42.7公里。

节水型区县创建取得新成效。完成津南区节水型区县的创建工作，不断加大节水宣传力度，加强地下水资源管理，严格实行地下水取水许可审批工作，继续强化机井审批监管。全年审批设施农业、农村生活和绿化用水机井9眼，回填报废机井31眼，查处5起非法取水案件。

防汛减灾能力得到新提高。积极落实防汛责任制，完善防汛预案体系，做好各项汛前检查，强化队伍和物资保障，做到恪尽职守，昼夜奋战。面对2012年的灾情、险情，在市防指、区委、区政府领导下，按照防汛预案统一指挥，科学调度，周密部署，先后调用武警官兵、区镇村干部职工、水务局专业抢险队伍等3000余人，共投入3259万元抢险物资，进行抢险自救，确保津南区人民生命财产安全。

水政管理水平实现新提升。一是加大执法检查力度，清理河道内网障60多处，查处水事违法案件8起。二是开展水行政执法案卷自查工作，提高水行政执法人员的整体素质和执法水平。三是加强水法宣传，利用报纸、电台、电视等新闻宣传媒体，同时组织水政执法人员，深入各镇机关、重点临河村庄开展水法宣传活动。

海河故道公园

静海县水务局

农业节水项目—小管出流

大邱庄扬水站

2012年，静海县水务局以加快水利改革发展为主题，以"兴水惠民、减灾利民"为目标，掀起了新一轮水利建设高潮，为静海经济社会发展提供有力的水务保障。

重点水利工程建设取得新跨越 清淤疏浚南运河、港团河、六排干、迎丰渠、互助渠5条河道，长度61公里，总土方293万立方米，恢复和提高骨干河渠引调排蓄功能，改善水生态环境。对四党口、王口、薛庄子3座泵站进行更新改造，有效提升城乡排涝能力。加快推进高效农业节水工程，建成节水项目区33处，新增节水控制面积1.6万亩，为龙海产业带、林海循环经济示范区和有关乡镇设施农业发展提供水源保障，促进农业增产、农民增收。

防汛排涝取得新胜利 2012年7月25日，静海发生强降雨，全县平均降雨量176毫米，局部最大降雨量241毫米，是静海县35年来最大的一次降雨。面对雨情灾情，在市防指和县委、县政府的领导下，县水务局沉着应战，科学调度，采取提前排空管道、降低河道水位、联合运用调度排水泵站、增设临时抽水泵点等有效措施昼夜奋战，开动机组1646台，排除沥水3.3亿立方米，其中向团泊水库排蓄雨洪资源3100万立方米，保证了全县人民群众生命财产安全。

水资源管理取得新进步 编制完成《静海县实行最严格水资源管理制度实施方案》。围绕"三条红线"，严格执行水资源论证制度，凿井审批、取水许可制度和水资源有偿使用制度，完成地下水水资源论证报告册49册，发放取水许可证30套，安装远传计量设施161套，全县地下水计量在线监测系统覆盖率达到98%。水资源管理科学化、规范化水平进一步提高，2012年被水利部评选为全国水利系统水资源工作先进集体。

依法行政取得新突破 全县355家企业纳入计划用水管理，

静海明珠——团泊水库

后明集中供水厂

王口泵站更新改造施工现场

迎丰渠清淤施工现场

完成压采计划180万立方米，节水54万立方米。实行深基坑排水备案制度，严控高耗水、高污染工业项目审批，新改扩建设项目和农业生产建设项目必须进行水资源论证。依法加强控制地面沉降和水土保持工作，封填机井28眼，征收水土保持补偿费35万元。全年查处水事违法案件78起。

节水型社会建设取得新成效 大力开展节水工作，积极创建节水型社会，万元GDP用水量达到6.96立方米，万元工业增加值用水量达到6.16立方米，农业节水灌溉率达到83%，初步形成了以水资源总量控制与定额管理为核心的水资源管理体系和自觉节水的社会行为规范体系，水资源利用效率和效益明显提高。2012年经市专家组考核评审达标，被三委一办正式授予“节水型区县”称号，谱写了“科学谋发展，水利惠民生”的新篇章。

七排干

宁河县水务局

青排渠潘庄工业园区段堤防护砌工程

淮淀泵站

2012年，宁河县水务局以加快水利改革发展为主线，以发展民生水务建设为重点，以服务全县经济社会又好又快发展为目标，切实提升水务服务保障能力，高标准完成全年的各项工作任务。

农村水利工作取得实效 大力实施高效节水工程，年内完成41项小型农田水利工程，组织实施小型农田水利重点县项目。为提高农田灌排能力，实施了江洼口、七里海第二扬水站更新改造工程，拆除重建96座农用桥闸涵。治理农村骨干河道6条，长37.58公里。实施农村生活污水及坑塘整治工程，农村居民生活环境得到有效改善。

防汛减灾取得全面胜利 2012年汛期，宁河县降雨量达796毫米，比常年多三分之一。在防汛形势异常严峻的情况下，科学合理调控主要闸站，采取维修封堵口门、抢搭子埝等综合措施，先后建成总流量18.2立方米/秒的临时排水泵站3处；全县53座国有扬水站、170余座村级扬水泵点全力开车排水，最大限度地保障了人民生命财产安全。

水资源管理水平进一步提升 编制完成《宁河县实行最严格水资源管理制度实施方案》；强化地下水资源管理，办理取水许可证11件；安装自动远传水表65块、农业机井监测水表48块；回填废井28眼；封停机井4眼，压采地下水90.8万立方米。扎实推进节水型社会建设，5家单位、1个小区步入节水先进典型创建行列。全年共查处水事违法事件59起；共办结行政审批事项42项。

城乡供水安全得到有效保障 在城区供水管理工作中狠抓水质、水量、计量等项指标，强化行业服务责任制，进一步提高供水能力和服务水平。全年实现安全稳定供水612万立方米，抢修及时率、水质合格率、群众满意率均达100%。完成41个村、

潮白新河蓄水后

苗庄泵站排水渠

淮淀除氟站

24所学校的农村饮水安全工程，5.29万农村居民和学校师生喝上了安全水、放心水。

水生态环境面貌明显改善 圆满完成潮白新河蓄水工程，实现蓄水量由原1100万立方米增至3000万立方米。实施全长9.2公里的蓟运河宁汉交界至宁河城区段治理工程，完成蓟运河城区段治理改道工程物理模型试验和工程调整论证报告的编制。完成全长4.82公里的小新河故道和4.7公里的张凤深渠清淤工程。新建设计流量40立方米/秒的津唐运河造甲节制闸。完成淮淀闸桥改建、淮淀泵站提升改造工程，打造了花园式泵站水景观。铺设桥北污水处理厂配套管网5公里。县污水处理厂全年处理污水800万立方米，削减COD1000立方米。开展河道水环境集中整治，河道水生态环境得到有效改善。

潮白新河乐善橡胶坝上游河道蓄水工程施工现场

天津市武清区林业局

区级美丽路网绿化

京九绿色长廊

武清区林业工作，按照区委和区政府以城市化为主导的率先发展战略，瞄准“建设美丽武清”目标，狠抓造林绿化，全力推进城乡绿化一体化。到2012年底，全区实现有林地面积73.3万亩，林木覆盖率31%，各种树木总计3330万株，活立木蓄积量450万立方米。区林业局多次被评为“全国造林绿化先进单位”、“全国林业资源林政管理先进单位”、“全国森林病虫害防治工作先进单位”。

狠抓大绿工程，实现全区林业资源大幅度增长 先后建成了以防沙治沙功能为主的津西北森林生态屏障、港北森林公园。实现了全区农田林网标准化，形成田成方，林成网，绿树映村庄的生态格局。实施了绿色通道工程，先后完成了京津塘、京津、京沪、滨保等6条过境高速公路和京山、城际、京沪高铁等国家级铁路的绿化及区内九横九纵路网和乡村公路绿化，使武清的每一条道路都成为绿色风景线。倾心打造河道绿化，先后对北运河，龙凤河、永定河等多条国家一二级河道路进行绿化，建成了北运河郊野公园，龙凤河休闲区，形成武清水绿相融的生态绿化景观。2013年，实施了绿色通道、绿色河道、绿色村庄、农田林网、生态片林的五绿工程建设，完成造林3万亩，植树200万

加强生态建设维护生态安全
实现武清林业又好又快地发展

北运河绿化

武清区段京津塘高速

标准化农田林网

运河郊野公园

恬静优美港北森林公园

株。建成北运河郊野公园林果风光带。16个特色果树主题园分布在运河两岸，与湿地景观、生态片林巧妙结合，形成“生态、大绿、野趣”花果飘香的自然生态景观。

做好生态保护，维护全区生态安全 一是加强造林管护。加大营林机制改革力度，提倡不栽无主树，不造无主林。实施专业队管理，全面提高绿化成活率。二是加强林木病虫害防治。按照全面预防，重点治理的原则，每年对全区林木资源进行普防。做到早部署、早预防、早治理，确保全区林木健康。三是加强林木安全管理。重点打击滥砍滥伐林木行为，规范林木确权与采伐，确保全区林木资源安全。四是加强湿地保护。做到科学保护，有序利用。武清境内天津大黄堡湿地自然保护区总面积112平方公里，是中国北方典型芦苇沼泽湿地。保护区内物种丰富，其中国家一二级保护动植物达38种。通过加强基础设施建设，实施芦苇复壮技术，进行常规巡护，加大宣传等多种手段，科学保护湿地，促进湿地健康，维持湿地生物多样性。

三支渠绿化

天津市工商行政管理局北辰分局

荣获驰著名商标企业表彰大会暨北辰区商标保护协会揭牌仪式在天士力集团举行

2012年，工商北辰分局在区委区政府和市局的正确领导下，紧紧围绕中心工作，充分发挥职能作用，凝心聚力、服务大局、促进发展，各项工作取得新的进展。

坚持高质高效服务，助推经济发展 创新服务方式，充实服务内容，完善服务机制，促进了市场主体健康快速发展。继续落实登记注册全程行政指导、24小时开门服务和预约服务制度，实现“零距离”服务，“零障碍”登记，打造了快捷、顺畅的市场准入通道。全年受理各类行政许可万余件，提前办结率100%。截至2012年底，全区拥有各类市场主体28558户，注册资本（金）906.18亿元，同比分别增长4.78%和11.27%。

加强监管执法，维护市场秩序 着力在完善监管机制、转变监管方式上下功夫，尽心竭力为广大群众营造安全放心的消费环境。全年查办各类案件355件，罚没款267.84万元，其中“田正义无照经营并销售侵犯注册商标专用权商品案”被评为2012年度天津市工商系统“十佳案件”。严把食品安全准入关，全年共核发食品流通经营许可证1341个。针对容易出现问题的食品，开展28个品种、1787个批次食品的快速检测；委托专业食品检验机构抽检28个品种、298个批次。认真开展创建“诚信文明市场”和“守合同重信用”企业认定工作，共创建国家级“文明诚信示范市场”1家，市级“守重”企业53家，国家级“守重”企业5家。

注册科为企业提供股权质押、动产抵押等登记服务

消保科约谈辖区汽车4S店

登记注册全程行政指导，打造快捷、顺畅的市场准入通道

消保科、区消协妥善处理“家得宝”闭店引起的消费纠纷

执法人员在超市进行食品快速检测工作

强化消费维权，促进社会和谐 坚持把消费维权作为重要使命，着力在创新社会管理上下功夫，全年共办结消费者申投诉和举报1204件，为消费者挽回经济损失399.72万元。坚持落实群体投诉快速反应机制，妥善处理了“家得宝”闭店后的相关事宜。建立行政约谈机制，有效规范了企业经营行为。建立诉调对接机制，提高了消费纠纷的解决效率。建立集中调解机制，组织成立了分局行政调解中心，成功调解合同纠纷36件。

加强自身建设，提升队伍履职能力 以创先争优活动为契机，不断完善制度、丰富内容，加强班子建设和干部管理，努力打造高素质干部队伍。一年来，先后获得“天津市创先争优先进基层党组织”、“北辰区食品安全工作先进集体”、“全市工商系统‘达标创优’目标考核优秀局”等荣誉称号，得到上级领导的肯定性批示29次。

荣获“天津市创先争优先进基层党组织”

荣获“2012年度工商系统达标创优评比优秀局”

天津滨海环保产业发展有限公司

天津滨海环保产业发展有限公司成立于2009年1月13日，公司注册资金人民币30400万元，是天津滨海新区建设投资集团有限公司旗下的全资子公司。按照天津滨海新区环保规划和建设发展的需要，公司以环保产业和清洁能源产业为发展方向，重点从事天津滨海新区内环保产业项目的投资、建设和运营，主要投资项目有城市生活垃圾处理、餐厨垃圾处理、污泥处理、水处理、中水管网等。未来，公司将重点研究环保产业从建设投资型向经营投资型、从废物处理型向资源利用型、从传统环保项目向新资源开发项目的转变，致力于滨海新区推动新区环保产业向更深领域和更高层次蓬勃发展。

天津滨海新区垃圾焚烧发电厂 项目位于滨海新区茶淀镇南部，占地7.4公顷，总处理规模为日处理生活垃圾2000吨，一期建设规模为日处理生活垃圾1500吨，烟气排放指标为欧盟2000/76/EC排放标准，承担滨海新区海河以北区域生活垃圾“无害化、减量化、资源化”处理任务。

大港垃圾焚烧发电厂 项目位于滨海新区南港轻纺经济区东南侧的循环经济示范区内，占地5.3公顷，总建设规模为日处理生活垃圾2000吨，一期建设规模为日处理生活垃圾1000吨，烟气排放标准执行欧盟2000/76/EC标准，担负滨海新区海河以南区域的生活垃圾“无害化、减量化、资源化”处理任务。

中心渔港污水处理厂 项目位于中心渔港经济区，占地7公顷，近期规模土建为2.5万吨/天，远期建设规模为20万吨/天，收水服务范围为中心渔港、滨海旅游区和北疆电厂工业区三部分。

南港轻纺工业园污水处理厂 项目位于滨海新区南港轻纺工业园东南角，总占地4.53公顷，近期一期处理规模为土建2万吨/天，远期15万吨/天，收水范围为南港轻纺工业园全部区域及南港生活起步区。

北塘再生水厂 项目位于北塘污水处理厂综合楼北侧，占地1.3公顷，设计最大产水规模为4.5×104吨/天，服务范围为天津北塘热电厂、北塘片区及黄港生态开发区。

北塘污水处理厂 项目位于滨海新区北塘创业村附近，一期工程占地16.7公顷，设计规模15万吨/天，服务范围为天津经济技术开发区东区部分区域、部分塘沽区区域、黄港生态开发区。

港东新城污水处理厂 项目位于李港铁路南侧、港塘公路西侧，占地10.2公顷，近期处理规模为2.5万吨/天，远期处理规模为10万吨/天，收水服务范围为港东新城、板桥地区、官港地区、大港经济开发区（东区）。

汉沽市政污泥干化处理厂 项目位于天津滨海新区垃圾焚烧发电厂园区内，占地1.3公顷，日处理含水率80%的市政污泥200吨，主要服务对象为滨海新区海河以北的各市政污水处理厂。

2013年，餐厨垃圾处理项目落户滨海新区环保产业园，对新区范围内餐厨垃圾进行科学收集运输，实现城市餐厨垃圾科学化、规范化处理，对解决市民关心的食品卫生安全问题和生活环境卫生问题，提升新区城市形象有重大意义。

河西区市容和园林管理委员会

区四套班子领导参加植树节植树活动

市容园林委领导参加河西区集中清整日活动

2012年，河西区市容园林委在区委、区政府领导下，紧紧围绕巩固发展"900天"市容环境综合整治和国家卫生区复审工作的总体部署，全体干部职工破瓶颈、解难题，充分发挥部门专业管理、专业服务和综合管理、综合协调职能作用，整合行政资源，创新管理体制，落实工作责任，细化工作措施，市容景观效果和城区管理水平得到进一步提升。

一、攻坚克难，完成巩固发展市容综合整治工作

文化中心周边工程 文化中心周边整治包括平江道、隆昌路、乐园道三条道路沿线，整修建筑38栋13.60万平方米，坡屋顶改造22栋3.64万平方米，底商改造3904平方米，更换空调罩504万个，规范广告牌匾1034平方米，对沿线23栋居民楼进行夜景灯光建设，安装灯具6000延米、铺设线缆2.25万米，新建绿地3523平方米，种植行道树226株。

道路沿线综合整治工程 对友谊路、大沽南路、永安道、绍兴道、琼州道、宾水道、围堤道、解放南路八条道路实施提升改造，维护维修楼房126栋、9.48万平方米，空调移机631个，改造绿地7.94万平方米，种植行道树169棵，规范广告牌匾332块。

公园绿化提升改造工程 新建改造绿地2.62万，改造新建儿童游艺设施、健身器械，新增亭廊、座椅、园林小品等。佟楼公园完成地面铺装、树池改造、花池翻新等八个方面的改造工程，全面提升了公园的休闲健身功能和园林景观效果。

环卫设施建设工程 完成新建解放南路团结公园公厕、珠江道铁道旁公厕、解放南路郁江桥旁公厕、天塔湖广场公厕4处，新建梅林路垃圾转运站、内江路垃圾转运站2处，改造利民道垃圾转运站、茂名道垃圾转运站2处。

居民社区综合整修项目 完成5个精品小区提升改造。科艺里、川江里、寿园里、龙海一委精品小区提升改造共完成44座楼楼体外檐粉刷153091平方米（含修补），安装摄像头40个。

环境保障工作任务

完成"第九届全国大学生运动会"、"达沃斯论坛"、

天津大礼堂

友谊路

乐园道

“世界院士大会”等活动的环境保障任务。完成大沽南路副食楼楼面粉刷1500平方米，紫金山路喜来登外墙粉刷156平方米；友谊路轻纸楼楼面粉刷684平方米；完成友谊南路行人坐凳油饰24处；马场道地龙油饰188平方米；快速路空调罩除锈油饰1530平方米；卫津南路宾水里大檐粉刷449平方米。

二、巩固成果，落实国家卫生区复审工作

制定《河西区迎接国家卫生区复审工作实施方案》。按照卫生城区标准，成立爱国卫生组织管理组、健康教育组、市容环境卫生组、环境保护组等13个工作组，负责具体落实复审工作。全区各街道、各部门结合问题点位台账，紧抓整治不放松，以存在的突出问题和未整改问题为重点，抢抓时间、明确责任、加强力度、强化措施，对居民区、城乡结合部和城中村、背街小巷、五小行业、病媒生物防制和私开门脸、无证无照经营、农贸市场等进行全面自查整改，实施清整治理。

三、强化管理，推进城市管理再上水平

园林绿化养护管理工作 绿化养护作业方面。完成年初24条道路约4万延米绿篱植物、340余株造型植物的防寒设施拆除。完成友谊路、快速路等全区21条主干道59210米白护栏的专项清整工作。

绿化养护管理方面。开展2012年园林专业养管绿地“示范升降级”活动，创卫复验期间，为全区56个失管失养小区进行养护管理，确保全区专业绿地养护水平稳步提升。

植物保护方面。全年防治钻蛀类害虫3000余株次，防治国槐小卷蛾悬挂诱捕器共计5200余个。全年美国白蛾总体防治成果位居全市前列，虫情得到了有效控制。

督查考核工作 推进“数字城管”系统二级平台建设，全区200余处视频监控全部开启，通过大屏幕显示系统，实现城市管理全方位动态监控，构建完整的城市管理指挥监督体系。通过“市容监察”视频监控执法车，实现智能化和空间可视化的定位监控管理。

社区卫生管理工作 作为国家卫生区复审工作的一项重要内容，社区卫生管理方面，区市容园林委协同各街道对全区201个居民社区，621个自然小区，3个城郊结合部，2个城中村逐个进行全面治理。深入开展“同在一方热土、共建美好家园”集中清整日活动。

开展群众性爱国卫生运动工作 切实加强单位内部卫生管理，在全区开展“市级卫生红旗单位”和“市级卫生先进单位”等评选活动。组织做好全国第24个爱国卫生月活动。印制宣传布标40副，展牌200余块，发放宣传材料4000余份，发放病媒生物防治药品2000余支（袋），有效将区媒介生物传播疾病突发与流行的危险性降至最低。

隆昌路立面整修

宁河县市容和园林管理委员会

县城芦台北部街景，中心为改造后的方舟公园

航拍七里海（合成）

2013年，宁河县市容园林委按照县委“坚持三为主，再创新水平”的工作思路，围绕实施“六大战略”和建设“一城三区四基地”的总体目标，狠抓环境整治、园林绿化和达标创卫工作，使宁河市容园林工作上了一个新台阶。

一、依托综合整治提升市容环境

完成城区10条主干道路户外广告牌匾的登记、拍照并录入电脑；查处市容环境违法、违章行为150余处；完成行政许可案宗116宗；清洗、维修道路两侧遮挡7500平方米；悬挂国旗3000余套；粉刷整修沿街建筑物10000余平方米；完成旧楼节能改造共计27800平方米。

二、依托园林促进街景绿化

栽植街心公园街景绿化15万盆；提升改造方舟公园20000平方米；绿化潘庄高新产业园区和潘庄工业园区10.6万平方米，栽植乔灌木6.4万余株、栽植培育花卉36万余盆，铺植草坪5.3万平方米，组球400余株；投资1.38亿元建设占地36万平方米的郊野公园，绿化30万平方米；七里海大道及会馆栽植花草7.65万盆；城区栽植花卉6.73万盆、圆腊树118株、摆放花箱26组；拆除捆扎风障3400株、拆除防寒设施3.5万平方米；涂白6000余株，修

宁河县光明路一景

华翠小区

城市公园

建清理整形2.83万株，修剪街景草坪11.4万平方米。

三、依托环卫保障环境整洁

清扫一级路20条，二级路9条，小区路48条，总面积202万平方米。做到无杂物、无污物、无堆砌物、无死角。全年检查卫生清理216次，累计361处，抽查36次；受理群众来电来访16次，答复率100%。

四、依托创卫推进生态文明

创建1个市级卫生镇、15个市级卫生村、30个县级卫生村，全面推进大北、苗庄、板桥镇卫生创建复审工作，拆除破损、违法广告135处。评选4个"市级卫生红旗单位"和35个"市级卫生先进单位"，评选爱国卫生六十周年市级爱国卫生工作先进单位4个和先进个人8个。

朝阳花园

天津市园林古建工程队

总经理　董建生

天津市园林古建工程队成立于上世纪八十年代，现隶属于天津市市容园林管理委员会，天津市城市绿化工程服务中心，是从事园林工程建设与管理，风景园林工程承包、仿古建筑施工和古建筑修缮等相关社会服务的专业施工队伍。

在市容园林委、绿化中心的的正确领导下，天津市园林古建工程队领导班子始终坚持“树立高标准，追求高水平”的经营理念，秉承“干一个项目，创一个精品”的企业宗旨，以改革促发展，向管理要效益，加强财务、人事等各环节管理，提高职工的岗位责任意识和效率意识，充实人才队伍，为传承和发展古建技术储备后备力量。历经近30年的发展，取得了骄人的成绩。

1989年参与水上公园牌楼的施工建设。该牌楼与水上公园“龙潭浮翠”之景遥相呼应．两柱七楼的跨度创亚洲第一，获得各级领导和市民的普遍赞誉。1990年、1993年应中日友好协会的邀请，两次远赴日本神户，兴建了充满中国北方皇家园林气息

老城厢南门牌楼

传承津门古建技术　为市容环境建设再立新功

奥式风情音乐公园

廊坊人民公园怡秀园

济南园博园天泰亭及牌楼

的依留亭和连翼亭，促进了天津与神户两座城市之间的友好交流。1999年中国昆明举办世界园艺博览会，古建队负责天津园主体建筑连翼亭的施工任务，该工程项目获得该届世界园艺博览会金奖，天津市人民政府授予天津市园林古建工程队先进单位的称号。

进入二十一世纪来，古建队转变经济发展思路，以古建施工为主，辅以园林绿化施工，苦练内功，扎实基础，打出品牌，争出效益，积极参与市场竞争并且取得实效。2001年以来参与了近百项的工程施工。其中，奥式风情音乐公园工程获得2005年天津市海河杯特别奖。水上公园一岛长廊工程获得中国风景园林学会2010年度优秀工程奖项。此外，古建队外埠施工已经延伸到河北、山东等周边区域，先后承揽锦州市府广场景观工程、廊坊人民公园怡秀园工程、福建厦门第六届园博会津厦友谊园连翼亭及古建牌楼工程等项。

人民公园古建修缮工程

水上公园一岛长廊工程

天津市街道综合整修办公室

鞍山西道—学湖里

奉化道—凤貌小楼

天津市街道综合整修办公室(以下简称“市整修办”)是1987年经市编委批准成立的，隶属天津市市容和园林管理委员会的正处级全额事业单位。主要职能为：美化市容、市貌，维护城市公用设施建设，整修街道。据全市市容工程建设的总体规划和目标，负责提出全市街道整修的长远规划、年度计划、专项计划和实施方案；研究拟定街道整修的业务政策；负责提出街道整修工程资金计划。自成立以来，市整修办负责的建筑立面整修工作一直走在全国的前列，成为天津城市管理的一张“名片”。

一、巩固市容环境综治成果

2012年，按照市市容环境综合整治总指挥部部署，圆满完成巩固发展奋战900天市容环境综合整治成果建筑整修工作。共涉及“一线、一片、六十三条路”，即京津城际铁路沿线、文化中心周边、63条主干迎宾道路。共计整修建筑1719栋52万平米，油饰、更新空调室外机罩118550个，修整提升牌匾5280块，更换外檐装饰线条203651延米。

二、大力推进整修工作发展

对中心城区主干道路组织实施了2011、2012年复修工程。共计复修33条道路，总长度40.9公里，整修建筑596栋163.8万平方米，规范改造牌匾1.33万平方米、门脸2.5万平方米，安装空调罩4689个，整修围墙3万平方米。工程质量和效果突出，得到各方面的肯定。

三、实现建筑立面整修工作的不断创新

为了更好地发挥市整修办在建筑整修方面的示范带头作用，市整修办始终坚持工作中的不断创新。开展实施数字化管理

鞍山西道—府湖里

王串场一号路—正兴里

平台的研发和新材料、新工艺、新式样的创新研究。组织完成两大项整修科研课题《GIS地理信息系统在街道综合整修管理工作中的应用》、《挤塑式聚苯乙烯隔热保温板在建筑立面整修工程中的应用与研究》。基于GIS地理信息系统的建筑整修管理系统平台基本制作完成，数据在逐年录入中。新涂料、新工艺、新装饰线、新空调罩和牌匾样式的研究，也拿出了实际产品，应用于整修工程中，取得了很好的效果。

黄河道—进步里

四、制定规范，促进工程管理

完成《市容建设和城市绿化十二五规划》建筑整修部分的详规编制；提出了《建筑立面整修工作十二五规划详规》；组织编制了《建筑立面整修工程施工工艺标准》、《建筑立面整修工程质量检验评定标准》、《安全生产管理办法》、《施工单位管理办法》、《文明施工管理办法》等一系列规范文件，对招投标、预结算、监理等环节逐一进行规范。2012年研究发布了《2012年建筑立面整修工程控制标准》、《2012年建筑立面整修工程施工及验收标准》等规范文件，使工程管理有法可依，保证了工程有序进行，杜绝出现质量、标准、安全事故等问题。

南开三马路—源德里

天津市市容环卫建设发展有限公司

董事长 李齐

天津市市容环卫建设发展有限公司系原天津市市容环境管理委员会（现为天津市市容和园林管理委员会）于2003年投资组建的国有独资企业。公司自成立以来，先后投资1.24亿元建设了天津市大韩庄大型生活垃圾填埋场；与天津城建投资有限公司、马来西亚南方环保管理技术有限公司组建了三家合资、合作公司，参与投资、建设、经营徐庄子生活垃圾中转站、潘楼生活垃圾中转站；投资1800万元建设运营了本市第一座粪便处理厂；同时，公司作为市容园林委的融投资平台，几年来代市容园林委投资建设全市的垃圾转运站、公厕等基础设施，采购环卫作业和清融雪作业机械车辆。在做好主营业务的同时，公司积极拓展经营渠道，充分发挥企业运行优势，着力面向市场形成社会化的技术咨询、服务和项目运营，目前公司的经营项目开始面向全国，逐渐形成有一定影响的专业化、定向化、规范化的企业运行机制。

公司的经营理念是以市场经济的主体身份，通过完善法人治理结构，建立、健全现代企业管理制度，积极应对市场竞争，开创环卫事业产业化、市场化的新局面，带动城市公共卫生事业的改革。在董事长李齐的带领下，公司开展了多元化的经营战略，将经营范围扩展到对市容和环境卫生设施投资及管理咨询服务；市容和环境卫生基础设施建设开发；环保产品的开发、销售；清洁服务等业务，企业经过10年的努力奋斗，注册资本达到

潘楼有机废弃物处理厂

天津市大韩庄废弃物综合处理基地沙盘

国内同行参观考察大韩庄污水处理站

市容园林委领导视察污水处理厂中控室

12700万元人民币。

为了提高垃圾处理水平，公司提出了利用填埋场的闲置土地资源将填埋场改造成集生活垃圾、餐厨垃圾、粪便、污泥、大件垃圾、废金属、废塑料、电子垃圾等多种固体废弃物处理的综合处理基地。基地内统一规划、合理布局。各种废弃物通过不同的处理方式转化成沼气、电能、有机肥和希贵金属等可再生资源，通过基地内建成的互通式地下管网及场内运送到其他处理设施进行再利用，实现了各处理厂的优势互补和资源共享。凭借统一规划集约管理、可再生资源可相互利用的现代化理念，同时，由于集约式规划布局和管理，充分利用现有土地资源，最大限度地减少了资源、能源的重复浪费现象，使有限的资源、能源的利用实现循环无限发展的愿景。该项目获得了天津市发改委的支持，公司被评为市级循环经济试点单位。

公司作为服务于社会的公用公益性企业单位，以加快市容环卫基础设施的建设，促进环卫产业的市场化为宗旨，不断提高垃圾无害化处理的水平，挖掘再生利用的资源，开发再生资源利用的环保产品，探索搞活环保经济的发展之路。专注于改善城市生活环境，为提高人民生活水平做出贡献。

大韩庄垃圾卫生填埋场

天津城建市容环保科技发展有限公司

公司董事长 刘健生

团结务实的公司领导班子

以天津城建集团涉足环保行业开拓新的经营领域的战略为指导，天津城建投资有限公司投资成立了天津城建市容环保科技发展有限公司，主要负责经营徐庄大型垃圾中转站。该中转站是2004年市政府为老百姓做的二十件实事之一，设计生产能力为日中转垃圾700吨。中转站位于天津市东丽区大毕庄镇徐庄村东部，占地51亩，建筑面积3950平方米，于2004年8月底完工，2005年2月7日开始运营。主要负责中转运送河北区、河东区、东丽区、北辰区及空港区五区生活垃圾到双口填埋场和泰达垃圾焚烧厂填埋、焚烧。自开始运转至今，中转站为全市实现垃圾处理率达标及创建卫生模范城市做出了突出贡献。

公司厂区全貌

压装车间外景

南翠屏公园

南翠屏公园位于市区西南部。总规划面积39.86万平方米，山体占地面积12.1万平方米，水面约8.5万平方米，主峰高52.11米，道路面积1.35万平方米，绿化面积31.92平方米。

南翠屏公园原为建筑垃圾填埋场，2001年市政府批准堆山造景规划，2002年2月正式开工建设，2006年底初步形成了山、路、水、绿的总体格局。2008年天津市委、市政府开展新一轮市容环境综合整治，南翠屏公园被列为八大公园提升改造工程。

提升改造后的公园，山体栽植各种乔、灌木12万余株，山下栽植树木21万株，形成“三季有花、四季常绿”的景观；园内修建了翠坪桥、碧荷桥、晓月桥、畅观桥四座功能不同、风格迥异的桥梁；重新铺设草坪六万多平方米，山脚下环绕了一圈长1500米的塑胶跑道，便于游人跑步锻炼、健身之用；东北角广场视野开阔，西北角为小朋友游玩的去处；园内修建了环山水系，主峰的山顶上修建了一座仿古凉亭，游人站在亭子里可将整个公园的秀丽景色一览无余。此外，还建设了南翠屏公园滑雪场，滑道长260米，宽35米，滑道坡倾斜30度，是一个符合滑雪规范要求的滑雪场，可同时容纳1000人，可供700人同时进行滑雪运动。

2009年8月1日南翠屏公园开放后，这座建设风格大气、洋气、亮丽、自然的大型开放式山水公园，因其建设手法独特，主题风格鲜明，自然环境优美，植物种类丰富，成为广大市民和游客开展主题教育、游憩休闲、亲近自然的理想场所。